JN418420

무역경영론

International Trade Management

송채헌 | 박종은

도서출판 두남

머리말

무역의 무(貿)와 역(易)이 각각 '바꾸다'라는 뜻을 지니고 있는 것처럼 국가 간 상호 물품을 교환하거나 매매행위를 하는 상품거래를 보통 무역이라고 한다. 그런데 최근에는 무역의 의미영역이 지속적으로 확장되어 상품의 매매와 같은 유형의 무역(visible trade)뿐만 아니라 기술 및 용역과 같은 무형의 무역(invisible trade)과 그리고 원료와 노동, 자본의 국가 간 이동까지도 무역으로 간주한다.

그러나 비록 무역이 그 의미와 영역에 있어서 유형의 무역을 포함한 무형의 무역까지 확장일로에 있다 하더라도 국제 간 성립되는 무역은 여전히 물품매매가 그 중심이 되고 있고 따라서 국가 간 상품의 교환이 해당 국가들의 무역을 주도적으로 이끌고 있다. 그러므로 우리는 국제무역경영에 관한 본질을 논할 때 유형의 상품 매매가 무역의 핵심임을 부정할 수 없다.

무역은 생산물 판로의 확대와 기업이나 산업의 생산규모의 확대에 의한 규모의 경제(대규모생산의 이익)를 실현하며 또 한 나라의 경제를 발전시키는 요인이 된다. 고도의 기술화와 더불어 생산의 최적규모가 커짐에 따라 국내 시장만으로 규모의 경제를 누릴 수 없는 경우에 무역에 의한 시장볼륨 확대는 생산성을 높일 수 있기 때문이다.

우리나라의 무역활동은 금속문화의 유입으로 생산력 수준이 두드러지게 높아진 부족연맹체시대부터 시작되었다. 이는 중국의 옛 문헌인 『진서(晉書)』, 『삼국지(三國志)』 등에서 그 기록을 찾을 수 있다. 기원 전 · 후기부터 부여와 고구려 및 삼한 등 부족연맹체는 자신의 잉여생산물 혹은 특산물 등을 국가가 주도하는 공무역(公貿易) 안에서 연맹체 상호 간 또는 주변의 이민족과 교역하였다. 그 후, 우리나라의 대외무역은 비약적인 발전을 거듭하여 통일신라시대에는 장보고(張保皐)가 청해진무역을 통하여 공무역을 사무역(私貿易)으로 전환시켰다. 그 전 시대에는 원칙적으로 허용되지 않았던 사무역(私貿易)을 장보고가 개척함으로써 국가가 주도하는 공무역을 개인이 주도하는 사무역으로 전환하는 일대 혁명을 일으킨 것이다.

근대에 들어서 개화기에는 열강과 개국통상조약으로 근대적 무역관계가 형성되긴 하였으나, 여러 가지 여건의 미성숙으로 우리나라는 왜곡된 형태의 근대무역을 전개하였다. 우리나라의 대외무역을 장악하고 있던 외국상인들은 주로 선진국 제품

의 중개무역에 종사하였으므로 개화기의 무역은 중개무역 형태일 수밖에 없었다.

광복 후에는 국권의 회복과 더불어 민족 상인에 의한 자유로운 상사무역(商社貿易)이 전개되었지만 남북무역의 형태를 크게 벗어나지 못하였다.

1960년대 이후 고도 성장기에는 수출제일주의 · 수출주도형공업화 정책의 추진 등으로 한국의 대외무역은 비로소 가공무역의 형태로 전환되었다. 그리고 일제치하 36년과 해방직후의 민족동란으로 잿더미만 남았던 한국을 반세기만에 다시 세계경제의 주역으로 성장 · 가능하게 하였다. 1964년 1억 달러, 1995년 1,250억 달러, 2000년 1,720억 달러 그리고 2005년에 2,840억 달러, 2010년 4,664억 달러의 상품을 수출하는 등 1964년부터 2010년까지 47년간 무려 4,664배의 수출신장이라는 초고속 수출 신장률을 기록하였다. 무역규모 7,052억 달러, 세계 10위 무역 대국이 2010년 대한민국의 모습이다. 우리나라는 자원이 황무지나 다름없는 국가들이 고도의 선진국으로 성장하기 위해서는 무역이 유일한 수단임을 입증하였다.

이러한 놀라운 성장을 이루는데 무역실무 또는 무역상무 과목이 지대한 기여를 했음은 무역학을 연구하고, 무역에 종사하고 있는 모두가 인정하고 있다. 그러나 본 과목의 명칭에는 여러 가지 의견이 있는 곳도 사실이다. 초기에는 무역실무(Trade Practice)라는 과목명을 사용하였고 20세기 후반에 이르러 무역상무(Trade Business)라는 명칭으로 사용되어 왔으나 필자의 소견으로는 무역업을 영위하는 기업의 경영에 관한 지식을 연구하고 교육하는 과목으로 정의하고 그 과목명을 무역경영론(International Trade Management)으로 하는 것이 영문표기와도 일치하고, 그 내용과도 합치한다고 생각한다. 따라서 조심스럽게 본 과목의 명칭을 무역경영론으로 출간하고자 한다. 과목명에 관한 논의는 후일 더욱 심도 있는 논의가 필요할 것으로 기대한다.

본 교재는 무역경영에 관심을 가지고 있는 학생과 무역실무자, 무역업경영자에게 무역실무와 경영에 관한 이해와 감각을 가지도록 많은 도움을 줄 것으로 기대한다. 또 무역회사, 보험회사 및 운송회사(해상, 항공 등) 현업에서 필요한 무역경영지식의 종합 지침서로서 뿐만 아니라 관세사, 국제무역사, 무역과 관련된 각종 시험 대비 교재로서의 기능이 충분하다고 생각한다.

끝으로 본 교재의 집필과정에서 발견된 부족한 점은 향 후 지속적으로 보완하고 수정해 나갈 것임을 약속드리며 더불어 본 교재의 출판을 흔쾌하게 허락하여 주신 도서출판 두남 전두표 사장님에게 깊은 사의를 표하며 또한 출판에 애써주신 편집 관계자 여러분들에게 이 지면을 빌어 심심한 감사를 드린다.

2011년 7월
건지산 기슭 연구실에서
저자 씀

일러두기

본 교재는 총 3부로 구성되어 있다.

제1부는 무역경영의 사전 지식으로 총 2장에 걸쳐서 무역실무에 관한 기초내용을 담았다. 제1장에서는 무역의 개념을 대외무역법과 관세법을 기준으로 해석한 다음 무역을 크게 대금결재방식과 대금결재시기 그리고 특정거래에 의한 무역거래 등으로 분류하고 각각의 특징과 거래절차, 거래과정에서 요구되는 서류들과 유의사항들을 기술하였다. 또 무역실무적으로 현존하는 무역업을 일반무역업과 무역대리업, 무역대행업으로 구분한 다음 해당 무역업의 창업노하우와 절차들을 숨김없이 나열하였다. 제2장은 전자무역에 관한 내용들로 전자무역의 개념과 절차를 설명하고 전자적인 요소들을 적절하게 조합하여 무역실무에 직접 이용·가능한 방법들을 제시하였다. 따라서 전자매체를 이용한 홈페이지 구축, 해외시장조사에서 수출대금회수에 이르기까지 무역전과정들을 자세하게 설명하였다. 또 이와 같은 전자무역을 규제하는 전자무역관련 법규와 기관들을 국제와 국내로 나누어 설명하였다.

제2부는 수출입의 이행에 관한 내용으로 총 7장으로 구성되어 있다. 여기에는 본격적인 수출과 수입에 관한 내용들을 수록하여 수출과 수입의 전 과정을 절차에 따라 나열한 다음 각 단계에 해당하는 다양한 서류들과 변수들, 그리고 이와 같은 변수들에 대한 대응방법을 언급하였다.

제1장은 무역계약에 관한 내용으로 해외시장조사와 거래선 발굴, 거래제의 및 조회, 무역계약의 체결에 대하여 설명하였다. 제2장은 무역계약서의 조건으로 무역계약서의 구성요소와 작성방법 등을 수록하였으며 특히, 무역거래에서 발생하는 수출자와 수입자의 권리와 의무를 규정한 무역거래정형조건을 세밀하게 언급하였다. 제3장은 신용장에 관한 내용으로 신용장의 개념과 신용장을 매개로 한 거래의 특성, 신용장의 종류, 신용장거래의 장점, 신용장거래절차, 신용장 작성방법, 신용장의 해석, 신용장의 양도방법, 신용장의 조건변경방법들을 기술하였다. 제4장에서는 선적 전 활동으로 수출물품확보방법을 내국신용장을 이용한 방법과 구매확인서에 의한 방법, 외화획득용원자재의 수입에 의한 방법

으로 나누어 설명한 다음 확보된 수출물품의 포장방법과 그 과정을 설명하였다. 또 선적준비과정으로 선박스케줄확인과 화물의 컨테이너 적입에 관한 내용을 FCL화물과 LCL화물로 분리하여 언급하였으며 이 때 발생하는 필요한 각종 무역서류들도 견본서식을 통하여 자세하게 설명하였다. 제5장에서는 수출, 수입운송에 관한 내용들로 해상운송과 항공운송, 복합운송의 계약방법과 운송절차, 운송조건, 운송인의 책임체계 등을 자세하게 설명하였다. 제6장은 적화보험에 관한 것으로 해상적화보험을 중심으로 해상적화보험이론을 비롯하여 해상적화보험의 계약체결방법, 보험클레임처리방법, 손해의 증명에 관한 기술들을 설명하였다. 제7장은 수출, 수입의 통관에 관한 내용으로서 수출과 수입의 통관절차와 이에 부대되는 관세의 환급 및 지급에 관한 내용을 자세하게 담았다. 또 무역클레임이 발생할 경우 해결하는 방법과 무역대금의 안전한 회수방법 그리고 수출, 수입 이행 후, 사후관리에 관한 내용들을 빠짐없이 언급하였다. 특히 무역은 수출・입이행도 중요하지만 수출・입 후 사후관리도 대단히 중요하므로 수출대금의 사후관리와 외화획득용원료의 사후관리의 방법을 전부 수록하였다.

제3부는 무역관련 법규 및 제도에 관한 내용으로 총 2장으로 구성되어 있다. 제1장에는 무역과 관련된 법규 및 제도로 관세환급제도, 무역금융제도, 일반특혜관세제도, 소요량증명제도, 부가가치영세율제도, 원산지표시제도에 관한 모든 것을 수록하였으며 제2장에는 별도로 수출보험에 관한 다양한 지원정보들을 수록하였다.

따라서 본 교재의 내용을 100% 이해하기 위해서는 다음 아래와 같은 점들을 유의하여야 한다.

1. 교재 안에 근거로 제시된 각종 법규나 규칙들은 수출, 수입 이행과정 중 해당하는 단계와 연계하여 학습하는 것이 요구된다.
2. 수출, 수입 이행과정 및 절차를 거의 모두 도표로 이용하여 설명하고 있으므로 반드시 도표를 중심으로 학습하는 것이 더욱 효과적일 것으로 판단된다.
3. 본 책은 무역실무에 관련한 내용들이므로 각각의 내용들을 전체에서 분리하여 학습하지 말고 전체 안에서 흐름에 따라 학습하는 것이 훨씬 더 효과적이며 이해가 빠를 것으로 판단된다.

차 례

제2부 수출 · 수입 /109

제 01 부

무역경영의 기초

Chapter 01 무역경영의 개관

학습내용

학습의 목적

무역거래 형태에 따라 조금씩 다르게 적용되는 무역관련 법규를 중심으로 각각의 무역거래에 대한 무역실무지식을 포괄적으로 습득한다.

학습의 목표

1. 무역의 개념을 무역관계법 중심으로 이해할 수 있다.
2. 무역거래별 형태에 따라 무역을 분류해 보고 각각의 무역거래별 특징과 장점, 그리고 해당 무역의 방식 및 기능을 이해할 수 있다.
3. 무역업의 형태와 종류, 그리고 그 특징을 이해할 수 있다.
4. 무역업 설립방법 및 절차를 이해할 수 있다.

1-1 무역의 개념

1. 무역의 일반적 개념

Adam Smith는 그의 저서 「Wealth of Nations」(1776)에서 인간과 동물의 주요한 차이점으로 "인간의 교환능력(交換能力)"을 주장하였다. 동물들 중 인간만이 유일하게 교환을 통하여 상호이익을 추구하므로 인간을 다른 동물과 구분하여 교환본능을 가진 존재로 규정한 것이다. 그리고 그는 "교환이 풍요의 진보임이 분명하고 모두를 위한 부를 가져다주는 원인이므로 교환행위를 국내뿐만 아니라 국가 간에도 활발하게 촉진시켜야 한다."고 주장하였다.

Adam Smith
1723.6.5 ~ 1790.7.17

그러나 18세기 그의 주장이 꼭 아니더라도 이미 B.C.1200년경 페니키아인들은 이집트나 동지중해 연안지역들을 대상으로 오늘날 레바논의 삼목과 소나무목재, 티루스의 진홍염색포목, 시돈의 자수, 금속제품, 유리, 소금 등을 수출하고 있었으며 반대로 이들 지역으로부터는 파피루스나 상아(象牙), 철, 보석 등을 수입하는 등 현대적 의미의 무역활동을 활발하게 하고 있었다. 또 그리스시대와 로마시대에는 지중해 연안 중심의 무역뿐만 아니라 아시아 지역까지 교역의 범위를 크게 확장하여 이 시기에 비단길을 따라 성행하던 중국과의 무역은 대단히 눈부시다.

그럼 이와 같이 국가라는 개념이 존재하기 이전의 시대부터 사람들이 끊임없이 무역을 전 세계에 확산시켜 나갔던 이유는 무엇일까? 그것은 바로 황금과 신분상승 때문이었다.

당시 항해술이나 선박의 건조기술이 매우 열악하였음에도 불구하고 목숨을 걸고 위험한 바다를 건너거나 사막을 횡단하며 낯선 이방인들과 교역을 하였던 것은 바로 공기 속에서나 물속에서도 찬란한 금속광택을 지니며 영원히 색깔이 변하지 않는 황금 때문이었다. 또 이국적인 제품에는 언제나 수요자가 넘쳐났고 넘쳐나는 대기수요자들은 그들에게 막대한 부(富)의 원천이 되고 더불어 신분상승의 기회를 보증했기 때문이다.

오늘날 국제무역과 이에 수반되는 금융거래의 일반적인 목표는 한 나라에서 풍부하게 생산되는 상품을 그것이 부족한 다른 나라에 제공하는 일이다. 비록 18세기 중엽 산업혁명 이후, 많은 경제학자들이 주장했던 무역을 통한 지역 간 분업의 발생과 분업의 경제적인 효과가 무역의 기본 이념인 '상호 이익의 도모'의 변질을 부추기고 원료의 공급기지 및 자국상품의 소비시장 확대를 위한 식민지의 확장이라는 비극을 만들어내기도 하였지만 분명 국제 간 무역은 그 밖의 경제정책들과 함께 작용하여 대부분 국가의 생활수준을 향상시키는 역할을 지속적으로 이룩하여왔으므로 결과적으로 인류의 문화와 문명은 무역으로 인하여 이전의 시대보다 한층 더 진보하였음이 틀림없다. 따라서 오늘날과 같이 지역 간 상호의존과 세계화의 심화는 국가 간 혹은 지역 간의 활발한 물자의 교환이나 매매행위의 부작용이므로 우리는 이것을 극복하는 방향으로 적절하게 통제하고 개선하는 노력을 기울여야 할 것이다.[1)]

오늘날, 사람들은 무역을 'International Trade'라고 하고, '貿易'이라고도 한다. 그러나 근래에 들어서는 대부분 통상(通商)이라는 말로 무역을 대신한다. 'Trade'의 의미는 발자취 또는 항로를 뜻하는 'trace'에서 유래하였으며 '貿易'

이라는 말은 중국 史記의 "以物相貿易"이라는 말에서 비롯되었다고 한다. 비록 무역에 관한 다양한 용어들의 유래들이 서로 다르다 하더라도 모두 항로나 흔적을 쫓아 상품을 매매하거나 교환하는 것을 의미하므로 무역이 국가 간 상품의 교환 또는 사고 파는 것을 의미한다는데 이견이 없다. 그러므로 무역을 간단하게 정의하면 국가 간 상품과 서비스의 교환이나 매매를 전제로 발생하는 국제상거래이다.

무역이 활발한 나라는 경제 강국[2)]이다. 한국을 비롯한 모든 나라들은 부강한 국가를 만드는 지름길이 무역을 통한 개방과 자유화임을 인정하여야 한다.

2. 무역관계법 상 무역의 개념

(1) 대외무역법

대외무역법[3)] 제2조(정의)에 의하면 무역은 무역거래자에 의하여 물품과 대통령령이 정하는 용역[4)] 또는 전자적 형태의 무체물[5)](이하 "물품 등"이라 한다)의 수출 · 수입을 말한다.

▸ 대외무역법 [법률 제10231호, 2010.04.05, 일부개정]

이것은 무역거래자, 즉 수출 또는 수입을 하는 자, 외국의 수입자 또는 수출자의 위임을 받은 자 및 수출 · 수입을 위임하는 자, 물품 등의 수출 · 수입 행위의 전부 또는 일부를 위임하거나 행하는 자에 의하여 외국환거래법에서 정하는 지급수단[6)] · 증권 및 채권을 화체한 서류외의 동산과 같은 유체물과 컴퓨터 프로그램과 같은 전자적 형태의 무형물을 외국의 무역거래자에게 수출하거나 혹은 외국의 무역업자로부터 수입하는 행위이다.[7)]

대외무역법 시행령 제4조에서 전자적 형태의 무체물은 대통령령으로 정하는 전자적 형태의 무체물로 다음과 같다.

1. 「소프트웨어산업 진흥법」 제2조제1호에 따른 소프트웨어
2. 부호 · 문자 · 음성 · 음향 · 이미지 · 영상 등을 디지털 방식으로 제작하거나 처리한 자료 또는 정보 등으로서 지식경제부장관이 정하여 고시하는 것
3. 제1호와 제2호의 집합체와 그 밖에 이와 유사한 전자적 형태의 무체물로서 지식경제부장관이 정하여 고시하는 것

(2) 관세법

관세법에서 직접적으로 무역을 정의한 조항은 없다. 다만, 관세법 제2조에 수입과 수출에 대한 정의가 있다. 그러나 무역거래의 주체는 대외무역법 시행령 제3조, 제4조에 명시되어 있는 것처럼 상대방이 내국인이든 또는 외국인이든 그리고 본 · 지점간이든 관계없이 수출과 수입을 통하여 무역이 성립

하므로 관세법 하에서 무역은 관세선(customs line)을 기준으로 성립하는 물품의 수출입을 의미한다.

▸ 관세법:[일부개정 2010.12.30 법률 제10424호]

관세법 제2조를 살펴보면 수출이라 함은 내국물품을 외국으로 반출하는 것으로 정의되고 있으며 내국물품은 다음과 같다.

가. 우리나라에 있는 물품으로서 외국물품이 아닌 것
나. 우리나라의 선박 등이 공해에서 채집하거나 포획한 수산물 등
다. 제244조제1항에 따른 입항 전 수입신고(이하 "입항 전 수입신고"라 한다)가 수리된 물품
라. 제252조에 따른 수입신고수리 전 반출승인을 받아 반출된 물품
마. 제253조 제1항에 따른 수입신고 전 즉시 반출신고를 하고 반출된 물품

수입이라 함은 외국물품을 한국에 반입(보세구역을 경유하는 것은 보세구역으로부터 반입하는 것을 말한다)하거나 한국에서 소비 또는 사용하는 것(한국의 운송수단 안에서의 소비 또는 사용을 포함하며, 제239조 각호의 1에 해당하는 소비 또는 사용을 제외한다)을 뜻한다. 외국물품은 다음과 같다.

가. 외국으로부터 우리나라에 도착한 물품[외국의 선박 등이 공해(공해, 외국의 영해가 아닌 경제수역을 포함한다. 이하 같다)에서 채집하거나 포획한 수산물 등을 포함한다]으로서 제241조제1항에 따른 수입의 신고(이하 "수입신고"라 한다)가 수리(수리)되기 전의 것
나. 제241조제1항에 따른 수출의 신고(이하 "수출신고"라 한다)가 수리된 물품

외국물품의 소비나 사용이 다음에 해당 할 경우 이는 수입이 아니다.

1. 선용품 · 기용품 또는 차량용품을 운송수단 안에서 그 용도에 따라 소비하거나 사용하는 경우
2. 선용품 · 기용품 또는 차량용품을 관세청장이 정하는 지정보세구역에서 「출입국관리 법」에 따라 출국심사를 마치거나 우리나라에 입국하지 아니하고 우리나라를 경유하여 제3국으로 출발하려는 자에게 제공하여 그 용도에 따라 소비하거나 사용하는 경우
3. 여행자가 휴대품을 운송수단 또는 관세통로에서 소비하거나 사용하는 경우
4. 이 법에서 인정하는 바에 따라 소비하거나 사용하는 경우

따라서 외국으로 화물을 운송하기 위해 비행기, 선박에 적재해 외국을 향해 운항을 개시한 때가 수출이므로 세관에 수출신고서를 제출해 신고가 수리됐다 하더라도 실제 선적되기까지는 아직 수출된 것으로 볼 수 없게 된다. 보세구역에 장치되어 있는 외국물품이 국내로 통관되지 못해 외국으로 다시 나가는 경우에는 수출이라 하지 않고 반송이라 한다.

3. 무역거래별 형태 분류

무역은 국가 간 재화 및 용역의 교환이나 매매를 목적으로 한 상거래 행위

이다. 무역은 국가를 달리하는 상거래이므로 국경을 넘는 물품의 이동을 통하여 재화의 장소적, 시간적 효용을 증대시켜 개별국민경제의 성장과 발전을 가져오게 한다. 따라서 일국 내에서 이루어지는 국내무역 내지 국내 상업과는 구별하여 이를 외국무역이라고도 한다.

그러나 일반적으로 무역이 영리를 추구한다는 점에서는 국내 상업과 조금도 다를 바가 없다. 또한 무역은 외국에 거주하고 있는 상대방과 거래하는 것이므로 경제적 국경을 기준으로 하여 수출·수입이라고 하며, 이때 거래의 주체는 상대방이 내국인이든 또는 외국인이든 본·지점간이든 크게 문제가 되지 않는다.

무역거래는 국내거래와는 달리 국가 간 상호의존적인 경제관계이면서도 다른 한편으로는 이윤추구를 목적으로 하는 개별기업 간의 거래라는 양면성을 지니고 있으므로 양자 간 조화와 긴장을 필요로 한다.

무역거래는 거래에 영향을 미치는 수많은 조건과 환경에 적응해 나가며 이행되는데 거래당사자의 이익을 극대화하는 과정에서 〈표 1〉처럼 수많은 방식을 이용한다.

❙표 1❙ 무역 거래별 형태[8]

분류기준	무역거래형태	
물품이동방향	Export Trade, Import Trade	
제3자 개입여부	Direct Trade	
	Indirect Trade	Merchandising Trade, Intermediate Trade, Transfer trade, Switch Trade
상품생산방식	Improvement Trade	Improvement Trade on Consignment Improvement Trade on Trust
	Bonded Process Transaction : BPT, Knock-Down OEM(Original Equipment Manufacturing)	
상품판매방식	Export on Consignment Sales, Import on Trust Sales Bonded Warehouse Transaction : BWT Central Terminal Station : CTS	
외국 인·수도 방식	외국인도 수출=현지인도 방식 수출 외국인수 수입=제3국 도착수입	
임대차방식	임대수출, 임대수입	
연계무역형태	Barter Trade, Compensation Trade, Counter Purchase, Product Buy-Back, Off set Barter	
거래대상물품	Visible Trade, Invisible Trade	
거래주체	민간무역, State Trade=Government Trade	
기타	Agreement Trade, 무환 수출입	

(1) 무역거래의 형태

1) 상품이동별 거래형태

가. 직접·간접무역

직접무역은 수출·수입 양국이 무역상이 직접거래를 하고 여기에 제3자가 개입하지 않는 것으로서 직수출과 직수입이 있다. 이에 반해 간접무역은 제3자를 통하여 거래가 이루어지는 경우의 거래형태를 가지고 있다.

나. 중개무역

중개무역은 간접무역방식으로서 제3국의 중개업자가 자기의 위험과 비용으로 수입상에게는 매도인의 입장에 서고 수출상에게는 매수인의 입장에 서서 매도가격과 매입가격 차이를 중개업자가 취득하는 형식의 거래이다. 이러한 중개무역의 경우 상품은 중개인이 있는 제3국을 거치지 않고 A국에서 B극으로 직수출되나 대금결제는 중개인이 잇는 제3국을 통해서 결제되어진다.

다. 중계무역

중계무역은 거래상의 책임과 손익을 자기부담으로 수입한 후 다시 제3국으로 수출하는 거래이다. 그러므로 수입계약과 수출계약은 완전히 별개의 것이고 중계상은 수입금액과 수출금액의 차이가 자신의 이윤이 되며 또한 중계국의 소득이 된다.

중계무역과 비슷한 통과무역을 비교하여 보면, 먼저 중개무역은 원래가 제3룰 상사를 통해서 이루어지는 경우 그 제3국의 입장에서 볼 때의 무역임에 비해, 중개무역은 원래 화물이 수출국으로부터 수입국으로 직행하지 않고 제3국에 양륙되어 원형 그대로 혹은 약간의 가공을 해서 실제 수입국으로 재수출되는 경우를 의미한다.

통과무역은 화물이 수출지로부터 수출될 때 실제 수입지가 정해져 있어 원형대로 운송과정으로서의 중간국을 통과하는 것임에 비해, 중계무역은 수출지에서 발송할 때 반드시 실제 수입지가 결정되지 않고 중계항에서 양륙된후에 최종목적지가 정해질 때도 있으며, 양륙항에서 간단한 가공도 이루어질 수 있다.

2) 상품생산방식별 거래형태

가. 가공무역

가공무역이란 가공의 목적으로 원료 등을 수입하여 가공 후 일정한 대가를 받고 다시 외국으로 수출하는 경우와 또 이와는 반대로 외국에서 수입하는 거래를 말한다,

나. 보세가공무역

보세가공무역은 정부가 지정한 특정 보세지역에 가공설비를 설치하여 외국에서 들여온 원자재를 가공하여 다시 외국으로 수출하는 거래형태를 말하는데 원자재를 외국에서 들여올 때는 일반가공무역에서와 같이 유환이나 무환으로 할 수도 있다. 보세가공무역은 원자재가 단지 수입될 때 관세를 물지 않는다는 것과 또 원자재를 수출하는 당사자와 완제품을 수입하는 당사자가 동일인이 아니라도 된다는 점에서 수탁가공무역과는 다르다.

3) 상품판매방식별 거래형태

가. 위탁판매수출

위탁판매수출은 물품을 무환으로 수출하여 당해 물품이 판매된 범위 내에서 대금을 결제받는 계약에 의한 수출방식이다. 이 방식은 제조업자가 자가생산품을 자기의 위험과 비용으로 수출하므로 물품의 소유권은 위탁자에게 있으며, 판매하고 남은 물품도 위탁자에게 반송되어 진다. 위탁자가 최저가격을 지정할 경우에 수탁자는 지정가격 이하로는 판매할 수 없으나 지정가격 이상으로 판매할 때의 차액은 수탁자의 이윤이 된다.

이러한 판매방식은 새로운 상품이나 신시장을 개척할 때 많이 이용되는데 수입상측에서는 자금부담의 경감 및 클레임 제기의 필요성이 없으나 위탁판매자의 입장에서는 대금회수불능의 위험이 있어 본·지사간이나 오랜 세월 거래해 온 거래선이 아니면 수탁자의 거래은행의 보증없이 잘 이루어지지 않는다.

나. 수탁판매수입

수탁판매수입이란 물품을 무환으로 수입하여 당해물품이 판매된 범위 안에서 대금을 결제하는 계약에 의한 수입으로서 위탁판매 수출을 수탁자의 입장에서 보는 거래이다. 자금부담의 위험은 물품의 소유권을 가진 위탁자가 부담하므로 수탁자는 판매대리인으로 위탁자가 지정한 조건에 따라 상품을 매각하고 잔품은 위탁자에게 반환하며, 그 판매대금에서 경비 및 판매수수료 등을 공제한 잔액을 위탁자에게 송금하며 된다.

4) 특수거래방식에 의한 거래형태

가. 연계무역

연계무역은 수출과 수입이 연계된 무역거래를 총칭하는 광의의 개념으로 일반적으로는 물물교환, 대응구매. 상계무역, 산업협력, 차액교환거래 등으로 최근에 들어서 연개무역이라는 용어로 통일되어 점차 정형화되어 가고 있다.

핵심용어

- **물물교환** : 물물교환이란 총화결제가 수반되지 않는 순순한 거래방식을 말한다. 상품의 수출·수입이 하나의 계약에 의해 이루어지는 거래로 외환사정이 어려운 국가 간에 가끔 이용되고 있다.
- **상계무역** : 상계무역은 수출입물품 대금의 전부 또는 일부를 그에 상응하는 수입 또는 수출로 상계하는 수출입을 말하며, 일반적으로 하나의 계약서에 의해 거래가 이루어진다.
- **산업협력** : 산업협력은 서방측의 수출상이 공급한 플랜트 등에서 생산되는 제품을 다시 서방측이 수매하는 제품구매이며, 이는 별도의 계약서에 의해 대금결제가 이루어진다.
- **차액교환거래** : 차액교환거래는 상품판매대금의 일정액을 바터형식으로 수입하거나 수입자 책임 하에 전매해준다는 조건부 거래이다.

원래 연계무역은 외화부족 국가가 국제수지악화를 방지하기 위하여 두 나라의 무역업자가 서로 수출한 금액만큼 수입함으로서 실질적인 외화의 흐름이 없이 상품의 교역이 이루어지는 거래방식이다.

나. 협정무역

협정무역은 어느 일방국가가 수입수량을 제한하는 일방적인 무역제한조치는 상대국의 보복을 불러일으키므로 이를 극복하기 위해 두 나라간의 협정에 입각한 무역방식을 의미한다. 오늘날 무역의 다각화와 자유화에 대한 노력의 결과로 다수국간 협정에 의한 국제무역의 상대균형에의 경쟁이 두드러지고 있다. 즉, 중요한 국제상품에 관한 공급국과 수요국의 교역을 원활히 하기 위한 국제상품협정을 비롯한 국제금융 및 관세 등에 관한 국제협정이 있다.

다. 국영무역

민간무역은 무역거래의 주체가 민간무역업자인데 비하여 국영무역은 국가의 계획과 협정에 의하여 국가가 주체가 되는 정부기관 또는 대행기관을 통하여 이루어지는 무역을 말한다. 사회주의국가는 대체로 이러한 국영무역회사에 의하여 대외무역이 수행되고 있다.

5) 상품무역과 서비스 무역

가. 상품무역

국제 간 교역의 대상은 주로 재화, 즉 상품이 일반적이다. 고대 무역에서 알 수 있듯이 각 국은 교역을 통하여 필요한 물자를 조달하여 왔으며 국제 교역의 주 대상으로는 재화로서의 상품 외에도 원료 등도 포함하여 거래하였으므로 이를 유형무역이라고도 한다.

나. 서비스 무역

무역은 상품거래 외에도 서비스, 즉 용역거래 의해서도 수행된다. 용역은 유체물인 상품과는 달리 상대방에 대한 노무의 제공 등을 말하는 것으로서 건설수출과 같이 단독으로도 무역거래의 대상이 되지만 상품수출에 수반하여 발생하는, 즉 상품의 수송에 따른 운송서비스, 운송중인 상품의 손상위험을 커버하기 위한 보험서비스, 금융서비스, 거액을 포함한 법무서비스, 기술서비스 등을 포함하고 있다.

서비스무역은 WTO체제의 출범으로 그 교역범위가 종래 GATT하에서의 상품 특히 공산품위주의 교역패턴에서 벗어나 서비스시장의 개방은 물론 농산물, 지적재산권에 이르기까지 전산업분야에 걸쳐 확대되고 있다.

1-2 무역업의 경영

1. 무역경영의 의의

무역경영은 무역거래를 통하여 국제간 물자의 배분기능을 담당하고 이것을 경제적으로 실행함으로써 수익을 얻고자하는 경영활동을 의미한다.

세계는 지금 각국의 글로벌화 전략에 의해 시장경제의 규모가 전 세계적으로 확장되어 감에 따라 국가 간 상호의존의 정도가 가파르게 상승하고 있다. 때문에 국내외에서 발생하는 모든 무역거래조건이나 무역경영주체간의 상호 입체적인 작용구조도 복잡해지고 다양하게 얽혀있는 양상을 띠고 있다. 이에 따라 전통적인 의미에서의 국제무역의 성격도 급격히 변화하고 있으며 상품 생산과정이 국내분업과 국제분업의 프로세스를 연쇄적으로 거치게 됨에 따라 최종제품의 생산자나 브랜드만으로는 어느 나라의 어느 회사 제품인가를 알아낼 수 없게 되었다.

무역경영은 이러한 흐름을 좇아 한국의 수출기업들이 급속한 무역환경의 변화 속에서 무역에 관한 모든 내용들을 종합적으로 검토함으로써 경제활동의 불확실성을 제거하고 새로운 무역경영전략을 제시하는데 그 의의가 있다.

2. 무역경영의 기본요소

무역업은 자신이 무역거래의 주체가 되어 자신의 이름으로 매매를 하고 거래의 위험을 감수하며 이익을 추구한다.

한국은 2000년 1월 1일부터 대외무역법의 개정으로 무역업 신고제가 폐지되고 자유화되어짐에 따라 수출입 신고 시 반드시 기재해야 하는 무역업 고유번호를 한국 무역협회에 신청하여 부여받기만 하면 된다. 단, 무역업의 신규신고 또는 신고한 사항 중 중요한 사항의 변경이 발생할 경우에는 한국무역협회 본 · 지부 중 편리한 지역에 신고하여야 하고 무역업자나 무역대리업자가 그 사업을 양도하거나 사망한 때, 그 법인이 합병된 때, 개인사업자가 일정 기준에 따라 법인으로 전환한 때 등의 경우 승계사유가 발생한 날부터 2월 이내에 신고하면 양수인 · 상속인 · 법인 등은 무역업자의 지위를 승계할 수 있다.

▸ **무역업의 신고요건** : 개인의 경우 사업자등록을 할 것, 법인의 경우 법인등기와 사업자등록을 할 것, 농·임·축산·어업자의 경우 그 사실을 확인할 수 있을 것, 외국기업의 국내지사나 외국인 투자업체의 경우 사업자등록을 할 것

무역업에 진출하기 위하여 가장 먼저 해야 할 일은 사업장의 위치, 재무상태, 인적네트워크 구축여부 등을 고려하여야 한다. 사업장의 위치는 전국 어디에서나 접근이 편리하도록 교통인프라가 잘 갖추어져 물류의 흐름이 장애를 일으켜서는 아니 되며 무역과 관련된 정보들을 획득하기가 용이한 곳이어야 하고 주거래은행과 왕래가 용이하고 생산의 중심지에 위치하여야 한다.

무역은 국내거래에 비하여 1회에 발생하는 거래규모가 대단히 크고 수출 시 수출물품의 확보와 수입 시 신용장의 개설 등 많은 비용이 소요되므로 큰 자본이 필요하다. 따라서 무역경영에 있어서 재무요건들이 충족되었을 때 비로소 무역업을 경영해도 좋다. 이때, 재무요건이란 무역경영상 자본금과 필요한 자본을 적시에 조달하고 운영하는 방법에 관한 요건들을 의미한다.

인적 네트워크구축이란 복잡한 무역에 관한 제반업무를 효율적으로 수행하기 위해서는 무역실무를 담당하는 인력의 높은 질적 수준이 필요하다. 무역에 관련된 자는 거래상품에 관한 지식과 국제 매매관습, 무역법규, 무역서류, 외국환, 국제규칙 등 무역실무에 관한 지식과 능력뿐만 아니라 국제무역환경과 해외시장의 변화에 대한 폭넓은 지식과 국제적인 감각이 필요하다. 물론 외국어의 구사능력과 계약체결에 관한 교섭능력 등은 말할 나위없다.

3. 무역업의 경영유형

일반적으로 개인이나 기업이 이익을 얻을 목적으로 자기 자신의 비용과 위험부담을 전제로 무역업을 하는 자를 무역업자라고 한다.

무역업에는 외국거주자를 상대로 직접 또는 제3자를 통하여 상품매매활동을 하는 일반 무역업과 생산국과 수요국 사이에서 무역거래의 중개를 하는 국제도매업이나 외국에 영업본사를 설립하고 외국 대 외국의 무역을 하는 외지(外地) 무역업과 같은 특수 무역업이 있다.

무역업은 수출업과 수입업으로 나누어지며 각각 수출업자와 수입업자가 종사하는데, 양쪽을 겸하는 경우도 많다. 무역업자를 넓은 의미로 해석하면, 제조업자나 집하업자(集荷業者)의 수출입절차를 대행하여 수수료를 받는 무역대리업자나, 자사상품을 직접 수출입하는 제조업자를 포함하기도 한다. 무역업은 풍부한 지식과 경험이 필요하기 때문에 비교적 소수의 대규모 종합상사가 유리한 지위를 차지하고 있다.

(1) 일반 무역업

1) 수출업(Export Merchant)

자신이 생산한 상품을 외국에 판매하거나 그 밖의 공급자로부터 상품을 구입하여 해외로 매각하는 것을 말한다. 수출업은 자신의 명의와 계산으로 이윤창출을 위하여 외국의 수요자와 거래하는 것이기 때문에 신용위험을 부담하게 되는 것은 당연하며 판매가격과 구입가격의 차액이 일정하지 않아 수익이 일정하지 않을 수 있다.

2) 수입업(Import Merchant)

자신의 명의와 계산으로 외국에서 생산된 상품을 해외 수출상들로부터 구입하여 이윤창출을 목적으로 국내 소비자들에게 판매하는 것을 수입업이라고 한다. 수입상의 주요 고객으로는 국내외 제조업자나 도매상, 소매상이며 수입상은 이들에게 완제품, 반제품, 원료 등을 수입하여 판매한다. 수입상은 제품운송의 위험이나 환율의 변동, 가격변동과 같은 위험에 노출되어 있으며 수입가와 국내외 판매가의 차액이 일정하지 않아 수익이 일정하지 않을 수 있다. 수입자에 의한 제품의 수입으로 자국의 생산 활동에 필요한 재료나 국민생활을 위한 필수품이 확보될 수 있으나 외화의 유출이 따르고 국민생활과 국내산업에 대한 영향이 크기 때문에 수입의 경우 대부분 정부가 규제·관리한다.

3) 해외현지 수출법인

자국의 자본만으로 외국법에 의거하여 외국에 세우는 외국국적의 회사 법인을 말한다. 무역거래의 규모와 범위가 확대되면 해외현지시장의 정보수집과 조사, 시장개척을 위하여 해외현지 시장에 직접 진출하게 되는데 해외진출의 최종단계에 가서는 현지국의 법률에 의하여 본사로부터 독립된 법인형태의 해외자회사(overseas subsidiary company)에 의하여 운영된다.

(2) 무역대리업

▸ 무역대리업(agency)의 법률적 책임한계
- 민법 제114조(대리행위의 효력) 제1항 "대리인이 그 권한 내에서 본인을 위한 것임을 표시한 의사표시는 직접 본인에게 대하여 효력이 생긴다."
- 민법 제117조(대리인의 행위능력) "대리인은 행위능력자임을 요하지 아니한다."

수출입 거래 당사자의 중개인 입장에서 외국의 수입업자 또는 수출업자의 위임을 받아 국내에서 수출물품을 구매하거나 수입계약을 체결하고 기타 부대행위를 하는 직업을 무역대리업이라고 한다.[9)]

무역대리업자는 수출상 또는 수입상으로부터 수수료를 받고 수출입을 중개, 알선, 보조하는 자로서 수출입의 본 거래에 자기명의를 사용하지 않는다. 즉, 본인이 아닌 계약 대리인으로서 수출입계약단계에서만 개입하여 계약대리권만 행사하므로 수출입의 본 거래에 대해서는 법률적 책임이 없다. 따라서 대리인의 행위에 대한 효력은 대리인이 그 권한 내에서 본인을 위한 것임을 표시한 의사표시에 한하여 직접 본인에게 대하여 효력이 발생하며 대리인은 행위능력자임을 요하지 아니하므로 본인에게 귀속된다.[10)]

1) 수입판매 대리점(Exporter's Selling Agent)

수입판매 대리점은 대개 오퍼상으로 불린다. 이들은 외국에서 국내에 물품을 수출하고자 하는 자의 위임을 받은 자 또는 외국수출업자의 국내지사(대리점)가 국내에서 외국 수출업자를 대리하여 국내에서의 물품의 판매뿐만 아니라 오퍼(offer)의 수주 및 관리를 총괄한다 하여 오퍼상이라고 불린다.

수입판매 대리점은 그 보수로서 판매수수료를 받는데 보통 매매가격의 몇 %로 정한다. 이러한 대리점 계약의 목적은 제조업자나 수출상의 입장에서 보면 최소의 비용과 위험으로 새로운 거래처와 시장을 확보하는데 있다. 참고로 수입판매대리점을 경유한 물품매매계약에 있어서 대금결재는 국내 수요자와 해외의 수출상이 직접 이루는 것이 원칙이다. 이 경우 신용장은 국내의 수요자가 해외의 수출자 앞으로 발행하며 수출상은 이를 확인한 후 환어음을 고객 앞으로 발행하여 대금을 회수한다.

핵심

- **독점대리점**(Sole Agent) : 외국기업의 지시를 받아 외국기업의 비용과 위험부담으로 외국기업을 대신하여 판매, 선전, 광고, A/S 등의 행위를 함으로써

외국기업으로부터 일정한 수수료(Commission)를 받는다.

- **독점판매상**(Exclusive Distributor) : 수입자 자신이 선전광고비를 부담하고 재고도 보유하는 등 자기의 책임 및 위험부담으로 수입 및 판매를 하여 수입자 자신의 이익(margin)을 꾀한다. 일반적으로 독점판매 계약에 의한 수입이 많다.
- **병행수입상** : 독점적인 대리점이나 판매상과 계약없이 자유롭게 수입하는 자를 말한다. 기존의 수입업자가 판매하고 있는 상품을 다른 수입업자가 다른 경로를 통해 수입, 판매한다.

참고

수입판매 대리점 계약서(예)

DISTRIBUTORSHIP AGREEMENT

This Distributorship Agreement (this "Agreement") is made and enter into this_____ day of 20 by ____ and between ____, a corporation duly organized and existing under the laws of with its principal place of business at ____(주소)____, a corporation duly organized and existing under the laws of the Republic of Korea("Korea") with its registered head office at____, Korea (the "Manufacturer")

WITNESSETH :

WHEREAS, the Manufacturer is a company with extensive experience in the manufacture and sale of ___ and other ___ products and is willing to grant to the Distributor the right and license to distribute and sell the products (as hereinafter defined) in the Territory (as hereinafter defined) ; and

WHEREAS, the Distributor is a company engaged in the business of ___ and desires to obtain the right and license from the Manufacturer to distribute and sell the products in the Territory.

NOW THEREFORE, in consideration of the mutual promises, obligations and agreements contained herein, the parties hereby agree as follows :

Article 1. DEFINITIONS

The terms defined in this Article shall have the meanings ascribed to them herein whenever used in this Agreement :

1－1 "Effective Date" shall mean the date on which this Agreement has been duly executed by the authorized representatives of the parties, and all required government approvals have been obtained.

1－2. "Products" shall mean the items which the Distributor is hereby granted the right and license to distribute and sell in the Territory, and as are more particularly described in Appendix A hereto. The products shall also mean any additional items which the parties may from time to time agree in writing to include within the scope of Appendix A ; provided, however, that the Manufacturer may upon sixty(60) days prior written notice to the Distributor delete any item which is then included within the definition of Products, if in the Manufacturer's sole opinion it is expeditions to discontinue the manufacture of such item.

1－3. "Territory" shall mean______________________________________

Article 2. APPOINTMENT

The Manufacturer hereby appoints the Distributor as the (exclusive or non-exclusive) distributor of the products in the Territory during the term of this Agreement, and the Distributor hereby accepts such appointment. The Manufacturer shall not, directly or indirectly, offer or sell the products to any third party in the Territory without prior written approval of the Distributor.

Article 3. DISTRIBUTOR'S OBLIGATIONS

3－1 The Distributor agrees and undertakes to diligently and conscientiously use all reasonable efforts to promote and expand the sale of the products in the Territory, including but not limited to regularly and at its own expense distributing promotional literature, conducting multi media advertising and carrying out market surveys.

3－2 A reasonable annual advertising budget and a sufficient number of well trained sales and service representatives shall be maintained by the Distributor for the purpose of Article 3.1 hereof. The amount and number of such respectively, shall be decided upon by the mutual agreement of the parties and shall be subject to review on each anniversary of the Effective Date.

3－3 The Distributor further agrees and undertakes not to distribute or sell any products or items which in the sole opinion of the Manufacturer might reasonably be expected to directly or indirectly compete with or otherwise hinder the distribution and sale of the products in the Territory.

3－4 The Distributor shall ensure that the adequate stocks of the products are maintained by it in the Territory so as to be able at all times to meet without delay the reasonably anticipated demand for the Products during the ensuing sixty (60) day period.

3－5 The Distributor shall take all reasonable steps to ensure that the Products are properly transported, handled and stored so as to prevent any damage thereto.

3－6 The Distributor shall maintain adequate products liability and other appropriate insurance acceptable to the Manufacturer, to protect itself and the Manufacturer from claims which may arise as a result of damage to the Products while in the possession or control of the Distributor, and the Distributor shall itself indemnify and save the Manufacturer harmless from any claims which may be initiated against the Manufacturer as a result of any such damage to the Products to the extent that such are not covered by the said insurance.

3-7 The Distributor shall not alter or add to the packing, brand names, trade names, trademarks or other markings affixed by the manufacturer to the products without the prior written consent of the Manufacturer.

3-8 The Distributor shall render all resonable assistance to the Manufacturer to enable the trade names, trademarks, designs, copyrights and/or patents of the Manufacturer, as appropriate, to be duly registered and maintained in accordance with applicable laws and regulations in the Territory. The Distributor shall itself acquire no rights to such intellectual property rights, however, except as are expressly granted to it in writing by the Manufacturer.

3-9 The Distributor shall notify the Manufacturer forthwith of all imitations or infringements of the products, trade names, trademarks, designs, copyrights and/or patents of the Manufacturer of which the Distributor becomes aware and shall co-operate with the Manufacturer in the taking of any legal proceedings in relation thereto. The expenses of any such proceedings shall be borne by the Manufacturer, except to the extent or in the event that such arise as a result of a breach by the Distributor of its obligations hereunder, in which case the Distributor shall be liable for all such costs and expenses.

3-10 The Distributor undertakes, during the term and after expiration of this Agreement, never to contest the validity of the registration of the trade names, trademarks, designs, copyrights and/or patents of the Manufacturer, or to imitate them. The above commitment is extended to any business in which the Distributor has or acquires a direct or indirect interest or participation.

3-11 Every six (6) months during the term hereof the Distributor shall provide the Manufacturer with a written report outlining its sales promotion activities during the preceding six (6) month period and its plans for similar activities during the next six (6) months, together with copies of all advertising materials used or to be used, during the said periods. In addition, the Distributor shall promptly notify the Manufacturer of the names and addresses of all potential new purchasers of the Products as the Distributor becomes aware of them, to enable the Manufacturer to itself also engage in any such promotional activities as it may deem appropriate.

3-12 The Distributor shall purchase the equivalent of at least _____ United States dollars(USD) of the Products from the Manufacturer in the first full year of this Agreement, and in each subsequent year during the term hereof, an amount equal to at leastpercent ____ (%) of the quantity purchased in the previous year.

Article 4. MANUFACTURER'S OBLIGATIONS

4－1 The Manufacturer agrees and undertakes to make every reasonable effort to fill the orders of the Distributor with all reasonable dispatch.

4－2 The Manufacturer will support the Distributor in its sales and promotional efforts by providing such materials and information as are in its control or possession, and as the Manufacturer believes might reasonably assist the Distributor without adversely affecting the Manufacturer's general interests, on such terms and conditions as the parties shall from time to time agree.

Article 5. ORDERING PROCEDURE AND SHIPMENT

5－1 Orders for the Products shall be in writing and in such form as the Manufacturer notifies the Distributor, addressed to the Manufacturer as set forth in Article 14 hereof.

5－2 Within ______ (   ) days of receipt of an order so made, the Manufacturer shall indicate its acceptance, in whole or part, or rejection of such order in writing to the Distributor. The failure of the Manufacturer to indicate its rejection or acceptance within the said ___ (   ) days of receipt of an order shall be deemed to constitute acceptance.

5－3 Accepted orders will be shipped on F.O.B. Korean port or airport at the option of the Distributor on such vessel or other carrier as the Distributor shall itself arrange. Delivery to such vessel or other carrier shall constitute delivery to the Distributor and risk shall pass at that time.

5－4 Accepted orders shall be shipped with export packing adequate under normal transport conditions to prevent damage or deterioration.

Article 6. PRICE AND PAYMENT

6－1 The prices to be paid for the products shall be as outlined in Appendix B hereto, calculated on an F.O.B. Korean Port (   ) or airport (   ) basis. The terms, conditions or prices for the products shall be on most favoured terms offered to any other distributor in other countries for the Products.

6－2 Payment shall be made in United States dollars by means of a separate confirmed and irrevocable letter of credit for each order. Each such letter of credit shall be in such form and opened by such bank as is accepted in writing by the manufacturer, shall be opened within ___ (   ) days of the placing of the order to which it relates and shall name as the advising bank such bank and branch as the manufacturer may notify the Distributor from time to time in writing.

6－3 If during the terms of this Agreement the Manufacturer's costs of delivering the products to the Distributor, increase by more than ___ percent (%) due to fluctuations in currency exchange rates, increases in the cost of raw materials, oil or other energy sources, increase in interest rates or other factors beyond the reasonable control of the parties, then the prices paid by the Distributor shall be proportionally increased.

Article 7. WARRANTY

7－1 The Manufacturer specifically and expressly warrants that the products manufactured and sold by the Manufacturer shall be of the highest quality, free from any defects in material or workmanship and comply with description, specifications and specimens of the Products and the laws and regulations of the Territiory for such Products.

7－2 The aforesaid warranties shall extend for one (1) year from the delivery of the Products by the Distributor to the end user, hereinafter called "Warranty Period". If during the Warranty period, Product fails to meet the warranties as provided for in Article 7.1 above and the Distributor informs the Manufacturer in writing of details of such failure, the Manufacturer shall at its expense, repair, make good, or replace the defective Product with all possible speed at the places designated by the Distributor. The Manufacturer shall be liable, in addition, for the transportation and customs clearance expenses and for the compensation of all other losses and damages incurred by the Distributor as a result of the aforementioned defects in the Products.

7－3 Any Product which has been found defective and replaced or repaired shall have the Warranty Period of one (1) year renewed from the date on which replacement or repair is completed.

7－4 If the Manufacturer does not commence the correction of such defects within thirty (30) days from the date of receipt of notice from the Distributor, or does not complete the said correction with reasonable diligence and within a reasonable time, the Distributor may, at its option and without prejudice to any right and remedies available time, the Distributor, correct the defects either itself or through others at Manufacturer's risk and expenses. In such event, the Manufacturer shall reimburse all expenses for remedy of such defects and also any and all losses and damages incurred by the Distributor as a result thereof within thirty (30) days from the date of receipt of Distributor's demand.

7－5 The amount payable by the Manufacturer to the Distributor under this warranty clause shall be allowed as a credit to the Distributor, provided that the Manufacturer fails in making such payment to the Distributor within the above-mentioned period.

Article 8. TERM AND TERMINATION

8－1 This Agreement shall become effective on the Effective Date and shall extend for an inital term of (　　) years from such date. It shall thereafter be automatically renewed for successive (　　) year terms unless either party gives the other party

notice of its intention not to so renew at least ninety (90) days before the date of expiration of the initial ____ (   ) year term or any successive (   ) year renewal terms, as the case may be.

8－2 This Agreement may be terminated forthwith by notice in writing in the following instances ;

(a) By either party, if the performance of this Agreement is prevented or substantially interfered with by an event of force majeure for a period of more than ninety (90) days :

(b) By either party, in the event that any material breach of this Agreement is not cured to the satisfaction of the party within thirty (30) days of written notice thereof to the other party :

(c) By either party, if the other party is dissovled or liquidated, becomes insolvent or bankrupt, or if other events occur which are of similar effect under the laws of the Territory of the damages or to terminate this Agreement for any subsequent or continuing default of such or any other provision

Article 9. INDEPENDENT CONTRACTORS

It is agreed and understood that the relationship is that of independent contractors and nothing contained herein shall be construed to place the parties in, nor shall the parties hold themselves out to be in, the relationship of partners, joint venturers, principal and agent or employer and employee. Either party shall have no right to enter into contracts in the name of or on behalf of the other party.

Article 10. ARBITRATION AND GOVERNING LAW

10－1 All disputes, controversies, claims or difference arising out of, or in relation to this Agreement, or a breach hereof, shall be finally settled by arbitration in Seoul, Korea in accordance with the Commercial Arbitration Rules of the Korean Commercial Arbitraton Board and under the laws of Korea. The award rendered by the arbitrators shall be final and binding on the parties concerned.

10－2 The validity, performance, construction, and effect of this Agreement shall be governed by the laws of Korea.

Article 11. COMMUNICATIONS AND NOTICES

All notices or other communications called for by this Agreement shall be in writing addressed to the parties at their respective addresses shown below or as otherwise hereafter notified in writing by one party to the other and shall be deemed received, in the case telexes, cables or telefaxes on the day after being sent, and in the case of posted letters or documents, which letters or documents shall be sent by postage prepaid registered air mail, (   ) days after posting :

To : (full name of Distributor)

Address :

Attention :

Telex :

Telefax :

To : (full name of Manufacturer)

Address :

Attention :

Telex :

Telefax :

Article 12. ENTIRE AGREEMENT

This Agreement supersedes and replaces any and all prior discussions, negotiation, representations and agreements, written or oral, between the parties. This agreement shall not be modified, nor shall the authorization of any act not in conformity be deemed to amend or supersede this Agreement, in whole or in part, unless such a modification, waiver or authorization is in writing and signed by both parties. This Agreement is made in the English language and is executed in two (2) counterparts, each of which shall have the force and effect of an original.

IN WITNESS WHEREOF, the duly authorized representatives of the parties have executed this Agreement on the day and year first written above :

(full name of Distributor)	(full name of Manufacturer)
Name :	Name :
Title :	Title :

2) 수출판매 대리점(Manufacturer's Export Agent)

수출판매 대리점은 제조업자의 수출대리점으로 국내 제조업자를 대신하여 수출을 대행하는 대리점을 말한다. 해외시장에 설치하는 해외판매 대리점과는 달리 제조업자가 직접 수출하기 위한 하나의 단계로서 수출판매 대리점을 이용한다.

수출판매 대리점은 상호 비경쟁적인 입장에 있는 복수의 제조업자와 독점대리점협정(exclusive agency agreement)을 체결하고 형식상 자기명의로 해외의 거래선과 무역서신을 주고 받기도하며 자신의 명의로 송장을 보내기도 한다. 그러나 자기계산하에 이윤을 얻고 판매하는 것이 아니므로 실질적으로는 제조업자를 위한 서비스의 보수로서 수수료를 받는다.

표 2 일반무역업과 무역대리업의 비교

구분	일 반 무 역 업	무 역 대 리 업
개념	자기명의로 자기책임하에 물품의 수출과 수입을 업으로 영위하는 것 ① 대행수출, 대행수입의 위탁은 무역업의 범주에 포함 안 됨 ② 상품의 소유권이전을 전제로 한다는 의미에서 "무역대리업"과 구분됨 ③ 대외무역법상 무역업의 신고면제에 의한 수출입행위는 무역업으로 볼 수 없음	외국의 수입업자 또는 수출업자의 위임을 받은 자가 국내에서 수출물품의 구매 또는 수입계약의 체결과 이들에 부대되는 행위를 업으로 영위하는 것(계약대리권만 행사) ① 자기명의로 소유권 이전을 전제로 한 수출입을 할 수 없다는 점에서 무역업과 구분됨 ② 물품매도확약서 발행 및 수출품의 구매알선으로 영업범위가 한정된다는 점에서 무역중개업과 구분됨
업무범위	① 수출, 수입 취급품목의 범위를 제한하지 않음. (단, 약사법등에서 이중적으로 무역업 영위조건을 정하고 있는 경우는 예외) ② 수출입 대행 가능	① 수출입업무의 대행만 가능 ② 자기 명의로 수출입을 할 수 없음

(3) 무역대행업

현행법상 수출이나 수입을 하려는 자가 무역업 신고를 하지 않은 경우에는 무역업신고를 한 업체에게 수출 또는 수입을 위탁하여야 한다.

수출입대행 시 대행자는 반드시 무역업 신고를 한 대외무역법상의 무역업자이어야 하며, 대행의뢰자는 통상 무역업 신고를 아니한 실수요자인데, 무역업 신고를 한 자일지라도 특수한 상품이나 거래처의 권유 등의 관계로 자기보다 전문적인 지식과 경험이 있는 자에게 대행시키는 것이 유리한 경우에는 대행을 위탁할 수 있다.

수출입대행의 범위는 대행계약의 형태에 따라 다양하다. 일반적으로 대행계약을 체결할 때 포함되는 주요 내용은 다음과 같다.

핵심

- **당사자의 표시** : 대행자와 대행의뢰자를 명확히 표시한다.
- **수출입절차의 이행관계** : 수출 또는 수입과 관련된 모든 절차를 대행자가

이행할 것인가 아니면 대행자의 이름으로 의뢰자가 할 것인가를 구체적으로 표기하여야 한다. 그 내용에 따라 대행수수료가 결정되므로 대행업무의 범위를 명확하게 약정해야 한다.

- **클레임에 관한 사항** : 해외거래 상대방으로부터 클레임이 제기될 경우나 클레임을 제기할 때 누가 그 당사자가 될 것인가 하는 문제와 또한 대행자가 당사자가 된 경우 손해를 배상하거나 배상받았을 때 그 배상문제 또는 배상금의 귀속문제 등은 분쟁의 초점이 될 수 있으므로 가능한 한 거래상대방과 특약을 통하여 사전에 책임소재를 명백히 해야 한다.

1) 수출대행업(Export Commission House)

수출대행업은 무역업 등록이 없는 자의 수출을 도모하기 위하여 수출대행계약을 체결하고 수출대행계약에 의해 자신의 명의로 수출하는 업을 수출대행업이라고 한다. 보통 그 영업내용의 성격에 의해 구매대리점으로 불리는 것이 일반적이나 때로는 수수료상 또는 수탁자(indent merchant)로 불리기도 한다.

(수출대행업의)
- ▸부가가치세 신고 시 : 수출품 생산업자(영세율 적용), 수출대행업자(영세율 적용되지 아니함(대행수수료).)
- ▸세금계산서 교부의무 : 수출품생산업자(면제), 수출대행업자인 수출업자(수출대행 수수료에 대하여 교부)

참고

수출대행 기본 계약서(예)

_________주식회사(이하 "갑"이라 칭함)와 _________주식회사(이하 "을"이라 칭함)는 "을"이 공급하는 제품(이하 "제품"이라 칭함)을 대행수출함에 있어서 아래와 같은 조건과 방법으로 거래할 것을 합의한다.

제1조(수출대행)

1. "갑"은 "을"의 요구에 따라 제품을 "갑"의 명의로 대행수출한다.

품 명	수 량	단 가	가 격	비 고

2. "을"은 "갑"의 수출대행사실을 Buyer에게 통보하여 그 동의를 얻어야 한다.
3. "갑"은 수출대행업무를 처리함에 있어 선량한 관리의무를 다하여야 한다.

제2조(거래방법)

1. "을"은 "갑"의 수출대행을 위하여 "을"이 수취한 신용장을 "갑"에게 양도함이 원칙이나 상호 편의를 위하여 직접 "갑"앞으로 개설하게 할 수도 있다.
2. "을"이 "갑"에게 양도한 신용장 또는 "갑"앞으로 직접 개설된 신용장에 하자가 있을 경우 그 하자 보완 책임은 "을"의 부담으로 한다.
3. "갑"은 "을"로부터 양도받은 신용장 또는 직접 "갑"앞으로 개설된 신용장을 근거로 하여 "을"에게 내국신용장을 개설하며 "을 은 "을"의 책임과 비용으

로 신용장 조건에 의한 기한내 수출선적을 이행하여야 한다.

4. “갑”은 “을”의 편리를 위하여 MASTER L/C내도 또는 동 신용장을 “갑”에게 양도 전이라도 US$____의 한도내에서 “을”을 수혜자로 하는 비축 LOCAL L/C를 개설할 수 있다. 다만, 이 경우 “을”은 동 비축 LOCAL L/C취소 동의서를 “갑”에게 제공하기로 하며 동 동의서는 MASTER L/C내도 또는 동 신용장을 “갑”에게 양도 전에만 행사할 수 있다. LOCAL L/C의 유효기간 이내에 대응수출을 이행할 수 없을 경우 “을”은 “갑”에 대하여 “제품”의 인수 및 대금지급을 요구할 수 없다.
5. 전항의 경우 “제품”이 “갑”을 통하여 전량 대행수출될 때까지 동 “제품”은 제3자 또는 “을”의 명의로 수출될 수 없다.

제3조(대행수수료)

1. “을”은 “갑”에게 수출대행 수수료로서 1US$당 ₩________원을 MASTER L/C NEGO시 지급한다.
2. 전항의 수수료는 수출이 완료된 경우에는 해외 Buyer의 클레임제기 또는 Unpaid에 관계없이 지급하기로 한다.

제4조(금융지원)

1. “을”의 요청이 있는 경우 “갑”은 금 ______원을 한도로 “을”에게 자금지원할 수 있다.
2. 전항의 지원금의 상환일정은 다음과 같다. 상환기간 연장여부에 대하여는 “갑”, “을”간 별도 서면합의에 의하도록 한다.

상환일	상환 금액	상환 장소	상환 방법
년 월 일			
년 월 일			

3. 지원금에 대한 이자는 ___년 %로 하고 연체시에는 ___년 %를 적용한다. 은행의 일반대출금리 변동시에는 변동폭만큼 가감 조정한다.
4. 전항의 이자는 매월 ___일 단위로 “갑”에게 지급한다.

제5조(대금지급)

1. “갑”은 “을”에게 MASTER L/C에 표시된 “제품”대금을 동 L/C NEGO후 즉시 지급한다.
2. “갑”은 제1항의 금액에서 내국신용장 인수증금액 및 “갑”이 대납한 경비, “갑”의 수수료 등을 공제할 수 있고 부족액이 있을 경우 그 차액을 “을”로부터 지급받는다.

제6조(품질검사)

“제품”의 품질검사는 “을”의 책임으로 한다.

단, “갑”은 “을”의 동의를 받아 “을”의 “제품”생산과정을 수시로 검사할 수 있다.

제7조(수출경비)

모든 수출경비 (은행경비, 검사료, 운송비, 통관료, 하역료, 보험료 등)는 "을"의 부담으로 한다.

제8조(환차손익)

환율변동 등으로 인한 손익은 "을"의 귀속으로 한다.

제9조(통지의무)

"갑"이 Buyer 기타 제3자로부터 CLAIM통지 등이 수출대행업무와 관련된 통지를 받았을 때에는 지체 없이 동 사실을 "을"에게 서면 통지하여야 한다.

제10조(손해배상)

1. "갑"은 단순히 수출을 대행함에 불과하며, "제품"의 품질불량, 수량부족, 포장불량, 품질상이, 선적지연, 선적불이행 등의 사유로 BUYER로부터 제기되는 CLAIM은 "을"의 책임으로 하며 이로 인하여 "갑"에게 발생하는 손해는 "을"이 배상하여야 한다. 다만, "갑"의 수출절차 이행지체 등 "갑"의 귀책사유로 인한 "을"의 손해는 "갑"이 배상하여야 한다.
2. "을"은 BUYER 또는 지급(인수)은행의 UNPAID등 "갑"의 수출대행으로 인하여 "갑"이 입은 손해를 배상하여야 한다.
3. 제1항, 2항의 손해배상에는 손해발생일로부터 년 ___%의 지연이자를 가산한다.
4. "을"은 제1항의 내용을 Buyer에게 통보하여 Buyer로부터 동 사실을 확인받아야 한다.

제11조(담보제공)

당사자일방은 본 계약과 관련하여 부담하는 일체의 채무이행을 보증하기 위하여 다음의 담보를 상대방에게 제공하기로 한다.

1. 당사자 발행 백지 당좌수표(또는 약속어음) 1매 및 동 보충권 차입증 또는,
2. 당사자가 발행하고 그 대표이사가 개인자격으로 연대보증한 액면금액 금______원의 공증약속어음 _____매 또는,
3. 당사자소유 ____대지 ____평, 건물 ___평위에 "갑"을 제1순위 근저당권자로 하는 채권 최고 금액 금____원의 부동산 담보

제12조(해약)

1. 당사자 일방의 계약불이행, 또는 당사자 일방의 파산신청, 파산, 해산, 영업폐지, 지급불능, 당좌거래의 정지, 회사정리신청, 회사정리법에 의한 보전신청, 가압류신청, 가압류, 가처분 등 기타 신용을 현저히 상실하였다고 인정될 경우 상대방은 계약해지를 통보함으로써 본 계약을 해지할 수 있다.
2. 전항의 계약해지는 기 발생된 권리 및 손해배상의 청구에 영향을 미치지 아니한다.

제13조(유효기간)

1. 본 계약은 체결일로부터 ___년 ___월 ___일까지 유효하다.

단, 계약기간 중 발생한 채권, 채무는 기간만료에 영향을 받지 아니한다.

2. 유효기간의 연장여부 및 그 내용은 기간만료시 당사자 간의 합의로써 결정한다.

제14조(기한이익의 상실)

당사자 일방에게 제12조 제1항의 사유가 발생할 경우 그 당사자가 상대방에게 부담하는 일체의 채무에 대한 기한의 이익을 상실하며 상대방은 최고 및 이행의 제공없이 즉시 담보권을 행사할 수 있다.

제15조(내용변경)

본 계약의 내용은 당사자 간 서면합의로써 변경할 수 있다.

제16조(양도금지)

당사자일방은 상대방의 사전승인 없이 본 계약의 권리, 의무를 제3자에게 양도, 이전, 담보제공 등의 행위를 할 수 없다

제17조(분쟁해결)

본 계약으로 인하여 또는 본 계약과 관련하여 발행하는 모든 분쟁은 대한상사중재원의 중재로써 최종 합의한다.

제18조(특약)

제19조(기타)

본 계약에 규정되지 않은 사항은 당사자간 합의로써 결정하고, 합의되지 않은 사항은 일반적으로 인정되는 상 관례에 의한다.

상기 계약내용을 확인, 증명하기 위하여 본 계약서 2통을 작성하고, "갑", "을"이 서명 날인한 후 각 1통씩 보관한다.

20 년 월 일

(갑) (을)

2) 수입대행업(Import Commission House)

수입대행업이란 수입업의 허가를 받은 자(대행자)가 특정한 물품을 수입하려고 하는 자(대행위탁자)와의 대행계약에 의하여 대행위탁자가 수입하려고 하는 물품을 수입업의 허가를 받은 자가 자기명의로 수입하는 업을 수입대행업이라고 한다. 이때 수입대행업자와 대행위탁자간에는 특약이 없는 이상 사법상의 도급이나 위임계약관계라 할 수 있다.

수입대행 기본 계약서(예)

("갑")주 소 : ("을")주 소 :
상 호 : 상 호 :
대표(이사) : 대표(이사) :

상기 "갑"과 "을"은, 을의 요청에 따라 "을"이 필요로 하는 (이하 "제품"이라 칭함)을 "갑"이 "을"을 위하여 수입함에 있어서 다음과 같은 조건과 방법으로 거래할 것을 합의한다.

제1조(수입대행)

"갑"은 "을"의 요구에 따라 하기 제품을 "갑"의 명의로 대행 수입한다.

품명	규격	수량	단가	금액	원산지	비고

제2조(거래방법)

1. "을"은 OFFER를 "갑"에게 제공키로 하며 동 OFFER로 인하여 발생하는 추징관세 등 관세법상의 책임을 비롯한 모든 책임을 "을"이 부담한다.
2. "갑"은 전항의 OFFER에 의거 신용장을 개설한다.
3. 통관업무는 "갑"의 명의로 "을"이 행한다. "갑"은 "을"의 요구시 언제나 그 명의 사용을 허용하나 이로 인하여 "갑"이 손해를 입었을 경우에는 "을"이 배상한다.
4. "갑"은 수입대행업무를 처리함에 있어 선량한 관리의무를 다하여야 한다.

제3조(대행수수료)

1. "을"은 "갑"에게 수입대행 수수료로서 미화1불당 ₩________원을 수입신용장 개설시 지급한다.
2. 전항의 대행수수료는 수입이 완료된 후에는 CLAIM제기, UNPAID에 관계없이 지급하기로 한다.
3. "을"의 귀책사유로 수입절차가 완료되지 못한 경우에는 "을"은 "갑"이 입은 손해를 배상하여야 한다.

제4조(제품의 인수도)

1. "갑"은 수입 통관한 제품을 __________에 입고함으로써 "을"에 대한 인도는 완료된 것으로 본다.
2. 전항의 인도시 "갑"은 수입면장 및 수입에 관계된 모든 서류와 증빙을 "을"에게 인도한다.
3. "을"은 제품의 인수를 거절할 수 없다.
   "을"이 제품인수를 거절할 경우 "갑"은 제품을 임의 처분할 수 있으며 제품

처분가액이 경비, "갑"에게 지급되어야 할 대행수수료 및 이자와 B/L대전의 합계액에 미달하여 "갑"에게 손해가 발생할 경우 "을"은 동 손해 및 이자(년 %)를 즉시 배상하여야 한다.

4. "갑"은 제품이 세관에 도착한 즉시 "을"에게 제품도착사실을 통보하여야 한다.

제5조(제품의 인수가)

"을"이 수입통관된 제품을 인수하는 가격은 수입담보금을 비롯한 신용장 개설제비용, TERM CHARGE, 해상보험료, 해상운임, B/L대전, 관세, 특소세(통관시에 납부된 부가세는 제외한다), 통관자금, 통관부대비용, 하역비 및 "갑"의 대행수수료 기타 본 제품수입에 소요된 비용의 합계로 한다.

"갑"은 "을"에게 제품의 인수가격을 증명할 수 있는 서류와 관인 영수증 및 거래 명세서 등의 증빙을 제출하기로 한다.

제6조(제품대금 지급)

"을"은 전조의 제품대금을 "갑"으로부터 B/L을 인수하는 시점에서 전액 "갑"에게 지급하여야 한다. 다만, "갑"이 별도 동의하는 경우에는 그에 따른다.

제7조(품질불량 등)

1. 제품의 품질불량, 수량부족, 품질상이, 선적지연, 선적불이행, 선적서류의 하자 등으로 인한 CLAIM에 대하여 "갑"은 책임을 지지 아니한다.
2. "을"이 제품 공급자에 대하여 전항의 CLAIM을 제기할 경우 "갑"은 그 해결에 적극 협조(갑의 명의사용, CLAIM관련서류작성, 제통신시설이용 및 기타 정보제공 등)하기로 한다. 다만, "갑"이 이로 인하여 손해를 입었을 경우에는 "을"이 이를 배상하여야 한다.
3. "을"이 제시한 확정 OFFER로 인하여 발생하는 제반사고, "을"을 위하여 "갑"의 명의로 관서나 기관에 제출한 각종 각서 및 기타 증빙자료에 의하여 발생하는 제반책임은 "을"의 부담으로 한다.

제8조(관세환급)

"을"이 본 건에 관해 관세환급을 받을 경우에는 "갑"은 이에 필요한 서류를 "을"에게 제공하는 등 최대한 협조한다.

제9조(환차손익 등)

환율변동으로 인하여 발생하는 손익은 "을"의 귀속으로 한다.

제10조(통지의무)

"갑"은 수출자 기타 제3자로부터 이 수입대행업무와 관련된 통지를 받았을 때에는 지체없이 동 사실을 "을"에게 서면통보하여야 한다.

제11조(담보제공)

당사자일방은 상대방에 대하여 본 계약으로 인하여 자신이 부담하는 일체의 채무이행을 보증하기 위하여 다음의 담보를 상대방에게 제공하기로 한다.

1. 당사자발행 백지당좌수표(또는 약속어음) 1매 및 동 보충권 행사위임장, 또는

2. 당사자가 발행하고 그 대표이사가 개인 자격으로 연대보증한 액면금액 금_______원의 공증약속어음 _____매, 또는
3. 당사자 소유 ____대지 ____평, 건물 ____평 위에 상대방을 제1순위 근저당권자로 하는 채권 최고금액 금______원의 부동산 담보

제12조(해약)

1. 당사자 일방의 계약불이행 또는 당사자 일방의 파산신청, 파산, 해산, 영업폐지, 지급불능, 당좌거래의 정지, 회사정리신청, 회사정리법에 의한 보전신청, 가압류신청, 가압류, 가처분 등 기타 신용을 현저히 상실하였다고 인정될 경우 상대방은 계약해지를 통보함으로써 본 계약을 해지할 수 있다.
2. 전항의 계약해지는 기 발생된 권리 및 손해배상의 청구에 영향을 미치지 아니한다.

제13조(유효기간)

1. 본 계약은 계약 체결일로부터 ____년 ____월 ____일까지 유효하다
   단, 계약기간중 발생한 채권, 채무는 기간만료에 영향을 받지 아니한다.
2. 유효기간의 연장여부 및 그 내용은 기간만료시 당사자 간의 합의로써 결정한다.

제14조(기한이익의 상실)

당사자일방에게 제12조 제1항의 사유가 발생할 경우 자신이 상대방에게 부담하는 일체의 채무에 대한 기한의 이익을 상실하며 상대방은 최고 및 이행의 제공 없이 즉시 담보권을 행사할 수 있다.

제15조(내용변경)

본 계약의 내용은 당사자간 서면합의로써 변경할 수 있다.

제16조(양도금지)

당사자 일방은 상대방의 사전승인 없이 본 계약의 권리, 의무를 제3자에게 양도, 이전, 담보제공 등의 행위를 할 수 없다.

제17조(분쟁해결)

본 계약으로 인하여 또는 본 계약과 관련하여 발생하는 모든 분쟁은 대한상사중재원의 중재로써 최종 합의한다

제18조(특약)

제19조(기타)

본 계약에 규정되지 않은 사항은 당사자간 합의로써 결정하고, 합의되지 않은 사항은 일반적으로 상관례에 의한다.

상기 계약내용을 확인, 증명하기 위하여 본 계약서 2통을 작성하고, "갑", "을"이 서명 날인한 후 각 1통씩 보관한다.

20 년 월 일

(갑) (을)

▸SK네트웍스 같은 경우 2006년 말 현재 무역대행업의 비중이 전체 매출의 20%도 안 된다.-조선일보 2007년 3월 20일자

3) 종합무역상사(General Trading Company; GTC)

종합무역상사란 해외시장의 개척 및 무역기능의 다양화를 유도하고 중소기업의 무역활동을 지원하기 위하여 국내외에 걸친 광범위한 시장과의 거래를 도맡아 취급하는 상사 중에서 지식경제부장관의 지정을 받은 상사를 의미한다.

이들의 특징은 보통 기업규모, 매출액이 거대하고, 취급상품이 다양하며 영업내용이 다양하고 시장이 국내외에 있다. 또한 이들은 해외지사, 지점, 영업소 등이 전 세계에 설치되어 있고 뛰어난 정보망을 갖고 있으며 기업집단을 통합하는 역할을 하는 동시에 상사 자체가 다수의 계열기업을 지배하고 있다. 그러나 최근에 들어서는 종합상사 본연의 업무인 무역 기반의 경쟁이 갈수록 심화되고 있어 무역 위주 사업 구조에서 벗어나 물류보안·조선업 등 다양한 영역에 진출하고 있다.

4. 무역업의 설립

2000년 1월 1일부터 정부의 무역업 완전 자유화 정책의 실시에 따라 무역을 하고자 하는 사람들은 누구든지 별도의 신고가 없이 무역업을 할 수 있게 되었다. 과거에는 무역업과 무역대리업을 희망하는 자는 각각 한국무역협회, 한국무역대리점협회 및 한국외국기업협회에 무역업을 신고했었지만 현재에는 규제완화차원과 무역활성화촉진을 위하여 무역업을 완전 자유화하였으므로 원칙적으로 위 기관에 대한 무역업신고의무는 없다.

그러나 무역업자는 무역업신고대신 각종 무역통계 등의 관리를 위하여 한국무역협회에서 발급하는 무역업고유번호를 부여받아야 수출입 신고 시 이를 수출입신고서에 기재할 수 있다.

(1) 무역업 고유번호 신청

무역업신고제의 폐지는 지금까지 무역업신고번호를 기초로 한 각종 무역통계의 작성을 곤란하게 하고 기존 통계와의 연속성을 방해하였다. 특히 쿼터 관리, 수출실적 확인 등과 같은 업체별 통계관리의 어려움은 업종별·산업별 무역통계의 작성을 거의 불가능하게 하였다. 정부는 이런 이유로 각종 무역통계 등의 관리를 위하여 무역업자는 모두 무역업고유번호를 발급받아 출입거래 시 이를 기재하도록 하였다.

무역업고유번호 부여 및 권한은 현행 대외무역법상 지식경제부장관에게 있으나 한국무역협회장에게 위임되어 있다. 따라서 무역업을 하기 위해서는 무역협회에 신청하여야 한다. 무역업 고유번호의 신청은 대기업 및 중소기업, 또는 법인, 개인, 외국인의 구별없이 구비서류를 갖추어 한국무역협회 본 · 지부에 등록신청을 한다. 업체의 소재지에 관계없이 편리한 곳에서 신청하면 된다.

1) 무역업고유번호의 신청요건

수출 · 입행위의 범위는 원칙적으로 제한되어 있지 않다. 약사법, 마약법 등에서 별도로 정하고 있는 경우 별도의 허가 · 등록 신고 등을 취득해야 하는 것을 제외하고는 수출 · 수입의 대행도 가능하다.

▸2010년 현재 한국무역협회 회원가입회비:
신규회원 : 35만원(가입비 20만원+연회비15만원)
기존회원: 연회비 15만원

무역업고유번호의 신청수리권자는 한국무역협회장이며 무역업고유번호의 신청기준은 법인이면 무조건 가능하고 개인은 사업자등록을 한 개인이거나 농업 · 임업 · 축산업 및 어업을 영위하는 개인이면 가능하다. 또한 해외거주 교민이 사업자등록을 하고자 하는 경우에는 관할세무서에 주민등록증 대신에 주재국의 한국영사관에서 발급하는 재외거주국민등록등본을 제출하여야 한다. 신청확인은 한국무역협회 본 · 지부에서 가능하다.

2000년 1월 1일 이전에 대외무역법에 의하여 부여받은 무역업신고필증상의 무역업 신고번호는 무역업고유번호로 본다. 무역협회는 무역업고유번호를 관리하며, 회원가입은 강제하지 않는다.

2) 무역업고유번호 신청절차

무역업고유번호의 신청절차는 한국무역협회본 · 지부에서 가능하다. 현행 대외무역관리규정에 의하면 대외무역법 규정에 의한 무역을 업으로 하고자 하는 자는 무역업고유번호를 한국무역협회장에게 신청하여야 하며 한국무역협회장은 접수즉시 신청자에게 고유번호를 부여하여야 한다.

| 표 3 | 무역업고유번호 신청방법

ON-Line 신청	FAX 신청	방문신청
구비서류 : 사업자등록증	구비서류 : 사업자등록증, 회원가입신청서 무역업고유번호신청서	구비서류 : 사업자등록증, 회원가입신청서 무역업고유번호신청서
신청서작성 : 무역협회 홈페이지 kita.net접속 → 회원가입클릭 → 회원정보입력	신청서작성 : 신청서 작성 후 FAX 송부 (FAX : 02-6000-5130)	신청서작성 : 한국무역협회 트레이드타워 1층 또는 각지부사

현재 한국무역협회의 본·지부현황은 〈표 4〉와 같다. 따라서 무역업자는 〈표 4〉에서 언급한 한국무역협회 본·지부를 방문하여 〈표 3〉에 해당하는 서류를 제출하고 무역업고유번호를 수령할 수 있다. 또는 고유번호의 신청 및 부여는 우편·팩시밀리·전자메일·전자문서교환체제(EDI) 등의 방법으로 할 수도 있다.

표 4 한국무역협회 지부현황

지부명	주 소	연락처
부산지부	부산시 중구 중앙동 4가 87-7(부산무역회관 7층)	Tel : 051-993-3301/6
대구경북지부	대구시 동구 신천4동 229-2(국제오피스텔 7층)	Tel : 053-753-7531~3
광주전남지부	광주시 광산구 우산동 1589-1(무역회관 5층)	Tel : 062-943-9400~3
대전충남지부	대전시 유성구 장동 23-14(중소기업 지원센터 4층)	Tel : 042-864-4620~2
인천지부	인천시 남구 주안동 989-1(르네상스 타워 11층)	Tel : 032-420-0011~3
강원지부	강원도 춘천시 중앙로 1가 9번지(공영빌딩 3층)	Tel : 033-256-3067~8
충북지부	청주시 흥덕구 가경동 1508-1(충북중소기업진흥센터 5층)	Tel : 043-236-1171~3
경남지부	창원시 용호동 7-4(경남무역회관 5층)	Tel : 055-282-4115~6
전북지부	전주시 덕진구 팔복동 1가 337-2 (전북중소기업종합지원센터 1층)	Tel : 063-214-6991~2
경기지부	수원시 영통구 이의동 산 111-8 (경기도 중소기업종합지원센터 12층)	Tel : 031-259-7851~2
울산지부	울산광역시 북구 연암동 758-2 (울산중소기업종합센터 3층)	Tel : 052-287-3060~1

(2) 무역업 신고필증 내용 변경

무역업신고필증의 변경은 무역업신고필증의 기재사항을 변경하는 것으로서 무역업신고필증상의 상호, 소재지, 대표자의 전부 또는 일부를 변경하는 것을 말한다.

무역업신고사항을 변경하고자 하는 자는 한국무역협회회장에게 신청하여야 한다. 이때, 무역업고유번호를 부여받은 무역업자는 대외무역관리규정 제3-5-1조 제4항에 의거 상호·대표자·주소·전화번호 등의 변동이 있는 경우 변동사실을 신속히 한국무역협회장에게 통보하여야 한다.

한국무역협회장은 고유번호를 부여한 경우 또는 변동사실을 통보받은 경우에는 무역업 고유번호 관리대장에 이를 기록하고 계속 관리한다.

한편 무역거래자는 관세법 제241조 규정에 의한 수출(입)신고 시 무역업고유번호를 수출(입)자 상호명과 함께 기재하여야 한다.

핵심

- **소재지변경 시** : ① 무역업신고변경신고서 ② 무역업신고필증 ③ 변경된 법인등기부등본 또는 사업자등록증 사본1부
- **대표자변경 시** : ① 무역신고증변경신고서 ② 무역업신고필증 ③ 변경된 법인등기부 등본 또는 사업자등록증 사본1부 ④ 신임대표자 신원확인서 1부
- **상호변경 시** : 소재지 변경시의 구비서류와 동일함

무역업자가 사망하여 상속하거나, 개인기업에 법인으로 전환할 경우, 그리고 법인과 개인이 합병할 경우에 존속하는 법인이나, 합병에 의하여 설립되는 법인은 무역업의 계속성을 유지하기 위해서는 무역업신고기관에 지위승계를 신고하여 이의 수리가 완료되면 무역업자의 지위를 승계 받을 수 있다. 승계에 필요한 서류는 다음과 같다.

핵심

- **법인과 법인의 합병** : 법인인 무역업자가 합병하는 경우에 합병 후 존속하는 법인이 소멸되는 법인의 무역업자 지위를 승계할 수 있다.
- **개인의 법인전환** : ①개인인 무역업자가 법인을 설립하는 경우에 당해법인이 다음 요건을 구비할 경우에는 개인인 무역업자의 지위를 승계할 수 있다.(대외무역법시행령 제11조) ②개인인 무역업자가 법인의 주식 또는 지분의 100분의 30이상을 소유할 것. ③개인인 무역업자가법인의 대표이사일 것.
- **무역업자의 사망으로 인한 상속** : 대외무역법 제12조에서는 종전과는 달리 무역업 자가 사망할 경우 상속인이 그 무역업자의 지위를 승계할 수 있도록 규정하고 있다.

[별지 제1-1호 서식]

무역업고유번호신청서

APPLICATION FOR TRADE BUSINESS NUMBER

처리기간(Handling Time)
즉 시(Immediately)

① 상호 (Name of Company)		② 무역업고유번호 (Trade Business Number)		
③ 주소 (Address)			④ 업 종 (Business Type)	
⑤ 전화번호 (Phone Number)		⑥ 전자우편주소 (E-mail Address)		
⑤ 팩스번호 (Fax Number)		⑦ 사업자등록번호 (Business Registry Number)		
⑧ 대표자 성명 (Name of Rep.)		⑨ 주민등록번호 (Passport Number)		

대외무역법 시행령 제30조 제1항 및 대외무역관리규정 제3-5-1조의 규정에 의하여 무역업고유번호를 위와 같이 신청합니다.

I hereby apply for the above-mentioned trade business number in accordance with Article 3-5-1 of the Foreign Trade Management Regulation.

신청일 : 년 월 일
Date of Application Year Month Day

신청인 : (서명)
Applicant Signature

사단법인 한국무역협회 회장
Chairman of Korea International Trade Association

※ 유의사항 : 상호, 대표자, 주소, 전화번호 등 변동사항이 발생하는 경우 변동일로부터 20일 이내에 통보하거나 무역업데이타베이스에 수정입력하여야 함.

[별지 제2-3호 서식]

무역업고유번호신청사항 변경통보서
NOTIFICATION OF AMENDMENT TO TRADE BUSINESS CODE

처리기간 : 즉 시 Handling Time : Immediate

① 상호 (Name of Firm)		② 무역업고유 번 호 (Notification Number)	
③ 주소 (Korean Address)			
④ 전 화 번 호 (Phone Number)		⑤ 팩 스 번 호 (Fax Number)	
⑥ 대표자 성명 (Name of Rep.)		⑦ 주민등록번호 (Passport Number)	

변 경 내 용 (Contents of Amendment)	
변 경 전(Before Amendment)	변 경 후(After Amendment)

대외무역법 제10조 제1항 및 동법시행령 제19조 제1항의 규정에 의하여 무역업신고사항의 변경 내용을 신고합니다. (I hereby notify the above-mentioned amendment(s) to trade business in accordance with Article 10(1) of the Foreign Trade Act and Article 19(1) of the Enforcement Decree of the said Act.)

신고일: 년 월 일
(Date of Notification) :YearMonthDay

신 고 인: (서명 또는 인)
Declarer(Print) (Signature)

사단법인 **한국무역협회장 귀하**
(Chairman of Korea International Trade Association)

※ 구비서류(Documents Required) 1. 무역업신고필증(Certificate of Trade Business) 2. 변경사실을 증명하는 서류(Amendment verification documents)	수수료 : 없음 Service Charge : None

2812-281-00811민
'97.2.26. 승인

210mm×297mm
일반용지 60g/㎡

[별지 제2-6호 서식]

(　　　　　)무역대리업신고서

A or B-CLASS TRADE AGENCY NOTIFICATION

	처리기간 : 즉 시 Handling Time : Immediate

① 상호 (Name of Firm)		④ 전 화 번 호 (Phone Number)	
② 주소 (Korean Address)			
③ 대표자 성명 (Name of Rep.)		⑤ 주민등록번호 (Passport Number)	

대외무역법 제10조 제1항 및 동법시행령 제19조 제1항의 규정에 의하여 위와 같이 ( )무역 대리업을 신고합니다. (I hereby notify A or B-Class Trade Agency in accordance with Article 10(1) of the Foreign Trade Act and Article 19(1) of the Enforcement Decree of the said Act.)

신고일:년_월_일

(Date of Notification) :YearMonthDay

신 고 인:　　　　(서명 또는 인)

Declarer(Print)　　　　(Signature)

사단법인 **한국무역대리점협회장**

(Chairman of Association of Foreign Trading Agents of Korea)

사단법인 **한국수출외국기업협회장**

(Chairman of Korea Export Foreign Company Association)

※ 구비서류(Documents Required) 1. 영 제2조제5호 또는 제6호에 의한 무역대리업을 할 수 있는 요건에 해당함을 증명하는 서류 1부 (One copy of evidential document as required under Enforcement Decree Article2(5)/(6)) 2. 주민등록등(초)본 1부 (One copy of passport) 3. 법인의 경우에는 법인등기부 등본 1부 (One copy of Corporation Registry in case of corporation)	수수료 : 없음 Service Charge : None

2812-281-01111민　　　　210mm×297mm
'97.2.26. 승인　　　　일반용지 60g/㎡

[별지 제2-5호 서식]

무역업자지위승계신고서

TRADE BUSINESS STATUS SUCCESSION NOTIFICATION

처리기간 : 즉 시 Handling Time : Immediate

지위승계전(Before Succession)		지위승계후(After Succession)	
① 상 호 (Name of Firm)		① 상 호 (Name of Firm)	
② 신 고 번 호 (Notification Number)		② 신 고 번 호 (Notification Number)	
③ 주 소 (Korean Address)		③ 주 소 (Korean Address)	
④ 전 화 번 호 (Phone Number)		④ 전 화 번 호 (Phone Number)	
⑤ 대표자 성명 (Name of Rep.)		⑤ 대표자 성명 (Name of Rep.)	
⑥ 주민등록번호 (Passport Number)		⑥ 주민등록번호 (Passport Number)	

⑬ 지위승계사유(Type of Succession)		
상속(Inheritance):☐ 상속일자(Date) :	합병(Merger) : ☐ 합병일자(Date) :	법인전환(Establishment of Corporation): ☐ 전환일자(Date) :

대외무역법 제12조 제3항 및 동법시행령 제22조 제2항의 규정에 의하여 무역업자의 지위승계를 신고합니다. (I hereby notify the succession of trade business status in accordance with Article 12(3) of the Foreign Trade Act and Article 22(2) of the Enforcement Decree of the said Act.)

신 고 일 : 년 월 일

(Date of Notification) :

신 고 인 : (서명 또는 인)

Declarer(Print) (Signature)

사단법인 **한국무역협회장 귀하**

(Chairman of Korea International Trade Association)

※ 무역업자 지위승계신고는 승계한 날로부터 2월 이내에 신고하여야 합니다.

(Trade Business Status Succession should be notified within 2 months form date of succession.)

※ 구비서류(Documents Required) 1. 무역업신고필증(Certificate of Trade Business) 2. 상속의 경우에는 그 사실을 입증하는 서류 (Documents of Inheritance in case of inheritance) 3. 법인으로의 전환 및 합병의 경우에는 법인등기부등본 및 주식 또는 지분을 확인할 수 있는 서류 각 1부 (One copy of Corporation Registry in case of establishment of corporation or merger and shareholding percentage verification documents)	수수료 : 없음 Service Charge : None

97.2.26. 승인 일반용지 60g/㎡

■ 법인세법 시행규칙 [별지 제73호서식]

홈택스(www.hometax.go.kr)에서도 신고할 수 있습니다. (앞 쪽)

접수	[ ] 법인설립신고 및 사업자등록신청서 [ ] 국내사업장설치신고서(외국법인)	처리기간
		3일(보정기간은 불산입)

귀 법인의 사업자등록신청서상의 내용은 사업내용을 정확하게 파악하여 근거과세의 실현 및 사업자등록 관리업무의 효율화를 위한 자료로 활용됩니다. 아래의 사항에 대하여 사실대로 작성하시기 바라며 신청서에 서명 또는 인감(직인)날인하시기 바랍니다.

1. 인적사항

법 인 명(단체명)		승인법인고유번호 (폐업당시 사업자등록번호)	
대 표 자		주민등록번호	-
사업장(단체)소재지			
총괄사업장소재지		총괄사업장 등록번호	
전 화 번 호	(사업장)(휴대전화)	전자우편주소	@
		국세청이 제공하는 국세정보 수신 동의여부	[ ] 동의함 [ ] 동의하지 않음

2. 법인현황

법인등록번호	-	자본금	천원	사업연도	

법 인 성 격 (해당란에 ○표)

내 국 법 인						외 국 법 인			지점(내국법인의 경우)			분할신설법인	
영리일반	영리외투	비영리	국가지방자치	법인으로보는 단체: 승인법인	법인으로보는 단체: 기타	지점(국내사업장)	연 락 사무소	기타	여	부	본점 사업자 등록번호	분할전 사업자등록 번호	분할연월일

조합법인 해당 여부		사업자 단위 과세 여부		공익법인						외국·외투법인	국 적	투자비율
여	부	여	부	해당여부		사업유형	주무부처명	출연자산여부				
				여	부			여	부			

3. 외국법인 내용 및 관리책임자 (외국법인에 한함)

외 국 법 인 내 용

본점	상 호	대 표 자	설 치 년 월 일	소 재 지

관 리 책 임 자

성 명(상 호)	주민등록번호(사업자등록번호)	주 소(사업장소재지)	전 화 번 호

4. 사업장현황

사업의 종류						사업(수익사업) 개 시 일
주업태	주 종 목	주업종코드	부업태	부 종 목	부업종코드	
						년 월 일

사이버몰 명칭		사이버몰 도메인	

사업장 구분 및 면적		도면첨부		사업장을 빌려준 사람(임대인)			
자가	타가	여	부	성 명(법인명)	사업자등록번호	주민(법인)등록번호	전화번호
㎡	㎡						

임 대 차 계 약 기 간	(전세)보증금	월 세(부가세 포함)
20 . . . ~ 20 . . .	원	원

개 별 소 비 세				주류면허			부가가치세 과세사업		인·허가 사업 여부			
제 조	판 매	장 소	유 흥	면 허 번 호	면 허 신 청		여	부	신고	등록	인·허가	기타
					여	부						

설립등기일 현재 기본 재무상황 등

자산 계	유동자산	고정자산	부채 계	유동부채	고정부채	종업원수
천원	천원	천원	천원	천원	천원	명

210mm×297mm[일반용지 70g/㎡(재활용품)]

(뒤 쪽)

5. 사업자등록신청 및 사업시 유의사항(아래 사항을 반드시 읽고 확인하시기 바랍니다)

가. 사업자등록 상에 자신의 **명의를 빌려주는 경우 해당** 법인에게 부과되는 각종 세금과 과세자료에 대하여 소명 등을 하여야 하며, 부과된 세금의 체납시 **소유재산의 압류·공매처분, 체납내역 금융회사 통보, 여권발급제한, 출국규제 등**의 불이익을 받을 수 있습니다.

나. 내국법인은 주주(사원)명부를 작성하여 비치하여야 합니다. 주주(사원)명부는 사업자등록신청 및 법인세 신고시 제출되어 지속적으로 관리되므로 사실대로 작성하여야 하며, 주주명의 대여시는 **양도소득세 또는 증여세**가 과세될 수 있습니다.

다. 사업자등록 후 정당한 사유 없이 **6개월이 경과할 때까지 사업을 개시**하지 아니하거나 **부가가치세 및 법인세를 신고하지 아니하거나 사업장을 무단 이전**하여 실지사업여부의 확인이 어려울 경우에는 **사업자등록이 직권으로 말소**될 수 있습니다.

라. **실물거래 없이 세금계산서 또는 계산서를 교부하거나 수취하는 경우** 「조세범처벌법」 제11조의2에 따라 해당 법인 및 대표자 또는 관련인은 **3년 이하의 징역 또는 공급가액 및 그 부가가치세액의 2배 이하에 상당하는 벌금에 처하는 처벌**을 받을 수 있습니다.

마. 신용카드 가맹 및 이용은 반드시 사업자 본인 명의로 하여야 하며 **사업상 결제목적 이외의 용도로 신용카드를 이용할 경우** 「여신전문금융업법」 제70조제2항에 따라 **3년 이하의 징역 또는 2천만원 이하의 벌금에 처하는 처벌을 받을 수 있습니다.**

신청인의 위임을 받아 대리인이 사업자등록신청을 하는 경우 아래 사항을 적어 주시기 바랍니다.

대리인 인적사항	성명		주민등록번호	
	주 소 지			
	전화 번호		신청인과의 관계	
신청 구분	[ ] 사업자등록만 신청[ ] 사업자등록신청과 확정일자를 동시에 신청 [ ] 확정일자를 이미 받은 자로서 사업자등록신청 (확정일자 번호:)			

신청서의 기입내용과 실제 사업내용이 일치함을 확인하고, 「법인세법」 제109조·제111조, 같은 법 시행령 제152조부터 제154조까지, 같은 법 시행규칙 제82조제3항제11호 및 「상가건물 임대차보호법」 제5조제2항에 따라 법인설립 및 국내사업장설치 신고와 사업자등록 및 확정일자를 신청합니다.

년 월 일

신 청 인 (인)

위 대 리 인 (서명 또는 인)

세무서장 귀하

첨부서류	1. 정관 1부 2. 임대차계약서 사본(사업장을 임차한 경우만 해당합니다) 1부 3. 「상가건물 임대차보호법」의 적용을 받는 상가건물의 일부를 임차한 경우에는 해당 부분의 도면 1부 4. 주주 또는 출자자명세서 1부 5. 사업허가·등록·신고필증 사본(해당 법인만 해당합니다) 또는 설립허가증사본(비영리법인만 해당합니다) 1부 6. 현물출자명세서(현물출자법인의 경우만 해당합니다) 1부 7. 자금출처소명서('08년 7월부터 금지금 도·소매업 및 과세유흥장소에의 영업을 영위하려는 경우만 해당합니다) 1부 8. 본점 등의 등기에 관한 서류(외국법인만 해당합니다) 1부 9. 국내사업장의 사업영위내용을 입증할 수 있는 서류(외국법인만 해당하며, 담당 공무원 확인사항에 의하여 확인할 수 없는 경우만 해당합니다) 1부

작성방법

사업장을 임차한 경우 「상가건물 임대차보호법」의 적용을 받기 위하여서는 사업장 소재지를 임대차계약서 및 건축물관리대장 등 공부상의 소재지와 일치되도록 구체적으로 적어야 합니다.
(작성 예) ○○동 ○○○○번지 ○○호 ○○상가(빌딩) ○○동 ○○층 ○○○○호

210mm×297mm[일반용지 70g/㎡(재활용품)]

사업자등록증

( )

등록번호:

①법인명(단체명):

②대표자:

③개업연월일: 년 월 일 ④법인등록번호:

⑤사업장소재지:

⑥본점소재지:

⑦사업의종류: 업태 종목

⑧교부사유:

⑨주류판매신고번호:

⑩사업자단위과세 적용사업자 여부: 여( ) 부()

년월일

○○세무서장 직인

세무상담은 ☎ 전국 어디서나 1588-0060 210㎜×297㎜(보존용지(1종) 120g/㎡)

5. 특정거래에 의한 무역거래

특정거래는 통상 지식경제부장관의 '인정'이 필요하나 정상거래로 간주되는 경우에는 '인정'이 필요가 없다.

▸ ①유환수탁가공무역: 원자재의 수입대금과 가공제품의 수출대금이 달리 지급되고 회수됨
②무환수탁가공무역: 차액(가득액)만 영수

(1) 수탁가공무역

위탁가공무역에 대응하는 방식으로, 수탁자(수입상)가 위탁자(수출상)로부터 가공임(가득액)[11]을 받기 위하여 원자재의 전부나 일부를 위탁자의 위탁으로 외국으로부터 수입하여 이를 가공한 후 위탁자나 그가 지정한 자에게 가공물품을 수출하는 수출입을 말한다.

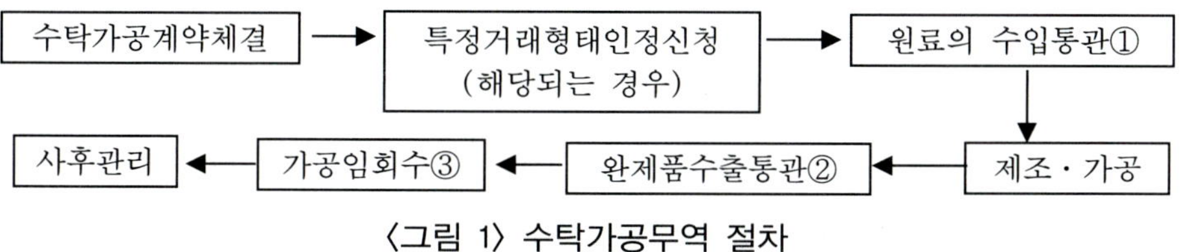

〈그림 1〉 수탁가공무역 절차

외국의 무역업자가 한국의 숙련된 노동력 또는 고도의 기술을 이용하고자 하는 거래형태로서 수출과 수입이 하나의 계약으로 이루어진다. 원자재 수입 시 유상・무상 여부에 따라 유환수탁 가공무역과 무환수탁 가공무역이 존재하나 일반적으로 무환수탁 가공무역방식을 택하고 있으며, 유환수탁 가공무역은 수출용 원자재를 수입하여 가공수출을 하는 경우와 유사하다.

핵심

- **수입신고 시 구비서류** : 수입신고서와 상업송장을 포함하는 가격신고서, B/L사본, 기타 수입통관에 필요한 서류
- **수출신고 시 구비서류** : 수출신고서, 상업송장, 포장명세서, 기타 수출통관 서류
- **가공임 영수방법** : 가공임은 사전 송금방식이나 신용장방식에 의하여 영수하며 가공임에 대한 네고 시 구비서류는 환어음, 환어음매입신청서, 수출신고필증, 수출신용장 또는 수출계약서(원・사본), B/L, 기타 수출신용장 또는 수출계약서에서 요구하는 서류 등이 있다.

▶ ①가공무역계약 CMT: cutting marking, trimming
②주요계약내용
-원자재대금의 결재방법(유상, 무상여부),
-원자재수량및 관리방법, 재조공정관리방법, 가공임결정 및 결제방법,
-분쟁발생시 처리방법

[그림2] 위탁 가공무역 절차

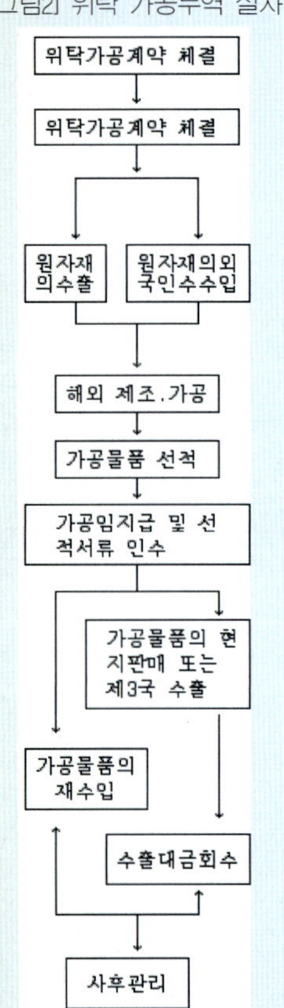

(2) 위탁가공무역(Improvement Trade on Consignment)

위탁자(수출상)가 수탁자(수입상)에게 가공임을 주는 조건으로 외국에서 가공할 원자재의 전부나 일부를 수탁자에게 수출하거나 제3국에서 조달하여 공급하고, 수탁자는 이를 가공한 후 가공물품을 수입하거나 현지 또는 제3국에 파는 수출입을 말한다.[12] 외국의 저렴한 노동력을 활용하거나 외국의 선진기술을 이용하고자 하는 경우에 주로 이용되는 거래방식이다. 국내인건비가 상승함에 따라 중국, 베트남 등에서 현지생산을 하기 위하여 활용되고 있으며, 북한과의 교역 시 활용도가 높을 것으로 예상되는 거래형태다.

위탁가공무역에 관한 기본 계약서에는 기본계약에는 원자재 및 가공물품의 수량, 인도방법, 가공임 지급방법, 계약기간, 분쟁처리법 등을 명시하여야 하고 오퍼에는 건별 거래물품의 수량 · 규격 · 단가 · 납기 등을 명시하여야 한다.

위탁가공무역이 특정거래형태 무역으로 인정받기 위해서는 수입되는 가공물품이 대외무역법 제11조 수출입의 제한규정에 의한 승인대상 품목인 경우와 대외무역 법 제14조 규정에 의한 승인대상 품목의 제한요건을 충족하지 않고 외국에 판매하는 경우 그리고 최종가공물품을 가공기간의 종료 후 6월을 초과하여 재수입하는 경우(판매하는 사실을 수출신용장, 수출계약서 등으로 판매하는 사실을 확인할 수 있는 경우 제외)에 해당되어야 한다.

핵심

• 원자재 수출통관 시 구비서류 : ① 수출신고서 ② 특정 거래 인정신청서(해당되는 경우) ③ 상업송장, 포장명세서 ④ 기타 필요한 서류

수출자가 수출용 상품을 생산하기 위하여 수출용 원자재를 조달하는 방법에는 국내에서 조달하는 방법과 현지 또는 제3국에서 원자재를 조달하는 방법이 있다. 원자재를 현지 또는 제3국에서 조달할 경우 위탁가공 무역방식에 의한 수출입을 하는 자는 가공할 원자재의 전부 또는 일부를 현지 또는 제3국으로부터 직접 수입하여 사용할 수 있다(외국 인수수입 허용). 보통 이럴 경우 물품(원자재)은 가공국에서 인수하고, 물품대금은 국내에서 지급된다. 가공물품 재수입 시 과세표준은 다음과 같다.

- **가공물품 재수입 시의 과세표준** : ① 가공임에 원자재 가액을 더한 가공물품대금 전액에 대하여 과세(생산지원비용)-HS 85류는 HS 10단위가 다르더라도 가공임에 대하여만 과세 ② 그러나 원자재와 가공물품의 HS 10단위가 동일하면 관세법 제34조에 의해 수입 면제 대상에 해당하므로 가공임에 대하여만 과세

▶ 가공물품재수입 시 구비서류
① 수입신고서 ② 특정거래 인정신청서(해당되는 경우) ③ 가격신고서(상업송장포함) ④ 선하증권 사본 등

(3) 위탁판매수출(Export on Consignment)

위탁자(수출상)가 물품을 무환으로 수출하여 팔린 물품에 대해서만 대금을 영수하고 판매기간이 끝난 후 팔리지 않은 물품은 재수입하는 거래방식을 말한다.13) 이때 위탁자는 자신의 계산과 위험 하에 물품을 수출하므로 물품이 이동 되더라도 소유권은 위탁자(수출자)에게 있으며, 수탁자(수입자)는 계약에 따라 물품을 판매하고 판매대금에서 경비와 수수료를 공제한 금액을 위탁자에게 송금하여야 한다.

이 거래방식은 수탁자입장에서 보면 물품관리 책임만 있고 자금의 부담과 위험부담이 없으나, 위탁자는 전적인 부담을 지기 때문에 위탁자가 자금여유가 있는 상태에서 적극적으로 새로운 수출시장을 개척하고자 할 때 사용된다. 그리고 현행 외국환 관리규정에는 이 거래방식에 대하여 별도의 대금결제 방법을 정하고 있지 않으므로 통상 결제방법으로는 사후송금방식을 이용한다.

위탁판매수출방식에는 BWT(bonded warehouse transaction)방식에 의한 수출입과 CTS(central terminal station)방식의 수출입이 있다. BWT에 관한 내용들은 뒤에서 별도로 설명하고자 한다. CTS방식에 의한 수출입은 교역 상대국의 인가를 받아 현지법인을 설립한 후 해당법인의 명의로 수입하여 현지에서 직접 판매하는 방식의 거래를 말한다.

위탁판매방식에 의한 수출 시 해당 계약서에는 물품의 인수·인도에 관한 내용, 소유권 및 물품관리, 보험, 판매경비, 대금지급, 수수료, 지급보증, 가격정책, 판매조건, 계약의 종료, 갱신, 계약위반, 분쟁해결 방법 등이 명시되어야 한다.

[그림 3] 위탁판매에 의한 수출절차

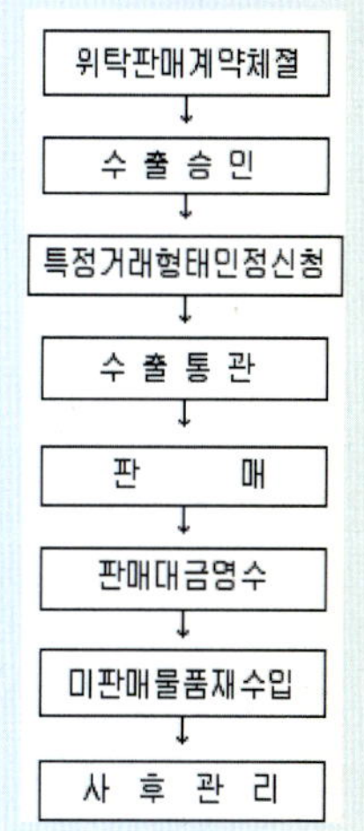

핵심

- **수출승인대상** : 수출입공고, 별도공고 등에 의해 수출이 제한되는 물품.
- **특정거래 형태의 인정 대상** : 지식경제부장관이 인정하는 판매계약기간 종료 후 판매잔량을 6월을 초과하여 재수입하는 경우

- **특정거래형태 인정 구비서류** : 특정거래 형태 인정신청서, 계약서 등 거래 사실 입증서류, 수출승인 대상품목의 경우 수출승인서, 타법령에 의해 허가 승인을 요하는 경우 허가 등을 받은 사실을 입증하는 서류, 기타 지식경제부 장관이 필요하여 인정하는 서류
- **수출승인 시 구비서류** : 수출신고서, 수출승인서(해당되는 경우), 기타 수출 통관에 필요한 서류

▸수출상이 판매기간이 끝난 후 팔리지 않은 물품을 재수입할 경우 반드시 수출승인기관에 재수입 보고를 하여야 한다.

위탁판매수출방식에서 상품에 대한 대금결제방식은 외국환관리법상 위탁판매방식에 대해선 별도의 결제방법은 정해져 있지 않다. 따라서 통상 COD(cash on delivery), CAD(cash against document) 방법을 사용한다. 다음 수출된 물품으로서 미판매물품을 재수입할 경우 수출신고 수리일로부터 1년 이내에 다시 수입되는 경우 재수입 면세대상이 된다.

핵심

- **재수입신고 시 구비서류** : 수입신고서, 수출신고필증, 사유서, 관세감면 신고서, 기타 수입통관에 필요한 서류
- **사후관리** : 재수입통관 후 60일 이내에 특정거래수출입보고서 지식경제부에 제출

(4) 수탁판매수입

수탁판매수입은 위탁판매 수출에 대응하는 방식이다. 즉, 수탁자(수입상)는 외국 수출자(위탁자)로부터 상품을 위탁자의 소유물품인 상태로 상품의 소유권이 이전되지 않은 상태로 무환으로 수입하여 판매한다. 그리고 팔린 물품의 범위 안에서 수탁자는 판매한 해당 대금을 결제하고, 판매기간이 끝난 후에는 팔리지 않은 물품을 위탁자에게 다시 수출하는 거래방식이다. 이때, 물품의 소유권을 가진 수출상이 자금과 위험을 부담한다. 수입상은 계약조건에 따라 상품을 판매한 후 판매경비와 수수료 등을 뺀 나머지를 수출상에게 송금하므로, 수입상은 아무런 위험부담이나 자금부담이 없이 쉽게 수입할 수 있다. 수탁판매방식에 의한 수입 시 해당 계약서에는 다음 아래와 같은 계약 내용들이 명시되어야 하며 각 단계마다 다음 서류들이 필요하다.

[그림 4] 수탁판매수입 절차

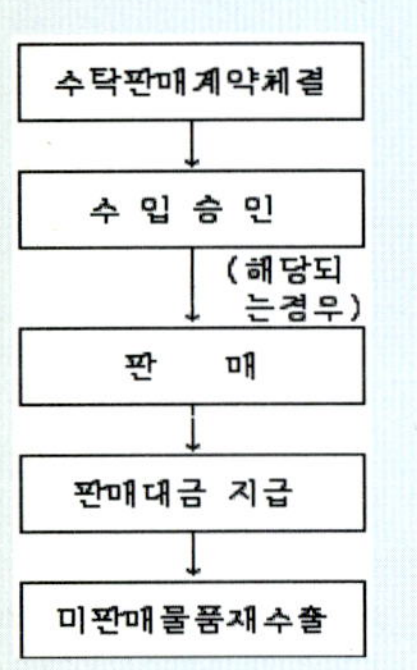

핵심

- **계약서 내용** : 위탁판매계약서와 유사함
- **가격정책** : 수위탁판매방식에 의한 거래 시 가격을 책정하는 방식은 지가위탁방식과시가위탁방식이 있다. 지가위탁은 위탁자가 최저판매가격을 지정하여 위탁하는 조건이고 시가위탁은 위탁자가 수탁자에게 시세에 따라 판매하도록 위탁하는 조건임
- **수입승인대상** : 수출입공고, 별도공고, 통합공고에 의해 수입이 제한되는 물품으로 수입승인 시 필요한 서류는 수입승인 신청서, 수탁판매 계약서, 기타 허가서 등이 있음.
- **수입신고 시 구비서류** : 수입신고서, 수입승인서, 가격 신고서(상업송장 포함), B/L 사본, 기타 수입통관에 필요한 서류
- **재수출시** : 수출신고서, 수입신고필증, 사유서, 상업송장, 포장명세서, 기타 수출통관에 필요한 서류

(5) 외국인도수출

수출대금은 국내에서 받으나 국내에서 통관되지 아니한 수출품목을 외국으로 인도하여 매각하고 해당 대금은 국내에서 영수하는 거래방식의 수출을 말한다.[14] 산업설비수출, 해외건설, 해외투자 등 해외사업현장에서 필요한 기자재를 외국도착수입 형태로 구입하여 사용한 후 국내로 반입하지 않고 다시 매각할 때 또는 항해중이거나 어로작업중인 선박을 현지에서 매각하는 경우 등에 사용된다.

원양어로에 의한 수산물 수출 시에는 B/L 대신 화물수령증(cargo receipt)을 요구하는 신용장이 사용된다. 그리고 이때, 수출실적으로 인정하는 금액은 외국환은행에 입금한 금액으로 정한다.

[그림 5] 외국인도수출

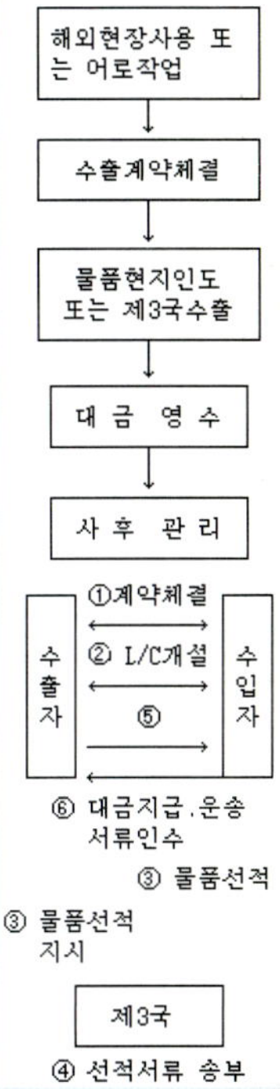

(6) 임대수출

임대(무상으로 임대하는 사용임대 포함)계약에 따라 물품을 수출하고 임대계약기간 만료 후 3월 이내에 다시 수입하거나 그 기간이 끝나기 전이나 후에 해당 물품의 소유권을 이전하는 수출을 말한다.[15]

보통 높은 가격의 생산시설을 수출할 때 사용된다. 수입상은 임대기간 동안 생산시설의 사용료에 해당하는 임대료를 낸다. 생산시설의 성능에 만족하거나 계속 사용을 원할 때 완전구매를 위해 일정 물품대금을 결제한다. 임대수출이 특정거래형태의 무역으로 인정받지 못하는 경우는 다음과 같다.

[그림 6] 임대수출절차

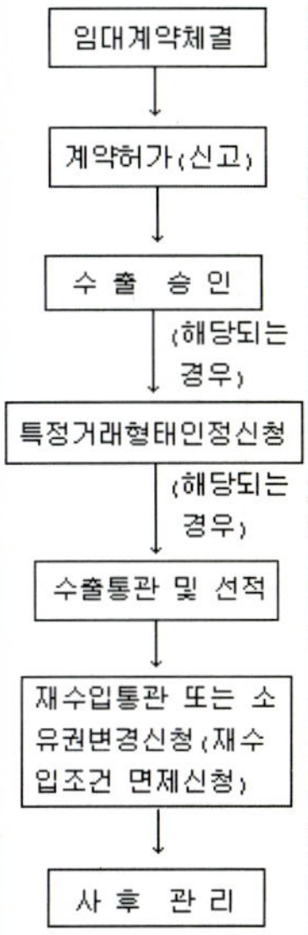

핵심

- 소유권 이전사유가 타당하다고 인정되는 경우 수출된 물품의 감정가격에 상당하는 금액 이상을 회수하였거나 회수가 확실하다고 인정되는 경우(주무부장관이 소유권 이전이 부득이하다고 인정하여 추천하는 경우에는 예외)* 당초 수출시 대외무역법 제14조 제2항에 의한 승인대상품목으로서 인정기관의 조건부 인가 등을 받았을 경우에는 소유권이전에 따른 변경허가 등을 받은 경우

▸임대수출 허가(신고)기관
-허가기관 : 한국은행 증여(무상임대 등)
-신고기관 : 외국환은행(계약건당 3천만 불 이하 임 대계약), 한국은행(계약건당 3천만 임대계약)

임대료 영수는 대외지급수단으로 외국환은행을 통하여 전액 영수하여야 하며 단, 부득이한 경우 당해 목적물의 임대에 따라 직접적으로 발생하는 경비를 공제하고 영수할 수 있다. 이때 영수하는 임대료는 당해 허가기관의 사후관리를 받아야 한다. 임대차계약인증신청 시 구비서류는 다음 아래와 같다.

핵심

- **임대차계약인증신청 시 구비서류** : 임대차계약신고서, 임대차계약서 원본 및 동 사본, 임대차물품 증빙서류, 임대차사유 증빙서류(원본은 확인 후 반환)

특히, 여기서 주의하여야 할 점은 임대차계약 목적물의 현재가격과 이자율 및 이자부담액이 있는 경우, 별도 명시하여야 한다. 그 밖에 임대수출 중 임대계약기간 만료 후 3월을 초과하여 임대물품을 재수입하는 경우 지식경제부장관에 의하여 특정거래형태의 무역으로서 인정된다. 그 밖에 임대수출 시 수출단계별 구비하여야 할 서류는 다음과 같다.

핵심

- **수출승인신청 시 구비서류** : 수출승인신청서, 임대계약서, 임대계약신고수리서, 기타 수출승인에 필요한 서류
- **수출신고 시 구비서류** : 수출신고서, 수출승인서, 기타 수출통관에 필요한 서류
- **재수입통관 시 구비서류** : 수입신고서, 수출승인서, 수출신고필증, 기타 수입통관에 필요한 서류

(7) 임차수입

임대수출에 대응하는 방식으로, 임차계약에 따라 물품을 수입하여 일정기간 후 다시 수출하거나, 그 계약기간이 만료 전 또는 만료 후 해당 물품의 소

유권을 이전받는 거래방식의 수입을 말한다.[16)]

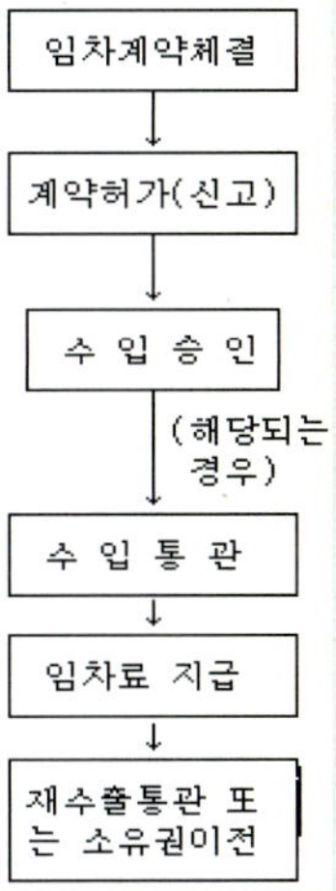

이 방식은 주로 자본규모가 영세한 중소기업이 설비투자를 하거나 외자도입업체가 추가 생산시설을 도입할 때 활용하며 임차한 시설을 사용하여 생산한 제품을 임대인에게 수출하는 조건으로 거래하는 경우가 많다. 또한 외국과의 합작투자업체에도 많이 쓰인다. 임차수입의 계약서는 반드시 공증기관의 공증을 받아야 하며, 주요 계약내용은 원산지, 선적지, 도착지, 규격, 수량, 단가, 금액, 임차기간, 기간 만료 후 처리내용, 임차료에 관한 사항, 대금결제 방법 등이다.

임차수입승인 시 구비서류는 수입승인신청서, 임차계약서, 채권발생 등의 당사자 허가서 또는 인증서, 다른 법령에 의한 허가. 승인 또는 추천서(필요한 경우), 기타 필요한 서류이다.

[그림 7] 임차수입절차

임차계약체결
↓
계약허가(신고)
↓
수 입 승 인
↓ (해당되는 경우)
수 입 통 관
↓
임차료 지급
↓
재수출통관 또는 소유권이전

핵심

- 임차수입통관 시 구비서류 : ①수입신고서 ②수입승인서 ③기타 수입통관서류
- 재수출통관 시 구비서류 : ①수출신고서 ②기타 수출통관에 필요한 서류

(8) 중계무역 (intermediary trade)

수출할 것을 목적으로 물품을 수입하여 이를 제3국으로 수출하는 거래를 말한다.[17)] 수입한 물품을 가공하지 않고, 성질을 변경시키지 않고 원형 그대로 수출하여 판매차액을 취한다. 즉, 가득액〈수출금액(FOB기준)-수입금액(CIF기준)〉을 취하는 거래다. 주로 자국상품의 공급능력에 한계가 있을 때 제3국에서 상품을 수입하여 이를 또 다른 제3국에 수출함으로써 지속적으로 해외시장을 관리하고자 할 때 활용된다. 그러나 최종 수입국이 최초 수출국으로부터의 수입을 제한하고 있는 경우에는 최종 수입국의 무역정책에 혼란을 가져와 수입제한 등 보복조치가 취해질 수도 있음에 유의하여야 한다.

[그림 8] 중계무역 절차

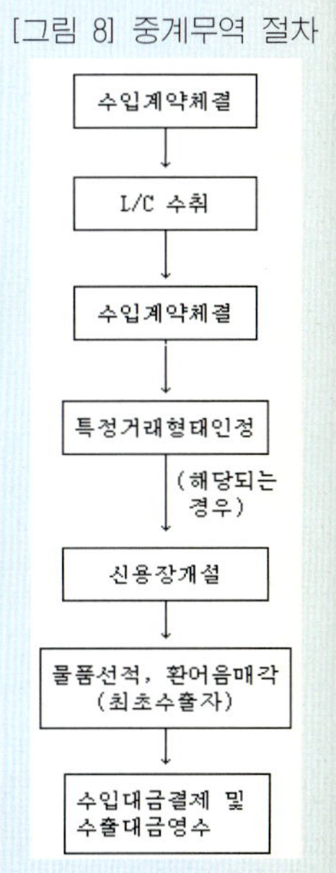

중계무역국을 활성화하기 위해서는 싱가포르나 홍콩처럼 관세의 면제, 보세창고의 활용, 금융 편의, 편리한 교통시설 등이 마련되어야 한다. 하지만 중계무역이라고 해서 상품이 반드시 중계국을 거쳐야 하는 것은 아니다. 중계국에서 환적을 하는 경우는 주로 중계자가 최초 수출자와 최종 수입자 어느 한쪽이 상대방에 알려지기를 꺼려하는 경우와 최종 수입국 또는 최초 수출국의 무역정책을 회피하고자 할 때 활용된다. 이 경우엔 B/L 등 운송서류

를 중계자가 재작성하여 최종수입자에게 제시하여야 한다. 이때, 원산지 변경은 불가하고 쿼터품목일 경우 최초 수출국의 쿼터를 사용한다. [그림 9]를 제외하고 보통의 중계(통과)무역에서 물품인도방법은 최초 수출국에서 최종 수입국으로 직접 운송한다. 이럴 경우, 상업송장을 제외한 B/L 등 선적서류를 「제3자 서류」라 칭한다.18)

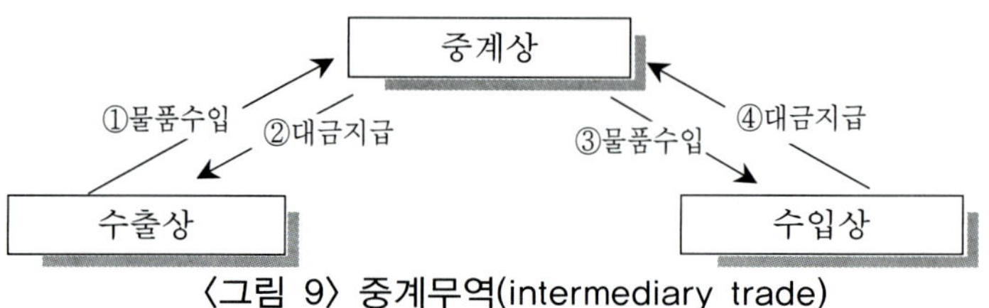

〈그림 9〉 중계무역(intermediary trade)

중계무역이 특정거래형태의 무역으로 인정받을 수 있는 범위는 선적서류를 하나의 외국환은행을 통하여 인수 및 송부하지 않는 경우이고 기타의 경우는 별도 허가를 받거나 신고하지 않고 거래가 가능하다. 중계무역에서 중계자는 가득액을 영수하기 위하여 최초 수출자가 제시한 상업송장, 환어음을 대체한다. 이때, 수출실적 인정범위는 가득액[(수출금액 (FOB기준) - 수입금액 (CIF기준)]을 취하는 거래만 인정한다.

(9) 중개무역 (merchandising trade)

수출국과 수입국 사이에 제3국의 중개인이 개입하여 거래를 성사시키는 무역을 말한다. 예컨대 A국과 B국 사이에 제3국인 C국의 중개인이 개입하여 무역을 중개하는 경우 C국의 입장에서 본 무역을 중개무역이라 한다. 이 때 C국의 중개업자는 A · B 양국으로부터 중개수수료를 받는다. 그러므로 중개무역은 대리인으로서 중개수수료만을 목적으로 한다.

신용장방식으로 중개무역을 할 경우 선화증권상의 운송계약의 주체인 수출자와 L/C상의 수익자가 다르게 되는데 이때의 선화증권을 제3자선화증권(third party B/L)이라 한다. 이런 경우 오해나 분쟁을 방지하기 위하여 신용장이나 매매계약서에 "Third party Bills of Lading are acceptable"이라는 문구를 기재하여야 한다.

중개상의 거래알선에 따른 커미션의 금액은 보통 송장금액의 3~5%를 지급하는 것이 관례다.

신용장의 국외양도는 중계무역과 유사한 효과가 있으나, 전액을 양도할 경우에는 중개무역의 일종에 해당한다. 이때, 양도조건은 원신용장보다 단가인하, 납기단축, 보험부보 비율을 높여서 양도할 수 있다. 그리고 단가인하에 따른 차액은 제1수익자가 별도로 송장을 작성하여 새로운 환어음을 발행하여 청구할 수 있다. 이것을 다른 용어로는 송장대체권이라 하는데 이때 필요한 서류로 원신용장, 신용장양도신청서, 상대방의 동의서(오퍼)를 갖추어야 한다.

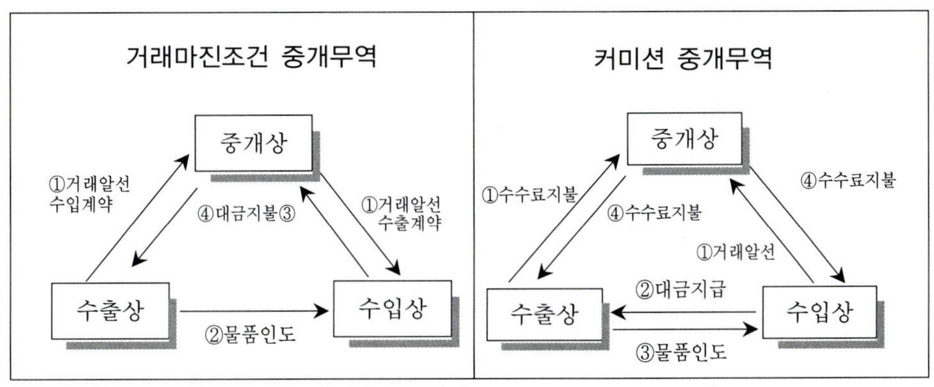

〈그림 10〉 중개무역 (merchandising trade)

중계무역(Intermediary Trade)과 중개무역(Menhardisinf Trade)는 물품의 인도방법 즉, 물품이 중계지를 경유하는지 여부를 기준으로 하여 구분하지 않고, 중간상이 계약의 당사자인지 여부에 따라 구분한다. 또 중계무역 시 중간상인이 계약당사자로서 매매차익(가득액)을 목적으로 거래에 개입하나, 중개무역에는 최종수입자나 최초수출자의 대리인으로서 중개수수료만을 목적으로 한다.

표 6 중계무역과 중개무역의 구분

구 분	중개무역	중계무역
수출상	거래당사자, Margin Base, 자기책임과 자기비용으로 거래	
수입상	거래당사자, Margin Base, 자기책임과 자기비용으로 거래	
중간상	중개상 : 거래알선, 중개인 Commission or Margin Base 거래결과에 대한 유한 책임	중계상 : 거래당사자 Margin Base 자기책임과 자기비용으로 거래
매매계약	거래당사자간 하나의 계약	수입, 수출 별도의 계약
매매물품	수출국 → 수입국	수출국 → 중계국 → 수입국

(10) 연계무역

[그림11] 연계무역절차

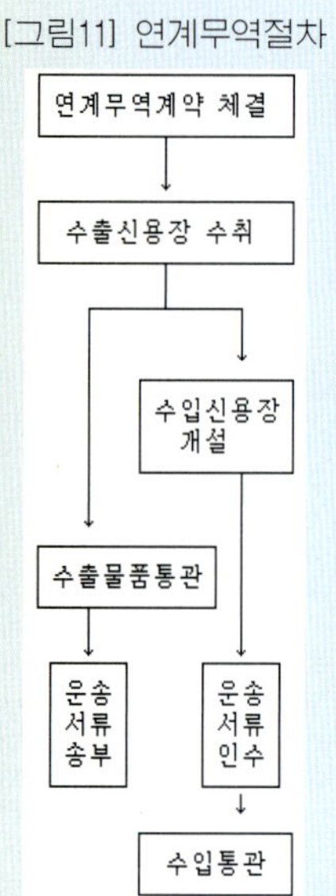

수출과 수입이 맞물린(연계된) 무역거래로 대금결제 상계가 가능하며 대응구매기간, 대금청산의 형태, 교환되는 상품과의 관계 등에 따라 물물교환, 구상무역, 대응구매, 산업협력 등의 형태로 이루어지는 수출입을 말한다.

외화부족 · 새로운 수출상품 개발 및 시장개척, 정치 · 경제적 입장에서의 무역균형유지, 신기술획득, 고용창출 및 전략적 차원에서의 대외의존도 감소 등을 위해 이루어진다. 수출 및 수입의무가 제3국으로 전가된 경우에는 연계무역에 해당되지 않으며, 복합거래로서 별도의 인정을 받아야 하며 대응 수출 · 입 의무가 기술 등 용역대가인 경우에도 연계무역에서 제외된다.

1) 물물교환(Barter Trade)

환거래가 발생하지 않는 상품의 단순한 1대1 물품교환형태의 무역으로서 하나의 계약서 아래 거래가 성립된다. 일회성이고, 2국간의 거래이며, 교환될 상품이 계약 시 지정되며, 수출입 전 과정에 걸리는 시간이 짧다.

2) 구상무역(Compensation Trade)

수출상이 자신이 수출한 기술, 플랜트, 기계를 사용하여 생산된 제품을 수입하는 거래방식이다. 환거래가 발생하고 대응 수입의무를 제3국으로 넘길 수 있다는 것 이외에는 물물교환과 같다.

핵심

- 원칙적으로 수출 수입거래를 하나의 계약서로 작성* 통상 Back to Back L/C Escrow L/C Thomas L/C 등 특수신용장 이용* 환거래가 발생하여 상호간에 합의된 통화로 대금결제* 대응수입 이행기간은 통상 3년 이내* 대응수입비율은 통상 20~100%* 대응수입의무를 제3국으로 전가하는 3각 구상무역도 있음

3) 대응구매(Counter Purchase)

대응수입조건하에서 수출액의 일정 비율만큼 물품을 대응 수입해야 하는 제도이다. 수출액의 일정비율에 상당하는 상품을 수입해야 한다는 점에서 구상무역과 비슷하나, 수출과 수입이 별도의 계약서나 신용장에 의해 이행된다는 점이 다르다. 대응구매는 과거 동구권과 거래 시 무역업자 사이에서 많이 이용되었다.

핵심

- 수출, 수입거래를 각각 별도 계약서에 의해 거래 * 두개의 일반신용장 개설* 형식상 완전히 분리된 두개의 별도 일반 무역거래 형태* 대응 수입이행기간은 통상 5년 이내* 환거래가 발생하여 상호간에 합의된 통화로 결제* 대응 수입의무를 제3국으로 전가할 수 있음

대응구매방식에 의한 무역거래에는 대응 구입품의 발견이 어렵다거나 대응품의 금액이 요구액을 쉽게 충당할 수 없는 경우가 많다는 점이 문제점으로 지적된다.

4) 산업협력(Industrial Cooperation), 제품환매(Buy-Back)

플랜트, 기술 등의 수출에 대응하여 그 설비나 기술로 생산되는 제품을 수입하는 방식의 무역거래형태를 의미한다. 산업협력은 제품수입(buy back deal), 자본참여, 판매망 제공 등 수출자가 수입자의 사업에 참여하는 합작투자(joint venture)형태로 구분된다.

5) 상쇄무역(Offset Trade)

무기, 항공기, 첨단기술제품 등을 수출할 때 쓰이는 방식으로, 수입국에서 생산된 부품이나 자재를 수출국이 수입하여 이것들을 수출상품의 생산에 활용함으로써 수출대금의 일부를 상쇄하는 방식이다. 연계무역방식에 의한 무역거래일 경우 계약서상에는 보통 대응구매의무, 벌칙조항, 가격결정조항, 품질조항, 시장관할조항, 대응구매의무의 전가조항들이 계약의 구성요소로서 자리하고 있는데 각각의 구성요소에 대한 세부내용들은 다음 아래와 같다.

핵심

- **대응구매의무** : 품질에 대해 명시로서 품목은 특정품목 또는 품목의 범위 명시하고 인 정금액 또는 수출액 FBO가격의 몇 %로 명시하며 대응구매기간을 명시한다.
- **벌칙조항** : 의무불이행의 몇%(통상 10~15%)의 벌칙금을 지불했을 때 대응구매의무 또는 가격할인 등 최초의무에서 면책되는 조항을 표시한다.
- **가격결정조항** : 구매에 장기간이 소요되므로 가격산출 근거를 명시하고, 품질기준, 가격 산출 기준을 약정하는 조항으로 가격의 상 · 하한선과 구매 시 입수 가능한 국제가격 을 결정한다.

- **품질조항** : 제3국시장에 제한없이 판매할 수 있는 권리여부를 표시한다.
- **시장관할조항** : 제3국시장에 제한없이 판매할 수 있는 권리의 보유여부를 표시한다.
- **대응구매의무의 전가** : 대응구매의무를 제3자에게 전가할 수 있는지 여부에 대한 조항을 표시한다.

그리고 연계무역방식의 거래에 사용되는 특수한 신용장으로는 동시개설신용장(back to back L/C), 기탁신용장(escrow L/C), 토마스 신용장(thomas L/C) 등이 있다. 각 신용장별 특징은 제3장 신용장 편 중 신용장 종류에서 자세히 언급되어 있으므로 여기서는 그 설명을 생략하기로 한다.

연계무역이 특정거래형태 무역으로 인정받는 절차를 밟지 아니하고도 정상적인 무역으로 성립하기 위해서는 3가지 요건을 모두 충족하여야 하다. 즉, 수출과 수입이 하나의 계약서로 작성되거나, 별도의 계약서로 작성될 경우 상호관계가 존재하여야 하고, 수출입대상 품목의 가격차이가 외국환관리 법령에서 인정하는 방식에 의하여 상계되어져야 하며, 선적서류 또는 수출입대금을 하나의 외국환은행을 통하여 주고받는 거래가 되어야 한다.

핵심

- **수입신용장개설 시 구비서류** : 신용장개설신청서, 신용장거래 약정서, Offer 또는 수입계약서, 기타 필요한 서류
- **환어음매입의뢰 시 구비서류** : 환어음매입신청서, 환어음, 선화증권, 상업송장, 포장명세서, 보험증권, 기타 필요한 서류
- **수입통관 시 구비서류** : 수입신고서, B/L사본, 기타 수입통관에 필요한 서류

(11) 보세창고(Bonded Warehouse Transaction)방식에 의한 수입

보세창고방식(BWT)에 의한 수입은 외국의 수출업자가 자기 책임하에 국내의 일정한 보세창고에 물품을 반입시켜 보관해 둔 상태에서 국내의 수입업자에게 물품을 판매하는 거래형태를 말한다.

보통 이러한 거래방식의 수입은 수출용 원자재, 수입자유화가 예상되는 품목 등의 수입 시 많이 이용된다. 이것은 수출자와의 거리가 먼 경우 건별로 원자재를 수입한 후 제조가공하여 수출하려면 많은 시일이 소요되므로 원자재를 적기에 공급받거나 가까운 시일 안에 수입자유화가 예상되는 수입제한 품목을 미리 국내

보세창고에 장치 보관해 둔 후 자유화되자마자 국내에 반입하기 위해서이다.

보세창고방식에 의한 수입이 일반적인 수입형태와 다른 점은 수출업자와 수입업자간에 사전계약이 체결되지 않고 수출자의 책임 하에 보세창고[19]에 물품을 반입하여 반입된 상품에 대한 매매계약이 성립되기까지는 수입자가 정해지지 않은 상태에서 거래가 진행된다는 점이 차이가 있다. 만약 신용장 결제방식에 의한 보세창고방식에 의한 수입방식거래를 시행할 경우에는 서류제시 기간이 선적 후 21일을 초과할 가능성이 매우 큼으로 신용장에 "Documents presented later than 21 days after the date of shipment Acceptable"이란 문구를 넣거나, 구체적으로 선적서류제시기간을 「선적 후 21일이 경과 한 후 ○○일 이내에 서류를 제시하도록」이라는 문구를 표시하여야 한다.

[그림 12] BWT 방식에 의한 수입절차

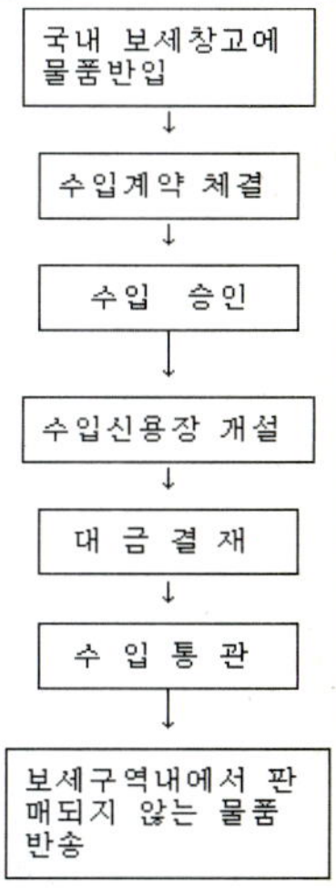

국내 보세창고에 물품반입
↓
수입계약 체결
↓
수입 승인
↓
수입신용장 개설
↓
대 금 결 재
↓
수 입 통 관
↓
보세구역내에서 판매되지 않는 물품 반송

핵심

- **BWT수입의 장점** ; 현물확인 후 수입가능, 수입자의 비용절감, 납기단축효과가 있다. 국내 보세구역 내에서 판매되지 않은 물품은 반송요건에 해당됨에 따라 반송이 가능 하다.
- **수입신고 시 구비서류** : 수입신고서, B/L사본, 가격신고서(상업송장 포함), 수입승인서, 기타 수입통관에 필요한 서류
- **반송신고 시 구비서류** : 반송신고서(수출신고서 사용), 수출화물 반출입신고서, 신고인과 수출자간의 권한위임에 관한 계약서, 최초의 BL 송품장 및 포장명세서, 기타 반송 통관에 필요한 서류

(12) 팩토링방식에 의한 수출입

국제팩토링이란 무신용장방식 무역거래 시 팩토링회사가 신용조사, 신용위험인수, 금융제공, 대금회수 등의 서비스를 제공하는 것으로 대부분 중소기업이 10만 불 이하의 소규모거래 시 이용한다.

[그림 13] 팩토링수출절차

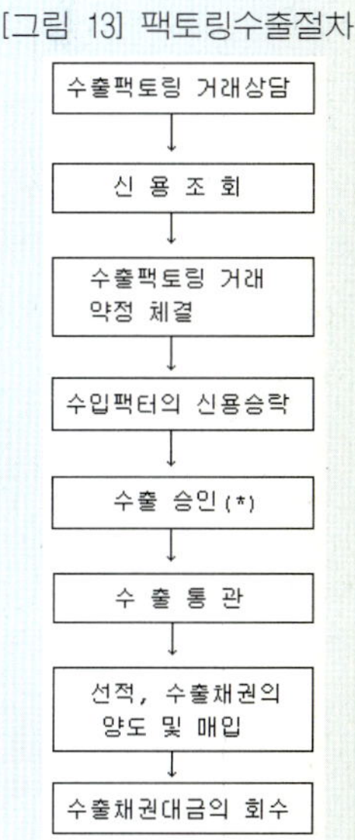

국제팩토링방식에 의한 거래당사자는 수출자, 수출팩터, 수입자, 수입팩터의 신용조사 의뢰에 따라 수입자의 신용상태를 조사하고 이에 근거하여 수출팩터에게 신용승락을 통보하는데, 이 신용승락이 있을 때 수출자는 수입자와의 계약에 따라 안전하게 물품을 선적할 수 있다. 팩토링방식에 의한 수입은 연지급 수입방법의 한 형태로서 수입자는 외상으로 수입하고, 수출자는 외상수출채권을 팩토링회사(수출 Factor)에 매각하여 자금을 조달한다.

세계 팩토링시장은 중국을 포함한 아시아 국가들과 미국의 무역규모가 점

차 확대됨에 따라 향후 이들 국가 간에 수출팩토링 시장도 크게 신장하였다. 특히, 미국의 바이어들이 비싼 비용과 복잡한 서류절차가 요구되는 신용장발행 대신 'open term'을 선호하고 있고, 한국도 무신용장 방식의 무역거래가 증가하고 있다. 따라서 수출외상매출에 대한 지불보증 및 추심, 선수금을 대출해 주는 수출팩토링시장은 더욱더 확대될 것으로 예상이 되고 특히 수출입업종에 많이 종사를 하고 있는 한인기업들에게는 유용한 수단이 될 수 있을 것으로 판단된다. 팩토링방식에 의한 수출입절차는 다음 [그림 14]과 같다.

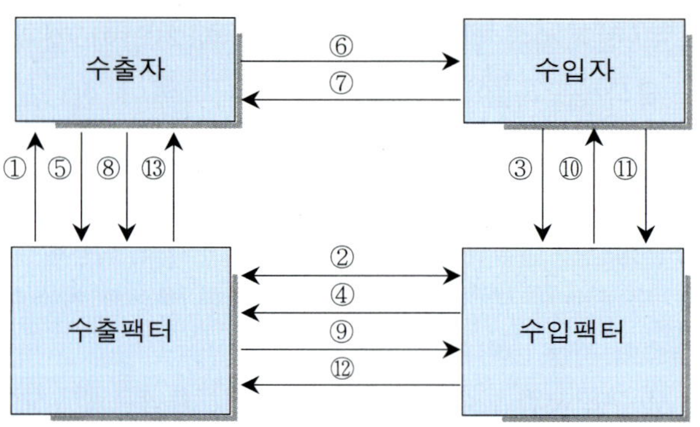

〈그림 14〉 팩토링에 의한 수출입절차

▸수출채권의 양도 및 매입 요청 시 구비서류 : 수출팩토링 채권양도 및 매입신청서, 상업송장(수출채권 양도문언 표시), 수출신고필증, 운송서류, 환어음

① 수출팩토링 거래상담, 수출팩토링 거래약정 체결 : 회사 개요, 최근 3개년도 영업결산 보고서, 수입자별, 거래형태별 수출취급액, 상품안내서 등을 수출팩터에게 제출하고 수출팩토링 거래약정 체결
② 신용승인 의뢰 : 팩토링거래가 가능하다고 판단되는 수입자와 상담 후 수입팩터에게 수입자에 대한 신용승인 의뢰서(credit approval request; CAR)발송(의뢰)
③ 신용조사 후 신용승인한도 결정 : 수입자와 수입 팩터 간에 신용한도 및 거래조건을 협의한 후 수입팩토링 약정체결
④ 신용승인 통지 : 수입팩터는 수입자에 대한 신용승인양식(credit line : CL 또는 individual credit approval ; ICAR), 승인금액, 대금결재 기간 등을 검토한 후 수출팩터를 통하여 수출업자에게 신용승인통지(answer to CAR)를 전달한다.
⑤ 신용승인통지서 발급 : 수출팩터는 신용승인통지를 접수한 즉시 수출자에게 신용승인통지서 발급
⑥ 팩토링방식에 의한 매매계약서 작성 : 수출자와 수입자간에 대금결제조건 등을 신용승인조건 범위내로 하여 팩토링방식에 의한 거래로 수출계약을 체결하고 필요 시 관련기관에서 수출승인을 받음.
⑦ 상품선적
⑧ 선적서류 매입의뢰 및 전도금융 제공 : 수출자는 수출팩터에게 수출채권매입의뢰서, E/L, 수출면장, 상업송장, 선화증권 등 운송서류를 제시한 후 수출채권액 범위 내에

서 전도금융을 받을 수 있다. 이때 수출팩터는 전도금융 이자와 팩토링수수료를 선취

⑨ 선적서류 발송 및 수출채권을 수입팩터에게 양도

⑩ 선적서류를 수입자에게 인도

⑪ 수입대금 결재 : 수입자가 계약상의 만기일에 수입팩터에게 수입대금을 입금, 수입자가 대금지급을 지연시키는 경우에는 원칙적으로 수출자가 금융연장에 대한 이자를 부담하고, 계약서에 명시된 조건에 따라 수입자가 연체이자를 추가하여 송금하면 수출자에게 반환한다. 분쟁없이 수입자가 대금지급을 지연시키는 경우에는 연제이자율을 적용하지 않고 매입 시의 이자율을 적용하여 금융을 계약상의 만기일로부터 90일까지 연장하여 준다. 또한 계약상의 만기일로부터 90일까지도 분쟁이 없이 입금이 되지 않는 경우에는 수입팩터가 신용승인내용에 따라 수출채권금액의 100%를 대지급한다.

⑫ 수입대금 송금

⑬ 수출대금과 전도금융 상계후 차액지급 : 수출팩토링거래 상담 시 수출팩터는 아래 사항들을 중심으로 검토한다.

핵심

수입자와의 팩토링 수출거래 합의 여부, 수입국에 거래 팩토링회사 존재 여부, 수출품목, 거래형태가 팩토링거래에 적합한지 여부, 결제조건 등이 관련법률에 적법한지 여부, 수출자의 신용상태, 담보제공능력 등

수출팩토링 거래상담을 통하여 수출팩터는 향후 예정된 수출이 모두 정상적인 적법한 절차와 과정을 통하여 진행한다고 판단되면 수입자의 신용조회을 시작한다. 이때, 수출팩터가 수입팩터에게 수입자의 신용보증 여부를 타진하면 수입팩터는 수입자의 신용조사 후 신용보증한도, 수입팩토링 수수료율을 통지해야 하며 조회기간은 보통 20일(전신 2주일)을 기준으로 한다.

다음 수입자에 대한 신용조사가 완료되면 수출팩토링 거래약정을 체결하는 데 이때, 수출팩터는 수출채권 매입한도, 수출팩토링 수수료율을 결정하고 수출자가 수입자의 팩토링 수수료율도 부담해야 하므로 수수료 부담액을 수출단가에 반영하여 수출 팩토링 거래약정을 체결한다.

수출팩토링 거래약정이 종료되면 수입팩터는 수입업자가 수입대금을 지급하지 못하는 경우에 수입팩터가 수입대금을 대신 지급하겠다는 신용승낙을 해야 한다. 신용승낙내용은 다음과 같다.

▸신용승낙한도 결정절차
①수출자가 수출팩터를 통하여 수입팩터에게 신용승낙 요청
②수입팩터는 신용승낙 한도 약정 내에서 신용승낙을 통지
③수입팩토링 수수료 등 통지

핵심

- 수출채권 만기일후 90일째 되는 날 수입대금을 대신 지급
- 수출상품의 하자, 수출자의 계약위반으로 인한 지급지연은 책임지지 않음
- 신용승낙은 한도방식으로 운영하며 취소가능
- 수입팩터가 신용승낙을 거절하는 경우에도 단순 추심방식으로 거래가능

수입팩터가 수입업자가 수입대금을 지급하지 못하는 경우에 수입대금을 대신 지급하겠다는 신용승낙이 끝나면 수출자는 수출승인(신청)서, 수출계약서, 신용승낙통지, 기타 수출승인에 필요한 서류를 갖추고 수출승인을 획득한다. 그리고 수출통관 시에는 수출통관에 필요한 서류인 수출신고서, 수출승인서(해당되는 경우), 기타 수출통관에 필요한 서류(상업송장, 포장명세서) 등을 준비하여 수출통관을 한다. 다음 수출통관이 정상적으로 이루어지고 상품이 이상없이 선적되면 선적 후 수출팩터에게 수출채권의 양도 및 매입요청을 한다. 수출채권의 양도 및 매입요청 시 구비서류는 옆과 같다.

수출채권의 양도 및 매입 시 주목해야 할 점은 수출채권의 양도 및 매입절차가 신용장방식의 운송서류 매입 시와 동일하며 신용장방식의 운송서류 매입 시와 동일한 금리를 적용한다. 그리고 수출팩터는 운송서류, 상업송장을 수입팩터에게 발송한 후 대금을 회수하며 이때, 수입자의 파산, 지급불능의 경우 수입팩터는 수출채권 전액을 채권 만기일로부터 90일째 되는 날에 대신 지급하여야 한다. 그러나 수입자가 수출자의 계약위반, 상품의 하자를 이유로 대금지급 거절 시에는 수입팩터가 대금지급을 할 의무가 없다. 팩토링방식에 의한 수입에 있어서 수입팩터는 팩토링수입 상담 시 다음 아래와 같은 내용을 중심으로 검토한다.

수출자와 팩토링방식 수입에 합의했는지 여부, 수출국에 거래팩토링 회사가 있는지 여부, 수입품목과 거래형태가 팩토링거래에 적합한지 여부, 결제조건 등이 관련법률에 적합한지 여부, 수입자의 신용상태, 담보제공능력 등

그리고 향후 진행될 팩토링수입이 적법한 절차와 과정을 통하여 성립한다면 수입팩터는 수입자와 거래약정을 체결한다. 이때 수입팩터는 수입자의 신용상태, 거래필요성, 담보능력 등을 고려하여 신용승낙한도를 결정한다. 그 과정은 아래와 같다.

수입팩터에 의해 수출자에게 신용승낙통지가 완료되면 수입자는 수입승인(신청)서, 수입계약서, 기타 수입승인에 필요한 서류 등을 갖추고 수입승인을 신청한다.

수입승인이 나고 수입화물이 도착하면 수입자는 수입신고서, 상업송장,

B/L사본, 수입승인서(해당되는 경우), 기타 수입통관에 필요한 서류 등을 구비하여 수입통관 절차를 밟는다. 이때, 운송서류가 도착하면 수입자는 즉시 운송서류를 인도받아 수입화물을 인도받지만 수입화물은 도착하였으나 운송서류가 아직 도착하지 않았을 경우에는 수입화물 선취보증서(L/G)발급받아 화물을 인도받는다.

대금결제는 계약서상 대금지급일에 수입대금을 결제하여야 하며 수입팩토링 수수료는 수출자가 부담한다. 그리고 수입자의 대금지급불능 시에는 수입팩터가 지급기일로부터 90일 되는 날 연체이자를 포함하여 대신 지급해야 한다.

(13) 외국인수 수입(제3국 도착수입)

외국인도 수출에 대응되는 방식으로, 수입대금은 국내에서 지급되나 수입물품은 외국으로 인도하는 수입을 말한다. 산업설비수출, 해외건설, 해외투자 등에 쓰이는 기자재를 외국, 혹은 현지에서 수입하려고 할 때 운송시간과 경비를 아끼기 위해 수입대금은 국내에서 지급하고 물품은 곧바로 산업설비수입국이나 해외현장으로 보내는 경우 이용된다.

지식경제부장관에게 인정을 받지 않아도 되는 특정거래 형태의 무역거래는 〈표 7〉과 같다.

| 표 7 | 인정을 받지 않아도 되는 특정거래의 조건

거래형태	정상거래 요건
위탁판매수출	판매기간이 끝나고 팔고 남은 물품을 6개월 안에 재수입
위탁가공무역	①수입되는 가공물이 승인대상품목이 아니거나, 사전 승인을 받은 경우 ②수출입 물품의 HS code 10단위가 같은 경우 ③최종 가공물품을 가공기간이 끝나고 6개월 안에 수입
임대수출	임대계약이 끝나고 3개월 안에 재수입
연계무역	①수출입계약이 하나로 작성되거나 달리 작성되었지만 서로 관계가 있는 경우 ②수출입대상품목의 가격차가 상계되는 경우 ③수출입통관일로부터 30일 안에 수출입 사실을 증명할 수 있는 경우 ④선적서류를 하나의 외국환은행을 통하여 인수/송부하는 경우
중계무역	수출입 물품을 보세구역이나 타소장치장에 반입 선적서류를 하나의 외국환은행(1997년 12월부터 복수의 외국환은행과의 거래를 허용)을 통해 인수 및 송부
외국인수수입	①산업설비수출의 승인을 얻은 자, 해당 설비의 완제품 내국신용장·구매승인서 수혜자가 산업성 비수출의 이행을 위해 수입하는 기자재(하자 및 보수 유지보수용 물품을 포함) ②위탁가공의 목적으로 수입하는 원자재, 해외건설촉진법에 따라 허가된 해외건설사업에 사용하

외국인수수입	기 위하여 현지 혹은 제3국에서 구입하여 사업현장에 인도하는 시설 및 원료기재(하자 및 보수 유지비용을 포함) ③해외투자허가를 받은 자의 현물투자분 중 현지 혹은 제3국에서 직접 구입하는 기자재, 선박, 선박용 엔진 또는 건설기계를 수출한 자가 그것의 하자 수리 및 유지보수를 목적으로 수입하는 물품.(단, 비축용은 제외)수입하는 기계·설비 등을 수출국 현지에서 시험검사하기 위해 수입하는 물품 ④해외용역사업이나 수산업 등에 사용하기 위해 외국에서 기자재를 구입하여 해외용역사업 등 현장에서 사용할 필요가 있다고 주무부장관이 인정하는 물품 ⑤수입자가 외국에서 생상되는 사양의 부품을 지정하여 제작·수출한 기계, 장비 등 물품에 대한 하자보증기간 내 유지보수용으로 수입하는 물품

참고

외국인도수출/수입 시 상업송장 및 B/L작성요령

1. 문제제기

홍콩에 있는 A회사는 중국에 있는 A회사의 중국법인 B로부터 물품을 수입하여 한국의 C회사에 판매하기도 하고 혹은 한국의 C회사로부터 물품을 수입하여 중국법인 B회사에 게 수출하기도 한다. 이때, 물품은 홍콩에 있는 A회사를 경유하지 않고 중국법인 A회사로부터 한국의 C회사로 또는 한국의 C회사로부터 중국법인 B회사로 이동하게 된다. 그리고 무역서류는 선적서류 중 상업송장(commercial invoice), 포장명세서(packing list)는 선적자(한국의 C회사 또는 중국법인 B회사)로부터 수령해서 홍콩에 있는 A회사가 수출자(shipper)가 되도록 재발행 한다.

이와 같은 거래형태에 있어서 B/L의 경우 'shipper,' 'consignee,' 'notify'가 당초 선적자가 발행한 대로 제공하는 경우 문제가 없는지, 또 신용장 조건에서 'the third party DOC, acceptable'은 어떤 의미를 갖게 되는가?

2. 문제 분석(거래형태 분석)

위의 거래형태는 홍콩의 A회사가 중국법인 B로부터 물품을 구매하여 한국의 C에게 수출하는 경우 이는 외국인도수출형태에 해당하며 그 반대로 한국의 C로부터 물품을 구매하여 중국의 B에게로 수입하는 경우 외국인수수입에 해당한다. 중계무역이라고 한다면 물품이 반드시 홍콩을 경유하여 중국 혹은 한국으로 반출되어야 한다.

3. 물품이 중국에서 한국으로 이동하는 경우 선화증권의 흐름

■ Master B/L의 발행구조

물품이 중국에서 한국으로 이동하는 경우 선사는 다음과 같이 마스터 B/L을 중국 포워더 CH에게 발행하여야 한다.

• Shipper : freight forwarder CH(중국) • Consignee : freight forwarder KO(한국) • Notify 1 : freight forwarder KO(한국) • Notify 2 : freight forwarder HO(홍콩)	선적항 : 중국 목적항 : 한국

▌ 물품이 중국에서 한국으로 이동하는 경우 제 1차 House B/L 발행구조

중국 포워더 CH는 선사가 포워더에게 발행한 위 마스터 B/L을 군거로 아래와 같이 제1차 House B/L을 발행한다.

• Shipper : 중국법인(B) • Consignee : 홍콩법인 (A) • Notify 1 : 홍콩법인 (A)	선적항 : 중국 목적항 : 한국

▌ 제1차 House B/L 회수

제1차 House B/L 원본이 홍콩의 A에게 도착하면 제1차 House B/L 원본을 홍콩 포워더 HO에게 제출하고 제2차 House B/L을 발행한다.

홍콩 포워더 HO는 제2차 House B/L을 다음과 같은 내용으로 발행한다.

• Shipper : 홍콩회사(A) • Consignee : 한국회사 (C) • Notify 1 : 한국회사 (C)	선적항 : 중국 목적항 : 한국

▌ Surrendered B/L인 경우

최초 발행된 House B/L 이 Surrendered인 경우 홍콩의 포워더는 B/L 원본의 회수 없이 바로 제2차 House B/L을 발행한다.

4. 해결내용(신용장 거래에서 선적서류의 흐름)

일반적으로 외국인도수출입의 경우 해외 공급자의 노출을 방지하기 위하여 B/L과 상업송장, 포장명세서 등의 Shipper의 주소, 연락처 등을 숨긴다. 이를 위하여 Switch B/L을 발행하고 상업송장의 Shipper의 정보를 수정해서 상대방에게 보내주는 것이 국제적 관행이다. 그러나 신용장 거래에 있어서 신용장 조건에 'the third party DOC, acceptable'이라는 조건이 삽입되어 있다면 그리고 해외 공급자의 정보가 노출되어도 상관없다고 한다면 굳이 Switch B/L을 발행하지 않아도 된다. 또 상업송장이나 포장명세서, Shipper 및 Consignee를 개정할 필요가 없다. 'the third party DOC, acceptable'이란 이러한 외국인도수출입 또는 중계무역의 유형을 신용장거래에 수용할 수 있도록 마련된 것으로서 제3자가 발행한 선적서류도 수리가 능하다는 의미이다.

그러나 대금수령과 지급에 크게 문제가 없다고 하더라도 선적서류의 Shipper와 Consignee 정보를 변경하는 것이 좋다. 물품이 중국법인 B로부터 한국회사 C로 이

동하는 경우 거래관계는 홍콩회사 A와 중국법인 B간의 매매계약 과 홍콩회사 A와 한국회사 C 간의 매매계약의 두 계약이 존재하는데 한국기업의 측면에서 볼 때 관세법상 대외무역법 및 외환거래법 상 의무를 이행하려면 관세법상 수입 신고 시 B/L과 상업송장, 포장명세서 상의 Shipper와 Consignee의 정보가 일치하여야 하며 또 한국회사 C가 홍콩의 A에게 물품대금을 외환송금하려면 상업송장 및 계약서 상의 계약당사자가 일치해야 하는 등의 문제가 있기 때문이다. 그러므로 외국인도수출입의 경우 B/L은 Switch해서 Shipper와 Consignee의 정보를 개정하여야 하며 상업송장과 포장명세서의 내용도 변경하여야 한다.

보충 자료

1. 산업설비 수출

산업설비란 각종 상품을 제조하기 위한 기계 · 장치 등과 설치에 필요한 엔지니어링, 숙련된 경험, 건설시공 등이 결합된 생산단위체를 지칭한다. 산업설비 수출절차는 산업설비의 규모나 특성에 따라 다양하며, 실무절차도 일반상품의 수출형태와 크게 다르다. 첫째, 산업설비는 통상 국제경쟁입찰이라는 과정을 거치고, 사양에 따라 신규로 제작하여야 하므로 상담에 들어가기 전에 면밀한 사전조사와 철저한 사업타당성 검토가 요구되며 사업타당성 검토 후 이를 토대로 수주의사를 결정하게 되면 「응찰→낙찰→계약교섭」을 거쳐서 계약을 체결한다. 둘째, 산업설비수출 시에는 설비시공이 포함될 경우 설계 · 현지건축 · 토목 등 복잡한 업무가 추가로 요구된다. 산업설비가 설치 · 완성된 후에도 수출자는 시운전 및 요원훈련을 통하여 테스트를 하고, 인도한 다음 다시 일정기간 성능보증(하자보증)책임이 뒤따르는 것이 일반적이다. 수출상은 보증기간이 끝나야만 모든 책임에서 벗어나 거래가 종결된다.

[그림 19] 산업설비 수출절차

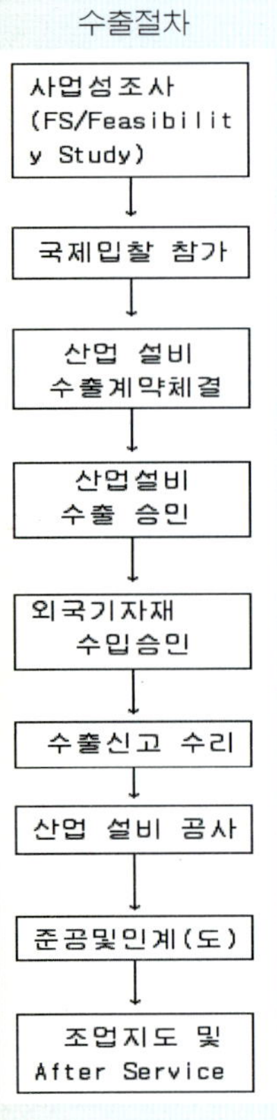

(1) 산업설비수출의 인정범위

- 국내생산 기자재 비율에 적합한 미화 50만 달러(FOB) 이상의 설비수출로 농업, 임업, 어업, 광업, 제조업, 전기 · 가스 · 수도사업, 운송 · 창고업 및 방송 · 통신업을 위하여 설치되는 기계장치와 대외무역법 시행령에 따른 설비 11개 품목으로 철강재구조설비, 수상구조설비, 공해방지설비, 용수처리설비 및 해수담수화설비, 냉동 및 냉장설비, 공기조화설비, 저장 탱크 및 저장기지설비, 송유설비, 정치식 운반하역설비, 정치식 건설용설비, 시험연구설비 등이 있다.
- 일괄수주방식에 의한 수출(산업설비와 기술용역 및 시공을 포괄적으로 하는 수출)로 일괄수주방식에 의한 수출은 미화 50만 달러 이하라도 산업설비 수출로 간주 된다.

(2) 산업설비수출의 절차

1) 사업성 조사

먼저 사업성 조사는 수출사업에 대한 타당성 검토와 현지 사업에 대한 타당성 검토 등 두 가지 측면에서 이루어져야 한다.

수출사업에 대한 타당성은 대략 대외무역법, 외국환거래, 해외건설촉진법 등 제규정과의 부합 여부, 수출자 또는 제작자의 자격요건 및 신용상태, 수출목적물의 제작, 설치능력, 제작, 설치비용 및 자금조달 방법, 대외채권 보전방안 및 수출효과 분석 등 5가지 세부항목을 기준으로 검토되어야 한다. 현지 사업에 대한 타당성은 상대국의 정치, 경제 등 일반상황, 발주처(수입자)의 신용상태, 사업의 목적, 범위, 규모 등 구체적인 내용, 현지 부존자원의 활용 등 사업효과, 동 업종에 대한 상대국 정부의 정책 및 사업여건, 기술적 측면(제조공법, 시설규모, 입지조건)의 타당성, 시장성 및 수익성의 분석 등 7가지 측면에서 검토되어야 한다.

2) 산업설비수출계약

산업설비수출계약의 종류는 다음 처럼 분류할 수 있다.

계약자 선정방식	Competitive Bid Contract	경쟁입찰방식
	Negotiated Contract	수의 계약
계약금액	Lump Sum Contract	산업설비, 용역, 시공 전부를 일괄 약정
	Unit Price Contract	공사단위마다 견적별 단가표시 계약
업종범위	Turn Key Contract	플랜트건설에 필요한 전체 업무를 제공하는 계약
	기기공계약	일명 FOB계약

주) : 대금결제조건에서의 선수금 영수는 제작기간 경과 비율에 따라 총수출대금의 50%까지 영수가능 함. ① 산업설비 수출의 경우 수출 선수금 영수한도와 별개로 수출착수금 영수가능 ② 착수금 영수비율 : 수출대금의 90% 이내

3) 산업설비 수출승인

산업설비 수출승인신청을 받으려면 산업설비 수출승인신청서(승인기관용, 세관용, 업체용, 한국기계공업진흥회용및 일괄수주방식에 의한 수출로서 연불금융지원의 경우에는 한국수출 입은행용), 일반수출승인서의 첨부서류, 수출이행계획서와 같은 서류들을 구비하여 산업설비 수출승인 신청기관에 신청하면 된다. 이때 일괄수주방식에 의한 수출인 경우는 지식경제부에, 연불금융지원거래인 경우는 한국수출입은행장에, 그리고 기타는 한국기계공업진흥회장에 신고하면 된다. 산업설비수출의 승인을 얻은 자가 당해 산업설비 수출의 이행에 필요한 기계·장치 및 자재의 일부를 외국으로부터 현지에 직접 수입하고자 할 경우 외국 수입이 가능하다. 이때 첨부하는 서류들은 물품매도확약서 또는 계약서, 산업설비 수출승인서 사본, 소요기자재 명세서가 있다.

2. 남북교역품 반출 · 입

남북교역은 민족 간 내부거래로 수출·수입이란 용어대신 반출·반입이라는 용어를 사용한다. 반출·반입이란 남한과 북한의 물품매매, 교환, 임대차, 사용대차, 증여 등을 원인으로 하는 남·북 간의 물품이동(단순히 제3국을 경유하는 물품이동 포함)을 의미한다. 그러나 현재 남북한 교역은 북한이 아직도 남북교역을 공식적으로 인정하지 않고 있는데다 대금지급, 상사분쟁 등에 관한 정부 간 합의가 이루어 지지 않아 직교역보다는 홍콩, 중국, 일본 등 제3국의 중개상을 통한 교역이 주류를 이루고 있다.

[그림 20] 남북교역품 반출 · 입절차

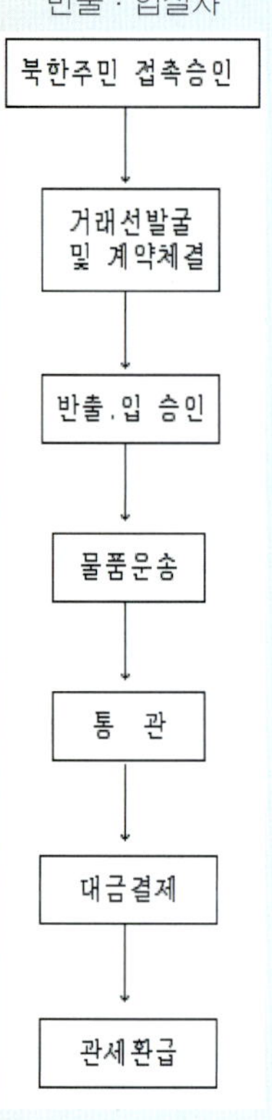

▸북한물품 통관 시 구비서류: 반출 · 입 신고서, 반출 · 입 승인서(세관용), 북한산 원산지증명서(C/O), 선화증권, 상업송장, 포장명세서, 북한상사와 중개상과의 계약서, 중개상과 국내업자와의 계약서, 기타 세관장이 필요하다고 인정하는 서류

(1) 북한주민 접촉 승인

남한주민 및 재외국민이 교역 및 합작사업 등 남북한 경제협력사업을 위하여 북한주민과 접촉하고자 할 때에는 사전에 통일부의 승인을 받아야 하며, 접촉결과를 접촉 후 10일 이내에 통일부장관에게 보고하여야 한다. 이때 주의해야 할 점으로는 북한주민과의 직접 접촉은 물론 편지, 전신, FAX, TLX, 전화 등 간접접촉도 승인을 받아야 하며 접촉장소는 남북한을 제외한 모든 곳이 가능하다.

- 접촉승인 신청절차
  - 신청시기 : 접촉예정일 20일전까지(우편신청도 가능)
  - 신청장소 : 통일부(단, 재외국민은 재외공관장 경유 신청)
- 구비서류 : 북한주민 접촉 신청서, 신원진술서, 접촉계획서 또는 사업계획서, 본인의 위임장(대리신청의 경우)

(2) 거래선 발굴 및 계약체결

북한의 거래선을 찾아내는 방법으로는 제3국 중개상을 활용하거나 현지법인 활용 및 기존의 북한거래선을 이용하여 찾아낼 수 있다. 현재 북한과의 직접적인 통신 및 정보교환이 아직 불가능 한 상황이므로, 홍콩, 중국, 일본 등 제3국의 중개상을 통해 북한거래선을 발굴하는 것이 일반적이지만 홍콩, 중국, 일본 등 제3국에 소재하는 현지법인을 통해 북한거래선을 발굴할 수 있다.

북한의 거래선이 선정되면 계약을 체결한다. 이때, 제3국 중개상을 통해 간접교역하는 경우에는 북한상사와 중개상과의 계약이 선행된 후 남한의 반입상사와 중개상이 계약을 체결하는 것이 일반적이다. 북한과의 계약체결 시 유의하여야 할 점은 북한은 제3국 중개상과 계약체결 시 계약서상에 "이 물품은 남한에 판매할 수 없다"는 조항을 명기하는 것이 많으므로 중개상과의 계약체결 시 한국측의 요구를 분명히 표시해야 한다.

(3) 반출 · 입 승인

수출입공고 등 및 통합공가상에 수출입 제한이 없는 자동승인품목은 당사자 간 계약에 의해 제한승인품목은 통일부의 승인을 받아야 하므로 수출 · 입공고 등의 제한승인품목 여부를 확인하여야 한다. 또한 통일부의 남북교역대상물품 및 반출, 반입 승인절차에 관한 고시를 확인하여야 한다.

- 승인 시 구비서류 : 북한물품 반출입승인신청서, 반출계약서 또는 주문서, 물품매도확약서(Offer Sheet), 반입대행계약서(대행인 경우), 북한의 물품공급의향서 또는 중개인과 북한상사간의 계약서, 기타 통일원에서 정하는 서류
- 통일원 고시 중 제한승인 품목 : ① 위탁가공원부자재 및 그 생산품의 반출입은 임대 또는 무상인 경우에도 통일부장관의 승인없이 반출입이 가능하다. ② 미술품, 도예. 공예작품, 우표, 화폐등 유가증권의 반입, ③ 반입물품 중 통일부에서 별도로 고시한 182개 품목, ④ 무상으로 반출. 반입하는 품목

(4) 북한물품의 남한운송

북한물품의 남한운송의 경우 용선이 아니면 물품을 제3국(중국, 홍콩, 일본)에서 환적하여 운송하는 것이 원칙이나 현재는 국내 선박회사에서 제3국선을 이용하여 직수송하고 있다.

원산지가 북한인 반입물품은 남북교류협력에 관한 법률에 의거 관세를 부과하지 않는다. 그러나 북한산 물품에 대해 무관세 혜택이 주어지는 만큼 북한산임을 증명하는 원산지증명서(북한에서 직수송인 경우) 및 경유국 미통관증명서(제3국 경유 수송의 경우)가 필요하다.

남한화물을 북한으로 반출할 때에는 선적항을 제3국으로 표기하여야 한다. 북한은 컨테이너 처리시설이 극히 낙후되어 수입화물을 나무궤짝에 넣어 벌크선으로 운송하는 경우도 많다.

(5) 대금결제 및 관세 환급

일반수출입과 마찬가지로 외국환관리 법령상 허용되는 결제방법과 통화만 가능하다. 관세환급은 대북한 반출물품에 대해서도 수출용 원자재의 관세환급 특례법에 의거 관세 등을 환급하나 대북한 위탁가공용으로 반출승인을 받은 물품이 제조 · 가공 후 국내에 재반입이 전제되는 경우에는 관세환급 대상에서 제외된다.

▸선박회사 : 삼선해운, 한성선박

북한은 무역거래에서 발생한 분쟁처리를 일반조건의 하나로 상대국과의 무역협정에 명시하고 있고 이와는 별도로 거래계약서에도 명시하는 것으로 알려져 있으므로 수입 및 수출시 각각 클레임 청구권 또는 손해배상책임을 규정한다. 분쟁해결은 각종 상사분쟁 해결을 위하여 국제무역촉진위원회 산하에 중재위원회가 설치되어 운용되고 있으므로 먼저 당사자 간의 합의에 의해 분쟁을 해결하도록 하고 해결이 안 될 경우에는 제3자를 통한 중재로써 해결토록 합의한다. 중재는 현지주의 원칙에 입각하여 피소의 소재지에서 진행하는 것을 원칙으로 한다. 그러나 남북한 거래에서 분쟁이 발생하면 중재를 통해 해결이 현실상 어려우므로 가급적 중개인과 해결하도록 하여야 한다.

3. 소규모 무역업 창업

2010년 인천지역 무역업 창업이 자동차 수출 증가 등의 영향으로 97년 외환 위기 이후 가장 높은 수치를 보이는 등 활기를 띠고 있는 것으로 나타났다.

한국무역협회 인천지부가 26일 발표한 `2004년 인천 무역업 창업동향'에 따르면 지난해 인천지역에서 창업한 무역업체는 모두 611개사로 2003년에 비해 22.4% 늘었다. 무역업 창업이 연간 600여개를 넘어선 것은 지난해가 처음이며, 증가율 면에서도 97년 외환위기 이후 가장 높은 수치를 보였다.

이처럼 인천지역 무역업 창업이 활기를 띠고 있는 것은 최근 내수부진과 수출 호조의 양극화 현상이 뚜렷해지면서 무역업에 대한 관심이 크게 높아진데다 경기부진과 구조조정 여파로 관련 업종 종사자들의 무역업 참여가 크게 늘어났기 때문인 것으로 풀이되고 있다. 특히 업종별로는 지난 2003년 하반기 이후 인천의 자동차 수출이 크게 늘고 있는데다 인천이 중국 교역의 관문 역할을 하면서 농림수산물 수입이 늘어나면서 기계류와 농림수산물 수입 등에 창업이 집중됐다.

기계류는 154개로 전체의 25.2%를 차지했으며 농림수산물은 150개(24.5%), 전기 · 전자 79개(12.9%) 순으로 나타났으며 증가율면에서는 플라스틱 · 고무 · 가죽제품과 기계류 관련 업체가 크게 늘어나 전년대비 72.7%, 65.6%씩 증가했다.

지역별로는 남동공단 등 제조업체가 밀집해 있는 남동구가 167개(27.3%)로 가장 많았으며 그 다음으로 서구 100개(16.4%), 중구 73개(11.9%), 부평구 66개(10.8%) 순으로 창업했다.

그러나 종업원수를 기준으로 한 업체 규모별로는 10명 이하의 소규모 업체가 287개였으며, 100명 이상 200인 이하는 13개사에 불과했으며 설립연수별로는 업체의 과반수(59.9%)가 1년 또는 미만의 업체인 것으로 나타났다.

무역업체 수 증가는 무역기반 및 저변 확대와 함께 수출증진에 따른 지역경제 활성화에 기여하는 계기가 되자만 그러나 영세업체들이 지나치게 난립할 경우 과당경쟁에 따른 무역질서 교란 등으로 득보다는 실이 클 수 있는 만큼 신중하게 접근하여야 한다.

무역업을 성공하기 위해서는 좋은 거래처와 경쟁력 있는 상품을 가지고 효율적으로 사업을 진행해 나가야 한다. 또한 시장환경의 변화와 국제시장의 특성을 확실히 인식할 필요가 있다. 국제시장은 구체적인 수요와 동기, 욕구가 국내와는 전혀 다르고 국내에서 히트한 제품이라도 현지의 구매자로부터 얼마든지 배척당할 수 있으므로 현지인의 문화적 욕구와 취향에 맞는 제품의 선정이 중요하다.

국제무역은 국제간 무역규범과 관습에 따르고, 국제간 물품 이동이기 때문에 절차와 단계가 복잡하며, 거래내용과 조건의 협상은 서로 다른 문화 간 협상이라는 점과 국제거래 특유의 대금결제 제도가 있다는 점에서 국내 영업과 다르다. 이 밖에 국내영업과 국제영업의 기본적인 차이점은 성공적인 영업활동에 필요한 기본적인 소양과 지식, 나아가서 이들을 뒷받침하는 인프라에서도 나타난다. 무역실무를 성공적으로 실행하는데 필요한 최소한의 지식과 기술에는 국제간 무역규범에 대한 이해, 시장 및 상품의 발굴 요령, 유리한 거래조건의 협상, 안전한 무역계약의 체결, 국제간의 상품 이동의 요령과 절차, 국제간 대금결제 방법과 절차, 클레임 처리요령 등이 포함된다.

이와 같은 국제무역에 대한 기초지식과 저변지식이 바람직한 소상공 무역인의 자세와 접목될 때에 소규모 무역업의 성공확률이 높아진다.

(1) 보따리무역업

보따리 무역이나 오파상을 포함한 소규모 무역업은 공장이나 사무실 없이 가정에서 오직 팩스 한 대만으로도 창업할 수 있어 관심을 모은다. 무역업은 감각과 요령이 핵심 역량이므로 제조업이나 일부 도·소매업 등에 비하여 적은 자본으로도 창업할 수 있다. 때문에 능력과 노하우는 있으나 자본이 없는 사람들은 한번쯤은 생각해 보는 사업영역이다. 특히 WTO체제의 출범과 더불어 본격적인 국제화 시대로 접어들면서 국가 간 상거래 이동의 기회와 영역이 크게 신장되고 있는 것도 소규모 무역업에의 유혹을 배가시키고 있다.

1) 보따리 무역의 배경

국내경기의 침체로 인해 내수시장은 이제 한계에 도달해 더 이상 돌파구를 찾을 수 없고, 이로 인한 실업자문제는 날로 심각해지고 새로운 취업도 되지 않는다. 현재 직장을 가지고 있는 사람들도 언제 어떻게 될지 몰라 전전긍긍 하고 있는 처지이다.

흔히 말하는 - 장사나 하지 - 라는 말도 지금 프랜차이즈 방식의 가게나 음식점도 포화상태에 이르러 상당히 어려운 상황이다.

소자본으로 성공 가능한 사업을 발굴하려면 우선 남들이 잘 선택하지 않는 업종에 눈을 돌려야 한다. 그리고 지금 국내시장이 포화상태에 놓여 있기 때문에 당연히 국내보다는 국외에서의 사업이나 취업이 절대적으로 유리한 상황이 되었다. 이러한 여건에 합당한 것이 소자본 무역업 속칭 보따리 무역이다.

2) 보따리 무역의 정의

현재 우리 사회에서 통칭되는 보따리무역이란 무역의 가장 원천적이며 기본적인 형태이다.

보따리 무역의 실제를 보면 국내에서 값싸고 질 좋은 상품들을 매입 혹은 생산(생산공장을 소유한 자)을 하여, 선박이나 항공을 이용하여 중국, 일본, 몽고, 인도 등지에 직접 운반하여 높은 값에 팔아 이익을 창출한다. 또한 귀국할 때에도 해당국에서 상품구입을 하고 국내에서 판매를 하여 이익을 창출 하고 있다.

보따리 무역활동은 처음에는 손으로 들고 갈만큼 소량의 상품을 취급하지만 시간이 지나고 경험이 쌓일수록 물량이 증가하여 심지어 컨테이너단위까지 나가곤 한다. 그러나 상품의 구입단계, 운반단계, 판매단계는 한사람 혹은 소수인원으로 직접 실행하고 있다. 이러한 무역은 일반적으로 알려진 무역보다 시간적으로 신속할뿐 아니라 각 단계에 필요한 경비가 절감되고 수익이 증대되는 강점이 있다. 이러한 강점을 바탕으로 전문 무역업자로 발전하는 경우도 있다.

보따리 무역은 일종의 개인 무역업이지만 현재 우리나라에서 각광을 받고 있는 일반적으로 개인 무역업과는 차이가 있다. 개인 무역의 기본 개념은 카타로그나 통신을 이용하고 운반수단을 우편이나 기존 물류체제를 이용한 개인의 수입및 수출 활동이다. 따라서 제품선정에 한계가 있고 제품이나 수요자(수입에 있어서 생산자)를 직접 접할 수 없으며 유통시간이 많이 필요로 하는 점이 보따리 무역과는 구별 된다.

3) 형태

보따리 무역은 여러 가지 형태로 진행된다. 현재 우리나라에서 보따리 무역업에 종사하는 형태를 보면 다음과 같이 구별 할 수 있다.

첫째, 직접 상품을 사가지고 나가서 현지에서 판매하는 형태로 판매지역에 아무런 연고나 판매라인이 형성되지 않은 상태로 이루어진다.

초보자들은 주로 초기 이윤보다 시장조사를 겸해 일명 반 보따리 무역이라고 하는 형태로 시작하는 경우가 많다.

둘째, 중국, 일본, 러시아의 소매상들이 직접 국내에 들어와 자신들이 필요로 하는 상품을 구입해 가는 경우가 있다. 이러한 경우 이를 보완해주는 즉, 상품구입과 운반을 책임지는 형태가 있다.

셋째, 오랜 기간 거래를 유지할 수 있는 상대 바이어의 라인을 형성해 놓고 팩스나 전화로 주문을 받고 상품을 항공기나 선박으로 운송해 주는 형태가 있다. 또 다른 형태로는 현지에 자신의 매장을 설치하는 경우도 있다. 이 단계에 이르기 까지는 첫 번째나 두 번째의 과정을 거쳐 신임할 수 있는 상대를 구축하는 경우가 많으며 규모가 확대함에 따라 전문적인 무역업자의 가능성도 크다.

국제여객선을 타고 있는 보따리교역상은 두 가지로 분류된다. 숫자적으로 가장 많은 형태는 일명 따이공(일본은 하꼬비)이라 하며 우리나라와 외국 사이를 오가며 화주의 상품을 운반해주고 운반료를 주된 수입으로 하는 사람들을 말한다. 여객선 승객의 90%를 차지하고 있다.(중국에 거래선 없이 단순히 물건만 배달하고 돌아올 때는 농산물판매로 수입을 얻는 사람들 이다.) 진짜 보따리 무역을 하는 사람, 예를 들면 한국에서 중국으로 왕래하면서 한국 상품을 중국에 또는 중국 상품을 한국에 직접 판매하여 이익을 창출하는 사람으로 그 숫자는 매항차 승객의 2-3%에 지나지 않는다.

4) 보따리 무역의 장점과 단점

• 장점

1. 소자본 창업이 가능하고 자금 회전율이 높다.
2. 자신의 능력에 따른 수익을 극대화 할 수 있다.
3. 비교적 전문지식이나 경험을 필요치 않는다.
4. 실패의 부담이 적다
5. 외국문물에 피부로 접할 수 있는 기회가 많으므로 견문을 넓혀주고 다른 사업에 대한 경험을 축적할 수가 있다.
6. 국가적인 차원으로는 수출증진에 도움을 줄 수가 있다.
7. 무역에 대한 KNOW HOW와 바이어를 물게 된다.

• 단점

1. 보따리 무역에는 한계가 있다. 즉 상품의 무게나 부피에 제한을 받고 상품운반 판매 에도 한계가 있다.
2. 정보를 모르면 위험 요인이 많다.
3. 자신민의 노하우 혹은 ! 상품아이디어를 짧은 시간에 개척해야 한다.

5) 객관적인 측면에서 본 보따리 무역의 가능성

첫째, 헝그리 정신과 개척정신이 필요하다. 보따리 무역에서 가장 중요한 것은 인적자원이다. 다시 말하면 보따리 무역은 개인이 모든 부분을 담당하고 있기 때문에 창업자는 다른 업종보다도 어려움에 굴하지 않는 투자와 개척정신이 필요하다.

둘째, 세계시장에서 한국 상품이 경쟁력이 있다. 최근 국산품의 국제경쟁력 약화로 인한 수출부진이라는 말을 많이 듣는 다. 하지만 이러한 것은 한국 상품 전체의 일반적인 평가일 뿐이다. 아직까지 우리나라 상품이 국제경쟁력을 갖춘 상품은 현재에도 상당히 많다. 특히 대규모 시장보다 틈새시장에서는 더욱 그러하다.

셋째, 중국 보따리 무역의 장래성이 가장 밝은 이유는 우선 중국은 거리상으로 가까울 뿐만 아니라 보따리 무역업자들이 가장 보편적으로 이용하는 선편이 많으며 운송비(여객운임)가 저렴하다. 그리고 중국에서의 체제비가 상대적으로 저렴하기 때문에 영업비용이 적어도 된다는 장점이 있다. 그 외에도 시장규모만 보아도 중국은 상당히 매력적이다. 중국의 13억 이상의 인구를 가진 사실은 너무나 잘 알고 있는 사실이라 강조하지 않겠다. 그보다도 현재 중국에는 지역 간이나 소득 계층 간의 격차가 심하다는 점에 주의를 기울이고 싶다. 즉 수요자의 계층이 다양하다는 것은 상품의 차별화가 가능하고 많은 틈새시장을 가지고 있다는 것이다. 따라서 소규모 보따리 무역의 가능성도 높아진다. 그리고 중국 소비자에게는 아직까지 우리나라 상품이 좋은 제품으로 취급되고 있는 소비자심리가 작용하고 있다. 물론 도시의 고소득층에 있어서는 서양이나 일본 상품에 대한 선호도가 높다고 할 수 있지만 가장 넓은 수요층을 형성하고 있는 중산층에서는 일반적으로 인기가 높다고 할 수 있다. 중국인을 상대로 외국상품 선호도 조사에 의하면 우리나라 상품은 미국, 일본에 이어 3위를 차지하고 있다.

6) 보따리 무역에 필요한 상품구입

▌ 상품구입 : 예비및 준비단계에 따른 구입(초기에는 소량구입)

초보자라면 경험이 없으므로 여러 가지 어려움이 많음으로 전문단체에 의한 단체출국 및 구입이 유리하다. 그리고 초기 활동은 차기의 시장조사를 겸하는 것임을 기억하여야 한다. 상품구입을 위해서는 우선 다음의 기본적인 몇 가지는 꼭 유의하여야 한다.

①가격 ②제품의 디자인 ③색상과 크기 ④품질

바로 이러한 4가지 조건을 조사하기위한 사전 시장조사가 중요하고, 이러한 조건에 알맞은 제품을 구입해야 한다. 떨이 물건이나 부도난 회사 회사의 물건이 아무리 저렴하더라도 그것을 구매해줄 사람들의 마음에 들지 않는다면 무용지물이다. 그러나 값이 싼 상품에 그만 눈이 어두워 색상이나 디자인 사이즈 등을 저쪽 사람들의 구미에 맞추지 못한다면 아무리 싸다고 해도 무용지물이므로 즉 팔릴 수 있는 물건을 구입한다는 점에 제품구입의 초점을 두어야 한다.

7) 초보자를 위한 상품 구매안내

초보자를 위한 국내상품 구입요령은 우선 상품 아이템이 결정되면 국내구입처를 물색해야한다. 국내 구입처 선택에서 가장 중요한 포인트는 가격과 품질이다. 이러한 두 가지 요건을 모두 갖춘 곳에는 무엇보다 생산공장을 들 수 있다. 그리고 비교적 가격이 저렴하고 상품이 다양하게 구비되어 있어 상품구입이 쉬운 큰 시장이나 전문시장의 도매상을 이용하는 것도 좋다.

▮ 예

1. 도매상 및 전문상가
   동대문시장, 패션쇼핑몰(서울운동장 지역), 남대문시장
2. 품목별 전문상가
   - 신발류 : 서울역주변 염천교, 청계7가 신발도매상가
   - 액세서리 : 남대문, 동대문시장
   - 가방류 : 청계5,7가. 남대문 핸드백상가 등
   - 주택관리용품 : 을지로2-6가(전자제품상가), 청계4가 주변, 용산등 조명기구상가
   - 동대문종합시장 카펫상가, 남대문카펫상가, 방산시장 벽지골목, 청계3가 소방기구상가 ,영등포 도기상가등.
   - 기계 공구류 : 구로동 구로공구상가, 중앙유통단지, 원효로1가양평동 중고 기계매매상가등
   - 완구, 문구, 팬시류 : 남대문, 창신동, 방산 완구 및 문구상가등.
   - 안경류 : 남대문안경시장
   - 민속토산품 및 골동품류 : 인사동, 황학동 벼룩시장 등.
   - 기타 잡화류 : 손톱깍기, 가죽자동혁대 등 일용잡화/청계7가

8) 초보 보따리 무역상의 시장조사와 유망품목

▮ 시장조사

빈 보따리로 여러 곳을 시장조사하여야 한다. 시장조사하러 갈 때 판매할 상품을 들고 가면 그 물건 팔기에 정신이 팔려 진짜 조사해야할 1.잘 팔리는 상품. 2.상품의 등급. 3,상품의 재질.4,가격경쟁 등등을 놓치기 쉽다.

따라서 시장조사 할 대에는 빈손으로 가서 세밀하게 조사하여야 하고 시장조사 한 자료를 바탕으로 판매할 상품을 구입해야 한다. 많은 초보자들이 허용되는 범위 내에서(선박 50KG)큰 보따리를 들고 가면 실패할 확률이 80%이상이다. 그리고 중국을 결정 했으면 중국내에서도 천진, 북경, 탕고, 청도, 위해, 연태, 대련, 심양, 상해, 남경 등 여러 곳이 있다. 가능한 곳이 어느 곳인지를 자기와 잘 어울리는 지역이 어느 지역인지를 또 처음 도전이므로 어느 단체가 가장 저렴한 경비로 성실하게 안내하여 체험위주로 행사하는 곳인지를 결정한 후 자기가 국내에서 구입할 상품이 어느 지방에서 잘 팔릴 수 있을지 충분히 시장조사한 후에 보따리를 준비하도록 해야 한다.

(2) 보따리무역 창업절차

보따리무역은 특별한 자격이나 요건 없이 해외여행이 가능한 사람이면 누구나 할 수 있다. 즉 해외여행 시 법적으로 허용되는 범위 안에서 다양한 상품을 외국에 가지고 가 팔고 귀국할 때도 법적으로 허용되는 범위 안에서 다양한 상품을 가지고 와 소비자에게 판매하여 이익을 추구하는 것이다. 다시 말해서 보따리 무역은 엄격한 의미의 무역이라기 보다는 현대판 국제보부상이라고 말할 수 있는 업종이다.

보따리무역의 창업은 해외 출국에 필요한 여권과 비자(VISA)가 필요한 국가인 경우에는 해당 국가의 비자, 그리고 거래 하고자 하는 상대 국가의 거래선과 국내의 상품 공급선에 대한 정보만 가지면 누구나 쉽게 시작할 수 있다.

보따리무역 사업자는 향후 무역대리업이나 무역업으로 성장 발전하기 위한 전 단계로 생각하여, 사업자등록증도 발급 받고 수출 및 수입 실적 등도 가능한 범위 내에서 쌓아 정상적인 사업체로서 관리에 노력한다면, 해외바이어들로부터 보다 신뢰를 얻을 수 있고 보다 발전적으로 무역관련 사업을 펼쳐나갈 수 있을 것이다.

사업자등록증 발급은 본인이 사업장임대차계약서, 주민등록등본, 인장을 준비하여 사업장 소재지 관할 세무서에서 즉시 발급 가능하다.

▌ (중국)보따리 무역 시 문제점과 대안

- 언어문제

  중국어의 기본적인 회화는 필수이다. 필히 숫자는 잘 익혀야 하고, 길묻기, 택시타기, 물건사기, 식당, 호텔등에서의 기본회화는 기본이다.

- 금전문제

  환전은 인천항이나 평택항등에서 한국돈을 중국돈으로 환전하면 환차손을 크게 줄일 수 있다. 은행을 통한 거래는 복잡하고 불편함으로 인해 환전상에게 환전하는 일이 많다.

- 안전문제

  이동시에는 항상 3-4명씩 짝을 이루어서 행동하여야 안전하다. 중국은 치안 상태가 안정되어 있지만 본인의 부주의로 인한 불의의 사고는 본인 스스로가 책임져야 한다. 꼭 이동시는 짝을 지어 다녀야 한다. 그리고 돈이 많다는 표시를 하면 안 된다. 중국에서는 조선족이든 한족이든 모든 사람에게 거만하게 보이시거나 실례되는 행동을 해서도 안 된다. 좋은 대인 관계를 유지하는 것이 바람직하며 밤늦게 혼자 돌아다니는 것은 범죄의 표적이 될 수 있다.

• 중국무역 법규

중국의 무역관련 법규는 상당히 까다롭다. 개개인의 비자 특성을 알지 못하고 중국에 들어가서 상행위를 한다면 밀반입된 물품을 파는 것은 중죄에 해당되 처벌받게 된다. 중국에 관광 비자로 들어가서 상행위를 하는 것은 법으로 금지되어 있다. 물품도 압수당하고 중국의 교도소에서 지낼 수도 있다. 보따리무역의 거점인 천진. 대련. 위해. 연태. 단동 등은 중국의 세관 통관 절차나 관련업무 규정이 각 지역마다 달라서 심부름꾼인 따이공들도 매번 변하는 통관 업무 때문에 어려움을 겪고 있는 실정이다. 그러므로 비자나 자신의 신분에 대한 중국의 법률과 법적 근거를 정확히 알고 시작을 해야 한다.

(3) 무역업 등록

고용보험관계 성립신고를 한 사업자는 고용보험 관계의 변경이 있는 경우에는 보험관계변경신고, 사업의 폐지·종료 등으로 인하여 보험관계가 소멸하는 경우에는 보험관계소멸신고, 근로자의 신규 고용 또는 퇴직으로 인한 경우에는 피보험자격의 취득 또는 상실신고를 소재지 관한 지방노동청(사무소)에 하여야 한다.

(4) 사업자 등록절차와 필요서류

1) 개인사업자의 사업자등록 신청서류

개인사업자는 다음과 같은 서류를 첨부하여 사업장관할 세무서에 사업자등록을 신청하면 즉석에서 사업자등록증을 교부받을 수 있다. 사업자등록 신청 시에는 대표자 본인이 반드시 세무서에 가셔서 신청하여야 한다. 이때에 사업의 종류 또는 규모에 따라 일반과세자, 간이과세자 중 하나를 선택하여 과세 유형적용을 함께 신청한다.

▮ 첨부서류

① 사업자등록 신청서(세무서 민원실), ② 사업자의 신분증, ③ 사업장의 임대차계약서 사본(사업장이 임차건물인 경우 ; 사업장이 대표자의 집인 경우에는 집을 사업장으로 할 수 있으며 이런 경우에는 임대차계약서 사본은 필요 없다.) ④ 사업장의 약도 ⑤ 허가사업인 경우 사업허가증사본(사업허가 전 등록신청을 하는 경우는 사업허가신청서 사본 또는 사업계획서) ⑥ 2인 이상 공동사업일 경우 동업계약서 사본(※ 근로소득자도 사업자등록증을 발급 받을 수 있다. ※ 부부간에도 각각 사업자등록증을 발급 받을 수 있다.※ 미성년자, 학생도 사업자등록증을 발급 받을 수 있다.※ 사업자등록 신청시 본인이 세무서 민원실에 가시면 즉석에서 사업자등록증을 발급 받을 수 있다.)

2) 법인사업자의 사업자등록 및 법인설립신고서류

법인사업자는 본점소재지 관할세무서에 다음과 같은 서류를 첨부하여 신고하시면 즉석에서 사업자등록증을 교부 받을 수 있다. 참고로 법인사업자는 모두가 일반과세자이다.

▮ 신설법인 첨부서류 목록

① 법인설립 신고 및 사업자 등록 신청서 1부 ② 법인 등기부등본 1부 ③ 정관사본 1부 ④ 주주 또는 출자자명부 1부 ⑤ 법령에 의한 허가 사업인 경우 사업허 가증 사본 1부 ⑥ 법인 등기시 지출한 영수증 ⑦ 사업장 약도⑧ 임대차계약서 사본1부(사업장이 임차건물인 경우)

(5) 세무실무 시 주요 검토사항

1) 선적일의 확인

재화의 수출의 경우 공급시기는 선적일이다. 따라서 선적일을 정확히 확인하는 것이 필요하다. 선적일은 반드시 선하증권을 통하여 확인한다.

2) 부가가치세법상 공급시기와 소득세법(법인세법)상의 귀속시기의 확인

일반적으로 수출재화의 공급시기와 귀속시기는 선적일이다. 다만, 귀속시기는 거래조건(인 코텀스의 13가지)에 따라 달라질 수 있으므로 주의를 요한다.

3) 영세율 첨부서류의 확인

영세율 첨부서류를 제출하지 아니하거나 잘못 제출한 경우에는 공급가액의 1%의 가산세를 부과한다. 당초 신고한 과세표준과 세액의 과소신고로 인하여 부과되는 가산세가 아니고 과세표준신고에 있어서 필수적인 첨부서류(영세율 첨부서류) 등을 제출하지 아니하여 신고된 것으로 보지 않음으로써 부과되는 가산세는 수정신고서를 제출하더라도 신고불성실 가산세 50%가 면제되지 아니한다.

4) 수출신고분 검토

영세율 첨부서류인 수출신고필증상 결제금액이 동일규격의 제품과 수량임에도 불구하고 가격차이가 많을 경우 단가 조작 가능성이 있으므로 이를 확인한다.

02 전자무역의 개관

학습내용

▎학습의 목적

전자무역의 학습목적은 무역의 제반 과정을 정보기술을 활용하여 무역방식 구조를 혁신함으로써 기업의 경쟁력을 획기적으로 개선하는데 있다.

▎학습의 목표

1. 전자무역의 개념 및 이점을 이해할 수 있다.
2. 전자무역의 거래절차를 이해할 수 있다.
3. 전자무역의 성공적인 실행방법을 이해할 수 있다.
3. 전자무역과 관련된 국제, 국내 법규를 이해할 수 있다.
4. 전자무역과 전통방식의 일반무역의 차이점을 이해할 수 있다.

2-1 전자무역

1. 전자무역의 개념

"전자무역"은 무역의 전부 또는 일부가 컴퓨터 등 정보처리능력을 가진 장치와 정보통신망을 이용하여 이루어지는 거래를 의미한다. 즉, 전자무역거래에서는 수출업자가 자기회사의 상품을 웹사이트를 통해 인터넷시장에 내놓거나 반대로 수입업자가 웹사이트에 구매오퍼를 게시하면 수출입업자는 상호간 이메일을 통해 가격상담과 계약체결을 결정한다.

▶www.kita.net

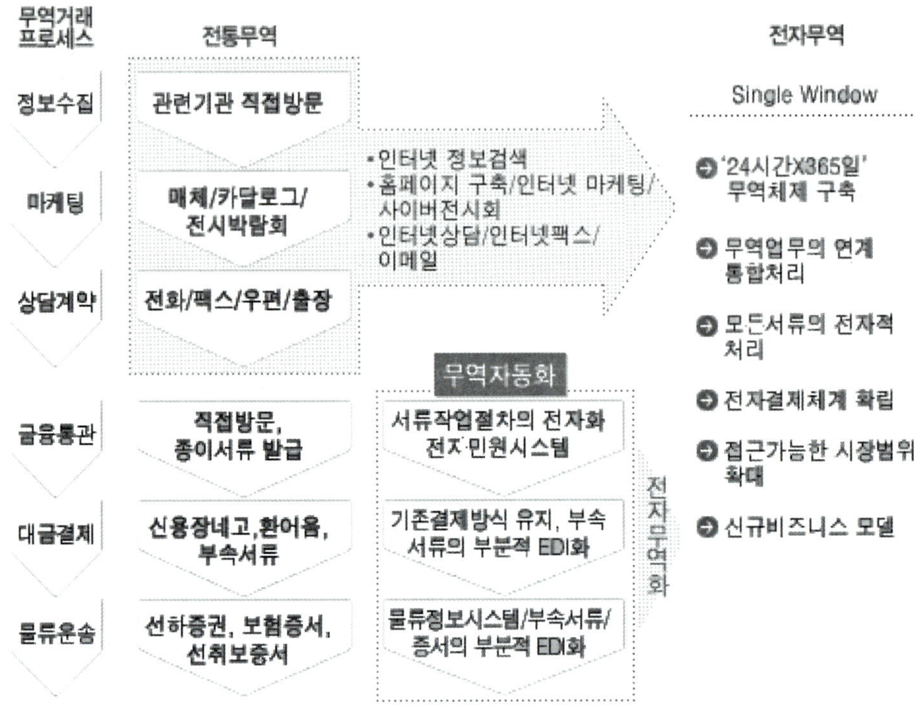

〈그림 22〉 전자무역의 개념도

전자무역은 시간과 공간의 제약을 받지 않음으로 국가와 위치에 상관없이 인터넷에 의하여 전 세계를 하나의 시장으로 통합하게 한다. 또 전자무역은 불특정 다수를 대상으로 하는 전통적 무역마케팅과 달리 구체적인 대상을 설정하여 일대일 마케팅 가능하게 하고 통신비용 등 정보획득의 비용이 감소하여 업무비용절감을 통한 예산의 효율적인 운용이 획기적으로 가능하게 한다. 그리고 전통의 무역은 상품의 물리적인 운송과 통관절차(서류)가 복잡하였으나 전자무역은 쌍방통신 및 멀티미디어 이용으로 업무가 신속하게 촉진되므로 효과측정 및 피드백이 전통적인 무역방식 보다 훨씬 용이하다.

그러나 인터넷으로 무역을 할 경우, 저렴한 비용으로 자사상품의 광고와 새로운 거래선의 발굴은 매우 용이하지만 수출·입 업체의 신용이나 거래내용의 보안유지 문제 등이 남아있어 이에 대한 기술적인 보완이 필요하다.[20]

〈표 8〉과 같은 전자무역거래 방식을 정립하기 위하여 많은 인터넷 무역 업체 또는 기관들이 서비스를 개발하고 있으나 현재 국제무역거래가 순수 전자무역방식만을 통하여 이루어지는 경우는 극히 드물다. 전자무역의 여러 방식 중 일부분과 기존 무역을 병행한 무역이 많이 성행하고 있다.

| 표 8 | Off-Line 무역과 On-Line 무역의 비교

기존무역거래(Off-Line)	단계	인터넷무역거래(On-Line)
거래알선기관 직접방문 등	정보수집	국내외 무역사이트 정보검색
카탈로그, 매체광고, 전시회 등	광고마케팅	홈페이지, 유즈넷, 메일링리스트 등
전화, 팩스, 우편, 출장 등	의사교환	이메일, 팩스, EDI, 인터넷폰 활용 등
L/C, D/A, D/P 등 이용	대금결제	무역카드, 전자화폐, 전자자금이체 등
포워더, 해운항공운송 등	물류운송	온라인 전송, 특급운송 등

전자무역이 상품홍보, 사업기회 정보입수, 마케팅 등 계약체결 이전의 단계는 물론이고 그 이후 수입승인이나 대금결제, 수출입 통관 절차 등 일반 무역절차 진행도 포함하는 무역의 전 과정을 포괄하고 있음에도 불구하고 대다수의 수출·입업자는 전자무역 절차 중에서 무역계약체결 이전까지는 인터넷을 많이 이용하고 있지만 그 이후 실질적인 일반무역절차의 경우에는 EDI 방식을 도입하여 처리하는 실정이다.

현재 전자상거래의 표준화 작업이 각국의 독특한 방식으로 진행 중에 있으며, 시장을 선점하기 위하여 각국이 치열한 노력을 하고 있다. 따라서 향후 정보기술의 발달과 기업 프로세스의 공유 및 전자지불과 관련하여 법률의 정비 등이 완료되면 무역의 전 과정이 인터넷을 이용해 실현될 것으로 확신한다.

2. 전자무역의 거래절차

전자무역의 거래절차는 보통 크게 3단계로 구분된다. 제1단계는 전자무역 준비단계로서 전자무역사이트에 전자 카탈로그 등을 등록한 다음 수출·입업자에 제공하는 고유의 아이디와 패스워드를 부여받아야 한다. 제2단계는 탐색 및 설득단계로 전자무역사이트상에서 수출·입업자가 만나 서로 거래를 제의하고 구매의사를 전송받는다. 제3단계는 의사결정단계로서 전자무역사이트상에서 수출·입업자가 만나 규정된 전자적 상품매매계약서를 확정한다. 전자무역사이트 상에서 거래확정은 전자무역보험 대상여부를 결정짓는 핵심요소이므로 제일 중요하다.

(1) 해외시장조사 및 거래선 발굴방법

1995년 이후 세계적으로 인터넷상 무역전문 사이트가 생겨나기 시작하여 현재는 수백 개의 무역전문 사이트가 운영되고 있다. 무역전문 사이트는 첫째, 전자카탈로그가 존재하여야 하고 둘째, 구매오퍼(buying offer)와 판매오퍼(selling offer)를 게시하여 상품을 사고파는 정보를 중계하는 것이 주된 기능이다.

1) 수출물품 홍보 및 홈페이지 구축

홈페이지를 구축할 때에는 목적, 기획, 구축방법과 시스템, 소프트웨어, 네트워크 등을 고려해야 하며 구축하고자 하는 홈페이지가 어떤 서비스를 요구하는지, 어떻게 서비스를 할 것인지, 어떤 대상자를 중심으로 서비스를 할 것인지에 대해 진지하게 고민해야 한다. 일단 홈페이지가 구축되면 운영과 유지보수에 좀 더 비중을 두고 운영하는 것이 홈페이지의 지속적인 활용을 위해 중요하다.

외주위탁운영(web hosting)은 구축에서부터 운영까지 전체적으로 수행하는 외부업체가 있으며 한국전산원에서는 "웹서버운영대행서비스(web hosting)"를 통해 시스템환경을 제공하고 있으므로 이를 참고해도 좋다. 홈페이지의 구축효과를 이루기 위해서는 많은 사용자들에게 홈페이지 내용을 알리는 홍보활동은 필수적인 활동이다. 효과적인 홍보활동으로는 인터넷 검색사이트에 홈페이지를 등록하여 사용자들이 인터넷 검색엔진을 통해서 쉽게 접근할 수 있도록 하여야 한다.

인터넷 무역사이트를 이용하면 아주 적은 경비와 단순한 작업으로 전 세계 187개 국가의 전자무역거래를 이용하는 바이어들에게 시간과 공간에 관계없이 상품을 홍보할 수 있으며 바이어를 발굴할 수 있다. 상품의 홍보와 바이어의 발굴방법으로는 전자무역사이트에 전자 카탈로그를 게시하여 바이어들이 필요 시 상품을 검색하여 찾아오게 하는 방법과 판매오퍼를 게시하거나 구매오퍼를 게시하는 방법이 있다.

▸ www. ec21. com ; 홈페이지 및 전자 카탈로그 제작서비스 제공, 외국어 홈페이지 제작가능

■ 거래알선사이트 이용

구분	URL	특징
국내	www.kobo.com	KOTRA 10개 무역관에서 Offer를 등록 하는 사이트로 Buying Offer의 신뢰성 있음
	www.ecplaza.net	EC Plaza 국내 Cyber Trading 사이트
	www.kotis.net	무역협회운영
	www.ec21.com	국내 최대의 e-catalog 등록업체
	www.silkroad21.com	산업자원부와 KOTRA 공동운영
외국	www.worldbid.com, www.eceurope.com, www.alibaba.com, www.ecrobot.com, www.wbc.com, www.nudeal.com, www.wtpfed.org	

▸신용조사 기간 : 2~3주 소요

■ 기타 인터넷 무역에 이용할 수 있는 사이트

구 분	내용
해외 수입상 list 검색	http://www.kotra.or.kr
기업정보 DB 업체정보	http://www.world-trade-search.com/
무역전문 검색 엔진	http://www.tpage.com , http://www.kompass.com
세계 각국 상공회의소의 업체 프로파일 파악	http://www.worldchambers.com/
신용조사 채권추심	http://www.dnbkorea.co.kr
Internet 무역박람회	http://www.koreansource.com
일본시장 마케팅	http://www.jkbn.co.kr
중국시장 마케팅	http://www.changhan.com
무역 분쟁 및 국제 계약 등의 법률자문	http://www.hanollaw.co.kr
일본 회사검색	http://www.partner.sme.ne.jp
전세계 한국교포 네트워크	http://www.koreaexpo21c.com
미국, 영국, 프랑스, 독일, 스페인 이태리	http://www.hoovers.com 미국 내 120만개 회사명단 및 신용상태 검색 사이트, 상품별 검색 가능
Cyber 무역 박람회	http://www.tpage.com /ttp://www.expo.tpage.co.kr
중소기업 진흥공단 buyer알선	http://www.smipc.or.kr
미국기업체 검색	http://www.business.com
무역자동화서비스	http://www.ktnet.co.kr 수출승인서, 신용장통지, 내국신용장, 세금계산서, 구매승인서, 선적요청서, 원산지증명 수출환어음매입, 수출대금결제보험, 적하보험, 수출신고, 신고필 정보, 관세환급요건확인(협회/조합) 적색고무인날인

그러나 인터넷을 이용하는 수출·입업자는 대형 수출·입업자이기 보다는 예비 수출·입업자, 그리고 세계시장의 추이와 변화의 흐름을 조사하는 조사자 또한 인도, 중국, 아프리카 등의 소형 바이어 등이 대부분이다. 따라서 전자무역사이트에서 발굴하는 수출·입업자들은 진정성이 부족하므로 수출 성사율이 현격히 낮은 것에 유의하여야 한다. 대형공장에서 원자재 또는 부품 등을 값싸고 고품질의 상품을 구매하고자 하는 경우, 대형바이어로서 인터넷을 이용해보려고 처음 시도하는 경우 등도 있어 적지만 대형 수출도 간혹 성사되기도 한다.

(2) 거래제의 및 신용조사

해외시장조사가 끝나고 거래선을 발굴하였다면 수입업자에게 거래를 제의한다. 제의방법에는 전자메일, 전화, 팩스를 이용하는 방법이 있다. 오퍼도 마찬가지로 전자메일, 전화, 팩스를 통해 전달하며, 상대방에게 빠르고 정확한 정보를 제공해야 한다.

■ 수출보험공사의 지역별 수입자 신용조사 비용

지역			조사기관	수수료
유럽	프랑스, 네덜란드, 오스트리아, 그리스, 벨기에, 이태리, 스페인, 독일, 영국		COFACE KOREA	11만원
	불가리아, 크로아티아, 체코, 헝가리, 폴란드, 루마니아, 슬로바키아, 슬로베니아		COFACE IGK	16.5만원
	러시아, 우크라이나, 벨라루스, 몰도바, 라트비아, 리투아니아, 에스토니아, 카자흐스탄, 우즈베키스탄, 아제르바이잔, 아르메니아, 투르크메니스탄, 타지키스탄, 그루지아, 키르키스스탄 세르비아-몬테네그로, 마케도니아, 보스니아-헤르체코비나, 알바니아, 기타 동유럽국가			
미주	아르헨티나, 칠레, 에콰도르, 페루, 콜롬비아, 파나마, 베네주엘라, 우루과이, 파라과이, 볼리비아, 브라질, 멕시코, 기타 중남미국가		SINTESIS, OFINCUR	11만원
	교포수입자	미국	WJD, 공사 해외지사	11만원
		브라질, 멕시코, 칠레	공사 해외지사	11만원
대양주	호주, 뉴질랜드, 그 외 대양주국가		CCR, ICMS	11만원
아시아	중국		SINOTRUST, SINOSURE, HUAXIA CREDIT	11만원
	일본		기은신용정보	16.5만원
	인도		MIRA	11만원
	인도네시아		INDODATA	
	태국		INRA	
	홍콩		COFACE FRONTLINE	
	말레이시아, 싱가포르		BASIS	
	베트남		공사 해외지사	

(3) 매도계약서 발송

판매오퍼(selling offer) 및 대응(counter offer)를 통하여 거래조건에 대해 수입업자와 협상한 후, 수출업자는 거래조건 및 내용에 대해서 오퍼보다 자세한 내용을 포함하는 계약서를 작성한다.

(4) 신용장개설

신용장 거래조건의 매매계약을 한 경우 수입업자는 거래은행에 EDI를 통한 신용장 개설을 의뢰한다.

■ 신용장 거래 조건의 매매계약을 한 경우

수입업자	거래은행에 신용장 개설을 의뢰하면 개설은행은 신용장을 발행하여 수출업자에게 통지
수출업자	1) 수입업자로부터 받은 신용장을 검토한 후 매도계약서의 계약조건과 다른 경우, 수입업자에게 수정을 요구 2) 신용장의 내용이 매도계약서의 조건과 완전히 일치하면 수출품 확보

(5) 수출물품확보

무역업자의 경우 수출물품을 생산하는 제조업자를 찾아 수출물품을 확보해야 하는데 인터넷 상에서 거래알선사이트를 방문하여 찾는 방법과 수출물품과 관련된 협회를 이용하여 제조업자를 찾는 방법이 있다. 제조업자가 직접 수출하는 경우에는 수출물품의 인도일에 맞추어 수출물품의 생산기간과 물량을 확인한다.

(6) 통 관

수출업자는 통관을 통해 수출물품을 보세창고에 반입하고 통관의뢰를 받은 관세사는 EDI를 이용하여 수출물품에 대하여 수출신고서, 포장명세서, 수출승인서 등을 세관에 제출한다.

수출업자		통관의뢰를 받은 관세사		세 관
수출물품을 보세창고에 반입	→	EDI를 이용하여 수출물품에 대하여 수출신고서, 포장명세서, 상업송장 등을 세관에 제출	→	제출된 서류의 심사 및 수출물품에 대한 품명, 가격, 수량 등 검토

(7) 선적과 보험

수출업자는 신용장 상에 표기된 운송조건으로 선박회사와 운임계약을 체결하고 수출물품을 지정된 선박에 선적한 후 선화증권(B/L)을 선박회사로부터 받아 수출대금 회수 시 신용장과 함께 거래은행에 제출한다. 이때 수출·입업자는 화물위치추적(cargo tracking)서비스를 활용하여 수출입화물의 흐름을 인터넷을 통해 실시간으로 파악할 수 있다.

(8) 수출대금회수

신용장 거래의 대금회수는 선적완료 후 운송회사로부터 받은 선화증권, 수입업자의 거래은행에서 발행한 화환신용장, 그 신용장에서 요구하는 서류 등을 구비하여 화환어음을 발행하여 외국환은행에 매입을 의뢰한다. 화환신용장 미개설시 지급인도조건(D/P)과 인수인도조건(D/A)의 추심결제한다. 전자무역에서 거액의 거래인 경우에는 전자자금이체(electronic fund transfer)방식이 이용되고 소액의 경우에는 무역카드(trade card)와 신용카드, 전자화폐(cyber cash)가 사용된다.

표 9 전자무역의 실무거래절차

무역거래절차	전자무역거래	참 고
① 시장조사, 거래선발굴	국내외 전자무역사이트 등록 및 검색	EC21, EC Plaza, Tpage, KOTIS 등
② 제품홍보, 마케팅	웹프로모션(웹사이트, 유즈넷, 메일링리스트)	EC21, EC Plaza, Tpage, KOTIS, KITRA 등
③ 조회 및 거래 의사교환	Internet-phone, fax e-mail	Internet-phone, fax e-mail 기타 전저무역 거래사이트
④ 신용조사	무역관련기관, 전문신용 조사기관, 거래처	KOTRA, KEIC, KITA
⑤ 계약체결	Internet-phone, fax e-mail	Internet, e-mail, phone, fax 기타 전자무역 거래사이트
⑥ 통관·보험	전자문서,EDI, BOLERO	KLNET, EDI, MFCS, e-L/C, e-B/L
⑦ 선적, 운송	온라인 다운로드,EDI, BOLERO	각 운송사 홈페이지, KTNET, E-customs
⑧ 대금결재	전자화폐, 전자자금이체, Trade Card	전자화폐, 전자자금이체, Trade Card, CTB, BOLERO 등

출처: 지식경제부, 「전자상거래 활성화대책」, 2003. 2.15. 재정리

3. 전자무역의 성공조건

인터넷이 무역거래 활성화에 상당한 효과를 나타내는 것은 사실이지만 무역의 특성상 한계를 지니고 있다.

전자무역이 지금까지 존재하지 않았던 새로운 무역의 한 패러다임으로 인식될 수 있는 기회를 제공한다. 그러나 그것은 무역의 전부 또는 일부가 인터넷이라는 정보통신망을 이용하여 'On-line' 상에서 거래가 발생하므로 수단의 변화를 제외하면 전자무역은 'Off-line' 상에서 이루어지는 전통방식의 무역과 근본적으로 다르지 않다. 일부에서 전자무역이 인터넷을 이용한다거나 또는 무역업무를 전자적으로 처리한다는 것 이상의 의미를 지니고 있다고 주장하기도 하지만[21] 전자무역은 IT기술의 발달과 정보통신 인프라에 따라 무역이 성립하는 과정에서 방법적인 수단의 변화일 뿐이다. 전자무역은 거래상대방의 확인을 소홀히 수행할 때 피해가 발생할 경우도 존재하므로 우리는 신중하게 행동하여야 한다.

(1) 무역실무 상 한계

국제 전자상거래 시스템이 완전히 정립되기 전까지는 인터넷무역이 효과를 나타내는 분야는 거래처 물색, 거래제의 및 견적 단계까지 이며 이후의 계약, 샘플 확인, 선적, 결제에 수반되는 절차와 서류 행위는 기존의 무역방식을 그대로 따라야 한다. 또 국가별로 존재하는 복잡한 수출입절차도 전자무역으로는 현재 처리가 곤란하다.

(2) 거래처 발굴 상 한계

첫째, 정보의 편중이다. 현재 인터넷에 있는 시장정보(거래처정보 포함)의 80% 이상이 미국 등 서구 선진국에서 보유하고 있는 정보이므로 상대적으로 아시아, 남미 국가들에 관한 이들의 정보는 얻기 힘들다. 둘째, 조회(inquiry), 오퍼의 신뢰성이 떨어진다. 인터넷을 통한 조회 및 오퍼는 통신비가 들지 않는다는 점에서 누구든지 쉽게 상대방에 접근할 수 있으며 따라서 상대방의 실체를 파악하기 어렵다는 점에서 신뢰성이 떨어지고 오히려 자사의 가격정보를 알아내려는 수단으로 악용될 수도 있다. 그러므로 전자무역이 성공하기 위해서는 다음과 같은 사항들에 주의를 하여야 한다.

▸ UNCITRAL(유엔 국제거래법 위원회): United Nations Commission on International Trade Law

핵심

- 전자상거래지원센터(ECRC)를 적극 이용하여 가능성이 있는 고객정보를 발췌하고 거래상담 내역을 D/B화하여 상담 시 이를 적극 활용한다.
- 전자카달로그와 홈페이지를 이용자의 접속환경(모뎀 통신속도)을 고려한 디자인과 내용을 지속적으로 업데이트한다. 보다 많은 바이어들을 발굴하기 위하여 배너 광고도 좋다. 이 경우, 오퍼등록을 하고 난 뒤 2-3개월 바이어 접수 건을 확인한 후 가능성이 있는 상품으로 판단이 될 때 배너광고를 시도함으로써 광고비의 낭비를 제거하여야 한다.
- 전자무역거래에 단점은 접수되는 구매자 조회의 신뢰성과 진정성이 희박하므로 많은 오퍼들의 제공에 비하여 거래성사율이 낮다. 그러나 중도에서 포기하지 말고 지속적으로 업무를 유지하는 것만이 성공의 길임을 확신하여야 한다. 구매오퍼가 공개되므로 치열한 경쟁을 방지하기 위해서는 보다 많은 무역사이트에 카달로그를 등록하여 독자적으로 바이어와 상담이 가능하도록 하여야 한다.
- 인터넷 사기를 방지하기 위하여 바이어리스트의 경우, 공신력이 있는 기관과 유명사이트를 통해 수집한다. 그리고 주소, 전화번호, 팩스번호, 취급품목을 기본으로 한 상대방의 상세정보를 요청 후 최대한 사실 확인을 한다. 샘플 또는 샘플비에 집착하는 업체는 샘플에 상응하는 대가를 먼저 받고 응한다.

2-2 전자무역관련 법규 및 기관

1. 전자무역관련 국제 법규

(1) 전자상거래 모델법(UNCITRAL Model Law on Electronic Commerce)

1996년 제29차 유엔국제거래법위원회는 각국이 전자상거래 관련법을 제정할 때 참고하도록 'UNCITRAL 전자상거래 모델법'을 채택하였다. 전자문서방식에 의한 국제거래가 점차 보편화함에 따라 유엔상거래법위원회(United National Commission on International Trade Law : UNCIT RAL) 사무국이 1984년 자동문서처리의 법적측면(Legal aspects of automatic data processing)이라는 보고서를 작성하여 이를 1985년에 개최된 제18차 유엔상거래법위원회에 제출했는데 여기서 컴퓨터 기록의 법적 가치에 대한 검토권고안이 채택되었다. 이 권고안의 채택을 시작으로 유엔상거래법위원회 내 EDI 및 관련 통신수단의 법적 측면에 관한 모델법 초안(Draft Model Law on Legal Aspects of Electronic Data Interchange (EDI) and Related Means of Communication : 이하 모델법 초안 이라 한다)의 작성을 위한 작업부(working group)가 구성되어 여러 차례의 회의를 거쳐 1995년 제28차 유엔상거래법위원회 작업부회의에서 모델법 초안이 마련되었다. 이 초안을 가지고 1996년 5월 28일부터 6월 14일간에 미국 뉴욕에서 유엔상거래법위원회 제29차 위원회가 개최되어 EDI 모델법 초안을 심의한 끝에 전자상거래에 관한 UNCITRAL모델법(UNCITRAL Model Law on Electronic Commerce: 이하 모델법이라 한다)이 최종 채택되었다. 이 모델법은 모든 국가들이 서류에 기초한 통신문형식 정보자료보관에 대한 대체수단으로서의 전자문서의 사용을 규율하는 입법을 추진하는데 매우 중요한 도움을 줄 목적으로 제정되었다. 전자상거래모델법은 총 17개 조문으로 구성되어 모델법의 적용범위와 개념정의 해석원칙, 데이타메시지의 법적 지위 및 효율적 데이타메시지의 교환과 관련한 법률관계의 규율, 물품운송분야의 특별규정 등을 상당히 자세히 규정하고 있으므로 국제거래 특히 물품거래의 당사자가 동 모델법을 계약조항으로 편입시키는 경우 거래의 법적안정성을 도모할 수 있게 되었다.

유엔국제거래법위원회가 채택한 '전자상거래 모델법'은 "정보가 데이터 메시지 형태라는 이유만으로 법적인 효력, 유효성 및 집행력이 부정해서는 안된다."라고 정하고 있다.

(2) 전자서명 모델법(Electronic Signature Model Law)

전자서명 모델법은 UNCITRAL에서 전자상거래에서 가장 중요한 전자서명과 인증기관에 대한 문제를 규율하기 위하여 2000년에 제정한 국제 표준규범이다. 현재 외국의 전자서명법제를 살펴보면 유럽연합(EU)은 2000년에 '전자서명지침'(2000년)을 제정하여 유럽연합 회원국들로 하여금 이 지침의 내용을 자국법으로 수용할 의무를 부담하도록 하였다. 독일은 EU 전자서명지침을 수용하기 위해 종래의 '디지털 서명법(1997년)'을 개정하여 새로운 '전자서명법(2001년)'을 시행하고 있다.

영국의 경우 '전자통신법(2000년)' 및 동법 시행령에서 전자서명 관련 규정을 두고 있으며 미국은 미국변호사협회(ABA)의 '전자서명가이드라인'과 유타주 '디지털 서명법'의 제정을 시작으로 하여 대부분의 주에서 전자서명법을 제정하여 시행하고 있고, 2000년에는 미국 '연방 전자서명법'을 제정하였다.

일본의 경우에도 '전자서명 및 인증업무에 관한 법률(2000년)'을 제정하여 시행하고 있고, 싱가포르, 대만 등 아시아 각국도 전자서명법제를 마련하여 시행하고 있다.

(3) 전자자금이체 모델법(Model Law on International Credit Transfer)

▸ 지급이체(credit transfer)에 관한 정의만 존재

유엔 국제상거래법 위원회의 국제자금의 거래에 관한 모델법에는 자금이체나 전자자금이체에 관한 직접적인 정의가 없다.

그러나 미국의 전자자금이체법(EFTA ; Electronic Fund Transfer Act, 15 U.S.D. § 1693-1693r)에 따르면 전자자금이체란 수표・환어음 또는 이와 유사한 서면증권에 의한 거래 이외의 자금이체를 의미하며 전자단말기(electronic terminal), 전화기, 컴퓨터 또는 자기테이프 등을 이용하여 금융기관에게 계좌의 차기 또는 대기를 지시하거나 수권하여 이체하는 것이다. 여기에는 판매점포이체(point of sales transfer), 자동출납기거래(automated teller machine transaction), 자금의 직접예치나 인출 및 전화에 의한 이체가 포함되나 이에 한정되지는 않는다. 현재 UNCITRAL은 각국들에게 전자자금이체에 관한 법률을 제정하는데 있어서 전자자금이체에 관한 모델법을 적용하라고 권유하고 있다.

2. 전자무역관련 국내 법규

(1) 전자거래 기본법

한국은 유엔국제거래법위원회의 전자상거래 모델법을 토대로 1999년 7월 1일부터 전자거래기본법이 시행되었다. 전자거래기본법은 지식경제부가 전자거래의 기본적인 틀을 만들어 거래에 관한 법적 효력을 명확히 하여 전자적 환경 하에서 거래질서를 확립하고 전자거래를 촉진할 목적으로 1999년 2월 8일 제정하였다.

이 법률은 전자거래를 지원할 수 있는 근거를 마련하고 기술 및 인력의 국제교류, 국제표준화, 공동연구개발 등 상호주의에 입각한 국제적 연계가 가능하도록 법적 규정을 두고 전자거래 전반을 포괄하는 기본법이다. 전자거래기본법의 제정이유는 입법예고에서 밝히고 있듯이 전자거래의 확대에 따라 상거래방식의 변화가 불가피하고 기존의 상거래에서 경험하지 못한 많은 문제점들이 새롭게 발생함에 따라 기존 거래수단이나 거래관행, 거래규범 등의 적용에 한계가 있기 때문에, 전자거래에 대하여 전통적 상행위와 동일한 수

준으로 법률적 효력을 부여하는 한편, 이용자가 신뢰하고 안전하게 전자거래를 활용할 수 있도록 하고, 민간자율적인 전자거래 촉진을 위하여 제정한 것으로 법의 진공상태나 법률 간의 부조화로 인한 모순을 치유하는데 있다.

전자거래기본법은 유엔상거래법위원회 전자상거래 모델법을 토대로 하여 마련되었으나 모델법과는 달리 매우 포괄적인 범위에서 전자거래에 관한 규율이다. 세계 각국에서 전자거래와 관련된 법률을 마련하고 있으나 전자거래 전반에 관한 기본법적 성격을 가지는 법률을 마련한 입법례를 찾아볼 수 있다는 점에서 한국의 전자거래기본법은 그 의의가 매우 크다. 전자거래기본법은 총 8장 46조와 부칙으로 구성되어 있으며, 주요내용으로는 전자문서 및 전자서명에 대한 법적 효력을 부여함과 동시에 전자문서의 법률관계, 전자거래의 안전성 확보, 공인인증기관의 운용지침, 전자거래 촉진정책의 수립과 추진 기반조성에 따른 제반 내용을 규정하고 있다. 이 법은 전자거래 활성화를 위한 장애를 제거하고 전자거래에 대해서 전통적인 상행위와 동일한 수준의 법률적인 효력을 부여하며, 또한 전자거래 이용자가 신뢰하고 안전하게 전자거래를 할 수 있도록 자율적인 전자거래를 촉진하고 있다는 차원에서 의미가 있다. 그러나 전자거래기본법은 강제 조항이 아니기 때문에 해외의 강력한 강제법안과는 차이가 있으므로 국내의 기존 법체계와의 상충 가능성뿐만 아니라 국제거래에 대한 내용이 빈약하다는 지적도 나오고 있다.

(2) 전자서명법

전자서명 인증과 관련하여서는 전자서명법이 주된 법률이다. 전자서명법은 전자문서의 안전성과 신뢰성을 확보하고 그 이용을 활성화하기 위하여 전자서명에 관한 기본적인 사항을 정할 목적으로 제정되었다(1999년 2월 5일 법률 제5792호). 이 법률은 기술중립주의원칙에 근거한 UNCITRAL 전자서명 모델법을 수용하고, 국제적인 정합성을 유지할 목적으로 2005년 12월 31일 법률 제7813호로 개정되어 시행되고 있다. 이 법률의 주요내용은 전자서명의 개념과 효력, 공인인증기관과 인증서에 관한 사항, 전자서명의 상호연동 및 상호인정, 전자서명인증정책 규정 등으로 구성되어 있다. 현재 한국 내 전자서명에 관한 공인인증기관으로는 비영리법인인 금융결재원을 비롯하여 한국정보인증, 한국증권전산, 한국전산원, 한국전자인증, 한국무역정보통신 등이 있다. 그리고 인터넷 뱅킹 분야에서 전자금융을 위하여 사용하고 있는 전자서명 인증서의 이용인구는 그 가입자 수가 약1,400만 명을 넘고 있다.

전자서명법 제26조의 3은 정보통신부장관이 전자서명의 원활한 상호연동을 위하여 국내외 표준의 조사연구 및 개발, 상호연동과 관련한 표준의 제정, 상호연동을 위한 전자서명 및 인증정책의 조정, 기타 상호연동과 관련한 사항을 추진하도록 규정하고 있다. 이에 따라 국내 공인인증기관은 하나의 전자서명 인증서로 다른 인증기관의 인증서비스를 이용할 수 있는 전자서명상호연동을 실시하고 있다.

(3) 무역자동화촉진에 관한 법률

무역업무자동화촉진법률, 혹은 전자무역촉진법률이라고도 불리는 무역자동화촉진에 관한 법률은 1991년 세계 최초로 제정된 특별법으로 무역자동화의 효율적인 촉진과 확산을 그 목적으로 하고 있다.

핵심

- **특별법의 의의**
  세계 최초의 EDI 관련 성문법('91년 12 상공부), "무역업무자동화 촉진에 관한 법률"(제4479호), 대외무역법, 외국환관리법등 적용(관세법 제외)
- **특별법의 주요내용**
  표준화된 전자문서를 통해 무역업무처리, 전자문서와 전자서명의 법적효력 인정, 전자문서의 도달시기는 도달주의 채택, 지정사업자의 법적지위 및 증거능력 인정, 관련서류의 제출면제 내지 간이제출 허용, 전자문서 등에 대한 엄격한 보안관리 명시, 보안대책 위반시 엄격한 처벌조항 규정

3. 전자무역의 주요수단

전자무역에서 단계별 정보기술의 활용을 살펴보면 〈표 8〉처럼 대부분의 수출입자들은 계약 전에는 인터넷을, 계약 후에는 EDI와 인터넷을 이용하여 무역을 성공적으로 수행하고 있다.

계약 전에는 인터넷을 이용하여 해외홍보/마케팅과 거래선 발굴, 신용조회, 오퍼 및 거래협상, 거래계약을 수행하고 거래계약체결 후에는 EDI와 인터넷을 이용하여 구매조달생산부터 항만/하역정보까지 수집하고 무역을 성공적으로 종료한다. 따라서 본 교재에서는 전자무역의 주요수단 중 인터넷과 EDI를 중심으로 살펴보고자 한다.

▸EBDI(electronic business data interchange)
CDI(computer data interchange)

| 표 10 | 국제무역에서의 경로별 정보기술 활용

계약체결 전	계약체결 후		
INTERNET	**EDI**	**EDI**	**INTERNET**
해외홍보/ 마케팅 거래선 발굴 신용조회 오퍼 및 거래협상 거래계약	구매조달 생산 재고관리 물류운송 외부납품	신용장(L/C) 추천 및 승인 운송/보험청약 대금결제/네고 통관/관세환급	수출입통관정보 화물추적정보 선박입출항정보 항만/하역정보

(1) 인터넷

인터넷(internet)은 전세계의 모든 컴퓨터와 통신망이 연결되어 있는 통신네트워크로서, "Inter"와 "Network"의 합성어이다. 인터넷을 통해 전세계의 컴퓨터가 서로 연결되어 각 컴퓨터가 보유한 수많은 정보를 신속 · 정확하게 이용할 수 있다.

인터넷은 월드와이드웹(WWW)을 바탕으로 한 거대한 사이버마켓(cyber market)을 창출하는 가운데 현재의 물리적 공간에서 이루어지고 있는 상거래 등의 많은 활동을 가상세계로 옮기는 플랫폼이 되고 있다. 이러한 인터넷의 상용화는 1990년대 중반부터 본격적으로 시작되었다. 저렴한 비용으로 전세계와 연결될 수 있다는 장점 때문에 폭발적으로 성장하면서 점점 실물경제와의 연결이 추진되었다.

최근에 와서 인터넷은 의료 및 법무 그리고 교육서비스를 비롯하여 온라인 선거, 화상회의, 전자출판, 웹 기반의 기업활동 등 사회 전 분야에 광범위하게 활용되고 있으며, 특히 가상시장(cyber market)을 통해 기업의 경영활동을 전자상거래, e-비지니스의 새로운 형태로 변화시키는 가운데 무역에서도 전통적 무역방식 대신 소위 전자무역(e-Trade)이 본격적으로 열리고 있다.

(2) EDI(electronic data interchange)

현재 EDI에 대한 정의는 약간씩 다르게 표현되고 있으나 일반적으로 EDI는 조직간 교환되는 거래문서를 정형화된 양식 및 코드체계를 이용하여 컴퓨터가 처리가능한 형태로 교환하는 시스템을 말한다. EDI를 기술적인 측면에서 살펴보면 문서나 전자우편처럼 사람이 판독 가능한 형태가 아닌 전자적으로 부호화된 문서를 기업의 전산/통신설비로부터 거래상대방의 전산/통신설비로 전송함으로써 기업 간 거래정보교환을 지원하는 시스템이다.

EDI의 정의에 포함된 특성은 컴퓨터 간의 정보교환, 기업 간 혹은 기업 내의 거래문서 교환, 표준화된 포멧의 정보이용 등 3가지로 표현된다. 비록 EDI가 EBDI 및 EDI, CDI 등 서로 다른 이름으로 표현되기도 하지만 EDI라는 용어로 가장 많이 사용되며 기본적으로 데이터의 축적과 전송이라는 점에서는 이메일과 유사한 점을 지니고 있다.

핵심

- **EDI관련 통신네트워크** : EDI에 대한 용어는 다른 네트워크 관련 용어들과 혼동되어 사용되는 경우가 많다. EDI와 유사한 개념의 용어들에는 부가가치 통신망(value added network: VAN), 기업 간 전산망(intercompany network), 온라인 거래(on-line transaction), 전자우편(e-mail) 등이 있지만 본 교재에서는 별도의 EDI S/W를 설치할 필요가 없이 웹브라우저(Explorer5.0이상)만을 이용하여 사무실에서 무역업무를 쉽고 빠르게 처리할 수 있는 인터넷 EDI에 관해서만 설명하기로 한다.

(3) 인터넷 EDI(eXedi)

eXedi는 "eBusiness XML(eXtensible Markup Language) electronic data interchange" 약자이며, eXedi서비스는 XML/EDI방식의 B2B를 실현하는 시스템이다.

XML을 이용한 인터넷EDI는 그 확장성과 호환성이 뛰어나 국제적으로 급속히 사용되고 있는 최신의 인터넷기법이다. 수출・입업자는 별도의 EDI S/W를 설치할 필요가 없이 웹브라우저(explorer 5.0 이상)만을 이용하여 사무실에서 무역업무를 쉽고 빠르게 처리할 수 있다. EXEDI는 EDI를 통한 무역자동화서비스를 중・소형업체에서도 쉽게 이용할 수 있을 뿐만 아니라 특히 기존의 인터넷통신을 이용함으로 수도권 업체 뿐 아니라 지방소재 업체도 간단하게 이용할 수 있다. 이러한 인터넷을 통한 무역자동화서비스는 회원가입 시 발급받은 전용 ID만 있으면 어느 PC에서나 이용이 가능하다.

1) EDI 업무적용을 위한 준비절차

① KTNET(한국무역정보통신) 앞 무역자동화업무 가입신청

정보제공동의, KTNET서비스 이용약관동의, 신청인 정보입력, 가입승인서 및 전자무역업무 이용신청서 출력(소정의 EDI 이용료가 부과됨.)

② 거래은행 앞 전자무역업무 이용신청서 제출

전자무역업무 이용신청서를 출력한 후 작성하여 거래은행에 제출한 후 접수증을 수령한다. 이때 필요한 서류로는 가입승서(사본), 전자무역업무 이용신청서, 법인등기부등본(개인은 주민등록증 사본), 법인인감증명서(개인은 개인인감증명서), 신분증(대리인 신청 시 대표자 위임장)을 첨부한다.

▸HTML(hyper text markup language)

③ 접수증과 상업자등록증 제출 및 가입신청완료 통지 접수

은행에서 발급받은 접수증과 상업자등록증 사본을 KTNET으로 FAX송부한다. (FAX : 02-482-0339) 그리고 가압신청완료 통지를 접수한다.

2) 이용효과

• 은행 수수료 우대(2010 현제)

구 분	창구 이용 시	EDI 이용 시
L/C 통지수수료	₩20,000	₩10,000
L/C개설(일람불/기한부) 전신료	₩20,000 / ₩25,000	₩ 8,000
L/C 조건변경 전신료	₩ 8,000	₩ 4,000
내국신용장 매입수수료	₩10,000	₩ 5,000
구매확인서 발급수수료	₩10,000	₩ 4,000

• 신속한 무역업무처리 가능 ; 수출신용장 내도 즉시 은행을 방문하지 않고 EDI로 수령, 전자문서에 의한 신청건에 대한 자동승인 처리로 응답문서 즉시 수령, 제출서류 특례운용에 따른 일부 첨부서류 제출 생략 가능
• 전자문서 작성을 위한 편리한 부가기능 제공 ; 문서 간 데이터 연계 및 기작성한 문서를 활용한 신규 전자문서의 작성지원, 거래은행, 거래선, 품목 등 관리기능 제공, 기타 무역관련 서식(OFFER, commercial invoice, packing List 등)의 작성 지원
• 타행 및 유관기관 앞 전자문서의 송수신 가능
• 기업인터넷뱅킹서비스, 외국환포탈서비스와 통합 이용(통합 로그인) 가능
• 외환은행 이외의 기타 거래은행 추가 가능 ; 자사관리 메뉴의 가입승인서 재출력이 가능하고 가입확인서를 지참하여 거래희망은행을 방문하여 거래약정

SWIFT(Society for Worldwide Interbank Financial Telecommunication

3) 현재 시행중인 업무내용

① 수출업무 : 수출신용장 통지, 원산지/상업송장증명 발급 신청 등

국제은행간 통신망인 SWIFT를 통해 해외 개설은행으로부터 수신한 신용장을 국내 수익자 앞 EDI방식으로 통지하는 업무이다.

- 통지대상 신용장 : 수출신용장 통지서(MT700/701), 수출신용장 조건변경서(MT707), 사전통지신용장(MT705), 제3은행통지신용장(MT710/711), 국제양도신용장(MT720/721)
- 유의사항 : SWIFT 신용장만 EDI 통지가 가능하다. (telex 또는 mail L/C 제외), EDI로 통지된 신용장은 별도의 종이 신용장을 교부하지 아니한다.
- 효과 : SWIFT를 통해 접수 즉시 국내 수익자에게 EDI로 전송하므로 신속히 L/C를 수령할 수 있다. 은행을 방문하지 않고 P/C에서 L/C원본을 출력할 수 있다. 정형화된 L/C를 수신함에 따라 내부 무역관리시스템이나 경영정보시스템 등에 활용 가능하다.

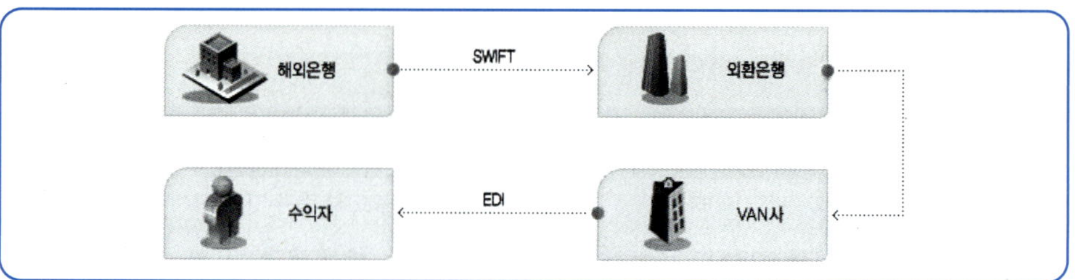

② 수입업무: 수입신용장 개설 / 조건변경 신청

- 선적서류내도통지 : 해외의 매입은행으로부터 송부받은 수입선적서류(L/C, D/P, D/A)의 내도 사실을 수입자에게 수입자 앞 통지한다. 신용장방식인 경우 하자 없이 내도된 선적서류만 통지한다. EDI방식으로 통지된 경우에는 별도로 서면 통지없다.
- 수입어음할인내역통지 : 거래은행이 개설한 Banker's Usance L/C에 대한 해외은행의 환어음 및 선적서류의 인수내역과 할인수수료 등 내역을 개설의뢰인 앞 통지한다.

③ 수입신용장 개설/조건변경업무

수입자가 EDI방식으로 수입신용장개설(변경)신청서(APP700/707)를 은행에 전송하면 해당 영업점에서 개설·승인하여 SWIFT를 통해 해외로 신용장을 발송하고 신청업체 앞 발행응답서(INF700/707)를 발신한다.

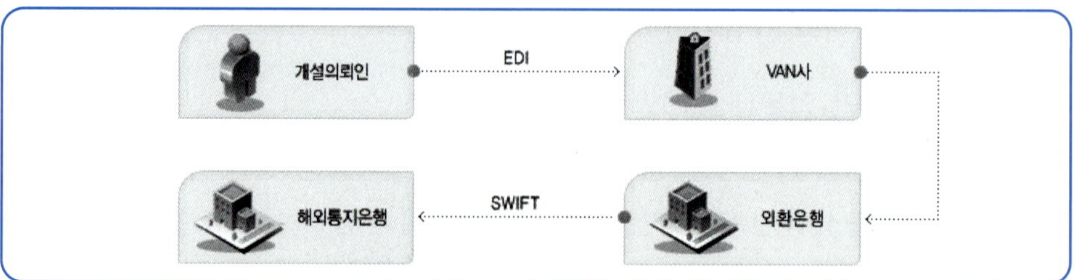

④ 내국신용장업무 : 내국신용장 개설 / 조건변경 신청, 내국신용장 통지

수출자가 수출용 원자재 또는 완제품을 구매하기 위하여 EDI로 거래은행에 내국신용장의 개설을 신청하면 개설의뢰인의 내국신용장 개설의뢰에 따라 은행이 물품공급자를 수혜자로 하여 내국신용장을 발행하여 수혜자 앞으로 통지한다. 또한 내국신용장 어음의 도착을 통지한다.

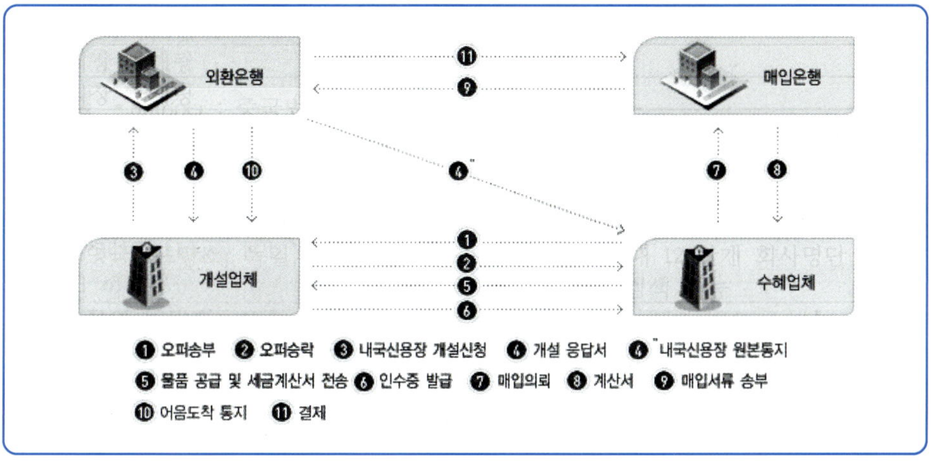

⑤ 구매승인업무: 구매확인서 신청, 물품매도확약서, 물품수령증명서, 세금계산서 발급

외화획득용 원료구매확인신청은 무역금융 한도의 부족 또는 단순송금방식 수출의 경우로 국내에서 수출물품 또는 수출물품에 공하여 질 외화획득용 물품의 구매 시 물품공급자의 수출실적 인정을 위한 구매확인서의 발급을 신청한다.

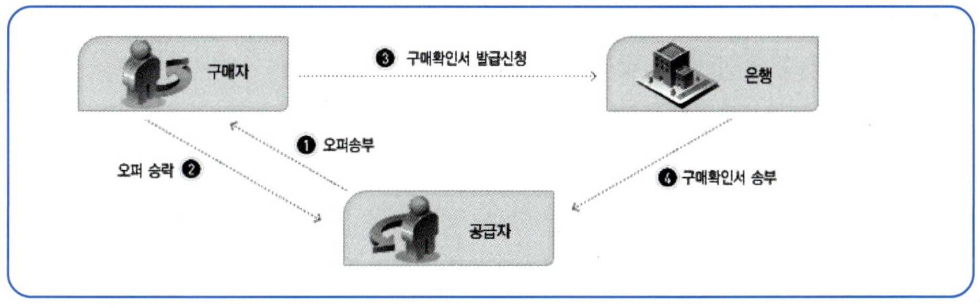

EDI를 이용할 경우 구매확인서 발급근거서류 제출을 면제받는다.

- 수출신용장, 수출계약서, 외화매입(예치)증명서, 내국신용장 등 : 제출면제
- 외화획득용 물품공급계약서 또는 물품매도 확약서 : 제출면제

- 소요량 증명서 또는 소요량 계산서(외화획득용 원료인 경우) : 제출면제

동시전송이 가능하여 공급자 앞으로는 구매확인서 원본을, 신청인 앞으로는 사본을 동시에 전송한다. 발급수수료도 감면한다.

⑥ 매입/추심업무 : 수출환어음매입(추심)신청, 판매대금 추심(매입) 신청

수출환어음 매입/추심 신청은 수출업체가 선적을 완료하고 환어음 및 필요서류를 준비하여 은행에 매입신청 또는 추심의뢰하는 업무이다. 환어음 및 필요서류는 별도로 은행에 제출하여야 한다. 선적통지 후 사후송금방식(OAT) 수출대금채권 매입신청 시 은행에서 적화목록취합시스템(MFCS)을 통해 수출신고번호별 수출이행내역 조회가 가능한 경우는 선적서류 사본 및 발송증빙자료(선화증권, 송장, 포장명세서 등)의 제출이 면제된다.

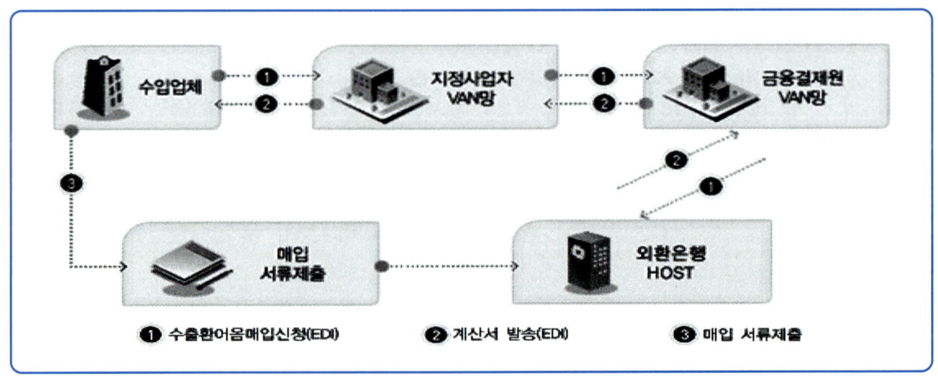

은행이 매입 또는 추심한 수출환어음에 대한 해외은행의 인수 또는 부도내역을 수출업체에게 통지하는, 즉 수출환어음 처리결과를 통지한다. 판매대금의 추심/매입 신청하기도 한다.

⑦ 내국신용장 환어음의 매입 또는 추심을 신청하는 업무

EDI로 개설되고 물품수령증명서 및 세금계산서가 EDI로 발행된 내국신용장에 한하여 EDI로 매입(추심)신청을 할 수 있다. 물품매도확약서 및 내국신용장의 제출이 면제된다. RDI를 이용한 내국신용장 환어음의 매입 또는 추심을 신청하는 업무의 장점은 제출서류 간소화로 환어음, 물품수령증명서, 세금계산서 제출이 면제되고 원거리 소재업체는 은행매입이자 징수일자 단축(7일→ 4일) 된다. 또한 매입취급수수료가 감면(1만원→ 5천원)된다.

① 매입내역등록/취소/조회(D-1일 07:00~22:00, 전자금융공동망 시스템)

미완료거래내역 통지(D일 07:30까지 일괄전송망 이용)

② 판매대금추심뢰서 제출정보(D-1일 24:00까지 일괄전송망 이용)

③ 판매대금추심뢰서 수입정보(D일 07:30까지 일괄전송망 이용)

④ 판매대금추심뢰서 전송(D일 12:00까지 무역자동화망 이용)

⑤ 부도통보(D+1일 14:30까지) ⑥제시정보(D+1일 24:00까지)

⑦ 지급정보(D+2일 07:30까지) ⑧차액결제의뢰(D+2일 13:00까지)

㈎ 물품공급 ㈏판매대금추심뢰서 전송(APPSPC), 물품수령증명서, 세금계산서첨부(D-1일 19:00까지 무역자동화망 이용), ㈐판매대금추심뢰서 처리결과통지(SPCNTC) ㈑판매대금추심뢰서 도착통지

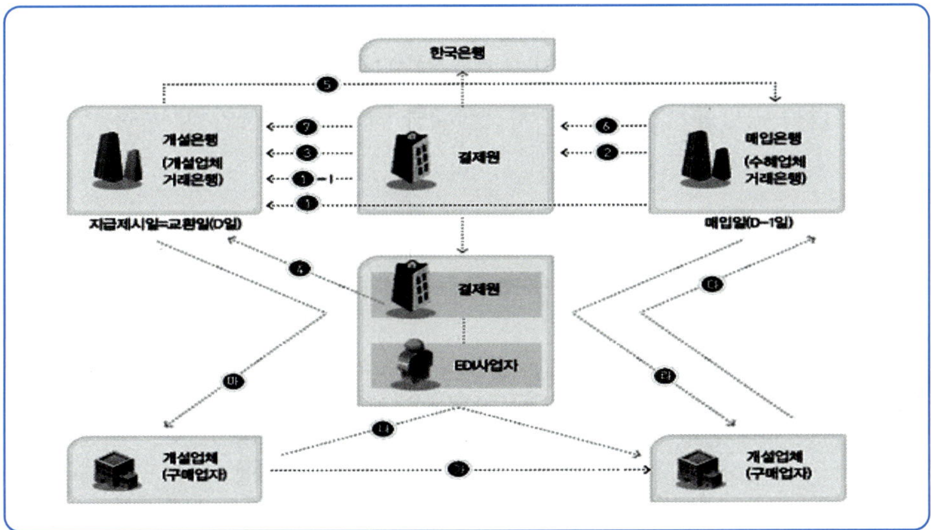

- 대금결제업무 : 계산서, 입출금 통지, 지급지시서, 타발송금입금(변경) 신청
- 계산서 업무 : 수출환어음매입, 신용장 개설/결제, 내국신용장 개설/결제, 내국신용장 어음매입, 외화수표 매입, 전신환매입
- 입금통지업무 : 수출환어음 매입/추심대금의 계좌입금, 해외타발송금 입금, 지급지시서에 의한 계좌입금을 통지
- 출금통지업무 : 은행수수료, 결제대금의 인출내역을 통지
- 지급지시업무 : 이용업체가 수입결제 등을 위하여 EDI방식으로 거래은행에 결제대금의 인출 및 결제를 요청하고, 은행은 지급지시서 내용에 따라 처리한 결과를 이용업체에 통지한다. 이때, 유의사항으로는 지급지시

용 비밀번호를 사용하여야 하고 지급지시 업무용 결제계좌를 사전등록하여야 한다. 지급지시업무의 종류로는 수입결제(자기자금, 무역금융, 일반대출을 통한 신용장 결제 및 외국환 수수료 결제), 내국신용장결제, 수출입관련 수수료결제, 송금방식 수입대금결제를 위한 해외송금, 계좌이체가 있다.

- 수입화물선취보증서(인도승락서 포함) 발급업무 : 수입화물이 수입지에 이미 도착되었음에도 불구하고 선적서류가 도착하지 않은 경우, 화물의 인수를 위해 은행이 수입화물선취보증서를 발급한다. 이용업체가 EDI방식으로 은행에 수입화물선취보증(인도승락신청서 포함) 신청서를 전송하면 개설은행은 응답서를 신청인 및 KTNET의 적하목록취합시스템(MFCS: ManiFest Consolidation System) 앞으로 전송한다. 운송사(선사, 항공사, 포워더)는 MFCS에서 수입화물선취보증(인도승락)서 발급 여부를 확인한 후, D/O 발급통지를 화물 장치장에 전달하거나, 신청인 앞 물품인도지시서(창고에 제출)를 발급한다.

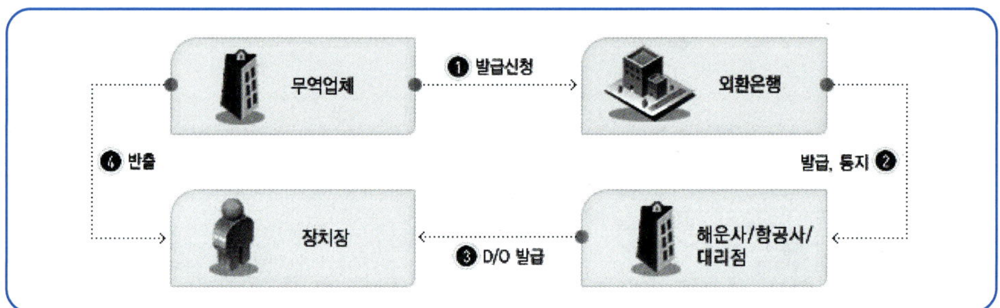

이때, 주의하여야 할 점은 EDI방식으로 통지된 건은 별도로 서면으로 발행하지 않으며 수입화물선취보증(인도승낙)서 신청 시 해운사/항공사/대리점의 수발신인식별자를 반드시 명시하여야 한다. 제출서류는 FAX 등을 이용하여 송부하고 관련 수수료는 후납하거나 또는 지급지시서를 이용할 수 있다. 개설은행, 해운사 · 항공사 · 대리점을 방문하지 않고 화물을 반출할 수 있다.

보충 자료 및 참고 문헌

1) Empirical evidence for the success of trade can be seen in the contrast between countries such as South Korea, which adopted a policy of export-oriented industrialisation, and India, which historically had a more closed policy (although it has begun to open its economy, as of 2005). South Korea has done much better by economic criteria than India over the past fifty years, though its success also has to do with effective state institutions.

2) 세계 10대 교역국(2009)

(2009년 10월, 단위 : 백만 불)

순위	국가명	수 출	수 입	교역규모
1	미 국	1,057,054	1,603,574	2,660,628
2	중 국	1,203,419	1,003,910	2,207,329
3	독 일	1,122,150	931,447	2,053,597
4	일 본	581,581	551,863	1,133,444
5	프랑스	484,206	559,646	1,043,852
6	네덜란드	498,851	445,857	944,708
7	영 국	352,942	481,996	834,938
8	이탈리아	405,607	412,358	817,965
9	벨기에	369,989	351,938	721,927
10	한 국	355,724	349,445	705,169

자료: 한국무역협회(KOTIS) (2010.10.28 일자 현재)

3) 대외무역법 ; [시행 2008.12.26] [법률 제9221호, 2008.12.26, 일부개정]

4) 대외무역법 시행령 ; [시행 2008.11. 5] [대통령령 제21104호, 2008.11. 5, 일부개정]
제3조 (용역의 범위) 「대외무역법」(이하 "법"이라 한다) 제2조제1호나목에서 "대통령령 으로 정하는 용역"이란 다음 각 호의 어느 하나에 해당하는 용역을 말한다.
1. 다음 각 목의 어느 하나에 해당하는 업종의 사업을 영위하는 자가 제공하는 용역: 경영 상담업, 법무 관련 서비스업, 회계 및 세무 관련 서비스업, 엔지니어링 서비스업, 디자인, 컴퓨터시스템 설계 및 자문업, 「문화산업진흥 기본법」 제2조제1호에 따른 문화산업에 해당하는 업종, 운수업, 「관광진흥법」 제3조제1항에 따른 관광사업(이하 "관광사업"이라 한다)에 해당하는 업종, 그 밖에 지식기반용역 등 수출유망산업으로서 지식경제부장관이 정하여 고시하는 업종
2. 국내의 법령 또는 대한민국이 당사자인 조약에 따라 보호되는 특허권 · 실용신안권 · 디자인권 · 상표권 · 저작권 · 저작인접권 · 프로그램저작권 · 반도체집적회로의 배치설계권의 양도(양도), 전용실시권(전용실시권)의 설정 또는 통상실시권(통상실시권)의 허락

5) 대외무역법 시행령 ; [시행 2008.11. 5] [대통령령 제21104호, 2008.11. 5, 일부개정]
제4조 (전자적 형태의 무체물) 법 제2조제1호다목에서 "대통령령으로 정하는 전자적 형태 의 무체물"이란 다음 각 호의 어느 하나에 해당하는 것을 말한다.

1. 「소프트웨어산업 진흥법」 제2조제1호에 따른 소프트웨어
2. 부호 · 문자 · 음성 · 음향 · 이미지 · 영상 등을 디지털 방식으로 제작하거나 처리한 자료또는 정보 등으로서 지식경제부장관이 정하여 고시하는 것
3. 제1호와 제2호의 집합체와 그 밖에 이와 유사한 전자적 형태의 무체물로서 지식경제부장관이 정하여 고시하는 것

6) 외국환거래법[시행 2009. 2. 4] [법률 제9351호, 2009. 1.30, 일부개정]
제3조 3항 ; "지급수단"이란 다음 각 목의 어느 하나에 해당하는 것을 말한다.
(정부지폐 · 은행권 · 주화 · 수표 · 우편환 · 신용장), (대통령령으로 정하는 환어음, 약속어음, 그 밖의 지급지시), (증표, 플라스틱카드 또는 그 밖의 물건에 전자 또는 자기적 방법으로 재 산적 가치가 입력되어 불특정 다수인 간에 지급을 위하여 통화를 갈음하여 사용할 수 있 는 것으로서 대통령령으로 정하는 것)

7) "수출"이라 함은 다음 각목의 1에 해당하는 것을 말한다.

가. 매매 · 교환 · 임대차 · 사용대차 · 증여 등을 원인으로 국내에서 외국으로 물품을 이동하는 것(우리나라의 선박에 의하여 외국에서 채취 또는 포획한 광물 또는 수산물을 외국에 매도하는 것을 포함한다)과 유상으로 외국에서 외국으로 물품을 인도하는 것으로서 지식경제부장관이 정하여 고시하는 기준에 해당하는 것

나. 외국환거래법 제3조 제12호의 규정에 의한 거주자(이하 "거주자"라 한다)가 동법 제3조제13호의 규정에 의한 비거주자(이하 "비거주자"라 한다)에게 제2조의2의 규정에 의한 전자적 형태의 무체물을 정보통신망을 통한 전송 기타 지식경제부장관이 정하여 고시하는 방법으로 인도하는 것

4. "수입"이라 함은 다음 각목의 1에 해당하는 것을 말한다.

가. 매매 · 교환 · 임대차 · 사용대차 · 증여 등을 원인으로 외국으로부터 국내로 물품을 이동하는 것과 유상으로 외국에서 외국으로 물품을 인수하는 것으로서 지식경제부장관이 정하여 고시하는 기준에 해당하는 것

나. 거주자가 비거주자로부터 제2조의2의 규정에 의한 전자적 형태의 무체물을 정보통신망을 통한 전송 기타 지식경제부장관이 정하여 고시하는 방법으로 인수하는 것

1) David Kosiur, *Understanding Electronic Commerce*, Microsoft Press, 1977, pp.1~12 참조
2) 윤광운, 「무역실무」, 삼영사, 2004, p.32.
3) 외화가득액이란 한 국가가 수출을 통하여 획득한 외화로서 수출금액(FOB기준)에서 수출품 제조에 소비한 원자재수입금액(CIF기준)을 공제한 금액을 말한다. 외화가득률은 수출금액에서 외화가득액이 차지하는 비율을 말한다.
외화가득률 = 수출금액(FOB기준) - 원자재수입금액(CIF기준)/수출금액(FOB기준)×100
생산자금으로 무역금융을 수혜받았을 때 외화가득률 산출은
외화가득률 = 수출금액(FOB기준) - 소요원자재금액(CIF기준){원자재수입금액(CIF기준)+원자재구매액(내국신용장금액)}이 된다.
4) 대외무역관리규정 제1-0-2조 6항 ; "위탁가공무역"이라 함은 가공임을 지급하는 조건으로 외국에서 가공(제조, 조립, 재생, 개조를 포함한다. 이하 같다)할 원료의 전부 또는 일부를 거래 상대방에게 수출하거나 외국에서 조달하여 이를 가공한 후 가공물품등을 수입하거나 외국으로 인도하는 수출입을 말한다.
5) 대외무역관리규정 제1-0-2조 4항 ; "위탁판매수출"이라 함은 물품 등을 무환으로 수출하여 당해물품이 판매된 범위 안에서 대금을 결제하는 계약에 의한 수출임,
6) 대외무역관리규정 제1-0-2조 4항 ; "위탁판매수출"이라 함은 물품 등을 무환으로 수출하여 당해물품이 판매된 범위 안에서 대금을 결제하는 계약에 의한 수출을 말한다.
7) 대외무역관리규정 제1-0-2조 13항 ; "외국인도수출"이라 함은 수출대금은 국내에서 영수하지만 국내에서 통관되지 아니한 수출물품 등을 외국으로 인도하는 수출을 말한다.
8) 대외무역관리규정 제1-0-2조 8항 ; "임대수출"이라 함은 임대(사용임대를 포함한다. 이하 같다)계약에 의하여 물품 등을 수출하여 일정기간 후 다시 수입하거나 그 기간의 만료전 또는 만료후 당해 물품 등의 소유권을 이전하는 수출을 말한다.
9) 대외무역관리규정 제 1-0-2조 9항 ; "임차수입"이라 함은 임차(사용임차를 포함한다. 이하 같다)계약에 의하여 물품 등을 수입하여 일정기간 후 다시 수출하거나 그 기간의 만료전 또는 만료후 당해 물품의 소유권을 이전받는 수입을 말한다.
10) 대외무역관리규정 제1-0-2조 11항 ; "중계무역"이라 함은 수출할 것을 목적으로 물품 등을 수입하여 관세법 제154조의 규정에 의한 보세구역 및 동법 제156조의 규정에 의하여 보세구역외 장치의 허가를 받은 장소 또는 자유무역지역의지정등에관한 법률 제4조의 규정에 의한 자유무역지역 이외의 국내에 반입하지 아니하고 수출하는 수출입을 말한다.
11) 〈신용장상 제3자 서류용인 조항 예〉 ; The transport documents indicating as the consignor of the goods a party other than third beneficiary of the credit acceptable
12) 국내 보세창고에 물품반입 ; 보세장치장은 물품을 통관하기 위하여 일시 장치하는 보세구역이며, 보세창고는 물품을 보관하기 위하여 장기간 장치하는 보세구역임.
13) 상법 제88조; "일정한 상인을 위하여 상업사용인이 아니면서 상시 그 영업부류에 속하는 거래의 대리 또는 중개를 영업으로 하는 자를 대리상이라 한다."
14) 사건 76다515손해배상('80.2.26,대법원),사건 89나 11861 물품대금('90.2.13,서울고등법원), 사건 95가 1218 집행판결('95.9.28 서울지방법원 남부지원)
고객의 대리인에 의하여 계약이 체결된 경우 고객이 그 의무를 이행하지 아니하는 때에는 대리인에게 그 의무의 전부 또는 일부를 이행할 책임을 지우는 내용의 약관

조항은 이를 무효로 한다.

15) 한국무역협회는 2천개 수출기업을 대상으로 '전자무역 활용실태'를 조사한 결과 업무의 30% 이상을 전자무역으로 활용한다고 응답한 기업은 23%로 이용률이 아직 낮은 수준인 것으로 집계됐다. 또 전자무역 활용은 정보수집, 거래선 발굴 등 주로 '계약 전 단계'에 치중돼 있어 대금결제 등 '계약 후 단계'에서의 활용률 제고를 위한 방안마련이 필요한 것으로 드러났다. 무역단계별 전자무역 활용현황은 해외시장 정보수집의 경우 응답자의 70.8%가 무역 관련 웹사이트보다는 여전히 동종업계나 기존 바이어를 통한 소개 등 오프라인 방식에 의존하고 있다. 이는 무역 관련 웹사이트가 업계에서 필요로 하는 세부시장 및 품목정보(56.4%)나 최신정보(19.6%)를 제공하는데 있어 아직은 미흡한 부분이 많기 때문으로 무역협회는 풀이했다. 또 웹사이트 이용과 관련, 거래알선 사이트는 응답자의 55.4%가 활용하고 있지만 오퍼정보에 대한 신뢰성 미흡(38.6%), 이용방법 미숙지(33.2%) 등으로 2001년의 경우 실제 거래성사율은 11%, 금액은 8백55만달러에 그친 것으로 드러났다. 전자문서교환(EDI) 역시 외환(31.6%)이나 통관(20.5%), 행정절차(15.6%), 대금결제(14%), 물류 및 화물운송(6.4%) 등에서 사용되고 있지만 전자문서 처리에 필요한 법적·제도적 준비 미흡으로 아직은 이용률이 낮은 편이었다. 특히 응답업체의 47.8%는 무역자동화 관련, EDI를 전혀 이용하지 않고 있어 영세 수출기업에 대한 EDI 보급이 시급한 상황인 것으로 나타났다. 무역협회 박준 참사는 "전자무역 활용이 저조한 것은 업계의 준비부족에다 전문인력 부족, 무역서류의 전자처리 불가 등에 기인한다"면서 "이와 함께 전자문서의 법적 효력 인정 및 유통성 부여를 위한 법적·제도적 개선도 요구된다"고 지적했다.

16) David Kosiur, Understanding Electronic Commerce, Microsoft Press, 1977, pp.1~12 참조

제 02 부

수출 · 수입

Chapter 01 무역계약

학습내용

▎학습의 목적

무역거래계약의 전 단계로서 해외 거래선 발굴 및 신용조사, 거래제의에 관한 방법과 기술을 습득하고 더불어 무역계약의 여러 조건들을 이해함으로써 무역관련 법규를 중심으로 무역거래 전 과정에 관한 무역실무지식을 포괄적으로 습득한다.

▎학습의 목표

1. 해외시장 조사 방법을 이해할 수 있다.
2. 양질의 해외 거래선을 발굴한 다음 거래제의를 할 수 있다.
3. 해외 거래선의 신용조사를 할 수 있다.
4. 무역거래계약의 여러 조건들을 이해함으로써 무역계약을 원활하게 체결할 수 있다.

1-1 해외시장 조사 및 거래선 발굴

1. 해외시장 조사

(1) 해외시장 조사의 의의

해외시장 조사는 수출입절차의 최초의 단계로서 특정상품에 대한 판매 또는 구매 가능성을 조사하는 것이다.

해외시장 조사는 지역적인 격리성, 상이한 문화, 종교, 상관습 및 언어 등의 차이로 대단히 어렵다. 그러나 외국과 무역거래를 이행하는 과정에서 위험을 최소화하고, 이익을 극대화하기 위해서는 사전에 정확한 시장조사가 반드시 선행되어야 한다. 성공적인 해외마케팅전략은 해당시장에 관한 정확한 정보에 의존하므로 무역이 성공하느냐, 실패하느냐는 무엇보다 특정한 시장을 형성하는 여러 가지 요소들을 과학적으로 조사, 분석한 후 적격성을 판정하는데 달려있기 때문이다. 외국과 무역거래에 있어서 비용과 위험을 최소화하고 이익을 극대화하기 위해서는 사전에 신속하고 정확한 해외 시장조사가 필수적인 전제조건이 되는 셈이다.

해외시장 조사는 우선 대상시장의 전반적 개황(정치, 경제, 사회, 풍토, 기후, 언어 등)을 조사한 다음 취급상품에 대한 세부적인 내용(무역관리제도, 시장특성, 수요와 공급, 유통구조, 경쟁상대, 거래처 등)을 조사하는 일련의 단계를 거치게 된다.

(2) 해외시장 조사방법

해외시장 조사방법은 총 4단계로 구성된다.

1단계는 해외 시장조사수립단계로 조사지역범위와 조사내용, 조사방법, 조사시기 등을 결정한다. 2단계는 실내조사 단계로 조사지역에 관한 정보나 조사내용, 현지조사에 필요한 예비지식들을 문헌이나 통계자료, 지도, 사진, 인터넷검색 등을 통하여 조사한다. 이때, 국별 자료는 UN 무역통계연보(yearbook of international statistics), IMF발간연보(international financial statistics)를 이용하여 각 종 수출입통계 자료들을 수집할 수 있으며 KOTRA나 한국무역협회와 같은 국내 경제단체 및 유관기관과 주한 외국공관, 국내외 광고회사들을 이용하여 원하는 자료를 수집할 수 있다. 3단계는 현지조사단계로 신규 진출하고자 하는 국가에서 직접 생생한 자료들을 수집한다. 현지시장을 직접 관찰하고, 견학하고, 설문조사하고, 현지주민과의 면담과 필요한 관계자들과의 면담을 통하여 자료들을 수집한다. 4단계는 자료의 정리 · 작성단계로 수집한 자료들을 정리하고 분석한다. 수집한 자료들은 아래와 같이 분류 · 정리한다.

핵심

- **일반사항** : 해당국의 정치, 경제, 사회, 문화, 종교, 인구, 언어 등
- **경제동향** : 경제성장, 국민소득, 물가, 임금, 고용, 국제수지, 대상국의 통화의 안전성 및 경기상태 등
- **산업동향** : 산업구조 특히 제조업 등
- **무역동향** : 대외무역구조, 특히 품목별, 지역별 경쟁국 진출동향, 수출규제 여부, 외환사정 등

- **무역관리제도** : 통화정책, 수입관리제도, 대한 수입규제, 기타 관세율 및 외환관리제도 등
- **시장특성 및 유통구조** : 일반적인 시장특성 외에 소비자계층, 상관습 및 구매시기, 유통구조의 형태, 주요 수입상 명단 등
- **시장접근방법** : 중개상, 전문 수입상, 도매상 등
- **교역현황** : 한국의 전체 교역량 및 해당 품목에 대한 수입규모
- **경쟁사 및 경쟁사 상품에 관한 정보** : 해당 상품의 수출입현황, 취급상품의 수요 및 전망, 해당 상품의 유통과정, 수요상품의 품종, 품질 및 규격, 가격, 해당 지역의 수출입가격 등
- **기타사항** : 해당국의 항만사정, 통신시설, 여행 시 유의사항, 국민성, 상관습, 소비자 분석 등

구분	직접조사	간접조사
정의	수출대상국가를 조사자가 직접 방문하여 실시하는 시장조사 활동이며, 수출대상제품에 대한 심도있는 요구사항이 있거나, 구체적 사항에 대한 조사가 필요할 경우 수행함	각종 시장조사기관의 발간정보, 해외 대리인, 오퍼상 등을 이용하여 실시하는 시장조사 활동이며 해외시장의 전반적 상황에 대한 정보가 필요할 경우 수행함
장점	의사결정 시 필요한 심도 있는 정보를 획득할 수 있음	비교적 저렴한 비용과 적은 시간을 투자하여 개괄적 정보수집 가능
단점	비용과 시간이 상대적으로 많이 소요	의사결정 시 필요한 구체적 정보를 확보하기 어려움
주요 정보 제공처	해외지사, 자사직원 및 현지 시장조사 전문기관	KOTRA 무역관, 해외 공관, 수출입은행, 무역협회 무역연구소 등

이때, 자료들을 가급적 도표화, 지도화하면 더욱 좋다. 자료들의 도표화, 지도화는 자료상호 간 관련성을 쉽게 찾을 수 있게 하고 체계적인 분석을 가능하게 하기 때문이다. 결국 시장조사는 해당상품에 대한 소비자의 만족도나 상품의 장단점 등을 예측 또는 검토하는 「상품연구」와 판매경로, 거래처, 경쟁관계 등을 조사검토하는 「판매연구」 및 소비자들의 연령, 성, 사회적 지위, 소득계층 등과 상품의 사용형태를 연구하는 「소비자분석」 등의 과정을 거친다. 그리고 판매효과내지 영업능률의 극대화를 도모하기 위하여 거래조건의 적격성여부도 조사해야할 것이므로 품질, 가격 및 결제 등에 관한 깊이 있는 조사도 해외시장조사 시 병행해야 한다.

참고

1. 수입시장조사

먼저 잠정 결정된 수입예정제품에 대한 수입시장의 조사는 다음 아래와 같은 측면에서 이루어져야 한다.

*해당상품의 원활한 시장공급여부(수출지역 및 국가, 수출량, 수출가액) *해당상품의 주요 수입지역 또는 국가 *해당상품의 유통경로 및 과정 *해당상품의 품종, 품질 및 규격 *해당상품의 생산국가 내 도매·소매가격 *지금까지 동일품, 동종품이 수입되고 있는지의 여부, 있다면 그 품종, 가격, 거래조건(반품, 대금결제, 최저주문량 등), 수량, 수입상사명 등 *After Service, P.R. 지원 등 *해당 상품의 국내시장가격 및 수량 *수입규제여부

2. 수입품 선정

(1) 수입품 선정기준

먼저 내부적으로 잠정 결정된 수입예정제품이 국내시장에서 동종의 국내제품 및 기 수입된 제품들과 충분한 경쟁력이 존재하는지 확인하여야 한다. 경쟁력은 동종의 국내제품과 이미 거래되고 있는 수입제품과 비교할 때 품질이나 가격, 성능측면에서 보다 우위를 점하고 있으면 경쟁력을 갖춘 것이다. 이 밖에도 특허품이나 국내 소비자들에게 인지도가 높아 지속적으로 브랜드 가치가 상승 중인 제품도 수입대상품목으로 포함시킬 수 있다.

(2) 수입품 선정단계

수입품 선정기준에 따라 수입대상 후보제품들이 결정되면 첫째, 국가별 동종제품에 대한 샘플을 입수한다. 둘째, 입수한 샘플을 'Check List'에 의해 분석하고 제품의 가격, 성능, 품질과 각국의 거래조건을 검토한다.

▌Check List에 포함되는 Check 요소

사용자의 욕구충족여부 검토(디자인, 색상, 기능, 가격, 성능 등), 예상판매금액 및 시장성장 속도, 세일즈포인트(판매루트, 판매대상, 제품의 특징, 장점, 이점 등), 수입원가 및 판매이익, 적정이윤이 발생하는 시기, 투자금액, 특수부품의 필요여부, 특허문제, 유사품의 존재여부, 있다고 한다면 유사품과의 경쟁력의 존부(存否), 제품의 수명, 제품 제조사 이미지, 수입제품이 시장에서 정착하지 못하고 퇴출될 경우 입게 되는 손실이다.

3. 거래선의 발굴

사전 해외시장조사를 통하여 자사상품의 시장성이 있는 대상시장을 선정을 했다면 잠재력이 있는 유능한 거래처를 발굴하여야 한다. 영리를 추구하는 기업의 경우, 양질의 거래선 확보여부에 따라 회사의 운명이 좌우되므로 좋은 거래선을 발굴했다면 이미 거래의 반은 성공한 것이다.

거래처발굴은 지속적인 수출시장 확대 및 기존시장변화에 따른 충격을 완화해 주고, 기업이 계속 신장할 수 있다는 점에서 매우 중요하다. 따라서 거래처발굴에는 보다 신중하고 효과적인 방법이 동원되어야 한다.

(1) 해외 거래선의 선정기준

수출기업은 양질의 거래선을 확보하는데 끊임없이 노력과 지원을 아끼지 않아야 한다. 현지시장에서 신규로 진입한 자사제품이 빠른 시간 안에 자생력을 갖추고 정착하여 자사제품의 시장점유율을 높이고 매출액을 증가하게 하는 모든 일들은 거의 현지시장에 있는 양질의 거래선에 의해 결정되기 때문이다.

만약 현지시장 진출에 대한 의욕이 먼저 앞서 거래선 선정에 신중하지 않아 우수한 거래선 선정에 실패한다면, 경우에 따라서 해당시장에 진입하기도 전에 실패할 수 있다. 혹, 어렵게 현지시장에 진입하였다 하더라도 잦은 거래선과의 갈등은 법적인 분쟁을 유발하여 막대한 비용과 시간의 낭비를 초래할 수 있으며 마지막에는 그동안 애써 닦아놓은 시장마저 경쟁사에게 빼앗길 수 있다. 또 거래선은 항상 변한다. 처음 개설한 거래선이 양질의 거래선이었다 할지라도 시장의 상황과 거래선의 환경이 바뀌어 부실한 거래선으로 전락할 수 있다. 따라서 거래선 선정에는 신중에 신중을 가하는 한편 시장의 안정을 지속적으로 도모하기 위하여 현재의 거래선에 만족하지 말고 언제든지 교체가 가능한 우수한 예비거래선을 확보하고 있어야 한다.

▸ Trade Directory: 제조 · 수출입업체의 대외 홍보를 위해 제작된 영문기업명부. 기업의 회사개요와 주요 취급품목 정보를 수록

보통 우수한 양질의 거래선은 3C's를 갖추고 있다. 그러므로 [그림 21]에서 보는 바와 같이 3C's가 곧 거래선 선정의 기준이 된다.

3C's란 성격(character), 사업운영자본금(capital), 비즈니스능력(capacity) 등이다. 먼저 성격은 거래선의 근면성이나 비즈니스에 대한 긍정적인 사고, 태도, 현지시장에서의 평판, 거래유지에 대한 강한 의지 등으로 표현할 수 있으며, 자본금은 현재 거래선의 재무상태로서 사업운영자금이나 유동자금확보능력 등을 말한다. 그리고 능력이란 현지시장의 지배 및 장악능력으로 비즈니스 능력을 뜻한다. 이외에 상대국의 정치 · 경제적 상황(country)과 통화상태(currency)

를 추가하여 5C's도 있다.

양질의 거래선임을 판단할 때에는 위의 3C's와 대조하여 비교해야 한다. 아무리 현지시장에 대한 장악능력이 뛰어나고 평판이 좋다 하더라도 운영자금이 부족하면 결코 좋은 거래선이라 할 수 없다. 반대로 자본금은 충분하나 시장지배력이 없으면 이 또한 좋은 거래선이라 할 수 없다.

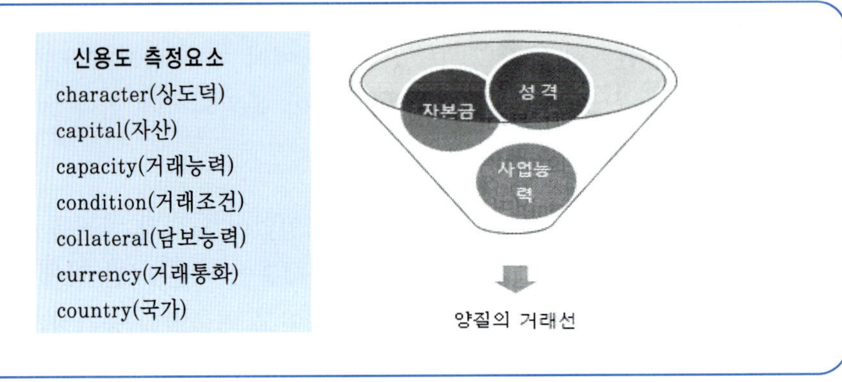

〈그림 21〉 해외 거래선 선정 기준

(2) 해외 거래선의 선정방법

사전 해외 시장조사에 의하여 자사상품의 시장성이 확인되면 현지시장의 유능한 거래처를 보다 신중하고 효과적인 방법을 동원하여 발굴하여야 한다. 해외거래선의 선정방법은 다음과 같다.

▸Yellow Page ; 원래 전화번호부의 노란 페이지의 정보라는 의미에서 유래. 인명부의 흰색 페이지와는 달리 업종별로 분류되어 상호명을 쉽게 알 수 있는 전화번호 서비스를 가리켜 옐로우페이지라 한다. 이 말이 인터넷에 적용되어 정보를 제공하는 컴퓨터(웹사이트)들을 업종별로 분류해 놓은 주소 목록 또는 그것을 알려주는 인터넷서비스를 뜻하게 되었다.

1) 거래처 발굴을 위한 홍보물 제작배포

해외 배포용 카탈로그나 리플릿 등은 전문가에게 의뢰하여 치밀하게 계획하고 제작하는 것이 효과가 크다. 이때, 홍보물의 내용은 상품의 설명과 더불어 구매이후 예상할 수 있는 편익을 강조한다. 해외배포용 카탈로그나 리플릿의 제작이 완료되면 재외한국영사관이나 'KOTRA'에 송부하여 거래선을 발굴한다. 이때, 홍보물을 배포할 적절한 바이어의 명단은 한국무역협회, 상공회의소 등 경제단체 및 유관기관이나 이들이 발간하는 잡지, 주한 외국대사관 상무관실 등을 통해서 입수할 수 있다. 또한 인터넷을 통하여 기업명부(trade directory)를 제공받거나 무역거래를 알선하는 사이트에서도 입수할 수 있다. 이외에도 국내외에서 개최되는 전시회나 박람회 참가 시 배포하는 것도 효과적이다.

2) 해외광고 이용

국내경제단체에서 발간되는 유료무료 해외 홍보매체를 이용하여 거래선을 발굴한다. 국내발간 해외배포용 매체광고에는 'Korea Export', 'Korea Trading Post', 'Korea Trade, Buyers Guide' 등이 있는데, 매체의 성격, 배포부수, 배포지역, 구독층 등을 신중히 분석하여 적절한 매체를 선정하는 것이 효과적이다.

3) 해외 공공기관의 이용

각국의 상공회의소 또는 WTC(world trade center), WTCA(world trade centers association) 등 무역관련 기관에 거래의 알선이나 관련업자의 소개를 의뢰한다.

4) 인터넷을 이용한 거래선 발굴

현재 운영 중인 국내의 대표적인 무역거래알선 사이트로는 EC21, EC Plaza, T-page 등이 있다. 최근 이들은 정부의 e-무역상사로 지정받아 기존의 업무인 거래알선 및 바이어 정보제공 뿐만 아니라 실제 시장조사, 신용조사, 계약체결, 무역거래성사 및 사후관리까지 종합적으로 지원하는 전자무역중개기관으로 인정받고 있다. 국내외 주요 무역거래 알선 사이트는 전술한 전자무역을 참고하기 바란다.

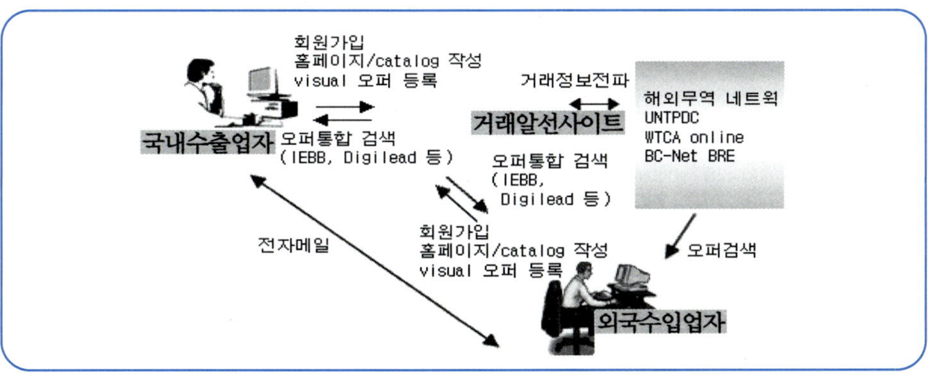

〈그림 22〉 인터넷을 이용한 거래선 발굴방법

5) 직접방문

직접방문을 통해서 해외 거래처를 발굴하는 방법은 경비측면에서 부담이 되지만 경비문제를 감안하지 않는다면 직접 해당국 방문이 거래선을 발굴하는 가장 좋은 방법이다. 해당국을 처음 방문 시에는 가급적 일류호텔에 투숙하여, 호텔룸에 있는 옐로우페이지라는 무역업체총람을 근거로 거래선을 발췌한 후 전화로 시간약속을 받고 방문하는 것이 좋다.

핵심

- 거래선 방문 시 유의사항 : ① 의복은 너무 튀지 않은 것으로 깔끔하게 착용하고 상대방의 인격 및 사람됨을 살피는데 주력한다. ② 방문 시 사전약속을 하고 방문일자 및 시간을 사전에 확인한다. 이때, 약속시간은 엄격히 준수하고 상대방의 명함은 정중히 다룬다. ③ 의사결정권을 갖고 상담에 임하고 상담이 끝나면 협의내용을 재확인한다. ④ 초대에는 적극적으로 응한다.

4. 신용조사(credit inquiry)

국제 무역거래는 수출자와 수입자가 지리적으로 격리되어 있으므로 직접 만나 얼굴을 맞대고 협상하기보다는 팩스 또는 전자우편과 같은 통신수단을 이용하여 계약을 체결하거나 상호 교환하는 서류만으로 거래를 성사시키므로 무역거래에서 거래대상업체에 대한 신용상태를 확인하는 것은 수출자, 수입자 모두에게 향후 거래가능성을 진단하고 위험요소를 사전에 예방한다는 측면에서 매우 중요하다. 특히 국제무역이 신용을 바탕으로 이루어지고 있는 현 상황에서 신용조회는 그 어느 때보다 중요성이 강조되고 있다.

(1) 신용조회의 내용

신용조회에 있어서 필수적으로 조사해야 할 내용에는 수입자에게는 수출자의 물품인도 능력검증이고 수출자에게는 수입자의 대금 결제능력과 그 이행에 대한 신뢰성과 기업에 관한 일반적인 정보다. 신용조사는 일반적으로 거래상대방 기업의 'Character', 'Capital', 'Capacity', 'Condition' 등을 중심으로 진행하여야 한다.

핵심

- character : character는 보통 신용조사의 측정요소 중에 가장 중요한 요소다. 따라서 무역에 있어서 Marketing Claim을 미연에 방지할 수 있도록 Character에 대한 면밀하고 철저한 조사파악이 원활한 거래 성취에 있어서 그 요체라 할 수 있다. 여기에는 상대방의 성실성(integrity), 영업태도(attitude toward business), 업계의 평판(reputation), 계약이행에 대한 열의(willingness to meet obligations)나 인격 도덕성 등이 포함된다.
- capital : 상대방의 물적인 신용상태로 상대방의 재정상태(financial status)를

의미한다. 비록 거래상대방이 성실하고 신용이 있는 회사라 할지라도 재정상태가 양호하지 않으면 거래가 성립될 수 없을 뿐만 아니라 궁극적으로 대금결제가 불가능하므로 재무제표를 중심으로 자본금규모 및 자신내용 등을 충분히 검토한다.

- capacity : 상대방의 영업형태, 연간매출액 및 생산능력, 연혁 내지 경력 등 영업능력(business ability)에 관한 내용으로 주로 거래상대방의 거래능력과 관계되는 사항들이 여기에 해당한다.
- condition : 상대방 회사를 둘러싼 현지의 경제적, 정치적 상황, 즉 국가위험 등으로 상대방 정부의 무역, 관세정책, 수출입거래에 대한 법적규제, 항만이나 수송시설 등의 실태를 조사한다.

이외에 담보능력(collateral), 거래통화(currency), 국가(country), 즉 상대국의 정치 · 경제적 상황과 통화상태, 거래선의 담보능력, 거래조건들을 추가하여 7C's라고도 한다.

신용조사는 일반적으로 거래은행에 의하여 이루어지지만 경우에 따라서는 상대국의 거래처나 상공회의소 등을 활용하기도 한다. 조회처가 은행인 경우 은행조회(bank reference)라 하고, 은행이 아닌 경우 동업자조회(trade reference)라 한다. 그러나 거래의 중요성이 인정되거나 앞으로 D/A 거래까지도 예상될 경우에는 수출보험공사나 신용보증기금을 통한 신용조사가 바람직하다. 이들 기관은 세계의 유수한 상업흥신소와 제휴관계를 가지고 있어 효과적이기 때문이다.

▸거래은행이나 상공회의소 등을 통하여 신용조사를 할 경우에는 실질적인 내용없이 형식적인 조사에 그칠 소지가 있어 이 경우를 대비하여 기존에 잘 알고 있는 현지업자를 통하여 조사하는 것이 바람직함

(2) 신용조사의 방법

일단 선정된 거래처에 대해서는 본격적인 거래에 들어가기에 앞서 신용조사를 하게 되는데 대개 다음과 같은 방법의 이용이 가능하다.

핵심

- **은행조회 또는 동업자 조회** : 일반적으로 신용조사는 상대방 또는 자신이 거래하고 있는 은행을 통하게 되는 경우가 많은데 이를 은행조회라 한다. 이와는 달리 상대방과 거래한 경험이 있는 국내업자, 현지의 단골 거래처 또는 상공회의소 등을 통해서 하는 수가 있는데, 이를 동업자조회라 한다.
- **상업흥신소를 통한 방법** : 외국의 무역업자들은 신규 거래선의 신용조사를 위하여 상업흥신소(commercial agency)를 많이 이용하고 있다. 상업흥신소란 신용조사전문회사로서, 특히 Dun&Brand Street 같은 국제적으로 널리 알려진 회사는 세계 전역에 지소 및 연락 사무소를 두고 신용조사업무를 수행하고 있다.

- **국내 관련기관의 이용** : 한국에서 국내기업은 물론 해외기업체에 대한 신용상태를 전문적으로 조사해주는 기관으로 신용보증기금(Korea Credit Guarantee Fund)이 있다. 해외의 수출업자에 대한 신용상태를 알고자 할 경우에 신용보증기금을 이용하게 되면 그다지 많은 비용을 들지 않고도 해외신용조사가 가능하다.

이 밖에 무역진흥공사에서도 해외무역관을 활용하여 신용조사 및 수출 보험사고 조사업무를 실비로 수행하여 주고 있으며, 수출입은행의 수출신용정보센터에서도 수출·입업자, 금융기관, 수출유관단체 등을 대상으로 회원제방식에 의하여 신용정보자료를 제공하고 있다. 무역업자가 직접 국제상업흥신업소를 이용하는 것보다는 훨씬 적은 비용으로 소기의 목적을 달성할 수 있다. 그러나 앞에서 잠깐 언급한 것처럼 수출거래 시 해외바이어에 대한 신용조사는 수출보험공사의 수출신용정보센터를 활용하는 것이 효율적이고 수입할 경우에 필요한 해외 수출자에 대한 신용조사는 해당국가에 소재하는 전문신용기관을 이용하는 것이 바람직하다. 수출보험공사는 수출업체가 수출보험에 부보한 후 수출대금을 회수할 수 없게 된 경우에 일반적으로 90%까지 보상이 가능하고 수출보험공사는 또한 외국 전문신용기관과 업무제휴를 맺고 있어 외국의 불량거래처에 대한 많은 정보를 보유하고 있기 때문이다.

참고

1. 신용조사관련 웹사이트

국내사이트	해외사이트
www.shinbo.co.kr, www.sci.co.kr www.kmcc.com, www.mcredit.co.kr www.keic.or.kr, www.kisline.co.kr www.nice.co.kr, www.hsci.co.kr www.miraecredit.co.kr	www.andersonconsulting.com, www.beri.com, www.dcrco.com, www.dnb.com, www.fitchibca.com, www.jpmorgan.com, www.moodys.com, www.standardpoor.com, www.bankwatch.com, www.wtdb.com

2. 한국수출보험공사를 통한 신용조사방법

조사 대상	요 금	문의 및 조사의뢰처
①해외 수입자 및 수입국은행에 대한 신용조사 및 수입국정세조사 ②신용정보자료 및 수출보험 인수제한 수입자 명부 등 제공 ③채무추심기관 소개 및 알선 ④기타 해외신용정보에 관한 상담	무료 단, 수출보험에 가입한 경우에만 조사	수출신용정보센타 (399-6800) 부산지사 (051-245-3981/3) 대구지사 (053-252-4932/4) 광주시자 (062-226-4820/2) 인천지사 (032-422-2713/7) 대전지사 (042-526-3291/4)

* 지역별 조사결과 회신기간

지 역	조사 소요 일수
① 미국, 캐나다	10~30일
② 유럽, 아시아, 대양주, 중남미	30~50일
③ 아프리카, 기타지역	40~60일

1-2 거래제의 및 조회

1. 거래제의(Business Proposal)

거래처의 발굴과 신용조사가 끝나면 거래를 희망하는 내용의 거래제의 서신 혹은 거래권유서신(circular letter)을 보낸다. 거래제의 서신은 해외의 수입업자에게 처음 보내는 서신이므로 그 작성에 세심한 주의가 필요하다. 따라서 수출자는 다음 요령에 따라 거래제의 서신을 작성하여 보낸다.

거래제의서신의 작성요령은 먼저 상대방을 알게 된 경위와 자사(自社)의 업종, 취급상품, 거래국가 등을 명시하고 자국 내에서의 자사의 지위, 경험, 생산규모 등을 소개하며 거래조건(특히 결제 및 가격조건 등), 신용조회처(주로 거래은행명 및 주소), 정중한 결문 순으로 작성한다. 이때, 주의하여야 할 점으로는 간단명료한 문장으로 매 문장마다 30자 이내로 5~6 문단 이내로 쓰고 해당 시장은 처음이므로 상대회사를 통하여 개척하고자 한다는 점을 강조한다. 그리고 한국에서 제일 큰 회사라는 말과 같은 과장된 회사소개는 삼가하며 회사규모를 표현하려면 생산량이나 연간 매출액 등으로 표시한다. 또 품질의 우수성과 경쟁적인 가격을 제시할 수 있는 회사라고 언급하고 처음부터 오퍼나 견본을 보내지 않으며, 상대방이 관심을 표명할 때 즉시 송부하도록 한다. 차후 거래관계가 성립되면 상호이익을 바탕으로 하고자 한다는 점도 명시한다. 거래제의 서신의 송부방법으로는 일반적으로 서신에 의한 방법을 사용하지만 이메일, 팩스 등을 이용해도 무방하다. 거래제의 시 한 지역에 시차를 두고 2~3개 회사로 국한하여 보내는 것이 좋다.

2. 조회(Inquiry)

조회란 수출자가 제시한 거래조건내용에 관한 수입자의 거래상의 문의를 조회라 한다. 광의적인 의미로는 상품매매에 관한 전반적인 조회를 의미하는 것으로서 거래제의 서한이나 거래권유 서신을 포함하기도 하며 협의적인 의미로 거래관계가 수립된 거래처에게 구체적인 개별상품의 매매를 위해 문의하는 것이다. 따라서 조회는 수입자가 수입계약을 체결하기 전 수출자에게 상품수입에 관한 최초의 의사표시로서 수입자는 수출자에게 가격표나 샘플을 요구하기도 하고 혹은 수출자에게 청약(offer)를 권유하기도 한다. 만약 수출자가 발송한 거래제의 서신을 수취하고 해당 내용을 검토한 수입업자로부터 조회서신을 받으면, 귀사는 해당 내용을 검토하여 즉시 회신할 수 있는 점은 지체 없이 회신하고, 시간을 요하는 사항은 언제까지 조치해 주겠다고 이메일이나 팩스 등으로 바로 회신하여야 한다. 그러나 일반적으로 가격표나 견본을 보고 구매결정을 한다고 할 경우에는 서신으로 회신한다.

조회서신에 대한 회신을 작성할 때에는 조회에 대해 감사의 표시를 하고, 조회 내용의 골자를 기술함으로써 상대방의 기억을 새롭게 한다. 그리고 자기상품의 설명 또는 특징을 설명할 때에는 지나친 과장을 하지 않고 간결하게 표현해야 하며 조속한 주문이 유리하다면 그 점을 강조한다. 상품카탈로그나 가격표를 보낼 경우에 필요한 사항이 있으면 서신으로 보충해 주고 견본수배가 안 될 때에는 별봉으로 곧 송부한다고 언급한다. 마지막으로 조속한 시일 내에 주문이 있기를 바란다고 언급하고, 가까운 시일 내에 직접 만나서 상담하기를 희망한다고 언급한다.

핵심

- **가격표 작성요령** : 매도할 상품의 명세(description), 각 품목의 견본번호(sample number), 상품번호(code number), 수량단위(unit), 수출가격 명시(U.S. $5.00 per case FOB Busan, Korea)
- **견본을 송부** : 견본을 송부할 때에는 동일한 상품 두 개를 준비하여 하나는 대조견본으로 회사에 보관하고 다른 하나는 수입상이 정식계약을 통해 상품이 선적될 경우 선적품과 대조할 수 있도록 참고용으로 보낸다. 유명상품이나, 대형화물, 고가품의 경우 상품카달로그나 사진 등을 이용한다.

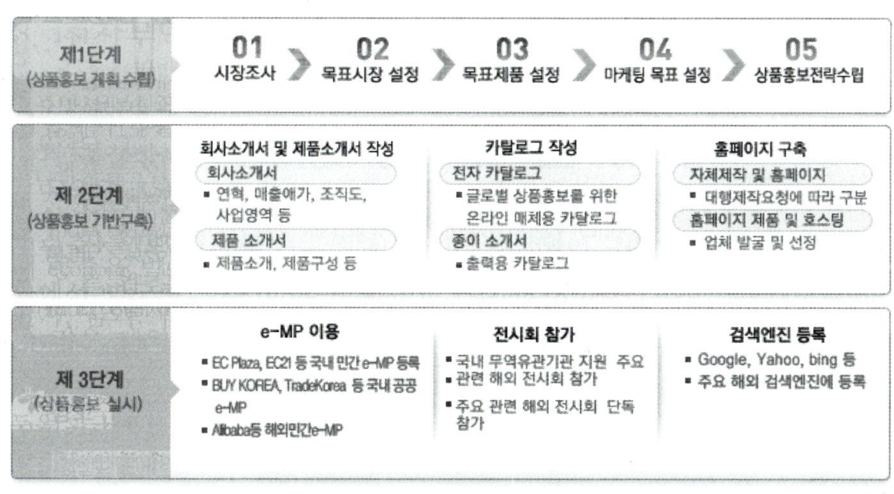

▸대외출처 : kr.ecplaza.net 인터넷을 이용한 제품 홍보

(1) 수출자의 거래제의 서한 (sample 1, sample 2)

GONJI TRADING CO., LTD

April 13, 2009

The Angeles Importing Co., Inc.

Gentlemen :

Through the Chamber of Commerce of your city, we have learned that you are one of the reliable importers of home appliances.

We are, therefore, writing with a desire to open an account with you.

We have been doing business for over twenty years as exporters of home appliances and are handling only the best and finest quality in the said field.

For your reference, we are enclosing our latest catalogs and price list in which, we believe, you will find our prices quite competitive in your market.

Regarding our credit standing, we wish to refer you to the Korea Exchange Bank, Seoul, and we will supply you, upon request, with any other information that you may require.

We look forward to your favorable reply soon.

Yours very truly,

GONJI TRADING CO., LTD.

Encls : 2 Catalogs
1 Price List

(2) 수입자의 거래제의 (sample 1, sample 2)

GONJI IMPORTING CORP.

5th May, 2009

Dae Han Trading Co., Ltd.

Dear Sirs,

REFRIGERATORS

During Seoul International Trade Fair, we had a good opportunity to see a display of your electric products. As we have a deep interest in the above mentioned goods, please send us a copy of your catalogue and current price list.

We are one of the largest dealers in this city, and have branches in five neighbouring towns. Therefore, we expect to place regular orders for fairly large number depending on your quality and prices.

Will you please say whether, in these circumstances, you are able to allow us a special discount? This would enable us to maintain the low selling prices that have been an imoprtant reason for the growth of our business. In return, we would be prepared to place orders for a guaranteed annual minimum number of goods, the figure to be mutually agreed upon.

Yours faithfully,

GONJI IMPORTING CORP.

(3) 가격조회 서한

GONJI *ENG. & TRADING CO., LTD*

Adress : Date : 09. 2009

E-mail : n123456@yahoo.co.kr

Tel : +82-00-000-0000

Fax : +82-00-000-0000

CP : +82-00-0000-0000

Dear 0000 00000

I am 0 00 ; a president of "GONJI ENGINEERING & TRADING CO., LTD."

Thank so much for your inquiry and interest in our running items ; Korean motor cycle and its part.

1. QUOTATION

1 quote some new motor cycles according to your inquiry on CIF Hong kong as following

1)

2)

3)

2. GENERAL TERMS OF BUSINESS

1)

2)

3)

Looking forward to your kind and comprehensive reply.

Tank you very much.

Best your regards,

GONJI ENG. & TRADING CO., LTD.

1-3 무역계약의 체결

1. 무역계약

[그림 23] 무역계약의 체결 과정

해외시장조사, 거래선 발굴
거래권유
문의, 답신 등 거래조회, 의사타진
신 용 조 사
청약 및 주문
반대청약, 조건부 청약
확정청약
승낙
합의
계 약 체 결
▼

무역이란 서로 다른 각국의 사이에 이루어지는 국제상거래이고 계약이란 2인 이상의 당사자가 법률적으로 강제할 수 있는 합의를 체결하는 것을 뜻함으로 무역계약이란 '국제간 무역상품의 매매계약'을 약칭한 것이다.

그런데 매매계약은 그 의미의 사용에 있어서 보통 물품의 소유권이 매매계약에 의하여 매도인에게서 매수인으로 이전되는 경우에도 사용하며 물품의 소유권이전이 현재가 아닌 장래에 행하여지거나 또는 계약의 성립 이후에 일정한 조건이 성취될 것을 전제로 실행될 경우에도 사용하므로 매매계약은 현물매매와 미래의 시점에 물품을 매매할 계약, 즉 선물매매도 포함한다. 실무적으로 무역계약에서는 선물매매가 대부분을 차지한다.

무역계약은 일반적으로 계약내용들이 정상적으로 이행되면 계약이 해제되는 동시에 종료되나 계약 당사자들이 합의에 의하여 계약의 유효성을 종료시킬 수 있으며 계약을 체결할 때 계약해제에 관한 조항을 삽입하여 이 조항에서 결정된 사항들이 발생함에 따라 계약을 자동으로 종료할 수 있다.

2. 무역계약의 종류

수출자와 수입자는 장래의 거래를 위하여 사전에 "일반거래조건협정서"에 합의하는 요식절차를 거친다. 일반거래조건협정서(general agreement on terms and conditions of business)는 본 계약에 선행하여 미래의 확실한 거래를 위해 수출자 · 수입자가 상호 지켜야 할 규칙을 사전에 포괄적으로 합의하고 합의한 내용을 성문화한 것이다. 때문에 일부에서는 일반거래조건협정서의 작성이 수출자 · 수입자간 정식거래 성립의 선결조건으로 여기는 이도 있다.

그러나 국제무역계약을 실무적인 측면에서 보면 수출자 · 수입자 간 구체적인 거래는 이후의 청약과 승낙 혹은 주문과 이에 대한 확인에 의하여 계약이 성립한다. 일단 성립한 계약은 매매당사자인 수출자 · 수입자를 법률적으로 구속하는 효과를 불러일으키기 때문에 계약내용의 확인이나 이행상의 분쟁예방, 증거가치의 보전을 위해서 정식으로 본 계약을 체결한다. 수출입 본 계약의 체결에는 개별계약(case by case)과 포괄계약(master contract)의 두 가지 방법이 있다.

(1) 개별계약(Case by Case Contract)

거래의 건별로 일일이 체결하는 계약을 말한다. 개별계약은 주로 매매당사자간 서로 잘 알지 못하는 고정거래처가 아닌 경우에 체결된다. 따라서 개별계약은 오퍼의 내용을 중심으로 매도인에 의해 작성되고 오퍼에서 언급하지 않은 환적이나 분할선적, 클레임 해결문제도 오퍼내용과 함께 취급하는 것이 보통이다.

개별계약은 수출입 본계약을 체결할 경우 계약당사자는 청약과 거듭되는 반대청약에 의해 이를 최종적으로 합의하여 계약내용을 확정한다. 이에 따라 주로 매도인이 무역계약서 2부를 작성하여 서명한 다음 매수인에게 송부하면 매수인이 확인하여 서명한 후, 1부는 자신이 보관하고 나머지 1부는 매도인에게 회송하는 방법으로 체결되는 것이 일반적이다. 이때, 수출자는 매매계약서(sales contract), 매도확약서(sales note), 주문확인서(confirmation of order)를 주로 이용하며 매수인의 경우에는 매입확약서(purchase note), 매입계약서(purchase contract), 주문서(order sheet)를 주로 확인한다. 이와 같은 방법은 정확하긴 하나 거래가 빈번한 경우에는 번거롭다는 단점을 지닌다.[1)]

(2) 포괄계약(Global Contract)

포괄계약은 수출자・수입자가 동일한 상대방과 계속 거래 시 이용하는 방법으로서, 매 거래발생 시마다 거래조건 등을 확인하고 본 계약을 체결해야 하는 개별계약의 단점을 해결한 무역계약방식이다. 따라서 포괄계약방식의 무역거래는 처음 계약을 맺을 때 품종이나 총액만을 정하고 그 밖의 수출입에 필요한 명세, 즉 상품수량・상품규격・단가・선적조건・결제방법 등에 대해서는 후일에 협정하도록 하는 계약방식이다.

❙ 표 11 ❙ 무역계약의 종류

개별계약 방식	전면조항(face)	개별거래에 관한구체적인 약정	-최초 거래 또는 소액 거래 시 적용 -전면조항・이면조항 동시약정
	이면조항(back)	일반거래조항과 계약위반 구제조항	
포괄계약 방식	일반거래조건협정	거래의 기본 준칙을 포괄적으로 약정	-계속 거래 시 적용 -일반 거래조건과 오퍼・오더 별도 약정
	오퍼・오더계약	개별거래에 관한 거래내용 약정	

출처 : 윤광운, 「무역실무입문」, 심영사, 2006, p.133.

3. 무역계약의 체결절차

일반적인 무역계약은 예비 거래당사자간의 의사합의에 의하여 성립한다. 이때 양 당사자 간 의사합의는 당사자 어느 일방의 제의와 이에 대한 상대방의 승낙에 의하여 성립한다.

(1) 오퍼(Offer)

오퍼의 사전적 의미는 제안이나 권유를 뜻한다. 그래서 상업적 의미로는 팔 물건에 대한 매매제의라는 뜻을 포함하고 있고 법률적으로는 계약 따위의 신청이라는 의미를 지니고 있다.

그런데 대부분 무역에 관련된 교재에서는 이 오퍼를 두고 유가 증권 등의 공모 또는 매출에 응모하여 인수 계약을 신청하는 일을 뜻하는 청약(請約)이라는 단어로 번역하여 사용하고 있다. 청약이라는 단어도 일면 오퍼를 표현하는 말로 틀린 말은 아니나 본 교재에서는 오퍼를 소리나는대로 오퍼로 부르기로 한다.

▸sub-con offer :따라서 법적인 입장에서 볼 때 sub-con offer에 대한 acceptance가 offer의 성질을 지니며, 청약자의 최종확인이 acceptance가 된다.

오퍼는 오퍼 발행자(offeror)가 오퍼 받는 자(offeree)에게 일정한 조건으로 거래계약을 체결하고 싶다는 의사표시다. 이때 거래 제안자는 거래제안의 주체가 누구냐에 따라 수출일 경우, 수출자가 오퍼 발행자가 되고 수입일 경우, 수입자가 오퍼 받는 자가 된다.

오퍼는 원칙적으로 별도의 형식을 필요로 하지 않으므로 서면뿐만 아니라 구두(口頭)로 가능하나, 무역실무에서는 보통 팩스나 이메일, 전보 등을 이용하여 거래제안서(offer sheet)을 보내 거래의사를 표시한다. 다만 요식계약의 경우에는 오퍼도 보통 그 형식을 필요로 한다.

오퍼와 자주 혼동하기 쉬운 용어로 오퍼로의 유인이 있다. 그러나 오퍼가 확정적인 의사표시라는 점에서 오퍼의 준비행위에 지나지 않는 오퍼로의 유인(invitation to offer)이나 계약체결의 예비교섭의 단계에 있는 표시와는 구별된다. 또 오퍼가 법적으로 구속력을 가지고 상대방에게 보내는 확정적인 의사표시인 데 반해 오퍼로의 유인 예컨대, 확인조건부 오퍼(sub-con offer)는 오퍼를 위한 예비교섭으로서 상대방이 이를 수락하더라도 계약이 성립되는 것이 아니다.

표 12 청약과 청약의 유인 비교

구분	오 퍼	오퍼로의 유인
계약의 성립	오퍼에 대한 승낙으로 계약의 성립	오퍼 수신자가 승낙하여도 계약이 성립하지 않고 오퍼 발행자의 확인으로 계약 성립
오퍼 발행자의 의도	오퍼 수신자의 승낙으로 자신의 의사표시에 구속되려는 의도	오퍼 수신자의 승낙만으로 구속되지 않고 오퍼 발행자 확인으로 구속되려는 의도
오퍼의 대상	특정인, 특정집단	불특정인, 불특정집단

2) 오퍼의 종류

무역계약을 체결하기 전에 수출업자와 수입업자 사이에는 한 번의 제의에 대해 바로 승낙을 하는 경우도 존재할 수 있지만 대부분의 경우 무역계약이 체결되기까지 여러 가지 거래조건들이 당사자에게 유리하도록 조성하기 위해 교섭(negotiation)을 사전에 수없이 반복한다. 이를테면 규격(specification), 품명(commodity name), 원산지(origin), 지불조건(payment terms), 품질(quality), 수량(quantity), 단가(unit price), 보험(insurance), 총 가격(amount), 선적지(shipping port), 선적시기(shipment), 유효기간(validity) 등이 이에 해당한다. 따라서 청약은 청약의 주체, 청약의 확장력, 특수조건 표시여부, 청약의 발행지에 따라 다음과 같이 다양하게 구분한다.

▸수출자가 제시하는 판매 제의(Selling offer)를 offer라하고 수입자가 제시하는 구매 제의(Buying offer)를 order라 한다.

핵심

- **매도 오퍼(Selling offer)과 매수 오퍼(Buying offer)** : 매도오퍼는 수출업자가 매수오퍼는 수입업자가 각각 밀접한 관계를 이룬다. 이들은 상호간 예상거래처에서 문의한 내용을 자세하게 답변을 해주기도 하고, 견본 등을 우송해 주기도 한다. 상품의 견적을 낼 때는 거래부분을 명확히 해 사후에 문제가 발생하지 않도록 미연에 방지한다.
- **확정 오퍼(Firm Offer: 기한부오퍼)** : 무역거래에 가장 일반적인 청약방법이다. 확정오퍼는 오퍼에 유효기간이 정해져있어 해당유효기간 내에서만 오퍼 발행자에 대해 구속력(binding force)이 발생하므로 오퍼 수신자는 모든 조건을 명시한 다음 유효기간 내에 오퍼 발행자에게 회신하여야 한다. 유효기간이 지나면 오퍼의 법률적인 효력은 잃게 된다. 즉, 확정오퍼(firm offer)의 유효기간 내에 상대방이 승낙을 하면 당사자 쌍방을 법률적으로 구속하는 매매계약이 성립한다.

일반적으로 오퍼 발행자는 확정오퍼를 유효기간 내에는 임의로 철회할 수 없다. 오퍼의 유효기간은 오퍼 발행자가 대개 임의로 정하지만 해당상품의 거래관습, 시세의 변동 등을 고려해서 적당한 유효기간을 정하여 오퍼에 명시할 필요가 있으며, 당사자 간에 시차가 존재할 경우에는 유효기간의 기준시를 명백히 해야 한다. 이것은 오퍼와 승낙사이에 가격변동이 예상되는 경우 등에 대한 사전준비이다.

그러나 오퍼 내 유효기간이 없는 경우라 할지라도 취소불능(irrevocable)과 같은 의사표시가 존재할 경우에는 확정오퍼로 인정한다. 이것은 오퍼 발행자가 일단 상품의 매매에 관한 의사를 가지고 서면으로 오퍼발행을 하였을 때, 해당하는 오퍼조건은 약정기간 또는 합리적인 기간 내에는 취소하지 않을 것이라는 오퍼 발행자의 보장이 존재하기 때문이다. 따라서 해당기간 안에 오퍼 수신자로부터 승낙의 통지가 도착하면 오퍼의 내용대로 계약을 체결하면 된다. 확정오퍼에는 아래와 같은 문구를 삽입할 수 있다.

- 'We offer you firm the following subject to your reply reaching here by noon on September 15.'
- 'We are pleased to offer you firm our model 314 subject to your reply received here within 10 days.'

확정오퍼는 오퍼 발행자의 오퍼 내용에 승낙 또는 거절의사의 회신기간이 정해져 있으므로 그 한정된 기한이 지나면 오퍼는 자동으로 소멸한다.

- 불확정 오퍼(Free Offer) : 오퍼의 유효기간이 정해져 있지 않은 오퍼로서 보통 거래제의 서신과 함께 발송된다. 불확정오퍼일 경우, 오포 수신자가 승낙을 하여도 계약이 성립하기 위해서는 해당 오퍼에 대해 수입상의 승낙뿐만 아니라 다시 오퍼 발행자의 확인(acknowledgement)이 필요하다. 또한 오퍼 발행자의 자유의사에 따라 언제든지 취소가 가능하다.
- 조건부 오퍼(Conditional Offer)

① 무확약 오퍼(offer without engagement) : 오퍼에 제시된 가격이 아직 확정되지 않아서 시장변동(market fluctuation)에 따라 변경할 수 있다는 조건을 붙인 오퍼이다.

② 재고잔류조건부 오퍼(offer subject to being unsold) : 오퍼에 대한 승낙의 의사가 오퍼 수신자로부터 오퍼 발행자에게 도달했다 하더라도 바로 계약이 성립하는 것이 아니라 그 시점에서 당해 물품의 재고가 남아 있는 경우에 한하여 계약이 성립되는 청약으로 선착순매매 조건부 오퍼(offer subject to prior sale)이라고도 한다.

③ 점검매매 조건부 오퍼(offer on approval) : 오퍼와 함께 물품을 송부하여 오퍼 수신자가 물품을 점검해 보고 구매의사가 있으면 그 대금을 지급하고 그렇지 않으면 반

▸ we are pleased to offer you subject to market fluctuation.

▸ We offer you the above model subject to being unsold.'

▸ This offer is subject to goods or return.

품해도 좋다는 조건의 청약이다.

④ 반품허용 조건부 오퍼(offer on sale or return) : 오퍼와 함께 물품을 대량으로 송부하여 오퍼수신자가 이를 판매하게 하고 팔리지 않은 잔품은 다시 반납하도록 하는 조건의 청약으로서 잡화류 등의 위탁판매에 주로 사용된다.

⑤ 확인조건부 오퍼(sub-con offer) : 오퍼 발행자가 오퍼를 발행할 때 단서로서 계약의 성립에는 오퍼 발행자의 확인을 필요로 한다는 내용(offer subject to our final confirmation)이 명시된 조건부 오퍼이다. 형식적으로는 오퍼이지만, 상대방에 대한 오퍼의 유인(invitation to offer)에 지나지 않아 법적인 입장에서 볼 때 오퍼 발행자의 최종확인이 승낙이 된다.

⑥ 반대 오퍼(counter offer): 오퍼 수신자가 오퍼에 대해서 그 조건을 변경하거나 혹은 새로운 조항을 추가한 오퍼를 오퍼 발행자에게 한 것을 말하며, 반대오퍼는 원오퍼의 거절임과 동시에 오퍼 수신자가 오퍼 발행자에게 행하는 새로운 제의로 보아야 한다. 따라서 반대오퍼는 승낙이 아니기 때문에 계약을 성립시킬 수가 없다.

3) 오퍼의 효력과 유효기간

오퍼가 효력을 발생하기 위해서는 오퍼의 내용이 오퍼 수신자에게 전달되어야만 그 효력이 발생한다. 영미법과 한국의 민법은 제533조에서 도달주의 원칙을 채택하고 있으므로 오퍼는 상대방에게 전달되어야 하며, 상대방에게 도달됨으로써 그 효력이 발생한다. 따라서 오퍼 수신자가 승낙의 의사표시를 발신하기 전에 오퍼 발행자에 의하여 오퍼내용의 철회 또는 조건변경의 통지가 오퍼 수신자에게 도달할 경우에는 철회 또는 조건변경을 인정한다.

▸ 민법 제531조 (격지자간의 계약성립시기) : 격지자간의 계약은 승낙의 통지를 발송한 때에 성립한다.
(출처 : 민법 제08720호 2007.12.21)

오퍼의 내용에 조건을 붙여 그 일부만을 승낙하는 부분적 승낙(partial acceptance)은 반대오퍼가 되어 최초의 오퍼에 대하여 거절하는 효과를 가지므로 최초 오퍼의 효력은 상실된다. 그러나 오퍼 수신자가 오퍼 발행자에 대하여 오퍼의 내용을 바꾸어 주기를 바라거나 문의하는 정도인 의뢰부 승낙(acceptance accompanied by request)은 반대오퍼가 아니기 때문에 오퍼의 효력에 영향을 미치지 않는다. 오퍼 수신자나 오퍼 발행자가 제의나 반대오퍼의 승낙 이전에 어느 일방이 사망했을 경우, 오퍼나 반대오퍼는 그 효력을 상실한다.

4) 오퍼(Offer) 작성요령

오퍼는 특별히 정하여진 형식이나, 방식이 존재하는 것이 아니고 거래대상물품, 거래방식 등에 따라 다양한 형태를 택한다. 그러므로 오퍼에 기재되는 사항들도 거래특성에 따라 다양하나 가장 전형적인 계약의 성립 및 이행요건별 발행 시의 유의사항을 설명하면 다음과 같다.

① 품명 : 보통상품에 대해서는 별 문제가 없으나 비슷한 종류가 여러 가지 있는 상품이나 상품명이 유사한 것은 혼동을 일으키지 않도록 분명하고 완전하게 기재한다.

예를 들면 만년필의 경우, 단순한 'pen'이라 기재하는 것보다 'fountain pen'으로 표시하여 'ball pen'과 구별하여야 한다.

② 규격 : 같은 품목이라도 그 품질과 규격에 따라 가격의 차이가 많다. 예를 들면 같은 금이라도 24K와 14K가 다르며, 전구도 100W와 30W는 그 성질에 많은 차이가 생긴다. 따라서 후일 분쟁 등이 발생하지 않도록 규격의 표시를 정확히 기재한다.

③ 원산지 : 상품에 따라서는 원산지에 따라 가격의 차이가 많이 발생한다. 예로서 주류인 경우 포도주라도 스페인산과 프랑스산이 다르며, 동일국가 내에서도 지역에 따라 품질의 차이가 존재한다. 같은 동물의 털도 더운 지방과 추운 지방의 것은 차이가 심하여 상품명은 동일하나 실질적인 품질에서 전혀 상이한 상품이 될 수 있다. 특히 1차 산품의 청약서에는 원산지의 표시가 매우 중요하다.

④ 유효기간 : 오퍼의 종류에 관계없이 오퍼서류에는 유효기간이 명시되어 있다. 특히 확정오퍼의 경우 재확인을 할 기회가 없기 때문에 확정오퍼가 더욱 중요한 의미를 갖는다. 오퍼가 상대방과 일정한 조건으로 계약을 체결한 것을 제의하고 상대방이 수락하면 의무를 이행하여야 할 책임, 즉 구속력을 질 것을 확약하는 것이 확정오퍼이므로 무기한 그 의무를 부담할 수는 없는 것이다.

국제상품의 시세는 수시로 변하고 있는데 유효기간을 과도하게 길게 정한 경우에는 국제시세가 하락하면 쌀 때 발행된 오퍼서류로 인하여 손실을 초래할 것이며, 갑자기 국제시세가 앙등할 경우 원료의 확보도 없이 많은 주문이 쇄도해 오면 큰 손실을 입게 될 것이다. 따라서 모든 오퍼서류에는 일정한 기간(reasonable period of time) 동안만 유효하도록 명시하여야 하며 특히 국제시세의 변동이 심한 원면, 원맥 등 1차산품의 오퍼서류에는 대개 1주일 이내의 유효기간을 설정한다.

▸ 유효기간의 표현방법(예)
- 기일에 의한 표현 : We offer firm for your reply within seven days.
- 기간에 의한 표현 : We offer firm for your reply reaching us by the 23rd July, 2009.
- 단기임을 표시하는 표현 : We offer firm for your reply reaching us by tomorrow (within 24 hours). We offer firm for immediate (prompt, urgent reply.

• 유효기간의 연장 : 유효기간 내에 오퍼의 자유의사 또는 상대방의 요청에 의해 그 유효기간을 연장하는 경우가 있다. 이를 'Extension of offer' 또는 'Extension of validity of offer'라고 하고 그 연장된 기간은 유효하다.
• Offer의 철회 : 오퍼는 'offer'의 유효기간 동안 오퍼내용에 구속된다. 따라서 유효기간 동안에 상대방이 오퍼철회에 동의하는 경우 또는 불가항력의 비상사태(Force Majeure)가 발생한 경우 이외에는 오퍼를 원칙으로 철회할 수 없다.
• Offer의 변경 : 오퍼의 유효기간중 상대방으로부터 수락 또는 불수락의 통지가 오기 전에 오퍼의 조건일부를 변경(amendment)하거나 정정(renewal)하는 경우를 오퍼의 변경이라 한다. 변경된 오퍼를 'renewed offer' 또는 'amended offer'라 한다. 오퍼의 철회나 변경의 효력발생시기 대부분 국가의 법규(대륙법, 영미법, 일본법)에는 오퍼의 철회 또는 변경의 효력은 그 통지가 피신청자에게 도착하였을 때에 발생한다고 규정함으로써 도달주의를 채택하고 있다.

⑤ 선적일(Shipping Date, Delivery Date)
오퍼서류에는 반드시 언제까지 계약상품을 선적할 수 있다는 선적일이 표시되어야 한다. 대개는 선적일이 빠를수록 수입업자에게 유리하나 반드시 그런 것은 아니다.

경우에 따라서는 적기에 판매하고 보관료를 부담하지 않게 하기위하여 선적을 언제부터 언제 사이에(not earlier than, not later than) 이행해 달라고 요구하기도 한다. 특히 계절을 타는 상품, 즉 크리스마스 장식용구 등과 같이 적기에 선적하지 못하면 치명적인 손해를 입는 상품은 정확한 선적기일을 제시하여야 한다.

⑥ 포장방법(Packing Method)

철근 같은 것은 포장되니 않은 상태로 거래되나 대개의 상품은 포장된 상태로 거래가 이루어진다. 그러므로 어떤 종류의 포장재, 또한 포장에 몇 단위씩 들어가는지 알아야 한다. 무게가 가벼운 것으로 항공으로 운송되는 상품은 'Carton Box'에 포장되며, 선박에 의해서 운송되는 상품은 'wooden case'에 포장되는 것이 상례다. 물론 상품마다 통상 거래될 때 포장되는 상태가 다르나 대개 "standard seaworthy export packing"이라고 해서 방수재료로 포장한 상품을 나무상자에 넣고 철대로 묶는다.

▸"Each in a vinyl bag, 100 pieces in a carton box." "Standard Export Packing." "Export standard packing, Completely free from moisture and water"

⑦ 수량

상품이란 무한정 공급되는 것이 아니고 기한 내에 얼마나 공급해 줄 수 있느냐가 문제가 되므로 기일 내에 반드시 공급할 수 있는 수량만 청약해야 한다. 특히 구매오퍼일 경우 수량이 꼭 정해져 있다. 수량의 기준도 개수, 무게, 길이, 용적 등 다양하며 이들의 단위도 각각 상이하므로 그 수량의 단위사용에 주의하여야 한다.

⑧ 단가

오퍼에서 가장 중요한 것이 단가이다. 상품규격과 마찬가지로 각국의 화폐단위가 다르므로 사용하는 화폐를 분명히 명시하여야 한다. 특히 달러로 표시될 때는 여러 나라가 이 단위들을 사용하며 그 가치기준도 다르므로 어느 나라의 달러인지 분명히 하여야 한다. 물품의 수출입 대금결제 통화를 어느 나라의 화폐로 결정하느냐 하는 것은 환위험을 회피하는 데 중요하다. 일반적으로 통화는 안정성, 교환성, 유통성을 고려하여 결정해야 한다.

⑨ 대금결제방법(Payment Condition)

대금결제를 송금결제로 할 것인가, 신용장에 의한 결제방법으로 할 것인가 또는 신용장이 없이 계약서에 의한 방식으로 할 것인가의 대금결제방식과 상품인도와 대금지급과의 시차관계인 대금결제 기간을 제시하여야 한다. 이외에도 분할선적, 환적, 검사, 클레임 등 여러 가지를 오퍼서류에 포함할 수 있으나 이들은 오퍼서류상 꼭 명시하여야 하는 것은 아니다. 전보로 오퍼를 할 때에는 거래를 성사시키는데 영향을 미칠만한 가장 중요한 조건들만 명시하고, 나머지는 계약체결 시에 추가 또는 보완을 하면 된다.

(2) 승낙(Acceptance)

승낙이란 오퍼 수신자가 오퍼 발행자의 제의를 수락하여 계약을 성립시키고자 하는 의사표시이다. 승낙은 오퍼 발행자의 오퍼조건과 일치하여야 하며, 유효기간 내에 해당하는 오퍼의 내용 또는 조건을 모두 수락하고 계약을 성립시키겠다는 의사표시를 넘어 오퍼의 모든 내용에 대해 무조건 승낙(unconditional acceptance)이어야 한다. 만약 오퍼내용에 대하여 변경을 요구하거나 일정한 단서를 붙이면 그것은 승낙이라 할 수 없고 반대오퍼(counter offer)라고 해야 옳다. 오퍼에 대한 반대오퍼가 있을 경우에는 계약은 성립되지 않는다. 즉, 부분적 승낙, 조건부 승낙 등은 반대오퍼에 해당하는 것으로서 계약을 성립시키지 못한다.

1) 승낙의 방법

승낙의 방법이 우편, 전보, 팩스, 이메일 등과 같이 지정되어 있는 경우에는 지정된 통신수단을 이용하여 승낙하여야 한다. 이때 다른 통신수단을 이용하게 될 때, 오퍼 발행자의 승인이 없다면 그 계약은 무효가 된다. 그러나 지정통신수단이 없는 경우에는 상황에 적당한 매체나 수단을 통하여 합리적인 방법으로 승낙하면 된다.

2) 승낙의 효력

승낙의 효력은 오퍼 수신자의 승낙의 의사표시가 오퍼 발행자에게 도달한 때에 계약이 성립한다고 보는 도달주의 원칙이 일반적이다. 그러나 우편, 전보 등 격지간의 거래에 의한 계약인 경우, 대부분 국가에서는 오퍼 수신자가 승낙의 의사표시를 발신했을 때 계약이 성립한다고 보는 발신주의를 채택하고 있다. 국제물품 매매계약에 관한 UN협약은 도달주의를 채택하고 있다. 한국은 민법 제531조[2]에 의하여 대면, 전화, 텔렉스, 팩시밀리 및 EDI와 같이 거의 동시상황으로 이루어지는 대화자간에는 도달주의를 채택하고, 우편, 전보와 같이 시차가 있는 통신수단으로 이루어지는 격지자간에는 발신주의를 채택하고 있다. 발신주의는 보통 오퍼 수신자에게 유리한 반면, 오퍼 발행자에게는 불리하므로 무역실무상 오퍼를 할 때 다음과 같은 문구를 넣어 발신주의를 도달주의로 변경하는 것이 일반적이다.

"We are pleased to offer you the undermentioned goods, subject to reply received by us not later than September 20, 2009, Seoul time."

▸ULFCIS : Uniform law on the Formation of Contracts for International Sale of goods
UNCCISG : (Vienna Convention)
UN Convention on Contract for the International Sale of Goods

표 13 승낙통지의 효력 발생 시기

통신수단 \ 준거법			한국법	일본법	영미법	독일법	ULFCIS UNCCISG
의사표시에 관한 일반법칙			도달주의	도달주의	도달주의	도달주의	도달주의
승낙의 의사표시	대화자간	대 화	〃	〃	〃	〃	〃
		전 화	〃	〃	〃	〃	〃
		텔렉스	〃	〃	〃	〃	〃
		EDI	〃	〃	〃	〃	〃
		전자우편	〃	〃	〃	〃	〃
	격지자간	우 편	발신주의	발신주의	발신주의	〃	〃
		전 보	〃	〃	〃	〃	〃

4. 전자무역계약의 절차

전자무역은 계약 및 수출절차 소요시간의 단축과 수출에 따른 부대비용 절감 등 여러 가지 이점이 존재하므로 특히 해외영업망의 부재나 높은 해외시장 개척비용 때문에 수출에 어려움을 겪어온 중소기업들에게는 새로운 경쟁수단으로 인식되고 있다. 그러나 전자무역계약에 있어서는 전자적 의사표시의 발신과 수신이 동시에 일어나므로 전통적인 계약법을 적용하기가 대단히 곤란하며, 계약의 성립시기도 계약유형이 다양하여 일괄적으로 규정하기가 어렵다.

(1) 전자적 의사표시

전자무역에 있어서 전자적 의사표시란 수출·입업자 간 의사표현의 수단이 컴퓨터와 같은 정보처리장치에 의하여 전자적인 방식으로 직접 표시되거나 네트워크 등을 통하여 다른 사람에게 전달되는 의사표시를 의미한다. 이와 같은 수출·입업자 간 전자적 의사표시는 보통 세 가지 경우로 분류한다.

핵심

- 의사표시를 행할 때 정보시스템이 네트워크에 연결되어 있을 경우 : 정보시스템이 전송할 메시지를 형성하여 전자적 방식으로 변환한 후에 네트워크에 연결된 케이블에 전달할 때 발신
- 송신자와 수신자가 상이한 메일서버나 전자사서함 등을 통해서 간접적으로 전송될 경우 : 전송한 메시지가 송신자의 메일서버로부터 상대방의 메일서버로 전송이 시작될 때 발신
- 송신자와 수신자가 동일한 메일서버나 전자사서함을 이용할 경우 : 전송한 메시지가 메일서버에 입력될 때 발신

그러나 이와 같은 현행 전자적 의사표시는 그 법률적 효력에 관하여 다음 아래처럼 아직 몇 가지 논란의 여지가 있다.

핵심

- **전자적 의사표시의 쟁점** : 전자적 의사표시는 자연적 의사표시에 대한 상대개념이다. 컴퓨터에 의해 이루어지는 의사표시의 개념을 어떻게 정의할 것인가에 대한 문제로 전자적 의사표시가 프로그램에 의한 단순한 반응인지,

수출·입업자의 의사를 완벽하게 그대로 전달한 것인지에 대해 이의가 많다.

- **전자적 의사표시의 격지자간 여부** : 보편적으로 이루어지는 전자적 의사표시는 격지자 사이에서 이루어지는 의사표시라고 보는 입장이 우세하다.
- **전자적 의사표시의 발신**
- **전자적 의사표시의 도달** : 도달이란 상대방이 의사표시의 내용을 요지할 수 있는 객관적 상태가 된 경우를 의미다.
- **진의(眞意) 아닌 의사표시** : 전자적 의사표시에서의 비진의표시도 법적 효력에서 차이가 존재한다.
- **통정 허위의 의사표시**
- **착오에 의한 의사표시** : 입력의 자료에 착오가 발생한 경우, 정보처리장치의 이용에 하자가 발생한 경우, 정보처리장치 자체에 하자가 발생한 경우, 네트워크에 하자가 발생한 경우
- **사기 · 강박에 의한 의사표시** : 민법 제110조에 의해 사기·강박에 의한 의사표시는 취소가 가능하다. 단, 제3자에 의한 사기·강박에 의한 의사표시를 행한 표시자는 상대방이 그 사실을 알았거나 알 수 있었을 경우에 한하여 취소가 가능하다.

따라서 현재의 전자적 의사표시는 앞으로 법률적 효력의 발생에 대한 고려가 정립되어야 하고 전자적 의사표시의 도달과 관련하여 상대방 도달단계를 축소해야 하며, 전자적 의사표시자도 자신의 의사표시가 상대방에게 도달하였는지를 확인하는 방법과 이를 검증할 수 있는 기술적 해결이 필요하다.

(2) 전자무역계약의 성립

전자무역계약은 일정한 법률효과의 발생을 목적으로 두 사람 이상의 당사자가 전자적 의사표시에의 합치에 의거하여 성립하는 법률행위다. 따라서 일반적으로 전자무역계약은 당사자의 의사표시의 합치에 의해 성립하며 성립시기는 승낙의 효력이 발생할 때로 규정한다.

전자계약의 오퍼의 제의와 승낙은 일반적으로 웹사이트에 제시된 상품과 금액을 보고 선택함으로 계약이 성립된다. 그런데 쇼핑몰에 상품정보와 가격들을 제시하는 것이 오퍼인지 또는 오퍼의 유인인지가 자주 논쟁점이 된다.

그러나 본 교재에서는 쇼핑몰에 상품정보와 가격들을 제시하는 것을 오퍼로 간주한다. 쇼핑몰에서의 계약은 판매자에게 계약성립에 관한 선택을 부여하고 이에 병행하여 구체적인 상품정보를 제공하는 것이므로 이를 오퍼의 유

인으로 간주하면 소비자의 오퍼에 대하여 승낙을 해야 할 의무가 발생하게 되므로 소비자의 지위가 불안정해지기 때문이다. 다만, 모든 전자계약에서 이러한 기준을 적용하는 것은 바람직하지 않고 이 기준을 고려하여 오퍼제의와 승낙을 결정하는 것이 바람직하다.

- **격지자간의 계약의 성립시기** : 승낙의 통지를 발송할 때 의사표시의 효력발생시기에 관한 도달주의를 채택하여 승낙은 그 승낙 적격기간 내에 청약자에게 도달한 때에 효력이 발생하지만, 이로 인한 계약의 성립은 승낙의 통지를 발송한 때로 소급하는 것이 타당하다.
  그러나 실제로 전자상거래에서는 소비자들이 정형화된 형식에 기입함으로써 전자계약이 성립하는 것이 통례이고 소비자가 계약의 성립을 인식하기가 곤란하므로 계약성립의 신뢰와 신속한 확정을 위한 도달확인제(delivery proof)와 같은 보완제도의 도입이 필요하여 계약 성립에 관한 메시지를 소비자에게 전송하는 것이 바람직하다. 지속적인 정보기술의 발달로 청약과 승낙이 동시에 이루어져 실시간에 계약이 체결되면 계약의 성립시기와 같은 논의가 무의미하고 대화자간의 계약과 동일하게 취급하여 도달주의에 따라 성립시기가 결정되며 인터넷 상거래에서 의사표시는 발신과 동시에 도달되기 때문에 발신주의를 채택해야 한다는 필요성 소멸하므로 도달주의를 준수하는 것이 타당하다.

(3) 전자무역계약의 문제점

현재 전자무역계약에서 발생하는 쟁점과 문제점으로는 다음 아래처럼 크게 4가지로 요약된다.

그러나 첫째, 전자무역계약의 성립시기 문제는 무역이 일반적으로 국가와 국가 간에서 발생하는 거래이므로 이는 보편성의 문제이며 따라서 전자무역계약을 격지자 간 계약으로 인정하는 것이 타당하다. 물론 전자무역계약이 채팅과 같이 실시간 대화서비스를 이용하여 체결되는 경우도 가능할 수 있겠으나 실무적으로는 수입상이 해당 사이트에 들어가 상품에 관한 정보를 수집한 후, 수입의사가 있으면 이메일을 이용하여 상품, 수량, 금액, 대금결제조건 등에 대해 청약과 승낙을 거쳐 무역계약을 체결하게 되므로 전자무역계약은 격지자간에 이루어지는 계약이라 할 수 있으며 승낙통지를 발신한 때 전자무역계약은 성립한다.

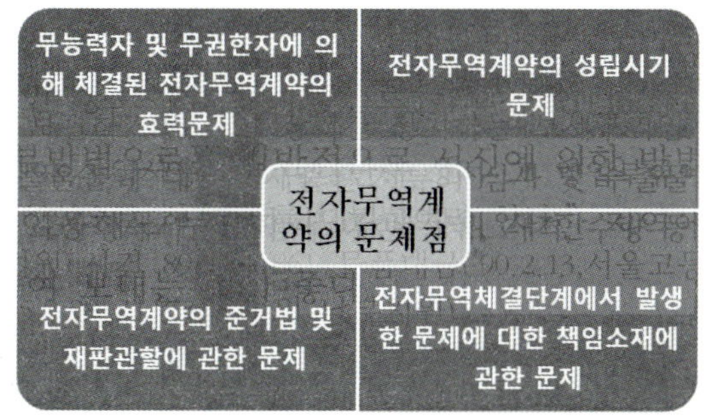

둘째, 전자무역계약의 체결

준비단계에서의 손해에 대한 책임은 계약체결상의 과실책임에 관한 문제로 귀결되므로 일반 무역계약에서와 같은 동일한 법리로 해결이 가능하다.

셋째, 무능력자에 의한 전자무역계약은 무능력자의 보호에 관한 규정을 적용하여 무능력자에게 취소권을 부여하는 것이 법해석상 타당하며, 무권한자에 의한 전자무역계약은 무권한자가 대리권의 증명도 하지 못하고 본인의 추인도 받지 못할 경우, 상대방의 선택에 따라 전자무역계약을 이행하거나 손해배상을 해야 함이 옳다.

넷째, 전자무역계약의 준거법 및 재판관할문제는 웹사이트나 메일서버의 위치를 재판관할을 결정짓는 주소로서 인정할 수 있는지의 여부에 관한 것으로 현재는 인정할 수 없다는 견해가 지배적이다. 그러나 전자상거래에 있어서 거래당사자간 재판관할에 관하여 의사가 불분명할 경우에는 청약과 승낙이 이루어진 곳의 법률을 준거법으로 결정하므로 승낙이 이루어지는 곳을 계약의 성립장소로 인정하고 그 곳의 준거법을 따르는 것이 타당하다. 참고로 UNCTRAL 모델법 제15조 제4항[3)]에서는 당사자 간 특약이 없는 경우, 데이터 메시지는 작성자의 영업소가 존재하는 장소에서 발생한 것으로 보며, 수신자의 영업소가 존재하는 곳에서 메시지를 수령한 것으로 간주한다.

KOREA TRADING CO., LTD

CPO BOX 2235, 2-3 Chungmuro 2-ka, Chung-Gu, Seoul, Korea

CABLE : ________, SEOUL DATE : June 15, 2008

TELEX :

SALES CONTRACT (NO. E-200)

____

NEW YORK, U.S.A.

We as seller confirm having sold you as buyer the following goods on the terms and conditions as stated below and on the back hereof.

QUANTITY	DESCRIPTION	PRICE	SHIPMENT
10,000yards	*Printed Synthetic Fabric S/no. CI.000 Weight : 0.25lb. per Linear yeard 44"*about 50 yards 100% Acrylic Washable Colour*	CIF, New York In US$ 36.53 Per yards	August, 2006

Minimum quantity required : 3,000 yards per design ....Total Amount US$ 6,650.00

Terms : Draft at 90 days under Irrevocable L/C ; usance : interest for seller's account

Insurance : ICC(B) for 10% over the invoice amount.

Packing : About 500yards in a carton box........................... Shipping Marks

Destination : New York, U.S.A. .... New York,

Reference: .... BOX NO. 1/up

Please sign and return the duplicate. .... Made in Korea

BUYER
(Signed)
____________ President

SELLER
(Signed)
____________ President

GENERAL TERMS AND CONDITIONS

Both parties agree to the following terms and conditions :

Quantity : Quantity set forth in this Contract is subject to a variation of ten (10) percent more or less at Seller's option.

Shipment : Date of bill of lading shall be accepted as a conclusive date of shipment. Fourteen (14) days grace in shipping shall be allowed. Partial shipment and/or transshipment shall be permitted unless otherwise stated in this Contract. Seller shall not be responsible for any delay of shipment, should Buyer fail to provide timely letter of credit in conformity with this Contract or in case the sailing of the steamer designated by Buyer be deferred beyond the prearranged date of shipment.

Packing : Packing shall be at Seller's option. In case special instructions are necessary, Buyer should notify Seller thereof in time to enable Seller to comply with the same and all additional cost thereby incurred shall be borne by Buyer. Shipping Mark shall be made as shown in the oblong of the front page of this Contract.

Insurance : In case of CIF or CIP basis, 110% of the invoice amount shall be insured, unless otherwise agreed; any additional insurance required by Buyer to be at his own expense; unless otherwise stated, insurance to be covered for marine insurance only FPA or ICC (C) Clause. Seller may, if he deems it necessary, insure against additional risks at Buyer's expense.

Increased costs: If Seller's costs of performance are increased after the date of this Contract by reason of increased freight rates, taxes or other governmental charges orinsurance rates, or if any variation in rates of exchange increases Seller's costs or reduces Seller's return, Buyer agrees to compensate Seller for such increased cost or loss of income. Further, if at any time Buyer requests shipment later than agreed and Seller agrees thereto, Seller may, upon completion of manufacture, store the Goods and charge all expenses thereby incurred to Buyer, plus reasonable storage charges when Seller stores the Goods in its own facilities.

Payment : An irrevocable letter of credit, without recourse, available against Seller's sight drafts shall be established through a prime bank satisfactory to Seller within fifteen(15) days after the date of this Contract and be kept valid at least fifteen(15) days after the date of last shipment. The amount of such letter of credit shall be sufficient to cover the Contract amount and additional charges and/or expenses to be borne by Buyer.

Inspection : The inspection of the Goods shall be done according to the export regulation of the Republic of Korea and/or by the manufacturer(s) which shall be considered as final. Should any specific inspector be designated by Buyer, all additional charges incurred thereby shall be at Buyer's account and shall be added to the invoice amount, for which the letter of credit shall be amended accordingly.

Warranty : The Goods shall conform to the specification set forth in this Contract and free from defects in material and workmanship for twelve(12) months from the date of shipment. The extent of Seller's liability under this warranty shall be limited to the repair or replacement as herein provided of any defective Goods or parts thereof. Provided, however, this warranty does not extend to any of the said Goods which have been : (a) subjected to misuse, neglect, accident or abuse, (b) improperly repaired, installed, transported, altered or modified in any way by any other party than Seller or (c) used in violation of instructions furnished by Seller. EXCEPT FOR THE EXPRESS LIMITED WARRANTIES SET FORTH IN THIS ARTICLE, SELLER MAKES NO OTHER WARRANTY TO BUYER, EXPRESS OR IMPLIED, AND HEREBY EXPRESSLY DISCLAIMS ANY WARRANTY OF MERCHANTABILITY OR FITNESS FOR A PARTICULAR PURPOSE. In no event shall Seller be liable to Buyer under this Contract or otherwise for any lost profits or for indirect, incidental or consequential damages for any reason.

Claims : Any claim by Buyer of whatever nature arising under this Contract shall be made by facsimile or cable within thirty(30) days after arrival of the Goods at the destination specified in the bills of lading. Full particulars of such claim shall be made in writing, and forwarded by registered mail to Seller within fifteen(15) days after such fax or cabling. Buyer must submit with particulars the inspection report sworn by a reputable surveyor acceptable to the Seller when the quality or quantity of the Goods delivered is in dispute. Failure to make such claim within such period shall constitute acceptance of shipment and agreement of Buyer that such shipment fully complies with applicable terms and conditions.

Remedy : Buyer shall, without limitation, be in default of this Contract, if Buyer shall become insolvent, bankrupt or fail to make any payment to Seller including the establishment of the letter of credit within the due period. In the event of Buyer's default, Seller may without prior notice thereof to Buyer exercise any of the following remedies among others : (a) terminate this Contract; (b) terminate this Contract as to the portion of the Goods in default only and resell them and recover from Buyer the difference between the price set forth in this Contract and the price obtained upon resale, plus any incidental loss or expense; or (c) terminate the Contract as to any unshipped balance and recover from Buyer as liquidated damages, a sum of five (5) percent of the price of the unshipped balance. Further, it is agreed that the rights and remedies herein reserved to Seller shall be cumulative and in addition to any other or further rights and remedies available at law.

Force Majeure : Neither party shall be liable for its failure to perform its obligations hereunder if such failure is the direct result of circumstances beyond that party's reasonable control, including but not limited to, prohibition of exportation, suspension of issuance of export license or other government restriction, act of God, war, blockade, revolution, insurrection, mobilization, strike, lockout or any labor dispute, civil commotion, riot, plague or other epidemic, fire, typhoon, flood.

Patents, Trade Marks, Designs, etc. : Buyer is to hold Seller harmless from liability for any infringement with regard to patent, trade mark, copyright, design, pattern, etc., originated or chosen by Buyer.

Governing Law : This Contract shall be governed under the laws of Korea.

Arbitration : All disputes, controversies, or differences which may arise between the parties, out of or in relation to or in connection with this Contract, or for the breach thereof, shall be finally settled by arbitration in Seoul, Korea in accordance with the Commercial Arbitration Rules of the Korean Commercial Arbitration Board. The award rendered by the arbitrator(s) shall be final and binding upon both parties concerned.

Trade Terms :All trade terms provided in the Contract shall be interpreted in accordance with the latest INCOTERMS 2000 of International Chamber of Commerce.

OFFER SHEET

we are pleased to offer the under-mentioned article(s) as per conditions and details described as follows ;

Item No.	Commodity&Description	Unit	Quantity	Unit Price	Amount

Origin Republic of Korea

Packing Export Standard Packing

Shipment Within 1 month after receipt of L/C

Loading Port Busan, Korea

Inspection Seller's inspection to be final

Destination Los Angeles., U. S. A

Payment By irrevocable L/C in our favor

Validity Until end of September, 2009

Remarks Subject to our final confirmation

Looking forward to your valued order for the above offer, we are.

Your faithfully,

President
GonJi Co., Ltd.

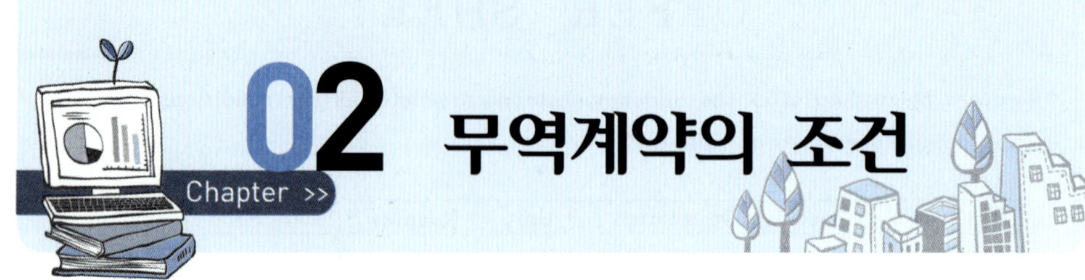

무역계약의 조건

학습내용

학습의 목적

무역계약서를 작성할 때 거래형태에 따라 조금씩 다르게 적용되는 각종 무역계약서의 조건들을 무역관련 법규를 중심으로 포괄적으로 습득한다.

학습의 목표

1. 무역계약서를 작성할 수 있다.
2. 무역계약서를 구성하고 있는 각종 조건들을 무역관련 법규를 중심으로 이해할 수 있다.
3. 무역거래정형조건의 형태와 종류, 그리고 그 특징을 이해할 수 있다.
4. 무역거래정형조건의 한계와 운송과의 관계 및 절차를 이해할 수 있다.

2-1 무역계약서의 조건

1. 무역계약서의 작성

무역계약은 국제간 물품매매를 위한 계약으로서 매도인이 물품의 소유권을 매수인에게 양도하고, 매수인은 상품의 수령과 함께 상품대금을 매도인에게 지급할 것을 약정하는 것이다.

무역계약은 앞에서 살펴본 것처럼 청약과 승낙이라는 절차과정을 거친 후 당사자 간 합의에 의해 성립하는 것이므로, 국제적으로 무역계약서의 통일된 양식이나 형식이 따로 존재하는 것은 아니며 무역계약서의 작성이 반드시 필요한 것도 아니다. 경우에 따라서는 서면에 의한 무역계약의 체결은 물론이

거니와 거래당사자 상호간 신용과 믿음을 바탕으로 하는 구두계약도 가능하다.

그러나 현실적으로 거래당사자간 무역계약내용을 확실하게 약정한 계약서가 없으면 거래당사자들은 지극히 불안정하게 된다. 무역계약이 상품을 계약의 목적으로 하는 국가 간 발생하는 국제매매계약이므로 지리적 차이와 문화적 차이, 시장환경의 변화와 재무구조의 변화에 따라 어느 일방의 계약내용 불이행에 따른 다툼의 소지가 항상 존재하기 마련이기 때문이다.

그러므로 실무적으로 매매당사자들은 이와 같은 분쟁을 방지하기 위해서 무역계약의 조건을 명확하게 하며 또한 이를 문서화하여 서명한 매매계약서를 상호 교환하여 각 1통씩 보관한다.

(1) 무역계약서의 구성조건

매매계약서의 기재내용은 거래상대방, 상품의 내용, 상품의 목적지 등에 따라 달라지지만 무역계약의 체결 시 품질조건, 가격조건, 수량조건, 포장조건 등 매매 당사자 간에 합의된 사항들을 빠짐없이 정확하게 기재하여야 한다.

표 14 무역계약서의 구성

기본사항	당사자(principal 및 서명), 계약확정문언, 계약체결일, 계약의 유효기간 등
상품에 관한 조건	품질조건(terms of quality), 수량조건(terms of quantity), 포장조건(terms of packing)
계약에 관한 조건	선적조건(terms of shipment), 결제조건(terms of payment), 보험조건(insurance)
계약불이행에 관한 사항	불가항력조항(force of majeure), 클레임조항 (claim clause), 중재조항(arbitration clause)
정형거래조건	정형거래조건(trade terms), 준거법(governing laws)

그리고 계약의 이행을 위한 조건으로 선적조건, 보험조건, 상품결제조건을 결정해야 하는데 이 때, 보통 당사자 간 체결한 계약조건을 보완하고 보충하기 위하여 무역거래정형조건(trade terms)을 사용한다. 마지막으로 계약사항 전체 또는 일부에 대하여 불이행이나 미이행 시 처리방법에 관한 클레임조항, 불가항력, 권리침해, 클레임조항, 중재, 준거법 등에 관한 사항을 기재한다. 전자를 개별거래조항이라고 하고 보통 계약서의 표면에 타이핑되므로 표면조항 또는 타이핑조항이라고 하며, 후자는 일반거래조항(general terms and

conditions)이라고 하며, 보통 계약서의 이면에 인쇄되므로 이면조항 또는 인쇄조항이라고도 한다.

(2) 무역계약서의 구성내용

무역계약내용은 거래상대방, 거래하는 상품, 거래지역 등에 따라 다르다. 그러나 무역거래 시 일반적으로 무역계약에 포함되어야 하는 사항을 대체로 구분하면 다음과 같다.

1) 기본사항

기본사항에 계약당사자는 계약서에 기재된 조항에 따라 계약이 성립되었음을 확인하는 문언, 계약체결일과 계약의 유효기간, 유효한 서명 등을 기재하여 계약당사자들을 확정한다.

1) 기본사항 예문
We as seller confirm having sold you as buyer the following goods on the terms and conditions as stated below and on the back hereof.

2) 상품에 관한 조건

상품자체에 대한 사항이다. 거래하는 상품에 대한 조건으로서 품질조건, 수량조건, 가격조건 및 포장조건이 있다.

가. 품질조건

품명, 품질 및 규격 등은 보통 일괄하여 기재한다. 품질조건에는 품명, 규격, 등급 등 품질기준과 이에 대한 검사방법, 품질결정시기 그리고 품질결정방법이 포함된다. 일반적으로 계약서상 상품의 품명과 규격, 등급에 대한 명세(description)가 곧 품질을 결정한다. 그리고 공산품인 경우 통상적으로 견본(sample)에 의해 품질을 결정하나 이 밖에도 설명매매(sale by description), 상표매매(sale by brand) 등이 있다. 참고로 FOB, CIF 등 선적지 조건으로 매매하는 경우에는 원칙적으로 선적지 품질조건(shipped quality terms)이지만, 특약에 의해 양륙지 품질조건(landed quality terms)으로 할 수도 있다.

① 품질결정방법

i) 견본매매(Sale by Sample) : 공산품거래 시 가장 일반적으로 사용되는 품질약정 조건이다. 견본용어(Sample Terms)사용 시 관습적으로 「Same as sample ~」, 「Up to sample~」, 「Fully equal to sample」 등의 표현을 사용하나, 이 경우는 물품이 견본과 조금만 달라도 인수거절 또는 무역 클레임이 제기될 수 있으므로 주의하여야 한다. 수출자의 입장에서는 규격품이나 정밀제품이 아닌 한 「Similar to sample~」, 「As Per sample~」, 「About equal to sample~」 등의 용어를 사용하는 것이 유리하다.

ii) 상표매매(Sale by Trade Mark) : NIKE, CHANEL, YKK와 같은 세계일류 유명상표처럼 소비자에게 브랜드파워가 높은 제품의 거래 시 사용한다.

iii) 규격매매(Sale by Type or Grade) : 규격매매는 선박이나 중대형 기계류 등 견본제시가 불가능할 경우에 사용되기도 하고 영국규격인 BSS, 일본규격인 JIS, 미국규격인 ASTM, 독일규격인 DIN 등의 규격을 충족한 제품에 한하여 거래하는 조건이다.

iv) 명세서매매(Sale by Specification) : 선박, 철도차량, 의료용구, 중대형 기계류 등 견본제시가 불가능할 경우에 주로 사용한다. 설명서 매매(Sale by Description)라고도 하며, 규격서 또는 도해목록(catalog), 사양서 등으로 거래목적물을 표시한다.

v) 표준품매매(Sale by Standard, Sale by Type) : 주로 농림수산물이나 광산물과 같은 1차 상품 거래 시 사용되며 대표적으로 FAQ와 GMQ 조건이 있다.

ⓐ FAQ(Fair Average Quality) : 「평균중등품질조건」으로서 거래목적물의 품질을 당해년도 당해 지역에서 생산되는 동종 물품 가운데 평균 중급수준 품질의 것을 인도하기로 약정하는 방법을 말한다. 주로 곡물, 과실류, 차 등의 농산물거래에 많이 이용한다.

ⓑ GMQ(Good Merchantable Quality) : 「판매적격품질조건」으로서 물품을 인도할 당시의 품질이 당해 물품의 성질이나 상관습상 판매하기에 적합한 수준이면 되는 것으로 매도인이 판매적격성(merchantability)을 보증하기만 하면 된다. 이 조건은 주로 원목, 냉동어류, 광석류 등의 거래에 사용되며, 당초의 숨은 하자(hidden defects)가 인도 후에 나타난 경우에도 수입자는 수출자에게 클레임을 제기할 수 있다.

② 품질결정시기 : 국제무역거래의 경우 지리적인 이유로 거래상품은 보통 장거리 운송에 따른 장기간 위험에 노출된다. 때문에 비록 선적항에서 상품매매계약 체결 시 제시된 견본품과 서로 동일한 상품을 선적했을지라도 통상의 운송과정에서 변형이나 파손, 멸실 등이 발생하여 도착항에서 매수인에게 인도될 때 상품의 품질이 선적전과 차이가 발생할 수 있다. 그러므로 거래당사자 간 수출상품의 품질을 선적 시에 결정하느냐 또는 양륙 시에 결정하느냐 하는 것은 대단히 중요하다. 수출상품의 품질을 결정하는 기준으로는 다음 두 가지 조건이 있다.

i) 선적품질조건(Shipped Quality Terms) : 상품의 품질을 검사하는 시기를 선적완료시점으로 하는 조건으로서 선적지인도조건인 FCA, FAS, FOB, CFR, CIP, CPT 및 FAQ, GMQ조건에서 가장 많이 이용한다. 공산품인 경우 선적 시에 공인검사기관의 품질확인을 받았다면 운송도중에 변질되어 도착지에서 하자를 발견했더라도 수출상은 이에 대한 책임을 지지 않는다.

▸ 곡물거래 시 사용하는 조건
-TQ(Tale Quale) : 선적 시[4]
-RT(Ryle Terms) : 양화 시[5]
-SD(sea damaged terms) :TQ + RT[6]

핵심

• Tale Quale : Tale Quale조건은 특수조건으로 "as it is, just as they come"이란 뜻으로 선적품질조건에 속하며 매도인은 운송중의 손실에 대하여 책임을 지지 않는다. 이 조건에서는 다음과 같이 약정한다.
"Shipment in good condition but tale quale as regards condition on arrival"

ii) 양륙품질조건(Landed Quality Terms) : 상품의 품질이 계약내용과 일치하는지의 여부를 도착항에서 상품을 양륙한 후 검품한 결과에 따라 정하는 조건으로 도착지 인도조건인 DAT, DAP, DDP 조건에서 많이 사용한다. 운송도중에 품질이 변질될 수 있는 곡물, 피혁, 어류 등과 같은 1차상품의 경우에는 양륙지에서 품질검사를 한 것이 계약조건과 일치하여야 거래가 정상적으로 종료된다.

핵심

- Rye Terms : Rye Terms조건은 특수조건으로 품질의 기준이 매도인은 양륙 시의 손상에 대해 배상해야 하며 수송도중의 손상에 대해서는 책임이 없다. 따라서 이 조건은 양륙품질에 속하며 주로 호밀(rye)과 광산물의 거래에서 사용한다.

iii) 절충조건(예 : Sea Damaged Terms)

핵심

- Sea Damaged Terms : Sea Damaged Terms조건은 특수조건으로 항해중 화물이 응고됨으로써 발생하는 손해를 매도인이 부담하는 조건으로 원칙적으로는 선적품질조건이나 엄격히 말해 선적품질조건과 양륙품질조건을 절충한 조건이다. 이 조건에서는 다음과 같이 약정한다.
  "Demaged by sea water, if any, to be seller's account"

③ 품질증명

품질증명방법 계약상품의 품질을 증명하는 방법에 대하여는 계약서에 명시해야 하지만, 일반적으로 선적품질조건의 경우에는 매도인이 양륙품질조건의 경우에는 매수인이 입증책임을 진다. 품질증명방법으로는 선적품질조건의 경우에 수출자는 선적지의 공인된 검사기관으로부터 품질증명서를 발급받아 수입자에게 제공하므로 책임이 면제되고, 양륙품질조건의 경우 수입자는 품질에 이상이 있으면 양륙지의 공인된 검사기관으로부터 감정보고서를 발급 받아 수출자에게 손해배상을 청구할 수 있다. 품질검사를 누가 할 것인지에 관하여는 계약체결 시에 보통 다음 아래와 같이 약정한다.

"Seller's (or buyer, agency) inspection to be final"

증명 책임	해당 계약 조건	관련조건	국제 검사기관
매도인	선적품질조건	FCA, FAS, FOB, CFR, CIP, CPT, FAQ, GMQ	Lloyd's Surveyor, Lloyd's Agent, SGS, Del-Corporation
매수인	양륙품질조건	DAP, DAT, DDP	

나. 수량조건(Terms of Quantity)

① 수량조건

수량조건에서는 거래하는 상품의 형상에 따라 중량, 용적, 개수, 길이 등의 단위에 의해 거래된다. 그리고 산적화물(bulk cargo)의 경우 통상 과부족인용약관(more or less ; M/L clause), 즉 일정률의 과부족을 허용하는 개산수량조건(approximate quantity terms)으로 수량표시방법을 정한다.

i) 중량 : 국가마다 중량의 기준이 다를 수 있으므로 long ton(영국톤, 2240lbs), short ton(미국톤, 2000lbs), metric ton(킬로톤, 2204lbs)의 구별을 분명히 해둘 필요가 있다. 포장된 상품을 매매하는 경우에는 포장재료의 중량을 포함한 총중량(gross weight)인가, 포장재료의 중량을 포함하지 않은 순중량(net weight terms)인가, 중량에서 내포장과 충전물을 제외한 물품내용물만의 순수한 중량만을 조건으로 하는 순순중량조건 혹은 정미중량조건(net, net weight)인가를 명기할 필요가 있다.

핵심

long ton(L/T) = 1.016kgs =gross ton =2.240lbs
short ton(S/T) = 970kgs = net ton = 2.000lbs
metric ton(M/T) = 1000kgs = kilo ton = 2.204lbs

ii) 개 수(piece): 낱개 또는 포장단위로 PIECE(1개), DOZEN(12개), GROSS (12개× 12dozen = 144pcs)를 사용하며 주로 잡화를 거래할 때 이용한다.

핵심

1dozen = 12pcs(pieces), 1gross = 12dozen = 144pcs(12×12)
1great gross = 12gross = 1.728pcs(12×12×12), 1small gross = 10dozen = 120pcs)

iii) 용적 : 용적에 관한 단위로 원유의 경우 BARREL, 곡물에는 BUSHEL이 사용된다. 이 이외에도 목재의 경우에는 SF(super foot)로 표시한다. 운송물류에서는 물류비산출을 위한 화물의 용적단위로 CBM(cubic meter)을 사용한다. CBM(가로 1m × 세로 1m × 높이 1m)을 의미한다. 이를테면 가로 120cm, 세로 80cm, 높이 50cm일 경우 1.2 × 0.8 × 0.5 = 0.48CBM이 된다.

iv) 길이와 면적 ; 길이단위로는 METER, FEET, INCH나 YARD가 사용되고 면적의 단위로는 SFT(square foot)를 사용한다. 길이는 주로 섬유류나 동관, 전선 등의 단위로 사용되고 면적은 유리, 합판, 타일 등의 거래에 사용된다.

② 수량결정조건

수량조건은 품질의 경우와 같이 FOB, CIF 등 선적지 조건으로 매매하는 경우에는 원칙적으로 선적지수량조건이지만, 특약에 의해 양륙지수량조건으로 할 수 있다. 수량결정시기는 품질결정시기와 같이 선적수량조건과 양륙수량조건이 기준이 된다. 선적수량조건은 상품의 수량을 검사하는 시기를 선적완료시점으로 하는 조건으로서 선적할 때 계량된 수량이 계약서에 명시된 수량과 일치하기만 하면 된다. FOB와 CIF 조건에서는 별도의 특약이 존재하지 않는 한 선적지에서 결정된 수량이 최종적인 것으로 간주한다. 양륙수량조건은 상품의 수량이 계약내용과 일치하는지의 여부를 도착항에서 상품을 양륙한 후 검품한 결과에 따라 정하는 조건을 말한다. DAT, DAP, DDP 거래조건은 특약이 존재하지 않는 한 양륙수량조건이 적용되는 것이 원칙이다.

③ 수량의 결정방법

▸SGS : 세계 최대의 검인정기관, 전세계에 1200여개의 지사와 3400여개의 실험실 운영

수량의 증명방법으로는 선적수량조건이나 양륙수량조건이나 똑같이 원칙적으로 매수인이나 매도인의 동의를 얻은 다음 SGS와 같은 전문검정기관이나 공인검량인(public weighter)으로부터 검량을 받아 작성되는 중량용적증명서(certificate of weight and / or measurement)를 매수인 혹은 매도인에게 제공하여야 한다.

④ 과부족 허용

일정수량의 과부족허용 한도를 정해두고 해당범위 안에서 상품이 인도되면 계약의 완료로 인정한다. 곡물이나 광산물 등과 같은 벌크화물들은 화물특성상 계약수량대로 정확하게 맞춰 인도할 수 없으므로 생산, 포장 등 기타의 사정으로 계약수량 대로 수량을 인도하기가 곤란할 경우에는 약간의 과부족을 용인하는 조항(More or Less Clause)을 두어야 한다.

M/L(more or less) Clause(과부족용인조항) : 「3% More or less at sellers option」 또는 「Seller has the option of 3% more or less on contract quantity」 등으로 표현한다.

과부족인용조항(M/L Clause)이 없는 경우, 「신용장방식거래」에선 과부족을 인정하지 않는다는 금지조항이 없는 한 5%의 과부족(tolerance)이 허용되는 것으로 해석해도 무방하고 「무신용장방식거래」(D/P, D/A 등)에선 과부족인용조항이 없는 경우 5%의 과부족이 허용되지 않으므로 계약상에 과부족인용조항을 포함시키는 것이 현명하다. 개산수량조건(approximate quantity terms)처럼 인도수량에 「About」, 「circa」, 「Approximately」, 「Around」 등의 용어를 사용한 경우에는 어느 정도까지의 과부족을 의미하는가에 대하여 해석상에 분쟁의 소지가 있으므로 개산수량조건은 차라리 과부족인용조항이 있는 계약보다 못한 거래조건이다.

다. 가격조건(Terms of Price)

가격조건에서는 상품의 수출단가를 정하고 당사자 간 요소비용의 한계를 결정하기 위하여 11개의 거래정형조건 중 하나를 선택한다. 그러나 국가 간 무역거래에 있어서 거래당사자 간에 가장 중요한 것은 대금결제를 위한 통화의 종류와 함께 수출입단가의 산정이라 할 수 있으므로 여기에서는 수출입단가에 관해서만 살펴보고 거래정형조건은 별도의 장에서 살펴보기로 한다. 수출입단가는 [그림 25]처럼 단순히 상품의 제조원가에 의해서만 정해지는 것이 아니다. 상품의 수출가격은 상품을 직접 제조하거나 타사에서 구매하는 상품원가, 즉 기본원가와 간접비를 배분받은 간접원가에다가 거래조건에 따라 절차상의 부대비용과 희망이익을 포함하여 가격을 제시하여야 한다.

▸직접재료비 : 원재료비, 매입부품비 등/직접노무비 : 직접투입된 노무비/직접경비 : 외주가공비, 기타직접경비/제조간접비 : 간접재료비, 간접노무비, 복리후생비, 회비, 감가상각비, 임차료, 보험료, 수선비, 전력료, 가스료, 수도료, 연료비, 보관료, 기타제조 경비

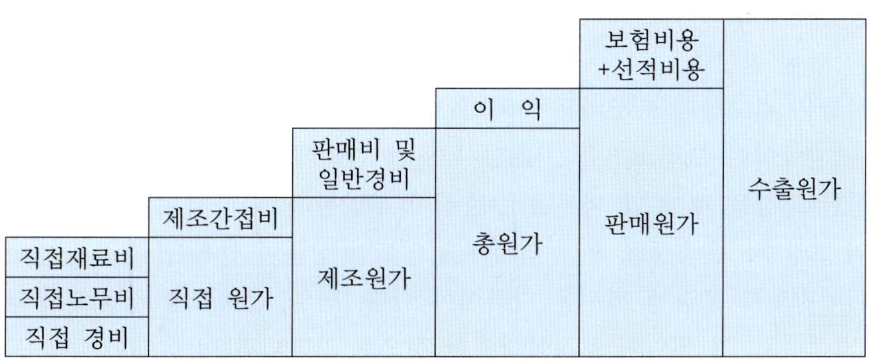

〈그림 24〉 상품의 수출판매가격 형성단계

핵심

- **일반상품** : 일반상품은 재매입가액을 기준으로 하여 평가하고, 미실현 비용 및 이익은 포함하지 않는다. 그러나 운송물의 도착으로 인하여 얻을 이익을 약정할 경우에 한하여 미래이익을 상품가액에 산입한다.
- **견본, 전시품, 진열품** : 견본, 전시품 및 진열품은 계속사용재로서의 성격을 갖고 있으므로, 일반상품을 하회하는 경우가 많다. 따라서 상품의 성질, 내용, 상황, 처분의 실태 등을 충분히 배려하여 평가할 필요가 있다.
- **귀금속, 보석, 서화, 골동품** : 고가품이며 정상적이고 객관적인 취급가격이 없는 것이 많다. 따라서 피보험자로부터 적정가격을 제시받아 전문가의 감정을 얻은 후에 보험가액을 결정하여야 한다.
- **제품, 반제품, 재공품, 원재료** : 제조공장에서의 제품, 반제품, 재공품, 원재료 등의 보험가액 평가 시 미실현비용과 희망이익을 제외하는 것은 상품의

경우와 같다. 즉, 원재료의 평가를 재매입원가를 기준으로 하여 반제품, 재공품은 원재료의 매입원가에 각 공정별 부가되는 가공비(직접노무비, 직접경비, 제조간접비)를 가산한 것을 기준으로 하고, 제품에 대해서는 제조원가가 평가의 기준이 된다. 상기와 같이 생산공정 중의 반제품, 재공품 혹은 제품의 평가에는 실제로 지출한 원가가 기준이 된다. 예를 들면 원재료의 매입원가가 때로 상당히 오른 경우라든가 당해 공장의 생산능률이 나빠 다른 동종의 공장에 비해 제조원가가 현저히 높아진 경우에는 일반 다른 공장에서의 원가에 의해 시가를 수정하지 않으면 안 된다.

④ 포장조건

포장은 수출입상품이 운송도중 멸실이나 손실, 변형이 일어나지 않도록 내용물을 보호하여 상품의 본래가치를 유지하도록 하기 위한 상품에 부과되는 작업을 말한다.

포장은 견고성과 포장비용 자체의 절감 그리고 운임절감 등과 같이 경제성을 감안하여 포장조건을 거래당사자 간 합의에 의하여 결정하는데, 그에 적합한 포장을 해야 할 의무를 수출상이 부담한다. 따라서 수출자는 수출상품의 포장 시, 운송종료 후 수입자에게 인도한 상품이 선적 전 상품과 상태가 동일해지도록 포장에 최선을 다하여야 한다. 만일, 운송도중 상품에 클레임이 발생하고, 그 원인이 포장불량인한 것으로 판명되면 이에 대한 책임은 전적으로 수출상에게 있으므로 보험회사나 선박회사가 책임을 지지 않는다. 포장조건(terms of packing)에는 외포장재, 화인(shipping mark) 등이 있다. 포장에 관한 자세한 내용은 수출포장에서 다시 언급하기로 한다.

(3) 계약이행조건

1) 선적조건

국제간 무역거래에는 11가지 거래정형조건이 있다. 이 부분은 다음 장에서 자세하게 언급하겠지만 크게 출하지 인도조건 (departure contract)과 도착지 인도조건(arrival contract)이 있다.

출하지 또는 선적지 인도조건은 상품의 운송이 수출국내의 지정선박 또는 수입상이 지정한 운송인에게 인도되면 종료된다. 따라서 상품의 소유권이 수출지에서 수입상에게 이전된다. 수출상은 수입상이 지정한 장소까지 물품을 무사히 인도했다면 그 이후부터는 비록 목적물의 멸실이나 손상이 수출국 내에서 일어났더라도 수출상은 책임을 지지 않는다. 도착지 인도조건은 상품의 소유권이 수입지에서 수입상에게 이전되므로 수출상은 운송도중에 물품의 멸실이나 손상이 일어날 경우 이에 대한 모든 책임을 부담한다.

무역거래 계약에서는 보통 화물을 선적하는 해당 월을 결정한다. 예를 들면 8월 선적(shipment in August)인 경우에는 매도인은 8월 1일부터 8월 31일까지의 사이에 선적하면 된다. 8월/9월 선적(shipment in August/September)인 경우에는 매도인은 8월 1일부터 9월 30일까지의 사이에 선적하면 된다. 그러나 이 기간동안에 화물을 균등하게 분할선적할 경우에는 "shipment in Angust/September equally divided"라 표기하면 된다. 참고로 기간용어 및 일자용어(date term)의 해석은 다음 아래와 같다.

- From, Till(Until), To : 해당일 포함
- After, Before : 해당일 제외
- ON or About : 지정일 전후 5일(양쪽 끝나는 날 포함)
- 어느 달의 First Half, Second Half : 1~15일, 16~말일
- 어느 달의 Beginning, Middle, End : 1~10일, 11~20일, 21~말일

선적시기를 특정기간으로 명시하지 아니하고 즉시 선적을 의미하는 'prompt', 'immediately', 'as soon as possible', 'soonest' 'at once', 'quickly', 'without delay', 'as early as possible', 'ready shipment'. 'near delivery' 등 이와 유사한 표현은 사용을 금지하는 것이 좋다. 이와 같은 표현들은 선적이행 시기에 관한 해석을 둘러싸고 분쟁의 소지가 많으므로 사용을 금해야 한다.[7] 이 밖에도 선적의 조건으로서 분할선적조건과 환적조건이 있다.

분할선적(partial shipment)조건은 단일 상품매매계약이지만 계약내용이 거액이고 이에 합당한 상품보관창고가 확보되지 않았을 뿐만 아니라 단일선적으로 계약상품 전체 이동이 불가능할 경우, 보통 계약한 상품들은 수입자의 판매계획이나 시황에 따라 분할하여 선적하는 방법을 채택한다. 이를 두고 혹자는 할부선적(shipment by instalments, instalment shipment)이라고도 하는데 할부선적은 분할횟수, 수량, 각 분할분의 선적시기 등을 구체적으로 정한 경우를 의미하므로 올바른 표현이 아니다. 분할선적은 신용장에 분할선적을 금지하는 'partial shipments are not allowed' 또는 'partial shipment are prohibited'와 같은 문언이 존재하지 않으면 수출상은 분할선적이 가능하다.[8]

신용장 거래 하에서 상품을 분할하여 선적할 경우, 어느 분할분의 선적이 약정대로 이루어지지 않으면 당해분에 대한 미지급과 잔여계약분에 대한 취소권을 개설은행측이 가지게 되고, 계약이나 신용장상에 분할선적에 관한 약정이 없을 경우, 즉 분할선적을 금지하는 조항만 없다면 분할선적은 허용하는 것으로 해석하므로 유의하여야 한다.

환적(trans shipment)조건은 다른 용어로 이적조건이라고도 한다. 환적이란 선적항에서 상품을 선적하고 목적지로 가는 도중에 다른 선박 또는 다른 운

송수단에 옮겨 싣는 행위를 말한다. 복합운송(combined transport, multimodal transport)의 경우, 환적은 일반적으로 발생하므로 환적에 관한 금지내용이 없는 한 환적을 인정하고,[9] 직항선적 약정(direct shipment by customary route 등)시에는 환적이 원칙적으로 금지된다. 그러나 직항선적의 약정이 있더라도 예상하지 못했던 해난이 발생하여 피난항에 기항하거나, 선용품조달을 위한 일시적인 기항은 인정된다. 선적일의 입증은 다음 아래와 같으므로 반드시 지켜져야 한다.

- 선적선화증권(Shipped B/L) : B/L 발급일이 신용장상의 선적일 이내이면 된다.
- 수취선화증권(Received for Shipment B/L) : B/L상의 본선적재일(on board notation)이 신용장의 선적일보다 빨라야 한다.
- L/C상 유효기간은 정해져 있으나 선적기일이 정해져 있지 않으면 E/D를 Latest Shipping Date(S/D)로 추인한다.
- E/D가 국경일, 일요일, 은행의 휴무일일 때 E/D는 다음 영업일까지 자동연장이 가능하나, 'Latest Shipping Date(S/D)'는 연장되지 아니한다. 따라서 수출상은 S/D가 공휴일인 경우 당일 또는 전일까지 선적을 완료해야 한다.

2) 결제조건

무역대금 결제방법에 관한 내용은 제2부 제6장에서 자세하게 언급할 예정이므로 간략하게 설명하기로 한다.

무역매매계약에서는 보통 결제조건으로서 화환어음(documentary bill of exchange)을 이용한다. FOB, CIF 등의 무역조건은 '결제는 화환어음에 의한다.(payment to be made by a documentary bill of exchange)'라는 특약에 의해 매도인이 발행한 화환어음, 즉 선적서류가 첨부된 환어음을 매수인이 결제하게 된다. 그리고 매수인의 대금지급을 보다 확실히 하기 위해 취소불능신용장(irrevocable L/C)의 개설이 전제조건이 되기도 한다.

▸The date of Bill of Lading shall be taken as conclusive proof of the day of shipment.

결제방법을 결정할 때에는 먼저 신용장방식인지 무신용장방식인지의 여부를 확인하여야 한다. 만약 무신용장거래방식이면, D/P, D/A, CAD, COD 등 어느 조건으로 결제할 것인지를 확인하여야 한다. 반대로 신용장방식으로 결정한 경우에는 수입상이 약정기일 이내에 신용장을 개설하여야 하며 신용장 개설이 있고 신용장의 내도를 확인한 후에 수출상은 제품제조에 착수하는 것이 바람직하다.

가. 결제시기

① 선지급(Advanced Payment): 수출입대금을 선적 또는 인도이전에 미리

결제하는 방법 (예) CWO(Cash With Order) Basis, Remittance Basis, Red Clause L/C(Packing L/C) Basis

② 동시지급(Concurrent Payment): 현물 또는 현물과 동일시되는 서류(B/L 등 운송서류)와 상환으로 대금지급이 일어나는 방식 (예) At Sight L/C Basis(일람출급신용장방식), D/P Basis(지급인도방식), COD Basis(현금상환지급방식), CAD Basis(서류상환지급방식)

③ 후지급(Deferred Payment): 대금의 결제가 물품의 선적이나 인도 또는 어음의 일람 후 일정기일 내에 이루어지는 방식 (예) Usance L/C Basis(기한부신용장방식), D/A Basis (인수인도방식), Deferred Payment on Long or Mid term Basis, Open Account or Escrow 방식

④ 혼합방식: 선지급, 동시지급, 후지급 중 2가지 이상을 혼합한 결제방식 (예) Progressive Payment(누진지급조건) : 대표적인 혼합방식(중장기연불수출입방식 : 플랜트, 조선 등 대형거래에 쓰여 짐)

나. 결제수단

① 어음결제 ; 화환어음(documentary bill, documentary draft)을 발행하는 신용장에는 Sight L/C, Usance(Time) L/C, D/P, D/A이 있으며 무담보어음(Clean Bill)에는 Stand-by, Repayment L/C가 있음

② 현금결제에는 COD, CAD, CWO와 Payment on Receipt L/C가 있음

③ 환(Transfer)결제 : 단순송금방식, 중장기연불방식, Progressive Payment 방식에서의 선급금 또는 착수금(Down Payment)의 경우, T/T(Telegraphic Transfer)와 M/T(Mail Transfer)

다. 결제통화 : 환위험을 고려하여 환시세의 변동이 심하지 않은 안정성, 공신력, 국제통용성, 유통성이 높은 통화를 채택

라. 결제장소 : 결제장소는 거래당사자 간 특약이 없는 한 매도인의 영업지가 된다. 이는 상품의 인도와 대금의 지급이 동시에 이행되어야 한다는 계약이론에 따르기 때문이다. 따라서 대금지급과 관련하여 지급장소에 대한 계약당사자간 특약이 없으면 FOB조건에서는 수출자의 소재지가, CIF조건에서는 선적서류의 인도장소인 수입자의 소재지가, 양륙지 인도조건에서는 상품의 양륙지인 수입자의 소재지가 대금결제 장소가 된다. 물론 신용장의 거래인 경우, 수출자는 상품의 선적 후 환어음 매입

은행을 통하여 대금을 지급받고 수입자는 선적서류인도와 함께 신용장 발행은행에 대금을 지급한다.

3) 보험조건

매도인이나 매수인이 자신을 위하여 보험에 부보해야 할 무역거래조건의 경우에는 보험계약에 관한 명시적인 규정이 필요없지만, CIF 또는 CIP 계약과 같이 매도인이 매수인을 위해 화물을 보험에 부보하는 경우에는 보험조건을 명확히 결정해 둘 필요가 있다. CIF 또는 CIP 계약의 경우, 수익자를 매수인으로 하여 매도인이 매수인을 위하여 상품을 보험에 부보를 하지만 실무적으로 매도인은 최저의 보험조건만을 부보하게 되므로 수입자는 이점에 유의하여 추가 보험계약을 체결하여야 한다.

운송보험으로는 협회적화보험(ICC)이 있으므로 ICC의 기본 약관인 ICC(A) : ICC(A/R), ICC(B) : ICC(WA), ICC(C) : ICC(FPA) 중에서 선택하여 계약을 체결한다. 그리고 제품의 특성이나 운송을 고려하여 필요에 따라 각종 특별약관이나 부가약관, 전쟁위험, 동맹파업위험에 대비한 IWC나 ISC을 부보하기도 하고 내륙운송확장담보(ITE)도 고려해야 한다. 무역보험과 적화보험에 관한 내용도 제2부 제6장에서 자세하게 언급할 예정이므로 여기서는 그 내용의 설명을 생략하기로 한다.

(4) 계약불이행조건

무역거래당사자는 무역거래계약을 체결할 때, 향후 발생할지도 모르는 분쟁을 대비하기 위하여 분쟁의 해결방법을 거래계약서에 명기한다. 보통 계약불이행 시 발생하는 분쟁을 신속하고 정확하게 해결하기 위하여 불가항력조항을 신설하고 클레임조항과 준거법조항을 첨부한다. 무역클레임은 1차적으로 중재방법을 통하여 해결하지만 중재가 불가능할 경우에는 소송을 통하여 해결할 수밖에 없으므로 소송에 대비하여 재판관할조항(jurisdiction clause) 및 준거법조항(governing law clause)을 설정해둔다. 따라서 계약불이행조건을 다른 용어로 표현하면 분쟁구제조건이 되는 셈이다.

1) 불가항력조항

불가항력이란 천재지변, 전쟁, 동맹파업 등과 같이 거래당사자나 그의 대리인의 통제와 능력을 넘어서는 사건으로 인하여 거래 양 당사자가 계약내용을 더 이상 성실하게 이행을 할 수 없게 되었을 때, 해당 책임을 면하게 하자는 계약조항을 말한다. 그러나 일반적으로 불가항력(Force Majeure)에 의한 손해가 발생할 경우, 계약의 양 당사자들은 면책되지만, 무역실무에서는 손해를 입은 측에서 여러 가지 명목으로 클레임을 제기하기도 한다. 따라서 수출상의 공급불능이 있을 경우, 그 원인이 당사국의 수출규제, 천재지변, 전쟁, 내란 등에 의한 것일 때는 면책된다는 조항을 두는 것이 좋으며, 이 밖에 환율이 크게 평가절하되거나 절상되는 경우에도 환차손을 둘러싸고 분쟁이 발생할 수 있으므로 환율적용에 대하여 별도로 약정하여 두는 것이 좋다. 불가항력조항의 예를 들면 다음과 같다.

The seller shall not be responsible for the delay in shipment due to Force Majeure, including mobilization, war, strikes, riots, civil commotion, hostilities, blockade, requisition of vessels, prohibition of export, fires, floods, earthquakes, tempest, and any other contingencies, which prevent shipment within the stipulated period.

불가항력조항 이외에도 공업소유권 등에 관한 권리침해(infringement)에 대해서는 면책문언을 넣어두는 것이 실무적으로 좋다.

Buyer shall hold Seller harmless from liability for the infringement with regard to patent, trade mark, design and/or copyright originated or chosen by Buyer.

2) 클레임조항

클레임이란 매매당사자 간 어느 일방이 계약내용을 불이행할 경우, 상대방이 계약내용을 이행하지 않은 해당 당사자에게 손해배상을 청구하는 것이다. 따라서 클레임조항은 시장환경의 변화, 판매부진 등에 따른 악성 클레임의 제기를 사전에 봉쇄하는 효과가 매우 크다고 할 수 있다. 보통 무역실무적으로는 무역계약의 체결 시, 클레임의 제기기한과 클레임제기 방법 등을 설정한다.

Any claim or complaint by Buyer of whatever arising under this contract, shall be made in cable within one week after arrival of cargo in destination port. Full particulars of such claim shall be made in writing and forward by airmail to

seller within 15 days after cabling. Buyer must submit with such particulars as [Sworn Public Surveyor's] report, when the quality and/or quantity of merchandise is in dispute.

3) 중재(arbitration)조항

중재무역매매 계약에 관하여 발생하는 분쟁은 소송에 의하여 해결하기 보다는 중재에 의하여 해결하는 편이 현실적으로 유리하다. 중재가 소송보다 시간과 비용측면에서 훨씬 효율적이기 때문에 거래당사자들은 빠른 시간 안에 갈등을 해소하고 현업에 복귀할 수 있다. 한국의 경우, '대한상사중재원'은 무역거래계약서 상에 표준중재조항을 첨부할 것을 권장하고 있다.

[standard arbitration clause] : All disputes, controversies or differences which may arise between the parties out of or in relation to or in connection with this contract or for the breach thereof, shall be settled by arbitration in Seoul, Korea in accordance with the Commercial Arbitration Rules of the Korean Commercial Arbitration Board and under the Laws of Korea. The award rendered by arbitrator(s) shall be final and bind upon both parties concerned.

그러나 계약내용 중 중재조항이 삽입되지 않았거나 중재조항이 존재하더라도 중재에 회부할 내용외의 사항에 대해서는 재판을 통하여 해결해야 한다. 이럴 경우, 소송을 제기할 재판소를 미리 당사자 간 합의에 의하여 약정하는 것이 재판관할 조항이다. 재판소를 지정할 경우에는 막연히 한국재판소 혹은 미국재판소라고 하지 말고 서울 혹은 뉴욕 등과 같이 구체적인 특정지의 재판소를 지정해야 또 다른 분쟁을 방지할 수 있다.

(5) 정형거래조건

1) 준거법

준거법 계약의 해석에 있어서 어느 국가의 법률을 적용하느냐 하는, 문제는 미리 결정하여 계약서에 밝혀두는 것이 좋다. [예 : This Contract shall be governed in all respects by the laws of Korea.]

무역계약은 서로 상이한 법역을 가지고 있는 거래당사자 간 매매계약이므로 국제적으로 통일된 물품매매법이 없다. 그러므로 계약의 성립, 이행, 해석에 관하여 어느 법을 준거법으로 할 것인가에 관하여 미리 합의하여 결정하는 것이 좋다. 준거법으로 널리 애용되고 있는 비엔나협약은 일반적으로 협약에 비준한 체약국의 매매당사자 간에만 유효하다.

2) 무역거래정형조건(Incoterms 2010)

비엔나협약(CISG)에도 물품매매에 관해서 매도인과 매수인의 의무가 규정되어 있으나 현재 해당 내용이 포괄적이고 또 영국과 일본을 포함한 많은 나라들이 아직 비엔나협약에 가입하지 않아 "국제물품매매계약에 관한 국제연합협약"이 세계적인 통일법으로서의 역할을 하기에는 많이 부족하다. 때문에 무역관습인 무역거래정형조건과 비엔나협약(CISG) 내용이 충돌할 경우 'Incoterms 2010'을 우선 적용한다. 무역거래정형조건은 무역실무적으로 중요하므로 여기서는 더 이상의 설명을 생략하고 다음 절에서 자세하게 언급하기로 한다.

2-2 무역거래 정형조건

1. INCOTERMS 2010의 개관

(1) INCOTERMS 2010의 제정 배경 및 목적

무역거래는 법률, 제도, 관습 등이 서로 다른 국가의 당사자들 간에 이뤄지므로 항상 매매계약 조건을 둘러싼 분쟁의 가능성을 내포하고 있다. 이러한 무역분쟁이나 각종 오해를 예방하고 불확실성을 최소화하기 위하여 국제상업회의소(ICC)가 제정한 표준규칙이 무역거래정형조건(Incoterms)이다.

▸ ICC: International Chamber of Commerce

▸ INCOTERMS: International commercial terms; (The international rules for the interpretation of trade terms)을 의미

국제상업회의소에서 무역거래정형조건을 제정한 목적은 각국의 무역거래 당사자들에게 무역용어의 해석에 관한 국제규칙을 제공함으로써 무역거래계약에 있어서 발생할 수 있는 화물거래의 일시 및 장소, 위험이전, 소유권이전, 운송계약 및 운임지급, 보험계약 및 보험료지급, 통관절차 및 관세지급, 기타 경비부담에 대한 분쟁을 사전에 예방하는데 있다. 사실, 물품매매계약을 체결하는 수출자와 수입자들은 서로 언어가 다르고 또 무역상관습이 다르기 때문에 자주 무역거래의 내용에 대한 잘못 이해나 갈등, 오해 등으로 막대한 비

용과 시간을 낭비하기도 한다. 이런 문제를 해결하기 위하여 국제상업회의소는 무역용어의 해석에 관한 국제규칙들을 제정하였다.

우리에게 잘 알려진 INCOTERMS 1936을 1936년에 처음 제정하였으며, 그 후 1953년과 1967년, 1980년, 1990년, 2000년 5차례에 걸친 수정과 개정을 반복하면서 가장 최근의 국제무역관습들을 반영하여 INCOTERMS 2010을 6번째 발표하였다. 물론, 국제물품매매계약에 관한 국제규칙으로 국제상거래법위원회(UNCITRAL)가 1980년 4월 비엔나에서 채택한 "국제물품매매계약에 관한 유엔협약"(CISG)이 있다. 한국도 2004년 2월 17일 "국제물품매매계약에 관한 국제연합협약" 가입서를 국제연합 사무총장에게 기탁함으로써 2004년 2월 현재 미국, 중국, 독일 등 62개국(일본과 영국은 제외)이 가입한 협약이 2005년 3월 1일부터 한국에 대하여 발효되었다.

▸ UNCITRAL: United Nations Commission on International Trade Law.

▸ CISG: United Nations Convention on Contracts for the International Sale of Goods.

그러나 영국과 일본을 포함한 지구상의 많은 나라들이 아직 CISG에 가입하지 않고 있어 "국제물품매매계약에 관한 국제연합협약"이 세계적인 통일법으로서의 역할을 하기에는 많이 부족하다. 때문에 무역실무상 계약의 성립과 효력은 협약에 의하고, 계약의 유효성은 여전히 법정지(法廷地)의 국제사법에 따라 결정되는 매매계약의 준거법에 의존하므로 준거법의 분열현상이 발생할 개연성이 커지고, 결과 준거법의 적용범위의 획정이라든가 적응 등 까다로운 문제가 제기될 가능성이 커진다. 또한 협약이 규율하지 않는 채권의 소멸시효, 이자율 및 통화의 문제 등도 결국 준거법에 의해 보충되어야 한다. 이런 이유로 현재 각국의 무역거래는 여전히 국제 상관습에 크게 의존하고 있음이 사실이다.

상품의 종류나 거래의 장소 또는 거래당사자의 직업을 불문하고 세계적으로 널리 사용되고 적용되는 매매관습이 있다. 바로 무역거래조건에 관한 관습이 이에 해당한다. INCOTERMS 2010은 매매된 상품의 운송과정을 중심으로 물품매매계약 당사자들의 권리와 의무를 명확하게 제시하고 강조하였다. 그리고 매매하는 물품의 범위를 과거의 유형의 상품뿐만 아니라 컴퓨터 소프트웨어와 같은 무형의 상품까지 확대하여 포함하고 적용하였다. ICC에 의해 항상 강조되어진 INCOTERMS 2010은 오직 물품매매계약 과정에 있는 수출자와 수입자들 간의 관계만을 명확한 시각으로 다루고 있다. INCOTERMS 2010이 법적인 효력을 발휘하기 위해서는 반드시 계약서 상에 준거문언으로 기재되어야 한다.

▸ 운송인(carrier): 운송계약에서 철도, 도로, 항공, 해상, 내수로 또는 이들의 복합방식에 의하여 운송을 이행하거나 또는 그 이행을 주선할 것을 약정하는 모든 자를 의미한다. 매수인이 물품을 수령할 운송인 이외의 자를 지정한 경우에는, 매도인은 물품이 그러한 자에게 인도되는 때에 물품인도 의무는 이행된 것으로 간주된다.

(2) 개정 INCOTERMS 2010의 주요 내용

INCOTERMS 2010은 당사자들의 이해를 보다 쉽도록 무역용어들을 4가지 서로 다른 유형으로 분류하였다.

첫 번째 유형은 오직 상품을 제조하기만 하는 수출자에 의해 붙여진 유형으로 E-terms인 EX works조건이다. EX works 조건에서 수출자는 자신의 공장이나 건물 안에서 직접 수입자에게 상품을 매매한다. 두 번째 유형은 수입자가 지명한 운송인에게 수출자가 상품을 인도하는 것으로 F-terms인 FCA, FAS and FOB 등이 있다. 세 번째 그룹은 C-terms인 CFR, CIF, CPT, CIP 들로 매도인인 수출자가 운송계약을 체결하지만, 선적 및 출항 후 발생하는 물품의 멸실이나 훼손 그리고 추가비용들에 대해서 수출자가 부담하지 않는다. 네 번째 유형은 DAT, DAP, DDP 등과 같은 D-terms들로 매도인인 수출자가 물품을 바이어의 국가까지 운송하는데 따른 모든 위험과 비용을 부담하는 조건이다.

▸E그룹 : departure
▸F 그룹 : main carriage unpaid
▸C그룹 : main carriage paid
▸D그룹 : arrive

	모든 운송형태가 가능한 조건	내륙수운/해상운송에만 가능한 조건
Group E- 출발지조건	EXW Ex Works	
Group F-주 운임미지급조건	FCA Free Carrier	FAS Free Alongside Ship FOB Free On Board
Group C- 주운임지급조건	CPT Carriage Paid To CIP Carriage & Insurance Paid To	CFR Cost & Freight CIF Cost, Insurance & Freight
Group D- 도착지조건	DDP Delivery Duty Paid DAT Delivered at Terminal DAP Delivered at Place	

1) EXW(Ex Works… named place 공장 인도조건)

수출상의 영업장 내에서 물품을 수출자가 수입자에게 인도하는 조건이다.

이 조건은 해상운송, 육상운송, 항공운송 등 모든 운송수단에 적용이 가능한 조건으로 물품의 인도가 정해진 시기에 수출상의 정해진 영업장 구내에서 수입상의 임의처분 하에 인도한 때에 완료된다. 이 때 물품의 소유권도 수입상에게 이전되고 동시에 물품에 대한 위험부담과 비용부담도 같이 이전되므로 **비용부담의 한계는 위험부담의 분기점**과 같다. 수출상에게는 물품에 대한 위험부담이나 비용부담, 기타 여러 가지 관련의무의 부담이 가장 가볍다.

실무적으로 수출자가 출발 시 물품의 적재에 대한 책임을 지나 그러한 적재의 위험과 모든 비용부담을 수출자가 부담하기를 수입자가 원하면 매매계약서에 이와 같은 취지의 명시적인 문언을 추가함으로써 수출자는 이를 명확히 하여야 한다.

가. 해상

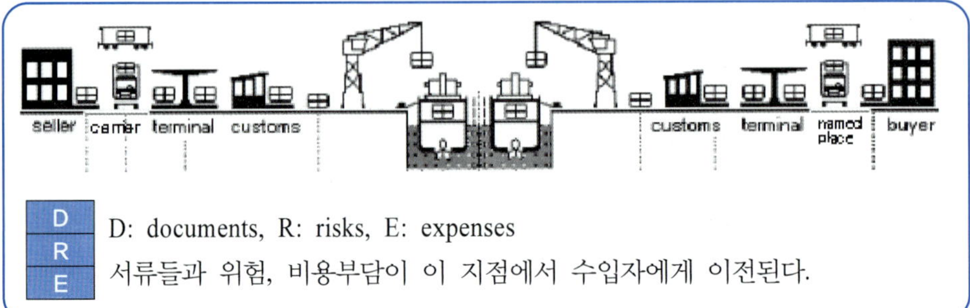

나. 항공

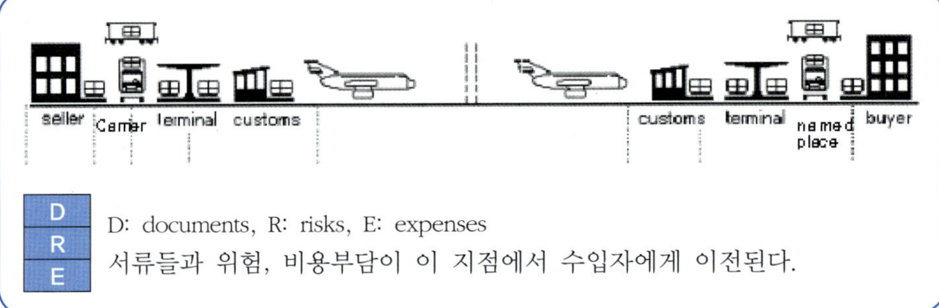

다. 철도운송

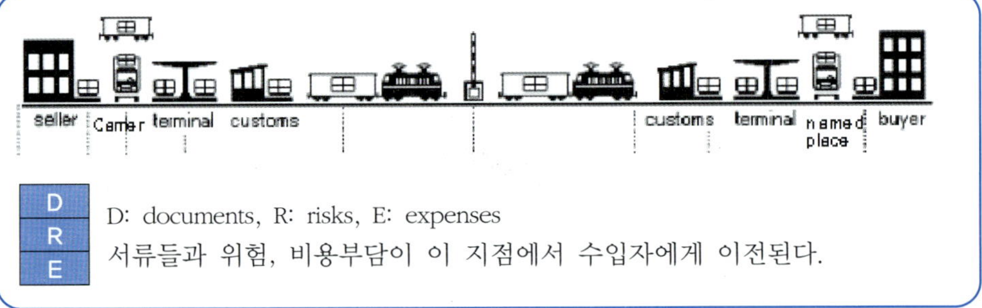

라. 도로운송

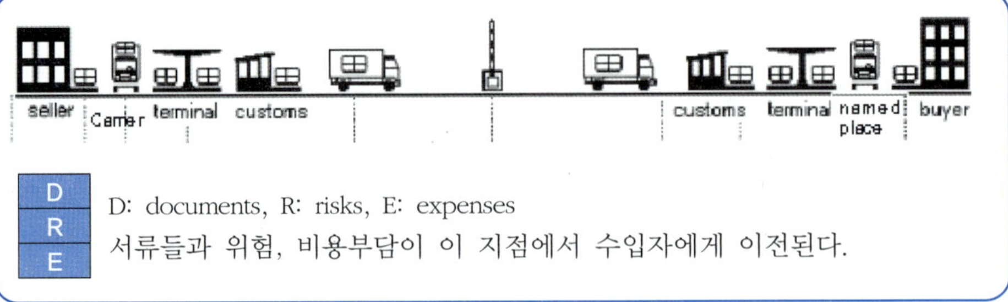

EXW조건에서의 당사자 의무

수출자의 의무	수입자의 의무
계약내용과 일치하는 상업송장, 포장명세서, 품질, 수량 등에 관한 검사증명서 또는 이와 동등한 전자통신문을 제공	수출자의 구내에서 물품을 수령한 사실을 입증하는 물품수령증(buyer's receipt)을 제공
수입자의 요청과 비용 및 위험부담으로 영사송장(consular invoice), 원산지 증명서등 수출, 수입 또는 제3국으로의 통과에 필요한 서류를 취득할 수 있도록 협조	자신의 위험과 비용부담으로 수출승인과 통관절차, 운송계약을 체결

EX는 'free'의 의미를 가지고 있으며 W는 'works'의 약어로 'factory', 'warehouse' 등 화주(매도인)가 물건을 만들어서 보관하고 있는 장소를 말한다. 따라서 창고나 인도장소 이름을 정확히 지정해서 명시하여야 한다. 예를 들면 삼성의 수원 제5 보세창고에서 인도하는 경우는 다음 예와 같이 된다. (EXW SAMSUNG'S WAREHOUSE #5, SUWON, KOREA, INCOTERMS 2000) 무역에서 흔히 쓰이는 Ex loco, Ex Factory, Ex Mill, Ex Mine, Ex Plantation, Ex Store도 같은 조건이다.

▸shipper(화주): 물품교부, 운송계약을 체결하는 자가 상이할 때도 공통사용

수출자 창고나 공장건물 안 밖을 불문하고 LCL 또는 FCL 적재 중 사고발생 시 수입자 책임이다. 수출자는 책임이 없다. 즉, 수출자는 화물을 계정(tally) 후 인수증을 받고 적재의무를 운송인에게 넘기는 것으로 계약의 의무가 완성된다. 물품이 수출자의 운송용구에서 하역되지 않은 채로 수입자의 처분 하에 놓이는 경우에도 수출자는 인도의무를 다한 것이다.

FCL로 컨테이너수출을 하는 경우, 적재의무(stuffing)는 수입자의 의무가 된다. 따라서 관행으로 수출자가 화물을 적재하는 경우, EXW 조건은 적당한 무역조건이 아니며 또한 'EXW loaded'라고 명기해서도 절대 안 된다. 'EXW loaded'라고 명기하면 화물을 싣는 선적비용만 부담하는 것인지, 위험책임까지 부담하는 것인지 불명확해지므로 사고발생 시 책임소재를 서로 전가하는 분쟁이 발생할 수 있기 때문이다.

수출관련 서류비용은 매수인 부담하고 운송자(포워더)는 물인수증(cargo receipt)을 교부하거나 받고 물품 인수 또는 인도 한다. EXW의 경우, 실무적으로는 국내 도매가격으로 계약하는 것이 관행으로 되어 있다.

2) FCA(Free Carrier… named place ; 운송인 인도조건)

운송인 인도조건은 매도인의 구내 또는 다른 지정된 장소에서 매수인이 지

정한 운송인이나 또는 그 밖의 당사자에게 물품을 인도하는 것이다. 양 당사자는 가능한 한 지정된 인도장소에서의 인도지점을 명확히 해두어야 하는데 이 분기점에서 위험이 매수인에게 이전되기 때문이다.

양 당사자가 매도인의 구내에서 물품을 인도하고자 하면, 지정된 인도장소로서 그 구내 장소를 명시하여야 한다. 그리고 다른 어떤 장소에서 물품을 인도하고자 하는 경우에 당사자들은 그러한 인도장소를 명시하여야 한다.

FCA조건은 물품의 수출통관을 매도인이 하여야 하며 매도인의 영업장 구내에서 물품을 인도할 때는 매도인이 적재책임을 지고, 다른 모든 장소에서 인도할 때는 매도인이 양하책임을 지지 않는다.

이 조건은 복합운송을 포함한 모든 운송방식에 사용할 수 있다. 비용부담의 분기점은 위험부담의 분기점과 같다. 적재 시 발생할 수 있는 사고위험과 비용부담과 수출통관은 수출상이 진다. 그러나 하역사고는 수입자가 부담한다. (표기방법 : FCA+지정장소 ; 항공운송(FCA 000 Airport), 해상운송(FCA ○○○ Container Terminal), 철도운송(FCA ○○○ Station), 도로운송(FCA ○○○ Cargo Terminal), 복합운송(FCA ○○○ Warehouse)

▸통관 · 적재 · 하역 의무
FAS : 수출통관의무: 매도인
FCA : 인도가 매도인 건물에서 발생: 매도인의 적재책임, 여타장소: 매도인의 면책

가. 해상

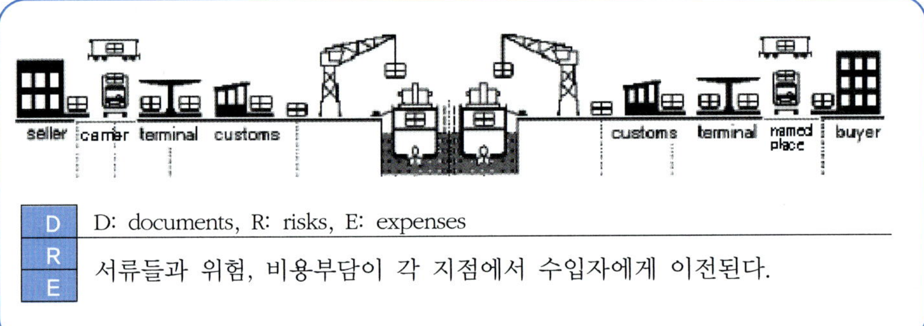

나. 항공

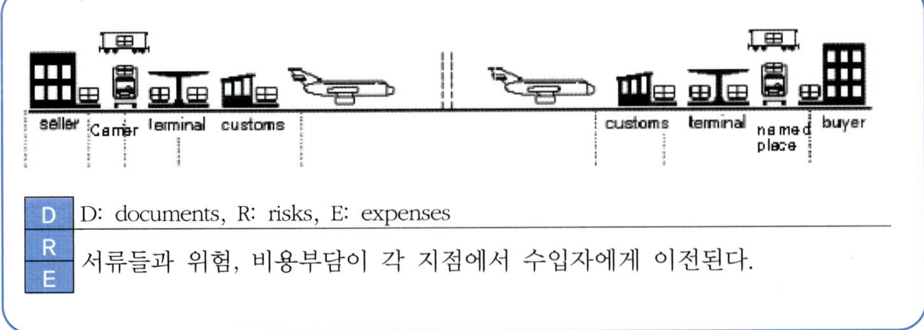

다. 철도운송

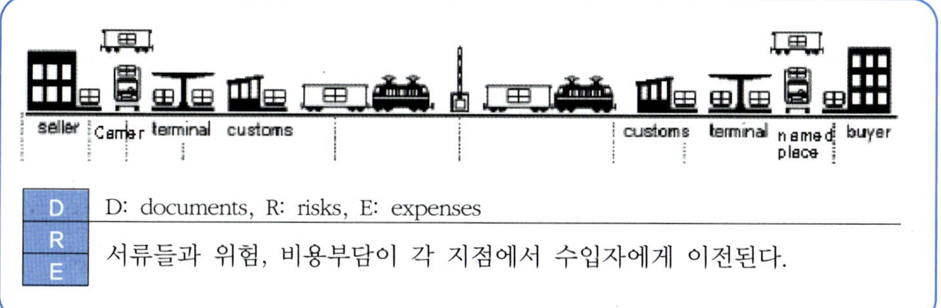

▸ EXW조건과 FCA조건의 다른점 : FCA조건은 특약이 없는 한 물품인수장소를 매수인이 지정하며 물품을 인도할 때, 직접 매수인이나 그 대리인에게 하는 것이 아니라 운송인 또는 매수인이 지정한 그 밖의 당사자에게 인도함

라. 도로운송

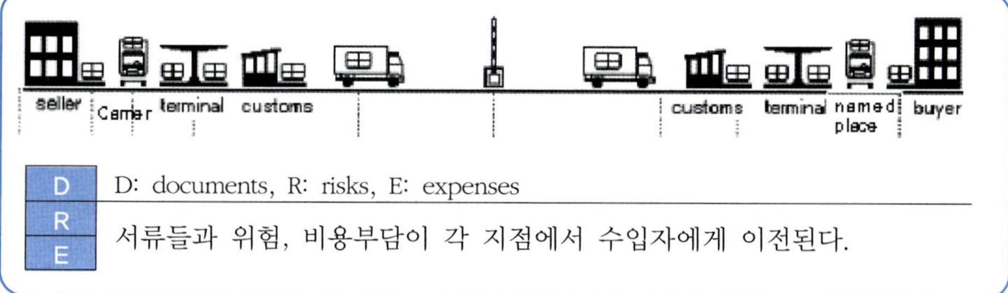

FCA 조건에서 당사자의 의무

수출자의 의무	수입자의 의무
수출자의 부담으로 수출허가와 수출통관 이행 및 컨테이너 세, 각 종 부과금 지급	운송인지정 및 운송방식, 인도기일, 인도장소 통지
계약내용과 일치하는 상업송장, 수출허가서, 운송인에게 물품을 인도하였음을 증명하는 인도증거서류 제공	수출자에게 운송계약을 요청하지 않았으면 인도장소로부터 운송을 위한 운송계약체결
수입자의 요청과 비용 및 위험부담으로 운송계약 체결 후 운송서류제공	

FCA 조건은 매도인이 EXW조건+인도장소까지 운송비용+수출통관비부담을 하는 조건으로 수출상은 수출통관까지 마친 후 지정된 지점에서 수입상이 지정한 운송인의 관리 하에 물품을 인도함으로써 물품인도의무를 끝낸다. 이 때, 매도인이 물품을 수출통관하고 지정된 장소에서 매수인이 지정한 운송인에게 화물을 인도할 때 매도인의 위험과 비용의 부담도 종료가 된다. 즉, 매도인의 구내가 아닌 지점에서 물품을 인도할 때 매도인은 인도차량에서 적재화물을 양하할 의무가 없다.

▸ CFS : container freight station
▸ CY : container yard
▸ THC : terminal handling charge
▸ W / F : wharfage
▸ C / T : container tax
▸ FCL : full container load lot
▸ LCL : less than a container load lot

FOB Pusan'과 비교해서 'FCA Pusan Port'(반드시 항이라고 밝혀야 한다. FCA Pusan은 부산의 어떤 역이나 창고일 수도 있기 때문이다.)는 수출자가 작업을 통제할 수 없는 선측에서의 본선선적 시 문제까지 책임지지 않아도 된다. 'FCA Pusan CY' 또는 CFS 라고 명기된 경우, 'Pusan CY' 또는 CFS에서 수입상이 지정한 운송인에게 화물을 인도하는 것으로 무역 계약상의 수출상의 의무는 자사의 통제 하에 완수되는 것이다. 그러므로 THC, W/F, C/T 모두 수출상이 부담하고 그 위험부담도 책임을 지는 것이다. 수출상은 수출통관비용 외에 수입자의 요청과 비용부담으로 선적에 관해서는 B/L을 발행한다.

3) FAS(Free Alongside Ship … named port of shipment; 선측 인도조건)

▸FOB Pusan Stowed & Trimmed으로 계약할 경우, 상당히 신중한 계약 조건인 듯 보이지만 분쟁을 해결해야 하는 사고 관련 당사자들이나 ICC 입장에서 보면 대단히 모호한 계약이다. 비용만 부담한다는 것인지 사고 시 위험까지 부담한다는 것인지 분명히 표기하고 있지 않기 때문이다. 따라서 ICC는 이것 역시 사용하지 말 것을 권하고 있다.

선측인도조건은 매도인이 지정 선적항에서 매수인이 지정한 본선의 선측(예를 들면, 부두 또는 부선상)에서 물품을 인도하는 것을 의미한다.

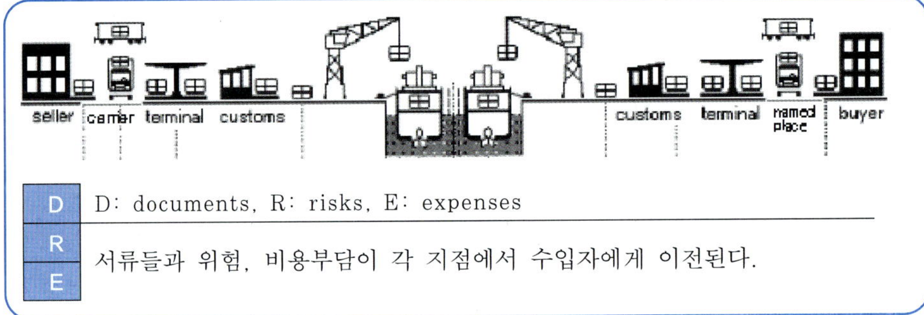

FAS 조건에서 당사자의 의무

수출자의 의무	수입자의 의무
계약내용과 일치하는 상업송장, 포장명세서, 품질, 수량 등에 관한 검사증명서, 무고장 부두수령증 또는 이와 동등한 전자통신문을 제공	자신의 위험과 비용부담으로 수입허가과 통관절차, 운송계약을 체결이행
자신의 위험과 비용부담으로 수출허가, 기타 공적인 승인취득, 수출통관절차 이행	자신의 비용부담으로 목적항까지 운송계약을 체결하고 수출자에게 선박명, 적재장소, 시기을 통보
수입자의 요청과 비용 및 위험부담으로 영사송장, 원산지 증명서 등 수입 또는 제3국으로의 통과에 필요한 서류와 유통성 선하증권, 비유통성 해상화물운송장, 등의 서류를 취득할 수 있도록 협조	수출자에게 통지불이행, 지정선박의 입항지연이나 물품수령불이행이 발생할 경우 합의한 인도기일로부터 발생하는 모든 비용과 위험을 부담

FAS 조건에서 양 당사자는 가능한 한 지정선적항의 선적지점을 명확히 결정해 두어야 한다. 이는 물품에 대한 멸실이나 손실에 대한 위험은 물품이 선측에 인도된 때에 이전되며, 매수인은 이 순간부터 선적비용을 포함한 모든 비용을 부담하기 때문이다. 즉, 이 지점까지의 위험과 비용은 매도인의 부담이며 이러한 비용과 관련된 화물 취급수수료는 항구의 관습에 따라 달라질 수 있기 때문이다.

FAS 조건에서 매도인은 선측에 물품을 인도하거나 선적을 위해 이미 그렇게 인도된 물품을 조달하여야 한다. 여기서 조달이란 특히 상품거래에서 통상적인 것으로 복합판매를 위한 판매사슬(연속매매)에 물품을 공급하는 것을 말한다.

핵심

- **연속매매(String Sales)와 조달(Procuring)의 의미**
  제1차 산품의 매매는 매도인이 매수인에게 직파하는 경우도 있지만 상황에 따라 화물이 운송도중 전매되는 경우도 있다. 이러한 경우 원 매도인으로부터 물품을 구매하여 중간에 판매한 매도인은 물품이 이미 첫 번째 매도인에 의하여 선적이 되었으므로 자신이 물품을 선적하지 않는다. 따라서 연속매매 중간단계에 있는 매도인은 최종 매수인에 대한 자신의 의무를 물품을 선적하는 것이 아니라 선적된 물품을 조달함으로써 이행한다. 중간단계의 매도인은 자신이 압수한 선화증권을 다음 단계의 매수인에게 양도함으로써 선적된 물품을 매도하게 된다. 이렇게 중간단계에서 화물이 매각되는 것을 명확하게 하기 위하여 INCOTERMS 2010은 매도인은 물품을 선적하거나 또는 그 대신 선적된 물품을 조달할 수 있는 것으로 규정하고 있다. 동 조건에서 조달에 관한 규정이 적용된 조건은 해상운송인 FAS, FOB, CFR, CIF 이다.

FAS조건에서 부선을 사용하는 작업일 경우 부선의 사용료는 당연히 수출자가 부담하여야 하며 선측까지 화물을 운반하기 전에 부선에서 사고가 발생하면 사고비용 책임을 수출상이 져야한다.

그러나 당사자들이 매수인이 물품의 수출통관을 이행할 것을 원하는 경우에는 매매계약상에 이러한 취지의 명시적인 문언을 추가함으로써 이를 명확히 하여야 한다. 이 조건은 선측인도조건이므로 물품의 해상운송 또는 내수로 운송의 경우에만 사용한다. 그리고 이 조건은 일반화물의 운송에는 그다지 이용되지 않으며 화물의 종류에 따라 선박의 형태가 결정되는 운송에 많

▸물품이 컨테이너에 적입된 경우에는 FAS조건이 아니라 FCA조건이 사용되어야 한다.

이 사용된다. 이는 FOB와 마찬가지로 선박지정(nomination)이 매수인에 의하여 이루어지므로 선적비용이 많이 들고 컨테이너 방식을 사용하기 곤란한 원맥, 원목, 원사 등 선적비용이 많이 드는 대량의 덩어리 화물(bulk cargo)에 자주 쓰인다. 수출상은 지정된 선적항의 부두 위 또는 본선의 현측에서 물품을 인계한다.(거래조건 표기의 예 : FAS + 지정 선적항 : FAS Pusan)

4) FOB(Free On Board… named port of shipment : 본선 인도조건)

▸운송, 운임 계약은 수입상이 체결하고 이에 따른 비용은 수입상이 부담한다. 단, 수출상이 운송계약을 위임하는 경우, 당사자 간의 합의가 있으면 각 계약의 개별조건이 우선한다.

물품이 지정된 선적항에서 본선에 안전하게 적재한 때에 매도인이 매수인에게 인도하는 것을 뜻한다.

이는 수입자가 그 지점으로부터 물품에 대한 모든 비용과 멸실 또는 손상의 위험을 부담하여야 한다는 것을 의미하며 수출상의 책임이 물품을 본선갑판에 적재하는 것과 동시에 면제된다. 본선인도 조건은 매도인이 물품의 수출통관을 이행할 것을 요구하고 있으며 이 조건은 해상 또는 내수로 운송에만 사용할 수 있다.

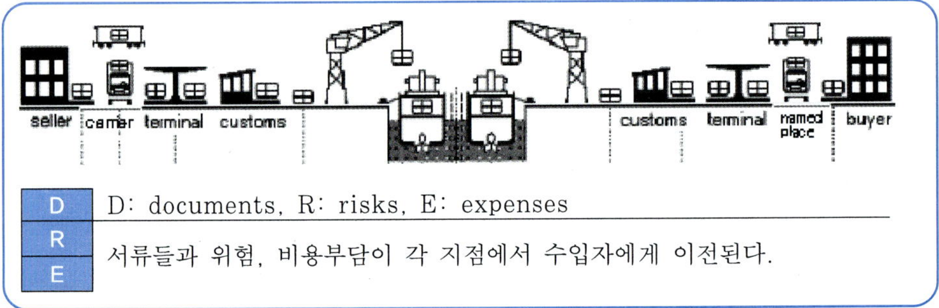

FOB 조건에서 당사자의 의무

수출자의 의무	수입자의 의무
계약내용과 일치하는 상업송장 및 제반 서류 제공	본선적재비가 운송비에 포함된 경우 적재비용, 도착항의 양륙비 지급
자신의 비용부담으로 수출허가, 통관, 컨테이너세, 기타 부과금 납부	자신의 비용부담으로 목적항까지 운송계약을 체결하고 수출자에게 선박명, 적재장소, 시기를 통보
수입자의 요청과 비용 및 위험부담으로 영사송장, 원산지 증명서등 수입 또는 제3국으로의 통과에 필요한 서류와 유통성 선하증권, 비유통성 해상화물운송장, 등의 서류를 취득할 수 있도록 협조	수출자에게 통지불이행, 지정선박의 입항지연이나 물품수령불이행이 발생할 경우, 합의한 인도기일로부터 발생하는 모든 비용과 위험을 부담

FOB조건은 수입상이 선박을 수배하여 수출상에게 지정하는 것이 원칙이나 실무상 수입상을 대신하여 수출상이 배를 수배하기도 한다. 저렴한 해상운임, 빠른 항해일정, 적시에 출항하는 배를 쉽게 수배하는 쪽이 누구냐에 따라 실제 업무가 이루어진다. 또 FOB 조건은 CIF 조건과 함께 가장 많이 사용하는 조건이다. 지정 선적항에서 매수인이 지정한 선박의 갑판상에 물품이 인도될 때 매도인의 물품에 대한 위험과 비용의무가 종료된다.

핵심

- FOB뒤에 구체적 장소를 함께 적어야 명확한 조건이 된다. 물품의 소유권은 선적이 완료됨과 동시에 수입상에 귀속된다. 운송, 운임 계약은 수입상이 체결하고 이에 따른 비용은 수입상이 부담한다. 단, 수출상이 운송계약을 위임하는 경우, 당사자 간 합의가 있으면 각 계약의 개별조건이 우선한다.

5) CFR(Cost and Freight ; … named port of destination 운임포함조건)

이 조건은 FOB의 변형조건으로 FOB조건에 운임만을 추가한 것이다. 따라서 물품이 선적항에서 본선에 안전하게 적재한 이후 물품의 손상이나 멸실에 대한 위험부담이 수출상에서 수입상으로 이전된다. 선적을 마칠 때까지 발생하는 모든 비용과 지정된 목적항까지 물품을 운송하는 데 소요되는 운임을 수출상이 부담한다.

▸위험과 비용의 이전 : 매도인의 인도의무가 완수될 때 매수인에게 이전되는 것이 원칙이지만 매수인의 매도수령 불이행의 경우, 인도전에 이전이 가능하다. 단, 이때 물품은 계약의 내용을 정히 충족되어야 한다.

이 조건의 특징은 위험의 분기점과 비용의 분기점이 서로 다른 장소에서 이전된다. 그래서 화물의 정상적으로 인도된 후 운송과정에서 발생하는 비용과 운송 중 사고는 수입상이 책임을 지며 도착지에서의 화물의 하역비용은 수입자가 부담한다(정기선인 경우는 포함).

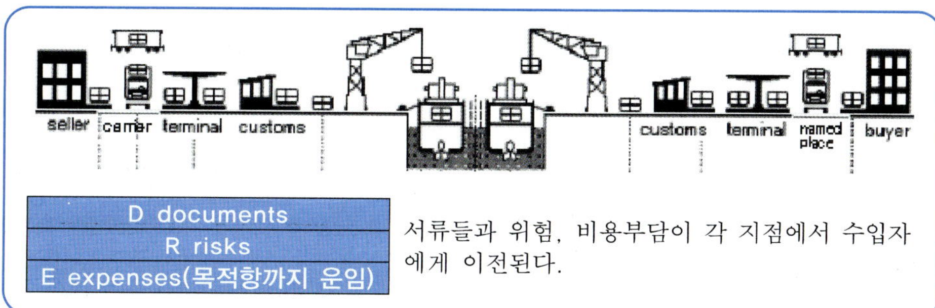

D documents
R risks
E expenses(목적항까지 운임)

서류들과 위험, 비용부담이 각 지점에서 수입자에게 이전된다.

▸선적장소의 선택권 : 매수인은 인도장소의 정확한 지점을 지정할 의무가 있다. 만약 그 의무를 불이행할 경우에도 매수인은 매도인에게 그 지점을 선택할 권리를 부여할 수 있다.

CFR 조건에서 당사자의 의무

수출자의 의무	①수출자의 부담으로 목적항까지 물품의 운송계약체결 ②계약내용과 일치하는 물품을 선적항의 본선 갑판상(on board)에서 인도 ③계약내용과 일치하는 상업송장 및 목적항까지의 무사고 운송서류(유통성 선하증권, 해상화물운송장, 내수로 운송서류 등)을 지체없이 제공하고 모든 서류는 당사자간 합의로 전자통신문으로 대체가능 ④자신의 비용부담으로 수출허가, 통관, 컨테이너세, 기타 부과금 납부
수입자의 의무	①목적항에서 양륙비가 운임에 포함되어있지 아니할 경우에는 양륙비를 지급 ②매도인에 대한 통지불이행으로 인하여 발생하는 모든 위험과 추가적인 비용을 지급 ③상업송장, 운송서류 및 보험서류가 도착하면 이를 승낙하고 도착항에서 물품을 수령

운임포함인도 조건은 수출자가 물품의 수출통관을 이행하여야 하며 이때, 운임에는 도착지에서의 하역비용은 포함되지 않는다. 이 조건은 해상 및 내수로 운송에서만 사용할 수 있다.

▸CFR 조건을 복합운송으로 변경할 때에는 CPT 조건으로 대체할 수 있다.

당사자들이 CFR 조건을 복합운송으로 변경할 때에는 CPT 조건으로 대체할 수 있다. 계약서상에는 항상 목적항을 명시하고 선적항을 명시하지 않을 수도 있는데 이곳이 매수인에게 위험이 이전되는 곳이기 때문이다. 선적항이 매수인의 특정한 이해에 속하는 것이라면 양 당사자는 가능한 한 이를 정확하게 명시하여야 한다. (거래조건 표기의 예: CFR+지정 목적항: CFR New York)

6) CIF(Cost, Insurance and Freight … named port of destination; **운임보험료 포함조건**)

▸CIF조건에서 보험계약을 체결할 때에는 보험계약자와 피보험자가 모두 매도인으로 동일하지만 선적 후에는 보험증권에 배서하여 보험금청구권리를 매수인에게 양도하므로 최종적인 피보험자는 매수인으로 달라짐

FOB 조건에서 수출자가 운임(단 도착지 하역료는 수입자가 담), 보험료를 추가 부담하는 조건으로 매도인이 본선 갑판상에서 물품을 인도하거나 또는 이미 그렇게 인도된 물품을 조달하는 것을 의미한다.

물품에 대한 멸실이나 손상에 대한 위험은 물품이 본선의 갑판상에 인도된 때에 이전된다. 매도인은 운송계약을 체결해야 하고 물품을 지정목적지로 가져오는데 필요한 비용과 운임을 지불하여야 한다. 그리고 이 때 수출자는 담보가 최소인 보험으로 부보하는 것이 통례이므로 수입자가 보다 더 큰 담보조건으로 보호를 받고자 원할 때에는 수출자와 이에 상당하는 명시적인 합의를 하거나 또는 수입자 스스로 별도의 보험약정을 체결하여야 할 필요가 있다. 물론 운송계약에서 따로 보험료를 수입자가 부담하기로 한 경우는 수입자가 부담한다. 이 경우 사고 시 보험이익의 수혜는 수출항의 본선 적재 이전에 발생한 사고보험이익은 수출상이, 그 이후는 수입상이 받는다. 이 조건은 해상 및 내수로 운송에 만 사용될 수 있다.

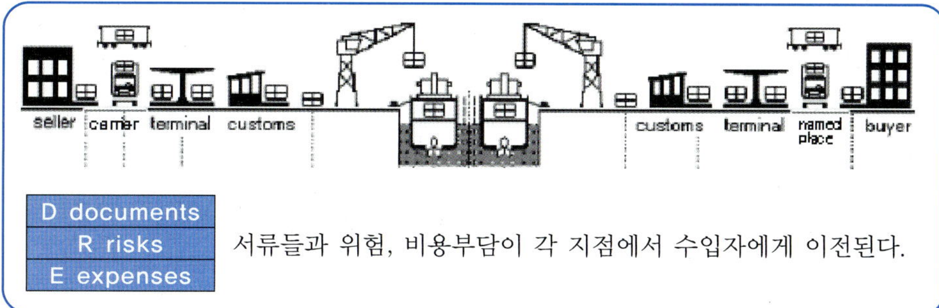

CIF 조건에서 당사자의 의무

수입자의 의무	①목적항에서 양륙비가 운임에 미포함된 경우, 양륙비를 지급 ②매도인에 대한 통지불이행으로 발생하는 모든 위험과 추가적인 비용을 지급 ③상업송장, 운송서류 및 보험서류가 도착하면 이를 승낙하고 도착항에서 물품을 수령
수출자의 의무	①수출자의 부담으로 목적항까지 물품의 운송계약체결 ②계약내용과 일치하는 물품을 선적항의 본선 갑판상(on board)에서 인도 ③계약내용과 일치하는 상업송장 및 목적항까지의 무사고 운송서류(유통성 선하증권, 해상화물운송장, 내수로운송서류 등)을 빨리 제공하고 모든 서류는 합의로 전자통신문으로 대체가능 ④자신의 비용부담으로 수출허가, 통관, 컨테이너세, 기타 부과금 납부 ⑤자신의 비용부담으로 최소담보조건인 ICC(C), ICC(FPA)으로 물품대금의 110% 한도 까지 계약상의 통화단위로 부보(전쟁, 동맹파업, 소요 및 폭동위험에도 부보) ⑥선적항에서 물품의 본선적재비(loading costs) 부담하고 단, 정기선의 경우 목적항에서 양륙비가 운임에 포함되어 있으면 이것도 지급

CIF 조건은 CFR 가격에 해상보험료를 더한 것으로 보험가입 의무와 보험료를 수출상이 진다는 것 외에는 CFR 조건과 동일하다.

7) CPT(Carriage Paid To ; 운임지급인도조건)

원칙적으로 CFR과 같은 조건으로서 FCA 가격에 수입지의 지정 목적지(양당사자가 합의한 어떠한 장소)까지의 운임이 더해진 조건이다. 이는 매도인이 스스로 지정한 운송인에게 물품을 인도하되, 다만 지정된 목적지까지 물품을 운반하는데 필요한 운송비를 추가로 지급하여야 한다는 것을 뜻한다. 물품이 그렇게 인도된 이후에 발생하는 모든 위험과 기타 모든 비용을 매수인이 부담하여야 한다.

▶CPT 조건은 위험의 분기점과 비용의 분기점이 서로 다르다.

합의된 목적지까지의 운송을 위하여 여러 운송인이 참여하고, 또 당사자가 특정의 인도지점을 합의해 두고 있지 않은 경우에는 매도인이 선택하는 지점에서 물품이 최초의 운송인에게 인도된 때에 위험이 이전된다. 그 이후의 단계(예를 들면 항구 또는 공항)에서 위험을 이전하고자 하는 경우에는 계약서

상에 이를 명시하여야 한다. 당사자들은 합의된 목적지 내의 지점을 가급적 정확하게 지정하는 것이 바람직하다. 그러한 지점까지의 비용은 매도인이 부담하기 때문이다. 매도인은 운송계약을 체결해야 하며 이 조건을 정확하게 일치시켜야 한다.

이 조건은 매도인이 물품의 수출통관을 이행하여야 하며 복합운송을 포함하여 운송방식에 관계없이 사용될 수 있다.

가. 해상

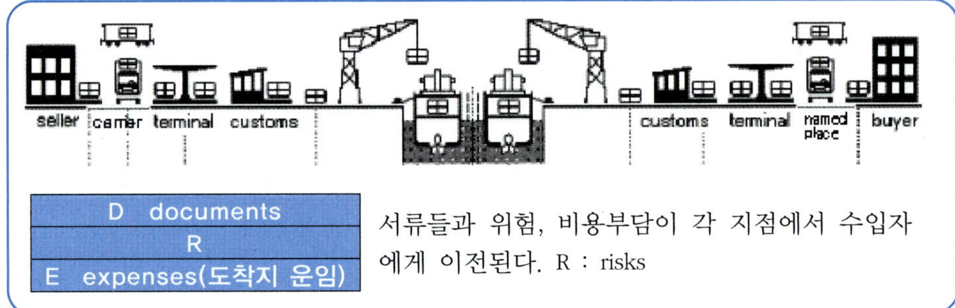

나. 항공

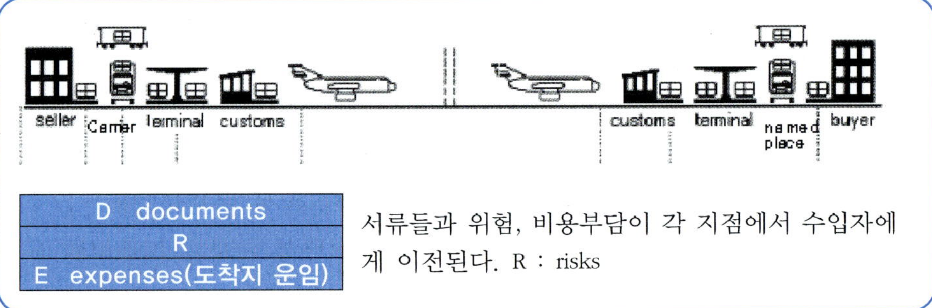

다. 철도운송

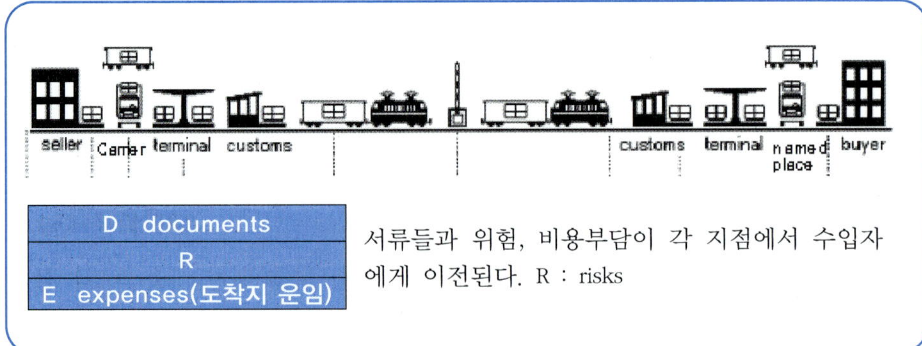

라. 도로운송

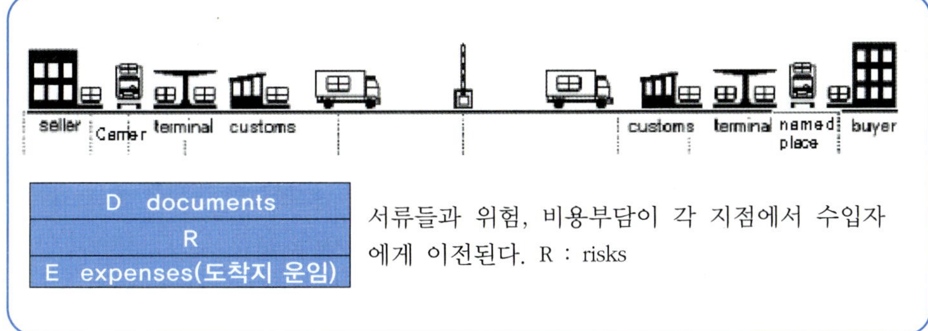

CPT 조건에서 당사자의 의무

수입자의 의무	①목적항에서 양륙비가 운임에 포함되어있지 아니할 경우에는 양륙비를 지급 ②매도인에 대한 통지불이행으로 인하여 발생하는 모든 위험과 추가적인 비용을 지급 ③상업송장 및 운송서류가 도착하면 이를 승낙하고 도착항에서 물품을 수령
수출자의 의무	①수출자의 부담으로 목적항까지 물품의 운송계약체결 ②계약내용과 일치하는 물품을 운송인이나 최초 운송인에게 인도 ③계약내용과 일치하는 상업송장 및 목적항까지의 무사고 운송서류(유통성 선하증권, 해상화물운송장, 내수로운송서류 등)을 지체없이 제공하고 모든 서류는 당사자 간 합의로 전자통신문으로 대체가능 ④자신의 비용부담으로 수출허가, 통관, 컨테이너세, 기타 부과금 납부 ⑤선적항에서 물품의 본선적재비(loading costs) 부담하고 단, 정기선의 경우 목적항에서 양륙비가 운임에 포함되어 있으면 이것도 지급

이 조건은 Carriage Paid To(…지정장소)의 의미이므로 CPT조건은 복합운송을 포함하여 어떠한 운송형태에도 사용할 수 있다. 복합운송의 경우 최초의 운송인에게 물품이 인도된 시점에서 수입상에게로 위험부담이 이전된다. 이 조건은 지정도착지까지의 운송비지급가격조건으로 운송인에게 물품을 인도하는 것이므로 수출자의 계약이행이 완료되는 시점이 FCA조건과 같으나 운송인은 수출자가 지정하고 운송비도 수출자가 부담한다. 화물이 인도될 때까지의 모든 비용, 선적비, 도착지에서의 하역비 포함 모든 운송 비용(수출 통관비용 포함)은 매도인이 부담하여야 하나 단 운송계약에서 따로 매도인(수출자)이 부담하기도 되어 있지 않은 한 도착지 하차비용은 수입자가 부담한다.

8) CIP(Carriage and Insurance Paid ; 운임보험료지급인도조건)

▸CIP 조건은 CPT+ 보험계약체결의무임

수출자는 자신이 지정한 운송인에게 운송료 및 모든 운송비용을 지불하고, 보험에 가입하여 운송 중 물품의 멸실과 손상위험을 보상할 보험상품에 부보한 후, 물품을 인도하면 계약의 의무가 완료된다. 이때 수출자는 최소 담보조건인 ICC(C), ICC(FPA) 조건으로 보험을 부보해도 되기 때문에 수입자는 이를 주지할 필요가 있고, 만약 수입자가 확장담보를 원하면 수출자와 명시적으로 합의를 하거나 수입자 자신이 추가로 보험 수배를 해야 한다.

수출통관의 의무는 수출자에게 있다. 이 조건은 원칙적으로 CIF와 같은 조건으로서 CPT와 유사하다. 수출상이 수입상을 위하여 적화보험의 보험가입 의무와 보험료를 부담한다는 것이 다르다.

가. 해상

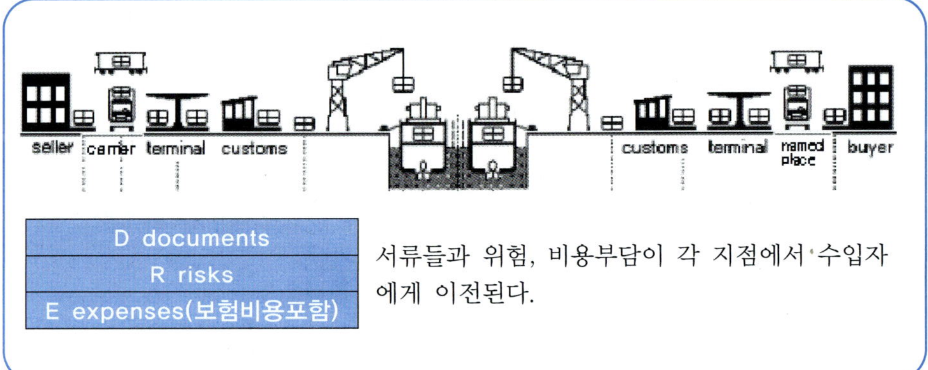

나. 항공

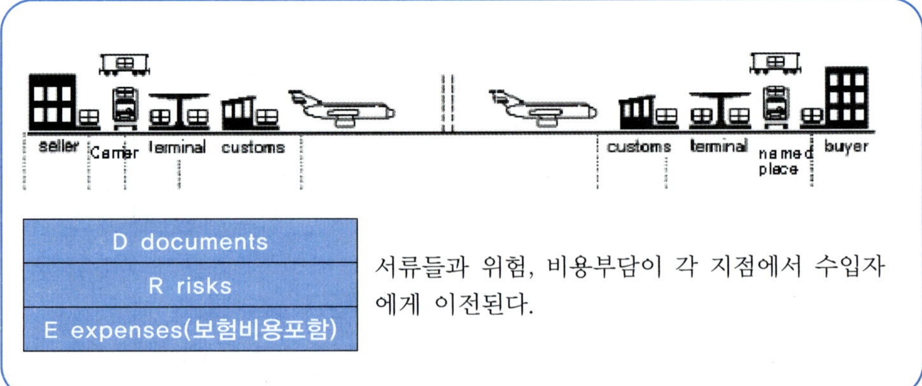

다. 철도운송

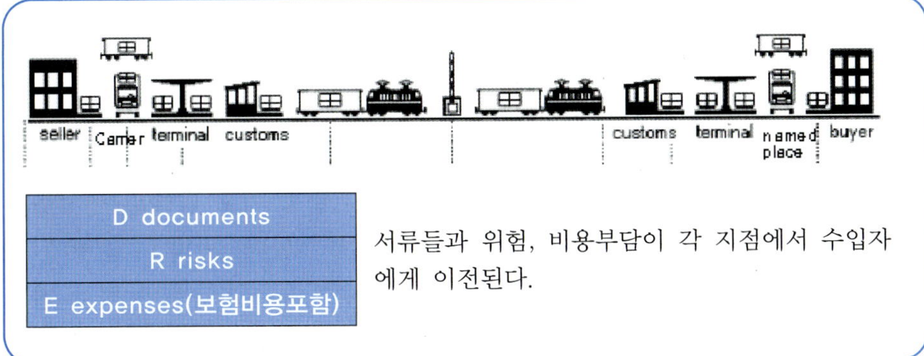

라. 도로운송

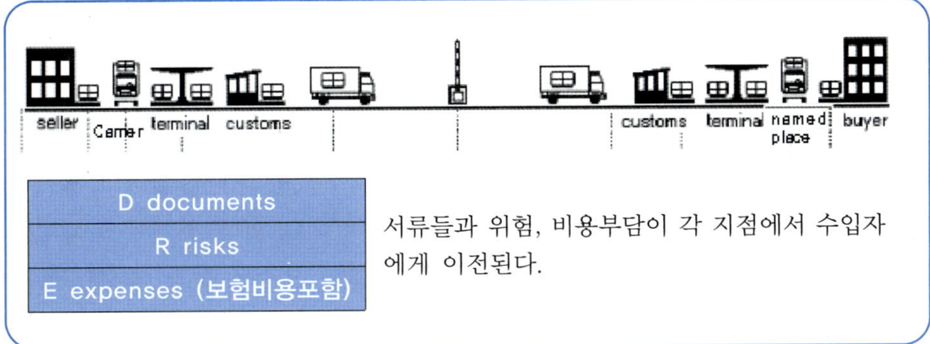

CIP 조건에서 당사자의 의무

수입자의 의무	①목적항에서 양륙비가 운임에 포함되어있지 아니할 경우에는 양륙비를 지급 ②매도인에 대한 통지불이행으로 인하여 발생하는 모든 위험과 추가적인 비용을 지급 ③물품이 운송인에게 인도되고 상업송장 및 운송서류가 도착하면 이를 승낙하고 도착항에서 물품을 수령
수출자의 의무	①수출자의 부담으로 목적항까지 물품의 운송계약체결 ②계약내용과 일치하는 물품을 운송인이나 최초 운송인에게 인도 ③계약내용과 일치하는 상업송장(commercial invoice) 및 목적항까지의 무사고 운송서류(유통성 선하증권, 해상화물운송장, 내수로운송서류 등)을 지체없이 제공하고 모든 서류는 당사자 간 합의로 전자통신문으로 대체가능 ④자신의 비용부담으로 수출허가, 통관, 컨테이너세, 기타 부과금 납부 ⑤자신의 비용부담으로 최소담보조건으로 물품대금의 110%한도 까지 계약상의 통화단위로 부보(전쟁, 동맹파업, 소요 및 폭동위험에도 부보) ⑥선적항에서 물품의 본선적재비(loading costs) 부담하고 단, 정기선의 경우 목적항에서 양륙비가 운임에 포함되어 있으면 이것도 지급

CIP와 CFR, CIF, CPT를 포함하는 C조건의 특징은 결제방법이 일반적으로 화환신용장을 사용한다. 화환신용장 하에서 수출자는 은행에 합의된 선적서류를 제시함으로써 대금을 결제 받는다.

그런데 화환신용장 하에 대금결제가 이루어진 순간이후 또는 물품을 선적 및 발송한 후 추가위험이나 추가비용을 수출자가 부담하여야 하는 것은 화환신용장의 본래 목적에 상충된다. 따라서 선적 및 발송 이후 발생되는 사건으로부터 초래되는 추가비용은 수입자가 부담하여야 한다. 만약 수출자가 관세, 조세 및 기타 수수료의 지급을 포함하는 운송계약을 제공해야 하는 경우에는 물론 그러한 비용을 매도인이 부담하여야 한다. 합의된 도착지에 도달하기 위해 중간 장소에서 물품의 환적을 수반하는 다수의 운송계약을 체결하는 것이 관례인 경우, 수출자는 물품이 어떤 운송용구로부터 다른 운송용구로 환적될 때 발생하는 여하한 비용을 포함하여 모든 비용을 지불하여야 하나 운송인이 예상치 못한 장애물(예를 들어 얼음, 혼잡, 노동분규, 전쟁 또는 전쟁에 준하는 작전)을 피하기 위하여 환적가능문구를 명시하고, 이에 따라 운송인이 마땅한 권리의 행사로 환적을 했을 경우 그로부터 발생하는 추가비용은 수입자가 부담한다. 이는 매도인의 통산적인 의무가 운송계약을 체결하는 것으로 제한되기 때문이다. 또한 정기선에 의한 운송을 하는 경우는 통상 정기선운임에 하역비가 포함되므로 하역비는 수출자의 부담이 된다.

9) DDP(Delivered Duty Paid ; 관세지급인도조건)

관세지급인도 조건은 매도인이 물품을 수입통관 하고, 지정된 목적지에 도착하는 모든 운송수단으로부터 양화하지 아니한 상태로 매수인에게 인도하는 조건이다.

EXW 조건이 매도인에 대한 최소 의무를 나타내는 반면에, 관세지급인도 조건은 최대 의무를 나타낸다.

매도인은 적용 가능한 경우 목적지 국가에서의 수입을 위한 모든 관세를 포함하여 목적지까지 물품을 운반하는데 수반되는 모든 비용과 위험을 부담하여야 한다.

가. 해상

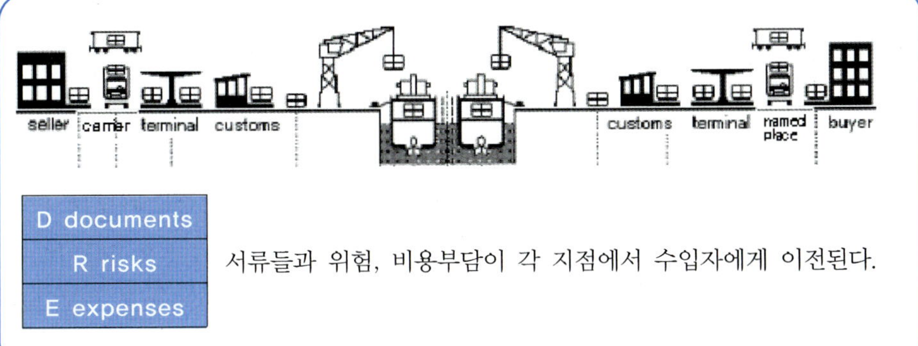

나. 항공

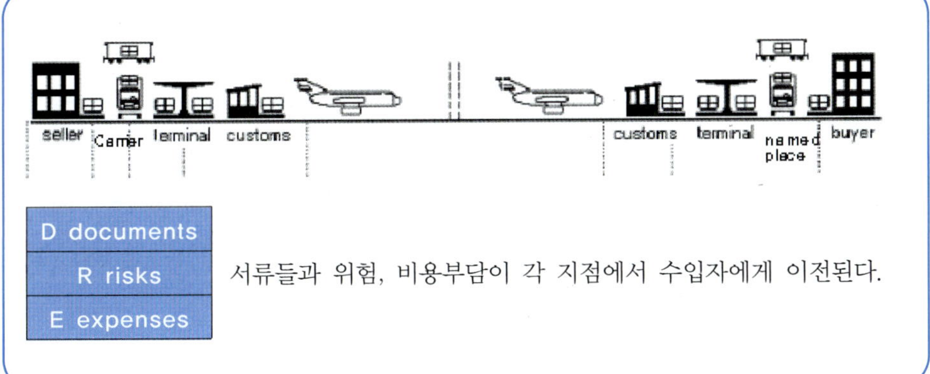

다. 철도운송

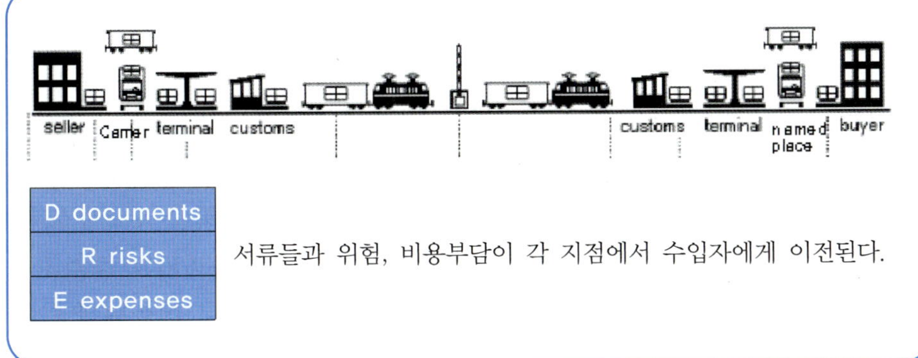

▸ DDP 조건은 DAP + 수입관세 및 어떠한 부가가치세나 기타 세금지급

라. 도로운송

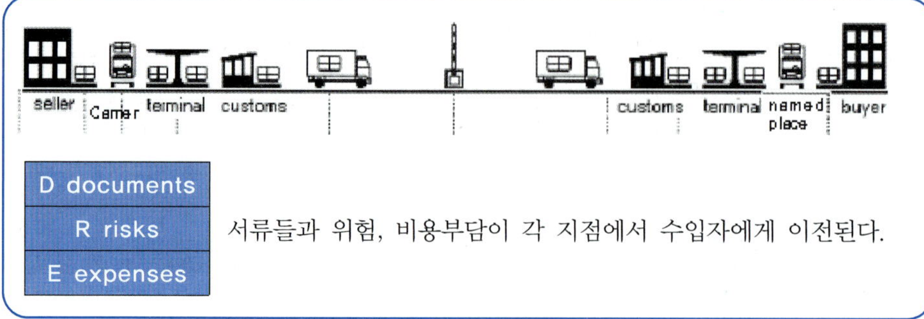

DDP 조건에서 당사자의 의무

수출자의 의무	①계약내용과 일치하는 물품을 최종목적지에서 수입자의 임의처분하에 인도 ②계약내용과 일치하는 상업송장(commercial invoice) 및 수입자가 지정된 목적지에서 물품을 수령할 수 있는 인도지시서(delivery order) 또는 유통성 선하증권, 해상화물송장, 복합운송서류 제공한다. 이 때, 모든 서류는 당사자 간 합의로 전자통신문으로 대체가능 ③자신의 비용부담으로 수출허가, 수출통관, 수입지에서 수입통관 수입허가, 조세, 관세 등을 지급 ④국경에서 최종목적지까지의 반입운송비(on-carriage)를 지급
수입자의 의무	①목적지에서 자신의 임의처분 하에 인도된 물품을 수령하고 운송수단으로부터 물품을 양하 ②물품을 인도 받으면 지체없이 약정대금지불

이 조건은 매도인이 직접 또는 간접적으로 수입허가를 취득할 수 없는 경우에 사용되어서는 아니 된다. 그러나 당사자들이 물품의 수입 시에 지급되는 비용의 일부(예컨대 부가가치세)를 매도인의 의무사항에서 제외할 것을 원하는 경우에는, 매매계약상에 이러한 취지의 명시적인 문언을 추가함으로써 이를 명확하게 하여야 한다. 당사자가 매수인이 수입에 따른 모든 위험과 비용을 부담할 것을 원하는 경우에는, 관세미지급 조건을 사용하여야 한다. 이 조건은 운송방식에 관계없이 사용가능 하다.

이 조건은 가능한 한 도착지를 정확하게 기재하여야 한다. 만약 도착지가 명확하지 않으면 수출상 임의로, 수입상이 원하는 곳이 아닌 곳에 화물을 하차하여도 책임을 물을 수 없게 되므로, 예를 들면 DDP Smith's Warehouse 2, Chicago, Incoterms 2000.처럼 정확한 상품의 하차지점을 명시해야 한다.

10) DAT(Delivered at Terminal ; 도착 터미널 인도조건)

물품이 도착운송수단으로부터 양화된 상태로 지정목적항이나 지정목적지의 지정터미널에서 매수인의 처분 하에 놓이는 때에 매도인이 인도하는 것을 말한다. 터미널은 부두, 창고, 컨테이너야드 또는 도로, 철도, 항공화물 터미널과 같이 덮개의 유무를 불문하고 모든 장소를 포함한다. 즉, DAT에서는 (종래의 DEQ 규칙과 같이) 도착차량에서 양회된 상태로 매수인의 처분하에 놓인 때 매도인은 의무를 다하게 된다. DAT에서 지정터미널은 항구일 수도 있으므로 DAT는 Incoterms 2000의 DEQ가 사용가능하던 경우에 안전하게 사용될 수 있다.

매도인은 물품을 운송하고 지정항구나 목적지의 터미널에서 양하하는데 필요한 모든 위험을 부담한다.

가. 해상

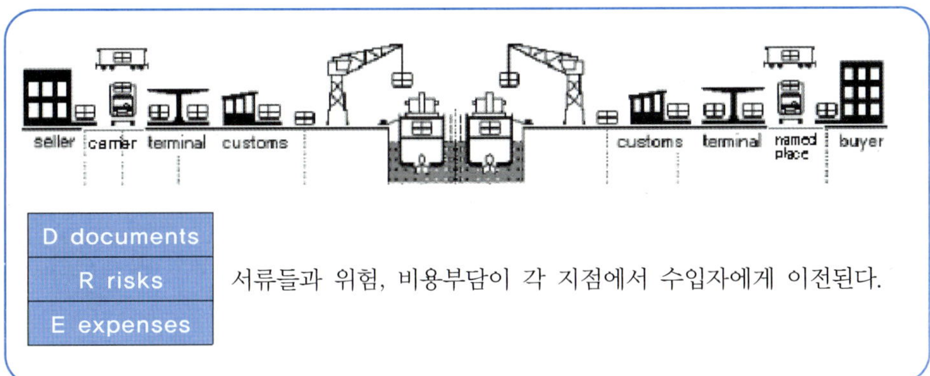

나. 항공

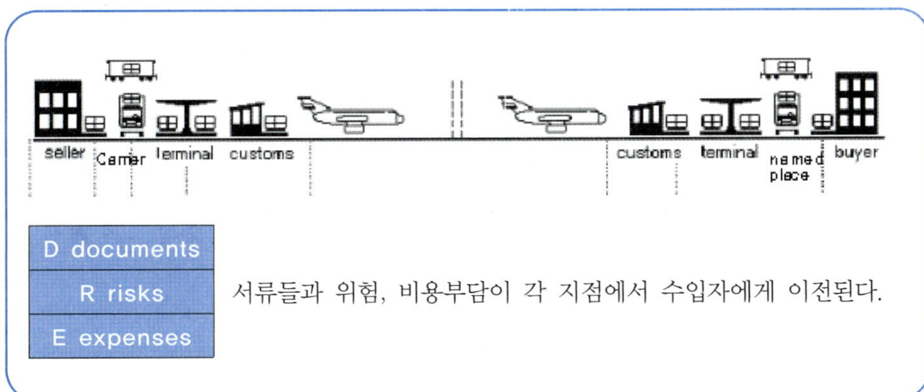

다. 철도운송

라. 도로운송

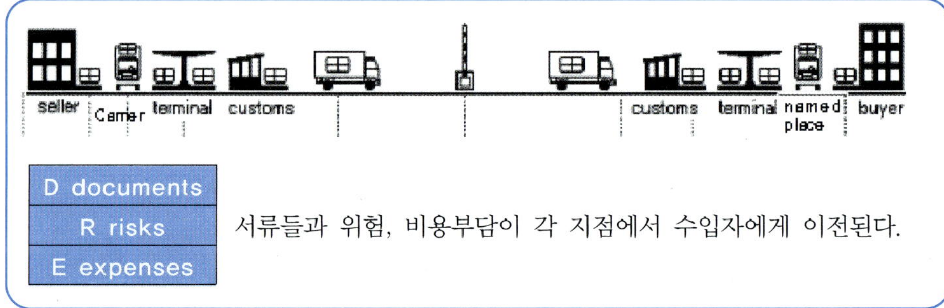

11) DAP(Delivered at Place ; 도착 장소 인도조건)

물품이 지정목적지에서 도착운송수단에 실린 채 양화준비된 상태로 매수인의 처분하에 놓이는 때에 매도인이 인도한 것을 말한다.

매도인은 그러한 지정장소까지 물품을 운송하는 데 수반하는 모든 위험을 부담한다. 즉, DAP에서는 (종래의 DAF, DES, DDU와 같이) 마찬가지로 매수인의 처분 하에 놓인 때이지만 양화할 준비가 된 때에 인도가 일어난다.

가. 해상

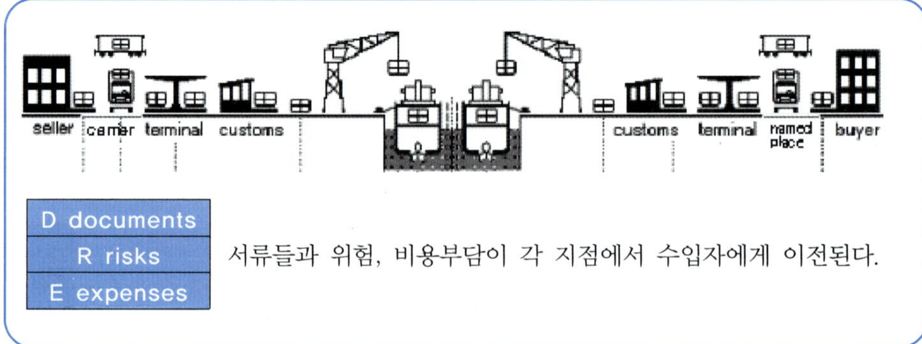

나. 항공

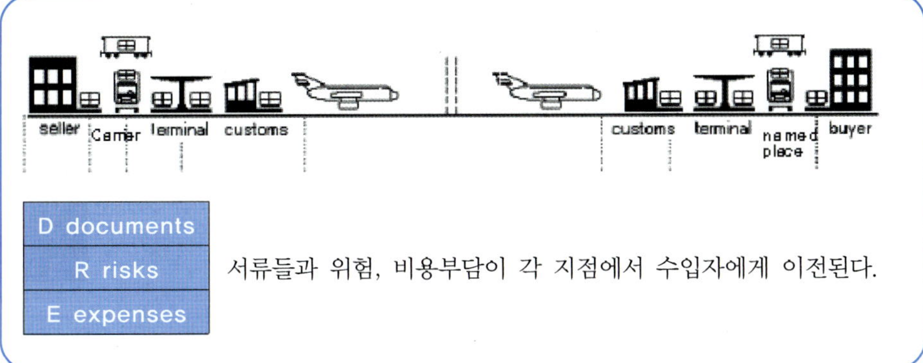

다. 철도운송

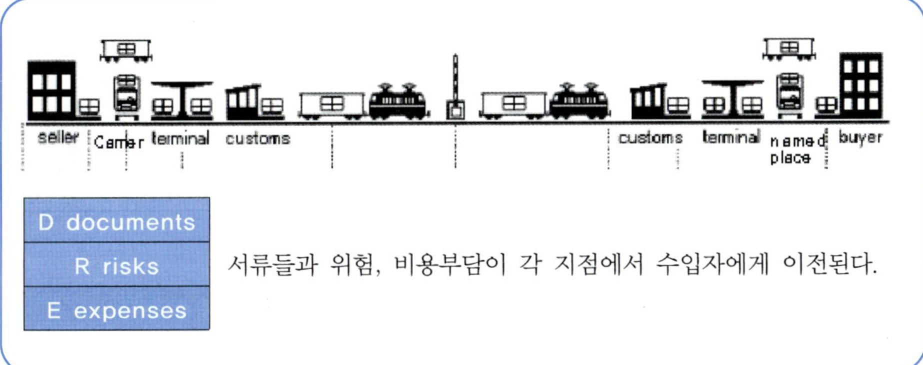

라. 도로운송

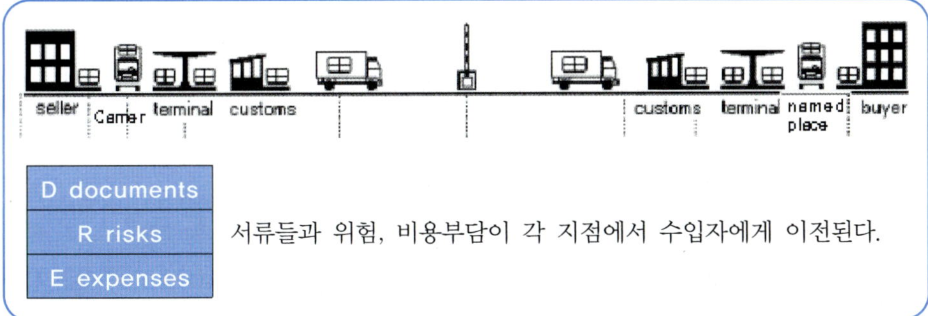

(3) 개정 INCOTERMS 2010의 내용 분석

'INCOTERMS 2000 규칙'보다 조건이 축소되었다. 'INCOTERMS 2010 규칙'에서 가장 두드러진 변화는 DAF, DES, DEQ, DDU의 네 가지 조건이 삭제되고 그 대신 DAT(터미널인도)와 DAP(목적지인도)의 두 가지 조건이 새로 도입된 점이다.

표 15 INCOTERMS 2010-International Commercial Terms

Terms		Incoterms	Transportation			Pre-cautions	Remarks
			Air	Road	Sea		
출발지 인도조건	EXW	공장인도	0	0	0	Receiver Pay / Collect인지 확인	관세&세금(수취인 부담)
운임미지급 인도조건	FCA	운송인인도	0	0	0		
	FAS	선측인도			0		
	FOB	본선인도			0		
운임지급 인도조건	CFR	운임포함			0	Pre-paid 조건에만 사용 가능	
	CIF	운임/보험료포함			0		
	CPT	운임지급포함	0	0	0		
	CIP	운송비/보험료포함	0	0	0		
도착지 인도조건	DDP	관세지급인도조건	0	0	0		Free Domicile의 관세 및 각종 세금은 대부분 발송인 부담이나 당사자가 물품의 수입 시에 지불해야하는 비용의 일부를 발송인의 의무로부터 제외시키고자 하는 경우 별도 표기(DDP, VAT Unpaid)
	DAP	지정장소인도조건	0	0	0		DAF, DES, DDU 조건 통합
	DAT	터미널인도조건	0	0	0		DEQ와 유사

DAT는 지정 목적항 또는 지정 목적지의 지정터미널에서 도착된 운송수단으로부터 일단 양하한 물품을 수입통관을 하지 않고 매수인의 임의처분상태로 인도하는 조건이다. 이 조건을 사용할 경우 DAT뒤에 목적항 또는 목적지의 지정터미널을 표시한다.

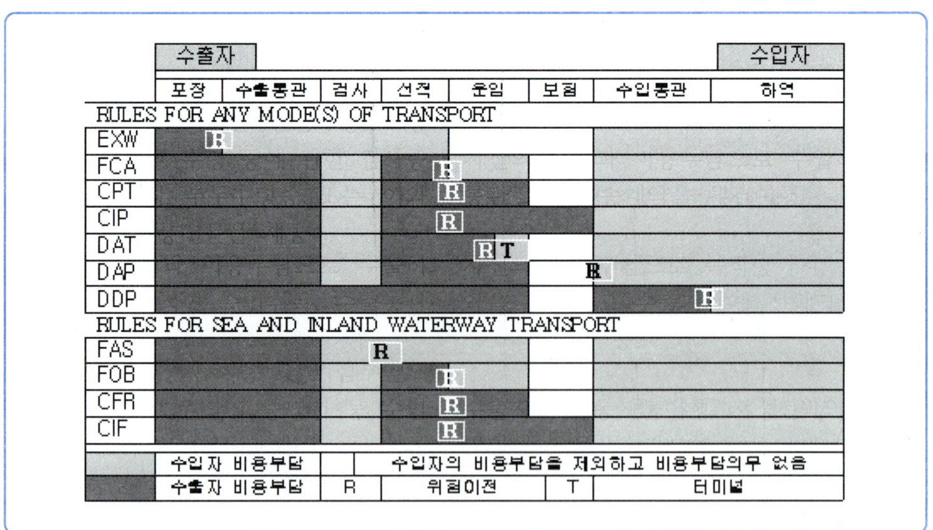

〈그림 25〉 INCOTERMS 2010-International Commercial Terms

DAP조건은 지정목적지에서 수입통관을 필하지 않은 계약물품을 도착된 운송수단으로부터 양하하지 않은 상태로 매수인의 임의처분상태로 인도하는 것으로 이 조건을 사용할 경우 DAP뒤에 지정목적지를 표시한다.

DAP조건과 DAT조건의 주된 차이점은 인도조건이다. 즉 DAP조건의 경우 매도인은 지정장소에서 도착된 운송수단으로부터 양하하지 않은 상태로 매수인의 임의처분상태로 물품을 인도하면 되는데 이 때 도착된 운송수단은 선박, 지정목적지는 항구가 될 수 있다. 한편 DAT에서는 지정 터미널에서 물품이 일단 선박이나 기타 운송수단으로부터 양하된 후 매수인의 임의처분상태로 물품이 인도되는데 이 때 지정 터미널은 항구에 있을 수 있다.

1) 정형거래조건의 구분 변경

'INCOTERMS 2000 규칙'은 전체 13가지 거래조건을 실무적으로 이해하기 쉽게 각기 공통점을 기준으로 E그룹, F그룹, C그룹, D그룹의 네 가지 그룹으로 분류했지만, 'INCOTERMS 2010 규칙'은 현대의 상거래 현실을 반영해 전체 11개 거래조건을 운송수단에 따라 ①모든 단수 또는 복수의 운송수단에 적합한 규칙(즉 복합운송조건; EXW, FCA, CPT, CIP, DAT, DAP 및 DDP)과 ②해상 및 내수로 운송을 위한 규칙(즉 해상운송조건 FAS, FOB, CFR 및 CIF)으로 구분하고 있다.

2) FOB, CFR 및 CIF조건에서의 위험과 비용부담의 분기점 변경

FOB, CFR 및 CIF조건에서의 위험과 비용부담의 분기점으로 Incoterms 2000까지는 본선의 난간(ship's rail)을 규정하고 있었으나, Incoterms 2010에서는 물품이 본선상에 「적재된」 때로 규정하고 있다. 이것은 현대 상거래의 현실을 반영한 것으로 이러한 변경을 통해 위험이 가상의 수직선을 통과할 때 위험이 가상의 수직선을 통과할 때 이전된다는 시대에 뒤떨어진 관념을 피할 수 있게 됐다.

3) 기타 중요한 변경 요인

가. 국내거래에 대한 적용 공식화

Incoterms는 전통적으로 물품이 국경을 통과하는 국제매매계약에 사용돼 왔으나 상인들이 순수한 국내매매계약에도 사용하고 있는 현실을 반영, Incoterms 2010에서는 국내 매매계약에도 사용될 수 있음을 공식적으로 인정하고 있다.

나. 사용지침(guidance note)의 도입

Incoterms 2010에서는 Incoterms 사용자들이 특정거래에서 적절한 조건을 선택해 사용하는데 도움을 주고자 각 조건의 앞부분에 「사용지침」을 두고 있다. 사용지침은 각각의 Incoterms 규칙에 대해 언제 사용돼야 하고, 언제 위험이 이전되며, 또 비용은 매매당사자 사이에 어떻게 배분되는지 등 기본적인 사항을 설명하고 있다.

다. 전자통신에 종이서류와 동일한 효력 부여

INCOTERMS 2010에서는 당사자들이 합의하거나 관습적인 경우 전자통신수단에 서면통신과 동일한 효력을 부여하고 있다.

라. 2009년 협회적하약관에 관한 규정 반영

INCOTERMS 2010은 지난해 새롭게 시행된 협회적하약관(Institute Cargo Clauses : ICC)의 개정된 약관의 내용을 반영했다. 또 운송 및 보험계약을 다루고 있는 A3/B3조에서 보험에 관한 정보제공의무를 규정하고 있다.

마. 보안에 관련된 규정 도입

9.11테러 이후 물품의 이동에 있어 보안에 대한 관심이 높아짐에 따라 몇몇 규칙에서 매매당사자 사이에 보안에 관련된 의무를 할당하고 있다. 예컨대 EXW조건에서 매도인은 매수인의 요청과 위험 및 비용부담으로 자기가 가지고 있는 물품의 안전확인(security clearance)을 위해 필요한 정보를 제공해야 한다.

바. 터미널취급수수료의 취급에 관련된 규정 추가

CPT, CIP, CFR, CIF, DAT 및 DDP조건에서 터미널취급수수료(THC)를 매매당사자들에게 명확히 할당함으로써 이와 관련된 분쟁을 회피할 수 있도록 하고 있다.

사. 연속매매(string sales)와 관련된 규정 도입

제조물(manufactured goods)의 매매와 달리 상품(commodities)의 매매에서는 종종 적하가 운송되는 도중에 여러 차례 전매되기도 한다. 이러한 경우 중간에 판매한 매도인은 물품이 이미 첫번째 매도인에 의해 선적돼 있기 때문에 물품을 「선적」하지는 않는다. 따라서 연속매매의 경우 중간에 있는 매도인은 매수인에 대한 자기의 의무를 물품을 선적하는 것이 아니라 선적된 물품을 「조달」함으로써 이행한다. 이를 명확히 하기 위해 Incoterms 2010에서는 관련 규칙에서 매도인은 물품을 선적하거나 또는 그 대신 「선적된 물품을 조달할」 수 있는 것으로 규정하고 있다.

ICC가 이러한 방향선회를 시의적절하다고 본 것은 다음 두 가지의 변화 때문이다. 먼저 거래당사자들은 순수한 국내매매계약에서도 INCOTERMS규칙을 통상적으로 사용한다. 또 다른 이유는 국내거래에서 종래의 통일상법전(Uniform Commercial Code: UCC)의 선적조건과 인도조건 대신에 INCOTERMS 규칙을 사용하고자 하는 미국의 강한 의지 때문이다.

2010년 INCOTERMS 는 2011년 1월1일부터 시행하였다. 따라서 2011년 1월 이후 매매계약에서 2000년 INCOTERMS를 계속 사용하고자 하는 당사자들은 매매계약에 'INCOTERMS 2000'을 명시해야 한다. 최신판 INCOTERMS를 적용하고자 하는 경우에도 당분간 분쟁을 피할 수 있도록 매매계약에 단순히 'INCOTERMS'가 아닌 INCOTERMS'과 같이 명확히 해 두어야 한다. 2010년 INCOTERMS를 적용하는 경우에는 이상에서 살펴본 개정 내용을 이해하고 그에 따라 적절한 조건을 선택해 사용함과 동시에 관련 서류도 개정된 내용을 반영 · 정비할 필요가 있다.

2. INCOTERMS 2010의 한계

INCOTERMS 2010은 무역거래당사자 간의 참고 규칙일뿐 강제규칙이 아니므로 거래당사자가 준거규칙으로 채택할 것을 합의한 경우에만 유효하며, 만약 당사자들 간의 특약이 있을 경우에는 특약이 우선 적용된다. 그럼에도 적화보험에서 INCOTERMS 2010이 중요한 이유는 적화보험자체가 무역과 밀접한 관계가 있다는데 있다. 무역거래에서 수출 · 입자 간의 권리와 책임소재 유무에 대한 명확한 판단이 존재해야 보험금의 수취권리와 실제 피보험이익을 가지고 있는 당사자들을 명확하게 구분시킬 수 있기 때문이다. 즉, 적화보험역시 무역거래의 한 축으로 국제거래상 인정되는 규정 및 법규정을 따라야 하며 그 기준을 'INCOTERMS 2010'에 두고 있기 때문이다.

(1) 계약물품의 소유권이전에 관한 규정의 부재

INCOTERMS 2010에는 위험, 비용부담의 분기점과 점유권의 이 규정을 두고 있지만 소유권의 이전에는 명시적인 언급이 없다. 그러나 이와 관련하여 영국물품매매법 제20조 및 미국통일매매법 제22조에서는 위험은 소유권에 수반하여 이전한다는 이론15)를 택하고 있다. 이들 조항은 위험과 분리하여 이전될 수 있다. 결국, 영 · 미법은 모두 별도의 합의가 없는 한, 위험은 소유권에 수반하여 이전된다고 추정할 수 있다.(risk prima facie with property) 따라서

INCOTERMS의 소유권이전은 위험의 이전방향과 동일하다고 추정한다.

(2) 계약불이행에 관한 책임범위의 부재

INCOTERMS의 A5, B5 및 A6, B6항은 위험의 이전과 비용의 분담시기를 다루고 있다. A5와 B5항에 따르면 만일 수입자가 합의한 대로의 물품인도・인수의무를 이행치 않거나 F조건하에서 자신이 운송인을 지정해야 할 때 수출자에게 적절한 통지를 하지 않을 경우, 물품이 인도되기 이전에도 위험은 수입자 측에 이전될 수 있다. 이 경우 그로 인한 비용은 수입자가 부담토록 규정하고 있다(B6항). 그러나 이러한 수입자의 계약위반과는 별도로 INCOTERMS는 그 위반에 수반하는 결과를 다루고 있지 않아 결국 수출자는 준거법이나 계약조건에 의존할 수밖에 없다. 예를 들어 수입자가 약정기간 내에 대금지급을 못하면 수출자에게 연체이자를 추가 지급해야 한다. 그리고 수출자가 약정기간 내에 계약물품을 인도하지 못할 경우에는 지체배상금을 지급해야 한다. 그 손해배상금은 지연기간에 대한 물품가격의 일정률로 산정・부과한다. 만일 인도물품이 매매계약상의 조건과 불일치한다면 수출자는 적합품으로 대체, 보수하거나 물품대금을 상환해야 한다.

(3) 불가항력규정에 대한 부재

INCOTERMS 2010상의 계약당사자는 상대방의 이익을 위하여 운송계약체결, 수출입통관과 같은 의무를 부담하기도 하고, INCOTERMS 외의 매매계약 혹은 준거법에 따라 면책된다면 불이행에 대한 책임을 면하게 되거나 의무로부터 벗어날 수 있다. 그러나 INCOTERMS상에는 CISG협약이나 ICC국제매매모델계약과 같이 불가항력에 관한 명시적인 규정이 없다. 결국 계약당사자는 기대치 못한 수출입금지 사태로 인하여 물품의 수출입을 할 수 없다면 매매계약상의 의무는 정지된다. 나아가 그러한 금지의 상태가 장기간 지속된다면 이행에 관한 의무로부터 면책될 수도 있다. ICC모델계약 제3조 제4항에서는 6개월 이상 그러한 상태가 지속될 때 서면통지로 계약을 해제할 수 있다는 규정을 두고 있다.

▸CISG협약 제79조에서는 각 당사자는 합리적으로 예견치 못하고 피할 수 없는 자기의 통제범위를 벗어난 장애로 인하여 계약상의 의무를 이행할 수 없는 경우 면책되도록 규정하고 있다. 그리고 ICC국제매매모델계약은 제2부 제13조에서 불가항력, 구제 및 면책의 조항에 관하여 CISG협약보다는 신축적으로 규정하고 있다.

(4) 변형 INCOTERMS 해석기준 불비

"EXW loaded", "FOB stowed and trimmed", "CIF Landed, CIF weights" 등의 조건을 사용할 경우 매도인이 그 기능과 비용만을 부담한다는 것인지 또는 비용과 위험을 모두 부담하는지에 대한 규정이 없다. 그리고 EXW조건에서의 매수인의 운송차량에 물품을 적재할 매도인의 추가의무, CIF, CIP조건에서 매수인의 추가보험(중복보험)의 필요성, DEQ조건에서 매도인은 양하 후의 비용을 지급해야 할 추가의무에 대해서 INCOTERMS상에는 불분명하다. 아울러 정기선조건(liner terms)과 운송취급수수료(transport handling charge)등의 표현에 관해서도 구체적인 정의가 없다. 따라서 계약당사자는 계약에서 이를 분명히 할 필요가 있다. 예를 들어 "FCA Bremen Incoterms 2000, THC for seller's account" 혹은 "FCA Bremen Incoterms 2000, 50% of THC for seller's account"로 계약서에 규정한다.

03 신용장

학습내용

학습의 목적

오늘날 신용장을 이용한 국제무역거래에서 모든 거래 당사자들은 신용장 통일규칙에 의하여 구속을 받고 있다. 따라서 이 장의 학습을 통하여 신용장을 이용한 국제무역거래를 성공적으로 수행할 수 있도록 한다.

학습의 목표

1. 신용장의 개념을 무역실무 중심으로 이해할 수 있다.
2. 신용장 방식의 무역거래 시 특징과 장점, 그리고 해당 무역의 방식 및 기능을 이해할 수 있다.
3. 신용장의 형태와 종류, 그리고 그 특징을 이해할 수 있다.
4. 신용장을 직접 작성할 수 있다.

3-1 신용장의 개관

1. 신용장의 의의

신용장에 관한 국제적인 규칙으로는 국제상업회의소(International chamber of commerce: ICC)가 제정한 상업화환신용장에 관한 통일규칙 및 관례(uniform customs and practice for commercial documentary credits: UCP)가 있다.

현재 국제거래에 사용되는 모든 신용장에는 반드시 그 신용장 발행은행이 당해 신용장 거래에서 야기되는 모든 문제를 신용장 통일규칙을 중심으로 해결한다고 인쇄되어 있어 이를 따르고 있다. 그러므로 신용장을 이용한 모든

▸ "Unless otherwise expressly stated herein, this credit is subject to the "Uniform Customs and Practice for Documentary Credits(1993 Reversion), International Chamber of Commerce Publication No. 600"

거래 당사자들은 신용장통일규칙에 의하여 구속을 받고 있다. 그러나 신용장은 어디까지나 신용장에 명시된 서류에만 근거를 두는 것이지 물품 자체나 물품거래 당사자 간의 계약내용에 구속이나 제한을 받지 않는다는 독자적인 성격을 갖고 있다.

(1) 신용장(letters of credit ; L/C)의 개념

신용장통일규칙인 UCP 600 제2조 신용장 정의에 의하면 신용장이란 국제간 무역거래 시 대금지불 및 상품 입수의 원활을 위하여 수입상의 거래은행이 수입업자(신용장 개설의뢰인)의 요청으로 수출업자로 하여금 일정기간 및 일정조건하에서 운송서류(transport document)를 담보로 수입업자, 신용장 개설은행 또는 개설은행이 지정하는 환거래 취결은행을 지급인으로 하는 화환어음발행을 허락하여 이 어음이 제시될 때 대금을 지급 또는 인수할 것을 어음발행인(수출업자) 및 어음수취인(어음매입은행)에게 확약하는 증서이다. 신용장은 그 명칭이나 기술에 관계없이 취소불능이며 일치하는 제시를 지급이행할 발행은행의 확약을 구성하는 모든 약정을 말한다.

▸UCP: 1933년에 제정된 후 1951년, 1974년, 1983년(UCP 400), 1993년(UCP 500), 2007년(UCP600)에 각각 개정되었다.

이것은 특정은행이 수입업자의 지불능력을 특정조건 아래 보증하는 상업신용(commercial credit)을 은행신용(bank credit)으로 전환시켜주는 금융수단을 의미하는 것으로 신용장의 개설은 개설은행이 약정한 대로의 서류와 상환으로 수익자 또는 그 지시인에게 직접 지급을 하거나, 또는 수익자가 발행한 환어음을 인수 및 지급하거나, 또는 타은행으로 하여금 그러한 지급, 환어음의 인수 및 지급 또는 매입을 하도록 수권하는 것을 뜻한다.

신용장의 범주에는 개설은행이 개설의뢰인의 요청과 지시에 따라 개설한 화환신용장 뿐만 아니라 개설은행이 그 자신을 대리하는 은행을 수익자로 하여 개설되는 보증신용장(stand by letter of credit)도 포함한다.

(2) 신용장의 기능

신용장에 의거해서 발행되는 어음은 수입상과 같은 개인 앞으로 작성되는 경우와 신용장 발행은행 앞으로 작성되는 경우가 있다.

신용장에 의거하여 발행되는 어음은 어음상의 책임을 보장하는 것이므로 어음발행인의 입장뿐 아니라 어음 매입은행의 입장에서도 가장 확실성 있는 것이라고 할 수 있다. 신용장 발행은행은 보증한 신용의 한도 내에서 당연히 책임을 지게 되므로 신용장 발행의뢰인에게 미리 상당금액을 불입하게 하거나 유가증권·부동산 등 적당한 담보를 제공하게 하거나 확실한 보증인을 세우는 것이 통례이다. 신용장이 지니고 있는 여러 가지 기능은 아래와 같다.

1) 국제무역촉진기능

수출입당사자간에 매매계약이 체결되었음에도 불구하고 신용장이 개설되어 있지 않으면, 수출상은 수입상이 상품을 주문한 후 시세하락 및 기타 다른 이유로 주문을 취소하지 않을까, 가격인하를 요구할지 않을까 또는 대금지급을 거절하지 않을까 하는 불안감에 사로잡힐 수 있다. 반대로 수입상은 수출상이 계약조건대로 계약기간 내에 매매상품을 선적할 것인지 확신을 가질 수 없다. 그래서 신용장은 수출대금결제를 보장하고 상품의 수령을 확실하게 함으로써 국제무역을 촉진시키는 역할을 수행한다.

2) 금융수단의 기능

신용장에 의한 수출대금은 개설은행이 지급을 확약하고 있으므로 수출자는 내도된 신용장을 근거로 수출에 소요되는 자금을 융자받을 수 있다. 또한 수출을 이행하고 나면 수입자가 대금을 지급하기 전이라도 수출자는 환어음을 발행하여 자기 거래은행에 매입 또는 할인을 의뢰함으로써 수출대금을 회수한다. 한편 수입자는 상품이 도착한 후에 대금을 지급할 수도 있고 기한부 신용장에 의하여 수입상품의 매매대전으로 수입대금을 결제할 수도 있어 금융상의 혜택을 볼 수도 있다. 신용장에 의한 거래는 수출자와 수입자에게 각각 다음과 같은 장점이 있다.

핵심

- 수출자 : ① 수입자의 신용과 관계없이 개설은행의 신용으로 대금지급이 약속되므로 대금회수가 확실하다. ② 체결된 계약의 일방적인 취소 또는 변경 등의 위험은 신용장의 개설과 동시에 불가능하게 되어 거래가 확실하다. ③ 수입국의 외환사정 악화에 따른 대외지불 중지 등 환결제의 위험을 방지할 수 있다. ④ 수출대금은 선적 후 수익자 소재지의 은행이 매입 등을 하므로 즉시 회수가 가능하다. ⑤ 신용장을 담보로 금융의 혜택을 받아 수출상품 또는 상품제조에 필요한 원료를 확보할 수 있다.
- 수입자 : ① 수출자는 대금회수를 위해 신용장에서 요구한 운송서류를 정확히 제시해야 하므로 계약상품이 제대로 선적될 것이라는 확신을 가질 수 있다. ② 신용장에는 최종 선적일과 유효기일이 명시되어 있어 계약상품이 적

기에 도착할 것을 확신할 수 있다. ③ 운송서류를 인도받으면서 개설은행으로부터 화물대도에 의한 신용을 공여받아 상품이 판매되는 기간 동안 대금결제를 연기 받는 혜택을 받을 수 있다. ④ 은행의 신용을 이용하여 자기의 신용을 강화할 수 있어 자신에게 유리한 계약을 체결할 수 있다.

(3) 신용장 거래의 특성

신용장에 의한 거래 특성은 다음 예로 설명이 가능하다.

이를테면 수입자가 주문한 물품이 군산항에 도착한 경우, 입항한 물품의 품질 및 수량이 매매계약의 내용과 비교하여 정확한지 여부를 해당은행의 외환업무 담당직원이 일일이 검사를 한 뒤 대금을 지급해야 한다고 가정해보자. 이때, 은행직원은 해당물품에 대한 지식과 통관에 대한 전문지식이 없을 것이므로 이런 방식으로 외환관련 업무를 수행한다는 것은 현실적으로 불가능할 것이다. 따라서 이러한 실물거래와는 무관하게 단지 해당 서류만에 의한 거래를 인정토록 해야 되는 필연성이 발생되므로 이를 위해 신용장은 다음과 같은 특성을 갖게 되며, 이러한 특징이 바로 곧 신용장 거래의 특수성이 되고 있다.

신용장 거래는 매매계약(sales contract) 또는 기타계약에 기초한 상품거래의 대금결제를 종결 시키는 데 그 목적이 있다.

신용장거래 매매계약과 상품거래와의 관계

매매계약	☞	신용장거래	☞	상품거래

그러나 지급을 확약하는 주체도 은행이고 또한 신용장에 의한 수출입 당사자간의 의무이행 여부를 판단하는 것도 은행이 된다. 따라서 개개의 상품거래에 대한 지식과 경험이 없는 이러한 은행을 보호하고 상품거래에 의한 매매계약 등의 구속으로부터 해방시킴으로써 자유롭고 원활한 신용장거래가 이루어지도록 하기 위하여 신용장에는 다음과 같은 독립성과 추상성을 부여하고 있다.

1) 신용장의 독립성

신용장은 매매계약에 근거하여 개설되는 것이지만, 일단 신용장이 개설되면 신용장은 매매계약으로부터 독립되어 그 자체로서 별도의 법률관계를 형성하는데, 이를 신용장 독립성이라 한다.

UCP 600 제4조에 의하면 신용장은 그 성질상 근거가 되는 매매계약 또는 기타 계약과는 별개의 거래이다. 따라서 은행은 신용장에 그러한 계약에 관한 여하한 참고사항이 포함되어 있다 하더라도 결코 그러한 계약과는 아무런 관계가 없으며 또한 이에 구속받지 아니한다.

예컨대 신용장에 "Commodity descriptions are as per offer No.100. dated Oct. 1,2000"의 기재가 있는 경우라도 신용장은 "offer No.100"과는 아무런 관련이 없는 것이다. 이것은 신용장 거래를 매매계약에 연계시키게 되면 은행이 매매계약의 내용을 일일이 확인하여야 하는 바, 이는 현실적으로 불가능하므로 이러한 구속으로부터 은행을 해방시켜 신용장 거래가 원활하게 이루어지도록 함에 그 취지가 있는 것이다.

결과적으로 은행이 신용장에 의거하여 지급, 어음의 인수 및 지급, 매입 또는 타 의무를 이행하겠다는 약정은 개설의뢰인이 개설신청인과 개설은행 또는 개설신청인과 수익자간의 관계로 인하여 주장하는 청구권 또는 항변에 지배받지 않음을 조건으로 한다. 수익자도 어떠한 경우에도 은행 간 또는 개설신청인과 개설은행 간에 존재하는 계약관계를 원용할 수 없다. 이것은 매매계약의 당사자가 아닌 은행을 무역계약으로부터 독립시켜 신용장 거래의 안정성을 확보하기 위함이다. 그러므로 수입자는 신용장조건과 매매계약조건이 서로 다르다는 점을 이유로 대금지급을 지연 또는 취소할 수 없으며, 매매계약이 취소되었다 할지라도 신용장 조건대로 이행한 수출자는 신용장의 독립성에 의해 보호를 받는다.

Article 4. Credits v. Contracts

a. Credits, by it's nature is a separate transactions from the sales or other contract on which it may be based. Banks are in no way concerned with or bound by such contract, even if any reference whatsoever to it is included in the Credit. Consequently, the undertaking of a bank to honour, to negotiate or to fulfil any other obligation under the Credit, is not subject to claims or defences by the Applicant resulting from his relationships with the Issuing Bank or the Beneficiary. A Beneficiary can in no case avail itself of the contractual relationships existing between the banks or between the Applicant and the Issuing Bank.

그러나 가끔 개설의뢰인의 입장에서는 신용장통일규칙 제4조의 이러한 규정을 유추해석하여, 개설의뢰인은 개설은행과의 신용장 개설약정에 따라 수익자에 대한 은행의 지급의무에 개입할 수 있다고 주장하는 경우가 있다. 이는 옳지 못한 주장이다. 위에서 언급한 UCP 제4조 a항의 뒷 부분에서는 신용장에 따른 은행의 지급의무는 개설의뢰인이 개설은행이나 수익자와의 관계에 기초하여 주장하는 청구권 또는 항변과도 별개의 독립된 것임을 명시하고 있기 때문에 개설의뢰인은 자신과 개설은행이나 수익자와의 관계를 원용하여 은행의 지급의무에 개입할 수 없다.

수익자도 은행 상호간이나 개설은행과 개설의뢰인간의 신용장 개설약정 등을 원용하여 은행의 지급의무에 개입할 수 없다. 즉, 수익자는 개설은행에 대하여 개설의뢰인과의 신용장 개설약정에 일치하는 신용장의 개설을 요구한다거나 지급을 강요할 수 없고, 개설의뢰인도 수익자가 개설의뢰인과의 매매계약에 따른 의무를 위반하였다는 이유로 신용장조건과 일치하는 서류와 상환으로 지급 등을 행하는 개설은행에 대하여 그 정지 등을 요구할 수 없다.

실무 수입상 A는 외국의 수출상과 매매계약을 체결하고 신용장을 개설해 주었는데 수출상은 처음 계약조건과 다른 품질의(질이 조금 떨어지는) 상품을 선적하였다. 이를 이유로 개설은행에게 대금지급을 거절해 달라고 요구할 수 있는가?

핵심

- **불가능하다.**
- 신용장이 아무런 근거도 없이 독립적으로 개설될 수는 없다. 항상 그 배경이나 근거가 되는 계약이 있게 마련이다. 보편적으로 계약이란 매매당사자가 합의한 각종 조건들을 자세하게 적은 서류를 작성하여 쌍방이 서명한 후 1부씩 보관한다. 심지어 간단하게 서로 말로만 합의하여 두었다면 그것만으로도 계약(구두계약)이 성립한다. 신용장은 그러한 계약이 성립되고 난 후에 그 계약을 근거로 수입상이 개설은행에 요청하여 개설되는 것이다.
- 그러나 신용장은 독립성이라는 특성을 갖고 있다. 더욱이 그러한 매매 계약서의 참조번호가 신용장상에 언급되어 있다고 하더라도 매매계약서 상 의 조건은 신용장거래에 어떠한 영향도 줄 수 없다. 다만 실무적으로 수익 자가 상업송장의 상품명세란에 그러한 참조번호를 언급해 주면 그것으로 그만인 것이다.
- 따라서 개설은행은 신용장 자체의 조건만 충족되었다면 계약서상의 조건이 정확하게 이행되지 않았으니 지급을 보류하라는 개설의뢰인의 요청에 전혀

영향을 받지 않는다. 왜냐하면 실질적으로 계약서의 조건대로 이행이 되었는지 여부에 대해서 은행이 개입할 권리나 의무가 없기 때문이다.

- 그러나 만약 그러한 계약서의 사본이 신용장 자체의 필수 구성부분(integral part)으로 첨부되어 왔다면 그 계약서의 사본은 신용장의 일부로 간주되어 신용장 자체의 조건과 마찬가지로 그 계약서의 조건도 충족시켜야지 개설은행의 지급을 요구할 수 있다. ICC는 이러한 계약서를 첨부하는 방식으로 신용장이 개설되는 것을 억제하도록 만류하고 있지만 계약서가 신용장에 붙어서 오는 경우도 있다. 이러한 경우 수출상인 수익자는 신용장의 내용과 첨부된 계약서 사본의 내용이 일치하는지 여부를 검토하여 서로 불일치하는 조건이 있으면 선적 전에 조건변경을 받아두어야 후일의 분쟁을 예방할 수 있다.

2) 신용장의 추상성

신용장거래에 있어서 모든 관계 당사자는 서류상의 거래를 하는 것이지 그러한 서류들이 관련되어질 수도 있는 상품, 용역 또는 계약이행상의 거래를 하는 것이 아니다. 이와 같이 직접적인 상품의 거래가 아니고 간접적인 서류상의 거래인 신용장 거래특성을 가리켜 이를 신용장의 추상성이라 한다.

UCP 600의 제5조의 '서류, 상품, 서비스, 이행'조항을 보면 신용장 거래에 있어 모든 관계당사자는 서류로 거래한다고 규정함으로써 신용장거래의 추상성에 관한 원칙을 더욱 명확하게 하였다. 이와 같이 신용장에 추상성이 필요한 이유는 상품거래에 대한 지식과 경험이 없는 은행을 보호하고, 나아가 은행으로 하여금 매매계약 등의 제약으로부터 해방시켜 줌으로써 신용장 거래의 원활화를 기하기 위함이다.

3) 엄밀일치성

신용장의 엄밀 일치성이란 신용장은 서류상의 거래이므로 은행은 신용장 조건에 부합되는 선적서류가 제시되면 서류심사만으로 대금을 지급하거나 매입할 수 있으며 사실상의 거래내용을 확인할 의무를 지지 않는다. 그러므로 선적한 물품이 계약물품과 상이한 물품이거나 매매계약이 취소되더라도 수출상이 신용장 조건대로 이행하고 수출상이 제시한 선적서류가 하자가 없는 한 은행은 매입 및 지불에 응하여야 한다.

현행 국제적으로 통용되고 있는 신용장은 하나의 독립된 지급수단이 될 수 없다. 또 신용장 하에서 개설은행도 매매계약의 당사자가 될 수 없으며, 단지 일정한 조건이 충족되는 경우에만 개설은행이 지급・인수・매입을 하겠다는 독자적인 약속을 하는 것이므로 매수인이 상품대금을 지급하지 않으면 은행이 대신 지불한다는 것이 아니라는 점에서 그 한계성을 지니고 있다. 그리고 신용장은 반드시 계약상품이 인수된다고 보장하지 않는다는 점에서 그 한계를 노출하고 있다.

실무

수입상 B는 동남아의 국가에서 냉동새우를 수입하였는데 선적된 견본품을 받아 본 결과 마리당 무게가 원래의 계약과 달랐다. 그런데 개설은행으로 내도한 서류들에는 신용장에서 명시한 무게를 비롯하여 모든 명세가 일치하고 다른 서류에도 하자가 없다. 만약 수입상인 개설의뢰인이 '실질상품의 명세가 서류상의 명세와 다르다'는 증거를 제시한다면 개설은행은 지급을 거절할 수 있는가 ?

핵심

- **신용장거래에서는 상품의 실질상태를 참조하지 않으므로 개설은행은 대금을 수출상에게 지급하여야 하며 개설의뢰인은 개설은행에게 대금을 결제하여야 한다.**
  - 신용장거래에서는 모든 당사자들이 서류를 가지고 거래한다. 상품의 실질상태는 신용장거래에서 아무런 상관이 없다. 개설은행은 수출상인 수익자가 신용장에 기술되어 있는 상품을 실제로 선적하면 대금을 지급 하겠다고 약속하는 것이 아니다.
  - 그 대신에, 개설은행은 신용장에 기술되어 있는, 상품을 선적하였다는 표시를 하고 있는 서류를 제시하면 대금을 지급하겠다고 약속하는 것이다. 이를 신용장거래의 또 하나의 특성인 추상성이라고 부른다. 즉, 실질적인 거래의 상태와 상품은 모두 서류로서 추상화 되어 있다는 것이다.
  - 그런데 이렇게 서류만 가지고 거래한다는 신용장거래의 추상성 원칙은 은행들이 매매당사자 사이의 거래에 개입하여 원활한 거래를 도우면서 결제를 할 수 있는 최소한의 요구 사항인 것이다.
  - 만약 은행들이 상품의 실질상태가 신용장에서 요구하는 내용과 일치하는 경우에만 지급을 해야 하고 그렇지 않은데도 지급을 한 경우 은행이 책임을 져야 한다고 정해 놓는다면 어느 은행이 몇 푼의 수수료를 벌겠다고 그 엄청난 위험을 감수하겠는가? 또한 각종, 상품에 대한 전문적인 지식도 없는 은행들이 무슨 재주로 화물이 도착하는 부두에 나가서 실질적으로 올바른 물건이 도착했는지 여부를 확인할 수 있겠는가? 그러므로 은행은 화물의 실질상태가 어떻게 되어 있는지 여부에 대해서는 어떠한 관여도 할 수가 없는 것이다.

(4) 신용장 거래의 한계

신용장은 국제간의 무역거래를 촉진시켜 주는 편리한 수단이지만 원만한 계약이행을 위해서는 궁극적으로 수출입당사자간의 성실성이 무엇보다도 중요한 것이며 신용장이 발행되었다고 해서 모든 것이 다 원만하게 해결 되는 것은 아니다. 따라서 신용장도 이행할 수 없는 한계를 가지고 있다.

1) 수입상에 대한 한계

수입상이 요구하는 상품을 반드시 입수할 수 있다는 보장이 없다.

신용장의 거래는 어디까지나 서류상의 거래이기 때문에 수출상이 이러한 특성을 악용하여 품질이 나쁜 상품 또는 전혀 엉뚱한 물품을 선적하고 서류만 신용장 조건대로 작성하여 제시하면 은행은 반드시 대금지급을 하므로 수입상 입장에서는 자기가 원하는 상품이 정확하게 수입될 것이 라는 보장이 없다.

2) 수출상에 대한 한계

신용장 거래는 서류에 의한 거래이므로 서류만을 근거로 지급을 하게 된다. 그러나 수입상이 이러한 특성을 악용하여 수출상이 매매계약 내용을 성실히 이행하였음에도 불구하고 서류상의 오류를 트집잡아 지급 을 거절하거나 가격할인을 요구하여 국제분쟁이 발생된 사례도 있다.

2. 신용장통일규칙

무역거래에서 대금결제의 주요수단인 신용장의 거래관습도 국가마다 상이하기 때문에 자주 당사자 간 신용장조건 해석기준이 달라 대금결제관련 분쟁과 혼란이 발생하였다. 이에 국제상업회의소(ICC)는 신용장조건 해석기준을 세계적으로 통일하기 위한 노력의 결과, 1933년 6월에 "상업화환신용장에 관한 통일규칙 및 관례"(Unifom Customs and Practice for Commercial Documentary Credits), 즉 화환신용장통일규칙을 제정하게 되었다. 신용장통일규칙은 그 후 6차에 걸쳐서 개정되었는데, 2007년 제6차 개정된 화환신용장통일규칙을 "UCP 600"으로 칭하고 있다.

신용장통일규칙은 국제상업회의소의 범세계화 노력에 힘입어 이제는 전세계 170여개 국에서 채택하고 있는 국제규칙으로 발전하였다. 이처럼 신용장통일규칙은 신용장거래당사자에게 신용장의 해석기준과 준거법을 제공함으로써 분쟁예방은 물론 국제무역대금결제를 원활히 수행할 수 있도록 하고 있다.

(1) 2007 개정 신용장 통일규칙(UCP 600)

2007 개정 신용장통일규칙(UCP600)은 동 규칙이 1933년에 제정된 이래 가장 최근에 개정된 것으로 상업신용장에 관한 보편적인 규범이다. 프랑스 파리에 소재한 ICC의 은행기술실무위원회(commission on banking technique and practice)의 공표로 국제상업신용장실무에서 기준이 되고 있다.

UCP 600은 동 규칙에 따라 발행된 신용장에 적용되며 동 규칙에서 적용하지 않는 신용장에 대해서도 국제관습으로서 적용이 가능하다. 신용장에 관한 국내법원의 해석은 UCP 600를 신용장관행에 있어서는 1차적인 법원(法源)으로서 UCP600을 적용한다. 그리고 신용장에 관한 법률에 있어서는 영향력이 있는 법원(法源)으로서 UCP600을 적용한다. 신용장은 그 이용이 과거에 비하여 많이 감소하였음에도 불구하고 세계 무역에서 차지하는 대한민국의 위상 등을 고려한다면, 국제무역에 종사하는 사업자나 회사의 입장에서는 신용장이 중요한 역할을 하고 있다.

독립보증과 보증신용장에 관한 UN협약(이하 UN신용장협약), 개정 UCC 5장과 같은 신용장에 관한 입법들은 중국인민최고법원에 의해 공표된 중국신용장규칙과 같이 신용장 관행에 관해 명시적으로 규정하고 있다. 보증신용장을 규율하기 위한 보증신용장통일규칙(이하 "ISP98")이 제정되었음에도 불구하고 UCP600은 동 규칙이 보증신용장을 포함하여 모든 화환신용장에 적용됨을 명시하고 있다. UCP600은 이전 개정과는 개정양상이 많이 다르며 상당부분 ISP98의 접근방법을 따르고 있다. 또한 2003 개정 ISBP의 일부조항과 원본서류심사에 관한 ICC은행위원회의 결정사항을 수용한다.

(2) 2007 신용장 통일규칙(UCP 600)의 주요 변화

첫째, 기존 UCP 500의 유사조항을 통폐합하여 49개조항에서 38개 조항으로 정리하였다. 둘째, 개념정의 조항을 통합적으로 마련하여 기존 UCP 500에서 불명확하던 개념(예: honour" and negotiation) 정의 조항을 추가하였으며 오해의 소지가 많은 용어를 삭제하였다. 셋째, 해석에 대한 조항을 신설하여 기존 UCP 500에서 분산되어 있던 해석 조항을 한 군데로 모으고, 해석상 오해의 소지가 많았던 문구들을 삭제하였다. 넷째, 기간 계산의 기준을 제시하였으며, 서류심사기간을 7영업일에서 5영업일로 개정하였다. 따라서 은행의 환가료 징수기간이 2일 줄어든 결과가 발생하였다. 다섯째, 취소가능신용장에 관련된 규정을 삭제하고 취소불능신용장임을 원칙으로 하였다. 여섯째, 연지급

신용장(deferred payment credit)의 선지급이나 매입을 허용을 하였다. 일곱째, 제2통지은행(second advising bank)의 개념을 도입하였으며 선적일자의 기준을 명확하게 하였다.

참고

- 삭제된 조항 :
  - Article 5: Instructions to Issue/Amend Credits
  - Article 6: Revocable vs. Irrevocable Credits
  - Article 8: Revocation of a Credit
  - Article 12: Incomplete or Unclear Instructions
  - Article 30: Freight Forwarder Transport Documents
  - Article 38: Other Documents
  - "Reasonable time" and "without delay" have been deleted. Banks are simply allowed five days to examine documents and assert any discrepancies. New Articles 14(b) and 16(d). The UCP 500 allowed a reasonable time not to exceed 7 days. Now, the processing, either making payment of rejecting payment must be made within 5 days only from the presentation of documents.
- 새로 포함된 정의 :

① Confirmation :

means a definite undertaking of the confirming bank, in addition to that of the issuing back, to honour or negotiate a complying presentation.

② Honour :

  - to pay at sight if the credit is available by sight payment
  - to incur a deferred payment undertaking and pay at maturity if the credit is available by deferred payment
  - to accept a bill of exchange ("draft") drawn by the beneficiary and pay at maturity if the credit is available by acceptance
  - Negotiation: means the purchase by the nominated bank of drafts (drawn on a bank other than the nominated bank) and/ or documents under a complying presentation, by advancing or agreeing to advance funds to the beneficiary on or before the banking day on which reimbursement is due to the nominated bank

- 개정 및 보완 조항 :
  - Articles 6 and 8: Changes to Irrevocable Credits. All credits under UCP 600 are deemed to be irrevocable unless clearly stated to the contrary.
  - Article 7, 'Issuing Bank Undertaking' has a new clause (b), which states 'An issuing bank is irrevocably bound to honour as of the time is issues the credit'.

- New Article 10 (c): replaces Article 5 that provided basics re amendment credits and New Article 10(c) provides that the terms of the original credit remain in force until a beneficiary accepts or rejects amendment and if beneficiary fails to do so presentation of a draft will be deemed to be acceptance. A beneficiary can be deemed to accept an amendment by a presentment alone.
- New Article 12: What constitutes nomination of a bank in a credit. Such nomination authorizes confirming bank to discount of time payments, including deferred payments.
- Consistency of documents requirement restated. New Article 14(d)
- New Article 14(j) Addresses in the credit do not have to match the addresses in the documents in the shipping documents or in any other stipulated document exactly but must be in same country as the addresses in the credit. Also , contact details will stated as part of beneficiary' ' and applicant will be disregarded except when address of consignee appear they must be as stated in the credit
- New Article 14(k). The Shipper/consignor need not be the beneficiary of the Letter of Credit.
- Article 16(c)(iii) allows an issuing bank to refuse documents and then release documents upon obtaining a waiver of discrepancies. This allows a seller to provide instruction on the remitting schedule on how the discrepant documents should be dealt with when Issuing Bank rejects them.
- Article 17, 'Original Documents and Copies' includes a new clause, which states that 'at least one original of each document stipulated in the credit must be presented'. However, a document bearing the word "original" is deemed to be an original.
- Changes in Transport Documents:
- New Article 19: Multimodal transport documents to conform to new SWIFT standard. "In all places where the term" "multimodal transport document" is used it also includes the term "combined transport document." In essence, multimodal transport document does not have bear one name or another but to fulfill the conditions set in UCP.
- New Article 20: Bill of lading now means port-to-port.
- Article 27 Revision: The word "clean" is no longer required to appear on the transport document even if the credit requires that transport document evidence "clean on board."
- New Article 35 provides additional language about lost documents. A bank

assumes no liability for loss when documents are transmitted per the credit terms or when the bank takes the initiative in the choice of delivery.

- Article 38 weight of goods to be evidenced on transport documents and declaration of weight/stamp has been completely removed.

• 기타사항 :

이 규칙들은 독립된 원칙으로 간주되고 각 조항을 나타내는 언어가 다르더라도 이 원칙들은 동일하다. UCP 500에서 은행은 신용장거래 하에서 발생하는 여분의 불필요한 서류를 검사하거나 취급하는 의무가 없었다. 이 규정은 UCP 600에서도 그대로 유지된다. 은행은 신용장발행에 의해 발생한 기타 불필요한 문서를 확인 점검하지 않아도 된다.

(3) 신용장통일규칙의 법적 효력

신용장통일규칙(UCP 600)은 그 적용에 대해서 “신용장통일규칙의 조항들은 별도의 명시적 합의가 없는 한 신용장의 모든 관계당사자를 구속한다”고 규정하고 있는데, 국제상업회의소(ICC)는 동 규칙이 법적 구속력을 갖기 위한 소위 신용장통일규칙 준거문언을 신용장에 삽입하도록 권고하고 있다.

그러나 신용장통일규칙은 강행법규가 아닌 임의법규이기 때문에 관계당사자간에 다른 특약이 있을 경우에는 그 특약에 따라야 한다. 따라서 신용장거래에서 화환신용장통일규칙을 적용한다는 준거문언이 삽입되는 경우에 비록 신용장통일규칙이 법률은 아니지만 신용장거래와 관련된 당사자를 구속하는 것이다.

3. eUCP

(1) eUCP의 의의

최근 전자상거래의 발전은 신용장거래에서 서류의 전자적 제시(electronic presentation)와 무역에 사용되는 서류의 전자적 메시지화를 촉진시키고 있다. 이에 국제상업회의소(ICC)의 은행기술실무위원회는 2000년 5월 24일 파리에서 개최된 회의에서 전자상거래의 활성화에 따라 화환신용장통일규칙(UCP 600)과 종이서류에 상응하는 전자적 자료처리를 위한 국제적 통일규칙의 필요성을 확인하고 2001년 11월 7일 eUCP를 제정하여 2002년 4월 1일부터 시행되었다. 이것은 eUCP 1.0판이며, 제1차 개정으로서 2007년 7월 1일부터 eUCP 1.1판을 시행하고 있다.

eUCP의 정식명칭은 "전자적 제시를 위한 화환신용장통일규칙 및 관례의 보칙 1.1판"(Supplement to the Uniform and Practice for Documentary Credits for Electronic Presentation-Version 1.1)으로서 e-UCP는 화환신용장통일규칙(UCP 600)과 함께 사용되면서 신용장거래에서 무역서류로서의 전자적 기록 또는 종이서류와 함께 이루어지는 전자서류의 제시를 수용하기 위하여 화환신용장통일규칙(UCP 600)을 보충하는 보칙이다. 즉, eUCP는 신용장거래에서 수익자는 신용장의 조건과 일치하는 선적서류를 제시하여야 하는데, 이러한 무역서류를 기존의 종이서류를 대신하여 전자적 기록으로만 제시하거나 또는 일부의 서류는 종이서류로 그리고 나머지 서류는 전자적 기록을 제시하는 경우 이러한 전자적 제시에 대하여 적용하기 위한 국제규칙이다.

(2) eUCP의 특징

eUCP는 다음과 같은 특징을 갖고 있다.

eUCP는 화환신용장통일규칙(UCP 600)의 개정이 아니며, 어디까지나 전자기록의 제시에 대한 불확실성을 제거하기 위해 제정한 화환신용장통일규칙(UCP 600)의 보칙이다. 따라서 eUCP가 적용되는 신용장에는 화환신용장통일규칙(UCP 600)에 대한 준거문언이 명시되어 있지 않더라도 화환신용장통일규칙(UCP 600)이 적용된다.

eUCP는 완전히 전자적으로 제시하거나 또는 종이문서와 전자적 제시를 혼용할 수 있도록 하고 있다.

eUCP는 신용장의 전자적 발행 또는 전자적 통지와 관련하여 아무 것도 제시하지 않고 있다. 그 이유는 현 시장관행과 화환신용장통일규칙(UCP 600)이 오랫동안 신용장의 발행 또는 통지를 전자적으로 행할 수 있도록 허용하고 있기 때문이다.

eUCP는 기술적 발전에 따라 필요시 개정 또는 후속 버전이 나올 수 있도록 그 버전 번호를 부여하여 제정되었다.

화환신용장통일규칙(UCP 600)의 조항과 혼란을 방지하기 위하여 eUCP 각 조 번호 앞에 'e'가 표시되어 있다.

신용장이 전자문서 또는 종이와 전자문서의 혼용을 허용하도록 하고자 하거나 또는 당사자들이 eUCP를 적용하기를 원할 경우 eUCP를 명시적으로 삽입하여야 한다는 점이다. 그러나 eUCP와 화환신용장통일규칙(UCP 600) 모두를 삽입할 필요는 없는 것으로 하고 있다.

eUCP는 무역서류의 전자적 제시에 적용될 수 있는 적절한 기술적 보안이나 표준에 대한 지침을 제공하고 있지 않다. 따라서 거래당사자들은 그들 자신들의 기술적 표준을 결정하여야 하며, 또한 기술적 발전에 따라서 지속적으로 재검토하여야 한다.

eUCP는 특정기술 및 개발되고 있는 전자상거래시스템과 독립적으로 초안되고 또한 특정기술이나 전자적 제시를 촉진시키기 위하여 필요한 시스템을 제시하거나 정의하고 있지는 않다.

(3) eUCP의 적용범위

eUCP에서는 eUCP의 적용범위에 관해서 다음과 같이 규정하고 있다.

"전자적 제시(electronic presentation)를 위한 화환신용장통일규칙 및 관례(2007 개정 UCP 600)의 보칙(supplement)은 전자기록 자체만의 또는 종이문서와 결합된 제시에 적용할 목적으로 화환신용장통일규칙을 보충한다"라고 하여 eUCP의 목적과 역할을 명시하고 있다.

eUCP는 완전히 온라인상에서의 전자적 거래뿐만 아니라 전통적인 종이문서에 기반을 둔 거래와 혼합하여 적용할 수 있으며, 화환신용장통일규칙(UCP 600)을 보충하는 것을 목적으로 하고 있다.

"eUCP는 신용장이 eUCP에 따른다는 명시가 있는 경우 화환신용장통일규칙(UCP 600)의 보칙을 적용한다."고 하여 신용장의 본문에 eUCP를 적용한다는 문언, 즉 "…Subject to the Supplement to Uniform Customs and Practice for Electronic Presentation(eUCP) Version 1.1"과 같이 명시가 있어야 적용된다. 즉, 화환신용장통일규칙(UCP 600)은 강행법규가 아니고 임의규칙이기 때문에 법적 구속력을 갖기 위해서는 신용장 본문에 준거문언을 삽입하여야 당사자를 구속할 수 있다.

"이 버전은 1.1이다. 신용장은 적용하는 eUCP의 버전을 반드시 명시하여야 한다. 신용장이 버전을 명시하지 아니할 경우 신용장이 발행된 일자에 시행되는 버전을 따르고 또는 수익자가 승낙한 조건변경이 eUCP에 따르도록 되어 있을 경우 조건변경일자에 시행되는 버전에 따른다"라고 규정하여 eUCP를 적용하는 신용장은 그 본문에 "eUCP Version 1.1"과 같이 eUCP를 적용한다는 문언이 명시되어 있어야 한다.

이와 같이 eUCP에 적용되는 버전은 특정할 경우와 특정하지 아니한 경우를 구분하여 신용장 발행과 조건변경시의 적용 버전에 관하여 규정하고 있다.

(4) eUCP와 신용장통일규칙과의 관계

eUCP가 화환신용장통일규칙(UCP 600)을 대체하는 것은 아니다. 즉, eUCP는 오직 화환신용장통일규칙(UCP 600)의 보칙으로 eUCP와 화환신용장통일규칙(UCP 600)을 상호 보완하여 사용하도록 하고 있다.

"eUCP를 준거로 하는 eUCP 신용장은 화환신용장통일규칙(UCP 600)의 적용을 명시하지 아니하더라도 또한 화환신용장통일규칙(UCP 600)을 적용한다."고 규정하고 있다. 따라서 eUCP에 준거하는 것으로 명시된 신용장의 경우 화환신용장통일규칙(UCP 600)의 준거문언이 명시되지 아니하여도 화환신용장통일규칙(UCP 600)을 적용할 수 있다.

"eUCP가 적용되는 경우 그 조항은 화환신용장통일규칙(UCP 600)의 적용과 다른 결과를 발생시키는 범위 내에서 우선한다."고 규정하여 eUCP와 화환신용장통일규칙(UCP 600) 적용이 상충될 경우에는 eUCP를 우선 적용하는 것으로 하고 있다.

"eUCP신용장이 수익자가 종이문서 또는 전자적 기록의 제시 또는 종이문서 제시만을 선택하는 것을 허용하는 경우 수익자가 종이서류의 제시만을 선택한다면 그 종이서류의 제시에 대해서는 UCP만 적용하며, eUCP 신용장이 종이서류만을 허용한 경우 화환신용장통일규칙(UCP 600)만 적용한다.

(5) 전자기록의 제시에 대한 수리요건

1) 전자기록의 제시에 대한 추가적인 면책사항

은행은 전자기록의 외관상의 진정성(apparent authenticity)을 확인하는 것 외에 전자기록의 수취(receipt), 인증(authentication) 그리고 확인(identifi- cation)을 위하여 상업적으로 수용가능한 자료처리 방법의 이용에 의하여 수취된 전자기록에 명백하게 나타나는 것을 제외한 송신사의 신원(identity of the sender), 정보의 출처(source of the information) 또는 그러한 전자기록의 완전성과 무변조성에 대한 책임을 부담하지 않는다.

2) eUCP에 의하여 제시된 전자기록에 전자서명을 포함

eUCP에서는 eUCP에 의하여 제시된 전자기록에 화환신용장통일규칙(UCP 600)을 적용할 목적으로, 화환신용장통일규칙(UCP 600)에서 사용되고 있는 '서명하다'(sign)라는 용어는 전자서명을 포함하여야 한다고 규정하고 있다. 이 규정은 화환신용장통일규칙(UCP 600)에 사용하고 있는 '서명하다'라는 용어가

전자서명을 포함한다는 것을 eUCP에서 다시 확인하고 있는 규정이라고 할 수 있다.

여기서 전자서명(electronic signature)은 어떠한 사실을 확인하거나 전자기록에 대한 인증을 표시하기 위하여 전자기록에 첨부되거나 논리적으로 관련되고, 실행되거나 채용된 데이터의 처리과정(data process)을 의미한다.

3) 운송서류에는 물품이 지정선박에 선적되었음을 명시

해상운송, 항공운송 등의 운송을 증명하는 서류가 전자기록으로 제시되는 경우 그러한 운송을 증명하는 전자기록에 선적일이 표기되어 있지 않다면 전자기록의 발행일이 선적일로 간주된다.

그러나 만약 전자기록에 선적일 또는 발송일을 증명하는 부기가 포함되어 있는 경우 그러한 부기일자(date of notation)는 선적일 또는 발송일로 간주되며, 그러한 추가적인 데이터 내용을 보여주는 부기표시는 별도로 서명되거나 인증될 필요가 없다고 규정하고 있다.

4. 신용장의 종류

그러나 일반적으로 신용장이라고 하면 무역거래의 결제를 목적으로 하는 상업신용장을 의미하며 일반적으로 사용방식, 결제기한, 상환방식, 양도성 여부, 상환청구 가능성 여부, 제3은행의 확약추가 여부 등의 기준에 따라서 분류한다. 신용장의 종류를 구분하는 것은 신용장에 명시되어 있는 문구를 통하여 구별할 수 있기 때문에 수출업자는 신용장을 면밀하게 살펴보고 당해 신용장이 어떤 신용장에 해당되는지를 알아야 한다.

(1) 취소불능신용장(irevocable credit)과 취소가능신용장(revocable credit)

취소불능신용장이란 신용장이 일단 개설되어 수익자에게 통지된 이상, 신용장의 관계 당사자를 구속하여 신용장의 유효기간 내에는 신용장거래 기본당사자 전원의 합의 없이는 신용장의 취소나 조건변경이 불가능한 신용장을 말한다. 이 취소불능신용장은 개설은행이 수익자와 그 신용장에 의하여 발행된 환어음 또는 제시된 선적서류의 선의의 소지인(bona fide holder)에 대하여 그것이 신용장의 모든 조건에 합치되어 있는 한 이 신용장이 확약하는 지급·인수 또는 매입을 이행해야 하므로 어느 한 당사자에 의해서 임의로 변경이나 취소될 수 없다. 또한 수익자의 개설은행에 대한 권리는 수출업자와 수입업자간의 매매계약의 내용이나, 또 수입업자와 개설은행 간의 계약관계에 구애됨이 없이 독립되고 절대적인 것으로서 이를 취소불능신용장의 독립성이라 한다.

반면 취소가능신용장이란 신용장을 개설한 은행이 수익자에게 사전통지를 하지 않고도 신용장을 취소하거나 조건변경을 할 수 있는 신용장이다. 신용장상에 'revocable'이라는 문자가 표시되어 있으면 개설은행은 수익자의 동의 없이 일방적인 의사표시로 신용장의 매입통지가 있기 전에는 아무 때나 취소권을 행사할 수 있다. 그러나 일단 수익자에게 신용장이 통지되고 그 신용장 조항의 변경이나 취소가 통지은행에 접수되기 전에 원신용장의 조건대로 지급·인수 또는 매입한 은행에 대해서는 개설은행이 보상책임을 진다. UCP 500에서는 취소가능 여부없을 경우 '취소불능'신용장으로 간주한다.

(2) 확인신용장(confirmed credit)과 미확인신용장(unconfirmed credit)

확인신용장은 개설은행 이외의 제3의 은행이 개설은행의 요청에 의하여 수익자가 발행한 어음의 지급, 인수 또는 매입을 확약한 신용장을 말하며, 이러한 확약이 없는 신용장을 미확인 신용장이라 한다.

(3) 보통신용장(open or general credit)과 특정신용장(restricted or special credit)

보통신용장이란 신용장에서 어음매입을 특정은행으로 제한하지 않고, 아무 은행에서나 자유롭게 매입할 수 있도록 되어 있는 신용장을 말하며, 특정신용장은 신용장상의 수익자가 선적을 완료한 후 발행하는 환어음의 매입은행을 특정은행으로 한정하고 있는 신용장이며, 이를 매입제한신용장이라고도 한다.

(4) 매입신용장(negotiation credit)과 지급신용장(straight credit)

신용장에 의해서 발행되는 어음이 유통 및 현금화될 것을 예상하고 이를 허용하는 신용장을 매입신용장이라 한다. 매입신용장에서는 어음의 발행인(drawer), 배서인(endorser) 및 선의의 소지인에게 모두 지급을 확약하고 있지만, 지급신용장에서는 배서인이나 선의의 소지인에게 대한 약정이 없고 단순히 신용장 개설은행 또는 동 은행의 특정 환거래 취결은행 앞으로 어음이 발행되어 제시되면 지급하겠다는 약정의 신용장이다.

(5) 화환신용장(documentary credit)과 무화환신용장(clean credit)

화환신용장이란 개설은행이 수익자가 발행한 환어음에 선화증권 등의 운송서류를 첨부하는 것을 조건으로 지급, 인수 또는 매입 할 것을 확약하는 신용장을 말하며, 무화환신용장(clean credit)이란 신용장에 의해 발행되는 환어음에 운송서류가 첨부되어 있지 않은 무담보어음인 경우에도 어음을 지급, 인수 또는 매입할 것을 확약하는 신용장을 말한다.

(6) 일람출급신용장(sight credit)과 기한부신용장(usance credit)

신용장에 의해서 발행되는 어음이 일람출금어음인 경우를 일람출금신용장이라 하고 기한부어음의 발행을 요구하고 있는 신용장을 기한부신용장이라 한다. 일람출급신용장에 있어서는 환어음상 지급인을 개설은행으로 하여야 하며, 취소불능신용장인 경우에는 개설은행이 지급을 확약한 것이므로 신용장 조건에 일치하는 서류를 제시하기만 하면 개설은행은 즉시 지급을 해야 한다. 기한부신용장의 수익자는 어음지불유예기간(usance) 후에 어음금액의 전액을 지급 받든지 또는 어음지불유예기간의 이자를 사전에 할인하여 지급받을 수 있으며, 수입상은 화물을 인수한 후 어음의 유예기간 동안에 수입물품을 매각하여 어음의 만기가 도래하면 상환할 수 있어 편리하다.

(7) 양도가능신용장(transferable credit)과 양도불능신용장(non-transferable credit)

양도가능신용장이란 수익자가 신용장 금액의 전부 또는 일부를 제3자에게 양도 할 수 있는 권한을 부여받은 신용장을 말하고, 수익자가 신용장을 제3자에게 양도할 수 없는 신용장을 양도불능신용장이라 한다. 원칙적으로 신용장은 그 이용이 원수익자로 한정되어 제3자가 사용할 수 없지만, 다음과 같은 조건하에서 신용장을 양도할 수 있다.

핵심

① 지급, 인수 또는 매입을 행하도록 수권 받은 은행만이 양도를 취급할 수 있다. ② 신용장상에 “transferable”이라는 용어가 표시된 경우에만 가능하다. ③ 양도은행이 합의한 범위와 방법에 의해서만 양도될 수 있다. ④ 양도가능신용장은 1회에 한해 양도될 수 있다. 분할선적이 금지되어 있지 않는 한 개별적으로 양도가능하며, 이러한 양도의 총액은 1회의 양도로 간주된다. ⑤ 신용장의 금액 및 단가의 감액, 유효기간과 운송서류 제시일자 단축, 부보비율의 증가 외에는 원신용장의 내용을 변경하여 양도할 수 없다.

(8) 상환청구가능신용장(with recourse credit)과 상환청구불능신용장(without recourse credit)

화환어음이 신용장 조건과 불일치하게 발행되었을 때 어음지불인은 지불을 거절할 수 있는데, 이때 선의의 어음소지인이 어음발행인에게 상환청구를 할 수 있는 신용장을 상환청구가능신용장이라 하고, 할 수 없는 신용장을 상환청구불능신용장(without recourse credit)이라 한다. 그런데 한국의 어음법에는 'without recourse'를 인정하고 있지 않기 때문에 'without recourse credit'을 받아도 법적인 효력이 없다.

(9) 단순신용장(simple credit)과 상환신용장(reimbursement credit)

단순신용장은 환어음의 매입은행에 신용장 개설은행의 계정이 있어 그 계정에서 계정대체만 하여 매입자금의 상환을 받는 것을 말하고, 상환신용장은 매입은행에 개설은행의 계정이 없기 때문에 별도로 개설은행이나 개설은행이 지정한 제3의 은행 앞으로 어음을 보내어 대금을 추심받는 방법에 의해서 상환을 받는 것을 말한다.

단순신용장의 경우 일반적으로 신용장개설은행의 예치환은행이 서류를 매입하므로 업무취급이 간단하고 단순하므로 단순신용장이라고 한다. 상환신용장은 서류의 송달없이 어음만을 가지고서 결제되는 'clean reimbursement credit'과 운송서류가 요청되는 'documentary reimbursement'로 나누어진다.

(10) 내국 신용장(Local Credit)

원신용장(original credit)의 수익자인 수출업자가 수출상품 생산에 필요한 원료 공급자나 하청업자 앞으로 자기가 받은 신용장을 견질로 하여 자기 거래은행으로 하여금 제2의 신용장을 개설해 주게 하는데, 이와 같은 방법으로 개설된 신용장을 내국신용장이라고 한다.

이 내국신용장을 개설하는 취지는 양도가능 신용장의 경우와 비슷하지만, 양도가능 신용장은 원신용장이 개설될 때 양도가능한 것이 표시되어 있는데 반하여, 내국신용장은 일정한 요건을 갖춘 신용장이면 다 발급될 수 있다. 내국신용장은 수출업자로 하여금 수출상품 또는 수출용 원자재를 국내에서 조달할 수 있게 하는 역할을 해주는 동시에 공급업자에 대해서는 대금지급보증 및 수출지원 금융을 융자・지원해 줄 뿐만 아니라 무역관리 및 세제면에서 내국신용장에 의한 공급실적을 수출실적으로 인정하여 원신용장의 경우와 동일한 혜택을 줌으로써 국산원자재의 사용촉진 및 외화 가득률 제고시책으로서 중요한 기능을 갖고 있다.

(11) Baby L/C와 Local L/C

외국에서 원·부자재를 수입하여 제조·가공 후 상품을 수출하고자 할 때 원래 받는 신용장(master L/C)에 대해서 원·부자재 수입용으로 새로이 개설되는 신용장을 'Baby L/C'라 한다. 수출용원·부자재를 국내에서 조달될 때는 Local L/C가 된다.

(12) 보증신용장(Stand-by Credit)

보증신용장이란 수출입상품 대금의 결제를 목적으로 하는 화환신용장이 아니고, 금융이나 보증을 위해 발행되는 특수한 조건의 무담보신용장이다. 즉, 한국의 해외지사가 현지은행에서 융자를 받거나 또는 현지에서 입찰보증(Maintenance Bond)이나 계약이행 보증금(Performance Bond)이나 또는 계약이행보증금 등이 필요할 경우 지사가 본사에 요청하면 본사에서 자기 거래은행에 의뢰하여 해외지사의 거래은행을 수익자로 하는 보증신용장을 개설해 주고, 해외지사의 거래은행은 이것을 담보로 금융상의 혜택을 주게 된다. 이 신용장이 화환신용장과 다른 점은 화환신용장이 개설은행의 지급확약인데 반하여, 보증신용장에서 개설은행의 역할은 주채무자에 대한 보증의 성격이 더 강하다는 점이다.

(13) 회전신용장(Revolving L/C)

The amount of drawings made under this credit becomes automatically reinstated on payment by us. Draft drawn under this credit must not exceed to US$ (   ) in any calender month.

동일거래선과 동일품목을 지속적으로 거래할 때 매거래시마다 신용장을 개설하는 불편을 피하고, 전액을 개설할 경우 과중한 보증에 따른 자금부담을 완화하기 위하여 사용하는 신용장이다. 즉, 회전신용장은 처음 개설한 신용장이 이행되면 일정한 기간이 경과한 후 자동적으로 동액의 신용장이 개설되는 방식의 신용장이다.

(14) 동시개설신용장(Back to Back credit)

원래의 뜻은 원신용장을 견질(backed)로 하여 제2의 신용장을 개설한다는 것으로, 물품이 귀할 때인 제2차 세계대전 중 미국에서 제조업자가 수출업자에게 요구하게 된 local L/C를 의미했으나, 오늘날에는 무역협정이나 지급협정이 체결되지 않은 국가 간에 수출입의 균형을 유지하기 위한 구상무역

(compensation trade or barter trade)을 위하여 사용되는 결제 수단이다. 한 나라에서 일정액의 수입신용장을 개설할 경우 그 신용장은 수출국에서 동액의 수출신용장을 개설하여 오는 경우에만 유효하다 는 조건이 붙는 것이 back to back 신용장의 특징이다.

'back to back L/C'는 견질신용장의 개념으로도 사용되는데, 이 경우 원신용장을 근거로 국외에 개설되는 L/C를 'sub L/C'라 하고, 국내에 개설되는 L/C를 'local L/C'라 한다.

This Letter of Credit shall not be available unless and until standard prime banker's Letter of Credit in favor of ( ) for account of ( ) for an aggregate amount of ( ) have been established pursuant to the contract ( ) of?

(15) 기탁신용장(Escrow Credit)

원래 'escrow'라는 뜻은 특정물을 제3자에게 기탁하고 일정조건이 충족된 경우에 상대방에게 교부할 것을 의뢰하는 일정의 신탁행위를 말한다.

'escrow credit'은 구상무역 하에서 'back to back credit'와 유사한 것으로 수입자가 수입신용장 개설 시에 신용장의 한 조건으로 그 신용장에 의해 발행되는 어음의 매입대금은 수익자에게 지급되지 않고 수익자 명의의 'escrow account'에 기탁하여 두었다가 그 수익자가 원신용장 개설국으로부터 수입하는 상품의 대금결제에만 사용하도록 규정한 신용장을 말한다. 이 수익자 명의의 'escrow'계정은 약정에 의하여 매입은행 · 신용장 개설은행 또는 제3국에 있는 환거래은행 중 어느 곳이나 설치하여 운용할 수 있다. 어음의 매입을 특정 은행에 한정시키는 것은 'restricted credit'와 비슷하나 그 목적은 'back to back credit'와 마찬가지로 양국의 수출입균형을 이루려는 데 있다.

'Escrow Credit'는 'Back to Back Credit'와는 달리 똑같은 금액의 신용장이 서로 발행되는 것이 아니므로 물품선택과 기일이 훨씬 자유롭고, 또 상대국에서 수입하는 상품을 'escrow'계정에서 결제하다 보면 소액의 미사용 잔액이 남을 수가 있는데, 총금액의 1% 미만이나 1,000달러 미만 정도의 소액은 'clean draft'나 'simple receipt'에 의해서 현금으로 지급될 수 있다.

(16) 토마스 신용장(Tomas Credit)

이것은 광의의 "back to back credit"의 일종으로서 교역 방식은 유환구상무역의 형식을 취한다. 즉, 수출입 양측이 서로 동액의 신용장을 개설하는데, 한 쪽은 먼저 신용장을 개설하고 상대방측은 동액 만큼의 일정 기간 후에 신용장을 개설하겠다는 보증서를 발행하는 것을, 상대방에서 내도된 신용장의 발효조건으로 하는 것이다. "Tomas"란 용어는 최초로 이러한 방식을 사용하

여 중국과 거래를 성사시킨 일본 무역회사의 전신약호에서 유래한다.

(17) 전대(前貸)신용장(Red Clause or Packing Credit)

수출업자의 원료 구입비나 물품수집 비용으로 신용장 개설의뢰인이 통지은행에게 일정한 조건하에서 수익자에게 수출대금의 전불(advance payment)을 허용하는 신용장을 'packing credit'이라고 하는데, 이 전불을 허용하는 약관이 보통 붉은색으로 표시가 되기 때문에 'red clause credit'이라고도 불리 운다.

(18) 연장신용장(Extended Credit)

수출업자의 자금 조달의 편의를 위하여 신용장 개설의뢰인의 요청으로 상품선적 전에 수익자가 신용장 개설은행 앞으로 무담보어음(clean draft)을 발행하면 이것을 통지은행이 매입하고 무담보어음이 발행된 후 일정기간 내에 해당 상품에 관한 일체의 선적서류를 어음매입은행에 제공할 것을 조건으로 한 신용장을 'extended credit'이라고 한다. 이 신용장은 선적서류의 인도와 동시에 신용장 금액이 갱신되므로 'revolving credit'와 유사하고, 또 선적 전에 전불되는 점에서는 'red clause credit'와 유사하다.

(19) 어음매입수권서(Authority to Purchase)

어음매입수권서는 수입업자의 의뢰에 의하여 수입업자의 거래은행이 해외에 있는 자기의 본·지점이나 또는 환거래은행에 대하여 수출업자가 운송서류를 첨부한 수입업자 앞으로 환어음을 발행하여 제시할 경우, 그 어음을 매입할 것을 지시한 통지서를 말한다. 수입업자의 거래은행이 그 어음의 지급·인수·매입을 보증하고 있지 않기 때문에 취소가능이며, 어음의 지급인이 수입업자이므로 그 어음이 지급거절이 된 경우 어음의 발행인인 수출업자는 상환청구에 응하지 않으면 안 된다. 그러나 수입업자의 거래은행이 취소불능어음매입수권서를 발행하면 수출업자가 수입업자 앞으로 발행되는 어음의 지급·인수 또는 매입을 그 은행이 확약하고 있으므로 이런 경우에는 신용장과 같은 기능을 발휘한다. 엄격한 의미에서 볼 때에 이 어음매입수권서는 은행신용장이라고는 볼 수 없다.

(20) 어음지급수권서(Authority to Pay)

어음지급수권서는 수입업자의 의뢰에 의하여 수입업자의 거래은행이 해외에 있는 자기의 본·지점이나 환거래은행에 대하여 수출업자가 운송서류를 첨부한 통지은행 앞으로 어음을 발행할 경우 그의 지급을 지시한 통지서를 말한다. 어음지급수권서의 경우에는 어음의 지급인이 통지은행인 점이 서로 다르며 수출업자측에서 볼 때 어음의 지급인이 통지은행이란 점에서 다소 유리한 듯 보이지만, 은행의 지급약정이 없고 취소가능 형태로 발행된다는 점에서는 앞에서 말한 어음매입수권서와 다를 바가 없다.

5. 신용장의 장점

국제무역거래에서 신용장을 이용한 거래는 양 거래당사자들에게 이익을 제공한다. 먼저 수출자에게는 수입상의 상업신용이 신용장 개설은행의 은행신용으로 전환되어 수입상의 수입계약이행이 확실하게 보장되므로 신용장개설은행이 파산하지 않는 한, 수입상의 대금지급거절 또는 지불불능과 관계없이 수출대금을 회수할 수 있는 장점을 가지고 있다.

이 밖에도 화물의 선적과 동시에 선적 후 화환취결로 안정적으로 대금회수가 가능하며, 선적 전에도 신용장을 담보로 수출물품을 제조, 가공, 조달하는데 필요한 자금을 무역금융을 통하여 확보할 수 있다. 수입자에게는 신용장 개설은행의 신용을 이용하기 때문에 수출자와 상품 매매계약을 체결할 때, 가격 및 결제조건에 있어서 보다 유리한 조건으로 계약을 체결할 수 있다. 또 수출자가 물품의 선적했다 하더라도 대금지급을 즉시 하지 않고 환어음 및 선적서류가 도착한 후 대금지급이 이루어지므로 사실상 무역금융의 혜택을 수혜 받는다. 또 신용장에 의하여 계약조건대로 수출상의 계약이행을 보장받고 수입상품의 선적기일과 신용장의 유효기한이 약정되어 있어 상품인도시기를 예측할 수 있으며, 수입화물의 대도(T/R), 수입화물선취보상장(L/G)을 이용하여 적기에 수입통관이 가능하다. 다만, 수출상의 계약불성실이행으로 계약서와 일치하지 않은 상품을 선적하거나 또는 서류위조, 변조, 사기 시에만 대금회수가 어렵다.

표 14 보증신용장, 화환신용장, 보증서의 비교

구분	보증신용장 (Stand by L/C)	환신용장 (Documentary L/C)	보증서 (Letter of Guarantee)
유사 용어	(a)보증신용장(Standby L/C), (b)보증(Gua- rantee), (c)본드(Bonds), (d)이행보증(Perfor-mance Guarantee), (e)독립보증, (f)요구불보증(First Demand Guarantee)	상업신용장, 일반신용장	보증 보증서

준거법	(a)신용장통일규칙(UCP600), (b)요구불보증에 관한 통일규칙(ICC's URDG), (c)독립보증과 보증신용장에 관한 UN협약	신용장통일규칙(UCP600)	
본질	(a)수익자에 대한 개설은행의 조건부지급확약(조건=계약불이행) (b)채무불이행에 대한 채무보증 (c)보증기관은 금융기관	수익자에 대한 개설은행의 조건부지급확약(조건=계약이행)	(a)채무불이행에 대한 채무보증 (b)보증기관은 금융기관
기본계약과 독립·종속성	기본계약과 별개의 독립된 채무(독립성)	기본계약과 별개의 독립된 채무(독립성)	원인채무가 소멸하면 동시소멸(종속성)
의뢰인 채무와의 보충성	의뢰인의 주채무와 관계없이 주채무에 관계없이 은행은 1차적인 채무부담(보충성 없음)	의뢰인의 주채무와 관계없이 은행이 1차적인 채무부담(보충성 없음)	의뢰인이 보증채무를 이행 못하면 은행이 2차적으로 책임짐
적용범위	(a)국제물품매매계약 및 국제금융계약, 각종 계약이행보증 (b)본질이 채무이행보증이므로 사용범위에 제한이 없음.	국제물품매매계약 대금결제용	채무자의 불이행에 대한 보증
구분	보증신용장 (Stand by L/C)	환신용장 (Documentary L/C)	보증서 (Letter of Guarantee)
서류여부	(a)(요구되는 경우)환어음 (b)채무불이행사실입증서류 (c)개설의뢰인(채무자)의 채무불이행에 관한 서류 (d)기본계약과 독립성, 추상성을 가지지만, 원칙적으로 서류거래는 아니므로 채무불이행사실을 입증할 최소한의 서류가 요구됨 (e)은행의 서류 심사기준은 상당한 주의(reasonable care)가 요구됨	(a)(요구되는 경우)환어음 (b)신용장 조건에서 요구하는 서류 (c)은행의 서류 심사 기준은 상당한 주의(reasonable Care)가 요구됨	이행의무자인 피보증인이 채무를 불이행했다는 사실을 보증의 상대방이 입증(소송)할 때까지 보증인은 지급할 필요가 없음.
개설은행의 위험관리	(a)개설은행은 실무적으로 담보를 요구하기도 하나 은행거래 실적 및 신용도와 보증채무의 규모에 따라 담보를 면제하는 경우도 있음 (b)개설의뢰인의 계약이행능력여부판단에 주안점	(a)개설은행은 선화증권으로 물품의 소유권 통제가능 (b)개설의뢰인의 매매대금 변제능력 여부에 주안점	

3-2 신용장 거래

1. 신용장의 당사자

신용장거래의 당사자는 권리와 의무의 주체가 되는 기본 당사자로서 개설의뢰인, 수익자 및 개설은행과 기타 당사자로 구분한다.

(1) 기본 당사자

1) 개설의뢰인(applicant)

거래계약의 당사자인 매수인은 자기 거래은행에 신용장의 개설을 의뢰하게 된다. 개설의뢰인은 원칙적으로 매수인에 해당하는 것이지만, 때로는 매수인의 거래처인 제3자가 되는 경우도 있다. 또한 개설의뢰인은 화물의 수하인인 동시에 환어음의 결제자가 된다. 따라서 개설의뢰인은 보는 각도와 기능에 따라 수입자, 개설의뢰인(applicant), 매수인, 대금결제인(accountee), 환어음지급인(drawee), 수화인(consignee), 수신매수인(accredited Buyer) 등이 된다.

2) 개설은행(issuing bank, opening bank)

개설의뢰인의 요청과 지시에 따라 수출자 앞으로 신용장을 발행하는 은행으로 발행은행(issuing bank)이라고도 한다. UCP 600에서는 지급, 인수 또는 매입은행이 있다하더라도, 신용장의 개설은행이나 확인은행의 원칙적인 지급의무를 특히 강조하고 있다. 신용장 개설은행은 수입자의 거래은행으로서 수입자의 요청과 주문에 의하여 수출상이 화물선적 이후 발행하는 환어음을 지급, 인수 또는 매입할 것을 확약하는 은행이기 때문이다.

3) 수익자(beneficiary)

신용장의 수취인을 수익자(beneficiary) 또는 수혜자라고 하며, 통상 신용장 개설은행으로부터 신용장을 수취하여 신용장에서 요구하는 모든 조건에 일치하는 서류를 매입은행에 제시함으로써 대금결제를 받는 수출업자가 수익자가 된다. 수익자는 그 기능과 보는 각도에 따라 수출자, 송화인(consignor), 환어음발행인(drawer), 대금영수인(payee) 등이 된다. 특히, 양도가능신용장에서는 원신용장의 수혜자를 제1수익자라 하며 양도받은 양수인을 제2수익자라 한다.

(2) 기타 당사자

1) 통지은행(advising bank, notifying bank)

신용장 개설은행은 수입자의 요청에 의하여 신용장을 발행하면 신용장 발행사실과 내용을 수출자에게 통지해야 한다.

보통 신용장의 통지방법은 수익자에게 직접 통지하는 방법과 수익자 소재지에 있는 개설은행의 환거래은행을 통해 통지하는 방법이 있으며, 이때 후자의 경우 개설은행의 요청을 받아 신용장을 통지해 주는 은행을 신용장 통지은행이라 한다. 통지은행은 개설은행의 요청에 의하여 신용장이 개설되었음을 단순히 통지하는데 그치므로 거래에 대하여 어떠한 책임을 지거나 또는 약정을 하는 것은 결코 아니다. 따라서 통지은행은 거래 당사자들의 거래에 관해서 하등의 책임을 지거나 약정을 하는 것이 없다. 통지은행은 수출국에 있는 수입지 개설은행의 본·지점이나 환거래약정을 체결한 은행(correspondent bank)이 된다.

2) 확인은행(confirming bank)

확인은행은 보통 신용장 개설은행이 대외신임도가 낮을 경우 추가하여 신용장을 확인해주는 제3은행을 의미한다. 따라서 확인은행은 제3은행이 그 신용장에 의해서 발행되는 어음을 지급, 인수, 매입하겠다는 약속을 추가하거나 개설은행이 그 어음을 지급, 인수, 매입할 것이라는 보증을 하는 경우가 대부분이다.

3) 매입은행(negotiating bank)

수출자는 물품선적을 완료한 후 신용장조건에 따라 개설은행 앞으로 환어음을 발행하고 신용장에서 요구하는 운송서류를 첨부하여 자기의 거래은행에 환어음의 매입을 신청하는데, 이때 환어음을 매입하는 은행을 매입은행이라고 한다. 이때 매입은행은 수출자가 매입을 요청한 환어음을 신용장 개설은행에 의한 최종지급일까지의 이자 및 수수료를 공제하고 할인하여 수출대금을 수출자에게 미리 융통해 준다.

4) 지급은행(paying bank)

수입자의 신용장에서 매입은행에 의한 수출환어음의 매입을 인정하지 않고 특정은행이 화한어음과 상환하여 수출자에게 지급할 것을 규정하고 있는 신용장을 지급신용장(straight credit)이라고 한다. 지급신용장에 의거하여 지급을 위탁받은 은행을 지급은행이라고 한다. 지급은행의 지급행위는 통지은행과 같이 그 지급행위에 대해 아무런 책임을 부담하지 않고 단순히 대금을 지급해주는 역할만 수행할 뿐이다.

5) 인수은행(accepting bank)

신용장에 의해 발행되는 어음이 기한부어음일 것을 조건으로 하는 신용장을 기한부신용장(usance credit)이라고 한다. 기한부신용장에 의거하여 발행된 기한부어음을 인수하는 은행을 인수은행이라고 하며, 인수은행은 어음의 만기일에 비로소 지급은행이 된다.

6) 결제은행(settling bank)

신용장의 결제통화가 수입국이나 수출국의 통화가 아닌 제3국의 통화일 경우는 제3국에 있는 개설은행의 예치환거래은행에 결제은행(settling bank)이 되며, 어음을 매입한 은행에 대금을 상환해 주는 은행이라고 해서 상환은행(reimbursing bank)이라고도 한다.

7) 상환은행(reimbursing bank)

어음의 지급・인수・매입을 한 매입은행으로부터 어음의 상환청구를 받았을 때 이를 상환하는 은행이다. 신용장 거래에서 기본관계당사자는 아니나 발행은행의 지급담당자로서 거래의 편의를 제공하는 역할을 한다. 거래국의 제3의 은행을 통한 대금상환방식이 환율변동에 따른 환차손의 위험을 피할 수가 있다는 장점이 있어 중요시된다. 신용장 발행은행으로부터 위임을 받아 상환하는데, 발행은행 계정에서 상환할 수 있고 대부하는 형식으로 상환할 수도 있다. 발행은행계좌를 통한 상환은 발행은행의 인출지시에 따라 이루어지며, 대부금의 경우에는 발행은행이 장기와 단기중 하나를 선택할 수 있다.

8) 양도은행

양도은행을 이해하기 위해서는 먼저 조건변경부 신용장 양도에 관한 내용을 알아둘 필요가 있다. 조건변경부 신용장 양도란 신용장의 수익자가 신용장 양도에 따른 중계차익 확보 등을 목적으로 신용장의 금액, 단가, 유효기일, 서류제시기일, 선적기일을 감액 또는 단축하여 제2수익자에게 신용장을 양도하는 것을 말한다. 이때 양도가능신용장(transferable L/C)을 받은 최초의 수익자(first beneficiary)의 요청에 따라 신용장 내 양도에 관한 내용을 확인하

고 제3자인 제2수익자(second beneficiary)에게 신용장을 양도하는 은행을 양도은행이라고 한다.

조건변경부 신용장 양도는 금융기관이나 신용장 수혜자 모두에게 유리한 거래이며 현재 세계적으로도 보편화된 거래이므로 현재의 단순양도거래, 중계무역 시 baby L/C 개설 및 완제품 내국신용장 개설의 상당부분이 조건변경부 신용장 양도거래로 대체될 전망이다.

가. 조건변경부 신용장 양도거래 시 사전 검토사항

- 신용장의 국외양도 가능 여부 : 양도 가능 문구인 "transferable"가 있을 것, 국외양도에 대한 금지조항이 없을 것, 선적항, 가격조건 등이 양도되는 국가와 모순되지 않을 것, 분할선적을 금지하고 있는 경우 분할양도는 할 수 없음.
- 국외 조건 변경부 신용장 양도 시 조치사항 : 신용장 기일, 금액 감액 등 변경된 내용을 기재할 것, [유효기일 및 선적제시기일은 우편일수를 감안하여 7일 이상 단축 필요]

① 원 신용장의 대금결제 관련내용을 변경

> "UPON RECEIPT OF DOCUMENTS AT OUR COUNTERS, WE SHALL FORWARD THE NECESSARY DOCUMENTS TO THE ISSUING BANK.
> UPON REIMBURSEMENT FROM THE ISSUING BANK, WE SHALL UNDERTAKE TO REIMBURSE YOU IN ACCORDANCE WITH YOUR INSTRUCTION."

원신용장상의 서류발송을 1Lot 및 양도은행으로 변경하여야 한다.

> "ALL DOCUMENTS MUST BE FORWARDED TO 은행명 IN ONE LOT BY REGISTERED AIRMAIL / COURIER SERVICE."

상품명세와 관련하여 단가가 명시된 경우 신용장 금액 감액에 따라 반드시 단가도 감액 변경하여야 한다.

> 예 : • 신용장금액 10만 불, 부보비율 110%
> • 양도신용장금액 8만 불, 부보비율 138%

보험서류와 관련 신용장 금액이 감액됨에 따라 부보 비율은 원신용장 금액을 감안하여 증대가 필요하다.

2) **수출환어음 매입** ; 해외로부터 선적서류 도착 통보 접수, 원 신용장에 적

합한 서류작성(환어음, 송장 등)하여 양도은행에 네고, 원 신용장 대금 입금 시 제2수익자 앞 양도신용장 대금 송부, 추심수수료(추심대금의 0.1%, 최고 2만원, 최저 1만원 상당), 기타비용(우편료, less charge 등)

3) 국내 양도 시 조치사항

원 신용장은 제1수익자가 보관	신용장의 배면에 양도사실 표시. 1수익자는 매매차익을 매입의뢰위해 반드시 원본이 필요
양도통지서상에 대금결제 및 서류송부 문구 기입	신용장 금액 및 상품 단가. 유효기일 및 서류제시 기일(7일 이상 단축 요함)
변경사항 명시 및 신용장상의 관련부분 삭제	제2수익자에게 교부하는 신용장 사본 상 대금결제 및 서류송부 문구 삭제. / 양도은행으로 매입 제한 명시

2. 신용장 거래절차

(1) 신용장거래

신용장방식의 수입거래 흐름은 아래와 같이 정리가 가능하다.

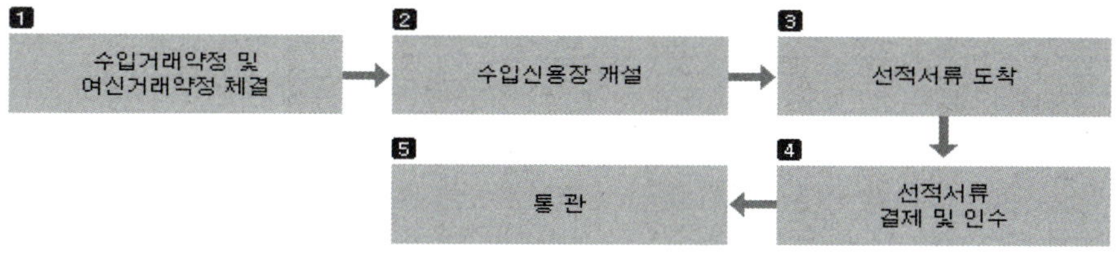

▸신용장 개설서류
-수입신용장 발행신청서
-수입승인서 또는 허가서
-offer sheet 또는 계약서
-기타 필요한 서류

1) 수입거래약정 및 여신거래약정 체결

앞에서 살펴본 것처럼 수출자는 수출하고자 하는 물품의 구매자를 찾기 위하여 먼저 시장조사를 하게 되며, 이 시장조사에 의하여 자사물품의 시장성이 있는 목적 시장을 선정한 후 잠재력 있는 유능한 거래처를 발굴하게 된다. 이렇게 하여 발굴된 외국의 수입자가 자사물품에 대하여 흥미를 갖게 되면 물품의 가격, 공급능력, 선적시기, 대금의 결제방법 등에 대한 구체적인 문의와 함께 Offer를 내줄 것을 요청하게 되는데, 이 과정을 조회(inquiry)라 한다. 청약(offer)의 요청을 받은 수출자는 거래의 내용이나 성질에 따라 'Firm Offer', 'Free Offer' 또는 'Conditional Offer'를 발행하게 되고 수출자가 발행한 Offer에 대하여 수입자가 만족을 하면 계약은 체결된다.

▸약정여신거래 약정 시 필요서류 ; 무역자동화업무이용신청서, 법인등기부등본(개인인 경우 주민등록등본 또는 주민등록증 사본), 대표자 인감증명서, 무역자동화 지정사업자의 가입승인서 사본

핵심

□ **수입거래 약정** : 신용장방식이나 무신용장방식으로 수입거래를 하는 경우에는 은행과 수입거래 약정을 체결하여야 한다.

□ **수입거래 약정 시 필요서류** : 외국환거래약정서, 무역업신고필증 사본, 등기부등본(법인인 경우), 정관(법인인 경우)인감(서명 감)신고서 및 대표자 인감증명서

- **여신거래 약정** : 수입신용장이란 수출자가 신용장의 유효기일 이내에 신용장조건에 일치하는 선적서류를 개설은행 앞 제시할 경우, 개설은행이 수출자에게 수출물품 대금을 지급하는 일종의 보증서로서 신용장 개설행위는 수입자에 대한 은행의 여신행위 이므로 여신거래 약정이 필요하다. 여신거래약정은 신용장 금액과 고객의 신용에 따라 거래조건, 담보제공 등에 차이가 있음을 유의하여야 한다.
- **무역자동화(EDI)업무 약정여신거래 약정** : 무역자동화업무(EDI)란 수입신용장 개설 등의 수입업무 관련 서류를 은행을 직접 방문하지 않고 표준화된 형식에 따라 작성된 전자문서로 무역자동화 지정사업자를 통해 무역업체와 은행 간의 컴퓨터에 전달하여 수입업무를 처리하는 편리한 서비스다.

2) 수입신용장 개설

수입거래 약정과 여신거래 약정이 이루어진 후 신용장 개설신청은 다음의 서류를 구비하여 신청이 가능하다.

핵심

□ 수입신용장 개설 시 필요서류 : 신용장거래약정서, 수입신용장 개설신청서, 취소불능 화환신용장 발행, 신청서수입승인서(필요 시), 보험서류(가격조건이 FOB, CFR 등 수입상 부보 조건인 경우), 물품매도 확약서 또는 계약서, 담보차입증, 보험증서(CIF·CIP 조건의 경우는 제외), Offer Sheet(상품명세가 As Per Offer No.~일 경우)

- 수입승인대상 : 수출입공고, 별도공고, 수입선다변화공고에 의해 수입이 제한되는 품목
- 수입승인기관 : 각 품목별로 공고에 의하여 고시되어 있는 협회나 조합 등의 단체

□ 참고로 신용장거래약정서의 내용은 수입대금의 지급확약, 개설에 따른 수

수료 및 신용장에 관련하여 은행이 부담하는 제비용의 보상의무, 수입화물의 담보차입 및 처분권, 선적서류상 부정·불명확한 사항에 대한 처리, 우편 또는 전신상의 사고에 따른 면책 등으로 구성되어 있다. 그러나 실무적으로는 다음과 같은 조건이 신용장 내용에 포함되지 않아야 한다.

- ☐ Forward's cargo receipt acceptable 조건, House air waybill acceptable조건, 선화증권 또는 항공화물운송장의 수하인을 수입업체로 하는 조건, 발급된 선화증권의 원본 일부를 수입업체로 송부하도록 하는 조건, 신용장통일규칙의 적용을 받을 수 없는 부당한 조건 설정 등

3) 선적서류 도착

지급은행 또는 매입은행으로부터 선적서류가 도착하면, 개설은행은 신용장 조건과 일치하는지 여부를 심사한 후 수입자(발행 신청인) 앞 선적서류 도착 사실을 통지한다. 또한 개설은행은 즉시 수입상에게 서류 내도 사실을 통보하며 동시에 서류검토를 하여 하자가 있을 경우, 매입은행 앞으로 하자통보를 한다. 개설은행은 발행 신청인의 하자 동의 여부에 불구하고 독자적으로 부도처리할 권한이 있으며, 수입화물 선취보증을 받은 건에 대해서는 부도처리가 불가능하다.

4) 선적서류 결제 및 인수

선적서류의 도착통지를 받은 경우 일정기일(7은행 영업일)안에 수입대금을 결제 또는 인수하고, 선화증권 등의 선적서류를 수령하여 선박회사 또는 항공회사로 부터 물품을 수령하여 세관의 통관절차를 처리해야 한다. 그러나 수입물품이 도착하였으나 선적서류가 도착하지 않아 물품을 인수할 수 없을 경우, 신용장 발행 신청인과 외환은행이 연서하여 발행하는 수입화물 선취보증서(또는 항공수입화물 인도승락서)를 선박회사(또는 항공사)에 제출하여 물품을 인수할 수 있다.

5) 통관

수입자는 은행으로부터 인수한 운송서류와 기타 통관에 필요한 서류를 구비하여 통관한다.

(2) 신용장 개설방법

은행이 신용장개설 의뢰인의 요청에 따라 신용장을 개설하는 방법은 선적

기일, 시황, 자금사정 등을 고려하여 우편에 의한 방법(mail credit)과 전신에 의한 방법(cable credit)이 있다. 그러나 실무적으로는 우편방식보다 전신에 의한 SWIFT방식이 더 많이 활용되고 있다.

1) 우편에 의한 방법

수익자에 대한 신용장의 통지가 급하지 않는 경우에 이용되며, 개설은행이 자신이 보유하고 있는 신용장을 작성하여 해외환거래은행에 통지를 요청함으로써 신용장을 개설하는 방법을 말한다. 우편신용장의 개설에는 아무런 조치 없이 우편신용장만을 우송하는 방법과 우편신용장을 우송하는 외에 약식전신(short cable)을 보내는 방법이 있다. 우편에 의한 개설 시는 통지은행에 신용장양식 원본과 사본 1매를 발송하고 결제은행에 사본 1매 및 수입대전 결제요청서(Reimbursement Request)를 송부하여야 한다.

- 약식전신을 수반하는 방법 ; 약식전보는 후술하는 정식전신(full cable)과 그 성질이 다르다. 정식전보는 그 자체가 신용장으로 정식 신용장은 후에 내도하는 우편신용장이 된다. 약식전보는 단지 우편신용장의 주요 내용 예컨대 신용장번호 일자 수익자 개설의뢰인 신용장금액 상품명세 선적기일 유효기일만을 사전예고(preliminary advice, pre-advice)하는 것이다. 약식전보의 기재 예는 다음과 같다.

> "AIRMAILING OUR IRREVOCABLE CREDIT (번호) FAVORING (수익자) ACCOUNT (개설의뢰인) FOR (금액) COVERING (상품명세) SHIPMENT LATEST (선적기일) EXPIRY (유효기일) DETAILS TO FOLLOW"

- 약식전신 없이 우편신용장만 우송하는 방법 ; 약식전보는 보내지 않고 우편신용장만을 보낸다.

2) 전신에 의한 방법

수익자는 신용장을 받은 후에 수출준비를 하는 것이 안전하기 때문에 되도록 빨리 이를 받으려고 한다. 따라서 수익자는 전신신용장을 요구하는 것이 일반적이다. 전신신용장의 개설방법에는 4가지가 있으며 Short Cable의 경우 신용장이 개설되었다는 사실을 통지, 수출자가 수출준비를 할 수 있도록 하기 위한 것으로 (Details to follow 문언삽입) 추후 신용장원본(Mail Comfirmation)을 송부하여야 한다.

- 정식전신(Full Cable)으로 개설하는 방법 ; 신용장의 내용을 처음부터 끝까

지 모두 telex, cable 또는 facsimile로 보내는 방법이다. 따라서 전신료는 많이 소요되는 단점이 있다. 기재 예를 보면 다음과 같다.

OPENED OUR IRREVOCABLE CREDIT (신용장번호) FAVOURING(수익자성명) ACCOUNT(개설의뢰인) FOR(신용장금액) EXPIRES ON (유효기일) STOP AVAILABLE BY BENEFICIARY'S DRAFT DRAWN AT SIGHT ON (어음지급인) FOR FULL INVOICE VALUE STOP FOLLOWING DOCUMENTS REQUIRED SIGNED COMMERCIAL INVOICE IN (통수) FULL SET CLEAN ON BOARD OCEAN BLADING ORDER SHIPPER BLANK ENDORSED MARKED FREIGHT COLLECT OR AIRWAYBILL CONSIGNED TO ×××BANK MARKED FREIGHT COLLECT NOTIFY ACCOUNTEE MERCHANDISE (상품명) UNIT PRICE (단가) FOB (선적항) PARTIAL SHIPMENT PROHIBITED TRANSHIPMENT PROHIBITED SUBJECT TO UNIFORM CUSTOMS AND PRACTICE 1993 REVISION ICC PUBLICATION 500 STOP INTERNATIONAL BANK OF KOREA

• 암호(Code, Cypher)로 개설하는 방법 ; 신용장을 정식전보에 의하여 개설하는 경우 전신료 및 시간이 많이 소요된다. 암호신용장(cypher credit)은 이와 같은 전신료 및 시간을 절약하기 위하여 환거래은행과 전보암호(cypher: private code words)를 서로 교환하여 필요한 사항만을 타전하면 통지은행이 암호에 따라 동 타전된 내용을 대입시켜 완전한 형식을 갖춘 신용장을 완성하도록 한 것이다. 그러나 이 방식은 통지은행의 업무복잡으로 인해 통지은행이 decording charges를 청구하거나 통지 그 자체를 거절하는 추세이어서 주로 본지점간에만 이용된다. 지금 암호가 있다고 가정하면 다음과 같다.

"JUNIPER we hereby issue in favour of (수익자) for account of (개설의뢰인) this irrevocable credit No. (신용장번호) for (신용장금액) which available by negotiation of beneficiary's draft at (어음의 만기) sight drawn on (어음지급인) bearing the clause drawn under the above credit No. of International Bank of Korea, Seoul accompanied by the following documents. Full set of clean on board marine bills of lading issued to the order of International Bank of Korea, Seoul, marked "freight (운임지급방법)" and "notify accountee" signed commercial invoice in (상업송장 통수) packing list in (포장명세서 통수). Documents must be presented within (제시기일) days after the date of shipment but within the validity of credit. Expiry date:(유효기일) in (유효기일종료지점) for negotiation. Loading on board /dispatch/taking in charge from (선적항) 새 (도착항) not later than (선적기일) Partial shipment are (허용 또는 금지) Transhipment are (허용 또는 금지) Special conditions (특수조건) We hereby engage with drawers and/or bona fide holders that drafts drawn and negotiated in conformity with the terms of this credit will be duly honoured at maturity. This credit is issued subject to Uniform Customs and Practice of Documentary Credits, ICC Publication No. 500.

The amount of each draft must be endorsed on the reverse of this credit by the negotiating bank. Please advise the beneficiary."

개설은행이 위의 암호를 이용하여 신용장을 개설하고자 하는 경우에는 빈칸에 해당하는 사항만 차례로 타전하면 된다. 즉, 다음과 같이 타전한다.

"Juniper America Trading Seattle Poly Trading Co. Seoul M1801009NS33334 US$1,000,000 Bank of Seattle, Seattle collect 50,000dz sporting goods U.S.A. origin US$20 FOB Seattle 10 March 20, 19××, Seattle Seattle Pusan March 10, 19×× allowed prohibited shipment must be made on Korean flag vessel only.

3) SWIFT로 개설하는 방법

▸SWFT society for worldwide international financial telecommuncication 국제은행간 금융결제통신망

SWIFT는 컴퓨터와 통신망을 연결하여 국제금융 및 외환거래를 보다 신속·정확·안전하게 처리하기 위하여 설립된 국제적인 은행 간 컴퓨터통신의 온라인네트워크이다. SWIFT에 의한 L/C개설은 암호로 개설하는 방법과 비슷하게 'L/C의 format'이 표준화되고 암호화 되어 있어 개설은행의 통신비용이 상당히 절감된다. 한국은 1992년 3월부터 SWIFT System을 이용하고 있고 전신L/C의 대부분이 이 시스템을 이용하고 있다.

참고

전신신용장개설시 유의사항

신용장을 전신으로 통지할 경우 전신 자체를 유효한 신용장 원본으로 간주하고자 하려면 신용장통일규칙의 적용표시를 다음과 같이 하여야 한다. 즉 "This credit is issued subject to Uniform Customs and Practice for Documentary Credits, 1993 revision, ICC Publication No. 600" 또한 전신에 의한 신용장을 원본으로 취급코자 하는 경우에 동 전신신용장의 우편확인서(mail confirmation)에 관하여 별도로 언급을 하지 않았다면 우편확인서를 송부할 필요가 없다. 통신수단의 발달로 전신송신 중에 오류가 발생하는 경우가 거의 없으므로 최근에는 우편확인서를 송부하는 예가 별로 없다. 그러므로 제5차 개정 신용장통일규칙 제11조 a항에서는 우편확인

서를 보내지 않는 것으로 하고 전신신용장이 신용장 원본임을 명백히 하고 있다.

전신신용장에서는 우편신용장과 달리 서명을 할 수 없으므로 비밀번호(test number)를 넣게 된다. 비밀번호는 금액, 통화종별, 월, 일, 요일과 점포 등에 고유번호를 부여하여 만든 번호를 말한다. 이러한 비밀번호가 틀리면 상대은행에 큰 불편을 주므로 틀리는 일이 없도록 특별히 주의하여야 한다. SWIFT를 이용하는 경우에는 SWIFT Authenticator Key에 의한 비밀번호를 넣게 된다. SWIFT Authenticator Key는 Test Key와 같이 금액, 통화종별, 거래일자 등을 숫자화하여 가감승제하는 형태가 아니라 16진법의 기본 자수인 0~9, A~F까지의 임의의 숫자를 중복하지 않고 사용한 16자리의 암호로 구성되어 있다.

(3) 신용장의 유효기간

모든 신용장(취소가능 또는 취소불능)에는 선적을 위한 최종기일이 명시되어 있을지라도 지급·인수 또는 매입을 위하여 서류를 제시하여야 할 최종기일이 명시되어야 한다. 만일 'to', 'until', 'till'과 같은 표현이 선적기일이나 신용장 유효기일을 지정할 때 사용되면 그 지정된 날까지도 포함한다.

유효기일의 일자는 어음 매입이나 지급을 위하여 서류를 은행에 제시할 수 있는 최종기일을 뜻하는 것이지 은행에서 어음 매입이나 지급을 완료하여야 하는 최종 일자를 뜻하는 것은 아니다. 그러므로 유효기이간이 끝나는 날 은행 마감시간 전에만 어음과 선적서류를 제시하면 되고, 제시를 받은 은행은 그 다음날 은행 영업시간에 지급할 수 있다. 만일 신용장의 유효기간이 공휴일에 만료가 되면 그 다음 날까지 연장된다. 그러나 이런 사유로 연장된 날에 지급된 어음이나 서류에는 "통일규칙 제44조 a항 규정에 의하여 연장된 기한 내에 제시되었음"이라는 문언의 은행증명을 부기하여야 한다. 그러나 은행은 특별히 권한이 부여되어 있지 않는 한, 동맹파업·직장폐쇄·반란·소요·내란·전쟁·천재 기타 불가항력으로 인한 업무중단 중에 유효기간이 경과한 신용장에 대하여는 그 기간 경과 후에는 지급·인수 또는 매입을 하지 아니한다.

(4) 신용장 내도

수출이란 일반적으로 국내에서 생산된 물품을 외국으로 판매하는 행위, 즉 대외 판매의 목적물이 되는 상품을 대상으로 하여 외화나 그에 상응하는 물품을 대가로 외국에 물품을 매각하는 행위를 말한다. 신용장에 의한 수출일 경우는 다음 아래와 같은 단계를 거쳐 완상된다.

1) 수출계약체결

수출자는 수출하고자 하는 물품의 구매자를 찾기 위하여 먼저 시장조사를 하게 되며, 이 시장조사에 의하여 자사물품의 시장성이 있는 목적시장을 선정한 후 잠재력 있는 유능한 거래처를 발굴하게 된다. 이렇게 하여 발굴된 외국의 수입자가 자사물품에 대하여 흥미를 갖게 되면 물품의 가격, 공급능력, 선적시기, 대금의 결제방법 등에 대한 구체적인 문의와 함께 Offer를 내줄 것을 요청하게 되는데, 이 과정을 조회라고 한다. 오퍼의 요청을 받은 수출자는 거래의 내용이나 성질에 따라 'Firm Offer', 'Free Offer', 또는 'Conditional Offer'를 발행하게 되고 수출자가 발행한 Offer에 대하여 수입자가 만족을 하면 계약은 체결된다.

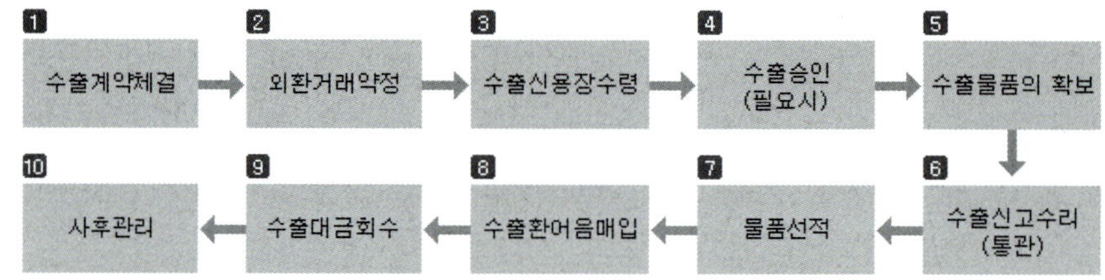

2) 외환거래약정

은행과 수출거래를 하고자 하는 경우 사전에 거래약정을 체결해야 하는데 이때, 준비해야 하는 서류로는 사업자 등록증, 법인등기부등본, 정관(또는 조합규약), 인감증명서, 인감도장 및 사용인감, 실명확인증표, 기타필요서류(신용조사 필요 시 관련서류) 등이 있다.

3) 수출신용장 수령

▸신용장 수령 시 제출서류
- 법인 : 명판(인감)신고서, 법인등기부등본, 법인인감증명서, 사업자등록증 사본
- 개인 : 명판(인감)신고서, 주민등록증, 개인인감증명서, 사업자등록증 사본

수출대금의 결제방식에는 송금방식과 추심결제방식이 있는데 그 중 추심결제방식은 L/C Base와 Non-L/C Base로 분류된다. 그러나 일반적으로 국제상품거래에서는 신용장을 매개로 하는 L/C방식이 주류를 이루고 있다. 수입자의 개설은행에 의해 개설된 신용장은 직접 수익자에게 전달될 수도 있으나 실제로는 수익자가 거주하는 지역에 소재하는 개설은행의 환거래은행을 통하여 수익자(수출상)에게 통지한다. 이것을 보통 신용장통지라 한다. 신용장통지는 환거래은행 또는 해외의 신용장 개설은행이 발행한 신용장에 대해 외국환은행이 발행사실을 신용장의 수익자(beneficiary)에게 알리는 것이다.

신용장 수령은 수출신용장을 거래은행에서 통지 받기를 원하는 경우 수출

자는 간단한 명판 신고만으로 신용장을 통지 받을 수 있으며, 거래은행의 모든 지점에서 신용장수령이 가능하다. 기존에 해당 서류를 제출한 수출자는 명판과 인감만을 제출하면 수출신용장을 수령할 수 있다.

4) 수출승인

수출자는 필요한 경우에 수출거래와 관련한 물품, 거래형태 및 대금의 결제방법에 대하여 승인을 받아야 한다. 이 제도를 수출승인이라 하는데 이는 적법한 수출의 이행과 그에 따른 대금회수를 관리하는 제도다.

5) 수출물품의 확보

수출물품의 확보방법으로는 자체 제조・생산하거나 완제품을 내국신용장 또는 구매승인서에 의하여 조달하는 방법이 있다. 그리고 수출자의 자금부담을 덜어주고 수출을 지원하기 위하여 국산원자재 구매에 따른 원자재 구매자금, 해외원자재의 수입 또는 구매에 소요되는 원자재 수입자금 그리고 원자재 확보 후에 생산과정에 소요되는 생산자금을 수출신용장 등을 근거로 지원해 주고 있다.

6) 수출신고수리(통관)

수출자는 수출물품이 확보되면 세관장에게 수출신고를 하여야 하며 세관은 수출신고를 받으면 우선 제출된 구비서류를 심사하고 수출검사가 필요한 경우에는 수출검사의 과정을 거치게 된다. 이와 같은 수출검사와 함께 수출물품의 운송을 위하여 선박을 수배하여야 하고, 가격조건이 CIF 또는 CIP조건의 수출거래의 경우에는 수출물품에 대한 적화보험에 가입하여야 한다.

7) 물품선적

신고 수리된 물품은 선박회사의 선적지시서(shipping order)에 의하여 본선적재하게 되며 본선적재 후 교부 받은 본선수취증(mate's receipt)을 선박회사에 제시함으로써 선화증권(bill of lading)을 발급받으며, 화물이 항공기에 의하여 운송되는 경우에는 선화증권 대신에 항공화물운송장(air waybill)이 발급된다.

8) 수출환어음 매입

수출물품의 선적이 완료되고 선화증권 등 운송서류를 발급 받으면 신용장에서 요구되는 다른 서류, 이를테면 상업송장, 포장명세서 등과 신용장에서 요구한 기타 필요서류들을 구비한 후 네고(nego)은행에 수출환어음의 매입 또는 추심을 신청하면 된다.

1) THE BANK OF OSAKA CO., LTD. 2) Place and Date at issue

3) IRREVOCABLE DOCUMENTARY CREDIT	Credit Number 4) of issuing bank011-65553 | of advising bank
5) Advising Bank	6) Applicant
The Bank Of Tokyo, Ltd., Seoul Office 25-1, mugyo-Dong, Chung-Ku, Seoul The Republic of Korea	K. Sakai & Co., Ltd., Tatsumi-Bldg., No.3-13, 1-Chome, Kyomachibori, Nishi-Ku, Osaka.Japan
7) Beneficiary	8) Amount US$95,000.00 (Say U.S.Dollars Ninety-Five Thousand Only)
Konji Trading Co., Ltd. 664-1, DuckJin-Dong, Jeonju, Jeonbuk	9) Expiry Date July 20, 2011 IN THE COUNTRY OF THE BENEFICIARY FOR NEGOTIATION

DEAR SIR(S),
WE HEREBY ISSUE IN YOUR (THE BENEFICIARY'S) FAVOR THIS DOCUMENTARY CREDIT [10]WHICH IS AVAILABLE AGAINST YOUR DRAFT (S) [11]AT ____________ SIGHT FOR 100 % OF INVOICE VALUE DRAWN ON THE BANK OF OSAKA CO., LTD. BEARING THE CLAUSE
"DRAWN UNDER DOCUMENTARY CREDIT NO. 011-65553 OF THE BANK OF OSAKA CO., LTD. FOREIGN DEPARTMENT"
[12]ACCOMPANIED BY THE FOLLOWING DOCUMENTS.

13) SIGNED COMMERCIAL INVOICE IN 3 COPIES INDICATING IMPORT Declaration NO. ID(8)CE(2)-00127.
14) MARINE INSURANCE POLICY OR CERTIFICATE IN DUPLICATE ENDORSED IN BLANK FOR 110% OF THE INVOICE VALUE INCLUDING INSTITUTE CARGO CLAUSE (A, B, C). INSTITUTE WAR CLAUSES. INSTITUTE STRIKES, RIOTS AND CIVIL COMMOTIONS CLAUSES.
INSURANCE CLAIMS TO BE PAYABLE IN JAPAN CURRENCY OF DRAFT.
15) FULL SET OF CLEAN ON BOARD OCEAN BILLS OF LADING MADE OUT TO ORDER AND BLANK ENDORSED. MARKED "FREIGHT PREPAID", AND SHOWING THE ABOVE APPLICANT AS NOTIFY PARTY
16) CERTIFICATE OF ORIGIN IN COPIES ☐ PACKING LIST IN COPIES ☐ CERTIFICATE OF WEIGHT IN COPIES

OTHER DOCUMENTS: [17]Inspection Certificate of Quality issued by Manufacturer.

COVERING:

23,750 dozens of size "L" and 23,750 dozens of size "M" of cotton gloves without snap button, 100% Cotton Carded Yarn in gray 40's/1
Packing: each dozen in a poly bag, 100 dozen in a c/t box
Unit Price US$ 2.00 dozen
under Contract No. JSP-71128
CIF

18) Shipment from Pusan to Nagoya [19]NOT LATER THAN July 10, 2011	20) Partial Shipments Allowed.	21) Transshipments Prohibited.

Special conditions : [22]Documents for captain care: Each 2 copy of invoice, packing list, certificate of origin and copy of bills of lading.
[23]Drafts and documents must be presented for negotiation within 10 days after on board date of bills of lading, but within the credit validity.

24) WE HERBY ENGAGE WITH DRAWERS, ENDORSERS AND BONA FIDE HOLDERS OF DRAFTS DRAWN UNDER AND IN COMPLIANCE WITH THE TERMS OF THIS CREDIT THAT SUCH DRAFTS WILL BE DULY HONORED UPON PRESENTATION TO THE DRAWEE. THE AMOUNT OF EACH DRAFTS MUST BE ENDORSED ON THE REVERSE OF THIS CREDIT BY THE NEGOTIATING BANK. YOURS FAITHFULLY, THE BANK OF OSAKA CO., LTD. *AUTHORIZED SIGNATURE*	25) Advising Bank's Notification

26)"Unless otherwise express herein, this credit is subject to the Uniform Customs and Practice for Documentary Credit(1993 Revision), International Chamber of Commerce Publication No.600."

9) 수출대금의 회수

네고(nego)은행에 제시된 서류를 신용장개설은행 또는 수입지의 추심은행 앞으로 송부하여 수출대금을 회수하게 된다.

10) 사후관리

수출승인을 받아 물품을 수출한 자는 반드시 수출대금을 영수하여야 하며, 수출승인의 사후관리는 수출승인을 받은 자가 수출승인 조건대로 수출을 이행하고 수출대금을 영수하였는지의 여부를 관리하는 것을 말한다.

(5) 신용장의 기재사항

1) **개설은행** : 개설은행명이 맨 상단에 기록된다. Business Letter의 양식과 동일하며 이를 Letterhead라 한다. 통상적으로 개설은행 밑에는 은행의 주소, 전신약호 그리고 e-mail 등이 기록되어 진다. 본문은 보통 "We hereby open ......", "We hereby establish ......", "We hereby issue ......"로 시작하는데 여기서 "We"는 신용장 개설은행을 말하며, 다같이 "개설한다"는 뜻을 내포하고 있다. 그러나 환어음 발행을 위주로 한 신용장은 다음과 같은 표현을 쓴다. "We hereby authorize you to value on xxx", "You are hereby authorized to draw xxx", 즉 개설은행이 수익자에게 어음 발행의 권한을 부여하는 내용이다.

2) **신용장 개설 장소와 일자** :

신용장이 발행되는 장소와 일자를 기입한다.

3) **신용장의 종류** : 상단부분에 보통 "IRREVOCABLE DOCUMENTARY CREDIT"이라고 인쇄되어 있다. "Irrevocable Documentary Credit"이란 신용장의 종류를 명기한 것으로 취소불능 화환신용장을 의미한다. 화환신용장이란 신용장에 규정한 환어음을 발행할 때에 신용장에 명기한 선적서류를 첨부하여 발행해야하는 신용장을 의미한다. 즉 17), 18), 19), 20)의 선적서류를 첨부해서 발행해야 하는 것이다. 참고로 IRREVOCABLE이라는 용어대신 REVOCABLE이라고 되어 있으면 취소가능신용장이다.

4) **신용장 번호** : 신용장을 발행하는 은행의 기준에 따라 부여된 번호이며 우측의 "of advising bank에는 통지은행의 번호가 기입된다. 신용장번호는

모든 선적서류와 환어음에 의무적으로 기입해야만 한다.

5) **통지은행** : 통지은행이란 신용장을 수익자에게 통지하는 은행으로서 발행은행의 본지점이나 발행은행과 환거래 계약이 체결된 은행이 된다. 전신으로 개설된 신용장의 원본은 "This is the confirmation of our credit opened by cable under today's date through xxx"의 형식을 취하며 짧은 전신, 즉 full-text가 아닌 전신으로 개설된 사실만 통지되었을 때는 "This credit is being advised by brief cable and air mail through xxx"로 표시된다. 통지은행은 신용장을 수익자에게 정확히 통지하면 아무런 법률적인 이해관계가 발생하지 않는다.

6) **신용장 개설의뢰인** : 신용장개설을 은행에 요구하는 자로 통상 수입상이 의뢰인이 된다.

7) **수익자** : 수출신용장을 받아서 상품을 선적하고 어음을 발행하는 자를 의미한다. 영문명에서 보듯이 수익자는 신용장을 받아서 이익을 본다는 의미이다. 그만큼 신용장거래가 수출상에게는 혜택이라 할 수 있는 것이다. 무역계약서에서의 수익자는 Payment term에서 "in your favor" 또는 "in favor of you"라는 문장으로 표현되는데 귀하를 수익자로하여 라는 의미이다.

8) **신용장금액** : 신용장 하에서 발행될 수 있는 어음의 총계를 뜻하며 통상 숫자와 문자로 표기된다. 즉, "up to an aggregate amount of......", "for a sums not exceeding a total of......", "to the extent of not exceeding a total of...,..", "for a maximum amount of......" 등으로 표현한다. 문자와 병행하는 것은 금액의 위조를 예방하기 위한 방법으로 모든 유가증권에서 동일한 방법으로 표기하고 있다.

9) **유효기간** : Nego를 할 수 있는 기한을 의미하며 "Validity"와 같은 의미이다. 유효기간 내에 네고를 해야 하며 이를 어겼을 경우에는 신용장 유효기일 Amend를 통해서 또는 수입상의 동의 아래 L/G네고를 해야만 한다. L/G네고의 경우 어음발행인의 신용에 따라서 매입은행이 추가담보를 요구하거나 단순추심업무만을 수행하는 경우도 있다.

10) **신용장의 사용방법** : 수익자가 어음을 발행하여 NEGO할 수 있는 화환신용장이란 의미로 신용장의 종류가 Negotiation L/C라는 뜻이다. 즉, 이런 경우에는 발행된 어음이 제시되면 발행인, 배서인 그리고 선의의 소지인에게 어음대금을 바로 지급하겠다는 개설은행의 확약이 있는 것으로 추정할 수 있다. 실제로 본 신용장의 말미, 즉 25)항에 이와 동일한 취지의 확약문언이 명시되어 있다. 이와는 반대로 Straight L/C의 경우에는 발행인, 배서인, 선의의 소지인에게 확약하는 것이 아니라 오직 발행인에게만 확약하는 문언이 명시되어 있다. 이러한 신용장에는 확약문언에 다음과 같이 명시되어 있다. "We engage with you(drawer) that..." 즉 어음의 발행인에게 어음이 제시되면 바로 지불하겠다는 문언만이 명시되는 것이다.

11) **환어음에 관한 사항** : 본 신용장 하에서 발행되는 어음의 종류를 명시하고 있는데, 이는 송장금액 전액(100% of invoice cost)에 대하여 일람출급 환어음을 발행하도록 규정하고 있다. 따라서 본 신용장은 sight bill이 발행되는 Sight L/C가 되는 것이며, 이를 usance bill로 만들기 위해서는 at와 sight 사이에 일정한 기일, 즉 수출상과 수입상이 협약한 기일을 명시하면 Usance L/C가 되는 것이다. (예: at 60days after sight) 또한 앞서 신용장의 종류에서 설명하였듯이 본 신용장 하에서 어음을 발행할 때에 17), 18), 19), 20) 에서 규정한 선적서류를 첨부하여 어음을 발행하도록 규정하여 본 신용장이 화환신용장임을 본문에서도 규정하고 있는 것이다.

12) **첨부사항** : 어음을 발행할 때 첨부되는 서류의 종류를 열거하고 있다. 신용장에 명기된 선적서류 중 어느 하나만 첨부하지 않아도 대금결재를 받을 수 없다. 반대로 어음을 발행할 때 선적서류를 첨부하지 않는 Clean Credit의 경우에는 이러한 문언이 없다.

13) **상업송장** : 상업송장은 통상 "Signed commercial invoice"를 요구한다. UCP 600에선 상업송장은 반드시 수익자에 의하여 발행되도록 하고 있으며, 별도의 지시가 없는 한 서명을 필요로 하지 않도록 하였다. 또 "Signed commercial invoice in triplicate which must be certified by chamber of commerce and legalized by xx consulate"라고 하여 특정기관, 즉 상업회의소나 수출국주재 영사관의 확인이나 검정을 요구하기도 한다.

14) **보험증권** : 보험증권에 관한 문언은 "Insurance policy or certificate blank endorsed for 110% of the invoice cost including Institute Cargo Clauses(A), (B) 또는 (C)와 특약보험으로 구성된다. 이를 구체적으로 설명하면 다음과 같다.

첫째, "blank endorsed"는 백지배서를 요구하는 의미인데, 백지배서란 유가증권의 소유권 양도 시에 행해지는 법률적인 행위이다. 그러나 보험증권은 유가증권이 아님에도 불구하고 배서조항을 명시하여 유가증권과 같은 법률적인 행위를 하도록 규정하였다. 여기에 대하여 "Leslie J. Buglass는 그의 저서 "Marine Insurance and General Average in the United States ,Cornell Maritime Press, Inc., 2nd edition(pp.12-19)"에서 다음과 같이 설명하고 있다. 해상보험은 국제간의 상품이동에서 여러 가지 발생할 수 있는 위험을 담보하기 위해 존재하고 있다. 따라서 수출입 물품에 대한 피보험이익은 상품의 장소적인 이동에 따라 수출상에서 수입상으로, 수입상에서 수출상으로 이동될 수가 있기 때문에 피보험이익의 양도는 유가증권에서 인정되는 자산가치와 동일하므로 이의 양도를 위해 유가증권이 아닌 해상보험증권에 백지배서 한다고 설파하고 있다.

둘째, 보험금액이 110% of invoice cost로 되어 있어서 초과보험이 발생하게 된다. 이 경우 보험가액은 invoice cost이고, 보험금액은 보험가액의 110%이다. 원칙적으로 손해보험에서 초과보험은 인정되지 않지만 국제무역에선 예외로 희망이익과 최소한의 수출입비용이 인정되어 초과보험이 합법적으로 가능하게 되는 것이다. 보험금액 110%는 수출입업자 당사자의 계약에 의해서 120%, 130%도 가능하다. 다만 필요 이상으로 보험금액이 높을 경우 수출가격이 상승하여 가격경쟁력이 상실되므로 최소한으로 보험금액을 책정하여 무역계약을 체결하는 것이 관례가 되었다.

셋째, 담보범위는 ICC(A), (B), (C) 중에서 당사자 간 합의하에 정하여야 되며, 특약보험의 가입여부도 마찬가지다.

15) **선화증권** : 본 신용장에서는 선화증권을 요구하고 있으나 운송의 형태에 따라서 각 각 요구하는 운송서류가 달라진다. 항공운송의 경우에는 항공화물운송장(Airway Bill)이 요구 되겠고 육상운송의 경우에는 철도화물탁송장(Railway Consignment Note) 또는 도로화물탁송장(Road Consignment

Note), 복합운송의 경우에는 복합운송증권(Multimodal Transport Documeent 또는 Combined Transport Document)이 요구된다. 선화증권 문언을 구체적으로 설명하면 다음과 같다.

첫째, "Full set"는 선화증권 원본 3부를 의미한다. 선화증권은 3부, 즉 the original, the duplicate. the triplicate로 구분하여 발행되며 3부가 각각 원본이며 이 중 한부가 사용되면 나머지 2부는 자동적으로 효력이 상실된다. 이처럼 3부가 발행되는 이유는 분실이나 도난방지를 위한 대비책일 수도 있겠으나 실무에선 유용하게 사용하는 경우도 많이 있다. 화물의 운송시간이 어음의 추심기간보다 현저히 짧은 경우 수입자는 L/G를 제출하고 수입화물을 인도하게 된다. 이런 경우 은행은 수입상의 신용상태 여하에 따라서 일정한 담보를 요구하기도 하고 또는 현금공탁 등의 부담을 지우게 되는데 이는 수입상에게 상당한 금융적인 부담을 주게 된다. 이러한 불편을 해소하기 위해 3부 중 1부를 수입상에게 직접 송부하게 하여 화물을 적기에 인도할 수 있게 하는 방법이 사용되기도 한다. 이런 경우에 신용장에서 다음과 같은 문언이 삽입되어야만 한다. 즉, "The duplicate of B/Ls should be sent directly the importer(or applicant) not through the opening bank" 이라고 신용장에 규정되면 화물선취보상장을 발행하는 등의 번거로움을 제거할 수가 있다. 둘째, "clean on board ocean"이란 무고장, 선적, 해양선화증권의 의미이다. 이는 선화증권의 종류를 설명하는 문장으로 구체적인 설명은 생략한다(선화증권의 종류를 참고). 셋째, "made out to order and blank endorsed"은 지시식으로 만들어지고 백지배서된 선화증권을 요구하는 문언이다. 선화증권의 유통을 위하여 지시식으로 만들고 유통이 계속되도록 하기 위하여 백지배서하도록 한 것이다. 백지배서란 선화증권의 뒷면에 배서를 할 경우 피배서인(endorsee)을 기명하지 않고 배서인(endorsor)만 기명하고 서명하는 것을 말한다. 넷째, 운임선불여부와 착하통지처의 명시이다. 운임이 선불되었을 경우엔 "Freight Prepaid", 운임이 후불일 경우엔 "Freight Collect"로 명시되며 이는 최소한의 가격조건의 암시이기도 하다. 만약에 선불일 경우에는 가격조건이 "CFR, CIF, CIP등 "Group C or Group D" 계열일 것이며 운임이 후불이라면 "Group E or Group F"에 속한 것을 알 수 있기 때문이다(Incoterms 2000 참조). 착하통지처(Notify Party)는 선화증권이 지시식인가 또는 기명식인가에 따라 매우 중요하다. 기명식선화증권의 경우에는 Consignee란에 수화인의 상호, 주소가 기입되기 때문에 착하통지처가 없어도 무방하겠지만 지시식의 경우에는 Consignee란에 “to order, to order of shipper, to order of the opening bank”로 되어있기 때문에 착하통지처가 없으면 화물이 도착해도 통보할 대상자가 선화증권 상에 없기 때문이다.

16) **기타 선적서류** : 원산지 증명서, 포장명세서 또는 중량증명서 등 필요한 선적서류를 요구할 수 있다. 필요한 부수는 in과 copies 사이에 명시하면 된다.

17) **검사증명서** : 본 신용장에서 품질검사자는 한국에 있는 수입상의 Agent로 규정되어 있다. 수입상이 신뢰하거나 Brand가치가 널리 인식되어 있는 대부분의 공산품의 경우는 수출상의 검사로 품질검사가 유효하게 되는데 이러한 방법이 가장 바람직하다. 이런 경우에는 “Exporter's inspection to be final”이란 문언을 계약서에 명시하고, 그러한 취지의 문언이 신용장에 기록되면 된다.

18) **선적항과 목적항** : 선적항은 대한민국 Pusan으로 규정되었다. 일반적으로 부산은 “Busan”으로 사용하지만 신용장에 “Pusan”으로 되어 있으면 신용장 표기대로 해야만 한다. 그것이 신용장의 엄밀 일치의 원칙에 부합하기 때문이다.

목적항 또는 하역항은 일본의 고베항이다. 본 신용장은 항구 간(port to port) 운송이기 때문에 목적항이 표시되었지만 복합운송, 즉 “door to door service”일 경우에는 최종목적지(destination)가 따로 명시되거나 “Kobe upto Osaka” 등으로 명확하게 명시해야만 한다.

19) **선적기일** : 선적기일은 일반적으로 “not later than” 다음에 표시되는데 이 경우에는 그 날자가 포함되는 것으로 해석한다.

선적기일의 경우 “shipment must be effected on or before xxx”, “shipment must be effected not later than xxx at the latest” 같이 표시되기도 한다. 선적기일의 기준은 선화증권의 일자 또는 선적이나 발송을 증명하는 수령인(reception stamp)이 찍힌 일자로 하며, 선적기일의 표시에 사용되는 ‘to’, ‘until’, ‘till’, ‘from’ 및 이와 유사한 의미의 용어는 기재된 일자를 포함하며, ‘after’란 용어가 사용되면 기재된 일자는 제외한다. 그리고 ‘on or about’라는 용어가 지정일자와 함께 표시된 경우에 5일 이내의 기간(끝날짜 포함)을 선적일자로 본다. “loading an board”, “dispatch”, “taking in charge" 등으로 최종 선적기일을 표시해도 선적(shipment)과 같은 뜻으로 간주한다.

20) **분할선적** : 분할선적(partial shipment)과 환적(transhipment)은 허용이 되는 경우 "allowed" "permitted" "authorized" 등으로 표시하고, 불허하는 경우 "prohibited" "not allowed" "not permitted" 등으로 표시하는데, 금지의 표시가 없는 경우엔 허용된 것으로 간주한다. 동일 항해의 동일 선박에 의한 각 선적은 본선 선적을 증명하는 각 선화증권이 비록 각각 다른 일자표시가 되어 있더라도 분할선적으로 간주되지 않는다.

21) **환적** : 환적의 경우는 비록 신용장이 환적을 금지하는 조건일지라도 선화증권 상에서 화물이 콘테이너 · 트레일러 · lash선 등에 선적된 것으로 입증되거나, 운송인이 환적을 할 권리를 유보한다는 뜻의 조항이 인쇄되어 있는 선하증권은 수리할 수 있다.

22) **특별조항**(선장을 위한 배려) : 선장이 항해 중 참고하기 위한 선적서류로써 명시된 선적서류를 선박에 제출하여야 한다.

23) **특별조항** : 어음과 선적서류는 선화증권의 선적일 후 6일 이내에 네고은행에 제시되어야 하며, 신용장의 유효기일 이내 이어야 한다. 선화증권의 선적 일부일 후 6일 이내에 네고가 이루어 지지 않으면 "StaleB/L"이 된다는 의미이다. 앞서 신용장의 종류에서 설명하였듯이 이러한 선화증권은 은행에서 수리되지 않으니 특별한 조치를 취하지 않는 한 기일을 엄수하여야 한다.

24) **지급확약문언** : 이러한 지급확약문언이 바로 지급보증을 의미하는 것이다. 신용장의 조건과 일치하게 발행되고 매입된 어음은 제시되자마자 정히 지불될 것임을 어음의 발행인, 배서인 그리고 선의의 소지인에게 약속하는 것이다. 또한 신용장의 조건 내에서 인수된 어음은 만기에 정히 지불될 것임을 아울러 확약하는 것이다. 이 경우 다음과 같은 문장(AND THAT DRAFTS ACCEPTED WITHIN THE TEAMS OF THIS CREDIT WILL BE DULY HONOURED AT MATURITY)이 추가 된다.

전반부는 일람출급 환어음이 발행되는 경우의 지급보증이고 후반부는

기한부어음이 발행되는 경우의 지급보증이다. 본 신용장은 sight bill이 발행되기 때문에 전반부의 지급보증문언으로 충족되지만 이처럼 포괄적으로 인쇄하여 사용하고 있다.

25) **통지은행 통지란** : 통지은행의 통지란은 별 다른 의미는 없으나 어느 은행을 통해서 통지된다는 내용이 기록되기도 한다.

26) **준거문언** : 신용장에 별도 명시가 없으면 본 신용장은 국제상업회의소가 1993년에 개정한 신용장통일규칙에 따르도록 규정하고 있다. 따라서 분쟁이 발생하면 준거규칙에 따라서 이를 해결해야 한다.

(6) 신용장 내도 시 유의사항

수출자는 수입자와 무역계약을 체결한 후, 대금결재수단으로 통지은행을 통하여 신용장을 수령하게 된다. 신용장을 수령하기 위해서는 해당 은행의 신용장수령증을 작성하여 제출하여야 한다. 수출상은 외국으로부터 신용장을 수취하면 다음 사항을 확인·검토하여 신용장 거래에 따른 위험을 사전에 예방하여야 한다.

1) 진정성

신용장의 진위여부를 확인해야만 한다. 통지은행에 대한 의무를 강화하여 통지를 의뢰받은 은행이 통지에 참여할 의사가 없거나 신용장의 외관상 진정성에 의심이 가는 경우에는 통지의 거부 또는 의심이 가는 사항에 대한 확인을 개설은행에 요구하여야 하고, 만약 이러한 신용장을 수익자에게 그대로 통지하는 경우에는 진정성이 의심된다는 사실을 함께 통보해야 한다.

- 우편만으로 접수한 신용장 개설은행과 교환되어 있는 서명감(Specimen Signature Booklet)에 의거 서명을 대조하여 신용장의 진위여부 확인
- 전신으로 접수한 신용장 미리 개설은행과 교환되어 있는 Test Key에 의해 Test Key번호를 확인하여 신용장의 진위확인

2) 신용장 형식요건의 구비 확인

취소불능신용장인지 여부를 확인해야 한다. 실무적으로 한국은 취소가능 신용장을 인정하지 않고 있다. 제6차 개정 신용장통일규칙(UCP 600) 하에서는 취소가능신용장에 관련된 규정을 삭제하여 취소불능신용장임을 원칙으로 하고 있으므로 신용장통일규칙 준수문언의 존재여부를 확인한다. 즉, 신용장에 "subject to the uniform customs and practice for documentary credits, 2007 reversion, ICC, publication No, 600)이란 문구의 존재를 확인한다. 마지막으로 신용장 자체의 모순을 확인한다.

3) 개설은행의 신용상태

수출자는 개설은행의 신용에 문제가 있다고 판단되면 다른 은행의 확인을 추가로 받은 후 수출이행을 하는 것이 안전하다. 개설은행의 신용은 다음 아래와 같은 증거를 통하여 판단한다.

- 개설은행의 파산이나 지급불능 가능성 확인
- 개설은행 국가의 외환사정 악화로 인한 대외지급중지 또는 연기 가능성
- 개설은행 지역의 전쟁상태 등으로 인한 서류의 송달불능 또는 지급불능 사태의 가능성 확인

4) 계약내용과 일치여부

품목, 가격, 단가와 합계계산의 정확성 여부와 선적기일 및 서류제시를 위한 충분한 시간적인 여유, 그리고 오자, 탈자의 존재여부 등을 확인한다.

5) 계약이행을 가로막는 내용검토

- 거래조건의 위반 : FOB조건의 거래인데도 해상보험의 부보를 요구하고 있거나, 선화증권상 「Freight Prepaid」로 요청한 경우
- 수출국에 주재하고 있지 않는 수입국 공관장의 확인요청

  (예) Certificate of Origin must be legalized by XYZ Embassy in Korea.
- 해상선화증권(Marine Bill of Lading)을 요구하면서 「Shipment to be made from Seoul, Korean」 등으로 요구하는 경우,
- 신용장개설이나 수령시점에서는 별다른 문제가 없지만 매수인측에서 악용의 여지가 있는 조건들일 경우(예)

  - Inspection Certificate Approved and Signed by Buyer's Agent in triplicate.
  - shipment must be effected by a vessel which shall be advised from buyer by cable before shipment
  - shipment should be approved by buyer before shipment and certificate issued by buyer is required.
- 선적 전에 견본에 대해 수입자의 검사를 받은 후 그 검사증을 매입서류에 첨부하도록 한 경우

  (예) Shipment sample should be inspected and approved by Buyer before Shipment, and the Certificate Issued by Buyer must be presented for Negotiation.

3. 신용장의 조건변경

신용장의 조건변경(L/C Amendment)은 발행한 신용장의 조건 중 일부를 관계 당사자 간의 합의에 따라 변경하는 것을 말한다.

신용장은 무역거래의 계약조건에 의해 개설되어야 하며, 취소불능신용장은 개설은행이 선적서류와 발행된 환어음이 신용장조건에 일치하는 한 지급 인수할 것을 확약한 것이므로, 이들 약정은 신용장 관계당사자 전원의 동의 없이 그 내용의 변경이나 신용장의 취소가 불가능하다. 또한 조건변경의 부분적 수락도 허용되지 아니하며 부분수락은 거절의 통지로 본다. 따라서 신용장의 조건을 변경하고자 할 경우에는 유효기간 내에 개설은행, 수익자, 개설의뢰인, 확인은행 등의 모든 거래 당사자들의 합의를 받아야 한다. 따라서 매수인이 수익자의 요청에 동의하고 이를 개설은행에 취소불능 화환신용장 조건변경 신청서, 변경된 내용이 포함된 물품매도확약서 또는 계약서 등을 첨부하여 요청하면 개설은행은 수입신용장의 개설 또는 조건변경 후, 신용장 통지은행으로 발송된 전문 사본을 발행 신청인 앞 교부한다. 신용장 사본의 내용이 요청한 내용에 따라 정확히 처리되었는지 수입자는 검토하고 잘못된 내용이 있는 경우 즉시 발행은행에 통보하여 신용장 내용을 정정하여야 한다. 신용장 조건변경은 원신용장의 내용을 수정 변경하는 것이므로 신용장 자체에 관한 사항은 원신용장의 내용과 동일하게 기입해야 한다.

① 신용장번호: 원신용장의 번호를 기입

② 수익자(Beneficiary) 성명 및 주소: 원신용장의 수익자번호 및 이름 이외에 주소를 정확하게 표시하며 약호는 사용하지 않는 것이 좋다. 수익자가 변경되는 경우에도 원신용장의 수익자를 기입하는 것은 마찬가지다.

③ 의뢰인의 성명 및 주소: 신용장의 조건변경신청서는 원래의 신용장 개설의뢰인만이 할 수 있으므로, 원신용장의 개설의뢰인 주소, 성명을 기입한다.

④ 신용장 금액: 신용장 금액을 변경하는 경우라도 이 난에는 변경되기 전 원신용장 금액을 기입한다.

⑤ 신용장 유효기일(Expiry Date): 유효기일 변경신청의 경우라도 원신용장에 표시된 유효기일을 기입한다. 해석상 오해를 없애기 위해서 월 표시는 문자로 하는 것이 좋다.(예: JUNE 4. 2009)

(1) 신용장의 조건변경 및 취소

하나의 조건변경통지에 두 가지 이상의 변경내용이 있을 때 이들 중 수익자가 자기에게 유리한 일부의 조건만 수락하는 것은 허용되지 않는다. 그러나 독립된 변경통지서들이 연속적으로 발행된 경우 그들 중 일부 변경통지서만 수락하는 것은 허용된다. 일반적으로 가장 많이 발생하는 신용장의 조건 변경사항은 다음과 같은 것들을 들 수 있다.

가. 신용장 금액의 증감 ; 신용장금액의 감액의 경우는 감액변경으로 충분하다. 그러나 증액의 경우에는 수입승인의 변경이 선행되어야 하며(수입제한 품목일 때) 추가담보 및 지급보증의 추가확보가 요청된다. 개설은행으로서는 증액변경의뢰를 받았을 때는 추가수수료를 개설에 준해서 징수한다.

> "L/C amount is increased by US$ 10,000 to US$ 15,000."
> "Amount is increased by US$ 10,000 making total of US$ 15,000."
> "L/C Amount is decreased by US $ 100,000 to US $ 400,000. Amount is decreased by US $ 100,000 making total of US$ 400,000."

나. 신용장 기한의 연장 ; 수출업자의 사정에 의하여 약정일까지 선적할 수 없을 때 선적기일과 유효기일을 연장하는 것을 말한다. 보통 수출업자의 요청에 의해 수입업자가 개설은행에 연장신청을 하게 되며 몇 번이든지 허용된다. 유효기일이 연장되더라도 선적기일 연장에 대한 문언이 없으면 최종선적기일은 연장되지 않는다. 그러나 최종 선적기일이 명시되지 않았을 때에는 유효기일을 선적기일로 간주하므로 유휴기일의 연장은 자동적으로 선적기일의 연장으로 볼 수 있다.

> shipping date is extended until July 7, 2009 and expiry date up to July 27, 2009.

이때 날짜 표시 앞에 "to" "until" 등의 표현이 있으면 그날 자체도 포함하는 것으로 해석된다. 선적기일이 연장될 경우 유효기일도 동일한 기한만큼 연장된다.

> 원신용장 선적기일: Sep.30,2009.
> 변경된 선적기일: Oct.31,2009.
> "The latest shipment date is extended oct.31, 2008"

다. 유효기일 연장 : The expiry date is extended until 다음에 변경된 유효기일을 기입한다. 한 가지 주의할 것은 유효기일이 연장된다고 해서 선적기일 연장에 대한 지시가 없으면 최종 선적기일은 연장되지 않는다.

원신용장 유효기일: Oct.31,2009.
변경된 유효기일: Nov.21,2009.
"The expiry date is extended until Nov.21,2009"

라. 분할선적 및 환적(Partial Shipment and Transhipment) ; 신용장에는 분할선적이나 환적을 금지하였다가 직항선(direct line)이 없거나 분할선적이 아니면 선적이 불가능할 경우 또는 수입시장 사정상 분할선적이 필요할 경우에는 수출상과 수입상의 합의 아래 변경될 수 있다. 수입업자가 환적을 꺼리는 것은 파손위험이나 보험료가 높아지고 도난의 위험도 수반되기 때문이다.

- 금지에서 허용: Transhipments are permitted(or allowed), Partial shipments are allowed(or permitted)
- 허용에서 금지: Transhipments are prohibited(or not permitted), Partial shipments are not allowed(or prohibited)

마. 선적항 및 도착항 변경

예) Shipping port is changed into NewYork instead of Seattle.
Destination is changed into Kunsan instead of Busan.

바. 품목명세 변경

예) Description of commodity are changed as follow.
"10,000pcs of MEN's cotton shirts U.S.A. origin @US $ 90 CIF Pusan.

사. 기타사항 ; 원신용장에 규격이나 품목 등 정의가 불충분하거나 기타 지시사항이 불충분 하였다면 "Amend"라기 보다는 추가사항으로 조건변경을 할 수 있으며 삭제할 사항은 삭제할 수도 있다. 일반적으로 금액의 변동이 있으면 단가, 수량 등의 변경이 있기 쉬우므로 그 변경사항을 기입하고, 그 외 규격이나 품목 등의 명세, Delivery 조건, Tenor 등 당사자 간에 합의가 된 변경, 추가, 삭제사항을 기입한다. 그 외 신용장의 양도가능여부도 이 난에 표시한다.

- "This credit is transferable"
- "Unit price changed from @US$1,100 to @US$,1,110"
- "Commodity size now should read 20cm 25cm instead of 8" 10" "
- "Please delete the special instruction #2"

신용장의 취소는 다음과 같은 과정을 통하여 완료된다.

개설의뢰인으로부터 신용장의 취소의뢰를 받은 개설은행은 취소불능신용장의 경우 반드시 통지은행을 경유하여 수익자의 동의를 받아야 한다. 이와 같은 요청을 받은 통지은행은 수익자의 취소동의를 받으면서 신용장 원본을 회수하여야 하며 원본의 반송요청이 있으면 수출상은 이에 따르게 된다.

(2) 신용장의 조건변경 절차

신용장의 조건변경은 1회에 한정된 것이 아니고 무제한으로 변경할 수 있으나, 취소불능신용장의 경우는 관계당사자의 동의가 있어야 한다. 신용장의 조건변경은 신용장개설은행만이 할 수 있으므로 통상 개설의뢰인으로부터 "신용장 조건변경신청서"를 받아 이를 통지은행을 통해서 수익자의 동의를 얻음으로써 그 절차가 끝나게 된다. 그리고 변경된 조건에 대한 수익자의 동의는 반드시 분명한 수락의 의사를 표시함으로써 유효하게 된다. 그러나 수익자가 변경된 조건에 대하여 아무런 의사표시를 하지 않고 있다가 변경된 조건에 일치시켜 서류를 제시했을 경우는 그 시점에서 수락의 의사표시가 되므로 하등의 문제가 되지 않는다.

UCP 500에서는 여러 사람에게 분할 양도된 신용장의 조건이 변경된 경우 이를 승낙한 양수인에게는 변경된 신용장의 효력을, 거절한 양수인에게는 원 신용장의 조건이 그대로 존속하는 것으로 구체적으로 규정하였다.

1) 신용장 조건변경의 신청

①수입자 (신용장개설 의뢰인)	(1) ①과 ②가 변경 내용 합의	②수출자 (신용장 수취자)
(2) ①이③에 게 변경(취소)요청 (7) ③이 ①에게 신용장 변경(취소) 통보		(4) ④가 ②에게 변경(취소)동의여부 확인 (5) ②가 ④에게 변경(취소)동의서 송부(신용장 원본 반납)
③L/C 개설은행	(3) ③이 ④에게 변경(취소)요청서발송 (6) ④가 ③에게 변경(취소)동의서 송부 (신용장 원본 송부)	④L/C 통지은행

〈그림 26〉 신용장조건 변경 및 취소절차

신용자의 조건을 변경하기 위해서는 먼저 수입승인(I/L) 사항변경을 신청(수입제한품목일 때)하여 수입승인 사항변경 승인을 받은 후 이 승인서와 함께 신용장개설의 경우와 같이 개설의뢰인이 개설은행에 신용장 조건변경의뢰서(Application for Amendment to Letter of Credit)를 제출함으로써 이루어지며 이의 통지도 신용장 개설에 준한다.

- 신용장 조건변경 신청서의 접수 ; 신용장 조건변경을 신청할 때는 수입신용장 조건변경 신청서, 변경된 수입승인서(수입제한 품목일 때), 기타의 증빙서류: 수익자와 신용장조건변경을 합의한 계약서 서신 등을 제출하여야 한다.

2) 신용장 변경승인

신용장 조건변경내용의 계약서 및 관계법규의 충족여부를 검토하고 제출된 서류를 다음 해당사항을 중심으로 확인한다.

핵심

- **당사자의 확인** : 신용장개설의뢰인의 필적, 인감 및 서명인가를 확인
- **기재사항의 확인** : 신용장번호, 수익자명, 품목, 기타사항들이 원신용장 또는 계약서의 내용과 일치하는지 확인
- **L/C금액의 변경** : 지급보증을 요하는 경우에는 해당계의 지급보증 획득여부 확인, 증액 시 수입보증금의 추가적립 여부

신용장은 취소불능이므로 감액은 원칙으로 불가이나 신용장의 당사자 합의에 의하여 이루어질 수 있다.

3) 조건변경문안작성

계약변경내용과 신용장 조건변경신청서와의 일치 및 기재사항의 누락, 오류를 검토하고 이에 따라 전문 우편문안을 작성한다. 취소불능신용장은 당사자 중 어느 일방이라도 동의치 않으면 조건변경은 불가능하므로 조건변경을 할 때는 "Please confirm us beneficiary's" 등의 문언을 삽입하여 수익자의 신용장조건변경에 관한 허락을 득한다. 이는 후일의 분쟁을 미연에 방지하는 동시에 그 결과에 따라서 필요한 절차를 취하도록 하기 위함이다.

4) 수수료 수납

증액인 경우, 신용장개설시의 수수료율과 동일하면 원 수입신용장 개설금액에 대한 수수료의 징수기간까지 증액되는 금액에 대하여 월단위로 절상징수하고 그 이후는 총 지급보증금액에 대하여 3개월 단위로 징수한다.

기한연장 시 연장되는 기한(통산)이 수수료가 기 징수기간을 초과하지 않는 경우에는 기타 조건변경 최저요금을 징수하고, 수수료 기 징수기간을 초과하는 경우에는 수수료 기 징수기간까지는 기타 조건변경 최저요금만 징수하고 그 기간만료 다음날에는 'term charge'를 징수한다.

증액수수료 또는 기한연장수수료와 기타 조건변경수수료 중, 동시에 2종 이상 발생한 때에는 그 중 고액인 수수료 하나만 징수한다. 기타 L/C조건변경인 경우 규정된 금액(약 4000원)을 징수하고 Cable charge, Corres charge는 실비를 징수한다.

4. 신용장 양도

신용장의 수익자가 향유하는 권리(신용장의 이용권)의 전부 또는 일부를 수익자의 요청에 의하여 1인 또는 그 이상의 다른 수익자(제2수익자)에게 양도하는 것을 말한다. 신용장의 양도는 보통 수익자가 무역업 신고가 되어 있지 않거나 제조업체가 아닌 경우 또는 개설의뢰인의 대리인역할을 하는 경우 등으로 수익자가 직접 수출을 이행할 수 없을 경우 양도한다. 그러나 실무에서는 수출자가 무역업신고는 되어 있으나 수출쿼타를 보유하지 않았거나(쿼타 품목에 한함) 상품의 제조업자가 아니어서 생산자로 하여금 직접선적과 매입을 하게 하는 경우, 수출지에 있는 수입상의 대리점 또는 지사가 먼저 신용장을 일괄적으로 받아 놓고 실수출자에게 신용장을 1부씩 양도하는 경우와 중간차익의 취득을 목적으로 L/C를 타사에 양도하는 경우에도 신용장 양도가 발생한다(UCP600 제38조).

(1) 신용장의 양도조건

신용장이 양도되기 위해서는 반드시 양도가능 신용장(Transferable L/C)이어야 하며, 양도 가능신용장이 되기 위해서는 개설은행이 신용장에 'Transferable'이라고 분명히 명시하여야 한다. 그러므로 양도가능이라고 명시되어 있지 않고 'divisible', 'assignable', 'transmissible' 과 같은 용어가 사용된 경우는 신용장을 양도할 수 없다.

1) 양도의 횟수

복수의 제2수익자에게 분할 양도되는 경우는 모두 1회의 양도로 간주되며, 2수익자가 제1수익자에게 재양도 하는 것은 특별히 가능하다.

신용장양도의 회수는 1회에 한하여 양도가 가능하나, 양수인이 선적이행의 불능 등을 이유로 불가피하게 양도를 취소하고자 할 경우 관계당사자 전원의 동의가 있으면 양도의 취소가 가능하다. 이 경우 양도인이 양수인으로부터 양도된 신용장을 회수한 후 제3자에게 다시 양도하는 것은 1차양도의 원칙에 위배되지 아니하다.

2) 양도신용장의 조건변경

다수의 제2수익자에게 양도된 신용장이 조건 변경된 경우에는 조건변경의 효력은 각각의 제2수익자에게 조건변경의 동의 여부에 따라 결정된다. 조건변경에 동의한 제2수익자에게는 동 조건변경이 유효하나, 조건변경에 동의하지 않은 제2수익자에게는 조건변경의 효력이 없다.

3) 양도취급 가능은행

양도취급 가능은행이 존재하여야 한다. 수익자 소재지의 지정된 은행으로서 지급이나 인수할 것을 요구받은 또는 매입을 이행하도록 수권된 은행 또는 자유매입신용장인 경우에는 신용장상에 양도은행이 사전에 지정되어 있어야 한다.

4) 양도가 가능한 신용장

신용장상에 「Transferable」이라는 문구가 표시되어 있어야 한다. 양도가능 신용장(Transferable Credit)이란 수익자가 신용장 금액의 전부 또는 일부를 제3자(제2수익자)에게 양도할 수 있는 권한을 부여한 신용장을 의미한다.

▸분할양도 : 분할양도는 분할선적이 허용된 경우에만 가능하다.

(2) 신용장 양도의 종류

표 17 양도의 종류

양도방법에 따른 구분	단순양도	제 1수익자가 원신용장의 권리를 포기하여 별도 조건변경 없이 신용장을 제 2수익자에게 양도하는 것
	조건변경 양도	제 1수익자가 신용장 양도에 따른 중계차익 확보 등을 목적으로 원 신용장의 금액, 단가, 유효기일 등을 감액 또는 단축하여 제 2수익자에게 양도하는 것
양도지역에 다른 구분	국내양도	제 1수익자 및 제 2수익자가 동일한 국가 내 소재
	국외양도	제 1수익자 및 제 2수익자가 다른 국가에 소재 단, 국외양도에 대한 금지문언이 없을 것 그리고 선적항 및 가격조건이 양도되는 국가와 모순되지 않을 것
양도금액에 따른 구분	전액양도	원 신용장 전체 금액을 하나의 제 2 수익자에게 양도
	분할양도	원 신용장 금액 중 일부를 하나의 제 2수익자에게 양도하거나, 원 신용장 전체금액을 다수의 제 2수익자에게 양도

참고 : 조건변경부 신용장 국외양도 : 중계차익을 목적으로 원 신용장의 조건을 변경하여 국외 양도하는 것

〈국외양도 절차〉

① 개설은행으로부터 개설된 신용장 제1수익자 수령
② 제1수익자가 2수익자에게 신용장 국외 양도
③ 제2수익자는 물품생산 완료 후에 원 수입상 앞 물품선적
④ 제2수익자 거래은행을 통하여 양도은행 앞 선적서류 송부
⑤ 제1수익자는 송장 및 어음을 대체하여 원 신용장 개설은행 앞 선적서류 송부
⑥ 원 신용장 개설은행으로부터 신용장 대금 입금되면 제2수익자 앞 신용장 대금 송금

(3) 신용장 양도인의 권리

1) 송장대체권

원수익자가 원신용장금액을 초과하지 않는 범위 내에서 원신용장의 단가대로 작성된 자기의 송장과 제2수익자의 송장을 대치시키는 것으로서 양도시 감액하지 않았다 하더라도 원수익자는 송장을 대치할 권리가 있다. 이때, 만약 단가나 금액을 인하하여 양도인이 양도하였다면 양도차익이 발생하게 되는데 이럴 경우, 양도인은 동 차익에 해당하는 금액을 추가한 새로운 어음을 발행(어음추가발행권)하여 개설은행 앞으로 송부하고 차익은 자신이 수령한다.

2) 양도사항 불고지요청권

신용장 양도가 양도차익을 목적으로 하는 경우, 그 양도차익과 관련하여 양도인은 양도은행에 신용장 양도에 관한 사항을 개설은행 및 개설의뢰인에게 밝히지 말 것을 요청할 수 있다.

3) 양도지에서 매입 및 지급 요구권

양도인이 송장대체권의 실효성을 확보하기 위하여 양수인에게 네고 시 양도가 실행된 장소, 즉 양도은행에서 특정 일시에 신용장을 매입 또는 지급을 하도록 요구할 수 있다.

(4) 신용장 양도절차

신용장양도 절차
①양도계약 체결
②양 도 신 청
③양도여부 검토
④양 도 통 지
⑤수 출 이 행

신용장 양도계약체결 시 최초수익자가 전부(또는 일부) 양도통지서 발행의뢰서 (application for advice of Total transfer ; 제2수익자 주소명기)를 양도 취급은행에 제출한다.

• 구비서류 : ① 수출신용장 원본 ② 양도신청서 ③ 양도인 및 양수인의 인감필적 명판신고서(국외 양도일 경우 양수인의 오퍼)

1) 양도 시 확인사항

① 당해 L/C가 양도가능신용장인지의 여부, ② 당해은행이 신용장상에 지급, 인수 또는 매입을 하도록 수권받은 은행인지의 여부, ③ 원수익자와 제2수익자 공동연서에 의한 양도 신청인지 여부, ④ 1회에 한한 양도인지 여부, ⑤ 분할양도의 경우 원수출신용장 상에 분할선적을 허용하고 있으며 분할 양도금액이 원수출신용장상의 금액을 초과하지 않는지 여부, ⑥ 제시된 원수출신용장에 의하여 기 취급한 금융이 없으며 기타 국내의 여건에 비추어 행정상 필요에 의하여 양도를 금지하는 기재 내용이 없는지 여부

2) 양도절차

양도취급은행은 원수익자가 지시하는 의뢰서의 내용에 따라 「transfer advices」를 첨부하여 양수인인 제2수익자에게 원본을 교부한다. 이때 원신용장의 뒷면에 「this credit had been totally(or partially) transferred to ABC Co. for U$ 12,000 by XYZ Bank」라고 명기해야 하며 특히 부분양도(partial transfer)인 경우 상품이 종류별로 되어 있거나 수량이 명시되어 있는 경우에는 원신용장의 뒷면에 당해 상품명이나 수량도 기재해야 한다. 양도은행은 양도인, 개설은행, 통지은행에 「Transfer Advice」의 사본을 교부하고 양수인에게는 양도은행이 작성한 양도신용장을 교부한다.

3) 양도된 신용장의 조건변경

전액양도의 경우 조건변경승인권을 제2수익자가 보유한다. 그러나 분할양도에서는 최초의 수익자가 조건변경승인권을 행사할 수 있다.

참고로 UCP 600에선 양수인에게 양도된 신용장이 변경된 경우 이를 승락한 양수인에게는 변경된 신용장을, 이를 거절한 양수인에게는 원신용장의 제조건이 그대로 존속시키도록 하고 있으며, 신용장의 양도를 요청한 경우, 양도가 이루어지기 전 까지 원수익자는 향후의 신용장 조건변경을 제2수익자에게 직접 통지하는 것을 허용할 것인지 여부를 지시해야 한다.

보충 자료

1. 신용장 방식의 수출

(1) **수출거래약정** ; 사전, 사후송금방식의 수출거래는 수출거래약정이 필요없으나 화환어음(환어음이 첨부되지 않은 선적서류)의 매입 및 추심, 보증 신용장 등에 의한 무화환어음의 매입, 기타 이에 준하는 거래는 수출거래약정이 필요하다.

▸외국환거래약정서(은행서식), 등기부 등본(법인인 경우), 정관(법인인 경우), 사업자등록증 사본(개인사업자인 경우), 인감(서명감) 신고서 및 인감 증명서, 한정근 보증서(신용거래인 경우), 연대보증인의 인감증명서(신용거래인 경우)

(2) **신용장 통지** ; 국외 환거래은행이 발행한 신용장을 발행은행의 요청에 따라 외환은행이 수익자에게 신용장의 내도를 알리는 것을 말한다. 이때 은행(통지은행)은 중계은행으로서의 기능만 수행하고 통지한 신용장의 매입 또는 지급을 확약하는 절차가 아니다.

(3) **신용장 확인** ; 개설은행이 1차적으로 지급, 연지급, 인수 또는 매입을 확약하고 있는 취소불능신용장에 대하여 개설은행의 요청이나, 수권에 따라 제3은행이 개설은행의 지급보증에 부가하여 별도로 지급, 연지급, 인수 또는 매입을 확약하는 것을 말한다. 확인은행은 신용장의 대금지급에 대한 독립적인 채무를 지게 된다.

(4) **신용장 양도** ; 신용장 상의 권리의 전부 또는 일부를 수익자(제1수익자)가 지시하는 1인 또는 다수의 다른 수익자(제2수익자)에게 양도하는 것을 말한다. 신용장에 "Transferable"이라고 명시적으로 지정한 경우에만 양도 가능하고, 양도의 취급은 양도은행으로 수권받은 은행에서만 취급이 가능하다.

- 조건 변경부 양도거래 ; 전형적인 중계무역거래, 해외 현지공장 등이 위탁생산한 물품을 외국에 판매하는 거래, 국내 완제품 Local 거래, 국내에서 중계수수료 수취를 목적으로 한 단순양도 거래 시 이용한다.

(예)

① 수입상으로부터 원신용장 수령
- 신용장 금액 : 10,000불
- 수량 100개, 단가 100불

② 제2수익자(생산자)앞 신용장 양도
- 수량 100개, 단가 90불

③ 제2수익자 생산완료 후 수입상 앞 물품 선적

④ 제2수익자의 거래은행(매입은행)을 통하여 양도은행 앞 선적서류 송부
- 송장 및 어음 금액 : 9,000불
- 송장 및 어음은 제1수익자를 CONSIGNEE로 함

⑤ 송장 및 어음을 대체하여 개설은행 앞 선적서류 송부
- 신용장 금액 : 10,000불
- 수입상을 CONSIGNEE로 한 송장 및 어음 대체
- 중계차액(1,000불)의 매입 또는 추심 여부는 양도은행과의 협의로 결정

⑥ 개설은행으로부터 신용장 대금 입금(10,000불)

⑦ 제2수익자앞 신용장 대금 송금(9,000불)

• 양도은행지정

신용장 구분	양도 취급 가능 은행
지급신용장(Payment Credit)	지급은행
연지급신용장(Deferred Payment Credit)	연지급은행
매입제한 신용장	매입제한은행
자유매입 신용장	신용장에서 양도은행으로 지정된 은행

• 양도횟수 ; 양도는 1회만 가능하다. 제1수익자가 제2수익자에게로의 양도만 가능하고 다수의 제2수익자에게 분할 양도되는 경우는 1회로 간주한다. 제2수익자가 제1수익자에게 재양도하는 것은 특별히 가능하다.

• 양도신청 시 필요서류 ; 신용장 양도 신청서 : 은행 서식, 수출신용장 원본, 양도. 양수인의 인감증 또는 인감(서명) 신고서

2. 신용장 방식의 수입

외국의 수출업자와 매매계약(Sales Contract)를 체결하고 신용장방식에 의한 대금결제를 약정한 수입거래를 말한다.

(1) 수입거래 약정, 여신거래약정, EDI약정

• 수입 거래약정 ; 은행과 수입거래 약정이 필요한 경우는 신용장방식 수입거래, 계약서(D/P, D/A)방식 수입거래, 보증신용장에 의한 수입거래 등이고 송금방식의 수입거래에서는 수입거래약정이 필요없다.

• 신용장거래를 위한 여신거래 약정 ; 수입신용장은 외국의 수출자가 유효기일 이내에 신용장 조건과 일치하는 선적서류를 개설은행 앞 제시할 경우 개설은행은 수출자에게 수출물품의 대금을 지급하는 조건부 보증서이며, 은행은 이러한 채무를 부담하기 위하여 수입자와 여신거래약정을 체결한다.

• 무역자동화(EDI) 거래약정 ; 표준화된 형식의 수입업무 관련 전자문서를 무역자동화 지정 사업자를 통해 무역업체와 은행 간 컴퓨터로 전달하여 수입업무를 처리하기 위한 거래약정이다.

▸ 외국환거래약정서(은행서식), 등기부 등본(법인인 경우), 정관(법인인 경우), 인감(서명감) 신고서 및 인감 증명서

▸ 무역자동화업무 이용 신청서, 법인등기부 등본(개인인 경우 주민등록등본 또는 주민등록증 사본), 대표자 인감증명서, 무역자동화 지정 사업자의 가입승인서 사본

(2) 신용장 발행

수입자인 발행신청인(Applicant)의 요청과 지시에 의거 은행이 발행한다. 발행 신청인의 신용상태 및 담보능력, 신용장의 기재내용 등을 종합적으로 분석하여 발행한다. 이때 수입자는 취소불능 화환신용장 발행 신청서, 물품매도 확약서 또는 수입계약서, 보험서류(가격조건이 FOB 또는 CFR인 경우), 수입대행계약서(수입자와 실수요자가 다른 경우) 등에 관한 서류를 제출해야 한다. 그러나 다음과 같은 조건이 신용장 내용에 포함되지 않아야 한다.

• orward's cargo receipt acceptable 조건
• House air waybill acceptable조건
• 선화증권 또는 항공화물운송장의 수하인을 수입업체로 하는 조건
• 발급된 선화증권의 원본 일부를 수입업체로 송부하도록 하는 조건
• 신용장통일규칙의 적용을 받을 수 없는 부당한 조건 설정 등

(3) 사본 교부

수입신용장의 개설 또는 조건변경 후, 신용장 통지은행으로 발송된 전문 사본을 수입자 앞으로 교부한다. 신용장 사본의 내용이 요청한 내용에 따라 정확히 처리되었는지 검토하고 잘못된 내용이 있는 경우 즉시 은행에 통보하여 신용장 내용을 정정한다.

(4) 수입화물 선취보증서(Letter of Guarantee) 발급

수입화물 선취보증서(항공수입화물 인도승락서 포함)는 수입물품이 도착하였으나 선적서류가 도착하지 않아 물품을 통관할 수 없을 경우, 신용장 발행 신청인과 외환은행이 연

서하여 발행하는 수입화물 선취보증서(또는 항공수입화물 인도승락서)를 선박회사(또는 항공사)에 제출하여 물품을 통관할 수 있는 제도다.

(5) 수입선적서류 도착 통지

지급은행 또는 매입은행으로부터 선적서류가 도착하면, 개설은행은 신용장조건과 일치하는지 여부를 심사한 후 수입자(발행 신청인)에게 선적서류 도착사실을 통지한다. 발행은행은 발행 신청인의 하자 동의 여부에 불구하고 독자적으로 부도처리할 권한이 있으며, 수입화물 선취보증을 받은 건에 대해서는 부도처리가 불가능하다.

(6) 수입대금 결제

선적서류의 도착 통지를 받은 경우 일정기일(7은행 영업일)안에 수입대금을 결제 또는 인수하고, 선화증권 등의 선적서류를 수령하여 선박회사 또는 항공회사로 부터 물품을 수령하여 세관의 통관절차를 처리 한다.

3. 위조신용장의 특징

위조신용장에 의하여 선량한 수익자로 하여금 약정물품을 선적하게 한 후, 그 대금을 지불하지 않고 교묘하게 착취할 것을 목적으로 다음과 같은 방법을 사용한다.

(1) 신용장에서 운송서류로서 항공운송장을 요구하면서, 물품의 수화인을 위조자로 하게 한다. 즉, "Air Waybill showing the goods consigned to buyer (applicant) is required." 등으로 기재한다. 한편 위조자는 수익자에게 항공운송장을 입수하는 즉시 항공회사명, 출발공항, 운항일정 등을 위조자 앞으로 전신으로 통지하여 줄 것을 요구한다. 이에 따라 위조자는 물품의 도착공항에서 물품을 사취하기 위한 준비를 하게 된다.

물품의 도착공항에서 수입통관 기타 물품의 인수절차가 필요하므로 일반적으로 위조자가 단독으로 물품을 사취하는 것은 어렵기 때문에 타 관계자와 공모하는 등 어떤 제휴를 교묘하게 형성할 수 있을 것이라는 점도 생각할 수 있다.

(2) 신용장에서 운송서류로서 선화증권을 요구하면서, 선화증권은 수익자의 백지배서 또는 위조자를 수하인으로 하는 지시식 또는 기명식으로 하도록 하며, 선화증권 중 한 통을 위조자 앞으로 직접 우송하는 것을 신용장 조건으로 한다.

위조신용장의 실례를 보면 상기 (1)의 항공운송에 의한 방법이 많다. 위조자의 심리는 가능한 한 물품의 운송일수를 단축하여 수익자에게 의심할 여유를 주지 않고 도착한 물품을 사취하여 도망가려고 하기 때문이다. 외국에 있어서의 실례를 보면 상기(1)의 방법으로 계획된 위조신용장에 의하여 수익자가 항공운송을 끝내고 선적서류를 매입 의뢰할 때에 비로소 신용장이 위조된 것임을 알고, 즉시 도착공항에서의 물품의 인도 금지를 시도하였지만 이미 물품을 위조자가 찾아간 경우가 많았다.

4. 위조 신용장에 대한 통지은행의 책임

P사는 통지은행인 A은행으로부터 선적서류 원본 중 1통을 수입상에게 직송할 것을 요구하는 특별조건이 있는 신용장을 통지 받아 상품을 선적하고 선적서류를 거래은행인 B은행에 매입시켰다. 그런데 선적서류를 송부 받은 신용장개설은행은 그 신용장을 개설한 적이 없으므로 신용장 대금을 지급할 수 없다고 부도(unpaid) 통보를 하였다. 이러한 경우에 위조에 대하여 통지은행이 책임을 져야 하는가?

- **결과** : 통지은행이 자신이 통지하는 신용장의 외견상 진위성을 검사하기 위하여 상당한 주의를 하였음에도 불구하고 위조를 발견하지 못하였다면 결국 수출상이 위조에

따른 손실을 부담하게 된다.

통지은행은 신용장의 외견상의 진위성을 검사(check)하기 위하여 상당한 주의를 하여야 하나 입증(verification)할 책임을 부담하지는 않는다. 통지은행은 우편신용장을 통지할 때에는 서명감(signature book) 또는 microfiche(서명을 수록한 필름)에 의하여 진위성을 확인하며 전신신용장의 경우에는 비밀번호(test number)에 의하여 진위성을 확인하게 된다. 특히 우편신용장의 경우에는 서명을 눈으로 대조 확인하는 것이므로 부정확할 수 있다. 우편으로 온 신용장인 경우 이를 수령한 수익자는 이를 재점검해 볼 필요가 있다.

- **실무상 유의할 점** ; 통지은행은 신용장의 외견상 진위성을 검사하기 위하여 상당한 주의를 하여야 할 뿐 입증할 책임을 부담하지는 않는다. 결국 위조신용장으로 인한 위험부담은 수익자에게 돌아가게 된다. 특히 서류 원본 중 1통 이상을 수입상 또는 제3자에게 직송하고 운송서류의 수화인이 수입상 또는 제3자로 기재될 것을 요구하는 신용장(특히 우편신용장)을 통지 받은 경우 수출상은 신용장의 진위성에 대한 확인을 철저하게 하는 것이 좋다. 수화인이 수입자인 항공운송장을 요구하였다면, 비록 위조 L/C가 아니더라도, 수출자에게 매우 불리하다는 점에 유의해야 한다. 수입자가 물품을 수령하였음에도 불구하고, 개설은행에 송부된 서류상의 하자를 트집잡아 대금지급을 거절하거나 가격할인을 요구하는 사례가 많기 때문이다.

5. LASH(Lighter Aboard Ship)

화물을 실은 부선(Barge or Lighter)을 그대로 선적하는 특수구조의 화물선. 부선은 임해의 주변지역이나 내륙수로의 오지까지 예인항해할 수 있고, 컨테이너선처럼 전용부두가 필요 없으며, 또한 岸壁을 사용치 않기 때문에 항구가 복잡하더라도 적당한 수심에서 선적할 수 있다. LASH선은 본선의 가동률 향상과 부선으로 직접 반출입이 가능한 위치에 있는 화주에게는 유용하지만, 컨테이너의 경우에서처럼 내륙철도 및 트레일러에 의한 일관수송이 불가능하므로 그 나름의 한계를 안고 있다.

LASH선은 보통 각 선창이 1~3Barge Cell로 구성되어 있는데 안벽 등 항만시설이 없는 항구에서도 적・양화가 가능하나 Hamburg Los Angeles San Francisco항 등에는 우천 시 하역할 수 있는 LASH Facilities가 건설되어 있다. 세계 최초의 LASH선은 1965년 노르웨이의 Mosvold조선소에서 건조한 Acadia Forest (36,862G/T)호이고 한국 최초의 입항선은 PFEL소속의 26,400G/T급 Thomas E. Cuffe호였다. 운항경비의 과다・바아지 유통의 난점 등으로 PFEL이 도산함으로서 정기항로에서의 LASH선 운항은 어려움이 많다는 사실이 입증되었다.

6. 수입물품의 반송

○○기업이 중국의 의류제조회사에 피그먼트 의류 50.000장을 구매 하기 위하여, 신용장을 중국의 00이라는 의류회사에 신용장을 개설하였다. 신용장 개설 금액은 USD107,500이고 지난 2007년 1월 28일 선적하였다. 그러나 세관에 도착한 컨테이너 안의 물품은 정상적인 의류가 아니고, 거의 쓰레기에 가까운 물품이 선적되어 있었다. 그래서 00기업은 신용장 개설은행에 지급거절을 요청하였지만 은행에서는 서류 상의 문제가 없으면 무조건 결재를 해야 한다고 주장했다.

○○기업은 신용장을 개설하면서 신용장45a 조항인 검품조항을 첨부하였으므로 이 조

항을 근거로 은행에 지급거절을 요청하였지만 은행은 서류상의 하자가 없으면 무조건 결재를 하여야 한다고 종전 주장을 되풀이 하였다. 또 컨테이너를 중국으로 되돌려 보내려고 하지만 선사에서는 상대 회사의 동의서가 있어야 만이 물품을 돌려보낼 수 있다고 하면서 물품을 돌려 보내주지 않고 있다. 이제 ○○기업의 신용장 결재 기일이 5일 정도 밖에 남지 않았다.

- **결과** : 상품에 하자가 발생하여 수취거절하면 반송이 된다. 송장에 서명, 날인이 없으면 서류에 하자가 발생되어 신용장 제출을 하지 못한다. 반송료는 수취인 부담으로 반송하는 것이 창고료 에 비하면 경비가 절약되므로 선박 반송료는 추후 하는 것이 좋다. 다음은 반송 합의서 예다.

  Due to bleach the contract article 45A, having been rejected your bill of lading. To be reduced your expenses, state withdrawal the B/L on your letterhead makes 4 copies; bank, shipping agent, retain your copy, and one for us. Please be advise that storage charges accumulated daily basis at the Korean custom clearance warehouse which is your cost when return. Please be noted that my bank is being revoked the letter of credit.

7. 신용장 전액양도 후 추후 증액분에 대한 권리

A사는 신용장 US$200,000을 받고 B사에 이를 전액 양도하였다. 그 후 신용장금액이 US$100,000 증액되었다. A사는 이를 C사에게 양도하였다. B사는 전액양도의 경우에는 차후의 권리가 모두 자기에게 귀속되는 것이라고 하며 증액분 US$ 100,000의 권리를 주장하였다.

- **결과** : 제5차 개정 신용장통일규칙에서는 제1수익자가 양도를 신청할 때 양도은행에 추후의 신용장조건변경을 자신에게만 통보하도록 할 것인지 아니면 제2수익자에게 직접 통보하도록 할 것인지를 지시하도록 개정되었다. 따라서 이 경우 추후 조건변경을 제1수익자에게만 통보하도록 지시하였다면 증액분 $100,000에 대한 권리는 제1수익자에게 있으므로 제3자에게 증액분을 양도할 수 있다. 신용장의 양도에는 전액양도와 분할양도가 있다.
- **전액양도**(Total Transfer): 신용장의 전부가 1명의 수익자에게 양도되는 경우를 말한다. 우리나라에서 양도취급은행은 전액양도의 경우 원수익자로부터 신용장의 양도신청을 받을 때 전액양도신청서와 수출신용장 원본을 제시받아 양자를 검토한 후 타당하다고 인정하면 양도수수료를 받고, 제2수익자(양수인)에게 전액양도통지서원본을 교부하고 원수익자 및 개설은행에 사본 1부씩을 송부하고, 또한 통지은행이 따로 있을 경우에는 통지은행에도 사본 1부를 송부한다. 또한 원신용장에 "This credit has been totally transferred to(제2수익자) on(취급일자) by(양도취급은행)" 라고 배서하여 제2수익자에게 교부한다.
- **분할양도**(Partial Transfer): 신용장금액이 분할되어 제2수익자에게 양도되는 것을 말한다. 신용장에서 분할선적을 금지하고 있지 않은 경우에는 분할양도 할 수 있다.
- **조건변경의 통지**: 신용장통일규칙 5차 개정 전까지는 신용장 양도 후 조건변경서의 통지에 관하여 원수익자를 경유할 것인지, 제2수익자(양수인)에게 직접 통지하여야 할 것인지에 대하여 많은 의문이 제기되었다. 그러나 제5차 개정 신용장통일규칙 제48조 d항에서 제1수익자가 양도 신청을 할 때 양도 이후의 조건변경서의 제2수익자

에 대한 통지 여부를 취소불능조건으로 지시할 것을 규정하고 있다. 또한 양도은행은 양도 이후의 조건변경서의 통지방법에 대한 제1수익자의 지시내용을 제2수익자에게 반드시 알릴 의무가 있다. [관련 신용장통일규칙 ; 제48조 d항]

At the time of making a request for transfer and prior to transfer of the credit, the first beneficiary must irrevocably instruct the transferring bank whether or not he retains the right to refuse to allow the transferring bank to advise amendments to the second beneficiary(ies). If the transferring bank consents to the transfer under these conditions, it must, at the time of transfer, advise the second beneficiary (ies) of the first beneficiary's instructions regarding amendments. (제1수익자는 신용장 양도 요청 시 그리고 양도되기 전에 양도은행이 제2수익자에게 조건변경서를 직접 통지하는 것을 거절할 권리를 유보할 것인지 여부를 양도은행에 취소불능조건으로 지시하여야 한다. 양도은행은 이 조건하에서 양도에 동의한 경우 양도 시에 제2수익자에게 조건변경서와 관련한 제1수익자의 지시내용을 통지해야 한다)

- **실무상 유의할 점** : 제1수익자는 양도 후 조건변경을 제2수익자에게 알릴 것인지 여부를 취소불능조건으로 양도은행에 지시하여야 한다. 한편 양도은행은 제1수익자의 지시내용을 제2수익자에게 알려야 한다.

8. 신용장 유효기일이 개설은행에서 종료하는 경우

A사는 통지 받은 신용장의 유효기일이 "Credit expires on 15 December 2001 at our. counters"라고 표시되어 있는데 이를 간과하고 2001년 12월 15일에 자기의 거래은행에 매입시켰다. 그런데 매입은행은 개설은행으로부터 "Credit expired(유효기일 경과)"로 지급거절(unpaid) 통보를 받았다. 이 경우 개설은행의 지급거절은 타당한 것인가?

- **결과** : 본건 신용장은 유효기일이 개설은행에서 종료되는 것이므로 수익자는 그 유효기일까지 개설은행에 서류를 제시하여야 한다. 따라서 개설은행에 서류가 도착하였을 때에는 이미 유효 기일을 경과하였을 것이므로 개설은행이 지급거절 하는 것은 당연하다.

  서류가 지정된 일자(유효기일과 서류제시기일 중 먼저 종료하는 일자)까지 어느 장소에나 제시되어도 되는 것은 아니다. 수익자와 관련은행은 서류가 그 지정일자까지 어느 장소에 제시되어야 유효한지를 면밀히 확인하여야 한다. 만일 신용장이 매입 등을 위한 은행을 지정하고 있는 경우 그 지정된 은행에 지정된 일자까지 서류가 제시되어야 하자가 되지 않는다. 그 지정된 은행은 수출지에 소재하는 은행인 경우가 일반적이나, 예외적으로 개설은행 자신인 경우도 있다. 표준양식의 지급. 연지급, 인수신용장은 신용장형식이 광의의 매입은행을 지정하는 신용장이다. 유효기일란의 "at the counters of--" 또는 "Credit available with,,,"에 지정된 은행이다. 표준양식의 매입신용장은 매입은행이 지정되지 않는 신용장이나 다음과 같은 특별조건이 있는 경우에는 매입은행이 지정된 은행으로 제한된다.

  ① Negotiation under this credit is restricted to XX Bank.
  ② Drafts drawn under this credit are negotiable through XX Bank
  ③ The drafts drawn under this credit are payable by XX Bank.

④ This credit is available only through XX Bank.
⑤ Drafts drawn under this credit must be presented for negotiation on or before at the advising bank.
⑥ We are holding special instruction for reimbursement
⑦ Drafts must be presented at this office not later than......
⑧ Credit expires on at our counters.

특히 ⑦과 ⑧의 예문에서의 서류제시장소는 매입은행이 아니고 개설은행이기 때문에 수익자는 우송일수를 계산해서 유효기일까지 개설은행에 서류가 도착될 수 있도록 충분한 시간적 여유를 갖고 매입은행에 서류를 제시하여야 한다.

• **실무상유의점** : 매입은행이 지정된 신용장에서 수익자가 그 지정된 은행과 거래관계가 없어서 부득이 자기 거래은행을 통하여 지정된 은행에 재매입(Renego) 할 때에는 자기 거래은행이 지정된 은행에 제시하는데 필요한 일수를 감안하여 미리 서류를 제시하여야 한다. 또한 서류제시장소가 개설은행인 경우에는 개설은행이 서류를 유효기일 경과 전에 송부받았음에도 불구하고 수입상과 짜고서 접수인 등을 늦게 찍어서 유효기일 경과로 지급거절하는 경우도 있으므로 특히 유의하여야 한다. 또한 서류가 연말연시의 우편물 폭증 시 송부 되는 경우에는 우송기간이 훨씬 오래 걸린다는 점도 유의하여야 한다.

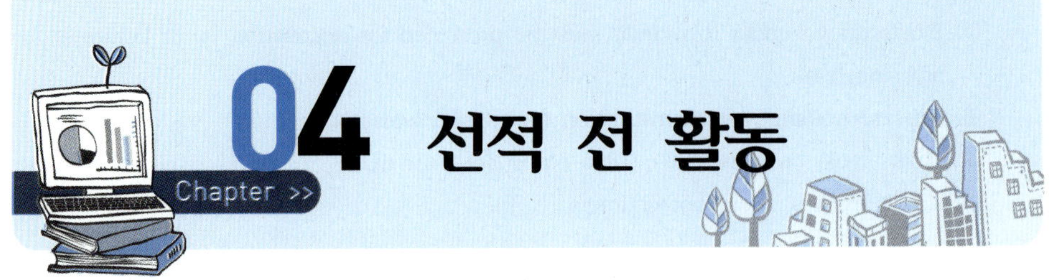

04 선적 전 활동

학습내용

학습의 목적

무역거래 실무의 이행 첫 단계인 선적 전 활동으로 수출물품확보 및 수출포장과 관련된 다양한 개념을 이해하고 단계별 세부적인 절차와 그리고 이에 수반되어야 할 수출자의 준비사항과 유의해야 할 점 등을 포괄적으로 습득한다.

학습의 목표

1. 내국신용장에 의한 수출물품의 구매절차를 이해할 수 있다.
2. 구매확인서에 의한 수출물품의 구매절차를 이해할 수 있다.
3. 외화획득용 원료·기재의 수입절차를 이해할 수 있다.
4. 소요량증명서의 발급절차를 이해할 수 있다.
5. 수출포장의 종류 및 수출포장 시 고려사항을 숙지한다.
6. 무역서류를 스스로 작성할 수 있다.
7. 원산지 증명서의 발급절차를 이해할 수 있다.

4-1 수출물품의 확보

1. 수출물품의 확보

수출자는 상품을 수출을 하기 위하여 먼저 해당 수출상품의 확보가 선행되어야 한다. 실무적으로 수출상품의 확보는 보통 두 가지 방법에 의하여 이루어지는데 수출업체가 상품을 직접 제조·생산하거나 해당 완제품을 외부로부터 구매하기도 한다. 수출업체가 해당 상품을 직접 제조·생산할 경우, 물품의 제조・생산을 위해 소요되는 원재료의 확보는 국내에서 구매하거나 외국으로부터의 수입에 의존하기도 한다. 이를 도표로 나타내면 다음 아래와 같다.

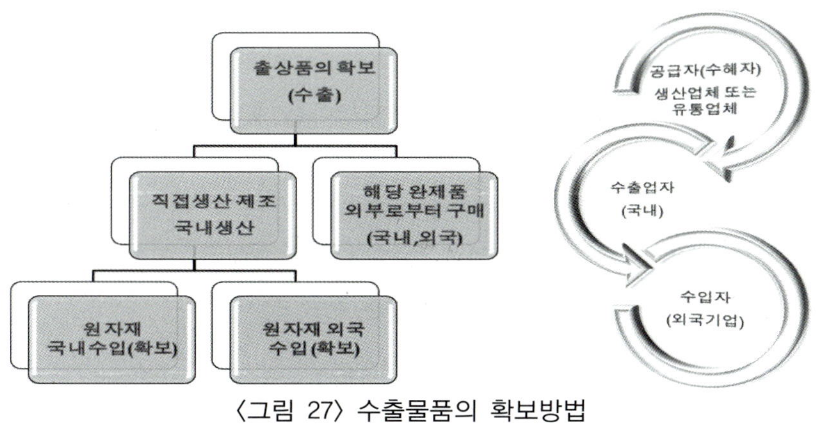

〈그림 27〉 수출물품의 확보방법

즉, 수출자는 수출물품을 확보하기 위하여 수출자의 자기공장에서 수출물품을 직접 생산하거나 다른 회사에서 생산한 수출물품을 국내에서 구매할 수 있다. 또 수출물품을 제조 생산하기 위한 원자재를 국내에서 구입하거나 외국에서 수입할 수 있다. 수출물품 또는 원자재를 국내에서 확보하는 방법으로는 내국신용장에 의한 방법과 구매확인서에 의한 방법이 있다.

수출업자는 수출용 완제품이나 소요원료를 공급하는 국내 생산업체 또는 유통업자와 물품공급 계약을 체결하고 자신의 거래 외국환은행을 통하여 공급업자를 수혜자로 한 내국신용장을 개설한 후 당해 물품을 공급받는다. 수혜자(생산업체 또는 유통업체)는 물품을 공급한 후 내국신용장 및 물품수령증명서를 근거로 환어음을 발행, 공급대금을 회수한다. 무역금융 한도가 부족하거나 단순 송금방식에 의한 수출 등 내국신용장의 개설이 어려운 상황에서 외화획득용 원료 및 완제품 구매를 원활히 하기 위하여 내국신용장에 준하여 발급하여 주는 증서가 구매확인서다.

(1) 내국신용장(Local L/C)에 의한 구매

1) 내국신용장의 개념

대외무역관리규정에 따르면 내국신용장이란 수출자가 수취한 수출신용장 등을 근거로 수출이행에 필요한 원자재 또는 완제품을 국내에서 원활히 조달하기 위하여 국내 공급업자(제조・생산자)를 수혜자로 하여 개설된 국내신용

▸구매방법
①자기자금
②내국신용장
③구매확인서
④신용장

▸내국신용장
개설자 :내국신용장 결제시 여신조건에 따라 무역금융으로 결제 가능
공급자 : 내국신용장을 받고 물품을 공급하는 업체는 공급실적을 수출실적으로 인정 받을 수 있으며, 또한 부가가치세 영세율 적용이 가능하고 은행이 지급을 보증하므로 물품공급대금의 회수 보장

▸내국신용장
외국으로부터 수출 신용장을 받거나 과거 수출실적이 있는 국내 수출업체가 수출 물품을 제조, 가공하기 위해 소요되는 원자재 또는 수출용 완제품을 국내에서 구매하기 위하여 개설하는 은행의 지급 보증서

장을 말한다.

신용장이 국제간 거래에서의 결제수단이라면, 내국신용장은 해당 수출자가 외국에서 받은 수출신용장을 근거로, 의뢰하는 내용에 따라 외국환은행이 국내의 완제품이나 원자재 생산업체를 수익자로 하여 개설하는 지급보증서로서 국내업자 간 거래용 신용장이다. 국내거래에서 수출상이 제조업체나 도매상과 같은 국내 공급상에게 제공하는 결제수단인 셈이다. 따라서 내국신용장은 무역업체가 국내에서 수출용 완제품을 구매하여 직수출하거나, 수출물품 제조에 필요한 수출용 원자재를 구매하여 제조 가공 후 직수출 또는 국내 공급하고자 하는 경우, 업체의 의뢰에 따라 외국환은행이 국내의 완제품 또는 원자재 공급업체를 수혜자로 하여 개설한 지급보증서다.

내국신용장은 내국신용장 개설은행이 물품대금 지급을 보증할 뿐만 아니라 무역금융 융자대상 증빙으로 인정하여 어음발행조건이 원 수출신용장 매입조건부 결제 등 수혜자에게 불리한 조건이 아닐 경우에 제조 및 가공에 소요되는 생산자금과 수출용원자재 구입자금을 무역금융으로 융자한다. 그리고 내국신용장에 의한 물품공급 실적을 수출실적으로 인정하고 부가가치세 영세율을 적용하는 등 국산원자재 사용촉진을 통한 외화수입에 중요한 역할을 한다.

내국신용장의 수혜자는 당해 물품을 제조생산(가공)할 능력이 있는 제조업체나 당해 물품을 공급할 능력이 있는 유통업자이다. 내국신용장으로 거래가 가능한 대상품목은 국내에서 제조가공 과정을 거친 물품 및 국내유통업자가 원상태로 공급하고자 하는 수입원자재나 국내에서 조달한 원자재이다.

내국신용장의 개설근거는 수출신용장, 수출계약서(D/P, D/A), 외화표시 물품공급계약서, 내국신용장, 당해 업체의 과거 수출실적이다. 가공을 거치지 않은 수출물품이나 원자재의 원상태거래를 위한 내국신용장의 수혜자(물품공급자)는 유통업자일 경우에만 가능하고 공급물품은 수입원자재, 국산원자재 구분없이 개설이 가능하다.

수출용 원자재의 유통단계를 축소하기 위해 2차 내국신용장 개설은 금지하고 있지만 내국신용장의 수익자는 공급물품을 제조 · 가공하는데 필요한 원자재를 구매하기 위하여 원내국신용장(1차 내국신용장)을 근거로 하여 2차 내국신용장을 개설할 수 있으며, 1차 내국신용장이 완제품구매를 위한 내국신용장인 경우에는 원자재를 구매하기 위한 2차 내국신용장을 근거로 3차 내국신용장을 개설할 수 있다. 어음발행조건이 원 수출신용장 매입조건부 결제 등 수혜자에게 불리한 조건이 아닐 경우에 원자재수입자금을 지원한다.

2) 내국신용장의 이점

내국신용장의 개설의뢰인인 수출자가 중소기업의 경우, 은행이 공급대금을 지급보증한 것이므로 수출자는 원활하게 원하는 물품을 계약한 시점 내에 공급받는 것이 가능하고 원자재 구매 시 원자재 구매자금을 융자받아 결재할 수 있으므로 계약금의 지불과 같은 자금의 부담 없이 계약을 확실하게 보장받는다. 또한 부가가치세 영세율이 적용되어 부가세를 내지 않아도 된다.

반면 수혜자인 공급자의 경우, 내국신용장은 수출자의 거래은행이 그 공급대금의 지급을 보증한 것이므로 물품을 공급받은 개설 의뢰인의 파산이나 지급지연, 혹은 거절에 관계없이 대금결제를 확실하게 받을 수 있다. 또 선적 후 내국신용장 매입을 하면 물품대금을 바로 회수할 수 있으므로 대금회수의 확실성이 보장될 뿐만 아니라 무역금융 대출이 가능하여 수취한 내국신용장을 근거로 공급물품을 제조·가공하는데 필요한 자금을 지원받을 수 있어 자금부담을 덜 수 있다. 내국신용장에 의한 공급실적은 국내거래이지만 수출실적으로 인정되며 기초 원재료의 수입 통관 시 관세환급, 부가가치세 영세율 적용 등의 혜택을 받을 수 있다.

3) 내국신용장의 종류

내국신용장을 그 특성과 용도에 따라 분류하면 〈표 18〉과 같다.

표 18 내국 신용장의 종류

분류기준	종 류	대 상
거래 물품별	원자재 내국신용장	수출용원자재 공급 대상
	임가공 내국신용장	수출용원자재 또는 수출용완제품 위탁가공임을 대상
	완제품 내국신용장	수출용완제품 공급대상
	원상태 내국신용장	수출품을 원상태로 조달하기 위해 개설
개설 단계별	제1차 내국신용장	신용장 기준 금융수혜업체를 개설의뢰인으로 하여 개설
	제2차 내국신용장	제1차 내국신용장 수혜자를 개설의뢰인으로 하여 개설
	제3차 내국신용장	제2차 내국신용장 수혜자를 개설의뢰인으로 하여 개설
표시 통화별	원화표시 내국신용장	원화금액에 의하여 결제되는 내국신용장
	외화표시 내국신용장	외화에 의하여 결제되는 내국신용장
금융수혜 대상여부	금융용 내국신용장	내국신용장을 근거로 생산자금 및 원자재 금융의 수혜가 가능
	비금융용 내국신용장	자기 자금결제조건부로 개설한 것 (용도표시 문언: 융자대상외)

4) 내국신용장 개설

내국신용장은 대외무역관리규정 제1-0-2조의 한국은행 총재가 정한 규정에 의하여 국내에서 통용되는 신용장으로 통상 외국환은행의 장이 발급한다.

내국신용장은 보통 수출용 원자재(임가공 포함)나 수출용 완제품을 조달키 위해 당해업체가 보유하고 있는 무역금융의 융자대상증빙 즉, 수출신용장, D/P, D/A계약서, 외화표시물품공급계약서, 외화표시건설 및 용역공급계약서 또는 내국신용장(이를 '원내국신용장 등'이라 함)을 근거로 발행하거나, 당해업체의 과거 수출실적을 근거로 하는 무역금융 융자한도에 따라 이루어진다. 또한 내국신용장의 수혜자는 원칙적으로 당해 물품을 생산(제조・가공)할 능력이 있는 자이어야 하나, 원자재 유통단계의 축소를 위해 수입원자재를 원상태로 공급하고자 하는(국내에서 현금거래 여부 불문) 유통업자까지 수혜자 대상에 포함되었다. 그러나 유통업자를 수혜자로 하여 개설된 내국신용장을 근거로 한 내국신용장 개설 또는 구매승인서 발급은 불가하다. 내국신용장은 양도 및 취소가 불가능하며 일람불신용장으로 지급인이 개설의뢰인이고 지급지는 개설은행으로 한다.

내국신용장 금액은 물품매도확약서상 물품대금 전액이며, 원화로 표시하고 외화를 따로 명기하는 것을 원칙으로 한다. 결제금액은 외화금액에 결제일 당시의 전신환 매입률을 기준으로 한다. 유효기간은 물품인도 기한에 10일을 가산한 기간 이내이며 서류제시 기간은 물품수령증명서 발급일로부터 5영업일 이내로 한다. 단, 어음발행조건이 원수출신용장 매입조건부 결제 등 수혜자에게 불리한 조건이 아니어야 한다. 원자재조달을 위한 내국신용장은 2차

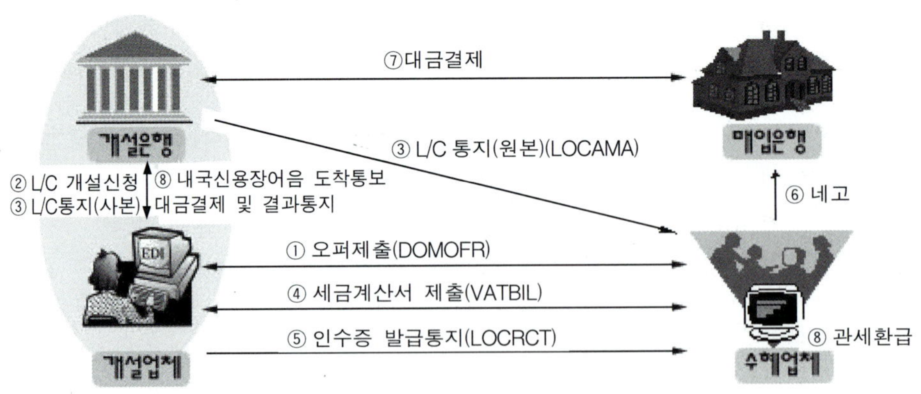

〈그림 28〉 내국신용장 개설절차

내국신용장까지 개설이 가능하지만 1차 내국신용장이 완제품 내국신용장인 경우엔 향후 2차, 3차의 원자재 내국신용장 개설이 가능하다. 인터넷을 이용한 'on-line' 상에서 내국 신용장의 개설절차는 다음과 같다.

① 내국신용장 수혜업체는 개설업체에 공급하고자 하는 물품의 오퍼(DOMOFR)를 전송한다. 이때, 개설업체가 오퍼를 자가발행하는 경우 이 단계는 생략한다.

② 개설업체는 수혜업체로부터 오퍼를 수신한 후 승락오퍼를 전송한다. 이때, 수혜업체는 오퍼를 출력하여 적색고무인을 날인하여 사용하며 무역업무자동화촉진에 관한 법률 제12조 관련 서류제출방법에 관한 특례를 적용받는다.

③ 개설업체는 개설은행에 내국신용장개설신청서(LOCAPP)를 전송한다. 이때, 물품명세는 대표물품명만 기재하고 개설은행에 물품매도확약서(오퍼) 제출을 생략한다.

④ 개설은행은 무역금융취급세칙 제31조(통지)조항에 의거 개설업체와 수혜업체에게 내국신용장을 통지(LOCADV)한다. 이때, 개설업체에게는 사본, 수혜업체에게는 원본을 통지한다.

⑤ 수혜업체는 부가가치세법 시행령 제53조 4항(EDI방식의 세금계산서 발행 및 전송가능)에 의거 물품을 공급하고 세금계산서(VATBIL)를 발급하여 EDI로 개설업체에게 전송한다. 이때, EDI 방식으로 교부한 세금계산서를 데이터 형식으로 보관하는 경우에는 그 자체가 원본이 되고 필요시 그 내역을 출력할 경우에는 'free format'으로 출력하여도 무방하다.

⑥ 개설업체는 인수증(LOCRCT)을 발급하여 수혜업체에게 전송하고 KTNET의 인증시스템은 인수증 데이타를 추출하여 DB생성한다.

⑦ 수혜업체는 내국신용장어음매입(추심)신청서(APPLNG)를 매입은행에 전송한 후 매입은행에 매입서류를 직접 제출해야 한다. 무역금융 취급세칙 제44조 제4항에 명시된 매입서류는 오퍼, 내국신용장, 세금계산서, 인수증이고 제출서류는 EDI방식으로 출력한다. 환어음은 기존과 동일하게 작성하여 매입은행에 제출한다.

⑧ 매입은행은 수혜업체에게 매입대금 지급 후 내국신용장어음매입용 계산서(FINBIL)를 전송한다. 수혜업체는 계산서 데이타를 이용하여 회계시스템과 연계가 가능하다.

⑨ 매입은행은 내국신용장 매입서류를 개설은행에 송부한다. 내국신용장 어음교환규약에 의거 은행 간 어음교환이 발생한다.

⑩ 개설은행은 내국신용장어음결제 시 아래의 사항을 확인한 후 대금지급 여부를 결정한다.

- 매입은행으로부터 수령한 매입서류(인수증)와 인증시스템에서 전송한 인수증 데이타의 일치여부 확인
- 개설은행은 개설업체에게 내국신용장어음도착통지서(LDANTC)를 전송하여 개설업체가 발행한 인수증의 번호, 결제일 및 결제금액 등을 통지

⑪ 개설업체는 결제대금을 개설은행에 지급지시(PAYORD)를 이용하여 EDI로 전송한다.

⑫ 개설은행은 지급지시 요청에 대해 내국신용장 결제 후 개설업체에 출금통지서(DEBADV)를 EDI로 전송한다.

⑬ 개설은행은 매입은행에 내국신용장 대금결제

▶ 내국신용장 거래 절차

「Off-line」 상에서의 내국신용장 개설은 다음과 같다.

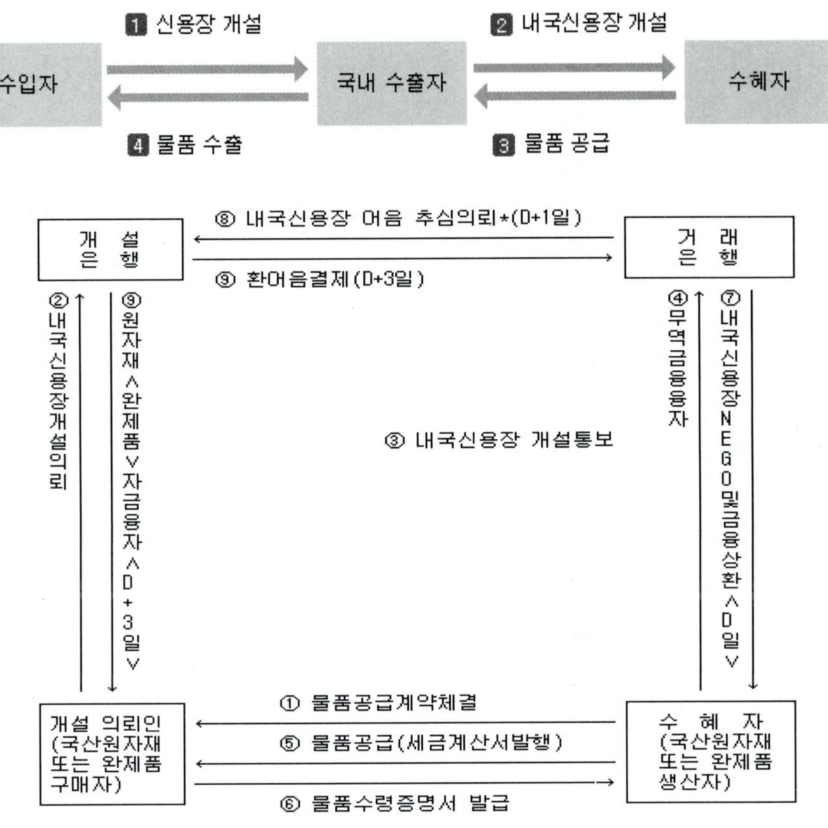

수출자는 수입자가 개설한 수입신용장을 수취한 후 신용장 금액 범위 내에서 해당 물품구매를 위한 내국신용장 개설을 한 다음, 수출용 원자재 조달 또는 수출용 완제품 확보하여 수출을 이행한다.

내국신용장은 외국환은행에서 개설할 수 있으며, 동일신용장에 수입하는 원자재가 있는 경우에는 동 원자재 수입승인은행에서 개설하여야 한다. 또는 동일신용장 등에 2개 이상의 1차 내국신용장이 수평적으로 개설되는 경우에는 동일은행에서만 개설이 가능하다. 이때 주의하여야 할 점은 물품공급 후 개설되는 내국신용장, 즉 내국신용장 개설 이전에 이미 물품공급이 완료된 분에 대하여 당해 공급 물품대금의 결제를 위한 내국신용장은 개설할 수 없다. 그리고 내국신용장의 개설은 원자재 구매자금의 융자를 전제로 개설되는 것이므로 개설의뢰인은 개설의뢰 시 융자수혜 여부를 외국환은행에 밝히고 다음의 융자에 필요한 서류를 동시에 제출하여야 한다.

- 내국 신용장 개설신청 시 구비서류 ; 내국신용장 개설 신청서(해당 은행 양식), 공급자 발행 물품매도확약서(offer sheet : 개설의뢰인과 공급자의 연서 날인), 원수출신용장(신용장 기준인 경우), 선수출계약서, 외화표시물품공급계약서, 외화표시 건설 및 용역공급계약서, 원내국신용장(실적기준금융 수혜업체의 경우는 제외), 소요량증명서 또는 소요량계산서(신용장기준 원자재금융 수혜업체에 한함), 내국신용장 수혜자의 생산(가공)능력 보유 입증서류(최초 거래 시 필요. 다만, 내국신용장에 의해 그 물품을 공급한 실적이 있는 경우에는 주거래 외국환은행장이 발급하는 과거 3개월간 자사제품 수출실적증명으로 갈음), 대행계약서(신용장 기준 완제품 대행 시)

5) 내국신용장의 조건

내국신용장의 개설한도금액은 수입자로부터 수취한 신용장 등의 금액범위 또는 과거 수출실적이 있는 경우 은행이 정하는 원자재자금 및 완제품구매자금의 융자 한도 범위 내에서 내국신용장을 개설한다. 내국신용장의 일반조건은 다음과 같다.

① 양도가 불가능한 취소불능 신용장일 것

② [표시통화] 내국신용장의 금액은 "원"화로 표시하고 개설일 현재 대고객전신환 매입률로 환산한 외화금액을 부기한 것이어야 한다. 다만, 개설의뢰인이 물품대금을 자기명의 거주자계정으로부터 수혜자명의 거주자계정으로 이체결제할 것을 조건으로 개설되는 내국신용장의 경우에는 표시통화를 외화로 할 수 있다.

③ [내국신용장 금액] 내국신용장 금액은 물품대금 전액으로 하고 원화표시 내국신용장 화환어음 매입 시의 환율이 개설 시와 다르게 될 경우, 부기외화금액을 환어음 매입일(추심 시는 추심의뢰일) 현재의 대고객 전신환매입률로 환산한 금액이다.

④ [어음의 형식] 내국신용장에 의하여 발행하는 어음은 개설의뢰인을 지급인으로 하고 개설은행을 지급장소로 하는 일람출급환어음이어야 하며, 어음의 발행조건이 원수출신용장 매입조건부결제 등 수혜자에게 불리한 조건이 없어야 한다.

▸ 융자에 필요한 서류 ; 수출지원금융 차입금신청서,약속어음, 담보제공서

⑤ [인도기일] 내국신용장에 의한 물품인도기일은 대응수출 또는 물품공급이 원활히 이행되는 데에 지장이 없는 범위 내에서 책정되어야 한다.

⑥ [서류 제시기간] 서류 제시기간은 물품수령증명서 발급일로부터 최장 5영업일 범위 내일 것. 다만, 개설의뢰인과 수혜자의 소재지가 원격지인 경우에는 물품수령증명서 발급일로부터 7영업일까지로 할 수 있다.

⑦ [유효기일] 유효기일은 물품인도기일에 10일을 가산한 기일 이내로 하되 원수출신용장 등을 근거로 개설되는 경우에는 선적 또는 인도기일 이전이어야 한다.

⑧ [동일계열 기업군내 기업 간 내국신용장 개설] 동일계열 기업군 소속 기업체를 수혜자로 하는 완제품 내국신용장은 당해 내국신용장 개설은행이 원수출신용장 등의 수출환어음의 매입 또는 공급대금의 영수 후 결제할 것을 조건으로 개설하여야 한다.

6) 내국신용장의 결재

① 환어음 매입

내국신용장의 수혜자가 내국신용장의 조건대로 물품공급을 완료한 후 물

품수령 증명서를 발급받아 공급대금 회수를 위하여 은행에 내국신용장 관련 서류와 환어음을 제시하여 개설은행에 추심을 의뢰한다.

- **준비서류** ; 내국신용장 환어음 추심신청서, 물품수령증명서(물품수령증명서는 공급자 발행 세금계산서 건별로 대응하여 발급되어야 한다.), 공급자발행 세금계산서 원본 및 사본(세금계산서의 교부대상과 내국신용장의 개설의뢰인은 일치해야 한다. 다만, 예외적으로 완제품내국신용장의 수혜자가 수출위탁자인 경우 등 「부가가치세법」에 의한 세금계산서 발급대상이 아닌 경우에는 물품명세가 기재된 송장으로 갈음할 수 있다.), 내국신용장 원본 및 사본, 공급자 발행 물품매도확약서 사본(EDI 방식인 경우)

② 내국신용장 환어음 결제

개설은행은 다음의 지급거절 사유가 있는 경우를 제외하고는 지급제시를 받은 날로부터 3영업일 이내에 어음을 결제해야 한다. 지급거절 사유가 존재하더라도 개설은행은 개설의뢰인이 동의하면 동 어음을 결제할 수 있다.

- **지급거절사유** ; 어음의 형식불비 또는 지급지가 상이한 경우, 제시된 어음이 사고신고서가 접수된 어음이거나 위조, 변조된 경우어음의 지급제시일(내국신용장 수혜자의 매입 또는 추심 의뢰일)이 내국신용장의 유효기일을 경과한 경우, 물품수령증명서상의 수령인의 인감 또는 서명(물품매도확약서 상의 것을 기준으로 함)과 상이한 경우. 다만, 수혜자의 요청에 의하여 개설의뢰인이 교부받은 전자문서교환방식 내국신용장에 의하여 발행된 어음을 결제할 때에는 물품수령증명서상의 수령인의 인감 또는 서명이 내국신용장(사본 포함) 및 물품매도확약서(사본 포함)상의 인감 또는 서명과 상이한 경우, 물품수령증명서상의 물품명세가 내국신용장의 물품명세와 불일치한 경우. 다만, 전자문서교환방식 내국신용장에 의하여 발행된 어음을 결제할 때에는 물품수령증명서상의 물품명세가 물품매도확약서상의 물품명세와 불일치한 경우, 제시된 어음의 위조, 변조된 내국신용장에 의하여 발행된 경우, 전자문서교환방식 내국신용장이 "정당 발급문서 표시의무"를 준수하지 않을 경우, 제시된 어음이 기타 내국신용장의 기타조건과 불일치한 경우

참고

세금계산서 및 물품수령 증명서 발급

① 물품수령증명서는 원칙적으로 공급자발행 세금계산서 상의 공급일로부터 10일 이내에 발급된 것이어야 함.

② 물품수령증명서는 공급자발행 세금계산서 건별로 대응 발급해야 함.

③ 분할인도조건 원자재 내국신용장의 경우 반달(1~15일, 16~말일) 또는 한달(1~말일)단위로 그 기간 동안 분할 교부된 세금계산서 상의 공급가액을 일괄하여 하나의 물품수령 증명서를 발급할 수 있음.

④ 세금계산서교부 대상자(공급받는 자)와 개설의뢰인이 반드시 일치하여야 함. 단, 내국신용장 수혜자가 수출대행 위탁자 등 세금계산서 발급대상이 아닐 때에는 물품명세가 기재된 송장으로 갈음할 수 있음.

(2) 구매확인서에 의한 구매

대외무역관리규정에 의하면 "구매확인서"라 함은 국내에서 생산된 물품 등이나 수입된 물품을 외화획득용 원료 또는 물품으로 사용하기 위하여 구매하고자 하는 경우 외국환은행의 장이 내국신용장에 준하여 발급하는 증서를 말한다. 즉, 구매확인서는 수출자가 무역금융한도가 부족하고, 비금융대상 수출신용장 등으로 인하여 내국신용장 개설이 어려운 상황에 놓여 있을 경우, 국내에서 수출자가 외화획득용원료 등의 구매를 원활하게 지원하고자 외국환은행장이 내국신용장 취급규정에 준하여 발급하는 증서이다.

▸공급자의 자격
①공급자: 해당품목의 제조가공 시 설을 가지고 있는 제조업자 또는 유통업자
②공급물품: 국내 에 서 제조·가공과정을 거친 물품 또는 수입된 외화획득용 원료, 물품

1) 구매확인서 발급근거

대외무역관리규정에서는 구매확인서 남발을 방지하기 위하여 구매승인서의 발급근거를 제한하고, 수량도 소요량 범위내로 한정하고 있다.

구매확인서가 발급되는 근거는 대외무역관리규정 구매확인서의 발급신청 등에 관한 조항에서 찾을 수 있다. 대외무역관리규정에 의하여 외국환은행의 장은 다음 내용 중 하나와 외화획득용 원료(물품 등)공급계약서 또는 물품매도확약서 1부와 구매확인신청서 3부를 근거로 구매확인서를 발급한다.

- **구매확인서 발급근거 서류** ; 수출신용장, 수출계약서, 외화매입(예치)증명서(외화획득이행관련 대금임이 관계서류에 의해 확인되는 경우에 한함), 내국신용장, 구매확인서, 대외무역법시행령 제34조 각호의 규정에 의한 외화획득에 제공되는 물품 등을 생산하기 위한 경우임을 입증할 수 있는 서류

이때, 실무적으로 유의해야 할 점은 물품을 공급하는 자와 공급받는 자 모두가 해당은행에 인감(서명)신고가 되어 있어야 한다. 그러나 구매확인서 발급근거는 내국신용장 발급근거와는 상이하고 매 건별 발급근거를 전제로 발급되며 실적기준으로는 발급되지 않는다.

〈표 19〉에서와 같이 내국신용장과 구매확인서는 수출용원자재 또는 완제품의 국내구매에 사용이 가능하고, 공급자의 수출실적으로 인정받으며 외화획득용원료의 사후관리 실적으로 인정하여 부가가치세의 영세율이 적용된다는 점에서 비슷하다. 그러나 내국신용장이 은행이 대금지급을 보증한데 반하여, 구매승인서는 대금지급이 거래당사자가 정하는 바에 따르며 은행이 대금의 지급보증을 하지 않고 또 내국신용장이 무역금융의 융자대상이 되는데 반해 구매승인서는 융자대상이 되지 않는다는 점에서 서로 차이점이 존재한다.

표 19 내국신용장과 구매확인서의 유사점과 차이점

구 분	내국 신용장	구매 확인서
관련법규	무역금융규정	대외무역법 시행령 및 관리규정
발급기관	외국환 은행	
거래대상물품	수출용 원자재, 수출용 완제품	
발급조건	해당업체의 무역금융 융자한도 내에서만 발급	거래증빙서류만 있으면 발급제한 없음
발급근거	수출신용장, 수출계약서, 외화표시 물품공급 계약서, 외화표시 건설 및 용역공급 계약서, 내국신용장, 해당업체의 과거 수출실적	수출신용장, 수출계약서, 외화매입(예치)증명서, 내국신용장, 구매확인서, 군납 등 외화획득 물품을 생산하기 위한 경우
발급비용	일정 발급 수수료	
공급실적의 수출실적 인정여부	수출실적으로 인정	
무역금융	무역금융 융자대상	무역금융 융자대상에서 제외
부가가치세	영세율 적용	
외화획득용 원료 사후 관리 시	사후 관리 시 수출실적으로 인정	
관세환급 여부	가능	
대금지급 보증	은행이 보증	거래 당사자 간 대금결제
발급차수 제한	(완제품)1차 내국신용장일 경우, 소요원자재조달을 위해 3차까지 가능. (원자재)1차 내국신용장일 경우 2차까지 가능	차수 제한 없이 순차적으로 발급

2) 발급절차

2011년 7월 1일부터 은행에서 종이로 출력하던 구매 확인서 발급 제도가 폐지되고 온라인 방식으로만 발급이 가능하다.

지식경제부는 2011년 7월 1일부터 구매확인서 발급 신청을 국가전자무역포털 'u트레이드허브(www.utradehub.or.kr)'를 통해 온라인 발급으로 단일화 하였다.

연간 93만 건 가량의 구매확인서 신청 중 은행에서 종이 형태로 발급하던 약 40만 건의 구매확인서 신청 발급 절차가 온라인 방식으로 전환한 것이다.

이에 따라 은행 창구를 방문해 구매확인서를 오프라인 방식으로 신청했던 수출 기업은 국가전자무역포털에 회원 가입한 후 온라인 발급기관인 KTNET 또는 기존 거래 은행 중 한 곳을 선택, 신청해야 한다. 구매확인서를 발급받은 수출 기업은 4만~5만 곳에 달할 것으로 추정된다.

전자구매확인서 발급 제도(www.egume.or.kr)의 전면 시행으로 부가가치세 신고 시 구매확인서 사본을 국세청에 별도 제출하지 않아도 되는 등 수출 기업의 행정 부담이 줄어들 것으로 예상된다. 그리고 오프라인은 발급수수료가 건당 1만원이지만 온라인으로 신청하면 건당 8000원 수준으로 낮아져 비용도 줄어드는 이점이 있다.

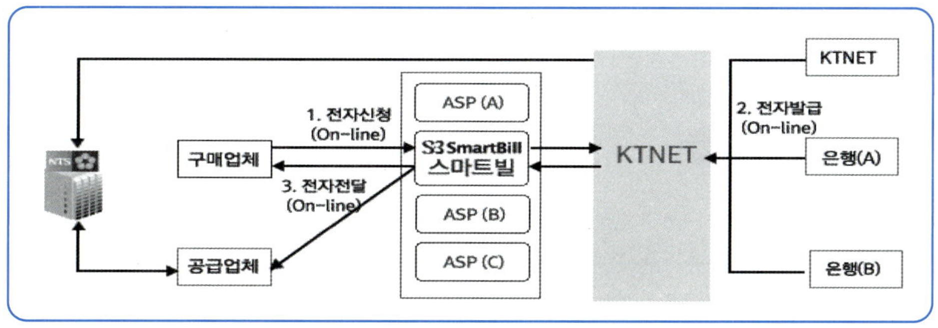

〈그림 29〉 구매확인서 제출방법

그러므로 구매확인서 발급이 필요한 모든 기업들은 「uTradeHub」에 가입하여야 한다. 회원가입 시점에서 발급기관을 KTNET 또는 거래은행으로 선택할 수 있다.

가. KTNET를 발급기관으로 정할 경우

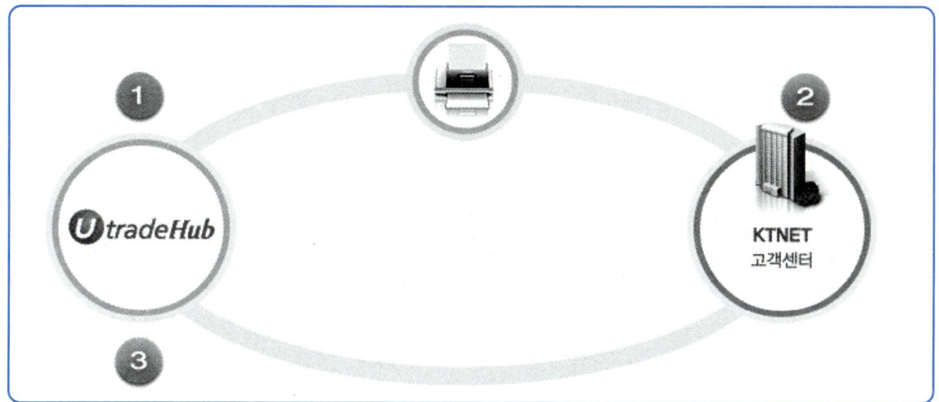

① uTradeHub (www.utradehub.or.kr)에 접속하여 회원가입

② 가입신청서를 출력하여 사업자등록증 사본과 함께 KTNET 고객센터로 Fax 송부(Tel 1566-2119, Fax 02-6000-2137) 신규 가입인 경우 법인 인감증명서/법인등기부등본 제출, 공인인증서 기반 로그인시 제출 면제

③ 가입확인 후 uTradeHub 로그인, 「구매확인서」 메뉴를 이용 신청 · 발급

나. 은행을 발급기관으로 정할 경우

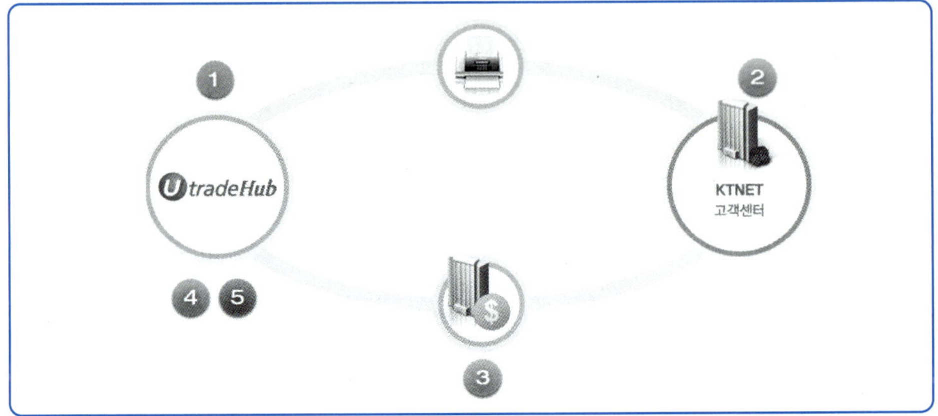

① uTradeHub (www.utradehub.or.kr)에 접속하여 회원가입

② 가입신청서를 출력하여 사업자등록증 사본과 함께 KTNET 고객센터로 Fax송부(신규 가입인 경우 법인 인감증명서/법인등기부등본 제출, 공인인증서 기반 로그인시 제출 면제)

③ 거래은행과 EDI약정체결을 위해 uTradeHub 가입승인서를 출력하여 거래은행에 제출(은행방문 필요)

④ uTradeHub에 로그인하여 My Trade 메뉴 중 '거래약정관리'를 통해 약정체결등록 및 관리

⑤ 가입확인 후 uTradeHub 로그인, '구매확인서' 메뉴를 이용 신청 · 발급

다. 제출 서류

제출서류	제출방법	비고
1. 가입신청서	출판후 명판, 직인 날인	-
2. 사업자등록증 사본	가입신청서와 함께 제출	FAX로 제출
3. 법인등기부 등본	KTNET 신규가입자 해당 사용중인 고객은 생략	개인사업자는 인감증명서 제출
4. 법인인감증명서		

*3~4 제출서류는 KTNET발급 이용시, 은행발급은 개별은행에 문의

구매승인서상의 공급물품명세는 물품공급계약서의 내용과 품명, 규격, 수량, 단가 등이 일치하여야 하며, 수출물품명세는 발급근거서류의 내용과 일치하여야 한다. 금액은 원화로 표시하고 외화금액을 부기하여야 하는데, 이 경우 부기하는 외화금액은 구매승인서의 원화금액에 발급일 현재 대고객 전신환매입률로 환산한 금액으로 한다.

대금결제 구매승인서는 은행이 그 대금지급을 보증한 것이 아니므로 대금지급에 관하여는 계약자유의 원칙에 따라 전적으로 거래당사자간의 계약에 따라 정한다.

구매확인서를 발급한 후 발급근거 서류의 외화획득용 원료 또는 물품 등의 내용변경 등으로 이미 발급받은 구매확인서와 내용이 상이하여 재발급을 요청하는 경우에는 이미 발급된 구매확인서를 회수하고 새로운 구매확인서를 발급한다. 다만, 변경내용이 경미한 경우에는 변경사항만 정정하여 발급할 수 있다.

(3) 외화획득용 원료·기재의 수입

한국은 지금까지 제도적으로 수출물품 생산에 공여되는 원료 등에 대해서는 수출자의 부담을 최대한 줄여주는 입장을 견지해 왔다. 이것은 한국 수출상품의 국제경쟁력을 제고시키기 위한 정책적 일환으로서 외화획득용 원료 등의 조달에 대하여는 내수용과 대조적으로 상역, 금융, 세제상의 지원정책을 유지해오고 있는 셈이다. 구체적으로 외화획득용 원료의 수입 시 수출자에 대한 한국정부의 지원내용은 수출입공고 등의 배제, 무역금융의 지원, 관세환급 등을 들 수 있다.

수출입공고 등 적용배제란 기존물품의 수출입은 수출입공고 등에 따라 수출입이 제한되고 있으나 외화획득용 원료에 대해서는 동 원료를 사용하여 제조가공되는 물품이 수출된다는 점에서 특별한 경우를 제외하고는 수출입공고 등의 수입금지나 제한규정에도 불구하고 수입이 가능하다.

무역금융지원은 수출물품의 제조가공에 소요되는 자금부담을 완화시켜 주기 위하여 수출용 원자재의 수입 및 국내구매 시 필요한 자금에 대하여는 수출자가 무역금융의 수혜를 받을 수 있도록 한다. 또 관세환급지원은 대응수출의 완료 후에는 수입통관 시 납부한 관세환급이 가능하게 한 것으로 당해 원자재를 사용하여 생산한 물품을 수출할 경우, 수출자는 원자재 수입 시 납부한 관세 등을 환급받을 수 있다. 물론 이와 같은 외화획득용 원료 등에 대

외화획득용원료·자재수입절차

①수출계약체결/수출신용장 내도

②수입계약 체결

③수입승인 (필요시)

④수입신용장 개설

⑤수입대금 지급

⑥선적서류 영수

⑦수입통관

⑧수출물품 제조 및 수출이행

⑨관세환급

한 각종 지원제도는 대응수출 등 외화획득행위를 전제로 하여 부여하고 있는 것이므로 대응수출 등 외화획득행위가 이루어졌는지 여부에 대하여 사후관리가 뒤따른다. 이와 같은 외화획득용 원료·기재에는 외화획득용 원료와 외화획득용 시설기재, 외화획득용 제품이 포함된다.

첫째, 외화획득용 원료란 외화획득에 제공되는 물품과 전자적 형태의 무체물을 생산하는데 필요한 원자재, 부자재, 부품 및 구성품을 말한다.

둘째, 외화획득용 시설기재란 외화획득에 제공되는 물품 등을 생산하는데 필요한 시설, 기계, 장치, 부품 및 구성품을 말하며 하자 및 유지보수에 필요한 부품 및 구성품을 포함한다.

셋째, 외화획득용 제품이란 수입 후 생산과정을 거치지 아니하는 상태로 외화획득에 제공되는 물품 등을 말한다.

외화획득용 원료·기재에는 외화획득에 공헌하는 물품의 생산과정에 직접 투입되는 소모성 자재도 포함되나 금형, 재봉침 등의 내구성 자재, 전기, 연료 등은 제외한다. 이를 종합하면 외화획득용 원료는 외화획득에 공하여지는 물품을 생산(물품의 제조·가공·조립·수리·재생 또는 개조)하는 데 필요한 원자재, 부자재, 부품 및 구성품 등 외화획득 물품생산에 직접 사용되는 물품을 의미하는 것으로서 동 물품이 외화획득 물품에 반드시 구성되어야 함을 의미하지 않고 생산과정에서 직접 투여되어 소요되는 화공약품 등도 외화획득용 원료의 범주에 포함된다.

- 외화획득용 원료·기재의 범위(대외무역법시행령 제26조)
  - 수출실적으로 인정되는 수출물품을 제조, 가공하는데 쓰이는 원료 (포장재 포함)
  - 수출된 물품의 하자 및 유지보수용 원료
  - 외화가득률이 30% 이상이며, 군납용 물품이나 외화획득용 물품을 생산하는 데 쓰이는 원료
  - 해외에서의 건설 및 용역사업용 원료
  - 위의 원료로 생산되어 외화를 획득한 물품의 하자 및 유지보수용 원료 등
- 대외무역법 시행령에서 정의하는 외화획득 범위

① 수출 ② 군납과 관련 된 법률에 의한 주한 국제연합군, 기타 외국군 기관에 대한 물품의 매도 ③ 관광 ④ 용역 및 건설의 해외진출 ⑤ 국내에서 물품을 매도하는 것으로서 통상 지식경제부장관이 정하여 고시하는 기준에 해당하는 것 ⑥ 무역거래업자가 외국의 수입업자에게 수출알선을 하여 받은 수수료

1) 외화획득용 원료 · 기재수입

현재 한국은 수출상품의 국제경쟁력 제고를 위하여 수출 등 외화획득에 필요한 물품을 제조하고 가공하는데 소요되는 원자재에 대하여는 일반내수용 수입과 달리 여러 가지 혜택을 부여하고 있다. 즉, 기업은 외화획득용 원료수입 시에 수량제한을 받지 아니하고 수출입공고 등에서 수입이 제한되는 품목임에도 불구하고 수입이 가능할 뿐만 아니라, 수입에 소요되는 자금에 대하여도 무역금융(원자재금융)의 혜택을 받으며, 외화획득을 이행한 후에도 수입통관 시 납부한 관세 등을 환급 받는다. 그러나 이와 같이 외화획득용 원료의 수입 시 주어지는 혜택은 대응 외화획득행위를 이행한다는 전제하에 제공되어지는 것이므로 정책적 지원의 배후에는 대응 외화획득행위가 성실히 이행되고 있는지의 여부를 사후관리를 통해 확인하고 있음을 유의해야 한다.

▸ 외화가득율 = (외화획득액-외화획득용 원료 수입금액) / 외화획득액

외화획득용 원료의 수입은 수출입공고 등에서 수입이 제한되는 품목이라 하더라도 그 적용이 배제되나 예외적으로 다음의 경우에는 그에 합당한 절차를 필한 경우에만 수입이 가능하다.

핵심

- **외화획득용 수입추천품목** ; 외화획득용 원료의 수입의 경우에도 수입대체 산업의 육성 등 필요한 일부품목에 대하여는 수입을 억제하고 있는바, 그 제도적 장치로서 대외무역관리규정(제4-2-3조)에 의거 수입추천을 받아 수입하게 하고 있다(대외무역법 관리규정 별표 4-1).
- **농림수산물** ; 농림수산물(생사류 제외)은 국내가격과 국제가격간의 차이가 커서 수출용 원자재로 수입하여 국내에 유출할 소지가 많다(예 : 참깨, 고추 등). 따라서 이들 품목에 대하여는 비록 수출용 원자재라 할지라도 당해품목을 관장하는 중앙행정기관의 장 또는 그가 지정하는 기관의 장(농산물의 경우 농산물 유통공사)이 정하는 수입추천요령에 따라 수입하도록 제한하고 있다.
- **통합공고상의 제한** ; 외화획득용 원료라 할지라도 마약법, 약사법, 식품위생법 등 특별법에서 요건확인 품목으로 수입을 제한하고 있는 경우에는 특별법 우선적용의 원칙에 따라서 통합공고상의 규정에 의한 제한내용을 충족

한 경우에만 수입이 가능하다.

- **유통업자의 외화획득용 원료의 수입** ; 사업자등록증상의 도매업자(무역업자 포함), 조달청 및 중소기업 협동조합법에서 정한 중소기업협동조합인 유통업자에게 외국환은행의 장은 유통업자가 구매승인서 또는 내국신용장을 근거로 수출품 생산자에게 직접 공급하기 위하여 외화획득용 원료를 수입하고자 할 경우에는 대외무역관리 규정상 별표 4-1에 게재된 외화획득용 수입승인품목 수입요령에 의해 수입을 승인할 수 있다.

▸대외지급보증 신청 시 구비서류 :
- 무역금융 차입금 신청서
- 약속어음
- 담보제공증서
- 소요량증명서
- L/C 원본 및 사본(건별 금융 수혜 시) 보험증권(FOB, CFR조건인 경우)

▸신용장 개설신청 시 구비서류 ; 신용장개설신청서, 수입승인서, 물품매도확약서 4부, 수출용 원자재 수입인 경우에는 신용장 개설, 증액 및 기간연장 수수료는 신용장 기간 매3개월 단위(term charge)로 0.1%를 징수한다.

외화획득용 원료의 수입 시 수입승인에 필요한 제출서류로는 다음과 같다.

외화획득용 원료수입승인신청서(3부), 수입계약서 또는 물품매도확약서(청약서), 소요량증명서(건별 원자재 수입자금을 융자받는 경우), 다른 법령 등에 의하여 허가 등을 요하는 경우에는 당해 허가 등을 받은 사실을 증명하는 서류, 수입대행 계약서(실수요자와 수입자가 다른 경우), 수입추천서(수입추천품목의 경우로 유효기간은 30일), 수입폐기품재생·이용승인신청서 및 배출시설허가증 사본(폐기물의 경우)

외화획득용 원료의 수입은 수량제한을 받지 않고 수출입공고 등에서 수입이 제한되는 품목이라 하더라도 그 적용이 배제되어 수입이 가능하다. 즉, 외화획득용원료를 수입하는 경우, 수입이 제한되는 물품을 제외하고는 별도의 수입승인이 필요하지 않다. 그러나 수출입공고 등에 의해 수입이 제한되어 물품은 당해 물품을 관장하는 기관이나 단체(이하 외화획득용원료의 승인기관이라 한다)에서 수입승인을 받아야 하며 수입승인요령은 각 기관에서 정하되 지식경제부의 인정을 받도록 하고 있다. 특히, 수입선다변화공고에 의한 수입제한물품 중 관장하는 기관이 없는 경우에는 한국무역협회에서 수입승인을 받아야 한다. 외화획득용 원료의 수입의 경우에도 국산원료, 기재의 사용촉진 등을 위하여 일부품목에 대하여는 수입을 억제하고 있는데 그 제도적 장치로서 생사, 소금 등 대외무역관리규정 별표 4-1에 해당품목을 명시하고 당해 물품을 수입할 경우에는 해당기관의 승인을 받도록 하고 있다.

농림수산물은 국내외 가격차이가 커서 수출용원자재로 수입하여 국내에 유출할 소지가 많다. 따라서 이들 품목에 대하여는 수출용원자재라 할지라도 당해 품목을 관장하는 중앙행정기관의 장 또는 그가 지정하는 기관의 장(시 · 도지사 또는 농수산물유통공사)이 정하는 수입승인요령에 따라 수입하도록 제한하고 있다.

통합공고상의 제한 품목, 즉 대외무역법이 아닌 개별법에 의한 수입제한품목은 대외무역법상의 승인과는 별도로 개별법에서 요구하는 있는 요건을 충족하여야 한다. 즉, 주무부처 또는 관련단체의 요건확인을 받아야만 수출입이 가능하다. 그러나 54개의 개별법 중 10개 법령이 적용되는 물품을 외화획득용으로 수입하는 경우로서 요건면제수입확인을 받는 경우 그 적용이 배제된다. 다만, 수출을 조건으로 면제하여 주는 것이기 때문에 수입 후 수출이행 여부의 확인 등 사후관리를 받게 된다.

• 수입승인사항 변경 ; 수입승인을 받은 후 계약내용이 변경되거나 기타 부득이한 사유의 발생으로 최초의 수입승인 내용대로 수입을 이행할 수 없을 경우에는 수입승인서의 유효기간 내에 수입승인사항 변경승인을 받아야 한다.

• 수입신용장 개설 ; 수출용 원자재를 신용장방식으로 수입하고자 하는 경우에는 수입승인일로부터 30일 이내에 외국환은행을 통하여 신용장을 개설하여야 한다. 수입신용장은 수입승인조건과 일치하게 개설하여야 하고 사항변경을 하고자 할 때에는 먼저 수입승인사항을 변경한 후 변경이 가능하나 이는 상대방 수출업자와 사전에 합의하여 동의를 얻어야 한다. 신용장금액 전액에 대해서 대외지급보증채무를 부담하고 있는 개설은행은 수입자에게 신용장금액 전액에 해당하는 자기자금을 적립하게 하든가 무역금융 융자신청을 하도록 요구할 수 있다. 신용장 개설신청은 신용장금액 전액에 대해 자기자금으로 적립하거나 무역금융 융자신청이 승인되면 수입자는 수입승인서 및 L/C개설신청서를 제출하여 L/C를 개설한다.

• 수입대금 결제 ; 수입신용장 조건에 따라 선화증권이 도착하면 동 시점에서 수입어음을 결제하게 되는데 자기자금으로 결제하는 경우에는 선화증권 내도일로부터 7일 이내에 수입대금을 결제하여야 하며, 무역금융으로 결제하는 경우에는 선화증권 내도일부터 7일 이내에 무역금융을 일으켜 동 대금을 결제하여야 한다. 만약 7일 이내에 결제가 이루어지지 않으면 8일째 되는 날에는 대지급처리토록 되어 있으며, 은행의 대지급금에 대해서는 상환일까지 원화연체 이자율을 적용받게 된다.

• 수입통관 ; 수출용 원자재의 수입통관절차는 일반재의 수입통관절차와 근본적인 차이는 없으나 수출용원자재 수입 시 부여되는 혜택으로 인하여 수입통관절차상 약간의 차이가 있다. 기본 통관절차는 수입물품의 보

세구역 반입, 장치확인, 수입신고, 검사 및 감정, 세액산출 및 납부, 수입면허, 세액검사의 순으로 이루어진다.

그러나 일반재 수입과 다른 점은 원산지표시를 생략할 수 있고 관세 등의 납부기한의 연장이 가능하며 세관검사가 면제된다. 즉, 수출용원자재로 수입할 경우, 원산지표시 대상물품이라도 원산지표시가 면제된다. 그리고 신용이 있거나 담보를 제공한 업체의 경우, 분기 중에 수입한 수출용원재료에 대한 관세 등은 통관 시 징수하지 않고, 분기종료 익월말까지 납부기한이 연장되어 당초의 목적대로 수출에 공한 경우 관세환급금과 정산되므로 실질적인 자금의 부담없이 통관이 가능하다.

참고

외화획득용 원료의 사후관리

외화획득용 원료의 구입에 따른 수출지원을 위한 각종 특혜를 받은 업체는 그에 따른 대응수출의무의 이행 여부를 확인하여야 한다.

- 대상물품 ; 사후관리의 대상물품은 수출입공고상 제한승인품목, 사후관리의 대상물품을 원료로 사용하여 국내에서 제조가공한 물품, 산업피해 조사결과에 의한 구제조치에 따라 수입이 제한되는 품목
- 외화획득이행 의무자(사후관리의 의무를 진 자) ; 원료 등을 수입한 자(대행수입인 경우에는 실수요자 또는 대행위탁자), 원료 등을 국내구매한 자, 원료 등을 양수한 자(원료 등의 상사 간 양도 시)
- 외화획득의무의 이행기간 ; 외화획득의무의 이행기간은 당해 원료의 수입신고수리일 또는 당해 원료로 제조된 물품의 구매일 또는 양수일로부터 다음의 기간이 경과된 날이 속하는 분기의 말일까지이다.

① 직접 외화획득에 공할 때 : 2년 ② 내공급이나 양도 : 1년 ③ 수출승인서상 대응수출의 운송기일이 2년 이상인 경우에는 해당기간까지 ④ 수출이 완료된 기계류(HS 84류 내지 90류에 해당하는 품목)의 하자 및 유지보수용 원료 : 10년 ⑤ 부득이한 사유가 있을 때에는 시·도지사는 1년 범위 내에서 연장이 가능하다.

(4) 소요량증명서

1) 소요량증명제도의 의의

소요량증명서란 외국환은행, 중소기업청 또는 세관장 등 소요량증명서 발급기관이 수출을 이행하는데 필요한 원자재량을 계산하고 확인하여 발급한 증명서를 말한다.

한국은 기업들의 수출촉진을 위해 수출용 원자재에 대하여는 대외무역법상 수입제한품목일지라도 수입을 허용하고 있으며, 수입 시 납부한 관세의 환급 및 원자재 금융 등 지원책을 마련해 놓고 있다. 따라서 수출기업에 대한 수출지원이 수출량에 따라 알맞게 이루어지도록 하려면 수출물품 생산에 꼭 필요한 양 만큼의 원자재에 대해서만 금융세제상 혜택을 주어야 하는데, 이때 필요 원자재량의 계산과 관리를 위한 것이 소요량증명제도이다.

소요량은 수출품 생산에 실제로 소요되는 원자재의 실량에 생산과정에서 생기는 손모량을 더한 것을 말하며, 기준소요량이란 수출품 1단위를 생산하는데 평균적으로 필요한 원자재량(단위실량)을 정부에서 고시한 것으로, 수출품 단위당 원자재(단위실량) 평균 손모량을 더한 것이다. 참고로 1997년부터 수출입절차를 간소화하는 차원에서 매 건별로 은행이나 세관을 통하여 소요량을 증명받던 것을 기준소요량이 고시된 품목 및 기준소요량이 고시되지 않은 품목이라도 소요량 증명발급기관이 소요량증명서를 발급한 선례가 있는 경우에는 기업이 자율적으로 소요량계산서를 발급할 수 있게 되었다.

▸소요량증명서발급 시 제출서류:.제품설명서 .제조공정도 .공정별 손모율 및 손모발생원인 .소요원자재명 및 배할비율(이론량 명시)

2) 소요량 관련 용어

- 평균손모량 : 수출품을 생산하는 과정에서 생기는 원자재의 손모량(손실량 및 불량생산에 소요된 원자재의 양을 포함한다)의 평균량
- 손모율 : 평균손모량을 백분율로 표시한 값
- 단위실량 : 수출품 1단위를 형성하고 있는 원자재의 양
- 기준소요량 : 고시된 수출품 1단위를 생산하는데 소요된 원자재의 양으로서 단위실량과 평균손모량을 합한 양
- 단위소요량 : 기준소요량이 고시되지 아니한 품목에 대하여 소요량증명서 발급기관이 산출한 수출품 1단위를 생산하는데 소요된 원자재의 양으로서 단위실량과 평균손모량을 합한 양
- 소요량 : 수출품 전량을 생산하는데 소요된 원자재의 실량과 손모량을 합한 양
- 소요량증명서 : 소요량증명서 발급기관이 대응수출을 이행하는데 소요된 원자재의 양을 계산하고 동 내용을 확인한 증명서
- 소요량계산서 : 소요량 자체관리기업 및 소요량 계산서발급기업이 대응수출을 이행하는데 소요된 원자재의 양을 자체 계산한 서류

3) 소요량증명서의 용도 및 활용

소요량증명서의 종류에는 각 용도에 따라 원자재 수입자금을 지원하기 위한 무역금융 융자신청용, 관세 등의 환급신청용, 수출용 원자재 국내 구매 시 내국신용장 및 구매승인서 발급신청용, 그리고 수출이행 보고용 및 수출용원자재의 연지급수입시 제출용 등이 있다.

표 20 소요량증명서의 종류 및 활용

구 분	활용 용도
무역금융 융자신청용 (원자재 수입자금)	- 무역금융이용 시 원자재의존율 계산기준 - 수출용원자재의 연지급수입시 연지급 기간을 120일 초과 180일이내로 할 경우(실적기준 무역금융 수혜업체로서 중소기업인 경우는 생략 93.10.1)
관세 등의 환급신청용	- 정액환급율표 작성의 기준 - 개별환급금 계산자료
수출용 원자재 국내 구매 시 내국신용장 및 구매승인서 발급신청용	- 원자재 수입 시 원자재 계산 기준 - local L/C 또는 구매승인서에 의한 원부자재 구매 시 계산 기준
수출이행 보고용	수입 또는 국내 구매한 수출 총 원자재의 수출이행 보고의 기준
기 타	수출용원자재의 연지급수입시

4) 소요량 책정

단위소요량책정은 수출품을 처음으로 생산하는 수출업체가 기준소요량 고시를 적용받을 수 없을 때 근거자료를 첨부하여 소요량증명서 발급기관(시·도 및 세관)에 제출하는 것으로부터 시작한다. 이때, 수출자는 원자재별로 가능한 한 상세하고 정확한 데이터를 제출서류에 제시하여야 하고 소요량책정기관이 정확하게 파악이 가능할 수 있도록 제품의 견본이나, 제조공정도, 제품설명서, 소요원자재의 종류 및 규격, 제조공정별 손모율, 손모발생원인에 대한 신출자료를 제출하여야 한다.

소요량증명서 발급기관은 수출업체가 제출한 소요량증명 신청에 첨부된 제출서류와 유사상품의 기준소요량고시를 비교분석한 다음 수출자의 생산공장을 직접 방문하여 정밀심사한 후, 수출품 1단위(1개, 1g, 1doz)를 생산하는데 소요된 원자재의 양을 산정하여 이를 기준으로 단위소요량증명서를 발급한다.

5) 단위소요량 책정기관

단위소요량책정은 비고시품목에 대하여 소요량증명서 발급기관에서 수행하며 외화획득용물품의 생산을 관장하는 중앙행정기관이 별도로 정하는 경우를 제외하고는 다음 아래에서 언급한 자가 발급한다.

국립기술품질원장, 지방중소기업청장 및 지방중소기업사무소장, 신청인의 주소지(지사, 공장포함)를 관할하는 시·도지사, 수출자유지역에 입주한 업체에 대하여는 해당지역을 관할하는 관리소장, 전라북도 및 군장국가공단 입주업체에 대하여는 전라북도 지사 또는 익산수출 자유지역 관리소장, 경남지역공업단지 입주업체에 대하여는 경상남도지사 또는 마산수출자유지역관리소장, 안산시 입주업체에 대하여는 안산시장, 경기지방중소기업 사무소장, 수원세관 반월수출소장, 한국산업단지공단 서부지역 본부장, 각 세관장, 경기도 북부출장소 관할 시·군 입주업체는 경기도지사 또는 경기도 북부출장 소장, 김포군수, 기타 기술품질원장이 정하는 시장·군수

6) 소요량 산정방법

75.7.1 이후 시행된 관세환급제도는 외국으로부터 수입 시 관세를 납부한 물품을 국내에서 소비하지 않고 수입한 상태 그대로 수출하거나 또는 제조·가공해 수출한 경우, 수입 시 납부한 관세를 수출자 또는 제조자에게 되돌려 주는 제도다. 그런데 수입한 물품을 제조·가공해 수출한 경우 수출물품에 어떠한 원재료가 얼마나 사용됐는지 그 소요량(所要量)을 알아야 환급금을 계산할 수 있으므로 소요량산정이 관세환급금을 결정하는 가장 중요한 요소라 할 수 있다.

수출물품에 소요된 원재료의 소요량은 국가에서 고시한 기준소요량을 근거로 계산했으나 산업구조가 복잡하고 다양해짐에 따라 국가가 수출물품에 소요되는 원재료의 소요량을 일일이 파악해 고시하는 데는 한계가 있고, 많은 시간과 비용이 소요되므로 수출물품에 어떠한 원재료가 얼마나 사용됐는지 잘 아는 업체에서 스스로 소요량을 산출하도록 하는 자율소요량제도가 97.7.1 도입됐으며 2000.1.1 이후 수출한 물품에 대해서는 자율소요량에 의해 소요량계산을 하도록 하고 있다.

자율소요량은 관세청장이 정한 단위실량, 단위설계 소요량, 수출건별 총 소요량, 위탁건별 총 소요량, 일정기간별 단위소요량, 1회계년도 단위소요량 등 6가지 소요량 산정방법 중 업체에서 한 가지 소요량 산정방법을 임의로 선택해 수출물품에 소요된 원재료의 소요량을 스스로 계산하는 것이다.

가. 단위실량 소요량 산정방법 이나 단위설계 소요량 산정방법

단위실량 산정방법은 수출물품을 구성하고 있는 원재료의 양인 단위실량만으로 소요량을 산정하는 방법이다. 단위실량은 수출물품(견본)을 분해해 실측하거나 수출물품 1단위를 생산하는 데 사용되는 설계도면상 원재료의 실면적이나 부품내역서상의 실량 등이다.

단위실량산정방법은 손모량 계산과정이 없으므로 산정방법은 간단하나 손모량 부분에 대한 환급은 포기해야 하므로 손모량이 많이 발생하는 업체는 불리한 방법이다.

설계도면, 부품내역서 등에 의하여 수출물품을 형성하고 있는 원재료의 실량에 의해 소요량을 산정하며 손모량이 적은 기계류, 전자제품 등 부품조립에 의해 생산되는 수출물품에 적합한 방법이며 관세환급 시 손모량에 대한 환급은 포기하고 단위실량만 환급한다. 단위실량의 예를 보면 다음과 같다.

- TV 20"를 분해한 경우 TX-100 IC가 2개 실측되거나, 설계도면에 TX-100 IC가 2개라면 TV20"에 대한 TX-100 IC의 단위실량은 2개임. 즉 수출물품 1단위를 분해하여 실측하거나 설계도면, 부품내역서 등 자료상의 환급을 받고자 하는 원재료의 종류별 양임.
- 원면을 사용하여 면사(100%Cotton Yarn)를 만들고 면직물(100% Cotton Fabric)을 재직한 경우 면직물 단위당 실중량(표준 중량)
- Hot Coil을 원재료로 압연, 절단 등 성형을 하여 제품을 생산한 경우 생산된 제품의 중량

참고

단위실량과 단위설계소요량의 차이점

단위실량은 수출품 1단위를 형성하고 있는 원재료의 종류별 수나 양의 실량을 말하며 손모량이 없음. 그러나 단위설계소요량은 단위실량과 손모량을 합친 양으로 손모량이 있다는 것이 차이점임

나. 단위설계 소요량 산정방법

단위설계소요량 산정방법은 수출물품을 생산하는 데 있어 가장 기본이 되는 자료인 제조사양서상의 원재료 중 환급을 받고자 하는 원재료의 종류별 양으로서 단위실량과 동일한 원재료도 있을 수 있으나 일반적으로 단위실량에 최적의 상태에서 발생하는 최소의 손모량이 합해진 소요량이다. 그러므로 단위실량과 손모량 모두 환급이 가능하나 제조사양서상 손모량이 표시된 경우 계산근거가 객관적이고 확인기 가능하여야 한다.

제조사양서는 B.O.M(bill of material), 설계도면, 원재료 배합비율표, 제조표

준서, 시방서, 기타 수출품 1단위를 생산하는데 기준이 되는 자료(직물설계표, 옷본)를 말한다.

단위설계소요량은 단위실량과 동일한 원재료도 있을 수 있으나(손모량이 발생하지 않는 품목인 경우), 일반적으로 단위실량에 정상적인 생산과정에서 발생하는 손모량이 합하여진 소요량으로 제조사양서에 의해 자재의 수급량이 결정되는 업체로 손모량이 안정적인 비료, 염료, 페인트 등 화학제품류를 생산하는 업체에 적합한 방법이다. 단위설계소요량의 예를 보면 다음과 같다.

- 블라우스를 생산하는 경우 제조사양서에 블라우스 1단위를 생산하는데 소요되는 면직물이 3YD 소요된다고 기재되어 있으면 이를 단위설계소요량으로 산정함.
- Polyester Yarn 1KG 제조하는데 제조사양서에 Polyester Chip 1.1KG이 투입량으로 기재되어 있다면 Polyester Chip의 단위설계소요량은 1.1*1=1.1KG
- 카메라(CC1301)의 BOM상에 필름 롤러가 1개 Poly Carbonate ResinDML 단위 설계소요량은 25G임.

참고

- 옷본에 의하여 의류가 생산된다면 옷본도 제조사양서로 인정할 수 있음
- 물리적으로 통합되는 원재료인 경우 제품의 부품명세에 기록된 원재료(단위실량과 손모량 구분이 가능한 경우)는 단위실량으로 볼 수 있으나 화학적으로 통합되는 원재료는 단위실량과 손모량을 구분할 수 없으므로 단위실량이 아니라 손모량이 포함된 단위설계소요량임.
- 제조사양서에 단위실량으로 기재된 원재료도 있고, 손모량이 포함된 단위소요량으로 기재된 원재료도 있는 경우 제조사양서에 있는 원재료의 종류별 양은 단위실량이 아니라 단위 설계소요량임.

다. 수출건별 총 소요량이나 위탁건별 총 소요량 산정방법

수출건별이란 수출신고수리필증별, 기초원재료납세증명서별, 또는 수출계약서나 내국신용장의 수출물품의 수량단위를 말하며 수출건별 등 총 소요량 산정방법은 소요량이 불안정한 농림수산물 가공업체, 시제품생산단계업체, 수출계약건별 생산관리가 용이한 업체에 적합한 방법(육가공품, 신발, 가발, 대형기계, 특수사양의 주문생산물품 등)이다.

수출건별 등 총 소요량 산정방법은 수출건별에 해당하는 수출물량을 생산하는 과정에서 사용한 원재료의 종류별 총량으로 과실에 의한 불량품 등에 소요된 원재료의 사용량을 제외하고 산정한 소요량이다.

- 수출계약서에 의하여 우리나라 A기업이 미국의 BRL업에 신발 100켤레를 생산하여 수출할 경우, 신발 100켤레를 생산하는 과정에서 수출용원재료인 가죽 10YD를 사용하였다면 신발 100켤레에 대한 수출건별 등 총 소요량은 가죽 10YD임.
- 대형 H형강 반제품인 Steel Beam Blank(20톤)를 주문받아 이를 제조하는데 고철 25톤이 소요된 경우 고철의 수출건별 총 소요량은 25톤임.

참고

- 한국의 A(수출건별 총 소요량에 의하여 소요량 계산을 하는 업체)는 미국의 M사에 신발 100켤레를 $10,000에 수출하기로 계약하고 제품을 생산하면서 가죽 15YD를 사용하였다. 그런데 이 중 1YD는 원재료자체의 불량이었고 가죽4YD는 제조과정 중 작업자의 중대한 과실에 의하여 수출할 수 없는 불량품을 제조하는데 사용하였다. 이 경우, 수출계약한 신발 중 먼저 50켤레를 M사에 수출하고자 수출신고수리한 경우 해당 수출신고필증에 대한 수출건별 총 소요량은?
- 신발 100켤레에 대한 소요량은 10YD이다. 따라서 신발 50켤레에 대한 소요량은 10YD*2=5YD이다.

총사용량(15YD)-1YD(원재료 불량은 소요량에서 제외)-4YD(중대한 과실에 의하여 발생한 불량품에 소요된 원재료의 양은 소요량에서 제외)=10YD

위탁건별 총 소요량 산정방법은 수출물품의 생산을 위탁한 업체가 수출물품의 생산을 수탁한 업체에 공급한 원재료 중 생산과정에서 사용한 원재료의 종류별 총량으로 산정하며 불량품생산에 사용된 원재료의 양은 제외된다.

수출물품을 생산하는데 실제 사용된 원재료 중 불량품에 사용된 원재료의 양을 제외한 총 소요량을 산정하는 것으로 소요된 원재료의 실제소요량이지만, 소요량산정에 따른 시간 및 비용부담이 과다한 단점이 있어 수출물품을 제조하는데 사용된 원재료의 품질에 따라 소요량이 변동하는 농 · 수 · 축 · 임산물의 1차 가공제품 및 수출물품을 계약건별로 생산하는 업체에서 활용하고 있다.

라. 일정기간별 단위소요량 및 1회계연도 단위소요량 산정방법

일정기간별 단위소요량 산정방법은 일정기간동안 생산된 수출물품 1단위에 대한 평균소요량이다. 일정기간별 단위소요량은 수출물품에 원재료가 물리적으로 결합되거나 화학적으로 분해되어 통합되는데 따라 산정방법이 구분된다.

1회계연도 단위소요량 산정방법은 1회계연도 동안 생산된 수출물품 1단위에 대한 평균소요량이다. 1회계연도 단위소요량도 수출물품에 원재료가 물리적으로 결합되거나 화학적으로 분해되어 통합되는 데 따라 산정방법이 구분된다. 동종의 수출물품을 계속 반복적으로 생산하는 반도체, 석유화학, 타이어, 피혁, 금속, 철강 등을 생산하는 업체에서 주로 활용하고 있다. 업체에서 소요량을 산정하기 위해서는 수출물품별 제조사양서 및 제조공정도, 원재료 및 제품 수불부(受拂簿), 부산물이 발생하는 경우에는 부산물 수불부 등의 기본적인 자료를 5년간 기록 · 보관해야 하는 등 소요량 계산 근거자료를 자율관리하여야 하므로, 효율적인 소요량산정을 하려면 관세환급을 신청하기 전에 업종 특성이나 관리인원 등 소요량 관리능력과 지금까지 언급한 6가지 소요량 산정방법에 대한 장 · 단점을 서로 비교해 소요량 산정방법을 잘 선택해야 한다.

제품생산과정에서 원재료가 화학적으로 결합되는 경우

$$\text{일정기간별 단위소요량} = \frac{\text{일정기간동안 사용된 원재료별 총량}}{\text{일정기간동안 생산된 제품 총량}}$$

제품생산과정에서 원재료가 물리적으로 결합되는 경우

$$\text{일정기간별 단위소요량} = \frac{\text{일정기간동안 사용된 원재료별 총량}}{\text{일정기간동안 생산된 제품의 원재료별 환산량}} \times \text{단위실량}$$

1회계연도 소요량산정방법

소요량 = 수출물품의 수량 × 단위실량 또는 단위설계 소요량

$$\text{단위설계 소요량} = \frac{\text{단위실량(수출환산량)} + \text{손모량}}{\text{단위실량(수출환산량)}} \times \text{수출수량}$$

종전에는 업체에서 신청한 환급금의 적정 여부에 대한 사후심사를 하면서 동시에 소요량심사를 같이 했으나 2001.7월부터는 우리 세관에 별도의 소요량 심사반을 편성하고 섬유, 전기전자, 기계, 화학, 철강 등 업종별로 업체를 구분해 동종업체들 간에 환급실적 등 전산자료를 비교해 소요량을 과다 산정할 우려가 있는 업체에 대한 소요량심사를 하고 있다.

현재까지 소요량심사를 한 결과 업체에서 수출물품 생산에 소요되지 아니한 원재료를 소요원재료로 잘못 적용해 추징 조치한 경우가 많은데, 업체에

서는 수출물품의 품명 및 규격별로, 원재료에 대해서도 품명 및 규격별로 분류하고 이를 각각 코드화해 제조사양서 등의 자료를 근거로 수출물품별 코드와 소요되는 원재료별 코드를 각각 연결해 소요량계산을 한다면 소요되지 아니한 원재료를 소요된 원재료로 하는 잘못을 미연에 방지할 수 있다. 또한 수출물품 및 소요원재료에 대해 코드별로 각각의 수불내역을 기록한다면 아주 완벽한 제품 및 원재료 수불부가 될 것이며, 각각의 수불부에 기록된 자료를 근거로 소요량을 계산한다면 소요량산정에 따른 오류는 발생하지 않을 것이다.

참고

원재료가 물리적으로 결합되는 경우

- 2010.7.1~2010.12.31.의 6개월 동안 생산된 제품(A)이 500개, 원재료 a1 : 1200개, a2 : 2100개 소요되고 단위실량이 a1 : 2개, a2 : 4개인 경우,
  - a1의 일정기간별 단위소요량은 [1200*(2×500}]×2 = 2.4개
  - a2의 일정기간별 단위소요량은 [2100*(4×500}]×4 = 4.2개
- 2010.7.1.~2010.9.31.의 3개월 동안 Silk원단 양복 1,000벌을 생산하였고 생산기간 동안 소요 원재료로 Silk원단 5,100YD, 단추 3,100개가 사용되었다면 (Silk원단의 단위실량은 4YD, 단추의 단위실량은 3개)
  - Silk원단의 일정기간별 단위 소요량은 [5,100*(4×1,000}]×4 = 5.1YD
  - 단추의 일정기간별 단위소요량은 [3,100*{3×1,000}]×3 = 3.01개

원재료가 화학적으로 결합되는 경우

- 2010.7.1~2010.12.31.의 6개월 동안 알루미늄스크랩(순도 98%) 500톤을 용관로에서 녹여 알루미늄잉곳(순도 99%) 500톤을 생산하는 과정에서 순도증가용으로 일루미늄잉곳(순도 99.99%) 200톤을 사용하였다면
  - 알루미늄스크랩의 일정기간별 단위소요량은 500*500 = 1톤
  - 순도증가용 알루미늄잉곳(순도 99.99%)의 일정기간별 단위소요량은

  20*500 = 0.04톤임.

일정기간 동안의 평균소요량

- 2010.7.1~2010.12.31.의 6개월 동안 생산된 제품(A)이 500개 생산하면서 원재료로 a가 1,200개, b가 2,100개가 소요되었는데 제품 A의 단위실량은 우너재료 a가 2개, b가 4개이면 일정기간별 단위 소요량은?(단, 해당기간에 소요원재료인 a 100개가 원재료 불량으로 확인)
  - a의 일정기간별 단위소요량은 (1,200-100)*(2×500)×2 = 2.2개
  - b의 일정기간별 단위소요량은 2,100*(4×500)×4 = 4.2개

7) 소요량산정 시 유의사항

- 산정방법의 신고 ; 소요량계산서 작성업체는 환급신청 전에 환급신청 세관장에게 동종의 수출물품별로 소요량 산정방법에 대해 사전신고를 해야 한다. 동종의 물품이란 HS 10단위와 품명이 같고 소요원재료의 차이가 없으며 상거래 상 서로 대체 사용할 수 있는 물품을 말한다.
- 산정방법의 선택제한 ; 소요량계산서 작성업체는 동종의 수출물품별 소요량산정방법 중 한 가지 방법을 임의로 선택해 소요량을 산정해야 한다. 농·수·축·임산물 등을 원재료로 1차 가공품을 생산하는 경우에는 수출건별 총 소요량, 위탁건별 총 소요량만을 선택할 수 있으며 시제품 생산단계 등과 같이 소요량이 안정적이지 않은 경우에는 일정기간별 또는 1회계연도 단위소요량을 선택할 수 없다.
- 계산 시 주의사항 ; 소요량계산 시 순도나 함량 등에 따라 비례 환산해야 할 경우에는 비례 환산해야 한다. 소요량은 소수점 이하 3자리까지 계산해 4자리 이하는 반올림해 계산하며 소요원재료가 개수로 표시되는 경우에는 소수점 이하는 절산해야 한다. 또 단위실량, 단위설계소요량, 일정기간별 단위소요량, 1회계연도 단위소요량, 수출건별 등 총 소요량과 위탁건별 총 소요량으로 계산할 경우 소요량은 산정대상기간동안 수출물품을 생산하는데 실제 사용한 원재료의 양을 초과할 수 없는 만큼 이를 유의해야 한다.
- 계산 근거자료 ; 자율소요량 계산근거자료(제조사양서 및 제조공정도, 원재료수불대장, 제품수불대장, 부산물 수불대장, 소요량 계산서철)는 5년간 보관 관리해야 한다. 또 1회계연도 단위소요량을 산정하려면 결산보고서와 원단위 및 생산수율보고서를 추가로 보관관리해야 하며 위탁건별 총 소요량을 산정하려면 위탁가공계약서를 추가로 보관관리 해야 한다.

8) 소요량증명서의 발급

가. 발급기관

고 시 품 목	비 고 시 품 목
① 수출업체 ② 세관장 ③ 소요량 자체 관리기업	① 국립기술품질원장, 지방중소기업청장, 지방중소기업사무소장 ② 신청인의 주소지(지사, 공장 포함) 시·지사 ③ 수출자유지역 관리소장 ④ 각 세관장 ⑤ 기타 기술품질원장이 정하는 시장·군수

참고

소요량 자체관리기업 및 소요량계산서 발급기업

구 분	소요량 자체관리기업	소요량계산서 발급기업
지정 요건	① 전년도 국세청 생산수율 비교표에 등재된 업체 ② 전년도 수출실적이 100만 달러 이상인 업체	수출물품을 생산하는 모든 무역업체

나. 발급신청

소요량증명서를 발급받고자 하는 자는 다음의 서류를 첨부하여 발급기관에 신청한다.

① 소요량증명 신청서(소정양식) ② 수출관련 근거서류(원본) ③ 수출신용장 또는 내국신용장, 구매승인서, 수출신고필증 및 기타 근거서류 ④ 소요원료 등의 산출기초명세서 ⑤ 견본품, 카탈로그, 용도설명서 등 소요량증명서 발급에 필요한 최소의 증빙자료

9) 가소요량증명

소요량증명서 발급기관은 당해 수출물품의 원료 등의 종류가 다양하고 제품제조공정이 특수하여 확정소요량을 산출하는데 장기간이 소요될 경우에는 가소요량증명서를 발급할 수 있다.

- 발급조건 ; 상단에 가소요량을 표시, 외화획득용 물품을 제조하는 과정에 들어갔을 때는 공정별 기술자료를 준비하여 확정소요량 책정을 신청할 것
- 구비서류 ; 소요량증명 신청서, 수출관련 근거서류(원본)로써 수출신용장 또는 신용장, 수출신고필증, 기타 근거 서류, 소요원료 등의 산출 기초명세서, 견본품, 카다로그, 용도설명서 등
- 확정소요량 조사요청 ; 가소요량증명서를 발급받은 업체의 제조장 또는 제조위탁업체의 제조장이 발급기관 관할지역 이외의 장소에 소재하는 경우 제조장을 관할하는 기관에 현지조사 실시와 소요량 책정을 요청할 수 있다.

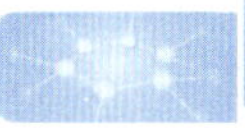

보충 자료

1. 관세환급 신청 전에 소요량 산정방법 등의 신고가 필요하다. 구체적으로 어떤 절차가 필요한가?

소요량계산서 작성업체는 환급신청 전에 환급신청 세관장에게 수출물품명, 소요량 산정방법, 소요량 산정 방법의 기준이 되는 기간 및 적용기간, 수출물품의 제조공정 및 공정 설명서 등을 '소요량산정방법 등 신고서'(소정 서식)에 따라 신고해야 하며, 신고한 내용이 변경된 경우에는 변경신고를 해야 한다. 소요량계산서 작성업체는 ① 제조사양서 및 제조 공정도 ② 원재료수불대장 ③ 제품수불대장 ④ 소요량 계산서철 ⑤ 부산물수불대장(부산물이 발생하는 경우에 한함)을 기본적으로 보관 · 관리해야 한다. 동 서류를 마이크로필름, 광디스크, 기타 자료보존매체에 의해 보관 · 관리할 경우는 확인, 조회 또는 출력 장치와 일체로 보관 · 관리해야 한다. 한편 수출물품과 소요 원재료는 품명, 규격(특성, 함량, 중량, 두께 등)별로 분류하여 소요량 산정 및 계산을 해야 한다.

2. 수출물품의 HS CODE는 같으나 종류가 200가지가 넘는다. 물론 수입한 원재료에 대해선 분할증명서를 가지고 있다. 이와 같은 경우 소요량 산정방법을 어떤 것을 선택해야 합리적인가?

모델규격이 많기 때문에 수출건별 총 소요량이 최적의 조건이다. 이 방법은 소요량 산정방법 중에서 제3방법에 속한다. 수출건별 총 소요량은 모델, 규격에 관계없이 한 달 동안 나간 총 수량에 대해서 수출건별로 총괄해서 개별환급을 받는 방법이다. 수출건별 등 총 소요량은 수출건별 수출물품을 생산하는데 사용한 원재료의 종류별 총 사용량으로 산출하며, 정상적인 생산공정 이외의 불량품 등에 소요된 원재료의 사용량을 제외한다. 그러므로 이 방법은 단위소요량이 아니라 총 소요량이다. 수출건별이란 수출용으로 물품을 공급하는 계약서류인 수출계약서, 구매승인서 또는 내국신용장 등을 기준으로 하고 수출신고필증도 포함하여 동 서류 상의 수출물품의 수량단위를 말한다. 이 방법은 육가공품, 신발, 가발, 대형기계, 특수사양의 주문생산물품 등의 생산업체에 적합하다(소요량 산정방법 : 소요량=당해 수출건별 총 소요량, 적용기간 : 당해 수출 건에만 적용). 그러나 위의 경우에 수출건별 총 소요량을 산출하면 이 방법은 불가능하게 된다. 이 경우에는 단위설계소요량인 제2방법을 생각해야 한다.

3. 소요량 산정방법 등 신고

현행 소요량제도 체계는 ① 관세청에서 제시한 소요량산정방법 중 업체실정에 맞는 방법을 선택 하여 그 내역을 세관에 신고하여야 하고, ② 신고한 산정방법에 의해 자율적으로 산정된 소요량 환급에 사용하며, ③ 당해 수출물품의 소요량을 산정해 주는 관공서는 없다.

• 소요량 산정방법

산정 방법	산정 소요량
단위실량 산정방법(01방법)	수출물품(견본)을 분해하여 실측하거나, 수출물품 1단위를 생산하는 데 사용되는 설계도면상의 원재료의 실면적 또는 부품내역서 상의 실량 등(손모량 없음)
단위설계소요량 산정방법(02방법)	제조사양서(B.O.M, 설계도면, 원재료배합비율표, 제조표준서, 시방서, 직물설계표, 옷본 등 수출물품 1단위를 생산하는 데 기준이 되는 자료)의 원재료 중 환급을 받고자 하는 원재료의 종류별 양(제조사양서상 손모량이 있는 경우 계산근거가 객관적이고 확인가능해야 함)
수출건별 등 총 소요량 산정방법(03방법)	수출계약건별 또는 수출건별로 수출물품을 생산하는데 사용한 원재료의 종류별 총량(원재료 수불대장, 생산일지 등에 근거)
일정기간별 단위소요량 산정방법(04방법)	일정기간(1-6월)동안 생산된 수출물품 1단위에 대한 단위실량과 평균 손모량
1회계년도 단위소요량 산정방법(05방법)	1회계 년도 동안 생산된 수출물품 1단위에 대한 단위실량과 평균 소모량
위탁건별 총 소요량 산정방법(06방법)	수출물품을 임가공하여 수출한 경우 임가공업체가 당해 위탁가공물품을 생산하는 과정에서 사용한 원재료의 종류별 총량(소요원. 부자재 전부를 타 업체에 공급하여 위탁생산하는 품목에 적합)

• 산정방법별 계산근거서류 및 이용률

산정방법	근거서류	이용률(%): 2008년 기준			주이용업종
		건수	환급액	업체수	
단위실량	설계도면, 부품내역서 등	19.4	24.7	26.4	기계류, 전자제품
단위설계 소요량	제조사양서, 제조표준서	34.7	32.4	29.5	화학제품, 의류
수출건별 등 총 소요량	사양서, 생산일지, 원재료/제품수불부	2.6	1.8	3.6	농림축산물, 시제품
일정기간별 단위소요량	사양서, 생산일지, 원재료/제품수불부	0.9	1.3	0.9	신설업체, 수명주기가 단기인 제품
1회계년도 단위소요량	사양서, 생산일지, 원재료/제품수불부	8.4	29.6	3.1	철강, 석유화학, 철강제품 등 대기업제품
위탁건별 총 소요량	위탁가공계약서, 사양서, 생산일지, 원재료/제품수불부	0.3	0.2	0.5	신발, 완구 , 의류, 전자제품 조립
기타원상태	-	33.6	9.9	52.3	-

4. 소요량 산정방법 등 신고

- 소요량 산정방법 등 신고서 작성요령 ; ① 제조장명에는 수출물품을 생산하는 제조장명을 기재함, ② 환급신청자와 수출물품의 생산자가 다른 경우 생산자의 상호, 제조장명을 기재하여야 함, ③ 소요량 산정방법 : 6가지 방법 중 택일, ④ 산정대상기간(아래도 표 참조)

산정방법	기재요령
01방법	기재 생략
02방법	기재 생략
03방법	당해 수출건등 생산기간
04방법	적용하고자하는 기간(1-6월)의 시작일 전일부터 역산하여 동기간적용
05방법	적용하고자하는 기간(1년)의 시작일 3개월 전부터 역산하여 동기간 적용
06방법	당해 위탁 건 생산기간

- 적용기간

산정 방법	기재 요령
01방법	최초 수출신고일 이전부터(종료기간 없음)
02방법	최초 수출신고일 이전부터(종료기간 없음)
03방법	당해 수출건 등 수출된 때(적용기간 없음)
04방법	환급대상수출 내역을 적용하고자 하는 기간(1-6월)
05방법	환급대상수출 내역을 적용하고자 하는 기간(1년)
06방법	당해 위탁건 생산기간(적용기간 없음)

5. 소요량 산정 및 계산

- 손모량으로 인정되지 않는 원재료 ; 불량품생산에 소요된 원재료의 양 제외, 천재지변, 화재 등 재해에 의하여 손실(또는 망실)된 원재료, 정상적인 생산과정이 아닌 부분에서의 원재료 손실량, 원재료 자체불량, 관리소홀(운반 또는 보관관리 등의 소홀)에 의하여 발생, 기계의 고장 등에 의하여 발생, 작업 중 부주의 및 과실에 의하여 발생
- 부산물 공제 ; 부산물이란 수출물품을 생산하면서 부수적으로 발생하는 경제적인 가치를 가진 물품인데, 철판으로 수출물품을 제조가공하고 남은 철판 조각 같은 것을 말한다. 이를 폐기처분한 경우를 제외하고는 실제로 판매되거나 사용되는 경우 모든 부산물에 해당되며, 해당 부산물을 판매하기 위하여 지출되는 운반 및 처리비용은 부산물 가격에서 차감할 수 없다. 아무리 경제적인 가치가 있는 부산물이라 하여도 폐기 또는 멸각한 경우에는 부산물 공제를 하지 않는다.

<table>
<tr><td colspan="6" rowspan="2">소요량증명 신청</td><td colspan="2">처 리 기 간</td></tr>
<tr><td colspan="2">비고시 품목 : 10일</td></tr>
<tr><td colspan="3" rowspan="3">①신청인(상호, 주소, 성명)</td><td colspan="3">②발급근거 서류명 및 번호</td><td colspan="2"></td></tr>
<tr><td colspan="3">③용 도</td><td colspan="2"></td></tr>
<tr><td colspan="3">④소요량 고시번호</td><td colspan="2"></td></tr>
<tr><td colspan="8">수출품 또는 군납용명세</td></tr>
<tr><td>⑤H·S부호</td><td colspan="2">⑥품명 및 규격</td><td>⑦단위 및 수 량</td><td colspan="2">⑧가격조건 및 단가</td><td>⑨금 액</td><td>⑩비고</td></tr>
<tr><td></td><td colspan="2"></td><td></td><td colspan="2"></td><td></td><td></td></tr>
<tr><td colspan="8">소요원료명세</td></tr>
<tr><td colspan="2">⑪H·S부호
(10단위)</td><td colspan="2">⑫품명 및 규격</td><td colspan="2">⑬단위 및 수량</td><td colspan="2">⑭비 고</td></tr>
<tr><td colspan="2"></td><td colspan="2"></td><td colspan="2"></td><td colspan="2"></td></tr>
<tr><td colspan="8">⑮발급번호</td></tr>
<tr><td colspan="8">대외무역관리규정 제4-3-4조의 규정에 의하여 위의 사실을 증명합니다.
년 월 일
발급권자</td></tr>
</table>

4-2 수출포장

1. 수출포장의 평가

포장은 적절한 재료나 용기로 물품을 싸는 일 또는 짐을 꾸리는 일이다. 오늘날의 산업사회 · 소비사회에서는 상품의 다종 · 다양함과 유통경로의 차이로 상품의 특성과 상품가치의 유지에 따른 포장의 개념은 그 의미와 범위가 매우 확장되고 있다.

한국공업규격(KS ; Korean Industrial Standards)은, 물품의 수송 · 보관 · 취급 또는 사용 등에 있어서 그 가치 및 상태를 보호하기 위하여 적절한 재료 · 용기 등을 물품에 시장(施裝)하는 기술 및 시장한 상태를 포장이라 규정하고 있다.

일본의 공업규격(JIS ; Japanese Industrial Standards)은 포장을 물품을 수송, 보관함에 있어서 가치 및 상태를 보호하기 위하여 적절한 재료 또는 용기를 물품에 시공하는 기술 및 그 시공한 상태로 정의한다.

ICC 운송보험약관에 근거하여 포장을 정의하면 수출포장이라 함은 "수출상품에 발생하는 멸실이나, 손해, 또는 비용이 불충분한 포장이나 부적합한 포장을 그 원인으로 발생하지 않도록 상품의 고유특성과 운송구간, 운송기간 등을 고려하여 운송 전 원형 그대로의 상태를 운송 종료 후까지 상품이 안전하게 유지할 수 있도록 하게 하는 다분히 인위적이고 계획적인 행위"를 말한다.

결국 포장은 화물 운송중 제품의 파손 또는 부식되는 것을 미연에 방지하고, 목적국 의 특성에 따라 하역, 도로, 보관, 기상조건 등을 고려하여 설계된 포장 방법으로써 선적업무 및 효율적인 이동이 가능하도록 포장하는 것을 포장이라고 한다. 포장은 물품의 유통과정(수송, 배송, 보관, 판매)에 있어서 물품을 보호하기 위하여 적합한 재료 및 용기를 사용하여 물품을 포장하는 방법 및 그 상태를 말하며, 오랫동안 상품의 품질을 유지시켜주고 생산자가 소비자에게 제품을 손쉽게 전달할 수 있게 해주는 매개역할을 한다.

(1) 수출포장의 기능

수출포장은 크게 개장(個裝) · 내장(內裝) · 외장(外裝)의 3종류로 분류된다. 이 용어가 낯설면 개별포장, 내부포장, 외부포장으로 이해하여도 무방하다.

개장이란 물건을 직접 싸는 포장이고, 내장은 개장한 것을 상자 등의 용기에 넣는 포장이며, 외장은 수송을 위한 포장이다. 사탕을 예로 들면, 1알씩 싼 비닐은 개장, 이것을 여러 개 담은 봉지가 내장, 수송을 위해 이 사탕봉지를 담은 상자가 외장이다.

포장은 〈표 21〉에서 보는 바와 같이 일반적으로 제품의 보호성과 편리성, 판매 촉진성을 추구한다.

표 21 포장의 일반적인 지향성

보호성	제품의 생산에서 폐기에 이르기까지 비, 충격, 곤충, 미생물 등으로부터 내용 물을 보호해 주는 기능.
편리성	내용물의 보호와 함께 수송, 보관, 사용 및 폐기에 이르기까지 취급의 편리성 제공.
판매촉진성	판매자에게 PR하고 싶은 내용을 손쉽게 전달할 수 있는 수단이며 구매자에 갖고 싶은 정보를 올바르게 제공 해주는 전달자의 역할

그러나 포장 기능은 개장·내장의 소비자포장(consumer package), 외장의 수송포장(transit package)에 따라 요구되는 기능이 달라진다.

개장은 사용자에게 건네지는 최소단위의 포장으로서 정보표시에, 내장은 개장의 보호에, 외장은 수출목적에 각각 중점을 둔다. 즉, 개장(unitary packing)은 상품의 최소 소매단위를 하나하나 개별적으로 포장하는 것이고, 내장(interior packing)은 개장된 상품을 일정한 양으로 묶어 다시 포장하는 것이며 외장(outer packing)은 운송 중 화물의 변질, 파손, 도난, 멸실 등을 방지하고 하역에 편리하도록 몇 개의 내장을 목재나 골판지 등으로 된 상자에 다시 포장하는 것이다. 따라서 포장은 〈표 20〉에서와 같이 사용재료와 포장기법, 포장단위에 따라서 달라진다. 포장은 상품이 마지막 소비자에게 건네지고 소비되기까지 필요한 보호기능 및 생산성, 기계적응성, 편리성, 보온성, 방습성, 방청성, 안전 위생성, 폐분성, 판매촉진성 등을 고려하여야 하므로 포장시 상품의 성질과 유통 환경에 따라 다양한 기능과 저렴한 비용이 요구된다.

표 22 포장의 성격결정 요인

최종목적	사용재료	포장기법	포장단위
소비자 포장 수송 포장	목재포장 금속포장 유리포장 플라스틱포장 종이포장	방수포장 방습포장 방청포장 완충포장	낱포장 속포장 겉포장 Unit Load Container

- 포장의 구비조건 ; ① 모든 유통과정에서 내용물의 보호 또는 품질보존이 적절할 것 ② 포장재료 또는 포장용기가 내용물 및 인체에 안전할 것 ③ 상품의 포장단위가 유통과정에 적절하고 매매 등 취급상 편리할 것. ④ 내용물의 식별, 표시, 해설방법이 적절할 것 ⑤ 내용물 이외 남은 공간용적이 필요 이상으로 크지 않을 것 ⑥ 포장비가 내용물의 원가대비 적절할 것 ⑦ 자원의 재이용 및 폐기물 처리가 적절할 것.

(2) 수출포장의 종류

포장은 사용면에서 보면, 크게 수송포장과 소비자포장으로 분류된다.

소비자포장은 마지막 소비자에게 물품이 건네질 때의 포장으로 소비자의 마음을 끌기 쉽고, 보는 순간 그 상품이 무엇인가, 품질 및 편리성은 어떠한가 하는 내용을 전달하는 기능이 필요하다. 그러므로 알맞은 크기·형태·디자인 등으로 소비자의 구매욕을 자극하는 역할이 중시된다.

수송포장은 수송·하역·보관 때에 내용품을 보호하는 데 중점을 두는 포장이며, 나아가서 화물·컨테이너·트럭·창고와의 사이에서 일관된 팰릿시스템(pallet system)에 의한 토털포장도 뜻한다. 운송·물류분야에서 포장이라 함은 대부분 바로 수송포장을 의미한다. 그러나 수출포장은 상품이 국제 간 상품매매계약에 따라 국가 간 운송을 거쳐 현지시장에서 판매되므로 상품의 특성과 유통경로에 따라 차이가 발생할 수 있지만 수송포장, 소비자포장 모두가 중요하다. 수출포장은 수출상품의 내용에 따라 다음과 같이 그 종류가 다르다.

핵심

- 산업·건설장비 및 각종 기계류
- Plant 구조물 및 각종 원자재·부자재
- 내수 및 수출상품(완제품, 반제품, 부품Knock-Down, Parts, End Items)
- 반도체장비, 기기, 시험장비, 검사장비, 공·기구, 컴퓨터 주변기기
- 금형(Mold), 자동차 부품, 완성차 시험용차량
- 각종 전시회 미술품, 모형품, 도자기, 악기, 고품, 가구 등
- 시험실용품, 위험품, 위생용품.

일반적인 수출상품의 포장은 다음 아래와 같다.

1) 판재밀폐형 목상자 – Wooden Box(Closed)

각종 산업용 STEEL STRUCTURE(철구조물), PIPE류, STEEL TANK, 기타 철재류 수출 및 내수제품, 철판이나, 적은 단위 포장이 되어있어 콘테이너로 선적

할 경우에 사용하며 포장비를 절감하기 위해서 포장한다. 장척물로서 외부로부터의 충격이나 습기 및 해수에 별로 변질될 우려가 없는 상품

2) 합판밀폐형 목상자 – Plywood Box(Closed)

방수, 방청, 방충 등을 요하는 물품포장 BULK 운송용 포장, 각종 구조물, 건설기자재 산업기계류 및 제품포장, 컨테이너 적재운반, 진공포장을 필요로 하는 상품에 적합

3) 판재개방형 목상자 – Wooden Box(Open)

방수, 방청, 방충 등을 요하거나 도난을 방지하여야 할 물품포장, BULK 운송용 포장, 각종 구조물, 건설기자재, 산업기계류 및 제품포장

4) SKID, Pallet(Bundle &Wrapping Type)

각종 산업용 STEEL STRUCTURE(철구조물), PIPE류, STEEL TANK, 기타 철재류 수출 및 내수제품. 철판이나 적은 단위 포장이 되어있어 콘테이너로 선적할 경우에 사용하며 포장비를 절감하기 위해서 포장한다. 장척물로서 외부로부터의 충격이나 습기 및 해수에 별로 변질될 우려가 없는 상품

5) 진공포장

BOX내 모든 공간(진공팩)으로 진공상태 및 질소주입으로 기계의 원천적 부식요소 차단한다. 나머지 잔류 수분 등은 특수 방습제 삽입으로 모든 진공상태의 수분을 차단. 기계용도에 따라 방청제 투입가능

이 밖에도 다음 아래와 같은 포장의 종류들이 있다.

핵심

- Steelcase(개방형, Carton Pad밀폐형) / Steel Wire
- 특수포장 - 완충포장, 진공포장, 방습포장, 방수포장 외
- 종이상자 - 골판지, 골판지+목재, 골판지+Steel
- 위험물포장
- 방역(열처리) 필요로 하는 수입국을 위한 - 비침엽수포장

1. 진공포장(AL진공)

2. 일반 BOX(OPEN)

〈그림 30〉 포장의 종류

3. 합판 밀폐형 BOX

밸브 합판 BOX

탱크 OPEN BOX

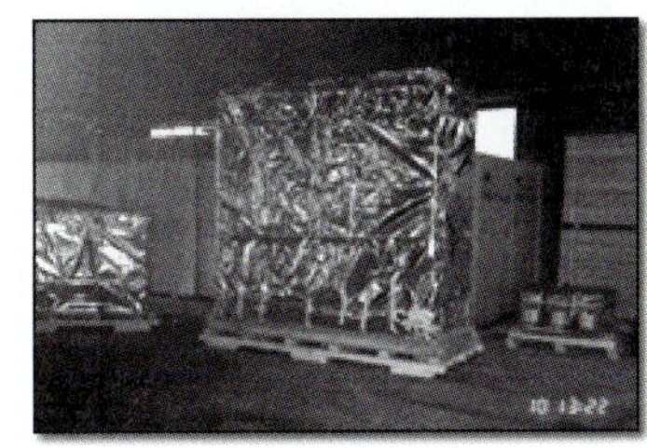

AL(진공포장)

파이프 OPEN 포장

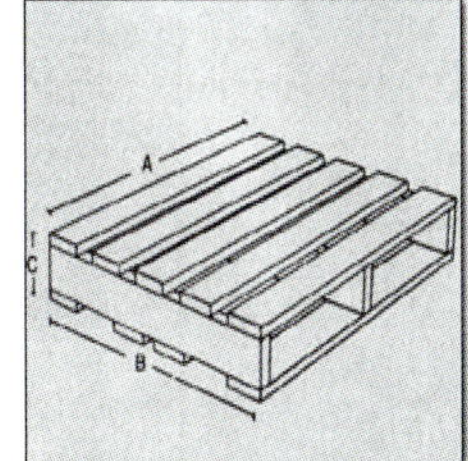

넓이(A)	m/m
길이(B)	m/m
높이(C)	m/m
무게	k/g
파렛트(재질, 기타)의 상태	

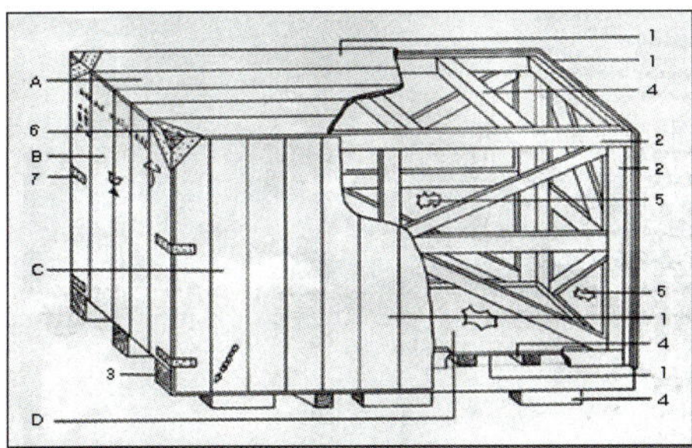

1	판 재 150*15mm
2	중간각재 90*245mm
3	큰 각 재 90*90mm
4	각 재 90*60mm
5	방수지(비닐코팅지)
6	우 금(보강철물)
7	각 금(보강철물)
* 자재는 변경될 수 있음	

▸A:뚜껑, B:옆판, C:앞판
D: 바닥판

• 포장용기에 따른 분류

1. 나무상자	보통나무상자	스키드 나무상자	틀상자
	덧데기합판상자	철선묶음상자	바깥틀상자
2. 종이포장	외포장용 골판지	외포장용 화이버	철제상자
3. 간이포장	PALLET	SKID ASS'Y	BUNDLE
4. 기타포장	CONTAINER	기타포장	

• 중량물 포장용기의 적용범위

구 분	적용 범위	형태	조립	적용 대상
개 방	방수불요, 국부보호			
스키드상자	• 내용물중량 : 1,500Kg이하 • 치수 600×150×150 이하	밀폐	못	방수, 방습이 필요할 때 / 내용물의 탈락을 방지
		개방		방수불요, 국부보호
틀상자 판재 틀상자 합판 (중량물 포장용)	• 내용물중량 500~60,000Kg 이하 • 치수 :1500x500x500 이하	밀폐	못, 볼트	방수, 방습이 필요할 때 / 내용물의 탈락을 방지
		개방		방수불요, 국부보호
철선묶음 상자	• 내용물 중량 : 225Kg 이하 • 포장부피 : 1.113 M3 이하	밀폐 개방	스테플. 철선	
덧대기합판 상자	• 내용물 중량 : 454Kg 이하	합판 밀폐	못, 스테플	
요하반	• 내용물 중량 : 500~60,000Kg 이하		못, 볼트	포장물을 직접로프로 들어올리기 부적당한 것
바깥틀상자	• 내용물 중량 : 15,000Kg 이하 • 치수 : 800×330×330이하	밀폐 · 개방	못	내용물이 길이 방향으로 강성이 있고, 용기의 강도에 도움을 줄 때.
보통나무 상자	• 내용물중량 : 200Kg 이하 • 포장부피 : 1M3 이하	밀폐	못	방수,방습이 필요할 때 내용물의 탈락을 방지

(3) 수출포장 시 고려사항

제품을 수출포장 할 때에는 항상 포장의 경제성과 합리성, 준법성을 기준으로 포장의 방법을 결정 하여야 한다. 이를 위하여 먼저 포장의 목적을 파악한 다음 포장할 제품의 특성을 파악하고 기후/기상 변화와 운송방법의 검토가 선행되어야 한다.

표 23 수출포장 시 고려사항

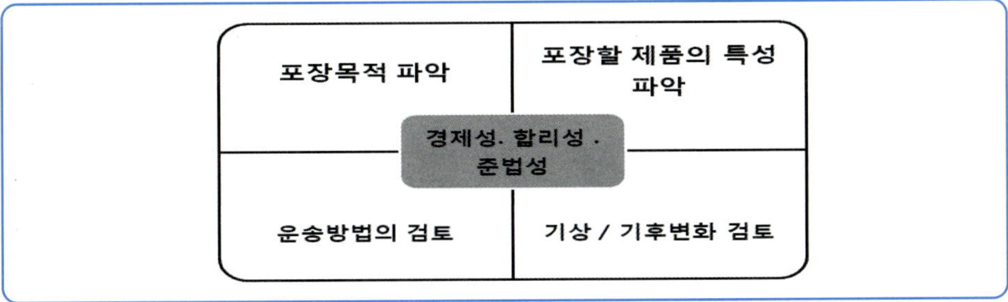

- 포장목적 파악

  제일 먼저 제품의 포장목적이 무엇인지 아래의 7가지 중에서 검토되어야 한다.

  > ① 보호・보관을 위하여(장기/단기) ② 내청성 정도 전자기적 특성 ③ 제품의 기능 : 동력원, 구조적, 제어적 ④ 광고/선전을 위하여 ⑤ 수출선적을 위하여 ⑥ 물류의 효율성을 제고키 위하여 ⑦ 판매단위 확보를 위하여

- 포장할 제품의 특성 파악

  포장할 제품의 특성을 파악하기 위해서는 다음 6가지 중에서 선택한다.

  > ① 제품의 특성(내충격성, 내수/내습성) ② 국내유통을 위하여 ③ 품질제고를 위하여(이미지 개선) ④ 역할소모성, 장식적, 매개적 역할 외 ⑤ 제품의 형상, 재질, 수량 및 중량 ⑥ 제품의 가격

- 운송방법의 검토

  운송방법의 결정은 다음 5가지 환경 하에서 검토되어야 한다.

  > ① 운송조건 : Container, Bulk ② 운송수단 : Air, Ship, Truck, Train etc. ③ 운송거리 ④ Loading/Unloading 조건 및 방법 ⑤ 출발지, 경유지, 도착지

- 기상 / 기후 변화 검토

  기상/기후 변화는 다음 5가지 환경 하에서 검토되어야 한다.

  > ① 건기/습기 구분 ② 온도 및 습도 ③ 강수량 ④ 풍향 및 풍속 ⑤ 기타 특이사항

- 경제성 / 합리성 / 준법성

  포장의 경제성과 합리성, 준법성은 다음 5가지 환경에서 검토가 가능하다.

① 제품가격대비 User측의 포장비 ② 수입자 혹은 수출자의 지정 또는 선호하는 포장 Type 유무 ③ 포장 전 각종 검사 유무(SGS, 위험물검사 외) ④ 운송 시 수량, 중량 및 크기의 제한 유무 ⑤ 포장자재에 대한 사용규제 여부

개장(unitary packing)과 내장(interior packing)은 Trade Mark나 Brand, 제조자, 제품의 성분, 용량 등이 표시되고 적절하게 디자인된 제조자 고유의 포장재가 사용되므로 문제되지 않는다.

외장(outer packing)은 물품의 성질, 운송수단 및 거리 등을 고려하여 골판지, 송판, 철강재, 방수재, 충격방지재 등 적합한 포장재가 사용되어야 하므로 어떠한 소재를 선택할 것인가를 계약 시 정해 두어야 한다. 물품의 성질, 운송수단과 거리, 환적여부, 포장비와 운임, 기후조건, 당사국의 포장규정이나 상관습 등을 감안하여 포장재와 포장단위를 약정하되, 과대포장(over packing)되지 않도록 유의하여야 한다.

2. 수출포장의 과정

(1) 수출포장의 체계 및 종류

수출포장은 보통 아래와 같이 포장설계에서 출고에 이르기까지 9단계로 이루어진다.

표 24 수출포장의 순서

▼ 1. 포장설계	KS 및 CLIENT 사양에 따른 포장 SPEC결정
▼ 2. 전처리	출고 전 제품의 최종 점검.(청정. 방청)
▼ 3. 개별포장	물품의 보호를 하기위한 기본 포장
▼ 4. 내포장	외부의 충격이나 환경으로부터 보호하기 위한 포장
INNER PACKAGING	방청포장, 진공포장, 완충포장, 방진포장 등
▼ 5. 외포장	제품의 운송, 하역, 선적을 위한 포장
OUTER PACKAGING	목재, 합판 또는 다른 소재를 이용한 BOX제작 제함 → 하조 → 전처리 →고정 →조립
▼ 6. MARKING	SHIPPING, SUB, CARE &CAUTION MARK
▼ 7. PACKING LIST	PROFORMA PACKING LIST
▼ 8. INSPECTION	BUYER 또는 검정기관 INSPECTION
▲ 9. 출고	선적을 위한 TRUCKING / CONTAINER 출고

1) 내 포장

내포장의 예와 적용범위는 〈그림 31〉과 같다.

내 포장의 예	적 용 범 위
PE Foam	특성 - 방수성, 방습성. - 독립기포구조 이므로 보온, 보냉성 - 뛰어난 복원력을 가진 완충재. 용도 - 포장완충제 : 전기, 전자정밀기기, 도자기, 유리, 공예품, 가구, 건재용 등
Air cap	특성 : 탁월한 완충성, 깨지기 쉬운 물품을 충격, 진동 및 마찰로부터 보호. 용도 포장완충제 : 전기, 전자정밀기기, 도자기, 유리, 공예품, 가구, 건재용 등
EPS	EPS - Expandable Polystyrene 특성 : 희고 가벼우며, 내수성, 단열성, 방음성, 완충성 등이 우수.
Stretch film	특성 : ① 3-Layer Film으로 뛰어난 신장율로 원가절감 효과 ② 규일한 두께와 탁월한 필름강도로 외부파손 최대한 방지. ③ 단면점착, 뛰어난 수축력으로 화물의 변색 및 흐트러짐을 안정화. 용도 : ① 포장 : 약품, 전시물, 가전제품 등 ② 운송 : 파렛 적재제품 수송, 콘테이너 적재 포장 ③ 보호 : 기계, 섬유, 제지 등 저장품 이물질 차단, 습기 및 탈색방지, OA 및 가전제품 등의 방진효과
Wrap	특성 : ①투명성과 광택성이 우수하여 상품가치를 올려줌. ② 물품확인이 용이. ③ 습기/탈색을 방지 용도 - 포장 : 약품, 전시물, 가전제품 등 - 운송 : 파렛 적재제품 수송, 콘테이너 적재포장.
Air bag	- 화물보호를 위한 공기주입식 완충패드 - Air bag은 화물의 고정작업을 진행하기에는 너무 좁고 까다로운 공간을 채우는 가장 좋고 간편한 방법 - 적재된 화물의 빈공간에 빈 Air bag을 끼워 넣은 후 에어백이 팽창하여 빈 공간을 채울 때까지 압축공기를 주입.
Aluminum bags	특성 - 정전기 방지 및 차폐기능 - 외부에서 형성된 습기나 수분의 투습 차단 효과 - 부품의 산화 또는 부식현상으로부터의 보호효과

〈그림 31〉 내포장의 예와 적용범위

SILICA-GEL 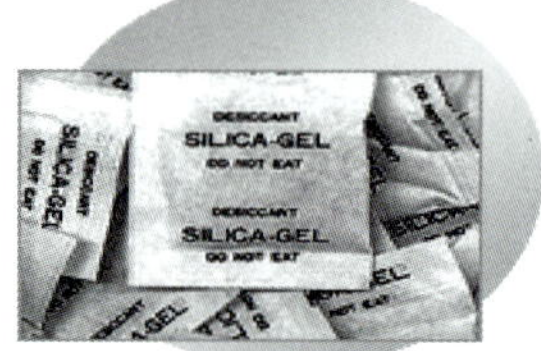	Silica-Gel ; 광대한 표면적(1g에 300-400㎡ 즉 100평 이상이나 되는 표면적)에 따른 자연적인 흡착현상과 응축현상으로 물과 알콜, 하이드로카본, 기타 화학물을 흡수하는 흡착능력이 아주 뛰어남. 특성 ①특성에 따라 A-TYPE, B-TYPE, AB-TYPE 등으로 나누어짐 ②화학적 변화/용해성이 없고, 부식되지 않고 물에 잘 녹지 않음 ③입자가 투명하며 단단한 구형으로, 무색/무취로 인체에 무해 ④수분/기체를 흡수하는 흡착력이 탁월하며, 흡습 후에도 변화 없음 ⑤산업용으로 활용 시 내수성이 크며, 물과 접촉 시 파쇄율이 적고 안전성이 뛰어남. 용도 -건조저장, 보관, 방습포장 -수출용품, 화학약품, 의약품, 가죽제품 등
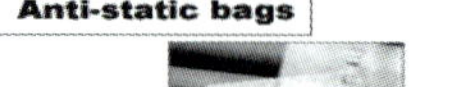 Anti-static bags 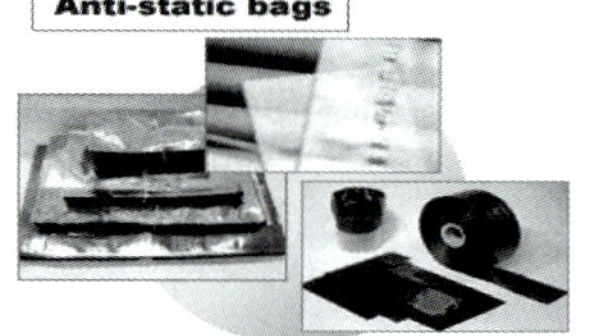	특성 - 정전기 방지 및 차폐기능 - PE의 재질로 마찰 정전기의 발생은 물론 - 외부의 정전기로부터 내부의 제품을 안전하게 보호하며 - 부품의 포장, 운반, 보관 등에 널리 사용.
Tape 	일반포장, 특수포장 등 모든 포장 마무리
VCI - Volatile Corrosion inhibitor 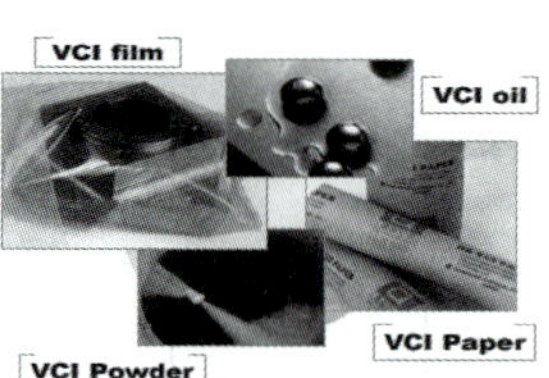 	VCI - Volatile Corrosion inhibitor • 기화성 방청 Film : 기화성 방청필름은 부식억제 인자로 코팅된 필름 속으로 VCI의 발포성 화동 및 접촉성 부식업체를 통하여 금속을 보호. 대상 금속을 시트 백 박스 등으로 싸서 보관하는데 이는 VCI가 기화되어 모든 금속표면에 응결됨에 따라 부식을 방지할 수 있게 되며 모든 노출된 부분과 후미진 곳 까지 도달하여 금속을 최대한 5년까지 보호. 일반 PE 필름에 기화성 방청제를 첨가 방청성능을 부여하여 방청유나 그리스 도포없이 포장한번으로 제품을 방청 오염으로 부터 보호. • 기화성 방청 Film 용도 자동차, 중공업, 부품 수출포장업체 등 모든 곳에 적용. 현재 광폭 또는 BOX 타입으로 방청에 사용. 비닐물성과 같은 방습성, 인장성, 열가공성, 투명도 및 광폭제품에 따른 작업성 편의 등으로 인해 자동차 KD Parts나 대형산업설비, 기계 및 부품수출포장등에 폭넓게 적용 • 기화성 방청 Paper : 초기 방청성능(약 6개월) 우수, Sheet type으로 절단가공용이, Box나 단품의 기계부품/ 코일제품 등에 사용 • VCI Powder : 환경오염이 심한 방청유의 적용이 곤란하고 장기보관이 필요한 분야, 각종 Plant, Vessel등의 방청에 적용(도포 타입)

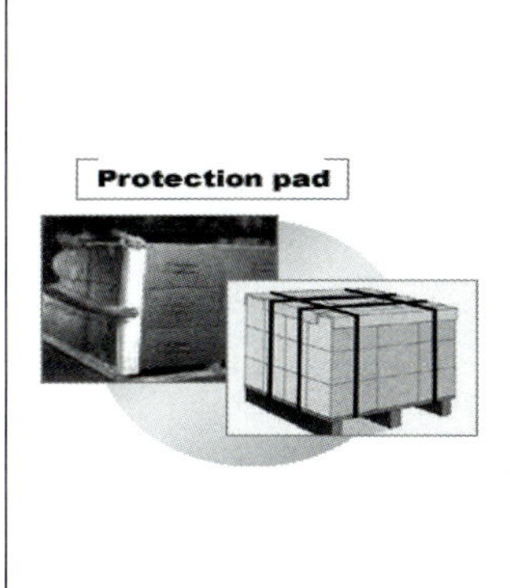 	특성 : - 적재 효율성 - 철 및 P.P밴드 결속시 상품 의 손상방지 및 밴딩 횟수를 줄임. - 연신율 부족으로 인한 이탈을 방지 - 모서리 일부의 충격을 흡수하여 밴딩시 힘을 분산 - WRAPPING시 모서리 찢어짐 및 상품의 이탈, PALLET 다단 적재 시 무너짐을 방지 - 카튼박스 안 모서리에 넣어 적압 강도를 높여 찌그러짐 방지 및 완충효과를 얻음. - 목재 사용을 줄임으로서 해체가 용이 - 포장 부분의 원가절감 및 생산성을 향상

2) 외 포장

가. 골판지

골판지는 골심으로 골을 만든 다음 그 위에 판지를 접착시킨 것을 말한다. 이 때, 골(flute)을 일본은 단(段)으로 여겨 단보루(段 board)라 부르고 미국은 골의 구겨진 상태에 따라 골케이티드 보드(corrugated board)라 한다. 따라서 골판지 상자란 상품보호 포장용으로 골판지로 제작한 상자를 뜻한다. 골판지 상자를 제작할 때에는 다음 아래와 같은 내용들을 고려하여야 한다.

고려사항	내 용	비 고
골판지 종류 선택	내용물의 중량과 치수에서 사용될 골판지 상자 종류	외부 포장용 골판지 상자
압축 강도	운송, 보관에서의 적재 시 하단 상자의 내용물에 영향이 없는 강도 계산	파열강도, 압축강도
충격흡수	운송 상, 하차 시 충격에 견딤	
치수결정	(길이) × (너비) × (높이)의 비율이 5 : 3 : 4가 이상적임	KS A1002 참조
중량결정	사람 무게의 40%정도(20~30Kg)	상하차시 무게고려
원가계산	골판지 m^2당 가격에 상자가공비 (인쇄, 접합, 다이커터 등 및 운송비를 포함)	
	KS A 1502 / KS A 1531 참조	

1. 수분은 골판지를 절단한 후 30~60분이 경과 했을 때의 수분으로 한다.
2. 포장제한은 KS A 1003 A-1 형을 기준으로 한다.

품목별 종류 KS A 1502, KS A 1531

종류		기호	파열강도(kg f/cm2)(KPa) 수출용		수분(%)	포장제한	
			건상	습상		최대총무게(Kg)	최대내적치(L.W.H 합)
양면골판지	1종	S-1	12(16)이상	1.8(4.8)이상	10.5 +- 2.5	10	100
	2종	S-2	16(20)이상	2.4(6.0)이상		20	140
	3종	S-3	20(26)이상	3.0(7.8)이상		30	175
	4종	S-4	26이상	3.9이상		40	200
이중양면골판지	1종	D-1	14(18)이상	2.1(5.4)이상		20	140
	2종	D-2	18(26)이상	2.7(7.8)이상		30	175
	3종	D-3	26(35)이상	3.9(10.5)이상		40	200
	4종	D-4	35(42)이상	5.2(12.6)이상		50	250
양면골판지	1종	CS-1	양면골판지 1종			20	140
	2종	CS-2	양면골판지 2종			30	175
	3종	CS-3	양면골판지 3종			40	200
	4종	CS-4	양면골판지 4종			50	250

참고

골판지 상자 형태

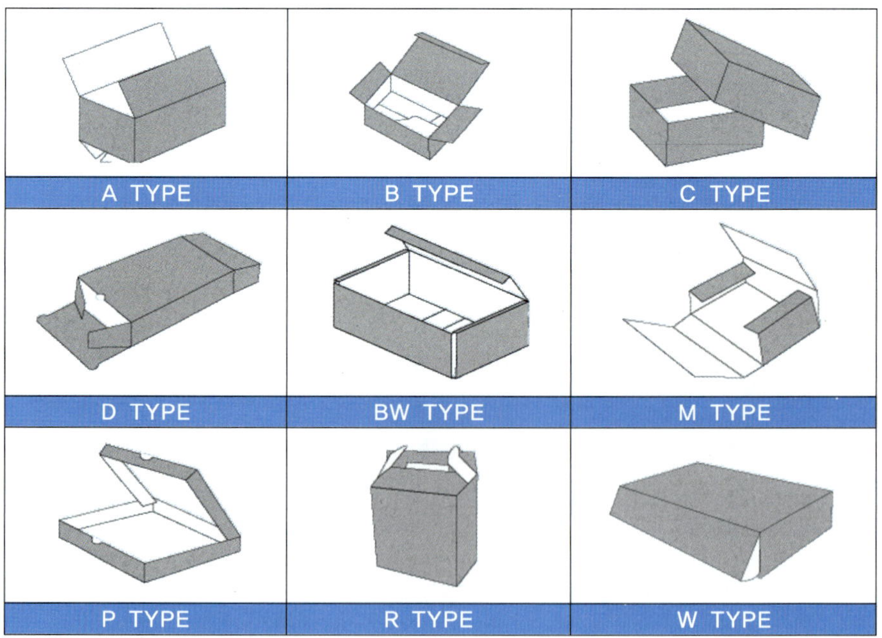

3) 목 재

목재는 침엽수와 활엽수로 구분되는데 수출포장용으로 쓰이는 것은 침엽수이다. 침엽수는 미송과 오레곤파인이라는 파인(pine)종류와 낙엽송, 스프러스(spruce), 시더(cedar) 등이 있으며 건축구조용으로 사용되며, 토목, 가구, 실내장식, 포장재 등 산업용으로 많이 쓰인다.

포장용 목재종류	미송, 뉴송, 칠레송, 소송, 스프러스, 아비톤(남양재), 포플라
제재목구분	판재 : 목재의 넓이가 두께의 3배 이상 되는 제재목 각재 : 목재의 넓이와 두께가 같은 것.
포장용 목재규격	일반 해상화물 항공화물 포장 시 사용되는 규격
제적계산 방법 (mm) =길이(mm)×폭(mm)×두께(mm)÷3240000 = (才)	• 목재 1 사이(재) = 사방 1치와 길이12자(尺) 1尺 = 30.3㎝(1자) / 12尺 = 3.636m(12자) / 1치 = 3.03㎝ 1사이 = 사방 1치와 길이(尺) • 제적계산 방법(자) : 尺(길이) × 치 ÷ 12 = 사이(才) 예) 7자 × 3.0치 × 2.0치÷ 12 = 3.5 사이(才) 모든 자수는 12尺 기준이므로 12로 나눔.

4) 합판

통상 목재를 얇게 절삭한 단판에 접착제를 도부하고 홀수매가 되도록 적층하되 인접 단판간의 목리(섬유방향)가 서로 직교하도록 구성하여 제조한 1매의 판상제품이며 다음과 같은 장점을 지니고 있다.

▸단판을 서로 직교시켜 합판을 제조하게 됨으로써 목재의 3방향에 따른 치수 및 강도 이방성을 개선할 수 있다.

표 25 합판의 종류 및 치수와 두께

종류	구분	규격
Ordinary Plywood	Thickness	2.7mm, 4.8mm, 7.5mm, 11.5mm, 22mm
	Size	4 × 8 ft (1220mm × 2440 mm) 3 × 6 ft (915mm × 1830mm)
Oriented Strand Board	Thickness	6.3mm, 7.9mm, 11.1mm
	Size	4 × 8 ft (1220mm × 2440mm)
Medium Density Fiber Board	Thickness	3, 6, 9, 12, 15, 18, 20, 22, 25mm
	Size	4 × 8 ft (1220mm × 2440mm)
미송합판 - 포장용	Thickness	7.5mm, 8.5mm, 9mm, 11.5mm
	Size	4 × 8 ft (1220mm × 2440mm)
Phenolic Film Faced Plywood(태고 합판)	Thickness	11.5mm
	Size	4 × 8 ft (1220mm × 2440mm)
Block Board (코아 합판)	Thickness	15mm, 18mm, 22mm
	Size	4 × 8 ft (1220mm × 2440mm)
Finger Jointed Edge Glued Panel(집성목)	Thickness	18mm, 24mm, 30mm
	Size	3 × 7 ft (915mm × 2135mm)

- 절삭, 휨가공, 접합 등의 작업이 용이하다.
- 무게에 비해 강도적 성질이 우수하다.
- 건조한 목재를 사용하므로 전기절연성이 우수하다.
- 목재가 지니는 옹이, 입피(入皮), 부후, 이상재 등의 결점을 제거 또는 분산시킬 수 있으므로 물리적 및 강도적 성질이 우수한 재료로 제조할 수 있다.

(2) 목재 방역 / 열처리

최근에는 수출용포장 및 화물수송에 사용되는 목재포장재로 인한 병충해 유입가능성에 대해 국제적 인식이 확산됨에 따라 수입되는 목재포장재에 대해 식물위생증명서를 첨부하거나 정해진 소독처리를 실시하고 이를 증명하는 서류를 첨부할 것을 요구하는 국가들이 늘어나고 있다. 즉, 전 세계적으로 침엽수와 비침엽의 생목재로 제작된 목재포장재에서 발생하는 병해충의 유입 및 확산의 위험을 감소시키기 위하여 국제기준(ISPM No. 15:국제교역에서 사용되는 목재포장재 규제지침)의 요건을 만족시키도록 요구하는 추세에 있다.

▸NPPO : National Plant Protection Organization

국가 식물보호기관(NPPO)은 미가공 목재포장재와 관련된 병해충위험을 관리하기 위하여 요건을 정할 수 있으나 목재포장재는 원산지를 모를 수 있고 따라서 식물위생상태가 알려져 있지 않기 때문에 대부분의 중요한 병해충을 제거하고 그 외의 많은 병해충으로 인한 위험을 상당히 줄일 수 있는 세계적으로 승인된 조치로 광범위하게 규제를 하고 있다.

우리나라는 2002년 중국정부가 한국산 침엽수 목재 포장재에 대한 검역을 강화하면서부터 열처리를 하지 않고는 수출이 불가능한 상황이 되게 되었다. 현재, 세계 대부분의 국가들이 국제기준의 요건을 요구하고 있으며 중국도 2006년 부터 비침엽수 목재포장재에 대해서도 열처리를 할 것으로 알려져서 이제는 미가공 목재포장재에 대해서는 열처리가 필수조건이 되었다.

1) 열처리 검사

수출포장의 열처리 순서는 〈표 26〉과 같다.

표 26 수출 목재포장재 열처리 순서

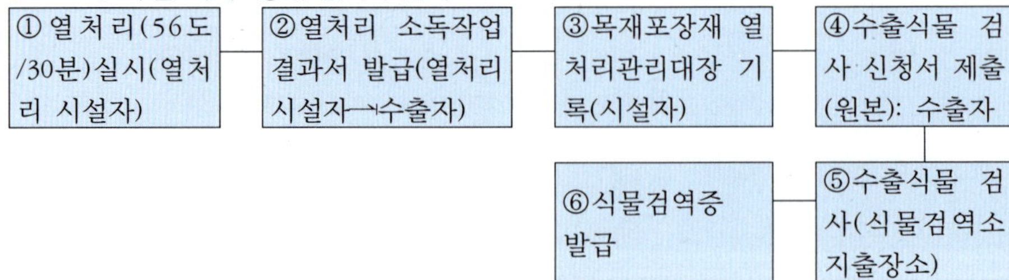

- 열처리 시설자가 지정된 열처리 시설에서 열처리 실시
- 열처리 시설자가 열처리 소독작업 결과서
  (식검고시 2002-1호별지 제4서식)에 목재 중심부온도 자동 기록표를 첨부하여 처리 건별로 관할 지역 식물 검역소 지출장소에 제출(지출장 소장은 열처리 표지 확인서 발부)
- 열처리 시설자는 열처리 건별 품목별(파렛트, 나무상자, 판재 등)처리 수량, 공급 수량, 재고량을 관리대장에 기록하고 포장재에 열처리 표지
- 식물 검역소 지출장소에서는 열처리시설자별, 품목별(파렛트, 나무상자, 판재 등)로 목재 포장재 열처리 관리대장을 비치하고 처리수량, 공급량, 재고량을 기록
- 열처리 시설자는 수출식물검사 신청서식물방역법 시행규칙 별지 제 4호서식)에 열처리 소독작업결과서 사본과 원자재 소요량 확인서 (판재, 각재 등으로 나무상자) 등을 만든 경우 를 첨부하여 식물검역소 지출장소에 신청
- 식물 검역관은 수출검사신청서 수량과 목재포장재 열처리 관리대장과 대조/확인 검사
- 열처리 관리대장에 재고 정리
- 수출식물 검사신청자가 직접 위생증 원본 수령 (FAX 등 불가)

목재포장재 검역을 시행하는 국가들의 소독방법은 〈표 25〉와 같다.

2) 열처리 절차

가. 열처리 소독작업 결과서 접수 : 열처리 소독작업 결과서(식검고시 제2002-1호 별지 제4호서식)는 목재 중심부 온도 자동기록표를 첨부하여 열처리 건별로 접수한다. 열처리 품목별 수량확인 방법은 열처리 건별로 품목별(파레트, 나무상자, 판재, 각재 등) 수량을 확인하되 파레트 등 완제품은 개단위로 하고, 반제품(단순조립으로 완제품 제작 가능)일 경우에는 완제품 조립예정 개단위로, 각재, 판재 등 원자재일 경우에는 전체 단위수량(㎥, 또는 재 등)으로 기재한다.

나. 열처리 표지 확인서 발부 : 수출용 목재포장재 열처리 규정 제7조에 의거 열처리 건별로 열처리 표지확인서를 발부하여 목재포장재에 열처리 표지토록 한다.

다. 목재포장재 열처리 관리대장 정리 : 지출장소장은 관할구역의 열처리 시설자별로 품목별(파레트, 나무상자, 판재, 각재 등)로 목재포장재 열처리 관리대장(이하 "관리대장"이라 한다.)(서식1)을 비치하고 처리수량에 대한 수출업체별 공급량(수출량)과 재고량을 기록 유지한다.

표 27 목재포장재 검역을 시행하는 국가들의 소독방법

구 분	〈소독방법〉 1가지 선택		〈증명방법〉 1가지 선택			비 고
	열처리	MB 훈증	소독처리 마크	식물위생 증명서	소독증명서	
중 국	○			○		※ 식물위생 증명서: 국립식물검역소에서 발급 ※ 소독증명서: 소독처리업체에서 발급
미 국	○	○	○	○		
캐나다	○	○	○			
호 주	○	○	○	○	○	
뉴질랜드	○	○	○	○	○	
인 도	○	○	○	○		
브라질	○	○		○		
칠 레	○	○	○			
엘살바도르	○	○	○			
러시아				○		
핀란드	○			○		
필리핀	○	○	○			
터 키	○	○	○			
남아프리카공화국	○	○	○			
나이지리아	○	○	○	○		
콜롬비아	○	○	○			
코스타리카	○	○		○		

라. 수출식물 검사신청서 접수 및 처리 : 목재포장재에 대한 검사는 수출입업자 또는 열처리 시설자 등으로부터 검사신청서를 받는다. 검사신청서를 접수할 때에는 당해 목재포장재에 대한 열처리 시설자가 처리한 열처리 소독작업 결과서 사본과 원자재 소요량 확인서(판재, 각 재 등을 사용하여 나무상자 등을 만든 경우)(서식2)를 첨부토록 하고 민원접수증을 교부한다.

마. 목재포장재 검사

- 열처리 시설이 관할구역 내에 소재하는 경우

  식물방역관은 수출검사신청서 수량과 열처리 소독작업 결과서(사본)을 관리대장과 대조하여 확인한다. 관리대장을 확인한 결과, 열처리 시설자의 목재포장재 열처리 재고량이 검사신청 수량과 같거나 많은 경우에는 합격 처리한다. 합격 처리한 식물방역관은 관리대장(열처리 식물상태별 수량 확인 방법 등)을 정리하여 재고량을 기록한다. 특히, 파레트, 나무상자 등 완제품과 단순조립으로 완제품이 제작가능한 반제품(와이어통 등)은 개단위로 공급량과 재고량을 정리 확인한다. 판재, 각재 등 원자재의 경우는 원자재 소요량 확인서를 근거로 하여 재고량을 정리한다.

- 열처리시설이 관할구역을 달리하는 경우

  지출장소장은 당해 포장재를 열처리한 시설지역의 관할 지출장소장에게 열처리 여부를 붙임 서식3에 의해 FAX 또는 E-mail 등으로 확인 의뢰하고 확인 결과에 의거 처리한다. 목재포장재 열처리 확인을 요구받은 지출장 소장은 비치하고 있는 당해 열처리시설자의 관리대장을 확인하여 결과를 FAX 등으로 통보하고 합격수량을 관리대장에 기록한다.

바. 분할신청할 때 등의 조치사항

지출장 소장은 1회 열처리한 전체 수량을 일시에 수출하지 아니하고 분할하여 수출하는 경우에는 열처리 시설관리자로 하여금 열처리되지 아니 한 제품과 구별이 되도록 적재토록 한다.

사. 열처리시설 확인 점검

지출장 소장은 관내 검사확인된 열처리 시설에 대하여 열처리 규정 제8조에 의거 시설상태, 열처리 표지의 적절성, 관리대장과 재고량, 처리한 제품과 처리되지 아니한 제품이 분리적재, 열처리표지 여부 등을 확인토록 한다.

아. 검사결과 처리

관리대장에 의한 서류확인 결과 이상이 없는 경우 합격 처리한다.

자. 기타사항

이 요령에 규정되지 아니한 사항은 수입식물검역처리 세부요령과 열처리 규정 등 식물검역관련 규정을 준용한다.

핵심

목재포장재 열처리 시 주의사항

- 열처리시설

열처리시설이 열처리시설 요건에 적합해야 한다. 열처리시설이 파손 또는 변경되었을 경우 관할구역 식물검역소에 통보한다. 온도센서는 목재중심부 온도측정이 가능해야 하며, 열처리시설 내 가장 저온을 나타내는 부위까지 측정이 가능해야 한다. 측정된 목재중심부 온도는 자동으로 기록되고, 기록된 내용이 출력이 가능하며, 기록지의 표시방법(처리일자 및 시간, 온도, 눈금 등)이 적절하여 판독이 가능해야 한다.

- 목재포장재 열처리

온도센서는 열처리시설 내의 가장 저온을 나타내는 부위(지면에서 10~20㎝ 지점 등)에서 측정하되 열처리되는 목재포장재 중 가장 두꺼운 목재의 중심부온도를 측정해야하며, 온도센서설치 시 온도센서의 굵기에 맞도록 천공을 하고 외부공기가 직접 온도센서에 전달되지 않도록 실리콘 등으로 밀봉하여 처리해야 한다. 고내 목재포장재의 균일한 열처리를 위해서 반드시 열처리시설 고내의 온도가 균일하도록 송풍기(순환장치)를 작동해야한다. 각재, 판재 등 원자재 또는 반제품 등을 열처리할 경우에는 각각의 목재 사이에 열기가 충분히 공급될 수 있도록 간목(사이목)을 사용하여 열기가 균일하게 처리될 수 있도록 하여야 한다.

열처리시설 지면에서 높이 20㎝ 정도의 받침목을 설치하여 그 위에 열처리 대상 목재를 적재하여 열처리를 실시하고, 시설내의 열처리 취약부위까지 열처리 될 수 있도록 한다. 열처리는 목재중심부 온도가 56℃ 이상에서 30분 이상 처리하되 중심부 온도 56℃에 도달되는 시간이 충분하게 되도록 한다. 규정된 열처리를 하고 열풍기를 중단한 상태에서 열처리실개방은 일정한 시간이 경과된 후에 개방하여 잠열을 충분히 이용하도록 한다.

- 열처리된 목재포장재의 관리

열처리한 목재포장재에는 규정된 소독처리마크를 표시해야 한다. 소독처리마크는 지정된 소독처리 업체에서 열처리시설자의 책임 하에 사용한다. 열처리 된 목재포장재의 보관 및 관리는 열처리가 안 된 것과 구분하여 격리 보관하여야 하며, 병해충의 재감염을 막기 위한 조치(비닐이나 천막 등으로 피복 등)를 취하여야 한다. 그리고 열처리된 목재포장재를 수출업체 등에 공급할 경우 그 내역을 기록 보관한다.

- 목재포장재 열처리 내역 기록관리

목재포장재 열처리 작업일지를 기록 및 보관하여야 한다. 매 열처리 건별로 기록관리하여야 하며 목재포장재의 열처리작업일지(목재중심부 자동온도 기록표 포함)는 보관하여 지정된 시설에서 열처리한 근거자료를 남겨두어야 한다.

• 기타 사항

열처리된 목재포장재를 수출업체에 공급한 경우, 공급업체에서 수출하기 전까지 병해충에 재감염 되지 않게 철저히 관리되도록 해야 한다. 열처리한 목재포장재의 관리부실로 병해충의 재감염 우려가 있을 경우에는 다시 열처리 소독을 해야 한다.

Republic of Korea
Ministry of Agriculture and Forestry
National Plant Quarantine Service

PHYTOSANITARY CERTIFICATE

Jungbu R.O.   Plant Quarantine Service   No : 20-03001639

TO : The Plant Protection Organization of China

DESCRIPTION OF CONSIGNMENT

Name and address of exporter : MIRIM E&F CORP.
3/F. HANIL-BLDG. 170-3. SAMSUNG-DONG. KANGNAM-GU. SEOUL. KOREA

Declared name and address of consignee : TRANS-LINK SHANGHAI
ROOM 2112. BLDG.. B. 21 FLOOR. FAR EAST INT'L PLAZA. NO.299. XIANXIA ROAD. SHANGHAI 200051.P.R.CHINA

Number and description of packages :
Distinguishing marks : NIL
Place of origin : Republic of Korea
Declared means of conveyance : Ship Cargo
Declared point of entry : SHANGHAI. CHINA
Name of produce and quantity declared :
WOODEN BOX. 1 pcs

Botanical name of plants :

This is to certify that the plants, plant products or other regulated articles described herein have been inspected and/or tested according to appropriate offical procedures and are considered to be free from the quarantine pests specified by the importing contracting party and to conform with the current phytosanitary requirements of the importing contracting party, including those for regulated non-quarantine pests.

ADDITIONAL DECLARATION

The wood packing material in this shipment has been heat treated at designated facilities by NPQS to achieve a minimum wood core temperature of 56℃ for more than 30 minutes

DISINFESTATION AND/OR DISINFECTION TREATMENT

Date : Dec. 10. 2002 - Dec. 11. 2002
Chemical(active ingredient) : NIL
Concentration : NIL
Treatment : HEAT TREATMENT
Duration and temperature : 00:30 . 56℃
Additional information : NIL

Place of issue : Jungbu Regional Office. Korea
Name of authorized officer : KEUNGUNG LEE
Date : Feb. 17. 2003   (Signature)

No financial liability with respect to this certificate shall attach to the National Plant Quarantine Service or to any of its officers or representatives.

(3) 운 송

수출포장에서는 포장만큼 운송도 중요하다. 그 이유는 포장하고자 하는 제품의 규격과 중량이 포장을 한 후, 발생하는 운송과정에 적합해야 하기 때문이다. 그러므로 운송수단으로 이용되는 화물차의 규격이나 허용중량을 인식하여야 한다.

• Truck 규격

차 종	적재중량 (kg)	총 적재 부피(CBM)	Wooden Box 적재부피(CBM)	적재함 길이 (길이x폭)
8 ton	8,000 kg	46 CBM	36 CBM	8m × 2.3m
11 ton	11,000 kg	52 CBM	40 CBM	9m × 2.3m
15 ton	15,000 kg	57 CBM	45 CBM	10m × 2.3m
18 ton	18,000 kg	57 CBM	45 CBM	10m × 2.3m
트레일러	25,000 kg	69 CBM	53 CBM	12m × 2.3m

• Container 규격

컨테이너는 물적유통(physical distribution)부문의 포장, 하역, 보관 등 모든 과정에서 육, 해, 공로 상의 세 가지 원칙인 경제성, 신속성, 안전성을 최대로 충족시키고 화물운송 도중 화물의 이적없이 일괄수송을 실현시킨 운송도구를 말한다.

	(mm)	LENGTH	WIDTH	HEIGHTH
20 FT DRY CARGO	EXTERIOR	6090	2430	2580
	INTERIOR	5890	2350	2370
	DOOR OPEN		2330	2290
	CAPACITY	33 CBM		
40 FT DRY CARGO	(mm)	LENGTH	WIDTH	HEIGHTH
	EXTERIOR	12190	2430	2580
	INTERIOR	12050	2340	2370
	DOOR OPEN		2340	2270
	CAPACITY	67.4 CBM		
40 FT DRY HIGHCUBE	(mm)	LENGTH	WIDTH	HEIGHTH
	EXTERIOR	12180	2430	2890
	INTERIOR	12020	2340	2670
	DOOR OPEN		2330	2570
	CAPACITY	76 CBM		

	(mm)	LENGTH	WIDTH	HEIGHTH
45 FT DRY CARGO	EXTERIOR	13170	2430	2890
	INTERIOR	13580	2340	2680
	DOOR OPEN		2340	2570
	CAPACITY	85.6 CBM		
45 FT OPEN TOP	(mm)	LENGTH	WIDTH	HEIGHTH
	EXTERIOR	12190	2430	2590
	INTERIOR	12050	2330	2260
	DOOR OPEN		2280	2310
	CAPACITY	64 CBM		
40 FT FLAT LAG	(mm)	LENGTH	WIDTH	HEIGHTH
	EXTERIOR	12190	2430	2580
	INTERIOR	11860	2390	1960
	DOOR OPEN		2110	1960
	CAPACITY	57.4 CBM		
40 FT REEFER CARGO	(mm)	LENGTH	WIDTH	HEIGHTH
	EXTERIOR	12190	2430	2580
	INTERIOR	11320	2280	2180
	DOOR OPEN		2280	2110
	CAPACITY	56 CBM		
40 FT REEFER CARGO HIGH CUBE	(mm)	LENGTH	WIDTH	HEIGHTH
	EXTERIOR	12190	2430	2890
	INTERIOR	11580	2280	2510
	DOOR OPEN		2260	2450
	CAPACITY	66 CBM		

• 컨테이너 종류

항만, 화물, 물류하면 떠오르는 단어가 '컨테이너'다. 철로 만든 직육면체의 이 상자는 표면이 골판지 모양을 하고 있어 볼품은 없지만 쓰임새는 다양하기만 하다. 우선 길거리에서 가장 흔히 접하는 게 드라이(Dry) 컨테이너로 20피트짜리와 40피트, 45피트, 그리고 높이가 조금 높은 하이큐빅 등 4가지 종류가 있다.

다음으로는 드라이 컨테이너와 비슷하지만 오픈탑(Open Top) 컨테이너가 있는데 윗부분이 개방돼 있어 주로 기계류나 철강제품 등을 싣는 데 이용된다. 또 아예 옆 벽면과 천장이 통째로 개방된 컨테이너도 있다. 플랫랙(Flat Rack) 컨테이너로 트럭이나 중장비, 목재류 등을 싣는 데 활용되고 있다.

냉동컨테이너(Reefer)는 과일이나 냉동식품 등을 주로 운반하는데 대형 컨테이너선은 물론 일반 야적장도 냉동컨테이너를 쌓기 위해 별도의 전력 공급장치를 갖추고 있다.

• 냉동 컨테이너의 장점

1. 중고 냉동 컨테이너는 가격이 저렴하며 효능은 뛰어나 경제성이 우수함.
2. 현장 이동이 용이하고 어느 곳이든 설치가능.
3. 냉동, 냉장 온도 설정 범위가 넓다. (-29 ℃ ~ + 25 ℃ 까지 설정 유지가능)
4. 보냉 효과가 일반 조립식 판넬에 비해 매우 우수하다.
5. 전면(全面)우레탄 발포 작업으로 에너지 절감, 기계의 수명을 연장한다.
6. 최첨단의 자동온도센서(sensor)가 부착되어있어 항상 일정한 온도유지.
7. 냉동 컨테이너 재질은 부식에 강한 Corten Steel사용. 견고함
8. ISO 국제 컨테이너 규격에 맞게 제작함으로써 육로 운송에 적합.
9. 바닥은 특수 알루미늄 재질의 레일형식으로 제작되어 견고함.
10. 한국기후 조건에는 사용하기에 아주 적합함.
11. 냉동 창고 대용이나 물류 창고 등의 용도로 쓰기에 적합함.

• 냉동 컨테이너의 구조

액체화물을 넣는 탱크(Tank) 컨테이너는 일반 탱크로리를 직사각형 형태의 쇠기둥이 상하좌우에서 고정하고 있는 모양이다. 이밖에 측면 이용도를 높이는 개방식과 통풍을 필요로 하는 통기(Ventilated)형 등이 있다. 모양과 용도도 각양각색이지만 그 가격도 천차만별이다. 일반 드라이 컨테이너 1개가 20피트 기준으로 200만원 안팎이라면 냉동기를 장착한 냉동컨테이너는 개당 1천200만원을 넘는다.

Front View of a General OOCL Reefer Container (built prior to 1998)

1. Fresh Air Exchange System (Ventilation)
2. Unit Control Box (Microprocessor)
3. Condenser Fan
4. 31-Day Recording Thermometer (Partlow Recorder)
5. Compressor
6. Drive Motor
7. Power Cord Storage
8. TRANSFRESH Security Enclosure Location (CA box)

컨테이너는 하나하나가 보유 선사들의 중요한 재산이기 때문에 뒷면에 주민번호 같이 신분을 알아볼 수 있는 표시가 돼 있지만 잃어버리는 경

우도 잦아 선사들은 분실 위험지역으로 가는 컨테이너의 경우 가장 낡은 것을 사용한다고 한다.

현재 2010년 말 현재 국내 유통되는 컨테이너는 한진해운이 40만개의 컨테이너를 보유하고 있으며, 부산항에 기항하는 선사가 70여개 사에 달하는 점을 감안할 때 적어도 수백만 개의 컨테이너가 국내 항만과 내륙 야적장에 쌓여 있다는 계산이 나오지만 정확한 통계는 없다.

드라이 컨테이너 (Dry Container)

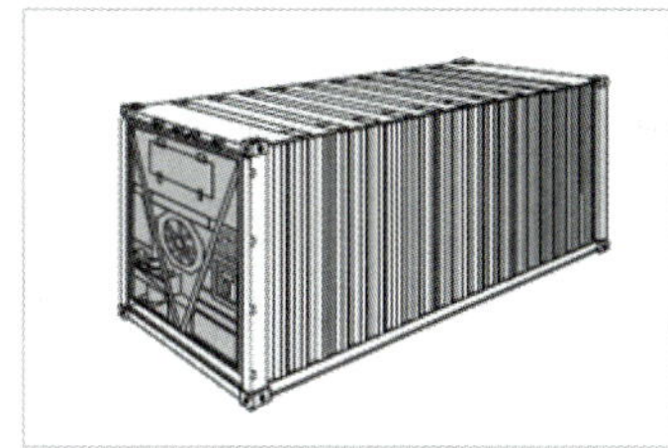
냉동 컨테이너 (Reefer Container)

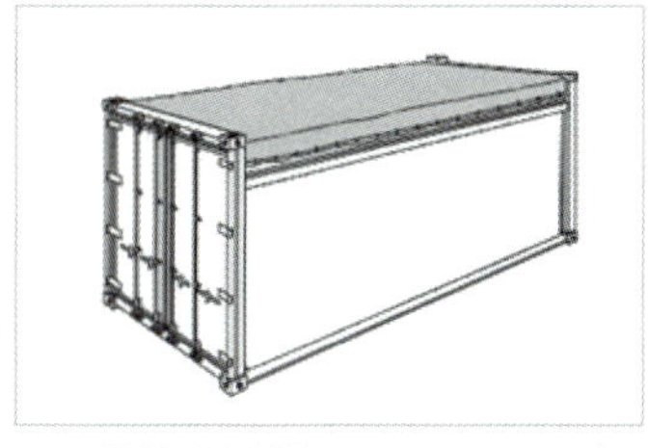
오픈 탑 컨테이너 (Open top Container)

플랫트 랙 컨테이너(Flat Rack Container)

4) 화인(Shipping Mark)

수입자가 도착항에서 통관이 용이하도록 포장에 기재된 표시를 화인(shipping marks)이라고 한다. 신용장에서는 하인의 표시를 규정하는 예가 거의 없으나, 상업송장 · 운송서류 · 보험서류 및 기타 서류에는 예외가 없이 기재된다. 간혹 각 서류상의 표시가 일치하지 않는 예가 있으므로 주의를 요하는 사항이다. 서류 상호간의 불일치는 하자로 간주되므로 각별히 주의하여 검사하여야

한다. 실제로 호치민 국영창고에서 컨테이너 DEVANNING시, 부정확한 'Shipping Mark' 표기로 인해 실제로 화물을 분류하는 과정에서 많은 시간이 낭비되고, 물건을 잘못 출고하거나 하는 일들을 문제로 많은 항의가 들어오고 있는 실정이다. 추후에는 마크가 없거나, 확실치 못한 쉬핑마크가 표기된 화물이 발견 시, 해당 컨테이너의 모든 디베닝 작업과정이 중단 될 수 있다고 한다.

화인은 포장화물의 외부포장에 기입하는 수입업자명이나 주소, 대조번호, 목적지, 상자번호 등의 표식들이다. 화인을 하는 목적은 국제운송의 경우, 화물을 혼재하는 경우가 많기 때문에 화인이 없거나 불명확할 때에는 다른 화물과 혼동이 되어 양화착오 또는 화물의 인도착오가 발생할 수 있으므로 상품의 하역, 운송, 보관 등에 있어서 관계당사자들이 화물을 용이하게 구별할 수 있도록 하는데 있다. 즉, 사람들의 신분확인증과 비슷한 기능을 가진 화인과 그 숫자들은 사람들의 신분확인증과 비슷한 방식으로 화물들을 구분한다.

한 컨테이너에 A사의 제품만을 수출하는 FCL 형태의 수출은 굳이 포장겉면에 어떤 표식이 없어도 누구의 제품이라는 것을 알 수가 있고, 대부분 컨테이너채로 운송되어지기에 별도의 표식이 없어도 큰 문제가 없다. 그러나 LCL 화물의 경우, 동일한 포장이 같이 실릴지 모르는 콘솔컨테이너(여러 화주의 화물을 모아서 하나의 컨테이너로 채워 운송되어지는 것)화물을 선적하면서 어떠한 표식이 없다고 한다면, 화물이 수입국에 도착하여 수입자에게 적출될 때 적출과정에 분류자체도 힘들고 분실의 위험도 있을 수 있다. 컨테이너에서 여러 화주의 화물을 적출할 때에는 선화증권이나 패킹리스트 등을 이용하여 분류를 하게 된다. 그러나 어떠한 표식도 없는 제품에 대해서는 누구의 화물인지 빨리 파악이 되면 다행이겠지만, 그렇지 못한다면 수입업자에게도 상당한 시간과 금전적 피해가 돌아갈 수 있다. 따라서 LCL 수출화물들은 반드시 화인(shipping mark)를 해야 한다. 물론 화인을 하는 것이 강제사항은 아니지만 되도록이면 해야 한다. LCL 수입 시에 화인이 없다면 내 화물을 찾기가 어려운 것과 동일하다.

- 개장(Unitary Packing)과 내장(Interior Packing) : Trade Mark나 Brand, 제조자, 제품의 성분, 용량 등이 표시되고 적절하게 디자인된 제조자 고유의 포장재가 사용되므로 문제되지 않는다.
- 외장(Outer Packing) : 물품의 성질, 운송수단 및 거리 등을 고려하여 골판지, 송판, 철강재, 방수재, 충격방지재 등 적합한 포장재가 사용되어야 하므로 어떠한 소재를 선택할 것인가를 계약 시 정해 두어야 한다. 물품의 성질, 운송수단과 거리, 환적여부, 포장비와 운임, 기후조건, 당사국의 포장규정이나 상관습 등을 감안하여 포장재와 포

장단위를 약정하되, 과대포장(over packing)되지 않도록 유의하여야 한다.

- 화인(shipping mark) ; 화인은 포장화물의 외부포장에 기입하는 수입업자명이나 주소, 대조번호, 목적지, 상자번호 등의 표식들이다. 화인을 하는 목적은 무역운송의 경우 화물을 혼재하는 경우가 많기 때문에 화인이 없거나 불명확한 경우에는 다른 화물과 혼동이 되어 양화착오 또는 화물의 인도착오가 발생할 수 있으므로 상품의 하역, 운송, 보관 등에 있어서 관계당사자들이 화물을 용이하게 구별할 수 있도록 하는데 있다. 즉, 사람들의 신분확인증과 비슷한 기능을 가진 화인과 그 숫자들은 사람들의 신분확인증과 비슷한 방식으로 화물들을 구분한다.

  주수출포장위의 마크와 숫자들은 선적서류에 기재된 마크와 숫자들로 구성되어야 한다. 또한 통관을 할 때에도 문제를 발생시켜 클레임의 원인이 되기도 하므로 무역화물은 1개 포장당 두 곳 이상에 상당한 크기로 선명한 방수 잉크를 사용하여 지워지지 않도록 한다. 화인은 대부분의 경우, 화물의 분류를 원활히 수행하고 화물의 운송 및 보관 시 필요한 화물취급상의 지시, 주의를 포장에 표시하기 위하여 매수인이 매도인에게 요구하는 경우가 많다.

  "packing of the products shall be made in the manner usually effected by the seller in its export of such kind of the products. Shipping marks shall be as follows......"

▸반드시 표시해야 하는 화인 ; 주화인(Main Mark), 도착항표시(Port Mark), 상자번호(Case Number), 원산지 표시 Origin Mark)

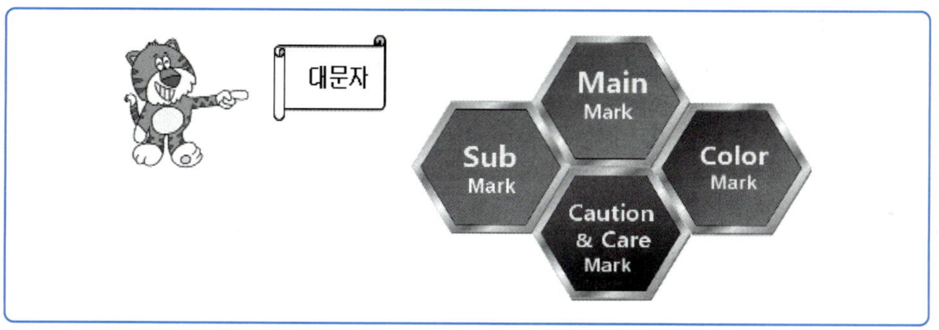

〈그림 32〉 화인의 구성요소

따라서 계약당사자간에 화인에 대한 약정이 있는 경우에는 합의한 내용에 따른다. 그러나 무역업체별로 화인을 정하게 되면 국제거래상 혼란이 야기될 수 있으므로 국제적으로 표준 화인을 정하여 놓고 사용하고 있다. 참고로 화인은 모두 대문자로 표기하는 것이 국제적인 관습이다. 수출화인의 구성은 기본화인, 정보화인, 취급주의 화인으로 구성되어 있다. 특히, 도착항표시(port mark)와 상자번호(case number)가 없는 화물을 보통 무화인화물(NM; no mark cargo)이라 하는데, 무화인화물의 경우 화물의 불도착 등으로 화주에게 커다란 손해를 주는 경우가 허다하므로 주의하여야 하며 화인의 내용이나 형태는 통상 'Sales Note'나 'Purchase Note'에 표시한다.

▢ 기본화인

다른 화물과 식별하기 위한 표기로서 수입업자의 이름 머리글자, 대조번호, 목적지, 포장번호 등의 표식으로 구성되며 반드시 표시하여야 한다.

i) 전면화인(Lead Marks)

- 주화인(Main marks) : 주화인은 특정한 기호이며 수입업자의 화인으로 수입업자의 주소, 성명을 문자로 기입하지 않고, 쉽게 알 수 있도록 도형 속에 수출업자나 수입업자의 머리문자를 표기하는 것이 일반적이며, 표식위치는 중앙이다.
- 목적지 화인(Destination mark) : 목적지화인은 화물의 목적항 또는 목적지를 표시하는 것이다. 해당 국가명도 기재가능하다. 목적지와 도착항이 다른 경우에는 경유지도 표시한다. 복합운송의 경우 최종목적지만 표시한다. 복수항로의 경우 New York via Seattle 등으로 표시한다. 또 화물의 목적지가 스위스 취리히이고 환적의 장소가 네덜란드 임스테르담일 경우, VIA ROTTERDAM, NETHERLANDS 라고 표시한다.
- 화물번호 화인(Case mark) : 화물번호 화인은 화물의 개수를 표시하는 기호다. 송장(Invoice), 적화목록, 기타 운송서류와 대조하여 식별, 확인을 위한 상자의 일련번호로 총 10개 화물중 첫 번째 화물인 경우에는 C/NO 1/10 혹은 C/NO 1OF 50으로 표시한다.
- 정보화인(Information mark) : 원산지, 신용장에 관한 사항을 표시하는 것이다. 수입업자가 요구하는 경우에만 정보화인을 표시한다. 정보화인은 기본화인보다 작은 문자를 사용하여 기본화인과 구별한다. 원산지 표식은 상품의 원산지를 표시하며, 일반적으로 화물번호 하단에 표시한다. 신용장 표식은 신용장의 내용과 관련한 사항을 표시하며, 일반적으로 신용장의 번호 등이 표시된다.

▸화인의 훼손이나 미부착에 따른 손해는 보험회사가 책임지지 않음

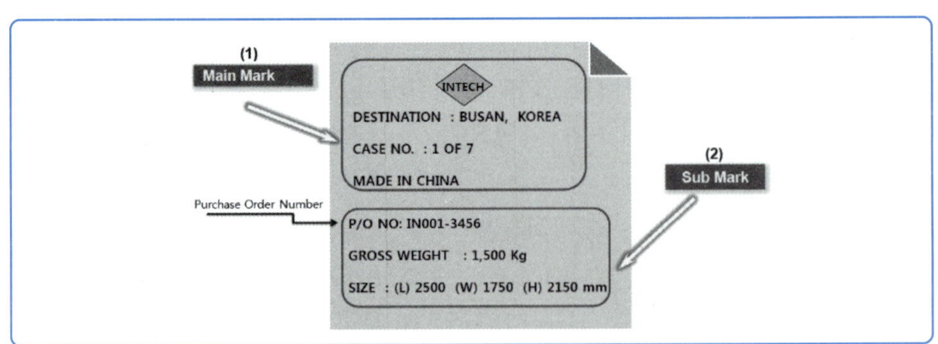

ii) 측면화인(Side Marks)

- 부화인(Counter marks) : 부화인은 대조번호의 화인이라고도 하며 주화인만으로 다른 화물과의 구별이 어려울 때, 생산자 또는 공급자의 약자를 표시한다. 주화인의 보조로서 화물의 등급을 표기해야 하는 경우나 Lot의 화물 중 구별할 필요가 있을 경우, 또는 생산자나 공급자의 약호를 붙여야 하는 경우에 표시한다. 품목숫자(item number)는 규정된 방식에 따라 화물을 점검하는데 매우 중요하다.
  - 중량표시(Weight Mark) : 순중량(Net Weight)과 총중량(Gross Weight)표시
  - 원산지표시(Origin Mark) : 생산국을 외장의 맨 아래에 표시
  - 기타의 표시 : 수입자의 요청에 따라 주문표시(Order No.), 지시표시(Attention Mark), 물품의 등급(Grade) 또는 품질표시 (Quality Mark)

iii) 취급주의 화인(Caution mark)

화물의 특성에 따라 운송, 하역, 보관상의 주의사항을 외장의 측면에 표시한 것이다. 이에 따라 운송, 하역, 보관의 관계된 업자들이 판별하기 쉽도록 붉은 잉크나 페인트를 사용하기도 한다. 또한 주의를 환기시킬 목적으로 그림이나 문자로 표시하기도 한다.

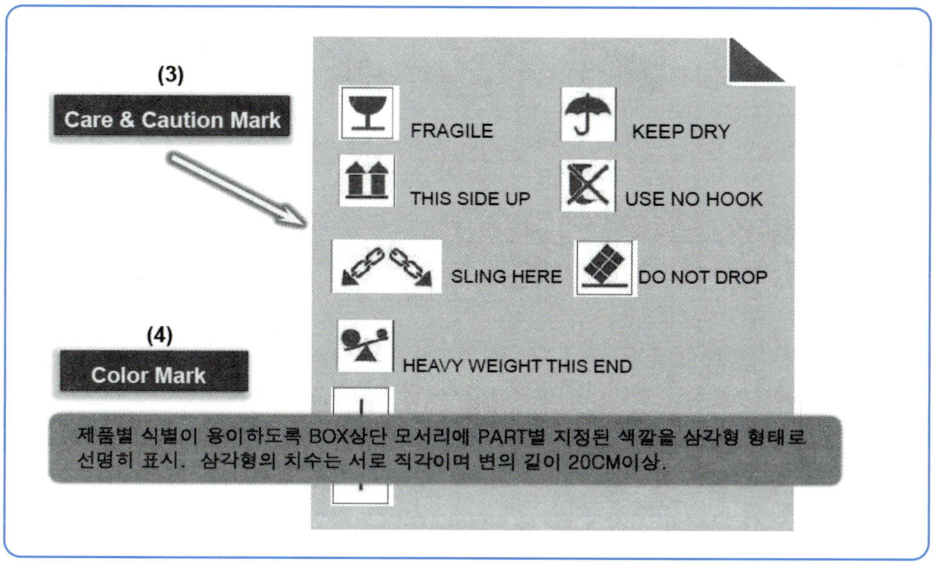

1. shipping main mark - 흑색 유성잉크로 전후면 인쇄한다.[10]
2. shipping care mark - 양측면에 적색 유성인크로 인쇄하되 화주의 요구에 따라 적절히 한다.

▶ www.schedulebank.com

참고

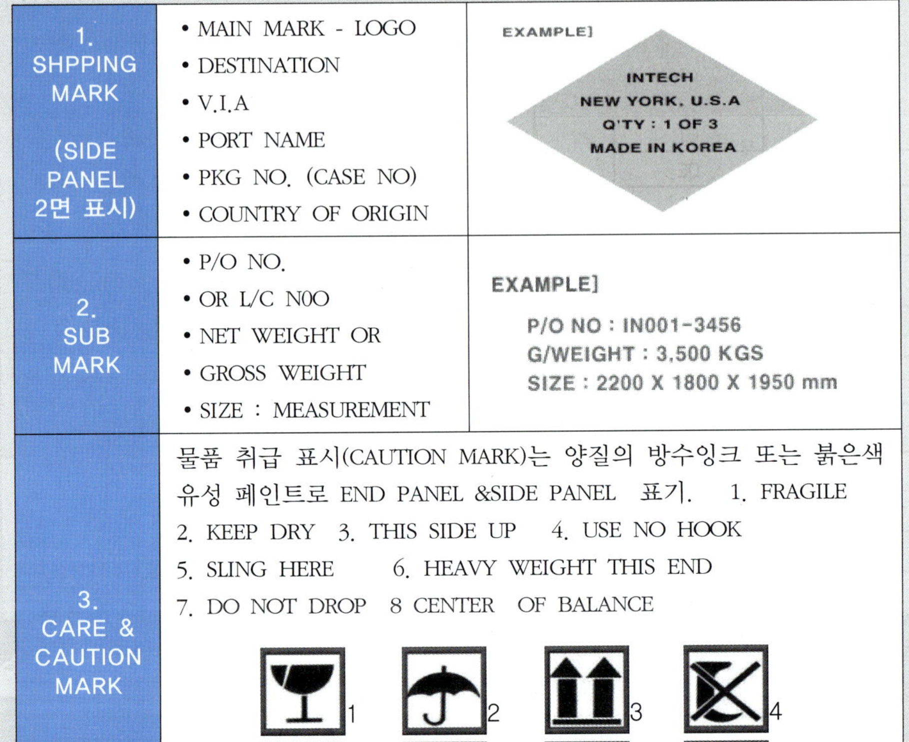

구분	내용	예시
1. SHPPING MARK (SIDE PANEL 2면 표시)	• MAIN MARK - LOGO • DESTINATION • V.I.A • PORT NAME • PKG NO. (CASE NO) • COUNTRY OF ORIGIN	EXAMPLE] INTECH NEW YORK, U.S.A Q'TY : 1 OF 3 MADE IN KOREA
2. SUB MARK	• P/O NO. • OR L/C NOO • NET WEIGHT OR • GROSS WEIGHT • SIZE : MEASUREMENT	EXAMPLE] P/O NO : IN001-3456 G/WEIGHT : 3,500 KGS SIZE : 2200 X 1800 X 1950 mm
3. CARE & CAUTION MARK	물품 취급 표시(CAUTION MARK)는 양질의 방수잉크 또는 붉은색 유성 페인트로 END PANEL &SIDE PANEL 표기. 1. FRAGILE 2. KEEP DRY 3. THIS SIDE UP 4. USE NO HOOK 5. SLING HERE 6. HEAVY WEIGHT THIS END 7. DO NOT DROP 8 CENTER OF BALANCE 1 2 3 4 5 6 7 8	
4. COLOR MARK	제품별 식별이 용이하도록 BOX 상단 모서리에 PART별 지정된 색깔을 삼각형 형태로 선명히 표시. 삼각형의 치수는 서로 직각이며 -변의 길이 20CM이상	

4-3 선적준비 및 선박수배

1. 선적 준비

현행의 수출통관제도는 종전에 비해 무척 간소화 되었다. 상업송장과 포장명세서의 사본만으로 간단하게 수출통관이 가능하다. 수출통관절차에는 2가지 방법이 있다.

첫째는 제조장직통관으로 제조장 소재지의 세관에 수출신고를 한 후 신고일로부터 30일 내에 선적하는 방법으로 미리 수출신고 하였다가 적당한 시기에 수출물품을 항만으로 운송하여 곧바로 선적시키는 방법이며, 둘째는 공·항만통관으로 제조장에서 수출물품을 항만(공항)을 관할하는 세관의 관할구역 내 창고나 CY로 옮긴 후 세관에 신고하고 30일내에 선적 시키면 된다.

이 두 가지 방법 모두 장단점이 있으나 복잡한 공·항만에서 수출신고와 선적스케줄을 동시에 맞추는 것보다는 내륙지에서 미리 수출신고를 완료한 다음 선적스케줄에 맞추어 운송, 선적하는 것이 바람직하다. 최근의 관세행정이 공장소재지를 관할하는 관할세관 중심으로 성립하므로 수출통관 후 사후에 발생되는 관세의 환급을 위한 사후 면장정정, 소요량작성 등의 업무를 위해서 공장소재지 세관에서 수출통관을 하는 것이 여러모로 유리하다.

(1) 선적스케줄(shipping schedule)확인

수출자는 수출물품의 확보가 종료되면 선박회사에 선적스케줄을 요청하여 수입자와 계약한 선적 스케줄에 맞춰 수출물품의 선적예약을 해야 한다. 실무적으로 한국 내 존재하는 모든 선박회사들은 인터넷 상에서 전용 홈페이지를 운영하고 있으므로 수출자는 인터넷상에서 선적스케줄을 확인할 수 있고, 운임견적과 선복요청 모두가 가능하므로 편리하게 선적업무를 수행할 수 있다. 수출자는 선적스케줄을 확인 시 선적항의 선적화물접수마감시간(closing time), 출발예정일자(ETD : estimated time of departure), 도착예정일자(ETA : estimated time of arrival), 직항 및 환적항, 기항여부 등을 확인하여야 한다.

1) 수출의 경우

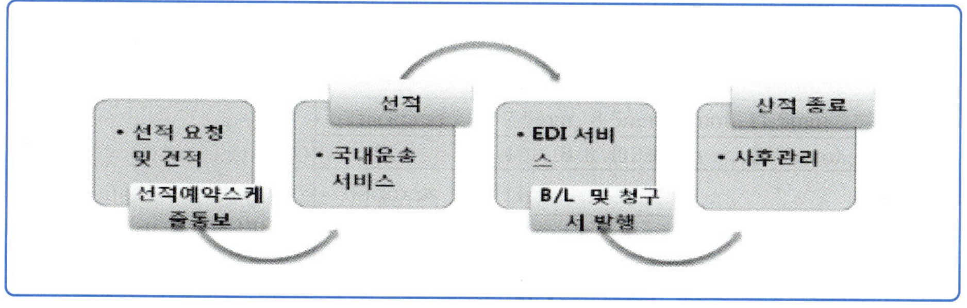

① 화물 선적 요청접수 ; 수출자는 전화, fax, e-mail 또는 영업담당자와의 무역 및 운송관련상담을 통하여 선적을 요청한다.

② 선적예약 및 스케줄 통보 ; 선박회사는 수출자의 요구에 따라 스케줄을

확인한 후 선복을 예약하여 수출자에게 선적가능여부와 스케줄을 통보한다.

③ 국내운송 SERVICE ; 수출자의 화물운송 요청이 있을 시 수출자의 화물을 안전하고 신속하게 운송하여야 하며, 정확한 화물입고 및 도착을 통보한다.

④ 선적 ; 예정된 스케줄에 따라 수출자의 화물이 선적되어 출항한다.

⑤ EDI SERVICE ; 선적서류 및 수출신고필증에 의거 인터넷전산망을 통하여 세관에 전송한다.

⑥ B/L 및 청구서 발행 ; 수출자에게 관련운임을 확인한 후 운송형태 및 서류상의 이상유무를 확인하여 B/L을 발행하며, 수출자에게 인도한다.

⑦ 사후 관리 SERVICE ; 선적 후 진행상황을 수입자에게 통보하고, 수출자의 요청 시 PROOF OF DELIVERY를 파트너에게 요청하여 확인한 후 수출자에게 통보하여 선적업무를 종료한다.

2) 수입의 경우

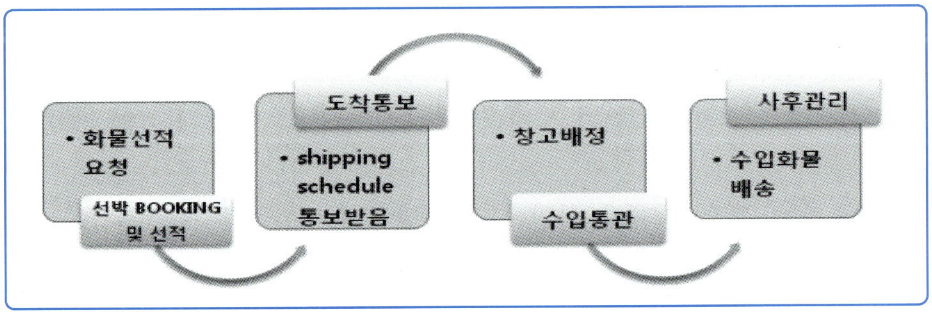

① 화물선적 요청접수 ; 수입자는 전화, fax, e-mail 또는 영업담당자와의 무역 및 운송관련상담을 통하여 선적을 요청한다.

② 선박 BOOKING 및 선적 ; 선박회사는 각 지역 해외 파트너로부터 선적서류를 접수하여 입항예정일을 확인한다.

③ SHIPPING SCHEDULE 통보 ; 선박회사는 접수받은 선적서류를 확인하여 ETD, ETA, SHIPMENT STATUS를 수입자에게 통보한다.

④ 도착통보 및 창고배정 ; 파트너에게 접수된 서류를 받아 수입자에게 통보하고, 수입자와 창고배정유무를 확인하고 지정된 창고에 배정되도록 선사에 요청하며, SYSTEM의 전산화로 신속한 운임내역서를 발급한다.

▸컨테이너 내 적부불량으로 인한 손해는 운송인 면책임

⑤ 수입·통관·배송 업무 ; 선박회사는 수입자의 요청 시에는 화물 도착에서 통관, 원하시는 날짜에 배달 운송하는 DOOR TO DOOR SERVICE로

가장 빠르고 경제적인 물류 서비스를 제공한다.

⑥ 사후 관리 SERVICE ; 원활한 통관 및 출고를 위해 지속적인 CHECK를 하고, 결과를 수입자에게 통보하여 수입업무를 종료한다.

(2) 컨테이너 적입

화물량의 규모에 따라 단위 컨테이너를 자신의 화물만을 적입시키는 전용으로 사용할 것인지 아니면 수량이 소규모이기 때문에 동일 목적지로 가는 타인의 화물과 혼용할 것인지는 전적으로 수출자의 선택사항이며 이 부분에 대해서도 선적 협의단계에서 결정한다. 일반적으로 단위 컨테이너를 자신의 화물만을 적입시키는 전용으로 사용할 경우 우리는 이를 FCL(full container load) 화물이라 하고 화물이 소규모이기 때문에 동일 목적지로 가는 타인의 화물과 혼용할 경우를 LCL(less than a container load)화물이라고 한다.

그러나 FCL화물과 LCL화물은 컨테이너 적입 경로 및 방법이 사뭇 다르다. 또한 화물을 컨테이너에 적입(stuffing)하여 컨테이너 전용선에 선적 운송될 경우에는 (L/C 상에 컨테이너 운송이 명시되어 있을 경우 또는 그렇지 않더라도 해당 항로를 취항하는 선박이 컨테이너 전용선밖에 없을 시) 하주와 선박회사 중 누가 적입작업을 하느냐에 따라 책임의 성격이 달라진다. 따라서 수출자는 다음 아래의 내용을 잘 숙지하여 이로 인하여 분쟁이 발생하지 않도록 유의하여야 한다.

1) FCL 화물

수출자가 FCL화물을 선박회사에 의뢰할 경우, 실무적으로 선박회사는 빈 컨테이너를 수출자의 회사나 화물이 있는 장소에 배정한다.[11] 수출자에게 빈 컨테이너를 제공한 후, 선박회사는 수출자로부터 제공한 컨테이너가 항해하는데 전혀 하자가 없는 완전한 컨테이너라는 것을 확인하는 기기인수도증(CIR : container interchange receipt)[12]를 징구한다. 이것은 항해 도중 컨테이너에 빗물이나 해수가 침투하여 화물이 손상을 입게 될 경우, 보상하지 않겠다는 간볍표현이고 그 증거로서 수출자가 사인한 CIR를 증거로 제출하겠다는 의사표현이다. 따라서 수출자는 선적기일에 맞춰 도착한 빈 컨테이너가 크랙이 존재하여 빛이나 빗물, 해수가 침입할 가능성이 없는지 신중하게 조사하여야 한다. 만약 수출자가 선박회사가 제공한 컨테이너가 정상임을 기기인수도증에 사인한 후 화물을 적입한 다음, 선적과 항해 중 컨테이너에 빗물이나 해수가 침입하여 화물이 손상을 입었다면 보험회사도 화주에게 보상하지 않기 때문이다.[13]

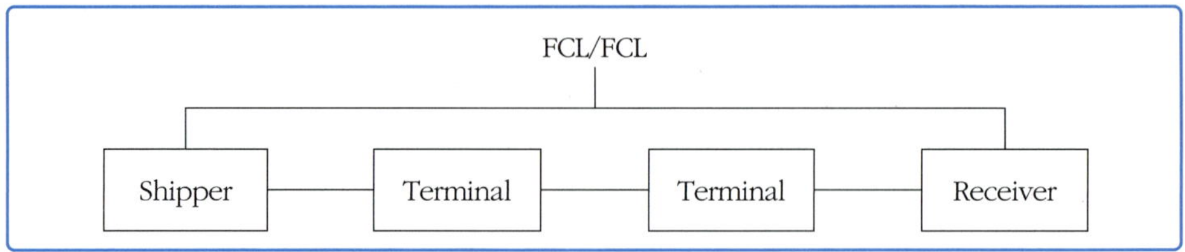

컨테이너 안에 화물을 적입하는 작업은 적부(stowage)에 관한 전문지식과 경험을 요하는 전문분야인 바 그 작업에 신중을 기하여 운송도중 예상되는 충격이나 외력으로 인해 내부가 붕괴된다거나 화물의 동요 등으로 인해 손상이 발생하지 않도록 유의하여야 한다. 이 경우 화주는 컨테이너 내에 화물이 적재되어 있는 상태를 그림으로 표시한 컨테이너 적부도(CLP : container load plan)을 작성하여 선박회사 및 목적지의 수하인에게 송부한다. 적입이 끝나면 선박회사에서 보내준 선박회사의 봉인으로 봉인한 후 선박회사에게 통보하여 선적항까지 운송해 가도록 한다. 적입된 컨테이너(loaded container)를 선박회사측의 육상운송회사에게 인계할 시에도 이상유무를 상호 확인하고 기기인수도서를 작성한다.

컨테이너 적입작업이 끝난 화물은 선적항의 ODCY(off-dock container yard)로 운송된 후 통관을 마치고 선박에 선적된다. 그러나 만약 수출자의 공장이나 창고가 관세법상 자가보세구역으로 지정되어 있을 경우, 컨테이너는 봉인(sealing)[14)]된 채 선적항의 ODCY 혹은 부두로 보세운송된다.

2) LCL화물

LCL 화물의 인수도와 관련, 수출지에서의 절차는 재래선화물의 경우와 동일하다. 화물을 선박회사가 지정하는 창고(CFS : container freight station)까지 운송하여 선박회사에게 인도한다. CFS에서 동일 목적지로 가는 타화물과 함께 선박 회사에 의해 컨테이너에 합적 된다. 이때, 작성되는 서류로는 화물의 수량, 품목 그리고 상태를 기재한 인수도서(Convention note)가 있다. LCL화물이 LCL화물로 운송될 경우, 화물의 손상이 컨테이너의 이상이나 적입 기술상의 문제로 기인되었을 시에는 선박회사의 책임사항이 된다.

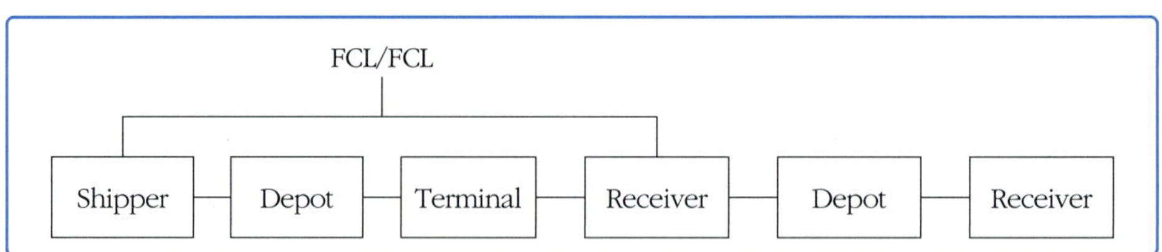

FCL화물이 LCL화물로 운송될 경우, 수출자는 화물의 컨테이너 적입에 관한 책임이 있고 선박회사는 컨테이너 하역에 관한 책임이 있다.

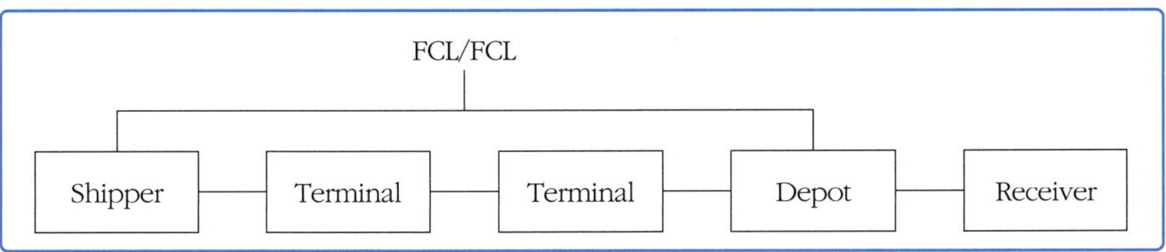

LCL에서 FCL로 운송할 경우, 운송인은 포장에 대한 책임이 있고 수출자는 컨테이너의 포장해제에 관한 책임이 있다.

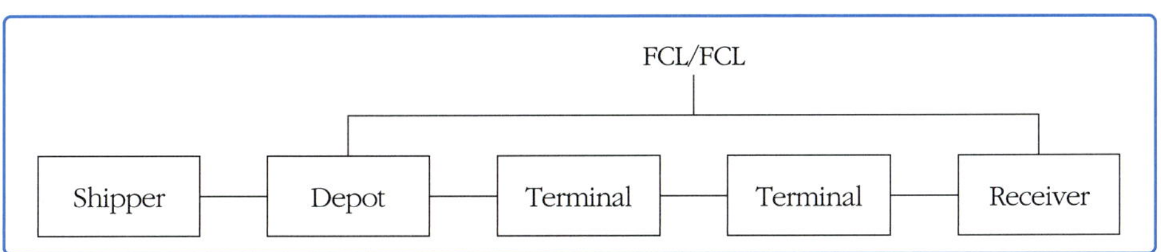

컨테이너에 의한 해상운송의 경우 종종 송화인이 직접 화물을 컨테이너에 적입하여 봉인한 다음 운송인에게 이를 인도하여 선적한다. 이러한 경우 운송인은 선화증권에 송화인으로부터 통지받은 화물의 명세를 기재할 때, 운송물의 중량, 용적, 개수 또는 기호를 일일이 확인하기 어려움에 따라 "송화인이 적입하고 수량을 셈(shipper's load & count)" 혹은 "……이 들어 있다고 함(said to contain ……)" "이라는 문구, 즉 부지약관[15](unknown clause)을 기재한다. 그런데 선화증권의 소지인인 수입자가 운송물을 인도받아 확인할 때, 운송물의 내용이 선화증권의 기재내용과 상이한 경우 수입자는 이와 같은 부지약관의 효력을 다투면서 운송인을 상대로 소송을 제기하는 경우가 발생한다.

선화증권에 운송물의 내용, 개수, 중량, 품질, 수량, 품명, 치수, 가치, 용적, 품질, 가격, 기호, 종류, 포장의 종별 등에 관하여 명시한 기재사항은 송화인이 신고한 것에 두고 있으며, 운송인은 그러한 정확성에 대하여 책임을 지지 않고, 송화인은 신고한 명세가 정확하다는 것을 운송인에게 담보하여야 하며, 그러한 부정확으로부터 발생하는 일체의 손실, 손해, 비용, 책임, 벌금에 대하여 운송인에게 보상하여야 함을 삽입한 약관으로 정의된다. 이와 같은 부지약관은 운송인이 선화증권의 소지인 등에 대하여 선화증권의 문언성에 의한

책임을 면하기 위한 것이다. 이에 따라 실무상 유효하게 부지약관이 이용된다. 즉, 운송품의 포장을 한번 개봉하면 다시 포장하기 어려운 경우, 운송을 개봉하게 되면 그 품질 및 가격에 영향을 줄 수 있는 경우, 운송품의 내용을 확인하는데 필요 이상의 시간을 할애하게 되어 운송에 지장을 초래할 염려가 있는 경우, 운송물을 개봉했을 때 운송물의 멸실, 훼손은 물론 선박이나 기타 운송조건에 중대한 위험이나 운송에 지장을 초래할 염려가 있는 경우, 송하인이 자신의 창고에서 컨테이너에 내용물을 적입하고 세관의 검사를 받은 후 봉인한 상태로 운송인에게 인도되어 세관의 지시나 허락이 없이 컨테이너의 봉인을 뜯고 그 내용물을 확인할 수 없는 경우를 들 수 있다.

현행 한국의 상법 제 853조 제2항에는 "선화증권의 기재사항 중 운송물의 중량, 용적, 개수 또는 기호가 운송인이 실제로 수령한 운송물을 정확하게 표시하고 있지 아니하다고 의심할 만한 상당한 이유가 있는 때, 또는 이를 확인할 적당한 방법이 없는 때에는 그 기재를 생략할 수 있다"고 규정되어 있다. 이것은 헤이그규칙(1924) 제3조 제3항과 함부르크규칙(1978) 제16조 제1항을 도입한 것이며, 특별한 사정이 있는 경우에 한하여 부지약관의 효력을 인정하고 있는 것으로 해석된다. 이 조항은 미국해상운송법 제3조 제3항 단서[미국법전 46장 제1303조 제(3)(c)항(1976)]에도 같은 취지로 규정되어 있다. 부지약관에 관한 상법의 규정은 두 가지 해석상 문제가 있다.

하나는 부지약관의 허용범위에 운송물의 내부상태가 포함되는지 여부이고, 다른 하나는 부지약관의 효력이 인정되는 정당한 사유가 무엇인가이다. 전자의 경우는 수량상의 차이와 내부상태 상의 차이로 구분할 수 있다. 그러나 위와 같이 수량상의 차이나 내부상태의 차이로 구분을 하는 경우, 운송계약 또는 선화증권에 S.L.C. (shipper's load count)이라는 부지약관을 포함한다는 합의의 취지가 기재되었다고 하더라도, 이는 송화인이 그 책임하에 컨테이너에 적입하는 운송물의 수량, 용적, 적입방법 등을 결정하므로 그와 같은 적입방법 등의 잘못으로 인하여 운송물에 하자가 발생하였을 때에는 운송인은 그에 대한 책임을 지지 아니한다는 것으로 해석하여야 한다. 따라서 운송인이 송화인이 적입교부하는 컨테이너를 인도받은 후, 그 지배하에 이를 운송 또는 보관하는 기간 동안에 위 운송물의 적입방법 등과는 무관한 다른 사유로 운송물에 변질이나 변색과 같은 내부상태의 하자나 수량상의 차이가 발생한 경우까지도 운송인이 그에 대한 책임을 면한다는 취지는 아니라고 할 것이다.

2. 무역서류 작성

(1) 무역서류(Trade Document)의 의의

무역서류란 무역계약에 따라 화물이 수출자로부터 수입자에게 인도되는 과정에서 필요에 따라 직간접적으로 발행하는 모든 서류들을 총칭한다. 대표적인 무역서류로는 화물의 선적을 입증하는 선화증권(bill of lading), 상업송장(commercial invoice), 또는 포장명세서(packing list) 등이 있으며 이를 운송서류(transport document), 선적서류(shipping document)로 부르기도 한다.

(2) 무역서류의 분류

무역서류는 필수적인 서류로 분류되는 기본서류와 매수인의 요청이나 수출입국의 법규상 필요한 부속서류로 구성된다. 보통 기본서류가 결여되는 경우에는 본질적인 계약위반으로 되어 계약해제 및 손해배상청구의 사유가 되지만 부속서류에 있어서는 서류가 결여되더라도 계약해제까지 이르는 것은 아니며 보통은 손해배상청구의 사유가 된다.

▸송장은 유가증권인 선화증권이나 보험증권과 같이 그 자체가 청구권이 있는 서류는 아니다.

| 표 28 | 무역서류의 분류

구 분		무역서류의 종류
기본서류	매매관계서류	상업송장(commercial invoice)
	운송관계서류	해상선화증권(ocean B/L)
		복합운송증권(combined transport document)
		(철도 · 항공 · 도로)화물수취증 ·
	보험관계서류	보험증권(insurance policy)
		보험증명서(insurance certificate)
부속서류	세관관계서류	세관송장(customs invoice)
		원산지증명서(certificate of origin)
	송장관계서류	포장명세서(packing list)
		(용적 · 중량)증명서
	품질관계서류	검사증명서(certificate of inspection)
		품질증명서(certificate of quality)
		위생증명서(certificate of health)

1) 송장

국제물품거래에서 선화증권과 함께 필수적인 선적서류로 사용되는 송장은 불어의 "envoyer"(send)에서 유래된 것으로, 상품의 거래가 원격지간에 행하여지는 경우 매도인이 매수인 앞으로 해당물품의 특성과 내용명세를 상세하고 정확하게 작성하여 송부하는 선적화물의 계산서 및 내용명세서이다.

국제 상거래에서 이용하는 송장은 상품의 적요서나 안내장의 역할 뿐만 아니라 매매당사자의 이름과 주소, 발행일자, 주문번호, 계약상품의 규격 및 개수, 포장상태 및 화인 등이 표시된 구체적인 매매계산서인 동시에 대금청구서이기도 한다. 따라서 송장은 무역거래상의 필수서류로 모든 신용장에서 요구하고 있다. 그러나 유가증권인 선하증권이나 보험증권과 같이 그 자체가 청구권이 있는 서류는 아니다.

송장은 이러한 성격 때문에 어떤 경우에는 그 거래계약의 존재 및 계약이행의 사실을 입증하는 자료가 된다. 또한 수입물품의 정확성 및 진실성을 입증하기 위한 세관신고의 증명 자료가 되기도 한다.

가. 송장의 기능

수출거래용 상업송장의 주요기능은 다음과 같다.

① 선적물품 명세서 ; 국제무역에서는 구매서의 역할을 하므로 거래물품의 주요사항인 계약상품의 정확한 규격(specification of goods) 및 개수, 포장상태 및 화인(marks) 등이 상세하게 표시되어야 한다.

② 거래계약 입증서 ; 송장은 CIF나 CRF의 경우 선화증권이나, 보험증권이 계약과 일치되었음을 증명하는 등 특정 거래계약의 존재 및 이행의 사실을 입증하는 증거자료가 된다.

③ 매매상품의 계산서 및 대금청구서 ; 계약상품의 순단가, 부대비용, 할인료, 지불방식, 지불시기 등을 구체적으로 명기한 매매계산서 및 대금청구서로서 송장상의 발행금액은 환어음(bill of exchange)의 발행금액과 일치해야 한다.

④ 무역금융담보물 명세서 ; 송장은 모든 무역거래의 필수서류이다. 무역결제는 대부분이 환어음으로 이루어지 수출지은행에서 환어음을 매입할 때나 수입지은행에서 대도(T/R)[16]로 수입물품을 수입업자에게 인도할 때 화환어음의 담보물권이 되는 서류에는 이들 담보물의 명세서 및 계산서의 역할을 하는 송장이 포함되어야 한다.

⑤ 과세표준액산정 기준 서류 : 송장은 수입지에서 화물수취안내서와 수입물품의 진실성 및 정확성을 입증하기 위한 세관신고의 증명자료가 된다. 따라서 모든 송장은 과세표준액산정에 가장 중요한 자료가 되므로 수입통관시 수입업자에게 불이익이 초래되지 않도록 정확히 작성되어야 한다.

▸ 수출송장(Export Invoice) : 수출상이 자기의 위험과 비용으로 해외의 수입상에게 상품을 송부하여 판매하는 경우 사용되는 송장

▸ 매입위탁 송장(Indent Invoice) : 수입상이 수출상에게 상품매입을 위탁하는 경우 수출상이 수입상의 매입대리인으로서 당해 상품을 선적할 때 작성하는 송장

나. 송장의 종류

송장은 그 용도에 따라 상거래용으로 작성되는 상업송장과 영사관에서 작성되거나 세관용으로 작성되는 공용송장(official invoice)으로 구분할 수 있는데 일반적으로 말하는 송장은 보통 전자를 의미한다. 송장의 종류는 다음과 같다.

- 견적송장(P/I) ; 견적송장이란 수출상이 거래를 유발 촉진하기 위한 수단으로 또는 수입허가, 외화배정 등을 받기 위한 수입상의 요청에 의해 수입상에게 장차 그가 매입할 화물에 대해서 수출상이 미리 작성하여, 작성 발송하는 송장을 말한다. 이러한 견적송장은 외환사정이 좋지 않은 국가에서 주로 사용하고 있는데 수입자는 이러한 견적송장을 근거로 정부에서 외화배정을 받아 그 범위 내에서 수입이 가능하다. 견적송장은 일종의 "free offer"로 송장 상에 표시된 물품가격 등에 대해 법적 구속력이 없으며, 수입상의 신용장 발행을 위해 편의상 형식을 갖추어 주는 것에 불과하다.

구분기준	대분류	판별기준	중분류	비 고
상거래용으로 작성	상업송장	작성 시기와 용도	견적송장	견적송장은 외환사정이 좋지 않은 국가에서 주로 사용
			선적송장	선적된 화물의 명세가 기재된 서류 매입위탁송장, 수출송장이 있음
영사관에서 작성 혹은 세관용으로 작성	공용송장	작성 장소와 용도	세관송장	수입자가 수입화물의 통관 시에 특히 세관용으로 제출하기 위하여
			영사송장	수출국에 주재하고 있는 수입국영사의 확인을 받아야 하는 송장

- 선적송장(S/I) ; 선적송장은 선적된 화물의 명세가 기재된 서류이며 통상 상업송장이라 하며 이 선적송장을 의미한다.
- 세관송장 ; 세관송장이란 수입지세관이 수입화물에 대한 관세가격의 기준을 결정, 덤핑유무를 확인, 쿼터품목의 통상기준량의 계산, 수입통계의 목적 등으로 요구함으로써 수입자가 수입화물의 통관 시에 특히 세관용으로 제출하기 위하여 수출자가 작성하는 송장이다. 국가별로 세관이 요구하는 양식이 서로 다르므로 소정의 양식에 따라 작성하여야 한다.
- 영사송장(Consular Invoice) ; 영사송장이란 수입상품가격을 높게 책정함에 따른 외화도피나 낮게 책정함에 따른 관세포탈을 규제하기 위하여 수출국에 주재하고 있는 수입국영사의 확인을 받아야 하는 송장이다. 이는 주로 몇몇 후진국에서 이용되고 있으나 점차 폐지되어 가는 추세이다.

다. 실무상 유의사항

한국의 주요 수출국은 미국인데 미국 정부는 외국상품에 대한 수입동향을 효율적으로 감시하기 위해 1987년 2월 2일부터 수입상품의 통관 시 수출업체의 고유코드(manufacturer's ID code)를 통관서류인 상업송장에 기재토록 조치하였다. 이에 따라 미국에 수출하고 있는 한국 업체는 상업송장과 포장명세서 왼쪽 하단에 반드시 MID Code를 기재하여야 하는데 만약 이 코드를 기재치 않거나 부정확하게 기재할 경우엔 통관지연이나 통관거부 등의 사태를 당할 수 있으므로 주의를 요한다. 또 L/C개설의뢰인 앞으로 발행 L/C상에 명시된 상품의 명세와 동일하여야 한다. 신용장번호, 수익자, 선명. 목적지, 작성자 서명이 정확하여야 하고 선화증권, 보험증권, 기타 선적서류상의 기재내용과 일치하여야 한다.

▸MID Code 기재장소 및 방법
MID Code는 송장상의 매도자란의 우측상단에 기재하되 영문대문자만으로 띄어쓰기 없이 알기 쉽게 기록하여야 한다.

라. 송장 작성요령

① Seller(shipper/exporter) ; 매수인에게 상품을 판매하는 개인 또는 법인의 이름과 주소를 기재하며, 대미 상업송장에는 우측상단에 MID Code를 기재하여야 한다.

② Consignee ; 수출물품을 인도받을 개인 또는 법인의 이름과 주소를 기재하며, 선화증권에 기재될 매수인과 동일해야 한다. 즉, 신용장에 기명식이 아닌 지시식 선화증권을 요구하는"to our order", 'to the order of 은행명' 등으로 표시된 때에는 상업송장에도 동일하게 'to the order of 은행명'으로 기재하여야 한다.

③ Departure date(sailing on or about) ; 화물을 적재한 선박이나 비행기가 출발하는 년, 월, 일을 기재하며 통상 B/L이나 'Air Waybill'상의 선적일자와 일치시켜야 한다. 그러나 송장작성시점에서는 선적일자를 정확히 알 수 없으므로 예상되는 선적일자의 7일 전후로 기재하면 된다.

④ Vessel/flight(carrier) ; 운송에 사용되는 선박/비행기 명칭을 기재하며, 여러 가지 운송수단을 사용하는 경우에는 주된 운송수단을 기재한다.

⑤ From(port of loading) ; 운송수단이 출발하기로 예정된 항구, 공항 등의 명칭을 기재하며 이는 신용장에 또는 계약서상의 적재지(place of loading)와 일치해야 한다. 예) Busan Korea, Inchon Korea

⑥ To(final destination) ; 운송수단의 최종 목적지인 항구, 공항 등의 명칭을 기재하며 신용장 또는 계약서 상의 도착지와 일치하여야 한다.

⑦ Invoice No. and date ; 매도인이 상업송장에 부여한 참조번호 및 송장 발행일을 기재한다.

COMMERCIAL INVOICE

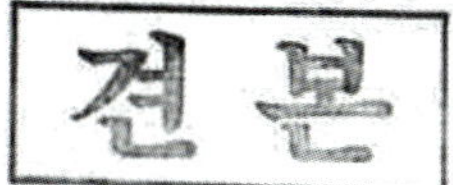

Seller	Invoice No. & date
HONG KIL DONG CO., LTD 45, Namdaemun-Ro 4Ga, Jung-gu Seoul, 100-743 Korea TEL:(82-2)316-3302/ FAX : (82-2)779-8889	HKD04-07 29. APR. 2002 **L/C No. & date (or contract No.& date)** HSB3305509497B1 20. MAR. 2002
For Account & Risk of Messrs AL EARA EST. FOR TRADING P.O.BOX 280 772, RIYADH 11392 SAUDI ARABIA TEL :4481781, FAX : 4477765	**Remarks** * WE CERTFY THAT THE GOODS ARE NEITHER OF ISRAELI ORIGIN NOR DO THEY CONTAIN ANY ISRAELI MATERIALS. * ORIGIN : THE REPUBLIC OF KOREA
Notify Party SAME AS ABOVE	
Port of loading: BUSAN PORT, KOREA **Final distination**: RIYADH VIA DAMMAM PORT SAUDI ARABIA	
Carrier: mv.AL ABDALI V-C187W **Sailing on or about**: 30. APRIL. 2002	

Marks & Numbers of PKGS	Description of Goods	Quantity	Unit Price	Amount
LUIS SALMUN SACEL	**100% POLYESTER WOVEN FABRIC**		**FOB BUSAN, KOREA**	
SINGLE GGT PD	1. SINGLE GEORGETTE PLAIN DYED	14,500MTS	$0.61/MTS	USD 8,845.00
COL NO.# :	2. KOSHIBO PLAIN DYED	5,418MTS	$1.09/MTS	USD 5,905.62
C/T NO.# : 1-24	3. HI-MULTI CHIFFON GEORGETTE PLAIN DYED			
Q'TY :		12,596MTS	$0.83/MTS	USD10,454.68
MADE IN KOREA	4. DOBBY GEORGETTE PLAIN DYED	7,700MTS	$0.96/MTS	USD 7,392.00
	TOTAL	40,214MTS		USD32,597.30

Signed by
HONG KIL DONG CO., LTD

PRESIDENT HONG KIL DONG

⑧ L/C No. and date ; 신용장 번호 및 발행일을 기재한다.

⑨ Buyer(if other than consignee) ; 상품을 구매한 개인 또는 법인의 이름과 주소를 기재한다. 신용장 거래방식의 경우 신용장 개설의뢰인이 매수인이 되며 매수인과 수화인이 같은 경우에도 매수인의 이름과 주소를 다시 기재한다. 한편 매수인과 수화인(Consignee)이 다른 경우, 신용장 개설의뢰인이 은행융자로 신용장을 개설하여 은행이 수화인이 되는 경우 또는 매수인이 물품과 송장을 각각 다른 주소로 보내도록 요구하여 수화인란에 창고 등의 물품수령인의 주소를 기재하는 경우에도 매수인란에는 실제 물품대금 지급의 의무가 있는 매수인의 이름, 주소를 기재하여야 한다.

⑩ Other references(remarks) ; 신용장에서 요구하는 확인문언 또는 기타 참고사항을 기재한다. 미국 재무성 세관당국은 1985년 5월부터 'special invoice'를 폐지하고 상업송장 상에 원산지 기재를 의무화 하였으며, 송장작성자는 송장서명자와 동일할 수도 있으나 꼭 일치할 필요는 없다고 규정하였다. 이에 따라 대미 상업송장 작성 시에는 'other reference'란에 'country of origin'을 명기한 다음 'Korea'를 표기하여야 한다.

⑪ Terms of delivery and payment ; 인도조건과 지불조건을 기재하여야 하며 지불조건은 INCOTERMS와 같은 정형화된 조건을 사용하여 정확하게 기술하고 사용통화도 US$ 등으로 명확히 표기한다.
예) FOB Busan, At sight L/C in US$~

⑫ Shipping marks ; 화인은 관련서류와 포장상품의 대조점검을 용이하게 하고 화물을 도착지까지 신속하고 안전하게 운송할 수 있도록 간단하게 표시하여야 한다.

⑬ No. &Kinds of Pkgs ; 포장종류 당 포장화물의 개수와 각 물품의 포장형태를 drum, bale, box, case, bundle 등으로 기재한다.

⑭ Goods description ; 물품명세란에는 규격, 품질, 등급 등 해당물품에 대한 정확한 명세를 기재하여 다른 어떤 물품과도 명확히 구별할 수 있어야 한다. 그리고 동 물품명세서는 신용장상의 표현과 완전히 일치하여야 한다. 상업송장 이외의 기타서류에는 일반적인 용어로 표시할 수 있으나 상업송장에는 신용장상의 물품명세와 일치되도록 하여야 한다.

⑮ Quantity ; 송장금액 계산의 기초가 되는 최소단위당 수량을 기재하며 수량의 계산단위는 일반적으로 다음과 같이 개수 혹은 도량형에 의하

여 계산된다. 아울러 수량결정시기(선적 수량조건 및 양륙 수량조건)와 과부족 용인조건(more or less clause)에 유의할 필요가 있으며 가능한 구체적이고 정확한 문언으로 표시해야 한다.

갯수-상품수 : 갯수(Piece), 조(Set), 다스(dozen)등
포장수 : 상자(Case), 포(Bale), 부대(Bag) 등
도량형-중량 : 톤(ton), 파운드(Lb, libra), 킬로그램(kg) 등
용적 : 입방 피트(Cft : cubic feet), 용적톤(M/T : measurement Ton) 등
길이 : 야드(Yard), 미터(Meter) 등
면적 : 평방 피트(SF : square feet) 평방미터(SM : square meter) 등

⑯ Unit Price ; 단위 수량당 가격을 기재한다. 예) ⓐ US$ 3.50/kg

⑰ Amount ; 단위당 단가에 수량을 곱하여 총금액을 계산한다. 그러나 제반비용을 첨가하여야 한다. 대량구입에 따르는 할인이 있으면 차감하여 송장상의 금액은 수입업자가 꼭 부담하여야 할 실 채무액이 표시되어야 한다. 그리고 L/C상의 금액은 상업송장에 기재될 수 있는 최고금액을 의미한다. 그러므로 신용장상에 별도의 명시가 없는 한 은행은 신용장이 허용하는 금액을 초과한 금액으로 발행된 상업송장의 수리를 거절할 수 있다. 이러한 내용은 '신용장통일규칙 1993' 내용 중 은행의 선택권이 부여된 유일한 조항으로(제37조b항) 매입은행에 대한 책임 및 권한을 좀 더 분명히 규정하여 거래의 원활화를 도모하였다.

⑱ Signed by ; 송장작성자가 서명란(signed by)에 서명한다. 송장작성자가 서명란(signed by)에 서명하고 작성자를 서명자와 별도로 기재하고자 하는 경우에는 서명란 왼쪽에 작성자의 이름과 직책을 기재하여야 한다.

2) 포장명세서

선적된 상품의 포장내용을 표시하고 있는 서류를 가리킨다. 매매계약서에서 포장방법을 합의하는 것이 일반적이다.

포장명세서는 매도인이 작성하는데, 상업송장과는 달리 보통 유색의 종이, 특히 연한 푸른색의 용지를 많이 사용하며, 여기에는 선적화물의 포장단위별 명세와 단위별 총중량, 순중량 등이 기재된다. 따라서 매수인은 포장을 뜯지 않고서도 포장명세서만을 보고 그 포장물의 명세를 확인할 수 있다. 이 외에도 선적화물의 포장단위별 수량, 단위별 순중량과 총중량, 총수량과 하인이 기재되며 포장방법도 표시되는 경우가 있다.

실제상품에 하인과 단위별 수량 등이 기재된 포장명세서가 있어야 통관이 용이하므로 신용장에서 포장명세서를 요구하는 경우가 대부분이며, 요구하지 않는 경우에도 수출자가 은행에 송부를 요청하는 예가 많다.

포장명세서에는 중량 외에도 각 상자의 용적도 표시되어 있어 선박회사와 운송계약을 체결할 때 일차적인 기준이 된다. 또한 포장명세서는 특히 통관할 때 필요한 서류로서 세관에서 화물을 검사함에 있어 전량을 검사하지 않고 몇 개의 포장만을 발췌하여 그 포장의 내용과 포장명세서의 기록사항을 대조하여 검사한다.

• 포장명세서의 작성

① Shipper / Exporter ; 수출업자 명을 기재한다.

② For Account &Risk of Messrs.(consignee) ; 선화증권과 물품을 인도받는 자의 이름과 주소를 기재한다.

③ Notify Party ; 상품의 운송 시 알려야 할 당사자들을 기재한다.

④ Port of loading ; 선적항의 이름을 기재한다.

⑤ Final destination ; 상품의 최종목적지 명칭을 기재한다.

⑥ Carrier ; 운송업자의 명을 기재한다.

⑦ Sailing on or about ; 선적기일을 기재한다.(제시된 기간의 전후 5일을 포함하여 9일간)

⑧ NO. &date of invoice ; 상업송장의 번호와 발행일자를 기재한다.

⑨ Remark ; 포장명세서에 대한 조건을 기재한다.

⑩ Marks and number of PKGS ; 포장종류에 따른 화물의 개수를 기재

⑪ Description of Goods ; L/C NO.별, model NO.별, 규격별, 품질별로 정확히 기재한다. (L/C상에 포장방법을 요구할 경우에는 그 내용을 반드시 포장명세서에 기재)

⑫ Quantity ; 각 포장 단위별로 구분하여 수량을 기재한다.

⑬ Net-Weight ; 각 포장 단위별로 구분하여 순중량을 기재한다. 순중량은 매매계약 시 Unit당 기준량에 의해서 계약이 체결되고, 사전에 계산해서 기재한다.

PACKING LIST

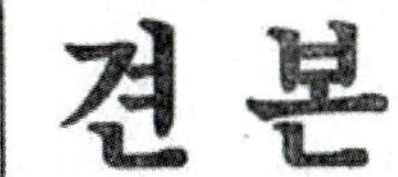

Seller HONG KIL DONG CO., LTD 45, Namdaemun-Ro 4Ga, Jung-gu Seoul, 100-743 Korea TEL:(82-2)316-3302/ FAX : (82-2)779-8889		Invoice No. & date HKD04-07 29. APR. 2002 L/C No. & date (or contract No.& date) HSB3305509497B1 20. MAR. 2002
For Account & Risk of Messrs AL EARA EST. FOR TRADING P.O.BOX 280 772, RIYADH 11392 SAUDI ARABIA TEL :4481781, FAX : 4477765		Remarks * WE CERTFY THAT THE GOODS ARE NEITHER OF ISRAELI ORIGIN NOR DO THEY CONTAIN ANY ISRAELI MATERIALS. * ORIGIN : THE REPUBLIC OF KOREA
Notify Party SAME AS ABOVE		
Port of loading BUSAN PORT, KOREA	Final destination RIYADH VIA DAMMAM PORT SAUDI ARABIA	
Carrier mv.AL ABDALI V-C187W	Sailing on or about 30. APRIL. 2002	

Marks & Numbers of PKGS	Description of Goods	Quantity	Net Weight	Gross Weight	Measurement
LUIS SALMUN SACEL	**100% POLYESTER WOVEN FABRIC**				
SINGLE GGT PD	1. SINGLE GEORGETTE PLAIN DYED	14,500MTS	10,200KG	12,240KG	40CBM
COL NO.# :	2. KOSHIBO PLAIN DYED	5,418MTS	3,900KG	4,680KG	18CBM
C/T NO.# : 1-24	3. HI-MULTI CHIFFON GEORGETTE PLAIN DYED				
Q'TY :		12,596MTS	8,860KG	10,630KG	36CBM
MADE IN KOREA	4. DOBBY GEORGETTE PLAIN DYED	7,700MTS	5,410KG	6,492KG	20CBM
	TOTAL	40,214MTS	28,370KG	34,042KG	114CBM

Sworn before us that the foregoing to be true and correct.

Signed by
HONG KIL DONG CO., LTD

PRESIDENT HONG KIL DONG

⑭ Gross-Weight ; 순중량에 외부중량을 포함해서 계산이 되며, 포장한 후 실제로 달아서 기재한다.

⑮ Measurement ; B/L에 기재된 것과 동일하게 기재한다.

3) 원산지 증명서(Certificate of Origin)

원산지증명서는 지식경제부 고시 수출물품원산지증명발급규정에 의하면 "수출품이 우리나라에서 재배, 사육, 제도 또는 가공된 것임을 증명하는 문서"를 의미한다. 이와 같은 원산지증명서는 화환어음의 부대서류로서 수출물품의 원산지를 증명하는 국적확인증서의 성격을 가진 통관에 필요한 서류이며 적성국의 생산물인가를 판별할 목적으로 이용되는 경우도 있다. 또한 수입국의 관세특혜 적용 여부에 따라 특혜원산지증명서와 비특혜원산지증명서로 구분된다.

원산지증명서는 수출입 물품의 실질적 원산지를 증명하는 자료로서, 당해 물품의 원산국 또는 선적국의 정부 및 정부가 인정하는 기관에서 발행한다. 최근에는 양자간 또는 지역간 자유무역협정에 의하여 지정된 양식에 수출기업이 자율적으로 작성하여 송부하기도 하며, 이 때 수출기업은 원산지발급에 관련된 근거서류 및 발급대장을 비치하여 보관. 관리해야 한다. 현재 일반원산지증명서(비특혜)는 전국 69개 상공회의소에서 발급하고, 관세양허원산지증명서(특혜) 및 FTA 원산지증명서는 전국 69개 상공회의소, 47개 세관, 2개 자유무역지역관리원에서 발급하고 있다.

• 원산지 기원

원산지란 "어떤 물품이 성장했거나 생산, 제조 또는 가공된 지역으로서 일반적으로 정치적 실체를 지닌 하나의 국가를 의미하나, 한 나라의 국경선 밖에 있는 식민지, 속령 또는 중국귀속 후 홍콩 등과 같이 국가가 아닌 특정지역도 독립관세 영역이나 자치권보유국 등도 경우에 따라서는 원산지가 될 수 있다.

원산지 개념은 1883년 파리협정에 기원을 두며, 지적재산권(Intellectual Property)과 비슷한 배경에서 출발했다. 즉, 특정상품의 경우 일부 국가 혹은 지역에서 생산된 것이 다른 지역에 비해 품질 등이 뛰어나면, 당연히 그 물품에 대한 소비자 수요 및 가격이 높아지게 마련이므로 이를 일종의 재산권으로 보호할 필요성이 제기된 것이다.

현재는 이러한 지적재산권의 보호보다는 각국의 무역관련 제도와 연계되어 대표적인 비관세무역장벽으로 사용되는 경향이 있다.

• 한국의 원산지 제도

한국의 원산지관련 규정의 기본골격은 1974년 EU 관세협력이사회에서 체결, 마련한 "세관절차의 간소화 및 조화에 관한 국제협약(교토협약)"의 원산지관련 부속서에 근거를 두고 있으며, 지난 1991년부터 공정한 무역질서의 확립 및 소비자 보호를 위해, 대외무역법 등 관련법령에 의하여 원산지규정을 제정 운영 중이다.

현재 우리나라의 원산지관련 법률에는 특혜문제를 주로 규율하는 "관세법"과 "남북교류협력에 관한 법률", "자유무역협정이행을 위한 관세에 관한 특례법"이 있고, 비특혜문제를 다루고 있는 "대외무역법", "농산물품질관리법" 등이 있다.

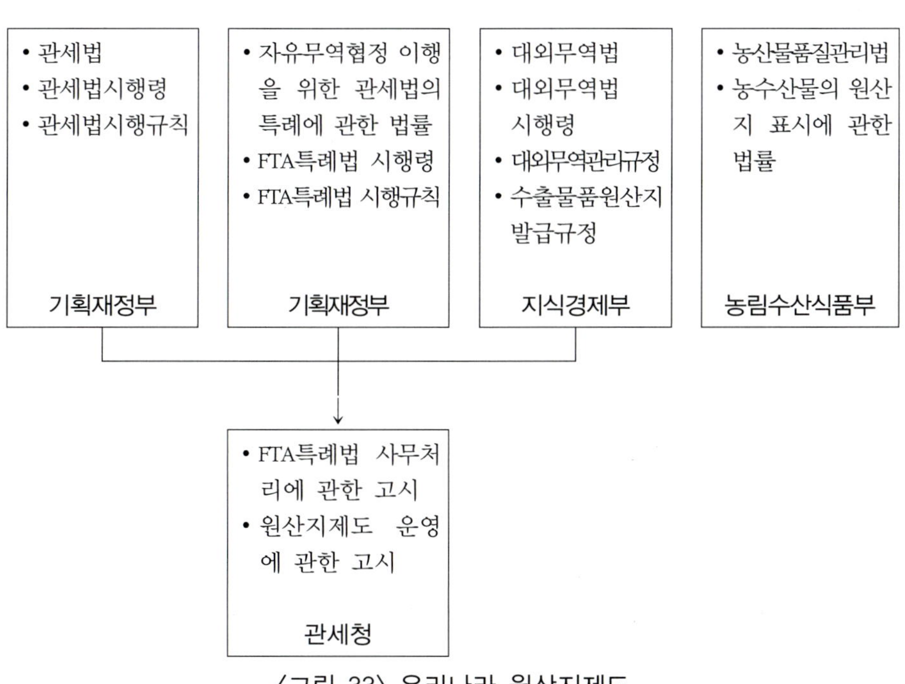

〈그림 33〉 우리나라 원산지제도

대한민국 영토 내에서 채굴한 광물, 대한민국 영토 내에서 수획된 농·임산물, 사육·생산된 축산물, 포획물, 대한민국 영해에서 포획 또는 채취한 수산물, 대한민국 영해 밖의 해상이나 지층에서 채취한 광물 및 수산물. 단, 대한민국이 당해 해상이나 지층개발 전유권이 있는 경우에 해당, 공해상에서 대한민국 국기를 달고 있는 선박이 포획한 수산물(가공물), 대한민국에서 생산된 재료를 사용하며 가공, 제조한 물품, 외국산 원자재를 사용하여 가공, 생산된 물품으로서 가공과정에서 새로운 상품적 특성이 부여된 물품

가. 원산지 증명서의 종류

- 일반(상공회의소) 원산지 증명서 ; 상공회의소의 규격양식으로 발행한 일반 원산지 증명서를 뜻한다. 세관이나 정부기관에서 발급하는 국가도 있지만, 전 세계적으로 상공회의소에서 발행하는 것이 일반적이다. 상공회의소에서는 웹인증시스템과 EDI를 이용하여 전자문서로 원산지증명서를 발급하고 있다.
- 수출자(제조업자)원산지 증명서 ; 수입자의 요청에 의하여 수출자 또는 제조업자가 자체양식으로 작성한 원산지증명서로서, 상공회의소 양식과 상이하게 작성하되 원산지증명서의 중요한 항목은 빠짐없이 기재한 후 수출자(제조업자)가 서명하여 상공회의소 인증을 득한 후 송부한다. 웹인증시스템을 이용할 수 없는 서류이므로 직접 상공회의소를 방문하여 발급받아야 한다.
- 특정국 원산지 증명서 ; 상공회의소의 소정양식이 아닌 특정국의 특정양식에 요청하는 원산지증명서를 말한다. 상공회의소 웹인증시스템에서 지원하는 특정국 서식을 선택하여 신청하면 편리하다. 웹인증시스템에 누락된 특정국의 원산지증명서 양식은 매수인에게 문의하여 서식을 송부받아 사용하는 것이 좋다. 이 경우에는 상공회의소를 방문하여 발급받아야 한다.
- 남북교역물품 원산지증명서 ; 2003년 7월 31일에 채택한 "남·북 사이에 거래되는 물품의 원산지 확인절차에 관한 합의서"에 따라 북한으로 반출되는 물품에 대하여 발행하는 것으로 원산지증명서는 한글 또는 한글과 영문을 함께 표기할 수 있고 전국상공회의소 및 세관에서 발급한다. 반출승인을 요하는 품목에 대해서는 통일부장관의 승인을 받아야 하며, 승인받은 사항을 변경하고자 할 경우에도 또한 같다. 남북교역물품 원산지증명을 발급받기 위한 원산지증명서 용지는 상공회의소에서 무료로 배포하며 구비서류와 함께 원산지증명에 필요하다고 인정되는 별도의 자료를 요청할 수 있다.
- 제3국 원산지증명서 ; 교오또협약 원산지증명서류에 관한 부속서(D2) 10조에 의거, 물품의 원산국으로부터 수입하여 제3국으로 수출하거나 중개무역일 경우, 물품 원산지에서 발행한 원산지증명서를 기초로 원산국 원산지증명서를 재발행할 수 있다. 제3국 원산지증명서 발급신청은 웹인증시스템을 이용하여 일반원산지증명서 "country of origin" 항에 실제 원산지국명(예: The people's republic of china)을 정확히 기재하여 발급받을 수 있다.

▸상공회의소 인증신청 시 구비서류 ; 증명서 발급신청서, 인증받고자 하는 서류 및 사본, 수출자 원산지증명서 요청사항에 대한 내용이 기재된 신용장 사본, 수출신고필증 사본

▸상공회의소 인증신청 시 구비서류 ; 수출신고필증 사본, 증명서 발급신청서, 인증받고자 하는 서류 및 사본

▸상공회의소 인증신청 시 구비서류 ; 수출신고필증(반출신고서) 원본 또는 사본 1부, 송품장 또는 계약서, 기타 원산지확인에 필요하다고 인정되는 서류

▸상공회의소 인증신청 시 구비서류 ; 원산국 원산지 증명서, 사유서(선적지와 원산지가 상이한 경우) 1부

- 관세양허 원산지증명서 ; 관세특혜를 받기 위한 원산지증명서로 시, 도에서 발급되던 것을 2003년 3월 1일부터 상공회의소 및 세관에서 발급하고 있다. 종류는 GSP, GSTP, GATT, APTA 원산지증명서이며, 웹인증시스템으로 발급된다.
- FTA 원산지증명서 ; FTA(자유무역협정)에 의해 발급되는 원산지증명서로 한국은 2004년 4월 1일 한・칠레 FTA를 시초로 발급되고 있다. FTA 원산지증명서는 협정국간 저율관세 및 무관세 혜택을 적용받는 특혜관세 원산지증명서로 협정국별 양식이 상이하므로 웹인증시스템을 이용하며, 협정에서 정해진 발급방식에 따라 기관의 인증을 받거나 또는 자율발급하여 송부하여야 한다.

나. 원산지 증명서 작성 요령

① Exporter ; 수출자의 상호명, 주소, 국가를 기재한다. 신청서 상 신청자와 수출자는 반드시 일치하여야 한다. 신용장 또는 계약서상에 'exporter' (seller, shipper)'를 별도로 지정한 경우에는 "on behalf of"를 사용하여 기재할 수 있으며 이 경우 관련 신용장 또는 계약서를 제출하여야 한다.

> Jane Doe Hong Kong Ltd.(지정업체)
> on behalf of Hong Kil Dong Co., Ltd.(수출업체) Seoul, Korea
> * 수출업체(한국업체)의 주소 및 국가명은 반드시 기재하여야 한다.

② Consignee ; 수탁자명을 기재하며 신용장거래일 경우 일반적으로 수탁자는 신용장 개설은행이지만 수입자가 될 수도 있다. 신용장 상에 "to our order"라고 지시된 경우, "our"는 신용장 개설은행을 지칭하는 것이므로 반드시 신용장 개설은행명을 기재하여야 한다.

만일 "to our order"라고 신용장에 있는 대로 원산지증명서 상에 기재하면 수화인은 상공회의소가 되기 때문이다. 신용장이나 선수출계약서(D/A, D/P)상에 수하인을 매수인으로 별도 명시하도록 요구하지 않았을 경우에는 운송서류인 선화증권이나 항공화물상환증권의 내용을 참조하여 기재한다.

선화증권의 경우	To Order / To the Order of Bank of America To the Order of Jane Doe Hong Kong Ltd.
항공화물상환증권의 경우	Bank of America
	Jane Doe Hong Kong Ltd.

(별지 제1호 서식)

원산지증명서 발급신청서 견 본

(사업자등록번호 : 104-82-03590)

1.반출신고번호(신고수리일) : 2003. 9. 27

2.송하인(상호,주소,국가) : 홍길동(주), 대한민국 서울시 중구 남대문로 4가45

3.수하인(상호,주소,국가) : 갑순무역회사, 조선 민주주의 인민공화국 평양

4.생산자(상호,주소,국가) : 홍길동(주), 대한민국 서울시 중구 남대문로 4가 45

5.생산장소 : 홍길동(주), 대한민국 서울시 중구 남대문로 4가 45

6.운송수단, 경로 및 선적일 : 선적항/동해, 도착항/원산, 선적일/2003. 9. 28/선명/장항호

7. 반출물품 내역

연번	HS번호	포장의 수 및 종류	품 명	수 량	총중량
1	7117.19.1000	10박스 종이상자	모조악세사리 (귀걸이, 목걸이)	200개	50KG

8. 원산지 기준(해당란에 ○로 표시할 것)

ㅇ 완전생산 기준 ( )

-생산지역(선박명, 제조·가공내용) : ______

ㅇ 실질변형 기준 (ㅇ)

- 사용원재료 내역

연번	HS번호	품 명 · 규 격	수 량	원산지	수입신고번호
1	4303	BRASS	40KG	중국	12345

※ 국내에서 구입하여 생산한 물품의 경우 구입원재료 내역기재

ㅇ 촬영된 영화용 필름, 부속품·예비부분품, 공구, 포장용품 ( )

-제작자 국적(기계·기구·차량 및 내용품 등 원산지) : ______

붙임 : 원산지 기준 증빙자료(생산입증자료, 수입신고필증, 구입증명자료, 공정명세서 등)

상기물품에 대하여 『남북교역물품의원산지발급에관한고시』 제7조에 의거 원산지증명서 발급을 신청합니다.

2003 년 9 월 26 일

신청자 홍길동 

③ Country of Origin ; 해당상품의 원산지국명을 기재한다. 한국에서 생산 또는 제조된 물품인 경우에는 "The Republic of Korea"라고 기재하여야 한다. 원산지를 명확하게 기재하지 않은 경우(예: R.O.K, South Korea, Korea, Republic of South Korea 등)에는 발급이 되지 않는다. 원산지가 한국이 아닌 경우에는 제3국의 원산지를 명확하게 기재하여야 한다.

④ Transport details ; 상품의 선적지(국명, 지명), 최종도착지(경유지가 있는 경우에는 경유지도 기재), 선박 또는 항공기 등 운송수단의 명칭, 선적일자 등을 기재한다.

from	to	by	on
Busan, Korea	Jeddah, K. S. A	Kindia 021W	Jan 10, 2006

선적일정이 결정되지 않았을 경우에는 "by sea freight" 또는 "by air freight" 등으로 기재하며 선적 일의 경우에는 "on or about"라고 표기한 후 예상 선적일을 기재한다.

From	Busan, Korea
To	Jeddah, K.S.A.
By	Seafreight
On or about Jan 1, 2006	

⑤ Remark ; 원산지증명서상의 항목 외에 추가사항을 표기하는 항으로 신청자가 자유롭게 기재할 수 있다. 추가사항 기재 시, 기재내용의 제목을 명기하여야 한다. 기재사항이 없는 경우에는 아무 것도 기재하지 않아도 된다.

Buyer	Alamo Co., Ltd.
	350 Fifth Avenue Suite 8020
	New York, N.Y. 10118 U.S.A.
	Invoice No. &Date : ABC 12-1, Jan 6, 2006
	L/C No. &Date : HKBC0102, Dec 1, 2005

⑥ Marks &numbers ; 당해 화물의 포장표면 또는 용기 등에 표시된 화물마크 및 화물번호를 기재하며 컨테이너선적 등으로 특별한 마크가 없을 경우에는 "in container", 특수포장 없이 선적된 경우에는 "in bulk" 또는 "no mark(N/M)", 우편발송인 경우에는 "as addressed"라고 기재하는 등 포장명세서에 기재된 내용과 동일하게 표기하여야 한다. 상품의 명세는 정확하게 표기하여야 하며 수출신고필증 등에 기재된 내용과 일치하여

야 한다. 포장상품의 개수 및 종류와 상품명세를 기재한다. 기재내용이 많아 1장의 서식만으로 작성이 어려운 경우에는 소정의 지서식을 사용하여 작성할 수 있으며 이 경우 기재란 하단부(6항 하단부)에 다음 예와 같이 표기한다.

To be continued/page 1, To be continued/page 2, … End of page/page X

상품명세를 모두 기재한 후에는 사선(//////)으로 마감한다.

▸ 원산지증명서 양식 구입 1권당 100매 : 4,400원

⑦ Quantity ; 상품의 수량 및 무게(중량) 등을 기재한다. 상품의 수량단위(piece, set, dozen, metric ton, yard, meter 등)를 정확하게 기재하여야 하는데 수량단위란 상품의 단가를 결정하는 기준단위를 말하며 원산지증명서의 수량단위와 상업송장상의 단가 기준단위는 일치하여야 한다. 상품이 무게로서 단가가 결정되는 경우에는 반드시 순중량(net weight), 총중량(gross weight)을 동시에 표기한다. 상품이 여러 종류일 경우에는 하단부에 합계를 기재하여야 한다. 무게로서 단가가 결정되는 상품이 아닌 경우에도 상품의 총중량을 기재하면 통관 상 유리하다. 수량을 기재한 후에는 사선(////)으로 마감한다.

⑧ Declaration by the Exporter ; 수출자(신청업체)가 3항의 원산지국가에서 생산 또는 제조하였다는 사실을 선서하는 난으로 서명등록 시 상공회의소에 등록된 서명권자의 서명과 서명자의 영문성명, 직위 등을 기재한다. 을지서식을 사용하였을 경우에는 을지에도 동일한 서명이 있어야 한다. 서명고무인을 등록하였을 경우에는 고무인으로도 가능하나, 고무인에 서명자의 영문성명, 직위 등이 없을 경우에는 이를 추가로 기재하여야 한다. 상공회의소 발급자의 실서명을 요구할 경우에는 특별한 경우를 제외하고는 고무인을 사용하지 말고 등록한 서명권자가 실 서명하여야 한다.

⑨ Certification ; 상공회의소의 공증인 및 발급번호가 부여되는 란이므로 공란으로 신청하여야 하며 동란이 훼손될 경우, 증명서가 발급되지 않는다.

다. 원산지 증명서 신청 및 발급절차

• 일반원산지 증명서 발급절차

① 서명등록 ; 무역서류를 인증받기 위한 기초단계로, 상공회의소법과 제반 의무사항을 성실히 이행할 것과 사실에 입각한 진실된 서류를 작성하겠다는 서약을 담은 서명과 인장을 등록하는 절차다. 상공회의소에서 제반서류를 인증받기 위해서는 반드시 필요한 절차다(유효기간 : 1년).

서명등록 시 구비서류 ; 서명등록서 및 등록서명(http://cert.korcham.net 에서 다운), 사업자등록증 사본, 인감증명서 원본(6개월 이내 발급), 전국기업현황조사표(http:// cert.korcham.net에서 다운),
※ 서명등록업체 확인은 본 홈페이지 [서명등록업체확인]을 참조.

② 전자무역용 공인인증서 준비 ; 웹인증시스템은 보안을 위하여 전자무역용 공인인증서가 필수사항이다. 기존에 전자무역용 공인인증서를 구비하지 않은 업체는 공인인증기관에서 전자무역용 또는 범용 공인인증서를 발급받아야 한다(유효기간 : 1년).

③ 웹인증시스템 로그인 ; 웹 등록은 서명등록 및 공인인증서 발급을 필한 업체만 가능하다. 인증시스템은 등록한 대표ID(사업자번호), 서브ID, 비밀번호를 입력하여 로그인한다. 업체의 대표ID는 사업자등록번호로 자동부여되며, 사용자는 별도의 서브ID와 비밀번호를 등록하여야 한다. 법인업체의 경우 사업부문별로 여러 개의 서브ID를 등록할 수 있으며, 등록한 서브ID는 상공회의소 관리자의 사용승인 후에 이용할 수 있다.

④ 웹증명서 작성 ; 웹인증시스템에서 발급받고자 하는 서류의 신청서식을 선택하여 데이터를 입력하고 증명발급 신청을 한다. 관세양허 원산지증명서는 기준별사실신고서도 반드시 함께 작성하여 신청한다. 신청서 송신 시 공인인증서가 필요하므로 미리 전자무역용 공인인증서를 발급받아야 한다.

⑤ 상공회의소 인증 ; 웹인증시스템으로 신청된 서류는 수출신고내용과 동일한지, 입력내용에 이상을 확인하고 이상이 없다고 판단되면 즉시 발급된다. 만약 내용에 이상이 있는 경우는, SMS 또는 웹인증시스템을 이용하여 오류통보내역이 전달된다. 이 내역을 확인하고 수정하여 재송신하면 발급이 가능하다.

⑥ 원산지증명서 양식 구입 ; 원산지증명서는 다운받아 사용할 수 없는 한반도 무늬의 연녹색 양식으로 무역서식센타(전화 : 02-778-7003) 등 지정된 양식판매에서 구입하여 사용하여야 한다.

⑦ 승인된 원산지증명서 출력 ; 컬러레이저(또는 잉크젯)프린터를 이용하여 지정된 양식에 승인받은 원산지증명서를 출력하여야 한다. 원산지증명서는 'reference no.와 code' 그리고 상공회의소 인증인, 발급자서명, 발급일자 등이 동봉되어 발송된다. 비회원업체는 상공회의소 웹인증시스템 온라인결제에서 수수료를 결제한 후에 출력 가능하다.

▸전자무역 공인인증 시 구비서류 : 공인인증신청서, 법인인감증명서 원본(6개월 이내 발행분), 사업자등록증 사본, 신청대리인 신분증 사본

▸원산지증명서 신청 시 구비서류 : 수출신고필증 사본, 증명서발급 신청서, 인증을 받고자 하는 서류 및 사본

• 수출자(제조업자) 및 특정국 원산지증명서

① 서명등록 ; 일반 원산지증명발급 과정의 서명등록 단계와 등록절차와 유효기간이 동일하다.

> 서명등록 시 구비서류 ; 사업자등록증 사본, 인감증명서 원본(6개월 이내 발급), 전국기업현황 조사표(http://cert.korcham.net 에서 다운),
> ※ 서명등록업체 확인은 본 홈페이지 [서명등록업체확인]을 참조.

② 원산지증명서 작성 ; 바이어가 수출자 발행 원산지증명서에 상공회의소 인증을 요구할 경우, 수출업체는 레터용지에 문서명(manufacturer certificate of origin)을 명시한 후 내용을 기재하고, 등록하신 서명을 날인한다. 특정국 원산지증명서는 일반원산지증명서 발급절차와 동일하게 웹인증시스템을 이용한다. 그러나 웹인증 시스템에서 지원되지 않는 특정국 양식은 바이어에게 특정양식을 받아 직접 제작 및 작성하여야 한다.

③ 원산지증명서 신청 ; 본 홈페이지에서 "증명서발급 신청서"를 다운로드하여 작성하고 등록 인감을 날인 후 인증을 받고자 하는 서류 및 사본과 함께 접수한다.

④ 상공회의소 인증 ; 상공회의소는 접수된 서류의 인장 및 서명이 업체가 서명등록한 것과 일치하는지 확인하고, 제출서류의 내용에 이상이 없으면 즉시 발급한다.

• 제3국 원산지증명서 ; 제3국 원산지증명서는 일반 원산지증명서 발급절차와 동일하다. 다만 3번 항 원산지국가를 기재하는 란에 제3국(중국의 경우 the people's republic of china)으로 기재하여 발급받으면 된다. 제3국 원산지증명서는 원산국의 원산지증명서(사본)를 제출하여야 발급이 가능하다.

• 남북교역물품 원산지증명서 ; 남북교역물품 원산지증명서는 일반원산지증명서 발급절차와 동일하다. 웹인증시스템의 신청서식에서 남북교육물품 원산지증명서를 선택하여 작성한 후 신청한다. 남북교육물품 원산지증명서는 한글 또는 영문으로 작성할 수 있다.

① 서명등록 ; 일반 원산지증명발급 과정의 서명등록 단계와 등록절차와 유효기간이 동일하다.

서명등록 시 구비서류 ; 서명등록서 및 등록서명(cert.korcham.net 에서 다운), 사업자등록증 사본, 인감증명서 원본(6개월 이내 발급), 전국기업현황 조사표(http://cert. korcham.net 에서 다운),
※ 서명등록업체 확인은 본 홈페이지 [서명등록업체확인]을 참조.

② 남북원산지증명서 작성 ; 홈페이지에서 "남북교역물품 원산지증명서 발급신청서"를 다운받아 작성하고, 상공회의소를 방문하여 "남북교역물품 원산지증명서"양식을 수령하여 한글 또는 영문으로 작성한다.

라. 원산지증명서 작성 시 유의사항

원산지증명서는 웹인증시스템과 EDI시스템을 이용하여 발급받을 수 있다. 다만, 수출자(제조자) 원산지증명서와 특정국(특정양식)의 원산지증명서는 웹지원이 불가능하므로 상공회의소를 직접 방문하여 발급받아야 한다.

▸원산지증명서 발급수수료 : 일반 및 기타 원산지증명서 ; 회원(무료), 비회원(5,000원)
남북교역물품 원산지증명서 ; 회원(무료), 비회원(무료)

원산지증명서발급 시에는 원산지를 증명할 수 있는 근거서류를 제출하여야 한다. 현재 근거서류로 수출신고필증을 받고 있으며, 제3국 원산지 상품인 경우, 원산국에서 발급받은 원산지증명서(사본)을 제출하여야 발급받을 수 있다. 웹인증시스템과 EDI시스템에서 근거서류의 제출은 팩스 또는 파일을 이용하여야 하며, 수출신고필증은 신청 시 수출신고필증번호의 입력으로 이를 갈음할 수 있다. 일반적으로 원산지증명서 발급은 선적일 전・후 30일 이내에 발급받으면 된다. 이 기간이 경과한 경우에는 지연사유서를 첨부하여 발급받아야 한다. 원산지증명서를 발급받은 이후에는 수정이 불가하다. 수정할 사항이 발생한 경우에는 새로이 작성하여 재발급 받아야한다. 이때에는 재발급 신청일로 발행이 되며, 발급번호도 새로운 번호로 부여되고 수수료를 재차 납부해야 한다. 단, 주한대사관의 영사인증을 받은 원산지증명서의 경우에는 업체의 비용 및 시간절약을 위해 예외적으로 정정하여 주고 있다. 원산지증명서의 내용에 이상이 있거나, 위조의 징후가 발견되었을 경우에는 본 홈페이지 "증명서 조회" 및 영문 대한상공회의소 홈페이지에서 'reference no.'와 'code'로 발급내역을 확인할 수 있다. 원산지증명서 발급내용은 상공회의소에서 2년간(특혜원산지증명서 3년, 남북원산지증명서 5년) 보관된다.

• 원산지 증명서 정정(Correction) ; 기 발급된 원산지증명서의 사후정정은 공증문서 발급규정상 원칙적으로 불가하지만, 주한대사관의 영사인증을 받은 원산지증명서의 경우에는 업체의 비용 및 시간절약을 위해 예외적

으로 정정하여 주고 있다. 정정이 가능한 내용은 선적 관련 사항변경 및 오타정정의 경우에 한정하고 있으며 이 경우에도 세 군데 이상의 정정은 불가능 하다. 수출자, 원산지, 품명, 수량 등은 어떠한 경우에도 정정이 불가능하다. 정정내용은 증명서의 발급번호와 정정내용 및 문제발생 시 업체가 전적인 책임을 지겠다는 각서 조항 등의 문서를 첨부하여 신청하여야 한다. 정정 시에 추가적인 수수료는 없다.

• 수입물품의 원산지에 관한 문의 기관

원산지 결정 및 표시관련 문의	관세청 종합상담센타 (전화 : 국번 없이 1577-8577)
원산지표시를 위한 원산지 결정	지식경제부 수출입과 (전화 : 02-2110-5336,5332)
원산지표시 적정성 사전판정	관세청 공정무역과 (전화 : 042-481-7903)
관세특혜 대상 여부 결정	관세청 공정무역과 (전화 : 042-481-7903)
북 교역 관련 원산지 결정	통일부 교역과(전화: 02-3703-2363~4)

수출물품의 원산지 결정은 상대국의 원산지기준에 따라야 하므로 상대국 세관 또는 바이어를 통하여 세목별로 원산지 기준을 확인하여 결정한다.

•원산지 증명서

수출물품 제조확인서

1. 수출업체

업체명 (영문회사명)	사업자 등록번호	대표자 (담당자)	전화번호 (FAX 번호)	주 소

2. 제조업체 : 수출업체과 동일할 경우 “상동” 으로 표기

업체명 (영문회사명)	사업자 등록번호	대표자 (담당자)	전화번호 (FAX 번호)	주 소

3. 수출품

상품명		HS 부호	
수출신고번호		원산지증명서발급번호	
상품설명			
생산지(주소)			
수입업체 및 수입국			

* 상품설명은 어디에 쓰이고 어떻게 활용되는지 간단하게 기술

ex) DPF : 디젤자동차에 부착하여 배기가스를 걸러주는 필터 역할을 하는 것

4. 수출품의 제조공정 및 주요 사용부품

수입부품·원료		제조 공정 설명
사용비율	HS 부호	

* 수입부품 · 원료의 사용비율은 %로 표시하고, HS 부호는 주요 수입부품 · 원료 2~3개를 기재

* 제조공정설명란에는 주로 사용한 부품과 국내에서 어떤 공정을 하였는지를 기술

ex) DPF : 수입산 촉매와 한국산 실린더를 용접 · 헤밍작업을 하여 틀을 만들고, 배기가스 센서를 부착, 시험검사와 내구성 테스트를 한 후 출시

작성자 회사명 : 직위(급) : 성명 : (인)

1. Exporter (Name, address, country) HONG KIL DONG CO., LTD. 45, NANDAEMUN-RO 4GA, JUNG-GU, SEOUL 100-748 KOREA	Reference No. 001-10-0197651 Reference Code. 0d80-b1be **ORIGINAL** **CERTIFICATE OF ORIGIN** issued by THE KOREA CHAMBER OF COMMERCE & INDUSTRY Seoul, Republic of Korea
2. Consignee (Name, address, country) SANG KONG MOTORS UKRAINE LTD. WITH IT PRINCIPAL ADDRESS AT 2-A ELECTRIKOV STR., 0001 KYIV, UKRAINE	3. Country of Origin THE REPUBLIC OF KOREA
4. Transport details FROM : BUSAN PORT, KOREA TO : ILLICHEVSK, UKRAINE BY : HANJIN XIAMEN 00??W ON OR ABOUT : AUG 29, 2009	5. Remarks L/C NO. 010000H410 INVOICE NO. HKD002-5 Invoice number & date : HKD07-0100 & 2009-10-28

6. Marks & numbers; number and kind of packages; description of goods			7. Quantity
KIL DONG MOTORS UKRAINE LTD. AT 2-A ELECTRIKOV STR., 0001 KYIV, UKRAINE	Ultrasonic fish finders Ultrasonic fish finders	[illegible]SET 80KG 81KG [illegible]PCS 80KG 81KG 20PC	

8. Declaration by the Exporter The undersigned, as an authorized signatory, hereby declares that the above-mentioned goods were produced or manufactured in the country shown in box 3. (Signature) K. D. Hong. (Name) PRESIDENT HONG KIL DONG	9. Certification The undersigned authority hereby certifies that the goods described above originate in the country shown in box 3 to the best of its knowledge and belief. THE KOREA CHAMBER OF COMMERCE & INDUSTRY 대한상공회의소 Manager KYUNG-SOOK LEE 29 MAR 2010 Authorized Signatory

※Identify the authenticity of certificate for verification with the website.(http://cert.korcham.net/search)

• 관세양허 원산지 증명서(GSP)

1. Goods consigned from (Exporter's business name, address, country)

HONG KIL DONG CO., LTD.
45, NAMDAEMUN-RO 4GA, JUNG-GU, SEOUL
100-748 KOREA

Reference No. 001-10-0197694
Reference Code. ce1c-17dc

ORIGINAL

GENERALIZED SYSTEM OF PREFERENCES
Certificate of Origin
(Combined declaration and certificate)
FORM A

Issued in THE REPUBLIC OF KOREA
(Country)

See notes overleaf

2. Goods consigned to (Consignee's name, address, country)

SANG KONG INC 1001 YAMASKA
STREET EAST FARNHAM QC
J4N4T7 CANADA

3. Means of transport and route (as far as known)

FROM : KWANGYANG, KOREA
TO : FARNHAM, QC, CANADA
BY : SEA
ON : 14 JAN. 2009

4. For official use

ISS[illegible] RET[illegible]ECTIVELY

5. Tariff item number	6. Marks and numbers of packages	7. Number and kind of packag[illegible]ription[illegible]	8. Origin criterion (see notes overleaf)	9. Gross weight or other quantity	10. Number and date of invoices
3907.20-2000	AS PER LABEL	POLYPROP[illegible]YCOL [illegible]ETER POL[illegible]50S (COPOLYMER PO[illegible] 1V[illegible] 21.[illegible]T 21500KGS 21500KGS	F (84.55 %)	21500KGS	HKD-080418/2009-01-02

End Of Page...

11. Certification

It is hereby certified, on the basis of control carried out, that the declaration by the exporter is correct.

Manager
KYUNG-SOOK LEE

29 MAR 2010

SEOUL KOREA
Place and date, signature and stamp of certifying authority

12. Declaration by the Exporter

The undersigned hereby declares that the above details and statements are correct; that all the goods were

produced in THE REPUBLIC OF KOREA
(country)

and that they comply with the origin requirements specified for those goods in the Generalized System of Preferences for goods exported to

CANADA
(importing country)

PRESIDENT HONG KIL DONG

SEOUL KOREA 29 MAR 2010
Place and date, signature of authorized signatory

※ Identify the authenticity of certificate for verification with the website.(http://cert.korcham.net/search)

• 관세양허 원산지 증명서(GATT)

1. Goods consigned from (Exporter's business name, address, country)
HONG KIL DONG CO., LTD.
45, NAMDAEMUN-RO 4GA, JUNG-GU, SEOUL
100-743 KOREA

Reference No. 001-10-0197717
Reference Code. 8407-80ad

ORIGINAL

PREFERENTIAL ARRANGEMENTS AMONG DEVELOPING COUNTRIES NEGOTIATED IN GATT

Certificate of Origin
(Combined declaration and certificate)

Issued in THE REPUBLIC OF KOREA
(Country)

See notes overleaf

2. Goods consigned to (Consignee's name, address, country)
SANG KONG KIMYA SAN. VE TIC. A.S.
ATATURK MAH. NO. 45 ULUCAK
KEMALPASA 35171
IZMIR, TURKIYE

3. Means of transport and route (as far as known)
FROM : BUSAN, KOREAN PORT
TO : IZMIR, TURKIYE
BY : SEA
ON : 29 JAN. 2010

4. For official use
ISSUED RE SPECTIVELY

SAMPLE

5. Tariff item number	6. Marks and numbers of packages	7. No. & kind of packages: de ion of g	8. Origin iterion (see notes overleaf)	9. Gross weight or other quantity	10. Number and date, of invoices
3404.90.1030	N/M	HIGH DE OLYETH ETH WAX FLAKE TY GRA (HOPE WAX) PROF RMA INVOICE NO 3 BD 080808 REDIT NUMBER : 658 10080005 * WE CERTIFY THAT THE GOOD ARE OF KOREAN ORIGIN End Of Page...	"Y" LESS THAN 50%	15.150MT	HKD-080417 02. JAN. 2009

11. Certification
It is hereby certified, on the basis of control carried out, that the declaration by the exporter is correct.

Manager
KYUNG-SOOK LEE

29 MAR 2010

Place and date, signature and stamp of certifying

12. Declaration by the Exporter
The undersigned hereby declares that the above details and statements are correct; that all the goods were

produced in THE REPUBLIC OF KOREA
(country)

and that they comply with the origin requirements specified for those goods in the Generalized System of preferences for goods exported to

TURKIYE
(importing country)

SEOUL, KOREA 29 MAR 2010
PRESIDENT HONG KIL DONG

Place and date, signature of authorized signatory

※Identify the authenticity of certificate for verification with the website.(http://cert.korcham.net/search)

• 관세양허 원산지 증명서(APTA)

Asia-Pacific Trade Agreement

(Combined declaration and certificate)

1. Goods consigned from: (Exporter's business name, address, country) HONG KIL DONG CO., LTD. 45, NAMDAEMUN-RO 4GA, JUNG-GU, SEOUL 100-743 KOREA	Reference No. 001-10-0197729 ORIGINAL Reference Code. 5c43-448e **CERTIFICATE OF ORIGIN** **Issued in** THE REPUBLIC OF KOREA (country)
2. Goods consigned to (Consignee's name, address, country) SANG KONG GAOQIAO BASF DISPERSIONS CO., LTD. NO. 11 LANE 1000 PUDONG BEI ROAD. SHANGHAI, P.R.CHINA 200589	3. For official use ISSUED RETROSPECTIVELY
4. Means of transport and route (as far as known) FROM : ULSAN PORT IN KOREA TO : NINGBO, CHINA BY : OOCL ATLANTA 27W08 ON : 02 FEB. 2009	

5. Tariff item number	6. Marks and number of Packages	7. Number and kind of packages/description of goods	8. Origin criterion (see notes overleaf)	9. Gross weight or other quantity	10. Number and date of invoices
3906.19-0000	N/M & N/N	COPOLYMERS ...MERS ... 000 181.620	B (50.983 %)	181.620	HKD-090129/2009-01-29
//////////	//////////	//////////////////////	//////////	//////////	//////////
		End Of Page ...			

11. Declaration by the exporter: The undersigned hereby declares that the above details and statements are correct: that all the goods were produced in THE REPUBLIC OF KOREA (Country) and that they comply with the origin requirements specified for those goods in the Asia-Pacific Trade Agreement for goods exported to THE PEOPLE'S REPUBLIC OF CHINA (importing Country) K. D. Hong SEOUL, KOREA 29 MAR 2010 PRESIDENT HONG KIL DONG Place and date, signature of authorised Signatory	12. Certificate It is hereby certified on the basis of control carried out, that the declaration by the exporter is correct. THE KOREA CHAMBER OF COMMERCE & INDUSTRY 대한상공회의소 Manager KYUNG-SOOK LEE 29 MAR 2010 Place and date, signature and Stamp of Certifying Authority

※ Identify the authenticity of certificate for verification with the website.(http://cert.korcham.net/search)

• 관세양허 원산지 증명서 (Exporter's statement of Origin)

EXPORTER'S STATEMENT OF ORIGIN

I certify that the goods described in this invoice or in the attached invoice No. HK-030210 were produced in the beneficiary country of and that at least 65 per cent of the ex-factory price of the goods originates in the beneficiary country/countries of The Republic of Korea.

KIL DONG HONG / PRESIDENT

Name and title

HONG KIL DONG CO., LTD
45, Namdaemun-Ro 4Ga, Jung-gu Seoul, 100-743 Korea

Corporation name and address

Tel: 82-2-777-8888 Fax : 82-2-777-8888

Telephone and fax numbers

HONG KIL DONG CO., LTD

PRESIDENT HONG KIL DONG 10. 10. 2003

Signature and date(day/month/year)

• FTA 공통서식(원산지소명서)

[별지 제1호의2서식] 〈개정 2010.12.31〉 (국문 앞쪽)

<table>
<tr><th colspan="8">원 산 지 소 명 서</th></tr>
<tr><td rowspan="3">1.수출자</td><td colspan="2">상 호</td><td colspan="2"></td><td colspan="2">사업자등록번호</td><td></td></tr>
<tr><td colspan="2">대표자(성명)</td><td colspan="2"></td><td colspan="2">전 화 / 팩 스</td><td></td></tr>
<tr><td colspan="2">주소(전자주소)</td><td colspan="5"></td></tr>
<tr><td rowspan="3">2.생산자</td><td colspan="2">상 호</td><td colspan="2"></td><td colspan="2">사업자등록번호</td><td></td></tr>
<tr><td colspan="2">대표자(성명)</td><td colspan="2"></td><td colspan="2">전 화 / 팩 스</td><td></td></tr>
<tr><td colspan="2">주소(전자주소)</td><td colspan="5"></td></tr>
<tr><th colspan="8">물 품 명 세</th></tr>
<tr><td colspan="2">3.품명/규격</td><td colspan="3"></td><td colspan="2">4.HS No.</td><td></td></tr>
<tr><td colspan="2" rowspan="2">5.물품가격</td><td>가격조건</td><td colspan="2">FOB ( ), Ex-Works ( )</td><td colspan="2" rowspan="2">6.원산지결정기준</td><td rowspan="2"></td></tr>
<tr><td>금 액</td><td colspan="2"></td></tr>
<tr><td colspan="2">7.주요생산공정</td><td colspan="6"></td></tr>
<tr><th colspan="8">원 재 료 명 세 서</th></tr>
<tr><td rowspan="2">8.연번</td><td rowspan="2">9.재료명</td><td rowspan="2">10.HS No.</td><td rowspan="2">11.원산지</td><td colspan="3">12.가 격</td><td rowspan="2">13.공급자
(생산자)</td></tr>
<tr><td colspan="2">수 량</td><td>가 격</td></tr>
<tr><td></td><td></td><td></td><td></td><td colspan="2"></td><td></td><td></td></tr>
<tr><td></td><td></td><td></td><td></td><td colspan="2"></td><td></td><td></td></tr>
<tr><td></td><td></td><td></td><td></td><td colspan="2"></td><td></td><td></td></tr>
<tr><td></td><td></td><td></td><td></td><td colspan="2"></td><td></td><td></td></tr>
<tr><td></td><td></td><td></td><td></td><td colspan="2"></td><td></td><td></td></tr>
<tr><td colspan="2" rowspan="3">14. 합 계</td><td colspan="2">원산지재료(국산)</td><td colspan="2" rowspan="3"></td><td></td><td rowspan="3"></td></tr>
<tr><td colspan="2">비원산지재료(수입산)</td><td></td></tr>
<tr><td colspan="2">합 계</td><td></td></tr>
<tr><th colspan="8">원 산 지 인 정 요 건 검 토</th></tr>
<tr><td colspan="2">15.완전생산기준충족여부</td><td colspan="2">예 □ 아니오 □</td><td colspan="2">16.세번변경기준 충족여부</td><td colspan="2">예 □ 아니오 □</td></tr>
<tr><td colspan="2">17.부가가치기준충족여부</td><td colspan="2">예 □ 아니오 □</td><td colspan="4">(부가가치비율 : %)</td></tr>
<tr><td colspan="2">18.세번변경기준과 부가가치기준 동시 적용 품목</td><td colspan="2">예 □ 아니오 □</td><td colspan="2">19.최소기준 적용여부</td><td colspan="2">예 □ 아니오 □</td></tr>
<tr><td colspan="2">20.누적기준 적용여부</td><td colspan="2">예 □ 아니오 □</td><td colspan="2">21.역외가공기준 적용여부</td><td colspan="2">예 □ 아니오 □</td></tr>
<tr><td colspan="2">22.직접운송 여부</td><td colspan="2">예 □ 아니오 □</td><td colspan="2">23.기 타</td><td colspan="2">예 □ 아니오 □</td></tr>
<tr><td colspan="2">24.원산지 결정</td><td colspan="3">충 족 ( )</td><td colspan="3">불충족 ( )</td></tr>
<tr><td colspan="8">( ) 자유무역협정과 「자유무역협정의 이행을 위한 관세법의 특례에 관한 법률 시행규칙」에 따라 작성·제출합니다.

작 성 자 : (서명)
직 위 :
상 호 및 주 소 :
작 성 일 자 :</td></tr>
</table>

210mm×297mm(신문용지 54g/m²(재활용품))

•FTA 공통서식(원산지확인서)

[별지 제2호서식] 〈개정 2010.12.31〉

원산지 (포괄) 확인서

※ [ ]에는 해당되는 곳에 √ 표시를 합니다. (앞쪽)

1.공급자	상 호	사업자등록번호
	대표자(성명)	전 화 / 팩 스
	주소(전자주소)	

2.공급처 (수출자 /생산자)	상 호	사업자등록번호
	대표자(성명)	전 화 / 팩 스
	주소(전자주소)	

공 급 물 품 명 세 서

3.연번	4.품명·규격	5.적용 대상 협정	6.품목번호 (HS 6단위)	7.원산지 결정기준	8.원산지기준 충족여부		9.원산지	10.원산지포괄확인기간 (년 월 일~ 년월 일)
					충족	미충족		
					[ ]	[ ]		
					[ ]	[ ]		
					[ ]	[ ]		
					[ ]	[ ]		
					[ ]	[ ]		
					[ ]	[ ]		
					[ ]	[ ]		

위 기재 내용은 사실과 다름이 없으며, 허위 또는 중대한 과실이 있는 때에는 그에 따른 모든 법적 책임이 작성자에게 있음을 확인합니다.

「자유무역협정의 이행을 위한 관세법의 특례에 관한 법률 시행규칙」 제6조의3에 따라 작성 · 제공합니다.

작 성 자 :

(서명 또는 인)

직 위 :

상 호 및 주 소 :

작 성 일 자 :

210mm×297mm[일반용지 60g/㎡(재활용품)]

• FTA 공통서식(원산지발급 신청서)

[별지 제2호의 갑지 서식]

신청번호 :		처리기간 : 구비서류란 참조

원산지증명서 발급신청서(기준별사실신고서 겸용)

①신청구분	□ 신규발급 □ 재발급(　　　) □ 정정발급(　　　) □ 소급발급(선적후 발급)			
②신청인	구 분	□ 생산자 □ 수출자 □ 관세사 □ 기타 (　　　)		
	상호(대표자)		사업자번호	
③ 원산지인증수출자		□ 비해당 □ 해당 [인증번호 :　　　]		
④적용FTA협정		한-　　　FTA		
⑤수출자	상호(대표자)		사업자번호	
	주소		전화/E-Mail	
⑥생산자	상호(대표자)		사업자번호	
	주소		전화/E-Mail	
⑦수입자	상호		대표자	
	주소(국가)		전화번호	

⑧수출물품 내역 및 원산지결정기준

수출신고번호(수리일자)	(yy/mm/dd)	금액(FOB$)	

수출신고필증 란 번호	HS	품명규격	금액($)	원산지기준 및 충족여부					부가가치비율 및 비율계산	특혜기준
				완전생산	역내완전생산	세번변경	부가가치	특정공정		
/				□	□	□	□	□		
/				□	□	□	□	□		

⑨수입 원재료(국내구입 포함) 내역

수출신고필증 란 번호	HS	품명·규격	금액($)		원산지	비고
			HS별 소계	란 합계		

⑩운송수단/선(편)명	□선박 □항공기 □기타 /	⑪적재항(출항일자)	(yy/mm/dd)
⑫목적국/항구	/	⑬포장 기호/개수	/
⑭총 중 량		⑮송품장 번호/일자	/
※원산지증명서 특례	□제3국 송품장 □전 시 □연결 원산지증명서 □개성공업지구 생산물품		

위 내용과 틀림이 없음을 확인하오니 원산지증명서를 발급하여 주시기 바랍니다.

년　　월　　일

신 청 인 : 업체명 [대표자명]　　　　(인)

○ ○ 세 관 장(○ ○상공회의소 회장) 귀 하

※ 구비서류
☞ 신규발급 : 1. 수출신고필증 사본 또는 이에 갈음하는 서류 2. 송품장 또는 거래계약서
3. 원산지확인서(생산자와 수출자가 다른 경우에 한함), 4. 원산지소명서
5. 원산지소명서에 기재된 내용을 입증할 수 있는 원산지확인서류(증명서 발급기관이 제출을 요구하는 경우에 한함)
6. 선하증권 사본과 사유서(선적일 30일이후 신청하는 경우에 한함)
7. L/C 사본 등 계약서류(원산지증명서 추가 발급을 신청한 경우에 한함)
☞ 재발급 : 1. 사유서
☞ 정정발급 : 1. 사유서 2. 정정사유 입증자료 3. 원산지증명서 원본
※ 처리기간
1. 현지확인이 필요한 경우 : 10일(공휴일·토요일 및 근로자의 날을 제외한다) 이내
2. 위 제1호 외의 경우 : 3일(공휴일·토요일 및 근로자의 날을 제외한다) 이내

[별지 제2호의 을지 서식]

신청번호	

수출물품 내역 및 원산지결정기준										
수출신고필증 란 번호	HS	품명·규격	금액($)	원산지결정기준					부가가치비율 및 비율계산	특혜기준
				완전생산	역내완전생산	세번변경	부가가치	특정공정		
				☐	☐	☐	☐	☐		
				☐	☐	☐	☐	☐		
				☐	☐	☐	☐	☐		
				☐	☐	☐	☐	☐		
				☐	☐	☐	☐	☐		
				☐	☐	☐	☐	☐		
				☐	☐	☐	☐	☐		
				☐	☐	☐	☐	☐		
				☐	☐	☐	☐	☐		
				☐	☐	☐	☐	☐		
				☐	☐	☐	☐	☐		
				☐	☐	☐	☐	☐		
				☐	☐	☐	☐	☐		
				☐	☐	☐	☐	☐		
				☐	☐	☐	☐	☐		
				☐	☐	☐	☐	☐		
				☐	☐	☐	☐	☐		
				☐	☐	☐	☐	☐		
				☐	☐	☐	☐	☐		

[별지 제2호의 병지 서식]

신청번호	

수입 원재료(국내구입 포함) 내역						
수출신고필증 란 번호	HS	품명·규격	금액($)		원산지	비고
			HS별 소계	란 합계		

[별지 제2호 서식 기재요령]

원산지증명서 발급신청서 기재요령

항목	작성요령	작성예
①신청구분	○"신규발급", "재발급", "정정발급" 또는 소급발급" 중 해당란에 ☑ 표시 - 재발급, 정정발급 뒤 괄호 안에는 구 신청번호 기재	○ 신규발급의 경우 ☑ 신규발급 □ 재 발 급 □ 정정발급 □ 선적후 발급
②신청인	○"생산자", "수출자", "관세사" 또는 "기타" 중 해당란에 ☑ 표시 ○ 상호(대표자) : 사업자등록증상의 상호, 대표자를 기재 ○ 사업자번호 : 사업자등록증상의 사업자번호 기재	○ 수출자가 신청하는 겨우 □ 생산자 ☑ 수출자 □ 관세사 □ 기타 모나리자(주) 112-81-66062
③원산지인증수출자	○ "비해당" 또는 "해당"중 해당란에 ☑ 표시 ○해당되는 경우 원산지인증수출자 인증번호 기재 ○ 해당되지 않는 경우에는 미기재	○ 해당되는 경우 □ 비해당 ☑ 해당 [지정번호 : 010-07-000001]
④적용FTA 협정	○ 수입국가와 체결된 FTA의 명칭을 기재	한-아세안 FTA

항목	작성요령	작성예
⑤수출자	○ 상호(대표자) : 사업자등록증상의 상호, 대표자를 기재	모나리자(주)
	○ 사업자번호 : 사업자등록증상의 사업자번호 기재	112-81-66062
	○ 주소 : 사업자등록증상의 사업장 주소 기재	서울 강남구 논현동 235
	○ 전화/E-Mail : 발급신청 부서(담당자)의 전화번호 및 신청부서 공용(또는 담당자) E-Mail	02-765-4321 trade@monarisa.com
⑥생산자	○ 상호(대표자) : 사업자등록증상의 상호, 대표자를 기재	FTA(주)
	○ 사업자번호 : 사업자등록증상의 사업자번호 기재	112-81-05013
	○ 주소 : 사업자등록증상의 사업장 주소 기재	서울 강남구 논현동 123
	○ 전화/E-Mail : 발급신청 부서(담당자)의 전화번호 및 신청부서 공용(또는 담당자) E-Mail	02-123-4567/trade@FTA.com
⑦수입자	○ 상호 : L/C(또는 계약서) 상의 신청자(applicant) 상호 기재	ABC Corporation
	○ 대표자 : L/C(또는 계약서) 상의 신청자(applicant) 회사의 대표자 기재	JOELLE LAU
	○ 주소 : L/C(또는 계약서) 상의 신청인(applicant) 주소 기재	55 Newton Road #10 Revenue House (Singapore)
	○ 전화번호 : L/C(또는 계약서) 상의 신청인(applicant) 전화번호 기재	65-6337-5996/trade-1@ABC.com
⑧수출물품 내역 및 원산지결정기준	○ 수출신고번호(수리일자) : 수출신고필증상의 ⑤항목의 신고번호, [illegible] 항목의 신고수리일자 기재	010-10-06-12345678(07/03/01)
	○ 금액(FOB$) : 수출신고필증 [illegible]항목의 총신고가격 기재	○ 미화 1만 불인 경우 : 10,000
	○ 수출신고필증 란 번호 : 수출신고필증상의 란 번호 기재 (란번호/총란수)	○ 총 5란 중 3란 품목의 경우 : 3 / 5

<table>
<tr><td rowspan="6">※ 수출품목의 개수(수출신고필증상의 란수)가 총 3개 이상인 경우에는 HS, 품명·규격 및 금액($)은 기재를 생략할 수 있음(수출신고필증 사본 제출로 갈음)</td><td>○ HS : 수입당사국 HS 단위 기재</td><td>8211.91</td></tr>
<tr><td>○ 품명·규격 : 수출신고필증상의 품명·규격 기재</td><td>Table knives having fixed blade</td></tr>
<tr><td>○ 금액($) : 수출신고필증 [illegible]항목의 해당 란 신고가격을 신고환율로 환산 미화로 기재</td><td>1,000</td></tr>
<tr><td>○ 원산지기준 및 충족여부 : 해당 수출물품의 원산지결정기준 모두 선택</td><td>○ 세 번 변경 및 부가가치기준이 동시에 적용되는 경우
<table><tr><th colspan="5">원산지기준 및 충족여부</th></tr><tr><td>완전생산</td><td>역내완전생산</td><td>세번변경</td><td>부가가치</td><td>특정공정</td></tr><tr><td>☐</td><td>☐</td><td>☑</td><td>☑</td><td>☐</td></tr></table></td></tr>
<tr><td>○ 부가가치비율 및 비율계산 : 부가가치 기준 적용품목에 한하여 적용</td><td>○ 부가가치 50%기준인 경우 55% ($10,000-$4,500)/$10,000</td></tr>
<tr><td>○ 특혜기준 : 각각의 FTA 특혜기준에 따라 기재</td><td>○ 완전생산의 경우 : WO</td></tr>
</table>

⑨수입산 원재료(국내구입 포함) 내역 ※ 수출신고필증 란 번호별로 주요수입원재료 3개를 기재	○ 수출신고필증 란 번호 : 수출신고필증상의 란 번호 기재 (란번호/총란수) ○ HS : HS 10단위 기재 ○ 품명·규격 : 수입신고필증상의 품명·규격 기재 ○ 금액($) - HS별 소계 : 수입산 원재료별 금액을 기재 - 란 합계 : 란별 모든 수입산 원재료 합계 금액을 미화로 기재 ○ 원산지 : 수입산 원재료의 원산지를 기재 ○ 비고 : 참고사항 기재	○ 총 5란 중 3란 품목의 경우 : 3 / 5 7220.20-0000 Flat-rolled product of stainless steel ○ 3란 품목에 사용된 수입산 재료비가 미화 500불인 경우 : 500 ○ 수출물품에 사용된 수입산 재료비 합계가 미화 4,500불인 경우 : 4,500 일본
⑩운송수단 /선(편)명	○ "선박" "항공기" 또는 "기타" 중 해당란에 ☑ 표시 ○ 선명 또는 편명 기재	☑선박 □항공기 □기타 KE 571
⑪적재항(출항일자)	○ 수출물품의 적재항(또는 적재예정항), 출항일자(또는 출항예정일) 기재	부산항(06/03/01)
⑫목적국 /항구	○ 수출물품의 최종 목적국 및 항구 기재	○ 싱가포르를 경유하여 베트남 하노이항 으로 수출되는 경우 - 베트남/하노이항
⑬포장기호 /개수	○ 수출물품의 포장기호와 포장개수를 기재(포장박스에 기호를 표기하지 않는 경우 기재 생략)	MR Q TY:100EA / CT NO.1-10
⑭총중량	○ 수출물품의 총중량 기재	350kg
⑮송품장번호/일자	○ 송품장상의 송품장 일련번호, 일자 기재	MOCI20060301001(07/06/01)
⑯원산지증명서 특례	○ "제3국 송품장", "전시", "연결 원산지증명서" 또는 "개성공업지구 생산물품" 중 해당하는 경우 란에 ☑ 표시	☑제3국 송품장 □전 시 □연결 원산지증명서 □개성공업지구 생산물품

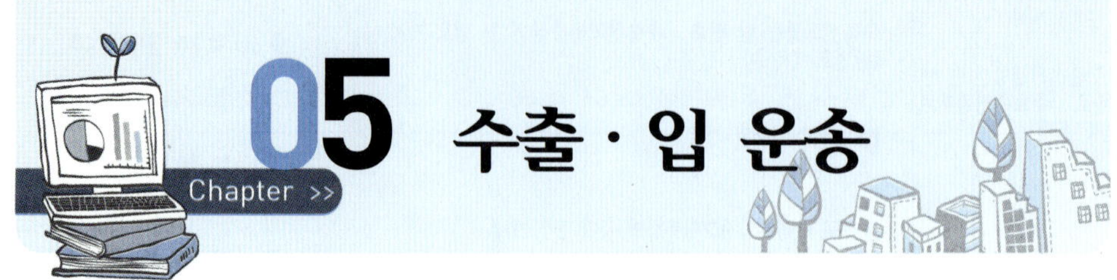

05 수출·입 운송

학습내용

학습의 목적

수출·입운송절차를 내륙운송, 해상운송, 항공운송, 복합운송으로 구분하여 각각의 운송형태에 따라 다르게 적용되는 운송관련 법규를 중심으로 각각의 운송절차에 대한 수출·입운송 지식을 포괄적으로 습득한다.

학습의 목표

1. 수출·입화물의 내륙운송절차를 육로운송조약에 관한 국제조약을 중심으로 이해할 수 있다.
2. 해상운송계약절차 및 운임에 관한 내용을 해상운송과 관련된 국제법규를 중심으로 이해할 수 있다.
3. 수출입화물의 항공운송절차를 항공화물운송과 관련이 있는 국제조약과 기구를 중심으로 수출과 수입으로 구분하여 이해할 수 있다.
4. 복합운송의 주요경로 및 복합운송계약절차, 복합운송증권에 대한 내용들을 이해할 수 있다.

5-1 수출·입 운송 개관

1. 수출·입 운송의 기본 개념

(1) 수출·입 운송의 의의

국제무역을 수행하는 과정에서 발생하는 대부분의 문제들은 국제거래 양 당사자들이 서로 다른 환경의 시공간에 위치해 있음으로 인하여 발생한다. 이를테면 국제거래 당사자들이 물리적으로 원거리에 위치해 있음에 따라 수출물품들은 장기간에 걸친 운송으로 인하여 경제적인 손실위험에 더 많이 노출되기도 하고 또 상품의 소비효용을 감소시키기도 하며, 운송비용의 증가로 가격경쟁에서 불리해지기도 한다. 이런 이유로 국제 무역거래자들은 국제무역거래를 이행하는 과정에서 발생하는 수출자와 수입자 사이에 존재하는 시공간 장애를 극복하고자 끊임없이 노력해왔다. 그중 하나가 국제운송수단의 중단없는 발전이다. 운송이 상품의 장소적 이전과 공간적 거리의 극복기능이 있기 때문에 국제운송수단인 항공기나 선박들은 진화에 진화를 거듭하여 오늘날 경제성과 신속성, 그리고 안전성과 정확성 측면에서 놀라운 발전을 이룩하여 왔다.

수・출입운송은 이처럼 수출물품을 최초 그것이 위치해 있는 장소 혹은 국가에서 물품매매계약서상 지정된 장소 혹은 국가로의 이동을 의미하고, 이 과정에서 상품의 형태나 성질이 물리적 또는 화학적으로 변화되지 않아야만 운송이 효율적으로 이루어졌다고 할 수 있다. 이와 같은 운송에 관한 정의는 운송계약서상에 잘 구현되어 있다. 운송계약이 체결되면 운송인은 운송에 필요한 인원 및 장비를 동원하여 운송과정에서 발생하는 일체의 작업을 담당하고 제조건을 준수하며 성실하게 상품의 운송임무를 수행하여야 한다. 또한 도착지에서 운송인은 수화인에게 상품을 정확하게 인도하여야 한다.

(2) 수출・입 운송의 종류 및 특성

수출입운송의 종류와 특징을 언급하기 전에 우리는 운송과 유사한 다른 용어와 비교하여 운송의 개념을 명확하게 해둘 필요가 있다.

운송과 유사한 다른 용어로는 수송, 운수, 운반 등이 있다. 그러나 운송이 재화의 이동을 서비스의 공급측면에서 해석한 개념인 반면에 수송은 상법상 운송의 동의어이며, 운수는 행정상, 법률상 운송과 동의어로 사용한다. 그리고 운반이라 함은 한정된 범위에서의 운송의 개념이고 배송은 상거래 성립 후 고객이 지정하는 수화인에게 화물을 발송 및 배달하는 것을 의미한다.

1) 육상운송

가. 도로운송

기동성과 신속성이 뛰어나다. 근거리 소량운송에 적합하고 'Door to Door'와 같은 일관수송이 가능하며 다양한 화물특성에 대응이 용이하다. 배차의 유연성도 다른 운송수단과 비교하여 뛰어나다. 그러나 대량운송에 부적합하고 장거리 시 운임이 상승하며 교통사고, 교통체증, 공해 등을 유발한다. 도로중량 제한 및 도로파손을 부작용으로 한다.

나. 철도운송

중 · 장거리 대량/중량물 운송에 적합하다. 운송수단의 특성상 높은 안전성과 전천후 수송이 가능하고 출발과 도착시간이 타 운송수단과 비교하여 비교적 정확한 편으로 높은 정시성을 보인다. 낮은 운임으로 경제성이 높다. 그러나 도로운송처럼 'Door to Door'와 같은 일관수송 불가능하고, 근거리 운송 시에는 운임이 비싸다. 또 다른 운송수단과 연계하는 환적작업이 필요하며 배차의 탄력성이 낮다. 긴급한 운송에는 특히 부적합하다.

2) 해상운송

바다를 통로로 하는 선박에 의하여 재화를 장소적으로 이동시키는 것을 말한다. 부존자원이 적어 원료의 해외의존도가 높은 한국의 경우 해상운송은 제품의 생산에 필요한 원자재 및 반제품의 공급이 원활하게하고 해산운송과 관련된 산업, 즉 해상보험업, 조선공업, 하역업 등의 노동수요 창출 및 재화축적에 막강한 영향력을 행사한다.

운송수단인 선박의 대형화로 대량운송과 원거리운송이 가능하다. 타 운송수단과 비교하여 운송비가 저렴하고 운송로가 자유롭고 무한정하다. 국제성이 뛰어나 각국의 항만에 다국적 선박의 출입 및 국제해운시장에서의 각국상선의 경쟁이 치열하다.

3) 항공운송

항공운송은 항공기의 항복(航復)에 여객과 화물을 탑재하고 국내외 공항에서 공로로 다른 공항까지 운항하는 최근대식 운송시스템이다. 운임은 타 운송수단과 비교하여 비싸지만 긴급하거나 고부가가치의 물품을 신속하게 운송할 때 이용한다.

한국의 경우 1997년 IMF 이후 지속적인 산업구조의 조정으로 고가품에 속하는 상품점유율의 증가와 유행에 민감한 상품의 신속한 유통, 국제적 분업화의 가속화, 화물전용기의 정기적 취항, 화물전용 터미널의 건설 등으로 인하여 항공운송이 꾸준하게 성장하고 있다. 항공운송은 타 운송단과 비교 시 상품의 운송이 정시에 신속하게 이루어지고 안전성이 뛰어나다. 항공기를 운송수단으로 운송되는 상품들은 다음 아래와 같다. 최근에는 민간의 특사우편(courier)이 활발해지면서 소량화물(견본 등)의 운송에 편리하였던 국제택배운송 무역에서도 그 이용이 확대추세에 있다.

긴급 수요 품목	납기 임박 화물, 계절 유행 상품, 투기 상품
장기운송 시 가치상실 품목	신문, 잡지, 필름, 원고, 긴급서류 등, 생선, 식료품, 생화, 동물, 방사선 물질
부가가치가 높은 품목	전자기기, 정밀광학기기, 컴퓨터기기, 통신기기, 반도체, 귀금속 미술품
물류관리/마케팅전략 품목	과잉재고에 의한 가격하락 방지, 경쟁상품보다 신속한 서비스 체제 확립
타 운송수단의 약세 품목	벽지운송, 해상 또는 육상운송의 정지

4) 복합운송

국제복합운송이란 수출입화물을 단일 운송계약에 의거하여 최소한 2개 이상의 이종(異種)운송수단에 의해 송하인의 문전에서 수하인의 문전까지, 즉 'door to door'로 국제 간 일관해서 운송하는 것이다. 주로 'multimodal' 혹은 'combined transport'라고 불린다.

복합운송의 개념은 바르샤바조약(국제항공운송 통일규칙에 관한 조약, 1929)에서 출발하여, 1956. 4월 해륙복합운송용 컨테이너가 개발되면서 실질적 개념으로 발전하였다. 이 운송방식은 수출 시 화물을 단순히 해상운송이나 항공운송으로 보냄으로써 "port to port" 구간의 운송서비스만 선사나 항공사로부터 받고 나머지는 수출자가 알아서 또 다른 운송서비스 주체들에게 서비스를 의뢰하는 것이 아니라, 한사람에게 맡겨 자사의 창고에서 화물의 포장부터 시작하여 거래처의 공장 혹은 창고까지 물류의 전 구간을 커버하여 운송토록 하는 방식이다. 따라서 택배운송이 가능하고 하나의 운송계약, 운임, 일관운송 책임으로 운송되며, 컨테이너의 보급으로 환적이 용이해졌다.

복합운송의 요건으로는 단일운송계약, 단일책임주체, 단일운임, 운송수단의 다양성을 들 수 있다. 단일운송계약은 운송에 대한 전책임이 송하인과 계약을 체결한 복합 운송인에게 집중되므로 단일책임주체가 실제 운송을 실행하는 주체와 관계없이 복합운송인 이 전체운송에 대한 책임을 진다. 또한 전 운송구간에 대한 단일운임이 적용되고 각각 다른 법적규제를 받는, 여러 운송수단에 의해 상품의 운송이 이행된다.

현재 국제간 무역거래에서 이용하는 운송수단은 다양하다. 따라서 국제거래 당사자들은 화물의 종류, 운송의 안정성, 운임, 운송구간 등 모든 여건을 고려한 다음, 운송수단별 특성을 면밀하게 반영하여 최적의 운송수단을 선택하여야 한다.

(3) 국제운송계약과 국제협약

국제물품운송계약이란 국가 간 물품의 물리적인 운송을 위하여 체결되는 운송계약으로서 상품의 소유권이전을 수반한다.[17)]

국제물품운송계약은 국제물품매매계약서상의 인도조건에 따라 다르지만 수출의 경우 일반적으로 수출업자가 운송수단을 수배하고 운송계약을 체결해야 한다. 그리고 이때 화물의 성질에 따라 개품운송계약이나 용선운송계약을 체결하게 된다. 일반 공산품의 경우에는 주로 정기선 운송을 이용하기 위해 개품운송계약(affreightment)을 체결하며, 철광석, 곡물 등 벌크화물의 경우에는 부정기선을 이용하기 위해 용선운송계약(charter party)을 체결하는 것이 옳다.

정기선운송을 이용할 경우, 선사에서 공표한 배선표(shipping schedule)를 보고 화주나 그 대리인이 선복요청서(shipping request)를 제출한다. 반면, 부정기선의 경우 중개인을 통하여 운송계약을 체결하는 것이 일반적이다. 국제물품운송계약에서 유의하여야 할 점은 다음 아래와 같다.

첫째, 매매계약뿐 아니라 운송계약에 있어서도 운송인의 신용을 충분히 조사하여야 한다. 영세한 운송업자가 도산하는 바람에 화물을 압류당하거나 악덕 운송업자에게 화물을 도둑맞는 경우도 있기 때문이다. 역사가 오래되고 신용 있는 운송인에게 화물을 위탁하는 것이 이러한 사고를 예방하는 길이지만, 우량선사가 취항하지 않는 노선의 경우에는 항상 위험이 상존한다.

둘째, 용선한 선박으로 영업을 하고 있는 경우에는 특히 복잡한 문제가 생길 수 있으므로 용선한 선박으로 영업을 하는 선박에 운송을 맡길 경우, 많이 주의하여야 한다. 이를테면 용선자가 선주에게 용선료를 제때 지급하지 않음으로써 죄 없는 화주가 추가운임을 내어야 하는 경우가 실무적으로 발생하곤 한다. 그러나 대부분 수출・입업자는 특정 선박이 용선상태인지 해당 여부를 알기 어렵다. 이와 관련하여 국제물품운송계약체결 전 신용 있는 운송주선업자로부터 특정 운송인의 서비스 질이나 정박 중인 선박의 수준 등에 관해 자문을 받는 것이 바람직하다.

한편, 국제운송계약에 따른 국제물품운송의 관례는 국제협약의 제정에 의하여 발전하여 왔다. 국제운송계약과 관련된 국제협약의 내용은 주로 운송인의 책임에 관한 것이다. 그러나 국제운송은 국제운송의 특성상 독점성이 강한 분야이므로 운송인은 물품의 운송도중 발생하는 멸실이나 손실 등에 대하여 면책을 주장할 수 있다. 특히 국제적 통일조약의 영향이 확대되고 세계 각국의 국내법의 효력이 축소되는 현실에서 운송인의 일방적인 운송계약상의 전횡을 막기 위하여 운송인의 책임, 권리 및 면책을 규제하는 국제적 통일조약이 필요하다.

2. 수출 · 입화물의 내륙운송

(1) 내륙운송의 개관

우리가 경인지역에서 수출예정인 화물컨테이너를 부산항까지 보내야 할 경우 보통 세 가지 방법 중 한 가지를 선택한다. 현재 한국 내 수출입자가 가장 많이 이용하는 도로에 의한 육상운송을 이용하거나 철도를 이용할 수도 있으며 '89년부터 생긴 인천과 부산 간의 연안해상운송방법을 선택할 수 있다. 현재 통계상 경인지역에서 부산항까지 육상운송되는 비율은 전체의 약 90%를 차지하고 있으며 철도운송이 약 9%, 연안해송이 1% 정도 차지하고 있다. 이처럼 수출 및 수입 시 선박 또는 항공기에 의행 운송되는 적화물을 수화인(화주)이 원하는 장소(port, house)까지 내륙운송수단을 이용하여 운송을 완료하는 것을 내륙운송이라 하고 내륙운송의 주요 운송경로로는 도로운송, 철도운송, 연안해상운송 등이 있다.

1) 도로운송

도로운송 혹은 육상운송을 실무적인 측면에서 살펴보면, 컨테이너 육상운송료가 수출입 시 부담해야 하는 물류요금 중 해상운임 다음으로 가장 큰 비중을 차지한다. 따라서 수출입자는 도로정체 및 컨테이너차량에 대한 과적단속 등과 경제적 부담을 감안할 때 컨테이너 육상운송에 대한 정확한 이해를 할 필요가 있다.

컨테이너를 육상운송하기 위해서는 기본적으로 구동장치인 트랙터와 컨테이너를 적재하는 부분으로서 차축, 차륜, 제동장치를 보유하고 있는 트레일러가 필요하다. 국제적으로 보면 컨테이너 육상운송 방식은 세미트레일러방식(semi-trailer combination), 풀트레일러방식(full-trailer combination), 더블바텀방식(double bottom trailer combination)의 세 가지로 구분된다. 이들의 차이점은 트레일러 단독으로 화물의 무게를 지탱하느냐 트렉터와 함께 화물의 무게, 즉 하중을 부담하느냐에 따라 구분된다. 풀트레일러의 경우 트렉터가 단순히 트레일러를 견인하는 역할을 할 뿐이라서 그 구조가 간단하고 자체브레이크가 없기 때문에 경량화물을 운반하는데 주로 쓰인다. 반면에 세미트레일러는 트레일러와 적화중량의 일부가 트렉터에 직접 작용한다. 따라서 트렉터

는 지지력과 견인력을 가져야 하므로 뒷바퀴는 보통 더블로 하고 연결키를 설치하여 트레일러와의 상대운동 연결 분리를 수월하게 한다.

그러나 현재 한국(건설교통부, 경찰청)은 도로의 보전과 통행의 위험을 방지하여 교통소통의 원활화를 도모하기 위해 컨테이너 화물차량 및 일반화물 차량을 대상으로 과적차량 단속을 시행하고 있다. 단속대상은 고속도로, 국도, 지방도 등의 도로를 운행하는 차량 중 총중량 40톤, 축중 10톤을 초과하거나 적재적량을 초과하는 화물을 적재한 차량으로서 중량 측정계의 오차를 감안 10%의 허용치를 두어 총중량 44톤 또는 축중 11톤 이상 시 고발조치한다.[18)] 과적단속으로 적발당할 경우 도로법 및 도로 교통법의 관련규정에 의해 총 238만원의 벌금이 부과될 수 있는데, 과적운송을 지시하거나 요구한 수출입화주도 그 대상에 포함된다. 따라서 과적을 피하고 운송효율을 최대화하기 위하여 20피트 컨테이너의 경우 내품중량 17.5톤, 40피트 컨테이너의 경우 내품중량 20톤이 넘지 않도록 화물적입계획을 세우는 것이 안전하며 사전에 운송업체와 협의하는 것이 바람직하다.

컨테이너 육상운송요금은 건설교통부 신고요금이며, 컨테이너의 특성상 20푸트, 40푸트 컨테이너 사이즈별, 거리 및 운송구간별로 기본요금을 적용한다. 화주는 컨테이너의 반환이 원칙적으로 최초에 수령한 장소에서 이루어져야 하므로 해당 컨테이너를 수령한 장소를 기점으로 왕복요금을 부담해야 하나, 경부간 혹은 선사가 인정하는 CY가 종점일 경우는 편도요금을 적용한다.

단, 20FT 운임의 경우 내품중량이 10톤 이하인 경량컨테이너는 아래 운임을 적용한다. (2009년 6월 1일 현재)

[Semi-Trailer Combination]

[Full-Trailer Combination]

[Double Bottom Trailer Combination]

표 29 부산 CY ~경인지역 간 DOOR (편도 운임)

(단위 : 원)

행 선 지	40 FT	20 FT	행 선 지	40 FT	20 FT
서 울 1	590,000	531,000	파 주 시	747,000	672,000
서 울 2	579,000	521,000	의정부시	677,000	609,000
인천광역시 (영종도)	747,000	672,000	양 주 시	797,000	717,000
			동두천시	797,000	717,000
과 천 시	579,000	521,000	하 남 시	681,000	613,000
안 산 시	579,000	521,000	화 성 시	576,000	518,000
시 흥 시	579,000	521,000	오 산 시	576,000	518,000
원주시	713,000	642,000	평 택 시	579,000	521,000
안 양 시	576,000	521,000	안 성 시	579,000	521,000
군 포 시	576,000	518,000	남양주시	681,000	618,000
의 왕 시	576,000	518,000	구 리 시	681,000	613,000
부 천 시	598,000	538,000	이 천 시	681,000	613,000
인천광역시	598,000	538,000	여 주 군	681,000	613,000
수 원 시	576,000	518,000	광 주 시	586,000	617,000
성 남 시	579,000	521,000	춘천시	905,000	815,000
용 인 시	579,000	521,000	고양시	677,000	609,000
김 포 시	598,000	538,000	인천(강화군)	747,000	672,000

출처 : 국토해양부, 컨테이너육상운송요율, 2009년 09월~ 현재 시행

부산CY - 서울지역 DOOR	473,000원	수원시, 의왕시, 용인시, 오산시, 평택시, 송탄시, 안성시, 안산시, 군포시, 안양시, 과천시, 성남시, 광명시, 시흥시, 화성시 지역
부산CY - 서울지역 DOOR	489,000원	부산시, 김포시 지역

선사가 서울지역의 내륙 컨테이너기지(container depot 또는 container yard) 설치를 인정하고 공컨테이너(empty container positioning)를 장치할 경우(수입화물)와 서울지역 컨테이너 기지(CD 또는 CY)에 장치된 공 컨테이너를 사용했을 경우(수출화물) 부산 CY와 경인지역 간 운임은 편도운임을 적용한다. 선사가 서울지역의 내륙 컨테이너기지 설치를 인정하고 서울지역 CD 및 CY와 부산, 울산, 마산, 광양 CY 간 공컨테이너 운송운임을 부담하지 않는 경우에는 화주에게 왕복운임을 적용한다.

가. 도로(공로) 운송 절차

- 운임계산의 원칙 : 본 운임에는 부가가치세가 포함되어 있지 않으며 운송화물에 대한 보험료도 반영되어 있지 않다. 그러나 본 운임에는 도로 통행료가 포함되어 있으며 모든 운임 및 요금은 천원 미만을 반올림하여

- ▸서울1지역:(은평, 마포, 종로, 중구, 용산, 서대문)구
- ▸서울2지역:(노원, 도봉, 강북, 성북, 동대문, 중랑, 성동, 광진)구
- ▸서울3지역:(강서, 양천, 영등포, 동작, 관악, 구로, 금천)구
- ▸서울4지역:(강남, 서초, 송파, 강동)구

- ▸부산 CY~서울 지역 DOOR :355,200/20FT (내품중량 10톤 이하)
- ▸부산CY~인천지역 DOOR: ₩369,000/20FT (내품중량 10톤이하)

적용한다. 단, 부가가치세는 제외한다.

- 운임의 적용방법 : 20FT 컨테이너 운임은 40FT 컨테이너 운임의 90%를 적용하고, 45FT컨테이너 운임은 40FT 컨테이너 운임의 11.25%를 적용한다. 20FT 컨테이너 운임의 경우 컨테이너 자체중량을 제외한 내장화물의 중량이 10톤 이하인 경량 컨테이너 2개를 동일장소에서 적재운송(Combine 운송)할 경우, 40FT 컨테이너 운임의 108%를 적용한다. 단, 냉동컨테이너는 제외한다.

  도로 운송 관련법규(도로법등)에 의한 도로통행 제한 높이 또는 길이의 초과로 발생되는 "제한차량 운행허가" 수수료등은 별도 가산 적용한다.

  본 운임에 표시되지 않은 지역의 운임은 최근거리 상위지역 및 하위지역의 평균운임을 적용한다.

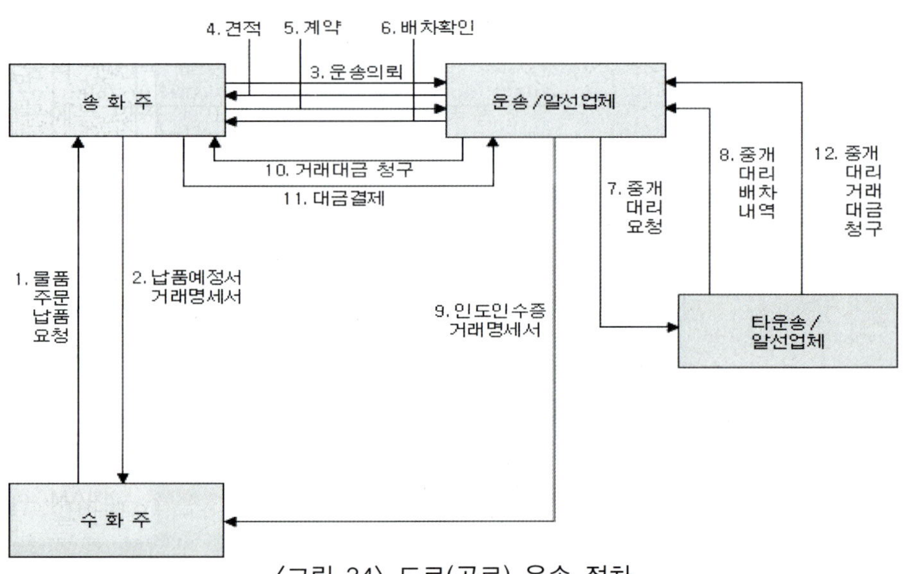

〈그림 34〉 도로(공로) 운송 절차

- 운임적용의 예외 및 운송 제한 : 도로통행에 제한을 받는 활대품, 장척물 적재 컨테이너와 Tank 컨테이너 할증운임은 상호 협의하여 결정하고 도로 통행 제한규정의 총중량 및 축중량을 초과하는 중량품은 운송할 수 없다.
- 냉동 컨테이너 할증 : 냉동 컨테이너 운임은 해당지역 요율의 30% 할증율을 가산 적용한다.
- 험로 할증 : 험로 및 통행에 제한을 받는 지역에 대하여는 해당지역 운임에 30%이상의 할증율을 가산한다.
- 위험물 할증 : 위험물이 적재된 컨테이너를 수송할 때에는 해당지역 운임에 위험물의 종류에 따라 다음의 할증율을 가산한다. (위험물, 유독물 : 50%, 화약류 : 200%, 방사성물질 : 300%)
- 휴일 및 심야 할증 : 화주의 요청에 따라 공휴일 및 심야에 운행할 때에는 해당지역 운임의 20%를 추가 할증 적용한다.

- 트랙터 및 샤시의 사용료 : 트랙터 대기료는 Door 도착후 40FT의 경우 3시간, 20FT의 경우 2시간까지 무료이고 이를 초과시는 매 시간당 40FT 및 20FT 공히 추가요금을 추가계산한다. 샤시(Chassis) 임대료는 매일 대당 40FT의 경우, 20FT의 경우 추가요금을 추가 계산한다.
- 밥테일 운임 : 밥테일(Bobtail) 운임은 해당지역 운임의 40FT의 경우 43%, 20FT의 경우 45%를 적용한다.
- 배차 취소료 : 배차 취소료는 해당지역 운임의 75%를 적용한다.
- 기타사항 : 본 운임에서 정하지 않은 사항에 대해서는 법령을 위반하지 않은 범위내에서 당사자 간의 합의에 따르는 것을 원칙으로 한다. 행정구역 개편에 따라 통합된 시, 군은 통합이전의 시 · 군 운임을 합한 평균 운임을 적용한다.

2) 철도운송

철도운송은 대량화물을 중 · 장거리 이상 운송하는데 큰 장점을 지니고 있다. 현재 수출입화물 중 주로 이용하고 있는 품목으로는 무연탄과 양회(전체의 약 64% 점유)가 있으나 최근 도로체증과 수출입화물에 대한 과적단속의 강화로 인해 컨테이너 육상운송의 대체수단으로 점차 부각되고 있다. 철도운송을 이용하는 대량의 컨테이너화물의 경우 철도운송이 분명 도로운송보다 운송원가가 낮으나, 공로운송과는 달리 화주공장이나 창고에서 항만까지 직접 연결되지 못하고 철도터미널을 거쳐야 함으로 운송의 즉시성(卽時性)이 상대적으로 낮은 편이다. 현재 컨테이너 철도운송은 수도권의 의왕ICD(제5장 2절(3) 참조)와 부산진역 간에 가장 활발하게 이루어지고 있다.

가. 철도운송요금

2007년 11월 21일부로 건설교통부가 철도화물 운임 및 요금에 대한 상한신고제를 폐지하고 자율신고제로 전환함으로써 한국철도공사가 화물운임 · 요금을 자율적으로 결정한다. 그러나 한국철도공사는 아직까지 철도화물운송에 관한 운송요율을 공개하고 있지 않다. 아래 도표는 의왕ICD(오봉역)을 기점으로 산정한 철도운임표이다.

(2008년 3월 기준) (단위: 원)

구 분	오봉↔부산진역	오봉↔BCTOC	오봉↔신선대/감만터미널	오봉↔광양항
45'FULL	277,400	278,100	282,100	248,400
40'FULL	234,900	235,500	238,900	210,300
20'FULL	167,300	167,700	170,100	159,100
45'EMPTY	241,500	242,100	245,600	229,700
40'EMPTY	204,500	205,000	208,000	194,500
20'EMPTY	123,800	124,100	125,900	117,700

나. 철도운송 절차 ; 철도운송은 운송수단 중 가장 단순한 운송과정을 지니고 있다. 즉, 화물을 보내는 송화주와 화물을 받는 수화주 사이에서 철도역이 존재한다.

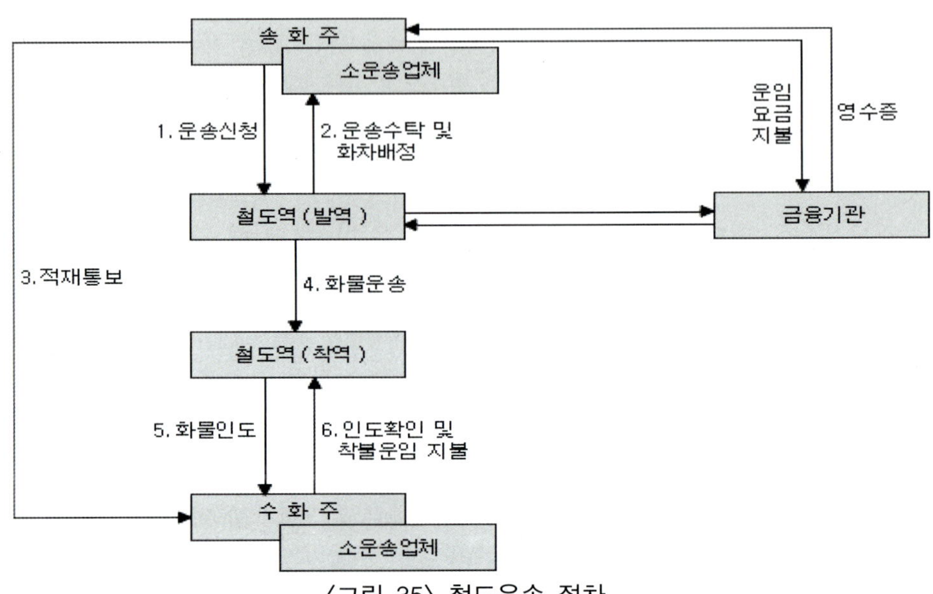

〈그림 35〉 철도운송 절차

철도역도 화물을 보내는 출발역과 화물이 도착하는 도착역으로 구분된다. 그러나 철도운송은 'point to point'가 고객의 최종 목적지가 아닌 거점이기 때문에 제2의 수송수단을 이용해서 다시 고객의 최종도착지로 운반해야 하는 번거로움이 존재한다. 대량화물과 벌크화물 운송에 용이하며, 운임이 비교적 저렴한 편이다.

3) 연안 해상운송

연안 해상운송[19]은 수도권과 부산 간 철도, 도로수송의 대안으로 이루어지고 있다. 컨테이너 연안해상운송은 '89년 8월부터 (주)한진에 의해 부산/인천 항로 간 서비스가 시작된 이래 군산/부산, '97년 여천/부산, 목포/부산간 항로가 개설되어 전국 5개 주요 항만 간에 현재 9척의 컨테이너 선박이 운항 중에 있다. 공로나 철도에 의해 부산항으로 컨테이너 운송 시 부산시에 컨테이너세(20피트당 2만원)를 납부해야 함에 비해 연안해상운송은 면제되는 장점이 있다. 부산/인천 간 연안해상운송의 운송단계는 타 운송수단에 비해 복잡한 절차를 거치게 된다.

▸FCL화물의 경우에 해당됨. LCL화물은 Off Dock CFS을 거쳐 운송되어짐

- 상행의 경우 ; 부산항 하역 → (ODCY 일시장치) → (셔틀(shuttle)운송) → 부산항 BCTOC65번선석/일반부두(35 선석)/감천항한진부두 → 연안해송 → 인천항(제4부두)하역 → (ODCY 경유) → 화주문전
- 하행의 경우 ; 화주공장(창고) → 인천항 On-Dock CY조작 → 부두 내 이송. 하역(선적) → 연안해상운송 → 하역(양화) → 셔틀 → 컨테이너부두

연안해상운송 구간의 소요시간은 출항 1시간, 항해 27시간, 인천입항 1시간 30분, 인천하역 5시간을 거쳐 인천항에 약 3~5일간 체류하며 이어 내륙수송을 거쳐 하주 문전으로 이송된다. 연안해상운송은 해상운송, 하역, 셔틀운송 등 복잡한 유통과정을 거치므로 전체 운송시간이 과다하게 소요되며, 운송원가의 상승요인이 많아 도로운송에 비해 월등한 가격경쟁력을 갖추었다고는 할 수 없다.

그러나 선적시간이 급하지 않은 수출화물이나 원자재 수급에 시간적 여유가 있는 수입화물의 운송에 연안해상운송을 적극 활용할 경우, 도로운송에 비해 다소 저렴한 운임으로 화물의 운송이 가능하고 TEU당 20,000원의 컨테이너세를 절감할 수 있어 무역업체들의 적극적인 활용이 바람직하다. 또한 장차 부산항, 인천항 등에 연안해상운송 전용부두가 완공될 경우 대형선박의 투입에 따른 규모의 운송이 가능해지고 접안, 하역 등 터미널 기능의 개선과 더불어 운송소요시간이 크게 단축될 것으로 보여 도로 및 철도운송에 비해 화주들의 운송비 부담이 많이 경감될 것으로 전망된다.

(2) 수출·입 화물의 내륙운송 절차

앞에서 살펴본 것처럼 수출화물이 확보되면 수출자는 수출화물을 내륙운송수단인 도로나, 철도, 연안 해상운송 중 최적의 수단을 이용하여 선적지까지 운송을 한다. 그런데 수출화물은 수출화물의 통관여부에 따라 생산공장이나 보관창고에서 'Door'통관 후 선적지로 바로 운송하는 경우와 통관되지 않은 상태에서 선적지 보세창고로 이동한 다음 통관 후, 선적하는 경우가 있다. FCL은 전자의 경우이고 LCL은 후자의 경우로 세관이 지정한 컨테이너 집하장(CFS)에서 통관한다.

1) FCL / LCL 화물의 내륙 운송(수출)

FCL 화물은 화주가 운송을 위탁한 화물의 부피가 커 하나의 콘테이너에 충분히 적재할 수 있는 것으로 보통 한명의 송화인과 한명의 수화인이 존재한다. 이때, 화주는 화물을 스스로 적입(stuffing)하여 세관에 수출수속을 거친 후 세관의 검사 후에 봉인(seal)을 채우게 된다.

▸ODCY(Off Dock Container Yard)
컨테이너 장치장으로서 부두에서 떨어진 곳에 위치(부산34개)

아래의 수출컨테이너 흐름도[20]는 해외 바이어의 주문에 대응하여, 국내 수출업자가 통관 및 선적에 이르는 과정이다.

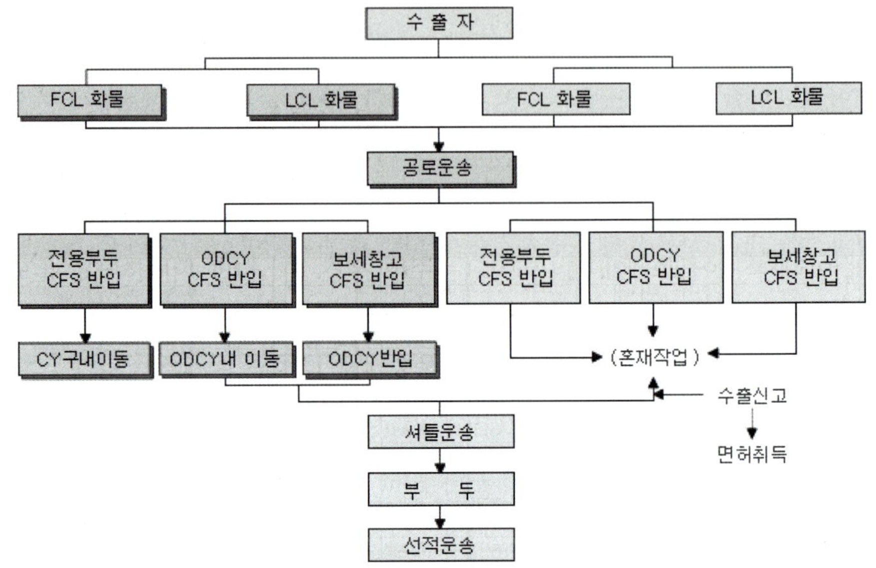

〈그림 36〉 FCL / LCL 화물의 내륙 운송(수출)

즉, 주문을 접수한 수출업자(수출업체)는 상품을 컨테이너에 적재(FCL, LCL)하고, 통관을 통해 공로운송을 실시하게 된다. 이때의 화물은 통관을 거친 화물과 통관을 거치지 않은 모든 화물이 포함된다. 단, 통관이 완료된 컨테이너 화물의 경우는 공로운송을 통해 ODCY나 보세창고를 거쳐, 선적의 과정을 거치나, 미통관화물의 경우는 ODCY 또는 보세창고에 보관되어 있다가 통관완료 후에 작업이 개시된다. 위 과정을 거쳐 통관완료된 화물 중 FCL화물은 CY로 반입되어 셔틀운송을 통해 선적되고, LCL화물의 경우는 필요에 따라 혼재작업을 거친 후 선적되는 경우가 있다.

가. 선적예약

수출자는 일반적으로 화물이 출고되기 전 또는 수출신고를 전후해서 선사에 선적예약을 해야 한다. 이 과정에서 물론 선적예약 화물이 FCL이 아닌 LCL인 경우에는 운임의 할인혜택을 받기 위해서 포워더를 이용하기도 한다.

수출자는 선적예약을 하기 전에, 수출지역이나 수하주의 요청 또는 화물의 특성상 필요한 제반서류(예 : 원산지증명서) 등을 준비한다. 선적예약 시 보통 선적담당자들은 상업송장이나 팩킹리스트만을 선사에 보내어 예약을 하는 경우가 많으나 선사들 입장에서는 선적지시서에 반드시 기입해야 할 수출 품목, 중량, 수출면장번호 등에 대해 화주들에게 일일이 확인절차를 다시 밟아야 하는 번거로움이 발생하고 유선상의 확인작업 중에서 착오가 발생할 수도 있으므로 상업송장이나 포장리스트만으로 하는 선적예약은 바람직하지 못하다. 더구나 운송계약의 성립이 청약과 승낙에 의해 이루어지는 만큼 단순히 상업송장이나 팩킹리스트만을 선사에 보내어 예약을 하는 것은 정상적인 청약절차로 보기 어려우므로 선사 소정양식인 선적의뢰서(S/R : shipping request)에 해당사항을 기입하여 팩스로 송부한 후 접수여부를 확인하는 것이 바람직하다. 선적의뢰서 양식은 선사마다 또는 포워더마다 서로 상이한 양식을 사용하고 있으며, 일부 대기업의 경우에는 독자적인 양식을 사용하고 있는 경우도 있다. 일단 예약된 사항을 변경하는 경우에는, 선박이 입항하기 전에 변경사항을 서면이나 구두로 선사에 통지하여야 한다. 특히, 양하항을 변경하고자 할 때에는 FCL의 경우 선적을 위하여 하역업자에게 화물이 이송되기 전에 선사에게 변경사항을 전달하여야 한다.

나. 선적의뢰

처음 수출에 나서는 무역업체들은 선사들에게 화물선적을 의뢰하는 과정 중에 예기치 않은 실수를 빚어 어려움을 겪는 경우가 더러 있다. 선적과정 중에서 수출업체가 반드시 지켜야 할 사항을 이행하지 않아 입게 되는 피해는 수출업체에게 귀착될 수 있기 때문에 수출업체들이 그러한 잘못을 범하지 않도록 주의를 기울여야 한다. 또한 수출업체들이 포워딩업체를 통해 선적을 의뢰하더라도 중요한 사항에 대해서는 선사들과 사전협의와 확인절차를 밟아 문제가 발생하지 않도록 관심을 가져야 한다.

수출화물 통관절차가 EDI처리 방식에 의해 이루어진 후 선사들이 적화목록을 직접 작성해야 하기 때문에 선사들은 수출화물에 대해 정확한 정보를 제공받기를 바라고 있다. 이에 따라 선사들은 수출업체들이 귀찮더라도 선사들이 요구하는 양식에 따라 선적지시서를 정확히 작성해주는 것이 좋다. 특히 선사는 선적지시서 작성 시 수출면장번호를 반드시 기입해줄 것을 요청하므로 수출면장 사본을 선사에게 제출하는 것이 바람직하다. 수출업체가 선적예약사항을 변경해야 할 경우에는 선박이 입항하기 전에 변경사항을 서면이나 구두로 선사에 통지해야 한다. 특히 양하항을 변경하고자 할 때에는 FCL 화물의 경우 선적을 위해 하역업체에게 화물이 이송되기 전에 선사에게 변경사항을 통보해주어야 한다.

다. 선적

자신의 화물을 정확히 선적하기 위해선 화물수취시간(closing time)의 준수가 필요하다. 컨테이너 수출화물을 육로운송이나 철도운송에 의해 선적항의 CY나 컨테이너터미널에 반입하는 경우 마감시간을 지키도록 유의해야 한다. 현재 선사들은 CY반입 마감시간을 선박 출항하루 전이나 선박입항 후 10시간 내로 규정하고 있기 때문에 시간 내 화물반입이 이루어지지 않으면 예약된 선박에 선적하지 못하는 경우를 맞게 된다. 특히 수출자가 선사에게 내륙운송 서비스까지 직접 의뢰한 경우 선사들이 자기책임 아래 운송계약업체를 통해 적기에 수송서비스를 해주지만 소위 "자가운송"을 이용할 경우 선사들이 책임이 없기 때문에 수출자 스스로가 클로징 타임을 지키도록 신경을 써야 한다.

선화증권(B/L)수령 시 담당자가 반드시 수령하고 B/L기재내용을 확인해보야 한다. 수출자가 B/L 기재 내용을 제대로 하지 않아 B/L을 수령한 다음에 추후에 문제가 발생할 경우 그 피해는 결국 수출자에게 귀착된다. 선사들은 수출업체가 도착항이나 컨테이너번호 등과 중요한 내용을 확인하지 않고 B/L을 수령한 다음 화물이 다른 항으로 보내지거나 화물이 분실돼 입게 되는 피해에 대해 하주들에게 책임을 묻게 되므로 선화증권의 수령 시 담당자가 기재내용을 반드시 확인해주는 것이 좋다. 이러한 과정 중에서 잘못된 기재내용이 있으면 선사에게 바로 알리고 변경통보 내용은 반드시 서면에 남겨 둘 필요가 있다.

라. 선적지 변경

수출신고 수리 후 선적지를 변경할 때 신고필증 상 단순히 목적지를 변경하는 방식으로 선적지를 정정기재해서는 안 된다. "수출신고 수리 후 선적지 변경에 따른 통관지침"에는 선적지 일부변경의 경우 당초 신고필증에 관련된 내용을 모두 정정하는 한편 변경된 선적지의 선적분에 대해서는 별도로 세관에 수출신고를 해야 한다고 규정하고 있다. 예를 들어 A사가 피혁제품 100C/T을 부산항에서 선적하기 위해 서울세관에서 수출신고를 마쳤는데 20C/T에 대해 김포공항을 통해 긴급히 수출해야 할 사유가 발생할 경우, 서울세관에 신고수리가 된 필증은 부산항 선적분만을 뜻 하므로 김포공항 선적분을 제외한 80C/T으로 당해 신고필증상 포장개수와 수량 및 중량, 가격을 정정해야 한다. 또 김포공항 선적분(20C/T)에 대해서는 별도로 세관에 수출신고를 해야 한다. 이 경우는 수출신고필증의 분할절차와 동일하므로 분할 내역 및 사유서 이외에 별도 첨부서류는 제출하지 않아도 된다.

선적지를 전부 변경할 경우 수출신고수량 등 내역의 변경없이 적재항만 변경되는 때에는 정정신고만으로 가능하며 별도의 첨부서류는 필요없다. 이 밖에 수출신고내역과 적재항이 단순히 구분하기 곤란할 정도로 복잡하게 변경되는 경우에는 당초의 수출신고를 취하하고 새로 변경된 내용으로 각기 수출신고를 해야 한다.

2) FCL / LCL 화물의 내륙 운송(수입)

LCL화물은 한 화주의 화물의 부피가 적어 하나의 컨테이너에 적입할 수 없는 것으로 동일한 목적지 까지 가는 서로 다른 화주의 화물을 CFS에서 집하(集荷)하여 하나의 콘테이너에 적입하는 것이다. 이때, LCL화물은 여러화주의 화물을 세관이 검사한 후에 봉인을 채우게 된다.

수입화물의 경우, 전용부두에 도착하면, ODCY나 CFS를 거치지 않고, 바로 직반출되어 검역과정을 거쳐 철도운송 또는 공로운송을 통해 경인ICD로 운송되는 경우가 있으며, 전용부두로 반입된 화물인 경우, FCL화물은 ODCY 또는 CFS를 거쳐 검역과정이 이루어지고, LCL화물인 경우 보세운송을 통해 검역이 이루어져 경인 ICD로 반입되기도 한다.

연안운송일 경우는 인천항을 거쳐 통관신고가 이루어지고, 통관신고 완료 후 최종화주에게 배달된다.[21)]

CIF조건으로 수출계약을 체결했을 경우, 완제품의 조달이 완료되면 납기일 내에 현지에 도착할 수 있는 선박을 수배해야 한다. 선박수배를 위해서는 출항일 전후에 선적항에 기항하는 선박스케쥴을 확인해야 하는데, 그 기본적인 방법으로는 국내에 기항하는 모든 선사의 입출항스케쥴이 게재되는 운송전문 주간지인 「Korea Shipping Gazette」, 「Korea Shippers Journal」 등을 찾아보면 된다. 혹은 해당 항로에 취항하는 선사의 인터넷 홈페이지 방문, 선사 직접방문이나 전화상담 등을 통할 수 있다.

무역조건이 FOB라면 수출지의 운송인(선사 또는 포워더)은 이미 신용장(L/C)이 개설될 시점에 선박이 지정(nomination)된 사실을 통보받아서 알고 있는 경우가 많다. 선박이 지명된 사실을 안 운송인은 먼저 수출자에게 연락하여 화물의 제조완료 시점 등 여러 가지를 문의할 것이다. 만약 수출자는 운송인에게 연락이 오지 않아 적기선적에 차질이 우려될 경우에는 지체없이 이들에게 먼저 연락을 하여 선적협의를 해야 한다. 그 이유는 FOB조건이라도 화물을 선적항에 도착시켜 적기에 선적되도록 하는 것은 수출자의 책임이기 때

문이다. FOB조건이라고 해서 모두 다 L/C에 운송인을 지명하는 것은 아니며 때로는 수출자가 바이어를 대신해서 운송인을 선정해야 하는 경우도 있고, L/C에 명시하지는 않았지만 별도로 Fax나 Telex로 바이어가 지정하는 운송인을 이용하도록 요청하는 경우(shipping instruction)도 많다.

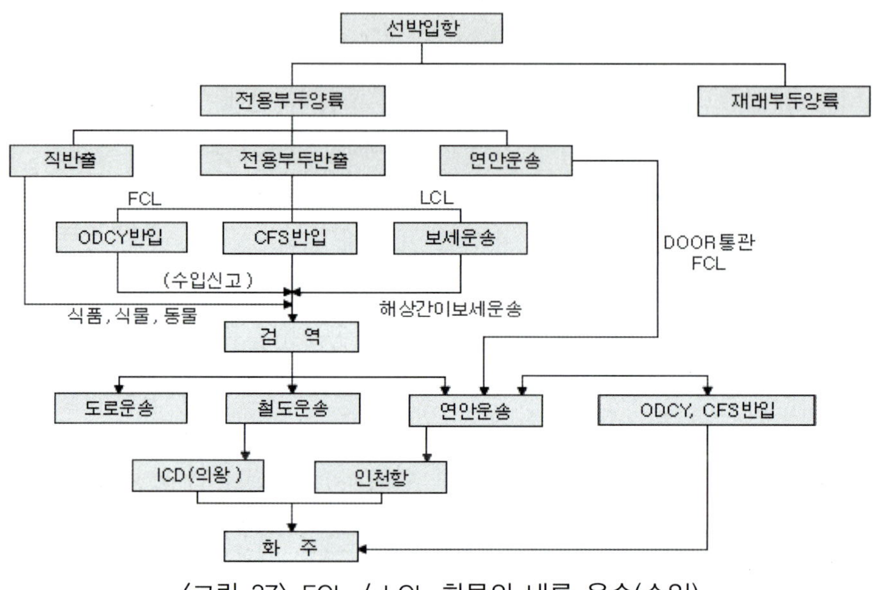

〈그림 37〉 FCL / LCL 화물의 내륙 운송(수입)

선박스케쥴 확인 시에는 첫째, 선박의 입출항 일자, 운송기일, 직항 혹은 환적항 기항 여부, 둘째, 선박의 출항예정 시간(ETD : estimated time of departure)과 도착예정일자(ETA : estimated time of arrival), 셋째, 해당 선적항의 화물수취마감시간을 반드시 체크해 볼 필요가 있다. 차후 선사에 화물을 맡기고 난 후 B/L을 받았다고 해서 선적업무를 종료하였다고 생각해선 안 되며, 자신의 화물이 갑판적재되어 실제로 출항되었는지의 여부를 끝까지 확인해보는 것이 좋다. 선박 운항스케쥴 광고를 보면 반드시 "schedules are subject to change with or without notice"라고 되어 있어 사전통지 없이 운항스케쥴의 변경 가능성을 예고하고 있다. 따라서 스케쥴을 확정한 뒤라도 다시한번 예정대로 출항하게 되는지 반드시 재확인 해 보아야 한다.

선박스케쥴에는 수출항로(outbound schedule)와 수입항로(inbound schedule)가 있다. 그런데 같은 수출이라도 우리나라를 기점으로 해서 유럽으로 나가는 것은 서쪽으로 가는 것이기 때문에(미국을 경유해서 가는 것은 예외) 서향

(west bound), 반대로 유럽에서 수입하는 것은 동향(east bound)라고 한다. 이에 비해 한국을 기점으로 해서 미국으로 수출되는 것은 'east bound', 미국에서 수입되는 것은 'west bound'라고 한다. 앞에서도 잠시 언급하였지만 선박스케쥴 확인 시 선박의 입출항일과시간, 운송기일(transit time : T/T)은 얼마인지, 'CY Cargo'인 경우는 화물수취 마감시간이 언제인지를 정확히 알아두고 관할세관과 CY담당자 및 전화번호까지도 별도로 메모해 두어야 한다. 선박의 출항예정시간(ETD)과 도착예정일자(ETA)는 항상 가변적이므로 선적되어 선박이 출항한 후에도 예정대로 운송되었는지 마지막까지 확인해야 함을 잊어서는 안 된다.

3) 컨테이너 화물의 운송형태

오늘날 컨테이너 화물의 운송형태는 다음과 같이 크게 9가지로 분류된다.

Door to Door 방식은 화주의 운송의뢰한 화물이 FCL이란 조건하에 이루어지는 것으로 수출자가 공장이나 창고에서 책임지고 화물을 적입하고 세관에 수출수속을 한후 봉인을 채운 콘테이너를 선사가 검사 후 수령하여 책임을 지고 화물을 수입자의 공장이나 창고까지 운송하는 방식이다.

Door to CY 방식은 화주가 운송을 의뢰한 화물이 FCL이란 조건하에 이루어지는 것으로 선사는 수출자가 공장이나 창고에서 화물을 적입하고 세관에 수출수속을 한 후 봉인을 채운 콘테이너를 수취하여 목적항의 CY까지 책임지고 운송하며 수입자에게 콘테이너를 인계하는 방식이다.

Door to CFS 방식은 선사가 화주의 공장이나 창고에서 화주가 화물을 적입하고 세관에 수출수속을 한 후 봉인을 채운 콘테이너(FCL화물)를 수취하여 목적항의 CFS까지 책임지고 운송하여 하역한 후 서로 다른 수입자에게 인계하는 방식이다. 이는 한명의 송화인이 둘 또는 둘 이상의 수입자의 화물을 한 콘테이너에 혼적한 경우 사용한다.

CY to Door 방식은 선사가 발항지의 CY에서 수출자가 화물을 적입하고 세관에 수출수속을 한 후 봉인을 채운 콘테이너(FCL화물)를 수취하여 책임지고 목적항 수화인의 공장이나 창고까지 운송하는 방식이다. 이 조건하에서 선사는 화주의 공장이나 창고에서 CY까지의 운송은 책임지지 않는다.

CY to CY 방식은 선사는 발항지의 CY에서 수출자가 화물을 적입하고 세관에 수출수속을 한 후 봉인을 채운 콘테이너(FCL화물)를 수취하여 책임지고 목적항의 CY까지 운송하여 수화인에게 인계하는 방식이다. 이 조건하에서 발항지의 수출자는 화물을 발항지의 CY까지 운송하고 목적항의 수입자는 목적항의 CY에서 화물을 수취하게 된다.

CY to CFS 방식은 선사는 발항지의 CY에서 수출자가 화물을 적입하고 세관에 수출수속을 한 후 봉인을 채운 콘테이너(FCL화물)을 수취하여 목적항의 CFS까지 운송하여 하역을 한 후 둘 또는 둘 이상의 수입자에게 화물을 인계하는 방식이다. 이는 하나의 수출자가 둘 또는 둘 이상의 수입자의 화물을 한 콘테이너에 적입한 경우에 사용된다.

CFS to Door 방식은 선사는 발항지의 CFS에서 둘 또는 둘 이상의 수출자의 화물을 한 콘테이너에 혼적하여 세관검사 후 봉인을 채운 컨테이너 화물을 하나의 수입자의 공장이나 창고까지 인계하는 방식이다.

CFS to CY 방식은 선사는 발항지의 CFS에서 둘 또는 둘 이상의 수출자의 화물을 한 콘테이너에 혼적하여 세관검사 후 봉인을 채운 컨테이너 화물을 목적항의 CY까지 책임지고 운송하여 수입자에게 인계하는 방식이다.

CFS to CFS 방식은 선사는 발항지의 CFS에서 둘 또는 둘 이상의 수출자의 화물을 한 콘테이너에 혼적하여 세관 검사 후 봉인을 채운 컨테이너 화물을 목적항의 CFS까지 책임지고 운송하여 하역을 한 후 둘 또는 둘 이상의 수입자에게 인계하는 방식이다.

(3) ICD(Inland Container/Clearance Depot)

ICD란 내륙컨테이너 통관기지의 약어로서 항만 혹은 공항이 아닌 내륙에 위치하여 배후지역에서 운송된 여러 종류의 화물을 일시적 저장 및 취급에 대한 서비스를 제공하는 지역을 말한다.

컨테이너의 급속한 보급 및 복합운송의 발달에 따라 일반적으로 컨테이너 화물이 주 취급대상이 되며 이 경우 내륙컨테이너기지 또는 내륙항만이라고도 한다. 철도 및 도로 등 내륙운송수단에 의해 통관되지 않은 상태로 이송된 화물을 고정설비를 통하여 일시적으로 저장하거나 취급에 대한 서비스를 제공하고, 세관의 통제 하에 수출 및 연계수송을 위한 일시적인 장치(藏置)·창고보관·재수출·일시 상륙 등의 기능을 담당하며, 이를 위해 세관을 비롯하여 선사·운송회사·은행·포장회사 등이 입주하는 것이 일반적이다. ICD는 컨테이너의 내륙수송에 있어서 주운송(trunk load transport)과 지역운송(local distribution)을 구분할 수 있게 하여 컨테이너수송의 대량화와 신속화가 가능하게 하는 기반을 제공하는데 특징이 있다. 한국의 경우 경인지역에 철도수송을 위주로 한 의왕 ICD가 가동 중에 있으며, 부산경남지역에 부산항과 연계하여 양산ICD가 있다.

1) ICD의 기능

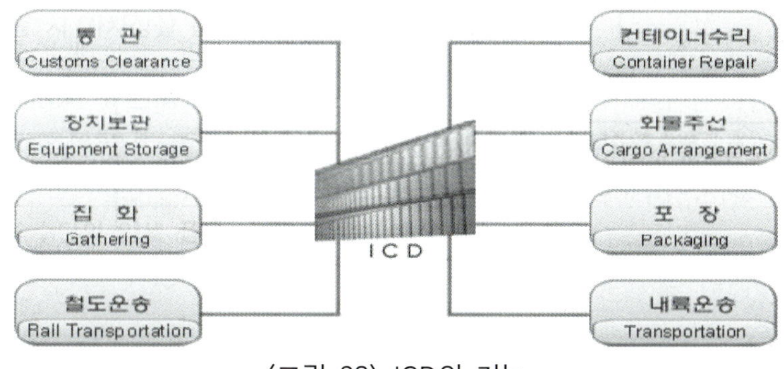

〈그림 38〉 ICD의 기능

2) 수출통관 방법

수출화주는 공장에서 컨테이너 적입작업을 완료하고 ICD에 컨테이너를 반입시킨 후 화주 또는 관세사를 통하여 수출통관을 할 수 있다.

3) 수입통관 방법

① 화물 도착전 선사에 ICD로 배정 요청, ② 화물도착 후 보세운송 관련서류를 운송사에게 전달, ③ 운송사에서 ICD까지 화물을 보세운송, ④ ICD에서 화주 및 통관사를 통하여 수입통관, ⑤ 통관 완료 후 운송사에서 공장 및 창고까지 컨테이너 상태로 운송 ICD 이용 시 장점으로는 세관, 식품검사소, 식물검역소, 관세사, 은행 등 통관관련 기관이 ICD에 전부 상주하고 있어 수출입통관 절차를 일괄처리할 수 있어 편리하다.

(4) 육로운송에 관한 국제조약

국제간 육로로 화물을 운송할 때 적용되는 국제운송조약은 철도운송조약과 도로운송조약이 있다. 이들 조약의 내용은 주로 운송인의 책임에 관하여 규정하고 있다.

국제도로운송조약(CMR : convention relative au contrat de transport international de marchandise par route[22]))은 1956년에 제네바에서 서명 제정된 조약으로 국제도로운송을 위하여 양 당사자 중 어느 한 당사자가 이 조약의 당사자인 경우에 본 조약이 적용된다. 운송경로의 일부가 해상운송이 포함되어 있는 경우라 할지라도 선상에서 육로차량으로부터 물품이 적출되지 않을 때에는 전 운송구간은 국제도로운송으로 간주하며, 운송인의 배상책임한도는 총중량 1kg당 8.33SDR이다. 약정된 운송완료일로부터 30일 또는 운송인이 물품을 인수한 날로부터 60일이 경과하였음에도 불구하고 인도되지 않았다면 분실된 것으로 간주한다.

국제도로운송조약은 국제복합운송의 'network liability system'을 채택하고 있다. 운송인의 손해배상책임은 CMR에 의한 자동차 운송인의 책임의 일반원칙은 이른바 엄격책임주의(strict liability)에 입각한다. 즉, 자동차운송인은 조약상의 면책사유이외의 사유로 인한 화물의 전부 또는 일부의 멸실, 훼손 또는 인도지연에 대하여 책임을 진다. 다만 운송인의 손해배상책임은 운송인의 고의나 중대한 과실의 경우를 제외하고는 화물 1kg당 50금프랑으로 제한된다. 그리고 중과실의 경우의 운송인의 책임은 정상적인 책임한도액의 2배로 제한된다. 한편, 인도지연의 경우 실손해에 관한 증명이 없으면 특정운송기간의 10분의 1의 지연에 대해 운임의 10분의 1을 운송인이 반환하여야 하는데, 그 한도액은 총운임의 4분의 1이며, 지연으로 인한 실손해가 증명된 때에는 그 손해액이 배상금액이며, 그것은 해당 운임의 2배를 초과하지 못한다.

국제철도운송조약(International Convention Concerning the Carriage of Goods by Rail, 1970)은 1970년에 제정, 1975년 1월1일부터 발효되어, 국제철도화물운송의 준거법으로서 철도운송계약의 체결, 속도, 철도구간, 운임지급 등 이행에 관한 사항, 운송인의 책임, 타당사자와의 관계, 재판관할권 등에 대하여 규정하고 있다. 국제간에 철도편으로 물품을 운송하는 경우에는 CIM으로 알려진 국제철도물건운송조약(convention internationale concernant le transport des marchandises par chemin de fer, international convention concerning the carriage of goods by rail)이 적용되는 것이 보통이다. 이 CIM의 모체는 이미 1893년부터 존재해 왔으며, 수시로 새로운 수요를 반영하여 개정되어 왔는데, 현행조약은 1970년의 추가의정서(additional protocol, 1970)를 포함한 CIM이다. 국제철도운송조약에서 인정하는 운송서류는 철도화물수탁서(railway consignment note)이며, 철도운송인의 책임한도액은 다음과 같다.

- 운송인의 고의적인 악행(wilful misconduct)이나 심한 태만(gross negligence)의 경우를 제외하고는 kg당 50 gold france의 한도로 손해배상책임을 지는 무과실책임주의로 무과실에 대한 거증책임은 운송인이 짐
- 소송제기기간 1년(사기/고의적 악행의 경우는 2년)
- 운송기간 종료일로부터 30일 경과시는 그 물품은 분실된 것으로 간주[23)]

즉, CIM은 (철도)화물수탁서(consignment note)에 의거해 적어도 둘 이상의 체약국간에 철도편으로 운송되는 국제화물운송에 적용되는데 CIM조약에 의한 철도운송인의 책임원칙도 대체로 CMR 조약의 경우와 같다. 즉, 운송인은 화물의 손해에 대하여 매우 포괄적인 책임을 진다. 그러나 화주의 고의, 화물의 숨은 하자나 불가항력 곧 운송인이 피할 수 없었고, 또한 그 결과를 방지할 수 없었던 사정으로 인하여 발생한 화물의 멸실 · 훼손 또는 인도지연에 대하여는 면책된다. 다만, 그 멸실이나 손상이 이들 면책사유로 인하여 발생하였다는 거증책임은 운송인에게 있다. 그리고 이 밖에도 운송인이 면책되는 몇 가지 사유가 있는데, 이들 사유로 인한 손해에 대해 운송인이 면책되기 위해서는 그러한 특별한 사유의 하나 또는 둘 이상으로 인하여 손해가 생길 수 있다는 사실을 운송인이 입증하여야 한다.

5-2 해상운송

1. 해상운송의 개관

해상에서 선박을 이용하여 여객이나 화물을 운송하는 것을 해상운송이라 한다. 해상운송은 화물운송의 주선, 해운중개, 해운대리점, 선박 대여 및 관리 등의 업무가 포함된다. 이와 같은 해상운송은 위험성이 높고 속도가 느리다는 단점이 있으나 화물의 대량운송이 가능하고, 운송비가 저렴하여 원거리 수송에 유용하고, 운송로 이용이 자유롭다는 점과 국제적 운송이라는 특징을 지니고 있다.

▸정기선의 속도 :18~30knot
부정기선의 속도 : 12~18 knot

(1) 해상운송의 4대 요소

- 선박(ship) : 상법 상 상행위와 기타 영리를 목적으로 항해에 이용되는 구조물로, 해상운송에서는 상선만을 대상으로 한다. 상선은 운송목적물에 따라 여객선, 화물선, 화객 혼용선으로 분류한다.
- 선원(mariner) : 선장은 선박의 총지휘자로서, 선내에서는 사법, 행정에 대한 일체의 권한을 갖는다. 즉, 해원의 징계권, 위험물의 처분권 및 조치권을 갖는다. 해원은 항해사, 기관사, 사무원 등의 고급 해원과 갑판원, 수부, 조리사, 화부 등의 하급 해원으로 구분된다.

- 항로(route of navigation) : 선박이 항해하는 통로를 말한다. 항해의 안전을 위한 등대, 부표, 신호 등의 항로표시와 항내나 위험한 수역을 운행하는 선박을 안내하는 도선사(pilot) 등이 필요하다.
- 항만(port) : 해상운송에서는 상항만을 가리키며, 상항은 개항, 불개항, 자유항으로 나뉜다.

개항	외국과 무역을 할 수 있는 항구로서 관세를 징수한다.
불개항	외국과의 무역을 허용하지 않고, 국내 통상만을 인정하는 항구이다.
자유항	외국과의 무역을 자유롭게 할 수 있으며, 수출입상품에 대하여 관세를 징수하지 않는 항구다.

(2) 해상운송의 형태

해상운송은 정기선운송과 부정기선운송 형태로 나뉜다. 그러나 경우에 따라서 양자를 겸하는 경우도 있다.

표 30 정기선과 부정기선 비교

구 분	정기선 운송	부정기선 운송
운항 형태	규칙성, 반복성	불규칙성
운 송 인	보통운송인(COMMON CARRIER) 공중운송인(PUBLIC CARRIER)	계약운송인(CONTRACT CARRIER) 전용운송인(PRIVATE CARRIER)
화물의 성격	이종화물	동종화물
화물의 가치	고 가	저 가
운 송 계 약	선화증권(BILL OF LADING)	용선계약서(CHARTER PARTY)
운 임	• 동일운임(동일품목/상이한화주) • 운임률(TARIFF)적용 • 운임동맹	선박의 수요와 공급에 의해 결정
서 비 스	화주의 요구에 따라 조정	선주 · 용선자간 합의 결정
선 박	고가 · 구조복잡(컨테이너선)	저가 · 구조단순(벌크선)
조 직	대형조직(본사 및 해외점소)	소형조직
화물의 집화	영업부 직원	중 개 인

정기선운송은 주요 항만 간에 정기항로를 개설하고, 정기적으로 운항하는 선박에 의하여 화물을 운송하는 방법이다. 정기선에 의한 운송은 대부분 불특정 다수의 화부로부터 개별품목 운송계약으로 의뢰받은 화물을 모아, 동일 방향으로 가는 정기선에 일괄 적재하여 운송한다.

부정기선 운송은 항로나 운송시기에 관계없이 화주가 선박을 대절하여 운송하는 화물운송방법으로, 주로 용선계약에 의하여 이루어진다. 용선운송에는 정기용선, 항해용선, 나용선 등이 있다. 정기용선은 일정한 항로를 정기적으로 운항하는 상선이며, 개품운송계약과 일부용선계약이 있다. 항해용선은 특정 항만 간의 1항해 또는 수회에 걸쳐 선박을 대절하는 용선계약이다. 그리고 나용선은 선주로부터 선박만 대절하고 선박운항에 필요한 물자와 선원, 제 비용은 모두 용선자가 부담하는 것을 말한다.

1) 정기선운송

정기선은 운항일정(sailing schedule) 및 운임요율표(freight tariff)가 공시되기 때문에 화물의 양과 관계없이 고정된 항로를 규칙적으로 운항하며, 다수화주의 소량화물 및 컨테이너 화물, 여객, 우편물 등을 운영대상으로 하는 특징을 지니고 있다. 대체로 정기선의 운임은 고액이며, 운송계약형태는 개품운송계약으로 해운동맹이 결성되어 있는 것이 일반적이다. 정기선은 운송해야 할 화물이 있든 없든 항해일정에 따라 규칙적으로 운항해야 하므로 많은 선박이 필요하고 경영조직규모도 거대하며 위험도가 높은 사업이다. 현재 국제무역량의 증대와 컨테이너 출현과 발달로 해상운송의 대부분을 차지하고 있다.

가. 동남아항로

동남아항로는 한국-동남아시장간 물동량뿐 아니라 중국 및 일본발 동남아항로 서비스가 증가하고 있어 그 이용이 늘어나고 있다. 특히 한국의 선사는 국내선 물량취급만을 하지 않고 지속적으로 시장의 볼륨이 확대되는 중국이나 일본쪽으로 눈을 돌려 중국 및 일본발 서비스에서 급신장을 이루고 있다. 그리고 이와 같은 추세는 지속될 것으로 전망이 되며 중국 및 일본시장의 물량이 증가되고 있으므로 이 항로의 물량도 호조세를 지속할 것으로 예상된다. 1992년 2월, 아시아지역 내 선사들이 아시아역내협의협정(intra asia discussion agreement : IADA)을 결성하여 항로의 안정화를 도모하고 있다.

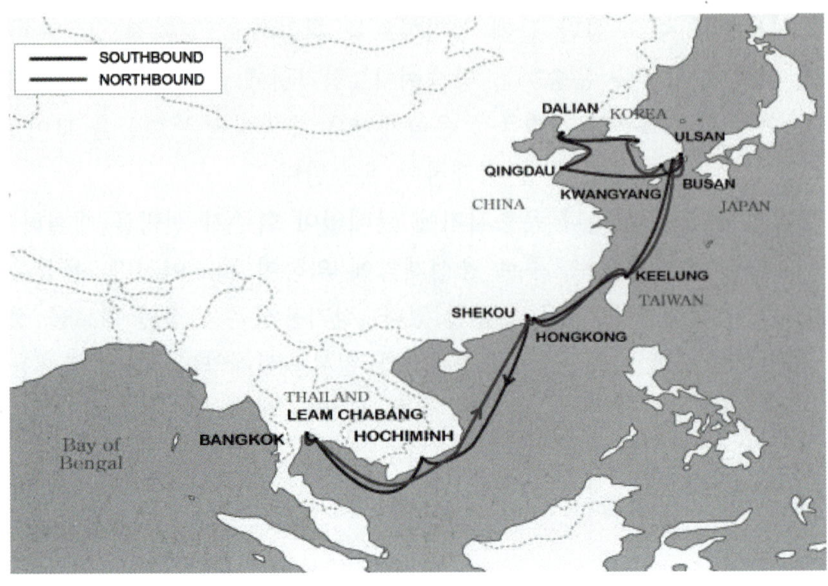

나. 한 · 일 항로

한일항로는 일반적으로 수출화물에 비해 수입화물이 상대적으로 적다. 더욱이 최근에는 원/엔환율하락으로 수입물량에 비해 수출물량이 크게 감소하여 수출물량 대비 수입물량의 비율이 45:55에서 35:65까지 감소하였다. 한국근해수송협의회에서는 한일항로에 취항한 선사들의 채산성악화를 방지하기 위하여 1997년 7월부터 운임풀협정(pooling agreement)과 중립감시기구제도(neutral system)을 도입하여 시행하고 있다.

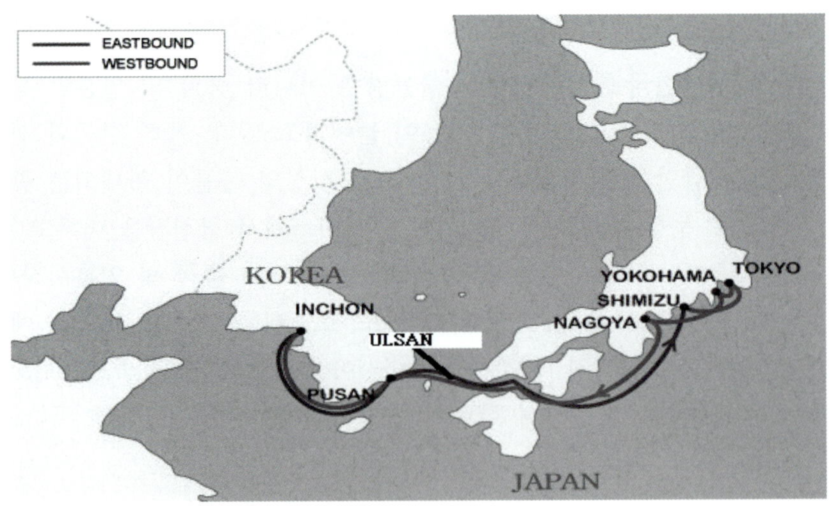

다. 중동 / 인디아 항로

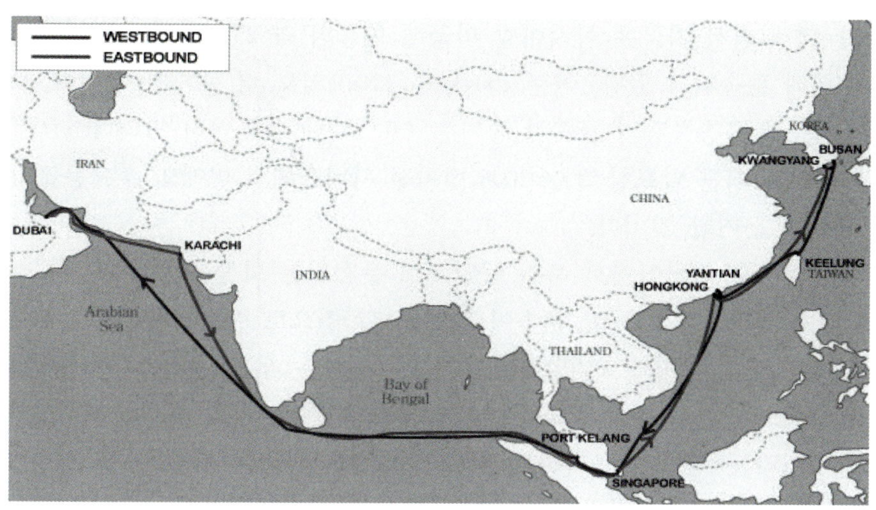

라. 유럽항로

한국-미서부해안(밴쿠버/시애틀)-유럽	소요기간 14~17일정도로 운임은 두바이경로보다 20%이상 높지만 약 3~4일이 덜 소요되고, 선박 및 항공편의 운항회수가 가장 많고 신뢰도가 높아 가장 많이 이용되는 운송경로
한국-두바이-유럽	소요기간 21일정도로 요율이 가장 낮지만 가장 오래 걸리는 운송경로
한국-싱가포르-유럽	소요기간 12~13일정도로 홍콩경로보다 저렴한 가격이 가능하나, 싱가폴 발 선박의 스페이스 공급이 너무 적어 대량수송에 어려움

마. 북미 동안 / 북미 서안 항로

최근 5년간 아시아와 대서양에서 북미해안으로 운항하는 전해상(all-water) 서비스가 현저히 증가하고 있다. 전통적으로 아시아-북미동안(ECNA) 항로는 파나마운하를 이용하여 왔다. 그러나 1980년대 들어서 미국 철도산업의 규제완화의 신호탄인 'Steggers Act'의 통과, 이중적재화차(double-stack-railcar)와 같은 고효율의 기술이 도입되면서 미동안(USWC)을 경유한 복합운송이 선호되었다. 그 증거로 1995년에는 아시아에서 미국으로 운송되는 수출품의 90%가 로스앤젤리스와 롱비치, 시애틀, 타코마 등의 항만을 경유한 해상운송서비스 루트였다. 이는 미국경제의 상당부분이 서해안의 항만들과 효율적인 철도운송망에 의존하고 있었음을 의미하는 것이다.

그러나 21세기에 접어들어서 조금씩 변화가 일어났다. 전해상 운송서비스가 활성화되면서 지금은 아시아발 미국행 화물의 약 25%가 전해상 운송서비스에 의해 운송되고 있다. 이는 2004년의 22%에서도 더 증가한 수치다. 아시아-북미동안 운송물량의 급속한 증가는 〈표 24〉에서 분명히 드러나 있다. 표 24는 CI지가 최근 발표한 '2006-2008 정기선 서비스에서 미래의 수요공급'이라는 자료에 근거한 것이다.

따라서 향후 아시아에서 북미 동안으로 운송되는 화물은 기존의 파나마운하보다 수에즈운하을 통한 운송이 활성화 할 것으로 예상된다. 이는 부분적으로 파나마운하가 미화 50억달러를 투자해 추진하는 파나마운하당국(ACP:panama canal authority)의 확장프로그램이 완성되기 이전에 처리능력이 포화상태에 이를 것이라는 전망에 근거하고 있다. 물론 수에즈운하를 이용한 서비스는 운항일수가 길다는 단점이 있다. 때문에 모든 아시아국가와 중국의 모든 지역에서도 좋은 선택이 되지는 못할 것이라는 지적도 있다.

표 31 태평양항로 컨테이너 물동량(2006년/2008년)

	구 분	2005	2006	2007	2008
아시아~북미서안	동향화물(TEU)	10149284	11123615	11980134	12782803
	증감율(%)	-	9.6	7.7	6.7
아시아~북미동안	동향화물(TEU)	2650716	3082783	3579111	4101661
	증감율(%)	-	16.3	16.1	14.6

그러나 펜듈럼(pendulum)서비스가 최근 몇 년간 약간 동쪽으로 이동했음에도 불구하고 이 서비스는 홍콩과 수에즈 운하 서비스의 범주 안에 들어가는 남중국의 항만들에 기항하고 있다. 이들 선박은 미동안이나 미중서부지역을 종착지로 운항하고 있으며 극동지역에도 드나들고 있다. 따라서 원양선사들은 극동-중동-미동안을 연계하는 수에즈운하를 선호하게 될 것이라는 예측은 당연하다. 이 밖에도 수에즈운하가 향후 아시아 와 북미동안을 연결하는 허브역할을 하게 할 것이라는 점에 대한 증거는 다음과 같다.

① 원양선사와 화주입장에서 그들의 미서안 항만에 대한 의존도를 줄여야 한다는 니즈 발생, ② 국제 컨테이너운송물량 증가율을 수용하기에 철도 수용능력(선로, 야드)의 한계, ③ 컨테이너 리포지셔닝 물류의 개선과 코스트다

운 요구. 실제 미서안 항만들을 경유해 철도를 이용하는 것보다 해상으로 직접 아시아까지 공 컨테이너를 운송하는 비용이 더 저렴, ④ 초과된 마켓에서 보다 많은 선박과 자본집약적 자산을 분산을 수용할 수 있는 기회확보. 아시아-미서안 항로에는 5척의 선박이 필요한데 반해, 파나마운하를 이용할 경우 8척, 수에즈 운하를 이용하면 10척의 선박의 운용 가능, ⑤ 미동안 항만들에서 컨테이너처리 물동량의 확장, ⑥ 미동안 항만들과 터미널들에서 보다 많은 아시아화물의 다이렉트 처리와 관리욕구가 생겨남, ⑦ 아시아-캐리비언, 중남미항로의 급격한 성장도 한 몫, ⑧ 원양선사들이 인도와 중동, 지중해지역을 중간항만으로 이용할 수 있다. 따라서 상선들이 그들의 고객에게 항로 선택의 폭을 다양화 가능

2) 부정기선 운송

부정기선이란 운송수요자의 요구에 따라 수시로 어느 곳이나 운항하는 선박으로 단일화주의 단일화물을 항해용선계약(voyage charter)으로 전부 용선하여 운송하는 선박을 의미한다. 즉, 부정기선 운송은 정해진 항로를 정기적 혹은 규칙적으로 운항하는 정기선과는 달리, 일정한 항로나 화주를 한정하거나 제한하지 않고 무역 운송화물이 있을 때마다, 선복의 수요가 있을 때마다 또는 화주가 요구하는 시기와 항로에 따라서 화물을 운송한다. 부정기선 중에서 화물의 특수한 성질 또는 형태에 따라 특수한 시설을 갖추고 있는 선박이 특수 전용선이며 일반적으로 용선계약(charter)으로 운송된다. 주로 부정기선은 벌크화물, 즉 광석. 곡물. 원당. 원면. 원목. 비료 등을 주로 운송대상으로 한다.

〈수에즈운하〉

〈파나마운하〉

부정기선의 특수 전용선에는 원유・중유・휘발유 등을 수송하는 유조선, 생선・과일・야채 등을 수송하는 냉동선, 목재전용선, 자동차수송 전용선, 곡물을 운반하는 전용선 등이 있다. 탱커에는 중유 및 원유를 주로 수송하는 'clean tanker', 항구 내에 계류되어 육상설치 탱커대신에 사용되는 탱커 등이 있다.

- 운 임 : 선적당시의 수요공급에 의하여 운임 결정/ 낮은 요율을 적용/운임변동폭이 심함.
- 운송계약형태 : 용선계약(charter party)
- 정기선 운송과 상호보완적 기능

3) 해운동맹(Shipping Conference)

정기항로에 취항하고 있는 정기선사들이 상호 과다경쟁을 피하기 위하여 선사 상호간 운임협정 등을 맺고 경쟁을 억제하는 동시에 외부로부터 가입범위를 제한하고 시장을 독점하여 스스로의 이익을 최대한 도모하려고 여러 사항을 협정하는 동맹을 해운동맹이라고 한다. 운임동맹이라고도 하며 국제카르텔이다. 해운동맹은 내부규제로서 운임협정・배선수(配船數)협정・적취비율(積取比率)협정 및 운임 풀계산을 실시하고, 대외규제수단으로서 화주가 동맹선을 계속 이용하면 운임 일부를 반환하는 운임반환제도, 동맹선에 단독으로 선적계약한 하주에 대한 운임을 할인하는 계약운임제도(2중운임제), 동맹항로로 끼어들어온 비동맹선을 저율운임으로 배제하는 투쟁선의 배선 등을 하고 있다. 해운동맹에는 유럽을 기점으로 신규가입을 크게 제한하는 폐쇄동맹과, 미국을 기점으로 미국 독점금지법에 의해 신규가입을 원칙상 인정하나 운임환불제도며 투쟁선을 실시할 수 없는 개방동맹이 있다. 개방동맹에서는 동맹선의 탈퇴 또는 비동맹선이 계속 끼어들어 임률표(賃率表)가 유지되지 못하는 상황이 일어난다.

1960년대 중엽부터 선진국 사이의 정기선은 거의 컨테이너선화되었으나 컨테이너선 수송에는 거액 설비투자가 필요하므로, 주요한 정기선회사는 선박・시설을 공동이용하는 전세용선계약방식 및 기업연합으로 공동소유・운항・이용하는 컨소시엄을 결성해 대항하여 그 독점적 지위를 유지하였다. 그러나 컨테이너선은 해륙일괄수송체제의 구성부분에 지나지 않으므로 해운동맹의 규제력은 약화되었다. 선진국 해운기업은 해운자유 원칙을 들어 세계해운을 지배해 왔지만, 그 체제에 변화가 일고 있다. 유럽연합(EU)이 2008년 10월부터 오랜 관행인 해운 카르텔(담합)을 없애고 경쟁시스템을 도입할 예정이다. 이에 따라 기존에 카르텔형태로 유지돼 온 해운동맹이 사라지고 관련 업계의 치열한 경쟁이 불가피할 전망이다.

EU는 그간 과도한 경쟁으로 인한 부실경영과, 저질선박을 이용한 덤핑운항을 막기 위하여 정기선 해운동맹에 대해 카르텔을 용인했으나, 해운 서비스 가격 인하와 질 향상을 위해 해운동맹을 폐지하기로 결정했으며 호주와 일본 등 주요 국가들도 해운동맹에 경쟁법을 적용하는 문제를 긍정적으로 검토하고 있음을 밝혀, 해운동맹 폐지 움직임은 국제적으로 빠르게 확산될 것으로 보인다. 한국도 아시아항로와 관계되는 호주와 일본도 경쟁법 적용을 검토하는 만큼, 해운동맹의 폐지 여부에 관한 본격적인 검토가 필요할 것으로 사료된다.

4) 편의치적제도(Flag of Convenience)

선박사고 보도를 보면 유난히 '파나마 국적선'이라는 말이 자주 나온다. 만약 파나마는 왜 그렇게 배가 많은 걸까' 하고 한번쯤 의심을 품었다고 한다면, 곧 파나마가 편의치적제도를 채택한 국가이기 때문임을 알 수 있다. 파나마는 편의치적제도(便宜置籍制度)를 법적으로 허용하고 있으므로 각국의 선주들은 선박의 등록세, 유지세만 내면 어떠한 규제도 없이 선박국적을 등록할 수 있으므로 일종의 조세피난처로 파나마에 선박국적을 등록을 한 것이다. 즉, 비용절감을 노린 많은 선주들이 파나마를 국적지로 택하고 있으며 라이베리아, 온두라스, 코스타리카, 레바논, 키프로스, 소말리아, 오만 등도 편의치적제도를 공여하여 외국선대를 끌어들인 다음 앉아서 돈을 버는 것이다. 이처럼 편의치적(便宜置籍)제도란 선주가 세금과 선원. 안전규정 등이 자국보다 유리하다고 판단되는 나라에 자신의 배를 등록하는 제도를 말한다. 이 제도를 활용하고 있는 선주가 발주한 선박을 만들어 수출하면 수출 대상국이 라이베리아나 바하마 등 편의치적국으로 등록된다.

선주에게 편의치적은 유용한 제도다. 선박회사는 파나마 등에 편의치적을 하면 우선 재무상태, 거래내역 등을 보고하지 않아도 되고 기항지도 제약받지 않는다. 또한 고임금의 자국 선원을 승선시키지 않아도 되고 등록세와 매년 징수하는 소액의 톤(t)세 외에 선주의 소득에 대해 조세를 일절 징수하지 않는다. 금융기관이 선박에 대한 유치권(채권을 변제받을 때까지 선박을 유치할 수 있는 권리)을 행사하기 편해, 국제금융시장에서 선박의 건조 또는 구입자금을 쉽게 조달할 수 있다. 그리고 선박의 운항 및 안전기준 등을 규제하지 않아 비용절감이 가능하다는 등의 많은 장점을 누릴 수 있다. 한국도 2001년

12월 기준 한국이 보유한 상선 815척, 2540만t 중 편의치적선은 417척, 1804만t으로 전체의 약 71%에 이른다. 국가도 마찬가지다. 편의치적제도를 채택하면 비용절감을 노린 많은 선주들이 해당 국가를 국적지로 택하기 때문에 라이베리아, 온두라스, 코스타리카, 레바논, 키프로스, 소말리아, 오만 등처럼 외국 선대를 끌어들여 앉아서 돈을 버는 것이다. 그래서 요즘 세계 주요 선박보유국은 자국 편의치적선의 국적회복(flagging back) 및 해외선박의 자국유치(flagging in)를 위해 많은 노력을 기울이고 있다. 동북아 물류중심국 건설을 꿈꾸는 한국도 마찬가지이다. 그 교두보로 선택한 곳이 제주도로 2002년 4월 제주선박등록특구 제도(이하 제주등록제)를 발효시켰다. 제주등록제는 조세제도를 정비한 것이다. 국적선이나 국적취득조건부나용선(국적취득을 조건으로 용선한 외국선박)의 등기를 제주시나 서귀포시로 이전하면 등록세와 법인세를 제외한 재산세, 취득세, 공동시설세, 지방교육세, 농어촌특별세 등을 면제해 준다. 이는 제주도를 '동북아의 파나마'로 탈바꿈시키기 위한 노력이기도 하며 또한 국적선 확충은 운임절감 등 수출에서의 편의는 물론이고, 물류 인프라 확충·제도정비·인력양성 등에 목적이 있다.[24)]

2. 해상운송계약

수출자는 해외에 거래선이 확보되고 상품의 매매계약의 체결과 신용장 등이 개설되면 계약에 의거 상품을 확보하고 계약서에 명시된 기일 내에 상품을 선적을 하여야 한다. 그런데 수출자는 상품의 선적을 위해 선박회사와 접촉하기 전 기본적으로 다음 아래와 같은 내용들을 이해해야 한다.

1) 매매조건과 선적의무

통상 화물을 운송할 선박을 수배하는 자는 해당 선박회사에 운임을 지급하는 화주이다. 상품의 매매조건이 수출자 입장에서 견지할 때 CIF(또는 CFR) 조건일 경우 수출자가, 수입자의 입장에서 FOB 조건일 경우에는 수입자가 화물을 운송할 선박을 수배하여야 한다. 물론 수출자와 수입자의 거래관계, 상황에 따라 상대의 요청에 의해 선박수배를 주선해 주는 경우도 실무적으로 빈번하다.

2) 선적선박

운송선박은 매매계약서에 명시된 상품의 수량·종류에 따라 달라진다. 즉, 일반 완제품, 기계류 등과 같이 포장된 개품(個品))은 일반 잡화선(general cargo carrier) 또는 컨테이너 전용선에 선적되며, 쌀, 옥수수, 밀 등의 곡물이나 광석,

석탄 등의 이른바 벌크화물(bulk cargo)은 곡물, 광석류 운반 전용선에 선적한다.

3) 운송항로

한국을 중심으로 현재 형성되어 있는 항로(또는 노선)는 한・일항로, 동남아항로, 북미항로, 호주항로, 중동항로, 구주항로 등이 있으며, 이들 항로에는 일정한 주기를 유지하며 계속적으로 취항하는 정기선과 화물에 따라 그때그때 원하는 곳까지 화물을 운송하는 부정기선(tramper)이 있다.

4) 운임부과기준

운임은 통상 해당물의 중량과 용적을 비교하여 많이 산출되는 톤수를 운임의 기준으로 설정한다. 이를 통상 'revenue ton'이라고 한다. 주요 정기항로에 취항하고 있는 선박회사, 특히 운임동맹가맹 선사들은 운임률(tariff)을 갖고 있어, 운임의 적용 기준과 화물별 운임률은 관련 선박회사에 문의하면 정확히 알 수 있다. 운임은 기본요금과 제할증료(CAF, BAF) 및 취급수수료(THC), 제공과금으로 구성되므로 하주가 지불하는 총운임은 제부과요금을 합산하여 산출해야 한다.

5) 선박회사와의 의사 개진

정기선이 취항하지 않는 지역으로 화물을 보내고자 할 때에는 일반 잡화의 경우보다 충분한 사전기간을 두고 선박회사와 운송에 관한 의사를 개진하여야 한다. 정기선의 경우는 지역에 따라 다르나 선적일자(L/C상의 shipment date) 기준 약 2주전에만 접촉하여도 무방하지만, 부정기선 편으로 선적운송을 해야 할 경우는 가급적 1~2개월 전부터 선박을 물색하기 시작하여야 한다. 물론 어느 경우나 하주입장에서는 충분한 시간을 갖고 임하면 그만큼 유리한 입장에서 선박을 물색할 수 있으므로 상황이 허락하는 한 선박회사의 운송에 관한 의사개진은 빨리 시작하여야 한다.

6) 운송계약의 형태

일반잡화를 운송하는 정기선의 경우는 별도로 운송계약서를 작성하는 것이 아니고 선박회사에서 정형화된 양식인 선화증권(bill of lading : B/L)을 발급함으로써 운송계약에 갈음한다. 동 증권에는 화물의 행선지, 선적지, 명세(용적, 중량. 마크 등), 운임지불관계(선불 또는 도착지 후불), 선적일자, 발급일자 등이 기재되며, 뒷면에는 운송과 관련한 당사자 간의 권리의무 관계를 기술한 약관이 인쇄되어 있다. 약관의 내용은 이해당사자간 책임과 의무를 명기하여 분쟁이 발생할 경우 기준이 되므로 화주는 동 내용을 정확히 숙지할 필요가 있다.

| 표 32 | 해상운송계약의 형태

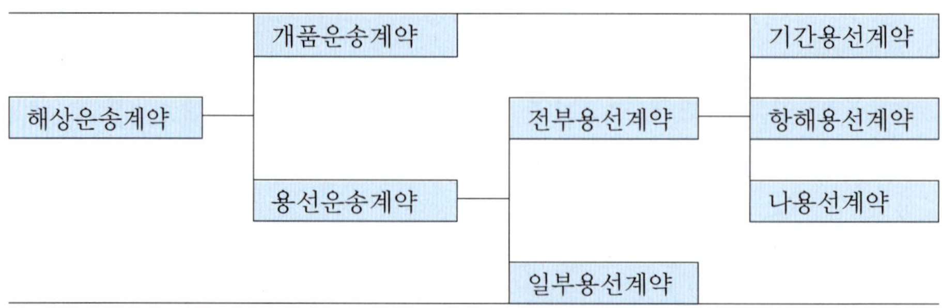

부정기선 화물, 즉 곡물·광석·석탄 등의 화물을 운송할 때에는 용선계약서(charter party) 가 작성되며, 이에 의거 선화증권이 별도로 발급된다. 용선계약서는 정기선의 경우와 달리 일방적으로 인쇄된 양식을 사용하는 것이 아니고 당사자 간에 충분한 합의를 거쳐 계약서가 작성된다. 특히 유의할 것은 화물수량의 표시, 선적일시, 하역일시, 체선관계 등 상당히 전문적인 지식이나 경험을 필요로 하는데, 초심자에게는 직접 계약에 임하는 것이 바람직하지 못하고 당사자 간에 충분한 합의를 거쳐 계약서가 작성된다. 특히 유의할 것은 화물수량의 표시, 선적일시, 하역일시, 체선관계 등 상당히 전문적인 지식이나 경험을 필요로 하는데, 초심자에게는 직접 계약에 임하는 것이 바람직하지 못하므로 관련 해운회사의 조언을 받거나 아니면 용선중개인(chartering broker) 또는 변호사의 협조를 받는 것이 좋다.

▸S/R: shipping request
S/O: shipping order
M/R: mate's receipt
B/L: bill of lading
D/O: delivery order

가. 개품운송계약(Affreightment in a General Ship)

정기선 선주와 화주 간 체결되는 운송계약이다. 이 계약에서는 먼저 정기선의 일정표가 공표되면 화주는 광고에 의해 선박의 명세, 목적항, 기항지, 출항 일자 및 화물의 운송조건 등을 알 수 있게 된다. 대체로 화주들은 그와 같은 광고를 통해 파악한 정보를 통해서 화물의 탁송(託送)을 의뢰하게 되는데 재래선의 경우에는 화물을 실제로 부두로 가지고 가서 선적하였을 때 비로소 그 운송계약은 성립된다. 컨테이너선의 경우에는 반드시 부두가 아니더라도 운송인이나 그 사용인이 운송물을 수령하였을 때 계약이 성립된다.

그러나 뒷날의 분규를 피하기 위해서 먼저 선적예약서에 의한 확약을 받아둔다. 특수한 선복, 예컨대 고가품의 보관실, 냉장실 등 본선의 선족공간이 적은 것은 미리 미리 확보해 두어야 한다. 이와 같은 선적예약이 완료된 뒤 수출검사 및 통관 절차를 거쳐 수출허가를 받은 다음, 필요에 따라 검량 및 검수를 받고 검량검수 증명서를 발급받아 선박회사에 제출하게 되면, 선사는 본선 앞으로 보내는 선적지시서(shipping oder)를 화주에게 발급한다. 선적지시서와 함께 화물을 선사가 지정한 창고까지 운반하여, 선사나 그 대리점에 인계하고, 선적지시서를 1등 항해사에게 제출하고 선적을 대기한다. 화물이 선적되면 본선수령증(mate's receipt)에 1등 항해사가 서명을 하는데 이로써 본선의 운송책임이 비로소 발생하게 된다. 이 본선수령증을 운임과 함께 선사에 제출하면, 선사는 그와 상환으로 선화증권을 발급한다.

- 정기선에 의한 개품수출 운송절차

i) 선적요청 ; 수출자는 선사와 전화, FAX, E- MAIL 또는 방문을 통하여 무역 및 운송관련상담 후 선적을 요청한다. 수출자는 송화인(shipper: 수출상), 수화인(consignee:수입상), 선적항(port of loading), 양하항(port of discharge), 화물의 명세(particular 또는 description of cargo) 등 B/L상에 표기되어야 할 주요 운송정보를 기재하여 해당화물의 송장 및 팩킹리스트와 함께 선박회사에 정식으로 선적요청서(S/R)를 제출한다. 이는 운송에 관한 일종의 청약행위이며 S/R상에 기재된 제반 정보의 정확성에 대해서 화주 자신이 이를 보증하여야 하며 만일 사실과 다른 부실기재나 허위가 존재하면 화주자신이 그로 인한 손해를 보상한다. 컨테이너화물은 화물의 인수지(place of receipt)와 인도지(place of delivery)가 추가로 기재되어야 한다.

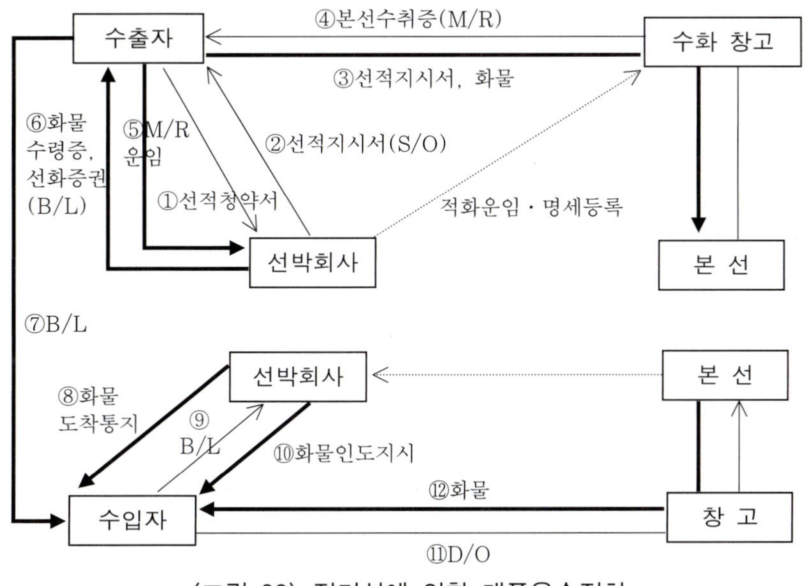

〈그림 39〉 정기선에 의한 개품운송절차

ii) 선적예약 및 스케줄 통보 ; 선사는 수출자의 요구에 따라 선박의 스케줄을 확인한 후 선적가능 여부와 스케줄을 통보한다.

iii) 국내운송 SERVICE ; 수출자의 화물운송 요청이 있을 시 수출자의 화물을 안전하고 신속하게 운송한 후 정확한 화물입고 및 도착을 통보한다. 이때 화물의 포장상태는 운송에 적합할 정도로 견고하여야 한다. 해상운송은 선박 자체가 항해를 하는 동안 태풍과 파도 등의 외력에 의해 계속적으로 동요하므로 예상되는 외력을 충분히 감내할 수 있을 정도로 포장되지 않으면 안 된다. 그렇지 못할 경우 해당 화물은 포장불량으로 내품이 손상될 수 있으며 이 경우 선박회사는 면책될 수 있다. 포장 및 출고 준비는 선박회사와 합의된 시간 내에 지정부두나 창고에 입고시킬 수 있도록 여유를 갖고 준비하여야 한다. 선박에는 합의에 의한 선적공간이 확보되어 있으므로 이를 수출자의 잘못으로 사용치 못했을 시 손해를 배상하여야 한다. 부적운임(dead freight)에 대한 산출근거는 명시되어 있지 않으나 화물을 싣지 않음으로써 절약된 부분(예 컨대 하역비 등)만을 공제한 운임전액을 손해액으로 산정하는 것이 보통이다. 화물의 출고준비가 끝나면(컨테이너에 화주자신이 직접 적입하였을 때는 세관검사를 필하고 봉인이 된 상태) 선박회사가 지정한 부두나 창고까지 운송을 한다.

iv) 출고 및 육상 운송 ; 화물의 출고준비가 끝나면(컨테이너에 하주자신이 직접 적입하였을 때는 세관검사를 필하고 봉인이 된 상태) 선박회사가 지정한 부두나 창고까지 운송을 한다. 컨테이너 화물의 경우는 화주자신이 육상운송을 하는 경우보다 화주의 창고와 부두 구간의 내륙운송도 선박회사가 인수하는 경우가 많다. 이 경우의 운송은 항구에 있는 보세구역(bonded area)까지 연결되므로 일반 육상운송업자가 취급할 수 있는 것이 아니고 보세화물 운송면허를 취득한 자라야만 가능하다.

v) 화물인도 및 입고 ; 컨테이너화물인 경우 선박회사측에 화물을 인도하는 장소는 컨테이너선이 접안할 부두에 위치해 있는 컨테이너 전용야드(CY)이다. 화주가 수배한 트럭과 화물이 야드 안으로 들어가는 시점, 즉 정문을 통과하는 순간이 화물에 대한 관리책임이 화주로부터 선박회사로 이전되는 순간이다. 선박회사는 정문통과시점에서 컨테이너의 외관을 검사하고 봉인이 이상 없으면 정상품을 인수했음을 기재한 부두수취증(dock receipt, D/R)을 발행화주에게 교부한다. 이 서류는 화주

가 선박회사측에 화물을 인도하였음을 증명하는 것으로 선적과 관련하여 가장 중요한 서류 중의 하나이다. 만일 정문통과 시 컨테이너 외관에 손상이 있거나 봉인이 훼손되거나 변경되었음이 발견되면 해당 화물은 일단 수취를 보류하고 별도의 검사 및 세관수속을 거친 후 인수 또는 반려한다.[25] 컨테이너에 적입되지 않은 일반화물은 선박회사에서 지정한 창고에 입고될 시점에 유사한 과정을 거치게 되어 있다.

vi) 선적 ; 예정된 스케줄에 따라 수출자의 화물이 선적되어 출발한다.

- LCL 화물 ; LCL화물의 인수도관련 수출지에서의 절차는 재래선화물의 경우와 동일하다. 화물을 선박회사가 지정하는 창고(CFS 창고)까지 운송하여 선박회사에게 인도한다. 이때, 작성하는 서류로는 화물의 수량, 품목 그리고 상태를 기재한 인수도서(convention note)가 있다. 이곳에서 동일 목적지로 가는 타화물과 함께 선박회사에 의해 컨테이너에 합적된다. 화물의 손상이 컨테이너의 이상이나 적입 기술상의 문제일 경우에는 선박회사의 책임사항이 된다.
- FCL 화물 ; 예약내용에 의거 선박회사에서는 화물을 적입할 수 있는 빈 컨테이너(empty container)를 하주가 지정한 창고로 보내 준다. 이를 실무에서는 'Spotting' 또는 'Positioning'이라고 한다. 이 컨테이너는 운송화물에 대한 창고 내지는 대형 포장재에 해당하므로 이를 인수 시 이상이 없는지를 잘 조사한 후 기기인수도서(EIR)를 작성, 양 당사자가 서명한다.

  화물의 적입작업은 적부(stowage)에 관한 전문지식과 경험을 요하는 전문분야인 바 그 작업에 신중을 기하여 운송도중 예상되는 충격이나 외력으로 인해 내부가 붕괴된다거나 화물의 동요 등으로 인해 손상이 발생하지 않도록 유의하여야 한다(컨테이너 내 적부불량으로 인한 손해는 운송인 면책임). 이 경우 하주는 컨테이너 내에 화물이 적재되어 있는 상태를 그림으로 표시한 'Container Load Plan(CLP라 함)'을 작성하여 선박회사 및 목적지의 수하인에게 송부한다. 적립이 끝나면 선박회사에서 'Spotting' 시 함께 보내준 선박회사의 봉인으로 봉인한 후 선박회사에게 통보하여 선적항까지 운송해 가도록 한다. 적입된 컨테이너를 선박회사측의 육상운송회사에게 인계할 시에도 이상유무를 상호 확인하고 기기인수도서를 작성한다.

vii) EDI SERVICE ; 선적서류 및 수출신고필증에 의거 전산망(KT-NET)을 통하여 세관에 전송한다.

▸컨테이너 안에 화물을 적입하는 작업은 재래선의 경우 본선의 선창 내에 화물을 적재하는 작업에 해당한다.

viii) B/L 및 청구서 발행 ; 수출자에게 관련운임을 확인 후 운송형태 및 서류상의 이상유무를 확인하여 B/L을 발행하며, 수출자에게 인도한다.
선박회사는 선적지에서 화물을 수출자로부터 인수한 시점부터 이를 목적항에서 수입자에게 인도하는 순간까지 화물을 안전하게 관리하여야 할 책임이 있다. 따라서 화물에 대한 인수도서는 선박회사의 책임을 논하는데 있어서 가장 중요한 서류라고 할 수 있다. 재래선 화물의 경우는 본선수취증(mate's receipt, M/R)이, 그리고 컨테이너의 경우는 부두수취증(dock receipt, D/R)이 발행된다.
그러나 실무에서는 이러한 서류들은 화주들에게는 실제 별로 이용되고 있지 않다. 이론상으로는 이러한 수취증을 선박회사에 제시하여 그와 상환으로 B/L을 발급받도록 되어 있으나 선박회사에서는 이러한 서류들에 의존하지 않고 자체 시스템을 통하여 수취 및 그 상태를 확인할 수 있을 뿐만 아니라 화주들도 후일 'Claim'을 제기할 때에도 'Clean B/L'과 목적항에서 인수 시 화물에 이상이 있었음을 입증하는 서류만 있으면 족하므로 실무에서는 단지 선박회사의 내부서류 정도로 사용되고 있다.
화물이 선박회사측에 인도되고 나면 선박회사는 화물이 이상이 없이 인수되었다는 사실과 화주가 요청한대로 운송하여 지정된 자에게 인수시와 유사한 상태로 인도할 것을 약속하는 내용의 선화증권을 화주에게 발급한다. 인도를 받을 상대는 선화증권 소지인이며 관련법규 및 B/L약관에 의거 선화증권 소지인 이외의 사람은 화물의 인도를 청구할 수 없다. 화물을 목적지에서 화주에게 인도할 때 손상이 있다거나 운송품의 일부 또는 전부를 인도할 수 없을 경우에는 선화증권에 표시되어 있는 화물의 인도청구권이 실제 파괴된 것이므로 운송인에 대해서 손해배상을 요구할 수 있는 것이다. 선화증권은 통상 3통(original, duplicate, triplicate)이 발행되는데 그 효력은 동일하다. 선화증권은 법적으로 화물 그 자체를 나타내는 이른바 유가증권이며 물품대금을 수취하는데 있어서 반드시 있어야 할 중요한 선적서류 중의 하나이다.

ix) 사후관리 SERVICE ; 선적 후 진행상황을 수출자에게 통보, 선적업무를 종료한다.

나. 용선운송계약(contract by charter party)

선박을 소유하지 않은 수출자가 선박회사로부터 선박의 전부 또는 일부를 빌리는 것을 내용으로 하는 계약을 가리킨다. 주로 대량화물을 부정기선으로 운송하는 경우에 선박회사와 용선자가 체결하는 계약으로, 'charter party'의 머리글자를 따서 C/P라고도 한다. 따라서 용선운송계약의 주된 대상은 1회의 적화가 다량인 석탄. 광석. 원목. 곡물과 같은 벌크화물을 운송하는 부정기선이 대부분이다.

▶오늘날 해상 거래에서 사용하고 있는 용선 계약은 기본형으로 항해 용선 계약, 정기 용선 계약 및 나용선 계약이 있고, 변형으로 재용선 계약이 있다. 이러한 용선 계약은 모두 영국법을 중심으로 되어 있다.

용선계약에는 선복 전부를 빌리는 전체용선(whole charter)계약과 일부만을 빌리는 일부용선(partial charter)계약이 있으며, 계약선박에 따라서 전체용선에는 선로용선 혹은 항해용선(voyage charter)계약과 기간용선 혹은 정기용선(time charter)계약, 나용선(bareboat charter)계약 등으로 나뉜다. 정기용선은 기간을 정하여 용선화는 것이고, 항로용선은 부산에서 시애틀까지의 항로에 대하여 용선화는 것을 말하며, 나용선이란 선박만을 빌려 선원 · 장비와 소모품 일체를 책임지는 용선을 가리킨다. 용선기간을 중심으로 하여 구별한다면 나용선계약은 임대차에 의한 정기용선계약이며, 정기용선계약은 비임대차에 의한 정기용선계약이라 할 수 있다. 선박을 의장시키지 아니한 상태로서 선박을 임대차한 경우를 영미법에서 말하는 베어보트 차터, 즉 나용선이라 한다. 이와 달리 의장된 선박을 임대차한 경우를 의장선박의 임대차라 한다. 선박임대차는 선박소유자가 용선자에게 선박의 점유권을 이전하는 것을 성립요건으로 하기 때문에 점유이전이 없이 선박의 이용권만 인정하는 정기용선계약과는 그 계약내용을 달리하면 법적 성질도 달리한다. 이 원칙은 영국의 법원 1877년 'Omoa Coal Iron Co.v.Huntley' 사건의 판결에서 확정된 것이다.

다. 항해용선계약(voyage charter)

항해용선계약은 일정한 항로에 한하는 계약으로, 원칙적으로 1회의 항해를 단위로 한다. 이 계약에서 선주는 화주에게 운임조건만을 수취하고 그 외의 항해비용 일체를 부담한다. 항해용선계약은 운임결정방식에 따라 다시 항차용선계약과 목돈용선계약, 일부용선계약으로 나뉜다. 항차용선 계약은 실제 선적량으로 운임을 결정하는 것으로 중량용선계약이라고도 하며, 목돈용선계약은 일정한 선복에 대해 운임을 정하는 것으로 선복용선계약이라고도 한다. 일부용선계약은 일당 운임을 결정하는 것을 말한다.

- 항해용선계약에서의 주요 조건

i) 하역비 부담조건 ; 선박 내 하역인부를 선주와 화주 중에 누가 부담할 것이냐에 따라 다음과 같이 분류된다.

- Berth Terms(Liner Terms) : 적화 시 및 양하 시 모두 선주 부담한다. 특히 정기선에 의한 개품운송계약에 많이 이용.
- FIO(Free In and Out) : 선적 및 양하 시 모두 화주 부담한다. 용선계약에 많이 이용
- FI(Free In) : 적화시 화주 부담, 양하 시 선주 부담.
- FO(Free Out) : 적하 시 선주 부담, 양하 시 화주부담.
- FIOST(Free In, Free Out, Stowed, Trimmed) : FIO +Stowage / Trimming Charge 선적. 양륙. 본선 내 적부. 선창내 화물정리비 모두 화주 부담

ii) 정박기간(laydays ; laytime)의 표시 ; 화주가 용선한 선박에 계약물품을 적재 또는 양륙하기 위하여 그 선박을 선적항 또는 양륙항에 정박할 수 있는 기간을 정박기간이라고 한다.

- 기간 초과 시 : 체선료 지급
- 약정기일 이전 하역완료시 : 선주가 화주에게 조출료(dispatch money; 체선료의 1/2)지급

iii) 정박기간 약정방법

- 관습적 조속하역(customary quick dispatch ; CQD) : unfixed laydays의 일종으로 가능한 한 빨리 적·양하역을 하는 조건이다. 불가항력에 의한 하역불능은 정박기간에서 공제하고 일요일·공휴일을 非하역일로 간주하느냐와 야간하역은 특약이 없는 한 그 항구의 관습을 따른다.
- Running Laydays : 하역개시일로부터 종료 시까지의 경과일수를 계산하는 방법으로 어떠한 원인에도 관계없이 하역개시 이후 종료 시까지의 일수를 모두 정박기간에 계산하는 방법이다. 일요일, 공휴일에 대해서도 이것을 제외한다는 특약이 없는 한 정박기간에 포함 '1일 몇 톤' 등과 같이 1일 책임 하역수량을 표시한다.
- 호천하역일(Weather Working Days ; WWD) : 하역가능한 좋은 일기상태의 날만 정박기간에 산입한다. 기후가 하역가능한 상태인가 하는 것은 선장과 화주와의 협의에 의하여 정한다.
- 일요일과 공휴일의 처리방법
  "Sundays and holidays expected"(SHEX) - 不算入
  "Sundays and holidays expected unless used" - 算入

라. 기간용선계약(time charter)

기간(정기)용선계약은 선복에 화물을 적재할 수 있는 설비 및 용구를 갖추고 선원을 승선시켜 장기간 해상을 운항할 수 있는 선박을 일정기간 용선화는 계약이다. 이때 용선자는 용선료 외에 연료비 · 입항세 · 운항비 등을 부담하고 용선주는 선원비 및 보험료와 같은 통상의 선비를 부담한다. 그리고 용선자는 다른 화주로부터 받은 운임과 용선료의 차액으로 이윤을 얻는다.

마. 나용선계약(bare boat charter)

나용선계약은 선박만을 대상으로 하는 계약이다. 인적 · 물적요소 일체를 용선자가 부담하고, 용선자가 운항전체를 관리한다. 실제적으로 선박임대차와 동일하다.

| 표 33 | 용선계약별 특성 비교

구 분	항해용선계약	기간(정기)용선계약	선박임대차(나용선)계약
선장고용 책임	선주가 선장임명 및 지휘 감독	좌 동	임차인이 선장임명 및 지휘감독
책임 한계	용선자는 선복이용하고 선주는 운송행위	좌 동	임차인이 선박을 일정기간사용 및 운송행위
운임결정 기준	화물의 수량 또는 선복으로 결정	기간에 의하여 결정	임차료는 기간을 기초로 결정
기항담보	용선자는 재용선자에 대하여 기항담보 책임없음	좌 동	임차인은 화주 또는 용선자에 기항담보책임 있음
선주의 비용부담	선원급료, 식대, 음료수, 윤활유, 유지비 및 수선료, 보험료, 감가상각비, 연료, 항비, 하역비, 제수수료, 예선비, 도선료	선원급료, 식대, 음료수, 윤활유, 유지비 및 수선료, 보험료, 감가상각비	감가상각비, 보험료
용선자 비용부담	부담비용 없음	연료, 항비, 하역비, 제수수료, 예선비, 도선료	항해용선중 감가상각비 이외의 비용

1. Shipbroker	RECOMMENDED THE BALTIC AND INTERNATIONAL MARITIME COUNCIL UNIFORM GENERAL CHARTER (AS REVISED 1922, 1976 and 1994) (To be used for trades for which no specially approved form is in force) CODE NAME: "GENCON" Part I
	2. Place and date
3. Owners/Place of business (Cl. 1)	4. Charterers/Place of business (Cl. 1)
5. Vessel's name (Cl. 1)	6. GT/NT (Cl. 1)
7. DWT all told on summer load line in metric tons (abt.) (Cl. 1)	8. Present position (Cl. 1)
9. Expected ready to load (abt.) (Cl. 1)	
10. Loading port or place (Cl. 1)	11. Discharging port or place (Cl. 1)
12. Cargo (also state quantity and margin in Owners' option, if agreed; if full and complete cargo not agreed state "part cargo") (Cl. 1)	
13. Freight rate (also state whether freight prepaid or payable on delivery) (Cl. 4)	14. Freight payment (state currency and method of payment; also beneficiary and bank account) (Cl. 4)
15. State if vessel's cargo handling gear shall not be used (Cl. 5)	16. Laytime (if separate laytime for load. and disch. is agreed, fill in a) and b). If total laytime for load. and disch., fill in c) only) (Cl. 6)
17. Shippers/Place of business (Cl. 6)	a) Laytime for loading
18. Agents (loading) (Cl. 6)	b) Laytime for discharging
19. Agents (discharging) (Cl. 6)	c) Total laytime for loading and discharging
20. Demurrage rate and manner payable (loading and discharging) (Cl. 7)	21. Cancelling date (Cl. 9)
	22. General Average to be adjusted at (Cl. 12)
23. Freight Tax (state if for the Owners' account) (Cl. 13 (c))	24. Brokerage commission and to whom payable (Cl. 15)
25. Law and Arbitration (state 19 (a), 19 (b) or 19 (c) of Cl. 19; if 19 (c) agreed also state Place of Arbitration) (if not filled in 19 (a) shall apply) (Cl. 19)	
(a) State maximum amount for small claims/shortened arbitration (Cl. 19)	26. Additional clauses covering special provisions, if agreed

Draft Copy

It is mutually agreed that this Contract shall be performed subject to the conditions contained in this Charter Party which shall include Part I as well as Part II. In the event of a conflict of conditions, the provisions of Part I shall prevail over those of Part II to the extent of such conflict.

Signature (Owners)	Signature (Charterers)

Printed by The BIMCO Charter Party Editor

3. 해상운임

해상운임은 선사가 선박을 이용하여 사람이나 화물을 운송한 대가이다. 운임의 수준은 시장경제의 원칙인 수요와 공급의 원리에 의해 결정되어지는 것이 보편적이지만 해상운송의 정기항로에는 일종의 해상운임카르텔인 해운동맹 및 협의협정이 있어서 시장경쟁이 크게 제약을 받고 있다.

정기선운송에 있어서는 항로별로 해운동맹이 결성되어 있어 해상화물운임(tariff rate)을 책정하고 있으나 맹외선사와의 경쟁으로 인해 실제로 선사가 징수하는 시장운임은 공시된 해상화물운임보다 훨씬 낮은 경우가 대부분이며 시황에 따라 변동폭도 크다. 이는 운송서비스의 성격이 해운동맹 등 선사단체에 의해서 결정되고 선복공급이 비탄력적인데 기인한다.

(1) 해상운임의 분류와 부대비용

주요 항로별 해운 운임

아시아~네덜란드 로테르담/독일 함부르크 (단위:달러)

	2007년초	현재	2008년 1월
해운운임	약 2100	3100	3500
유류할증료	470	728	900
환율 조정비용	약 160	400	400
성수기 할증료	없음	270	270
하역료	300	300	300
각종 잡비	30	30	30
계	3060	4828	5400

아시아~미국 동부해안(뉴욕) (단위:달러)

	2007년초	현재	2008년 하반기
해운운임	약 2500	2800	3400
유류할증료	450	680	900
파나마운하 통과료	210	210	210
성수기 할증료	없음	600	600
하역료	160	160	160
서류작성 등 잡비	30	30	30
계	3350	4480	5300

※ FEU(40피트 컨테이너) 기준
해운 운임 등은 선사 및 화주의 개별협상 결과 따라 다름
유류할증료 및 성수기할증료는 표준가격 기준, 실제 적용은 이보다 낮음

1) 해상운임의 분류

가. 지급시기에 따른 분류

- 선불운임(Freight prepaid) : CIF 또는 CFR 조건에 의한 수출의 경우 수출업자가 선적지에서 운임을 종종 선불하는데 이를 선불운임이라 한다.
- 후불운임(Freight to collect) : FOB 조건의 경우 수입업자가 화물의 도착지에서 운임을 지급하게 되는데 이를 후불운임이라 한다.

나. 부과방법에 따른 분류

- 종가운임(Ad Valorem Freight) : 귀금속 등 고가품의 운송에 있어 화물의 가격을 기초로 이의 일정률을 운임으로 징수하는 경우를 말한다.
- 최저운임(Minimum Rate) : 운임은 일정단위를 기초로 부과되는데 화물의 용적이나 중량이 일정기준 이하일 경우 이미 설정된 최저운임을 부과한다.
- 차별운임(Discrimination Rate) : 화물, 장소, 하주에 따라 운임을 차별적으로 부과하는 방식으로 해상운송에서 주로 이용되고 있다.
- 무차별운임(Freight All Kinds Rate) : 화물, 하주, 장소를 불문하고 운송거리를 기준으로 일률적으로 운임을 책정하는 방식이다.

다. 특수운임

- 특별운임(Special Rate) : 해운동맹이 비동맹선사와의 경쟁, 특정화물의 유치, 대량화물에 대한 우대 등을 위해 일정조건을 갖춘 경우 요율을 인하하여 적용하는 운임이다.
- 경쟁운임(Open Rate) : 광산물 등 특정화물의 수송에 있어서 동맹선사의 경쟁력을 높이기 위해 동맹선사 스스로가 운임을 결정토록 하는 경우의 운임이다.
- OCP Rate(Overland Common Point Rate) : 북미 태평양 연안항만에서 하역되어 동부내륙지역으로 육상운송되는 화물(OCP cargo)에 대해 낮은 해상운임률을 적용하여 화물을 유치하기 위한 정책운임을 말한다.

라. 미국의 '84해운법상의 운임

- 기간물량운임(Time Volume Rate) : TVR은 선박회사 및 해운동맹이 일정기간에 제공되는 화물량에 따라 여러가지 다른 운임률을 부과할 수 있도록 승인된 운임률로서 대량화물의 화주들이 선사로부터 운임을 할인받을 수 있는 기회가 될 수 있다.
- 우대운송계약(Service Contract) : 화주 또는 화주단체(shippers' association)가 정기선 화물운송을 위해 운임동맹 또는 비동맹선사와 체결하는 계약으로 화주는 계약기간 중 일정화물(수량 등)을 제공할 것을 보증하며, 운임동맹 또는 비동맹선사는 스페이스, 운송기간, 기항지 등과 같은 일정한 서비스뿐만 아니라 해상운임공시표 상의 운임보다 저렴한 운임을 보증한다. 화주의 보증물량이 많을수록 운임의 할인폭이 커 대형하주에게 유리하다. 한편 미연방해사위원회(FMC : federal maritime commission)는

선박을 실제로 운항하는 선사에게만 화주와 SC를 체결할 수 있는 자격을 부여하고 있으며 무선박운송인(NVOCC)이 운송인의 자격으로 자신의 고객인 실제화주와 SC를 체결하는 것은 금지하고 있다.

- 독자 운임결정권(Independent Action) : 독자 운임결정권(IA)은 미국항로에 취항하는 동맹선사들에게 'Tariff'에 신고된 운임률이나 기타 조건에 관계없이 독자적인 운임률을 설정할 수 있도록 허용한 것으로서, 동맹선사는 효력발생 10일전 까지만 FMC(미연방해사위원회)에 신고하게 되면 IA를 행사할 수 있게 된다. 동맹선사의 독자 운임결정은 해운동맹의 특징인 공통운임제도와 상충되는 것이라 볼 수 있다.

2) 부대비용

운송의 발달에 따라 운송관련 시설이나 인력이 갈수록 복잡·전문화되면서 선사가 해상운임만으로 경영이 어렵게 되자 이의 보전을 위해서 도입하게 된 것이 운송과 관련된 각종 부대비용이다.

부대비용은 선사들이 운항비의 증가 또는 운항수입의 감소를 보전하기 위해 부과하고 있는 할증료(surcharge) 및 부대비(additional Charge)는 통상 기본운임의 몇 %로 정하거나 컨테이너 당 또는 톤당 일정액을 정하여 공시하는 형식을 취하고 있다. 각종 할증료에 대해 'UNCTAD Liner Code'와 'CENSA Code'에서는 일시적 또는 비정상적으로 발생된 운항비의 증가나 운임수입의 감소가 발생했을 경우에만 부과되어야 하며 화주단체가 이의를 제기했을 경우에는 반드시 증거를 제시하도록 하고 있으며 동맹에 의하여 부과된 할증료는 일시적인 것으로 여건이 개선되면 철폐되어야 하는 것으로 규정하고 있다.

가. 터미널화물처리비(THC : Terminal Handling Charge)

화물이 CY에 입고된 순간부터 본선의 선측까지, 반대로 본선의 선측에서 CY의 게이트를 통과하기까지 화물의 이동에 따르는 비용을 말한다. 예전에는 선사가 해상운임에 포함하여 징수하였으나 1990년에 유럽운임동맹(FEFC)이 분리하여 징수하면서 다른 항로에도 확산되어 이제는 모든 항로에서 THC가 부과되고 있다. 터미널화물처리비는 한국을 비롯하여 대만, 홍콩 등 극동지역, ASEAN 국가, 유럽지역에서는 THC라는 명칭으로 부과되고 있으며, 일본지역은 아시아항로에 한정하여 컨테이너처리비용(container handling charge : CHC)이 부과되고 있고, 미국에서는 목적지 인도비용(destination delivery charge: DDC)이 부과되는 등 국가마다 터미널화물처리비의 개념과 원가구성 요소가

다르다. 특히 THC는 해운동맹에 대한 지역 하주단체의 협상력에 따라 부과 정도가 다른 데 일본의 경우는 화주단체의 강력한 반발에 의해 미주항로나 유럽항로 취항선사들이 일본항구에서 THC를 징수하지 못하고 있다. 유럽의 화주단체는 THC를 원칙적으로 인정하지 않고 있으며 THC가 기본운임에 포함되어야 한다고 일관되게 주장하고 있는 실정이다. 그러나 화주단체의 협상력이 상대적으로 미약한 여타 아시아 국가들은 선사들이 일방적으로 부과하는 THC를 어쩔 수 없이 납부하고 있으며 선사들은 매년 THC의 대폭적인 인상을 통해 이 지역 화주들의 부담을 가중시키고 있어 THC의 철폐를 위한 지역 화주단체들의 활동도 한층 강화되고 있는 추세에 있다.

나. CFS 작업료(CFS Charge) : 선사가 컨테이너 한개의 분량이 못되는 소량 화물을 운송하는 경우 선적지 및 도착지의 CFS에서 화물의 혼적 또는 분류작업을 하게 되는데 이때 발생하는 비용을 CFS Charge라 하며 선사는 하주로부터 이를 징수하여 CFS 운영업자에게 전달하게 된다.

다. 도착지화물인도비용(DDC : Destination Delivery Charge) : 북미수출의 경우 도착항에서의 터미널 작업비용과 목적지까지의 내륙운송비용을 포함하여 해상운임과는 별도로 징수하는 것으로서 북미서안과 인근 내륙지역의 경우 40피트 컨테이너 당 740달러, 북미동안과 인근 내륙지역은 40피트 기준 1,070달러를 징수하고 있다.

라. 컨테이너세(Container Tax) : 92년부터 항만 배후도로를 운송하는 컨테이너차량에 대해서 부산시가 20푸트 컨테이너 당 2만원씩 징수하고 있는 지방세로서 부산지역의 항만 배후도로 건설 등 운송시설의 확충을 목적으로 한 일종의 교통유발부담금이라 할 수 있다.

마. 서류발급비(Documentation Fee) : 선사에서 선화증권(B/L)과 화물인도지시서(D/O)의 발급시 소요되는 행정비용을 보전하기 위해 신설한 비용으로 현재 발급 건당 6,000~7,500원씩 징구하고 있다

바. 체선(화)할증료(Port Congestion Surcharge) : 입출항 선박의 수에 비해 항구의 하역능력이 부족하여 하역작업을 위한 대기시간이 길어짐으로 인해 선사측에 추가적인 경비가 발생할 경우에 일정기간 동안 하주에게 부과한다.

사. 통화할증료(CAF : Currency Adjustment Factor) : 운임표시 통화의 가치하

락에 따른 손실을 보전하기 위해 도입한 할증료로서 일정기간 해당통화의 가치변동률을 감안하여 기본운임에 일정비율(%)을 부과하고 있다. 항로에 따라서는 일정액을 부과하는 경우도 있다.

아. 유류할증료(BAF : Bunker Adjustment Factor) : 선박의 주연료인 벙커油의 가격변동에 따른 손실을 보전하기 위해 부과하는 할증료로서 기본운임에 대하여 일정비율(%) 또는 일정액을 징수하고 있다. 북미항로에서는 연료할증료(FAF : fuel adjustment factor)라고도 한다.

자. 연체료(Detention Charge) : 하주가 컨테이너 또는 트레일러를 대여받았을 경우 규정된 시간 내에 반환을 못할 경우 벌과금으로 지불해야 하는 비용이며 규정된 시간(free time)은 동맹 또는 선사에 따라 다르다.

(2) 해상운임의 산정기준과 지급시기

1) 해상운임의 산정기준

운임의 기본운임률(base rate)은 항로별, 화물별로 서로 다르게 정해지고 기본운임의 계산은 중량톤(weight ton)또는 용적톤(measurement ton)가운데 높은 쪽을 운임톤(revenue ton : r/t)으로 하여 기본운임률을 곱하여 산출된다. 한국은 1TON=1CBM(㎥)로 규정하고 더 높은 쪽을 기준으로 운임을 산정한다. 일반적으로 복합운송은 정기선해운에 다른 운송수단을 결합한 일관운송이기 때문에 복합운송의 운임체계는 정기선 운임체계를 기본으로 하고 있다. 이러한 정기선운송의 운임은 용적 또는 중량을 기준으로 하여 산출하고 있으며, 귀금속 등의 고가품인 경우에는 가격이나 개수를 기준으로 하고 있다. 중량보다 부피, 즉 용적이 큰 화물은 용적을 기준으로 하여 운임을 산출하며, 이러한 화물을 용적화물이라 하고, 중량을 기준으로 하는 화물을 중량화물이라고 한다.

할증료는 일반화물보다 무거울 때 부과하는 중량할증운임(heavy lift surcharge), 부피가 크거나 길이가 길 때는 용적 및 장척할증료(bulky/lengthy surcharge), 도착항의 항만사정이 선박으로 혼잡할 때는 선혼할증료(congestion surcharge), 선적 시에 목적항을 2개로 정했다가 본선출항 후에 1개항에 도착항 선택할 때의 'Optional Charge' 등이 부과된다. 또 환율의 변동에 따른 환차손을 화주에게 부담시키는 통화할증료(CAF), 유류가격의 인상으로 발생하는 손실을 보전하기 위한 BAF 등이 있다.

2) 해상운임 지급시기

해상운송운임의 지급시기는 화물이 목적지에 도착한 다음 지불하는 후불 지급이 원칙이지만, 실무적으로는 관습에 따라 선불로 지급한다. 이는 선화증권이나 용선계약서에 대부분 "운임은 선적 시에 지급해야하며 운송 중 화물이 상실되어도 전액 받을 수 있는 것으로 간주한다"라고 기재되어 있기 때문이다.

▸운임의 구성 요소
-기본운임(basic rate)
-할증료(surcharge)
-추가요금(additional charge)

CIF나 CFR 조건에서는 수출상이 선적지에서 운임을 먼저 내는 운임인 선불운임(freight prepaid)을 수용하므로 선불운임은 적화완료시 지급(payable on completion of loading) 혹은 B/L발행(payable on signing of B/L)시 운임을 지급한다.

FOB 조건에서는 수입상이 화물의 도착지에서 운임을 지급하는 후불운임(freight to collect)을 수용하므로 FOB 조건에서의 후불운임은 수입상이 화물의 도착지에서 지급(payable on arrival destination) 혹은 양화완료 시 지급(payable on completion of discharging)한다.

• 수입 시 운송비 견적표(예)

상품 정보 : 잡화, 한 컨테이너(TEU), 21ton,23CBM, 도착지: 서울 00공단, 수입지: 미국 L.A, 수입항: 부산항 BCTOC, 상품 가액 : Invoice Value $20,000, 수입조건: CIF, (1$ =₩1,226.18), 과세율 8%, 반입지: 양산지역, 참조항목: 선사부대비용, 출고보관료환산요율, 부산-서울 간 화물운송료, 물류비 일람표

수입단계	물류요금	단가/ 내역	금액(원)	비 고
수입현지	물품원가	$20,000	24,523,600	
	해상운임	$1,080	1,324,275	선사별 상이
선박부산항 입항 및 양하	WARFAGE	₩323 원/ 톤	7,429	
	C.C.C. (컨테이너청소비)	5,000원/TEU	5,000	신규비용
	Fowarder's HandlingCharge	$30~$50	36,786~61,309	
	하역비	컨테이너 운송료+하역작업료 ABOUT / 적용톤수*8,000원*1.1(VAT)	202,400	
선적지 선박출항	CAF		0	북미미적용
	BAF	$146	179,022	
	적화보험료	Invoice가액*110%*0.135% = $29.7	36,418	ICC(A)조건
	CONT' TAX	₩20,000/TEU	20,000	
	THC	101,000/TEU	101,000	
	Document Fee	15,000+VAT	16,500	
보세운송	컨테이너운송료	20'*1=w / 40'*1=w		
보세장치 (반입)				
검역.검사	검사.검역료			
내륙운송	화물차 운송료	10톤트럭 (₩418,000) * 2대	836,000	VAT포함
화주 공장	취급 수수료	서류수발, 입항체크, 창고배정, 통관의뢰, 운송의뢰, 하역비수납, 선임납부, D/O전달, 차량수배, 창고료정리, 통관진행상황 수시체크보완, 출고확인, 제경비정산발송, 물류비절감방향제시등 현지총괄업무 대행수수료임.	55,000	
		합 계	**32,569,053**	

		20'	40'	LCL	
통화할증료(CAF)	중 동	$50	$100	$2.5	
유류할증료(BAF)	북미수출	$65	$85	$1.5	
	북미수입	$34	$40	$4	톤당 : $2
	싱가포르	$25	$40		
	대만항로	$20	$30		

수입단계	물류요금	단가/ 내역	금액(원)	비고
통관	관세+부가세 관세사수수료	과세가격=$20,000+$1,080+$30 (25,884,660) 2,070,772+2,795,538 2.0/1,000*25,884,660*1.1(수입시)	4,866,260 56,946	최저 2만 7천원
		감가+관세=25,884,660+2,070,772 =27,955,432		
출고	보세장치 장치보관료및 작업료	(보관료+작업료)*1.1=(종가+종량+작업료)*1.1 종가={(감가+관세)*(0.9+0.23*보관일수)} / 1000 *1.1(VAT) 종량 =적용톤수*{750 + (180*보관일수)} 출고상차료=3,466*적용톤수*(1+작업할증율%)		276,910 10일 보관시
	화재보험료	감가*0.038/1,000 25,884,660*0.038/1,000=984	984	
	보세창고요율 종가 기본료 0.9 /1000+ +일일할증 0.23*일수/1000 (기본료+일일할증) /1000 *(감가+관세) 종량기본료(750 +일일할증 (180*일수)	출·보관료의 산출내역 (종가+종량+출고상차료)*1.1= 27,955,432*3.2/1000 =89,457(종가)+23*{750+(180*10)}=58,650 (종량) +3,466*23=79,718(기본상 하차료) +79,718*30%=23,915(중량할증료)= 251,735 251,735*1.1=276,909(출,보관료) 출고상차료 기본료=3,466원(일반잡화-C/T, B/L...) 10일-종가율=2.0 / 1000. 10일-종량율 =1,800 우천50% 중량30% 난작업50% 정시간 외50% 선별120%	보세장치장요율 종가 기본료 0.6/1000 (1-7) 0.7/1000 (8-15) 0.7/1000 (16-30) 0.8/1000 (31이상) 0.9/1000 (61이상) 일일할증 0.12/1000 0.13/1000 0.14/1000 0.16/1000 0.18/1000 종량 450-90. 550-125. 600-135. 650-155. 750-175 850-195	

지역 요율표(2007)

(단위 : 원)

PORT	LCL		FCL						공 통	
	CFS+THC (CBM 당)	C/TA X CBM	THC (CHC)				C / TAX		W/F	D/FEE
			20'*1	40'*1	20'R	40'R	20'*1	40'*1	CBM	(B/L 건당)
미 주	10,165+4,300	1,000	101,000	137,000	217,000	289,000	20,000	40,000	192	9,000 + VAT
캐나다	10,165+4,300	1,000	101,000	137,000	217,000	289,000	20,000	40,000	192	9,000 + VAT
서남아시아	5,500 + 5,500	1,000	101,000	137,000			20,000	40,000	192	9,000 + VAT
동남아-한중	4,500 + 5,500	1,000	101,000	137,000			20,000	40,000	192	9,000 + VAT
한-일	4,500 + 6,000	1,000	101,000	137,000	135,000	180,000	20,000	40,000	192	9,000 + VAT
중남미	5,500 + 4,000	1,000	101,000	137,000	217,000	289,000	20,000	40,000	192	9,000 + VAT
유 럽	9,800(CFS)	1,000	100,000	136,000	198,000	287,000	20,000	40,000	192	9,000 + VAT
S.AFRICA	5,500 + 5,500	1,000	101,000	137,000			20,000	40,000	192	9,000 + VAT
아프리카	9,800(CFS)	1,000	100,000	136,000			20,000	40,000	192	9,000 + VAT
러시아	5,500(CFS)	1,000	*해상운송에 포함 (CFS 차지 세금별도)				20,000	40,000	192	9,000 + VAT
호 주	5,500 + 5,500	1,000	100,000	136,000	198,000	287,000	20,000	40,000	192	9,000 + VAT
중 동	$13	1,000	100,000	136,000			20,000	40,000	192	9,000 + VAT

- 물류비 일람표

종 류	내 용	비 고
하역료		
일반하역료		하역회사
- 본선하역료	본선 내 하역작업(FIO조건 시 하주부담)	
- 육상작업료	본선하역 후 육상작업 시(B.T조건)	
특수하역료	기계하역 및 특수장비사용 하역 시 적용	하역회사
- 컨테이너하역료	선임에 포함되어 선사가 부담	
unlashing Charge	컨테이너하역 전 분리작업 시 요금	선사/하역회사
본선하역료	본선하역료, 마샬링 Charge 등	선사/하역회사
셔틀요금	부두에서 CY간 운송요금	선사/하역회사
시내운송료	FCL의 시내운송 시 요금	운송회사
On/Off Charge	컨테이너 상하차 요금	CY
marshalling Charge	CY내에서 컨테이너를 Apronn까지 운송하는 비용	CY
보세창고 작업료		보세창고

종 류		내 용	비 고
항만물류비	- 하차입고료	보세구역 입고작업 시 요금	
	- 출고상차료	보세구역 창고적출 시 요금	
	연안하역료	연안화물 하역료	하역회사
	부대요금	하역관련 부대작업 시 요금	하역회사
	검수료	화물 검수 시 요금	검수검정회사
	검량료	화물 검량 시 요금	검수검정회사
	감정료	화물 감정 시 요금	검수검정회사
	항만시설사용료 (Whatfage)	화물입항 및 장치에 따른 항만시설 사용비용 (선사가대납후 하주에게 징수)	해양수산부
	컨테이너세	부산항을 통과하는 컨테이너에 부과하는 세금 (2만원/TEU, 4만원/ FEU)	부산광역시
보관비	보세장치장/창고보관료	입고일에서 출고일까지 보관료(종가료 + 종량료)	창고, CY업체
	화물경비료	하차입고후 출고상차전까지 보관료	부두관리협회
	냉동창고 보관료	하차입고후 출고상차전까지 보관/작업	냉동창고
국내운송비	컨테이너 육송료	부두/CY에서 목적지까지 컨테이너 육상운송요금	운송회사
	일반화물자동차 운송료	일반화물의 육상운송요금	운송회사
	철도운송요금	부산항에서 의왕ICD까지 철송운임	철도청
	연안해송요금	부산, 인천, 군산, 여수항 간 해송운임	선사
해상운임/부대비	기본운임	항로별 화물운송비용 - 톤당운임*환율*수량(FCL:지역별 컨테이너당 rate) - Prepaid(송화주부담: CIF, C&F, CFR) - Collect(수화주부담: FOB, FAS, EX WORK)	항로별 운임동맹 및 협의회
	CAF	환율변동에 따른 가산요율(요금)	〃
	BAF	유가변동에 따른 가산요율(요금)	〃
	THC	본선하역에서 CY반출 시까지 컨테이너 취급비용 (CFSCharge에 포함되며 수입항로별로 요금상이)	〃
	CFS Charge	LCL화물의 CFS입고시 취급요금(Stuffing, Devanning)	선사/CFS
	서류발급비	B/L, D/O, Arrival Notice 발급시	선사
	목적지인도비	북미수출시(320$/TEU, 640$/FEU)	선사
항공	항공운송요금	국내외 항공화물 운송요금	항공사
통관비용	수출검사수수료	수출금액(FOB)의 일정율(0.09 ~ 0.18)	관세청, 관세협회, 관세사협회, KTNet
	파출검사수수료	수출(교통비실비),수입(시간당2,000원+교통비실비)	
	타소장치허가수수료	수출(건당 4,500원), 수입(18,000원)	
	임시개청허가수수료	기본료(평일 4,000원, 휴일 12,000원, 수출은1/4)+ 가산료(근무시간외)	
	원산지증명발급수수료	관세양허대상 수출품	
	통관수수료	감정가격 * 2/1,000	
	기타	정시간외수수료, EDI서비스료 등	
	통관관련 세금	관세, 특별소비세, 주세, 교통세, 농어촌특별소비세, 교육세, 부가가치세, 간이세율, 가산세 등	관세청
	관세사보수료	수출 : 감가(FOB) * 0.15%, 수입 ; 감가(CIF) * 2.0%	
	검역관련 요금	식물검역, 수산물검역, 동물검역, 식품검역, 공중위생검역, 수입물품검역 등	동식물검역소
	검사수수료	CY내 내장통관, 직통관시 컨테이너 취급비용(CY,선사별로 상이함)	CY/선사

종 류		내 용	비 고
기타비용	적화보험료	수출입화물 운송중 손해보상 비용	손해보험사
	화재보험료	보관기간중 화재보험료 - (감가 * 관세) * 요율	손해보험사
	Forwarder's Handling charge	Forwarder가 선사와 하주 간 화물선적을 중개하고 받는 수수료	Forwarder

참고: 컨테이너화물의 경우 ODCY와 본선 간 발생하는 하역료, 셔틀료 및 On-Off charge 등의 제비용은 THC로 해상운임 및 부대비용에 포함함.

종 류		내 용	비 고
해상및항만	Despatch Money	약정된 정박기간 만료이전에 하역작업이 완료될 경우단축된 기간만큼 선주가 용선자(송하인, 수하인)에게 지급하는 금액(체선료의 1/2)	
	Port Congestion Surcharge	선박혼잡으로 인해 선박이 체선되는 경우 선박회사나 정기선 운임동맹이 하주에게 부과하는 비용	
	Demurrage Charge	CY장치기간 중 정박기간을 초과하는 경우 초과일만큼 화주에게 부과하는 요금	
	Detention Charge	Full Container가 Empty화될 때까지의 Free Time(무료장치기간)을 초과했을 때 선사가 하주에게 부과하는 요금	
내륙운송	운행제한 위반 (과적차량 범칙금)	도로법상 운행제한 규정을 위반한 운전자, 위반을 지시하거나 요구한 사람에게 부과하는 도로법상의범칙금(200만원)도로교통법상 운전자에게 5만원자동차운수사업법상 사업자에게 30만원*운송업체들은 단속을 피하기 위해 20'컨테이너는 내품중량 17.5톤, 40'컨테이너는 20톤을 최대적재량으로 정해 운송하는 경우가 대부분임 - 이는 중량제한(40톤)보다는 축 중(10톤)에 의해 초과하는 경우가 많아 제한축 중을 않는 최대적재량을 감안한 것임	차량축 중 10톤 또는 총중량 40톤을 초과하는 화물차량 및 적재중량의 1.1배초과차량

- 수출입 해상화물운송 운임견적요청(인터넷에 의한 견적요청의 예)

* Company &Name ↵	key1
* Tel number ↵	key2
* E-Mail ↵	key3
Fax Number ↵	key4
선적항 / 도착항 ↵	key5

LCL / cbm(소량화물)	key6
20' Dry container (Teu)	key7
40' Dry container (Feu)	key8
40' High-Cubic Container (Feu)	key9
20' Open-Top Container (가로x세로x높이 mm)	key10
40' Open-Top Container	key11
20' Flat-Rack Container	key12
40' Flat-Rack Container	key13
Break Bulky Cargo (G'WT / R.Ton) (가로x세로x높이 mm)	key131
Inland Traucking Section (육상운송구간)	key15
Remark (추가요청사항)	key1311
관세환급	yes no
전 송 취 소	

4. 선화증권(Bill of Lading)

▸유가증권 유가물 또는 사법상의 재산권을 표창하는 증권

선화증권이란 해상운송에서 선적한 화물을 대표하는 유가증권이다. 선화증권은 상법 제854조에 따르면 선화증권의 발행은 운송인과 송화인 사이에 선화증권에 기재한 대로 운송계약이 체결되고 운송물을 수령 또는 선적한 것으로 추정하도록 규정되어 있다. 따라서 선화증권은 운송계약의 결정적인 증거가 될 뿐만 아니라 운송인이 송화인으로부터 화물을 수령하였다는 증거가 된다. 선화증권은 운송관계에서 가장 중요한 서류이며, 상업송장 및 포장명세서와 함께 신용장 거래 시 3대 필수 네고서류로 사용되고 있다. 화물의 수령 후 선적 전에 발행하는 것을 수취선화증권, 선적 후에 발행하는 것을 선적

선화증권이라 하며, 현행 한국 상법은 "선화증권에 관한 통일조약"에 의거하여 2가지를 모두 인정하고 있다.

선화증권은 상법 제852조 1항에 의하여 선박소유자가 발행함이 원칙이지만 선장 기타 사용인에게 이를 위임할 수도 있다(동법 제852조 3항). 선화증권은 화주와 선박회사 간에 체결한 해상운송계약에 의하여 선사가 그 화물을 영수하였다는 것을 증명하는 한편, 도착항에서 일정한 조건하에 수화인 또는 그 지시인에게 화물을 인도할 것을 약정한 증권을 유가증권이다. 약칭하여 B/L 이라고 부르기도 하고 선화증서(船貨證書)라고도 한다.

(1) 선화증권의 기능과 성질

1) 선화증권권의 기능

선화증권이 국제무역에서 차지하고 있는 역할 혹은 기능을 좀 더 살펴보면 크게 다음과 같이 세 가지로 분류할 수 있다.

첫째, 선화증권은 이름 그대로 해당화물이 선적되어 선사의 관리 아래에 있다는 영수증의 역할을 한다. 수입자는 계약된 물품이 대금을 지불하고도 물품을 받지 못하는 불안을 해소하기 위해 해당 물품이 선적되었다는 사실의 확인을 원하게 되는데, 이때 물품의 선적을 증명하는 하는 서류가 선화증권이다. 둘째, 국제무역에 따르는 여러 가지 계약 중 선주와 화주 간에 체결하는 운송계약은 별도의 계약서가 존재하지 않고 선화증권으로 대신하므로 선화증권은 바로 선주와 하주 간에 계약이 체결된 것을 증명하는 계약증서가 된다. 따라서 만일 운송과정 중에 클레임이 발생하면 우선적으로 계약서인 선화증권의 내용을 가지고 선화주간의 권리의무를 판단하게 되는 것이다. 셋째, 선화증권은 증권의 소유자나 피배서인이 해당 상품의 인도를 주장할 수 있는 권리증권(entitled document)이다. 정당한 절차와 방법에 따라 선화증권 원본을 소지할 경우 이를 해당 선박회사에 들고 가면 화물을 받아갈 수 있으므로 선화증권은 한마디로 "돈"이다.

2) 선화증권의 법적 성질

가. 요인증권(要因證券) : 선화증권은 운송인 또는 그 대리인이 물건을 선적 또는 선적을 위하여 수취하였다는 요인이 있어야 비로소 발행된다. 따라서 선적하지 않았는데도 선화증권이 발행되었다고 한다면 위법행위다.

나. 요식증권(要式證券) : 선화증권은 기재사항이 법으로 규정되어 있으며

선화증권을 소지하고 있는 사람이 화물의 인도를 청구할 수 있는 유통증권(流通證券) 혹은 채권증권이다.

다. 문언증권(文言證券) : 운송인은 선화증권의 선의의 소지인에 대하여 증권의 기재문언에 관하여 책임을 지며, 반면에 그 소지인은 증권의 기재문언에 따라 권리를 주장할 수 있는데, 이러한 선화증권의 법적 성질을 문언증권이라고 한다. 선화증권 원본의 발행은 1통으로도 가능하지만 화물의 도난, 연착 또는 분실 등에 대비하여 그 이상(2-5통)을 한 세트로 하여 발행할 수도 있는데, 현재 국내에서는 거의 3통을 한 세트로 하여 발행하는 것이 관례이다.[26] 한편, 선화증권은 몇 통을 발행하였더라도 내용이 동일하며 정식서명도 되어 있어 각 통은 동등한 효력을 지녀서 화물인도에는 한 통으로 족하며, 인도와 동시에 타 B/L은 무효가 된다. 물론, 은행에서 대금결제 시 발행된 정본 전부를 제시해야 한다.

(2) 선화증권의 종류와 기재사항

1) 선화증권의 종류

분류기준	종 류
양 식	Long Form B/L, Short Form, B/L
선적여부	Shipped B/L, Received B/L, On Board B/L
하자표시 유무	Clean B/L, Dirty B/L, Foul B/L 또는 Unclean B/L이라고도 함
수하인 표시 유무	Straight B/L, Order B/L, Bearer B/L
발행인	Master B/L, Forwarder B/L, House B/L이라고도 함
기타	Through B/L, Charter, Party B/L, Third Party B/L Red B/L, Back Date B/L, Stale B/L

가. 선적선화증권(Shipped or on Board B/L)과 수취선화증권(Received B/L)

선적선화증권은 선박회사가 화주로부터 수령한 운송화물을 선적한 후에 발행하는 증권이다. 보통 선화증권의 앞면 하단부분에 선적완료 사실을 "shipped" 또는 "shipped on board"란 표시와 함께 선적일자 등을 기재하여 나타낸다.(예; "SHIPPED on board on the vessel mentioned in apparent good order and condition," 으로 시작한다.) INCOTERMS 상의 13가지 정형무역거래조건 중 현재 가장 많이 이용되고 있는 FOB 또는 CIF 같은 무역조건은 본선(mother vessel) 인도를 전제로 한 것이기 때문에 이 경우 당연히 'shipped B/L'이 발행 되어야 한다.

수취선화증권은 화물을 선적할 선박이 화물을 적재하기 위하여 항내에 정박 중이거나 혹은 아직 입항되지는 아니하였지만 선박이 지정된 경우에 선박회사가 주로 화물을 CY에서 수령하고 선적 전에 발행하는 선화증권이다. 수취선화증권에는 나중에 실제로 선적이 이루어진 후 선적일을 기입하고 선박회사가 서명하면, 선적선화증권과 동일한 효력을 가지게 된다. 제4차 신용장통일규칙(UCP 400)부터는 신용장이 특별한 선적운송서류를 요구하지 않는 한 수취선화증권도 은행에서 수리를 하도록 규정하고 있다. (예; "Received by the carrier…" 또는 "RECEIVED in apparent good order and condition,"와 같이 기재된다).

한편, 미국의 해운관습은 화주의 청구가 있을 때는 선적 전이라도 운송인이 지정한 창고에 화물이 입고되면 일단 B/L을 발행해주고 선적이 끝난 후에 선적일을 날인한 후 서명함으로써 'Shipped B/L'로서의 효력을 갖도록 하는 것이 보편화되어 있으며, '92년부터 Hamburg Rule이 발효됨으로써 국제적으로 수취선화증권이 당연히 그리고 자동적으로 효력 을 갖게 되었다.

나. 무사고 선화증권(Clean B/L)과 사고부 선화증권(Foul or Dirty B/L)

무사고 선화증권이란 본선상에 선적하는 화물의 포장상태나 수량 등과 관련, 일등항해사가 발행하는 본선수취증(M/R)의 (Remarks)란에 아무런 결함 또는 이상상태가 기재되어 있지 않은 경우에 발행되는 선화증권을 말한다. 증권의 앞면에 "Shipped on board in apparent good order and condition"이라고 표시되기도 한다. 또 "Shipper's load and count" 또는 "said by shipper to contain" 이라는 부지약관(unknown clause)이 명시된다.

선박회사가 당초 수출업자로부터 화물의 수량 및 성질 등에 하자가 있는 물품을 받고 선적에 응할 경우, 선박회사는 이를 면책하기 위해 선화증권 상에 "Not Responsible for 물품" 등과 같은 하자표시를 한 선화증권을 발행하게 된다. 이러한 하자선화증권을 사고부 선화증권이라 한다. 사고부 선화증권은 은행에서 신용장통일규칙에 따라 매입이 거절되므로 수출자는 선적당시 화물에 대한 이상을 발견하였으면 즉시 이를 대체, 또는 재포장이 곤란한 경우에는 선박회사에 훼손화물보상장(L/I : letter of indemnity)을 제공하고 무사고 선화증권을 교부받을 수 있다. 선박회사는 이 보상장만 있으면 후에 훼손화물에 대해 책임이 면제된다.

참고

L/I : letter of indemnity

훼손화물보상장이라고도 하며, 선하증권의 고장 적요란에 고장 내용이 기재된 선적화물에 대하여 무고장 선하증권(clean B/L)을 발행받기 위하여 하주가 선박회사에 제공하는 보상장을 말한다.

선적화물은 선적 당시 외관상 아무런 이상이 없이 선적 또는 인수된 것(shipped or received apparently good order and condition)을 조건으로 하는 것이 원칙이다. 따라서 화물의 상태나 수량에 이상이 있을 경우 선주는 그 책임을 지지 않는 이유를 명백히 하기 위하여 고장 문언을 기재한 수취서를 발행하고 선하증권에도 그 내용을 기재한다.

그러나 고장증권을 담보로 한 담보환어음이 매입을 위하여 은행에 제시되었을 경우, 이 어음은 수입업자가 인수할 보장이 없기 때문에 수출업자의 일방적인 신용만으로 매입 청구가 된 셈이며, 따라서 은행으로서는 어음금액의 감액 또는 담보의 추가를 요구하게 된다.

이것은 수출업자의 수출금융에 지장을 주는 것이기 때문에 수출업자는 선박회사에 보상장을 제공하고서 '고장문언' 에 관한 일절의 책임을 질것을 서약하고 무사고선하증권(clean B/L)을 발행 받아 은행금융을 원활하게 하는 것이 오랜 국제관례로 되어 왔다. 그러나 1959년에 그 폐지운동이 환어음 은행측에서 일어나서 국제상업 회의소(ICC)에서는 이것을 문제로 삼고 있다.

Sample of Letter of Indemnity

(Letter of Indemnity should be typed under company letterhead)

Date:

The Executive Director
The Associated Chinese Chambers of Commerce & Industry of Malaysia
6thFloor, WismaChineseChamber,258, Jalan Ampang,
50450 Kuala Lumpur.

RM 10.00
Revenue
Stamp

Dear Sir,

LETTER OF INDEMNITY

In consideration of your endorsing the all certificate of origin, invoice, Packing List and all documents whatsoever required of you by us during the period of **1stJanuary2011to31stDecember2011**, wehereby undertake and agree to indemnity you in full against all consequences, liabilitie so fany kind whatsoever directly arising from or relating to the said endorsement.

다. 기명식 선화증권(Straight B/L)과 지시식 선화증권(Order B/L)

기명식 선화증권이란 선화증권상에 특정한 수화인이 기입된 선화증권을 말한다. 기명된 수화인이 양도하지 않는 한 다른 사람에게는 하등의 가치가 없다. 이는 주로 신용장방식을 제외한 송금방식(T/T) 등의 대금결제조건에서 수입지의 은행이 채권을 행사할 필요가 없는 경우에 발행하게 된다.

지시식 선화증권이란 선화증권상에 특정한 수취인을 기재하지 않고 단순히 "to order", "order of shipper" 또는 "order of xx bank" 등으로 기재되어 있는 증권이다. 신용장이 개설된 후 수출지의 네고은행을 통해 환어음 및 선적서류가 개설은행으로 돌아오게 되는데, 만약 선화증권이 'order B/L'인데도 선화증권상의 수하인란에 개설은행을 표시하지 않고 수입자의 이름이 표시된다면 수입자는 은행에 수입대금을 갚지 않고 그대로 물건을 찾아가버릴 수 있는 위험성이 있다. 따라서, 신용장 개설은행이 화물에 대한 일차적인 소유권을 행사하고 개설은행이 증권이면에 백지배서만 하면 이 증권의 소지인(수입자)이 화물에 대한 소유권을 갖도록 양도할 수 있도록 하는 것이 바로 지시식 선화증권이다.

참고

선화증권의 배서 형식

① 기명식 배서(Full Endorsement or special Endorsement) ; 피배서인(Endorsee)의 성명 또는 상호를 기재하고 배서인(Endorser)이 서명하는 방법. 예) Endorsee : Deliver to A.B.C Co., LTD. / Endorser : Korea Trading Co., LTD.(Signature)

② 지시식 배서 ; 피배서인으로 Order of A.B.C. Co., LTD.라고 기재하고 배서인이 서명한다.

③ 백지식 배서(Blank Endorsement) ; 피배서인명을 기재 않하고 배서인이 서명하는 방법이다.

④ 선택 무기명식 배서 ; 특정의 피배서인 또는 본권지참인이라고 기입하고 배서인이 서명하는 형식이다. 예) A.B.C. Co., LTD. or bona fide holder(bearer) / Korea Trading Co., LTD.(Signature)

라. 제3자 선화증권(Third Party B/L)

선화증권상에 표시되는 송화인은 일반적으로 신용장의 수익자가 된다. 그런데, 수출입 거래의 매매당사자가 아닌 제3자가 송화인이 되는 경우가 있는데, 이를 제3자 선화증권(third party B/L, neutral party B/L)이라고 한다. 주로 중계무역 등에서 이용되는데, 신용장에 별도의 명시가 없는 한 은행은 이를

수리하도록 신용장 통일규칙에서 정하고 있다.

마. 해양선화증권(Ocean or Marine B/L)과 통과(연결)선화증권(Throuh B/L)

해양선화증권이란 부산과 동경 또는 부산과 뉴욕과 같이 국외의 해상운송의 경우에 발행되는 선화증권이다. 보통 수출자에게 통지된 신용장의 내용을 보면, "documents required"란에는 "full set of clean on board ocean/marine bill of lading"이란 문구가 있는데, 이 속에 있는 ocean이나 marine이란 말이 바로 해양선화증권을 발급받아야 한다는 것을 의미한다.

바. 통과(연결)선화증권(Throuh B/L)

통과선화증권이란 운송화물을 목적지까지 운송하는데 선주가 다른 선박을 이용하는 경우나 육운과 해운을 이용하여 운송될 경우 등 복수의 운송인이 관여하고, 최초의 운송업자가 다음 구간에 대하여 연결책임을 증명하는 B/L을 말한다. 이를 통과선화증권이라 하기도 하고 연결선화증권 또는 전통선화증권 이라고도 한다.

사. 약식(간이)선화증권(Short Form B/L)

약식선화증권은 선화증권으로서의 필요 기재사항을 갖추고 있지만 정식선화증권(long form B/L)의 이면약관이 생략된 것으로서 최근 미국을 위시한 여러 나라에서 널리 사용되고 있다. 이 약식선화증권에 관하여 어떤 분쟁이 생기면 일반적으로 정식선화증권 상의 화주의 권리와 의무에 따르게 된다.

아. 적색선화증권(Red B/L)

적색선화증권은 보통의 선화증권과 보험증권을 결합시킨 것으로서 이 증권에 기재된 화물이 항해 중에 사고가 발생하면 이 사고에 대하여 선박회사가 보상해 주는 선화증권이다. 이 경우 선박회사는 모든 'Red B/L' 발행권을 일괄부보하게 되므로 보험회사가 손해부담을 진다. 그러나 운임에 보험료가 추가되므로 결과적으로 보험료는 하주가 부담하는 것이 된다. 이러한 Red B/L은 과거 선박회사와 보험회사가 동일인일 경우에 사용하였으나 근자에는 사용하지 않고 있다.

자. Stale B/L

'Stale B/L'이란 선화증권의 어떤 형태를 말하는 것이 아니고, 선적 후 정당하다고 인정되는 기간이 경과한 후에 은행에 제시된 선화증권을 말한다. 주로 신용장 상에 명시된 선화증권의 제시시한을 경과한 선화증권을 지칭하는 용어이다. 신용장통일규칙(제43조)은 선화증권 또는 기타 선적서류의 발행일로부터 지급· 인수 또는 매입을 위하여 서류를 제시할 때까지의 일정기간을 명시하도록 하고 있다. 이러한 제시기간이 신용장상에 명시 되어 있지 않은 경우 선화증권의 발행일로부터 은행측에서 일반적으로 용인하는 허용기간(21일)이 경과한 후 매입은행에 제시되면 은행은 신용장상에 "Stale B/L acceptable" 이란 조항이 있는 경우를 제외하고는 수리를 거절한다.

▸ 정식선화증권(Long Form B/L) 선화증권의 앞면과 뒷면에 선적내용과 약관을 모두 갖춘 선화증권으로 대부분의 선화증권이 정식선화증권에 해당한다.

차. 환적선화증권(Transhipment B/L)

운송경로의 표시에 있어 도중의 환적을 증권면에 기재한 B/L을 말한다. 현재의 신용장통일규칙(UCP 600)에 의하여 환적이 신용장조건에 의해 금지되어 있지 않는 한, 전 운송과정이 단일 및 동일 운송서류에 표시되어 있는 경우 화물이 환적되어질 것이라고 표시되어 있는 운송서류는 수리된다.

카. 집단선화증권(Groupage B/L)과 혼재화물선화증권(House B/L)

선박회사가 포워더의 혼재화물에 대해 포워더에게 1건으로 발행하는 선화증권을 'Groupage B/L' 또는 'Master B/L'이라고 하며, 포워더가 선사로부터 받은 'Master B/L'을 근거로 LCL화물 건건마다 LCL화물 화주에게 개별적으로 발행하는 B/L을 'House B/L'이라고 한다. 실제로 화물을 운송하는 선박회사가 아닌 이를 대행하는 운송주선인 또는 운송중개인이 물품을 인도받았다는 표시로 발행하는 선화증권으로 통상약관에 "Taken in charge,,,"로 시작된다. 이러한 선화증권의 경우 선적에 대한 위험요소를 포함하고 있게 되므로 신용장상에 이러한 선화증권을 매입하겠다는 의사표시("Forwarder B/L acceptable")가 되어있지 않는 한 은행은 이러한 선화증권을 수리하지 않는다. 그러나 'Forwarder B/L'의 서명인란에 "As carrier" 또는 "As master of," "Acting as agent for ,,," 등과 같은 표시가 되어 있는 경우, 이는 운송 중개인이 실제 선박회사(운송인) 대행하여 발행한다는 의미이므로 'Forwarder B/L'이라고 하더라도 은행이 수리한다.

타. 용선선화증권(Charter Party B/L)

화물의 적재선박이 다른 선주로부터 빌린 선박(용선)인 경우에 발행되는 선화증권을 말한다. "as per Charter Party" "All other conditions and exceptions as per charter party"로 표기된다.

파. 소급일자 선화증권(Back Date B/L)

신용장 상에 명시된 선적일자를 앞당겨 발행하는 선화증권으로 이로 인한 클레임이 제기될 시 선박회사가 책임을 져야 한다.

선화증권에 관하여 실무적으로 주의해야 할 점은 다음과 같다. 기존 영미법에서는 기명식선화증권(straight B/L)은 수화인(consignee)이 정확하게 기재되어 있으므로 유통이 불가(non-negotiable)한 것으로 이해되어 선화증권의 제출(선사 회수)과 상관없이 실제 수화인만 확인되면 화물을 인도해도 무방한 것으로, 즉 해상화물보증장(sea waybill)성격으로 이해하였으나, 한국을 포함한 대륙법 국가에서는 기명식 선화증권 발행이어도 여전히 선화증권의 회수가 없이는 화물을 인도하면 아니 되는 것으로 인식하고 있다. 최근 영국의 대법원 판례에서는 기명식선화증권(straight B/L)도 헤이그-비스비협약 하의 권리증권 기능이 있다고 만장일치하였다. 그 이유는 헤이그협약이나 헤이그-비스비협약의 입안자들이 기명식과 지시식 선화증권을 구분하려는 의도가 처음부터 없었고, 1855년 영국의 선화증권에 대한 법규 'Section I'에도 "선화증권상의 모든 수화인은 선화증권을 가지고 소송할 권리를 부여한다."라고 명시하고 있기 때문이다. 따라서 기명식, 지시식에 상관없이 선화증권은 화물에 권리증권으로서의 효력이 있고 제2, 제3자로 유통이 언제든 가능하므로 선사들은 반드시 선화증권 회수 후 화물인도가 이루어져야 한다.

하. Surrender B/L

화물의 도착지에서 선하증권원본의 제시없이 전송Fax or e-Mail)받은 사본으로 화물을 인수받을 수 있도록 발행된 선하증권으로 선하증권사본에 "Surrender" 또는 "Telex Release"란 문구도장이 찍혀져 있는 선하증권을 말한다. Surrender B/L선하증권B/L)의 종류를 말하는 것이 아니라 B/L상에 Surrender란 문구의 도장을 찍어 유통가능한 유가증권으로서의 기능을 포기하는 선하증권으로서 주로 Surrender B/L이라 불리우며 Original B/L 없이 수입화물을 인도하여도 좋다는 의미를 내포한 권리포기 선하증권을 의미한다.

이 B/L의 발행배경은 인접한 국가 간의 물류인 경우 항해일수가 짧으므로 원본서류보다 화물이 목적지에 먼저 도착하는 경우를 대비하여 화물의 적기 인수(수입상의 편의)를 목적으로 발행되었다. (해상화물운송장:Sea Waybill 의 경우와 유사)

Surrender B/L 효과로는 수입상은 화물을 적기에 인수하여 공급 및 판매함으로써 물품 수입의 목적을 달성할 수 있으며, 서류지연에 따른 창고료와 화재보험료 부담 및 선하증권의 우송비용을 절감할 수 있다. 선사 및 일부 포워더에서는 Surrender B/L 발행수수료를 징수하기도 한다.

Surrender B/L의 발행절차는 선적지에서 물품선적 후 운송인선사 또는 포워더)에게 선하증권을 교부받기 전에 "Surrender B/L" 발행 동의서를 제출하면 운송인은 선하증권상에 Surrender 또는 Telex Release란 문구의 도장을 찍어 교부한다. Surrender B/L이 가능하려면 B/L상의 수취인이 수입상으로 되어 있어야 한다. 원선하증권(Original B/L)이 발행된 후 Surrender 요청시에는 필히 riginal B/L을 회수하여 운송인에게 반납하여야 가능하다.

- 화물인수 절차

  도착지의 수입자는 Fax 또는-Mail로 전송받은 Surrender B/L상에 수취인 Consignee)을확인하는 명판 및 인감을 날인하여 해당선사 또는 포워더에게 제시하여 화물인도지서D/O)을 교부받아 수입통관후 화물을 인수한다. Surrender B/L은 원본과 사본의 구분없이 실수취인의 확인으로 화물을 인수한다.

- 유의사항

① 원본서류가 발행제시되지 않은 상태에서 화물의 인수가 가능하므로 수입상이 화물을 인수하고 대금의 결제를 하지않을 위험성이 있으므로 수입상의 신용이 확실한 경우에만 이용이 가능하다.

② 신용장거래의 경우 수리하는 신용장조건이 없다면 수리거절 된다.

③ 은행에서 선적서류를 매입할 경우 수출물품에 대하여 물적 담보효력이 없는 것으로 보아 채권보전책의 강화가 필요하다.

④ 선박회사의 경우 목적지에서 권리없는 수하인에게 물품이 인도될 위험성이 있으므로 Surrender B/L의 발행을 꺼리는 경향이 있다.

⑤ 신용장L/C) 거래에서는 B/L의수취인이 개설은행으로 되어있는 경우가 많고 L/G를 사용하면 되므로 Surrender B/L로 Nego할 경우가 거의 없다.

- 타 운송서류와 비교

구 분	수화인 기재	유통성	Number of Original B/L	표기방법
일반선화증권	기명식 (To 000Co., Ltd)	Negotiable	Three(일반적으로 3부발행)	Original Duplicate Triplicate
	소지인식 (To Beared)		Zero or Nil	
	지시식 (To Order)		Zero or Nil	
Surrender B/L	기명식만 가능	No-Negotiable	Zero or Nil	Surrendered Telex Release
Sea Waybill	기명식만 가능	No-Negotiable	Zero or Nil	No-Negotiable Sea Waybill

山 东 省 烟 台 国 际 海 运 公 司

SHANDONG PROVINCE YANTAI INTERNATIONAL MARINE SHIPPING CO.

SHIPPER (COMPLETE NAME ADDRESS AND PHONE)	BILL OF LADING NO.
VN EXPORT , HAOI, VIETNAM **http://michaelhoan.googlepages.com/**	**SYVHKBKV7510586**

Port-to-Port or Combine Transport

BILL OF LADING

RECEIVED by the carrier as specified below in external apparent good order an[d] condition unless otherwise stated. The total number of packages or units stuffed [in] the container, the description of the goods and the weights shown in this Bill [of] Lading are furnished be the merchants, and which the carrier has no reasonab[le] means of checking and is not a part of this Bill of Lading contrac[t]. The goods sh[all] be transported to such place as agreed, authorized or perm[itted] [h]erein and subje[ct] to all the terms and condition whether written, [typed], [s]tamped, printed [or] incorporated on the front and reverse side hereof [which] [th]e Merchant agrees to b[e] bound by accepting this Bill of Lading, an[y] [local] privileges and custom[s] notwithstanding in WITNESS whereof o[ne] (1) original Bill of Lading has bee[n] signed if not otherwise stated below, [the] [s]ame being accomplished the other(s), [if] any, to be void, if required by th[e] [carrier] one (1) original Bill of Lading must b[e] surrendered duly endorsed i[n] [exchang]e for the goods or delivery order.

CONSIGNEE (COMPLETE NAME ADDRESS AND PHONE)
KR IMPORT BUSAN KOREA

NOTIFY PARTY (COMPLETE NAME ADDRESS AND PHONE) (It is agreed that no responsibilities shall be attached to the carrier or his agents for failure notify)
SAME AS CONSIGNEE

PRE-CARRIAGE BY*	PLACE OF RECEIPT*	
(INTENDE)+VESSEL/VOYAGE STADT RATZEBURG V.0751N	PORT OF LOADING HAIPHONG, VIETNAM	**COPY** **NON-NEGOTIABLE**
PORT OF DISCHARGE PUSAN KOREAN PORT	PLACE OF DELIVERY* PUSAN KOREAN PORT	No. of Original Bills of Lading THREE (03)

PARTICULARS DECLARED BY SHIPPER BUT NOT ACKNOWLEDGED BY CARRIER

CONTAINER NO./SEAL NO. MARKS & NUMBERS	QUANTITY FOR CUSTOMERS DECLARATION ONLY)	DESCRIPTION OF GOODS (SAID TO CONTAIN)	GROSS WEIGHT (KILOS)	MEASUREMENT (CU METRES)
AMFU851103[illegible]24101	232 CTNS	SHIPPER'S LOAD, COUNT & SEAL. 01X40'HC CONTAINER S. T. C. : BAMBOO BASKETS ORIGIN: VIETNAM 232 CARTONS = 2,320 SETS NW = 5,568 KGS GW = 6,032 KGS **SURRENDERED**	6,032.00	57.240 CLEAN ON BOARD STADT RATZEBURG V.0751N 18TH DEC, 2007 CY/CY

TOTAL NUMBER OF CONTAINERS OR PACKAGE (IN WORD)	ONE CONTAINER ONLY			
FREIGHT & CHARGES FREIGHT PREPAID	RATE	UNIT	PREPAID	COLLECT

EXCESS VALUE DECLARATION	PREPAID AT	PAYABLE AT HAIPHONG
TEMPERATURE CONTROL INSTRUCTION	SIGNED BY / ON BEHALF OF THE CARRIER	
PALCE OF ISSUE HAIPHONG, VIETNAM		
DATE OF ISSUE 18TH DEC, 2007	SHANDONG PROVINCE YANTAI INTERNATIONAL MARINE SHIPPING CO.	

LADEN ON BOARD OF VESSEL
DATE BY
SYMS STANDARD FORM 02

(Terms continued on the back hereof, please read carefully)

BILL OF LADING

FOR COMBINED TRANSPORT OR PORT TO PORT SHIPMENT

Shipper	B/L No.	Number of Originals
ABC MEDIA(H.K.)LIMITED ROOM 1701,17TH FLOOR,SEUI ON CENTRE, 4-8 HARBOUR ROAD,WANCHAI,HONG KONG	[illegible]0040172	THREE(3)

Shipper's Ref

ASTG

ASTG Container Line Limited d/b/a AT Container Line Limited/OTI Organization No. 019990

ASTG CONTAINER LINE LTD.

Consignee
MERCURY DRUG CORPORATION #7,MERCURY AVE.,LIBIS,QUEZON CITY, PHILIPPINES

Notify Party (No claim shall attach for failure to notify)	For Cargo Delivery, Please Apply To:
[illegible] BROKERAGE CORPORATION ROOM 206,ERMITA CENTER BUILDING,ROXAS BLVD,ERMITA,MANILA,PHILIPPINES TEL:(02)522-2040/41 FAX:526-4849	[illegible] SHIPPING [illegible],INC UNIT 5 A & C CHATHAM HOUSE BLDG.116 VALERO,CORNER RUFINO STREET SALCEDO VILLAGE MAKATI CITY,METRO MANILA,PHILIPPINES TEL:63-2889-0630 EXT.112 FAX:63-2888-5614

Place of Receipt	Port of Loading	Pre-carriage by	
SHENZHEN,CHINA	SHENZHEN,CHINA		
Vessel & Voyage	**Port of Discharge**	**Place of Delivery**	**Freight Payable**
FESCO TRADER / FTD[illegible]	MANILA SOUTH PORT	MANILA SOUTH PORT	

Marks and Numbers	Quantity	Description of Goods	Gross Weight (KGS)	Measurement(CBM)
15 CARTONS / 500.000KGS / 0.967CBM				
CFS-CFS	15 CARTONS			
MDC CTN. NO.		VGA EXTENDER - TRANSMITTER VGA EXTENDER - RECEIVER POWER CABLE	500.000KGS	0.967CBM

non negotiable

SURRENDERED

TOTAL:SAY FIFTEEN CARTONS ONLY

SHIPPED ON BOARD AUG.28, 2008

FREIGHT AND CHARGES	Prepaid	Collect
FREIGHT PREPAID	AS ARRANGED	

RECEIVED by the Carrier the Goods as specified above in apparent good order and condition, unless otherwise stated, to be transported to such place as agreed, [illegible] and conditions appearing on the front and reverse of this Bill of Lading to which the Merchant agrees by accepting this Bill of Lading, any local privileges and customs notwithstanding.
The particulars given above as stated by the shipper and the weight, measure, quantity, condition, contents and value of the Goods are unknown to the Carrier.
In WITNESS whereof one (1) original Bill of Lading has been signed if not otherwise stated above, the same being accomplished the other(s), if any, to be void. If required by the Carrier one(1) original Bill of Lading must be surrendered duly endorsed in exchange for Goods or delivery order.

Place and date of issue SHENZHEN ,AUG.28,2008

Signed on behalf of the Carrier

The contract evidenced by or contained in this Bill of Lading is governed by the law of Hong Kong and any claim or dispute arising hereunder or in connection herewith shall be determined by the Courts in Hong Kong and no other Court.

- 법적 효력

  B/L 원본은 그자체가 완벽한 법적효력을 갖고 상품의 대표권을 행사할 수 있는 유통성이 있는 유가증권이다. 그러나 Surrender B/L은 B/L의 효력을 정지시킨 것으로 B/L상의 수취인만이 권리를 행사할 수 있는 비유통성 물품인수증에 해당한다고 할 수 있다.

- Surrender B/L 과 L/G 차이점

  Surrender B/L은 애초에 선하증권을 발급받을 때 Surrender 처리하여 발급하는 경우가 대부분이다. 이는 전신환등으로 수출상이 대금을 선지급받은 경우 화물에 대한 담보권을 확보할 필요없이 수입상이 신속하게 화물을 인수할 수 있게 하는 것이다. 신용장의경우에는 발행은행이 발행의뢰인으로부터 대금상환문제가 있어 Surrender B/L을 사용하기 어렵다. L/G의 경우 Surrender가 아니라 B/L은 정상적으로 발행되고 수입상이 은행에 요청하여 대금을 지급하고 사본B/L에 대한 L/G를 발급받아 도착된 화물을 인수하게 되는 것이다. 또한 L/G에 의한 화물인수는 수출상과 아무런 관련이 없으며 수입상과 L/G를 발행한 은행 간 문제가 되며 수출상은 원본 B/L을 이용하여 정상적인 신용장거래와 마찬가지로 대금을 회수하는 절차를 취하게 된다. 반면에 Surrender B/L은 수출상이 적극적으로 화물에대한 권리를 포기한다는 의사표시를 선사에 하고 B/L의 Surrender 처리를 하여야 하므로 수출상의 적극적인 개입이 있어야 가능하다.

2) 선화증권의 기재사항

선화증권의 양식 및 기재사항은 컨테이너로 운반되는지 혹은 재래선 벌크 형태로 운반되는지에 따라 약간의 차이가 존재하나 대부분 비슷하다(상법 제853조).

| 표 34 | 선화증권의 양식

<table>
<tr><td colspan="6">Bill of Lading</td></tr>
<tr><td colspan="3">①Shipper/Exporter
Konji Trading Co., Ltd.
664-1,duckjin-Dong,Jeonji, Jeonbuk</td><td colspan="3">⑪B/L No. ; But 1004</td></tr>
<tr><td colspan="3">②Consignee
TO ORDER</td><td colspan="3"></td></tr>
<tr><td colspan="3">③Notify Party
K. Sakai & Co., Ltd. Tatsumi-Bldg., No.3-13, 1-Chome, Kyomachibori, Nishi-Ku, Osaka, Japan</td><td colspan="3"></td></tr>
<tr><td colspan="2">Pre-Carriage by</td><td>⑥Place of Receipt
PUSAN, KOREA</td><td colspan="3"></td></tr>
<tr><td colspan="2">④ Ocean Vessel
WON JIN</td><td>⑦Voyage No.
1234E</td><td colspan="3">⑫Flag
Republic of Korea</td></tr>
<tr><td colspan="6">⑤Port of Loading ⑧Port of Discharge ⑨ Place of Delivery ⑩ Final Destination(For the Merchant Ref.)
PUSAN, KOREA Nagoya, Japan Nagoya, Japan Osaka, Japan</td></tr>
<tr><td colspan="2">⑬Container No. ⑭Seal No. Marks & No</td><td>⑮No. & Kinds of Containers or Packages</td><td>⑯Description of Goods</td><td>⑰Gross Weight</td><td>Measurement</td></tr>
<tr><td colspan="2">ISCU1104

Total No. of Containers or Packages(in words)</td><td>2 CNTRs of FEU</td><td>47,500dzs of Cotton Gloves</td><td>40,631 KGS</td><td>110 CBM</td></tr>
<tr><td>⑱ Freight and Charges</td><td>⑲ Revenue tons</td><td>⑳ Rate</td><td>㉑ Per</td><td>㉒ Prepaid</td><td>㉓ Collect</td></tr>
<tr><td>㉓ Freight prepaid at</td><td>㉔ Freight payable at</td><td colspan="4" rowspan="3">㉖ Place and Date of Issue
July 11, 2011

㉘ ABC Shipping Co. Ltd.
as agent for a carrier, zzz Liner Ltd.</td></tr>
<tr><td>Total prepaid in</td><td>㉕ No. of original B/L</td></tr>
<tr><td colspan="2">㉗ Laden on board vessel
Date Signature
July 10, 2011</td></tr>
</table>

① Shipper ; 송하인의 성명 또는 상호를 기재하며 혼동이 예상될 때는 주소를 명기하여 명확히 하는 것이 좋다.

② Consignee ; T/T 방식이나 D/P, D/A 방식에서는 수입상의 상호 및 주소가 기재되나 신용장 방식에서는 신용장 상에 표시된 문구에 따라 To Order, To Order of Shipper, To Order of 개설은행명, 수입상명 등이 된다.(모든 선적서류의 Consignee와 일치시켜야 함.)

③ Notify Party ; 대개 신용장에 Notify Accountee 또는 Applicant라 기재되며 신용장 개설의뢰인 즉 수입업자 또는 수입업자가 지정하는 대리인이 통지처(화물도착 시 연락처)로 기재된다.

④ Ocean Vessel ; 화물을 수송하는 해상운송 선박명이 기재된다.

⑤ Port of Loading ; 화물을 선적하는 항구명 및 국명이 표시된다. 신용장의 항구표시와 일치해야 된다. 예) "Busan, Korea", "Incheon, Korea"

⑥ Place of Receipt ; 송하인으로부터 운송인이 화물을 수취하는 장소로 "Busan C.Y" "Busan C.F.S" 등으로 표기한다.

⑦ Voyage No. ; 운송선박의 운송회사나 선박회사가 임의로 정한 일련번호가 기재되는데 1항차는 출발항에서 목적항을 거쳐 출발항에 회항하는 것으로 한다. 수출·수입을 구별하기 위하여 East, West등 방향이나 Inbound 또는 Outbound로 등을 표기한다.

⑧ Port of Discharge ; 화물의 양륙항 및 국명이 기재된다.

⑨ Place of Delivery ; 운송인이 책임지고 운송하여 수하인에게 인도하여 주는 장소를 명기한다.

⑩ Final Destination ; 화물의 최종 목적지를 표시하나 선화증권에 운임이 계상되어 있지 않는 경우는 단지 참조사항에 불과하다. 그리고 복합운송이 아닌 경우에는 기재되지 않는 경우가 많다.

⑪ B/L No. ; 선사가 임의로 규정한 표시번호를 기재한다. 통상 선적항과 양륙항의 알파벳 두문자를 이용하고 번호를 일련번호로 쓴다. "BO-5001" : Busan-Osaka, "HMBU-9001" : Hamburg-Busan 등으로 표시된다.

⑫ Flag ; 선박의 등록국적을 나타낸다. 선박 소유자의 국적을 표시하지 않고 등록된 국가의 국적을 표시한다. 그런 이유로 편의치적(便宜置籍)이 이용되고 있다. 해상 사고 시는 국제적 관례인 기국주의에 의한다.

⑬ Container No. ; 화물이 적재되는 Container No.를 표기한다.

⑭ Seal No. ; Container에 적재된 화물에 봉인을 한 Seal No.를 표기한다.

⑮ No of CONT or other PKGS ; 컨테이너 숫자나 기타 포장갯수를 기재한다. 예) 1 CNTR(컨테이너)

⑯ Description of Packages and goods ; Packing List 및 Invoice에 기재된 상품의 내용을 열거 기재하며 B/L No. 도 통상 표시되어진다.

⑰ Gross Weight, Measurement ; 등록 검량회사에서 검측된 중량 및 용적이 명기된다. Packing List, Invoice와 일치되지 않는 경우 Remark를 부기하여야 한다. 화물에 이상이 있으면 송하인에게 파손 화물보상장(Letter of Indemnity : L/I)을 요구하여 첨부시킨다. 수출입의 경우 Packing List와 B/L이 상이한 경우 통관되지 아니하므로 세심히 작성되어야 한다.

⑱ Freight and Charges ; 상품의 운송에 따른 제반비용의 명세로Freight, C.A.F, B.A.F, C.F.S Charge, Wharfage 등이 통상 표시되며 Through B/L인 경우는 Inland Charge가 표시된다.

⑲ Revenue Tons ; 중량과 용적 중에서 운임이 높게 계산되는 편을 택하여 표시한다. 총중량과 총용적에 각각의 운임단가를 곱하여 총중량의 운임이 총용적보다 클 경우는 "K/T"를, 총용적이 클 경우는 "CBM"을 표시한다.

⑳ Rate ; Revenue ton당의 운임단가 및 'CFS Charge', 'Wharfage',의 비율 등이 표시된다. 'Wharfage'의 경우 국내에서는 1톤이하는 무조건 올림으로 산정하고 있어, 만일 7.001CBM이라면 8CBM으로 계산된다.

㉑ Per ; 용적단위 또는 중량단위로 표시하고 'Full Container'의 경우는 Van 단위로 표시한다.

㉒ Prepaid & Collect ; C.I.F조건의 수출일 경우는 'Prepaid'난에 운임을 계산하여 표시한다. F.O.B 조건의 수출일 경우는 'Collect'난에 계산 표시한다. 또한 운임의 지불조건은 'Description of Goods'난에 "Freight Prepaid" "Freight Collect"라고 통상 표시되므로 혼동은 되지 않으나 간혹 기재되지 않는 경우도 있으므로 구별하여 각각의 난에 기재하는 것이 좋다. 복합운송의 경우는 각 구간마다의 운임을 표시하여 계산하는 것이 복합운송을 명백히 표시하는 방법이다. 그러므로 구간표시를 하고 구간운임 계산을 나타내는 것이 좋다.

㉓ Freight Prepaid At ; C.I.F 수출조건인 경우 운임이 지불되는 장소를 나타낸다. 즉 화물이 부산에서 선적운송되고 서울에서 운임이 지불되는 경우는 "Seoul, Korea"라고 기재한다. Freight Prepaid의 경우 운임이 지불되지 않으면 B/L 발행자는 특별한 상거래가 없는 한 B/L을 발행 교부하지 않는다.

▸D/O : Delivery Order

㉔ Freight Payable At ; F.O.B 수출조건으로 운임이 수하인 부담인 경우에 수하인의 운임 지불장소가 기재된다. 운임이 지불되지 않으면 운송인 또는 대리점은 화물인도 지시서(D/O)를 발행 교부하지 않는다.

㉕ No. of Original B/L ; Original B/L의 발행통수를 기재한다. Original B/L은 통상 3통을 한 세트로 발행하는데 그 숫자에는 제한이 없다. Original B/L에는 "Original" "Duplicate" "Triplicate" 등의 문구가 있고 은행과의 거래를 위하여 "Negotiable"이라는 문구도 표시된다. Original B/L의 경우에는 발행통수에 관계없이 그 한 장이라도 회수되면 상법 제 816조에 따라 나머지는 유가증권으로서의 효력을 상실한다. B/L Copy의 경우는 "Copy Non-Negotiable"이라 기재되며 B/L Copy는 유가증권으로서의 효력이 없고 단지 참조적인 서류에 불과하다.

㉖ Place of Issue ; B/L의 발행장소가 기재된다.

㉗ On Board Date and Issue ; B/L의 On Board Date가 기재되며 선적일과 발행일자는 보통 일치된다. Date of Issue가 On Board Date 보다 늦을 수는 있으나 빠른 경우는 B/L의 선발행이 되므로 은행에서 매입을 거절한다. On Board의 하단에는 B/L 발행자의 Signature가 표시된다.

㉘ Carrier's Name ; B/L 발행권자의 서명(signature)이 표시된다. B/L 발행권자는 은행에 서명을 등록하고 있으며 일단 발행권자가 서명을 한 후 B/L을 수정할 경우에는 재발급을 하든가 또는 "Correction" 도장을 날인한 후 서명을 해야 한다. 그러나 중량 및 용적 등 상품의 가격에 영향을 미치지 않는 부분에는 'Correction' 도장만 날인해도 유효하다.

5. 해상운송관련 국제법규

해상운송과 관련된 국제법규로는 헤이그규칙(hague rules 1924)과 헤이그-비스비규칙(hague-visby rules 1968), 함부르크규칙(hamburg rules) 등이 있다.

헤이그 규칙은 선화증권에 관한 통일조약으로서 1924년8월 25일 브뤼셀에서 개최된 제5차 해상법에 관한 국제회의(international conference on maritime law)에서 채택하였다. 헤이그규칙은 해상물품운송에 관한 국제적 통일을 기하고 선화증권(B/L)중 면책약관을 둘러싼 선주와 화주 간에 이해관계 충돌을 피하기 위하여 해상운송거래조건의 국제규칙 준거와 선화증권의 국제적 통일을 목적으로 한다. 「1924년 선화증권에 대한 어떤 규칙을 위한 국제조약

(international convention for the unification of certain rules relating to bills of lading, 1924)」이라고도 하나 일반적으로 이 선화증권(B/L)통일조약을 'Hague Rules'라고 한다.

헤이그규칙은 선화증권상의 운송인의 면책약관 제한을 중심으로 해상운송 계약법의 중요한 점을 거의 모두 규정하고 있는데, 그 기조는 운송약관의 이행 내지 운송물의 손해에 관하여 운송인의 의무와 책임을 최소화하는 동시에 면책을 최대화하고 있다. 운송인의 기본적 의무로서 선박의 감항능력(seaworthiness)에 대한 주의의무와 운송물의 취급, 보관 등에 관한 주의의무를 규정하고 운송물의 손해에 관한 운송인의 책임에 대해서는 과실책임주의의 원칙하에 선박의 불감항(不堪航)에 관한 과실과 운송물에 대한 주의의무의 위반인 상업상의 과실에 대해서는 면책약관을 금지하고 운송인의 책임을 운송물 1포(包) 또는 1단위에 대하여 100스털링파운드로 제한하며, 아울러 항해상의 과실과 화재 및 그 밖의 불가항력 사유에 대하여는 운송인의 면책을 인정하고 있다. 그래서 동 조약은 선화증권에 의한 해상운송 계약관계를 합리적으로 규율하여 운송인과 화주, 기타 거래관계인의 공평한 지위를 보장하고 아울러 무역화폐로서의 선화증권의 유통성을 높임으로써 국제무역거래를 원활하게 하는데 이바지하였다. 그러나 한편으로는 해상운송인의 의무와 책임을 최소화하고 권리와 면책의 한계를 최대화 하였다는 점에서 선주측에 유리하다는 비판을 받았다. 현재 한국의 상법은 해상운송송인의 책임 수취선화증권 등에 관하여 이 통일조약과 동등한 규정을 두고 있다.

헤이그-비스비규칙은 선화증권통일조약 개정 의정서로서 1924년 선화증권통일조약(통칭 hague Rules)이 채택된 후 반세기를 경과함에 따라 해상운송의 환경도 컨테이너에 의한 운송으로 변하고 특히, 제2차 세계대전 후 인플레이션에 의한 운송인의 책임한도액 과 그 내용이 부분적으로 현실에 맞지 않아 1963년 6월 만국해법회(CMI)의 스톡홀름 회의에서 개정초안(visby rules)이 작성되어, 1968년 2월 23일에 브뤼셀 국제 해사법 외교회의에서 성립된 것이 1924년 선화증권 통일조약을 개정하기 위한 의정서, 즉 헤이그-비스비 규칙이다. 이 조약은 1977년 6월 23일 발효되었으며 1990년 말 현재 영국, 프랑스, 네델란드 등 유럽 여러 나라를 중심으로 19개국이 조약체결국으로 되어 있다. 주요 개정안은 다음과 같다.

첫째, 물건의 외관상태에 관한 B/L의 기재는 그 B/L이 선의의 제3자의 수중에 넘겨지며, 반증이 없는 한 결정적 증거라는 것을 명시하였다. 둘째, 운송

인의 책임한도액은 멸실 또는 손상된 물건(1포당 100 스타링 폰드) 1포 또는 1단위당 1만 포안카레 - 프랑(666.67SDR), 혹은 총중량에 대해 1kg당 30포안카레 - 프랑(2SDR) 중 높은 쪽으로 하였다. 즉, 책임한도액이 증가함에 따라 1MT에 의한 SDR이 채용되었다. 셋째, 컨테이너, 팔레트 또는 이와 유사한 운송용구는 이를 1포 또는 1단위로 하였다. 이 규칙의 발생 후 약 10년이 지난 1978년 3월에는 이를 개정하는 국제회의가 독일의 함부르크에서 열렸으며 함부르크 규칙을 성립시켰다. 이 규칙의 두드러진 특징의 하나는 항해과실을 선주의 유책사유로 함으로써 선주의 책임을 한층 강화시켰다는 것이다. 비록 헤이그-비스비규칙이 40여 년 간 해상운송여건의 변화 반영하였지만 1924년에 제정된 헤이그 규칙의 한 부분으로서만 유효하다.

함부르크규칙의 정식명칭은, "1978년 국제연합 해상물품운송조약(united nations convention on the carriage of goods by Sea. 1978)이라고 한다. 기존의 해운제도 및 관행에 대해 개발도상국의 강한 불만을 배경으로, 헤이그 규칙을 재검토하고 화주보호측면에서 완전히 새로운 해상물품운송조약을 작성하여야만 된다는 현실적인 요구에 따라 국제연합 무역개발회의(UNCTAD)의 요청에 의해 국제연합 국제 상거래 위원회(UNCITRAL)가 검토 및 작성된 조약안을 1978년 3월 30일 국제연합 회의에서 채택되었다. 이것이 1978년 국제연합해상물품운송조약으로 함부르크규칙이라고 부른다.

종래의 헤이그규칙이 선화증권을 발행한 경우만 적용되는 것에 비해 함부르그규칙은 용선계약을 제외한 전체의 해상물품계약에 적용되고 또 적용범위가 대폭 확대되었으며 현재 인정되고 있는 항해과실 면책제도 화재면책 제도도 폐지하고 화물의 물리적 손상에 대한 운송인의 책임한도액이 크게 높게 책정되어 있는 것이 커다란 특징인 것이다. 발효는 20개국의 비준(批准)이 조건으로 되어 있으며, 1990년 1월 현재 16개국이 비준하고 있다. 이 밖에도 전자식 선화증권(electronic bill of lading)에 관한 CMI 규칙(CMI rules for electronic bill of lading)과 볼레로 시스템에 의한 전자식 선화증권이 있다. 이들은 모두 선화증권의 다른 한 종류라기 보다는 기존의 선화증권을 EDI(electronic data interchange ; 전자자료교환)시스템으로 전환한 것이다. 즉, 선사가 선화증권을 발행하는 대신 그 내용을 컴퓨터에 입력시켜 보존하고, 송화인 또는 수화인에게 EDI로 통신하여 화물에 대한 권리의 이전 및 화물을 인도하는 방법이다. 국제해법회(CMI)는 1980년 6월에 전자식 선화증권에 관한 CMI 규칙을 채택하였다.

표 35 헤이그규칙, 헤이그-비스비규칙, 함부르그규칙의 비교

구분	헤이그규칙(1924)	헤이그-비스비규칙(1968-1979개정)	함부르그규칙(1978)
적용범위	모든국제해상물품운송에 적용되며, 선화증권의 발행을 요건으로 함	좌측과 동일	2국간의 항구상호간 국제해상운송계약 전체에 적용되고 선화증권의 발생의 유무를 불문함
책임기간	tackle to tackle	좌측과 동일	port to port인수에서 인도까지
책임원칙	과실책임주의물품의 인수.선적.적부.운송.보관.양하.인도에 대해 상당주의 의무의 이행책임을 부담하고 이 의무를 게을리 함으로써 발생한 물품의 멸실.손상에 대해 책임을 부담	과실책임주의 지연에 대해서도 책임을 부담	과실책임주의물품의 인수시부터 인도시까지의 관리하에 있는 동안에 대해 상당주의 의무의 이행책임을 부담. 다만, 손해지연의 발생시에 합리적으로 요구되는 모든 조치를 위한 것을 입증하면 면책
면책사유	항해과실,과실에 의하지 않는 화재,발생후의 불내항, 기타의 불가항력적 사유(해상고유의 위험,동맹파업, 전쟁, 화주의 과실, 고유의 하자등) 갑판적화물, 생동물은 물품에서 제외	좌측과 동일	과실책임주의로서 면책사유의 열거를 폐지(당연히 항해과실의 면책도 폐지).갑판적 화물, 생동물도 물품으로서 새로이 적용의 대상으로 함.
책임한도액	1 package또는 1unit당 100파운드	1package 또는 1unit당 666.67 SDR 또는 1kg당 2SDR총액 중 높은 쪽의 금액	package또는 unit방식과 중량방식을 병용. 1Package, 1unit당 835SDR 또는 1kg당 2.5SDR 중 높은 금액
강행법성	강행법	강행법	강행법
Time bar	1년	1년	2년

출처 : 헤이그규칙, 헤이그-비스비규칙, 함부르크규칙을 재구성함.

5-3 항공운송

1. 항공운송의 개관

(1) 항공운송(Carriage by Air)의 개념

항공운송이란 항공기에 의해 공로(空路)를 통하여 운송되는 승객의 수화물과 우편물을 제외한 항공운송장(airway bill : AWB)에 의해 운송되는 화물만을 운송하는 것을 말한다.

한국은 IMF 이후 외부로부터의 산업구조의 조정에 따라 항공기를 이용한 수출화물운송이 비약적으로 발전하고 있다. IMF 이전의 항공화물이 주로 섬

유류, 잡화류, 생동물류, 가발 등이었다면 IMF 이후에는 부피와 중량이 적은 기계류와 전자제품이 항공화물의 주류를 이루고 있다. 최근에는 전체 항공화물의 30% 이상을 반도체와 전자제품이 차지하고 있다. 항공화물은 해상화물과 비하여 다음과 같은 장점을 가지고 있다.

표 36 항공운송의 특성

구 분	항공화물	해상화물	비 고
신속성	북미・유럽지역 : 2일	북미: 약15일, 유럽: 약3주	
안정성	높음	충격에 의한 손상 / 자기운송에 따른 파손 도난, 원형변질 / 해수에 의한 부식	
경제성	운임이 높음 / 포장비 저렴 / 보험요율 낮고 운임 외 부대비용 없음	운임이 낮음 / 포장비 높음 보험요율 높음 / 부피화물 요금 높음 / 장기운송에 따른 기타 변동비의 추가발생	1 CBM(1m×1m×1m)의 부피화물의 경우 항공 : 167kg- 해상 : 1,000kg

항공운송은 신속성과 정시성을 최고의 서비스로 하고 있으며, 운임면에서 항공운임이 해상운임에 비해 높으나 포장비, 보험료, 창고료 등 직접비와 재고품에 대한 투자자본, 관리비, 손실 등 간접비 및 배달시간, 정시성, 신뢰성 등 보이지 않는 비용을 감안한 종합비용에서 볼 때 해상운송과 경쟁력이 있는 품목도 발생하고 있다.

(2) 항공화물 운송업자

1) 항공화물 운송대리점

항공사 또는 총대리점을 대리하여 항공회사의 운송약관 및 운임률표에 따라 항공화물을 수집하고 항공화물운송장의 발행 및 이에 부수되는 업무를 수행하고 항공회사로부터 그 대가로서 항공운임에 대한 소정의수수료를 받는다. 항공화물운송대리점은 다음 아래와 같은 업무를 처리한다.

① 수출입 항공화물의 유치 및 판매 ② 운송준비 ③ 수출입 통관 수속대행
④ 트럭운송주선 ⑤ 수출입 규정 등 무역업무에 관한 상담

2) 혼재업자(Consolidator ; Air Freight Forwarder)

혼재업자는 개개의 송하인과 운송계약을 체결하고 운송책임을 부담하지만 항공기를 스스로 운항하지 않고 수탁한 화물을 하나의 화물(one-lot)로 모아

서 스스로 송화인이 되어 항공회사에 운송을 위탁한다. 혼재업자는 항공기를 갖고 있지 않지만 자체 설정 화물요율 및 자체운송약관을 적용하고 자체운송장인 'house air waybill'을 발행한다. 즉, 타인의 수요에 응하여 유상으로 자기의 명의로서 항공사의 항공기를 이용하여 화물을 혼재 또는 운송하는 사업자를 의미한다.

혼재업자의 주요 업무는 수출화물일 경우, 화물을 혼적하고 살화물을 팔레트 또는 컨테이너화 하여 단위화물작업을 하며 화물의 출발, 도착 등 화물이동에 대한 추적을 한다. 수입화물일 경우는 통관과 문전서비스, 재수출상품의 제반 서류작성과 운송수단 결정 및 운송의뢰, 국내보세운송, 수화인을 위한 수입통관 주선한다.

항공화물운송업자로는 항공화물운송업자와 혼재업자 외에 상업서류 송달대리점이 있으나 상업서류 송달대리점은 우편법에 위배되지 않는 중량 45kg 이하인 상업서류와 서적, 잡지, 신문 등 정기 간행물과 같이 시장가치가 없는 물품을 취급하므로 본 교재에서는 상업서류 송달대리점에 관한 언급을 생략하기로 한다.

표 37 대리점과 주선업자의 차이

구 분	대 리 점	주 선 업 자
활동영역	FCL화물을 주로 취급	LCL화물은 주선업자에 혼재의뢰, 국내외 LCL화물 취급
운 임	항공사의 운임률표 사용	자체의 운임률표 사용
화주에 대한책임	항공사 책임	주선업자 책임
운송약관	항공사의 약관 사용	주선업자 자체의 약관 사용
수수료	IATA의 5%Commission 및 취급수수료를 받음	수취운임과 지급운임과의 차액을 수익으로 하거나 IATA의 5% Commission을 받음
항공화물 운송장	항공사의 Master Air Waybill 발행	자체의 House Air Waybill발행

참고 : IATA : International Air Transport Association으로 1945년 4월 설립

2. 항공화물 수출입절차

(1) 항공화물 수출절차

① 화물 선적요청 접수 ; 수출자는 전화, FAX, E-MAIL 또는 영업담당자와의 무역 및 운송관련 상담을 통하여 선적을 요청한다.

② 파트너 교신 ; 파트너에 의해 지명된 화물의 선적요청 시 또는 문전배송(door to door service)을 요청하는 경우 파트너에게 선적 여부 및 선적지시서를 확인한 후 선적을 진행 한다.

③ 화물의 집배 지시 및 선적서류 요청 ; 수출자의 화물집배요청 시 항공화물주선업자 및 대리점은 신속한 수령이 이루어지도록 하며, 수출자로부터 상업송장과 포장명세서의 사본 및 원본을 수령한다.

④ 항공사 선정 및 예약 ; 항공기 운항스케줄과 운임을 고려하여 적합한 항공사를 선정하고 항공사가 결정되면 화물의 예상중량에 따라 예약한다.

⑤ 선적관련 스케줄 통보 ; 스케줄이 결정되는 즉시 수출자에게 스케줄을 FAX 또는 E-MAIL로 통보한다.

⑥ 화물 집배(pick-up) ; 배차 담당자는 화물의 집배요청 내용을 확인하고 수출자의 집배요청시간을 지킬 수 있도록 배차를 지시한다.

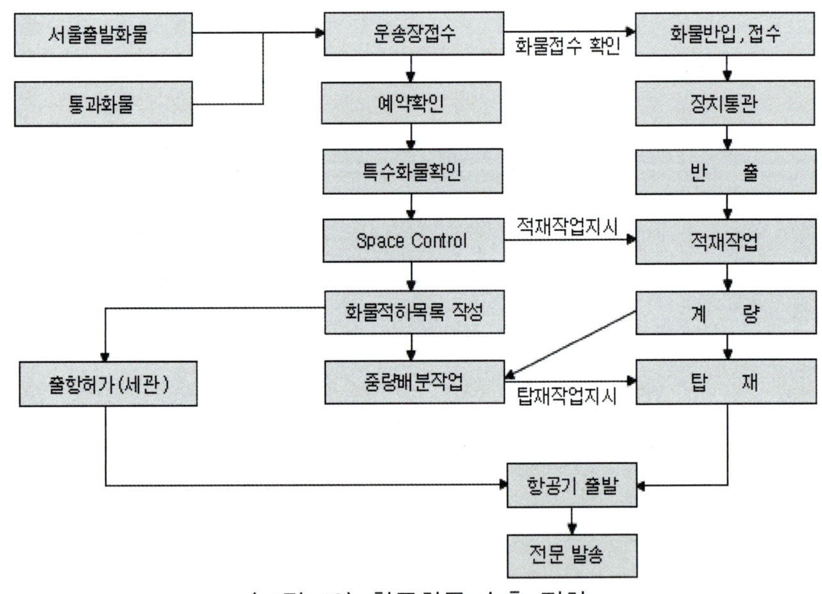

〈그림 40〉 항공화물 수출 절차

▸MasterB/L(Line B/L) ; 일반적으로 직접 화물 운송을 하는 선사에서 발행한 B/L House B/L (Forwarder B/L) ; 포워딩에서 위의 MasterB/L을 근거로 발행하는 B/L 마스터비엘은 상위개념이고 하우스는 그 하위개념임.

⑦ 화물반입 및 인식표(labeling)작업 ; 공항에서 총중량 & 용적중량을 계측하고 해당 화물에 따라 'MAWB', 'HAWB' 인식표를 붙인다. 그러나 항공사에서 발행한다고 무조건 'MAWB'이 아니고 동일한 선적 건에 대하여 포워더가 자체적으로 항공운송장을 발행한 건에 대하여 FORWARDER AWB은 HAWB, 항공사 AWB은 MAWB이라고 편의상 구분하여 부른다.

• 완제품의 장치장 반입 ; 공장에서 생산된 완제품은 트럭에 의하여 화물터미널에 도착하게 되고 화물터미널의 'Truck Dock'을 통해 장치장으로 반입된다.
• 화물의 척량검사 ; 장치장 반입시 (주)한국항공 조업원에 의해 화물의 척량검사를 실시한 후 수출화물 반입계를 발급받는다.
• 장치지정 및 승인 ; 보세구역인 보세장치장에 화물을 반입하기 위해 세관 보세과에 수출화물 반입계를 제출하고 장치지정 및 승인을 받아야 한다.

⑧ 통관의뢰 및 면장발급 ; 수출자는 인천공항세관, 서울세관, 김포세관, 구로세관, 인천세관 등 관할세관에서 면장을 발급 받는다.

• 수출신고 ; 보세구역 내에 화물을 반입한 후 자가통관의 허가를 받지 않은 수출자는 반드시 통관업자(관세사)를 통해서 수출신고를 해야 한다. 이때 준비해야 할 구비서류는 수출신고서, 신용장 사본, 수출승인서, 상업송장, 포장명세서, 검사증 등이다.
• 수출심사 ; 세관 심사과에서는 제출된 수출신고서류를 1차 심사한 후 이상이 없을 경우 감정과로 서류를 이송한다. 이때 심사하는 사항은 다음과 같다.

㉮ 수출승인서, 신용장상의 단가와 정부의 Check Price 비교 ㉯ 정상결제 여부 ㉰ 수출금지품목 여부 ㉱ 신고서 기재사항의 정확성 ㉲ 화물의 기호, 품종, 수량, 계약조건, 목적지 심사

• 화물검사 ; 세관 감정과에서는 서류와 화물을 대조하면서 수량, 규격, 품질 등을 검사하며, 심사과에서는 지정한 검사수량에 대한 전부 또는 일부를 개봉하여 검사한다.
• 수출허가 ; 화물검사결과 이상이 없는 서류는 심사과로 회송되어 2차 심사로 수출면장을 발급해 준다.

⑨ 선적 서류작업 ; 수출자가 작성한 상업송장과 포장명세서에 맞게 MAWB 및 HAWB을 작성한다.

• 운송장 및 화물의 인계 ; 통관절차가 완료된 화물의 운송장은 항공화물 대리점에서 Cargo Delivery Receipt와 함께 해당 항공사에 접수시킨다. 운송장에는 Invoice, Packing List, C/O, 검역증 등 목적지에서의 통관에 필요

한 서류가 첨부된다. 항공회사는 Cargo Delivery Receipt에 접수확인을 기재한 후 한국공항의 검수원에게 전달하여 화물을 인수토록 한다.

⑩ 화물 LOADING 및 선적서류 제출 ; 화물 선적을 위해 작성한 선적서류를 항공사에 제출한다.

⑪ 선적 ; 예정된 스케줄대로 고객의 화물이 항공기에 탑재되어 출발한다.

• 적재작업 ; 항공사는 해당 항공편의 항공기 특성을 고려하여, 사용 ULD 및 적재작업방법 등의 작업지시를 한국항공 담당검수원에게 하달하고, 검수원의 작업지시에 따라 적재작업을 행한다.

⑫ 사후 관리 ; 화물이 정상적으로 선적이 되었는지 선적여부를 확인한다. 선적이 되면 파트너에게 선적통보를 위해 정식으로 발행한 MB/L, HB/L를 FAX 또는 E-MAIL로 사전통지 한다. 수출자의 화물이 미선적(off-load)된 경우, 항공사와 긴밀하게 연락을 취하여 가장 빠른 스케줄로 선적이 될 수 있도록 스케줄을 조정한다.

(2) 항공화물 수입절차

① 무역 및 운송관련 상담 ; 수입자는 전화, FAX, E-MAIL 또는 항공화물운송대리점 및 운송주선업자와 시장동향이나 가격, 통관대행 등에 대한 상담을 한다.

② 선적의뢰 ; 수입자로부터 선적의뢰를 받으면 항공화물운송대리점 및 운송주선업자는 해당지역 파트너와 화물내역을 확인하여 선적가능일자를 확인한다.

③ 화물스케줄 통보 ; 출발, 도착일자, 편명을 확인하여 수입자에게 통보하여, 선적서류를 FAX로 발송한다.

• 전문접수 ; 출발지로부터 항공기 출발 후 해당편 탑재화물 관련전문을 접수하면 화물을 완벽한 상태로 신속히 수하인(수입자)에게 인도하기 위해 항공기 도착 이전에 조업사에 통보하여 필요한 장비 및 시설을 확보하도록 한다. 또한 특수화물에 대해서는 신속히 인도할 수 있도록 수하인에게 사전에 통보한다.

④ EDI 전송 ; KT-NET을 통하여 세관과 항공사로 EDI 전송을 하며, 수입자의 요청에 따라 창고 배정 및 특수화물 분류한다.

⑤ 도착통보 ; 원본 B/L을 접수받으면, 신속하게 창고확인 및 운임내역서를 산출하여 도착통보를 한다.

• 항공기 도착 ; 항공기가 도착하면 항공사 직원이 기내에 탑승, 승무원으로부터 운송장 및 출발지 출항허가, 적하목록 등을 인계받은 다음, 세관 승기실에 적하목록을 제출하여 입항허가를 받는다. 또한 화물은 한국공항 담당자에 의해 하기(下機)된 후 화물터미널로 이동, 한국항공 담당자에게 인계한다.

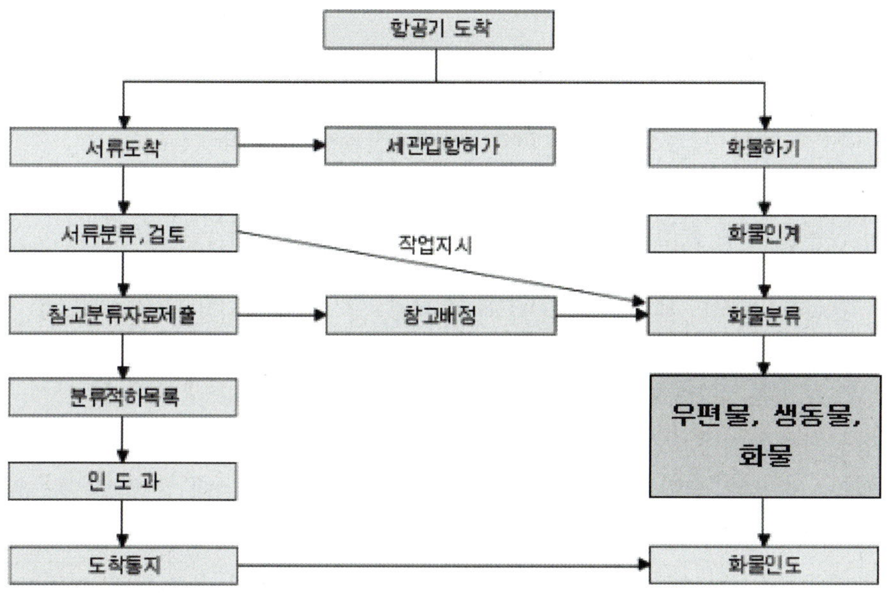

〈그림 41〉 항공화물 수입 절차

• 적재작업 ; 항공사는 해당 항공편의 항공기 특성을 고려하여, 사용 ULD 및 적재작업방법 등의 작업지시를 한국항공 담당검수원에게 하달하고, 검수원의 작업지시에 따라 적재작업을 행한다.

⑥ 서류, 화물운송 및 통관 ; 운송업자는 서류 인도 및 우편발송을 하며, 수입자가 요청할 시에는 통관대행을 제공하여 빠르고 정확한 통관을 진행한다.

• 서류분류 및 검토 ; 서류가 도착하면 항공운송장과 적하목록을 대조하여 수입금지 품목, 안보위해(安保危害)물품 여부를 확인하고, 보냉 · 냉동을 요하는 품목은 한국항공 담당자에게 적절한 작업지시를 한다. 검토완료

된 운송장과 적화목록은 통과화물의 경우 최종목적지 수송을 위해 세관에 이적허가를 신청하고, 한국이 최종 도착지인 도착화물의 경우에는 창고배정 및 보세운송을 위해 세관 보세과로 이송한다.

- 창고분류 및 배정 ; 세관 보세과에서는 보세운송업체 직원이 세관직원의 감독하에 운송장 상의 목적지 또는 화주(수하인)의 요청에 따른 창고배정작업을 한 후 적하목록에 기록한다.

⑦ 사후관리 ; 운송업자는 원활한 통관 및 출고 결과를 검토하여 통보를 하고 수입자에게 안전하게 화물이 배달되기까지 지속적으로 CHECK한다.

- 운송장 인도 ; 해당화물의 수화인에게 운송장을 인계할 때 주민등록증을 확인하며, 또한 착지불화물인 경우에 수화인은 운임 이외에 운송요금의 2%에 해당하는 'Charge Collect Fee'를 지불해야 한다.
- 보세운송 ; 외국물품이 통관되지 않은 상태에서 김포화물터미널 이외의 지역으로 운송될 경우 보세운송허가를 받아야 한다.

3. 항공화물의 운임과 항공화물운송장

(1) 항공화물의 운임

항공화물운임은 IATA(international air transport association ; 국제항공사 운송협회)가 제정한 운임요율표를 국제적으로 사용하고 있는데, 한국도 동 운임요율에 의거 정부의 승인을 받아 사용하고 있다.

국제항공운송협회는 세계를 편의상 3등분 하여 3개의 운송회의 지역(TC : tariff conference)으로 구분한 다음 대다수의 항공사들은 국제항공 운송협회가 정한 운임표와 규정인 "THE AIR CARGO TARRIFF Ⅰ. Ⅱ"에 따라 합의된 운임을 산출한다. 운임 조정회의에 참석하지 않은 가맹 항공사는 국제항공운송협회의 운임협정에 따를 필요가 없다. 회의를 통하지 않고 2국간에 혁신적인 운임의 설정 가능하다.

1) 항공운임 산출결정

보통 항공화물 선적 시에는 운임의 기준이 되는 것이 중량(gross weight)이고 해상화물 선적 시에는 부피(cbm)이다. 그러나 예외적으로 항공운송인 경우에도 실제중량(net-weight)보다 부피가 많이 나가는 경우에는 용적중량(volume weight)에 의해 운임을 산출한다.

가. 실제중량에 의한 방법

- kg, lb 모두 0.1단위까지 측정
- 소수점이 있는 경우 ; 실중량이 0.5kg 미만이면 0.5kg으로 산출하고 0.6kg 이상 1kg 미만은 1kg으로 계산한다. lb는 소숫점 이하를 절상하여 산출한다.

나. 용적중량에 의한 방법

i) 계산전에 각 단위 치수를 사사오입하여 정수로 만든 후 가로 × 세로 × 높이의 방식으로 계산

ii) 직육면체나 정육면체가 아닌 경우에는 최대가로 × 최대세로 × 최대높이로 계산 iii)부피를 운임부과 중량으로 환산하는 기준 (1kg = 6,000㎥ / 1lb + 166세제곱인치) [예 ; 가로 - 세로-높이가 70cm일 경우, 70 × 70 × 70/6000 또는 CBM*167]

다. 저운임의 적용에 의한 방법

높은 중량 단계에서 낮은 중량을 적용하여 운임이 낮아지면 이를 운임으로 적용한다.

2) 운임의 종류

가. 종가운임 : 화물운송 중 사고발생 시 항공사의 최대배상 한도액은 kg당 US달러 20불이나 이를 초과하는 금액을 항공사로부터 배상받고자 할 경우, 수출자는 운송장에 그 화물의 가격을 신고하고 종가요금을 지불한 경우에 KG당 20달러를 초과하는 실손해액을 배상받을 수 있는 운임을 말한다.

- 신고조건 ; -1건을 구성하는 화물의 일부만을 가격신고하고 나머지를 제외할 수 없음, - 중량운임과 함께 선불이나 착지불로 지불, -송화인은 반드시 그 화물의 가격을 신고, -신고가격은 "DECLARED VALUE FOR CARGO"란에 기재

나. 단위 탑재 요금 : 항공사가 송화인 또는 대리점에서 컨테이너 또는 팔레트 단위로 판매시 적용되는 요금으로 국제항공 운송협회에서 규정한 단위 탑재용기의 형태에 따라 상이한 운임을 적용한다.

- 단위 탑재 용기의 단위운임 ; -기본운임과 초과 중량요율로 구성 -각 형태마다 기본운임으로 운송할 수 있는 최고한도 중량을 설정

다. 기타 요금

- 입체 지불 수수료(disbursement fee) ; 송화인의 요청에 따라 항공사, 수화인 또는 그 대리인이 선불한 비용을 수화인으로부터 징수하는 금액으로

입체 지불금에 일정요율을 곱하여 산출한다.

- 위험품 취급 수수료(dangerous collect charge) ; 위험품 규정집에 위험품으로 명시된 품목에 대하여 부과되는 취급 수수료
- 착지불 수수료(charges collect charges) ; 운송장상 운임과 종가운임을 수화인이 납부하도록 기재된 화물에 대하여 운임과 종가운임을 합한 금액의 일정률에 대하여 수수료로 징수하는 금액으로서, 통화에 대한 환차손 및 송금업무를 위해서 부과되며 운송료의 2%이며 최저요금은 건당 US10달러임

3) 항공화물 운임요율

가. 일반화물요율(general cargo rate ; GCR) : 이 요율은 특정품목할인요율(specific commodity rate) 또는 품목분류요율(class rate)이 적용되지 않는 모든 화물에 적용되는 가장 기본적인 요율이다. 일반화물요율에는 최저운임(minimum charge)인 45kg 미만 요율, 45kg 이상 요율, 100kg 이상 요율, 300kg 이상 요율 등으로 설정되어 있으며 대체로 중량이 많으면 많을수록 더 싼 요율이 적용된다.

- 최저운임(minimum charge) ; 화물운송에 적용되는 운임 중 가장 저렴한 운임이며 중량운임이나 부피운임이 최저운임보다 낮은 경우에 적용
- 기본요율(normal rate) ; 모든 화물요율의 기본이 되는 것으로 45kg 미만의 화물에 적용되는 요율
- 중량 단계별 할인요율(chargable weight) ; 일정 단계에 따라 다른 요율이 적용되는 화물요율에 있어 중량이 높아짐에 따라 KG당 요율을 낮게 적용하는 요율

나. 특정품목할인요율(specific class rate ; SCR) : 이 요율은 특정구간에서 동일품목이 계속적으로 반복운송되는 품목에 대하여 일반품목보다 요율을 낮춤으로써 항공운송이용을 촉진하고 확대시키는데 그 목적이 있다.

다. 품목분류요율(commodity classification rate ; CCR) : 화물의 특성, 가격 등을 고려하여 몇 가지 특정 품목, 특정 지역 간에만 적용된다. 할인요율을 적용받는 것은 비동반 수화물, 신문, 잡지 등이 있고 할증요율을 적용받는 것은 귀중화물, 생동물, 시체, 자동차 등이 있다.

라. 팰릿・컨테이너운임(bulk unitization charge ; BUC) : 팰릿 또는 컨테이너에 적입된 상태로 송화인이 항공사에 반입한 후 그대로 수화인에게 인도되는 화물에 적용하는 운임이다.

(2) 항공화물운송장(Air Waybill ; AWB)

항공회사가 화물을 항공기로 운송할 때 발행하는 화물수취증을 말하고, 항공운송장 또는 항공화물수취증이라고도 한다. 미국 및 유럽 등에서는 'consignment note' 또는 'air consignment note'라고 부른다.

항공화물운송장은 송하인과 운송인 사이에 항공화물의 운송계약이 체결되었다는 것을 나타내고 또한 송하인으로부터 항공화물을 운송하기 위하여 수령하였다는 증거서류가 된다. 항공화물운송장의 양식은 IATA에서 그 양식과 발행양식을 규정하고 있으며, IATA결의 600호에 발행방식, 운송장 계약조항, 화물의 수탁, 매뉴얼, 항공화물운송장, EDI항공화물운송장 등이 규정되어 있다. 현재는 1968년에 IATA에서 제정한 신양식을 사용하고 있다.

▸항공화물운송장 종류
① MASTER AWB : 항공사가 혼재화물에 대하여 발행하는 운송장
② HOUSE AWB : 항공화물 운송 주선업자가 혼재화물을 구성하는 개개의 화물에 대하여 발행하는 운송장

1) 항공화물운송장과 선화증권의 차이점 비교

항공화물 운송장(Air Waybill)	선화증권(Bill of Lading)
• 유가증권이 아닌 단순한 화물운송장 • 비유통성(Non-Negotiable) • 기 명 식 • 수취식(화물은 창고에서 수취하고 AWB발행) • 수려증권(受戾證券)이 아님 • 송하인이 작성	• 유가증권 • 유통성(Negotiable) • 지시식(무기명식) • 선적식(shipped:화물은 본선에 적재 후 B/L발행) • 수려증권 • 선박회사가 작성

2) 항공화물 운송장의 작성요령

① Airport of Departure : 출발지 도시 또는 공항의 3-Letter Code 기입한다.

② Shipper's Name and Address : 송하인의 성명, 주소, 도시, 국명이 기입되며 전화번호가 있을 경우 같이 기입해 두는 것이 좋다.

③ Shipper's Account Number : AWB 발행 항공사의 임의로 사용된다.

▸세계 도시의 3-Letter Code

▸취급 시 주의 사항(Handling Information) : 특별 취급요령이나 취급시 기타 주의 사항이 있을 경우 이 란에 기재하여야 하며 내용은 다음과 같다.
수하주 이외에 도착내용을 통지해야 할 사람이 있는 경우
운송의뢰서에 첨부되어야 할 제반서류- 'Fragile' 'This side up' 등 취급주의 사항이나 생물 또는 부패성화물일 경우 화물의 품명

동경	NRT	오사카	KIX	나고야	NGO	북경	BJS	대련	DLC
후쿠오카	FUK	아오모리	AOJ	히로시마	HIJ	광쩌우	CAN	청도	TAC
후쿠시마	FKS	가고시마	KOJ	고마쯔	KMQ	상해	SHA	천진	TSN
마쓰야마	MYJ	니이가타	KIJ	오이타	OIT	연대	YNT	홍콩	HKG
오카야마	OKJ	삿포로	SPK	센다이	SDJ	하얼빈	HRB	타이페이	TPE
다카마쓰	TAK	도야마	TOY	장춘	CGQ	심양	SHE	뉴델리	DEL
알미티	ALA	하바로프스크	KHV	크라스노야르크	KJA	모스크바	SVO	타쉬켄트	TAS
블라디보스톡	VVO	사할린	UUS	로스엔젤레스	LAX	뉴어크	EWR	샌프란시스코	SFO
시카고	ORD	시애틀	SEA	호놀룰루	HNL	엥커리지	ANC	아틀랜타	ATL
보스턴	BOS	댈러스	DFW	덴버	DEN	라스베가스	LAS	올랜도	ORL
워싱턴	IAD	상파울로	GRU	토론토	YYZ	밴쿠버	YVR	오클랜드	AKL
브리스베인	BNE	크라이스처치	CHE	시드니	SYD	암스테르담	AMS	프랑크프루크	FRA
괌	GUM	사이판	SPN	로마	FCO	쥬리히			

• AIRWAYBILL NO. : 항공화물 운송장 번호는 상단좌우와 하단우측에 명기되며, IATA CARRIER 3 DIGIT CODE와 7단위의 일련번호 그리고 7진법에 의한 체크 디지트 등 11단위로 표시

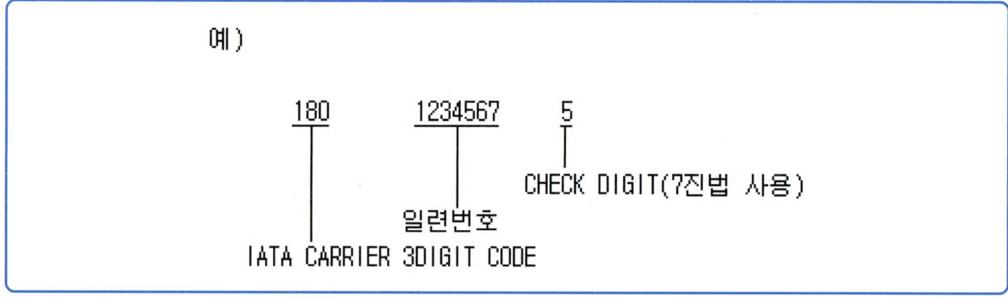

④ Consignee's Name and Address : 수하인의 성명, 주소, 도시, 국명, 전화번호 등을 기입한다. 어떠한 이유로 실제 수하인을 대신하여 은행이나 화물대리점이 수하인이 될 경우 실수하인은 Handling Information란에 기재되어야 한다. 이때 화물 인도항공사는 은행이나 대리점을 유일한 수하인으로 간주하며 본란에 명시된 수하인으로 부터의 지시가 없이는 타인에게 인도하지 않는다.(신용장방식거래에서 Consignee를 신용장개

설 은행으로 기재하도록 한 경우 나중에 개설은행은 AWB Original 2(for Consignee)에 이서하고 화물인도승낙서를 발급하여 신용장 개설의뢰인(수입상)에게 화물의 수취를 위임하게 됨)만약, 송하인이 특정의 개인이나 회사에게도 도착사실을 통보해 줄 것을 요청하면 그 주소를Handling Information란에 기입하여야 한다.('also notify'라는 말로 표현) AWB은 비양도성이기 때문에 'to order' 또는 'to order of the Shipper'라고 표현해서는 안 된다.수하인이 화물인수의 편의를 위해 인도항공사나 호텔 또는 유사한 임시거처를 주소지로 할 경우 수하인 또는 그 친척의 집 주소를 Handling Information란에 '인도불가시의 연락처'(In case of inability to deliver to consignee contract :)라는 표시와 함께 기입해야 한다.

⑤ Consignee's Account Number : 고객 분류를 위한 부호를 기입하며, 인도항공사의 임의로 사용한다.

⑥ Issuing Carrier's Agent Name and City : AWB 발행 화물대리점의 이름 및 도시명을 기입한다.

⑦ Agent's IATA Code : 대리점의 IATA Code를 기재한다.

⑧ Account Number : AWB 발행 항공사의 임의로 사용한다.

⑨ Airport of Departure(Address of First Carrier) and Requested Routing : 출발지 공항과 운송구간을 기재한다. 3-Letter City Code의 사용도 가능하다.

⑩ Accounting Information : 특별히 회계처리에 관한 내용을 기록한다. 운송료 지불방법(현금, 수표, MCO)이나 GBL번호, 기타 필요한 내용을 기록한다.

⑪ Routing and Destination : 예약에 의한 첫 구간의 도착지와 수송 항공사명을 기입한다. 이때 항공사명은 Full Name을 적도록 한다. 최종목적지까지 2개 이상의 항공사가 수송에 개입할 경우 각 경유지와 해당구간을 수송하는 항공사명을 Code로 기입한다. 한 도시에 2개 이상의 공항이 있을 경우는 도착지 공항의 3-Letter Code를 기입한다.

⑫ Currency : AWB 발행국 화폐단위 Code를 기입하며 AWB에 나타난 모든 금액은 본란에 표시되는 화폐단위와 일치하는 것이어야 한다.(단, 'Collect Charges in Destination Currency'란에 표시되는 금액은 제외) 자국 화폐단위 대신 UKL 또는 USD를 현지통화로 간주하는 나라에서는 본란에 UKL 또는 USD를 표시해야 한다.

⑬ Charge Code : 항공사의 임의로 사용된다.

▸ ⑯운송신고가격(Declared Value for Carriage) : 송화주는 이 난에 화물의 가격 또는 NVD(No Value Declared)를 꼭 기입하여야 한다.
세관신고가격(Declared Value for Customs) : 이 난에 신고된 금액에 대해 관세가 부과된다. 수입국의 규정에 이 난의 기입이 의무적이 아닐 경우에는 NCV(No Customs Value Declared)로 기재하여도 무방하다.
보험(Insurance) : 송하주가 수송하고자 하는 화물에 대해 보험에 부보하고자 하는 경우 원하는 액수를 이 난에 기입한다.

⑭ Weight/Valuation, Charge-Prepaid/Collect : 화물운임의 지불방식에 따라 선불(PPD) 또는 착지불(COLL)란에 '×'자로 표시한다. 화물운임과 종가요금은 둘 다 모두 선불 또는 착지불이어야 하며 화물운임은 선불, 종가요금은 착지불 등의 형태는 불가능하다.

⑮ Other Charges at Origin-Prepaid/Collect : 화물운임과 종가요금을 제외한 출발지에서 발생된 기타요금을 지불방식에 따라 선불 또는 착지불란에 '×'자로 표시한다. 출발지에서 발생한 모든 기타 요금은 전부 선불이거나 전부 착지불이어야 한다.

⑯ Declared Value for Carriage : 송하인의 운송신고가격을 본란에 기재한다. 화물의 분실이나 파손인 경우 동 금액은 손해배상의 기준이 되며 종가요금 산정도 동 금액을 기준으로 계산된다. 가격신고 방법은 일정한 금액을 신고하는 것과 무가격신고(No Value Declared, NVD로 표시함)의 2가지 방법 중 화주가 임의로 선택할 수 있다.

⑰ Declared Value for Customs : 세관통관 목적을 위해 송하인의 세관신고가격을 기록한다. NCV(No Customs Value)도 가능하다.

⑱ Airport of Destination : 최종 목적지인 공항이나 도시명을 Full Name으로 기록한다.

⑲ Flight/Date : 하주가 요청한 예약편을 기입하는 것이 아니고 항공사 임의로 사용된다. 그러나 본란에 기입된 것이 확정된 것임을 의미하지는 않는다.

⑳ Amount of Insurance : 하주가 보험에 부보하고자 하는 보험금액을 기록한다. 보험에 부보하는 금액은 대체로 운송신고가격과 일치하며 보험에 부보하지 않을 때는 공백으로 남겨둔다.

㉑ Handling Information : AWB의 다른 란에 표시할 수 없는 각종 사항을 나타내기 위해 사용된다. 충분한 여백이 없을 때는 별도 용지의 사용이 가능하다. 본란에 기입되는 사항은 대략 다음과 같다.

> ① 화물의 포장방법 및 포장표면에 나타난 식별부호, 번호 ② 수하인 외에 화물도착 통보를 할 필요가 있는 사람의 주소, 성명 ③ AWB가 함께 동반되는 서류명 ④ Non- Delivery로 인한 화물의 경우 최초의 AWB 번호를 기입－기타 화물운송과 관련된 제반 지시 또는 참고사항

㉒ Consignment Details and Rating : 화물요금에 관련된 세부사항을 기록한다. 본란에 기록되는 세부사항은 다음과 같다.

▶ 다음의 화물에 대해서는 착지불이 금지되어 있다.
수하주와 송하주가 동일인인 경우
수하주가 죄수 혹은 자유가 제한된 자인 경우
주소가 도착지공항 Terminal 혹은 Hotel,또는 기타 유동적인 상태인 경우
그 화물을 판매하였을 때 화물의 가격이 운임보다 싼 경우
도착지 국가의 통화규정에 수화주로부터 운임지불을 허용하지 않는 경우
최후 인도 항공사가 착지불화물 취급을 동의하지 않는 경우
착지불화물로 접수 불가한 품목 : 시체(Human Remains), 생동물(Live Animals), 부패성화물(Perishables), 개인용품 또는 사용된 이사짐

M	Minum Charge	N	Normal under 45kg(1001b) rate	Q	Quantity over 45kg(1001b) rate
C	Specific Commodity Rate	R	Class Rate(less than normal rate)	S	Class Rate(more than normal rate)
U	Pivot weight and applicable pivot weight charge	E	Weight in excess of pivot weight and applicable rate	X	Unit Load Device(as an additional line entry with one of the above)
P	Small Package Service	Y	Unit Load Device Discount		

i) Number of Pieces : 화물의 개수를 기입하며 총 개수는 아래 합계란에 표시한다.

ii) RCP(Rate Combination) : 요율결합지점을 표시해 줄 필요가 있을 경우 해당도시 3-Letter Code를 기입한다.

iii) Actual Gross Weight : 화물의 실제무게를 기입하며 합계중량은 아랫 부분에 표시한다. BUC를 적용했을 경우는 사용된 ULD의 자중을 화물무게 아래에 적어둔다.

iv) kg/lb : 무게단위를 기입한다.(Kilogram : K, Pound : L로 표시)

v) Rate Class : 화물요율에 따라 아래 Code중 사용된다.

vi) Commodity Item Number ; ① SCR이 적용될 경우 품목번호 기재 ② CCR이 적용될 경우 해당 Percentage 표시 - BUC를 적용했을 경우 ULD의 Rating Type을 표시

vii) Chargeable Weight ; ① 화물의 실제중량과 부피중량 중 높은 쪽의 중량을 기입한다. 이때 소숫점이 있을 경우 이를 처리하여야 한다. ② 최저운임(Minimum Charges)이 적용될 경우, 기재할 필요가 없다. ③ BUC를 적용했을 경우에는 해당 ULD의 운임적용 최저중량을 기입한다.

viii) Rate/Charge : ① kg당 또는 lb당 적용요율을 기입한다. ② 최저운임 적용시는 최저운임 기입 ③ BUC 적용 시 해당 ULD의 최저적용운임(Pivot Charge) 기입 ④ 하주소유 ULD에 대한 ULD 할인금액 기입 ⑤ Over Pivot Rate 기입

ix) Total : 운임적용중량((22)-vii)×요율((22)-viii) 금액을 기입한다. 서로 다른 요율이 적용되는 품목이 둘 이상의 경우의 총합계 금액은 아랫 부분의 빈칸에 기입한다.

x) Nature and Quantity of Goods(include dimensions or volume) ; ① 화물의 품목을 기입한다. 필요시에는 상품의 원산국을 기입하기도 한다. ② 부피중량이 적용되는 화물포장의 칫수를 최대가로×최대세로×최대높이의 순으로 표시한다. ③ BUC 적용 시 사용된 ULD의 IATA Code를 기입한다. ④ 본란의 여백이 부족할 경우 'Extension List'를 사용할 수 있다.

㉓ Weight Charge(Prepaid/Collect) : 운임지불방법에 따라 선불 또는 착지불란에 해당화물의 운임을 기입한다.

㉔ Valuation Charge(Prepaid/Collect) : 하주의 신고가격에 따라 부과되는 종가금액을 지불방법에 따라 선불 또는 착지불란에 기입한다. 화물운임과 종가요금은 양자 모두가 선불이거나 또는 착지불이어야 한다. 즉, 운임선불, 종가요금은 착지불 또는 그 반대의 경우 등은 인정되지 않는다.

㉕ Other Charge : 화물운임 및 종가요금을 제외한 기타비용의 명세 및 금액을 기입한다. 명세를 표시하기 위해서는 아래의 Code가 사용된다.

▸ULD: unit load device

AC	Animal Container	PU	Pick Up
AS	Assembly Service Fee	SO	Storage
AW	Air Waybill Fee	SU	Surface Charge
CH	Clearance and Handling	TR	Transit
DB	Disbursement Fee	TX	Taxes
IN	Insurance Premium	UH	ULD Handing
MO	Miscellaneous		

Shipper's Name and Address	Shipper's Account Number	Not negotiable Air Waybill *issued by* KOREAN AIR
		Copies 1, 2 and 3 of this Air Waybil are originals and have the same validity.
Consignee's Name and Address	Consignee's Account Number	It is agreed that the goods described herein are accepted in apparent good order and condition(except as noted) for carrlage SUBJECT TO THE CONDITIONS OF CONTRACT ON THE REVERSE HEREOF. THE SHIPPER'S ATTENTION IS DRAWN TO THE NOTICE CONCERNING CARRIER'S LIMITATION OF LIABILITY. Shipper may increase such limitation of liability by declaring a higher value for carriage and paying a supplemental charge if required.
Telephone :		
Issuing Carrier's Agent Name and City		Accounting Information
Agent's IATA Code	Account No.	
Airport of Departure(Addr. of First Carrier) and Requested Routing		

TO	By First Carrier	Routing and Destination	to	by	to	by	Currency	CHGS Code	WT/VAL PPD	WT/VAL COLL	Other PPD	Other COLL	Declared Value for Carriage	Declared Value for Customs

Airport of Destination	Flight/Date	For Carrier Use Only	Flight/Date	Amount of Insurance	INSURANCE-If Carrier offers Insurance, and such insurance is requested in accordance with conditions on reverse hereof, indicate amount to be insured in figures in box marked 'amount of Insurance'.

Handling Information

No. of Pieces RCP	Gross Weight	kg lb	Rate Class / Commodity item No.	Chargeable Weight	Rate / Charge	Total	Nature and Quantity of Goods (incl. Dimensions or Volume)

Prepaid	Weight Charge	Collect	Other Charges
	Valuation Charge		
	Tax		
	Total Other Charges Due Agent		Shipper certifies that the particulars on the face hereof are correct and that insofar as any part of the consignment contalns dangerous goods, such part is properly described by name and is in proper condition for carriage by air according to the applicable Dangerous Goods Regulations.
	Total Other Charges Due Carrier		Signature of Shipper or his Agent
Total Prepaid		Total Collect	
Currency Conversion Rates		CC Charges In Dest. Currency	Executed on(date) at(place) Signature of Issuing Carrier or its Agent
For Carrier's Use Only at Destination		Charges at Destination	Total Collect Charges

ORIGINAL 3(FOR SHIPPER)

상기 Code는 금액 앞에 표시해야 하며 상기 제비용들의 귀속여부를 확실히 하기 위해 항공사 몫일 경우 C, 대리점 몫일 경우 A로 표시한다. 이때 'A' 또는 'C'의 표시는 비용 Code와 금액 사이에 기재한다.(예-PU 'C' : 35.00)

㉖ Total Other Charge : 출발지에서 발생하여 ㉕란에 표시된 제비용은 모두가 선불이거나 또는 착지불이어야 한다. i) Total Other Charges Due Agent (Prepaid/Collect) : AWB 발행 수수료가 대리점 몫일 경우 이 내용이 기입되어야 한다. 기타 출발지에서 징수되는(선불) '대리점 몫'의 제비용은 기입할 필요가 없으며, ㉕란에 표시되는 '대리점 몫'의 비용 중 착지불 금액만 표시한다. ii) Total Other Charge Due Carrier(Prepaid/Collect) : 운임이나 종가요금을 제외하고 ㉕란에 표시되는 비용 중 '항공사 몫'에 해당하는 비용을 선불 또는 착지불란에 기재한다.

㉗ Total Prepaid : 운임, 종가요금, 기타 제비용(항공사 몫, 대리점 몫 포함) 중 선불란에 표시된 금액의 합계를 기입한다.

3) 항공운송장 발행

① 항공화물 운송장은 화주가 작성한 화물운송지시서, 신용장, 상업송장, 포장명세서 등에 따라 화물 전량을 인수한 후 항공사나 항공사의 위임을 받은 대리점에 의하여 발행, ② 운송장의 내용은 근거 서류의 내용과 일치, ③ 운송장은 원본 3통, 부본 6통 등으로 구성되는 것이 원칙이나 항공사의 필요에 따라 부본을 5장까지 추가할 수 있으며, 식별을 용이하게 하기 위하여 색종이를 사용하고 있다.[27)]

4. 항공운송관련 국제법 및 국제기구

IATA는 항공운송의 조건(운임 · 운송규칙)을 규정하고 항공화물운송장(AWB)의 양식 및 발행방법 등을 정한다. IATA가 제정한 운송계약약관은 바르샤바조약의 범위 내에서 제정한 것이고 이 중 운송인의 책임과 관련된 조항은 항공화물운송장의 이면약관에 구체적으로 명시하고 있다. IATA AWB 이면약관의 해석은 다음과 같다. 「운송인의 책임제한에 관한 공지사항」이라는 표제(Title) 하에 운송의 최종 목적지가 외국이거나 외국을 경유할 경우에는 바르샤바조약이 적용된다. 한편 송하인이 미리 고가의 화물을 신고하고 추가운임을 지불한 경우를 제외하고는, 동조약에 따라 모든 화물의 멸실, 손상,

지연에 대해 운송인의 변상책임은 kg당 250FGF (french gold franc)로 제한된다. Kg당 책임한도액 250FGF는 금값이 1 온스 당 미화 42.22(US$)일 때를 기준하여 kg당 약 US$20에 해당된다.

1) 국제법

가. 바르샤바조약(Warsaw Convention)

Convention for the Unification of Certain Rules Relating to International Carriage by Air, 1929은 1929년 제정된 국제항공 운송인의 민사책임에 관한 통일법이다. 항공기사고로 인한 여객과 화물에 미친 손해배상범위와 책임한도를 설정하여 각국 법의 충돌을 방지하고 국제항공 운송인의 책임을 일정 한도로 제한하여 국제 민간항공 운송업을 발전시키기 위한 조약으로 운송인과 여객 또는 화주의 이익을 조정하는 공평의 원칙을 견제하는 것이 목적이다.

나. 헤이그 의정서(Hague Protocol)

Protocol to Amend the Convention for the Unification of Certain Rules Relating to International Carriage by Air Signed at Warsaw on 12 October 1929는 Warsaw 조약 체결 후 25년이 지나는 동안 항공기술 등의 발달로 안전도도 많이 향상되어 원계약의 목적 중 하나인 항공산업을 보호하여야 할 필요성이 크게 감소하자 운송인의 책임한도액을 현실화시킬 목적으로 1955년9월8일 서명하여 1963년 8월1일부터 발효되었다.

다. 과다라하라 협약(Guadalajara Convention)

운송인의 종류는 계약운송인과 실제운송인으로 구분되며, 실제 운송인이 운송을 담당한 경우 누구에게 협약을 적용하는가에 대해 법체계에 따라 해석을 달리함에 따라 이를 통일하기 위해 1961년 채택하였다.

라. 몬트리올 협정(Montreal Additional Protocol)

정식 명칭은 'Convention for the Unification of Certain Rules for International Carriage by Air Done at Montreal on 28 May 1999'이다. 국제항공운송조약들의 잦은 개정으로 그 내용들이 복잡해지자 각국의 차이를 통일하기 위하여 국제민간항공기구는 바르샤바조약과 개정조약에서의 여객에 대한 책임한도 문제에 관한 특별회의를 구성하여 국제항공운송협회와 미국 정부와의 협의로 1966년 제정하였다. 그 후, 1999년 5월 28일에 몬트리올협약을 성립시켜 2003년 11월 4일부터 몬트리올협약이 발효되고 있다. 그동안 한국은 "1955년 헤이

그 의정서에 의하여 개정된 바르샤바 조약"에 가입하였으므로 국제항공운송 관련 모든 분쟁들에 대하여 법원은 이와 같이 "개정된 바르샤바 조약"에 의하여 해결하여 왔다(대법원 1986. 7. 22. 선고 82다카1372판결 등에서 확립된 원칙).

그러나 지난 2007. 9. 20. 국회 본회의에서 몬트리올협약가입동의안이 가결되어, 조만간 정부는 가입비준서를 기탁할 것으로 보이고, 비준서기탁후 60일 후에 발효되도록 한 협약규정에 따라 늦어도 내년 초에는 동 협약은 국내법으로서의 효력을 갖게 될 것이다. 몬트리올 협약도 기본적으로는 바르샤바체제에 속한다고 볼 수 있다. 그러나 동협약은 바르샤바협약의 중요한 내용이라고 할 수 있는 여객의 부상 · 사망에 대한 책임제한을 폐지하고, 새로운 관할의 기준으로 여객의 주거지를 추가로 인정하는 등 상당한 변화를 담고 있다.

표 38 항공운송인의 책임한도 비교

<table>
<tr><th colspan="3">구 분</th><th>바르샤바조약</th><th>헤이그의정서
(개정 바르샤바조약)</th><th>몬트리올 협정</th></tr>
<tr><td colspan="3">서명일자</td><td>1929.10.12</td><td>1955.9.8</td><td>1966.5.16</td></tr>
<tr><td colspan="3">발효일자</td><td>1933.2.13</td><td>1963.8.1</td><td>1966.5.16</td></tr>
<tr><td rowspan="4">책임한도액</td><td colspan="2">여객</td><td>1인 당
USD 10,000,00</td><td>1인 당
USD 20,000,00</td><td>1인당 USD75,000,00(소송비 포함)/1인당 USD58,000,00 (소송비용 불포함)</td></tr>
<tr><td colspan="2">위탁수화물</td><td>kg 당 USD20.00</td><td rowspan="3">바르샤바조약과 동일</td><td rowspan="3">바르샤바조약과 동일</td></tr>
<tr><td colspan="2">휴대수화물</td><td>1인 당 USD400.00</td></tr>
<tr><td colspan="2">화물</td><td>kg 당 USD20.00</td></tr>
<tr><td rowspan="4">청구기한</td><td rowspan="2">훼손</td><td>여객</td><td>수취일 후 3일 이내</td><td>수취일 후 7일 이내</td><td rowspan="4">헤이그 의정서와 동일</td></tr>
<tr><td>위탁
수화물</td><td>수취일 후 7일 이내</td><td>수취일 후 14일이내</td></tr>
<tr><td rowspan="2">지연</td><td>휴대
수화물</td><td>처분 가능일</td><td>처분 가능일</td></tr>
<tr><td>화물</td><td>14일</td><td>21일</td></tr>
</table>

자료: 바르샤바조약, 헤이그의정서, 몬트리올협정 재구성함.

마. 과테말라 의정서(Guaremala Protocol)

1965년 초안이 작성되었으나 아직 미발효된 상태이다. 국제민간항공기구 총회에서 협약상 책임한도액 개정의 필요성이 제기되어 법률 위원회가 개정 협약 초안을 작성하였다.

2) 국제기구

가. 국제항공운송협회(IATA : International air transport association)

1945년 설립된 순수 민간단체, 본부는 몬트리올 및 제네바에서 설립되었다. 국제운송협회의 주요 업무는 세계인의 편의를 위해 안전하고 정기적이며 경제적인 항공 운송업의 발달과 항공교역의 육성 및 관련 운송장의 문제점 해결하고 국제민간 항공운송에 직·간접으로 관계되는 항공운송 기업간의 협력수단 제공하며 국제민간항공기구 및 기타 국제기구와의 협력한다.

나. 국제민간항공기구(ICAO : International civil aviation organization)

1947년 발족된 UN 전문기관으로 주요업무는 국제민간항공의 발전을 목표로 항공기, 공항 및 항공 보안시설의 권장하고 불필요한 경쟁으로부터 경제적 소비를 방지하며 체약국의 국제 항공기 육성에 공정한 기회부여를 주된 업무로 하고 있다.

다. 국제주선인 협회(FIATA : international federation of freight forwarders association)

1926년 국가별 대리점 협회나 개별 대리점으로 구성되었다. 주요 업무는 항공대리점업의 이익을 국제적으로 보호하고 대리점 조직과 연관 업체들의 협조관계 유지하는 일이다.

구 분	WARSAW 조약 (1929서명, 1933발효)	헤이그 의정서 (1955서명, 1963발효)
적용 범위	항공기에 의한 여객, 수하물, 또는 화물의 모든 국제운송에 적용됨	좌측과 동일함
책임 원칙	거증책임이 전환된 과실책임주의	좌측과 동일함
면책 사유	• 운송인 및 사용인은 손해를 방지하는데 필요한 모든 조치를 취하였다는 것 또는 그 조치를 취하는 것이 불가능하였다는 것을 증명하였을 때는 책임을 부담하지 않음. • 운송인은 손해가 조종항공기의 취급 또는 항행에 관한 과실에서 발생한 것을 증명하였을 때는 책임을 부담하지 않음. • 청구자측의 과실	• 원칙적으로 좌측과 동일함. 다만, 손해가 조종, 항공기의 취급 또는 항행에 관한 운송인의 과실에서 발생한 경우의 면책규정은 삭제되었음.

배상 금액 및 책임 제한	• 운송인의 책임은 1kg에 대해 250 Poincare Franc을 한도로 한다(IATA에 의해 U$20로 환산). 다만 송화인이 운송인에게 화물을 교부할 때 인도시의 가액을 초과하는 것을 증명하지 않는 한 이 신고된 가액을 한도로 책임을 부담	좌측과 동일
손해 통지 기한	멸실. 손상이 있는 경우, 화물의 수취일로부터 7일 이내에, 연착의 경우는 14일 이내에 이의를 신청하여야 함. 다만 운송인에게 사기가 있는 경우에는 그러하지 아니함.	• 멸실, 손상이 있는 경우에는 화물의 수취일로부터 14일 이내에, 연착의 경우에는 송화인이 화물을 처분할 수 있었던 날로부터 21일 이내에 운송에 대하여 이의를 재기하여야 함.
소송 제기 기한	• 책임에 관한 소송도 도착예정일 또는 운송중지일로부터 기산하여 2년이 내에 제기하여야 함.	좌측과 동일
책임 제한 불인정 사유	• 손해가 운송인, 또는 그 사용인의 고의 또는 고의에 상당한다고 인정되는 과실로 발생하였을 때는 운송인의 책임은 제한되지 않음.	• 좌측과 동일함. 다만, 고의적 악행에 대해서는 '손해를 발생시키려는 의도를 가지고 또는 무모하게 또는 손해가 발생할 우려가 있다는 것을 인식하면서 행한 작위 또는 부작위'로 정의되었음.

자료 : 바르샤바조약, 헤이그의정서 내용 재구성함.

표 39 운송인의 책임제한 내용의 비교

구 분	국제조약	내 용
해상화물	Hague Rules	포장단위당 GBP100
	Hague-Visby Rules	포장단위당 SDR666.67 또는 Kg당 SDR2.0 총액 가운데 높은 액수
	Hamburgu Rules	포장단위당 SDR835 또는 Kg당 SDR2.5 총액 가운데 높은 액수
	한국 상법	포장단위 당 SDR 666.66
	US COGSA	포장단위 당 SDR 500
	CANADA COGWA	포장단위 당 C$500
	일본 상법	헤이그비스비규칙 적용
항공화물	WARSAW Convention	Kg 당 USD 20.00
주요 운송인의 선화증권 상의 책임제한 내용		
주요 해운회사	헤이그규칙과 헤이그비스비규칙을 근간으로 하나 양하항의 국내법과 비교하여 높은 금액을 주로 채택함	
주요 항공회사	모두 KG 당 USD 20	

자료 : 운송인의 책임제한 내용 재구성함.

5-4 복합운송

1. 복합운송(Multimodal Transport)의 개관

(1) 복합운송의 개념

복합운송의 "복합"이라는 용어는 'multimodal', 'combined', 'intermodal' 등 여러 가지 표현으로 사용된다. 그러나 유엔무역개발위원회(UNCTAD)가 복합운송을 'multimodal'로 통일하자고 제안함에 따라 1990년 이후부터 'multimodal'을 복합운송의 공식용어로 사용한다. 운송의 일관성을 강조하여 복합일관수송이라고도 명하기도 한다.

바르샤바조약(국제항공운송 통일규칙에 관한 조약, 1929)에서 출발하여, 1956. 4월 해륙복합운송용 컨테이너가 개발되면서 실질적 개념으로 발전한 국제 복합운송은 일반적으로 두 가지 이상의 상이한 운송수단(선박과 철도, 선박과 비행기)에 의하여 화물이 목적지까지 운반되는 운송형태를 의미한다. 즉, 도로운송, 철도운송, 항공, 해상운송 등 갖가지 운송수단 가운데 두 가지 이상을 순차적으로 결합하여 운송하는 것으로서 컨테이너화물의 국제운송은 당연히 복합운송 형태를 취한다.

▸UNCTAD : United Nations Conference on Trade and Development

국제복합운송은 대량생산과 오토메이션의 메커니즘이 컨테이너의 개발과 더불어 세계의 기간 정기선 해운에 새로이 적용됨으로써 복합운송의 경제적 효용이 크게 각광을 받고 있다. 복합운송의 발달로 운송의 출발점과 도착점이 종래의 'port to port'에서 'door-to-door', 'depot-to-depot'로 변경되었다. 복합운송은 이와 같은 운송의 목적을 달성하기 위하여 환적을 불가피하게 인정하고 단일한 운송주체가 각각 상이한 운송형태로 진행되는 전 구간에 대하여 단일 운송증권을 발행하며, 환적 시 편의를 위해 화물의 형태가 단위화(unitized cargo)한다.

(2) 복합운송의 성립요건

국제복합운송이란 수출시 화물을 단순히 해상운송이나 항공운송으로 보냄으로써 "Port to Port" 구간의 운송서비스만 선사나 항공사로부터 받고 나머지는 수출자가 알아서 또 다른 운송서비스 주체들 에게 서비스를 부탁하는 것이 아니라 한 사람에게 맡겨 자사의 창고에서 화물의 포장부터 시작하여 거래처의 공장 혹은 창고까지 물류의 전 구간을 커버하여 운송토록 하는 방식이다. 복합운송으로 인정받기 위해서는 일반적으로 다음 아래의 기본요건을 충족시켜야 한다.

첫째, 운송책임의 단일성(through liability)이다. 복합운송인은 자기의 명의와 계산으로 송하인을 상대로 복합운송계약을 체결한 계약당사자일 뿐만 아니라 전체운송을 계획하고 여러 운송구간을 적절히 연결하여 운송이 원활하게 이루어지도록 조정하고 감독할 지위에 있으므로 전구간에 걸쳐 화주에 대한 단일책임을 져야 한다. 둘째, 단일 복합운송증권(combined transport B/L)의 발행이다. 복합운송이 되기 위해서는 복합운송인이 화주에 대하여 전구간에 대한 유가증권으로서의 복합 운송증권을 발행하여야 한다. 셋째, 일관운임(through rate)의 설정이다. 복합운송인은 그 서비스의 대가로서 각 운송구간마다 분할된 것이 아닌 전구간에 대한 단일화된 운임을 설정, 화주에게 제시하여야 한다. 넷째, 다양한 운송수단이 결합되어야 한다. 이것은 화물의 국제운송이 각각 다른 법적규제를 받는 여러 운송수단에 의해 이행되어야 한다는 의미이다. 따라서 동일한 운송수단으로 결합되는 운송은 복합운송이 아니며 해상과 항공, 해상과 육상, 또는 그 반대조합의 경우만을 복합운송이라 한다.

(3) 복합운송의 주요 운송경로

복합운송방식에는 대표적으로 해륙복합운송과 해공복합운송이 있다. 먼저 해륙복합운송방식은 선박, 철도, 트럭 등으로 조합하는 방식으로서, 해상루트를 중심으로 트럭에 의해 내륙운송이 완결되는 방식과 대륙횡단철도에 의한 랜드브리지 방식이 있으며, 해공복합운송은 해상운송이 지니고 있는 운임의 저렴성과 항공운송이 갖는 운송의 신속성이라는 장점을 결합하여 일관수송하는 것을 말한다. 이들의 장점으로는 해륙복합운송의 경우, 운송비용의 절감과 운송시간의 단축이라는 효과가 있다. 해공복합운송의 장점으로는 첫째, 해상운송에 비해 절반 이상 수송기간 단축, 항공운송요율보다 60% 이상 저렴하고 둘째, 기업물류관리에 적시납품의 융통성을 들 수 있으며 셋째, 수송기간 단축으로 재고비용과 자본비용 절감을 들 수 있다.

1) 세계적인 랜드브리지의 주요 경로

랜드브리지(Land Bridge)란 해상-육로-해상으로 이어지는 운송구간 중 중간구간인 육로운송구간을 말하며, 대륙횡단을 위한 철도 및 육로 운송방식을 이용하여 매개운송구간화 함으로써 육상과 해상을 잇는 해륙복합운송의 교량역할을 한다.

① American Land Bridge(ALB) ; 극동 → 북미서안의 항구까지 해상운송을 한 후 북미동남부항까지 내륙운송(철도)하여 다시 유럽지역 항구까지 해상운송 하는 일관수송경로

② Canadian Land Bridge(CLB) ; ALB와 같은 형태로 뱅쿠버(시애틀)까지 해상운송 후, 몬트리올까지 내륙운송(철도)하여 유럽항구까지 해상운송하는 일관수송경로

③ Mini Land Bridge(MLB) ; 미국서안에서 철도 등의 내륙운송을 거쳐 미동안(대서양) 또는 걸프지역 항만까지 수송하는 경로

④ Micro Land Bridge, IPI(Interior Point Intermodal) ; 록키산맥 동부의 내륙지점까지 수송하는 것으로 시카고 등의 주요 수송거점까지 철도운송 후 화주문전까지 도로운송하는 복합운송경로

⑤ Siberian Land Bridge(SLB) ; 극동지역에서 유럽과 중동행의 화물을 러시아의 극동항구인 보스트치니항까지 수송한 후 시베리아철도로 시베리아를 횡단하여 러시아의 서부국경에서 유럽지역 또는 그 반대루트로 운송하는 시스템

⑥ Trans China Railway(TCR) ; 중국 연운항에서 시작하여 구소련 접경지역인 아라산쿠경유 소련을 통과하여 로테르담까지 연결하는 철로를 이용한 운송 시스템

2) 한국을 경유한 랜드브리지의 주요 경로

① 중국출발 한국경유의 복합운송

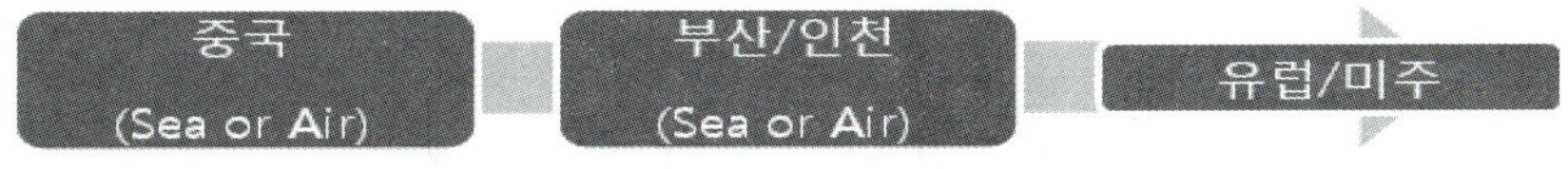

② 외국출발 한국경유의 중국, 러시아도착 복합운송

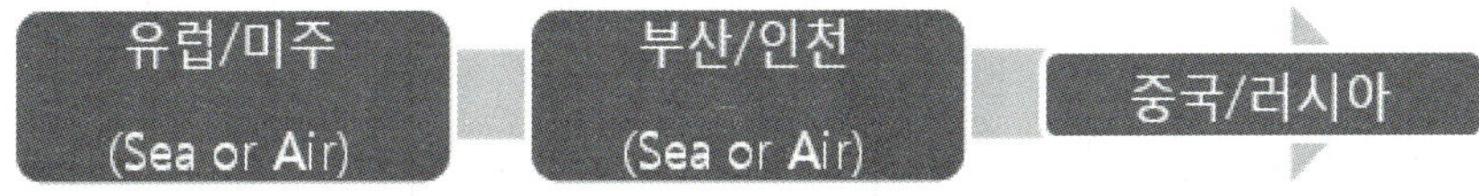

2. 복합운송인

(1) 복합운송인의 정의 및 범위

TCM조약안에 따르면 복합운송인이란 복합운송증권을 발행하며, 화물의 수령부터 인도까지 전구간에 걸쳐 자기이름으로 운송을 이행하고, 그 운송에 대해 조약에 규정된 책임을 부담하며, 복합운송증권에 기명된 또는 정당하게 배서된 증권의 소지인에게 화물의 인도를 확실히 하기 위해 필요한 모든 조치를 다하는 자를 의미한다. 또 유엔복합운송조약의 정의에 의하면 복합운송인은 스스로 또는 대리인을 통해 운송계약을 체결하고 송하인이나 운송인의 대리인이 아닌 주체로서 계약의 이행에 책임을 지는 자를 말한다. 따라서 복합운송인을 일반적인 의미로 정의하면 자기의 명의와 계산으로 화주를 상대로 복합운송계약을 체결한 계약당사자로서, 운송전반을 계획하며 운송기간 중 여러 운송구간을 적절히 연결하고 통괄하여 운송이 원활하게 이루어지도록 조정하고 감독할 지위에 있는 자이다.

1) 복합운송인의 범위

유엔복합운송조약의 규정에 의하면 복합운송인은, 복합운송인이 복합운송계약을 이행하기 위해 동원하는 복합운송인의 대리인이나 사용인 및 기타의 사람이 포함되며, 송하인 또는 수하인에는 송하인이나 수하인의 사용인이나 대리인이 포함된다. 또 미국 신해운법의 규정에는 연방해사위원회(FMC)가 충분한 경험과 자질을 갖추었다고 인정하는 자, 또는 화물의 멸실 및 훼손에 대한 손해배상책임을 보증하기 위해 재무장관이 인정하는 보증회사가 발행하는 보증서를 제출하는 자는 모두 복합운송인에 포함된다.

2) 복합운송인의 당사자

복합운송인의 당사자로는 실제운송인형 복합운송인과 계약운송인형 복합운송인이 있다. 실제운송인형 복합운송인은 자신이 직접 운송수단을 보유하면서, 복합운송인의 역할을 수행하는 자를 의미하며 계약운송인형 복합운송인은 운송수단을 직접 보유하지 않고, 운송주체자로서 역할과 책임을 다하는 운송인으로서 실제운송인에게는 화주의 입장에서, 화주에게는 운송인의 입장이 된다. 통상 계약운송인형 복합운송인을 프레이트 포워더형 복합운송인이라 칭한다.

(2) 복합운송인의 책임 및 책임체계

1) 복합운송인의 책임

복합운송인의 책임을 지배하는 책임원칙에는 과실책임원칙과 무과실책임원칙, 절대책임원칙이 있다.

과실책임원칙은 선량한 관리자로서의 적절한 주의의무를 전제로 성립되는 책임원칙으로 운송인의 과실을 화주가 입증하는 것이 원칙이며 화물의 멸실, 손상이 운송인의 과실임을 화주가 입증하면 운송인은 책임을 면할 수 없다.

▸ 1995년 12월의 해운법 개정을 통한 해상운송주선업과 화물유통촉진법상의 복합운송주선업의 업종이 일원화 됨.

무과실책임원칙은 운송인이 자신의 과실유무를 불문하고 배상책임을 지는 것으로 불가항력, 포장불비, 화물고유성질, 통상의 소모 또는 누손 등은 면책된다. 절대책임(결과책임) 원칙은 손해의 결과에 대해 절대적으로 책임을 지는, 면책의 항변이 일체 용인되지 않는 제도다.

2) 복합운송인의 책임체계

복합운송인을 주축으로 하는 오늘날의 복합운송에 있어서 운송인의 책임 문제는 복합운송인이 전 운송구간을 단일책임체계 및 책임기준 하에 부담할 것인가 그렇지 않으면 각 운송구간마다 적용되어 온 국제협약 및 국내법규에 따라 부담할 것인가 하는 문제이다. 전자는 전 운송구간 단일책임 각 구간 일괄책임(uniform liability system)이고, 후자는 전 운송구간 단일책임 각 구간 이종책임형(network liability system)으로 선진국에서 많이 사용되고 있다. 전기 두 가지 유형의 절충형이 'modified uniform system'이다.

▸ 운송물의 멸실 또는 손상이 생긴 구간이나 운송방식이 입증된 경우에 복합운송인의 책임을 정하기 위하여 그 구간이나 운송방식에 적용되는 기존의 모든 책임원칙을 그대로 예외없이 적용한다는 원칙. 이종책임체계와 다른 점은 계약약관도 채용할 수 있다는 것이다. (운송인에게 유리한 것이 보통)

가. 이종책임체계(Network Liability System)

손해발생구간이 확인된 경우와 그렇지 않은 경우를 나누어서 각각 다른 책임체계를 적용하는 방법이다. 운송물의 멸실 또는 손상이 생긴 운송구간을 아는 경우. 운송인의 책임은 운송물의 멸실 또는 손상이 생긴 운송구간에 적용될 국제조약 또는 강행적인 국내법에 따라서 결정한다. 손해발생구간이 확인된 경우에는 국내법이나 국제조약(해상 : 헤이그규칙, 항공 : 바르샤바조약)을 적용하고, 그렇지 않은 경우에는 해상구간에서 발생된 것으로 간주하여 헤이그규칙이나 기본책임을 적용한다. 그리고 멸실이나 손상 등의 손해발생구간을 알 수 없는 경우와 또는 아는 경우라 하더라도 그 구간에 적용할 조약이나 강행법규가 없는 경우에는 따로 일정한 책임원칙을 설정한다. 가령, 과실책임의 일반원칙을 두고 복합운송인이 책임을 질 경우의 배상금액산정기준 또는 멸실·손상된 운송물의 중량당 일정액의 책임한도금액을 두는 것 등이 그 예이다.

이종책임체계 하에서는 기존조약이 적용될 수 없는 경우 문제가 되므로, 국지적 손해에 대해 당해구간에 적용되는 국제조약을 적용할 것인지, 국내법을 적용할 것인지, 또는 책임한도액을 비교하여 고액을 선택할지의 문제가 선결되어야 한다.

나. 일괄책임체계(Uniform Liability System)

▸복합운송인의 책임제한 : 운송인은 개개의 운송물의 손해에 대해 일정액을 한도로 하여 손해배상하는 개별적 유한책임 원칙

일괄책임제도란 복합운송기간에 화물에 멸실 또는 훼손이 발생할 경우, 해당 손해가 발생된 장소와 운송수단에 따라서 책임원칙과 책임한도가 적용되는 것이 아니라 동일한 책임원칙에 따라서 복합운송인이 책임을 부담하는 것이다. 복합운송의 가장 큰 장점이 수출상의 창고에서 수입상의 창고까지 화물의 일괄운송을 담당하는데 있다고 한다면 이러한 취지에 충실하게 따르고자 하는 책임체계가 일괄책임제도다. 일괄책임제도는 화물에 손해가 발생할 경우, 운송물의 멸실, 훼손, 지연손해가 복합운송의 어느 구간에서 발생하였느냐를 묻지 않고 복합운송인은 동일한 기준에 따라 책임을 지는 체계이므로 화주는 각 운송수단의 운송인에게 대항하지 않고 운송계약체결자인 복합운송인으로부터 배상을 받을 수 있으므로 화주에게 매우 유리하다. 그러나 복합운송인이 면책사유로서 멸실, 손상, 지연을 피할 수 없을 뿐 아니라 그 결과를 방지할 수 없었던 사정으로 발생했다는 것을 증명한 경우만 면책되고 복합운송인은 화주에게 배상한 뒤 손해와 관련된 하청운송인에게 구상을 해야 하므로 구상절차와 소요되는 시간측면에서 복합운송인에게 불리하다.

일괄책임체계의 문제점으로는 서로 상반되는 상황 하에서 타협점을 마련하기 어렵고, 즉 기존의 각 운송법제의 원칙과 한도가 서로 달라서 이 중 어느 것을 선택할 것인가가 문제가 되고 복합운송인에게 충분한 배상능력과 업무능력이 요구됨으로 결국 거대자본과 기술축적을 이른 다국적기업만이 복합운송업을 할 수밖에 없으며 책임한도가 기존운송법의 최저책임한도 수준으로 설정되지 않으면 결국 보험료율이 높아지게 되고, 보험료상승은 운임률의 상승을 의미함으로 손해를 보는 것을 화주 및 최종소비자가 된다는 점이다.

다. 절충식 책임체계(flexible liability system)

이 제도는 이종책임체계와 일괄책임체계를 절충한 것으로 유엔조약이 채택한 책임체계다. 절충식 책임체계 하에서 복합운송인의 책임체계는 일률적

인 책임원칙을 따르고 책임의 정도와 한계는 손상이 발생한 구간의 규칙에 따른다. 즉, 이 책임체계는 손해발생구간의 확인여부에 관계없이 동일한 책임규정을 적용(통합책임 체계)하나, 손해발생구간이 확인되고 그 구간에 적용될 법에 규정된 책임한도액이 유엔조약의 책임한도액보다 높은 경우에는 그것의 적용을 인정(분할책임체계)한다. 이 제도 하에서는 책임의 한계가 기본책임하의 한계를 초과했을 때만 적용될 것인지 여부가 문제시된다. 일반적으로 선진국은 분할책임제도를 개도국과 일부 선진국은 통합책임제도를 선호하고 있으나 유엔은 절충식 책임체계를 선호한다.

(3) 복합운송증권

복합운송증권이란 복합운송인이 발행하는 증권으로, 발행자인 운송인이 운송품의 수령을 증명하고, 나아가 운송계약의 증거가 되는 외에 권리증권, 즉 유가증권의 성격을 갖는다.

표 40 복합운송증권

분류 기준	해당 복합운송증권
복합운송인의 책임 내용에 의한 분류	분할책임형증권, 통합책임형증권
증권발행인의 의한 분류	해상운송인 발행증권, 육상운송인 발행증권, 항공운송인, 발행증권, 운송주선인 발행증권
유가증권적 분류	유통성/비유통성, 기명식/지시식, 선화증권형
UNCTAD/ICC 복합운송증권통일규칙에 준거하는 증권	"Negotiable(or Non-negotiable) Multimodal Transport Document subject to ICC Publication No.481"라는 문구 삽입
선화증권형식의 복합운송증권	Combined Transport Bill of Lading, Multimodal Transport Bill of Lading, International Transport Bill of Lading, 등 다양한 명칭존재
피아타 복합운송용 선화증권	(FIATA FBL: FIATA multimodal transport bill of lading)국제운송주선인협회연맹에서 발행하는 복합운송용 선화증권 양식

1) 복합운송증권의 법적 성질

복합운송증권의 법적 성질은 다음과 같이 설명할 수 있다.

첫째, 복합운송증권은 유가증권의 성격을 지니고 있다. 권리의 이전이나 행사에 증권의 점유가 필수적이며, 증권 상의 권리자에게 화물을 인도하면 운송인 면책이 되고(면책성), 증권의 이전으로 권리를 양도할 수 있고(양도성), 증권의 제시 또는 상환으로 화물의 인도를 청구할 수 있고(제시성, 상환

성), 증권상의 권리내용이 증권의 문언만으로 정해지고(문언성), 증권의 취득자가 알수 없는 이유로는 권리를 침해받지 않는다(항변절단). 둘째, 권리증권의 성격을 지니고 있다. 증권의 인도가 곧 화물의 인도와 동일한 효력을 지닌다. 셋째, 지시증권의 성격을 지니고 있다. 증권에 권리자로 기명되어 있는 특정인 또는 그가 지정하는 자에게 권리의 행사를 인정하는 것으로서 배서에 의한 계속적인 양도가 가능하다. 넷째, 무기명증권의 성격을 지니고 있다. 배서가 없이 양도할 수 있다. 다섯째, 기명증권의 성격을 지니고 있다. 증권 상에 특정인이 권리자로 명기돼 있고, 원칙적으로 배서 금지된 비유통증권이다. 여섯째, 유통증권의 성격을 지니고 있다. 증권의 배서, 양도를 통해 화물에 대한 권리가 이전된다.

2) 국제복합운송에 관한 국제법규

국제복합운송에 관한 국제법규를 마련하고자 하는 작업은 국제해사법위원회의 1913년 코펜하겐회의까지 소급되지만, 본격적인 논의는 1948년 국제상업회의소에 의해, 그리고 1956년 국제도로물건운송조약(CMR)의 서명국에 의해 시작되었다. 그러나 국제복합운송에 관한 통일규칙을 마련하고자 하는 본격적인 움직임은 1960년대에 들어와 조약채택을 위하여 활발하게 시작되었다. 그 과정을 살펴보면 다음 아래와 같다.

- 1949년 국제해법회(comite maritime international ; CMI)의 복합운송계약에 관한 조약초안과 1969년 동경규칙
- 1970년 사법통일국제협회(Institute international pour l'Unification de Droit Prive ; UNIDROIT)의 TCM조약안
- 1971년 유럽경제위원회(ECE) 및 정부 간 해사자문기구(IMCO)와의 공동작업에 의한 TCM 조약안
- 1980년 UNCTAD의 정부 간 준비그룹(Inter-governmental preparatory group of a convention on a international intermodal transport; IPG)에 의한 유엔국제복합운송조약

COMBINED TRANSPORT DOCUMENT

Shipper JEON BUK 000 co. LTD C.P.O. BOX 000. SEOUL, KOREA	
Consignee TO ORDER	
Notify party	
Pre-carriage by	Place of receipt KUNSAN, CFS
Ocean Vessel J. J OCEAN	Place of delivery KUNSAN, KOREA
Port of discharge SEATTLE	Final destination SEATTLE

B/L No.
BURD2009

J. J OCEAN

Jeon Buk Shipping Corporation
COMBINED TRANSPORT BILL OF LADING
BETWEEN AMERICA AND FAR EAST

RECEIVED in apparent good order and condition accept otherwise noted the total number of Containers of Packages or units enumerated below for transportation from the place of receipt to the place of delivery subject to the terms hereof. One of the international Bill of Lading must be surrenderd duly endorsed in charges for the goods. On presentation of this document(duly endorsed) IN WITNESS whrerof the number of Bill od Lading stated below have been signed one of which being accomplished the other(s) to be void.

Container No.	No. of Container	Changes and Description of goods	Gross Weight (KGS)	Measurement (CBM)
KACU1234567/ 12345	2 CNTRS	SAID TO CONTAIN 2pcs, of JJ MODEL : 00-160 CHECK NO : AF123 "LCL, SERVE, CHARGES ARE DUE AT THE DESTINATION"	51	0.976

Total number of Containers or Packages (in words) TWO(2) CONTAINERS ONLY

Freight and Charges	Reverse tons	Rate	Prepaid	Collect
U.S. 7600 INTERIM BAF, CAF SURCHARGE LCL SERVICE CHARGE(L) WHARFAGE	0.976	100.00JJ -0.20% -14.00% TOTAL $7.50 $0.33	 7.50 0.33	90.04 -0.18 -12.08 80.72

Freight amount as arranged	Freight payable at	Place and date of issue Seoul, Korea
	Number of Original FBL THREE(3)	Stamp and Signature As Multimodal Transport Operator **J. J OCEAN** Jeon Buk Shipping Corporation

3. 국제운송주선업

국제운송주선인(freight forwarder)이란 ‘forwarding agent’, ‘shipping & forwarding agent’, ‘shipping agent’, ‘air freight agent’ 등을 총칭하는 개념으로 한국상법 제114조에 의거하면 운송주선업자란 자기명의로 물품운송의 주선을 업으로 하는 자이다. 또 동법 제115조는 ‘운송주선인은 자기나 그 사용인이 운송물의 수령, 인도, 보관, 운송인이나 다른 운송주선인의 선택, 기타 이에 관하여 주의를 해태하지 아니하였음을 증명하지 아니하면 운송물의 멸실, 훼손 또는 연착으로 인한 손해를 배상할 책임을 면하지 못한다’고 규정하고 있으며, 화물자동차운수사업법 제8조도 ‘화물의 멸실, 훼손 또는 인도의 지연으로 인한 운송사업자의 손해배상책임에 관하여는 상법 제135조의 규정을 준용하며 화물자동차운송주선사업에 관하여도 이를 준용한다’고 규정하고 있다. 이를 근거로 국제운송주선인을 정의하면 운송을 위탁한 고객의 대리인으로서 송화인의 화물을 인수하여 수화인에게 인도할 때까지의 집화, 입출고, 선적, 운송, 보험, 보관, 배달 등 일체의 업무를 주선해줄 뿐만 아니라, 운송체제하에서 스스로 운송계약의 주체자가 되어 운송인으로서 운송증권을 발행하여 전구간의 운송책임을 부담하는 자 또는 법인을 말한다.

한국에서 운송주선업자의 지위는 1985년에 해운업법 시행규칙이 개정됨에 따라 과거 면허제였던 해상운송주선업이 등록제로 변경되었으며, 그 기능과 역할은 송하인과 국제복합운송계약을 체결하거나 외국의 복합운송인과 국제복합운송업무 취급계약을 체결하여 국제복합운송증권을 발행하는 등 자기의 책임 하에 국제간의 일관수송을 이행 또는 주선한다.

국제운송주선업자에 대한 국제기구로서는 국제운송주선업협회연맹(International federation of freight forwarders association; FIATA)가 있다. 이는 1926년 5월 오스트리아 비엔나에서 16개국의 포워더 협회 원로들이 모여 복합운송협의회 간에 상호 긴밀한 협조체제를 유지하기 위해 창설되었다. 이들은 UN의 경제사회이사회 및 UNCTAD 등과 매년 가을 정기 집행위원회의에서 그들의 전문특정분야의 문제검토와 업무증진을 위한 토의를 한다. 본부는 스위스 쥬리히에 있으며 2년에 한번씩 FIATA 세계대회를 개최하고 현재 35,000여 포워더를 대표하는 130개 국가의 1,500여 준회원과 60여개의 정회원을 갖고 있다.

(1) 국제운송주선업자의 주요 임무

1) 전문적 조언자

화주의 요청에 따라 가장 효율적인 운송경로와 비용을 제시 해주고 화물포장형태, 목적국의 각종 운송규칙에 대해 조언하고, 수출업자에게 선적서류 작성을 용이하게 해준다.

- 운송계약의 체결 및 선복의 예약 ; 특정화주의 대리인으로서 자기명의로 운송 계약을 체결하고 특정선박의 선복을 예약함
- 관계서류의 작성 ; 선화증권, 항공운송장 또는 동종서류, 통관서류, 보험증권, 네고서류 등의 서류를 직접작성하거나, 또는 화주작성 시 조언을 한다.
- 통관대행 ; 화주를 대신하여 수출입 화물의 통관절차를 밟는 기능
- 운임 및 기타비용의 입체 ; 주선인과 화주 간에 통상적인 거래관계가 형성된 경우 포워더는 고객을 대신하여 모든 비용을 입체 지불함
- 포장 및 창고보관 ; 화물포장방법에 관해 운송방식이나 목적지에 따라 적절한 방법을 화주에게 조언하거나 화물의 집하, 장치 등 수출입화물의 보관서비스 제공
- 보험의 수배 ; 화물보험의 가장 유리한 형태, 금액, 조건 등을 조언하고 대신 수배하며, 손해발생시 클레임 처리에 대해 효과적으로 화주를 보좌함
- 화물의 집하, 혼재, 배송 ; 운송주체자로서 화물의 집하, 분배, 혼재서비스 제공
- 시장조사 ; 해외파트너를 통해 외국바이어를 소개하거나, 국내시장에 관한 정보를 수집하는 등의 방법으로 수출입업자 지원
- 기타역할

Project Cargo Handling	특정공사계획에 따른 대규모 생산설비 및 건설 기자재와 같이 일시 또는 일정기간 지속적으로 운송되는 화물운송
Exhibition Cargoes Service	해외전시를 목적으로 반출되는 화물의 포장부터 전시 후 재반입까지 모든 절차를 일괄위임받아 처리하는 서비스
House Forwarding Service	수출상은 상품의 생산 및 판매, 수입상은 구매 및 사용에 전념하며, 상품의 수출입 운송과정의 제반업무를 포워더에게 도급하는 방식

• 국제운송주선업자의 해상수출(OCEAN EXPORT)절차

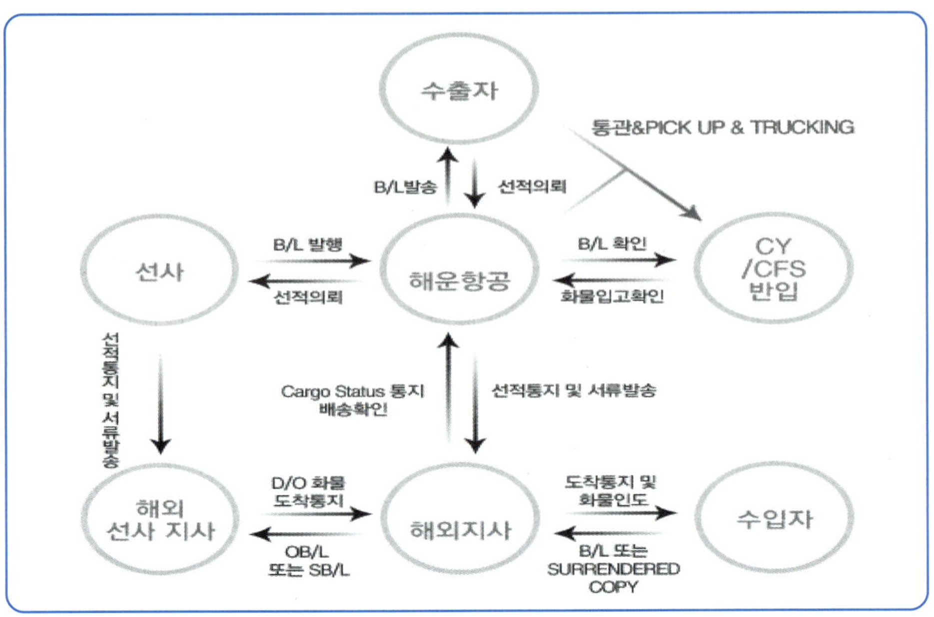

• 국제운송주선업자의 해상수입(OCEAN IMPORT)절차

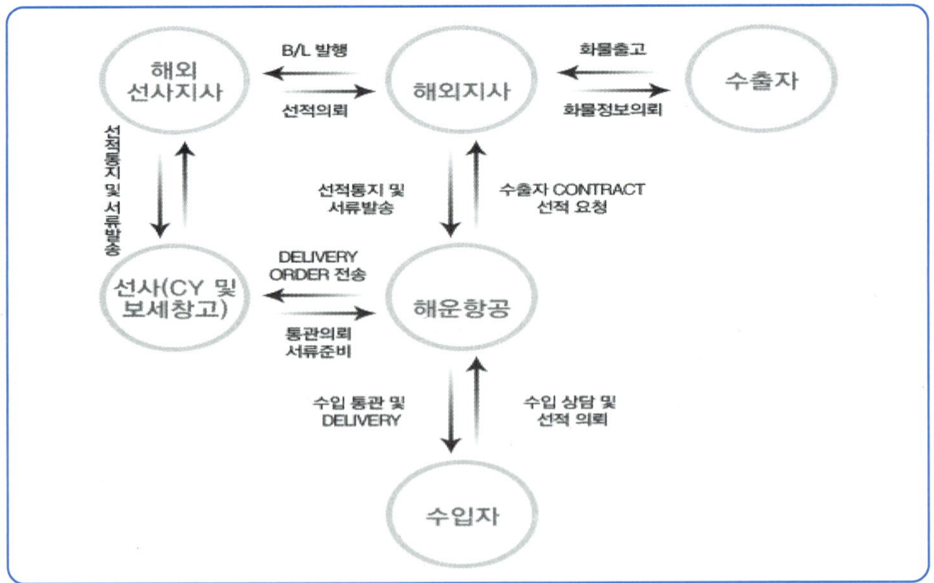

• 국제운송주선업자의 항공수출(AIR EXPORT)절차

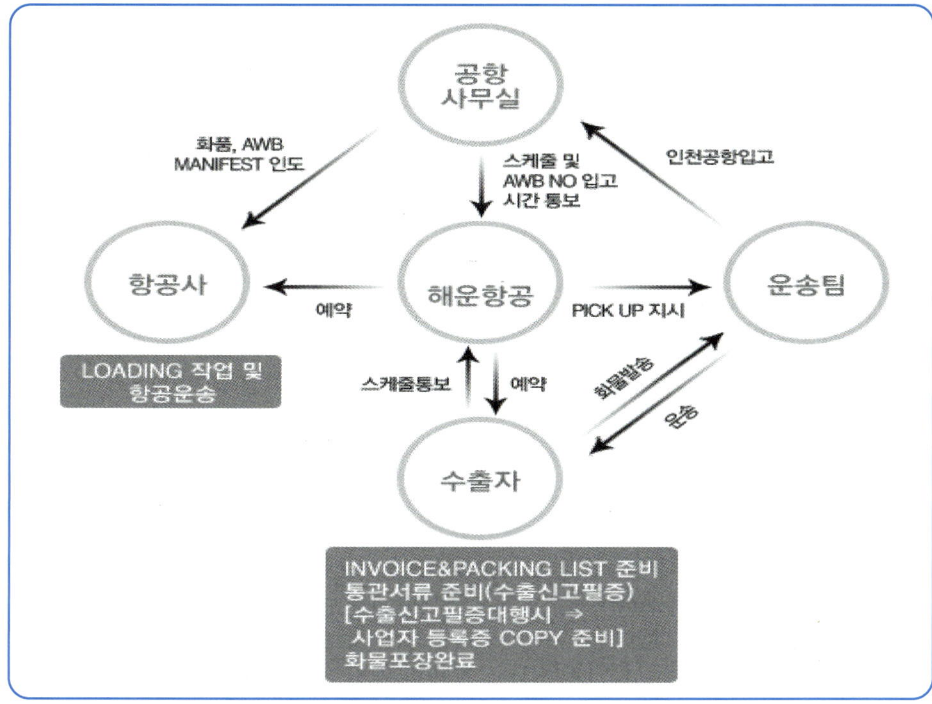

• 국제운송주선업자의 항공수입(AIR IMPORT)절차

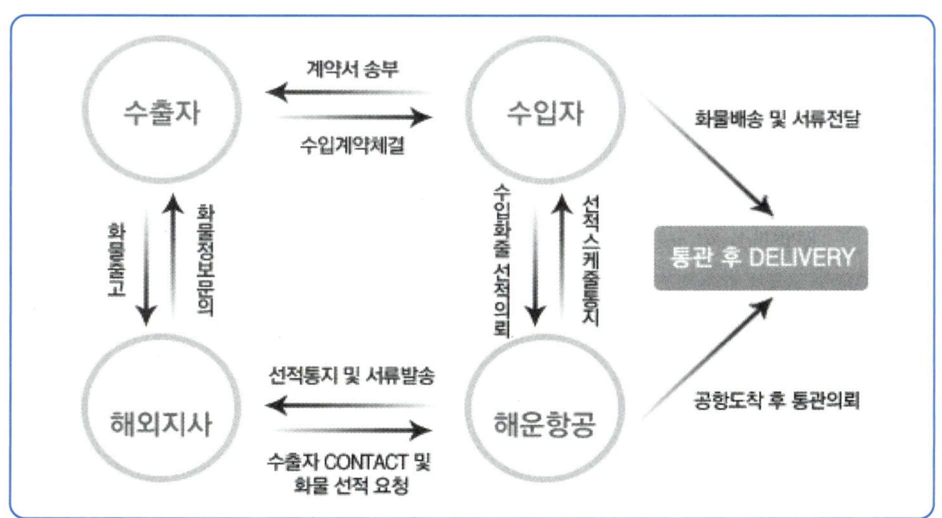

• 3국 간 무역(TRIANGLE TRADE)절차

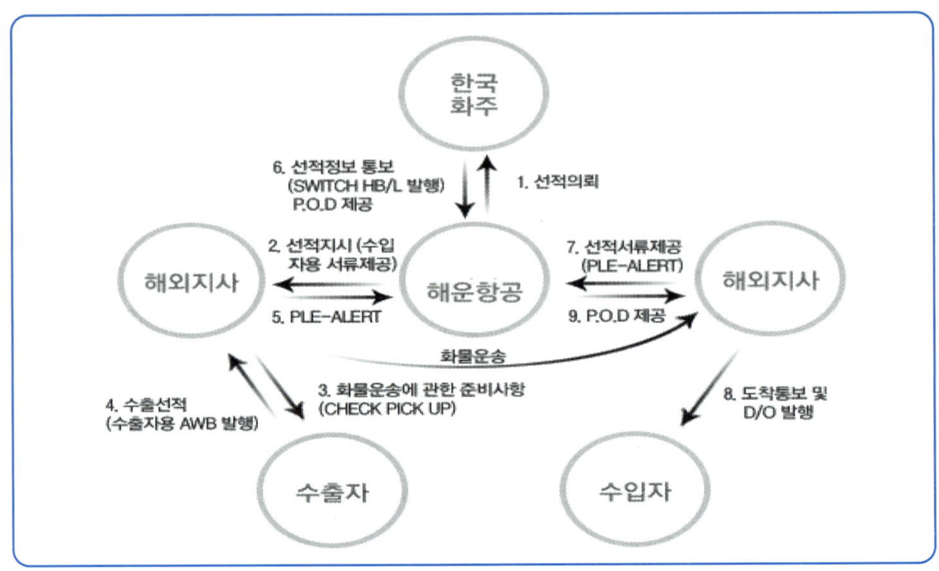

• 3국간 무역의 장점 : ①실제 수출자와 수입자의 정보누출 보호를 통한 INVOICE VALUE 조정가능 ②한국공장의 해외이전을 통해 무역원활성 증대
• 한국 화주로부터 필요한 서류 : ①수출자 및 담당자 ②상업송장 ③포장명세서 ④예정출고일 ⑤화물정보

(2) 미국의 프레이트 포워더 및 NVOCC

1) 국내운송주선인(Domestic Freight Forwarder)

화물수령에 필요한 각종 서류의 작성 및 절차에 대해 포워더의 조언을 쉽게 입수가능하고, 화물의 도착을 통지하고 수하인의 문전까지 화물을 인도해줌으로써 자신의 업무에 전념할 수 있게 한다. 주요 업무내용으로는 화물의 집화, 혼재, 분배, 배송업무를 수행하거나 준비하고 수령지부터 인도지까지 화물운송에 대해 책임을 지며 화물운송을 위해 철도, 자동차, 수상운송수단을 이용한다.

▸ NVOCC(Non-Vessel Operating Common Carrier) : 해상운송에 있어서 자기 스스로 선박을 직접 운항하지 않으면서 해상운송인에 대해서는 화주의 입장이 되는 운송인

2) 국제해상운송주선인(Ocean Freight Forwarder)

화주의 대리인으로서 해상운송을 통해 미국으로부터의 수출품의 선적 또는 선적을 위한 선복예약 및 기타의 방법을 취하며, 서류작성과 선적에 수반하는 작업을 행하는 자이다. 자격요건으로는 미국 내에서 3년 이상 포워딩업무에 종사한 자, 미화 30,000달러의 보증금을 예치가능하여야 하며 포워더 업무를 수행할 수 있는 적합한 자질을 갖추어야 한다.

Chapter >> 06 해상적화보험 및 클레임

학습내용

▌학습의 목적

해상적화보험의 고유특성과 해상적화보험 계약에서의 보험계약자와 피보험자의 의무를 이해할 수 있다.

▌학습의 목표

1. 해상적화보험의 특징을 이해한다.
2. 피보험자의 의무에 대하여 이해한다.
3. 보험계약자와 피보험자, 보험수익자의 역할과 권리, 의무의 차이점을 이해한다.
4. 해상운송인의 선적에 관한 의무를 이해한다.
5. 해상운송인의 항해에 관한 의무를 이해한다.
6. 해상운송인의 화물의 양륙에 관한 의무를 이해한다.
7. 해상적화보험의 클레임절차를 이해한다.

6-1 해상적화보험의 개관

1. 국제무역거래의 위험

무역은 한 나라의 기업이나 개인이 외국의 기업이나 개인과의 상품거래를 의미한다. 그런데 국제 간 무역은 교역당사자국간의 정치체제 차이와 언어와 관습 차이 그리고 국가별 고유한 통화의 사용으로 국내거래에서는 발생하지 않는 어려움에 직면하게 된다. 또 국제 간 상품의 이동도 그 이동의 거리가 멀고 문화, 종교, 윤리, 미적기준, 금기사항, 외국상품에 대한 선호도, 상거래

관습 등과 같은 문화적 환경이 서로 다르며 진출상대국의 법률체제와 통화보유, 외환에 대한 규제, 외국인기업지원제도 등에 관한 법률적 환경이 서로 달라 무역거래에 따른 위험이 국내 상거래에 비하여 훨씬 크고 복잡하다. 무역거래에서 발생하는 위험은 크게 다음과 같다.

(1) 신용위험(Credit Risk)

계약에서 채무자가 지급불능 또는 지급거절에 의하여 대금지급이 이행되지 않는 위험을 가리킨다. 예를 들면 무역계약에서 수입자가 물품은 도착하였으나 파산하거나, 기타의 사유로 수입대금을 지급 할 수 없거나, 시장상황의 변화 등으로 대금지급을 거절하는 경우에 신용위험이 발생한다. 그리고 물품이 도착하지 않았더라도 수입업자의 일방적인 계약파기로 인한 수출불능도 수입업자가 당연히 이행하여야 할 채무를 이행하지 않은 것이므로 신용위험으로 볼 수 있다.

(2) 비상위험(Emergency Risk)

수입국에서의 수입금지 또는 제한조치, 외국에서의 전쟁, 내란, 「스트라이크」와 같은 비상사태 등 수출입계약 당사자에게 책임지울 수 없는 사유로 인하여 물품의 수출이 불가능해 지거나 또는 해당국의 송금제한조치로 인하여 수출한 물품대금의 회수가 불가능해짐으로써 수출자, 수출품 생산업자 또는 이들에게 융자를 해 준 금융기관이 입게 되는 손실의 위험을 말한다.

(3) 환위험(Exchange Risk)

환율변동과 봉쇄환(封鎖換) 실시에 의해 발생되는 손실을 의미하며 환리스크라고도 한다. 환율은 외국환 수급량의 변화, 외환표시채권 · 채무 잔액의 변화, 중앙은행의 외환시장 개입, 국제적인 금리차의 존재와 그 재정행동, 투기, 정치 · 경제 · 사회상황의 변화 등 다양한 요인에 의해 변동한다. 따라서 변동환율제도에서는 대외적인 수급(受給)을 외화로 할 경우 큰 손실을 입을 가능성을 가지고 있다. 특히, 환위험은 환율변동에 의한 것뿐 아니라 각국이 취하는 환제한 조치로 발생되기도 하므로 이러한 환위험을 피하기 위하여 무역업자는 상품매매계약이 성립되는 즉시 외국환은행에 환예약을 체결하여야 한다.

(4) 운송위험(Transportation Risk)

운송위험은 상품이 수출지를 떠나 수입업자에게 인도되는 동안의 위험을 말한다. 운송위험은 적화보험에서 일반적으로 부보되는 위험으로 운송하는 수단에 따라 해상위험과 항공위험, 육상위험, 창고위험 등으로 나뉜다. 그러나 무역에서의 해상운송의 비중이 압도적으로 우세하므로 이들 운송방식의 일체를 통칭하는 개념으로 "해상운송"이라고 한다.

▸운송위험은 손해의 원인이 되어야 하고 우연히 발생되어야 보험대상이 된다.

해상위험은 화물이 선적항에서 목적지까지의 해상운송 중에 발생하는 위험으로 적화보험의 고유영역으로 간주된다. 육상위험은 화물을 공장이나 창고에서 선적항의 창고로 옮길 때, 또는 그 반대의 경우에 발생하는 위험이다.

육상위험은 대부분 해상적하보험에서 담보하고 있으나 보험증권에 담보되지 않았을 경우에는 별도의 보험료를 지급하고 담보해야 사고발생시 보상을 받을 수 있다. 창고위험은 선적 전 또는 통관 전 보세창고에서의 위험으로 보관위험이라고도 한다. 보통 해상보험증권에서 담보되지만 일정한 기한이 넘는 경우, 또는 별도의 창고가 없는 경우에는 보험이 종료된다. 따라서 보통의 경우, 보세창고화재보험 가입을 의무화하고 있으며, 적화보험 가입사실이 입증될 경우에 한해 보험 가입의무를 면제하거나 보험료의 일부를 반환한다. 본 장은 해상적화보험에 관한 내용을 담고 있으므로 국제무역거래의 위험들 중 운송위험을 중심으로 한 적화보험에 관해서만 살펴보기로 한다.

(5) 경영위험(Management Risk)

기업경영에는 많은 위험들이 수반된다. 신제품개발에 막대한 자금을 투입하였으나 신제품이 소비자의 호응을 얻지 못하고 실패로 끝나 그대로 시장에서 사장될 수도 있으며, 매출의 대부분을 수출에 의존하는 기업의 이윤이나 주가는 국내기업에는 중요하지 않은 요소, 즉 환율에 의해 크게 영향 을 받을 수 있다. 이처럼 기업의 위험이란 기업이 정상적인 기업활동을 수행하는 과정에서 발생하는 위험을 말한다.

2. 해상적화보험의 의의

국제무역거래에는 항상 많은 위험이 수반한다. 그러나 이와 같은 위험을 전가하는 방법 중 가장 보편적으로 이용되는 경제적인 제도를 든다면 보험제도이다. 특히, 국제 간 상품의 운송과정에서 발생하는 위험들은 운송수단에 따라서 각각 다르지만 해상적화보험을 이용하여 운송과정에서 발생하는 위험들을 보험자에게 전가할 수 있다. 즉, 수출입업자는 국제간 무역거래에 반드시 수반하는 운송과정 중 발생하는 위험들을 해상적화보험을 통하여 위험을 분산시킴으로써 안전하고 지속적으로 수출·입업에 종사할 수 있다.

3. 해상적화보험의 정의

해상운송 중에 발생하는 각종의 위험으로 인해 화물이 손상을 입는 경우를 대비하여 화주가 소액의 보험료를 부담하고 보험사고가 발생할 경우, 이에 따른 재정적 손해를 보험자로부터 보상받기 위한 보험을 해상적화보험이라고 한다.

이와 같은 해상적화보험에 대한 법률적 근거는 영국 해상보험법(MIA, 1906)과 상법에서 찾을 수 있다. MIA 1906 제1조에는 "해상보험계약이란 보험자가 그 계약에 의하여 합의한 방법과 범위 내에서 해상손해, 즉 해상사업에 수반되는 손해에 대하여 피보험자에게 손해보상을 약속하는 계약이다"고 정의하고 있으며, 우리나라 개정상법(이하 "상법"이라 한다) 제693조는 "해상보험계약의 보험자는 해상사업에 관한 사고로 인하여 손해를 보상할 책임이 있다"고 규정하고 있다. 이것은 해상보험계약의 성립에 의해 해상보험자는 해상사업에 관한 사고에 의하여 발생하는 손해의 보상 또는 보험금지급을 약정하고 보험계약자는 보험료를 지급할 의무를 부담하여야 한다는 의미다. 따라서 해상운송사업상 발생하는 사고에 대한 손해보상의 약정 또는 보험금지급의무와 보험료의 지급의무는 해상보험계약의 당연한 효과라 할 수 있다. 오늘날의 해상운송이 대부분 무역거래와 관련하여 이루어지고 있으므로 해상운송 중 위험을 담보하는 해상적화보험은 무역거래에서 해운, 금융과 함께 매우 중요한 위치를 점하고 있으며, 무역거래조건에 따라 적화보험 계약자와 또한 보험사고 시 보험금 수혜자가 결정된다.

▸MIA 1906의 제2조는 해상보험계약이 육상, 항공보험계약내용까지 지배하는 법리적 근거가 된다.

MIA 제2조에 의하면 해상보험계약은 명시적인 조건이나 무역관행에 의하여 피보험자를 보호하기 위해 해상항해에 수반될 수 있는 내수 또는 일체의 육상위험의 손해까지 확장할 수 있다. 이것은 해상적화보험자가 해상적화보험계약에 따라 합의한 방법과 범위 내에서 해상손해, 즉 해상사업에 부수하는 손해를 피보험자에게 보상할 것을 약속하는 것일 뿐만 아니라 해상사업에 관한 사고, 즉 해상운송에 기인하거나 부수하는 해상위험으로 인하여 발생할 해상손해를 보상하는 손해보험이기 때문이다. 그러므로 해상보험 내 해상적화보험의 범위는 내수 또는 육상위험까지 확장 부담할 수 있으며, 해상사업과 관련이 있는 유사한 사업에 관한 위험도 해상보험에 의해 담보될 수 있다.

이에 따라 현행 해상적하보험은 해상운송중의 위험은 물론, 화물의 매도인의 창고를 떠나 본선에 적재될 때까지, 그리고 본선에서 양화되어 수화인의 최종창고에 인도될 때까지 육상위험도 해상적화보험자가 부담한다.

(1) 수출자에게 적화보험 부보 의무가 있는 무역거래조건

CIF, CIP, DAT, DAP, DDP 조건이 여기에 해당된다. CIF조건이나 CIP조건의 I는 'Insurance', 즉 적하보험을 의미하는 것으로 매도인의 위험부담은 선적지에서 물품의 인도와 동시에 종료되나, 적화보험에 부보하여 물품의 인도와 함께 보험증권이 매수인에게 양도되므로 인도전까지는 매도인 자신을 위하여, 인도 후에는 매수인을 위해 보험에 부보하는 것이다. 또한, 양륙지에서 매도인의 위험부담이 종료되는 DAP, DAT, DDP 조건 등의 경우 매도인은 자신을 위해 보험을 부보하게 된다.

(2) 수입자에게 적화보험 부보 의무가 있는 무역거래조건

EXW, FCA, CPT, FAS, FOB, CFR조건이 여기에 해당된다. CIF조건이나 CIP조건의 경우 매도인이 적화보험을 부보해야 된다고 국제무역거래조건(Incoterms, 20%)에 명시된 것에 반해, 매수인의 적화보험 부보의무가 명시된 무역거래조건은 없다. 그러나 매도인의 위험부담이 선적지에서 종료됨에 따라 매수인이 물품인수 후 최종목적지까지 위험을 부담해야 하는 상기 조건 등의 경우에는 매수인이 자신을 위해 보험을 부보하여야 한다.

국제무역거래조건에서 각 무역거래조건을 규정하는 규칙 중 보험계약에 관한 "Incoterms 20%"의 B3조 b항을 보면, 일관되게 수출자나 수입자모두에게 의무가 없다는 뜻으로 "no obligation"이 명시되어 있다. 이것은 매매당사자들의 해당의무이행을 성실하게 수행할 수 있는 경각심을 부여하고자 함이다. 따라서 수입자는 각 무역조건과 계약내용에 따라 수출자의 의무와 권리를 살펴보고 자신의 이익을 위하여 물품에 대한 보험계약을 체결해야 한다.

4. 해상적화보험의 관계 당사자 및 기본 용어

(1) 해상적화보험의 관계당사자

1) 보험계약자(Insured)

원칙적으로 보험에 가입한 사람을 지칭한다. 보험계약에서 보험자(보험 회

▸ 고지의무 : 보험계약자(생명보험에서는 이 밖에 피보험자를 포함)가 보험계약을 체결할 때에 사고발생률을 측정하기 위하여 필요한 중요사실을 보험자에게 정직하게 고지해야 하는 의무

▸ 위험의 변경 또는 증가의 원인은 객관적이어야 하므로 보험계약자 또는 피보험자의 행위로 인한 것이 아니어야 한다.

사)와 상대되는 당사자의 한 편이지만 실제 계약체결에 있어서는 대리인 또는 대표를 통하여 보험계약을 체결할 수 있으며 보험자의 경우에는 대표이사에 갈음하여 대리인 자격을 가진 자에 의해 계약과정이 진행된다. 보험계약자도 대리인을 통하여 보험계약청약을 할 수 있다. 보험계약자는 1인 또는 다수가 되어도 관계없으며 자연인이나 법인(공법인, 사법인 등) 등은 사법상의 권리능력으로 충분하다. 다만 계약자의 자격과 행위능력의 문제는 구별하여야 하고 미성년자나 금치산자, 한정치산자의 경우에는 법정대리인의 동의 혹은 법정대리인이 계약체결을 대행하여야 한다.

가. 보험료지불의무

보험계약이 성립되면 보험계약자는 보험자에게 보험료를 지급할 의무를 진다(상법 제638조 2항). 보험료는 보험금에 대한 대가관계에 있는 것으로 보험료의 지급은 보험자의 책임발생의 전제가 되는 것이다.

나. 위험변경증가의 통지의무와 위험유지의무

보험기간 중에 보험계약자 또는 피보험자가 사고발생의 위험이 현저하게 변경 또는 증가된 사실을 안 때에는 신속하게 이를 보험자에게 통지하여야 한다(상법 제652조 제1항 참조). 그리고 보험계약자, 피보험자 또는 보험수익자는 보험자의 동의 없이 보험기간 중에 그의 고의 또는 중대한 과실로 인하여 보험사고 발생의 위험을 현저하게 변경하거나 또는 증가시키지 아니할 의무를 부담한다(위험유지 의무, 상법 제653조). 보험계약자 또는 피보험자가 위험변경증가의 통지의무를 게을리 한 경우와 보험기간 중에 보험계약자 또는 피보험자의 고의 또는 중대한 과실로 사고발생의 위험이 현저하게 변경 또는 증가된 경우에 보험자는 그 사실을 안 날로부터 1월내에 계약을 해지할 수 있으며 위험변경 혹은 위험의 증가에 관한 통지를 받은 보험자는 1월내에 보험료의 증액을 청구하거나 계약을 해지할 수 있다(상법 제652조).

다. 보험사고 발생의 통지의무

보험계약자 또는 피보험자가 계약에서 정한 보험사고의 발생을 안 때에는 지체 없이 이를 보험자에게 통지해야 한다(상법 제657조 제1항). 신속한 사고통지는 보험자로 하여금 그 사고가 보험사고에 해당하는지 여부와 그로 인한 손해액의 산출, 면책사유가 존재하는지 여부를 확정하는 전제가 되기 때문에 이 통지는 매우 중요한 의미가 있다. 보험계약자 등이 보험사고발생의 통지를 게을리 한 경우, 보험자는 보험금지급 책임을 면하는 것은 아니나, 통지해태로 인한 손

해가 증가된 때에는 그 증가된 손해를 보상할 책임이 없다(상법 제657조 제2항).

2) 보험자(Insurer)

일정한 보험료를 받고 발생한 손해를 구제해 주는 일을 전문으로 하는 회사로 보험업자 또는 보험자라고도 한다. 보험회사는 보험업법에 따라 정부의 허가를 얻어 보험 사업을 한다. 한국의 보험업법 제5조 1항에 의하면 매매·고용·도급 기타의 계약에 의한 채무 또는 법령에 의한 의무의 이행에 관하여 발생할 채권자 기타 권리자의 손해를 보상할 것을 채무자 기타 의무자에게 약정하고, 채무자 기타 의무자로부터 그 보수를 수수하는 것을 포함하는 보험사업을 영위하고자 하는 자는 금융감독위원회의 허가를 받아야한다고 규정되어 있다.

▸ 보험업법 제149조(보험대리점의 등록)
① 보험대리점이 되고자 하는 자는 대통령령이 정하는 바에 의하여 금융감독위원회에 등록하여야 한다.

가. 보험대리점(Insurance Agent)

대리상의 한 가지로서 보험회사를 대리하여 보험계약을 중개하거나 보험금의 지급 또는 보험료의 수납 등을 행한다. 보험대리점에는 신규 계약자의 모집만을 전문으로 하는 모집 대리점과 보험 증권을 발행하여 지급하고 위임받은 범위 안에서 보험금도 지급하는 체약 대리점이 있다.

한국 보험업법은 제2조 정의에서 보험대리점을 법인이 아닌 사단과 재단을 포함하여 보험사업자를 위하여 보험계약의 체결을 대리하는 자로서 제149조의 규정에 의하여 등록된 자를 보험대리점으로 규정하고 있다.

나. 보험중개인(insurance broker)

보험중개인이란 보험계약체결의 매개로서 소속보험회사를 위하여 행하는 보험계약체결의 매개 이외의 의견을 행하는 자다. 한국 보험업법 제150조 3항 보험중개인의 의무에 관한 내용을 보면 보험중개인은 보험계약의 체결을 중개함에 있어서 보험사업자, 보험사업자의 임원 또는 직원, 보험모집인, 보험대리점, 보험계리인 및 손해사정인의 업무를 겸하여 영위하지 못하도록 규정하고 있다. 따라서 보험중개인은 한국의 개념으로 볼 때 보험모집인, 대리점이 아닌 자로서 독립적으로 계약체결을 중개하는 자로 해석된다. 보험중개인의 권한에 대해서는, '삼권삼무의 원칙'을 고수하여 원칙적으로 보험료수령권, 고지수령권, 계약체결권은 인정하지 않는다. 다만 보험중개인의 외국관습에 의해 보험료수령권, 고지수령권은 보험중개인이 보험회사로부터 위임받아 그 권한을 대리행사 할 수는 있다. 그러나 이와 경우 보험중개인은 사전에 보

험계약자에게 그 사실을 알려야한다. 또한, 손해사정에 대해서는 권한이 없음을 표시하여야한다.

3) 피보험자(insured, assured)

피보험자는 보험사고가 발생했을 경우 보험금 지급을 받을 권리를 가진 사람을 의미한다. 생명보험과 손해보험에 있어서 서로 별개의 개념으로 사용되고 있다. 생명보험 계약에서 피보험자는 자기의 생명이나 신체에 관하여 보험에 붙여진 자, 즉 보험사고의 객체를 말하며, 손해보험에 있어서 피보험자는 피보험이익의 주체, 즉 보험사고가 발생함으로써 손해를 입어 손해보상금을 받을 입장에 있는 사람을 말한다. 따라서 피보험자와 보험계약자가 동일인일 수도 있고 다른 사람일 수도 있다.

▸생명보험·손해보험 모두 피보험자와 계약당사자가 반드시 일치하지는 않는다. 보험계약자와 피보험자가 동일인이 아닐 경우 생명보험에서는 타인의 생명을 위한 보험, 손해보험에서는 타인을 위한 보험계약이라고 한다. 피보험자와 보험계약자가 동일인일 경우 생명보험에서는 자신의 생명을 위한 보험, 손해보험에서는 자신을 위한 보험계약이라고 한다.

손해보험에서 보험의 목적물은 재산이나 재물이므로 이러한 재산에 피보험이익을 갖고 있는 자를 피보험자라 하고 피보험자만이 손해발생시 보험금 청구권을 가진다. 손해보험에서의 피보험자는 보험계약의 당사자인 보험계약자와 동일인일 수도 있지만 무역거래조건에 의해서 보험계약자와 피보험자는 동일인이 아닌 경우도 발생한다. 예를 들어 CIF조건의 화물을 수출하는 경우 보험가입은 수출업자가 하게 되며, 이때의 수출업자는 보험계약자가 되며 보험사고시 보험금을 수령하는 피보험자는 수입업자로서 피보험자와 보험계약자는 상이하게 된다. 반면 FOB조건의 화물을 수입하는 경우 보험가입은 수입업자가 하게 되며 보험사고시 보험금을 수령하는 피보험자 역시 수입업자가 된다. 따라서 FOB조건인 경우, 선적(본선현측난간) 전의 위험은 수출업자에게 있으므로 선적 전 사고에 대해서 수입업자는 보상을 받을 수 없다. 피보험이익이 없기 때문에 수입자가 보상을 받지 못함이 당연하다. 또한 CIF 수출화물에 대한 적화보험에서도 피보험자를 수입업자로 지정하는 경우, 선적 전 사고는 보상받지 못할 수 있다. 이와 같은 이유는 보험계약자와 피보험자는 분리되는 개념이며 선적 전 사고발생시 증권상의 피보험자는 보험목적에 대한 피보험이익이 없기 때문이다. 이와 같은 문제점을 해결하기 위해서 CIF수출의 경우, 보험계약자는 피보험자를 수출업자로 지정하고 보험목적에 대한 위험이 수입업자에게 인도되는 시점에 보험증권을 함께 양도하는 것이 관습이므로 이를 따르는 것이 좋다.

▸생명보험의 경우, 피보험자는 보험사고의 객체가 되는 대상으로서 보험의 목적에 해당된다. 그리고 피보험자에게 발생한 보험사고로 인하여 보험금을 수령하는 자는 별도로 보험 수익자를 정하고 있다.

해외의 경우, FOB수출보험이 별도로 있어 선적 전까지의 위험을 합리적으로 보험사에 전가할 수 있으나 현재 국내에는 동일한 보험상품이 개발되어 있지 않으므로 운송보험 등으로 선적 전 위험에 대하여 적절히 대처해야 할 것이다. 참고로 한국, 일본, 독일 등 대륙법계에 속하는 나라의 법에서는 보험계약자와 피보험자 및 보험수익자가 구분되어 있으나, 영법에서의 피보험자는 보험계약자와 보험수익자를 모두 포함하는 포괄적인 의미를 지닌다. 그러나 영국해상보험법에서는 피보험자와 보험계약자를 별도로 구분하고 있지 않다. 'the assured'란 표현으로 보험계약자와 피보험자를 포괄하고 있으며, 'the assured'는 한국 상법상의 피보험자와 보험계약자의 법적 지위와 유사한 지위를 갖는다. 국내에서 발생된 적화보험계약에 대해서는 상법을 따르도록 되어 있지만, 동 계약에 따른 클레임처리와 관련해서는 영국법을 따른다는 대법원판례에 따라 피보험자와 보험계약자는 때에 따라서는 분리 또는 혼용되어 사용된다.

가. 피보험자의 의무

해상적화보험에서의 피보험자는 고지의무, 통지의무, 위험유지의무, 담보(warranty)준수의무, 손해방지의무, 사고통지의무, 기타 약관에서 정하는 사항의 이행의무 등 상법 및 영국해상보험법과 개별약관에서 정하는 의무를 지게 되며 이러한 의무를 이행하지 않을 경우, 보험금 지급에 불이익이 발생하거나 보험금을 받지 못하게 된다.

- 상법 제651조(고지의무위반으로 인한 계약해지) : 보험계약당시에 보험계약자 또는 피보험자가 고의 또는 중대한 과실로 인하여 중요한 사항을 고지하지 아니하거나 부실의 고지를 한 때에는 보험자는 그 사실을 안 날로부터 1월 내에, 계약을 체결한 날로부터 3년 내에 한하여 계약을 해지할 수 있다. 그러나 보험자가 계약당시에 그 사실을 알았거나 중대한 과실로 인하여 알지 못한 때에는 그러하지 아니하다.
- 상법 제657조(보험사고발생의 통지의무) : 보험계약자 또는 피보험자나 보험수익자는 보험사고의 발생을 안 때에는 지체없이 보험자에게 그 통지를 발송하여야 한다. 보험계약자 또는 피보험자나 보험수익자가 제1항의 통지의무를 해태함으로 인하여 손해가 증가된 때에는 보험자는 그 증가된 손해를 보상할 책임이 없다.
- MIA 제78조 Suing and labouring clause(손해방지의무) : 손해를 피하거나 최소화하기 위해 합리적인 조치를 취하는 것은 모든 경우에 있어서 피보험자와 그의 대리인의 의무이다.

나. 피보험자나 그 대리인의 통제

해상적화보험은 운송 중에 발생하는 우연한 사고로 인한 피보험자의 경제적 손해를 보전하는 것이다. 따라서 피보험자의 관리나 통제를 벗어나 운송인의 통제 하에서 발생하는 위험들은 계약조건에 따라 보험자가 부담하여야 하며, 피보험자나 그 대리인이 좌우할 수 있는 상황에서 발생된 손해에 대해서는 보상하지 않는 것이 원칙이다. 피보험자나 그 대리인이 통제할 수 있다는 의미는 보관책임이나 관리책임이 운송인이 아닌 피보험자나 그 대리인에게 있는 경우를 말하는 것이다. 예를 들어 화물이 선적을 위해 운송인의 창고를 떠났지만 화주가 선적취소통지를 받고 다른 선박이 수배될 때까지 또는 다른 구매자가 물색될 때까지 선적항의 어떤 창고에 화물을 보관하기로 결정한 경우, 보험증권상의 위험은 화물이 그 창고에 도착한 즉시 종료된다.

(2) 해상적화보험의 기본용어

1) 보험금(Claims Paid)

보험자가 피보험자 또는 보험금을 받을 사람에게 지불하는 돈을 말한다. 보험계약에 따라 보험사고가 발생하면, 보험자는 피보험자에게 약속된 손해보상금, 곧 보험금을 지급하게 된다. 보험금은 손해보험에 있어서는 원칙적으로 피보험자에게, 생명보험에 있어서는 보험금 수령인에게 지급된다.

보험계약자는 보험계약 체결할 때 보험수익자를 지정할 수 있는 권리와 또한 보험계약자는 지정된 보험수익자를 변경할 수 있는 권리(상법 제733조 제1항)를 지니고 있다. 따라서 청약서에 만기·생존 시 수익자, 입원·장해·기타 시 수익자, 사망 시 수익자를 기재하는 방법으로 보험수익자를 지정할 수 있다. 그러나 보험계약자는 보험기간 중에 보험수익자를 변경할 수 있으나 보험사고가 발생하면 그 변경권을 행사할 수 없게 된다. 왜냐하면 보험사고가 발생하면 보험수익자의 권리가 확정되어 버리기 때문이다. 그리고 타인의 생명보험, 즉 보험계약자와 피보험자가 다른 보험계약에서는 수익을 변경할 때 피보험자의 동의를 얻어야 한다. 다만 만기·생존 시 수익자 변경은 동의가 없이 가능하다. 보험수익자의 지정·변경은 보험금수령권자가 누구냐와 관련이 있으므로 자세히 알아볼 필요가 있다.

- 자유요율(free rate) : 보험자가 각각 독립적으로 보험목적과 담보조건의 위험을 감안하여 산출하는 요율.
- 협정요율(insurance tariff by agreement) ; 보험 회사 간에 협정한 요율로서 자유 경쟁 요율로 인한 요율의 덤핑, 계약자에 대한 부당한 차별대우의 폐해 등을 방지하기 위해 고안되었다. 그러나 협정 요율은 보험 자의 부당한 이윤 확보 등으로 피보험자의 이익을 침해할 우려가 있다.

2) 보험료(Insurance Premium)

보험에 가입한 사람(보험계약자)이 보험자에게 정기적으로 내는 일정한 요금을 보험부금 또는 보험료라고 한다. 보험료는 보험계약에 있어서 위험부담이라는 보험자의 급부에 대한 반대급부다.

보험료는 순보험료와 부가보험료로 이루어지는데, 앞의 것은 보험급부의 지불에 충당되고, 뒤의 것은 주요 부분이 인건비·물건비 등의 영업비 지불에 충당된다. 손해보험에서는 각 대상물건의 위험도에 대응해서 순보험료가 산정되어 있다. 손해보험은 사고발생의 빈도가 생명보험의 경우처럼 평균화되어 있지 않아 손해율이 불안정하고 이 때문에 손해보험에서는 보험요율이 적정한가 아닌가를 판단하는 것이 매우 어렵다. 이 요율을 자유경쟁에 맡겨두면, 보험회사간의 경쟁으로 부당하게 저하하여 보험경영을 위험하게 할 수도 있으므로, 보험종목에 따라서 자유요율, 인정 요율, 협정요율을 적용한다.

▸동일한 보험의 목적에 대하여 복수의 이해관계 즉 복수의 피보험이익이 존재할 수 있다.
[예] 선박 - 소유권자로서의/선박저당권자로서의 피보험이익이 존재함.
적화 · 화주/보관자/중개자로서의 피보험이익이 존재함.

3) 보험증권(Insurance Policy)

보험계약이 성립한 후 보험자가 보험계약의 사항을 적어서 보험계약자에게 주는 일종의 증서로서 보험계약의 증명이 된다. 보험증권은 보험종목 · 보험금액 · 보험기간 · 보험금을 지급받을 자의 주소와 성명 등이 기재된 본문(本文)과 보험계약의 내용을 기재한 약관(約款)으로 구성되어 있으며, 보험계약자의 청구에 의해 보험회사가 교부하도록 상법 제640조에 규정하고 있다. 사고가 생기거나 만기일이 되면, 보험계약자 또는 보험금 수취인은 이것을 보험회사에 통지하여 일정한 기간 내에 필요한 서류를 제출하여 보험금을 타게 된다.

보험증권은 법률상 증거증권(證據證券)이므로 양도할 수 없으나, 해상적화보험인 경우에는 선적서류의 하나로서 배서(背書)에 의해 화물의 매수인에게 양도되므로, 일종의 유가증권과 같은 효력을 가진다.

4) 보험의 목적(Subject-matter Insured)

보험의 목적은 위험발생의 객체, 즉 보험사고의 대상이 되는 객체를 의미한다. MIA 제3조 2-a항은 일체의 선박, 화물 또는 동산이 해상위험에 노출되는 경우, 그러한 재산 모두를 피보험재산(insurable property)이라고 규정하고 있으므로 해상적화보험의 목적을 피보험재산이라고도 한다. 따라서 해상적화보험의 목적은 피보험목적물 혹은 보험목적물로서 수출입화물을 의미한다.

5) 피보험이익(Insurable Interest)

상법상 보험계약의 목적을 말한다. 보험의 보호대상은 선박이나 화물 또는 그에 준하는 유체물 그 자체가 아니고, 그러한 보험의 목적에 대하여 특정인이 가지고 있는 법률적인 이해관계이다. 즉, 보험의 목적물이 우연한 사고로 인하여 멸실 또는 손상됨으로써 경제적 손실을 입게 되는 특정인과 그 보험의 목적 사이에 존재하는 이해관계를 말한다. “이익없는 곳에 보험없다”(no interest, no insurance)라는 보험관련 격언과 같이 피보험이익이 존재하지 않으면 사고가 발생해도 손해를 보지 않으므로 해상보험은 성립되지 않는다. 따라서 피보험이익이 없는 보험계약은 도박에 지나지 않으며, 그러한 보험계약은 무효이다.

한국의 상법 제668조에서는 "보험계약은 금전으로 산정할 수 있는 이익에 한하여 보험계약의 목적으로 할 수 있다"라고 규정함으로써 피보험이익의 존재를 보험계약의 성립조건으로 명시하고 있다. 이것은 보험의 목적이 무엇이냐에 의하여 보험의 종류가 결정되는 것이 아니고, 피보험이익, 즉 보험계약의 목적이 무엇이냐에 따라 보험의 종류가 달라짐을 의미하며 하나의 보험의 목적에 관하여 여러 가지 보험계약의 목적이 존재할 수 있음을 뜻한다. 예를 들어 하나의 선박에 대하여 그 선박의 소유자뿐만 아니라 선박의 임차인 또는 용선자, 선박매개중개인, 선박의 저당권자 등이 피보험이익을 가지고 있다. 결국, 해상적화보험에서 말하는 피보험이익이란 해상적화보험의 목적물인 적화(화물)와 같은 재산뿐만 아니라 적화가 해상위험에 노출되는 것에 대하여 특정인이 갖게 되는 이해관계를 포함한다. MIA 제5조1항에서는 "해상사업에 이해관계가 있는 자는 모두 피보험이익을 가진다"고 규정하고 있고, 2항에서는 "해상사업에서 위험에 노출된 일체의 피보험재산에 대하여 어떤 자가 피보험재산의 안전이나 예정된 도착으로 이익을 얻거나, 피보험재산의 멸실이나 손상 또는 지연으로 손해를 입거나, 또는 피보험재산에 관하여 배상책임을 지는 자는 해상사업에 이해관계가 있다."고 규정하고 있다. 따라서 해상적화보험에서 피보험이익을 가진 자는 해상보험의 목적인 적화에 관하여 해상위험이 발생하지 않음으로써 이익을 얻기도 하고, 또 해상위험의 발생에 의하여 손해를 입기도 하는 이해관계를 가진 자라 할 수 있다. 해상적화보험의 목적물은 적화이지만, 보험이 담보하는 대상은 그 목적물에 대하여 특정인이 갖는 이해관계이며, 이것이 해상적화보험계약의 목적물인 동시에 피보험이익이다.

가. 피보험이익의 성립요건

- **경제적 이익** ; 한국 상법 제668조에서는 "보험계약은 금전으로 산정할 수 있는 이익에 한하여 보험계약의 목적으로 할 수 있다"라고 규정함으로써 피보험이익의 존재를 보험계약의 성립조건으로 명시하고 있다. 그러므로 피보험자가 갖는 경제적 이해관계이어야 하는데, 이런 경제적 이해관계는

객관적으로 평가될 수 있어야 한다. 따라서 도덕적인 가치나 종교적인 가치 · 개인적인 특수한 가치 등은 피보험이익이 될 수 없다. 경제적 이해관계는 소유권처럼 법률상의 이해관계뿐만 아니라, 화재에 의한 영업불능으로 입은 손실처럼 사실상의 이해관계가 피보험이익이 된다. 이런 경제적 이해관계는 피보험자가 현실로 입은 손실(적극적 이익상실)이든, 기대이익의 상실로 인해 입은 손실(소극적 이익상실)이든 불문한다. 다만 피보험자가 얻을 이익이나 보수를 피보험이익으로 하기 위해서는 당사자간에 이에 관한 특약이 있어야 한다(동법 제667조).

- **확정 가능한 이익** ; 특정의 우연한 사고와 손해 간에 인과관계가 확정될 수 있어야 하고 보험계약의 체결에 있어서 개별화가 가능한 이익이어야 한다. 그러나 피보험이익이 반드시 현존하는 이익일 필요가 없다. 희망이익이나 이익금처럼 장래의 피보험이익도 보험적 보호가 가능하다. 또한 피보험이익관계가 복수로 존재하고 이 중 장래에 택일적으로 확정 가능한 이익은 부보가 가능하다. 하지만 피보험이익은 보험계약성립 당시에 그 존재 및 소속이 객관적으로 확정되어 있거나, 또는 적어도 보험사고 발생 시까지는 객관적으로 확정될 수 있는 것이어야 한다(87다카929). 보험사고발생시까지 피보험이익이 확정되지 않으면, 손실도 확정되지 않고 보험자가 보상할 보험금도 확정될 수 없기 때문이다. 이런 이유로 해상적화보험계약은 기평가보험이며 보험계약체결시점에서 피보험이익은 확정 가능해야 하는 전제를 포함한다.

▸ 해상보험에서 피보험자가 피보험이익의 존재를 증명하는 시기는 보험사고가 발생한 때다.

- **적법한 이익** ; 피보험이익은 적법한 것이어야 한다. 절도, 도박 등에 의해 얻을 이익처럼 민법 제103조에 위반하거나 금지규범에 위반하는 이익은 피보험이익이 될 수 없다. 이익의 보호 자체가 법률적으로 인정될 수 없는 경우, 마약이나 밀수처럼 공서양속에 반하는 경우, 보험적 보호의 대상이 될 수 없다. 또 보물수출 등과 같이 피보험이익 자체가 본질적으로 위법은 아니지만 실정법에 의해서 이것을 보험에 붙이는 것이 금지되는 경우에는 보험적 보호를 받을 수 없다.
- **피보험이익의 이전성** : 피보험이익은 순수관념상의 개념으로서 상법에서는 이를 '보험계약의 목적'이라고 표현한다. 이때, '보험의 목적'은 보험계약의 대상 · 객체를 말하며, '보험계약의 목적'은 보험의 목적에 대하여 피보험자가 가지는 이해관계를 말하는 점에서 개념상 구별된다. 피보험이익은 손해보험계약의 성립 시에 성립요건으로서, 또한 성립 후 손해보상정도

의 지표로서 중요한 의의를 지닌다. 즉, 피보험이익이 없으면 보험계약 자체도 없다고 할 수 있다.

그런데 이와 같은 피보험이익은 보험조건이 달리 규정되어 있지 않은 이상 위험에 처한 재산에 대해 피보험이익을 가진 자는 해상보험증권의 양도를 통하여 피보험이익을 자유롭게 양도할 수 있다. 적화가 위험에 처하지 않았더라도 해상보험증권은 INCOTERMS 2010의 운송조건에 따라 피보험이익이 인도될 때 또는 그 이전에 인도될 수 있다.

6) 보험가액(Insurable Value)

▶MIA에 의한 보험가액 산정 기준 선박 : 의장선구, 선원의 식료품, 비축품, 해원의 임금 중 선급금, 선박의 감항성 유지를 위해 지출한 비용 등 포함(증기선의 경우 석탄, 기관의 소모품 포함)
운임 : 운임총액+보험비용
화물 : 화물의 가격 + 선적에 수반된 비용+보험비용

피보험이익을 경제적으로 평가한 가치, 즉 금전으로 환산한 가액으로 법률상 보험자의 최고보상한도가 보험가액이다.

MIA 제16조 제3항은 적화나 상품에 대한 보험가액을 피보험재산의 원가에 해상운송비용과 해상운송에 부수하는 비용 및 그 전체에 대한 보험비용을 가산한 금액으로 규정하고 있으며 또한 상법 제689조는 운송보험의 보험가액을 운송물의 보험에 있어서는 발송한 때와 장소의 가액과 도착지까지의 운임, 기타의 비용을 보험가액으로 하고 운송물의 도착으로 인하여 얻을 이익은 약정이 있는 때에 한하여 보험가액 중에 산입한다. 따라서 해상운송에서 적화의 보험가액은 화물의 가격에다가 선적에 수반된 비용과 보험비용을 포함하여 산출한다. 상법 제696조에서는 적화보험의 경우, 해상보험법정가액이 보험기간에 변치 않는 것을 전제로 보험가액불변경의 원칙을 적용하여 선적한 장소에서 해당 적화의 가액과 선적 및 보험에 관한 일체 비용(CIF가액)을 보험가액으로 산정하는 것을 원칙으로 하고 있다.

7) 보험금액(Insured Amount)

보험금액이란 실제 보험에 가입한 금액으로서 손해가 발생한 경우 보험자가 피보험자에게 지급하기로 약정한 최고금액이다. 따라서 보험금액은 보험가액을 초과할 수 없으며, 실제로 보험자가 지급하는 보험금에 있어서도 보험금 최고액으로 실손해액과 보험가액 및 보험금액 중 가장 적은 금액을 채택하고 있다. 다만, 손해방지비용에 대해서는 MIA 제78조 제1항과 상법 제680조 제1항에 의거하여 다른 손해액과 합산하여 보험금액을 초과해도 보상하며, 연속손해(successive losses)의 경우에도 MIA 제77조에 따라 그 손해액이 보험금액을 초과하더라도 보험자가 책임을 진다.

• 보험가액과 보험금액과의 관계

계약 당사자의 협의에 의해 아래에서 적용원칙을 선택한다.

① 전부보험(full insurance): 보험가액 = 보험금액

② 일부보험(under insurance): 보험가액 〉 보험금액

③ 초과보험(over insurance): 보험가액 〈 보험금액

④ 중복보험(double insurance): 보험가액 〈보험금액(1)+보험금액(2)+ ....

8) 보험기간(Duration of Risk)

보험기간은 보험의 목적에 대해 보험자의 위험부담책임이 존속하는 기간으로 보험자가 손해배상의 책임을 부담하여야 하는 보험사고발생의 시간적 한계다. 즉, 보험자의 위험부담책임이 시작되어 종료될 때까지의 기간으로서 이를 책임기간 또는 위험기간이라고도 한다. 적화보험은 항해보험이기 때문에 일정한 항해를 보험기간으로 정한다. 보험기간의 결정방법에 따라 항해보험, 기간보험, 혼합보험 등이 있다.

가. 항해보험(Voyage Policy)

상법 제699조와 제700조에 의해 명시된 상업상 해상적화보험의 보험기간 개시와 종료는 다음 아래와 같다.

- 해상보험의 보험기간의 개시 : ① 항해단위로 적화를 보험에 붙인 경우에는 보험기간은 화물 또는 적화의 선적에 착수한 때에 개시한다. ② 적화를 보험에 붙인 경우, 보험기간은 화물의 선적에 착수한 때에 개시한다. 그러나 출하지를 정한 경우에는 그 곳에서 운송에 착수한 때에 개시한다. ③ 화물 또는 적화의 선적에 착수한 후에 보험계약이 체결된 경우에는 보험기간은 계약이 성립한 때에 개시한다.

▸전쟁위험의 경우는 본선 적재 시부터 하역 시까지 담보한다.

- 해상보험의 보험기간의 종료 : 보험기간은 항해단위로 적화를 보험에 붙인 경우에는 도착항에서 화물 또는 적화를 양륙한 때에, 적화를 보험에 붙인 경우에는 양륙항 또는 도착지에서 화물을 인도한 때에 종료한다. 그러나 불가항력으로 인하지 아니하고 양륙이 지연된 때에는 그 양륙이 보통 종료될 때에 종료된 것으로 한다.

▸부선 중인 사고 및 소위 추락사고는 보험기간 중의 사고로서 보험자가 책임을 부담한다.

즉, ① 보험증권에 기재된 목적지의 수하인 또는 기타의 최종창고 또는 보관장소에 인도될 때, ② 보험증권에 기재된 목적지에 도착되기 이전이거나 목적지에 도착된 이후이거나를 불문하고 피보험자가 다음의 목적 중 어느 것에 사용하기 위하여 선택한 기타의 창고 또는 보관장소에 인도될 때, ③ 통상의 운송과정에 속하지 않는 보관 또는 ④ 할당 또는 분배, ⑤ 또는 최종양륙

항에서 외항선으로부터 피보험적하의 양륙완료후 60일이 경과된 때 최종양륙항에서 외항선으로부터 양하 후, 보험기간이 종료되기 전에 적화가 부보된 목적지이외의 장소로 운송되는 경우에는 보험은 상기의 규정에 따라 계속되나 그러한 다른 목적지로 운송이 개시될 때에 종료한다. 그러나 보험은 피보험자가 좌우할 수 없는 지연, 일체의 이로, 부득이한 양하, 재선적 또는 환적 및 해상운송계약상 선주 또는 용선자에게 부여된 자유재량권의 행사로부터 생기는 위험의 변경기간 중 유효하게 계속된다.

해상적화보험은 손해가 보험기간의 개시 후에 발생한 경우에도 그 원인인 사고가 보험기간의 개시 전에 발생한 때에는 보험자는 그 손해를 보상할 책임이 없다. 그러나 보험기간 중에 사고가 발생하면 그로 인한 손해가 보험기간 종료 후에 발생하여도 보험자는 그 손해를 보상할 책임이 있다. 보험기간은 당사자의 합의에 의해 정해지는데, 보험기간의 결정방법에 따라 구분된다.

나. 기간보험(Time policy)

1995년 1월1일부터 1년간과 같이 일정한 기간을 기준으로 하여 정해진 보험을 말하며, 선박보험은 보통 이러한 기간보험으로 계약된다.

다. 혼합보험

▶ 혼합보험 하에서 보험기간을 표시하는 방법 : 기간보험의 표시방법과 항해보험의 표시방법을 병용하는 경우. “at and from London to Cardiz for six months”

혼합보험은 보험기간의 설정에 있어 일정한 지역에서 일정한 지역까지의 운송위험 등에 대한 것과 같이 구간보험의 성격과 일정한 기간을 정하는 기간보험의 성격을 동시에 갖춘 경우의 보험기간을 말한다. 예를 들면, 특정한 기간 중에 특정한 장소까지의 운송에 대한 위험을 담보한다는 식으로 기간과 구간이 동시에 보험기간의 역할을 하게 되며 보험의 종료의 우선순위를 정하게 된다.

▶ 보험계약기간(duration of policy)은 보험계약이 유효하게 존속하는 기간으로 대체로 보험기간과 일치하지만, 소급보험이나 예정보험(floating policy)의 경우에는 일치하지 않는다.

해상적화보험 증권 본문에서는 보험기간이 “화물이 출발항에서 외항선에 선적될 때에 개시하고 도착항에 안전하게 양하된 때에 종료한다”고 되어 있다. 그러나 오늘날에 있어서 수출입화물의 거래실태를 기준으로 보면 이 조건은 너무 제한적이다. 때문에, 창고 간 약관(warehouse to warehouse Cl.)이라고 하여, 화물이 증권에 명시된 화물출발지의 창고 혹은 보관장소 반출로부터 도착지의 창고 혹은 보관장소 반입까지의 전 운송구간으로 확장하고 있다. 보통 적화보험에 가입하는 경우, 거래하는 보험회사에 Fax 등을 이용하여 Invoice나 L/C 를 송부하고, 그 서류대로 증권을 발행해 줄 것을 요구하시는 경우가 많다. 이러한 경우, 무역서류에는 출발지와 도착지가 보통 항구나 공항으로 되어 있어, 창고에서 항구 간 또는 항구에서 창고간은 무보험 상태가 된다. 즉, 앞에서 언급한 보험증권에 명기된 출발지와 도착지까지가 보험약관상 담보되는 구간인데, 무역서류상엔 항구이름만 나와 있으므로 그대로 보험에 가입되면 창고와 항구간은 담보가 되지 않는다. 따라서 적화보험에 가입할 때는 반드시 출발지와 도착지를 창고가 있는 행정구역명(예를 들어 서울, 안양, 대구, 전주 등)으로 표기하여야 완전하게 담보가 된다. 이때 해당 구간에 대한 추가보험료는 없다.

9) 보험계약기간(During of Policy)

보험계약이 유효하게 존속하는 기간, 즉 보험계약이 성립된 때로부터 종료할 때까지의 기간을 말한다. 이는 그 기간 내에 보험사고가 발생하여야 보험자의 보상책임이 인정되는 보험기간 및 보험료의 산출을 위한 위험측정의 단위가 되는 기간인 보험료기간과 구별된다. 특히, 보험계약기간과 보험기간과의 관련에서, 양자는 반드시 일치하지 않는다. 양자의 종기는 원칙적으로 일치하지만, 보험계약의 성립과 보험기간의 개시는 일치하지 않는 것이 원칙이다. 보험기간이 계약의 성립과 동시에 개시하지 않는 것은, 법률관계를 명확히 하기 위하여 보험약관으로 보험기간의 개시와 종료의 시기를 한정하는 경우(예컨대, 자동차종합보험보통약관 제38조 2항에 의하면, 계약성립의 익일 0시부터 보험기간이 개시되게 되어 있다), 이른바 보험료선급주의에 의하여 보험기간은 보험계약이 성립한 후 최초의 보험료를 지급한 때로부터 개시하게 되어 있는 경우(상법 제656조), 장래보험 또는 예정보험의 경우 등이 있다. 이러한 경우에는 원칙적으로 보험계약기간이 보험기간 보다 길다. 반대로 소급보험 경우(상법 제643조), 이른바 책임소급조항에 의한 승낙 전의 보험사고에 대한 보험자의 보상책임의 경우(상법 제638조의2 제3항) 등에서는 보험기간이 보험계약기간 보다 길다. 결국 보험계약기간은 실제적 의미가 없고, 보험자의 책임이 개시하여 종료하는 시점이 매우 중요하다. 일반적으로 보험자는 보험계약 성립 후 최초의 보험료를 받을 때부터 위험보장책임을 진다(상법 제656조).

보험료기간이란 보험료산출의 기초가 되는 기간, 즉 통계상 그 기간을 한 단위로 하여 위험을 측정하는 기간을 의미한다. 이러한 보험료기간은 보험수리의 원칙에 의하여 정해지는데, 보통 1년을 단위로 한다. 보험료기간은 보험기간과는 다른 개념으로, 양 기간은 일치할 수도 있고, 일치하지 않아도 된다. 보험료기간은 하나의 단일한 것으로 더 이상 나눌 수 없고, 따라서 보험자가 그 기간의 일부에 대해서만 위험을 분담하였다 하더라도 그 기간에 대

▸ 위부를 통하여 피보험자는 보험금을 지불받아 보험목적으로 투자한 자본의 회수가 용이하게 한다.

▸ 상법(710~718조)에는 위부할 수 있는 경우와 그 절차가 정해져 있다. 선박보험이나 화물해상보험 등의 보통보험약관에도 위부할 수 있는 경우를 예시하고 있다. 위부는 해상보험 특유의 제도이다.

▸ 금반언의 원칙 : 이미 표명한 자기의 언행에 대하여 그것과 모순된 언행을 하지 못한다고 하는 법리로서 상행위의 안전을 위한 영미법상의 법리로서 상법에서도 거의 동일한 표현대리책임을 규정하고 있음.

한 보험료 전액을 취득할 수 있다(보험료 불가분의 원칙). 그러나 보험료 불가분의 원칙은 절대적인 것이 아니고, 단위보험료의 분할지급이 허용되는 점을 고려하여 보험계약이 보험료기간 중에 종료할 경우 날짜를 따져 일부 보험료를 돌려주는 것이 보통이다.

10) 위부(Abandonment)

해상보험에서 피보험자가 보험목적에 관한 일체의 권리를 보험자에게 이전하고 보험금액의 전부를 청구할 권리를 취득하는 것을 위부라 한다. 정식 명칭은 보험위부이다. 예를 들면 선박이 행방불명이 되었다고 했을 때, 전손의 염려가 많거나 또는 그 증명이 어려울 경우에 피보험자는 보험의 목적인 선박 또는 적화에 관한 일체의 권리를 보험자에게 이전하여 보험금 전액의 청구권을 취득할 수 있다. 이때, 피보험자의 보험사고 발생사실의 증명이나 손해액산정절차는 생략이 가능하다. 따라서 앞에서 살펴본 것처럼 오늘날 각국에서 인정하는 추정전손제도에서는 위부의 적용이 가능하다. 위부는 추정전손의 형식적 요건으로서, 위부에 의하여 추정전손이 완전하게 성립하고 보험금액의 전액청구권이 발생한다.

▸ 보험의 목적의 전부가 멸실해야 한다는 것은 반드시 피보험이익의 물리적 전멸을 말함이 아니고 부보한 피보험이익으로서 경제적으로 이의 존재가 인정될 수 없는 경우를 말한다.

▸ 민법의 경우 대위는 반드시 등기나 인도의 과정이 존재하여야 효력이 발생한다. 민법 제186조는 부동산에 관한 법률행위로 인한 물권의 득실변경은 등기하여야 그 효력이 생긴다고 규정하고 있으며 제188조 1항은 동산에 관한 물권의 양도는 그 동산을 인도하여야 효력이 생기고 2항에는 양수인이 이미 그 동산을 점유한 때에는 당사자의 의사표시만으로 그 효력이 생기는 것으로 규정하고 있다.

위부의 법적 효과가 피보험자의 일방적 의사만으로 발생하는지 또는 보험자의 승낙이나 판결의 확정 등을 필요로 하는가에 대하여 각국의 입법례는 동일하지 않다. 상법 제710조는 "다음의 경우에는 피보험자는 보험목적을 보험자에게 위부하고…"라고 규정하고 상법 제716조에서는 "보험자가 위부를 승인한 후에는 그 위부에 대하여 이의를 하지 못한다"고 규정하고 있다. 이러한 규정을 감안해 볼 때, '위부의 승인'에 의하여 보험자는 피보험자에게 위부에 대하여 이의를 제기할 수 없고, 또 '위부의 승인'에 의하여 피보험자는 보험금액의 청구에 대하여 그 원인을 증명할 책임을 면하는 효과를 가지고 있다. 따라서 '위부'와 '위부의 의사표시' 또는 위부의 통지는 동일개념이며, 위부의 의사표시는 다른 의사표시와 마찬가지로 보험자에게 도달함에 따라 그 효력이 발생한다(민법 제111조 1항).

위부는 추정전손의 성립에 대한 실질적 요건을 갖추고 있는 경우에 피보험자의 일방적 의사표시에 의해 피보험이익의 이전을 목적으로 하는 행위이다. 물론 보험자는 위부의 통지에 대하여 위부를 승인하지 않을 수도 있다. 영국에서는 보험자가 위부의 통지를 거절한 경우에 피보험자가 그의 위부를 적법한 것으로, 즉 추정전손에 대한 보험금청구권을 행사하기 위해서는 보험자에 대하여 손해보상청구를 하는 영장(writ)의 발행이 필요하다. 상법 제717조는 이 점과 관련하여 "보험자가 위부를 승인하지 아니한 때에는 피보험자는 위부의 원인을 증명하지 아니하면 보험금액의 지급을 청구하지 못한다"고 규정하고 있다.

위부권은 상법상 피보험자에게 주어지는 형성권의 일종이지만, 보험자는 위부가 적법하게 이루어지지 않은 경우에는 이에 대하여 위부의 성립을 다툴 수 있다. 그러나 만일 보험자가 위부를 승인한 후에는 그 위부에 대하여 이의를 제기하지 못한다(상법 제716조, MIA제62조6항). 이는 규정에 없더라도 금반언의 원칙상 당연하다.

11) 대위(Subrogation)

대위란 원래 대리 또는 대신이라는 의미의 'Sub'와 청구(請求)라는 의미의 'rogare'를 조합한 합성어로 라틴어 'subrogatus'를 그 어원으로 하고 있다. 즉, 대위는 피보험자에게 그 손실을 보장해 주고 그 해당 피보험자 또는 보험계약자가 보험의 목적이나 제3자에 대하여 가지는 법률상의 권리나 청구권을 보험자가 취득하는 것으로 정의할 수 있다.

대위에는 크게 보험목적물대위(혹은 잔존물대위)와 청구권대위가 있다.

잔존물대위란 보험사고에 의하여 손해가 발생했지만 피보험자에게 가치있는 잔존물이 남아 있거나 피보험자가 보험자로부터 보상을 받게 되면, 피보험자는 보험의 목적에 대하여 가지는 권리를 보험자에게 당연히 이전해야 하는 것을 말한다. 예를 들면 화재보험에서 타고 남은 물건이나 거의 도괴(倒壞)되어 경제적 가치를 상실한 경우 또는 선박보험에 있어서 뜯어낸 고철 등을 취득하는 것과 같이 보험의 목적에 전손이 생겼을 경우가 이에 해당된다. 이는 법이 정해놓은 당연한 권리이므로 피보험자의 승낙이나 양도를 받을 필요가 없다. 보험목적물 전부가 멸실하여 보험회사가 보험가입금액의 전부를 지급한 때에는 보험회사는 그의 목적에 관하여 권리를 얻게 되는 것이다.

청구권대위는 대위의 가장 일반적인 예로서 피보험자에게 손해를 입힌 불법행위자나 계약상 채무불이행책임에 대해 보험자가 손해배상청구를 할 때 발생한다. 즉, 제3자가 자신의 불법행위로 인하여 보험목적물이 멸실(loss)이나 손상(damage)과 같은 손해를 입었을 경우, 보험자가 피보험자에 대하여 제3자의 부담액을 지급한 경우에 보험자는 피보험자에 대하여 지급한 금액의 한도까지 피보험자가 제3자에 대하여 가지는 권리를 대위하는 것이다. 이를 다른 용어로 제3자에 대한 대위, 또는 청구권, 대위구상권이라 한다. 보험자의 청구권대위취득도 잔존물대위와 마찬가지로 법률상 당연히 얻어지는 것이며, 양도도 아니고 채권의 이전도 아닌 법정권리에 따라 구상을 한다. 다시 말하면 불법행위 하에서 보험자의 대위권은 피보험자의 권리에만 한정되어 있는 것이 아니라 보험자와 피보험자와의 계약이 손해배상계약 중의 하나이면 형평법상 대위의 권리는 보험자에게도 반드시 존재하기 때문에 보험금을 지급한 보험자가, 피보험자가 제3자에 대하여 가지는 손해배상청구권을 취득하는 것이다.

5. 해상위험

▸해상위험이란 해상보험의 대상인 선박, 운임, 적화 등에 관한 위험으로 피보험위험이 해상위험인 것이다.

해상적화보험은 해상사업에 수반하여 발생하는 손실을 보험자가 보상해주는 계약이다. 해상적화보험에서 담보하는 해상위험은 침몰. 좌초. 충돌 등과 같이 해상에서 우연히 발생하는 사고나 재해를 말한다. 영국해상보험법 제3조 2항에서는 해상위험을 항해에 기인 또는 부수하는 위험, 즉 해상고유의 위험, 화재, 전쟁위험, 해적, 표도, 강도, 포획, 나포, 왕후 및 국민의 억지 또는 억류, 투하, 선원의 악행 그리고 앞의 여러 위험과 동종의 위험 또는 보험증권에 기재되는 기타 일체의 위험으로 규정하고 있다. 물론 한국 상법 제693조이 해상보험계약을 "항해에 관한 사고"로 인하여 생길 손해의 보상을 목적으로 한다고 규정하고 있으므로 해상위험이 항해에 관련된 사고로 한정시킬 수 있지만, 국제적으로는 MIA 제3조를 준거법으로 삼고 있으므로 해상위험에 "항해를 계기로 하여 생기는 위험과 항해에 부수하는 위험"(perils consequent on, or incidental to, the navigation of the sea)도 포함하는 것이 옳다. 따라서 하천 또는 항만 등 내수에서의 항행 또는 정박 중의 위험, 화물을 환적하기 위한 양륙중의 위험도 항해에 부수하는 것인 이상 해상위험이며, 당연히 이와 같은 위험들은 보험자의 부담에 속한다고 볼 수 있다.

그러나 피보험자가 보험금의 청구를 하기 위해서는 손해가 부보위험으로 인하여 발생한 것이어야 하고 피보험자에게 피보험이익이 있어야 하며 보험사고가 보험기간 중에 발생하였어야 한다. 어떤 것을 부보위험으로 할 것인가는 계약당사자의 의사에 달려 있으나 실무상 사용되는 협회선박약관에는 부보위험이 정형화되어 있으며, 보험증권해석에 관한 규칙 제7조에 따르면 해상고유의 위험은 해상의 우연한 사고나 재난만을 말하고, 바람과 파도의 통상적인 작용은 포함되지 아니한다.

해상적화보험계약에서 유의해야 할 점은 다음과 같다. 비록 항해에 접속된 육상 또는 항공 운송중의 위험 등이, 예컨데 ICC 제8조(운송조항)에서 보는 바와 같이, 최종 양륙항에서 양화 후 보험증권에 기재된 목적지의 최종창고에 화물이 인도될 때까지의 육상운송 중의 위험은 해상위험이 아닌 육상위험이므로 따라서 원칙적으로 이러한 위험에 대해서는 해상위험과는 별개로 보험계약을 체결하여야 한다. 그러나 실무적으로는 MIA 1906 제3조에 의거하여 특약에 의해 이러한 육상위험에 대해서도 해상보험에서 함께 부보하며, 하나의 해상보험계약으로 계약됨에 유의해야 한다.

- **항해에 기인하는 위험** ; 항해에 기인하는 위험은 항해가 원인이 되어 우연히 발생하는 해상고유의 사고를 말한다. 예를 들어 비, 폭풍우, 태풍 등으로 인하여 선박이 좌초, 충돌, 교사, 침몰되거나, 또는 화물이 파손되거나 유실되는 사고를 말한다. 이런 위험은 항해를 하지 않으면 발생하지 않는 해상고유의 위험이다.
- **항해에 부수하여 발생하는 위험** ; 항해에 부수하여 발생하는 위험은 항해를 하지 않더라도 발생할 수 있는 화재. 선원의 악행. 전쟁 등의 위험을 말한다. 항해에 부수하여 발생하는 위험은 그 의미가 매우 포괄적이기 때문에 꼭 해상에서 발생하는 위험만을 포함하는 것은 아니다. 해상보험은 해상사업과 관련되는 내수로운송, 육상운송에서 발생하는 위험까지도 담보하기 때문에 이 운송과정에서 발생하는 위험도 항해에 부수하는 위험이 된다. 이런 점에서 해상위험은 해륙혼합의 위험이라 할 수 있다.

(1) 해상위험에 대한 보험자의 담보방식

1) 포괄책임주의

해상위험에 대한 보험자의 담보방식 중 포괄책임주의란 모든 해상위험을 보험자가 포괄적으로 부담하는 것을 말한다. 이는 한국 상법 제693조 규정에 따라 해상보험계약의 보험자가 해상사업에 관한 사고로 인하여 발생하는 손해를 보상해야 할 책임이 있기 때문이다. 따라서 포괄책임주의 하에서 피보험자는 우연적인 사고에 의한 손해가 보험기간 안에 발생하였다는 사실만을 증명하면 된다. 포괄책임주의가 법정 및 약정면책위험을 제외한 일체의 해상위험을 담보하고 있기 때문에 피보험자로서는 예상외의 위험이 발생해도 그것이 면책사유에 해당되지 않는 한 보호를 받을 수 있을 뿐만 아니라 보험금 청구서에도 단순히 해상위험으로부터 손해가 발생했음을 입증하기만하면 된다. 그러므로 포괄책임주의는 피보험자측에 유리하다고 볼 수 있다.

▸I.C.C(A)에서 보험자는 일체의 위험을 담보하지만 일반면책조항에 의한 면책사유, 전쟁면책조항에 의한 전쟁위험, 스트라이크면책조항에 의한 동맹파업위험, 그리고 MIA제55조의 면책규정에 의한 면책사유 등에 의하여 그 담보범위가 제한되고 있다.

그러나 실무적으로는 보험자가 면책약관을 사용함으로써 위험부담책임이나 손해보상책임을 제한하고 있으므로 사실상 열거책임주의하의 보험자책임

범위와 비슷하다. 따라서 포괄책임주의 하에서 보험자의 보상책임을 결정하기 위해서는 위험조항에 예시된 각 위험의 의미를 밝히는 것보다는 해상위험에 대한 개념규정을 명백히 하는 것이 더욱 중요한 의미를 갖는다.

2) 열거책임주의

해상위험에 대한 보험자의 열거책임주의란 포괄적인 의미의 해상위험 중에서 특정의 위험만을 부담하는 방식을 열거책임주의라고 한다. 따라서 열거책임주의 하에서는 위험조항에 열거된 개개위험의 개념규정을 명확히 하는 것이 중요한 의미를 갖게 되며, 또한 열거책임주의 하에서 사고발생 시 보험사고의 입증책임이 피보험자에게 있으므로 피보험자는 자신이 입은 손해가 보험기간 안에 약관상 열거된 위험에 기인하여 발생한 것임을 입증하여야 한다. 이런 측면에서 열거책임주의는 피보험자에게 불리하고 보험자에게 유리하며 포괄책임주의는 그 반대인 것처럼 보일 수도 있다.

그러나 이는 원칙론에 불과한 것이며 실제의 해상보험거래에서는 양주의 간에 중요한 차이점은 없다. 포괄책임주의 하에서도 많은 면책조항을 부가하여 담보위험을 제한함으로써 사실상 열거책임주의와 별 차이가 없는 계약내용을 합의하기도 하고, 열거책임주의 하에서 추가위험을 특약으로 담보하여 담보위험의 범위를 확대하거나 모든 위험을 담보하는 뜻의 전위험담보조항을 이용하여 사실상의 포괄책임주의를 적용하기도 한다. 오늘날 대부분의 국가는 포괄책임주의를 채택하고 있으나 영국은 열거책임주의를 채택하고 있다.

(2) 입증책임

소송에서 어떤 사실의 존부(存否)에 관한 증명이 불가능한 경우 당사자 일방이 최종적으로 불이익을 받는 법률상의 지위를 입증책임이라고 한다.

소송에서의 당사자들은 자신에게 유리한 사실을 주장하게 되는데 그에 따르는 법률효과를 얻기 위하여서는 그러한 사실을 주장하는 것만으로는 부족하고 그러한 사실이 존재한다는 점을 증명하여야 한다. 만약 권리・법률관계의 존부판단에 모든 증거자료를 동원해도 사실의 존부가 확정되지 아니한 경우, 반드시 어느 한 쪽의 당사자가 불리한 상태에서 재판을 진행하게 되기 때문이다.

▸화재보험의 경우에도 보험계약자(피보험자)는 화재 발생 사실만을 입증하면 되고 화재 발생원인(방화 또는 실화 여부)규명은 보험자 몫이다.

일반적으로 부보위험에 의하여 화물이 멸실을 입었거나 또는 훼손이 발생하였다는 사실에 대한 입증책임은 피보험자가 부담한다. 피보험자는 멸실 또는 훼손이 발생하였다는 사실뿐만 아니라 그 멸실 또는 훼손이 부보위험으로 인한 것이라는 사실까지 입증하여만 보험금을 청구할 수 있다.

입증의 정도에 관하여서는 피보험자와 보험자가 서로 상반된 사실이나 가설을 주장할 경우, 그 양자의 개연성을 비교하여 피보험자가 주장한 사실이나 가설이 보다 개연성이 우월하기만 하면 증명된 것으로 본다. 그러나 만일 그 개연성이 우월하지가 못하고 서로 비슷한 정도라고 한다면 피보험자는 입증책임을 다하지 못한 것으로 패소하게 된다. 그런데 여기서 주의하여야 할 점은 개연성이 보다 우월하다고 하더라도 어떤 경우이든지간에 항상 증명되었다고 보는 것은 아니라는 점이다. 즉, 피보험자가 주장한 사실이나 가설 자체의 개연성이 거의 없는 경우에는 비록 그 개연성이 보험자의 그것보다 우월하다고 하더라도 그러한 사실의 존재가 증명된 것으로 볼 수 없다.[28)]

1) 원인에 해당하는 부보위험과 결과에 해당하는 부보위험

부보위험은 어떤 사태의 원인에 해당한다고 할 수 있는 부보위험과 그 결과에 해당한다고 할 수 있는 부보위험으로 나눌 수 있다. 예를 들어서 해상고유의 위험은 원인에 해당한다고 할 수 있고, 화재라든가 폭발 등은 결과에 해당하는 부보위험이라 할 수 있다. 물론 어느 경우이든 피보험자로서는 부보위험의 존재사실과 그로 인한 멸실 또는 훼손의 사실을 입증하여야만 한다. 해상보험에 있어서 보험목적(the subject matter insured)이 멸실되는 등의 손해가 발생하였다 하더라도 그 손해가 보험계약에서 보험자가 피보험자에게 보상하여 주기로 약정한 부보위험으로 인하여 발생한 것이 아니라면 보험자는 보험금지급의무를 부담하지 아니하기 때문이다. 따라서 보험사고가 보험계약내용인 부보위험에 의하여 멸실 또는 훼손이 발생하였다는 사실과 손해와 부보위험 사이에 인과관계가 있다는 사실을 입증하여야 한다. 그런데 특히 화재라든가 폭발 등 결과에 해당한다고 할 수 있는 부보위험에 경우에는 피보험자는 화재 또는 폭발사실만 입증하면 되지 그 원인이 무엇이라는 점까지 입증하여만 하는 것은 아니다. 피보험자로서는 단지 화재가 발생하였고 그로 인하여 손해가 발생하였다는 사실만 입증하면 되는 것이고, 보험자가 그 책임을 면하기 위하여서는 그 화재가 고의적인 방화라든가 고유의 하자에 의한 것이라는 점을 입증하여야 한다.

▸ 예를 들어 감항능력이 없었다는 사실에 대한 입증책임은 보험자가 부담한다.

가. ICC(A) 등 전위험담보의 경우

ICC(all risks), ICC(A), ICC(Air) 등 전위험담보의 경우, 피보험자의 입증책임

▸신 I.C.C적화 약관의 내용을 보면(C)조건과 (B)조건에 적용되는 면책사항은 동일하고 (A)조건의 경우는 (C)조건과 (B)조건에서 보험자의 면책위험으로 약정하고 있는 여하한자의 불법행위에 의한 고의적 손상파괴를 면책위험으로 하고 있지 않다. 여하한자의 불법행위로 인해 보험목적물이 손상되는 경우, 그 화물이 (A)조건으로 부보되어 있을 경우에만 화주는 보험자로부터 그 손실을 보상받을 수 있다.

이 기타 기본약관의 그것보다 완화되어 규정되어 있다. 피보험자는 멸실 또는 훼손이 발생하였다는 점과 그러한 멸실 또는 훼손이 우연한 성질의 것이라는 점만 입증하면 되고, 구체적으로 어떤 위험 또는 사고로 인하여 멸실 또는 훼손된 것인가 하는 점까지 입증할 필요는 없다. 따라서 피보험자는 그 손해가 어떻게 발생한 것인지를 정확하게 보여주기 위하여 그 이상 더 나아가 담보된 수많은 위험중의 하나를 집어내야 할 필요는 없다.

나. 악행(Barratry)인 경우

선장 또는 선원의 악행이란 선박소유자에게 또는 경우에 따라서는 용선자에게 손해를 끼치기 위하여 선장 또는 선원이 고의적으로 행하는 일체의 위법행위를 말한다. 예를 들어 선장이나 선원이 선박소유자에게 손해를 끼치기 위하여 선박에 구멍을 뚫어 침몰시킨다든가, 선박에 불을 지른다든가, 좌초시킨다든가 하는 것들이 이에 해당한다. 이때, 보험자는 보험금지급을 하지 않기 위해서는 피보험자의 공모 내지는 묵인이 있었다는 점을 입증하여야 한다.

다. 면책사항, 담보위반에 대한 입증책임

보험약관은 부보위험과 반대로 일정한 사유에 기인하여 발생한 손해에 대하여는 보험자가 보상책임을 부담하지 아니한다는 내용의 면책약관(exclusion clauses)을 두고 있다. 그러므로 발생한 멸실 또는 훼손이 그 면책사항으로 인한 것이라는 점에 관한 입증책임은 보험자가 부담하게 된다. 예를 들어 부보된 선박의 멸실이 면책위험인 전쟁위험으로 인한 것이라는 점은 보험자가 입증하여야만 한다. 또한 피보험자가 담보위반을 하였다는 점에 대한 입증책임은 보험자가 부담한다.

라. 해상고유의 위험(perils of the seas)과 입증책임

해상 고유의 위험이라 함은 해상에서만 발생하는 우연한 사고(fortuitous accident) 또는 재난만을 의미한다. 따라서 우연성이 없는 사고, 예컨대 통상적인 바람이나 파도에 의한 손상, 자연적인 소모 등은 이에 해당하지 않으며, 보험의 목적에 생긴 손해가 이러한 해상 고유의 위험으로 인하여 발생한 것이라는 점에 관한 입증책임은 피보험자가 부담한다(대법원 1998.5.15. 선고 96다2773판결).

마. 인과관계

근인이라 함은 사고를 일으킨 가장 지배적인 원인을 말한다. 보험자는 보험증권에서 달리 약정하지 않는 한, 부보위험에 근인하여 발생한 손해(loss proximately caused by a peril against)에 대하여서만 책임을 지고, 부보위험에 근인하여 발생하지 아니한 손해에 대하여는 책임을 지지 아니한다. 영국해상보험법 제55조에 따르면 해상보험에서 보험자가 보상해주는 손해는 반드시 보험증권사의 담보위험에 근인하여 발생하여야 한다. 경제적 손해가 발생함에 있어서는 단일한 원인에 의한 경우도 있으나 대부분의 경우 여러 가지 원인이 경합되어 있는데, 여러 가지 원인이 경합하는 경우에는 이 중 오직 근인(proximate cause)만이 결과(손해)에 대한 원인으로 인정된다. 여러 가지 원인이 경합하는 경우 그 전부가 부보위험에 해당하면 별 문제가 없으나 그 중 일부만이 부보위험인 경우에는 어떤 원인이 근인으로 인정되는가에 따라 보험자의 보상책임이 달라진다.

바. 고지의무위반과 입증책임

영국 해상보험법 제18조는 통상 고지의무를 명문으로 규정하여 피보험자에게 고지의무위반이 있는 경우 보험자는 보험계약을 해지하거나 무효로 함으로써 보험계약상의 책임에서 벗어날 수 있도록 허용하고 있다. 상법 제651조에 의하면 보험계약당시에 보험계약자 또는 피보험자가 고의 또는 중대한 과실로 인하여 중요한 사항을 고지하지 아니하거나 부실의 고지를 한 때에는 보험자는 그 사실을 안 날로부터 1월 내에, 계약을 체결한 날로부터 3년 내에 한하여 계약을 해지할 수 있다. 그러나 보험자가 고지의무위반을 이유로 보험계약의 효력을 부정하기 위해서는 피보험자가 중요한 사항을 고지하지 아니하였고 당해 보험자가 이로 인하여 보험계약을 체결되었다는 사실을 입증하여야 한다.

참고로 적화보험에서는 환적에 대한 고지의무 위반이 발생하는 경우가 많다. 운송 중에 화물이 환적이 있는지 여부가 불확실하다 하더라도 신용장이나 매매계약서에 환적을 허용하고 있는 경우에는 이를 보험자에게 알려 고지의무를 위반하지 않도록 해야 한다. 만약 그 후 실제로 환적이 일어나지 않았다면 그 증거서류를 보험자에게 제시하여 환적보험료를 환급받으면 된다.

▸고지의무: 계약 전 보험계약자가 보험자에게 계약내용에 중요사항이 될 수 있는 내용을 알릴 의무를 말한다.
MIA 제18조의 피보험자의 고지의무에서 피보험자는 보험료를 결정하거나 또는 위험의 인수여부를 결정하는데 있어서 신중한 보험자의 판단에 영향을 미치는 모든 사항은 중요사항이다.

사. 담보(warranty)위반과 입증책임

고지의무위반에 대한 입증은 보험자의 입장에서 반드시 용이한 것이 아니므로 해상보험계약상 피보험자가 반드시 이행, 준수하여야 할 명시적 묵시적 약속사항을 정하게 되는데 이를 담보라 한다. 만일 피보험자가 이들 사항을 이행, 준수하지 않는 경우 보험자는 보험계약상의 책임을 면하게 된다. 담보위반에 대한 입증책임은 보험자에게 있으나, 일단 담보위반이 있으면 설사 보험사고가 담보위반과 전혀 관계없이 발생하였다 하더라도 보험자는 책임을 면한다. 즉, 담보위반과 보험사고는 전혀 인과관계가 필요하지 아니하다.

아. 입증의 정도

피보험자와 보험자가 서로 상반된 사실이나 가설을 주장할 경우, 그 양자의 개연성을 비교하여(the balance of probabilities) 보아야 한다. 만약 양자의 개연성이 서로 비슷하면 피보험자는 입증책임을 다하지 못한 것으로 판단한다. 예를 들어 화물이 선박과 함께 행방불명된 경우에는 현실전손으로 추정되고 그 현실전손은 일응 부보위험인 해상위험으로 인한 것으로 추정되므로 보험자는 보상책임을 면할 수 없다. 부보위험으로 인한 손해라는 추정에 대항하여 보험자가 부보위험이 아닌 다른 위험 내지 면책위험으로 인한 것일 가능성이 있음을 주장할 경우, 보험자의 그 가능성이 보다 우월하거나 동일함을 입증하는 경우에 한하여 깨어지게 된다(대법원 1991. 5. 14.선고 90다카25314판결).

6. 해상손해

(1) 해상손해의 의의

▸상법 711조1항 : 선박의 존부가 2개월(구상법 3개월)간 분명하지 아니한 때에는 그 선박의 행방이 불명한 것으로 한다. 제1항의 경우에는 전손으로 추정한다고"라고 규정하여 추정전손으로 간주함

손해는 덜하거나 해롭게 되는 일을 의미한다. 그러나 해상보험에서의 손해는 원래 위험발생의 객체인 보험의 목적, 즉 선박, 적화, 운임 이 멸실되는 것 그 자체를 뜻하는 것이 아니라 보험의 목적의 손상 또는 멸실로 인하여 피보험이익이 소멸 또는 감소되는 것을 말한다. 이는 피보험자가 입는 경제적 불이익을 의미하는 것이다. 영국해상보험법에서 흔히 사용하는 "loss or damage"는, 그런 의미에서 항상 일정하게 해석되어지는 것은 아니지만, 위험의 발생상태, 보험목적물의 멸실이나 손상되는 것 자체를 의미한다.37)

경제적 불이익이 생기는 것은 보험의 목적에 위험이 작용한 결과이므로 위험의 작용단계, 즉 위험발생 상태에서도 손해란 말을 사용하여 위험과 손해를 동일한 의미로 혼용하기도 한다.

(2) 해상손해의 분류

▸MIA 제57조 2항 ; in the case of an actual total loss no notice of abandonment need be given.

해상손해는 해상사고로 피보험이익의 전부 혹은 그 일부가 멸실 또는 손상되는 것을 의미하며, 이것의 분류는 보는 관점에 따라 다르나, 일반적으로 물적손해, 비용손해, 배상책임손해로 분류된다.

물적손해(physical loss)는 특정인이 일정한 물체에 대한 이해관계를 통하여 입은 재산 및 금전상의 손해를 의미하며, 여기에는 전손과 분손이 있다. 전손은 보험목적물의 전부의 멸실을 뜻하고, 실질적인 전손이 발생했느냐, 혹은 실제적인 전손은 아니지만 경제적인 의미에서 전손으로 취급해야 하느냐에 따라 현실전손(actual total loss)과 추정전손(constructive total loss)으로 분류된다. 분손(partial loss)은 보험목적물, 즉 피보험이익의 일부가 멸실되거나 손상된 것을 의미하며, 이것은 단독해손(particular average)과 공동해손(general average)으로 구분된다.

비용손해(expenses)는 물체의 파손이나 멸실과는 관계가 없고 보험목적물이 해상보험증권상의 담보위험에 처해 있을 때 손해를 경감 혹은 방지하기 위하여 지출된 경비 또는 보수 등 부득이하게 지출된 비용을 의미한다. 비용손해에 구조료 또는 구조비, 손해방지비용 및 특별비용 등이 있다.

해상보험에서 배상책임손해는 넓게는 공동해손의 공동해손분담금과 선박보험에서의 충돌손해배상책임손해를 포함하지만, 좁게는 선박보험약관인 충돌약관에서 담보하는 충돌손해배상책임만을 의미한다. 이상과 같은 해상손해를 분류. 도식하면 〈그림 42〉와 같다.

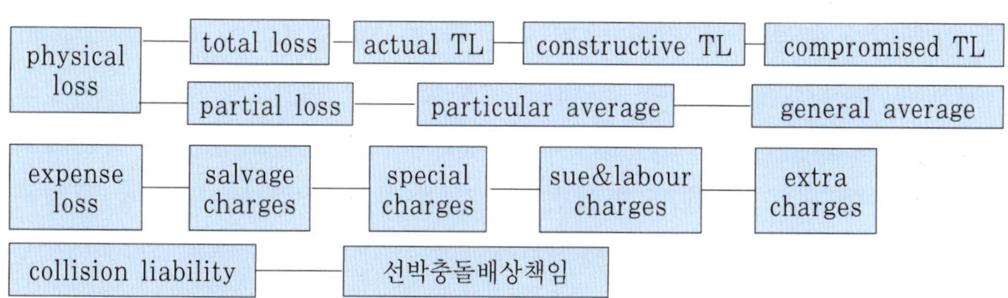

공동손해 : 공동해손희생손해, 공동해손비용손해, 공동해손 분담금

〈그림 42〉 해상손해

1) 물적 손해(Physical Loss)

가. 전 손(Total Loss)

전손이라 함은 보험사고가 발생하여 피보험이익의 전부가 실질적으로 멸실 하거나 혹은 손상정도가 심하여 구조하거나 수리하는 것보다 오히려 전손보험금을 지급하는 것이 경제적으로 유익한 경우를 말한다. 전손에는 현실전손과 추정전손이 있으며 전손위험을 담보하는 증권의 경우 다른 의도가 명기되어 있지 않는 한 현실전손뿐만 아니라 추정전손도 담보한다.

① **현실전손**(Actual Total Loss)

현실전손이란 다른 말로 실질전손 또는 절대전손이라고도 한다. 보험목적의 전부멸실, 보험목적 본질의 파괴 및 보험목적에 대한 지배력의 항구적인 상실로부터 생긴, 피보험이익의 전체적인 소멸을 말한다.

보험목적의 전부멸실에는 소실(燒失)되어 재로 되는 것과 같은 물질적인 멸실 외에, 선박이 조난하여 선해(船骸)로 되는 것과 같은, 거래관념상의 멸실을 포함한다. 그리고 보험목적의 파괴라고 하는 것은 청과나 육류 등이 부패하여 식용으로 사용할 수 없게 되거나, 가죽이 부패하여 비료 등으로 사용할 수 없게 되고, 시멘트가 엉겨 붙은 돌덩이와 같이 된 것을 말한다. 또 지배력의 항구적 상실이란 보험의 목적이 몰수, 포획(捕獲)된 경우라든가, 선박 및 적화가 깊은 바다 속에 빠져 건져 올릴 수 없게 된 경우 등을 말한다.
해상적화보험에 있어서 보험의 대상은 적화 그 자체가 아니고 적화의 소유이익, 담보이익과 같은 피보험이익이다. 따라서 적화보험에 있어서 현실전손은 피보험이익의 전부 상실이지만, 적화에 대한 피보험이익은 적화의 물적 가치와 그 존재를 같이 하는 이익이므로 구체적으로는 적화 그 자체의 손해로서 피보험이익의 목적인 적화가 전멸하여 존재하지 않거나, 피보험자가 적화의 점유를 상실하여 회복의 가능성이 없는 경우에 전손으로 된다. 현실전손인 경우 보험자에게 위부할 것이 없기 때문에 영국해상보험법 제57조 2항에 따라 위부의 통지가 필요 없다. 그러나 실무상 현실전손인지 아닌지 의심스러운 경우와 피보험재산의 소유를 박탈당한 이유로 전손보험금을 청구하기를 원하는 경우에는 그 손해가 현실전손인지 추정전손인지는 나중에 결정하도록 남겨두고 위부의 통지를 해야 한다.

- 적화의 현실전손 사례 정리

  피보험목적물이 멸실되거나 보험에 가입된 종류의 물건으로서 존재할 수 없을 정도로 손상을 입은 경우에는 현실전손의 성립시기에 대해 별문제가 없다. 해상적화의 현실전손 사례는 다음과 같다.

  ⓐ 적화가 선박과 함께 침몰하여 구조의 가능성이 없는 경우, 선박의 인양은 불가능하더라도 적화의 구조가 가능한 한 적화의 전손을 발생하지 않는다. 적화의 구조가 가능한지의 여부는 선박의 구조의 가능여부와는 별개로 판정해야 한다. ⓑ 적화가 투하가 되어 화물을 구조할 가능성이 없는 경우 전손으로 처리된다. ⓒ 선박이 적화와 함께 행방불명되어 회복의 가능성이 없는 경우에는 적화도 회복의 가능성이 없는 것으로 인정한다. ④ 판결에 의해 몰수되는 경우 또는 포획의 판결은 받지 않았더라도 회복의 가능성이 없는 경우에는 전손으로 된다. ⓓ 해적에 의해 약탈된 경우는 회복의 가능성이 없는 것으로서 전손으로 된다. ⓔ 적화가 선장 또는 선원에 의하여 수하인 이외의 타인

에게 인도되어 회복의 가능성이 없는 경우에는 전손으로 된다. 단, 선장 또는 선원의 악행에 의하여 적화가 타인에게 인도된 경우에 선장 또는 선원의 악행에 대하여 보험자가 면책일 때 당연히 보험자가 이 전손에 대하여 책임을 지지 않는다. ⓕ 항해 도중에 적화가 매각되어 적화소유자로부터 이탈한 때에는 적화의 전손이 성립한다.

• 현실전손에 관한 판례

ⓐ 침몰상태로 방치된 선박이 그 후 구조자에 의해 항구로 예인되고, 법원의 명령에 따라 구조비용보다 낮은 가격에서 매각된 경우 (Abortive Salvage Expense) 매각은 현실 전손이다. (Cossman v. West [1887]) ⓑ 바지선에 쌀을 싣고 오다가 바지선의 침몰로 침수손을 입은 경우, 다시 건조시켜 약 1/4가격으로 쌀을 매각한 경우 쌀은 여전히 동종의 물건인 쌀로 존재하므로 현실 전손이 아닌 분손이다. (Francis v. Boulton [1895]). (c) 예인선이 충돌 후 낮은 물에 침몰하였으나, 신속하게 다시 부양된 경우 현실전손은 아니라고 판결(Captain J A Cates Tug and Wharfage Co Ltd. v. Franklin Insurance Co [1927]).

그러나 매각에 의한 전손에 대하여 보험자가 반드시 보상의 책임을 지는 것은 아니고, 매각이 해상사업에 관한 사고 또는 해상사업에 관한 사고의 후속수단으로 인정되는 경우에만 보험자가 부담하는 전손으로 된다. 즉, ICC(A)하에서의 선원의 악행에 의해 매각되는 경우, 공동해손 비용을 조달하기 위해 매각되는 경우, 보험사고의 결과 적화가 손상을 입어 목적지에 도달하기 전에 전멸될 것이 확실하기 때문에 매각된 경우, 예를 들어 악천후를 만나서 석탄이 해수에 젖었기 때문에 자연발화의 위험이 있어서 석탄을 매각하는 경우, 침수에 의해 피혁제품이 부패하기 시작하여 이를 목적지까지 운송할 수 없어 매각하는 경우, 보험사고에 의해 항해가 지연되고 적화가 부패하여 전손으로 될 것이 확실하기 때문에 매각하는 경우 등이다.

그 외에도 해상사업에 관한 사고에 의해 항해의 계속이 불가능하게 되고, 적화는 중간항에 양륙시켰거나 목적지로의 운송이 불가능하거나 또는 다른 운송수단에 의한 운송비가 적화의 가액을 초과하기 때문에 적화를 매각하는 경우는 전손으로 인정된다. 이런 경우에는 적화가 물체로서는 존재하고 또한 어느 정도의 가액을 유지하고 있더라도 전손으로 취급되며, 이 경우의 매각대금은 보험자의 구조이익으로 돌아간다. 또한 원래의 목적으로 사용하기에 적합하지는 않지만, 얼마의 가치가 남아 다른 용도로 사용 가능한 경우라 할지라도 현실전손으로 처리하여 전손보험금이 지급되고 보험자는 잔존물을 취득하게 된다.

② 추정전손(Constructive Total Loss)

추정전손은 법률상으로는 전손이나 사실상의 전손이 아니고(total loss in law but not in fact) 정당한 위부의 통지에 의하여 피보험자가 보험자에게 전손에 대한 보험금을 청구함으로써 사실상의 전손으로 전환되는 것이다. 즉, 보험사고에 의하여 피보험이익이 전손을 입었다는 개연성 또는 전손이 될 것이라는 개연성이 있는 경우에는 비록 보험사고에 의한 현실의 손해를 입증할 수 없거나 또는 전손의 여부가 확실하지 않더라도 피보험자에게 보상을 인정하는 편의적인 방법이다. 이는 추정전손이 보험의 목적이 사실상으로는 전손

▸ 제60조 Constructive total loss defined (추정전손의 정의)
① Subject to any express provision in the policy, there is a constructive total loss where the subject-matter insured is reasonably abandoned on account of its actual total loss appearing to be unavoidable, or because it could not be preserved from actual total loss without an expenditure which would exceed its value when the expenditure had been incurred.

이 아니지만, 그 수선 또는 회복의 비현실성. 비실제성 또는 비용 때문에 위부를 통하여 전손으로 처리하는 것이 바람직한 경우에 존재하는 것으로서 현실전손을 피할 수 없거나 또는 손해를 회복하기 위해서는 보험목적의 가액을 초과하는 비용의 지불이 불가피할 경우에 해당한다.

영국해상보험법 제60조 제1항에 따르면 추정전손이 보험증권상에 특약규정으로 명시된 것을 제외하고, 피보험목적물의 현실전손이 불가피하다고 보이거나 현실전손을 면하기 위하여 발생한 비용이 보험가액을 초과할 것으로 판단될 경우, 합리적으로 위부를 했을 경우에 한하여 추정전손이 성립한다.

• 추정전손의 사례

① 보험목적물이 현실적으로 멸실하지는 않았지만, 피보험자가 선박 또는 화물의 점유를 박탈당하여 회복할 수 있을 것 같지 아니하거나 ② 회복하는데 소요되는 비용이 회복되었을 때의 선박 또는 화물의 가액을 초과하리라고 예상되는 경우 ③ 선박의 훼손을 수리하는데 소요되는 비용이 수리되었을 때의 선박가액을 초과하리라고 예상되는 경우 ④ 화물의 훼손을 수리하여 목적지까지 운송하는데 소요되는 비용이 도착하였을 때의 화물의 가액을 초과하리라고 예상되는 경우

해상보험에만 존재하는 특수한 제도인 추정전손은 선박과 화물이 상실되어 회복될 수 있을지, 혹은 회복되지 않을지 모르는 불확실한 상태가 아니라 회복할 수 있는 가능성이 없을 때 추정전손이다. 최종 목적지에 도착하기 이전에 손상된 상태로 보관될 경우 회복비용이란 양육비용, 건조비 및 입고비, 환적비용, 해상운임을 초과하는 제반비용, 구조된 화물에 분담되는 구조비용을 포함한다.

MIA 제60조에서 제63조를 종합하면 추정전손은 현실전손은 아니지만 피보험자가 적절한 위부의 통지를 하고 보험금액 전액을 청구할 수 있는 손해라고 할 수 있다. 즉 위부의 통지 없이는 추정전손이 성립되지 않는다. 이러한 추정전손의 원리는 선박이 포획된 경우에 그 선박의 해방가능성 여부를 상당기간 동안 지켜본 뒤, 불가능하다는 것이 판명될 때에 보험금을 청구하는 경우 피보험자가 떠안은 부담을 덜어 주기위하여 생겨난 것인데, 이 원리는 곧 다른 종류의 손해에까지 확대, 적용되기에 이르렀다. 결국 추정전손에 관한 정의나 추정전손의 원리를 감안해 보면, 추정전손은 보험사고에 의하여 보험의 목적이 전멸이 불가피하지는 않더라도 전멸의 개연성이 높거나 또는 목적항으로의 도착이 전혀 가능성이 없는 것은 아니지만 매우 회의적인 경우에 성립한다.

▸ 추정전손의 형식적 요건
추정전손의 실질적 요건이 존재하는 경우에는 피보험자가 이것을 추정전손으로 처리하기 위해서는 피보험이익을 보험자에게 위부해야 한다. 즉 추정전손의 형식적 요건인 위부에 의해 추정전손이 완전하게 성립하고 위부의 간접적인 효과인 보험금액의 전액 청구권이 발생하게 된다.

• 추정전손의 효과

MIA 제61조는 추정전손의 경우 피보험자로서는 이를 분손으로 취급할 수도 있고, 또는 현위부를 통하여 실전손인 것처럼 취급할 수도 있다고 규정하고 있다. 이 중 어느 것을 선택할 것인가는 피보험자의 재량이며, 다만 현실전손인 것처럼 취급하고 싶으면 보험자에게 보험목적을 위부하여야 한다. 이와 같이 추정전손의 경우 피보험자는 보험목적을 포기하지 아니하고 분손으로 취급하여 보험금액의 범위 내에서 수리비용을 청구할 수도 있고, 아니면 보험목적을 포기하고 현실적으로 취급하여 보험금액의 전액을 청구할 수도 있다. 다만 이처럼 현실전손으로 취급하고자 하면 반드시 보험목적을 보험자에게 위부하여야만 한다.

• 추정전손의 성립의 실질적 요건

상법 제710조는 위부의 사유에 대하여 규정하고 있다. 상법상의 규정은 MIA(제60조 2항)의 규정을 그대로 도입한 것으로 강행규정이 아니므로 당사자 간의 특약에 의하여 추정전손의 범위를 제한하거나 확장하는 것은 가능하다.

MIA는 추정전손이 성립하는 경우에 대하여 제60조 2항에서 이를 구체적으로 예시하고 있는데, 이는 추정전손의 예를 규정한 것으로서 제60조 1항에서 추상적으로 규정하는 원칙이 제60조 2항의 예시와 다른 경우에도 그대로 적용될 수 있다. 따라서 추정전손의 성립요건을 구체적으로 살펴보면 다음과 같다.

첫째, 피보험자가 보험사고로 인하여 자기의 적화의 점유를 상실하여 이를 회복할 가능성이 없거나, 회복하기 위한 비용이 회복하였을 때의 가액을 초과하리라고 예상될 경우에는 이를 위부하여 추정전손으로 처리할 수 있다(상법 제710조 1호, MIA 제60조 2항(I)호). 구상법은 선박 또는 적화가 포획된 때, 선박 또는 적화가 관공서에 압수되어 6개월 이상 환부되지 아니한 때를 보험위부의 원인으로 하고 있었으나, 현행상법에서는 MIA와 동일한 취지를 규정하고 있다. 선박이나 적화가 포획 또는 압수된 경우는 점유의 상실에 당연히 포함된다. 둘째, 선박만이 포획되고 적화는 반환되어 적화를 목적항으로 운송가능한 때는 그 적화에 대하여는 추정전손이 성립하지 않는다(상법 제712조). 그러나 이 경우 적화의 목적항으로의 운송이 불가능하게 되는 경우가 있을 수 있으며, 이때 이러한 목적항 도착불능에 의하여 추정전손이 성립하는가에 대하여 의문이 제기될 수 있다. 선박보험의 경우에는 이러한 목적항으로의 도착이 불가능하더라도 이에 의하여 추정전손이 성립하지 않지만, 적화보험은 적화가 담보위험에 의하여 목적항에 도착하지 못함으로써 입게 되는 손해를 보상하는 보험이므로, 적화가 나포 등으로부터 반환되었다 하더라도 인도기간 내에 목적항에 도착이 불가능하는 경우에는 추정전손이 성립된다. 다만, 이 경우 단지 목적항으로의 도착이 일시적으로 지연되는 경우라면 추정전손으로는 되지 않을 것이다. 셋째, 관공서에 의한 압수는 공공적 필요를 위하여 국가나 관청에 의해 이루어지는 처분행위로서 선박 또는 적화에 대한 피보험자의 지배권을 이탈하는 행위를 말한다. 직접적인 점유를 빼앗는 경우도 있으나, 출항금지, 봉쇄와 같이 항해의 자유를 제한하는 경우도 있다. 압수는 나포와 같이 포획을 목적으로 피보험자의 소유권을 탈취하는 것이 아니고, 외국에 대한 보복 또는 검역상의 필요에 의하거나 선박의 징발을 위하는 등의 공공이익을 목적으로 일시적으로 중지시키는 것으로 반드시 전손의 개

▸ 전손에는 현실전손과 추정전손이 있지만 추정전손과 유사한 용어로 타협전손과 동의전손이 있다.

▸ 분손이란 전손이 아닌 보험목적물의 일부 또는 부분멸실, 손상을 의미하며 공동해손을 제외한 손해를 단독해손 P/A, paticular average 라 정의한다.

▸ 담보위험에 처한 보험목적물의 적재선박을 제삼자가 계약에 의하지 않고 임의로 구조한 경우에 구조노무를 제공한 자는 해법에 의해 보상받을 권리를 갖게 되는데 이때 구조자가 취득하는 보수를 구조비다.

연성이 있는 것은 아니다. 따라서 압수된 때 바로 추정전손을 인정해서는 안 된다. 그러나 압수가 장기간 계속되면 회복을 기대할 수 없는 전손으로 될 개연성이 있으므로, 일정기간을 정하여 그 기간이 지난 후 추정전손으로 취급해야 할 것이다.

영법에서는 관공서에 의한 압수는 추정전손의 한 경우로 예시하고 있지 않다. 압수가 이루어진 경우 추정전손의 성립여부는 MIA 제50조 1항 및 2항 1호의 원칙적 규정의 적용을 받는다. 즉, 압수의 결과 피보험자가 그 점유를 탈취당하고 상당기간 동안 반환되지 않고 회복의 가능성이 없을 것으로 예상될 때 추정전손은 성립한다.

③ 타협전손(Compromised Total Loss) / 동의전손(Arranged Total Loss)

타협전손이란 추정전손에서 피보험자가 보험자를 상대로 위부를 신청하였지만 보험자가 위부를 받아들이지 않고 보험자가 보험금지급을 거절하였을 경우 발생한다. 즉, 피보험자가 추정전손이라고 판단하여 적시에 위부의 통지를 한 후 전손보험금을 청구하지만, 보험자는 관습적으로 전손으로 처리할 수 없다고 주장하며 전손보험금의 지급을 거부할 수 있다. 이러한 경우 피보험자는 스스로 신청한 위부가 보험자로부터 받아들여지지 않았으므로 보험사고에 대한 보상금지급과 관련하여 소송으로 해결할 수밖에 없다. 그러나 보험금지급에 관한 문제를 법정에서 해결하게 되면 양 당사자 모두에게 거액의 비용지출과 시간의 소비가 발생하기 때문에 보통 실무적으로는 그러한 소송비용을 고려하여 피보험자와 보험자 상호간에 합의를 진행하여 합의되는 금액을 보험자가 지급한다. 이때 합의되는 금액을 추정 전손금으로 지급하게 되는 경우를 타협전손이라고 한다.

동의전손은 보험의 목적물이 명백하게 추정전손으로 성립되지는 않지만, 부수적인 책임이나 혹은 기타의 이유로 인해 그 손해를 전손으로 처리할 것에 동의해 버리는 것을 말한다.

나. 분손(Partial Loss)

분손이란 전손의 상대적 개념으로서 피보험목적물 일부의 멸실과 일부의 손상을 의미하며 단독해손과 공동해손으로 구분한다. 비용손해인 구조비, 손해방지비용, 특별비용 등은 그러한 비용이 발생한 상황에 따라서 단독해손 혹은 공동해손으로 처리된다. 따라서 분손은 부보된 물품의 일부에만 손해가 생겼을 경우를 말하는 것으로, 전손이 아닌 경우는 모두 분손으로 본다. 분손은 손해부담자의 범위에 따라 단독해손과 공동해손으로 나뉜다.

다. 단독해손(P/A : Particular Average)

단독해손은 공동해손과 대응되는 의미를 내포하며, 공동해손 손해가 아닌 분손을 의미한다. 피보험이익의 일부의 멸실 혹은 손상이 담보위험으로 우연히 발생하고 그 손해는 피보험목적물에 이해관계를 갖는 자는 단독으로 부담하게 되는 것이어야 한다. 예를 들어 선상화재로 인한 화물의 소실과 화물의 해수침손 등처럼 부보된 물품에 대해 손해를 입는 자가 혼자 부담하는 손해를 말한다.

라. 공동해손(G/A:General Average)

공동해손이라 함은 선박과 화물 및 기타 해상사고에 관련이 있는 자가 선박이나 화물에 생각지도 못한 절박한 어려움이 닥친 경우, 그러한 위험을 제거하거나 경감시키기 위하여 선체와 그 장비 및 화물의 일부를 바다에 빠뜨리는 것과 같이 재산의 일부를 희생(희생손해)시키거나 혹은 필요한 경비(비용손해)를 지출한 경우를 말한다. 즉, 공동해손제도는 항해단체에 공동의 위험이 발생했을 경우 그러한 위험을 제거하거나 경감시키기 위하여 선체와 그 장비 및 화물의 일부를 희생시키거나 혹은 필요한 경비를 지출하였을 때 이러한 손해와 경비를 항해단체에 대한 이해관계자들이 공동으로 분담하는 제도이다.

영국해상보험법 제66조에는 공동 해상사업에 있어서 위험에 처한 재산을 보호할 목적으로 위험 시에 비상한 희생이나 비용이 임의로 또 합리적으로 만들어 지거나 발생한 때에는 공동해손 행위가 있다고 규정하고 있다.

- 공동해손의 희생손해 : Jettison, Damage by the extinguishing the fire, Voluntary stranding, Ship's material burnt for fuel.
- 공동해손 분담가액: 당해 항해 종료 장소/시점에서의 가액 기준
- 공동해손의 비용손해 : 구조비, 피난항 비용, 임시 수리비, 선원의 급료와 유지비 등

2) 비용손해

목적물이 위험할 경우 그 목적물을 지키기 위해 피보험자나 피보험자를 위하여 경비를 씀으로써 입은 손해를 말한다. 해난구조료(salvage charge), 구조비(salvage awards or expenses), 특별비용(particular charge), 손해방지비용(sue and labor charges), 손해조사비용(survey fee) 등이 있다.

가. 구조비(Salvage Charge)

구조비에는 광의적인 의미의 구조비와 협의적인 의미의 구조비 두 가지가 있다. 광의적인 의미의 구조비는 보통 구조보수라 부르고 여기에는 임의구조비와 계약구조비가 포함된다. 반면 협의적의 의미의 구조비는 임의구조비에만 한정하는 것으로서 선박 또는 적화가 해난을 당했을 때 구조의무가 없는

▸베트남의 선박 '메이호'가 일본 영해상에서 파선위기에 직면하고 있었는데, 때마침 지나가던 한국선박 '갈매기호'와 선박구조계약을 체결하면서 준거법을 영국법에 의하기로 하였다. 그 구조로 인한 보수청구를 한국법원에 제기한 경우에 준거법은 영국법이 된다.

▸구조방식 :
①의무가 없는 구조로서 구조계약이 없는 상태하에 자발적으로 행한 구조
②자매선(sister- ship)에 의한 구조
③불성절무보수계약(일명 no cure no pay계약)
④로이드 표준양식의 구조계약

자가 이를 구조한 후 구조결과에 대하여 상당의 구조비를 청구할 경우 지급되는 비용을 임의구조비라 한다. 영법(英法)에서의 구조비(salvage charges)란 협의적인 의미의 임의구조비이다. 영국 해상보험법 제65조에 의하면 구조비는 구조자가 구조계약과는 관계없이 해상법상으로 회수할 수 있는 비용을 의미하기 때문이다. 임의구조에 있어서 구조행위의 요건은 다음과 같다.

첫째, 해상의 재산이 위험에 처해 있어야 한다. 구조행위는 모든 수면에서 성립되며, 구조비 청구권리는 선박, 선박의 화물 또는 의장, 선박에 귀속되어 있는 난파물에 대해서만 성립한다. 이때 해상의 피보험재산은 꼭 절대적인 위험에 노출되어야 함을 의미하는 것은 아니고 합리적으로 우려할 만한 위험에 직면해 있으면 된다. 둘째, 구조계약에 의하지 않은 임의의 구조자에 의한 자발적인 구조행위이어야 한다. 셋째, 구조행위의 결과로서 위험에 처한 화물을 성공적으로 구조하여야 한다. 이는 구조된 재산이 없는 경우에는 이익을 얻는 사람이 없기 때문에 구조자는 구조비를 청구할 수 없다.38)

구조비는 동시에 공동해손이 되는 경우가 많으나 공동해손비용으로서 용인(容認)되어 있는 보험자의 보험책임에는 영향이 없다. 선박과 적화가 함께 구조된 경우의 구조비에 관해서는 구조된 것의 가격에 따라 선박과 적화가 각각 부담할 분담액만이 보상된다. 구조계약서, 구조보수중재 계약서에 사용된 선박의 부담가액이 보험가액을 초과하는 경우는 그 초과액의 구조비 부담액은 보상되지 않는다. 또 구조계약의 유무에 관계없이 구조업자가 해상법하에서 취득할 수 있는 비용으로서 부보가액을 초과하여 별도 보상은 되지 않는다. 그러나 구조비 중 특히 손해의 방지와 경감을 위한 응급의 조치의 경우 필요한 비용 또는 배상청구권의 행사 또는 보전에 필요한 비용에 관해서는 예외적으로 보험금을 초과하더라도 보상한다. 이 구조비는 피보험자, 그 대리인 또는 보수를 받고 고용된 자가 담보위험을 피하기 위하여 행한 구조의 성질을 띤 노무의 비용을 포함시키지 않는다. 그러나 비용은 적절하게 발생한 비용이라면, 비용이 발생한 사정이 어떠한가에 따라서 특별비용이나 혹은 공동해손비용손해(General Average Loss)로서 보험자로부터 보상받을 수 있다.

나. 구조계약

구조계약이란 보험사고 발생 시 보험목적의 구조를 위한 계약을 의미한다. 즉, 선박이 해상에서 조난을 당한 경우, 이의 구조를 둘러싸고 구조자와 위험

에 처한 재산의 소유자나 그의 대리인이 서면 또는 구두로 구조행위의 성공 여부에 관계없이 일정한 금액을 지급하겠는 약정을 하고 이 약정 하에서 구조작업을 수행하는 비용계약을 의미한다. 따라서 계약구조의 경우 구조된 상품의 소유자는 재산의 구조의 성공여부와 관계없이 구조자에게 계약금을 지급하여야 하며, 구조계약을 둘러싸고 분쟁이 발생하게 되면 구조계약에 의한 계약구조는 해상법상의 구조자로서의 지위 및 유치권의 행사에 관한 구조자의 권리가 소멸하게 되고 해상법이 아닌 계약법에 의하여 해결하게 된다.

영국해상보험법 제65조에서도 계약구조에 대한 보상금액은 구조료의 의미에서 제외하고 공동해손 또는 특별비용으로 처리하고 있다.

통신이 발달한 오늘날에는 구조는 거의가 구조계약에 의하여 실행되어지며 이 경우의 구조비는 손해방지비용 또는 공동해손비용으로 취급된다. 현실적으로는 표류화물을 제외하고는 엄격한 의미의 임의구조의 형태는 없으므로 구조행위는 거의 모두 구조계약 하에서 이루어진다고 볼 수 있다. 현재 해난구조계약에서 국제적으로 가장 널리 사용되는 표준양식으로 1995년 **로이즈 해난구조계약표준양식**(Lloyd's Standard Form of Salvage Agreement 1995)39)이 있다. 로이즈 해난구조계약표준양식에 의한 구조에서 구조료 청구권은 선박 또는 적화의 전부 또는 일부의 구조가 성공한 경우에만 발생한다. 이는 "구조의 효과가 없으면 보수가 없다"는 원칙이 적용되는 것으로서, 임의구조의 본질적인 특징과 동일하다. 로이즈 해난구조계약표준양식에서는 중재에 의하여 구조료 총액이 산정되고, 구조된 선박과 적하의 가액에 비례하여 구조료를 결정하고 있다. 1989년 국제해난구조협약(International Convention on Salvage 1989) 제13조 3항에서도 구조료는 구조된 선박과 기타 재산의 가액을 초과하지 않는다고 규정되어 있다.

▸로이즈 해난구조계약표준양식은 1892년에 영국의 로이즈위원회에 의하여 제정되었다. 1980년에 전면적인 개정이 있었으며, 최근에는 1995년에 개정이 있었다.

다. 부대비용(Extra Charges)

손해의 검사를 위한 비용, 즉 검정보고서(survey report)를 취득하기 위한 비용 등을 의미한다. 보험증권에는 부대비용에 관하여 어떠한 규정도 없지만 관습에 의해 손해가 보험자가 부담하는 손해일 경우에 한하여 보상하기로 되어 있다. 대표적인 부대비용으로는 부보위험의 손해입증비용, 해난보고서의 작성비용, 이재조사비용 등이 있다.

라. 특별비용(Particular Charges)

담보위험에 처한 보험목적물의 안전과 보존을 위하여 피보험자나 혹은 그

대리인이 지출한 비용을 특별비용이라 한다. 즉, 해난 때문에 피난항에서 행해진 양육, 보관 및 그에 계속되는 운반을 위한 비용과 같은 보험목적물의 안전과 보존을 위해 지출된 비용과 공동해손비용 및 구조비 등을 의미하는 것으로 행위의 주체가 제3자인 경우는 구조비, 행위의 주체가 피보험자 및 그 대리인 등일 경우는 특별비용이라고 할 수 있다.

특별비용은 선박이나 적화에 단독으로 발생하는 비용으로서 일반적으로 손해방지약관(sue & labour clauses)이 첨부된 보험증권 하에서 보상된다. 특별비용은 피보험목적물 자체의 손해가 아니고 그 손해를 방지하거나 경감하기 위하여 발생한 비용이므로 단독해손이라고 할 수 없으며, 또한 공공의 이익을 위해서가 아니라 단독이익을 위하여 발생한 비용이기 때문에 공동해손이라고도 볼 수 없다. 영국해상보험법 제65조 2항을 분석하면 피보험목적물의 안전과 보존을 위하여 피보험자 또는 그의 대리인에 의해서 지출된 비용으로서 공동해손비용과 구조비 이외의 것을 특별비용이라고 한다. 특별비용은 공동해손에 포함되지 않는다. 적화의 경우 대표적인 특별비용은 창고보관료, 건조비용, 포장비용과 같이 화물의 손해가 확대되지 않도록 하는데 소요되는 비용이다.

마. 손해방지비용(Sue and Labour Expenses)

상법 제680조 손해방지의무에 의하여 보험계약자와 피보험자는 손해의 방지와 경감을 위하여 노력하여야 하며, 이를 위하여 필요 또는 유익하였던 비용과 보상액이 보험금액을 초과한 경우라도 보험자가 이를 부담하여야 한다.40 따라서 보험에 의해 보상되는 손해가 발생하면 피보험자는 보험목적물의 손해를 경감시키거나 멸실을 막기 위해 합리적이고 실행 가능한 조치를 취해야 한다. 피보험자가 이와 같이 약관상 담보되는 위험을 방지하거나 경감시키기 위한 비용으로 보험자가 추가부담하는 비용손해을 손해방지비용이라 한다.

▸ 손해방지약관은 보험계약을 보충하는 별개의 계약으로 되어 있기 때문에 손해방지비용은 기타의 비용과는 달리 손해에 대한 보상액과 합산하여 보험가입금액을 초과하는 경우라도 그 전액이 보상된다.

손해방지비용은 보험증권의 본문 중 손해방지약관에 의해 보험자가 부담하여야 한다. 피보험자의 손해방지노력은 결국 보험자를 위한 것이므로 보험자는 피보험자 또는 그 대리인에 의하여 합리적으로 지출된 손해방지비용이 부보가액을 초과하더라도 별도 보상하여야 한다. 그러나 합리적으로 발생한 손해방지비용을 보험자가 보상하는 반면 피보험자 및 그 대리인은 손해방지를 위한 필요한 모든 조치를 취해야 할 의무가 부과된 것이므로, 이러한 피보험자의 손해방지의무를 위반했을 때는 보험계약의 효력이 상실되거나 혹은 피보험자에게 불리한 결과를 가져오게 할 수 있다. 손해방지 요건으로는 아래와 같다.

- 피보험자의 손해방지행위 : 피보험자 또는 그의 대리인이 손해방지행위를 했을 때만 그 비용에 대한 책임을 보험자가 지게 된다. 그러므로 제3자에 의해 지출된 비용은 손해방지비용이 될 수 없다.
- 합리적인 비용 : 비용은 합리적이고 적절하게 발생된 것이어야 한다.
- 담보대상 위험의 손해방지행위 : 보험증권이나 약관상으로 담보되는 위험을 방지 혹은 경감시키기 위해서 소요된 비용이어야 한다.
- 특별비용과 손해방지비용 : 손해방지비용은 특별비용의 한 형태이므로 특별비용이 더 포괄적이라고 볼 수 있다. 일반적으로 손해방지비용은 화물이 목적지에 도착하기 이전에 어떤 손해를 피하거나 경감하기 위해 지출되며 특별비용은 손해의 평가와 관련하여 중간항이나 목적지에서 발생된다. 특별비용은 다른 손해액과 합계하여 보험금액을 한도로 하여 보상하는 반면 손해방지비용에 있어서는 보험금액을 초과한 경우에도 보상되는 점이 다르다.

3) 배상책임(Collision Liability / Running Down Clause RDC)

선박충돌 시 상대선 및 상대선에 선적된 적화물에 대한 배상책임을 선체보험자가 일부 또는 전부를 계약에 의거 보상한다.

(3) 공동해손(G/A ; General Average)

공동해손이란 해상에서 선박이 해난과 조우하였을 때 선장이 공동항해에 속하는 재산을 위험으로부터 보존할 목적으로 공동의 안전을 위하여 고의적이고 합리적으로 선박 또는 적화의 일부를 희생시키거나 최소한의 경비를 지출함으로써 발생한 손해와 공동해손 행위의 직접적인 결과로 인한 손해를 말한다.

1) 공동해손의 성립요건

공동해손은 해상운송에서만 발생되는 독특한 제도로서 공동해손을 인정하기 위해서는 일정한 요건을 충족해야 한다. 공동해손에 관한 국제적인 규칙으로는 「요크-앤트워프규칙(York-Antwerp Rule), 2004」이 있으며, 요크-앤트워프규칙의 "문자규칙" 및 "숫자규칙"에서 공동해손의 성립요건을 규정하고 있다. 그러나 「요크-앤트워프규칙」은 국제법으로서 효력을 지니는 것이 아니라, 운송계약상의 명시규정에 의해 효력을 지니게 되므로, 공동해손이 성립하기 위한 요건을 영국해상보험법과 국내 상법규정에 의한 일반적인 성립요건과 「요크-앤트워프규칙」에서 규정한 성립조건으로 나누어 살펴볼 필요가 있다.

▸공동해손의 적격범위 : 공동해손희생손해는 선체,장비, 화물 등의 전부 또는 일부를 희생시킴으로써 발생하는 손실을 뜻한다
- 적화의 투하(Jettison of Cargo) - 투하로 인한 손상 - 선박의 소화작업 - 기계 및 기관 손해 - 임의 좌초 - 하역작업 중 발생하는 손해 - 운임의 희생손해

▸공동해손비용 손해
- 구조비 - 피난항비용 - 임시 수리비 - 자금조달 비용

▸숫자규칙 제7조 : Damage to Machi- nery and the Boilers Damage caused to any machinery and boilers of a ship which is ashore and in a position of peril, in endeavoring to refloat, shall be allowed in general average when shown to have arisen from an actual intention to float the ship for the common safety at the risk of such of such damage but where a ship is afloat no loss or damage caused by working the propelling machinery and boilers shall in any circum- stances be made good as general aver-age. machinery and boilers shall in any circumstances be made good as general average.

▸YAR 1994, 1974를 가장 많이 선호

가. 일반적인 성립요건

영국해상보험법 제66조에 의하여 공동해손손해란 공동해손행위의 결과로 발생된 손해, 또는 공동해손행위의 직접적인 결과로 발생되는 손해를 말한다. 따라서 공동해손은 공동해손행위의 존재를 전재로 하고 있으며, 이러한 공동해손행위가 성립되는 요건은 다음과 같으며 공동해손손해에는 공동해손비용과 공동해손희생손해가 있다.

- 공동항해사업의 수행과정(즉, 공동해상사업단체의 존재) · 위험에 놓인 재산을 보존할 목적 · 자발적이고 합리적으로 비용손해나 희생손해가 발생할 경우

또한, 국내 상법 제865조에서는 공동해손의 요건을 선박과 적화의 공동위험을 면하기 위한 선장의 선박 또는 적화에 대한 처분으로 인하여 생긴 손해 또는 비용은 공동해손으로 한다고 규정하고 있으므로 선박과 적화의 공동해상사업단체를 전제로 하고 있으며, 공동위험과 선장의 처분을 요건으로 하고 있다. 동 조항에서는 선장의 선박 또는 적화의 처분에 관한 성격을 규정하지 않고 있다.

나. York-Antwerp Rule(2004)상의 성립요건

앞에서 언급했듯이 'YAR규칙'은 그 자체로서 국제법의 효력을 발하지 못한다. 따라서 운송계약서, 용선계약서상의 'YAR규정'에 따라 정산된다는 명시적 또는 묵시적 의사추정이 가능한 문구가 있는 경우에만 'YAR규칙'을 적용한다. 그러나 'YAR규칙'을 따른다는 명시적 문구가 있어도 몇 년도 'YAR규칙'을 따른다는 명시적 문구가 없으면, 계약당시의 'YAR규칙'을 적용하는 것이 합리적이다.

공동해손 성립요건에 관한 사항들은 'YAR규칙'의 일반적 해석원칙을 따라야 한다. 일반규정 제2조 해석규칙조항(rule of interpretation)에서는 "최우선원칙과 숫자규칙에 정한 경우를 제외하고 공동해손은 문자규칙에 따라 정산하여야 한다."라고 규정하고 있으므로 문자규칙에 의한 공동해손의 성립요건이 충족되더라도, 숫자규칙에 의해 공동해손의 성립요건을 충족하지 못하면, 공동해손으로 인정되지 않는다.

▸객관적 위험이 존재하지 않는데, 주관적 판단착오에 의한 행위 → 현실적 위험(G/A)으로 인정하지 않음.

▸위험이 객관적으로 존재하나, 오판에 의한 조치행위 → 현실적 위험(G/A)으로 인정함.

- **숫자규칙**(Numbered Rules)**에 의한 공동해손의 성립요건**

  숫자규칙 제7조는 "해안에 얹혀서 위험한 상태에 있는 선박을 다시 뜨게 하려는 노력 중에 선박의 기계와 기관에 생긴 손해는 그러한 손해를 감수하고 공동의 안전을 위하여 선박을 뜨게 하려는 실질적인 의도에서 생긴 것임을 증명한 때에는 그 손해는 공동해손으로 인정한다"라고 규정하고 있다. 따라서 설사 좌초된 선박을 뜨게 하기 위하여 기관의 사용에 다소 불합리한 점이 있었다 하더라도 숫자규칙에서는 합리성을 그 요건으로 하고 있

지 않으므로 그로 인하여 발생한 손해는 공동해손으로 인정하여야 한다.

- **문자규칙**(Lettered Rules)**에 의한 공동해손의 성립요건**

문자규칙 A에서는 공동해손 행위는 공동해상재산을 위험으로부터 보존할 목적으로 공동안전을 위하여 이례적인 희생 또는 비용을 의도적, 합리적으로 발생하거나 지출한 경우에 한하여 성립한다. 그러므로 공동해손 희생과 비용은 다음에 규정하는 기준에 따라서 각 분담 이해관계인이 부담하여야 한다.

i) **해상사업단체가 존재하여야 한다.** : 해상사업에 속하는 이익은 객체를 달리하면서 존재(선박과 적화)하는 경우와 동일객체에 대하여 존재(선박의 소유이익과, 운임이익)하는 경우가 있다. 동일객체에 대하여 다수의 이익이 존재하는 경우 이들 서로 간의 관계를 살펴보면 다음과 같다.

배타적 관계의 이익	상호 구속되는 관계에 있는 이익으로, 예를 들면, 선박의 소유권자의 이익과 담보권자의 담보이익을 들 수 있다. 이 경우 두 이익의 합이 선박의 물적 가치를 초과하지 않는다.
합일적 관계의 이익	배타적인 관계나 독립적인 관계가 없는 이익으로 훼손선박의 배상이익과 소유이익의 관계와 같이 소유이익의 훼손 없이는 배상이익이 존재하지 않으므로 배상이익은 소유이익과 합일된다.
병존적 관계의 이익	상호제한 없이 독립적으로 존재할 수 있는 이익으로 선박의 소유이익과 운임이익과 같이 이익상호 간에는 상대이익이 존재하더라도 그 이익의 크기가 줄어들지 않는다.

상기에서의 배타적 · 합일적 이익은 소유이익만을 해상사업단체의 이익으로 취급하고, 병존적 관계의 이익은 별도로 양자를 각각 별개의 해상사업단체의 이익으로 취급한다. 따라서 해상사업단체의 이익은 적화소유이익, 선박소유이익, 운임이익으로 대별된다. 운임이익은 당해 선박에서 획득될 수 있는 운임, 즉 적재하여 운송중인 화물에 대한 운임으로 한정된다. 따라서 재운송계약(再運送契約)상의 운임을 취득하기 위하여 공선으로 항해 중인 경우에는 선박소유자의 소유이익과 용선자의 소유이익 사이에는 해상사업단체를 구성하지 않는다. 'YAR(2004) 문자규칙' B조에서는 상업활동에 종사 중인 선박으로 구조작업이 아닌 경우에 한하여 해상사업단체를 구성한다고 규정하고 있다.

ii) **현실적인 위험이 존재하여야 한다.** : 위험은 손해를 입게 하는 사고의 발생가능성(possibility of loss)을 의미하는 것임으로 위험은 해상사업단체에 공동적이어야 하며 현실적이어야 하지만 그 위험의 원인은 불문한다. 'YAR규

▸태풍의 예상진로를 피하기 위하여 안전한 항구나 묘박지로 이동하는 경우와 같은 예상위험은 운송계약상 당연한 조치이며, 공동해손으로 인정되지 아니한다.

▸좌초 시 구조요청 후 자력으로 이초한 경우, 구조비용은 실제로 위험을 피하는데 발생된 비용은 아니지만, 양식있는 선장의 합리적 판단이므로 공동해손이 된다.

▸항구 내에서 선박에 화재가 발생하여 해상사업단체의 보존을 위하여 항만당국의 지시를 받은 도선사에 의한 소방행위로 선저에 구멍을 뚫어 입은 손해도 공동해손으로 인정한다.

칙' 제A조 1항에서는 '해상사업단체의 모든 이익에 공동적인 위험'이어야 한다고 규정하고 있다.

- **위험의 공동성** : 모든 이익이 질 또는 양적으로 동일한 위험에 처하는 것을 의미한다. 일부이익에는 분손위험 일부이익에는 전손위험이 존재 시 위험의 공동성이 존재하지 않는다.
- **위험의 현실성** : MIA 제66조 2항에서는 "preserving the property imperilled in the common adventure."라고 규정하여 위험의 현실성을 규정하고 있다. 현실적 위험은 반드시 손해를 발생시키고 있거나 손해를 줄 절박한 위험만이 아니다. 현재 절박한 위험이 아니더라도 시간이 경과하여 절박한 위험이 현실화되면 현실적 위험으로 인정된다. 따라서 단독해손 후 예인 등의 경우 선장은 위험이 구체화 될 때까지 기다릴 필요가 없다.

▸희생주의는 공동안전이나 공동이익과는 관계없이 공동해손행위와 상당인과관계가 있는 희생과 비용은 G/A인정한다. 한국도 희생주의를 채택하고 있다.

ⅲ) 공동해손은 공동해손행위가 존재하여야 한다. : 공동해손으로 인정되기 위해서는 해상사업단체를 현실적인 위험으로부터 보존하기 위한 행위가 있어야 한다. 그러나 그러한 공동해손행위는 고의적이고, 합리적이어야 하며 공동성이 있어야 한다.

- **행위의 고의성** : YAR(2004) 제A조에서는 "--intentionally and reasonably made or incurred for--"라고 규정하고 있어 우연한 행위나, 무의식적 행위는 공동해손으로 인정되지 않는다. 따라서 운송계약을 이행하기 위한 당연한 행위는 공동해손으로 인정되지 않는다.
- **행위의 합리성** : YAR 제A조 "--reasonably made or incurred for-"라고 명시하여 공동해손행위가 합리적이어야 함을 규정하고 있다. 합리성의 기준은 양식(良識)이 있는 선장이라면, 그러한 조치를 취했을 것이라고 판단되는 경우로 한다. 따라서 행위가 합리적이기 위해서는 위험에 대한 조치수단이 정도를 넘어서는 안 된다.
- **행위의 공동성** : YAR 제A조 "-for the common safety for the purpose of preserving from peril the property involved in a common maritime adventure-"라고 규정하여 선박이나 적화만을 구조하기 위한 비용은 공동해손으로 인정되지 않는다. 따라서 공동성은 사실행위(투하 등), 법률행위를 불문(구조 등)하고 공동의 안전을 위한 행위여야 한다.
- **행동의 주체** : 실무적으로, 행위주체보다는 행위가 공동해손요건을 충족하면 비로소 공동해손을 인정한다.

ⅳ) 희생이나 비용이 발생하여야 한다. : 공동해손행위의 수단과 방법으로 발생한 손해가 정상적인 항해에서 볼 수 없는 이례적인 것을 의미한다. 기상의 불순 등으로 인한 추가의 항해비용은 인정받지 못한다. 공동해손의 인정범위에 관한 학설로는 영국을 중심으로 하는 공동안전주의(common safety principle)와 독일을 중심으로 하는 희생주의가 있다. 'YAR규칙'은 문자규칙에서 공동안전주의를 채택하고 있지만, 숫자규칙 중 제10, 11,12조는 공동이익주의를 채택하여 절충주의를 채택하고 있다.

공동안전주의 하에서 공동해손비용의 인정범위는 해상사업에 속하는 재산이 공동위험으로부터 안전을 확보할 때까지, 즉 현실적 위험을 면할 수 있는 범위까지의 희생과 비용에 한정하며 피난입항 후 하역 또는 양륙되는 시점에서 공동의 위험은 사라지기 때문에 공동해손행위는 종료된다. 문자규칙에서 공동해손으로 인정하는 손해는 아래와 같다.

- YAR 제C조: 직접적인 결과만을 공동해손으로 인정
- YAR 제F조: G/A인정불가비용도 일정요건 하에서는 인정
- YAR 제F조에서 인정하는 손해 : 대체비용

반대로 문자규칙에서 공동해손으로 인정되지 않는 손해는 아래와 같다.

- 문자규칙 C조 2항 : 공동해손의 직접적인 결과로 발생하였다 하더라도 **환경손해에 관한 책임과 비용은 공동해손으로 인정되지 않는다.** 그러나 숫자규칙 제6,11조에서 일부 제한적으로 인정하고 있다.
- 문자규칙 C조 3항 : 체선료(demurrage), 시장상실(loss of market), 지연의 직접적인 결과로 입은 멸실 손상 및 비용(any loss or damage sustained or expense incurred by reason of delay), 간접손해 등은 공동해손으로 인정되지 않는다. 문자규칙 C조 제3항의 규정에서는 '일체의 간접손해는 공동해손손해로 인정하지 않는다'고 규정하고 있다. 따라서 항해의 지연 등으로 인한 시장의 상실, 세금의 인상 등 일체의 간접손해는 보상되지 않는다.

3) 희생과 비용의 입증책임 및 정산

공동해손 분담금 청구권자는 청구자가 손해와 비용이 정당한 공동해손이었다는 입증책임을 진다. 따라서 공동해손의 존재, 손해의 발생 및 금액과의 인과관계 등을 입증해야 한다. 예를 들어 일부유실, 일부투하 시 분담금 청구자는 어느 부분이 투하되고 어느 부분이 유실되었는가에 대해 입증해야 한다.

가. 화주의 조치

공동해손이 발생하는 경우, 선주는 공동해손을 선포하게 되며 해손정산인을 선임하여 공동해손을 정산하게 된다. 선주는 공동해손 분담금을 부담해야 하는 개별화주의 분담금지불능력이 있는지에 대해 관심이 많기 때문에 보증장, 보증서, 예탁금 등을 요구하게 되며 이러한 요건을 충족하지 못한 경우에는 화물을 인도하지 않고 유치하게 된다. 이러한 선주의 권리를 해사유치권(marine lien)이라 한다. 이러한 선주의 행위는 법률상 인정되는 권리의 행사이므로 공동해손맹약서(G.A. bond), 공동해손분담금지불보증서(G.A. guaranty) 등을 선주나 선주의 대리점에 제출하여 화물인도지시서(cargo delivery order)를 발급받아야만 화물을 인수할 수 있다.

▸ 공동해손 분담금(GA Contribution)
▸ 공동해손 보증장(GA Security, GA Guarantee)

- **보험에 가입한 화주** : 공동해손이 발생한 화물이 적화보험에 가입되어 있는 경우에는 보험자가 화주를 대신하여 공동해손분담금지불보증서(G.A. guaranty)를 발행하는 것이 일반적이다. 그러나 A/R(all risk)조건이나 미평가보험의 일부보험의 경우 보험자가 보상하지 않는 분담금까지 보증을 하기 때문에 보험자는 이러한 초과분에 대한 공동해손역보증서(G.A counter guaranty)를 피보험자로부터 접수 후 보험사가 공동해손분담금지불보증서를 발행하게 된다. 따라서 적화보험에 가입한 화주의 경우에는 단독해손의 경우와 마찬가지로 ⓐ 보험증권, ⓑ 선화증권, ⓒ 상업송장, ⓓ 포장명세서, ⓔ declaration of general average, ⓕ 기타 보험자가 요구하는 서류를 보험사에 제출하고 공동해손분담금지불보증서 발행을 요청해야 한다. 또한 보험사가 공동해손 역 보증서를 요구하는 경우에는 이를 제공하여야 한다.
- **보험에 미가입한 화주** : 해당 화물이 보험에 가입되지 않은 경우, 화주는 예탁금을 제공하거나 은행을 통하여 보증장을 발급받아야 한다. 은행을 통하여 보증장을 발급받은 경우 은행에 별도의 수수료를 지급하여야 한다. 선주는 화주의 제정상태를 정확히 알 수 없기 때문에 화주명의의 보증은 인정하려 하지 않기 때문에 부득이 예탁금이나 은행의 보증장을 제공하여야만 화물인도지시서를 발급받을 수 있다.
- **화물인수후의 처리** : 화주는 공동해손이 발생한 화물을 보증장이나 예탁금을 지불하고 인수한 경우에는 해당 화물에 손해가 발생했는지를 확인하여 손해가 있는 경우 보험사에 통지하여야 한다. 해당 사고로 적화나 선박이 단독해손을 입은 경우, 그 손해 만큼 분담가액에서 제외되기 때문에 이를 선주의 정산인에 통지하여 분담가액을 낮출 수 있기 때문에 분담금이 줄어든다.

4) 공동해손 손해액 산정

손해액의 산정 시기 및 장소는 다음과 같다. 비용손해는 금액화되어 있기 때문에 손해액 산정에 문제가 없지만, 희생손해는 금액화에 문제가 있다. 희생손해의 산정은 공동해상모험이 현실적으로 종료한 때와 곳의 가액을 기초로 한다. 손해액 산정을 위한 서류제출의 시한은 공동해상모험이 종료한 날로부터 12개월 이내이다.

▸ 적화의 배상액 산정의 원칙
- 양륙 시의 가액(상업송장 or 선적가액에 의해 확인된 가액)
- 보험료와 운임이 포함되지 않았으면 이를 포함한 가액, 예를 들면, FOB가액의 경우 Freight 와 Insurance Premium을 가산한 금액
- 해상운송인이나 그 대리인에 부실고지한 적화의 손해는 배상하지 않음

5) 공동해손 정산

공동해손이 발생하게 되면 공동해손 채무자들이 공동해손을 균등하게 분담하게 되는데 이러한 절차를 공동해손의 정산(定算)이라 한다. 공동해손의 정산은 공동해손 채무액과 공동해손 채권액의 비율인 공동해손 분담률에 의한다(상법 867조). 공동해손의 정산은 다른 특약 또는 관습이 없는 한 선장이 이를 담당하며 공동해손 정산서에 의한다. 그리고 정산지는 특약이 없는 한 최후의 적화의 양륙항이다(상법 867조, 상법 869조). 정산은 늦어도 양륙항에서 운송물을 수하인에게 인도할 때까지는 종료되어야 한다. 공동해손이 있을

때 위험을 모면한 선주 및 화주가 그들의 수익비율에 따라 분담하게 되는 공동해손 분담금은 화주의 경우엔 화물, 선주의 경우엔 선박과 운임의 거액에 따라 각각 그 비율대로 분담액을 책임지게 된다. YAR 숫자규칙에 의한 해상 적화의 공동해손 배상금은 다음 아래와 같다.

- 양적 손해
  - 송장가액 또는 선적가액(CIF기준) × 손해율
  - 손해율 = 희생물량 / 운송물량
- 질적 손해

수선의 경우	별도의 규정이 없기 때문에 선박의 배상액 산정의 기준을 준용하여 합리적인 수선비가 손해가 된다.
목적항 도착 후 매각 시	• 총 정상품 시장가액을 알 수 있는 경우 양륙 시 가액 × (SMV-DMV) / SMV • 총 정상 시장가액 알 수 없을 때 순정상시장가액(Sound Market Value) - 순손상가액 (Damaged Market Value) = AMG
예	선적 시 화물가액이 10,000원, 보험료 1,000원, Freight Collect 2,500원인 100ton의 곡물을 운송 중 30톤을 투하하였다면 적화의 배상액은 다음과 같다. • general average loss - cargo sacrifice .... 10,000원 - cargo - premium lost .... 1,000원 - cargo - freight lost .... 5,000원 - carrier • Amount to be made good for the cargo 16,000원 [10,000원+1,000원] x 30 / 100 = 3,300 원

희생된 적화의 훼손 또는 멸실에 대한 공동해손 배상액은 수하인에게 발급된 상업송장에 의하여 또는 상업송장이 없는 때에는 선적가액에 의하여 확인된 양륙 시의 가액을 기준으로 하여 산출한 화주가 입은 손해액으로 한다. 양륙 시의 가액은 적화 이해관계인 외의 사람이 그 운임에 대한 위험을 부담하는 경우를 제외하고 운임과 보험의 비용을 포함한다. 그리고 훼손된 적화가 매각되었으나 그 손해액에 대하여 별도의 합의가 없는 때에는 공동해손으로 배상할 손해액은 도착 시의 가액을 기준으로 계산한 순정산가액과 매각액의 차액으로 한다.

[공동해손 보증장 예]

AVERAGE GUARANTEE

Based on wording approved by the Association of Average Adjusters and the Institute of London Underwriters

NOTE : This guarantee will be accepted provided no additions, deletions or amendments are made to it.

To : the Owners of the vessel named below and other parties to the adventure as their interests may appear.

VESSEL............................from.....................to ....
CASUALTY and DATE ....

In consideration of the delivery in due course of the goods specified below to the consignees thereof without collection of a deposit, we, the undersigned insures, hereby undertake to pay to the Shipowners or to the Average Adjusters, ○ ○ ○ Average Adjusters & Surveyors Limited, on behalf of the various parties tothe adventure as their interests may appear, any contribution to General Average and/or Salvage and/or Special Charges which may hereafter be ascertained to be properly due in respect of the said goods.

We further agree : -

(a) to make prompt payment(s) on account of such contribution as may be reasonably and properly due in respect of the said goods, as soon as the same may be certified by the said Average Adjusters.

(b) to furnish to the said Average Adjusters at their request all information which is available to us relative to the value and condition of the said goods.

This agreement shall be governed by English Law and the High Court of Justice, London shall have exclusive jurisdiction over any dispute arising out of this agreement, and each party shall irrevocably submit to the jurisdiction of the English Court.

PORT OF LOADING	PORT OF DISCHARGE	QUANTITY & DESCRIPTION OF GOODS & B/L NO.	INSURED VALUE	POLICY/REF NO. & PREMIUM (IF KNOWN)

Non Separation Agreement

It is agreed that in the event of the vessel's cargo or part thereof being forwarded to original destination by other vessel, vessels or conveyances, rights and liabilities in General Average shall not be affected by such forwarding, it being the intention to place the parties concerned as nearly as possible in the same position in this respect as they would have been in the absence of such forwarding and with the adventure continuing by the original vessel for so long as justifiable under the law applicable or under the Contract of Affreightment.

The basis of contribution to General Average of the property involved shall be the values on delivery at original destination unless sold or otherwise disposed of short of that destination : but where none of her cargo is carried forward in the vessel she shall contribute on the basis of her actual value on the date she completes discharge of her cargo.

Signature of Insurers REVENUE STAMP

Name of Insurers ....

Person In Charge and Dept. ....

Address ....

....

Telephone No. .... Fax No. ....

Date ....

The Average Adjusters are : - ○○○AVERAGE ADJUSTERS & SURVEYORS LTD.
Rm. 1708 Chungdong Bldg., 15-5, Chung-Dong, Choong-Ku, Seoul100-120,Korea
Tel : 82 (2) 752 1891 Fax : 82 (2) 756 4535 E-Mail:000@korhi.co.kr

[공동해손 맹약서 예]

LLOYD'S AVERAGE BOND

TO...
Owner(s) of the ....
Voyage and date ....
Port of Shipment ....
Port of destination/discharge ....
Bill of Lading or waybill number(s).......................

Quantity and Description of goods

In consideration of the delivery to us or to our order, on payment of the freight due, of the goods noted above we agree to pay the proper proportion of any salvage and/or general average and/or special charges which may hereafter be ascertained to be due from the goods or the shippers or owners thereof under an adjustment prepared in accordance with the provisions of the contract of affreightment governing the carriage of the goods or, failing any such provision, in accordance with the law and practice of the place where the common maritime adventure ended and which is payable in respect of the goods by the shippers or owners thereof.

We also agree to:

(i) furnish particulars of the value of the goods, supported by a copy of the commercial invoice rendered to us or if there is no such invoice, details of the shipped value and

(ii) make a payment on account of such sum as is duly certified by the average adjusters to be due from the goods and which is payable in respect of the goods by the shippers or owners thereof.

Non Separation Agreement

It is agreed that in the event of the vessel's cargo or part thereof being forwarded to original destination by other vessel, vessels or conveyances, rights and liabilities in General Average shall not be affected by such forwarding, it being the intention to place the parties concerned as nearly as possible in the same position in this respect as they would have been in the absence of such forwarding and with the adventure continuing by the original vessel for so long as justifiable under the law applicable or under the Contract of Affreightment.

The basis of contribution to General Average of the property involved shall be the values on delivery at original destination unless sold or otherwise disposed of short of that destination; but where none of her cargo is carried forward in the vessel she shall contribute on the basis of her actual value on the date she completes discharge of her cargo.

Date .... Signature of receiver of goods...
Full name and address ....
....
....

(4) 신약관별 보상하는 손해

신약관은 구약관과 달리 손해의 형태에 따른 차별성은 없다. 즉, 증권상에 기재된 담보위험으로 손해가 발생하였을 경우에는 그것이 분손이든 전손이든 불문하고 보험자의 보상책임이 발생한다. 다만, 다음 아래와 같은 원인에 의하여 발생하는 손해에 대해서는 약관의 종류에 불문하고 운송인은 면책된다.

▸O:: 지급대상
X: 특약이 없는 한 지급 대상에서 제외

| 표 41 | 2009년 ICC의 기본 조건과 보험금지급 경우

보상하는 손해	ICC(C)	ICC(B)	ICC(A)
① 화재 또는 폭발	○	○	○
② 선박 또는 부선의 좌초, 침몰	○	○	○
③ 육상운송 용구의 전복 또는 탈선	○	○	○
④ 운송용구의 타물과의 충돌·접촉	○	○	○
⑤ 본선, 부선에 선적 또는 하역작업 중 추락하여 발생한 포장단위당 전손	×	○	○
⑥ 운송용구, 보관장소에 해수, 호수, 강물의 유입	×	○	○
⑦ 지진, 화산의 분화, 낙뢰	×	○	○
⑧ 비, 눈 등에 의한 누손	×	×	○
⑨ 파손, 곡손, 찰손, 갈고리로 인한 손해	×	×	○
⑩ 도난, 발하, 불착	×	×	○
⑪ 외적인 요인을 수반하지 않은 누출, 부족손	×	×	○
⑬ 공동해손, 구조비, 투하	○	○	○

| 표 42 | 2009년 ICC의 보험금 미지급 조건

면 책 약 관	A	B	C
피보험자의 고의의 위법행위	×	×	×
화물의 고유하자 또는 성질에 의한 손해(통상의 누손, 중량, 용적의 통상의 감소, 자연소모, 부폐, 변질, 녹	×	×	×
포장 또는 컨테이너 적부불량에 의한 손해(위험개시 후, 피보험자 이외 또는 그 사용인 이외의 자에 의해 행해진 경우 제외)	×	×	×
항해, 운송의 지연에 기인한 손해	×	×	×
간접비용(위자료, 위약금, 폐기비용)	×	×	×
화물이 육상에 있는 동안 전쟁위험으로 인한 손해	×	×	×
선주, 관리자, 용선자, 운항자의 파산, 재정으로 인한 멸실, 손상, 비용(단, 피보험자가 운송계약 당시 운송인의 이러한 사실을 알고도 화물을 본선에 선적한 경우에만 해당)	×	×	×
원자력, 방사능 오염으로 인한 손해 와 화학, 생물, 생물화학 등의 무기로 인한 손해	×	×	×

6-2 해상적화보험 계약

1. 해상적화보험 계약체결

①보험계약
②보험계약
③기본약관
④특별약관
⑤부가약관
⑥보험료지급

수출입업을 영위하는 기업이 해상적화보험에 가입하여야 하는 이유는 기업의 소중한 화물이 해상 또는 항공운송도중 예기치 못한 각종 사고로 인하여 손실을 입는 것에 대비하고 또한 보험사고 발생 시에 보험회사로부터 신속한 보상을 받음으로서 경제적 손실을 최소화하기 위해서다. 만일 해상적화보험을 가입하지 않은 상태에서 운송 중 화물에 손실이 발생하게 되면 수출입업자는 운송인에게 직접 손해배상을 청구하여야 하는데, 이때 수출입업자가 해당 손해의 발생구간을 직접 입증하는 것이 현실적으로 매우 곤란하고, 운송인들은 경우에 따라서 운송인의 면책사유를 들어 책임을 부담하지 않으며, 부담한다 하더라도 그 책임은 국제법규에 따라 일정한 한도로 제한되어 있어 손실금액 전액을 보상받을 수 없거나 손해배상자체가 매우 지연 될 수 있다.

해상적화보험계약의 체결과정은 크게 보험계약자의 보험자에 대한 보험계약의 청약과 보험자의 승낙이라는 2단계로 이루어진다. 따라서 보험계약자가 보험계약을 하기 위해서는 먼저 보험자에게 보험계약에 관한 의사표시를 해야 하며 이때, 보험계약자의 보험계약에 관한 의사표시는 보통 보험자가 자체 발행하는 보험청약서(cargo insurance application)에 필요사항을 기재하여 보험료와 함께 보험자에게 제출하면 된다. 최근에는 EDI의 발달에 따라 한국무역정보통신을 이용하여 인터넷 상에서 보험청약과 보험계약이 체결된다. 무역업체는 사전에 수령한 보험증권양식에 부보사항을 출력하여 사용하거나 보험회사에서 직접 출력하여 배달 또는 보험회사에서 은행으로 직접 전송한다.

보험의 청약은 운송화물에 관한 보험책임개시 이전에 하여야 한다. CIF조건으로 수출하는 경우, 보험의 청약은 화물이 선적을 위해 창고에서 반출되기 이전에 이루어져야 하고 FOB나 CFR조건으로 수입하는 경우 수출항에서 본선에 적재되기 이전에 보험청약이 이루어져야 한다. 보험청약서의 예를 들면 다음 아래와 같으나 실무적으로는 보험자마다 보험계약의 청약에 관한 자사의 양식을 갖추고 있으므로 보험자가 제공한 양식에 작성하여 제출하거나 혹은 보험자의 홈페이지에 들어가 보험청약에 관한 정보를 입력시키면 된다. 수출업자의 일부는 보험청약서 대신 L/C (letter of credit)의 원본이나 카피본을 제출하기도 한다. 본 교재에서는 보험자의 홈페이지를 통하여 보험계약을 체결하는 과정을 예로 들어 설명하기로 한다.

(1) 계약체결 절차

해상적화보험 계약절차는 다음 아래와 같다.

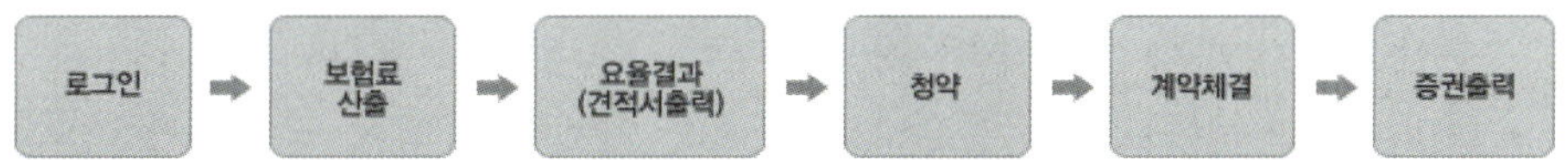

1) 회원가입

먼저 Internet상에서 회원가입 후 사업자등록증을 해당 보험회사의 담당부서로 E-mail 이나 FAX로 송부한다.

2) 보험료 산출

가. 보험료 산출 메뉴 선택

① 화면에서 [기업보험상품] 〉 [적하/해상보험] 을 선택

보험회사별 약간의 차이가 있지만 해상적화보험계약에 관한 단추를 클릭하면 된다. 또는 화면에서 [적화보험]을 선택한다.

② 적화보험 화면이 나타나면, [보험료 산출]을 선택한다.

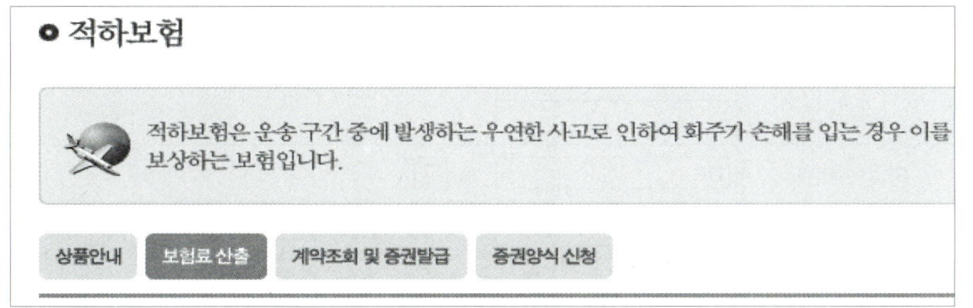

③ 보험료 산출 메뉴는 [일반용 보험료 산출], [전문가용 보험료 산출], [견적목록 조회] 등의 메뉴로 보통 구성되어 있다.

나. 일반용 보험료 산출

① 1단계: 기본사항입력

• 청약일자 : 인터넷 적하보험 청약 시 청약일자는 현재 일자로 고정되어

▸수입 : 한국을 도착지로 하는 무역일 경우에는 수입
수출 : 한국을 제외한 다른 지역을 도착지로 하는 경우에는 수출 단, 한국에서 북한으로 운송하는 경우에는 수입에 해당

있으며 청약일자는 보험효력의 여부와 밀접한 관련이 있는 만큼 수정할 수 없음을 주의하여야 한다.

- 수출입구분 : 적화보험의 경우 수출과 수입 적하보험으로 구분한다.
- 화폐단위 : 무역서류에 기재된 송장가액화폐 단위를 기재한다.
- 송장가액 : 무역서류에 설정되어 있는 가액을 기재한다. 외화의 경우 소수점 2째 자리까지 입력이 가능하다.
- 희망이익 : 적화보험의 경우 무역관례상 기재한 가액에 일정률의 이익분을 감안 보험가입 금액결정 한다. 통상 보험가액의 110%로 설정되어 있으나 150%까지 수정 가능하다. 그러나 130% 초과 시 추가 보험료가 발생하는 점을 유의해야 한다.
- 보험가입금액 화폐단위 : 수출일 경우 외화, 수입일 경우 [WON]으로 확정한다. 수입 시 해당 외화로 수정이 가능하나, 앞에서 기재한 외화로만 입력이 가능함.

1단계 : 기본 사항 입력

•기본사항

계약자	dfdf	청약일자	2..5/05/09
수출입 구분	○ 수출 ◉ 수입		

•보험금액 사항

소지하고 계신 송장에 기재된 화폐 및 가액을 기재하시기 바랍니다.
통상 가액은 송장화물 가액이며, 운임의 경우 희망이익ㅂ분에 반영되지 않으니 기지급한 운임에 대한 보험 가입시에는 반드시 화물가액에 포함시켜서 기재하시기 바랍니다.

화폐단위	USD (보기 : 미국달러 〉 USD 식으로 표기)
송장가액	
희망이익(%)	110 % ?
보험가입금액 단위	WON (보기 : 원화 〉 WON 식으로 표기) ?

〉다음

② 2단계: 보험가입금액 확인

보험가입금액 : 입력된 보험가입금액을 선택된 화폐단위로 변환한 보험가입금액과, 적용환율을 확인한 후 [다음]을 선택한다. 만약, 내용이 다를 경우, [이전]을 선택하여 이동한 후, 전 단계를 다시 진행한다.

2단계 : 기본가입금액 확인

•보험금액 사항

화폐단위	USD (보기 : 미국달러 〉 USD 식으로 표기)
송장가액	100.00
희망이익(%)	110.00 %

보험가입금액			
보험가입금액	111,023.00	화폐단위	WON ?
환율적용일자	2005/05/09	가액적용환율	1,009.30

당사는 환율의 경우 외환은행 1차고시 대고객 전신환매도율을 사용합니다.
단, 당일자 매도율이 고시가 되지 않았을 경우에는 전일자 환율이 적용되오니 이점 유의하시기 바랍니다.

〉이전 〉다음

③ 3단계: 목적물 및 운송구간 선택

3단계 : 목적물 및 운송구간 선택

•목적물 사항
가입하신 화물에 대한 정보사항입니다.
무보 화물의 종류를 분류찾기를 이용해서 찾아주시기 바랍니다.

분류항목	분류찾기 최근선택항목

•운송정보 사항
정확한 요율산출을 위해 필요한 사항입니다. 모르시면 추후에 통보하셔도 됩니다.

포장상태	검색
갑판적재비율	% ?
화물 우송방법	○ 선박 ◉ 항공기
운송용구명	
운송시작일자	(날짜형식은 '20050801'입니다.) ?

•운송구간
화물의 운송구간을 선택하여 주시기 바랍니다.
수출입 구분에 따라 한국은 자동으로 결정되며, 먼저 지역찾기, 도시찾기를 선택하여 국가명을 선택하신 후 입력창에서 세부 도시명을 입력하여 주시기 바랍니다.

출발지	지역찾기 도시찾기 최근선택지역
	(최대 50자)
도착지	, KOREA (최대 50자)

※ '지역찾기' 또는 '도시찾기'를 선택하신 후 입력창에서 가지고 계신 서류에 맞게 수정하세요.
※ '최근선택지역'을 선택하시면 더욱 빠르게 지역을 입력하실 수 있습니다.

〉이전 〉다음

- 분류찾기 : [분류찾기]를 선택하여 물품에 따라 대분류, 중분류, 포장상태 등을 선택하고 인터넷으로 청약할 수 없는 품목의 경우, 해당 보험사에 연락을 취한다.
- 최근선택항목: 최근에 많이 선택한 물품의 대분류, 중분류, 포장상태 리스트가 나타난다. 같은 품목을 계속해서 수출,입 하는 경우 사용하면 편리하다.
- 화물운송방법: 운송수단을 기재한다. 만약, 운송수단이 확정되지 않았을 경우 추후에 통보한다.
- 운송용구명: 확정된 운송수단명의 선박명이나 항공기명을 기재한다. 만약, 선박/항공기명이 확정되지 않았을 경우 추후에 통보한다.
- 운송시작일자: 실제 무역서류 상에 sailing date가 기재되어 있을 경우 그 날짜를 기재한다. 만약, 운송시작일자가 확정되지 않았을 경우 추후에 통보한다.
- 지역 찾기: 지역 찾기 기능은 정확한 도시명을 알 수 없는 경우에 사용하면 편리하다.
- 도시 찾기: 무역서류상에 기재되어 있는 도시명을 입력하면 해당되는 도시를 찾을 수 있다.
- 최근선택지역: 최근에 많이 선택한 지역의 리스트를 찾을 수 있다.

④ 목적물 사항 입력

- 대분류

[분류찾기]를 선택하면 취급하는 품목의 대분류가 조회된다. 해당품목의 대분류를 선택한다.

섬유류
가죽류
사료, 곡물류
임농산물
…
화공약품류/LPG, LNG
식료품류
동식물류
…
화폐 및 유가증권
이사화물
잡화류
원양어업/해외철도운송

- 중분류

가장 가까운 중분류를 선택한다.

화공약품류/LPG,LNG
LIQUID CHEMICAL(액체화공품)
LPG(엘피지연료)
LNG(엘엔지연료)
SOLID CHEMICAL(고체화공품)
EXPLOSIVES(폭발물 제품)
PHARMACEUTICAL CHEMICAL(의약품)

>이전

- 포장상태

중분류를 결정하면 그 품목에 해당되는 포장상태가 조회된다. 포장상태 중 해당되는 포장을 선택한다.

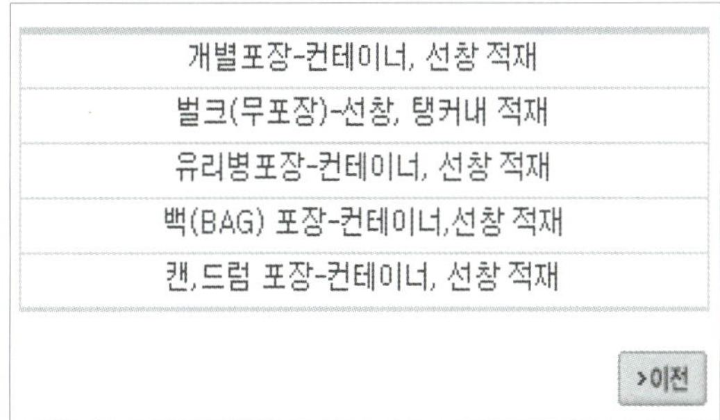

⑤ 운송구간 선택 : 적화보험의 경우 운송구간에 따라 요율이 달라진다. 정확한 출발지, 도착지를 기재해야 하나 정확한 도시명을 모르는 경우 [지역찾기]를 선택한 다음 해당지역을 선택한다. 해당 지역의 그림을 선택하면, 그 지역 내 소재하는 국가들이 조회가 가능하고 원하는 국가를 선택한 후 국가 이름을 상업송장과 같게 수정한다. 도시명을 알고 있을 경우 [도시찾기]를 선택한 후, POP-UP 창 내에 관련 도시 명 첫 몇 글자를 기재하신 후 [검색]을 선택하면, 입력한 글자로 시작되는 도시 및 국가가 조회된다.

유럽지역
중국지역
일본지역
북미지역
중동아지역
동남아지역
남미지역
호주지역

찾고자 하는 도시명의 첫 알파벳을 입력 후 찾기아이콘을 선택하세요.

도시명 ⊕검색

찾고자 하는 도시명의 첫 알파벳을 입력 후 찾기아이콘을 선택하세요.

도시명 PA ⊕검색

도 시
PAGO-PAGO, SAMOAN ISLABNDS
PALEMARANG, INDONESIA
PALERMO, ITALY
PALMA DE MALLORCA, SPAIN
PAMAGUSTA, CYPRUS
PANJANG, INDONESIA
PAPEETE, THAITI ISLAND
PARAMARIBO, SURINAM
PARANAGUA, BRAZIL
PARIS, FRANCE

⑥ 기본 약관선택 : 지금까지 입력한 결과에 따른 기본약관들이 결정된다. [기본약관] 콤보박스의 화살표를 눌러 조회 된 기본약관 중 하나를 선택한다. 조회된 기본약관 중 하나를 선택한 후, [다음]을 선택하면 해당 품목별, 기본약관에 따른 각종 부가조건화면으로 이동한다. 약관선택 시 [약관 설명]에 해당 기본약관에 대한 간략한 약관설명이 조회되니 참조한다. 적화보험 기본약관에는 ICC(A), ICC(B), ICC(C) 조건이 있다. 이외에도 Total Loss(전손담보) 조건이 있는데, 이것은 부선에 적재되는 화물이나 선화증권의 발급없이 운송되는 화물을 인수하는데 주로 사용되는 조건이다. 따라서 보험계약자는 우선 이들 중 어느 하나를 결정하여야 한다.

4단계 : 약관 선택

•약관선택
귀하께서 작성하신 사항에 대해 다음과 같은 기본약관의 선택이 가능합니다.
기본약관을 선택하여 주십시오.

기본약관	Institute Cargo Clauses(All Risks) V
약관설명	선박운송 과정 중의 모든 위험을 담보합니다. 단, 보험계약자 및 피보험자의 고의적 행위, 포장의 불완전, 운송의 지연 등으로 인한 손해는 면책입니다.

〉다음

위험의 종류	신 I C C		
	A	B	C
화재, 폭발	○	○	○
좌초, 교사 침몰, 전복	○	○	○
육상운송용구의 탈선, 전복	○	○	○
충돌, 운송용구와 물외의 타물과의 접촉	○	○	○
피난항에서 화물의 하역	○	○	○
공동해손 희생해손	○	○	○
투하	○	○	○
선박, 부선, 선창, 운송용구, 컨테이너, 또는 보관장소에서의 해수, 호수, 강물의 유입	○	○	×
선박, 부선에의 선적, 양륙 도중 바다에 낙하 또는 추락하여 발생한 포장단위 당의 전손	○	○	×
갑판유실	○	○	×
지진,분화,낙뢰	○	○	×
도난,발하,불착	○	×	×
선원의 악행	○	×	×
해적행위	○	×	×
선주의 파산(피보험자가 몰랐을 경우)	○	×	×
타화물, 기름과 접촉	○	×	×
선박내의 오수와 접촉	○	×	×
Rough Handing	○	×	×
빗물	○	×	v
1) 악천후로 인한 SWEAT	○	×	×
2) 적도항해에 따른 온도차이로 인한 땀손	×	×	×
3) 화물자체의 성질에 기인한 SWEAT	×	×	×
지연	×	×	×
포장불량 잠재적 하자	×	×	×
물건의 성질, 통상적인 손실	×	×	×

▸확장담보조건

▸ 내륙운송확장담보조건(I.T.E: Inland Transit Extention) : 육상운송중의 위험을 추가로 담보한다.
내륙보관확장담보조건(I.S.E :Inland Storage Extension) : 수출시 하역 후 60일, 수입시 하역 후 30일 이상으로 보험기간을 늘리는 경우 담보한다.

전위험담보조건 [ICC(A), ICC(Air) 조건]으로 보험조건을 정한 경우에는 일반적으로 부가조건을 첨부할 필요가 없지만, 제한 조건인 ICC(B)나 ICC(C)를 보험조건으로 정한 경우에는 특정위험에 대해 부가조건을 선택하여 추가로 부보하여야 한다.

그러나 전위험담보조건으로 보험에 가입한 경우라 하더라도 화물의 특성에 따라 전위험담보조건에서 면제한 특정위험을 담보받고자 할 때는 부가조건에 대한 추가보험료를 납입하여야 한다. 예를 들어 고체화공품 드럼이나 캔 이외의 용기로 포장하여 운송할 경우는 부족손(Shortage)과 정밀기기류, 유리 및 요업제품의 파손(Breakage)위험에 대한 담보요율은 ICC(A), ICC(Air) 조건의 요율에 포함되어 있지 않으므로 동품목에 있어서 부족손이나 파손을 보상받기 위해서는 이에 따른 추가보험료가 납입되어야 한다. 따라서 부가조건의 종류와 각각의 종류가 지닌 기능 및 의미는 다음 아래와 같으므로 필요 시 첨부를 한다.

⑦ 약관선택 결과 확인 :선택한 기본약관 및 부가조건에 따른 약관선택 결과의 화면이다. 이 화면에서 [해상전쟁위험], [동맹파업위험] 등에 대한 약관을 선택할 수 있다. 선택에 따라 보험료는 자동으로 추가되나 만약, 이전에 선택한 기본약관 및 부가조건을 다시 선택하고 싶다면, [이전]을 선택해서 이전 화면으로 이동하면 된다. 하단의 [보험료견적]을 선택하면, 지금까지 입력한 내용을 바탕으로 보험료 산정이 가능하고 이때 관

4단계 : 약관 선택

•약관선택 결과

기본약관	Institute Cargo Clauses(All Risks)
부가조건	없음

귀하께서 선택하신 정보에 대해 다음과 같은 약관이 첨부됩니다.
이는 보험자와 보험계약자 사이에 지켜야 할 사항을 기재한 약관입니다.

첨부약관	ON-DECK CLAUSE(A)
	Institute Classification Clause
	Transit Term. Cl. (30 days) (A)

마지막으로 다음 위험에 대해 담보 여부를 결정하여 주시기 바랍니다.
통상 무역 서류상에 War, Strikes에 대해 기재되어 있을 경우 선택하셔야 합니다.

해상전쟁위험(Institute War Clauses)	○ 예 ◉ 아니오
동맹파업위험(Strikes Classification Clause)	○ 예 ◉ 아니오

통상 적하보험은 수출의 경우 양하 후 60일, 수입의 경우 양하 후 30일까지만 담보가 됩니다.

〉이전 〉보험료 견적

련 내용은 자동으로 견적 목록에 저장되며, 추후 계약요청을 할 경우 [견적목록 조회]에서 바로 선택하여, 바로 계약 신청이 가능하다.

| 표 43 | 부가조건의 종류 및 유형

Theft, Pilferage & Non-Delivery	• ICC(A), A/R이외의 조건에서는 TPND를 추가해야 보상 이 가능. • Theft :일반적 도난을 의미 • Pilferage: 좀도둑에 의해 화물의 일부가 소실되는 것.58) • Non-Delivery: 포장단위의 화물이 전부 목적지에 도착하지 않은 것을 의미59)	모든 화물
Rain and/or Fresh Water Damage	• (RFWD;우담수손) 담수(淡水), 빗물에 의한 손해를 의미. 단, ICC(B)조건에서는 "본선, 부선, 선창 등의 보관장소에 해수, 호수, 강물의 침입으로 인한 손해" 만 담보되며, 우천으로 인한 손해담보를 원할 경우 추가가입해야 함.	모든 화물
Breakage	• (파손) 깨지는 화물의 경우 반드시 담보여부를 밝혀야 함.	유리 이사짐
Sweating & Heating Damage	• (열손, 땀손) 선창내의 습기의 응축(Sweating), 곡물류가 내포하고 있는 습기가 통풍불량으로 자체적인 발열(Heating) 등으로 발생하는 손해.	곡물류
Leakage/ Shortage	• 누손 : 액체 또는 기체화물이 용기에서 새어나간 손해 • 부족손: 중량의 감소나 수량 부족의 개념. 곡물 및 액체 화물의 경우 통상적 감량이 많으므로 실무적으로는 excess 적용	유류, 곡물류
Jettison and Washing Over Board	• (JWOB: 투하 및 갑판유실) 투하 및 갑판유실 담보 • 해상운송화물은 선창 내 운송이 원칙이나 일부 품목에 대해 갑판적 화물 허용. 이럴 경우 ICC(C), FPA조건 및 FPA+JWOB로 인수	갑판 적재 화물
Denting/ Bending	• (곡손) 운송 중 충격으로 패이거나 구겨지는 손해	기계류 금속류
Spontaneous combustion	• (자연 발화) MIA상의 법정면책위험이나 우연성이 있을 경우는 부가위험으로 담보	곡물류
Mould & mildew	• (곰팡이 손해) 습도가 올라감에 따라 곰팡이로 인한 손해를 입을 경우를 대비하여 담보되는 부가위험	곡물류
Rust	• (녹에 의한 손해) 해수, 담수에 의해 녹을 입는 손해	금속류
Hook and Hole	• (갈쿠리에 의한 손해) 하역 작업 중 갈쿠리를 사용함으로써 발생되는 손해	직물류

⑧ 보험료 확인 및 견적서 출력 : 입력한 자료에 대한 보험요율이 자동으로 계산된다. 요율견적서로 출력하려면 [견적서 출력]을 선택하면 되고 견적 후 실제 계약 입력을 하기 위해서는 하단의 [계약사항입력]을 선택하면 된다.

5단계 : 견적서 조회

•견적서 조회
귀하께서 작성하신 사항에 대해 다음과 같이 보험료가 산출되었습니다.
보험계약을 원하시면 하단의 "계약사항입력"을 선택하십시오.

견적번호	1001-R105-0002564
보험계약자	dtdf
견적일자	2005/05/10
보험가입금액	WON 111,254.00
보험목적용	FABRICS(직제품 의류 및 각종 섬유제품)

운송수단	선박	
운송구간	출발지	, CHNA
	도착지	, KOREA

기본약관	Institute Cargo Clauses (All Risks)
부가조건 및 첨부약관	On-Deck Clause(A)
	Institute Classification Clause
	Transit Termination Clause(30 Days)(A)

보험요율	0.052 %	예상원화보험료	15,170.00
예상적용환율	1.00	환율적용일자	2005/05/10

위 보험료는 청약일자의 환율에 따라 달라질 수 있으므로 유의하시기 바랍니다.

〉이전 〉다음

⑨ 계약사항 입력

• 피보험자명 : 피보험자명을 변경하려면, 피보험자명 란에 내용을 직접 입력한다. 단 피보험자는 보험금 수취권을 가지고 있으므로 반드시 보험부보화물에 대한 피보험이익, 즉 법률적 권리를 가지고 있어야 한다.
• 기타문서번호 : 송장번호, B/L번호, 신용장 및 기타 계약번호가 있을 경우 기재를 한다. 기재할 내용을 정확하게 모르는 경우, 추후 통보한다.
• 목적물 사항 : [목적물 사항 상세입력] 창에는 보험부보화물에 대한 정확한 정보(수량, 단가 등)를 입력한다. 예를 들어 송장과 같은 무역서류에 기재된 화물의 정보를 이곳에 기재한다.
• 예상 보험료 및 상세 보험요율 내역 : 견적결과화면에서 조회된 보험료에 대한 내용이 담보약관별로 상세히 조회한다.

- 증권출력사항 : 기타 증권출력 시 기재된 사항을 표시하는 곳이다. 원본은 보험금 청구효력이 있는 증권 수를 말하며, 통상 2장으로 설정되어 있다. 이는 무역 관례상 운송화물에 대한 권리를 수출업자와 수입업자가 양분하고 있는 경우가 많기 때문이다. 사본은 보험금 청구효력은 없으나 무역서류상 필요한 곳에 제출하기 위해 사용한다. 출력일자와 출력지는 각각 오늘날짜와 서울로 자동으로 설정되니, 이 외의 내용을 원하는 경우, 해당 창에 직접 내용을 입력한다.

계약사항 입력 단계

•기본 사항 입력

청약번호	1001-R106-0002192
피보험자명	BESTHYUN 피보험자가 다를 경우 수정하세요.
견적일자	2006/04/18

수입일 경우 은행에서 질권설정 요청 시 피보험자명을 "TO ORDER OF 은행영문명"으로 기재해 주시기 바랍니다.
이는 은행연합회와 협의된 사항으로 불필요한 공중비용을 계약자로부터 덜어드리고자 시행되는 것입니다.
예) 조흥은행 질권설정 시: TO ORDER OF CHOHUNG BANK., LTD

•기타 문서번호 입력
보험증권상에 이 계약과 관련된 기타 문서번호를 기재할 경우 보험금 처리 시 신속하게 진행될 수 있습니다. 모르실 경우 추후 통보해 주셔도 상관없습니다.

송장번호(COMMERCIAL INVOICE NO.)	
선하증권(BILL OF LADING NO.)	
신용장 및 기타 무역관련번호 (L/C NO. OR OTHER CONTRACT NO.)	

관련문서번호가 길 경우 번호 뒷 부분에 '**'를 다시 표시하고 이어서 기재하시면 됩니다.

•목절물 사항 상세입력
무역서류에 기재되어 있는 보험에 부보될 화물의 수량 및 단가 등 관련 정보를 기재해 주시기 바랍니다.

보험조건 및 약관과 관련된 문구는 기재하실 수 없습니다. ▶미리보기

※를 제외한 특수문자 입력시에 계약체결이 안될 수도 있습니다. 총 글자수는 공백 포함 977자 이하 이여야 합니다.
표기를 원하시는 고객은 계약체결후 CRMxla/인터넷마케팅 파트(02-6900-2997/2995)로 문의하여 주시기 바랍니다.

•예상보험료 및 상세 보험요율 내역
수출 적하보험 계약체결 시 외화로 보험료 납입을 원하시는 분은 CRM팀 인터넷마케팅 파트로 연락주시기 바랍니다.

보험요율(PREMIUM RATE)	0.0510%	
예상 보험료(FINAL PREMIUM)	WON	14,460.00

선택약관	요율	보험료
ICC(A/R)	**0.0510%**	14,460.00

•증권 출력사항
보험금 청구 효력이 있는 원본은 몇 장으로 출력하시겠습니까?
통상 2장으로 출력되며, 최다 3장까지 출력됩니다.

원본	2장 ▼	사본	2장 ▼
출력일자	20060418	출력자	SEOUL, KOREA ▼

〉이전 〉계약체결

⑩ 계약조회 및 증권발급

• 계약조회 / 조회 결과 리스트

[사업자등록번호]와 [법인명]은 수출자의 정보로 자동 설정된다. 원하는 조회기간을 달력을 눌러 선택하거나 직접 입력한다. 날짜 형식은 꼭 "20060101" 형태(YYYY-MM-DD)로 입력해야 하고 계약이 많을 경우 송장번호, 선화증권번호, 신용장 및 기타 무역관련번호 등 계약 체결 시 입력한 문서번호를 알고 있을 경우, [문서번호]에 입력하면, 좀 더 정확한 조회결과를 얻을 수 있다. 계약조회 결과가 화면에 표시되며, 개략적인 내용이 표시된다. 계약의 증권번호를 확인한 후, [상세/변경]를 선택하면, 해당 계약의 상세 내용을 확인할 수 있으며 변경도 가능하다. 계약은 최종회차만 표시되며, 보험료는 누적값이 표시된다. 계약이 취소된 경우에는 보험료 합계가 0원이 되며 보험가입의 효력은 없다.

계약조회/증권 발급

1. 조회조건을 선택하신 후, 해당하는 내용을 입력하시고 [조회] 버튼을 선택하세요.
2. 취소된 계약은 송장가액과 보험료가 0원이며, 보험가입의 효력이 없습니다.
3. 결재 완료 후에도 수납이 처리되지 않은 경우 상태가 미수납으로 표시될 수 있습니다.
 (수납처리는 최소 영업일 기준 1일이 소요됩니다.)

사업자등록번호	123 - 12 - 12345	법인명	test
조회기간	20061204 - 20061205	문서번호	송장번호, 선하증권번호, 기타등등...
총건수	1 건	총보험료	14,040 원
미수건수	1 건	미수보험료	14,040 원

›조회

NO.	증권번호-회차	송장가액	수납상태	출발지	상세/변경
	문서번호	보 험 료	청약방법	도착지	증권발급
1	100120060084487-000	USD 1,000	미수납	SHEKOU, CHINA	상세/변경
		14,040 원	인터넷	PUSAN, KOREA	증권출력

• 계약 조회 상세 내용

계약내용이 상세하게 표시된다. 증권출력을 원하는 경우, [증권출력]을 선택하고 변경이 가능한 항목은 피보험자명, 출발지, 도착지, 선박/항공기명, 출발일, 목적물 사항, 관련문서번호(1), 관련문서번호(2), 관련문서번호(3) 등이 있다. 이 외의 내용을 변경하고자 하는 경우에는 보험회사와 상담한다. 변경하고자 하는 항목을 변경한 후 오른쪽 하단의 [배서신청] 버튼을 선택하면, 배서가 완료도고 [이전]을 선택하면 계약조회 결과 리스트로 이동한다.

• 계약상세조회

증권번호	1001-2006-0084487	OP번호	
계약자명	test		
피보험자명	test		
계약일자	2006/12/05	환 율	936.50
LIG 취급자	LIG인터넷2	취급부서	전략영업부
보험가입금액	USD 1,000	110%	WON 1,030,150
관세가입금액	0	0%	0

출발지	SHEKOU, CHINA (단, 국가명은 변경할 수 없습니다)		
도착지	PUSAN, KOREA (단, 국가명은 변경할 수 없습니다)		
운송수단	선박	출발일	20061230
선박/항공기명	A-600S	포장상태	개별포장
목적물	섬유류 / FABRICS(직제품,의류 및 각종섬유제품)		
목적물 사항	VAE EMULSION AIRFLEX 192 18.00MT * PO NUMBER : 55000-10 --- ///		

관련문서번호

약관사항	
기본약관	Institute Cargo Clauses (All Risks)
부가조건 및 약관	Transit Termination Clause(30 Days)(A)

보험요율	0.0390%	보험료	WON	14,040.00

증권출력 >이전 >배서신청

③ 증권발급

• 증권발급

조회기간	20061204 – 20061205	문서번호	송장번호, 선하증권번호, 기타등등	>조회

	증권번호	문서번호		
◉	100120060084487-000		증권원본	2 부
			증권사본	1 부
			종류	☑ 세관통관용 Invoice ☑ 보험료청구용 Invoice ☑ 일반용 Invoice
			발급 방법	◉ 양식지에 출력 (웹브라우저 방식) ? ○ 양식지에 출력 (아이뷰어 방식) ? ○ A4용지에 출력 (아이뷰어 방식) ?
			발행지	SEOUL, KOREA
			발행일	2006/12/05

영수증 출력 ☐ 미리보기 >발급 >이전

▸①예): PARK TRADING CO., Ltd.
②예) : 신용장 번호 315-5660222, 송품장 번호 MUNT0311 일 경우, L/C NO. 315-5660222 INVOICE NO. MUNT0311로 표시

(2) 해상적화보험증권 작성요령

MARINE CARGO INSURANCE POLICY

① Assured(s), etc THE SAMWON CORPORATION	
③ Policy No. 002599A65334	② Ref. No. Invoice No. DS-990228 L/C No. IOMP20748
⑤ Claim, if any, payable at : GELLATLY HANKEY MARINE SERVICE 842 Seventh Avenue New York 10018 Tel(201)881-9412 * CLAIMS ARE PAYABLE IN AMERICA IN THE CURRENCY OF THE DRAFT.	④ Amount insured USD 65,120.- (USD59,200 XC 110%)
⑥ Survey should be approved by THE SAME AS ABOVE	⑮ Conditions * INSTITUTE CARGO CLAUSE(A) 1982
⑦Local Vessel or Conveyance / ⑧From (interior port or place of loading)	
⑨ Ship or Vessel called the KAJA-HO V-27 / ⑩ Sailing on or about MARCH 3, 1999	
⑪ at and from PUSAN, KOREA / ⑫ transshipped at	
⑬ arrived at NEW YORK / ⑭ thence to	
⑯ Goods and Merchandises 16,000 YDS OF PATCHWORK COWHIDE LEATHER	Subject to the following Clauses as per back hereof institute Cargo Clauses Institute War Clauses(Cargo) Institute War Cancellation Clauses(Cargo) Institute Strikes Riots and Civil Commotions Clauses

⑰Place and Date signed in SEOUL, KOREA APR /09/2000. ⑲ NO. of Policies issued. TWO

Notwithstanding anything contained herein or attached hereto to the contrary, this insurance understood and agreed to be subject to English Law a	*Warranted free of capture, seizure, arrest restraint or detainment, and the consequences there of or any attempt there at: also from the consequences of ......*	*The descriptions to be inserted in the following clauses are shown as above.* Be it known that as well in his or their own name, as ......

○○○ INSURANCE CO., LTD

In the event of loss or damage arising under this policy, no claims will be admitted unless a survey has been held with the approval of ......

PRESIDENT *Hong gil dong* (법인 도장)

① Assured(s). etc.(피보험자 기타) : 보험계약을 체결한 피보험자를 기재하며, 가격조건에 따라 수출업자(CIF, CIp...), 또는 수입업자(FOB, CFR...)가 부보한다.

② Ref. No.(참조번호) : 보험계약과 관련해서 참조되는 서류의 번호를 기재하는 곳으로, 수출의 경우에는 신용장, 송품장, 수출승인서의 번호, 수입의 경우에는 수입 승인서, 송품장 번호 등을 기재한다.

③ policy No.(보험증권 번호) : 보험회사가 기재한다. 예) : HS0222

④ Amount insured(보험금액) : 피보험자가 보험에 가입한 계약금액으로서 보험사고 발생 시에 보험자가 보험금으로 지급하는 최고 한도액이다. 보험금액은 통상 송품장 금액(invoice amount)의 110%에 대해 정해지며, 이것은 보험사고로 인해 비록 수입이 불가능하게 된다 하더라도, 수입업자의 희망이익(expected profit)을 가산해서 보험금액을 정하면 보험금을 보다 더 수취해서 수입불능으로 인한 손실을 보상받으려는 의도이다.

USD	59,200	×	110%	×	1	=	USD
송장가액 화폐코드	송장가액	×	CIF가 희망이익	×	보험가입 금액환율	=	보험가입금액 화폐코드

⑤ Claims, if any, payable at/in(보험금 지급지) ; 보험사고가 발생하여 보험금을 지급하는 경우 보험금을 지급하는 당사자의 상호와 주소를 기재한다. 수출 시에는 일반적으로 수입국에 있는 특정한 지급기관을, 그리고 수입의 경우에는 주로 국내의 보험자를 기재한다.

⑥ Survey should be approved by(검정승인기관) ; 보험사고 발생 시 통지를 받고 검정의 과정을 거쳐 보험금을 지급하도록 해주는 곳으로 통상 보험금 지급지와 동일하게 기재하며, 별도 특정기관의 검정이 필요할 때에는 해당 기관을 기재한다.

⑦ Local Vessel or Conveyance / ⑧ From(interior port or place of loading)(국내 선박 또는 운송 수단/(내륙 항구 또는 적재 항)으로부터) ; 화물의 출발지와 선적지가 다른 경우에 출화지로부터 선적항까지의 화물운송을 위해 선박이나 운송수단이 사용되는 경우 그 선박이나 운송수단을 기재한다. 여기에서는 기재를 생략한다.

⑨ Ship or Vessel called the(선박 명) ; 수출품을 운송하는 선박명과 항차번호(voyage No.)를 기재한다.

⑩ Siling on or about(출항 예정일) : 선박회사에 확인해서 선박의 출항예정일을 기재한다.

▸⑤예) : 일본 나고야시 보험금 지급 대리점일 경우 Claims Settling Agent in Nagoya, Japan

▸⑥예) : 위의 ⑤예와 동일

▸⑨예) : Miss Korea V-22

▸⑩예) 1998년 10월 10일 → October 10, 1998

▸⑮예) : 협회 적화약관 [A] 조건 및 협회파업 약관일 경우
ICC (A), Institute Strikes Clauses

⑪ At and from(선적항) : 선적항과 국가명을 기재한다. 예) : kunsan, Korea

⑫ Transhipped at(환적지) : 운송도중에 환적을 하는 경우 환적항을 표시한다. 여기에서는 기대를 생략한다.

⑬ Arrived at(도착항) : 선박이 도착하는 항구를 기재한다.
예) : 일본 나고야 항 → Nagoya, Japan

⑮ Conditions(보험조건) : 피보험자와 보험자가 합의한 보험조건을 기재한다. 보험조건은 현재 신·구보험조건이 함께 사용되고 있으므로, 화물의 특성에 따라 적합한 보험조건을 선택하여야 한다.

| 표 44 | 주요 해당품목별 적화보험 가입조건

주요품목	표준보험가입조건	주요사고유형 및 비교
모직물, 의류, 섬유류	A/R	TPND, RFWD
Raw Cotton	A/R	FIRE, Country Damage
Raw Silk	A/R	RFWD, Country Damage
Colored or Dressed Skin	A/R	RFWD, Sweat & Heating, TPND
Raw Hide, Raw Skin	WA + Sweat & Heating + C.O.O.C	RFWD, Sweat & Heating, TPND
곡물류 및 사료, 어분	W/A + Shortage + S & H	Shortage, Sweat & Heating, Sinking
원목	FPA + JWOB	Sinking, JWOB , FPA조건으로만 인수가능
합판류	ON DECK : A/R+JWOB UNDERDECK: WA+RFWD+TPND	Breakage, Seawater Damage, RFWD
펄프류	A/R	Contamination, RFWD
종이류	A/R	Contamination, RFWD
비료	FPA(+ Drying Charge Clause)	Seawater Damage, Sinking
유류	B.O.C.+ Shortage	Shortage, Contamination
액체화공품	Bulk포장 : WA + Shortage + Contamination Bottle포장 : A/R + Shortage Can, Drum : A/R	Contamination, Shortage
고체화공품	Can, Drum : A/R 기타 포장일 경우 : A/R +Shortage	Shortage, Sinking, RFWD
옥수수전분, 당밀	A/R + Sweating & Heating	Shortage, RFWD, Sweat & Heating
원당(Raw Sugar)	Raw Sugar Clause	Shortage, Seawater Damage

식품류	A/R, Bottle포장 : A/R +Shortage	Rejection Risks, Shortage
Fresh Vegetable & Fruits	FPA or A/R + R.C.C.(R.M.C.)+ TPND	Rejection Risks
식물류	FPA + Natural Withering	Natural Withering, Sweat & Heating
동물류	FPA + Mortality	Mortality
유리 및 요업제품	A/R + Breakage	Breakage
화폐 및 귀금속	A/R + Full value declared to carrier and valuation charge paid	TPND
이사화물	A/R + Breakage	Breakage, TPND
잡화물	A/R	TPND, Breakage, Shortage
광산물	BULK포장: W/A, 기타 다른 포장: A/R	Sinking, Shortage
철강제품	A/R + ROD	General Average, ROD, DBTS
비철강 제품	A/R	DBTS, Shortage
기계제품	A/R	Breakage, DBTS

⑯ Subject-matter insured(보험목적물) : 보험에 가입한 화물의 명세, 곧 품명, 수량, 화인 등 상업송품장상에 명시된 내용대로 기재한다.

예) : - Korean Doll Set

- FS-555-9820-2 Model A New Couple - 1,000 sets

--- STC	Model C Young Kid - 3,000set

Nagoya, C/NO.1～120, Made In Korea

⑰⑲ place and Date signed in./No. of policies insured,(서명 장소 및 일자/보험증권 통수) : 보험증권을 작성한 장소와 일자를 기재하고 이어서 보험증권의 발행 통수를 기재한다.

▸⑰⑲ 예) : 한국 서울에서 1998년 10월 9일에 작성하고 증권 통수는 두 통, 서명인 박 종은 일 경우, place and Date Signed in. SEOuL, KOREA OCT. 9, 1998. No. of policies insured. Duplicate AUTHORIZED SIGNATURE Park Jong Eun

2. 적화보험의 운송클레임

보험의 목적에 발생한 손해에 대하여 보험자에게 손해보상을 청구하는 것이 보험 클레임이다. 해상이나 항공, 육상운송을 통하여 화물이 운송되는 과정에서 외부의 우연한 사고의 결과로 인해 화주가 입게 되는 화물의 손실을 소정의 보험료를 대가로 보험자가 피보험자에 대하여 계약당시 합의한 방법과 범위에 따라 보상하는 것이 적화보험이므로 보험자는 보험사고가 발생할 경우, 보험자가 손해를 입은 기업에게 손해보상금을 지급하는 것은 보험자의 의무다. 그러나 계약이라는 것은 항상 계약 당사자 모두에게 의무와 권리가 병존하므로 클레임이 발생할 경우, 보험자나 보험계약자는 보험계약당시 양측이 합의한 권리와 의무를 성실하게 이행하여야 한다.

먼저 클레임이 발생하여 처리되는 과정을 나타내면 다음과 같다.

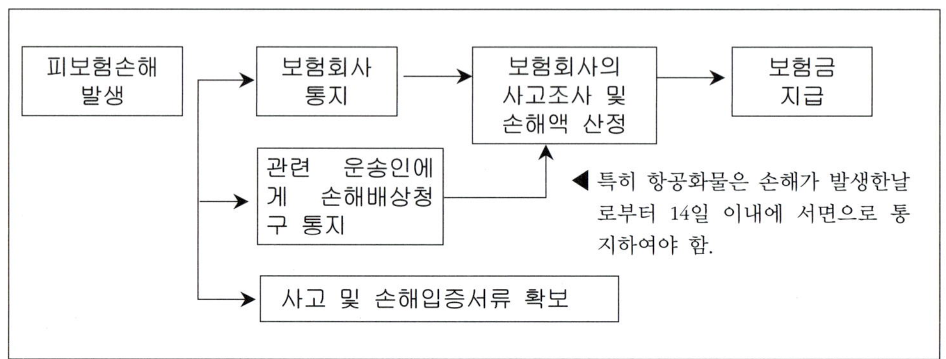

〈그림 43〉 클레임 처리절차

(1) 보험사고 발생 시 피보험자의 의무(수출)

증권상에 명기된 서베이 에이전트(survey agent)에 수입자가 직접 통보하는 것이 통상의 방법이나, 부득이하게 에이전트와의 연락이 용이치 않거나 수입자가 국내 수출업자에게 직접 화물의 멸실이나 손상을 통보하면서 보상을 요청하는 경우, 수출업자는 보험사의 적화 손해사정 담당자에게 사고사실 통보와 함께 수입업자 관한 다음의 사항을 통보하여 즉시 손해조사를 취할 수 있도록 조치한다.

① 피보험자 상호 혹은 성명(수입업자: name of the assured), 주소(address), ② 전화번호 및 FAX 번호, 운송인 등에 대한 교신문(FAX, Mail 등), ③ 담당자 이름

수출화물의 경우, 보험증권 좌측상단에 명기된 보험자의 도착지 소재 'Claim Agent'와 피보험자가 현지에서 사고조사를 진행시키므로 통상 국내의 보험계약자는 별도의 절차를 밟을 필요가 없다. 피보험자는 보험자에게 사고통보와 동시에 관련운송인에게 손해배상청구 공문을 발송하여야 하며 특히 항공화물은 화물도착일로부터 14일 이내에 반드시 서면으로 통지해야 한다.

(2) 보험사고 발생 시 피보험자의 의무(수입)

보험사고가 발생하면 수입자는 다음 아래와 같은 조치를 실행해야 한다.

1) 보험회사에 통지

보험사고가 발생한 경우 피보험자 혹은 그 대리인은 즉시 보험자에게 그 사실을 통지하여야 한다. 이때, 보험자의 적화 손해사정 담당자에게 통보하는 내용은 다음 아래와 같다.

> ① 적화 손해사정 담당자가 연락할 수 있는 담당자 및 연락처, ② 손상된 화물이 보관된 곳(보관된 곳의 연락처 및 담당자), ③ 예상 손해액

이 밖에도 보험사의 적화 손해사정 담당자는 보험증권, 선화증권, 상업송장, 포장명세서 등을 Fax로 송부해달라고 요청할 수도 있으므로 준비하여야 한다.

피보험자의 사고통지에 관한 의무사항은 해상보험증권 난외약관에 의하여 이 증권 하에 멸실 혹은 손상이 발생한 경우에, 사고조사가 당사 혹은 이 증권에서 명시된 당사 대리인의 허락을 득한 후 이루어지지 않는 한 어떠한 클레임도 인정하지 않게 된다. 실무적으로 보험자는 사고가 발생하였을 때 피보험자의 의무규정으로서 수탁자 약관과 중요구문 약관을 삽입하여 피보험자의 합리적 조치를 요구하고 있다.

▸Important 약관은 보험사고가 발생하였을 때 피보험자가 취해야할 유의사항을 규정한 조항이다.

2) 보험자에 보험사고 통지 외 피보험자의 의무

피보험자, 수화주 혹은 그 대리인은 현실적으로 발생한 혹은 발생할 화물의 손해를 방지 또는 경감할 의무가 있다. 만약에 손해방지경감의 조치를 소홀히 했기 때문에 손해가 증대되었다고 하면, 그 증대된 손해에 대해서는 보험회사가 보상하지 아니한다. 따라서 조난화물을 가능한 한 신속하게 구조하고 건조·세척·수선·도난방지 등의 조치를 취해야 한다. 만약 이 화물이 보험부보되어 있지 않았더라면 어떻게 조치할까?라는 전제에서 손해방지경감의 조치를 취해야 한다. 이러한 손해방지에 필요한 비용은 상황에 적절하다고 판단되는 경우 보험회사에서 부담한다.

▸무보험화주의 노력정도라는 것은 합리적인 무보험화주를 의미하는 것으로 무보험상태에서 어떤 사고에 대하여 신중한 화물소유자라면 어떤 조치를 취할 것인가를 기준으로 판단하고 행동하는 것을 의미한다.

구증권 약관 이면과 신증권 약관 표면에는 “중요구문약관(important clause)라는 중요사항 약관이 적색으로 클레임이 발생할 경우 피보험자가 조치하여야 할 내용들이 규정되어 있다. 그 내용을 살펴보면 모든 경우에 있어서 손해의 방지와 경감을 위하여 합리적인 조치를 취하고 또한 운송인, 수탁인 또는 기타 제3자를 상대로 한 모든 권리가 적절히 보존되고 행사되도록 확실히 하

는 것은 피보험자와 그 대리인의 의무이다. 특히 피보험자 또는 그 대리인은 다음과 같은 사항을 이행하여야 한다.

① 행방불명된 여하한 포장물품에 대하여 운송인, 항만당국 또는 수탁인에게 즉시 클레임을 청구할 것.

② 서면의 해난보고서에 의한 경우를 제외하고, 화물이 불명한 상태에 있으면 어느 경우에도 무사고수취증을 교부하지 않을 것.

③ 콘테이너에 의하여 화물이 인도되는 경우, 콘테이너 및 그 봉인이 파손되거나 없어진 채로 콘테이너가 인도되거나 또는 선적서류에 기재된 것과 다른 봉인으로 콘테이너가 인도되는 경우에는 그에 따라 화물수취증에 사고를 기재할 것. 그리고 결함이 있거나 규격이 다른 모든 봉인은 추후 확인을 위하여 보존할 것.

④ 멸실이나 손상이 분명한 경우 운송인이나 기타 수탁인의 대리인들에게 즉시 손해사정을 의뢰할 것. 그리고 그러한 검정에서 발견된 실제 멸실이나 손상에 대하여 운송인 또는 기타 수탁인에게 클레임을 청구할 것.

⑤ 화물의 인수 시 멸실이나 손상이 분명하지 않을 경우 인수 후 3일이 내에 운송인 또는 기타 수탁인에게 서면으로 통지할 것.

⑥ 수탁자 또는 그 대리인은 양륙항에서 항만당국의 제규정을 숙지하여야 한다.

⑦ 이 보험하의 클레임에 포함될 수 있는 멸실이나 손상이 있는 경우에는 이 보험증권이나 보험증명서에 기재된 당회사의 사무소 또는 대리점에게 그러한 멸실이나 손상에 관하여 즉시 통지 하고 그 사무소 또는 대리점으로부터 손해사정보고서를 확보하여야 한다.

▸피보험자는 제3자, 즉 운송인 및 기타 수탁자에게도 수탁자약관에 따라 구상장을 제출하여 손해배상청구권을 유보해 두어야 피보험자가 제3자에 대해 구상권을 포기하면 보험회사가 추후에 대위권(right of subrogation)을 행사할 수 있다.

표 31 손해별 필요한 증빙서류

서 류	전손	분 손		
		Damage	TPND	Shortage
1. Claim Note	◎	◎	◎	◎
2. Policy 또는 Certificate	◎	◎	◎	◎
3. Invoice	◎	◎	◎	◎
4. Packing List	◎	○	○	○
5. Bill of Lading	(fullset)	◎	◎	◎
6. Weight Certificate(선적지 및 양하지)	△	△	△	◎
7. Cargo Boat Note	—	◎	◎	◎
8. Landing Report(7,8은 재래선의 경우)	—	◎	◎	◎
9. Equipment Receipt	—	◎	◎	—
10. Devanning Report(9,10은 콘테이너 FCL의 경우)	—	◎	◎	◎
11. Delivery Record(11은 콘테이너 LCL의 경우)	—	◎	◎	◎
12. Survey Report	—	○	△	△
13. Survey Fee 청구서	—	○	△	△
14. Claim Notice to Carriers	◎	◎	◎	◎
15. Carriers Reply	○	○	○	○
16. 수리비명세	—	○	—	—
17. Sea Protest	△	△	△	—
18. Stowage Plan	△	△	△	—
19. Import Declaration(Duty가 부보되어 있는 경우)	—	◎	◎	◎
20. Charter Party	△	△	△	△

3. 손해의 증명

피보험자는 손해가 발생하였을 때 그 손해가 보험증권에서 규정한 보험기간과 담보구간에서 발생한 보험조건상의 담보위험으로 인한 손해라는 사실을 증명해야 한다. 그러나 전위험담보조건(A/R)하에서는 손해가 보험증권상 담보되는 구간과 보험기간 내에 발생된 것이라는 사실을 피보험자가 입증하면 되고 손해를 야기한 재난이나 사고에 대한 특별한 증빙자료를 제시할 의무는 없다. 즉, 피보험자가 All Risks 조건의 담보범위 안에 있는 피보험위험에 의한 손해를 입었을 경우, 피보험자는 수많은 담보위험 중 어떤 특정위험에 의해 발생되었는지 구체적으로 손해원인을 입증할 의무는 없다.

열거책임주의가 적용되는 I.C.C(WA), (FPA) 혹은 ICC(B), (C)같은 제한조건하에서는 손해의 입증책임이 피보험자에게 있으므로 손해가 보험증권상에 열거된 담보위험으로 인하여 발생하였음을 피보험자가 직접 증명해야 한다.

(1) 보험청구시 구비서류

① 보험금 청구서(claim note) : 보험회사의 소정양식 또는 청구자 자신의 서식이라도 관계없다. 보험금 청구서에는 보험계약의 내용과 보험금계산의 명세를 기재하는 것이 보통이다.

② 보험증권 원본 : 보험금을 청구할 때에는 보험증권 원본 혹은 부본(Original or Duplicate Policy)을 제출해야 한다. 보험증권이나 증서를 분실하였을 경우에 피보험자는 보험증권의 분실로 인하여 발생하는 모든 책임을 지겠다는 조건의 다음과 같은 각서를 제출함으로써 보험증권에 갈음할 수 있다.

> Memorandum
>
> Dear Sirs,
> In consideration of your settling a claim for
>
> under
>
> Policy
>
> No. dated : Without production of the Original Policy of Insurance, We hereby undertake to indemnify you from all consequences which may arise from settlement of the claim without the production of the Original Policy.

③ 상업송장(commercial invoice) : 상업송장은 수출상이 수입상에게 송부해 주는 화물의 수량, 형태, 대금결제조건 및 금액을 표시한 계산서이다. 즉, 보험증권상에 기재된 화물이 틀림없는가를 확인하기 위하여 뿐만 아니라 손해액과 보험금의 정확한 산정을 위해서도 필요하다.
상업송장에 명시되는 매매조건에 따라 피보험자에게 화물의 소유권이 이전되는 시점이 다르기 때문에 사고시점에 피보험자가 화물에 대한 피보험이익을 명세서를 근거로 삼는다. 검량방법으로서는 계량기기에 의하는 것, 화물적재 시와 공하 시에 트럭의 중량을 계측하여 화물의 중량을 산출하는 이른바 Truck scale, 갖고 있는지를 상업송장에 의해서 확인할 수 있다.

④ 선화증권(bill of lading) : 선화증권은 운송인이 운송계약에 의하여 송하인으로부터 선적을 위하여 화물을 수취한 사실을 증명하고 동시에 화물을 지정된 목적지까지 운송하여 선화증권의 정당한 소지인에게 인도할 것임을 약속하는 유가증권이다. 보험자가 선화증권을 보험금 청구서류로서 요구하는 이유는, 첫째, 손해의 발생장소와 시기를 알 수 있는 중요한 자료가 되며, 둘째, 선박회사나 기타 운송에 책임 있는 당사자에 대해 대위권을 행사하는 데 필요한 서류이기 때문이다.

⑤ 사고조사 보고서(survey report) : 운송 중 발생한 화물의 손상정도와 원인을 규명하기 위해 선정된 검정인이 작성하는 보고서로서 손해의 상태, 정도 및 그 원인, 손해발생의 시점 및 장소, 손해사정 시 보험자가 필요로 하는 제발사항이 기재된다.

⑥ 포장명세서(packing list) : 상업송장만으로 손해액 산정이 어려울 때 Packing List를 요구한다. 또한 화물의 특성에 따라 적합한 포장을 했는지 여부를 파악 하는 근거서류가 된다.

⑦ 중량증명서(weight certificate) : 부족손의 계산은 선적지 및 양하지의 신용있는 제3자가 발행하는 중량광석과 같이 선박에 가득 신는 살화물은 본선의 홀수(draft)선65)으로 배수량을 계산, 화물의 중량을 산출하는 'draft survey' 같은 것들이 있다. 액체인 살적화물(석유, 화학약품 등)은 용적, 온도, 비중 등을 계측하여 중량을 계산한다.

⑧ 귀책자와의 교신문 : 운송 중 손해가 발생하면 피보험자는 귀책 당사자에게 손해배상 청구서한을 보내고 이에 대한 관련 귀책자의 회신이 있으면 이를 보험금청구 시 함께 보험자에게 제출해야 한다. 피보험자가

▸ Order No. 주문 번호 per ~에 의하여, ~마다 rail 철도 carriage 운송, 운임 medium 중간(크기) do. (= ditto) 위와 같음 discount 할인 returnable 반환할 수 있는; 반품하고 환불받을 수 있는 terms (복수로)조건 E. & O.E. 착오 및 탈락 제외 (=errors and ommissions excepted) be pleased to do ~하게 되어 기쁘다 enclose 동봉하다 available 이용할 수 있는 stock 재고 carriage forward 운임은 상대방 지불, 도착불 amount due 지불해야 할 금액 namely 즉

▸ be pleased to do ~하게 되어 기쁘다enclose 동봉하다statement of account 명세서transaction 거래 make payment 지불하다 (=pay)within ~이내에 deduct 빼다, 공제하다 customary 통상적인cash discount 현금 할인

B/L 혹은 'airway bill'상의 손해배상청구시효 내에 사고통보를 하지 않아서 보험자가 대위권을 행사하지 못하게 될 경우, 보험금산정 시 피보험자의무 해태에 따른 불이익을 받을 수 있다.

⑨ 화물인도관계서류 : 수입화물은 항구에서, 선박, 부선 또는 창고업자 등 여러 종류의 화물관리자에게 인도된다. 이 같은 이동에 수반하는 책임의 소재를 명확히 하기 위해서 화물의 인도 시에 전문검수인(checker 또는 tallyman)이 수량의 과부족과 손상의 유무를 확인하고 인도상태를 나타내는 서류를 작성한다. 이러한 인도서류는 손해의 입증서류로서 클레임처리에 있어서, 그리고 운송인 기타인에 대한 대위구성권 행사에 있어 중요한 서류가 된다. 구체적인 인도서류는, 재래선의 경우와 콘테이너선의 경우가 다르다.

참고

Invoice (예)

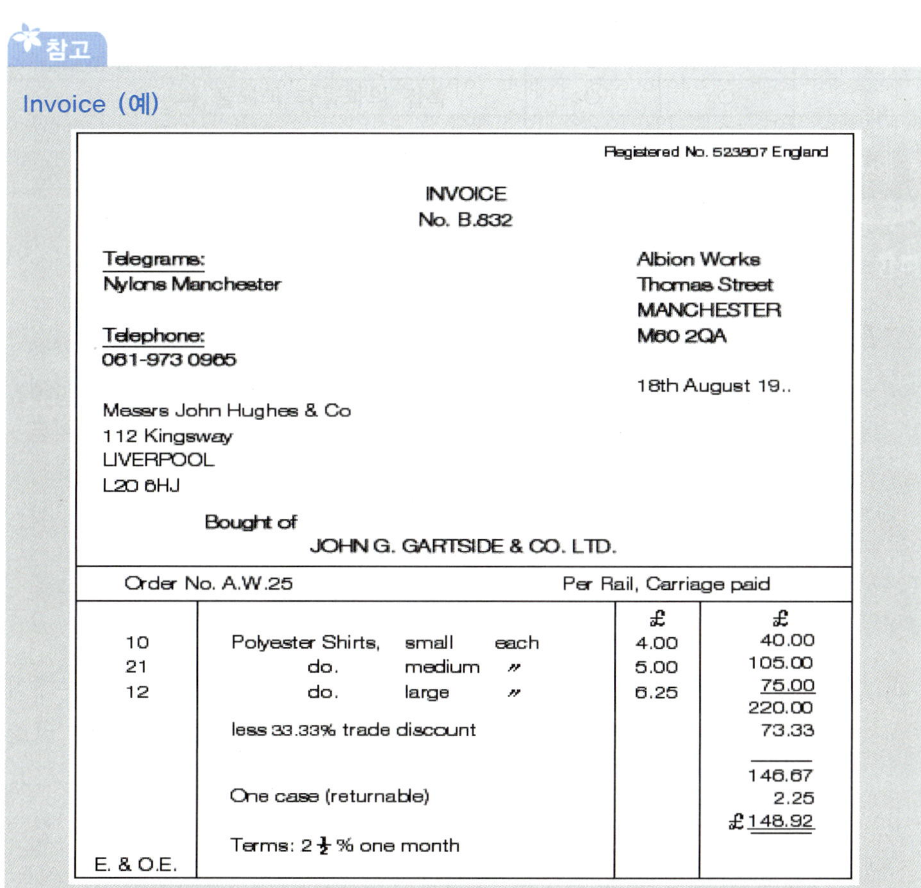

Registered No. 523807 England

INVOICE
No. B.832

Telegrams:
Nylons Manchester

Telephone:
061-973 0965

Albion Works
Thomas Street
MANCHESTER
M60 2QA

18th August 19..

Messrs John Hughes & Co
112 Kingsway
LIVERPOOL
L20 6HJ

Bought of
JOHN G. GARTSIDE & CO. LTD.

Order No. A.W.25 — Per Rail, Carriage paid

		£	£
10	Polyester Shirts, small each	4.00	40.00
21	do. medium 〃	5.00	105.00
12	do. large 〃	6.25	75.00
			220.00
	less 33.33% trade discount		73.33
			146.67
	One case (returnable)		2.25
			£148.92
E. & O.E.	Terms: 2½% one month		

• 재래선

*화물부송장(Cargo Boat Note) ; 본선으로부터 부선 또는 안벽에 양육할 때에 화물의 상태를 나타내는 서류이다. 비고란에 해당화물에 발견된 이상이 기록된다. 예를 들어, 수량이 1포대 부족한 경우에는 "1bag short", 포장물이 파손된 경우에는, "1ctn broken"이라고 표시된다. 화물인도시의 상태에 대하여 수취인측 검수인(Checker)와 본선의 일등항해사(Chief officer)가 화물부송장에 서명으로 확인한다.

*Landing Report(양륙보고서) ; 부선이 안벽에 양육시킨 화물의 상태를 기록하는 것이다. 그 외에 화물을 입고할 때의 기록으로서, 창고회사가 발행하는 입고확인서가 있다.

• 콘테이너

*Equipment Receipt(기기양수증) ; FCL화물의 경우, 선박회사와의 인수인도는 콘테이너 채로 행하여진다. 콘테이너는 일반적으로 선박회사가 하주에 대여해 주는데, 터미널에서 하주에게 건네줄 때는 Equipment Receipt(Out), 그리고 반환시에는 Equipment Receipt(In)이 발행된다. 수입화물이 터미널에서 인도될 때에, Equipment Receipt(Out)에는 당시의 콘테이너의 외견상 이상유무도 기록된다. 그 기록에 의하여, 예를 들면, 콘테이너 천정이 파손되어 있으면, 운송 중에 해수나 우수가 콘테이너 내에 들어갈 가능성을 나타내는 것으로 손해원인의 추정에 있어 중요한 것이 된다. 또한, 콘테이너는 반드시 문이 봉인(Seal)되어 운송되기 때문에, 봉인번호가 Equipment Receipt에 기록된다. 적재지에서 붙여진 봉인번호는 일반적으로 B/L상에 기재되는데, 양자의 번호가 다르다면, 운송중에 콘테이너가 개봉되었을 가능성이 있음을 나타내는 것이다. 가령 화물의 도착수량이 송장(Invoice) 상의 수량보다 적은 경우에 봉인번호가 적재지와 양륙지에서 같은 것으로 되어 있다면, 운송중의 도난보다는 출하주가 콘테이너에 덜 넣은 것으로 추정된다. 보험증권에 표시되어 있는 Important Clause에서도 콘테이너봉인을 점검해야 한다고 규정되어 있다.

*Devanning Report(적출보고서) ; FCL화물을 적재한 콘테이너를 수화주의 주관 아래 개봉하여 화물을 인수할 때에 그 화물의 상태를 기록한 것이다. 운송인측이 입회하지 않을 수도 있으며 특히 Devanning Report가 발행되지 않을 경우도 있다.

⑩ Delivery Record(화물인도증명서) : LCL화물에 대하여는, CFS에서 콘테이너에서 화물을 인출한 후 수화주에게 인도할 때 그 화물의 상태를 나타내는 화물인도보고서가 발행된다. 상기한 인도서류에 충분한 비고가 표시되어 있지 않은 경우에는, 필요에 따라 운송업자나 창고업자와 같은 관계자로부터 화물의 상태를 기록한 확인서 또는 사고보고서를 취득, 첨부한다.

⑪ Sea Protest(해난보고서) : 선박이 항해 중에 충돌, 좌초, 침몰, 멸실, 화재 또는 기관의 손상, 기타 해난에 조우한 경우는, 항만청에 해난보고서를 제출하여야 한다.

⑫ Stowage Plan(적부도) : 본선내의 각 선창에 화물을 적부하는 위치도가 있는데, 본선의 어디에 무엇이 실려 있는가와 그 화물의 수량, 중량, 양륙지를 한 눈으로 알아볼 수 있게 되어 있다. 손상화물에 대한 적부장소를 확인하여 같은 선창 내에 적재된 화물을 알 수 있는 등 손해원인을 규명하는데 필요하다.

⑬ Import Declaration(수입신고서) ; 관에 제출하는 수입품에 대한 신고서로서, 관세액이 기재되어 있다. 관세가 부보되는 경우는 관세의 실액을 확인하는데 필요하다.

⑭ Charter Party(용선계약서) : 화물이 정기선에 의하여 운송되는 개품운송계약인 경우에는 B/L이 운송계약을 나타내게 된다. 반면에, 한 항해에 대하여 선복의 전부 또는 일부를 임차하는 항해용선계약에 의하여 화물이 운송되는 경우도 있다. 밀이나 콩과 같은 살적화물 또는 목재와 같은 대량운송은 일반적으로 항해용선계약에 의하여 운송되는데, 이 경우에는 운송인에 대한 손해배상 청구 시에 운송계약의 내용을 알기 위해서 B/L만이 아니고 용선계약서(Charter Party)도 첨부해 두는 것이 좋다.

참고

공동해손의 경우

선박회사로부터 공동해손을 선포하는 공동해손통지서(notice of general average)를 접수하면 피보험자는 이를 보험회사에 통지하고 다음과 같은 구비서류를 갖추어 절차를 밟는다. 또한 선박회사는 공동해손분담금(G. A. contribution)의 지불을 서약하는 공동해손맹약서(G. A. bond)와 CIF가격에서 손율에 의거한 손해액을 공제한 금액에 대한 화물평가액에 대한 신청서(valuation form)를 요구하는데 대개 보험회사가 입증하거나 부서를 받는다. 이와 더불어 선박회사는 화주로부터 공동해손공탁금이나 보험회사의 지급보증장을 받고 검정인에게 검사를 의뢰한다. 이 검사의 결과에 따라 단독해손과 공동해손이 구별된다. 이 검정보고에 따라 보험회사에 구상하면 보험회사는 공동해손공탁금을 수령한 공동해손정산인(average adjuster)에게 구상하게 되는데 이때 공동해손정산서에 의해서 확정된 공동해손분담금과 이미 지불한 공탁금과의 차액이 정산된다.

▸구비서류: 공동해손구상장(claim letter on G. A.), 보험증권(Insurance Policy) : 원본 또는 사본, 공동해손통지서(Notice of G. A.) : 사본, B/L 및 Invoice

▸보험증권하에서 발생하는 멸실이나 손상의 경우, 이 보험증권에 기재된 당회사의 사무소 또는 대리점의 승인을 얻어 손해검정이 이루어지지 않는 한 어떠한 클레임도 인정되지 않는다.

▸옆의 사례의 근거 : MIA 제71조 제4항 보험가액은 상품 가액에 모든 부가비용까지 포함 결정

(2) 손해사정의(예)

화물이 피보험의 위험에 근인하여 손상되었음이 명백할 때는 보험회사와 협의하여 손해검정인을 선정, 검정서를 작성하게 하는데 이 검정서를 보험회사는 검토한 후 보험금을 지급한다. 분손보상금은 부보금액에 손해율을 곱하여 산출한다. 손해율은 분손계산법에 의한다.

- 양적인 손해

① 5,000개의 라디오가 보험금 5천만 원에 부보되었는데 운송 도중 200개를 도난당했을 경우, 손율=200/5,000=4%, 보험금=50,000, 000*4%=2,000,000원이다.

② 10,000t의 곡물에 대해 보험금액이 1,000,000원이고 0.3%를 초과하는 부족손해를 담보하는 조건으로 부보(including shortage excess 0.3% on the whole)하였는데 목적지에서 양륙 시 검량한 결과 9,950톤이었다고 하면 지급보험금은

1,000,000원*10,000톤-(9,950+30)톤 / 10,000톤=2,000원이다.

- 질적인 손해

CIF가격 1,000만원 상당액의 커피를 수입하면서 희망이익 10%를 가산하여 1,100만원에 부보하였고 수입세가 100만원 부과되었다. 그런데 이 수입품이 손상된 상태로 도착하였다. 화주는 수입세 100만원을 지급하고 통관한 다음 경매를 통해 600만원을 회수하였다. 이런 경우 이 화물의 총 정품가액이 1,200만원이었다고 한다면 보험자는 총 6,000,000원 보상을 한다. 그와 같은 근거로는 MIA 제71조 제4항 보험가액은 상품 가액에 모든 부가비용까지 포함 결정한다.

> 손　율 = 12,000,000원-6,000,000원 / 12,000,000원 = 50%
> 보험금 = 11,000,000원*50% = 5,500,000원
> 수입세 = 1,000,000*50% = 500,000원

보충 자료

1. 무역은 서로 다른 국가에 거주하는 무역업자간에 행하여지는 상품의 매매이므로, 수출입당사자는 화물을 운송하기 위해서 운송인과 운송계약을 체결하고, 상품이 안전하게 인도될 때까지 예기치 못한 위험에 대비하여 적화보험에 가입하여야 한다. 운송인은 의뢰받은 운송화물에 대해 인수할 때와 동일한 상태로 수하인에게 인도하는 것이 기본 의무이므로 운송인이 운송 도중에 화물에 발생한 일체의 손해에 대하여, 화주에게 신속한 배상을 하여 준다면 화주가 별도로 적화보험에 가입할 필요가 없지만, 현실은 운송인의 책임이 여러 가지로 제한되어 있으므로 보상을 받기 위해서는 적화보험의 가입이 필수적이다. 보험증권은 신용장통일규칙에 의해 다음 조건을 충족하여야 한다.
   - 보험회사, 그 대리인 또는 보험인수업자가 발행하거나 서명한 것일 것 ; 보험중계업자가 발행한 보험승낙서(cover note)는 수리거절 됨.
   - 선화증권 또는 송장에 표시된 상품을 대상으로 하는 적정 유효한 것일 것.
   - 소정의 최저보험금액이 부보되어 있을 것(통상 상업송장 금액의 110%임).
   - 신용장의 조건을 충족할 것.

   신용장상 요구되는 대개의 보험조건은 다음과 같다.

Marine insurance policy or certificate in duplicate, endorsed in blank for 110% of the invoice value stipulating that claims are payable in the currency of the draft and also indicating a claims-setting agent in Korea. Insurance must include: Institute cargo clauses (해상보험증권 또는 증명서 2통, 단 백지배서피고 송장금액의 110%를 보험금액으로 하고 보험금액은 어음과 동일한 통화이어야 하고 손해배상처(한국)가 표시되어야 하며 보험조건은 협회화물약관으로 해야 한다.)

- 운송과정의 위험이 전부 부보되어 있을 것
- 보험청구권이 은행에 양도되어 있을 것
- 보험금액의 표시통화는 신용장과 어음의 표시통화와 일치할 것
- 부보일자가 선적일자(B/L 발행일) 이전일 것

2. 항공화물 클레임

항공화물의 크레임에 적용되는 모든 규정은 WARSAW CONVENTION, HAGUE PROTOCAL, 그리고 각 항공사의 항공운송규약에 근거를 두고 있다. 국제항공화물운송에 따르는 항공사의 최대한 클레임 배상한도는 킬로그램 당 프랑스 프랑250(미화 20불 해당)으로 제한하고 있으며 이는 화주가 화물운송의뢰 시 확률가액에 대해 특별한 기술이나 'valuation charge'를 지불하지 않는 경우에만 해당된다. 대부분 경우 클레임 배상은 항공사의 이 배상한도에 의해 결정된다.

미화 20불의 한계를 초과하여 클레임 청구서 또는 화주가 항공사 배상액에 대한 불만이 있는 경우 클레임된 화물의 총가액이 시가로 계산하여 이보다 훨씬 초과될 경우, 항공사는 본사에 이를 입증하는 서류를 제출하여 그 배상금액이 고려될 수 있도록 한다. 항공

화물송장(AWB)상 표시된 화주만이 항공사에 클레임을 청구할 수 있으며, 다른 사람이 청구할 시는 화주로부터 클레임 청구권한 위임장을 받아 항공사에 제출해야 한다.

- **지연도착화물클레임** ; 항공화물운송 시 지연도착되는 경우 본질적으로 클레임 제기 근거 대상이 아니기에 항공사측에서는 지연도착된 그 원인규명에 따라 그 배상기준을 두고 있다. 클레임제기자는 지연도착된 화물로 인한 실제손해나 물질적인 손해액에 대해 증거재료를 항공사에 제출하여야 한다.
- **분실화물에 대한 클레임** ; 화물운송당시의 화물가액을 근거로 하여 배상액이 결정되는 것이 원칙이나 전적으로 이에 의존하지 않고 주로 킬로그램당 최대 변상액 미화 20불에 분실화물의 총중량을 곱한 수치로 그 배상액이 제한되고 있다.
  분실화물에 대한 클레임은 AWB를 발행한 날짜로부터 120일 이내 제기되어야 항공사에 클레임 접수가 유효하다. 또한 항공사측에서 분실된 화물은 인정 및 추적했다는 서류상의 증빙서류가 있어야 하고 화주는 분실화물의 INVOICE를 항공사에 제출하여야 한다.
- **분할분실화물에 대한 처리** ; 과일, 옷 그리고 정량의 규격내용물이 포함된 화물 중 일부가 분실되었을 시, 즉 3PCS/60KG중 한 PC가 분실되었을 시는 그 중량을 균일하게 20KG로 잡고 킬로 당 20불로 계산되어 배상되는 것이 통상적인 경우이나 규격품이 아닌 기계류 또는 다른 종류의 화물인 경우 분실된 그 화물의 내용물에 대한 PACKING LIST가 제출되어야 한다.
- **내용물분실에 대한 클레임처리** ; 화물의 내용을 도난발생이 어느 시점, 어느 장소에서 일어났는지를 파악하기 어려운 경우가 많다. 화물을 화주에게 인도할 시 도난이나 분실이 인지되었을 시는 분실된 내용물의 중량에 의해 배상액이 결정되며 원래 그 화물의 총중량에서 분실된 내용물의 중량이 가감되어 최종 그 배상액이 결정된다. 화물인도 후 분실 및 도난 발생이 인지되었을 시, 화주는 14일 이내 항공사에 이를 통보하여야 하고 또한 그 도난이 항공사 운송 중에 발생한 것을 입증하여야 클레임이 수용되는 어려움이 있다.
- **항공사간(interline)클레임** ; 항공화물운송에 연루된 항공사간에 발생한 클레임은 최종 입항목적지 구간을 운행한 항공사에서 클레임을 접수하여 처리한다. 발생된 클레임 종류와 운송에 참여한 항공사들 간의 일정비율에 따라 배상이 결정된다. 미국으로 입출항시 발생된 클레임의 경우, 배상이 실제중량이 아니라 'chargeable weight'에 의거해서 결정된다.
- **파손화물에 대한 배상청구** ; 화주에게 화물이 인도된 후 14일 이전에 서면으로 항공사에 통지되어야 배상청구효력이 발생되며 만약 배상청구 금액이 파손화물의 총가치와 같을 경우 파손화물을 처분했을 시 생길 수 있는 잔여가액이 고려되어 최종 배상액이 결정된다. 또한 민감한 전자제품, 액체내용물 및 기타 내부포장부실로 인해 생길 수 있는 파손화물에 대한 클레임은 항공사의 책임한계를 넘어선 경우라도 항공사의 운송과정에서 거친 작업에 의해 화물이 파손되었다는 증거가 없는 한 일반적으로, 항공사의 클레임 수용한계를 벗어나고 있다. 항공운송에 발생할 수 있는 충격 등을 감안하여 화주는 충분한 포장상태를 준비하여 선적한다.
- 없어진 내용물에 대한 클레임 처리 ; 화물의 내용물 도난발생이 어느 시점, 어느 장

소에서 일어났는지를 파악하기 어려운 경우가 많다. 화물을 화주에게 인도할 시 도난이나 분실이 인지되었을 시는 분실된 내용물의 중량에 의해 배상액이 결정되며 원래 그 화물의 총중량에서 분실된 내용물의 중량이 가감되어 최종 그 배상액이 결정된다. 화물인도 후 분실 및 도난 발생이 인지되었을 시, 화주는 14일 이내 항공사에 이를 통보하여야 하고 또한 그 도난이 항공사 운송 중에 발생한 것을 입증하여야 클레임이 수용되는 어려움이 있다.

- 부패성화물에 대한 처리(Perishable) ; 항공사는 불가항력으로 발생된 지연운항으로 인한 화물의 파손 및 내용물의 파손, 부패에 대해 책임을 지지 않는다. 단지 항공기 지연운항이 불가항력이 아닌 경우나 항공사 책임 하에 보관되고 있는 화물에 대한 잘못이 있다면(냉동,보냉 창고에 보관하지 못할 경우) 예외로서 배상된다. 또한 중간 기착지에서 운항지연이 있는 경우 항공사는 타 항공사에 선적하는 등 신속한 조치를 취하여야 한다.
- WATER DAMAGE ; 화물인도전 화물이 젖어 있었다는 확실한 증거가 있는 한 항공사에 배상책임이 있다. 젖어있는 화물의 내용물의 잔여가치를 보호하기 위해 항공사는 화주의 동의를 얻어 즉각적인 조치를 취할 수 있다. 일반적으로 WATER DAMAGE는 기적, 하적 그리고 중간기착 시 기상상태에 의해 좌우되기에 실제 화물운송지역의 강우량이 조사되고 항공사의 WATER DAMAGE 방지에 태만이 있었는지 조사한다. 화물인도 시 WATER DAMAGE가 발견되지 못한 경우 이에 대한 크레임제기는 14일 이내 항공사에 통지되어야 한다.

1) 클레임 배상청구 시 필요한 서류 및 현 실정

YELLOW RECEIPT(ORIGINAL AWB COPY 4)인 항공사 배상규칙에 의하면 이 RECEIPT는 화주가 수입화물 통관 후 아무런 하자가 없을 시 일반적으로 인수했다는 영수증으로써(a clean receipt), 사후 클레임 문제가 대두되었을 시 사용되고 있다. 이 카피본은 화물 통관 및 인수시점에서 화주가 파손 및 하자사항 없이 화물을 정히 인수 한다고 서명을 항공사에 해줌으로써 화물인도 후 발견된 하자내용으로 화주가 항공사 클레임을 할 수 없는 것이 외국에서의 관행이며 항공사의 절차이다. 다만 우리나라에서는 많은 보세창고가 있고 수입화물이 각 목적지 세관에서 통관 및 인도되기에 이 RECEIPT를 클레임 제기 시 정식으로 인정, 사용하기는 어려운 실정이다. 즉, 화물인수 시 아무런 하자가 없다는 DELIVERY RECEIPT 그 자체로 인정하지 못하는 것이 한국의 실정이다.

2) 클레임 LETTER

AWB상에 표시된 화주가 직접 항공사에 클레임 청구통보서를 작성하여 보내야 한다. 간혹 대리점에서 화주의 화물운송 선적 및 인도한다는 의무감에서 화주를 대신하여 청구통보서를 작성하는 경우 항공사는 이를 인정하지 않고 화주가 작성한 클레임 청구서를 다시 제출하라는 요구사례가 있으므로 특히 이 점을 유의하여야 한다. 또한 무엇보다도 중요한 것은 파손화물에 대한 클레임 제기 시 실 화주는 화물인수 시점으로부터 14일 이내 항공사에 파손화물 상태와 클레임을 제기하겠다는 내용의 사전 통보서(prelininary claim notice)를 반드시 항공사에 제출해야 한다는 것을 알아야 한다. 대부분 화주가 이 조건을 인지하지 못하여 클레임이 항공사에 거절되는 경우가 빈번하다. 혼재화물인 경우 대리점

이 AWB상 화주로 표시되어 있기에 화주로써 클레임을 항공사에 제기할 수 있는 권한이 있다는 것도 알아야 할 중요사항이다.

> COPY OF AWB(혼재 화물인 경우 COPY OF MAWB 그리고 HAWB)
> COPY OF CARGO, MANIFEST 또는 COPY OF MAWB 그리고 HAWB
> 화물의 가액을 입증하는 송장이나 영수증, 포장명세서, 사고검정보고서

심한 화물파손의 경우나 파손된 화물의 가액이 큰 경우 화주는 구내 상주하고 있는 검정화사에게 파손화물의 상태를 확인 및 조사 의뢰하며 이 보고서가 차후 보험회사에서 화주를 대신하여 클레임 배상 청구 시 항공사에 제출되어야 그 배상요건이 이루어진다. 검정회사의 파손감정 비용은 USD100.00 정도이며 그 비용은 클레임 배상 총액에 가산하여 항공사에 청구된다. 대부분 수입항공 화물이 신용장에 의거하여 입항되는 경우 보험에 가입되어 있기에 화주는 항공사에 먼저 파손상태를 기술한 사진 클레임 통지서를 보내고 난 후 보험사에 통지하여 배상을 청구하고 실제로 화물의 가액을 거의 보상받고 있다. 보험회사는 사후 항공사에게 화주한테 지불된 배상금액을 다시 청구권을 행사하여 최종 클레임 배상이 이루어진다. 수입화물 분류작업 시 항공사에서는 파손이 심한 화물에 대해 사전에 사진을 찍어 화주의 클레임 청구를 대비하고 있다. 화주는 통관 및 화물인도 시 내용물이 파손되었을 시 사진을 찍어 파손 화물상태에 대한 증거를 확보하는 것이 유리하다.

3) CARGO IRREGULARITY REPORT

파손화물 발견 시 항공사에서는 항공사 고유서식에 의거하여 파손상태를 점검 및 기록하여 보존하고 있다. 또한 수입화물 분류작업을 하고 있는 A.K.에서도 항공상의 매 편수에 입항된 화물의 각종 IRREGULARITIES를 열거하여 그 상태를 점검한 포장파손 점검표를 매일 항공사에 제출하고 있다. 파손화물에 대한 클레임 제기시 대부분 경우 이 점검표에 의해 사전에 파손된 화물로 점검 및 기록되어 있고 또한 항공사는 이를 인정하고 있다. 그러나 간혹 점검표나 항공사기록에 빠져 있는데도 화주가 통관 직후 파손을 발견하여 클레임을 하는 경우가 있는데 이는 간이 보세운송이나 특별보세운송에 의해 여러 목적지 보세창고로 운송되는 과정이나 보세운송 시 차량에 화물 선적 및 하적 시 그리고 최종 목적지 보세창고 입고 시 발생 될 수 있는 경우로 간주 될 수 있다.이 경우 항공사와 여러 관련업체 간의 분쟁소지가 과거에 많았지만 항공사에서도 이런 경우 파손된 화물의 상태를 수용하는 자세로 클레임 배상을 처리하는 것이 현 항공사의 실정이다.

화주 클레임 청구서

M.B/L(MAWB) NO.	
H.B/L(HAWB) NO.	
VESSEL NAME, FLT NO.	
CLAIM 형태	분실(MISSING), 파손
CLAIM 품목	
CLAIM 수량	
CLAIM 총액	
첨부서류	1. 해당 B/L COPY 2. PACKING LIST, INVOICE

상기 내용을 첨부하여 클레임을 요청하오니 조치하여 주시기 바랍니다.

년 월 일

CLAIM SHPR, or CNEE (명판.직인)

○○항공해운 대표이사 ○○○ 귀하

3. York Antwerp Rules 2004 제정

공동해손이란 선박과 운송물에 대한 공동위험을 면하기 위하여 선장이 선박 또는 운송물에 고의로 처분하여 생긴 손해를 말하며 공동해손의 통일된 처리를 위하여 York Antwerp Rules (YAR)이 제정되었다. 그러나 이 규칙은 국제협약이 아니며 대신 운송계약(B/L, C/P) 등에서 공동해손정산에 이를 적용하기로 규정한 경우에만 적용되며 현재 널리 사용되고 있는 규칙은 YAR 1974 및 1994이다.

1) 개정이유

YAR 1994이 제정된 이후에 International Union of Marine Insurers (IUMI)는 YAR 1994의 추가적인 개정을 요구하였다. 그들의 요구사항은 공동해손의 인정범위를 "공동의 안전" 및 "공동의 이익"의 개념들 중 공동의 안전의 개념에 한하는 것으로 제한 및 축소하자는 것이었다. 이러한 IUMI의 제안은 2004년 6월 Vancouver에서 열린 Comite Maritime International (CMI) 총회에서 해운업계의 강력한 반대에 직면하였다. 그러나 IUMI에서 제안한 일부 변경안은 상당수의 위원들의 지지를 받은 결과 새로운 YAR 2004이 탄생하였다.

▸주요회원이 선주로 구성된 해운단체인 BIMCO(발틱 국제 해운 회의소)는 YAR 2004가 YAR 1994에 비해 선주에게 불리하다는 데 의견을 같이 하고 YAR 2004의 사용을 자제할 것을 권고하였다. BIMCO는 통상 선화증권이나 용선계약서에 사용되고 있는 공동해손규정은 "York Antwerp Rules 1994 or any subsequent amendment thereto"인데 YAR 2004는 YAR 1994의 개정이 아니므로 위 Clause를 그대로 쓰더라도 YAR 2004가 적용되는 것은 아닐 것이지만 논쟁을 완전히 불식시키기 위해 위 Clause 보다는 "York Antwerp Rules 1994" 라고 뒤 부분을 생략한 Clause를 사용할 것을 권고한다.

2) 개정내용

항 목	YAR 2004
Rule VI 구조비	구조비 및 관련비용은 당사자의 책임으로 한정, 구조의 한 당사자가 다른 당사자들을 대신하여 그들이 분담하게 될 구조비를 포함하여 구조비를 지급한 경우에는 공동해손 분담가액이 아닌 구조된 가액을 근거로 하여 분담금을 이해당사자에게 Credit/Debit하도록 개정.
Rule XI 선원급료 및 유지비의 공동해손인 정제한	피항하는 동안 또는 원래의 지점까지 복귀하는 동안 발생한 선원비는 그대로 인정하기로 하고 대신 피난항에 머무는 동안 발생한 선원비는 공동해손의 인정범위에서 삭제하기로 개정.
Rule XIV(b) 임시수리	피난항에서 임시수리를 시행하여 나중에 실시된 영구수리비의 절감이 있었다면 그 절약분을 초과하는 범위내에서만 임시수리비를 공동해손으로 인정하는 것으로 개정
Rule XX 공동해손 기금 조달	일부 선원비를 제외한 대부분의 공동해손비용 및 손해에 대해서 자금 우선 조달에 대한 댓가로 인정했던 2%의 공동해손기금에 대한 수수료는 더 이상 인정되지 안함.
Rule XXI 이자	기존에는 선지불된 공동해손 비용 및 손해에 대하여 정산서 완료 3개월까지 연 7%의 이자가 적용되어 왔으나 이를 삭제하고 CMI가 매년 여러 국제적인 상황을 고려하여 연간 이자가 결정하는 것으로 개정.
Rule XXIII (신설) 공동해손 분담금 채권시효	공동해손 분담금에 대해 관할법 상 시효에 대한 강제규정이 있는 경우를 제외하고는, 공동해손분담금 청구권은 청산서 발생 후 1년이 지나면 소멸되고 여하한 경우라도 공동해상모험이 종료된 시점부터 6년 이내에 소를 제기하지 아니하면 소멸된다는 공동해손분담금채권의 시효에 대한 새로운 규정을 삽입.

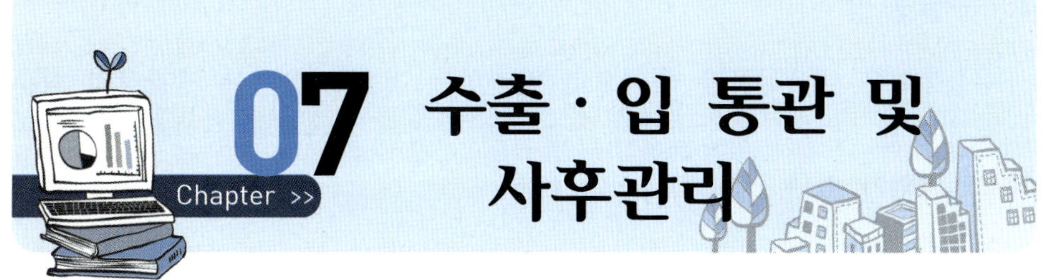

Chapter 07 수출 · 입 통관 및 사후관리

학습내용

▎학습의 목적

수출과 수입의 통관 절차 및 방법 그리고 수출과 수입의 통관절차에 부수하는 행정절차를 습득하고 실무적으로 이행할 수 있다.

▎학습의 목표

1. 수출통관절차를 이해한다.
2. 수출통관 시 적용되는 특례를 이해한다.
3. 보세구역장치 물품에 대한 보수작업 절차를 이해한다.
4. 수입통관 절차를 이해한다.
5. 위약물품 등의 반송절차를 이해한다.
6. 수출과 수입 시 발생하는 관세의 환급 및 지급방법과 절차에 관하여 이해한다.

7-1 수출 · 입 통관

1. 수출 · 입 통관

수출입 통관절차라 함은 수출입하고자 하는 물품에 대해 세관에 수출입 신고를 하고 필요한 검사 및 심사를 거쳐 수출입 신고수리를 받아 물품을 선박 또는 비행기에 적재하기까지의 절차를 말한다. 세관에서는 이러한 관세법의 규정에 의한 일련의 절차를 통해서 관세법은 물론 대외무역법, 외국환관리법 등 각종의 수출규제에 관한 법규의 이행사항을 최종적으로 확인하게 된다.

2. 수출통관

수출통관은 내국물품을 외국으로 반출하는 것을 허용하는 세관장의 처분으로서 주권 국가의 권한행사와 수출국의 대외적 신뢰도를 유지하고자 하는 데 그 의의가 있다.

수출통관흐름도

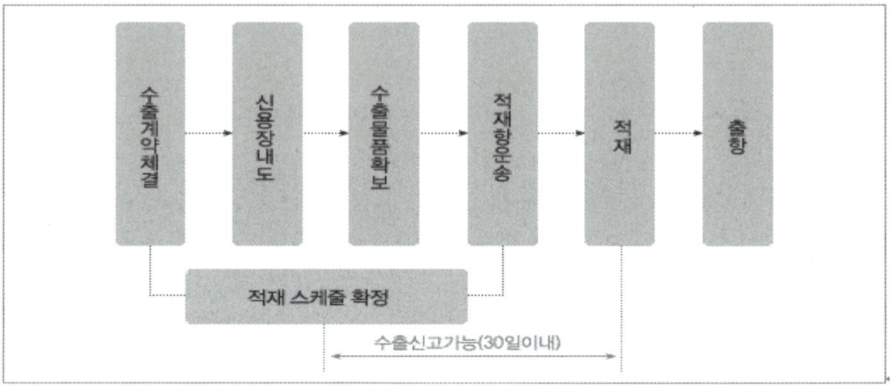

수출계약체결 → 신용장내도 → 수출물품확보 → 적재항운송 → 적재 → 출항

적재 스케줄 확정

수출신고가능(30일이내)

(1) 수출통관 절차

수출통관절차는 세관에 수출신고서를 작성·제출하여 물품검사단계를 거치는 일련의 행위이다. 관세법에서는 수출신고자의 자격을 화주 또는 관세사로 규정하고 있으므로 수출통관은 관세사에 의한 수출통관대행방법과 화주가 직접 수출통관절차를 이행할 수 있다. 그러나 실무적으로는 한국 내 거의 모든 수출업체가 수출화물의 통관절차를 관세사에게 대행시키고 있으므로 관세사를 통한 수출대행이 바람직하다.

수출입 통관기관은 관세청 산하 세관이다. 관세청은 전국 주요 산업도시와 항만과 국제공항에 세관을 두어 세관마다 관할지역을 구분, 자기지역 내의 물품에 대한 통관업무를 담당하여 처리하게 한다.

- 수출신고 시 통관물품 ; 1994년 1월 1일부터 보세구역 장치 의무제가 폐지되었으므로 하주의 제조공장이나 창고 등 편리한 장소에 두고 신고하면 된다. 수출물품의 제조, 가공 전이라도 완료예정일 5일 전부터 수출신고가 가능하다. 검사생략 물품인 경우 제조완료일에 자동적으로 신고수리가 되고, 검사대상 물품이면 완료일에 물품검사 후 신고수리 된다. 5천달러 이하의 소액수출물품은 세관에서 컴퓨터로 자동 신고수리 한다.

• 관세사의 수출통관 수수료 ; 규정된 방법에 따라 수출통관수수료를 징수 한다.

1) 수출품의 반입 및 장치

▸C/S수행 ; 우범물품선별

수출물품은 수출자의 제조공장 또는 제품창고 등 세관검사를 받고자 하는 장소에 장치하고 수출신고를 한다. 따라서 수출물품의 제조가 완료되기 이전이라도 수출신고는 가능하다. 다만 수출신고가 수리된 물품은 수출신고일로부터 30일 이내에 선(기)적항의 보세구역에 반입하여야 한다.

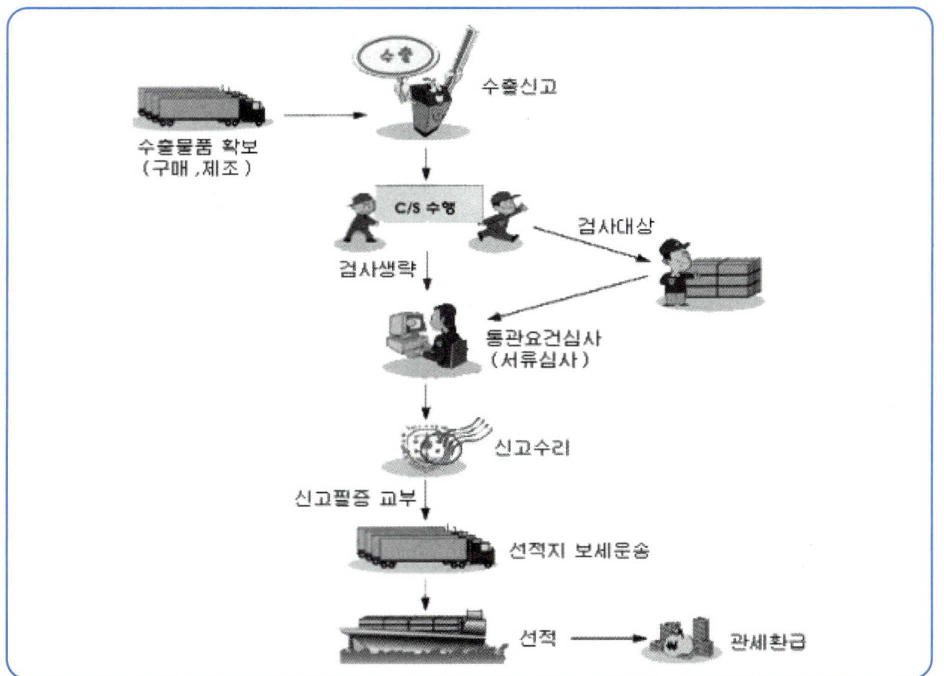

그러나 활어와 같이 신속통관을 요하거나 물품의 성질상 수출신고 수리 전에 선적이 불가피한 물품에 대하여는 선(기)적지 신고수리 전 선(기)적 승인을 받아 수출신고 전에 선적할 수 있다. 선적한 후 공인검정기관의 검정서(survey reports)에 의거 수출품의 수량을 확인할 수 있는 물품이나 신선도를 유지하기 위하여 필요한 경우의 물품, 기타 세관장이 신고수리 전에 선적할 필요가 있다고 인정하는 물품 등은 선(기)상에서 신고가 가능하다.

▸ 전자문서
-수출신고서 : CUSDEC(830)
-수리통보 : CUSRES(5AA)
-서류제출요구통보 및 직원오류통보: CUSRES(961)
-오류통보 : CUSAPE (5FA)
-임시개청신청 : CUSDEC (5AC)
-수출신고수리 정정(취하) 승인(신청)서 : CUSDMR(5AS)
-정정/취하신청 접수통보 : CUSRES(5AF)
-정정/취하신청 오류통보 : CUSAPE(5FB)
-처리결과통보 : CUSDPR(5DT)

2) 수출신고서의 작성

수출통관은 무역업체가 내국물품을 외국으로 반출시 거쳐야 하는 일련의 세관절차로써, 관세법에 의한 제반 통관서류를 처리하는 업무를 말한다. 수출하고자 하는 물품이 대외무역법 및 관계법령 등에 의하여 수출이 가능한 물품인지를 확인하고, 대금영수방법에 대하여도 외국환거래법 관계법규에 의거 제약이 없는지를 사전 확인하는 등, 수출하고자 하는 모든 물품은 세관의 수출통관절차를 밟아야 한다.

관세청은 지난 94년부터 EDI방식의 수출통관절차를 도입하여 시행함으로써 수출물품을 간단하고 신속하게 통관하고 있다. 현재 전체 수출건수의 95% 이상이 P/L(paperless)로 처리, 즉 세관을 방문하지 않고 업무를 처리하고 있으며, 최근에는 자동수리통관제가 확대됨으로 인해 더욱 바르고 빠른 수출통관체제를 확립하고 있다. 수출신고는 원칙적으로 EDI에 의해 진행되고 있으며 예외적인 경우에 한해 수출신고서 및 증빙서류를 세관장에게 제출하도록 하고 있다.

관세사를 거치지 않고 수출신고서를 직접 제출하려면 세관보관용 수출신고서, 수출신고필증, 통계용 수출신고서 등 3장의 수출신고서 외에도 다음과 같은 서류가 필요하다.

> 수출신고서, 포장명세서 및 상업송장, 신용장사본 등, 수출승인서(필요시), 관세법 제145조의 규정에 의한 세관장 확인물품 및 확인방법 지정고시에 의한 구비서류, 전략물자 수출허가서(필요시), 위약 수출 및 재수출조건 이행사실 입증서류(필요시)

• EDI에 의한 수출통관 흐름도

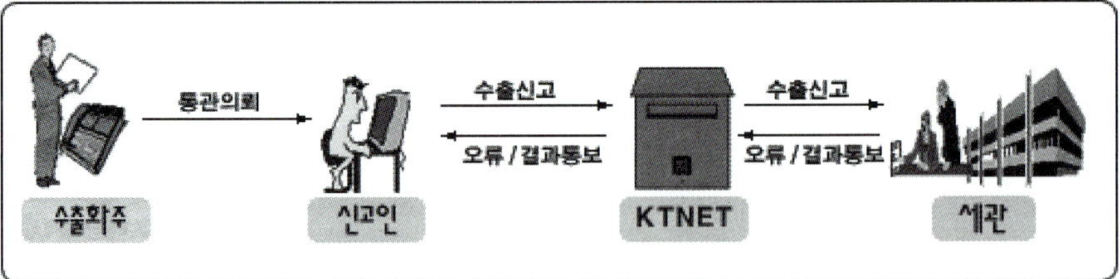

① 수출신고인 ; 물품을 수출하고자 하는 자는 물품의 장치장소를 관할하는 세관장에게 수출신고를 하고 그 수리를 받아야 한다. 수출신고는 화주, 관세사(관세사법인, 통관법인), 완제품공급자 등이 할 수 있으나, 대부분 관세사에게 위탁하여 처리하고 있다. 이때, 수출자는 EDI 방법,

FAX, 인편 등을 통하여 수출신고서류를 신고인(관세사 등)에게 전달하여 수출신고를 의뢰한다. (화주직접신고의 경우는 생략단계임)

② 신고서류 ; 수출신고는 수출신고인이 서류없이 EDI로 신고자료를 전송하면 세관에서 컴퓨터 화면상의 신고자료를 확인하고 신고수리여부를 신고자에게 전산통보하는 EDI방식을 원칙으로 하고 있다. 따라서 일반적인 경우에는 별도의 서류를 세관에 제출하지 않고 수출신고가 완료된다. 다만 다음 각호의 1에 해당하는 물품에 대하여는 문서로 된 수출신고서와 개당 증빙서류를 세관장에게 제출하여야 한다.

> 관세법 제145조의 규정에 의한 세관장 확인대상물품, 전략물자 허가대상물품, 위약으로 인한 재수출품 및 수입시 재수출조건 이행물품, 위조상품 수출 등 지적재산권 침해 우려가 있는 경우, 관세환급과 관련하여 위장수출의 우려가 있는 경우, 기타 불법수출에 대한 우범성 정보가 있는 경우

③ 신고시점 ; 세관시스템은 수신된 수출신고를 기계적, 논리적으로 검증하여 오류가 발생한 신고 건에 대해서 오류통보 전자문서를 신고인에게 전송하고, 신고인은 오류사항을 정정 후 동일 제출번호로 최초전송과 동일하게 전송한다. 신고사항에 대한 오류사항을 전신으로 통보받거나 신고내용을 수정하고자 하는 경우에는 수출신고번호가 부여되기 전가지 신고사항을 수정하여 당초 제출번호에 의하여 다시 전송되어야 한다. EDI방식에 의한 수출신고시점은 EDI통관시스템에서 신고번호가 부여된 시점이 된다. 다만 서류를 제출하는 경우에는 세관에 의해 서류가 심사되고 신고가 수리된 시점이 된다.

④ 신고수리 ; 세관장은 EDI방식에 의해 제출된 신고자료에 대하여 수출신고서작성요령에 적합하게 작성되었는지의 여부를 검토한 후 신고를 수리한다. 다만 문서로 된 수출신고서 제출대상의 경우에는 그 내용을 확인한 후 수리한다. 그러나 통관업무의 신속한 처리를 위해 문서로 된 수출신고서 제출대상에 포함되지 않거나 수출신고금액이 미화 5천불 이하, 통관시스템에 의한 우범물품 선별기준에 해당하지 않는 경우에는 전산에 의해 자동적으로 신고가 수리된다.

⑤ 신고필증교부 ; 문서를 제출하는 경우, 수출신고서에 수출신고수리인과 신고서처리 담당자의 인장을 날인한 후 수출신고필증을 신고인에게 교부하고, 관세사가 EDI방식에 의해 수출신고를 한 경우, 수출신고서상의

세관기재란에 "본 신고필증은 수출통관사무처리에 관한 고시 제5조 2항의 규정에 의거 본 관세사가 세관장의 신고수리사실을 확인하여 화주에게 교부한 것임"이라는 인장과 함께 당해 관세사가 날인하여 신고인에게 교부한다. 화주가 직접 EDI방식에 의해 수출신고를 하는 경우에는 "본 신고필증은 화주 직접신고에 의거 세관장으로부터 신고수리된 것임"이라는 기록과 함께 화주 등의 인장을 날인한다.

⑥ 서류보관 ; 수출신고인이 서류가 없는 수출신고를 하고 세관장으로부터 신고수리의 사실을 전산통보 받은 경우에는 수출신고서와 송장 및 첨부서류를 신고번호순으로 보관하고 세관장이 업무실정을 감안하여 1개월의 범위 내에서 정하는 기간 내, 당해 서류를 세관장에게 제출하여야 한다. P/L건이더라도 서류제출선별대상건인 경우는 선별작업 후에 수리통보 또는 서류제출요구통보를 수신 받는다.

⑦ 서류제출건인 경우는 EDI로 신고 후 수출신고서를 출력하여 세관에 제출하며. 세관원은 서류 등을 심사 후 신고인에게 수출신고필증을 발급한다.

3) 수출물품의 검사

세관에 수출신고서가 유효하게 수리되면 세관은 수출물품이 신고된 물품과 같은 것인지를 확인하는데, 이것을 수출물품의 검사라고 한다. 수출물품을 검사하는 것은 위장수출의 방지, 불법수출 및 관세환급의 적정 등을 꾀하는 데 있으며, 보통 생략하지만 현품을 확인할 필요가 있는 경우, 현품검사를 할 수 있다. 필요시 세관의 검사를 거친 후 세관보관용 수출신고서, 수출신고필증, 통계용 수출신고서의 세 장으로 구성된 수출신고서가 교부되며, 관세사는 수출신고필증을 하주(수출상)에게 전달한다.

4) 수출이행

구 분	EDI형 수출통관시스템 시행 후
보세운송	수출물품을 선적지로 운송 시, 신고지 세관의 운송허가를 받고 보세운송을 하였으나 보세운송허가제도 폐지
보세구역 반입	수출물품은 선적지 보세구역에 30일 이내 입고하고, 보세운송, 도착보고, 수출화물 반입보고, 수출화물 반출보고를 해야 했으나 수출신고 수리일로부터 30일 이내에 선적해야하고, 보세운송 도착보고, 수출화물 반입·반출보고 제도는 폐지.

운송 주선업자	수출물품 관련 자료를 운송회사에 서면(팩스 포함) 전달했으나 수출물품의 신고번호를 전산입력하여 운송회사에 전송.
운송 회사	출항보고서에 적화목록을 덧붙여 세관에 서면 제출했으나 적하목록에 수출신고번호를 추가하여 EDI제출→세관의EDI 출항허가
수출이행 확인	없었으나 수출신고서상의 신고번호와 적화목록상의 신고번호를 대조·확인하고 수출신고한 물품의 실제 선적여부를 확인.
적화목록 제출	출항 전에 제출하였으나 출항 후 다음 날까지 제출

'97년 4월부터 전자문서교환방식에 의한 수출통관시스템이 본격 가동되어, 화물이 배에 실리는 것이 확인될 때까지는 수출된 것으로 보지 않는 선적관리체제로 바뀌었다. 수출신고 수리가 끝난 물품은 30일 안에 선적이 되어야 한다.

5) 수출신고의 보완, 취하, 각하, 취소

수출신고는 했지만 수출하기 어려운 상황일 때 세관장에게 정당한 사유를 입증한 후, 승인을 얻어 수출신고를 취하할 수 있다. 수출신고의 취하는 수출신고 이후 통관 전이나 후에도 가능하며, 보세구역에서 물품을 반출하여 선적이 되었더라도 그 선박이 출항하지 않은 한 언제든지 취하할 수 있다. 즉, 수출신고의 취하시점은 수출신고 이후부터 당해 물품을 선적한 선박이 출항하기 전까지이다. 신고사항의 보완은 수출신고서 기재사항이나 제출서류가 미비된 경우로서 수리 이후에 보완이 가능하다고 세관장이 인정하는 경우에는 사후적인 보완이 가능하다.

신고각하는 세관장이 직권으로 수출신고의 효력을 무효화시키는 것으로서 세관장으로부터 신고사항의 보완을 요구받고 지정된 기간내에 보완을 않는 경우 등이 이에 해당하게 되는데 신고가 각하된 경우에는 물론 수출이 불가능하다. 수출신고수리 최소 수출신고일로부터 30일 이내에 선적항의 보세구역에 반입되지 않은 물품에 대하여는 수출신고의 수리가 취소된다. 수출신고가 수리된 물품은 세관장의 보세구역 반입연장승인을 받는 경우를 제외하고 수출신고일로부터 30일 이내에 선적항의 보세구역에 반입하여야 하며 수출신고가 수리된 물품은 언제든지 외국으로 갈 선박에 선적할 수 있다.

수 출 신 고 서

계약번호 :
(통 계 용)

※ 처리기간 : 즉시

① 신고자상호	제출번호	⑦ 신고번호	⑧ 신고일자	⑨ 신고구분	⑩C/S구분
② 수출자상호	부 호				
③ 제조자주소		⑪ 거래구분	⑫ 종 류	⑬ 결재방법	
상 호		⑭ 목적국		⑮ 적재항	
통관고유부호	사업자등록번호	운송형태		제조완료일 (검사희망일)	
④ 구매자상호	부 호	물품소재지			
⑤ 환급신청인 수출자 / 제조자		L/C번호			
⑥ 환 급 기 관	부 호	CS변경		조사란	

품 명 · 규 격			
	관 세 사 실 적		
	세 번 부 호		
	제 품 코 드		
	신고가격(FOB)		
	순 중 량		KG
	수 량		U
	포장갯수 / 종류		CT
	세 번 부 호		
	제 품 코 드		
	신고가격(FOB)		
	순 중 량		KG
	수 량		U
	포장갯수 / 종류		CT

총란수 ( )란	총 중 량	단위 KG	총포장갯수	총신고가격	₩ / $

관련서류				
수출승인서			결제금액	
수출추천서			운 임(₩)	보험료(₩)
검 사 증			세관기재란	
검 역 증				
전약물자수출허가서				

보세운송	
운송신고인	
기 간 / / 부터 / / 까지	신고수리일자(/ /)

6) 한국의 수출·입통계

한국의 수출통계는 FOB가격을 기준으로, 수입통계 및 수입관련 세금부과는 CIF가격을 기준으로 한다. 수출가격조건이 CIF나 CFR가격으로서 FOB가격이 아닐 경우 환산율표에 따라 FOB가격을 구한다.

수출입 통계 시 환산율표

구 분	CIF		CFR		비고
	선박	항공기	선박	항공기	
일본	97.04	81.25	98.03	81.57	동남아는 인도/방글라데시/호주/뉴질랜드를 포함
동남아	91.82	80.22	92.51	80.59	
기타	91.19	70.22	91.92	79.60	
참고	FOB 가격 = CIF 가격 × 환산율 CIF 가격 = FOB 가격 ÷ 환산율				

(2) 수출통관의 특례

- 간이수출신고물품 ; FOB기준 미화 1,000불 이하의 무환수출, 항공수탁송화물에 대하여는 일괄목록으로 수출신고서를 갈음한다.
- 우편물 ; 통관우체국장이 세관검사를 요청하거나 세관장이 우범성이 있다고 판단하는 물품을 제외하고는 수출승인이 면제되나 우편물은 세관검사를 생략한다.
- 현지수출 어패류 등 ; 신선도 유지 등을 위하여 살아 있거나 신선한 것, 냉장 또는 냉동한 어패류는 수출신고 및 수리없이 반출한 후 운반선의 출항허가를 받은 세관장에게 수출대금결제 전에 신고자료를 전송하고 신고서류에 수출서적을 증명하는 서류(예: Cargo Receipt)를 첨부하여 제출하여야 한다. 그리고 한국선박이 공해에서 채포한 수산물을 현지판매하는 경우에는 수출 후 대금결제 전까지 수출사실을 증명하는 서류가 첨부된 수출실적보고서(수출신고서 양식사용)를 한국원양어업협회를 경유하여 서울세관장에게 전송한다.

(3) 보세구역장치물품에 대한 보수작업

보세구역에 장치된 물품이 운송도중에 파손되거나 변질된 경우 이를 속히 보수하여야 할 경우가 있고, 파손·변질이 되지 않더라도 외국으로부터 도착한 물품을 보세구역에 반입하였다가 제3국으로 반송 시에 보세구역 내에서 이를 재포장, 분할 또는 합병 등을 할 필요가 있을 때가 있다. 이러한 경우 보세구역에 장치된 물품에 대하여는 그 현상을 유지하기 위하여 필요한 보수작업과 그 성질이 변하지 아니하는 범위 안에서 세관장의 승인을 얻어 개장(改裝)·구분·분해 기타 유사한 보수작업을 할 수 있다. 현상을 유지하기 위하여 필요한 작업이란 물품의 성질에 변화를 가져오거나 형상에 변화를 가져

오는 작업이어서는 안 된다는 뜻이다.

보수작업이라 함은 내용의 점검, 개장(改裝), 분해, 합병, 구분 등을 말한다. 보수작업에 재료로서 사용할 물품은 내국물품은 물론 외국물품도 가능하며, 내국물품이 보수작업의 과정을 통하여 수출신고가 수리된 물품(외국물품)에 부가되었을 때에는 그 내국물품은 별도의 수출통관의 절차없이 자동적으로 외국물품화 된다.

3. 수입통관

수입물품의 화주가 그 물품에 대한 상세한 내용과 정확한 가격, 관세율 및 관세를 한국 세관에 신고하는 것을 말한다. 외국에서 한국에 도착된 물품은 원칙적으로 보세구역에 반입하여 장치한 후 세관에 수입신고한다. 수입신고란 외국으로부터 반입되는 물품을 수입하겠다는 의사표시를 세관장에게 하는 것이며, 세관에서는 수입신고한 물품과 현품이 일치하는지의 여부와 수입과 관련하여 제반 법규정을 충족하였는지 여부를 확인한 후 수입신고 수리하고, 납세자는 수입물품을 인수한 후 15일 이내에 관세 등을 납부하면 된다.

(1) 수입통관절차

본선에서 수입물품을 하역하여 보세구역[보세(保稅)는 과세가 유보된다는 뜻으로 수입화물을 과세부과 전에 놓아둘 수 있는 지역]에 반입하고, 세관에 수입신고를 한 후 서류심사와 감정을 받아 관세 및 내국세를 납부한 다음, 수입신고서를 받고 보세구역으로부터 일반지역으로 반출하기까지의 행위를 모두 포함한다.

1) 타소장치신청 및 보세운송

가. 타소장치신청

거대중량이나 기타의 사유로 보세구역에 장치하기 곤란하거나 부적당한 물품, 재해 기타 부득이 한 사유로서 임시 저장할 물품, 검역물품, 압수물품, 우편물품 등은 선박 명(항공기명)과 입항년월일, 선하증권 번호, 품명, 수량, 가격, 포장의 종류, 기호, 번호, 개수 등을 기재한 타소장치허가 신청서를 세관장에게 제출하여 허가를 받아야 한다.

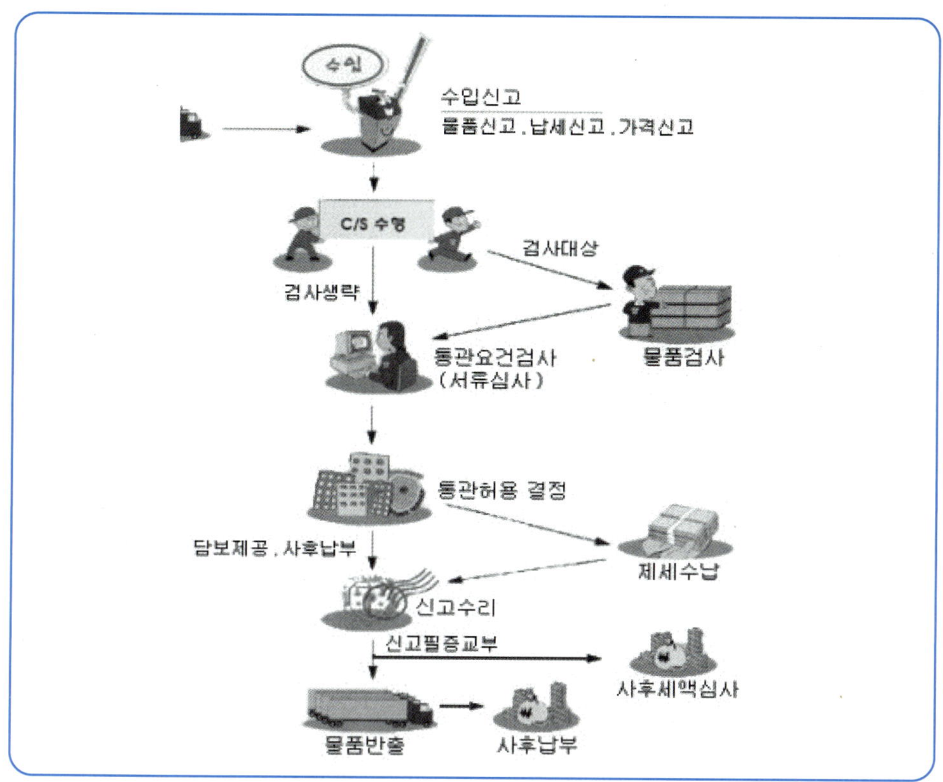

나. 보세운송

보세운송은 통관지세관의 변경 등을 위해 보세구역 간, 개항 간, 세관관서 간에 외국물품인 상태에서 허용되고 있으며, 운송수단의 종류 및 명칭, 선화증권의 번호, 운송기간, 품명, 규격, 수량 그리고 가격 등을 기재한 보세운송 신고서를 제출하여 세관장의 승인(신고수리)을 받아야 한다. 수출입금지품, 검역미필물품, 위험물품, 비금속설, 귀석, 반귀석, 귀금속, 시계, 한약재, 의약품, 향료 등과 같이 부피가 적고 고가인 물품으로서 감시단속이 곤란하거나 화주 미확정물품, 무환물품 등은 보세운송이 제한된다.

2) 수입신고

수입신고는 외국으로부터 보세구역에 반입되어 장치된 물품을 수입하겠다는 의사표시를 세관장에게 하는 것으로 수입신고를 함으로서 적용법령 및 과세물건 그리고 납세의무자가 확정된다. 즉, 적용법령은 신고당시의 법령이 적용되고 과세물건 역시 수입신고시의 물품의 성질과 수량에 따라 확정된다. 따라서 보역구역 장치중 손상이나 변질된 경우에는 손상이나 변질된 상태대

로 관세가 부과된다. 납세의무자는 일반적으로 송장상의 수하인이 납세의무자가 되며 대행의 경우에는 실화주, 수입신고수리에 보세구역 장치한 채 양도한 경우에는 양수인이 화주로서 납세의무자가 된다.

3) 수입신고서의 작성

관세청은 '97년 4월부터 수입신고서상에 수입물품의 표준품명 및 규격을 표준품명의 기재원칙에 따라 기재토록 하였다. 표준품명이 EDI 수입통관시스템상의 상품정보란에 등재된 경우 수입신고서에 이를 표시해야 한다. 등재되어 있지 않은 물품에 대해서는 등록한 뒤 신고를 수리토록 하였다.

가. 수입신고인

'96년 7월 1일부터 수입통관 시스템이 EDI방식으로 바뀌면서 수입면허제도가 폐지되고 수입신고제로 전환되었다. 이에 따라 대부분의 물품을 심사・검사하지 않고 신고수리됨으로써 신고필증을 발급받아 화물이 보세장치장에 입고되기 전에도 화주가 수입물품을 바로 찾아갈 수 있다. 수입신고인은 화주, 관세사, 통관법인 또는 관세사법인의 명의로만 가능하며, 화주가 직접 신고하는 경우는 법에 의하여 등록된 관세사를 채용하여 관세사 명의로 신고하여야 한다. 수입신고자는 그 물품의 하주 또는 관세사이나 대부분 관세사에게 위임하고 있다. 관세사의 수입통관 수수료는 감정가격(관세계산의 기준으로 정해진 가격), 즉 CIF 가격의 2/1000 이하이다. 수입신고 시 관세의 신고납부제도를 원칙으로 하고 있기 때문에 통관에 대한 모든 책임을 신고자가 지게 된다. 입국 시 휴대물품이나 이삿짐은 개인이 직접 세관에 신고해야 하며, 그 물품에 대한 가격과 세율을 세관직원이 일방적으로 결정하여 세금을 부과, 고지하고 있다.

나. 수입신고시기

수입신고는 원칙적으로 선박 또는 비행기가 입항한 후부터 가능하나 예외적으로 입항전에도 수입신고 및 수입신고수리가 가능하다. 수입신고 시기는 출항 전 신고, 입항 전 신고, 보세구역 도착 전 신고, 보세구역 장치후신고 등 4가지 유형이 있다. 수입자는 필요에 따라 신고방법(시기)를 선택하여 수입신고할 수 있다.

수 입 신 고 서 | 보 관 용 | ※ 처리기간: 일

①신 고 번 호: ②신 고 일: ③세관.과:
④B/L(AWB)번호: ⑥입 항 일:
⑤화물관리번호: ⑦반 입 일: ⑧징수형태:

⑨신 고 자:
⑩수 입 자:
⑪납세의무자: 통관고유부호: 사업자등록번호:
⑫무역대리점:
⑬공 급 자:
⑭통 관 계 획: 거래구분: 원산지증명서 유무:
⑮신 고 구 분: 종류: 가격신고서 유무:
총 중 량: KG 국내도착항: 적출국:
총포장 갯수: CT 운송형태: 선기명:
MASTER B/L번호: 운수기관부호:
검사(반입)장소:

●품명·규격(란번호/총란수 :)
품 명:
거 래 품 명:
상 표:
모델 · 규격 : 성분 수량 단가(USD) 금액(USD)

세 번 부 호: 순중량: C/S 검사:
과세가격(CIF): 수 량: 검사변경:
환급물량:
사후확인기관: 원산지표시: 특수세액계산근거:
수입요건확인:
(요건확인물량)
세종 세율(구분) 감면율 세액 감면분납부호(감면액) *내국세종부호

●총과세가격 및 세액
결 제 금 액: 환 율:
총과세가격: 운 임: 가 산 금 액:
보 험 료: 공 제 금 액:

세 종	세액
관 세	
특 소 세	
교 통 세	
주 세	
교 육 세	
농 특 세	
부 가 세	
신고지연 가산세	
총세액 합계	

납 부 번 호:
부가가치 세과표:
세 관 기 재 란:

담 당 자 : 접 수 일 시 : 수 리 일 자 :
= 이 하 여 백 =
업태: 종목: 세관과 : 신고번호: Page: /
111 민
.. 개정 일반용지

- 수입예정신고(출항 전 신고/ 입항 전 신고)

  수입물품을 실은 선박이 수출국의 선적항을 출항하기 전 또는 출항한 후에 입항지 세 관에 수입신고할 수 있다. 컨테이너화물은 한 컨테이너에 동일화주의 물품만 적입(FCL)한 경우에 한한다. 출항 전 신고는 항공기로 수입되는 물품과 일본, 중국, 대만, 홍콩으로부터 선박으로 수입되는 물품에만 허용된다.

- 수입신고는 수입상이 원하는 시기에 언제라도 가능하다.
- 부두직통관(반출)제도 : 항만에 하역된 화물이 부두 밖 장치장이나 창고로 옮겨지지 않고(On Dock) 부두에서 바로 통관되는 제도로 98. 6. 부산항에서 전면실시되었다. 통관시간 단축과 물류비 절감이 가능하다.
- 출항 전 및 입항 전 신고의 요건은 FCL화물이라야 하고 담보면제 및 포괄담보운영에 관한 고시에 의거 담보면제한도액 또는 담보 사용한도액이 있거나, 신고수리 전에 담보를 제공하거나, 관세를 미리 납부하여야 한다.

• **보세구역 도착 전 신고** ; 수입물품을 실은 선박이 입항하여 해당 화물을 통관하기 위해 반입하고자 하는 보세구역(부두 밖 컨테이너 보세장치장 및 컨테이너 내륙통관기지 포함)에 도착하기 전에 입항지 또는 보세구역 관할 세관장에게 신고한다. 보세구역에 장치를 해야 하는 수입신고 원칙의 예외가 된다. 수입신고의 효력발생시점은 전송된 신고자료가 통관시스템에 접수되어 접수결과를 신고인에게 통보한 시점이다.

• **보세구역 장치 후 신고** ; 수입물품을 입항지 보세장치장에 입고한 후 해당 보세구역 관할 세관장에 신고한다. 화주가 원할 경우 내륙지 보세창고로 보세운송신고를 하고 보세운송하여 내륙지 세관에 수입신고를 할 수도 있다. 항공화물은 하주가 지정한 보세창고로 자동적으로 보세운송이 된다.

항공화물은 하주가 지정한 보세창고로 자동적으로 보세운송이 된다. 입항 전에 수입신고를 하였으나 세관에서 검사대상으로 선별한 물품은 보세운송신고를 할 수 없고, 입항지 세관에서 검사를 받고 통관절차를 마쳐야 한다. 수입물품은 보세구역 반입일로부터 30일 이내에 신고해야 하며, 수입신고수리 후 10일 이내에 보세장치장에서 반출해야 한다.

다. 수입신고의 요건

① 신고인 : 관세사, 관세사법인, 통관취급법인, 수입화주

② 신고세관

> ▶출항 전 신고 또는 입항 전 신고는 수입물품을 적재한 선박 등의 입항예정지를 관할하는 세관장(부산의 경우 부산세관장) ▶보세구역도착 전 신고는 수입물품이 도착할 보세구역을 관할하는 세관장 ▶보세구역장치신고는 수입물품이 장치된 보세구역을 관할하는 세관장

③ 신고자료의 전송 및 결과통보 ; 수입신고를 하고자 하는 자는 신고자료를 통관시스템에서 인정한 관세청사서함으로 전송한 후 아래의 구비서류를 제출하여야 한다. 세관장은 이상없이 전송된 신고자료에 대하여는 신고일에 신고인에게 접수여부, 통관시스템에 의한 검사대상 여부(C/S 결과), 신고납부대상물품인 경우 납부여부, 자동배부의 경우 신고서 처리담당 직원의 부호를 통보한다. 이때 구비서류는 다음 아래와 같다. 구비서류는 수입화주가 원본대조필한 사본을 제출할 수 있으며(FAX로

송부된 서류는 재복사하여 제출), 구비서류 중 수입신고 수리 전까지 제출할 수 없는 부득이한 사유가 있는 경우 기한을 정하여 신고수리 후에 제출할 수 있다.

> ① 수입신고서 ② 수입승인서(수입승인물품에 한함) ③ 송품장 ④ 가격신고서 ⑤ 선화증권(B/L) 부본 또는 항공화물운송장(AWB) 부본 ⑥ 포장명세서 ⑦ 원산지증명서(해당 물품에 한함) ⑧ 법 제145조(허가승인 등의 증명 및 확인) 허가승인 등 제한승인 품목의 경우 그 허가서 또는 승인서, 보세운송신고(승인)서 사본(입고된 물품에 한함) 등 ⑨ 보세운송신고(승인)서 사본(신고된 물품에 한함)

참고

B/L 분할신고 · 통합신고

① 원칙적으로 B/L 1건에 대하여 수입신고 1건으로 하나, 현품확인 및 과세가격 산출에 어려움이 없는 경우는 세관장의 승인을 받아 B/L을 분할하여 수입신고할 수 있다.

② 보세창고에 입고된 물품으로서 세관장이 화물관리방법을 따로 정한 경우에는 여러 건의 B/L에 관련되는 물품을 1건으로 수입신고할 수 있다.

4) 수입신고 심사 및 수리

수입신고서 및 구비 서류가 접수(전송)되면 세관은 이를 검토하여 즉시 수리, 심사대상, 물품검사대상여부 등을 결정한다.

① 심사사항 ; 수입신고 시 제출서류 구비여부, 세 번의 정확여부(세액, 세율은 면허 후 심사), 분석의뢰의 필요성 여부, 사전세액 심사대상 물품인지 여부, 기타 수입물품 통관을 위하여 필요한 사항들이다.

② 보완요구 ; 심사와 관련하여 심사사항의 확인이 곤란한 경우, 보완요구서가 발부되며, 통관이 보류되고 지정된 기간 내 보완에 응하지 않을 경우에는 신고가 각하된다.

- 수입 신고 포괄적 즉시 수리제 : 성실 제조업체의 원자재 · 시설재의 수입에 대해 세관이 전산 수입신고를 즉시 수리, 신속한 통관을 할 수 있는 제도로 98. 8.부터 시행되었다. 세관의 현물검사는 1% 이내로 운영되고 관세 등 세금은 수입물품 반출 후 납부한다. 부두직통관제도와 함께 이용하면 수입신고자료 전송에서 물품반출까지 30분 정도만 소요된다.

③ 수입예정신고 ; 적화목록 제출 후, 즉시수리물품은 수입신고에 관한 서류의 형식적 요건 확인 후 즉시 수리하며, 심사대상 물품은 심사 후, 검사대상물품은 검사 후에 각각 신고필증을 교부한다.

- 보세구역 도착 전 신고 ; 보세구역 도착일이 신고수리일이 된다.
- 보세구역 장치 후 신고 ; 수입신고일이 신고수리일이 되고, 관세납부 또는 담보제공 여부를 확인한 후 신고필증을 교부한다.

가 격 신 고 서

1.수입신고번호	2.선적일

3.거래가격의 배제요건 해당여부 (예: Y, 아니오:N)
①수입물품의 처분 또는 사용하는데 제한이 있는가? [ ]
②수입물품의 가격이 금액으로 환산할 수 없는 조건 또는 사정에 의하여 영향을 받았는가? [ ]
③수입물품의 처분·사용 등에 따른 이익의 일부를 판매자에게 주는가 ? [ ]
④수출자와 특수관계가 있는가? [ ]

4.수입관련 계약의 내용 (예: Y, 아니오:N)
①독점대리점 계약 [ ] ②장기공급 계약 [ ] ③일회계약으로 분할 수입 [ ]
④수시계약 [ ] ⑤최초거래 [ ] ⑥수출자와 특수관계 [ ]

5.대금지급 ①수입신고전 송금 은행거래번호(Ref.No) ②수입신고전 송금 송품장번호(Invoice No) ______	6.별도 지불금액 금액 무역외 지급인증은행명 은행 지점 인증번호 지급일 //
7.과세가격결정방법 __방법	
8.과세가격 계산 ①실제지급금액(A) 소계: ________ 송품장금액 소계: ________ 할인금액 수출자의 채무를 상계하는 금액 구매자가 판매자의 채무를 변제하는 금액 기타 간접지불금액 ②가산요소(B) 소계: ________ 수수료 중개료 용기비용 포장관련비용 생산지원비용 권리사용료 사후귀속이익 보험료 _____ 운임 운송관련비용 ③공제요소(C) 소계: ________ 수입후 운송비용 수입후 설치,조립등 비용 국내에서 부과된 세금 및 공과금 연불이자 ④과세가격(A+B-C) ________	9.잠정가격신고의 경우 ①잠정가격신고번호 ___-___-___ ②잠정가산율 % ③잠정가산되어야 할 금액 원 ④가격확정시기(분할확정시기) ⑤관련수입거래 계약기간 ⑥잠정가격신고사유(Y, N) 수수료 [ ] 중개료 [ ] 용기비용 [ ] 포장비 [ ] 자재비 [ ] 생산지원비용 [ ] 권리사용료 [ ] 사후귀속이익 [ ] 보험료 [ ] 운임 [ ] 운송관련비용 [ ] 기타 [ ] 기타사유 [ ]

5) 수입물품의 검사

수입물품에 대한 검사의 목적은, 수입물품의 규격과 수량을 확인하고 수입승인사항과 물품을 대조하는 동시에, 그 물품의 HS Code를 확인하여 세율을 결정하고 밀수품의 수입을 막는 데에 있다. 검사장소는 지정 장치장이나 세관검사장에서 하는 것이 원칙이나 세관장의 허가를 받아 지정보세구역 이외의 장소 즉, 타소장치장이나 선상에서도 할 수 있다.

가. 검사대상, 시기, 범위

검사대상물품은 관세청장이 별도로 정하는 바에 의해 결정되며 필수검사대상물품은 HS4단위 기준으로 약 241개 품목이 해당된다. 단, 검사대상물품으로 선정되더라도 성실업체에서 동종동일물품을 반복적으로 수입신고하는 물품, 수출용원재료로서 검사를 하지 않아도 검사목적의 달성이 가능하다고 판단되는 물품, 기타 소액물품, 무세품 및 업체의 성실도를 감안하여 검사의 필요가 없다고 세관장이 인정하는 물품은 검사대상에서 제외된다.

검사시기 검사의 시기는 수입신고 후가 원칙이나 긴급을 요하는 경우에는 사전검사 신청서(수입신고서양식)를 제출하여 검사를 받고 정식 수입신고 시에는 서면검사로 대체할 수 있으며 수입예정신고서 검사대상으로 선정된 경우에는 장치장소 등 검사에 필요한 사항을 검사담당공무원등에게 구두 등으로 통보하여야 한다. 검사범위 발췌검사가 원칙이되 우범성 정보가 있거나 불성실업체에서 수입신고한 물품, 변질 또는 손상된 물품, 종량세 물품, 기타 발췌검사로는 물품의 수량, 성질 등을 확인하기 곤란하다고 세관장이 인정하는 물품 등은 전량검사를 실시한다.

나. 검사방법

- **견본검사** : 수입자의 신용 등을 감안하여 수량확인이 중요시되지 않는 물품으로서 견본검사만으로도 검사목적의 달성이 가능하다고 인정되는 경우
- **세관검사장 검사** : 일부 수량의 검사만으로 검사목적의 달성이 가능하다고 판단되어 세관장이 정하는 물품이나 전량 세관검사장에 반입하여 검사할 수 있는 물품
- **파출검사** : 견본검사나 세관검사장 검사를 실시하기 곤란한 물품 등은 이에 해당한다. 검사장소가 지정장치장이나 세관검사장이 아닌 경우를 일컫는다. 검사 시간당 2천원의 기본수수료에 추가금액의 파출검사 수수료를 하루는 내야 한다.

6) 수입신고 승낙

즉시수리물품은 형식요건 확인 후 즉시승낙하고, 심사대상물품은 심사 후 승낙하며, 검사대상물품은 검사 후 승낙한다. 어느 경우나 수입신고승낙은 적화목록이 제출된 이후라야 한다.

관세사도 신고수리 여부를 전산조회한 후 수입신고필증을 발급할 수 있으며, 이 경우 관세사는 1개 월 범위 내에서 정하는 기간(예: 매일, 매주)내에 신고 시 제출서류를 통관지세관장에게 제출하여야 한다.

- 대상물품 : 신고한 용도로 사용하지 않고 타 용도에 공할 우려가 있는 물품, 원산지표시 대상물품으로 수입면허 후 분할 재포장 시 원산지 표시 의무를 이행하도록 되어 있는 물품, 기타 수입관련 타법령의 규정에 의하여 수입면허 후 특정의무를 이행하도록 되어있는 물품

7) 부두통관 및 보세운송

부산항, 인천항의 부두 내에서 컨테이너 화물을 직접통관하거나 보세운송 절차를 완료하도록 하여, 부두에서 직접 통관 반출하거나 화주가 희망하는 목적지로 보세운송 할 수 있는 컨테이너화물 부두직통관제를 실시하고 있다. 부두직통관을 채택한 경우 수입컨테이너화물(FCL화물)은 부두에 하역되기 전에 수입신고 또는 보세운송신고를 할 수 있도록 하여 하역 즉시 부두 내에서 세관 검사, 세금납부 등 관련절차를 완료할 수 있게 하는 제도이다. 즉, 수입컨테이너 화물이 하역된 후 48시간 이내에 통관 반출되거나 제조공장으로 보세운송을 할 수 있으며, 수출 컨테이너화물은 수출면허를 받은 후 바로 선박에 적재할 수 있어 수출물품이 적기에 선적될 수 있도록 하였다. 부두통관 및 부두보세운송 시 신고시기, 세관검사, 첨부서류, 장치확인에 관한 사항은 다음과 같다.

구분	부두통관 및 부두보세운송
신고 시기	• 수입 컨테이너 화물이 하역되기 전에 수입신고·수입화물의 하역 전에 통관절차의 일부를 이행하게 됨으로써 화물의 흐름을 정지시키지 않음 • 부두통관 및 부두보세운송을 하고자 하는 물품에 대해서는 사전신고 전면 허용
세관 검사	• 검사여부는 화물이 하역되기 전에 미리 결정하여, 하역 후 검사대상 화물은 구분관리 • 부두 내 세관검사장에 세관직원이 상주하여 도착즉시 검사 실시 • 파출검사수수료 면제
첨부 서류	• 보세운송신고 시 B/L 사본만을 제출, 세관검사위해 필요한 경우 추가제출 요구
장치 확인	• 세관에서 부두공사와 연결된 컴퓨터로 직접 장치사실을 확인

(2) 위약물품 등의 반송

수입한 상품이 계약내용과 서로 달라 보세구역에 상품을 그대로 두고 외국으로 보내고자 할 때에는 세관장에게 반송신고를 하고 신고수리를 받으면 되나 보세구역에서 반출한 후에 다시 외국으로 보내고자 할 때에는 수입통관절차를 끝낸 내국물품이므로 재수출로서 일반수출의 경우와 동일한 절차를 취해야 한다. 후자의 경우 성질 또는 형상이 변경되지 아니한 물품을 수입신고수리일로부터 1년 내에 보세구역에 반입하여 수출한 때에는 그 관세를 환급한다(법 제35조). 1년 내의 기간은 수입신고수리로부터 보세구역에 다시 반입될 때까지의 기간이며 수출을 언제 하느냐 하는 것은 별개의 문제이다.

무역거래에서는 계약내용과 상이한 물품이 수취될 가능성이 있으며 이러한 물품들이 도착되었음이 발견될 때에는 손해배상청구가 발생되어 인수를 거절하든가 대체품의 송부를 요청하게 된다. 이런 위약품을 반송하고자 할 때에는 외국으로부터 대체품이 도착되기 전 또는 수입계약의 취소에 따른 외화대금이 입금되었다는 증명이 없이도 반송이 가능하다.

4. 관 세

(1) 수 출

1) 관세 등 환급

관세환급은 세관에서 일단 거둔 관세 등이 특정한 요건에 해당하는 경우에 그 전부 또는 일부를 되돌려주는 것을 말한다. 수출지원정책상 수출품 제조에 투입된 원자재의 수입 시 납부한 관세 등을 환급해 준다.

가. 관세 등 환급대상수입

- 환급대상의 세금 : 관세, 임시수입부가세, 특소세, 주세, 교육세 등
- 환급대상 수입의 요건 : 수출용 원재료로서, 외국으로부터 수입 시에 관세 등을 납부하거나 징수유예 된 물품이, 수입신고일로부터 년 6개월(국내 구매 시는 물품인수일로 부터 1년) 안에 수출 등에 쓰여야 한다.

나. 관세환급 신청

- 환급신청인 : 수출자 또는 위탁자(완제품공급자)
- 환급신청기간 : 수출한 지 2년 내에
- 필요서류 ; 수출신고필증, 선적증빙서류(B/L 또는 M/R 등), 소요량계산서

(자율소요량, 표준소요량), 수입신고필증, 기초원재료 납세증명서(기납증) 또는 분할증명서, 위임장(수출상과 하주가 다른 경우), 환급신청서(갑, 을, 병, 정)

2) 관세 환급방법

가. 개별환급

수출품에 소요된 원자재를 수입할 때 지불한 관세액을 소요 원재료별로 확인, 합계하여 환급액을 산출하는 방법을 말한다.

나. 간이정액환급

중소기업에 대한 관세환급 절차를 간소화하기 위해 수출신고 수리시간이 정액환급율표에 나와 있는 품목에 대하여 매 건별 관세 등의 납부액을 확인하지 않고 수출금액 1만원당 일정액을 환급하여 주는 제도이다. 최근 2년간 매년도 환급액이 3억원 이하인 중소기업체가 제조한 수출물품 등에 대하여 시행한다. 원하는 경우 개별환급을 받을 수 있다.

다. 사후정산제도

수출용 원재료를 수입할 때 매 건별로 관세 등을 징수하지 않고 분기별로 징수할 세액과 환급할 금액을 분기가 끝난 다음 달 15일까지 정산하고 차액만 징수 또는 환급하는 제도이다. 대상기업은 신용담보업체 또는 담보제공업체이다.

라. 기업 자율 관리 소요량 제도

1998년 7월 1일 도입되었고, 2000년 1월 1일부터 전면 시행되었다. 이 제도에 따라 환급신청자(수출자, 생산자)가 수출상품 생산에 쓰인 원재료의 소요량을 관세청장이 정한 소요량의 산정 및 관리에 대한 기준과 절차에 따라 자율적으로 산정, 환급신청 전까지 해당 세관에 신고하고 환급을 받는다.

마. EDI형 환급전산제도

수출업체가 사무실에서 환급금 신청자료를 EDI 방식으로 전송하면 관세청이 이를 자동심사, 환급금을 결정하고 은행에 통지해 신청인의 계좌에 자동입금하는 제도이다.

[제2-7호 서식]

간이정액환급(적용, 비적용)승인신청서

처리기간 : 즉시

① 신청인	상 호		대 표 자	
	주 소		사업자등록번호	
	통관고유번호		대표자주민등록번호	

② 사업장내역(사업장이 2이상인 경우 전부기재)

사 업 장 명	사업자등록번호	통관고유부호	소 재 지

③ 비적용(적용)신청사유

수출용원재료에 대한 관세등 환급사무처리에 관한 고시 제2-10조의 규정에 의하여
간이정액환급(적용,비적용)승인을 신청합니다.

년 월 일

신 청 인 (인)

ㅁ ㅁ 세 관 장 귀 하

처리내역	승 인 일	
	전산등록일	
	전산등록자	
첨부서유 : 없음 수수료 : 없음		

결재	담 당	주 무	과 장

471-02111민
'97.7.2. 승인

210mm×297mm
신문용지 54g/㎡

(2) 수 입

원칙적으로 신고납부제이며 납세신고일로 부터 15일 이내에 납부하여야 한다. 다만, 수입신고수리 허용여부의 결정이 7일 이상 소요되는 경우에는 허용여부 결정일로부터 15일 이내에 납부하여야 한다. 수입물품에는 관세, 특별소비세, 주세, 교육세, 농어촌특별세, 부가가치세 등의 제세가 부과된다.

1) 관세 등 제세납부

가. 관세율의 종류 및 적용순위

현재 한국에서 시행되는 관세율에는 우리나라가 독자적으로 정한 국정세율과 외국과의 조약 및 행정협정 등에 의해 결정된 협정세율이 있다. 관세율의 적용순서는 다음 아래와 같다.

① 덤핑방지관세, 보복관세, 긴급관세, 상계관세, 특별긴급관세

② 편익관세, 국제협력관세(단 기본세율이나 잠정세율보다 낮은 경우에 적용되나 관세법 제43조의 8의 규정에 의하여 국제기구와 관세에 관한 협상에서 국내외 가격차에 상당한 율로 양허하거나 국내시장 개방과 함께 기본세율보다 높은 세율로 양허한 농림축산물 중 대통령령이 정하는 물품에 대하여 양허한 세율(시장접근물량에 대한 양허세율 포함)은 기본세율, 잠정세율보다 우선적용)

③ 조정관세, 물가평형관세, 계절관세, 할당관세 ④ 잠정세율 ⑤ 기본세율

2) 관세 및 제세 산출방식

관 세	
종가세 적용물품	거래가격(일반적으로 CIF가격) × 과세환율 = 감정가격 × 관세율 = 관세
종량세 적용물품	수입물품의 수량 × 일정액(관세율표상) = 관세
제 세	
제세 · 특별소비세	(과세가격 + 관세) × 특별소비세율 ·주세 - 주정 : KL당 × 5만7천원(알콜농도 95도 초과 시 1도마다 6백원 가산) - 주류 : (과세가격 + 관세) × 주세율
부가세	(과세가격 + 관세 + 특소세 또는 주세) × 세율(10%) 단, 관세경감 시는 (과세가격 + 경감전의 관세 + 특소세 또는 주세) × (1-관세 경감율) × 부가세율(10%)
교육세	특별소비세 및 주세액의 30% (단, 주세 부과대상물품으로서 주세율이 80%이하는 10%)
농어촌 특별세	관세감면 시 감면액의 20% 또는 특소세 대상물품 중 일부 품목에 대해 특소세액의 10%

3) 과세가격의 결정방법

한국의 과세가격 결정은 정상도착가격 원칙을 적용하여 오다가 1981년 GATT의 신평가협약에 가입함을 계기로 실거래가격을 과세가격의 기초로 하고 있다. 이러한 과세가격의 결정방법으로는 여섯 가지의 평가방법만을 나열

하여 이를 순차적으로 적용하고 있으며, 실제로 지급해야 할 금액에 몇 가지 조정요소를 가감하고 해당 물품을 한국에 도착시키는데 소요된 운임과 보험료를 가산하는 제1방법이 그 적용범위가 가장 중요한 비중을 차지하고 있다.

거래가격의 성립요건은 당해 물품이 수입, 판매되어야 하고 구매자가 이를 사용, 처분하는데 특별한 제한이 없어야 하며 가격형성에 특별한 사정이 있어서 그 영향을 받는 것이 아니어야 한다. 또 구매자가 그 물품을 사용, 처분한 후의 이익을 판매자에게 돌아가지 않도록 하는 조건이 없어야 하며 특수관계자간의 거래가 아니어야 한다.

- 제1방법 (당해 물품의 거래가격을 기초로 한 과세가격 결정방법)
- 제2방법 (동일 물품의 거래가격을 기초로 한 과세가격 결정방법)
- 제3방법 (유사 물품의 거래가격을 기초로 한 과세가격 결정방법)
- 제4방법 (국내 판매가격을 기초로 한 과세가격 결정방법)
- 제5방법 (산정가격을 기초로 한 과세가격 결정방법)
- 제6방법 (합리적 기준에 의한 과세가격 결정방법)

4) 가격신고

관세 등 제세의 납부는 원칙적으로 신고납부제로서 수입신고 시 송장, 세무조정 계산서, 각종 비용의 금액 및 산출근거를 나타내는 증빙자료, 기타 가격신고의 내용을 입증하는데 필요한 자료와 거래관계 사실신고서 등을 제출하여야 한다. 단, 우편물, 탁송품, 여행자 휴대품 등은 무환수입물품 가격신고서를 제출하여야 한다.

가. 잠정가격신고

납세의무자의 책임이 아닌 사유로 수입신고일에 가격이 미정인 경우에는 가격신고가 불가능하므로 이때에는 잠정가격으로 신고할 수 있다.

- 신고대상 ; 생산지원, 로얄티 등 가산비용이 수입신고일 이후 일정기간 경과 후에 확정될 수 있는 경우, 수입물품의 가격이 수출국의 환율과 연동되어 수입 후에 확정되는 경우, 비철금속과 같이 선적 후 국제시세 등에 따라서 가격이 결정되어 수입신고시점에는 가격을 확정할 수 없는 경우, 기타 수입신고 시 가격이 확정되지 않은 물품

나. 확정가격신고

세관장이 정하는 기간 내에 확정가격을 신고하되 지정기간 내에 가격이 확

정되지 않는 경우에는 최초 잠정가격 신고일부터 확정가격 신고일까지 2년을 초과하지 않는 범위 내에서 기간을 연장할 수 있다. 차액의 처리 잠정가격과 확정가격과의 차액은 수정신고, 경정의 절차를 준용하되 그에 따른 가산세 또는 환급가산금은 면제된다. 부과고지 관세 등의 납부는 원칙적으로 신고납부이나 특정 물품의 경우에는 세관장이 관세 등을 부과 고지한다.

- 대상물품 ; 관세법 17조의 2의 규정에서 정한 물품(우편물 등), 손상 또는 변질한 물품, 주한미군 불하잉여물품, 수입승인 면제물품 중 무상 반입물품, 경정하고자 하는 물품

5) 세액심사

수입신고수리일로 부터 3개월의 범위 내에서 심사함을 원칙으로 하되 세관장이 부득이하다고 인정하는 경우 3개월의 범위 내에서 연장되며 사전 세액심사 대상물품은 수입신고 수리 전에 심사된다.

- 심사사항 ; 신고한 과세표준의 정확성여부, 신고한 세율의 정확여부, 신고한 세액 및 신고납부한 세액의 정화여부, 감면대상여부 및 감면율, 분납대상여부, 기타 세액심사의 정확을 위하여 심사가 필요한 사항
- 사전세액심사 대상물품 ; 법률 또는 조약에 의하여 관세 및 내국세의 감면을 받고자 하는 물품, 관세분할납부승인 신청물품 · 관세체납 중에 있는 자의 신고물품, 수입승인이 면제 물품 중 무상으로 반입되는 탁송품

[제2-1호 서식]

환 급 신 청 서(갑)

① 환급신청인	신청인부호	⑤※접수번호		처리기간 : 3일
주 소		기관부호	년 도	일련번호
상 호	사업자등록번호			
성 명				

② 신청관세사		⑥※접수일자	
③ 제출번호		⑦ 환급구분	
		(1:연산품정액, 2:간이정액, 3:개별환급)	

④ 제조자	통관고유번호	⑧ 결정일자	
주 소			
상 호	사업자등록번호	⑨ 추가환급	
성 명			

⑩ 수 출 물 품 규 격				세 종	금 액
				※관 세	
				※특 소 세	
				※교 통 세	
⑪ H S	⑫ 부 호		⑬ 형 태	※주 세	
				※교 육 세	
⑭ 수출금액(FOB$)	⑮ 수출물량		※단 위	※농 특 세	
⑯ 지급 은행	은 행 명	본(지)점		※ 계	
	코 드 번 호			조 사	조사2
	온라인구좌번호				총 ( )행

ⓐ행번호	수 출 신 고 번 호				ⓕ수리일자	ⓖ수출물량	ⓗ수출금액 (FOB$)
	ⓑ세 관	ⓒ 과	ⓓ신고번호	ⓔ 란			

결재	담 당	주 무	과 장	장

7-2 무역계약의 종료 및 관리

1. 무역클레임과 상사중재

(1) 무역클레임

1) 무역클레임

무역클레임이란 국제무역 당사자 간 거래계약을 이행하는 과정에서 그 계약의 일부 또는 전부의 불이행 때문에 발생되는 손해를 상대방에게 청구할 수 있는 권리이다.

무역실무에 있어서 무역클레임은 대금지급의 거절, 손해배상금의 청구, 대금감액의 청구와 같이 금전배상을 청구하는 것과 화물의 인수거절, 계약이행청구, 계약의 해제, 약정품의 반환, 대체품 청구, 부족분의 추가송부와 같이 금전 이외의 방법으로 손해배상을 청구하는 것, 그리고 이 두 가지 방법을 병용하는 것 등의 형태로 나타난다. 거래선이 클레임을 제기하면 진지하고 합리적으로 대응해야 하나 악의적 클레임도 있으므로 이를 잘 구별하는 것이 좋다. 수입상에게 거의 손해를 입히지 않는 정도이거나 또는 그 손상이 사소하여 평소 같으면 클레임이 되지 않을 정도의 작은 과실임에도 수입상이 과장하여 가격인하를 요구하거나 물품대금지급을 지연·거절하는 경우가 있다. 이런 클레임을 특히 마켓 클레임(market claim)이라 한다.

2) 무역클레임의 종류

가. 품질에 관한 클레임

무역클레임 중에서 가장 자주 발생하는 경우는 품질에 관한 클레임이다. 여기에는 품질불량(inferior quality), 품질상이(different quality), 변질, 변색(discoloration)이 있다.

나. 수량에 관한 클레임

수량의 감소(diminution)이나 감량(light weight), 혹은 부족(short weight) 등으로 인하여 발생하는 클레임이다.

다. 선적 및 운송에 관한 클레임

선적에 관한 클레임은 지연선적(delayed shipment) 혹은 불인도(non-delivery) 등으로 인하여 발생하며, 운송에 관한 클레임은 흔히 환적(transshipment)이나 취급불량(bad handling), 분실(missing) 등으로 야기된다.

라. 보험에 관한 클레임

Incoterms에 의해 당사자 일방이 부보해야 할 의무를 위반하는 부보 태만의 경우에 발생한다.

마. 결제에 관한 클레임

대금미지급(non-payment)의 경우에 발생한다.

바. 포장 및 화인에 관한 클레임

포장불량(wrong packing), 화인누락(no mark) 등에 의한 클레임이다.

(2) 무역클레임의 제기

1) 물품의 검사와 통지의무

수입물품을 인도받은 수입자는 이를 수령함에 있어 최우선적으로 그 물품이 계약목적에 합치되는지를 외견상으로 검사하여 만약 하자를 발견하였거나 수량이 부족하면 지체없이 수출자에게 통지하여야 한다. 이러한 검사와 통지는 매수인의 필수적인 권리이며 의무이다. 이를 해태하면 법률적 청구권을 상실한다.

표 46 물품검사통지의무에 관한 각국의 입법 예

한국 상법 제69조	매수인이 목적물을 수령한 때에는 지체없이 이를 검사하여야 하며, 하자 또는 수량부족을 발견한 경우에 즉시 매도인에게 그 통지를 발송하지 않으면 이로 인한 계약해제, 대금감액 또는 손해배상을 청구하지 못한다. 다만, 매매의 목적물에 즉시 발견할 수 없는 하자가 있는 경우에 매수인이 6월 이내에 이를 발견한 때도 같다.
일본 상법 제526조	즉시 검사 곧 통지
영국 물품매매법 제34조, 제35조	합리적 검사기회와 합리적 기간의 경과이전에 검사할 권리와 통지할 의무규정
미국 통일상법전 제2606조, 제2513조	합리적 기간 내 검사 및 통지의무
국제물품매매통일법 제38조, 제39조, 제49조	즉시 검사, 하자발견 시 즉시 통지

2) 무역클레임의 제기기간

클레임의 제기기간에 관한 약정은 클레임의 포기조항을 수반하고 있으므로 일종의 면책조항이라고 할 수 있다. 클레임 제기기간의 설정은 그 물품의 성질상 합리적으로 요구되는 하자발견 및 통지기간보다 너무 짧게 규정되어 있으면 그 효력을 부인당하는 경우도 있으므로 그 기간을 설정하는데도 주의

하여야 한다. 클레임 제기기간은 당사자 간에 제기기간에 대하여 약정이 있으면 그 기간 안에 제기하고 약정이 없는 경우는 나라마다 그 기간이 상이하므로 주의하여야 한다.

- 한국 : 즉시 통지, 즉시 발견할 수 없는 하자에 대해서는 6개월의 기간 인정
- 일본 : 즉시 검사하고 곧 통지
- 미국 : Within Reasonable Time
- Warsaw Oxford Rules for CIF Contract(1932) : 합리적인 검사, 검사완료 후 3일 이내에 통보
- 국제물품계약에 관한 UN 협약 : 단기간 내 검사, 합리적인 기간 내 통지, 어떠한 경우도 제척(除斥) 기간은 2년

3) 클레임의 제기

무역클레임을 제기하고자 하는 자는 반드시 다음의 구비서류를 작성하여 상대방에게 제출하여야 한다.

① 클레임 사실진술서 : 법적문서로서 간단하고 명료하게 구체적으로 기술하여야 하며 '언제, 어디서, 누가, 무엇을, 왜, 어떻게'의 6하원칙으로 기재

② 청구액에 대한 손해명세서 : 손해액과 제비용(운송료, 관세, 창고료, 은행이자, 검사료 등)

③ 검사보고서(Survey Report) : 품질불량, 색상상이, 성능미달, 수량부족 등일 때 반드시 첨부 : 국제공인검정기관의 보고서

④ 기타 : 거래사실을 입증할 수 있는 계약서, B/L, L/C 등

4) 무역클레임을 받은 경우 유의사항

① 계약조건의 미비에 의한 것이 아닌가?
② 납품 후 합리적 기간 내 청구된 것인가?
③ 하자를 입증하는 증빙서류가 있는가?
④ 물품검사는 공인검사기관에서 합리적인 기간 내에 되었는가?
⑤ 하자의 정도가 계약상, 거래관례상 허용비율을 초과하였는가?
⑥ 손해청구액은 합리적 산출에 의해 타당성이 있는가?
⑦ 당해 계약에서의 특성이 충분히 감안되었는가?

5) 클레임을 받을 경우 대응방향

클레임 제기내용을 검토한 후 클레임 해결에 관한 입장과 해결방안에 대하여 신속하고 설득력 있는 답변을 전달하여야 한다. 클레임 처리는 특히 첫 응답이 클레임 해결에 매우 중요하다. 상대방의 의도가 불분명하거나 마켓클레임, 기타 부당한 클레임이 아닌가 하는 의문을 가질 때에는 클레임 내용의 정당성여부 및 증거서류를 면밀히 검토한다.

(3) 무역클레임의 해결

무역클레임의 발생은 그 해결에 있어 당사자 쌍방에 시간과 비용이 수반하게 되어 원활한 무역거래에 지장을 초래하게 된다. 따라서 사전에 무역클레임이 발생하지 않도록 예방하는 것이 중요하다. 그 예방대책으로 다음과 같은 점에 주의할 필요가 있다.

첫째, 철저한 사전 신용조사가 이루어져야 한다. 무역거래는 격지 간 거래이므로 물품의 인도와 대금의 지급이 시차가 발생하게 된다. 따라서 상대방의 성실성, 자본력, 거래능력, 상대국의 정치/경제적 제반 조건 등을 철저한 신용조사를 통하여 거래처를 선정하는 것이 필수적이다. 둘째, 계약조건을 신중하게 검토하여야 한다. 매매당사자는 계약을 체결할 때 청약이나 승낙의 조건을 충분히 검토하여 애매한 문구나 조건이 있는지를 확인하여야 한다. 만일 이해하기 어려운 조건이나 불명확한 내용이 포함되어 있으면 상대방에게 이를 통보하여 명확히 하여야 한다. 셋째, 정확한 계약서를 작성하여야 한다. 우리와 언어가 다르기 때문에 발생하는 불명료하거나 오해를 자아내게 하는 표현은 사전에 발견하여 수정하거나 보완하여야 한다. 특히 당사자 간의 계약서에 무역계약의 기본조건을 명확히 기재하여 불필요한 분쟁을 방지해야 한다.

무역클레임이 발생되면 해결을 위하여 신속히 대응하여야 한다. 가능한 한 당사자 간에 우호적인 협의에 의하여 해결하는 것이 바람직하나, 그러하지 못할 경우에는 제3자를 통하여 해결을 하게 된다. 클레임의 해결에 관하여 흔히 “중재는 재판보다 낫고, 조정은 중재보다 나으며, 분쟁의 예방은 조정보다 낫다”라는 격언대로 무역클레임은 당사자들끼리 해결하는 것이 가장 바람직하지만, 심각해지면 제3자에 의한 해결방법으로 알선, 조정, 중재, 소송 등의 방법도 있다.

1) 당사자 간 해결

무역클레임은 당사자 간에 원만하게 해결하는 것이 가장 바람직하다. 무역거래는 통상 지속적으로 이루어지므로 장차 일어날 거래도 고려하여 상호타

협과 양보가 필요하다.

- 청구권의 포기(waiver of claim) : 청구권의 포기란 피해자가 상대방에게 손해를 배상 받을 수 있는 권리인 청구권을 행사하지 않는 것을 말한다. 피해자가 상대방에게 청구권을 행사하지 않는 방법으로서, 보통 상대방이 즉각적으로 손해배상 약속을 하거나 실제 배상을 한 경우에 이루어진다.
- 화해(amicable settlement) : 당사자 간 직접적인 협의를 통해 쌍방의 교섭과 양보로 타협점을 찾아 분쟁을 해결하는 방법을 말한다.

2) 제3자 개입에 의한 해결

가. 중재(Arbitration)

▸중재 신청 시 필요한 서류: ① 중재신청서 ② 중재합의서 또는 중재조항이 삽입된 계약서 ③ 입증서류(거래사실 증빙, Surveyor Report 등) ④ 대리인이 신청한 경우 위임장 ⑤ 중재요금 예납

▸거래 경위서 또는 합의서, 클레임사실 입증서류(공인기관의 검사보고서 등), 신용장 또는 계약서

분쟁(또는 거래) 당사자 간의 합의(중재계약)에 따라 사법상의 법률관계에 관한 현재나 미래에 발생할 수 있는 분쟁을 법원의 판결에 의하지 않고 사적기관인 제3자를 중재인으로 선정하여 중재인의 판정에 맡기는 제도이다. 이는 중재판정에 복종함으로써 분쟁을 해결하는 자주법정제도로, 국가공권력을 발동하여 강제집행할 수 있는 권리가 법적으로 보장된다. 소송과는 달리 중재는 단심제로서 중재판정은 확정판결력이 있어 법적으로 더 다툴 수 없고, 원칙적으로 3개월 안에 판정을 내리므로 신속하며 금전적 비용이 절약된다. 국경을 넘어 강제집행이 보장된다.

중재를 통해 해결하고자 하는 경우 거래 쌍방은 중재계약(중재합의)을 사전에 맺어야 한다. 중재계약에는 중재지, 중재기관, 준거법이 명시되어야 한다. 수출입에서 매매계약을 맺을 때 중재지를 한국으로, 중재기관을 대한상사중재원으로 명시하면 공정하고 편리한 중재를 받을 수 있다.

중재에 관한 국제조약으로는 「외국중재판정의 승인 및 집행에 관한 국제연합협약(the United Nations Convention on the Recognition and Enforcement of Foreign Arbitral Awards : 일명 뉴욕협약)」이 있다. UN 경제사회이사회의 주도 아래 1958년 6월 10일 미국 New York에서 채택됨으로써 각 체약국내에서는 외국중재판정의 승인 및 집행을 보장받고 있으며 현재 가입국 수는 121개국이 넘는다. 한국은 1973년 2월 8일 가입하여 동년 5월 9일부터 그 효력이 발효됨에 따라 국내 유일한 상설중재 기관인 대한상사중재원의 중재판정도 본 협약 체약국간에서는 그 승인 및 집행을 보장받게 되었다.

나. 알선(Mediation)과 조정(Conciliation)

만약 중재계약을 하지 않은 상태에서 분쟁이나 클레임이 생기면 제3자의

알선이나 중재로 문제를 해결할 수 있다.

알선이란 국내외 상거래에서 생기는 분쟁을 공정한 제3자인 대한상사중재원이 분쟁당사자의 의뢰에 따라 개입하여 해결을 위한 조언을 하는 것을 말한다. 조정이란 양당사자가 공정한 제3자를 조정인으로 선임하고 조정인이 제시하는 해결안(조정안)에 양 당사자가 합의함으로써 분쟁을 해결하는 방법을 말한다. 당사자 쌍방의 합의에 의하여 행해지므로 한 당사자가 조정을 신청하더라도 다른 당사자가 이에 응하지 않으면 조정이 이루어지지 않는다. 또한 조정안이 제시되었다 할지라도 양 당사자가 이에 불복하면 조정은 성립되지 않는다.

다. 소송(litigation)

국가기관인 법원의 판결에 의하여 분쟁을 강제적으로 해결하는 방법이다. 제3자가 개입하여 분쟁을 해결하는 방법 중 가장 좋지 않은 방법이다. 흔히, 소송은 많은 시간과 비용의 낭비를 초래하므로 경우에 따라서 소송도중 파산할 수도 있음을 자각하여야 한다.

3) 무역클레임액의 대외송금

무역클레임이 제기되어 그 해결결과 위약금, 손해배상금, 보상금, 해약금 및 대리점 수수료, 대행지급금, 기타 중개수수료 등을 거래선에 지급하고자 할 경우에는 외국환 관리법령에 따라 외국환은행장에게 신고 또는 한국은행 총재의 허가를 받아 지급하면 된다. 위약금, 손해배상금, 보상금, 해약금 지급(외국환은행장 신고) 시 구비서류는 옆과 같다.

물품의 수출·수입에 직접 수반하는 중개 또는 대리 수수료 등을 지급(외국환은행장 신고) 시 구비서류는 대리점 계약서 또는 중개료 계약서 등과 신용장 또는 계약서 등이 있다.

물품의 수출·수입과 직접적으로 관계되지 않는 중개·대리 수수료 등을 지급한다. 대상거래 금액의 100분의 10 또는 미화 5만불 이하는 외국환은행장에 신고하고 대상거래 금액의 100분의 10 또는 미화 5만불 초과하면 한국은행 총재의 허가를 받아야 한다. 이때 구비서류는 대리점 계약서 또는 중개료 계약서, 신용장 또는 계약서 등이 있다.

2. 분쟁조정제도

(1) 중 재

중재합의(중재계약)의 형식은 사전에 계약서에 중재조항(arbitration clause)

을 삽입하는 방식과 실제로 분쟁이 발생한 후에 당사자 간에 분쟁의 해결을 중재에 부탁한다고 합의하여 부탁계약(submission to arbitration)을 체결하는 방식이 있다. 대부분의 경우 분쟁이 발생된 후에는 불리하다고 판단하는 쪽에서 중재부탁 계약의 체결에 동의하지 않거나, 동의하는데 장기간을 지체하는 것이 보통이므로 당초의 계약체결 시 중재조항에 의하여 합의하여 규정해 두는 것이 좋다. 당사자 간 계약서상에 아래와 같은 중재조항을 삽입하면 사후 분쟁예방과 해결에 신속을 기할 수 있다. 신속한 분쟁의 해결은 그만큼 비용을 절약할 수 있다. 한국의 경우 중재법 제11조 5항에 따라 당사자들 간 따로 기한을 정하기 않은 때에는 중재가 개시된 날로부터 3개월 이내에 중재판정을 하도록 되어 있다. 이 법의 취지를 받들어 대한상사중재원 상사중재규칙은 당사자 간 중재 시 고의로 지연작전을 쓰지 못하게 하는 예방조치로서 여러 가지 규정을 두고 있다.

법원의 소송에 의할 경우 변호사의 보수를 비롯하여 매 심급마다 인지대가 배가되기 때문에 중재 보다 비용이 많이 들게 된다. 또한 상사에 관한 전문적인 지식과 경험을 지닌 중재인에 의한 심문은 새로운 설명이나 지식의 보완이 필요치 않음으로써 분쟁해결을 위한 증인심문들의 진술서 작성 등 시간이나 경비가 저렴하게 된다. 또 판정의 효력적인 측면에서도 재판권은 국가주권의 일부이므로 국가가 행한 재판은 다른 국가에 효력이 미치지 않는다. 그러나 중재는 당사자 간의 합의에 의한 것이므로 사법상의 유효한 계약으로 보기 때문에 외국에서도 그 이행에 주권침해와 같은 문제가 발생치 않는다. 중재판정의 국내적 효력은 당사자 간에는 법원 확정판결의 효력과 동일하며(중재법 제12조) 국제적 효력으로 뉴욕에서 채택된 외국중재판정의 승인 및 집행에 관한 국제연합협약에 한국은 1973년도 가입함으로써 외국에서도 그 집행을 보장받을 수 있어 소송보다도 더 큰 효력이 있다.

1) 중재조항

가. 표준중재조항(국문 예)

▸서류 제출처 : 대한 상사중재원 사무국

"이 계약으로부터 또는 이 계약과 관련하여 또는 이 계약의 불이행으로 말미암아 당사자 간에 발생하는 모든 분쟁, 논쟁 또는 의견차이는 대한민국 서울특별시에서 대한상사중재원의 상사중재규칙 및 대한민국법에 따라 중재인에 의하여 최종적으로 해결한다. 중재인(들)에 의하여 내려지는 판정은 최종적인 것으로 당사자 쌍방에 대하여 구속력을 가진다."

나. Standard Arbitration Clause(영문 예)

"All disputes, controversies, or differences which may arise between the parties, out of or in relation to or in connection with this contract, or for the breach thereof, shall be finally settled by arbitration in Seoul, Korea in accordance with the Commercial Arbitration Rules of the Korean Commercial Arbitration Board and under the Laws of Korea. The award rendered by the arbitrator(s) shall be final and binding upon both parties concerned."

2) 중재절차

① 중재계약 : 당사자간 중재합의

② 중재신청 : 중재계약에서 정하는 중재기관에 중재신청

③ 접수통지 : 사무국(대한상사중재원)은 중재의 신청을 접수하면 신청이 적합 한지 여부를 확인하고 적합한 경우에는 쌍방당사자에게 이를 수리하였음을 통지

④ 조정 : 양 당사자가 합의할 경우 중재절차 개시 이전에 조정을 시도하며, 조정에 실패하면 30일 이내에 자동적으로 중재절차 진행

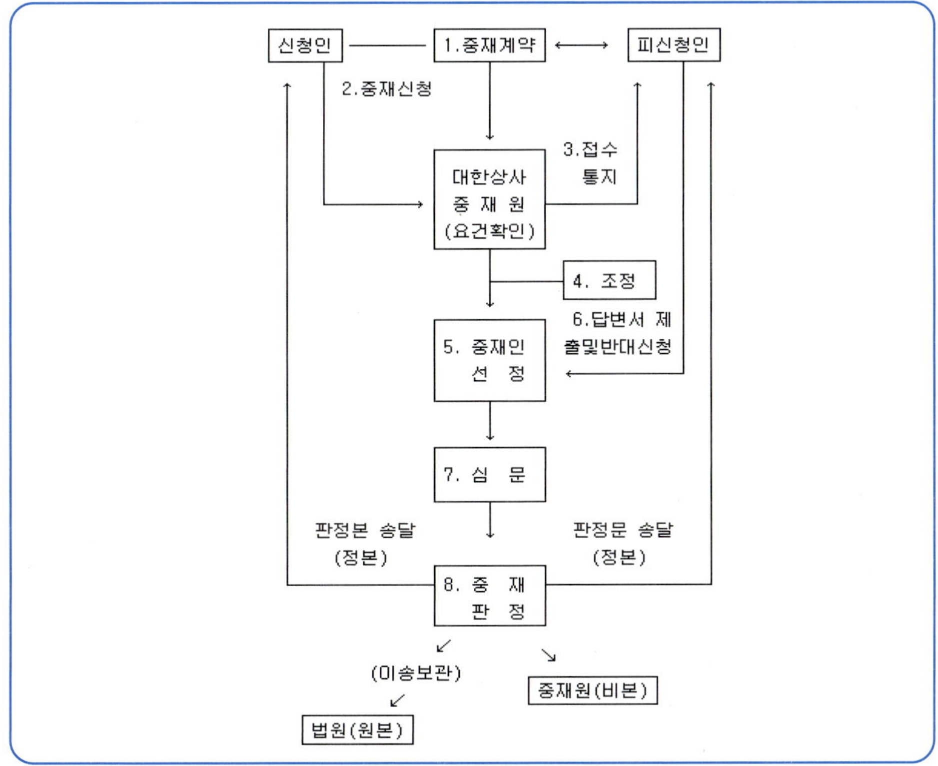

⑤ 중재인 선정 : 사무국은 접수, 수리통지와 함께 중재인단 명부에서 중재인 후보자 10명을 선정하여 양 당사자에게 보내면, 양 당사자는 의장 중재인과 기타 중재인에 대하여 선호순위를 표시하여, 송부일로부터 국내 중재의 경우 15일, 국제 중재의 경우 30일 이내에 사무국에 제출(피신청인에게 중재 신청서등 송부)

⑥ 답변서 제출 및 반대신청 : 사무국은 양당사자로부터 중재인후보자 선정명단 과 피신고인으로부터 답변서를 접수(신고인에게 답변서 송부)

⑦ 심문 : 사무국은 양 당사자의 희망순위에 따라 선정된 중재인에게 수락서를 받아 「중재판정부」를 구성하고, 제1차 심문기일을 결정한다. 사무국은 양 당사자에게 중재인 선정통지 및 제1차 심문기일 통지하고 심문개시 및 진행한다. 중재판정부는 사건내용에 따라 당사자가 주장 및 입증을 다하였다고 인정할 때까지 수차에 걸쳐 심문을 진행한 후에 심문종결선언한다.

⑧ 중재판정 : 중재재판부는 심문종결일로부터 30일 이내에 중재판정 사무국이 중재요금 및 비용예납에 대해 판정부담비율에 따라 작성된 중재판정문 정본을 양당사자에게 발송함으로써 중재절차 종료

(2) 선적 전 검사 관련 분쟁조정제도

수출시 수입국의 법령 등에 따라 선적 전에 SGS(societe generale de surreillance; 스위스), BIVAC(bureau veritas; 프랑스), OMIC(overseas marine & cargo inspection corp: 일본) 등 검사기관으로부터 검사를 받아야 하는 경우가 있다.

선적 전 검사를 요구하는 대표적 수입국은 인도네시아, 필리핀, 사우디, 멕시코 등이다. 수출상은 선적 전 검사기관이 하는 가격판정, 수량판정, 관세율 적용 등에서 불만이 있는 경우가 많다. 선적 전 검사기관에 이의신청을 하더라도 수입국정부의 기준이라는 이유로 책임을 회피하는 경우가 있어 분쟁이 빈번하다. 이때 양자의 입장을 중립적으로 판단할 수 있는 제도적 장치로서 선적 전 검사관련 분쟁해결제도가 '97년 3월 대외무역법의 개정에 따라 새로 도입되었다. 조정단계에서 만약 분쟁이 해결되지 않으면 중재법에 의한 중재절차, 민사소송, 세계무역기구에의 제소 등의 방법을 고려할 수 있다.

- 분쟁해결절차 ; ① 분쟁조정 신청 - 대한상사중재원 ② 조정위원회 구성 및 위원회 개최 ③ 조정위원회의 조정안 작성 ④ 조정안의 통지 ⑤ 당사자의 조정안에 대한 수락여부 통보-7일 이내 서면으로 조정위원회에 통보 ⑥ 조정의 종료 및 통지

2005년 국내 무역액의 약 3%인 15조원 상당의 거래에서 클레임이 발생한 것으로 나타났다. 또 이 같은 클레임으로 국내업체가 거래대금 가운데 회수하지 못한 규모는 1조8,000억 원에 달했다. 대한상사중재원과 한국무역협회는 연간 30만달러 무역실적이 있는 업체 1,002곳을 표본으로 실태조사를 벌인 결과 전체 무역거래건의 3%, 무역액의 2.9%에서 클레임이 발생했다고 22일 밝혔다. 두 기관은 지난해 전체 무역액 522조원 가운데 약 15조원 가량에서 클레임이 발생한 것으로 추정했다.

클레임이 제기된 거래에 대해 쌍방이 합의해결한 비율은 62.7%로 나타났다. 그러나 합의되지 않은 거래 가운데 무역업체들이 중재나 소송을 걸지 않고 중도에 포기한 거래가 63.9%였다. 무역업체들이 클레임이 걸린 거래 10건 가운데 6건 이상은 법적 조치를 취하지 않고 자금회수를 포기, 약 1조8,000억 원 가량을 회수하지 못한 셈이다. 무역업체의 42.7%는 최근 3년간 무역클레임을 1번 이상 경험했다고 답했다. 수출업체는 44.8%, 수입업체는 42.4%가 클레임이 발생했다. 지역별로는 아시아(57.7%), 북미(23.3%), 유럽(13.8%) 순으로 많이 발생했다. 국가별로는 중국(25.9%), 미국(22.6%), 일본(20.3%) 등으로 나타났다. 중국의 경우 미국, 일본과 달리 국내수입업체가 클레임을 제기한 비율이 높았으며 클레임 원인도 품질불량이 가장 많았다. 무역클레임 해결에 걸리는 기간은 평균 3개월, 소요비용은 평균 655만원이었으며 1,000만 원 이상 비용이 걸리는 클레임을 경험한 업체도 11.4%에 달했다. 그러나 조사업체 가운데 23.3%만이 계약서 작성 시 대한상사중재원의 중재조항을 삽입, 분쟁이 발생했을 경우 불이익을 받을 가능성이 높은 것으로 나타났다.

중재신청서 작성 사례

중 재 신 청 서

1. 신청인

회사명: (주)한국제약　　　　주　소: 서울특별시 강남구 삼성동 159

대표자: 대표이사 이도령 (인장날인)

대리인: 이방자 (인장날인)

서울특별시 강남구 삼성동 300

2. 피신청인

회사명: SANTIAGO LTD.　　　　주　소: FERNANDEZ 1000, SANTIAGO, CHILE

대표자: DOMINGO

3. 신청취지

(1) 피신청인은 지불기한이 지난 신청인의 수출환어음금액 미화 71,070달러 및 이에 대하여 1992년 2월 11일부터 완제일까지 연 18%의 비율에 의한 금원을 지급하라.

(2) 중재비용은 피신청인의 부담으로 한다.

라는 판정을 구합니다.

4. 신청이유

(1) 신청인은 한국의 계약회사인 (주)한국제약으로서 피신청인에게 의약품을 수출하였고 피신청인은 칠레 산디아고에 소재한 수입상으로서 신청인으로부터 의약품을 수입하였습니다.

(2) 신청인은 피신청인과 1988년부터 거래를 시작하였으며 초기 결제조건은 신용장 방식이었습니다.

(3) 1990년 피신청인은 신청인에게 신용장방식 대신 D/A 120days로 결제조건의 변경을 제의하여 신청인은 거래를 확대하기 위하여 본조 건을 수용하였습니다.

(4) D/A 조건으로 거래를 한 후 피신청인은 결제 만기일을 넘겨 지불하기 시작하였고 1991년 10월 기준으로 미화 12,690달러가 미지급상태에 있었습니다.

(5) 신청인은 본건 해결을 위하여 1991년 10월 대리인을 현지에 파견하여 미화 19,260달러를 회수 하였으며 동시에 잔액 미화 105,430달러에 대하여는 1992년 2월 10일까지 분할 상환하겠다는 각서를 받았습니다. 또한, 본 각서에는 분쟁 발생 시 대한상사중재원에서 중재로 해결할 수 있는 중재조항을 삽입하여 두었습니다.

(6) 그러나 그 이후 신청인은 미화 34,360달러만 피신청인으로부터 회수하였고 현재 미결재 잔액 미화 71,070달러가 남겨져 있고 그동안 피신청인의 지불지연으로 신청인은 이자자부담을 안게 되었습니다.

(7) 그러므로 신청인은 미결제잔액 미화 71,070달러와 은행연체이자율에 근거하여 지연이자를 피신청인에게 법적으로 청구하기 위하여 귀원에 중재를 신청합니다.

5. 입증방법

갑제1호증	합의서,	갑제2호증	각 서
갑제3호증의 1내지 3	각송장	갑제4호증	서 신

20** 년　　　월　　　일

위 신청인 ＿＿＿＿＿＿＿ ㉧

중 재 신 청 서

I. 당사자의 성명 및 주소

(가) 신 청 인

법 인	법 인 명 칭		법인주소 전화번호	
	대표자 성명		대 표 자 주 소	
개 인	성 명		주 소 / 전화번호	
대리인	성 명		주 소 / 전화번호	

(나) 피신청인

법 인	법 인 명 칭		법인주소 전화번호	
	대표자 성명		대 표 자 주 소	
개 인	성 명		주 소 / 전화번호	

II. 중재신청의 취지

III. 중재신청의 이유 및 입증방법:

20 년 월 일

위 신청인 ____________________ ㊞

(구비서류):

가. 중재신청서 .... 5부.

나. 중재합의를 인증하는 서면의 원본 또는 사본 .... 5부.

다. 중재신청에 주장하는 청구의 근거를 증명하는 서증의 원본 또는 사본 .... 5부.

라. 법인등기등본(개인인 경우 주민등록등본) .... 1부.

마. 대리인 신청시는 위임장 .... 1부.

바. 소정의 중재비용

사단법인 대 한 상 사 중 재 원 귀 중

Purport of the Claim

1. The Respondent shall pay to the Claimant the sum of US$20,620.12.
2. The Arbitration Cost shall be borne by the Respondent.

Grounds for Claim

The Claimant is a Korean Corporation engaged in sea and air freight forwarding business. The Claimant and the Respondent executed "Sea and Air Cargo Transportation Agency Contract("Agency Agreement") on November 01, 199# (see the attached Exhibit A-1), Based on this "Agency Agreement", the Claimant and the Respondent had transported sea and air cargo reciprocally and had settled the freight charge accounts within 1 month. The Respondent failed to make payment on the accounts outlined below and had no special reasons. The exact calculation is as follows:

* Accounts amount: US$20,620.12
* Period: from June 1996 to December 1996

The Claimant met the Respondent in Manila on June 14, 1997 and verified the amount owed and the detail statement for cargo business. The Respondent and the Claimant agreed that the Respondent would pay to the Claimant US$20,620.12 before September 30, 1997 and that all disputes arising from the Respondent's inability to fulfill the above obligations would be resolved by arbitration. (see the attached Exhibit A-2)

The Respondent did not pay the freight charge. Accordingly, the Claimant requested arbitration to be conducted by the Korean Commercial Arbitration Board as set forth in the Purport.

Method of Proof

Exhibit A-1 : Agency Agreement　Exhibit A-2 : Certificate of outstanding payment to ###
Exhibit A-3 : Letter　Exhibit A-4 : Fax dated February 7, 199#
Exhibit A-5 : Dunning letter dated May 11, 199#　Exhibit A-6 : Fax dated May 27, 199#
Exhibit A-7 : Fax dated September 2, 199#

####### Cargo ####### Co., Ltd.

Kil-Dong, Hong
Representative Director

7-3 무역대금 결제 및 회수

1. 신용장 방식의 무역거래

신용장 거래는 수출자의 수출대금미회수 위험을 해소하기 위하여 수입자의 신용을 개설은행이 보증하는 것으로 수출자와 수입자 사이에 체결된 무역계약으로부터 독립된 별도의 서류만의 거래라는 특성을 가지고 있다.

신용장이 국제적 무역거래에서 대금결제를 쉽고 확실하게 하기 위하여 규정된 서류를 덧붙여 제시하면, 개설은행이 수입상을 대신하여 수출상이나 어음매입은행 및 선의의 어음소지인에게 환어음의 지급이나 인수를 보증하는 보증장이기 때문이다. 따라서 신용장의 조건은 지나치게 구체적이거나 복잡하지 않아야 하며, 조건의 일치여부는 개설은행에 제시된 서류만 가지고 은행이 판단한다. 신용장거래는 기간에 따라 일람출급신용장 거래와 기한부신용장 거래와 선대신용장 거래가 있다. 신용장방식에 의한 수출입의 절차는 다음과 같다.

- ▸신용장개설 시 구비서류
  ①수입신용장개설신청서
  ②신용장거래약정서(수입거래약정서)
  ③offer 또는 수입계약서
  ④기타 필요서류(담보제공증서 등)
- ▸USANCE L/C(기한부신용장): 수익자가 선적서류 혹은 이와 함께 기한부 환어음을 제시하거나 환어음을 인수하고 그 만기일에 지급한다고 약정된 신용장.
- ▸AT SIGHT L/C(일람출급신용장)수익자가 일람출급환어음을 발행하거나 환어음없이 선적서류를 직접 발행은행, 확인은행 또는 지정은행에 제시하여 수출대금을 받도록 규정된 신용장.

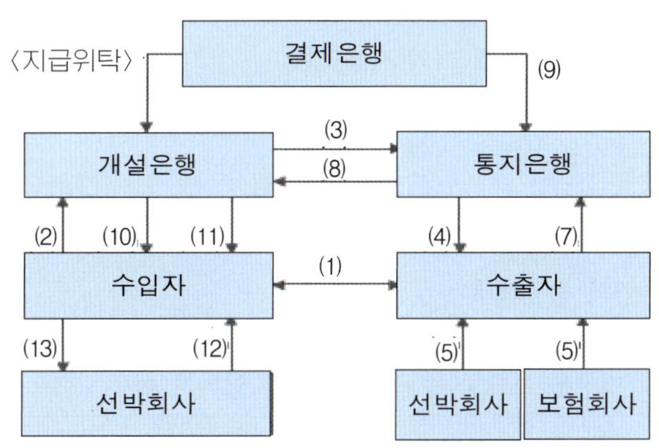

〈그림 44〉 신용장방식에 의한 수출입의 절차

i. 매매계약 체결 ; 수입자로부터 물품매도확약서(offer sheet)를 받는다. 이때 물품매도확약서는 계약의 일반사항인 품목, 수량, 단가 및 유효기간 등이 확정된 확정오퍼이어야 한다. 물론 거래물품은 수출입승인 대상물품이어야 하고 수출입공고, 별도공고, 통합공고상의 수출입 제한 물품이어야 한다.

▸ negotiation, nego ; 수출업자가 은행에 신용장과 수출환어음 등의 선적서류를 제시하고 기업활동에 필요한 자금을 확보하는 절차다.
네고에는 선적서류에 하자가 없는 클린네고와 하자가 있는 각서네고가 있다. 각서네고는 하자로 인하여 어음과 서류가 부도 반환되면 어음대금을 반환하겠다는 각서를 첨부하는 경우를 말한다.

▸ 수출승인신청시 구비서류 : ① 수출승인신청서 ② 외화예치증명서(사전송금 방식의 경우) ③ 계약서 또는 Offer Sheet ④ 최초거래 시 인감필적 신고서 등 은행 제출서류
수출신고 시 구비서류 : ① 수출신고서 ② 수출승인서(필요시) ③ 송장, 포장명세서 등 ④ 기타 수출통관에 필요한 서류

ii. 수입신용장 개설의뢰 ; 신용장 개설 시 유의사항으로는 다음과 같다.

*신용장 자체에 관한 사항 : 수익자, 개설의뢰인의 회사명, 주소 등은 약호사용을 금지하고, 신용장 금액은 숫자금액과 문자금액을 병기해야 하며 유효기일(E/D) 및 제시기일 등 기간(일자)을 표시할 때에는 해석상 오해를 없애기 위해 월표시는 문자로 표시한다.

*환어음에 관한 사항 : 환어음 발행금액은 상업송장 금액의 100%라야 한다.

*상품 및 선적에 관한 사항 : 요구되는 운송서류의 종류, 통수 및 조건을 명시한다.

*운송서류에 관한 사항 : 상품에 대한 과다한 설명을 지양하고 상품개요만 적고 선적기일(S/D), 선적항, 도착항과 분할선적 · 환적을 허용할 것인지 여부를 표시하며 FOB 부산, CIF 홍콩 등과 같이 운송내용을 반드시 기재한다.

*특수 조건 : 은행 수수료 부담, 신용장의 양도가능 여부, 전신환 결제 허용 여부, 지체 서류 수리여부, 제3자 서류 허용여부 등

iii. 신용장 발행 및 수출자 거래은행으로의 신용장 송부

iv. 수출자에게 신용장 내도 통지 ; 신용장 수취 시 수출자는 다음 아래와 같은 사항들을 확인하여야 한다.

> *신용장의 진위여부 전신신용장(Test Key ; EDI 방식의 일종인 SWIFT 방식), 우편신용장(현재 거의 사용안함)
> *신용장의 진위여부 전신신용장(Test Key ; EDI 방식의 일종인 SWIFT 방식), 우편신용장(현재 거의 사용안함)
> *신용장의 형식요건 : 신용장 통일규칙 준수문언 존재여부 및 지급확약 문언의 존재여부
> *개설은행의 신용상태
> *계약내용과의 일치 여부
> *이행에 지장을 초래할 수 있는 조건이 있는지 여부

v. 보험계약 체결 및 보험증권 발행

vi. 수출통관 후 수출 선적의뢰 및 선화증권 발급 ;수출신고 시 구비서류로는 수출신고서, 수출승인서(해당되는 경우), 상업송장 및 포장명세서, 기타 법률에 따라 세관장이 요구되는 서류가 있다.

vii. 수출자의 화환어음 매입의뢰 및 매입은행의 매입대금 지급 ; 화환어음 매입의뢰 시 구비서류로는 수출환어음매입신청서, 환어음, 수출신용장 원본, 신용장에서 요구되는 제반선적서류 등이 있다.

viii. 어음 및 선적서류 송부

ix. 결제은행(상환은행)에 어음대금 상환청구

x. 수입자에게 운송서류 도착통지

- 수입자로부터 수입대금을 결제 받고 운송서류 인도 ; 수입자는 개설은행으로부터 선적서류 도착통지를 받은 후 7영업일 이내에 수입대금을 결제한 후 운송서류를 인수한다. 수입자가 7영업일까지 수입대금을 결제하지 않으면 개설은행은 그 다음 은행영업일에 지급보증대지급(대불)한다.
- 수입자에게 화물도착 통지

xi. 수입통관 후 선박회사에 선화증권을 제시하고 수입화물을 인수 ; 수입신고 시 구비서류로는 수입신고서, 수입승인서(해당되는 경우), 가격신고서(상업송장 포함), 선화증권 사본, 기타 법률에 의해 세관장이 제출을 요구하는 서류 등이 있다.

2. 무신용장방식의 무역거래

(1) 송금방식에 의한 수출 · 입

물품대금을 단순 송금방식에 의하여 결제하는 방법이다. 송금방식에 대해서는 국제규범이 존재하지 않으며 대금결제와 선적서류 그리고 물품의 인수도가 완전히 분리되어 있다. 또 송금시기에 따라 위험부담자가 달라지는 특징이 있다.

송금방식에 의한 수입에서 계약건당 미화 5만 불을 초과하는 수입대금을 선적서류 또는 물품의 영수 전 1년을 초과하여 송금방식으로 지급하고자 하는 경우에는 한국은행총재의 허가를 득해야 한다. 선적서류 또는 물품의 영수 전에 송금방식에 의하여 건당 미화 5만 불을 초과하여 지급한 경우는 동 대금을 반환받거나 대응 수입을 이행하여야 한다. 송금신청 시 필요한 서류로는 지급신청서, 수입계약서 원본, 수입신고필증(사후송금방식인 경우)이 있다.

- M/T(Mail Transfer)와 T/T(Telegraphic Transfer)

  수입자가 수입대금을 외국환은행에 입금시키면서 대금을 수출업자에게 외국환거래은행을 통해 외국환으로 지급해줄 것을 요청하는 방식이다. 우편송금은 송금 시에 송금수표를 발행하여 교부해 주는 대신에 지급은행에 대하여 일정한 금액을 지급하여 줄 것을 요청하는 지급지시서(payment order)를 발행하여 송금은행이 직접 우편으로 송달하면 지급은행은 동 지급지시서에 의해 수취인의 예금계정에 송금대전을 입금시킨 후. 수취인에게 통지하여 지급하게 되는 것이다.

전신송금(telegraphic transfer)는 송금인의 의뢰에 따라 은행이 자기책임 하에 지급지시서를 보내는 것이며 지시방법이 우편이 아닌 전신이라는 점에서 M/T와 구별되며 안전하고 신속 · 정확하다.

M/T와 T/T의 차이는 기간의 차이이며 곧 그로인한 이자의 차이가 발생한다.

- 송금환수표(Demand Draft: D/D)

  수입자가 수입지 외국환은행에 대금을 지불하고 발급받은 송금환수표(Demand Draft)를 직접 수출자에게 보내어 수출자가 당해국의 외국환은행에서 현금화하는 방법이다. 송금인이 직접 수취인에게 우송함으로 도중에 분실 · 도난의 우려가 있어 소액거래에 주로 이용된다.

- CWO(Cash With Order)

  주문불 방식의 선급조건을 말한다. 수입자가 주문과 동시에 대금을 M/T, T/T, 송금환수표 등으로 송금하는 방식으로 자회사간 거래나 소액거래 견본품 등에 주로 쓰인다. 주문불 방식의 선급조건이라는 점에서 상품서류와 상환으로 대금을 지급하는 COD, CAD와 구분된다.

- 송금환Remittance Exchange)과 추심환Collecting Exchange)

  국제 간 대차관계를 결제하기 위하여 채무자가 채권자 앞으로 먼저 자금을 송금하는 방법과 반대로 채권자가 채무자 앞으로 먼저 채무의 변제를 요청하는 서류(환어음)을 보내는 방법이 있는데 전자를 '送金換 또는 順換'이라고 하고 후자를 '推尋換 또는 逆換'이라고 한다.

참고

송금방식 수출 · 입계약

송금방식 수출계약은 수입자의 확인서명이 되어있는 계약서 또는 구매확약서에 결제조건을 사전(advance payment) 또는 사후 송금(COD 30days 등)으로 명시한다.

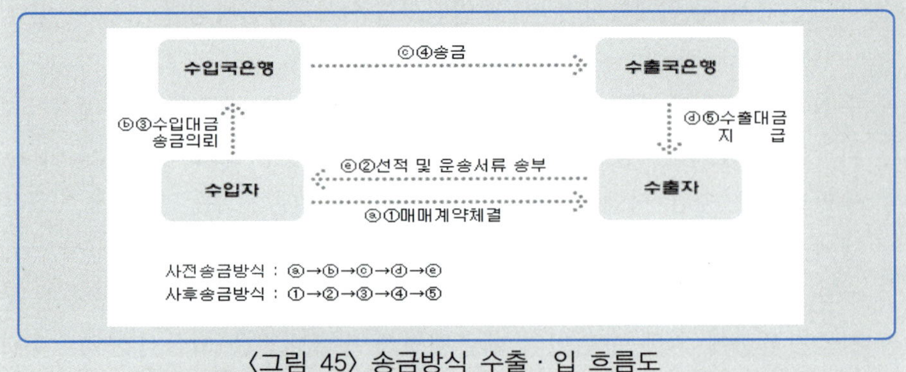

〈그림 45〉 송금방식 수출 · 입 흐름도

- 외화매각시점 : 사전송금방식 거래 시 수입업자로부터 송금 받아 예치(입금)된 외화는 별도 외화매각 승인 절차없이 원화로 매각할 수 있다.
- 대응수출 이행의무 : 사전송금방식수출로서 건당 5만 불을 초과하여 영수한 경우 동 대금을 반환하거나 대응수출을 이행하여야 한다.
- 사전송금방식거래 시 수출물품 조달 방법 : 사전송금방식 수출물품 조달 시에는 중복으로 무역금융의 지원을 방지하는 차원에서 내국신용장을 개설할 수 없으나, 구매확인서를 사용하여 부가가치세 영세율 적용 및 공급자의 수출실적 인정혜택을 받을 수 있다.

1) 사전 송금방식(Payment In Advance)

사전송금방식 수출은 수출대금 전액을 수출물품의 선적 전에 외화로 미리 송금을 받고, 영수일로부터 1년 이내에 대응수출을 이행하는 방법이다. 수입상이 물품을 수취하기 전에 물품대금을 송금하는 것으로, 수출상은 수출대금을 미회수할 위험이 없어 안전한 반면 수입상은 수출상이 선적하지 않거나 품질 혹은 규격이 다른 상품을 선적하는 데 따르는 위험을 부담해야 한다.

소액거래나 견본매매, 긴급한 물품 인도를 필요로 할 때, 거래 관계의 신용이 확실하다고 인정되어 신용으로 거래하는 경우에 이용한다. 계약 건당 5만 불을 초과하는 사전송금방식 거래로서 대응수출이 1년을 초과하거나 본지사간 수출선수금을 영수하는 경우에는 한국은행에 신고하여야 한다. 단, 선박, 철도차량, 항공기, 산업설비, 중화학공업제품, 기계류는 대응수출 이행기간이 1년을 초과해도 가능하다.

사전송금방식 수입은 수입대금 전액을 수입물품 선적 전에 외화수표 등 대외지급수단에 의하여 미리 지급하고 이에 상응하는 물품을 수입하는 거래로서 동 방식에 의한 수입은 주로 견품, 시험용품 등 소액거래에 주로 활용된다.

- **인수표에 의한 사전송금방식** : 개인수표는 부도가능성이 많으므로 입금을 확인한 후에 B/L등 선적서류를 송부하여야 한다.
- **T/T 방식**

  전신환 송금으로 은행의 개입이나 추심이 없이 대금을 송금해 주는 방식이다. T/T 방식도 사전송금방식과 후불방식이 있으나, 일반적으로는 사전송금방식을 말한다.

  따라서 수입자의 경우 사전송금에 대한 아무런 보호막이 없으므로 대금만 송금하고 상품을 제대로 받지 못할 경우도 배제할 수 없다.

그러므로 주의할 사항은 송금 전에 수출화물이 정확하게 선적 되었는지 아니면 선적될 것인지가 가장 중요하다. 따라서 T/T방식으로 무역거래를 할 경우 수입자는 수출자(공급업체)에게 연락을 해서 결제조건을 좀 더 구체적으로 정하는 것이 좋다.

예를 들어, 물품 선적 전에 10-20% 선불, 선적서류 제시하면 50~60%, 물품 도착 후에 검수하고 하자 없음을 확인한 후에 잔액(20~30%) 완불 등등의 방법을 협의해 보는 것이 좋다. 물품이 수입자 나라에 도착 및 검수 후에 지불할 금액 일부(대략 총액의 20~30% 금액)는 꼭 남겨 두는 것을 권한다.

수입자는 수출자와 T/T방식으로 거래할 시 은행은 기존 거래은행을 거래하는 것이 가장 좋을 것이며, 송금수수료가 낮은 은행으로 하면 이상이 없다.

수출업자에게 요구할 것은 기본적인 선적서류(B/L, P/L, C/I)만 있으면 된다.

2) 사후 송금방식(Open Account)

수출상이 상품을 선적한 후 수입지에 도착한 다음 또는 수입상이 상품을 인수하여 일정기간 안에 판매한 후 송금하는 것으로 수입상은 계약상품을 수취할 수 있어 안전하나 수출상은 수입상이 정한 기간에 대금을 송금하지 않거나 부당한 클레임제기 등으로 인한 대금회수에 따르는 위험을 부담하게 된다.

수출자가 수입자의 신용을 완전히 믿고 선적하는 방식이다. 유럽을 중심으로 한 서구에서 보편화된 결제방식으로 단순송금방식과는 정반대로 수출상이 물품매매계약의 조건에 따라 먼저 수출물품선적 후 선적서류를 송부하고, 계약에 따라 수입상이 사후에 결제를 하는 방식이다.

보통 대금결제 기간은 채권확보 차원에서 수출업체가 자율적으로 결정한다. 매매계약서의 조건에 따라 수출상이 선적을 이행한 후 수입상에게 선적서류를 송부하면 통상 선적일 기준으로 계약에서 정한 일정기간(통상적으로 30일에서 180일)이 경과한 후에 수입상이 수출상이 지정한 은행의 계좌로 대금을 송금하여 결제한다. 유럽 등에서는 "Net 30days"라는 용어를 사용하는데, 이것은 선적 후 30일이 경과한 날에 대금을 지급하겠다는 '30days Open Account'의 다른 표현이다.

대금교환의 대상에 따라 현물상환 방식의 수출과 서류상환 방식의 수출로 구분되며 대금교환도 조건 거래는 러시아, 베트남, 중국 등 신용장개설 및 환결제에 어려움이 있는 공산권 지역과 과다한 인지세로 인하여 대금결제 시 환어음의 개입을 꺼리는 유럽지역(특히, 이탈리아)으로 수출할 때 많이 사용한다.

가. 대금교환도 방식에 의한 수출・입

상품 또는 서류와 상환으로 현금으로 결제하는 방식이다. 대금교환도 조건거래는 러시아, 베트남, 중국 등 신용장개설 및 환결제에 어려움이 있는 공산권 지역과 과다한 인지세로 인하여 대금결제 시 환어음의 개입을 꺼리는 유럽지역(특히, 이태리)과의 수출・입거래시 많이 사용된다.

핵심

✍ 현물상환 방식(COD Cash on Delivery) :
상품이 목적지에 도착하면 상품과 상환(相換)하여 현금으로 결제한다. 수출자가 상품을 선적한 후 선적서류 등을 수입국 소재 수출자의 지사나 대리인이 존재하는 경우, 자신의 대리인 또는 지사에게 송부하여 상품이 목적지에 도착하면 수출자가 물품을 지사를 통하여 수입자에게 인도하고 수입업자가 검사 후 상품을 인도받은 후 수입자는 현금으로 수출자에게 송금하는 방식이다. 주로 귀금속 등 고가물품 등 직접 물품의 검사를 하기 전에는 품질 등을 정확히 파악하기 어려운 경우에 활용된다.
수입지에 수출상의 지사나 대리인이 없는 경우 수입상이 현물인도방식의 거래형태를 희망한다면 다음과 같은 4가지 거래유형 중 한 가지를 제시해 보면 좋을 듯하다. 만약 다음의 4가지 유형 중 한가지로 거래하기로 하였다면 반드시 매매계약서상에 거래절차 및 내용을 명시해 두어야 한다.

① 선적준비 완료를 통보하고 바이어로부터 T/T입금 완료 후 선적
② 선적준비 완료를 통보하고 바이어로부터 T/T송금 완료확인 Bank Slip Copy를 받은 후 선적
③ 선적한 후 선적서류를 보내지 않고 T/T입금 완료 후 서류발송
④ 선적과 동시에 선적서류를 바이어에게 송부한 후 즉시 송금요청

✍ 서류상환 방식(CAD : Cash against Document) :
상품을 선적한 후 수출국에서 서류와 상환하여 현금으로 결제하는 방식이다. 수출자가 물품선적 후 선적서류를 수출국에 소재하는 지사나 대리인을 통하여 인도하고 수입자는 서류인수 후 물품대금을 송금하는 방식으로 품질확인이 가능한 경우에 많이 사용한다.

계약서상 문구

- Buyer shall remit by wire transfer within 30days after the date of B/L issuance.
- Buyer shall remit by wire transfer within 60days after the date of arrival at buyer's warehouse in Moscow.
- Buyer shall remit by T/T payment within 10days after the shipment.

나. 선적통지결제방식(Open Account)

선적통지결제방식의 사전적 의미는 당좌계정을 말한다. 즉, 거래 때마다 결재를 하지 않고 대차결재를 장부에 기록했다가 장기적으로 차액만을 현금결제 하는 방식이다. 실무적으로 수출상이 물품선적 후 선적서류를 직접 수입상에게 보내며, 수입상은 계약서에 약정된 기간 내에 수입대금을 수출상에 송금한다.

다. 송금방식거래 시 유의사항

수출대금은 은행을 통하여 송금을 받아야 한다. 또 수입지에 지사 등이 없는 경우 수출자는 운송서류 작성 시 화물의 수화인(consignee)을 수입자의 거래은행 등으로 하고 통지인(notify party)을 수입자로 하여, 수입자가 물품대금을 송금하지 않은 채 운송인으로부터 물품을 인수받지 못하도록 하여야 한다.

CAD방식으로 거래 시 선적서류를 은행을 통하여 송부하면 형식적으로 D/P방식과 유사하여 이를 유럽식 D/P방식이라고도 한다. 그러나 두 거래방식의 근본적인 차이점은 대금결제 시 환어음을 발행하는지 여부에 있다. 즉 D/P거래는 어음결제 방식으로서 환어음을 발행하여, 추심에 관한 통일규칙에 의거 환어음을 추심하여 대금을 영수하고, CAD거래는 수출자가 환어음을 발행하지 않는 송금방식으로서 수입자는 수출자가 은행을 통하여 직접 송부한 선적서류를 받은 후 외국환은행을 통하여 물품대금을 송금하여 대금을 결제한다.

▸ 수입승인신청 시 구비서류 : ① 수입승인신청서 ② 계약서 또는 Offer Sheet ③ 기타 수입승인에 필요한 서류

▸ 수입신고 시 구비서류 : ① 수입신고서 ② 상업송장 ③ 가격신고서 ④ 수입승인서(해당되는 경우에 한함) ⑤ 기타 수입통관에 필요한 서류

▸ 추심결재방식은무신용장 방식의 대표적인 거래방식. 신용장과는 달리, 수입자 거래은행은 대금지급을 보증하지 않고 단순히 어음을 추심하는 업무만을 대행함.

참고

- 송금방식 수입
  수입대금 전액을 수입물품 선적전에 외화수표 등 대외지급수단에 의하여 미리 지급하고 이에 상응하는 물품을 수입하는 거래, 동방식에 의한 수입은 소액거래에 많이 활용됨
- 대금교환도 방식 수입
  수출과 마찬가지로 현물상환 방식과 서류상환 방식에 의한 수입이 있으며 수출의 경우와 정반대의 절차가 진행됨.

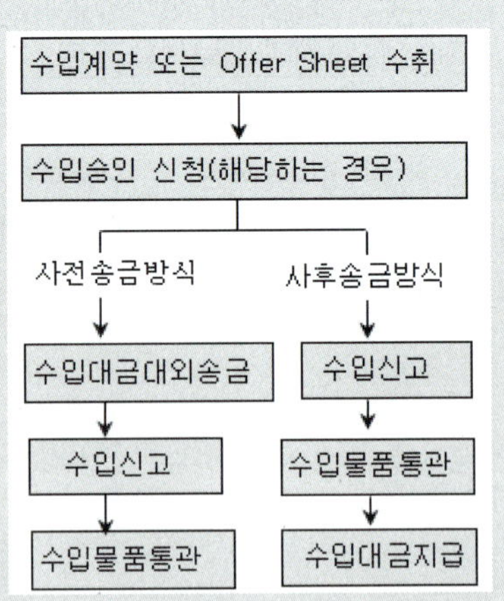

2) 추심결제방식에 의한 수출입

주로 상호 믿을 수 있는 본지사간 거래에 많이 사용되는 거래방법으로 신용장이 없이 외상으로 진행하는 결제방식이다. 수출자가 수입자에게 물품을 송부한 후 물품 대금에 대한 환어음을 발행, 은행을 통하여 추심함으로써 수출대금을 회수한다. 따라서 대금결제에 대해서 수출자는 수입자의 신용에 의존하므로 수출자에게는 대금결제에 대한 보장이 없는 위험한 거래이지만 수입상에게는 자기의 담보력 등이 부족할 때 매우 편리하게 이용할 수 있는 제도이다. 이 거래는 수입상의 신용을 바탕으로 이루어지는데 한국의 경우, 수출보험공사에 수출어음보험을 부보하여 수출환어음을 매입과 관련된 결제상의 위험을 감소시킬 수 있다.

신용장 거래와 추심결제방식의 공통점과 차이점은 〈표 47〉과 같다.

표 47 신용장거래와 추심결제방식의 공통점 및 차이점

구분	수입자와 은행과의 관계	은행의 의무	관련화물	국제규칙	수수료
신용장 거래 방식	신용장개설시점부터 개설은행이 수입자의 신용공여	개설은행은 신용장에 의하여 수출자에 대한 지급채무부담	신용장 개설시범부터 외환거래약정에 따라 화물이 개설은행에 담보로 제공됨	신용장 통일 규칙 (UCP 600)	보증료성격이므로 추심수수료에 비하여 높다.
무신용장 거래 방식	수입자에 대한 신용공여행위가 없음	추심은행은 추심위임자(추심의뢰은행)에 대하여 선량한 관리자로서의 주의의무부담	추심대금의 결제전에 수출자(또는 추심의뢰은행)가 소유권을 가지고 있음	추심에 관한 통일 규칙 (URC 522)	추심 수수료
공통점	두 방식 모두서류가 은행으로 발송. 수출상이 발행한 환어음을 실질적인 결제수단으로 사용함.				

구 분	D/P, D/A	L/C
은행지급보증	없음(당사자 신용)	있음(은행의 신용)
은행의 역할	단순히 추심(collect) 및 송금	관계당사자로 대금의 역환(debit) 및 지급
어음 조건	일람불 화환어음(D/P), 일람 후 정기·확정일 출금 환어음(D/A)	
대급지급 시기	어음과 선적서류 받을 때(D/P), 만기일(D/A)	

무신용장 방식의 거래에는 D/P와 D/A와 같은 추심거래가 있는데 이때 당사자는 의뢰인(principal), 추심의뢰은행(remitting bank), 추심은행(collecting bank) 및 제시은행(presenting bank)이 있다. 그리고 거래 당사자는 아니지만 지급인(drawee)이 있는 바, 이는 추심의뢰서에 따라 제시를 받아야 할 자, 즉 수입상이 있다.

▸기한부 D/P방식 : 서류 도착 즉시 추심은행이 수입자에게 인도하지 아니하고 명시된 기간이 경과한 후에 수입자에게 수입대금을 받고 서류를 인도해주는 D/P거래의 한 형태임(예 : D/P 30days). 이는 서류가 물품보다 일찍 도착한 경우 등에 수입자의 자금부담 등을 덜어주기 위해 만들어진 형태임.

가. 지급인도조건 방식(D/P : Document Against Payment)

지급인도조건 방식은 수출상이 수입상과의 매매계약에 따라 자기 책임하에 물품을 선적하고 구비된 서류에 일람출급환어음(sight bill of exchange)을 발행 첨부하여 자기거래 은행을 통하여 수입상거래 은행인 수입국의 은행 앞으로 그 어음대금을 추심을 의뢰하면 추심의뢰를 받은 수입국측 은행은 수입상에게 어음을 제시하여 그 어음금액의 일람지급을 받고 서류를 인도하는 거래방식을 말한다.

▸의뢰인:거래은행에 추심을 의뢰하는 수출상
추심의뢰은행:의뢰인으로부터 추심을 의뢰받은 수출국의 은행
추심은행:추심의뢰은행 이외의 추심과정에 참여하는 은행
제시은행:지급인에게 제하는 수입국의 추심은행

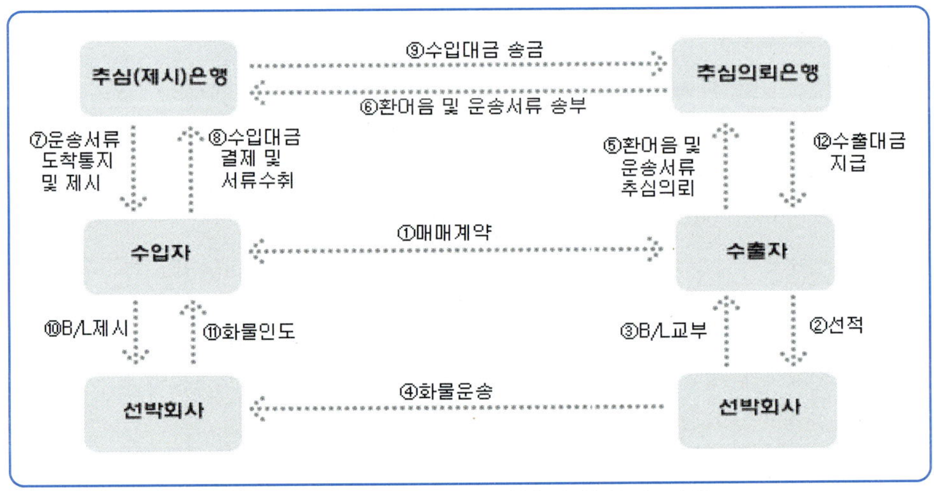

〈그림 46〉 D/P 방식에 의한 수출입의 절차

나. 인수인도조건방식(D/A : Document against Acceptance)

D/P 거래와 대금을 추심하는 것은 같으나 D/P와 다른 점은 수출상이 일람 후 정기 또는 확정일 출금 환어음을 발행하고 수입상 거래은행인 추심은행은 수입상에게 제시하면 수입상은 그 제시된 어음을 인수함으로써 서류를 인도받은 후 어음 만기일에 대금을 지급하는 거래방식이다.

추심은행은 수입상에게 수출자가 발행한 기한부어음을 제시하여 수입자의 수락서명과 함께 선적서류를 건네주고 만기일에 대금을 회수하는 방식으로 어음이 없을 경우 'Written Undertaking'을 통해 선적서류를 받는다.

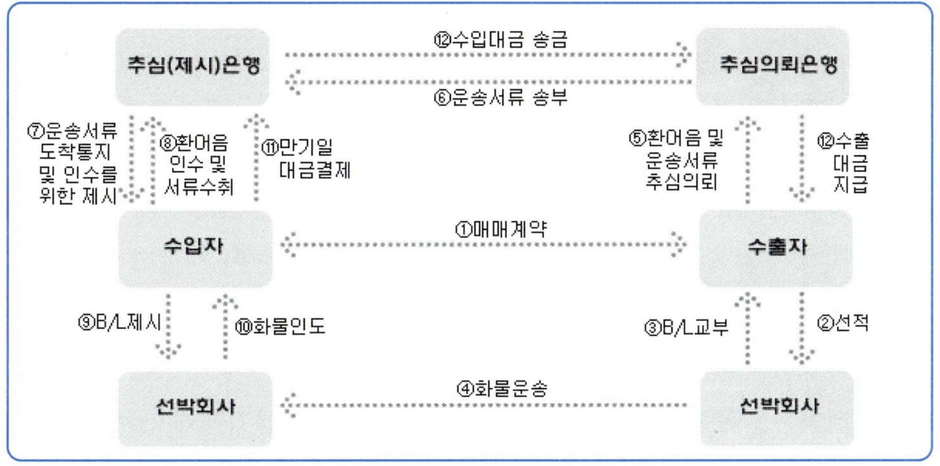

〈그림 47〉 D/A 방식에 의한 수출입의 절차

다. 추심결재에 의한 무역거래절차

i. 1~7단계 : ① Offer&Acceptance, ② 매매계약(본 계약) 체결, ③ 수입승인신청(해당되는 경우), ④ 수입승인, ⑤ 수출승인신청(해당되는 경우), ⑥수출승인, ⑦ 무역금융지원 의뢰

ii. 8~9단계 : ⑧ 무역금융지원, ⑨ 수출신고[필요서류 ; 수출신고서, 수출승인서(해당되는 경우), 상업송장, 기타 법률에 의하여 세관장이 제출을 요구하는 서류]

▸1~7단계에서 필요한 서류 : 무역금융 차입금 신청서, 약속어음, 이사회 기채결의서(금융기관의 개별승인을 받은 경우), 담보제공증서, 신탁양도증서, 수출신용장과 수출승인서(신용장기준 금융 시), 원자재확보 증빙서류(신용장 기준 금융 시), 수출실적 확인서(포괄금융 시)

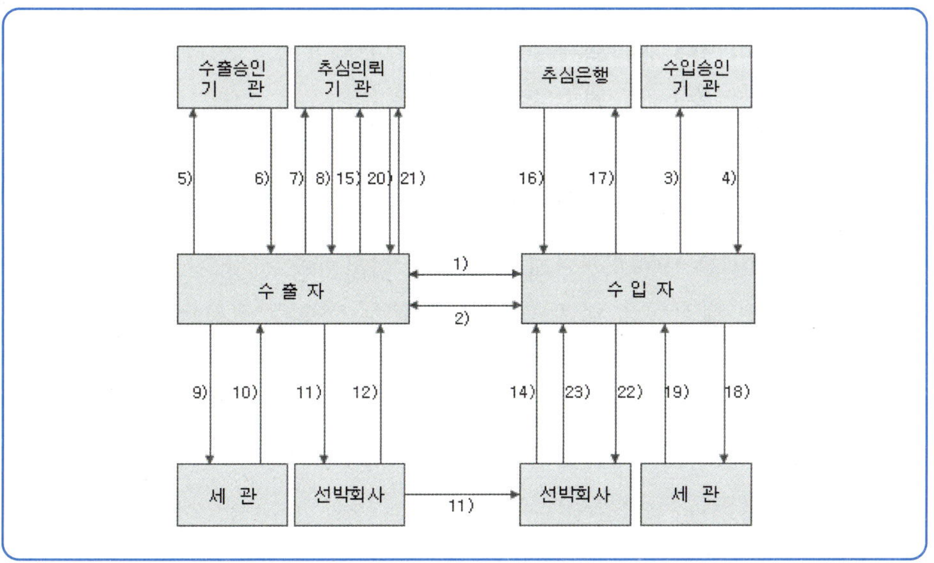

〈그림 48〉 추심결재에 의한 수출 · 입의 절차

iii. 10~15단계 : ⑩ 수출신고 수리, ⑪ 화물운송의뢰, ⑫ B/L 발급, ⑬ 선적 및 운송, ⑭ 화물 내도 통지, ⑮ 추심 또는 인수의뢰[필요한 서류 : 수출환어음 추심의뢰서, 수입승인서(해당되는 경우), 가격신고서(상업송장 포함), 선화증권 사본, 기타 법률에 따라 세관장이 요구]

iv. 16~23단계 : ⑯ 운송서류 제시, ⑰ 대금지급 또는 인수, ⑱ 수입신고, ⑲ 수입신고 수리, ⑳ 대금지급 또는 인수사실 통보, ㉑무역금융 결제, ㉒ 운송서류제시, ㉓ 화물인도

3) 스위치(Switch Trade)거래방식에 의한 수출입

▸스위치무역 시 제3국의 수입자를 알선해주는 자를 switcher라 하고 상품매매계약 시 수입자가 제3국에 상품매매를 허용을 명시.

매매계약은 수출입 양국 당사자 사이에 맺어지고 대금결제에 관해서만 제3국업자를 개입시키는 거래방식을 스위치거래방식이라 한다. 예를 들면 A국 수출자와 B국 수입자간 상품매매계약이 체결되었으나 계약이 이행되는 과정에서 B국의 수입자가 상품을 C국으로 전매하고 C국의 수입자는 통상 자국의 결제통화 또는 계정(計定)을 사용하여 B국의 수입자대신 A국의 수출자에게 상품대금을 결재한다. 그리고 C국의 수입자는 상품을 전매(轉賣)한 B국 수입자에게 일정금액의 전매수수료를 지급한다. 그러므로 C국의 수입자가 스위치무역으로 상품을 수입할 경우에는 A국의 수출자로부터 상품을 직접 수입하는 것보다 전매수수료만큼 상품의 가격이 더 비싼 것이 당연하다. 그러나 수입국이 특정한 거래에서 특정한 외화로 지급하여야 할 때, 제3국에 대월채권(貸越債權)이 있을 때 그 정리에 가장 효과적이며 최근에 들어서는 이러한 거래방법이 공산권과의 동서교역에 많이 사용되고 있다.

4) 청산결제와 팩토링

가. 청산결제open or current account)

매도인, 매수인이 일정기간을 정하고 대등액을 차감하고 그 잔액을 일괄하여 지급하는 방식을 말한다. 거래가 빈번한 회사끼리 선적 시 마다 대금결제를 하는 불편을 해소하기 위해 수출자는 계속 상품을 선적하고 일정기간에 한 번씩 누적된 대금을 결제하는 신용거래이다.

심

Debit note와 Credit note

차변표(debit note: D/N)는 전표의 발행자가 그 상대방에 대하여 전표에 기재된 금액을 청구할 권리가 있음을 표시한 전표이다.(→돈 받을 것, 상대방의 부채).

미정산대금의 청구 또는 누락금액의 청구 등에 이용하는 것으로 거래상대방의 차변계정에 기재한다. 반면 대변표(credit note: C/N)는 전표의 발행자가 그 상대방에 대하여 지급계정이 있는 경우에 그 내용과 금액을 상대방에게 통지하는 전표이다.(→돈 줄 것, 상대방의 자산), 대리점 수수료의 지급 또는 수출물품의 수량부족, 송장금액의 과다발행 시 이용된다.
매분기마다 이들을 합산하여 정리한 것이 계산서(statement of account)이다. 계산서에 의해 지급계정만큼 어음을 발행하든지 다음 신용장개설 시 신용장금액을 증액개설하여 계정을 청산할 수 있다. 다음과 같이 예컨대, 'debit US$100 to your account: $100을 차기하다.' 혹은 'credit US$100 to your account: $100을 대기하다.' 등으로 표시한다.
따라서 상대방으로부터 수표 등으로 송금을 받았다면 상대방 계정의 자산이 올라가므로 대기(Credit)해야 한다. 반면 유상샘플을 보냈다면 상대방 계정의 부채가 증가하므로 debit 해야 한다.

나. 팩토링(Factoring)

팩토링에 의한 수출·입 방법은 앞에서 이미 언급하였으므로 설명을 생략하기로 한다.

3. 대금결제시기에 따른 무역거래

수입자가 수입상품 대금을 언제 결제하느냐에 따라 무역의 형태를 세 가지 방식으로 분류한다. 상품의 인수보다 결제를 먼저 하는 선지급(advance payment)방식, 상품인수와 결제를 동시에 하는 동시지급(concurrent payment)방식, 상품을 먼저 받고 결제는 그 뒤에 하는 후지급(deferred payment)방식이 그것이다. 선지급방식에는 COD, Advanced Remittance, Red Clause L/C 등이 있고, 동시지급방식에는 L/C At Sight, D/P, COD, CAD 등이 있으며, 후지급방식으로는 L/C usance, D/A, Open Account, Escrow L/C 등이 있다.

4. 무역대금의 회수(환어음거래 시)

수출통관 과정을 거쳐 선적이 완료되면 수출업자는 제반 운송서류를 갖추어 수출대금을 회수하여야 한다. 수출자가 신용장 또는 수출계약서에 의해 선적을 완료하고 발행한 환어음 및 선적서류를 은행이 매입하여 수출상에게 대금을 선지급하고, 은행이 수입상에게 결제를 요청하는 것을 말한다. 이때,

▸수출자가 신용장 또는 수출계약서에 의해 선적을 완료하고 발행한 환어음 및 선적서류를 은행이 매입하여 수출상에게 대금을 선지급하고, 은행이 수입상에게 결제를 요청하는 것을 말한다.

계약 물품의 선적 후, 신용장 조건과 일치하게 선적서류를 작성하여 은행에 제시하고 수출대금을 지급받는 것을 수출대금의 회수, 추심전 매입이라 한다.

신용장상 선적서류란 엄밀히 말하면 해상운송 시 선화증권, 복합운송 시 복합운송서류, 항공운송 시 항공화물운송장만 뜻하는 것으로 해석한다. 그러나 일반적으로 신용장이나 계약서의 요구에 따라 수출상품의 선적을 증명하는 모든 서류로서, 외국환 은행의 매입뿐만 아니라 수입상으로부터의 대금회수에 필요한 다음의 모든 서류로 해석한다.

(1) 선적서류작성

선적서류의 작성 시 유의하여야 할 사항은 사전에 신용장 조건과 계약서 조건을 충분히 숙지하고 신용장통일규칙 및 관행과의 일치 여부 확인하여야 하며 문구의 정확한 이해를 통하여 신용장 및 계약서에서 요구한 조건을 선적서류에 반영해야 한다.

1) 환어음(Bill of Exchange, Draft)

채권자인 수출상이 채무자인 수입상에게 물품대금인 채권 전액을 어음의 소지인 또는 수출상이 지명하는 사람에게 무조건 지급할 것을 위탁하는 일정 형식의 유가증권으로서 수출대금을 지급하는 수단이다. 통상 환어음은 선적서류와 별개로 취급한다. 2부를 발행하여 1부가 결제되면 나머지 1부는 무효화된다. 매입은행의 인쇄된 환어음양식의 빈칸에 지급인, 지급지, 어음기한, 수취인, 어음의 매입은행, 발행일 및 발행지, 어음금액 등을 적고 수출상의 서명을 한다.

- 화환어음거래약정의 체결 ; 외국환은행은 화환어음을 수출상으로부터 매입하기 전에 매입의뢰자(수출자)와 화환어음거래약정을 체결하는데, 이는 매입행위가 일종의 여신행위이므로 환어음의 매입에 관해 담보, 책임 등의 한계를 명확히 하기 위해서이다. 이러한 약정체결은 최초거래 시에 이루어지게 되며, 화환어음거래약정의 체결방법은 외국환은행이 작성한 일정한 서식(약정서)에 수출업자가 서명날인함으로써 성립된다.
- 환어음의 작성
  환어음은 통상 두 통을 발행하는데, 첫 번째 것을 “the first bill of exchange” 라고 하고 두 번째 것을 “the second bill of exchange”라고 한다. 환어음은 수출업자가 발행해서 선적서류와 함께 매입은행에 제출하고, 매입은행은 수입업자의 거래은행, 보통 통지은행을 통해 수입업자에게 제시한다.

NO 1234 **BILL OF EXCHANGE** Date: AUGUST 8, 19 X · Seoul, Korea

FOR US$100,000.-

AT ******* SIGHT OF THIS FIRST BILL OF EXCHANGE (SECOND OF THE SAME TENOR AND DATE BEING UNPAID) PAY TO KOREA EXCHANGE BANK, JONG RO BRANCH OR ORDER THE SUM OF

U.S. DOLLARS ONE HUNDRED THOUSAND ONLY.

VALUE RECEIVED AND CHARGE THE SAME TO ACCOUNT OF X&Y CO., LTD., 350 FIFTH AVENUE NEW YORK, N.Y. 10118, U.S.A.

DRAWN UNDER BANK OF AMERICA, NEW YORK

L/C NO 78910 DATED MAY 15, 198X

TO BANK OF AMERICA
P.O. BOX 466, CHURCH STREET STATIONS
NEW YORK, N.Y. 10015, U.S.A.

A&B Co., Ltd.
K. D. Hong
Manager

① NO.(환어음번호): 수출업자가 환어음의 발행 일련번호를 기재한다. 예)1234

② DATE(발행일): 예)1999년 10월 18일 → October 18, 2003

③ Place(발행지): 환어음의 발행지역, 국가를 기재한다. (예: SEOUL, KOREA)

④ FOR(금액) : 환어음의 금액은 송품장 금액(invoice amount)과 일치하여야 하며, 또한 신용장에 명시된 금액을 초과해서는 안 된다. 신용장상에는 환어음의 금액에 대해서 다음과 같이 환어음 발행금액을 제한하고 있다. 'We hereby authorize you to draw on the Chartered National Bank for a sum not exceeding US$100,000 available by your draft at sight on us.' (당 은행은 귀사[exporter]에게 당 은행 앞 귀사의 일람 출급 환어음으로 사용 가능한 미화 10만달러의 금액에 대해 챠터드 내셔널 뱅크 앞으로 환어음을 발행할 권한을 귀사에게 부여한다.) 예) : 8,000,000 Yen

⑤ AT SIGHT(일람 후 일 출급으로) : 환어음의 지급기간에 따라 기재방법에 유의한다. 일람출급 환어음(sight draft)의 경우에는 은행이 수입업자에게 환어음을 제시하면, '환어음 대금을 지급해야하는 조건이므로' 안에 기재할 필요가 없으므로 'XXX'와 같이 표기하면 된다.
기한부 환어음(usance draft)은 은행이 수입업자에게 환어음을 제시하면, 수입업자는 환어음을 인수하고 일정 기간이 경과되어 대금 지급을 한다. 예컨대, 일람 후 30일 출급이라면, 'AT 30 DAYS AFTER SIGHT'와 같이 표기한다. 또한 선화증권 일자 후 60일 출급이라면 'AT 60 DAYS

AFTER B/L DATE'라고 표시하고 'SIGHT'라는 문자는 두 줄로 삭제한다. 여기에서는 다음과 같이 기재한다. 예) : 일람 후 60일 출급으로 → AT 60 DAYS AFTER SIGHT

⑥ PAY TO OR ORDER(에게 또는 그 지시인에게): 환어음 대금을 수취하는 당사자(payee), 곧 매입은행(negotiating bank, nego bank)을 기재한다. 매입은행은 수출업자가 네고서류를 매입/인수/지급을 위해 제시하면 통상 신용장 결제방식에서는 매입은행이 우선 자기 자금으로 환어음 대금을 대신 지급해 주고, 환어음과 선적서류를 발행은행에게 송부해서 대금을 추심하게 된다. 따라서 매입은행은 환어음상 수취인이 되므로 매입은행을 기재하여야 한다. (예) : 한국 서울 서울은행 봉천동 지점 ; SEOUL BANK, CHONHO-DONG BRANCH, SEOUL, KOREA)

⑦ THE SUM OF (문자금액): 환어음 금액을 문자로 표기하는 부분이며, 화폐 단위 앞에 'SAY'를 붙이고 이어서 화폐 단위,숫자를 쓰고 맨 끝에는 'ONLY'를 붙인다. US$150.50의 표기는 'SAY US DOLLARS ONE HUNDRED FIFTY CENTS FIFTY ONLY'라고 표기한다. 화폐의 단위는 US DOLLARS, HK DOLLARS, STERLING POUNDS, FRENCH FRANC, DEUTCHE MARK와 같이 구체적인 화폐 단위를 표기해야 한다. (예: ¥8,000,000 → SAY JAPANESE YEN EIGHT MILLION ONLY)

⑧ CHARGE TO ACCOUNT OF (~ 의 계정으로 청구하시오) : 수입업자인 신용장 발행 의뢰인(applicant for the credit)의 상호와 주소를 기재한다. 수출업자는 환어음 금액을 수취하였으며(value received), 이 금액은 최종적으로 (수입업자)의 계정에 청구하라(charge the same to account of)는 문언이다. (예: SEIRYO TRADING CO., LTD. 20-65 NISHI KODAMA NAGOYA 451, JAPAN)

⑨ DRAWN UNDER(신용장 발행은행) : 신용장 발행은행을 기재한다. (예 : FUJI BANK, NAGOYA, JAPAN)

⑩ L/C NO.(신용장 번호) : 신용장 발행번호를 기재한다.(예:15-5880222)

⑪ DATED(신용장 발행일자) : 신용장 발행일자를 기재한다.
(예:SEPTEMBER 5, 2003)

⑫ TO (지급인과 지급지): 환어음의 대금을 지급하는 당사자, 곧 지급은행을 기재하는데, 1행에는 신용장 발행은행의 이름, 그리고 2~3행에 걸쳐 주소를 기재한다. (예: SEIRYO TRADING CO., LTD. 20-65 NISHI KODAMA

NAGOYA 451, JAPAN)

⑬ 발행인의 기명날인: 수출업자의 상호, 서명, 서명권자, 직책을 기재한다.

2) 선화증권(Bill of Lading)

물품의 선적 또는 수취를 인정하는 유가증권으로 물권적 효력과 채권적 효력을 동시에 지니는 주요 서류이다.

선화증권 대체 운송서류로는 복합운송서류, 항공화물수취증, 우편소포 수령증(parcel post receipt), 선적 수화물영수증 등이 있다. 그러나 이들은 L/C상에 특별히 요구되어 있지 않는 한 수리가 거절되며 개설은행은 개설은행을 운송서류의 수취인으로 지정하여 물적담보를 취함이 통례이다.

신용장통일규칙 제5차 개정(UCP500)에선 운송서류를 운송방식에 따라 해상선화증권, 비유통해상운송장, 용선운송 계약부선화증권(charter party B/L), 복합운송서류, 항공운송서류, 철도/도로/내수로 운송증권, 송달인/우편수령증 등으로 세분화 하였다.

① 해상선하증권 및 비유통 해상운송장의 경우에는 운송인, 선장 또는 대리인이 서명 또는 인증한 운송서류를 수리.

② 신용장이 허용한 경우 용선운송계약부 선화증권(Charter Party B/L)은 선장, 선주 또는 대리인이 서명 또는 인증한 운송서류를 수리

③ 복합운송서류의 경우 운송인, 복합운송인 또는 그들의 대리인 또는 선장이나 그 대리인이 서명 또는 인증한 서류를 수리

④ 항공운송서류 및 도로/철도/내수로 운송서류의 경우 운송인이나 대리인이 서명 또는 인증한 운송서류를 수리

⑤ 기타 송달인 또는 속달인이 타인, 서명 또는 기타의 방법으로 인증한 송달 또는 우편수령증을 수리

운송주선인 발행의 운송서류 수리여부는 운송인 또는 복합운송인 또는 그 대리인으로서의 자격이 명시되지 않은 「운송주선인 발행의 운송서류」는 비록 「FIATA 복합운송서류」일지라도 수리를 거절한다. 즉, 신용장에서 해상선화증권(marine 또는 ocean B/L)을 요구하고 있는 경우 순수한 운송주선인의 B/L, 즉 House B/L은 수리가 불가능하다. 선화증권을 발행한 운송인이 명기되어 있는 상태에서 대리인의 자격이 표시된 경우에 한하여 수리한다.

3) 보험증권(Insurance Policy)

보험증권은 보험계약의 성립을 증명하는 서류로서 피보험자의 청구에 의해 발행하며, 원칙적으로 양도가능한 유통증권이다. 수출에 있어 보험증권이 요구되는 경우에는 가격조건이 CIF, CIP 조건 등일 때이며, 통상 2통이 발행되고 그 중 1통에 의해 보험업무가 이행되면 나머지 1통의 증권은 무효가 된다. L/C에서 취급할 수 있는 보험서류는 보험회사 또는 그 대리인 또는 보험인수업자(underwriter)가 발행 서명한 것이어야 한다.

• 보험증권의 조건 ; 선화증권 또는 송장에 기재된 상품을 대상으로 유효적절한 보험증권일 것, 보험청구권이 은행에 양도되어 있을 것 · 신용장상에 요구하는 금액이 부보되어 있을 것[최저 부보금액 : 송장금액(CIF)의 110%], 부보일자가 B/L상의 선적일자 이전이어야 함, 기타 신용장의 조건과 일치하여야 함.

4) 상업송장(Commercial Invoice)

상업송장은 거래상품의 주요사항을 상세히 명기한 것으로 수출자에게는 대금청구서로서의 역할을 하고, 수입자에게는 매입명세서로서의 역할을 하여 수입신고 시 과세가격의 증명자료가 되는 것이다. (상업송장 작성 시 유의사항 : L/C개설의뢰인 앞으로 발행, L/C상에 명시된 상품의 명세와 동일, 신용장 번호, 수익자, 선명. 목적지, 작성자 서명의 정확성, 선하증권, 보험증권, 기타 선적서류상의 기재내용과 일치여부)

5) 기타 운송서류

원산지증명서(C/O: certificate of origin, GSP FORM A) : 수출물품의 산지국명을 증명하는 서류로서, 원래 국가 간의 호혜협정에 따라 상대국의 생산품에 대하여 수입세를 감면하는 등의 혜택을 주기 위해 사용되었으나 요즘에는 QUOTA 관리, 수입한도관리 등의 자료로 활용된다.

- 검사증명서(Certificate of Inspection)
- 포장명세서(P/L:Packing List)
- 중량/용적증명서(Weight/Measurement Certificate)
- 영사송장(Consular Invoice) : 수입관세 포탈을 위한 고의적인 부정송장을 방지하기 위해 수출국 주재 영사가 사증한 특수송장이다.
- 통관송장(Customs Invoice) : 영사송장과 같은 목적으로 사용되며 세관의 수입신고 시 국가에 따라 필요한 송장이다.

* GSP (Generalized System of Preference) - 일반특혜 관세제도

* QUOTA(수입할당제) - 국가별로 일정 수입품에 대해 기간을 정하여 놓고 수입수량이나 총액을 할당하여 수입통제하는 제도

(2) 운송서류의 매입의뢰

매입(NEGO : negotiation)이란 매입을 수권받은 은행이 환어음 또는 서류를 받고 그에 해당하는 대가를 지급하는 것을 의미한다.

환어음 및 운송서류 작성이 완료되면 수출자는 선적서류 매입(추심)의뢰서(은행서식), 신용장 원본, 운송서류, 수출계약서, 수출신고필증, 신용장 또는 수출계약서에서 요구하는 서류 등을 갖추어 은행에 어음의 매입을 청구하면 은행은 신용장조건과의 일치여부 등의 서류심사 후 매입을 결정하고, 제반 수수료 및 취급한 무역금융대출금 등을 공제한 후 수출대금을 지급하게 된다.

1) 일람불 수출환어음의 매입

일람불(at sight)신용장방식의 수출환어음이나 D/P방식 수출환어음의 매입 시 적용되는 환율은 일람출급환어음매입률인데 그 공식은 다음과 같다.

> 일람출급환어음매입률=전산환매입률-우편일수/360×년환가료율×장부가격
> *우편일수는 일반지역은 10일, 동남아지역(일본, 말레이지아, 싱가폴, 홍콩)은 9일이며, Renego시는 12일임.
> *년 환가료율은 LIBOR + 1%
> *장부가격은 기준환율(시장평균환율)에서 소수점을 절사한 환율

2) 기한부 수출환어음의 매입

기한부 수출환어음의 매입 시 적용되는 환율은 기한부 수출환어음매입율인데, 그 산출공식은 다음과 같다.

- 90days after sight : 일람출급환어음매입률 - 90/360 × 년환가료율 × 장부가격
- 90days after B/L date : 전신환매입률 - 90/360 × 년환가료율 × 장부가격

(3) 운송서류의 매입

1) 매입은행의 신용장과 선적서류의 대조

매입은행은 수출상이 제시한 선적서류를 대조하고 신용장과 불일치가 없으면 매입한다. 매입은행은 먼저 매입지정 또는 제한된 신용장인지 여부, 신

용장통일규칙 준수 문언이 있는지 여부, 요구하는 서류가 제시되었는지 여부, 서류 상호간에 불일치는 없는 지 여부를 확인한다.

서류 상호간의 불일치는 신용장 조건을 충족하지 못한 하자로 간주되어 매입은행은 선적서류의 매입을 거절하게 된다. 따라서 수출상은 선적서류의 매입을 의뢰할 때 선적서류가 신용장 조건과 정확히 일치하고 있는지, 또는 선적서류 상호간 어긋난 사항이 없는지를 신중히 점검해야 한다.

그러나 실무적으로는 선적서류가 신용장 또는 D/P, D/A 수출계약서의 조건과 일치하지 않는 경우, 수출자가 은행에 제공한 담보 또는 보증인의 보증한도가 부족한 경우, 수출자가 환가료 비용을 절약하고자 하는 경우에 매입은행은 수출환어음을 추심을 한다. 수출환어음의 추심이란 수출자가 신용장 또는 D/P, D/A 수출계약서에 의하여 선적을 완료한 후 발행한 환어음과 선적서류를 은행이 추심(collection) 하여 지급은행으로부터 어음이 결제된 후 수출대금을 지급하는 거래형태다. 이때 필요한 서류로는 선적서류 매입(추심) 의뢰서(외환은행 서식), 신용장 또는 D/P, D/A 수출계약서, 신용장 또는 D/P, D/A 수출계약서에서 요구하는 서류, 수출신고필증 등이 있다. 추심대금이 최종 결제되어 입금통지서를 받는 날에 지정된 외화계좌 또는 원화계좌로 입금한다.

2) 재매입(RENEGO)

신용장에 매입 또는 지급은행이 특정은행으로 지정된 경우 지정은행 이외의 은행이 수출환어음(또는 선적서류)을 매입했다면 지정은행 앞으로 재매입(Renegotiation)을 의뢰하여야 한다. 평소 밀접한 업무관계로 편하고 매입실적도 쌓을 수 있어 자신의 주거래은행에서 매입하는 것을 수출상들이 선호하는 경우 많이 발생한다.

3) 흠(하자)있는 선적서류의 매입

실제 선적한 것이 계약조건을 충족하고 있어도 선적서류가 신용장 조건에 맞지 않으면 수출상은 신용장의 보호를 받지 못한다. 일부 서류 누락 등의 중요한 하자나 명세 착오, 서류상의 오타 등 선적서류상 크고 작은 모든 하자는 실제 같은 크기의 하자로 취급된다.

매입은행은 화환어음 및 선적서류상에 신용장 조건과 맞지 않는 내용이 있을 경우 신용장의 안전한 결제를 위해 다음과 같은 조치를 취한다.

수출상에게 서류를 고쳐 하자 없는 선적서류로 다시 매입 의뢰할 것을 요청한다. 그리고 신용장 조건을 수정한 후 하자사항을 없애고 다시 매입한다. 이때, 단순히 수입상이 수락하는 팩스나 다른 전문은 효력이 없다. 신용장 개설은행으로부터 하자 내용 관련 매입을 승낙한다는 회답을 받은 후 매입하는 방법으로, 전신조회매입(cable nego)이라 한다. 선진국에서 흔히 사용하는 방법이다.

수출상으로부터 하자 사항의 확인 및 이로 인한 비용이나 손해는 수출거래약정서에 따라 부담하겠다는 확약서를 받고 매입하는 보증서부 매입(nego against indemnity) 방법이다. 이 경우에는 상기 환율산출공식의 해당 환가료율에 1.5%를 가산한 요율을 적용하고 있다. 그러나 이 보증서는 수출상과 매입은행의 법률관계를 명시한 것뿐이지 신용장 발행은행에는 그 효력이 미치지 않는다.

환어음(선적서류)을 추심한 후 대금이 입금될 경우 지급하는 추심방식방법이 있다. 수출상의 자금회수가 늦어지거나 불안해지는 위험부담이 있다.

참고

L/G Nego 시 수출자는 개설은행이 개설의뢰인(수입자)에게 하자서류에 대한 협상권(개설의뢰인의 클레임 포기 즉, Waiver 협상)을 행사한다는 전제하에 수입자로부터 선적서류 하자에도 불구하고 대금을 결제한다는 L/G(Letter of Guarantee)를 받고 매입을 의뢰하는 것임. 이때 수출자가 매입은행에 제시하는 각서(확인서)는 보상장(Letter of Indeminity)임.

4) 부도 또는 지급거절

수출환어음이 선적서류의 하자로 인하여 부도 또는 지급거절되었다는 통지를 외국환은행으로부터 받고 일정기간이 지나도록 대금이 결제되지 않을 경우 수출자는 수출환어음 매입대금 및 그 동안의 이자를 계산하여 환어음 매입 외국환은행에 상환하여야 한다.

(4) 최종 입금 확인

매입은행은 매입은행에 개설된 수출자의 계좌로 입금을 한다. 즉, 최종적으로 개설은행에서 매입대전이 입금되어야지 해당 수출건의 결제가 완결된다. 매입 후 7일~10일 정도 지나 수입상이 선적서류를 은행에서 수취하고 결제를 끝냈는지 확인한다.

그러나 매입은행이 상대은행으로부터 부도통보 받은 경우, 매입일(usance인 경우 만기일)로부터 1개월 이내에 입금사실이 확인되지 않은 경우, 기한부 수출환어음에 대하여 매입일로부터 1개월 이내에 인수통지를 받지 않은 경우, 기타 입금되지 않을 것이 확실하다고 외환은행이 판단하는 경우는 만기일 전이라도 부도처리를 하고 수출자에게 대금을 회수한다.

7-4 수출·입 이행 후 관리

1. 수출 이행 후 관리

수출을 이행하고 대금을 회수하였다면 실질적인 수출절차는 완료된다. 그러나 수출물품이 수출제한물품이었거나 특정거래형태의 수출입인정을 받은 경우 그리고 대금회수가 완료되지 않은 경우 등에는 이에 따른 사후관리를 하여야 한다. 또한 농림수산물과 수출용원자재로 수입제한물품을 수입한 경우에도 이의 사용 및 수출이행에 대한 사후관리를 하여야 한다.

(1) 수출제한물품이나 특정거래형태의 사후관리

1) 수출승인대상물품

수출승인을 받아 수출제한물품을 수출한 경우에는 수출이행 후에 수출신고필증 또는 관세법에 의한 컨테이너반입확인서 등 수출이행사실을 확인할 수 있는 서류를 제출하여야 한다.

2) 특정거래형태의 수출

특정거래형태의 인정을 받아 수출하거나 위탁판매수출, 수탁판매수입, 위탁가공무역, 수탁가공무역, 임대수출 및 임대수입을 한 경우에는 수출입통관일로부터 60일 이내에 특정거래수출입보고서에 수출신고필증 등 수출입이행사실을 확인할 수 있는 서류를 첨부하여 지식경제부장관에서 제출하여야 한다.

(2) 수출대금의 사후관리

물품을 수출하고 해당하는 대금을 회수한 경우에는 별도의 사후관리가 필요하지 않으나 대금이 회수되지 않은 경우에는 외국환관리법에 따른 사후관리를 하여야 한다. 즉, 외환관리법상 3만 불을 초과하는 수출대금은 회수가 가능한 날로부터 6월 이내에 회수하도록 의무화되어 있다, 따라서 수입자의 파산이나 추심기간의 연장 등 회수가 연기되거나 불가능한 경우에는 이에 따른 사후관리를 하여야 한다.

1) 회수의무 면제나 회수기간연장 사유

다음 각호의 1에 해당하여 채권의 회수가 불가능하거나 추심기간의 연장이 불가피하다고 외국환은행의 장이 인정하는 경우에는 회수의무의 면제기간연장이 가능하다.

① 거래상대방의 파산, 행방불명 또는 기타 이에 준하는 불가항력의 대금회수가 불가능함을 현지의 거래은행, 상공회의소 또는 공공기관이 확인하는 경우
② 거래당사자간에 분쟁이 발생되어 중재기관, 법원 또는 보험기관 등이 결정한 수출금액 중 일부를 감액하기로 결정하거나 그 소요경비로 하기로 확정한 경우
③ 거래상대방의 인수거절, 지급거절로 수출대금의 회수가 불가능하거나 불가피하게 거래당사자간의 합의에 의하여 수출대금중 일부를 감액하기로 한 경우로서 현지의 거래은행, 검사기관, 공증기관 또는 공공기관이 확인하는 경우
④ 수입자 또는 해외은행이 추심기간의 연장을 요청하는 경우

2) 면제나 추심기간 연장절차

회수면제나 추심기간연장사유에 해당하는 경우에는 외국환은행장의 인정 외에 별도의 조치가 필요하지 않으나 그렇지 않은 경우에는 한국은행총재의 허가를 받아야 한다. (제출서류 : 채권회수 의무면제(추심기간연장)허가 신청서, 채권의 발생 등의 관한 계약서, 허가서 등 관련서류, 채권의 회수가 불가능하거나 추심기간의 연장이 불가피한 사유를 입증하는 서류)

(3) 외화획득용 원료의 사후관리

수출용 원자재를 수입할 경우에는 상역, 관세, 외환, 금융정책상 여러 혜택을 부여하고 있는데 이러한 차별적인 혜택은 대응수출을 이행할 것을 전제로

한 것이므로 외화획득용 원료 등을 수입한 자가 이러한 조건들을 이행하였는지의 여부를 사후관리한다.

1) 사후관리의 대상물품

수출입공고상 제한품목 및 국가별 수출입균형을 유지하기 위해 수입이 제한되는 품목(수입선다변화 품목)과 산업피해조사 결과에 의한 조치에 따라 수입이 제한되는 품목, 그리고 위의 물품을 사용하여 국내에서 제조가공한 물품 들이 해당된다.

그러나 수출입공고 등에서 수입이 제한되는 품목 중 수입신고 이전에 수입승인을 받아 수입한 물품(단, 농림수산물 및 대외무역 관리규정 별표 4-1에 의한 외화획득용 수입승인 대상품목은 제외)과 사후관리 대상원료의 수입물품을 제조, 가공하여 내국신용장 또는 구매승인서에 의하여 공급한 경우로서 공급한 물품이 수출입공고 등에서 수입이 제한되지 아니하는 품목은 면제된다.

2) 외화획득이행의무자

외화획득용원료를 수입하여 대응수출의 의무를 지는 자를 외화획득이행의무자라 하며 이러한 외화획득이행의무자는 사후관리대상물품을 수입하거나 수입을 위탁한 자 또는 국내에서 양수한 자가 된다.

(4) 사후관리절차

1) 사후관리은행의 지정

외화획득용원료의 사후관리기관은 농림수산물의 경우 당해품목을 관장하는 중앙행정기관의 장 또는 중앙행정기관의 장이 지정하는 기관의 장이 되며, 농림수산물을 제외한 물품의 경우에는 외화획득 이행의무자가 지정한 외화획득용 원료 수입승인기관의 장이 된다. 또한 자율관리기업의 경우에는 자율관리기업의 장이 사후관리 기관이 된다.

2) 수입단계

가. 수입승인

외화득용원료 수입승인기관의 장은 외화획득용 원료를 수입승인할 때 외화획득용 원료 수입승인 신청서에 다음의 기재사항이 적정한지 여부를 확인을 하게 된다. 확인사항은 외화획득 이행의무자의 사후관리기관(수입대행의 경우 실수요자의 사후관리 기관)과 대외무역 관리규정 별표 4-1의 외화획득용 원료 수입승인 물품 혹은 농림수산물 등이다.

나. 수입통관

외화획득용 원료를 수입통관하고자 하는 자는 수입신고서에 사후관리 대상품목에 대해서는 외화회득용 원료 수입통관내역서 3부를 세관장에게 제출하여야 한다. 한편 동 신고를 받은 세관장은 수입통관내역서의 내용을 확인하고, 1부는 수입자 또는 수입을 위탁한 자에게 다른 1부는 수입신고수리로부터 7일 이내에 사후관리기관의 장에게 통보하여야 한다. 다만 자율관리기업이 수입하는 경우, 수입자에게 통보한다.

다. 수입통관내역의 신고

외화획득용 원료를 수입 또는 구매한 자는 분기별로 외화획득용원료 수입(구매)내역 신고서(별지 제4-6호 서식)를 작성하여 그 분기종료 후 다음달 20일까지 사후관리기관의 장에게 신고하여야한다.

라. 사후관리카드 정리

수입통관내역서 및 공급이행신고서를 통보받은 사후관리기관의 장은 이를 외화획득 이행의무자별로 수입신고 수리일순으로 수입자가 신고한 내역과 대조, 확인하여 품목단위별(HS 10단위)로 분기마다 수입 또는 구매한 총량과 금액 등을 외화획득용 원료 사후 관리이행정리카드(제4-7호 서식)에 기재하여야 한다.

3) 수출이행 정리단계

가. 외회획득 이행신고

외회획득 이행의무자는 외화획득을 이행하고 외화획득 이행신고서(제4-8호 서식)에 다음의 서류를 첨부하여 수출선적일 또는 외화입금일로부터 3월 이내에 사후관리 기관장에게 신고하여야 한다. 외화획득 이행신고자와 수출신고필증의 명의가 상이한 경우에는 내국신용장, 구매승인서, 수출대행계약서 또는 물품구매 계약서 등 양자의 거래관계를 입증하는 서류를 제출하여야 한다. 외화획득 이행신고서류로는 수출신고필증(또는 외화입금증명서)원본, 소요량 증명서 또는 소요량계산서, 조견표 및 집계표 등이 있다.

나. 외화획득 이행정리

사후관리기관의 장은 외화획득 이행신고를 접수하면 외화획득 이행신고서

에 표시된 원료량을 외화획득용 원료 사후관리 이행정리카드에서 차감하여 정리하고, 당해 수출신고필증(또는 외화입금증명서)의 뒷면에 사후관리 사실을 확인 표시하여야 한다.

4) 국산원자재의 사후관리

가. 공급이행신고

수입원료로 제조가공한 국산원자재를 외화획득용으로 공급한 자는 외화획득용 원료 공급이행 신고서(별지4-9호 서식) 3부에 인수자의 날인 또는 물품수령증을 받아 다음의 서류를 첨부하여 공급대금 결제일로부터 3월 이내에 사후 관리기관의 장에게 신고하여야 한다. 공급이행신고 첨부 서류로는 내국신용장 또는 구매승인서, 소요량 증명서 또는 소요량계산서, 조견표 및 집계표 등이 있다.

나. 공급자 사후관리 기관의 조치

공급이행신고를 받은 사후관리기관은 원자재량을 공급일자별로 외화획득용원료 이행정리 카드에서 차감, 정리하며 내국신용장 등의 뒷면에 사후관리 사실을 표시하여야 한다. 또 사후관리기관의 장은 인수자 사후관리기관용 공급이행신고서 확인, 날인한 후 이를 인수자의 사후관리은행에 즉시 통보하여야 하며, 인수자용 공급이행신고서에 확인, 날인하여 교부하여한다.

5) 대응 외화획득 이행 기간

가. 이행기간

외화획득 이행의무자는 수입신고수리일(또는 물품구매일)로부터 다음 기간이 경과한 날까지 외화획득의 이행을 하여야 한다.

*외화획득행위인 경우 2년
*국내공급(양도 포함)인 경우 1년
*외화획득 물품의 선적기일이 2년 이상인 경우 그 기일까지의 기간
*수출이 완료된 기계류(HS 84-90)의 하자 및 유지보수용 원료는 10년

나. 대응 외회획득 이행기반의 연장

정하여진 기간 내에 외화획득이행이 불가능한 경우에는 관할 시 · 도지사의 승인을 받아 그 기간을 연장할 수 있다. 대응 이행기간을 연장하고자 하는 자는 그 기간종료 전에 연장승인 신청서에 연장사유를 인정할 수 있는 서류

와 사유서를 첨부하여 관할 시・도지사에게 신청하여야 한다. 관할 시・도지사는 연장사유가 다음에 해당하는 경우에는 1년의 범위 내에서 승인을 할 수 있으며, 연장승인을 한 경우 동 사실을 외화획득용 원료사후 관리기관에 통보하여야 한다.

*생산에 장기간에 소요되는 경우
*제품생산을 위탁한 경우 그 공장의 도산으로 인하여 제품생산이 지연되는 경우
*외화획득이행의무자의 책임 있는 사유가 없음에도 신용장 또는 수출계약이 취소된 경우
*외화획득이 완료된 물품의 하자보수용 원료로서 장기간 보관이 불가피한 경우
*기타 부득이한 사유로 외화획득 이행기간 내에 이행이 불가능하다고 인정되는 경우

(5) 사용목적 변경승인

외화획득용 원료 등을 수입한 자는 반드시 대응수출을 이행하여야 하나 불의의 사유가 발생하여 동 원료가 수출물품의 제조에 공할 수 없을 때에는 시・도지사 또는 농림수산물 사후관리 기관의 장으로부터 승인을 받아 대응수출의무 및 사후관리를 면제하여 주는 제도가 사용목적이 변경승인제도이다.

• 사용목적 변경승인 사유
  *우리나라 또는 교역상대국의 전쟁, 사변, 천재, 지변 또는 제도변경으로 인하여 외화획득의 이행이 불가능한 경우
  *외화획득용 원료・기재로 생산된 물품으로서 그 생산이 고도의 기술을 요하여 외화획득의 이행에 앞서 시제품생산이 필요한 경우
  *외화획득이행의무자에게 책임이 없는 사유로 외화획득 이행을 할 수 없게 된 경우
  *지식경제부장관이 불가항력으로 외화획득의 이행이 불가능하게 된 경우를 인정한 경우, 예를 들면 화재나 천재지변으로 인하여 외화획득 이행이 불가능하게 된 경우, 기술혁신이나 유행의 경과로 새로운 제품이 개발되어 수입된 원료로는 외화획득이행물품의 생산에 사용할 수 없는 경우, 수입된 원료가 형질이 변화되어 외화획득이행물품의 생산에 사용할 수 없게 된 경우, 기타 수입 또는 구매자의 책임이 아닌 경우로서 관할 시・도지사가 인정하는 경우

▸필요서류
외화획득용 원료 양도승인 신청서(제4-11호 서식) 3부, 양수도 계약서, 수입신고필증 또는 기초원재료 납세증명서

• 사용목적 변경승인 신청서류 ;
*외화획득용 원료 사용목적 변경승인 신청서(제4-10호 서식)4부
*사용목적 변경신청 사유서
*변경신청하고자 하는 물량을 확인할 수 있는 서류
* 변경신청하고자 하는 사유를 인정할 수 있는 서류
*기타 사용목적 변경 승인기관의 장이 필요하다고 인정하는 서류

(6) 상사 간 양도승인

외화획득용 원료를 수입한 자가 대응수출이 곤란하여 타 상사로 하여금 당해 원료에 대한 대응수출을 할 수 있도록 동 원료를 양도할 수 있는 제도가 바로 외화획득용 원료의 상사 간 양도승인절차이다.

원자재를 양도한 경우 사후관리가 면제되어 양수한 자가 사후관리를 승계받아 대응수출을 이행하고 사후관리를 받아야 한다. 상사 간 양도승인신청은 외화획득용 원료의 상사 간 양도승인 신청은 다음의 서류를 첨부하여 사후관리 기관의 장에게 신청한다. 필요한 서류는 다음과 같다.

(7) 사후관리에 따른 제재

1) 제재 대상

외화획득용 원료를 수입한 자 및 수입원료가 사용된 국산원자재를 구매한 자는 대응수출을 완료하여야 한다. 그러나 부득이한 사유로 인하여 원료를 타 상사에 양도하거나 원료를 본래의 사용목적 이외의 용도에 사용코자 할 경우에는 앞에서 설명한 바와 같이 정당한 절차를 걸쳐 사후관리를 면제 받아야 하며 이와 같은 절차를 거치지 않은 다음에 해당하는 자는 대외무역법상 사후관리 제재대상이 된다.

① 외화획득관련 제 의무 미이행자
② 사위, 기타 부정한 방법으로 원료의 사용목적변경 또는 상사 간 양도양수한 자
③ 승인없이 외화획득용 원료를 사용목적 이외의 용도에 사용하거나 상사 간 양도양수한 자
④ 자율관리기업이 사후관리대상기업체에 국산원자재를 공급하고 사후관리대상기업의 사후관리은행으로 원자재공급내역을 통보하지 아니한 자

2) 사후관리의 면제

기술표준원장은 다음의 ①, ②, ④에 해당하는 경우에는 사후관리를 자동 면제하며 ③의 경우에는 제재심사위원회의 심의를 거쳐 사후관리를 면제할 수 있다.

① 원료의 품목별 대응외화획득 이행의무량 중에서 미이행률이 10% 이하인 경우
② 외화획득이행 의무자별로 분기별 총 수입금액 중 그 미이행률이 10% 이하로서 그 미이행 금액이 미화 2만달러 상당액 이하인 경우
③ 기타 외화획득 미이행이 외화획득 의무자에게 책임을 돌릴 사유가 아닌 경우로서 지식경제부장관이 정하는 경우
④ 당해 품목이 수입승인대상에서 제외되는 경우 등 지식경제부장관이 사후관리를 할 필요성이 소멸된 것으로 인정하는 경우

(8) 자율관리기업

수출입물량의 증가와 수출입물량의 복잡성, 제품의 다양화, 고급화에 따라 방대한 물량에 대한 사후관리에는 업체의 많은 인력과 시간, 경비가 소요될 수 있다. 이에 따라 성실한 기업에 대하여는 사후관리기관에 의한 사후관리를 면제하여 업계 스스로 자체관리규정을 정하여 수입물품에 대한 사후관리를 하도록 함으로써 기업의 자율성을 제고해 나가고, 수출부대경비의 절감에 기여하고자 만들어진 제도가 바로 사후관리자율관리 기업제도이다.

1) 자율관리기업 선정

자율관리기업 선정요건에 해당하는 업체가 다음 서류를 갖추어 기술표준원장에게 신청하면 기술표준원은 수시로 자율관리기업을 선정하고 지식경제부, 세관장에게 통보하도록 하고 있다.

- 자율관리기업 선정요건 ; 전년도 수출실적이 미화 50만불 상당액 이상인 업체, 또는 수출유공포상(대통령표창 이상)을 받은 업체 또는 중견 수출기업, 무역업 신고를 한 후 2년 이상 경과한 업체, 과거 2년간 미화 5천불 이상 외화획득미이행으로 보고된 사실이 없는 업체
- 자율관리기업 선정 신청서류 ; 수출실적증명서, 무역신고필증 사본, 외화획득 원료의 승인기관의 장의 외화획득의무 성실이행 확인서, 자율관리규정, 원료 등을 용도 외에 사용하지 아니할 것임을 약속하는 각서

2) 대응수출이행 내역의 보고

자율관리기업은 기업책임 하에 자율관리규정에 의하여 스스로 관리하도록 한 것이나 지도 감독을 해야 할 필요가 있으므로 대응수출 이행내역을 대응 외화획득 이행내역서에 의하여 매 반기별로 정리하여 다음 달 말일까지 기술표준원장에게 보고토록 하고 있다.

3) 자율관리기업의 행정제재

자율관리기업으로 선정된 기업이 성실 자율관리를 하지 않을 경우에는 자율관리 기업을 취소할 수 있도록 하고 있다.

- 자율관리기업 취소요건 ; 원료 등을 타 상사에 공급하고 공급이행내역을 통보하지 아니하거나 승인없이 원료를 사용 목적 이외의 용도에 사용 또는 양도나 양수한 자, 파산 등으로 사후관리가 불가능한 때, 법 또는 법에 의한 명령이나 처분을 위반한 때 취소가 된다. 자율관리기업이 취소되었을 경우 취소일로부터 3년 이내에는 자율관리기업으로 재선정될 수 없다.

▸① 외화획득용 원료 공급 이행신고서 ② 물품수령 증명서(공급이행신고서에 인수자의 날인으로서 대체가능) ③ 내국신용장 또는 구매승인서 ⓒ 소요량증명서 또는 소요량계산서 ⑤ 조견표 및 집계표

참고

외화획득용 원료의 사후관리 절차

외화획득용 원료 사후관리기관은 외화획득용 원료의 수입승인기관이다. 수입통관내역서로는 수입신고서에 외화획득용 원료 수입통관내역서 3부(자율관리기업은 2부)를 세관장에게 제출하여야 하고 세관장은 수입통관내역서를 확인하여 수입자에게 위탁하고 1부는 신고수리일 로부터 7일 이내에 외화획득용 원료 사후관리기관으로 송부하게 된다.

외화획득용 원료 수입(구매) 내역신고로는 수입자는 분기별 수입 또는 구매한 원료 등을 분류하여 외화획득용 원료 수입(구매) 내역신고서를 작성하여 분기 종료 후 다음달 20일까지 외화획득용 원료 사후관리기관에 신고하여야 한다. 공급이행신고 공급대금 결제일로부터 3월 이내에 외화획득용 원료 사후관리기관에 신고하여야 하는데 이때, 필요한 구비서류로는 옆과 같다.

외화획득 이행보고는 수출선적일 또는 외화입금일로부터 3월 이내에 외화획득용 원료를 사후관리기관에 신고하여야 한다. 이때 구비서류로는 다음 아래와 같다.

① 외화획득 이행신고서 ② 수출신고필증(또는 외화입금증명서 원본) ③ 소요량증명서 또는 소요량계산서 ④ 조견표 및 집계표

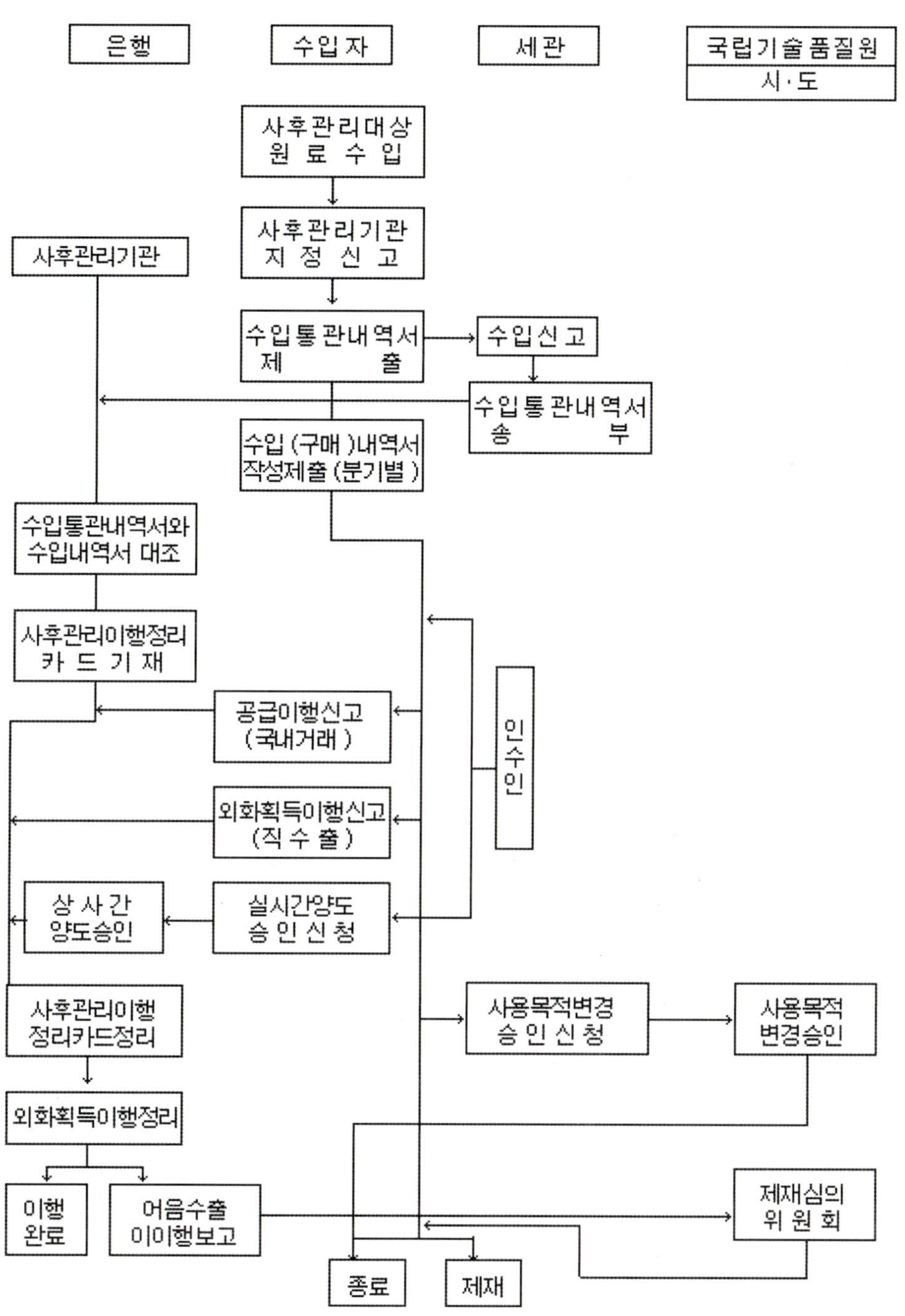

은행
수입자
세관
국립기술품질원
시·도
사후관리대상 원료수입
사후관리기관 지정신고
사후관리기관
수입통관내역서 제출
수입신고
수입통관내역서 송부
수입(구매)내역서 작성제출(분기별)
수입통관내역서와 수입내역서 대조
사후관리이행정리 카드기재
공급이행신고 (국내거래)
외화획득이행신고 (직수출)
인수인
상사간 양도승인
실시간양도 승인신청
사후관리이행 정리카드정리
사용목적변경 승인신청
사용목적 변경승인
외화획득이행정리
이행 완료
어음수출 이이행보고
제재심의 위원회
종료
제재

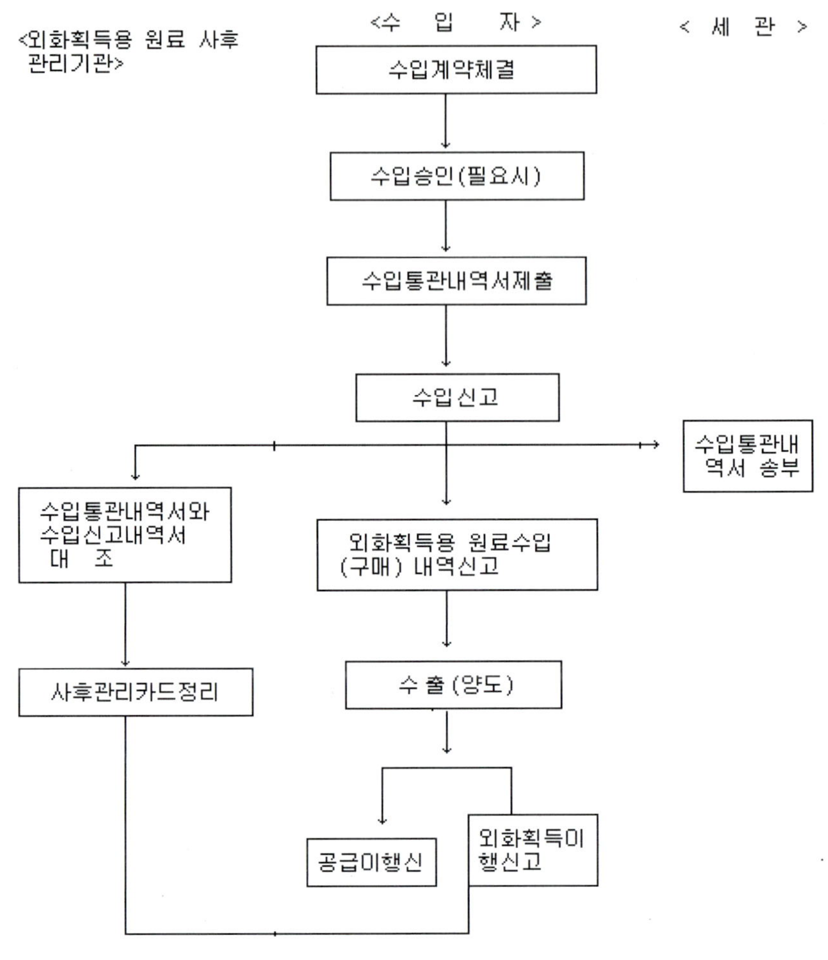

보충 자료 및 참고 문헌

1) 1998년 대법원 판결(1998.5.15. 선고 96다 27773판결)

ITC-Hulls-83(협회선박기간보험약관)을 첨부하여 소위 4대 위험(침몰 좌초 충돌 화재)이외 원인에 의한 분손부담보 조건으로 보험계약을 체결한 200톤급 화물선이 400톤의 화물을 적재하고 부산을 출항, 제주항으로 항해하던 중, 정체불명의 어선과 충돌, 선체의 일부가 손상되고 그 손상부위로 침수되어 제주 인근 해상에서 침몰했다고 주장한 사건이다. 이 사건에서 대법원은 "보험의 목적(선박)에 생긴 손해가 해상 고유의 위험으로 발생한 것이라는 점에 관한 입증책임은 피보험자(선주)가 부담하는 바, 선주가 들고 있는 해상 고유의 위험, 즉 이 선박이 침몰 당일 정체불명의 어선과 충돌하여 선체의 일부가 손상되고 그 손상 부위를 통하여 해수가 유입, 침몰하게 되었다는 주장에 대하여는 이를 인정할 증거가 없어 충돌로 인하여 침몰한 것으로 볼 수 없고 그 밖에 이 선박의 침몰이 해상 고유의 위험으로 인하여 야기된 것이라는 점에 관한 선주의 주장에는 입증이 없음으로 선주의 보험금 청구는 이유 없다"고 판결하였다.

그런데 위 판결 요지 중, "보험의 목적(선박)에 생긴 손해가 해상 고유의 위험으로 인하여 발생한 것이라는 점에 관한 입증책임은 피보험자(선주)가 부담 한다"는데 까지는 ITC-Hulls-83의 위험 열거책임주의 원칙에 의거 옳았으나 위 밑줄 친 주어 부분(보험의 목적에 생긴 손해)이 아래로 내려오면서 "....그 밖에 이 선박의 침몰이 ....."로 둔갑하여 선박(보험의 목적)에 생긴 손해가 선박의 침몰이 됨으로서, 즉 '손해'와 '침몰'을 동일시함으로써 사안이 정반대 방향으로 가고 말았다. 침몰은 손해를 야기한 위험일 뿐 손해 자체는 아님으로 엄격히 구별해야 하는 것이다. 위 선박 침몰사고는 그 원인이야 어찌 되었든 인양이 불가능 하도록 바다 속 깊이 선박이 가라앉은 사고임으로 해상 보험법상 "손해의 실체"는 선박의 '멸실'(lost)이고 이 손해(멸실)는 '침몰'(sinking)이라는 해상 고유의 위험으로 인하여 야기된 것이 '사안의 본질'이었던 것이다. 따라서 선주는 선장의 해난보고에 의한 침몰사실 증명으로 선박에 생긴 손해(멸실)가 해상 고유의 위험(침몰)으로 인하여 야기되었음을 입증하고도 남았던 것이다. 그런데도 선주는 침몰이 해상 고유의 위험이라는 것을 몰랐거나 침몰상태(침몰의 결과적 현상)를 손해의 실체로 착각함으로서 자기가 규명할 일도 아닌 "침몰의 원인"을 찾아 헤매다가 "정체불명의 어선과 충돌하여 선체의 일부가 손상 되고....." 운운하며 확인되지 않는 섣부른 주장을 한 결과 판사의 불신만 초래한 결과를 낳고 말았던 것이다. 결국 선주는 선장의 해난보고로 담보위험(침몰)의 발생 입증이 끝난 것을 몰랐고 대법원 역시 선박의 '침몰'을 '손해의 실체'로 보았거나 침몰이 해상 고유의 위험이라는 것을 간과함으로서 논리의 모순에 빠졌고 선주가 밝힐 사항도 아닌 침몰의 원인 규명을 선주에게 전가시킨 모양이 되고 말았다. 침몰의 원인규명은 필요한 것이나 그것은 보험자가 면책 구실을 찾는데 필요함으로 보험자가 부담할 사항이다.

위 대법원 판결은 그 후로 침몰을 담보한 선박이 항해 중 특별한 이유없이 침몰하였을 경우, 그리하여 선주가 침몰의 원인을 밝히지 못할 경우는 담보위험 입증의 불실을 이유로 보험보상이 불가능 하도록 하였다. 더구나 선박과 함께 선원들도 사망 또는 행방불명 되었을 경우 침몰원인 규명은 더욱더 어려울 것임으로 그만큼 선주의 보상 길을 더 멀어지게 하였다.

무역어음(인수·할인)신청서

앞 　　　　　　　　　　　　　　　　　　년 　월 　일

본인이 따로 제출한 무역어음거래약정서에 터잡아 본인이 발행한 다음 무역어음의 (인수 · 할인)을 신청합니다.

신 청 인	성 명			업 종			
	주 소			(전화			
신청금액	금				원정		
무역어음 내 용	인수번호	어음번호	어음금액	발 행 일	지급기일	인수기관	인수확인
근거신용장 내 용	신용장 번 호	금 액 (원화환산액)	선적기일	유효기일	품 목	수출승인서 번 호	

주) 1. 환어음(무역어음)과 근거가되는 신용장 원본을 같이 제출하여 주십시오.
2. 아래란은 기재하지 마십시오.

구 분	승 인 기 간	승 인 한 도	사 용 잔 액	본 건	한 도 이 용 액
인 수					
할 인					

<별지 제2호 서식>

수출실적 [1)]관리 「카드」

(200　　연도)

업 체 명	
포괄금융 이용업체의 주거래 외국환은행	
작 성 은 행	

(단위:US$)

구	분		1월	2월	3월	4월	5월	6월	7월	8월	9월	10월	11월	12월	연간 누계
수 출 신 용 장	[2)] 매 입 액	(1)													
수출계약서 및 외화표시물품 공급계약서	입 금 액	(2)													
내 국 신 용 장	매 입 액 2)	(3)													
수출대금 미회수액	수출신용장 및 내국신용장 매입액 중 부도처리분(-)	(4)													
	부도 후 입금분(+)	(5)													
「절차」 제6조제2호에 의한 수출실적		(6)													
융자대상 수출실적 (1+2+3+4+5+6)		(7)													

주 : 1) 수출입은행의 인도전금융을 이용한 수출, 중계무역수출 등 융자대상이 되지 않는 수출실적은 제외함

2) 추심의뢰분의 매입액에 포함하여 기입함

3) 기 타 : ①무역어음 인수취급된 수출신용장 등에 의한 수출실적은 당해 인수취급분을 제외하고 기입함 ②위탁가공무역에 소요되는 국산원자재를 구매하여 가공하지 않고 수출한 실적 포함(다만, 생산자금 및 포괄금융의 융자한도 산정대상 수출실적에서 제외)

보충 자료 및 참고 문헌

1) 이러한 단점을 해결하기 위하여 1년에 1~2회 계약을 체결하고 필요할 때마다 이 계약에 의거하여 거래하는 계약을 글로벌콘트랙트라고 한다.

2) 제531조(격지자간의 계약성립시기) 격지자간의 계약은 승낙의 통지를 발송한 때에 성립한다.
제528조(승낙기간을 정한 계약의 청약) ① 승낙의 기간을 정한 계약의 청약은 청약자가 그 기간 내에 승낙의 통지를 받지 못한 때에는 그 효력을 잃는다. ② 승낙의 통지가 전항의 기간 후에 도달한 경우에 보통 그 기간 내에 도달할 수 있는 발송인 때에는 청약자는 지체 없이 상대방에게 그 연착의 통지를 하여야 한다. 그러나 그 도달 전에 지연의 통지를 발송한 때에는 그러하지 아니하다. ③ 청약자가 전항의 통지를 하지 아니한 때에는 승낙의 통지는 연착되지 아니한 것으로 본다.
제529조(승낙기간을 정하지 아니한 계약의 청약) 승낙의 기간을 정하지 아니한 계약의 청약은 청약자가 상당한 기간내에 승낙의 통지를 받지 못한 때에는 그 효력을 잃는다.

3) Article 15. Time and place of dispatch and receipt of data messages
(1) Unless otherwise agreed between the originator and the addressee, the dispatch of a data message occurs when it enters an information system outside the control of the originator or of the person who sent the data message on behalf of the originator.
(2) Unless otherwise agreed between the originator and the addressee, the time of receipt of a data message is determined as follows:
(a) if the addressee has designated an information system for the purpose of receiving data messages, receipt occurs:
(i) at the time when the data message enters the designated information system; or
(ii) if the data message is sent to an information system of the addressee that is not the designated information system, at the time when the data message is retrieved by the addressee;
(b) if the addressee has not designated an information system, receipt occurs when the data message enters an information system of the addressee.
(3) Paragraph (2) applies notwithstanding that the place where the information system is located may be different from the place where the data message is deemed to be received under paragraph (4).
(4) Unless otherwise agreed between the originator and the addressee, a data message is deemed to be dispatched at the place where the originator has its place of business, and is deemed to be received at the place where the addressee has its place of business. For the purposes of this paragraph:
(a) if the originator or the addressee has more than one place of business, the place of business is that which has the closest relationship to the underlying transaction or, where there is no underlying transaction, the principal place of business;
(b) if the originator or the addressee does not have a place of business, reference is to be made to its habitual residence.

4) 매도인은 운송도중에 발생하는 손해에 대하여 책임을 지지 않는다. 이 조건에서는 보통 다음과 같이 약정한다.
"Shipment in good condition but tale quale as regards condition on arrival"
5) 매도인은 양륙 시에 발생한 손해에 대해 책임을 지나 수송도중 발생한 손해는 책임을 지지 않는다.
6) 항해 중 화물이 해류 또는 응고됨으로써 발생하는 손해를 매도인이 부담하는 조건으로 보통 다음과 같이 약정한다.
"Damaged by sea water. if any, to be seller's account"
7) UCP 600, article 46(b).
8) UCP 600, article 40(a).
9) UCP 600, article 24(b).
10) shipping main mark

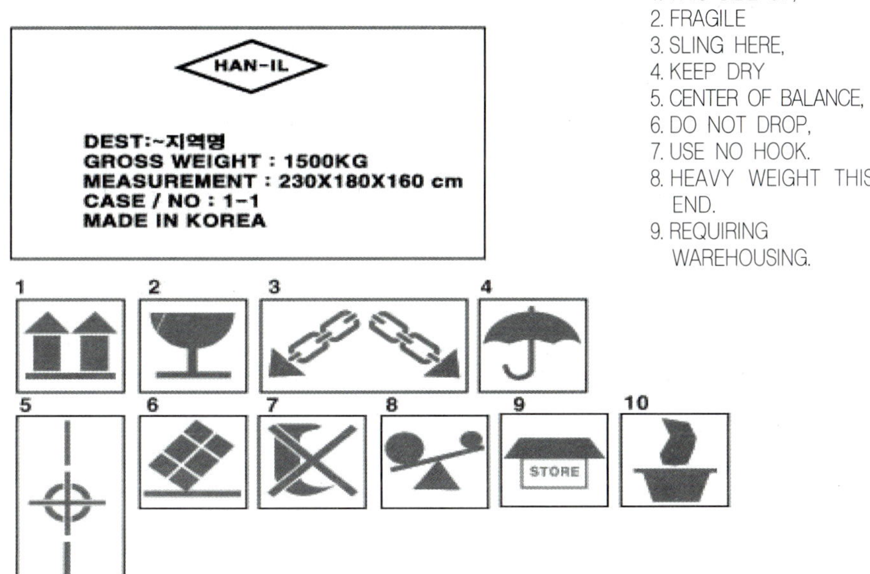

11) 수출상이 수출화물 적재를 위해 수출화물이 대기 중인 현장으로 빈 컨테이너를 보내줄 것을 요청하는 것을 컨테이너를 "door order 한다."고 한다.
12) Booking 내용에 의거 선박회사에서는 화물을 적입할 수 있는 빈 컨테이너(Empty Container)를 하주가 지정한 창고로 보내 준다(이를 실무에서는 Spotting 또는 Positioning 이라고 한다). 이 컨테이너는 운송화물에 대한 창고 내지는 대형 포장재에 해당하므로 이를 인수 시 이상이 없는지를 잘 조사한 후 기기인수도서(CIR)를 작성, 양 당사자가 서명한다. CIR이 갖는 의의는 ① 컨테이너라는 운송장비가 하주의 관리 하에 있는 동안 손상되었을 시 하주는 이를 배상하여야 하며 EIR은 책임소재를 판단하는 기초자료임. ② 인수 시 기기의 상태를 검사하여 내부에 적입된 화물의 안전을 도모하고 손해를 사전에 예방하기 위함.
13) B/L (Container Packed by Merchant) ; "If the cargo received by the Carrier is container(s) into which contents have been packed by or on behalf of the Merchant, (1) this Bill of

lading is prima-facie evidence of the receipt only of the number of container(s) as shown on the face hereof; and the order and condition of the contents and any particulars thereof (including marks and numbers, number and kind of packages or pieces, descriptions, quality, quantity, gauge, weight, measure, nature, kind and value) are unknown to the Carrier, who accepts no responsibility in respect thereof, and (2) the Merchant warrants that the stowage of the contents of container(s) and their closing and sealing are safe and proper and also warrants that the container(s) and contents thereof are suitable for handling and carriage...... (3) the Merchant shall inspect the container(s) when the same are furnished by or on behalf of the Carrier, and they shall be deemed to have been accepted by the Merchant as being in sound and suitable condition for the purpose of the transport contracted herein, unless he gives notice to the contrary in writing to the Carrier, and (4) if the container(s) are delivered by the Carrier with seals intact, such delivery shall be deemed as full and complete performance of the Carrier's obligation hereunder and the Carrier shall not be liable for any loss of or damage to the contents of the container(s), and (5) the Carrier shall be at liberty to open the container(s) and to inspect the contents of the container(s) without notice to the Merchant at such time and place as the Carrier may deem necessary and all expenses incurred therefrom shall be borne by the Merchant; in case the seals of container(s) are broken by the customs or other authorities for inspection of the contents of the said container(s), the Carrier shall not be liable for any loss, damage, expenses or any other consequences arising or resulting therefrom."

14) 컨테이너에 화물을 적재한 후 입구를 금속재로 봉인하는 것을 말한다. 여기에는 식별을 하기위한 기호 및 번호가 붙어 있다. 이 봉인상태를 통하여 화물의 도난, 부정행위의 유무, 화물의 이상유무를 확인할 수 있다.

15) 대법원 2001.2. 9. 선고 98-49074 판결

- 사실관계 ; H사는 1995년 U사로부터 신문용지를 수입하는 계약을 체결하였다. 운송인인 피고는 U사로부터 중국 대련항으로부터 부산항까지 위 화물을 컨테이너에 의한 해상운송을 의뢰받아, U사에 화물을 적입할 컨테이너를 제공하였고, U사는 이를 컨테이너에 적입하였다. 그 후 피고는 U사로부터 화물을 컨테이너에 적입된 상태로 수령하여 이를 피고의 선박에 선적하고, "외관상 양호한 상태로 수령함", "송하인이 적입하고 수량을 셈" 그리고 "1,504롤이 들어 있다고 함"이라는 문구가 기재된 무고장 선화증권을 발행하였다. H사는 정당한 선화증권의 소지인으로서 컨테이너를 개봉하였는데, 화물의 일부가 찌그러져 젖었거나 잘린 상태로 손상되어 있는 것을 발견하였다. 한편, 보험회사인 원고는 H사에게 보험금을 지급하고 보험자대위의 법리에 따라 운송인인 피고에게 구상금청구의 소를 제기하였다. 원고는 운송인인 피고가 제대로 방수처리가 되지 않은 컨테이너를 제공하였고, 해상운송과정에서 거친 항해를 하였으며, 부산항에서 양하 시 비가 내렸음에도 컨테이너를 방치하여 컨테이너에 빗물이 스며들게 한 과실로 화물이 손상되었으므로, 피고는 H사에게 채무불이행 또는 불법행위로 인한 손해배상책임이 있다고 주장하였다. 이에 대하여 피고는 이 사건 선화증권에는 부지약관이 기재되어 있으므로 이 사건 화물의 손상사실에 대한 입증책임은 원고에게 있다고 다투었다.
- 판단내용 ; 송하인측에서 직접 화물을 컨테이너에 적입하여 봉인한 다음 운송인에게 이를 인도하여 선적하는 형태의 컨테이너 운송의 경우에 있어서는, 상법 제814

조 제1항 소정의 선화증권의 법정기재 사항을 충족하기 위하여 혹은 그 선화증권의 유통편의를 위하여 부동문자로 "외관상 양호한 상태로 수령하였다."는 문구가 선화증권상에 기재되어 있다고 할지라도, 이와 동시에 "송하인이 적입하고 수량을 셈(Shipper's Load &Count)" 혹은 "……이 들어 있다고 함(Said to Contain……)." 등의 이른바 부지(不知)문구가 선화증권상에 기재되어 있고, 선화증권을 발행할 당시 운송인으로서 그 컨테이너 안의 내용물 상태에 대하여 검사, 확인할 수 있는 합리적이고도 적당한 방법이 없는 경우 등 상법 제814조 제2항에서 말하는 특별한 사정이 있는 경우에는 이러한 부지문구는 유효하고, 위 부지문구의 효력은 운송인이 확인할 수 없는 운송물의 내부상태 등에 대하여도 미친다고 할 것이다. 따라서 선화증권상에 위와 같은 부지문구가 기재되어 있다면, 이와 별도로 외관상 양호한 상태로 선적되었다는 취지의 기재가 있다 하여 이에 의하여 컨테이너 안의 내용물의 상태에 관하여까지 양호한 상태로 수령 또는 선적된 것으로 추정할 수는 없다고 할 것이므로, 이러한 경우 선화증권 소지인은 송하인이 운송인에게 운송물을 양호한 상태로 인도하였다는 점을 입증하여야 한다.

• 분석 ; 위 대법원 판결은 1991년 상법이 개정된 이후 부지약관의 효력에 관하여 구체적으로 밝힌 점에서 커다란 의미가 있다. 상법 제814조 제2항은 운송물의 중량, 용적, 개수 또는 기호가 운송인이 실제로 수령한 운송물을 정확하게 표시하고 있지 아니하다고 의심할 만한 상당한 이유가 있는 때 또는 이를 확인할 적당한 방법이 없는 때에는 그 기재를 생략할 수 있다고 규정하고 있어 화물의 내부상태가 포함되는지 여부가 불분명하나, 화물의 내부상태가 상법 제814조 제2항의 규정하는 범주에 속하지 아니한 것으로 해석하는 경우에는, 부지약관의 효력은 부정됨에 따라 선화증권의 기재내용을 부인하는 입증책임은 운송인에게 있다고 하여야 할 것이다. 그런데 화물의 내부상태가 손상되었다는 것이 손해배상의 주된 내용인 본 사안에서, 위 판결은 부지약관의 허용범위를 넓게 해석하여 화물의 내부상태에 관한 것까지 포함시킴으로써 부지약관의 효력을 확장시켰다는 점에 의의가 있다. 본 사안의 경우 선화증권에는 "송하인이 적입하고 수량을 셈(Shipper's Load &Count)" 혹은 "……이 들어 있다고 함(Said to Contain……)."이라는 전형적 부지약관 문구가 기재되어 있었는바, 이와 같이 컨테이너운송에 흔한 S.T.C(Said To Contain)이라는 문구는 입증책임의 전환에 관한 부지약관의 일종으로 해석하는 견해가 있다. 선화증권에 이러한 문구의 기재를 금지하는 경우에는, 운송인이 선화증권에 송하인이 서면으로 통지한 운송물의 종류, 중량 또는 용적, 개수와 기호를 기재하여야 하고 이러한 사항은 선화증권은 기재된 대로 수령 또는 선적한 것으로 추정되므로(상법 제814조의 2), 운송인은 이에 대하여 입증책임을 부담하였을 것이나, 부지약관의 기재를 통하여 송하인이 선적시 화물의 내부상태가 손상되지 않았다는 사실을 입증하여야 할 것이므로, 입증책임의 전환의 성격을 가지는 것으로 해석된다.

• 결론 ; 이상에서 부지약관을 개관한 후 한국 상법의 규정 및 한국 대법원의 대표적 판례들을 살펴보았다. 이에 의하면, 1991년 개정된 상법은 헤이그규칙과 함부르크규칙의 관련 규정을 도입하여 부지약관이 인정되는 특별한 사유를 명시하고 있고(제814조 제2항), 2001.2.9. 선고된 98-49074 판결은 상법의 위 규정이 적용되는 구체적 기준을 제시한 것으로 해석된다. 이러한 법규정과 법원판례의 해석과 같이, 부지약관은 운송물 확인의 어려움과 운송거래의 신속을 지나치게 중시한 나머지 송하인이나 선화증권의 소지인 등 이해관계인의 권리가 침해되지 않도록 제

한적 범위 내에서 인정되어야 할 것이다. 즉, 운송인이 해상운송계약을 체결함에 있어 자신의 면책 또는 이익만을 위하여 부지약관의 도입을 강제하거나 부지약관의 효력을 인정하기 위한 특별한 사유의 요건을 구비하지 아니한 채 부당하게 작성한 경우에는 부지약관의 효력은 부인되고, 이에 따라 운송인은 운송물의 수령 또는 선적 시 수량, 중량 등이 상이하였다는 점을 입증하여야 할 것이다. 이와 관련하여, 아직은 부지약관에 관한 법원의 판례가 누적되지 아니한 상태여서 부지약관의 효력이 인정되는 경우와 부정되는 경우에 다양한 사안에 참고할 수 있는 구체적인 기준이 마련되었다고 보기는 어려우나 이에 대한 심도 있는 연구와 다양한 판례의 누적을 통해서 머지않아 이러한 기준이 정립될 수 있을 것으로 기대한다.

16) 운송서류의 대도(Trust Receipt : T/R)란 수입상은 어음대금을 결제하기 전이라도 수입화물을 처분할 수 있도록 하는 동시에 개설은행은 그 화물에 대한 담보권을 상실하지 않도록 하는 제도이다. 즉, 일람출급어음조건인 경우 개설의뢰인이 개설은행에 대해 수입화물을 대도하여 줄 것을 신청하고, 개설은행은 자기 소유하에 있는 수입화물을 수입상에게 대도하여 그 화물을 적기에 처분하도록 함으로써 그 판매대금으로 수입대금을 결제할 수 있도록 하는 제도이다. 또한 개설은행측으로 보면 수입대금결제가 지연될 경우 화물자체를 소유하고 있다 하더라도 큰 실익이 없기 때문에 수입상이 화물을 빨리 인도하고자 할 때 은행은 그 화물에 대한 담보권을 상실하지 않고 수입상에게 화물을 인도할 수 있도록 편의를 제공하는 것이다. T/R에 의해 개설은행이 수입상에게 대도할 경우 수입화물의 점유는 개설은행으로부터 수입상으로 이전되지만, 이러한 사실을 알지 못하는 선의의 제3자는 보호된다. 즉 개설은행이 T/R을 내세워 선의의 제3자에게 대항할 수 없기 때문에 은행은 T/R을 취급함에 있어 신중을 기해야 한다. 따라서 이러한 대도행위가 이루어지려면 위탁자인 은행은 수탁인 수입업자를 전적으로 신뢰하는 경우라야 가능하게 된다. 화물을 인수받은 수입업자는 그 화물을 신속하게 처분하여 대금을 은행에 변제해야 하므로 그 화물을 타인에게 판매할 수 있는 자이어야 하며, 그것을 다시 다른 사람에게 담보로 제공해서는 아니 된다.

[수입화물대도(T/R)의 유형]

① 수출용원자재 수입에 따른 T/R: 무역금융(원자재 수입자금)을 수혜하고 수입대금을 대응수출 이행시 상환토록 함.

② 인수금융에 따른 T/R: Usance L/C로 수입하고 연지급 기간 만기일에 수입대금을 상환토록 함(내국수입 Usance)

③ 할부지급에 따른 T/R: 외화획득용 시설재 등을 분할지급 수입하고 분할결제 방식에 의거 상환토록 함.

④ 외화대출 및 차관자금에 의한 T/R: 외화대출 또는 차관자금 공여시 당해 대출 또는 차관자금의 상환일정에 의거 상환토록 함.

⑤ T/R Loan에 의한 T/R

[구비서류] ; ① 수입담보화물대도(선인도)신청서, ② 수입담보 화물처분 약정서(공증인의 확정일자가 있어야 함), ③ 선화증권(B/L) 사본, ④ 상업송장(Commercial Invoice) 사본, ⑤ 포장명세서(P/L) 사본, ⑥ 신탁양도증서(공증인의 확정일자가 있어야 함), ⑦ 수입신용장 사본

17) Paul Engels, International Carriage of Goods, ed. by Julian D.M. Lew, in International Trade : Law and Practice, Euromoney, 1983, p.25.

18) 고속도로 및 자동차전용도로의 출입 등의 기준
고속도로와 도로법 제54조의3의 규정에 의하여 도로의 구분에 따른 설계기준자동차는 다음 표와 같다.

도로의 구분	설계기준자동차
고속도로 및 주간선도로	세미트레일러
보조간선도로 및 집산도로	세미트레일러 또는 대형자동차
국지도로	대형자동차 또는 소형자동차

설계기준자동차의 종류별 제원은 다음 표와 같다.

자동차 종류별	폭	높이	길이	축간거리	앞내민 길이	뒷내민 길이	최소 회전반경
소형자동차	1.7	2.0	4.7	2.7	0.8	1.2	6.0
대형자동차	2.5	4.0	13.0	6.5	2.5	4.0	12.0
세미트레일러	2.5	4.0	16.7	앞축간거리4.2 뒤축간거리9.0	1.3	2.2	12.0

1. 축간거리 : 앞바퀴 차축의 중심으로부터 뒷바퀴 차축의 중심까지의 길이를 말한다.
2. 앞내민길이 : 자동차의 앞면으로부터 앞바퀴 차축의 중심까지의 길이를 말한다.
3. 뒷내민길이 : 뒷바퀴 차축의 중심으로부터 자동차의 뒷면까지의 길이를 말한다.

19) 도로운송중량제한에 따라 초과되는 제품들은 연안해송을 통하여 화물의 운송이 완료되어야 한다. 고속도로, 국도, 지방도 등의 도로를 운행하는 차량 중 총중량 40톤, 축중 10톤을 초과하거나 적재적량을 초과하는 화물을 적재한 차량으로서 중량 측정계의 오차를 감안 10%의 허용치를 두어 총중량 44톤 또는 축중 11톤 이상은 연안해송을 이용하는 것이 바람직하다. 이를 위반 시 현재 벌칙금은 행위자 및 사용자에게 각각 200만원이다. 연안해송시에 상행의 경우 부산 우암 7부두에서 선적된다. 일반부두는 장치기능이 거의 전무해 컨테이너를 장기간 장치할 수 없기 때문에 부두 내 평균체재기간은 약 12시간 가량이며 선적스케쥴에 맞춰 수송이 완료된다. 해상운송구간의 소요시간은 출항 1시간, 항진 27시간, 인천입항 1시간 30분, 인천하역 5시간을 거쳐 인천항에 약 3~5일간 체류하며 이어 내륙운송을 거쳐 하주 문전까지 운송된다.

20) FCL 수출품의 통관 후 운송
□ 컨테이너조달 요청시 관련서류
① 공컨데이너 요청서(Empty Container Door Order)〈화주-포워더-선사-트럭운송 시〉
② EIR(Equipment Interchange Receipt : 기기수도증)〈화주-선사-CY-트럭기사 시〉

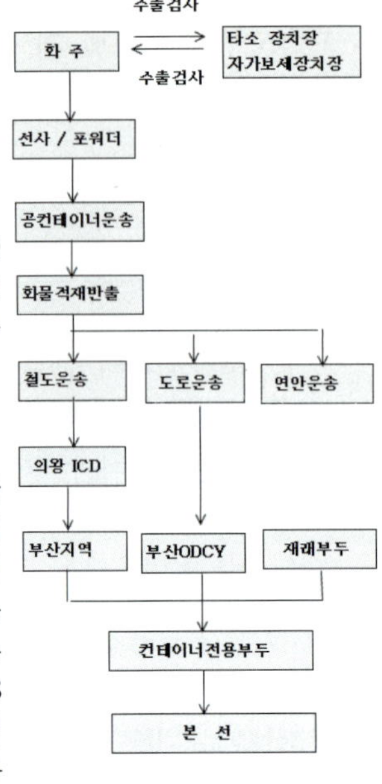

※ EIR 5부의 용도

① Original(기사가 화주에게 전달)
② Local Office Copy
③ Loading CY/CFS
④ Discharging Port CY/CFS
⑤ Office File

☐ 수출신고 위반 시 제반서류 ; ① 수출신고서, ② 수출승인서(필요시), ③ 상업송장(Invoice), ④ 포장명세서(Packing List), ⑤ 기타법령에 의한 허가 승인의 조건을 증명하는 서류

☐ 운송 시 지참하여야 할 서류 ; －수출신고필증
LCL(Less than Container Load Cargo)화물의 운송
LCL화물은 20' 또는 40' 컨테이너 1대에 채울만한 물량이 되지 못하여 컨테이너 Door 운송과정이 필요없이 물품을 Loose Cargo 상태로 트럭에 실어 운송인이 지정한 부산지역의 CFS로 운송하는 것을 말한다. 하주의 수출입화물이 LCL화물인 경우에는 일반적으로 하주가 직접 일반차량을 수배해서 CFS 까지 수송하고 있으며, 운임을 절약하고 동일지역행 화물과 혼재하기 위해서 통상 포워더를 이용하고 있다.

☐ 포워더의 혼재형태

① Buyer's Consolidation

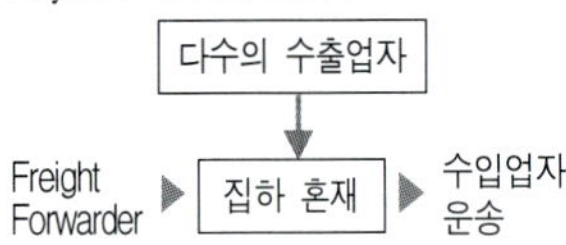

포워더가 수입업자(Buyer)의 위탁을 받아 다수의 수출업자(Seller)로부터 화물을 집하하여 운송하는 형태

② Forwarder's Consolidation

포워더가 다수의 수출업자로부터 화물을 집하 혼재하여 화물 수입국의 파트너 포워더(또는 Agent)를 통해 다수의 수입업자에게 수송하는 형태

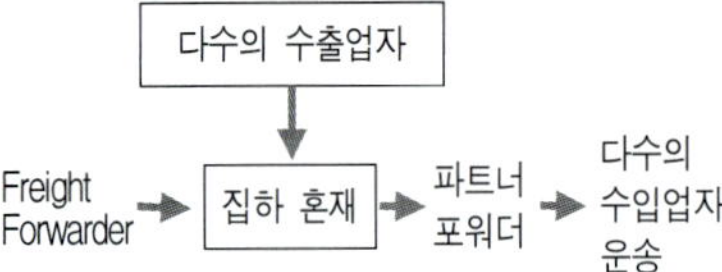

③ Co-Loading

포워더가 자체적으로 집하한 LCL화물이 FCL화물로 혼재되기에 부족한 경우 동일 목적지의 LCLLCL 화물을 보유하고 있는 타 포워더에게 Joint Consolidation을 의뢰하여 화물을 신속하고 경제적으로 수송하는 방법

☐ 컨테이너 전용부두(부산항)

① HBCT(Hyundai Busan Container Terminal), ② PECT(Pusan East Container Terminal) : 신선대 부두, ③ 감만부두 : 한진 현대, 세방, 대한통운 운영부두, ④ 우암부두 : 우암터미널(주), ⑤ 감천부두 : 한진해운

LCL 수출품의 DOOR 통관 후 운송

□ LCL 수출품의 Door 통관 후 운송
① FCR(Forwarder's Cargo Receipt),
② Forwarder's B/L, ③ Master B/L 〈선사→포워더〉,
④ House B/L(포워더→화주)
※ 선적통지(Shipping Advice ; 수출국 포워더가 수입국파트너 포워더에 통지하는 경우)
① 선적서류송부서(Covering letter),
② 선화증권사본(Master B/L),
③ House B/L or FIATA B/L,
④ 수출컨테이너번호 목록,
⑤ 적하목록(Manifest),
⑥ 선적통지서(Shipping Advice),
⑦ 본선적부계획서(Stowage Plan),
⑧ 위험화물목록(Dangerous Cargo),
⑨ 냉동화물목록(Reefer Cargo),
⑩ 이상화물목록(Exception List),
⑪ 컨테이너내부적부도(Container Load Plan),
⑫ Freight Invoice(Collect 경우),
⑬ 포장명세서, 송장,
⑭ 정산서(Disbursement)

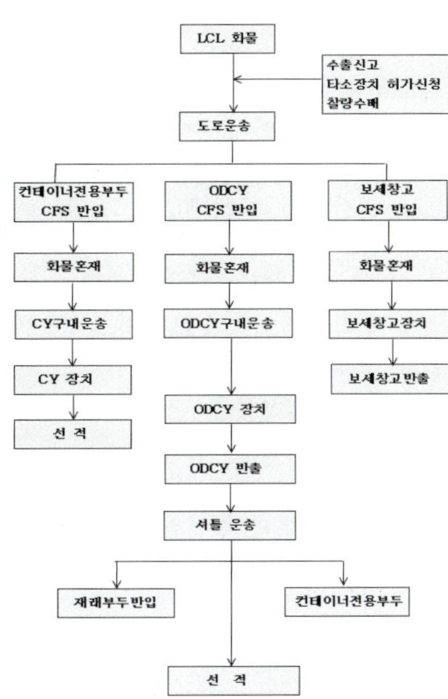

선적지 통관 시 운송절차(부산항 기준)
□ 수송되어 선적지에 도착하여 혼재 작업이 이루어지는 3가지 경우
① 전용부두에 직반입 되는 경우
- HBCT, PECT등 전용부두에 직반입되어 혼재작업후 선적되는 경우
- 현재 HBCT CFS를 사용하는 선사 (현대, 조양, 한진, APL 등)
② 혼재작업이 ODCY의 CFS에 반입되어 이루어지는 경우
- ODCY의 CFS까지 수송되기 위하여 화주가 일반트럭을 직접 수배하여 운송하는 경우와 포워더가 대행하는 경우가 있음.
③ 보세창고 CFS에 반입되는 경우〉
- 선적되기까지 일정기간의 여유가 있는 경우 일반 보세창고에 반입하여 선적시점에 작업

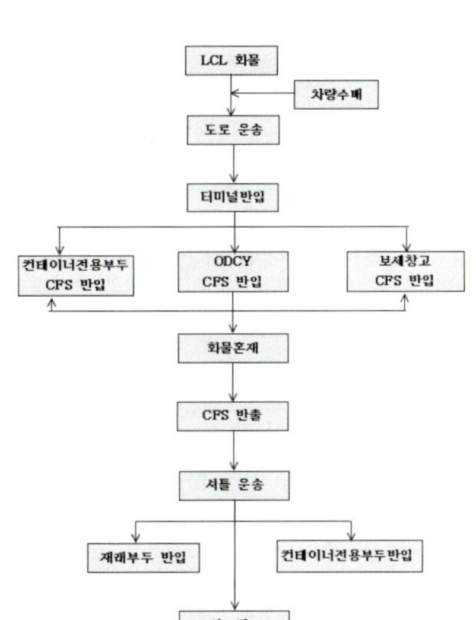

□ 선적지 수출신고 제반서류 ; ① 수출신고서, ② 수출승인서(필요시), ③ 상업송장(Invoice), ④ 포장명세서(Packing List), ⑤ 기타법령에 의한 허가승인의 조건을 증명하는 서류

21) 수입화물이 양하지에 도착하면 선사는 해당 화주에게 화물 도착통지를 하고 화주는 은행으로부터 선적서류를 인수 받아 수입통관절차를 밟게 된다. 이 경우 부두에서 양하되어 화주의 문전까지 화물이 도착되는 일련의 과정을 살펴보면 FCL인 경

우 부두직반출인 경우와 ODCY 등을 거친 후 수입통관되는 경우로 크게 구분된다. 수입시 선박이 입항하여 화물이 양하되고 통관수속을 거친 후 화주의 문전에 도달하기 까지의 일련의 과정이 경우에 따라 매우 복잡하지만 커다란 줄기를 기준으로 하여 살펴보면 다음과 같은 경로를 따른다.

① 화물양하의 2가지 경우
- 선박이 전용부두에 접안하여 화물이 양하되는 경우
- 선박이 재래부두에 접안하여 화물이 양하되는 경우

② 검역업무
검역대상화물에 한하여 실시하며 화주 또는 선사가 검역소에 신청서를 제출하여 수행
- 식품검역 : 국립검역소 - 식물검역 : 식물검역소 - 동물검역 : 동물검역소

③ 보세운송업무
- 일반보세운송 - 간이보세운송 - 해상간이보세운송 : 연안수송
- 세관관할 내 간이 보세운송 - 무환화물 간이보세운송

④ 배정처의지정
선사로부터 수입화물 도착통지를 받은 화주는 자신의 화물이 어느 창고에 입고될 것인가를 지정하며, 선사는 적하목록상에 배정처를 기록하여 배정적하목록을 작성하여 세관에 신고한다. 세관에서 배정적하목록 확인을 끝내면 선사는 하역회사, 운송회사와 함께 해당 배정처로 화물을 이송하게 되는데 보통의 경우 화주가 지정하지 않을 경우 선사에서 임의로 배정한다.

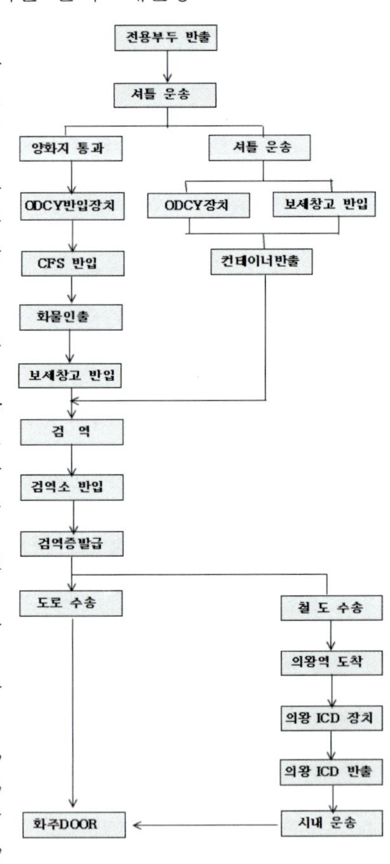

□ 포워더를 통한 수입의 경우 선적서류 입수(수출국 파트너 포워더→수입국 포워더)
① 선적서류송부서, ② House B/L Copy, ③ Master B/L(Original &Copy), ④ 상업송장, ⑤ 포장명세서, ⑥ 컨테이너내부적부도, ⑦ 적하목록, ⑧대변/차변전표(Credit/Debit Note) 또는 정산서

□ 도착통지(포워더 → 화주) ; 도착통지서(Arrival Notice)

□ 배정적하목록 작성보고(화주(포워더)→선사→세관) ; 배정적화목록

□ 수입신고 및 통관(일반 수입통관절차와 동일하다 : 포워더→세관, 화주→세관)
① 수입신고서, ② 수입승인서(필요시), ③ 상업송장, ④ 원산지증명서(필요시), ⑤ 검역증(필요한 경우), ⑥ 선화증권 사본

□ 화물인수 시 관련서류 ; ① 수입신고필증, ② 은행결제서류, ③ 화물선취보증서(서류미도착시), ④ 화물인도지시서(D/O), ⑤ 화물반출허가서

22) 정식명칭은 불어로 되어 있으나 영어로는 "International Convention Concerning the Carriage of Goods by Rail 1970(CIM)"으로 표기한다.

23) CIM convention 제11조

24) 한국의 경우, 4000명이 넘는 해기사(선장 · 항해사 · 기관사)들이 육상 물류의 핵심인력으로 활약하고 있다. 국적 대형선사가 있어야만 더 많은 전문인력 배출이 가능하다.

25) 파손화물보상장(Letter of Indemnity) : 부두수취증이나 입고확인서(재래화물일 경우)를 발급할 시점에서 화물의 이상이 발견되면 해당 화물에 대해서는 정상적인 B/L(clean B/L)을 발급하지 않는 것이 원칙이나 이로 인한 하주의 불이익을 감안하여 화물의 손상이나 이상 상태가 양 당사자간에 확인된 경우, 그리고 하주가 그로 인한 선박회사의 손해를 보상할 것을 서류로 약속하는 경우 선박회사는 화물의 이상에도 불구하고 이상이 없는 것처럼 정상 B/L을 발급하는 경우가 종종 있다. 이러한 경우에 발급된 L/I의 법적 효력에 대해서는 국가별로 차이가 있으나 이 L/I는 이를 발급한 송하인(수출상)과의 관계에서만 유효할 뿐, 수하인이나 제3의 B/L 소지인에게는 대항요건이 될 수 없다는 것이 공통된 입장이다. 수출지에서 이상이 있었던 만큼 목적항에서는 반드시 Claim이 발생하기 마련이며 선박회사는 L/I와 무관하게 수하인(수입상)이 청구한 손해배상에 응하여야 하나 그 배상금액을 전액 수출상으로부터 회수한다는 것이 실무적으로 거의 불가능하다는데 문제가 있다.

26) 선화증권의 발행부수가 꼭 세 장이여할 규정은 없다. 다만 원래 분실. 도난. 등을 감안 하여 여벌로 발행하였는데 한국은 관례로 3장을 발행한다. 또 은행에서도 선화증권의 원본 3장 모두를 보통 요구하는데 그 이유는 바이어의 요구에 따라 네고(매입)은행에서 선화증권의 수량을 요구하기 때문이다, 만약 선화증권이 한 장 발행될 경우 분실 등이나,망실할 경우에 재발행을 하려면 선화증권의 중요성으로 여러 가지 절차와 시간을 요하므로 이러한 불편한사항을 감안하여 관례상 3장정도가 가장 효율적이라 여기는 것이다. 참고로 거래방식이 송금방식(T/T)일 경우에는 원본을 발행하여 바이어에게 송부하여 통관하는 방식과 SURRENDER B/L 이라는 방식으로 도착지 에서 선화증권을 받는 방식도 있다.

27) 항공화물운송장의 구성

구 분	용 도	색구분	기 능
Original 1	For Issuing Carrier (발행 항공회사용)	녹색	운임이나 요금 등의 회계처리를 위하여 사용되고 송화인과 운송인과의 운송계약체결의 증거이다.
Original 2	For Consignee (수화인용)	분홍색	출발지에서 목적지에 보내 당해 화물운송장에 기재된 수화인에게 화물과 함께 인도된다.
Original 3	For Shipper (송화인용)	청색	출발지에서 항공회사(운송인)가 송화인으로부터 화물을 수취하였다는 것을 증명하는 수취증이고 송화인과 운송인과의 운송계약체결의 증거서류이다. 그러나, '수화인용' 원본에 기재된 수화인에게 화물을 인도하는 경우에 수화인이 '송화인용' 원본을 소지하고 있는 가를 물어보지 않으므로 이 원본은 송화인의 운송품 처분권을 제한하는 효력을 가지고 있을 뿐이다. 환어음 결제에서는 이 원본으로 결제하고 있으므로 외국환은행은 취급하는데 주의하여야 한다.

구 분	용 도	색구분	기 능
Original 4	Delivery Receipt (인도항공회사 화물인도용)	황색	운송인이 도착지에서 수화인과 화물을 상환할 때 수화인이 이 부분에 서명하고 인도항공회사에 돌려주는 것으로서 화물인도 증명서 및 운송계약이행의 증거서류가 된다.
Original 5	For Third Carrier (도착지 공항용)	백색	화물과 함께 도착지공항에 보내져 세관통관용 기타업무에 사용.
Original 6	For Third Carrier (도착지 공항용)	백색	운송에 참가한 항공회사가 운임청산에 사용한다.
Original 7	For Second Carrier (제2항공회사용)	백색	운송에 참가한 항공회사가 운임청산에 사용한다.
Original 8	For First Carrier (제1항공회사용)	백색	운송에 참가한 항공회사가 운임청산에 사용한다.
Original 9	For (발행대리점용)	백색	발행대리점의 보관용으로 사용한다.
Original 10	Extra Copy	백색	필요에 따라 사용한다.
Original 11	예비용	백색	

제 03 부

무역관련국제법규 및 무역진흥제도

01 무역관련법규 및 무역진흥제도

학습내용

학습의 목적

무역과 관련된 각종 국제 법규 및 제도와 한국의 무역진흥제도를 무역실무에 적용하여 실제 활용할 수 있다.

학습의 목표

1. 매매계약의 성립단계에서 영향력을 행사하는 국제법규를 이해한다.
2. 매매계약의 이행단계에서 존재하는 국제법규를 이해한다.
3. 매매계약의 종료단계에 해당하는 국제법규를 이해한다.
4. 관세환급 신청 방법 및 절차와 일반 특혜관세제도를 이해한다.
5. 무역금융제도의 종류와 이용절차를 이해한다.
6. 원산지표시제도 및 수출보험제도의 이용절차를 이해한다.
7. 수출지원 조세제도 및 부가가치세 영세율제도를 실무에서 활용할 수 있다.

1-1 무역관련 국제법규

1. 무역관련 국제법규

무역을 행함에 있어 적용되는 법규는 각국의 실질사법, 국제사법, 통일사법, 국제통일규칙 등 다양한 법원(法源)의 형태로 존재하고 있다.

첫째, 각국의 실질사법(substantial law)이 무역의 준거법으로 채택될 수 있는 바, 국제거래 시 각국의 국내법이 준거법으로 채택된 경우 이러한 법이 국제거래의 법원(法源)으로 사용된다. 예를 들어 우리나라의 A사와 일본의 B사 간의 거래 시 국제사법에 따라 한국법이 준거법으로 채택된 경우 한국의 민법, 상법이 국제거래의 법원이 된다.

둘째, 국제사법(private international law)은 복수의 국가와 관련을 가지는 생활관계에 적용되는 "법률을 결정하는 법"이다. 또한 외관상으로는 섭외적 사법관계(涉外的 私法關係)에 관하여 관련되는 수개의 법이 저촉하는 것처럼 보이므로 이를 법의 저촉(conflicts of laws)이라고도 한다.

셋째, 통일사법(unification of private law)은 UNIDORT(사법통일국제회의), UNCITRAL(국제상거래법위원회) 등의 국제기관에 의하여 부분적으로나마 법의 통일이 추진되어진 결과물로 선화증권에 관한 통일조약(hague rules, 1924), 국제항공운송에 관한 통일조약(Warsaw convention, 1929), 최근 들어 UN이 작성한 것으로서 해상물품운송에 관한 UN조약(Hamburg규칙, 1978), 물품의 국제복합운송에 관한 UN조약(MT convention, 1980) 등 해사나 운송에 관한 것이 많다. 또한 국제매매에 관한 것으로서 국제물품매매에 관한 조약(헤이그협약, 1964), 국제물품매매에 관한 UN협약(비엔나협약, 1980) 등이 있다.

넷째, 국제적 통일규칙은 당해 거래분야의 상관습이나 상관행을 정리하여 명확하게 한 것으로 주로 국제상업회의소(ICC)가 주축이 되어 작성된 것으로 인코텀즈, 화환신용장통일규칙(UCP) 등이 이에 해당된다. ICC는 민간단체이므로 이 규칙을 준칙으로 삼겠다는 합의를 한 경우에만 당해 거래의 해석기준으로서의 효력이 생긴다. 따라서 INCOTERMS나 UCP 등의 국제적 통일규칙을 활용할 때에는 'subject to uniform customs and practice for documentary credits, 1993 Revision, ICC Publication No. 500'과 같은 준거문언(準據文言)이 있어야 한다.

무역은 격지에 존재하는 상이한 국가 간의 거래이므로 각 단계별로 적용되는 다양한 법규 및 관습이 존재한다. 계약단계별로 적용되는 법규를 정리하면 다음과 같다.

(1) 매매계약의 성립단계

UNCCISG	
제정기관 · 년도	UNCITRAL(국제무역법위원회), 1980
정식 명칭 · 구성	United Nation Convention on Contracts for the International Sale of Goods : 국제물품매매에 관한 UN협약, Vienna Convention (비엔나협약) 구성 : 제4장 101조
특징과 의의	국제물품매매계약에 관한 통일법으로 국내거래의 적용을 배제하고 국제매매에만 적용되며, 특히 청약과 승낙의 법리, 매도인과 매수인의 의무, 계약 위반에 대한 구제 등 국제물품매매에 있어서의 통일된 법률적 근거 마련

SGA	
제정기관 · 년도	1893년 제정 1908, 1967, 1973, 1977, 1979, 1994(현재)
정식 명칭 · 구성	Sale of Goods Acts : 영국 물품매매법 구성 : 제7편 64개조
특징과 의의	국제물품매매계약 연구의 근원이 되는 법이며, 소유권의 이전, 처분권의 유보, 물품인도 및 매도인의 유치권, 운송정지권 및 매도인과 매수인의 구제 등 무역계약과 관련하여 이론적 바탕 제공
INCOTERMS	
제정기관 · 년도	ICC(국제상업회의소) 1936, 1953, 1967, 1976, 1980, 1990, 2000(현재)
정식 명칭 · 구성	International Rules for the Interpretation of Trade Terms : International Commercial Terms : 정형거래조건해석에 관한 국제규칙구성 : 서문 22개절, 13개의 무역조건
특징과 의의	외국과의 무역에서 가장 많이 사용되는 무역조건의 해석에 관한 일련의 국제규칙을 제공하며, 명실공히 무역계약과 국제상관습에서 가장 중요한 분야임
Warsaw -Oxford Rules	
제정기관 · 년도	Warsaw -Oxford Rules ILA(International Law Association : 국제법협회), 1932
정식 명칭 · 구성	Warsaw-Oxford Rules for C.I.F. Contract : CIF계약에 관한 와르소 · 옥스포드규칙구성 : 서문과 21개조
특징과 의의	해상무역에 있어서 매매관습의 국제적 통일을 위한 규칙으로 CIF계약을 체결하고자 하는 당사자에게 통일적 해석기준제공, CIF계약의 단행규칙이며 인코텀즈의 활용으로 활용도가 낮음
RAFTD	
제정기관 · 년도	전미무역회의(National Foreign Trade Council), 1919, 1941(현재)
정식 명칭 · 구성	Sale of Goods Acts : 영국 물품매매법 구성 : 제7편 64개조
특징과 의의	국제물품매매계약 연구의 근원이 되는 법이며, 소유권의 이전, 처분권의 유보, 물품인도 및 매도인의 유치권, 운송정지권 및 매도인과 매수인의 구제 등 무역계약과 관련하여 이론적 바탕 제공
INCOTERMS	
제정기관 · 년도	ICC(국제상업회의소) 1936, 1953, 1967, 1976, 1980, 1990, 2000(현재)
정식 명칭 · 구성	International Rules for the Interpretation of Trade Terms : International Commercial Terms : 정형거래조건해석에 관한 국제규칙구성 : 서문 22개절, 13개의 무역조건
특징과 의의	외국과의 무역에서 가장 많이 사용되는 무역조건의 해석에 관한 일련의 국제규칙을 제공하며, 명실공히 무역계약과 국제상관습에서 가장 중요한 분야임

UCC	
제정기관 · 년도	미국법률가협회(Ameri-can Law Association)와 통일주법위원회전국의회(National Conference of Commissioners on Uniform State Laws), 1954, 1957, 1962, 1966, 1972, 1978, 1988, 1997
정식 명칭 · 구성	Uniform Commercial Code : 미국통일상법전Articles 2(sales) - 5종의 무역조건 Articles 5(신용장) 구성 : 11편과 부속
특징과 의의	무역계약에서 약인 이론, 청약과 승낙(전자적 의사표시 포함), 명시담보와 묵시담보, 물품인도와 대금지급과 관련된 채권채무, 계약위반 및 구제 등을 규정하고 정형거래조건과 신용장에 관한 규정도 포함, 미국의 국제적 지위를 고려할 때 무역계약에 중요한 법률적 근거 제공

(2) 매매계약 이행단계

1) 무역결재

UCP	
제정기관 · 년도	ICC(국제상업회의소), 1933, 1951, 1962, 1974, 1983, 1993, 2004(현재)
정식 명칭 · 구성	Uniform Customs and Practice for Documentary Credits : 화환신용장 통일규칙 및 관례. 구성 : 제7장 총 49개조
특징과 의의	신용장업무를 취급할 때 지켜야 할 제반사항, 해석의 기준을 규정한 국제규칙으로 신용장거래 시 중요한 해석기준
URC	
제정기관 · 년도	ICC(국제상업회의소), 1956, 1967, 1978, 1995(현재)
정식 명칭 · 구성	Uniform Rules for Collections : 추심에 관한 통일규칙 구성 : 제7개장 26개조
특징과 의의	무역거래에서 무신용장방식의 D/P, D/A어음으로 대금결제를 할 때에 적용되는 규칙으로 수표, 어음 구분없이 모든 추심어음에 적용되는 규범과 절차규정
UCP	
제정기관 · 년도	ICC(국제상업회의소), 1933, 1951, 1962, 1974, 1983, 1993, 2004(현재)
정식 명칭 · 구성	Uniform Customs and Practice for Documentary Credits : 화환신용장 통일규칙 및 관례. 구성 : 제7장 총 49개조
특징과 의의	신용장업무를 취급할 때 지켜야 할 제반사항, 해석의 기준을 규정한 국제규칙으로 신용장거래 시 중요한 해석기준
URC	
제정기관 · 년도	ICC(국제상업회의소), 1956, 1967, 1978, 1995(현재)

정식 명칭 · 구성	Uniform Rules for Collections : 추심에 관한 통일규칙 구성 : 제7개장 26개조
특징과 의의	무역거래에서 무신용장방식의 D/P, D/A어음으로 대금결제를 할 때에 적용되는 규칙으로 수표, 어음 구분없이 모든 추심어음에 적용되는 규범과 절차규정
URR	
제정기관 · 년도	ICC(국제상업회의소), 1996
정식 명칭 · 구성	ICC Uniform Rules for Bank-to-Bank Reimbursements under Documentary Credits, Pub. No.525 : 은행 간 대금상환에 관한 ICC통일규칙 구성 : 총 4개장 17개 조항
특징과 의의	은행간 신용장대금의 상환에 대해 당사자가 되는 각 은행들이 대금상환과정에서 발생하는 불필요한 지체와 마찰을 제거하고자 만든 통일규칙으로, 상환지시의 시기, 방법, 상환이행 등에 대해 자세한 규정을 둠
ISP 98	
제정기관 · 년도	ICC(국제상업회의소), 1999
정식 명칭 · 구성	The International Standby Practices : ICC 보증신용장에 관한 통일규칙 : ISP98 구성 : 표제 제10개 규칙을 포함 합계 89개 조문
특징과 의의	보증신용장(Stand-by L/C)의 발상지인 미국 은행업계의 강력한 요망을 기초로 표준보증신용장의 실무관행을 규정한 것으로 1999년 1월 1일부터 실시되고 있는데, 우리의 은행, 商社, Marker 등이 보증신용장의 당사자가 되는 경우 충분한 검토가 이루어져야 하는 규칙
BEA	
제정기관 · 년도	영국, 1882, 1901, 1990현재)
정식 명칭 · 구성	Bill of Exchange Act : 영국의 환어음법 구성 : 2장 72조
특징과 의의	이 법은 환어음, 수표 및 약속어음에 관한 법률을 법전화한 법률로서 특히 환어음에 관한 자세한 사항이 규정
UCC	
제정기관 · 년도	미국법률가협회(ALA)와 통일주법위원회전국의회, 1954, 1957, 1962, 1966, 1972, 1978, 1988, 1997
정식 명칭 · 구성	Uniform Commercial Code : 미국통일상법전 Articles 5(신용장) 구성 : 11편과 부속
특징과 의의	신용장 관련 내용은 제5편에 규정되어 있는데, 주요 내용은 적용범위, 정의, 형식요건, 신용장의 발행, 지급과 거절, 당사자의 의무 등이 기재

CITDT	
제정기관 · 년도	ICC(국제상업회의소), 1988
정식 명칭 · 구성	Uniform Rules of conduct for Interchange of Trade Data Teletransmission : 무역자료 교환처리를 위한 통일규칙
특징과 의의	무역서류의 무서류(Parperless)화의 증가가 계기가 되어 채택된 것으로 국제거래에서는 매매당사자와 기타 관계자(운송인, 보험회사, 은행, 세관 등)의 사이에서 이루어지는 데이터의 교환에서 각각의 관계자 및 당사자간의 권리, 의무의 운영방법에 대한 규범을 정한 통일규칙

2) 무역운송

Hamburg Rules	
제정기관 · 년도	UNCITRAL(유엔국제무역법위원회), 1978
정식 명칭 · 구성	United Nations Convention on the Carriage of Goods by Sea : 해상화물운송에 관한 UN협약 구성 : 7개장 34개조
특징과 의의	운송인과 송하인과의 책임문제에 관련하여 위험, 권리 및 의무의 배분에 있어서 형평을 유지하도록 하기 위해 1924년의 헤이그규칙, 1968년의 헤이그-비스비 규칙을 보완한 규칙
CMI 통일규칙	
제정기관 년도	CMI(국제해사위원회), 1990
정식 명칭 · 구성	CMI Uniform Rules for Sea Waybills : 해상화물운송장에 관한 CMI통일규칙 구성 : 8개조
특징과 의의	운송산업의 현대화에 따른 전통적인 해상운송의 문제점과 컴퓨터와 통신기술의 발달을 반영하고자 각각 만든 운송서류에 관한 통일규칙
URCTD	
제정기관 · 년도	ICC(국제상업회의소), 1973
정식 명칭 · 구성	ICC Uniform Rules for Bank-to-Bank Reimbursements under Documentary Credits, Pub. No.525 : 은행 간 대금상환에 관한 ICC통일규칙 구성 : 총 4개장 17개 조항
특징과 의의	헤이그규칙을 기본으로 한 본 규칙은 복합운송에 관한 통일규칙을 제정할 때 그 기초를 제공하였고, 각종 복합운송 관련법규 및 규칙의 제정에 절대적인 영향을 미쳤던 TCM조약안의 내용을 기초로 하여 작성되고, 복합운송인의 책임, 당사자의 권리와 의무, 멸실 또는 손상에 대한 책임, 지연에 대한 책임 등이 규정
Warsaw협약	
제정기관 · 년도	ICAO(국제민간항공기구), 1929, 1955

정식 명칭 · 구성	Convention for the Unification of Certain Rules Relating to International Carriage of Goods by Air : 국제항공운송에 관한 규칙통일을 위한 조약 구성 : 제5장 41개조
특징과 의의	항공운송인과 여객 및 송하인간의 사법적인 법률관계에 관한 각국의 법체계를 통일한 국제협약
CMR조약 CIM조약	
제정기관 · 년도	1956 1970
정식 명칭구성	Convention on the Contract for the International Carriage of Goods by Road : 국제도로물건운송조약 International Convention Concerning the Carriage of Goods by Rail : 국제철도물건운송조약
특징과 의의	이 조약들은 유럽지역 국가들의 육상운송에 적용 가능하도록 고안된 규칙이며, 각 운송구간마다 단일운송에 의한 국제운송을 전제로 하여 정립

3) 무역보험

MIA	
제정기관 · 년도	영국, 1906
정식 명칭 · 구성	Marine Insurance Act : 영국의 해상보험법 구성 : 91개조와 제1부칙 및 보험증권의 해석에 관한 규칙
특징과 의의	2000여개의 판례에 의한 거래하에 산재했던 관습법을 성문화하여 해상보험에 관한 법률을 법전화한 법으로 해상보험의 해석기준에 절대적인 역할
ICC	
제정기관 · 년도	ILU(런던보험업자협회), 1983
정식 명칭 · 구성	Institute Cargo Clause(A),(B),(C):협회적하약관(A),(B),(C) 구성 : 관련조항을 8개 그룹으로 구분, 총 19개 조항으로 구성
특징과 의의	런던보험자협회가 해상보험계약에 공통된 표준적 사항을 미리 인쇄하여 둔 보험증권상의 각종 약속이나 규정을 담은 것으로 담보범위에 따라(A),(B),(C)가 있고, 우리는 신 · 구약관을 혼용하여 사용
YAR	
제정기관 · 년도	CMI(국제해사위원회), 1877, 1950, 1974, 1990, 2004
정식 명칭 · 구성	The York-Antwerp Rules : 요크-엔트워프규칙 구성:제2장(Lettered Rules, Numbered Rules) 21개 조항
특징과 의의	해상무역에서 공동해손(General Average)을 구성하는 손해 및 비용에 관한 국제적 통일규칙으로 관련 당사자들의 공동해손정산에 중요한 역할

(3) 매매계약 종료단계

New York 협약	
제정기관 · 년도	UN, 1958
정식 명칭 · 구성	United Nation Convention the Recognition and Enforcement of Foreign Arbitral Awards : 외국중재판정의 승인과 집행에 관한 UN협약 구성 : 16개조
특징과 의의	무역분쟁의 해결방법으로 중재를 채택한 경우, 중재인에 의한 중재판정이 외국에서 승인되고 집행력이 보장되도록 한 국제협약으로 외국중재판정의 승인 및 집행을 구하는데 법적 근거로서 매우 중요한 역할
UNCITRAL Arbitration Rules	
제정기관 · 년도	UNCITRAL(유엔국제무역법위원회), 1976
정식 명칭 · 구성	UNCITRAL Arbitration Rules : 유엔국제무역법위원회의 중재규칙 구성 : 제4장 41개 조항
특징과 의의	국제무역관계법의 발전과 점진적인 통일을 위하여 유엔에 설치된 국제무역법위원회에 의하여 제정된 국제상사중재에 관한 규칙
ICC Rules of Conciliation and Arbitration	
제정기관 · 년도	ICC(국제상업회의소), 1988
정식 명칭 · 구성	ICC Rules of Conciliation and Arbitration : 국제상업회의소의 중재 · 상사규칙 구성 : 제1장 제11개 조항, 제2장 26개 조항, 부록 Ⅰ Ⅱ Ⅲ
특징과 의의	국제상업회의소 산하기관인 중재재판소(Court of Arbitration)의 명성이 높아지면서 국제상사중재업무가 급증하고 복잡하게 전개됨에 따라 해석기준으로 사용한다.

1-2 무역진흥제도

무역과 직접 관련된 무역진흥제도로는 다음 아래와 같은 제도들이 있다. 그러나 본 장에서는 앞에서 이미 언급한 제도에 관하여는 그 설명을 중복하지 아니하고 앞에서 언급하지 않았던 새로운 제도를 중심으로 설명하고자 한다.

관세환급제도	무역금융제도	특혜관세제도	기술도입
무역클레임제도	소요량제도	수출보험	해외지사, 지점
수출입대행	조세제도	원산지표시제도	해외직접투자

1. 관세환급제도

▸관세환급 절차도

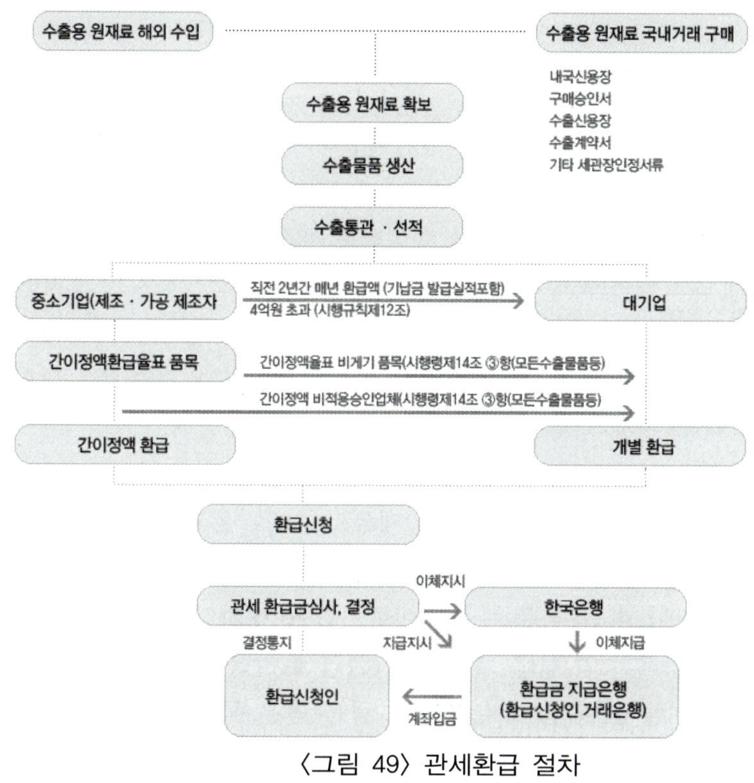

〈그림 49〉 관세환급 절차

현행 관세법상에는 납세의무의 형평과 징수행정의 공평을 기하기 위한 관세, 가산금 또는 체납처분비의 과오납금을 납세의무자에게 환급하는 제도(과오납환급 : 관세법 제24조)와 위약물품을 재수출한 경우 수입 시 납부한 관세를 환급하는 제도(위약물품의 관세환급 : 관세법 제35조)가 있으며, "수출용 원자재에 대한 관세 등 환급에 관한 특례법(환급특례법)에 의거 원재료를 수입할 때에 일단 관세 등을 납부하였거나 징수유예 받은 물품 또는 이를 원료로 하여 제조·가공한 물품을 수출의 용도에 공한 때에 이미 납부한 관세를 환급해 주는 제도가 있다. 일반적으로 관세환급이라 하면 환급특례법상의 환급을 말한다.

(1) 관세 및 제세 환급대상

1) 관세 및 제세 환급대상(수입)

수입화물이 관세 등 환급대상이 되려면 세 가지의 요건을 모두 갖추어야 한다. 먼저 수입화물이 수출용 원재료이어야 하고 외국으로부터 수입 시에

관세 등을 납부(또는 일괄납부승인)한 물품이어야 하며 수입신고수리일로부터 일정한 기간 내에 수출 등에 제공되어야 한다. 수입화물이 이와 같은 세 가지 관세 등 환급대상의 조건을 충족하면 관세, 특소세, 주세, 교육세, 농특세, 교통세와 같은 제세금의 환급이 가능하다.

- 수출용 원재료의 범위 ; 수출물품 자체(원상태 수출물품) 와 수출물품 제조에 사용된 원재료(수출용으로 수입된 원재료뿐만 아니라 내수용으로 수입된 원재료도 포함)로서 수출물품을 형성하는 원재료는 물론 수출물품을 상품화하는데 소요되는 포장재뿐만 아니라 수출물품을 형성하지는 않지만 당해 수출물품의 제조 · 가공에 직접적으로 사용되어 화학반응을 하는 물품과 당해 수출물품의 제조 · 가공에 직접적으로 사용되는 단용 원재료를 말한다.
- 수입하는 때에 관세 등을 징수한 수입물품
  - 정상 수입물품(유환수입물품)
  - 무환 수입물품(세관장이 수출용 원재료로 인정, 통관한 물품)
- 대응수출 이행기간 내에 수출 등에 제공된 물품

  환급대상 수입이 아닌 물품은 수출이행기간이 경과하여 수출된 물품의 원재료, 선수출 후수입 물품, 환특세율(환급에 갈음하는 인하세율)을 적용하여 수입한 물품, 수입 시 관세감면 등을 받은 물품, 국내에서 사용 · 수익하다가 수출된 물품, 공매물품, 탄력관세 적용물품으로 내수용에 한한다는 조건이 붙은 경우 물품들이다.

2) 관세 및 제세 환급대상(수출)

관세 등의 환급대상이 되는 "수출 등"의 유형은 다음과 같이 구분한다.

유상수출	환급특례법 제4조 제1호
무상수출 환급특례법시행규칙 제2조 제1항	해외박람회 등의 출품수출, 해외건설공사 등에 무상 송부하는 기계 등, 반품된 물품의 대체수출, 수출용견본의 무상수출
외화판매 · 외화공사 환급특례법시행규칙 제2조 제3항	주한미군에 군납수출, 주한미군 등에 의한 외화공사, 면세수입권자에 의한 국산승용자동차 판매, 외국인투자기업 도입자본재의 외화판매, 차관자금에 의한 도입자본재의 외화판매, 면세쿠폰에 의하여 판매된 물품
수출 등에 제공하기 위한 물품공급	보세공장에의 물품공급, 보세판매장에의 물품공급, 수출자유지역 입주기업체에의 물품공급, 수출물품의 A/S용 부품의 보세창고반입
기타 수출 환급특례법시행규칙 제2조 제4항	외항선(기)에 선(기)용품 공급, 원양어선에 선수품공급

3) 수출용원재료의 국내거래

가. 기초원재료납세증명서

기초원재료 납세증명이란 수입한 기초원재료를 사용하여 제조·가공한 중간원재료를 수출물품을 제조할 자 또는 2차 중간원재료를 제조할 자에게 양도하는 경우에 중간원재료에 포함된 기초원재료의 납부세액을 증명해 주는 서류이다. 최종 수출 후에 수입신고필증 대신에 동 기초원재료 납세증명서를 제출하여 환급받을 수 있다. 필요한 서류는 다음과 같다.

- 기초원재료 납세증명(신청)서 2부
- 국내거래관계 입증서류(Local L/C 등)
- 인수증 사본 또는 세금계산서 사본
- 소요량증명서 또는 소요량 계산서(기준소요량 고시품목에 한함)
- 원재료수입신고필증 등 납부세액확인 서류

나. 분할증명서

분할증명서란 수입신고필증을 환급신청에 사용하려고 할 때 환급신청기관이 중복되어 수입신고필증의 제출이 곤란한 경우 또는 수입물품을 원상태로 거래한 경우에 수입신고필증을 분할하여 사용하거나 거래 당사자에게 나누어 줌으로써 환급신청에 사용이 용이하게 하는 제도이다. 구비서류는 다음과 같다.

- 분할증명 신청서 2부
- 분할하고자 하는 수입신고필증 등
- local L/C 등 국내거래관계 서류(여기서 local L/C는 원자재 유통업자를 수혜자로 한 것만 해당됨)
- 물품인수증 또는 세금계산서를 관할세관에 제출하여야 하며 관할세관은 환급신청기관을 참조

다. 평균세액증명서

평균세액증명서 발급대상은 당해 월에 수출용으로 수입하거나 내국신용장 등에 의하여 매입한 전량이 되며 HS10 단위[1)]별로 발급한다.

평균세액증명서를 발급받고자 하는 자는 평균세액증명서 발급신청 전에 세관장에게 평균세액증명서 발급대상 물품지정을 사업자등록증상의 사업자 등록번호의 구분에 의한 사업자별로 신청하여 지정을 받아 평균세액증명(신청)서에 수입신고필증 및 기초원재료납세증명서를 제출하면 된다. 평균세액증명서

로 환급을 받고자 할 때에는 평균세액증명서 발급기관에 신청하여야 한다.

(2) 관세 및 제세 환급방법

1) 관세 및 제세환급의 종류

가. 정액환급

정액환급이란 수출물품별로 환급하여야 할 금액을 사전에 정하여 정액환급율표에 기재하여 놓고 그러한 물품이 수출되었을 때 수출신고필증만 제시받아 소요원료, 재료별 납부세액 등을 일일이 계산하지 않고 정액환급율표에 기재된 환급금액을 그대로 환급해 주는 방법이다. 또 정액환급외에 간이정액환급제도에서 환급금은 "미화로 표시된 수출면장상의 금액 × 간이정액/10"으로 계산한다. 1매의 수출신고필증 등에 간이정액 적용대상과 비적용대상 물품이 동시에 기재되어 있는 경우에는 분할하여 환급을 신청할 수 있다. 중소기업이 수출한 물품이 간이정액율표에 해당된 경우에는 우선적으로 적용하며, 환급금 지급제한이나 부산물공제를 하지 아니한다.

나. 개별환금

개별환급이란 정액환급율표에 게기되어 있지 않은 수출물품 등에 제공한 물품을 제조·가공하는데 소요된 원재료를 수입하였을 때 납부한 관세 등을 일일이 소요량증명서와 수입신고필증 등에 의하여 환급액을 계산하여 환급하는 방법을 말한다. 그러나 수출물품의 제조·가공 시 국내에서 생산되고 있는 원재료의 사용을 촉진하고 수출용 원재료의 수입을 억제하기 위하여 수출을 위한 수입원재료라 할지라도 관세 등의 일부 또는 전부를 환급해 주지 않는 경우도 있다. 이는 개별환급금 지급제한제도를 기초로 하기 때문이다. 다만, 보세공장과 수출자유지역내의 입주 기업체에서 제조·가공하여 수입된 원재료는 제외한다.

다. 부산물에 대한 환급제도

수출용 원재료로 제조·가공되는 물품이 2가지 이상이거나 경제적 가치가 있는 부산물이 있는 경우 사실상 수출되지 않은 이 부산물에 해당하는 관세 등을 환급함은 부당하므로 수입 시 납부한 관세 등 중에서 부산물의 가치에 해당하는 관세 등을 공제한 금액만을 환급한다.

2) 관세 및 제세 환급신청

관세법 제14조 제1항에 의거 수출물품에 대하여 관세 등 환급을 받고자 하는 자는 대통령령이 정하는 바에 따라 물품을 수출 등에 제공한 날로부터 2년 이내에 관세청장이 지정한 세관에 환급신청을 하여야 한다.

수출신고필증은 수출신고 수리일로부터 2년을 경과하지 않아야 되며, 원칙적으로 선(기)적이 확인된 것이어야 하나, 환급기관이 인정하는 경우에는 선장이 발행한 M/R(mate's receipt)또는 선적선화증권으로 선(기)적 확인을 대신할 수 있다.

가. 환급신청인

- 일반 유상수출의 경우(법 제4조 제1호) ; 관세법 제137조의 규정에 의하여 수출신고를 하고 신고가 수리된 일반 유상수출의 경우 관세 등의 환급을 신청할 수 있는 자는 수출자 또는 수출물품의 제조자가 환급신청인이 된다. 일반 유상수출의 경우 수출자와 제조자에게 환급신청권이 있으므로 누가 환급신청할 것인지는 수출신고할 때 수출신고서에 환급신청인을 기재하여야 한다.
- 총리령으로 정한 무상수출의 경우(법 제4조 제1호 단서) : 총리령으로 정한 무상수출의 경우 수출자가 환급신청인이 된다.
- 기타 ; 관세법 제4조 3호에 따라 보세구역 중 총리령이 정하는 구역 또는 수출자유지역 입주업체에 대한 물품공급 시에는 물품공급자가 환급신청인이 된다, 또 관세법 제4조 제4호에 따라 기타 수출행위로 인정되어 총리령이 정하는 것으로서 외항선(기)에 선(기)용품의 공급 및 원양어선에 공급하는 선수품의 경우 물품판매자 또는 공급자가 환급신청인이 된다.

나. 환급신청기관

관세 등의 환급신청은 환급신청인의 제조장을 관할하는 세관장에게 신청토록 되어 있다. 그러나 제조장이 2 이상인 업체로서 본사에서 일괄하여 환급업무를 취급하는 경우에는 본사를 관할하는 세관에 환급을 신청할 수 있다.

다. 환급신청방법

물품이 수출된 경우 환급신청을 할 수 있다. 관세법상 수출은 물품이 외항선(기)에 적재된 경우 수출된 것으로 보고 있으므로(선적주의) 수출물품이 선적 또는 기적된 경우에 환급신청할 수 있다. 보세공장이나 수출자유지역에 수출용원재료의 공급 및 기타 수출의 경우에는 당해 수출물품의 수출, 판매, 공사 또는 공급을 완료하고 세관장의 확인을 받은 경우에 환급신청할 수 있다.

▸환급신청 기산일 : 법 제4조 제1호(세관장이 신고수리한 것)의 수출신고수리일
- 법 제4조 제2호 내지 제4호의 수출로서 당해 수출, 판매, 공사 또는 공급을 완 료한 날

- 일괄환급신청(영 제 18조 제3항) ; 수출물품에 대한 환급신청은 당해 수출물품의 생산에 소요된 원재료 전부에 대하여 한꺼번에 일괄하여 환급신청함을 말한다. 그러나 1건의 수출신고필증에 제조자가 2인 이상인 경우 각 제조자가 생산한 수출물품을 분할하여 환급을 신청하는 경우와 1건의 수출신고필증에 정액환급 및 개별환급 대상품목이 함께 수출되어 각 환급방법별로 환급신청하는 경우에는 분할하여 환급을 신청할 수 있다.
- 추가환급신청
  수출물품(HS 10단위 기준)에 대하여는 일괄환급 신청하는 것이 원칙이나 환급신청인의 권리보호 측면에서 추가로 한번 더 환급을 신청할 수 있다. 즉, 환급신청 시 일괄환급신청을 하였으나 환급기관의 계산착오 등으로 환급금을 부족하게 지급한 경우, 수입 시에 원재료에 대한 관세율의 적용착오 등으로 추징한 세액이 환급신청 시에 빠졌거나 환급된 수에 추징된 경우, 수출물품을 제조·가공할 수 없는 원재료로 환급하여 그 세액이 추징된 경우 수출 물품을 생산할 수 있는 정당원재료에 의한 추가환급신청, 환급신청인의 착오로 수출이행기간이 경과된 수입신고필증 등으로 환급한 것이 추징된 경우 유효한 수입신고필증 등으로 추가 환급신청할 수 있다.

라. 환급신청기간

수출물품에 래한 관세 등의 환급신청은 물품이 수출 등에 제공된 날로부터 2년 이내에 환급을 신청하여야 한다. 다만, 공사의 경우 당해 공사 중 단위공사가 완료된 날로부터 기산할 수 있다.

3) 환급신청 시 제출서류

개별환급의 경우 수출신고필증 등 수출사실증명서류, 소요량계산서류, 소요원재료의 납부세액을 확인할 수 있는 서류, 수입신고필증, 기초원재료납세증명서, 수입신고필증분할증명서, 평균세액증명서, 기타 관세청장이 정하는 서류를 제출한다.

정액환급의 경우, 정부가 정한 정액환급율표에 의해 환급금을 계산하므로 소요량 계산서류 및 원재료납부세액을 확인할 수 있는 서류의 제출은 필요하지 아니하며 수출신고필증 등 수출사실증명서류만 제출한다. 이때, 환급신청인은 환급신청 시에 관세청장이 정하는 바에 따라 전용계좌를 개설하고 환급신청서에 그 계좌번호를 기재하여야 한다(영 제18조 제6항). 즉, 환급금은 관세청장이 지정한 환급금 지급은행에서 개설한 환급금 전용계좌를 통해 지급하며 한국은행을 통해 지급하지 아니한다.

(3) 환급신청자의 의무 및 제약

1) 환급신청자의 의무

가. 성실한 환급신청의무

수출물품에 대한 관세 등의 환급을 관련 증빙서류 없이 전산에 의해 신청을 받아 기본요건 심사만 거쳐 환급금을 지급토록 환급제도를 개선한 것은 기업의 성실한 환급신청을 전제로 한 것이다. 따라서 환급신청자는 각종 환급요건, 소요량의 적정여부 등을 환급신청 전에 스스로 확인하여 성실하게 환급신청을 해야 한다.

나. 서류의 보관 및 제출

수출물품별 원재료의 소요량계산근거서류 및 계산내역에 대한 서류는 5년, 내국신용장 등 수출용원재료의 거래관계서류와 수출신고필증 등 환급특례법 제4조에서 정한 수출사실증명서류, 수입신고필증 등 원재료의 납부세액을 증명할 수 있는 서류, 기타 관세청장이 정하는 서류는 각각 3년을 보관하여야 한다. 환급관련서류는 서류의 원본을 보관하는 것이 원칙이나 기업이 서류보관에 따른 비용과 관리에 편의를 제공하기 위하여 이들 서류는 관세청장이 정하는 바에 따라 마이크로필름, 광디스크, 기타 자료보존매체에 의해 보관할 수도 있다(환특법 제20조 제2항). 환급관련 서류없이 전산에 의해 환급신청한 사항을 전산심사에 의해 환급금을 지급하고, 환급금의 정확여부는 환급금을 지급한 후에 심사토록 함에 따라 관세청장 또는 세관장은 환특법 제10조 제3항에 의거 환급금의 적정여부를 심사하는데 필요한 경우 업체가 보관하고 있는 서류의 제출을 요구할 수 있다.

다. 과다환급금의 징수 및 자진신고

수출업체에서 환급대상이 되지 않는 원재료에 대하여 환급을 받았거나 소요량의 과다책정 등으로 환급받아야 할 금액보다 과다 환급받은 경우 세관장은 관세법 제24조의 2 제1항의 규정에 따라 환급받은 자로부터 이를 징수한다. 관세 등의 환급을 받은 자 또는 법 제7조 제1항의 규정에 의하여 정산신고한 자가 과다 환급받은 사실을 알았거나 정산신고 시 납부해야 할 관세 등을 부족신고한 것을 안 때에는 대통령령이 정하는 바에 의하여 세관장에게 그 사실을 신고하고 당해 과다환급금 등을 자진하여 납부할 수 있다. 반면 환급신청인이 정당하게 환급신청하였으나 세관장의 귀책사유로 인하여 신청한 환급금보다 과소하게 환급금을 지급한 사실을 세관장이 알았거나 환급신청인의 신청이 있는 경우 이를 심사하여 지체없이 과소환급금을 지급한다.

2) 환급신청자의 제약(환급특례법 제23조)

부정환급범, 부정소요량책정범, 환급관련서류 보관의무 위반자, 환급관련서류 제출 거부자 등에 대해서 현행 법은 엄정한 책임을 묻고 있다.

사위 기타 부정한 방법으로 관세 등의 환급을 받은 자는 3년 이하의 징역 또는 환급받은 세액의 5배 이하에 상당한 벌금에 처한다. 사위 기타 부정한 방법으로 소요량계산서를 작성한 자와 기납증을 발급받은 자는 3년 이하의 징역 또는 2천만원 이하의 벌금에 처한다. 환급특례법 제20조 제1항에서 규정한 관급관련서류의 보관의무를 위반한 자는 2,000만원 이하의 벌금에 처하도록 규정하고 있다. 관세청장 또는 세관장이 환급금의 적정여부를 심사하기 위하여 환급금을 지급한 후에 관계서류의 제출을 요구하였으나 정당한 사유 없이 관계서류의 제출을 거부한 경우에는 1,000만원 이하의 벌금에 처한다.

2. 무역금융제도

(1) 무역금융

무역금융은 수출업체가 물품의 수출 및 용역의 제공을 통해 외화획득을 원활하게 할 수 있도록 수출물품을 생산, 원자재 및 완제품구매에 필요한 자금을 원화로 대출해주는 단기 수출금융지원제도로서 선적 전 금융이다.

1) 융자대상

수출신용장(L/C), 선수출계약서(D/P, D/A), 기타 수출관련 계약서, 외화 또는 원화 표시에 의하여 물품 및 용역을 수출하고자 하는 기업과 LOCAL L/C에 의하여 수출용완제품 또는 원자재를 국내에서 제조 가공하여 공급(수탁가공 포함)하고자 하는 기업 또 신용장 또는 LOCAL L/C 방식으로 과거 수출실적 보유 기업으로서 동 수출실적[2)]을 기준으로 융자받고자 하는 기업(실적기준 금융) 등이 융자대상이다. 단, 중계무역방식은 융자대상에서 제외된다.

지원대상거래	지원대상 업체	지원 자금
일반 수출입 금융	수출물품 제조업체, 소액 수출업체 (년간 USD 5천만 불 미만) 수출상사 등 유통업체	생산자금, 원자재자금(수입, 구매) 포괄금융, 완제품 구매자금
건설, 용역 수출금융	건설 및 용역업체 외항항공 · 외항해상 운송업체	생산자금, 원자재금융 생산자금
농수산물 수출자금	농수산물 비축 및 수출업체	생산자금

2) 융자금의 종류

생산자금	수출물품의 제조, 가공, 개발비
원자재 자금	수출물품 제조를 위한 국내외로부터의 원자재 구입
완제품 구매자금	국내에서 생산된 수출용 완제품 구매
포괄금융	연간 수출실적 미화 5천만 불 이내인 업체 앞 용도구분 없이 일괄 취급

원자재 확보여부의 증빙서류로는 다음과 같다.

- 원자재 수입 시 : 수입신용장 사본 또는 수입승인서(I/L)
- 원자재 국내구매 시 : 내국신용장 사본
- 현금구매 시 : 물품대금영수증, 송장 사본 및 세금계산서
- 자가생산 시 : 원자재의 생산능력보유 입증서류

3) 융자금의 한도 및 융자시기

원자재를 수입할 경우 수입어음을 결제할 때 또는 수입대금을 결제할 때 지원된다. 원자재를 국내에서 구매할 경우에는 내국신용장에 의하여 발행된 어음을 결제할 때 융자된다. 포괄금융일 경우 상대적으로 기업규모가 작은 기업(전년도 수출실적이 5,000만불 미만)은 자금용도의 구분없이 수출신용장 등 금액의 일정비율 또는 과거 수출실적의 일정비율 상당액에 대하여 일괄 현금 융자한다.

구 분	융자한도	융자기간
신용장 기준	수출신용장 금액 범위 내	270일 이내(L/C유효기일이내)
실적기준 생산자금	과거 1년간 수출실적 × 가득률	180일 이내
원자재자금	과거 1년간 수출실적 × 의존율	180일 이내
완제품자금	과거 1년간 타사수출실적 × 1/4 과거 6개월간 타사수출실적× 1/2	30일 이내
건설.용역 수출	건설 · 용역 수출에 의한 외화입금 실적	180일 이내
포괄금융	과거 1년간 수출실적	신용장기준 : 270일 이내 실적기준 : 180일 이내

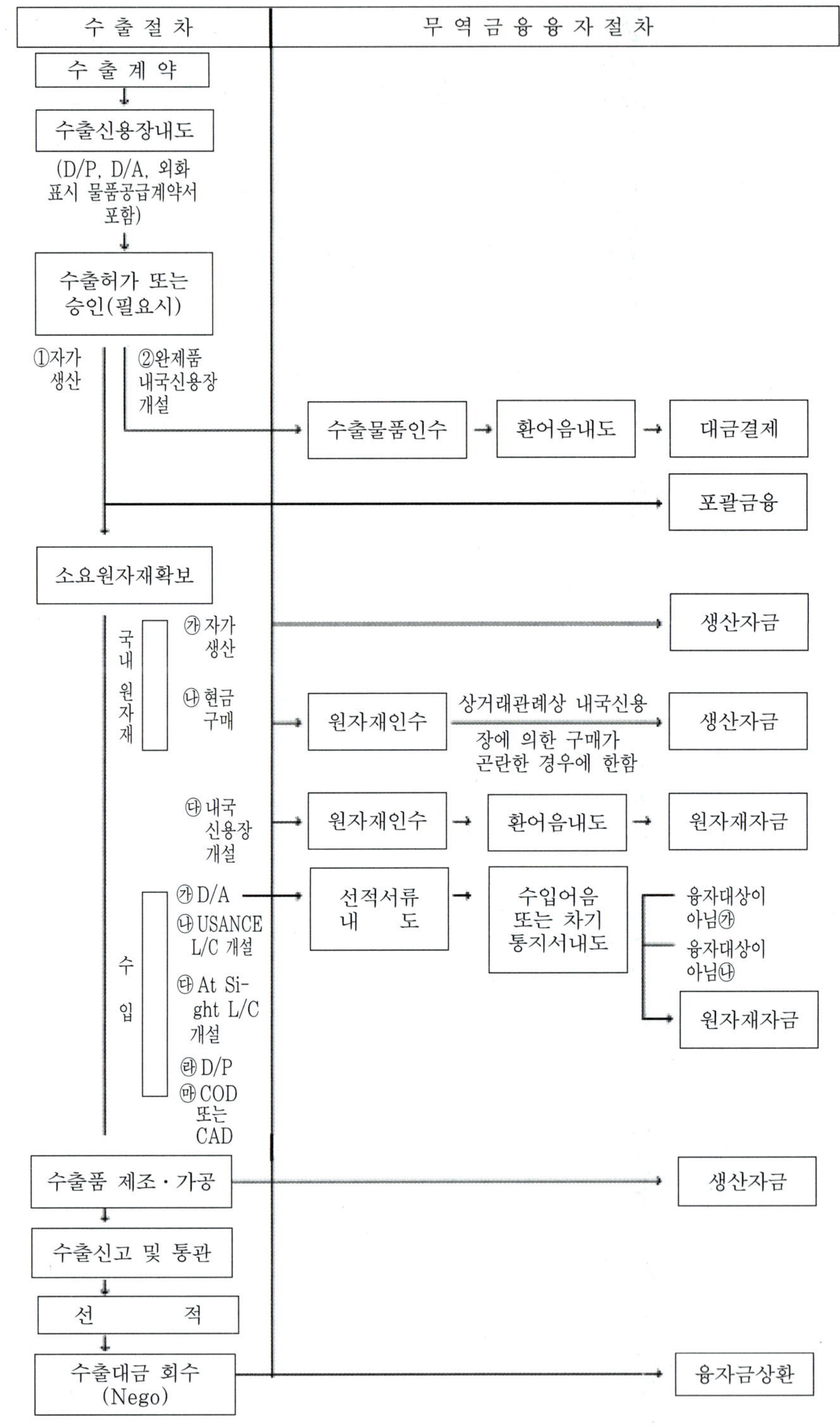
수 출 절 차
무 역 금 융 융 자 절 차
수 출 계 약
수출신용장내도
(D/P, D/A, 외화
표시 물품공급계약서
포함)
수출허가 또는
승인(필요시)
①자가
생산
②완제품
내국신용장
개설
수출물품인수
환어음내도
대금결제
포괄금융
소요원자재확보
국내
원자재
㉮자가
생산
생산자금
㉯현금
구매
원자재인수
상거래관례상 내국신용
장에 의한 구매가
곤란한 경우에 한함
생산자금
㉰내국
신용장
개설
원자재인수
환어음내도
원자재자금
수입
㉮D/A
㉯USANCE
L/C 개설
㉰At Si-
ght L/C
개설
㉱D/P
㉲COD
또는
CAD
선적서류
내 도
수입어음
또는 차기
통지서내도
융자대상이
아님㉮
융자대상이
아님㉯
원자재자금
수출품 제조·가공
생산자금
수출신고 및 통관
선 적
수출대금 회수
(Nego)
융자금상환

4) 융자방법 및 융자금액

가. 융자방법

일반수출입금융의 융자방법에는 다음의 4가지 방식이 있는 바 수혜희망자는 이 중 하나를 선택하여 이용할 수 있다.

첫째, 과거 수출실적에 의하여 산정된 융자한도 내에서 신용장 등의 융자대상증빙 건별로 자금의 용도(생산자금, 원자재금융)별로 구분하여 융자하는 제도와 둘째, 건별 신용장 등의 내도와는 관계없이 과거 수출실적에 의하여 산정된 융자한도 내에서 자금의 용도(생산자금, 원자재금융)별로 구분하여 융자하는 제도가 있으며, 셋째, 과거수출실적에 의하여 산정된 융자한도 내에서 신용장 등의 융자대상증빙 건별로, 자금별 구분 없이 융자하는 제도와 넷째, 건별 신용장 등의 내도와는 관계없이 과거수출실적에 의하여 산정된 융자한도 내에서, 자금별 구분 없이 일괄 융자하는 제도가 있다.

구 분	신용장 기준	실적 기준
생산자금	수출신용장 등의 가득외화액	융자한도의 외화금액
원자재 금융	수입신용장어음의 외화금액, 수입대금 또는 내국신용장어음의 외화금액	
포괄금융	수출신용장 등의 자사제품 수출금액	수출실적확인서의 외화금액

나. 융자종류 및 금액

생산자금	융자한도 외화금액 × 평균가득률 × 전월 평균매매기준율
원자재자금	수입어음, 내국신용장 어음의 외화금액 × 평균매매기준율
완제품 구매자금	내국신용장 어음의 외화금액 × 평균매매기준율
포괄금융	한도금액(신용장 금액) × 평균매매기준율

• 생산자금

① 신용장기준 생산자금 ; 수출신용장 금액 범위 내 융자가 가능하다.

② 실적기준생산자금 ; 과거 12개월 간 수출실적 또는 9개월 전 3개월 수출실적에 1/3을 곱한 금액에 당해 업체의 평균 가득률을 곱한 금액의 대출이 가능하다.

• 원자재 금융

① 원자재수입의 경우 ; 원자재를 수입할 경우 과거 12개월 간 수출실적에 당해업체의 의존율을 곱한 금액을 융자받을 수 있다.

② 원자재를 국내에서 구매할 경우 ; 국내에서 생산된 수출용원자재를 구매하기 위하여 개설된 내국신용장상의 물품공급자가 발행한 내국신용장어음의 부기외화금액 또는 외화금액에 기업별 융자단가를 곱한 금액범위 내에서 융자가 가능하다.

- 포괄금융 ; 포괄금융제도는 자금용도를 구분하지 않고 일괄하여 수출신용장 등의 일정비율만큼을 일시에 현금으로 대출해 주도록 하여 금융수혜절차에 따른 불편을 해소하여 중소기업의 수출을 촉진하기 위한 제도다. 융자대상업체는 과거 1년간 수출실적이 미화 5,000만불 미만인 기업이다.

융자대상	전년도(1월1일 ~ 12월31일) 또는 포괄금융 수혜업체 선정 신청 전월로부터 과거 1년간 수출실적이 미화 5천만 달러 미만 기업, 수출실적 보유 기간이 1년 미만인 신규업체 라도 동 기간 동안의 수출실적이 미화 5천만 달러 미만인 경우에는 선정가능
장점	수출기업이 일정요건을 갖춘 경우 복잡한 자금용도의 구분없이 물품수출에 필요한 원자재구매자금 및 제조·가공비를 일괄하여 현금으로 융자취급하는 방식으로서 고객의 편의 도모

5) 융자한도 및 융자기간

무역금융 융자한도는 융자를 받기 위한 생산능력이나 담보 등이 충족되었을 경우 해당 업체가 수혜할 수 있는 금융의 최고한도로서, 거래외국환 은행이 관리하는 해당업체의 수출실적관리카드상의 과거 일정수출실적에 연동되어 있다. 수출실적은 수출신용장, D/A·D/P계약서, 외화표시 물품공급계약서 및 내국신용장에 의하여 FOB 가액기준으로 집계한 수출실적으로서, 원칙적으로 수출통관 금액 중 입금이 완료된 분만 인정되며(본지사간 거래를 제외한 신용장 거래, 내국신용장 거래는 매입기준), 당해 업체가 직접 제조·가공하여 수출한 자사제품 수출실적을 기준으로 거래 외국환은행이 수출실적 관리카드에 의거 관리하고, 무역금융은 수출물품의 제조자가 수출이행에 필요한 자금을 중복금융의 여지가 없는 경우와 대금회수가 확실한 경우에만 융자가 가능하다. 융자대상 수출실적으로 인정되지 않는 수출로는 중계무역방식에 의한 수출신용장, 전액 선수금조건의 수출신용장(red-clause L/C), 단순송금방식 수출, 중장기 연불방식에 의한 수출계약서, 수출입은행의 수출자금 대출(인도전 금융)을 수혜한 수출신용장 등이 있다.

- 실적기준 생산자금 융자한도 ; 융자신청 전월부터 과거 3개 월 간 수출실적의 1/3
- 실적기준 원자재자금 융자한도
  과거 1년간 자사제품 수출실적 × 1/3 × 평균 원자재의존율

가. 평균가득율 및 평균원자재 의존율

신용장기준 금융의 경우에는 융자대상증빙 건별로 소요량증명서를 발급하여 가득율 및 원자재의존율을 사정하여 자금별 융자가능한도를 산출하나, 실적기준 금융은 신용장의 수취와는 관계없이 과거의 수출실적이 융자대상이 되므로 거래 외국환은행은 당해 업체의 과거 1년간 자사제품 수출실적을 근거로 업체의 평균가득률 및 평균원자재 의존율을 산출하여 실적기준 금융의 융자한도를 산출하게 된다.

나. 신용장기준금융의 융자한도

융자대상 건별로 생산자금 및 원자재 금융을 수혜하는 업체의 융자한도는 융자취급승인 전월로부터 과거 1년간 자사제품 수출실적의 1/2 해당액 또는 최근 6개 월 간 자사제품 수출실적 범위내로 한다. (예 : * 융자한도 = 과거 1년간 자사제품 수출실적 × 1/2 또는 최근 6개월 간 수출실적)

다. 신규업체의 융자한도

최초 융자취급월로부터(무역금융관련 지급보증 포함) 4개월이 경과하지 않은 업체는 무역금융 융자한도 사정의 기준이 되는 과거수출실적이 없으므로 최초 4개월 동안은 융자한도의 적용을 받지 않고 당해 업체가 보유한 수출신용장 등의 범위 내에서 금융수혜가 가능하다.

라. 융자기산일

생산자금 및 원자재수입자금은 융자취급일로부터 기산하며, 원자재구매자금은 물품수일로부터 기산한다. 다만, 원자재수입자금의 경우 화물선취보증서(L/C)가 발급된 경우에는 보증서 발급일로부터 기산한다. 무역금융의 융자금 상환은 수출대금이 입금될 때 또는 내국신용장에 의하여 발행된 어음을 매각할 때 동 입금 또는 매각대금으로 상환해야 하다. 그러나 실적기준 금융의 경우에는 융자기간 만료 시에 상환한다.

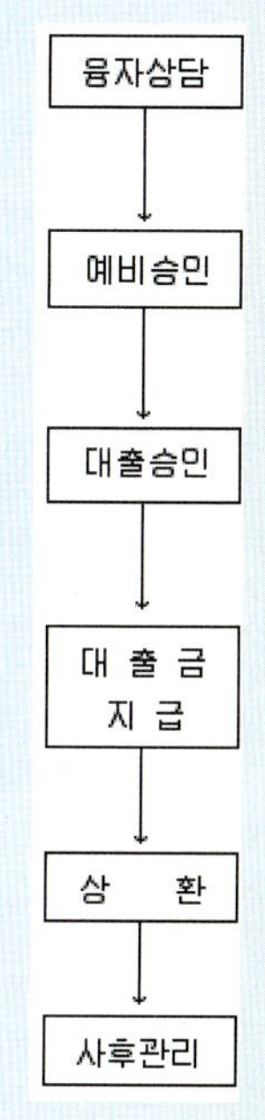

구 분	신용장기준	실적구분
개요	신용장 등의 거래증빙을 근거로 매 건별 수출(공급)계약금액 범위 안에서 선적(인도)기일까지 대출취급하고 해당 수출(공급)대금으로 융자금을 회수하는 방식	업체별 수출실적을 기준으로 각 자금별 융자한도를 정하고 이 한도범위 안에서 융자를 하되 정해진 융자기간이 끝나기 전에 융자금을 회수하는 방식
수혜자격	융자대상실적(신용장 등) 보유업체	수출실적 보유업체
융자시기	수출실적에 따른 융자 한도 범위 한에서 수출신용장 등이 있어야 금융수혜가능	수출실적에 따른 융자한도 범위 안에서 금융수혜가능
융자한도 산정	일정 기간의 수출실적	일정 기간의 수출실적×평균원자재의존율 혹은 평균가득률 (1999. 5. 1부터 폐지)
융자한도 관리기준	미 선적잔액	융자잔액(지급보증잔액포함)
융자	해당 신용장 등의 선적기일 및 유회기간 범위 안에서 180일 이내	90일 이내(항해일수 10일 이내/지역에서 원자재수입 시 60일 이내)
특징	신규업체(무역금융 거래 후 6개월까지)가 처음으로 무역금융 거래를 할 경우 자금유용의 가능성이 거의 없으므로 실적에 비례한 융자한도를 운용할 수 있음	건별로 대출받지 않아도 되므로 신용장방식에 비해 절차가 간편한 반면 용도외로 자금이 유용될 가능성을 고려하여 융자한도를 작게 정하고 있음

▸ 무역어음거래약정서
- 무역어음(인수, 할인) 신청서
- 신용장 등의 원본 및 사본
- 생산능력보유 입증서류
- 백지어음 1매
- 인감(서명 감)증명서
- 기타 필요하다고 인정하는 서류

참고

수출과정별 무역금융 융자절차

- 연불수출 금융 ; 수출입은행의 금융자금은 주로 수출과 해외투자, 해외자원개발 등에 필요한 금융을 제공함으로써 국민경제의 건전한 발전과 대외경제 협력을 촉진하는데 있다. 지원자금 중 가장 활용되고 있는 것은 주로 '수출자금'에 대한 지원이다. 수출자금이란 산업설비, 선박, 기계류 등 수출입 은행이 지원하고 있는 품목의 수출을 촉진하기 위하여 그 수출에 소요되는 자금을 수출자 또는 국내 생산자에게 지원하는 자금이다. 주로 수출목적물의 제작에 필요한 자금을 지원하는 제작금융과, 수출목적물을 인도 완료한 후 수출대금 회수시까지 자금을 지원하는 연불금융으로 구분된다. 연불금융은 융자대상별로 구비서류 및 절차가 조금씩 상이하므로 여기에서는 산업설비 수출과 관련된 구비서류 등을 예시하였다.

[연불수출금융의 절차]

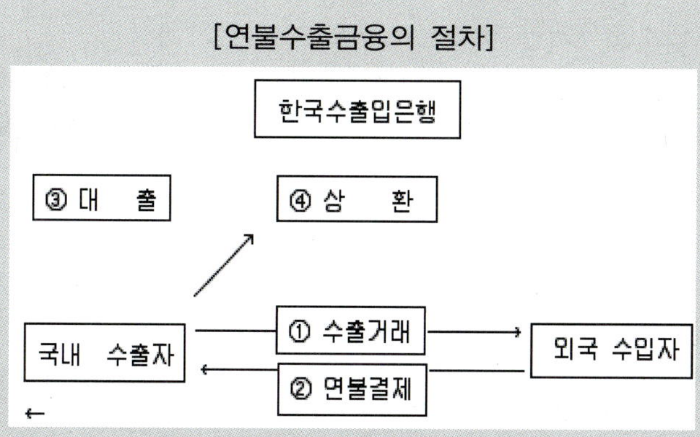

① 구두로 상담
② L/I 발 급 ; L/I(의향서)발급 신청서(거래개요, 융자신청내용, 차주의 개요, 수입자의 개요, 산업설비 수주계획신고 수리서 사본)
③ 예비 승인 ; 예비승인신청서(융자승인신청서, 거래개요, 수출자 및 연대입보회사 신용상태, 제작자의 신용상태 및 제작실적, 수입자의 신용상태, 연불원리금 입금 계획, 대출원리금 상환 계획)
④ 대출 승인(융자신청내용, 신청경위 및 주계약 내용, 공정계획 및 소모자금 조달계획, 수출자 및 연대입보회사 신용상태, 제작자의 신용상태 및 제작실적, 수입자의 신용상태, 연불원리금 입금계획, 사업타당성 검토보고서)

- 외화대출 ; 외국환은행이 국내 거주자에게 수입결제 대금 등 대외지급에 필요한 외화자금과 국산기계 구입에 필요한 자금을 어음대출 또는 증서대출 형식으로 대출하여 주는 것이다. 이는 금융통화위원회가 제정한 「외화여수신 업무에 관한 규정」과 한국은행 총재가 정하는 세칙에 의거 지원된다. 외화대출절차는 다음과 같다.

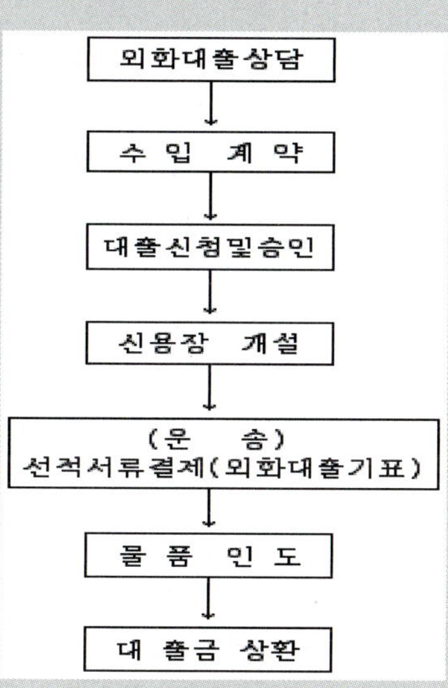

① 융자대상 및 융자비율

- 시설재 수입자금 ; 제조업체(대기업:70%, 중소기업:100%), 비제조업체(대기업: 70%, 중소기업 90%), 연구용 시설재, 항공기, 중고선박, 전원개발용, 고속전철사업용 등 사회간접자본투자용 시설재, 계획조선용 기자재 수입자금(80%), 중소기업의 첨단기술도입비 및 용역비(100%), 해외직접 투자자금(대기업:70%, 중소기업:80%), 수출입은행 협조융자자금(80%),

국산기계 구입자금(대기업:70%, 중소기업:100%)

- 융자기간 및 제한 ; 융자기한은 10년 이내(거치기간 포함)이며 물품의 수입자금에 대한 융자는 일람출급 화환신용장 지급 인도조건 또는 송금방식(분할지급 및 사후송금7 제외)에만 한정한다. 융자금리는 외국환은행에서 자율결정하나 통상 LIBOR+0.5%~5% 수준이다.

*구비서류 ; 외화대출 신청서, 사업계획서, 약속어음, 금전소비대차 약정서(기업용), 외환거래 약정서, 양도담보 계약서, 수입승인 관계서류(수입자금의 융자 시), 외화대출 약관 등 기타 필요한 서류, 차용신청서(융자 시)

(2) 무역어음

1) 무역어음의 개념

무역어음이란 무역업체가 인수기관과 일정한 약정에 의해 발행대상인 신용장 등을 근거로 인수기관을 지급인으로 하여 환어음을 발행하고, 이를 인수기관(지급보증)에 인수하도록 하여 중개기관을 통해 어음을 할인·매각하여 자금을 조달하는 것이다. 무역어음은 취급기관이 자체 재원을 바탕으로 무역업체가 발행한 어음을 인수, 할인·매입하여 일반투자가에게 매출하고 어음만기 시 수출네고대전으로 대금을 상환하는 제도다.

2) 어음발행 대상업체

수출신용장, 선수출계약서(D/A, D/P) 및 외화표시 물품공급계약서 등을 보유하고 있는 자, 수출용 완제품 또는 수출용 원자재를 내국신용장에 의하여 공급하고자 하는 자를 포함한다. 그리고 무역어음 취급기관으로는 외국환은행 및 종합금융사가 있다. 무역어음 발행약정 시 필요한 서류로는 옆과 같다.

3) 무역어음 인수절차

가. 인수한도 산정

무역어음 인수는 한도거래로 운용하는 것을 원칙으로 하며, 다음 산식에 의거 산출된 한도범위 내에서 수출실적, 생산능력, 상환능력 및 신용상태 등을 고려하여 적정한도를 설정한다. 종합금융회사도 거래한도를 정하는데 기존거래의 경우 기업어음 거래약정서상 총 한도에 무역어음 한도가 포함된다. (산식 : 과거 1년간(또는 향후 1년간) 자사제품 수출실적(FOB 기준)의 1/3 × 대고객 전신환 매입율)

나. 증빙서류 검토

신용장은 원칙적으로 취소불능이어야 하며 갑류외국환은행과 환거래계약을 체결한 은행, 외국환은행의 해외지점 또는 외국환은행이 인정하는 기타 은행이 발행 또는 확인한 것이어야 한다. 당해 수출에 관하여 당국의 허가, 승인, 인증 또는 추천을 받은 것일 것은 물론이다.

다. 무역어음의 요건

어음발행 인감은 인수기관에 신고한 인감(서명 감)신고서상의 인감과 일치해야 한다. 어음기간은 신용장상의 유효기일 범위 내에서 최종 선적기일(내국신용장의 경우 물품 인도기일)에 10일을 가산한 기일 이내로 최장 270일을 넘을 수 없다. 어음금액은 신용장금액(FOB 기준)에 인수당일의 대고객 전신환매입률로 환산한 원화금액 범위 내에서 발행하되 최저 5백만원 이상이며, 10만원 단위로 한다. 어음의 통합 또는 분할 발행은 가능하다. 수출신용장 등의 1건이 500만원 이하일 경우 수개의 어음을 통합하여 발행할 경우 어음기간은 선적기간이 가장 늦게 도래하는 수출신용장등을 기준으로 한다.

▸무역어음인수 수수료 ; 인수 수수료는 다음 산식에 의해 인수기관이 인수일에 선취한다. 인수 수수료율은 년 1.5%이내에서 인수기관이 자율적으로 결정한다.

라. 신용장의 조건변경

신용장의 취소, 감액 또는 하자 등의 사유가 발생한 경우에는 해당금액을 인수일의 대고객 전신환매입율로 환산한 원화금액을 예치한다. 신용장의 선적기일 연장 등의 사유로 이미 발행된 무역어음의 지급기일에 결제 대전을 예치하지 못하는 경우에는 다음에 의하여 처리한다.

- 신용장조건변경 통지서에 의하여 선적기일의 연장사실 여부를 확인
- 무역어음 인수신청서에 의하여 무역어음 재발행 및 인수허용 여부 승인
- 무역어음 발행 및 교부는 무역어음의 지급기일에 실행하며 그 절차는 당초 무역어음의 발행 및 교부절차에 따름.
- 무역어음의 재발행 및 인수는 2회에 한하여 허용할 수 있으며 각 무역어음의 기간은 당초 무역어음기간을 포함하여 180일을 초과할 수 없음.
- 무역어음 인수 수수료의 징수는 재발행일로부터 지급일까지 일수 계산하여 선취

4) 무역어음의 할인

무역어음의 할인이란 인수기관이 인수한 무역어음을 무역업체의 요청에 의해 할인 매입하는 것을 말한다. 할인의뢰인은 당해 무역어음의 발행인으로

한정하고, 할인대상어음은 어음법상 요건을 구비한 환어음으로서 인수기관이 인수한 무역어음이다.

가. 할인요율 및 할인금액

할인요율은 할인기관이 여타 여신금리 수준 등을 감안하여 자율적으로 결정하고 있다.

나. 무역어음의 매출

무역어음의 매출이란 취급기관이 할인매입한 무역어음을 일반투자자에게 매출하는 것을 말한다. 매출이율은 무역어음의 매출이율은 "금융기관 여수신이율 등에 관한 규정"에서 정하는 바에 따르며 동 규정에서 정하지 아니한 매출이율은 별도로 정하는 바에 의한다.

- 매출이자 = 어음액면가 × 매출이율 × 매출기간/365
- 매출이자에 대한 제세금 산출
- 매출원금 = 어음액면가 - 매출이자 - 제세금

다. 무역어음 인수제한

무역금융규정 및 동 세칙에 의거 무역금융을 융자받은 부분에 대하여는 무역어음을 인수할 수 없으며, 무역어음이 발행된 신용장으로 무역금융을 쓸 수 없다. 그러나 동일 신용장으로 무역어음을 쓰더라도 원자재 조달을 위한 내국신용장 개설은 신용장금액에서 어음발행분을 제외한 범위 내에서 가능하다.

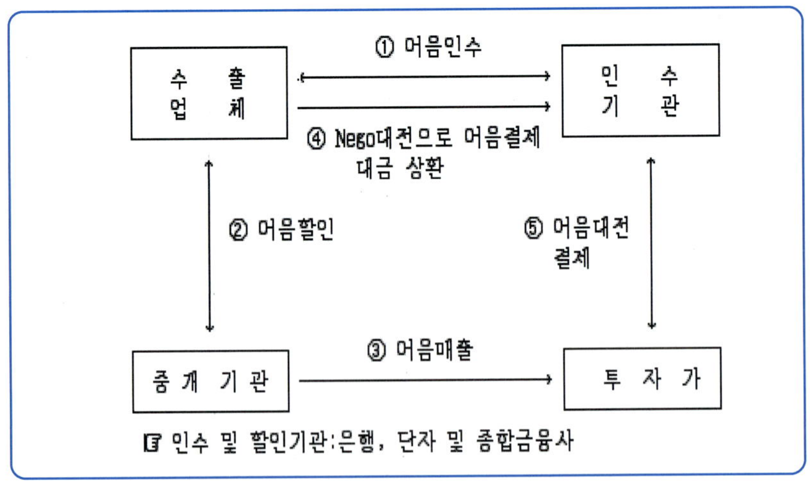

〈그림 50〉 무역어음의 발행 및 유통체계

3. 일반특혜관세제도(GSP)

일반특혜관세제도(GSP)는 개발도상국의 수출확대와 공업화의 촉진을 위해 선진국이 개발도상국을 원산지로 하는 수입품에 대하여 일반관세율보다 낮은 관세율을 적용하거나 또는 무관세를 적용하는 관세 상의 특혜제도를 말한다.

(1) 일반특혜관세의 대상품목 및 특혜의 폭

개발도상국에서 선진국으로 수출되는 모든 상품이 일반특혜관세의 혜택을 받는 것은 아니며, 각 GSP 공여국은 특혜관세대상품목을 매년 정하고 있다. 일반특혜관세제도가 선진국이 개발도상국으로부터 상품을 수입할 때 관세 상의 특혜를 주는 제도이기는 하나, 선진국으로서도 자국의 산업보호, 실업방지 및 관세수입 확보 등의 문제를 안고 있으므로 무한정 관세 상의 특혜를 공여할 수 없는 것이다. 현재 선진국들이 채택하고 있는 보장조치(safeguard mechanism)로서는 면책조항과 최고한도의 두 가지가 있다.

- Escape Clause : 사후제한형으로 처음에는 무제한의 특혜수입을 허용하나 특정품목의 특혜수입이 급증함에 따라 국내산업에 피해를 초래하는 경우에는 특혜공여를 정지하는 제도다.
- Ceiling : 사전제한형으로 특혜대상품목별로 특혜수입한도를 설정하고, 그 한도 내에서만 특혜를 공여하는 제도다.

  GSP 대상품목을 정하는 방법으로 특혜관세대상이 되는 품목리스트(positive list)를 제시하는 방법과 특혜관세대상에서 제외하는 품목리스트(negative list)를 제시하는 방법이 있다. 각 GSP 공여국별로 어떤 품목이 GSP 대상품목인지 아닌지를 알기 위하여는 각 GSP 공여국의 관세율표에 의하여 확인해야 한다. 각 공여국별 GSP대상품목을 확인하기 위하여는 지식경제부, 무역투자진흥공사, 각 시 · 도의 GSP 담당자에게 문의하면 된다.

(2) 일반특혜관세의 수혜요건

GSP 수혜당사국이 GSP 공여국으로부터 일반특혜관세의 대우를 받기 위해서는 각 공여국이 설정한 생산과정에서의 충족기준인 원산기준과 수출품의 운송상의 요건인 운송요건을 충족지켜야 하며, 또한 이를 입증하는 증빙서류가 구비되어야 한다.

1) 원산지 기준

GSP 수혜국의 수출품은 대별하여 완전생산품과 수입원자재가 포함된 상품으로 구분할 수 있다. 완전생산품이란 당해 수출국의 토양으로부터 재배, 추출하였거나 수확된 산품과 이러한 산품으로부터 전적으로 제조된 상품을 말하는데, 일반적으로 수입원자재가 투입되지 않은 1개 수혜국의 완전생산품은 원산지 기준을 충족한 것으로 인정하고 있다.

그러나 수입원자재나 부품(원산지가 미상인 원료나 부품 포함)을 사용하여 제조·가공한 상품의 경우에는 생산과정에서 사용된 원료나 부품의 특성을 실질적으로 변형시키는 가공을 거쳐야 원산지 기준을 충족한 것으로 인정하고 있다. 모든 GSP 공여국은 수입원자재의 "실질적 변형"의 원칙으로 가공도 기준과 부가가치 기준 중 하나를 채택하고 있다.

- 완전생산기준
  상품이 한 국가 내에서 재배, 가공, 조립 등 모든 생산과정이 이루어지는 경우에 적용되는 기준 (주로 농·수·축산물 및 그 가공품)
  (a) 당해국의 토양, 영해 또는 해저에서 채취된 광물성 상품
  (b) 당해국에서 수확 또는 채집된 식물성 산품
  (c) 당해국에서 생산 또는 사육된 산 동물
  (d) 당해국에서 산 동물로부터 얻은 산품
  (e) 당해국에서 수렵이나 어업에 의하여 얻은 산품
  (f) 당해국 국적선박의 해양어업에 의하여 얻은 산품 및 해양에서 취득한 기타의 산품
  (g) 전(f)항의 규정이 적용되는 종류의 산품만을 가지고 당해국적의 공선상(工船上)에서 얻어진 산품
  (h) 당해국의 영해외 해저의 토양 또는 하층토(下層土)에서 채취된 산품, 다만 당해국이 당해토양 또는 당해하층토 개발의 전유권이 있음을 조건으로 한다.
  (ij) 제조작업 및 가공작업에서 생긴 부산물과 폐기물 및 당해국에서 회수된 중고품에 의해 회수된 원자재
  (k) 당해국에서 (a)항에서 (ij)항에 걸쳐 언급된 산품만에서 생산된 물품

2) 가공도 기준

가공도 기준이란 수입원자재가 수혜국의 수출품 생산과정에서 일정한 가공공정을 거쳤느냐에 따라 수혜국의 원산지제품으로 인정여부를 결정하는 것이다. 가공도 기준의 기본원칙인 수입원자재의 HS번호 10단위 중 앞 4단위(heading)가 일정한 가공과정을 거친 후 생산된 수출품의 HS Heading과 달라야 한다. 그러나 이러한 기본원칙에 예외로서 List A와 List B가 있다. List A는 HS번호 4단위가 다르지 않더라도 GSP 수혜자격을 인정하는 제조과정을 명시한 것이다. 따라서 List A상의 품목은 기본원칙에 추가하여 각 품목별로 List A상에 명기된 조건을 충족시켜야 하나, List B상의 품목은 수입원자재의 HS 4단위가 수출품의 HS 4단위와 같더라도 List B상에 명시된 품목별 조건을 충족시키면 GSP 원산지 기준에 합당한 것으로 인정된다.

- 실질적 변형기준
  상품의 생산과정이 2개국 이상에 걸쳐 이뤄진 물품에 대하여, 당해 상품의 본질적인 특성을 부여하기에 충분한 정도의 실질적 변형이 최종적으로 수행된 국가에 원산지를 부여하는 기준이다. 현재 세계 각국에서 유통되고 있는 공산품은 대부분 2개국 이상에 걸쳐 생산된 제품으로 볼 수 있다.
- 세번(HS코드)변경기준 (change in tariff classification criterion, CTC)
  - 원재료와 완성품의 세번(HS코드)을 비교하여 세번(HS코드)이 일정 단위 이상으로 변하는 경우 이를 실질적 변형으로 인정하여 원산지를 부여하는 기준이다.
  - 세번(HS코드)변경기준은 대개 국제통상코드인 HS품목번호를 사용하며, 세 번4단위 변경기준인 CTH 기준이 가장 많이 이용된다.
  - CC (Change of Chapter) HS 2단위 변경 기준
  - CTH (Change of Tariff Heading) HS 4단위 변경 기준
  - CTSH (Change of Tariff SubHeading) HS 6단위 변경 기준
    단, 실질적 변형으로 볼 수 없는 단순한 가공활동에 의해 세번(HS코드)변경이 발생한 경우라도 원산지를 인정하지 않는다.
  - Positive test Rule : 일정한 제조나 공정이 있어야 원산지를 부여 하는 방식
  - Negative test Rule : 일정한 제조나 공정에 대해서는 원산지를 부여하지 않는 방식

- 상품 분류에 있어 HS 코드가 가장 널리 쓰이며, 행정적 재량을 발휘할 여지가 적기 때문에 원산지기준을 결정하는데 있어, 세번(HS코드)변경 기준이 많이 이용된다.

• 부가가치기준 (value added test or ad valorem percentage criterion)
이 기준은 가장 합리적으로 보이나, 정확한 부가가치비율을 환산하기 어렵고 세관이나 무역거래자에게 추가적 부담이 되는 등 적용하는데 한계가 있어 불가피할 경우에만 예외적으로 사용된다.

- 현행 대외무역법은 카메라 원료나 부품의 부가가치가 완제품 부가가치(FOB 가격 기준)의 35%이상인 경우 원산지를 인정하고 있다.

• 특정공정기준 (specific manufacturing or processing operation criterion)
상품의 제조나 가공 과정에서 특정 생산공정이나 특정 재료를 사용한 국가에 원산지를 부여하는 기준이다.
예) 편직물의 편직공정 수행국 및 의류제품의 봉제공정 수행국 등

3) 부가가치기준(value added test or ad valorem percentage criterion)

부가가치 기준은 수혜국이 GSP 대상품목의 생산과정에서 수입원자재 이외에 자국에서 획득 사용한 원자재와 투입한 노동력, 즉 상품생산을 위하여 부가시킨 가치가 얼마냐에 따라 수혜국의 상품으로 인정여부를 결정하는 것이다.

이 기준은 가장 합리적으로 보이나, 정확한 부가가치비율을 환산하기 어렵고 세관이나 무역거래자에게 추가적 부담이 되는 등 적용하는데 한계가 있어 불가피할 경우에만 예외적으로 사용된다.

• 현행 대외무역법은 카메라 원료나 부품의 부가가치가 완제품 부가가치(FOB 가격 기준)의 35%이상인 경우 원산지를 인정하고 있다.

4) 직접 운송요건(direct consignment)

운송요건은 수혜국에서 수출된 상품이 GSP 공여국으로 수송 시 충족시키도록 요구하고 있는 조건으로 통상 제3국의 경유없이 수혜국(수출국)에서 공여국(수입국)으로 직접 운송되거나 수송상의 이유로 제3국을 경유하는 경우에는 제3국 세관당국의 감독하에 있어야 하며, 교역이나 소비에 사용되지 않고 재적재 또는 상품을 양호한 상태로 유지하기 위한 작업 이외의 어떠한 작업도 인정하지 않는 것을 말한다.

5) 증빙서류(document evidence)

GSP 수혜를 위한 증빙서류로는 수혜국(수출국)에서 공여국(수입국)이 요구하는 원산지기준을 충족시켰음을 입증하는 서류와 수출품의 수송 시 직접운송요건을 입증하는 서류가 있다. 일반적으로 GSP 공여국은 원산지기준 충족을 입증하는 서류로 수혜국의 정부기관에 의해 서명・발급되는 Form A를 요구하고 있으나 일부 예외가 있으며, 우편계통으로 송달되는 소량의 상품에 대하여는 Form APR을 필요로 하는 국가들도 있다.

6) 기타 기준을 실시하는 경우

① 누적 원산지기준(Cumulative Origin)은 제3의 개도국에서 수입된 원재료를 GSP 대상품목 수출개도국의 원자재로 인정해 주는 것으로 주로 지역경제블록 회원국 간에 원자재 이전을 인정하는 경우가 많다.

② 공여국(수입국)원자재 사용분 인정기준(Donor Country Rule)은 GSP 공여국의 원자재를 사용하여 생산한 제품을 동일한 GSP 공여국에 수출한 경우 공여국으로부터의 수입원자재를 수출국의 원자재로 인정해주는 것을 말한다.

(3) 일반특혜관세의 활용절차

1) GSP 대상품목 확인

해당 수출상품이 GSP 공여국의 원산지 기준에 부합하는가 여부를 확인해야 한다. GSP 수혜대상 품목이더라도 우리나라에 대해 GSP 수혜제한이 가하여지고 있는가 하는 점을 확인해야 한다.

2) 원산지 기준확인

해당 수출상품이 GSP 공여국의 원산지 기준에는 가공도기준과 부가가치기준이 있는데, 이 기준을 충족시켜야만 GSP 수혜국의 생산품으로 인정되어 GSP 수혜가 가능하게 된다.

3) Form A 작성

해당 수출상품이 GSP 수혜조건을 모두 충족하고 있는 것으로 판명되면 수출업자는 GSP 수혜를 받기 위한 소정양식(Form A, 기준별 사실신고서)을 기재하여 GSP 원산지증명서 발급기관에 Form A 발급을 신청하여야 한다. 그 후 GSP 원산지증명서인 Form A를 발급받아 그 선적서류와 함께 원본을 수입

업자에게 송부함으로써 GSP 활용절차는 완료된다.

Form A란 일반특혜관세 제도상의 원산지증명서로서 수출상품이 수입국(GSP공여국)의 GSP 원산지기준에 부합하고 있다는 사실을 증명하는 필요한 서류로 국제적으로 통일된 서식이다.

- Form A의 발급 ; 관련규정으로는 대외무역법 시행령 제66조 1항에서 5항, 수출물품의 원산지 증명서의 발급, 관세양허대상수출품 원산지증명 발급규정(통상산업고시제 1996-378호) 등이 있다. 구비서류로는 다음과 같다.

  Form A 2부, Form B 1부(Form A이면에 인쇄되어 있음), 기준별 사실신고서(양식 1, 2) 1부, 수출신고필증이나 수출승인서 원본 혹은 상업송장원본 + 수출신고필증이나 수출승인서 사본, 기타 필요시 발급기관이 요구하는 서류
- 발급기관 ; 서울특별시, 마산 · 익산 수출자유지역 관리사무소, 각 광역시, 경기도 북부 출장소, 각도, 양산시, 완도군, 구미시, 경산시, 김해시, 목포시, 부천시, 성남시, 안산시, 안양시, 여수시, 진주시, 평택시, 포항시, 천안시
- 발급신청시기 ; 원칙적으로 해당 품목의 수출이 이행되었거나 수출이 이행될 것이 확신되는 시점에서 신청발급받아야 함(Form A 12번란의 발급신청일자는 Form A10번란의 송장발행일자와 같거나 그 이후가 되어야 하며, Form A 3번란의 선적일자 보다 늦어야 한다.) 그러나 예외적으로 상황에 따라 임시발급, 사후발급, 재발급의 세 가지 유형이 있다. 단, 수출신고필증의 유효기간이 경과한 당해 수출품은 증명서를 발급받을 수 없다.

  ① 임시발급 : 전시용 견본을 수출 혹은 반출하는 경우 등 수탁자 및 최초 수입국이 불분명한 때에는 수탁자란(goods consigned to)에 잠정발급스탬프(PROVISIONAL)를 적색으로 날인하고 발급한다.

  ② 사후발급 : 수출 당시에 무의식적인 실수 등으로 Form A를 발급받지 못한 경우에 발급한다. 이 경우 발급기관은 Form A 제4란에 "ISSUED RETROSPECTIVE"라고 스템프를 찍고 Form A를 발급한다.

  ③ 재발급 : Form A가 도난, 분실 또는 훼손되었을 때 수출업자는 소정양식에 의거 발급기관에 재발급을 신청하게 되며 발급기관은 Form A

제4란에 "DUPLIGATE"라는 스탬프를 찍고 Form A를 발급하게 된다. 이 경우 재발급한 Form A의 발급일자는 최초의 발급일자이어야 한다.

(4) 기타 무역특혜관세제도에 의한 원산지증명

가. 개도국 간 무역특혜제도(GSTP; Global System of Trade References Among Devel oping Countries)에 의한 원산지증명

개도국 상호간에 관세 및 비관세장벽을 완화하여 무역, 생산 및 고용증진을 도모하기 위한 제도로서 GSTP 협정국이 정한 관세양허 대상품목의 수출입에 대해 상호간에 특혜관세를 적용하기 위한 원산지 증명서이다.

원산지 기준은 협정국 이외의 수입품이 투입된 수출품은 수출국에서 부가가치를 50% 이상 부가하여야 하고 협정국의 특혜대우를 받을 수 있는 수입물품이 투입된 경우(부가가치통산)는 수출국에서 부가가치를 40% 이상 부가하여야 한다.

나. GATT 개도국간 관세양허협정에 의한 원산지증명(General Agreement on Tariffs and Trade; 관세 및 무역에 관한 일반협정)

다. 방콕협정에 의한 원산지증명(ESCAP; Economic and Social Commission of Asi a and Pacific)

라. ESCAP 개발도상회원국간 무역협상에 관한 1차 협정의 협정국간에 수출되는 상품에 대하여 관세양허를 받기 위한 원산지증명

원산지기준은 방콕협정회원국 공동 원산지규정이 채택되기 전까지는 각 국가의 잠정관세양허실시요령에 의하며, 각 국별 원산지기준은 다음과 같다.

- 인 도 : 공장도가격기준부가가치 50% 이상,
- 방글라데시 : FOB금액기준 부가가치 50% 이상
- 스리랑카 : FOB금액기준 부가가치 40% 이상

인도, 방글라데시, 스리랑카는 방콕협정 비준국의 영토 내에서 생산·제조된 원자재 또는 투입된 노동력은 최종 수출국의 원자재 또는 노동력으로 간주한다.

(5) 원산지 증명서 보존기간 및 신청자의 의무

증명서 발급받은 신청자는 발급받은 증명서 부본(회사보관용) 및 관계서류는 발급일로부터 3년간 보관하여야 한다. 공여국 관계당국에서 원산지 증명

서에 대한 확인요청이 있어 발급기관으로부터 관계증빙 자료의 제출을 요구받을 경우 요청일로부터 20일 내에 응해야 한다.

4. 소요량증명제도

소요량증명제도는 앞에서 자세하게 언급하였으므로 본 장에서는 생략하기로 한다.

5. 수출지원 조세제도

수출지원을 위한 조세제도란 일반적으로 조세감면규제법상의 수출손실준비금, 해외시장개척준비금, 해외사업손실준비금, 해외사업에 대한 소득공제, 해외투자손실준비금 및 해외자원개발사업에 대한 법인세감면, 부가가치세법상의 영세율제도 및 특별소비세법상의 특별소비세 면제, 미납세반출 등을 말한다.

6. 부가가치세 영세율(零稅率)제도

한국의 부가가치세법 제11조에 의하면 부가가치세 과세방법은 「매출세액(매출액×세율)-매입세액(매입액×세율-납부세액)」이라는 전단계 매입세액 공제제도를 채택하고 있으며, 현행 부가가치세 세율은 일반과세자에 대하여는 10%, 과세특례자에 대하여는 2%를 적용함을 원칙으로 하고 있다. 그러나 예외적으로 매출세액계산서 세율을 "0"으로 적용하는 경우가 있는데, 이를 "0(영)세율"이라고 한다.

영세율이 적용되는 경우에는 「매출액 × 0% − 매입액 × 10% − 매입세액」이 되어 재화 및 용역의 매입 시 부담한 부가가치세를 정부로부터 환급받게 된다. 이와 같은 영세율제도를 두고 있는 이유로는 부가가치세가 수출 등 외화획득사업으로 공급하는 재화 및 용역의 원가구성요소가 되지 않도록 하여 줌으로써 대외경쟁력을 제고시키고 수출활동을 지원함에 있다.

(1) 영세율 적용대상

수출이란 내국물품을 외국으로 반출하는 것을 말하며 유상으로 반출하든 무상으로 반출하든 모두 영세율 적용대상이 된다. 국외에서 한국 선박에 의하여 획득된 수산물을 외국에 인도하는 것과 내국신용장이나 구매승인서에 의하여 공급하는 재화[재화공급 후 과세기간(6월)내에 내국신용장이 개설되는 경우도 포함] 등도 이에 해당한다. 또한 국외에서 제공하는 용역과 선박, 항공기의 외국항행 용역, 그리고 기타 외화획득 재화 · 용역으로서 다음 아래와 같은 경우에도 영세율이 적용된다.

① 국내에 사업장이 없는 비거주자 등에게 공급하는 재화 · 용역 ② 수출재화 임가공용역 ③ 외국항행 선박 등에 공급하는 재화 · 용역 ④ 외국기관 등에 공급하는 재화 · 용역 ⑤ 외국인 관광객 등에 공급하는 재화 · 용역 ⑥ 미국군 주둔지역내 지정사업자가 공급하는 재화 · 용역 ⑦ 차관자금으로 국제입찰에 의하여 직접 공급하는 재화 · 용역 ⑧ 외신기자 클럽에서 외국기자에게 공급하는 재화 · 용역

(2) 영세율첨부서류

영세율 첨부서류는 시행령 64조에 규정하고 있으나, 시행령 상 서류를 첨부할 수 없는 경우에는 국세청장 지정서류에 의하여 영세율을 적용할 수 있게 하고 있다.

7. 원산지 표시제도

원산지표시제도에 대하여 앞에서 자세하게 언급하였으므로 본 장에서 생략하기로 한다.

02 수출보험

학습내용

학습의 목적

대외무역거래에서 발생하는 위험들 중에는 해상보험과 같은 통상의 보험으로 구제하기가 곤란한 위험들이 존재한다. 즉, 비상위험(emergency risks), 기업위험(business risks), 신용위험(credit risks) 등으로 입게 되는 재산상의 손실들이 바로 그러한 위험들이다. 그러나 우리는 이와 같이 까다로운 위험들을 수출보험계약을 통하여 분산할 수 있다.

학습의 목표

1. 수출보험제도의 의의 및 기능에 대하여 정확하게 이해한다.
2. 수출보험에서 담보하는 위험의 종류를 이해한다.
3. 수출보험금의 산정방식에 관하여 이해한다.
4. 수출보험의 종류별 보상위험범위를 이해한다.

2-1 수출보험제도의 개관

1. 수출보험의 정의

수출거래에 수반되는 여러 가지 위험 가운데에는 앞에서 살펴본 바와 같이 해상보험과 같은 통상의 보험으로 구제하기 곤란한 위험들이 산재해 있다.

그러나 수출보험제도는 이와 같이 대외무역거래에서 발생하는 위험들로부터 수출자를 보호할 뿐만 아니라 수출자가 국제무역거래에 대한 불안감을 떨쳐내고 안정적으로 수출에 정진할 수 있도록 가능하게 한다. 수출보험제도는 통상의 국제무역거래에서 발생하는 위험들 중 일반보험으로 커버할 수 없는 위험들을 담보해줌으로써 수출자 혹은 생산자 또는 수출자금을 대출해준 금융기관이 국제무역거래에서 입게 되는 불의의 손실을 보상하여 궁극적으로는 수출진흥을 도모하기 위한 비영리 정책보험이다.

2. 수출보험의 기능

수출보험은 첫째, 수출거래상의 불안을 제거한다. 수출보험은 수출거래에 따른 수출자의 위험부담을 해소하기 위하여 수출거래의 환경 및 조건을 국내상거래의 경우와 동일한 정도로 유리하게 조성하는데 1차적인 기능을 한다. 즉, 수입국에서 발생하는 비상위험 또는 신용위험 등으로 인하여 수출불능이 되거나 수출상품의 대금회수가 어렵게 될 경우, 수출자나 생산자 등이 입게 되는 손실을 보상함으로써 안심하고 수출활동을 할 수 있도록 한다. 둘째, 금융보완적 기능이 있다. 수출보험은 수출대금 미회수위험을 담보하므로 금융기관으로 하여금 수출금융을 공여하게 하는 금융보완적 기능을 가진다. 즉, 수출금융에서는 수출대금의 회수가능성 여부가 대출심사의 중요한 기준이 되므로 금융기관은 수출자에게 담보요건 등에서 보다 유리한 조건으로 수출자금을 공급한다. 또한 수출계약 상대방의 대금지급지체 등과 같은 보험사고가 발생하여 수출대금의 회수전망이 불투명하거나 회수에 장기간이 소요되는 경우에도 수출자가 입은 손실을 보상함으로써 기업자금의 유동성을 제고시켜 줄 수 있는 신용공여기능도 수행한다. 셋째, 수출보험은 수출무역, 기타 대외거래의 촉진 및 진흥을 위하여 정부의 지원에 의하여 운영되므로 보험요율 등을 정함에 있어서 가능한 한 저율로 책정하는 한편, 보상비율 등에서는 최대한 수출자에게 유리한 형태의 보상제도를 채택하고 있다. 또한 수출보험은 보험인수조건, 즉 담보하는 위험의 범위, 담보율, 보험요율 등을 수출여건에 따라 적절히 조정함으로써 수출자의 활동을 촉진시키거나 제한할 수도 있으므로, 수출무역 및 대외거래에 대한 인허가 등의 직접적 통제방식을 간접적 통제방식으로 전환시키는 기능도 발휘한다. 수출보험의 이러한 기능은 수출금융 및 수출자에 대한 세제상의 우대조치 등의 직접 수출지원수단에 관한 국제적 규제가 강화되고 있는 가운데 국제적으로 용인되고 있는 간접지원수단인 만큼 수출보험의 역할이 더욱 중요해지고 있다. 넷째, 해외수입자에 대한 신용조사 기능을 가지고 있다. 수출보험은 효율적인 보험인수 및 보험사고를 사전에 방지하기 위해 다각적으로 해외수입자의 신용상태와 수입국의 정치경제사정에 관한 조사활동을 한다. 해외수입자 및 수입국에 관한 신용정

보를 수출자에게 제공하여 수출자로 하여금 효과적으로 활용할 수 있도록 함으로써 수출자의 신규 수입선 확보와 수출거래 확대에 기여함과 동시에 건전한 수출거래를 유도한다.

3. 한국의 수출보험제도

1962년 시작된 제1차 경제개발 5개년 계획에서 수출증대를 경제정책의 최우선 목표로 설정한 이래 한국은 각종 수출진흥정책을 추진하여 놀라운 경제성장과 함께 수출규모의 증대와 또한 수출시장의 다변화를 이룰 수 있었다.

그러나 이와 같은 경제성장과 함께 한국 수출기업들은 제1편에서 살펴본 바와 같이 수출대금의 미회수 위험증가라는 문제에 직면하게 되었다. 특히 IMF 이후, 수출구조가 과거 소액의 경공업 상품중심에서 고가이고 또한 대금회수에 장기간이 소요되는 중화학공업 중심으로 변화되면서 이러한 양상은 더욱 두드러졌다. 그러자 수출거래 및 기타 대외거래에서 필연적으로 수반되는 위험 중 해상보험 및 기타 통상의 보험으로는 구제하기 곤란한 수출불능, 수출대금회수불능 등의 위험으로부터 수출자를 보호하고, 수출자에게 수출금융을 지원한 금융기관이 입는 손실을 보상하기 위한 제도적 장치가 필요하게 되었다. 이에 따라 1969년 2월 18일 수출보험의 운영주체는 정부이면서 그 운영업무만 대한재보험공사가 대행하는 체제로 수출보험업무가 개시되었다. 1968년 12월 31일 수출보험법이 공포된 후 25년 이상이 흐른 현재까지 총 8차례의 법개정을 거쳐 1992년 7월 7일 한국수출보험공사가 설립되어 수출보험의 독립전담기관 체제가 확립되었다.

4. 세계의 수출보험제도

▸수출보험 관련기구 ; ECA(Export Credit Agency)

현재 세계적으로 OECD 가입국 및 주요 개도국 대부분의 국가, 총 58개국 66개 기관에서 수출보험제도를 운영하고 있다. 세계 각국들이 수출보험제도를 운영하는 이유는 자국 수출기업의 대외거래위험 회피수단의 제공을 통하여 수출을 촉진하고 고용창출 등 국민경제발전에의 기여를 유도하기 위함이다.

수출보험제도는 그 특성상 다음 아래와 같은 내용에 의하여 해당 정부가 직접 수출보험제도를 운영하는 것이 효과적이다.

① 수출보험제도는 수입국의 외환위기, 전쟁 등 담보에 따른 수출보험상품의 위험성격상 민간기업에서 취급하기가 곤란하다. 때문에 유럽 등 국

가도 OECD 국가에 대한 수출거래에 한하여 민간에서 취급하고 있다.

② WTO 체제에서 유일하게 인정되는 수출지원수단이다. 미래의 국가경쟁력을 좌우할 수 있는 성장동력의 글로벌 마켓 개척을 전략적으로 지원할 수 있다.

③ 수출보험제도는 연도별 수지보다는 장기적 수지 관점에서 사업이 운영되어 진다. 따라서 지속적인 사업운영을 위해서 매년 적정수준의 이윤창출이 요구되는 민간기업은 수출보험제도를 운영하기가 곤란하다.

(1) 세계 각국의 수출보험제도 운영실태

각 국가별로 시장특성에 따라 정부부처, 정부기관 및 민간기관으로 나누어지며, 대부분 정부중심으로 운영되고 있다. 민간기업이 수출보험제도를 대행하는 경우에도 최종적으로는 국가가 그 책임을 진다.

▸수출보험관련 국제기구 : B.U.(Bern Union), OECD, Paris CLUB 등을 통해 ECA(Export Credit Agency) 간 상호협력

운영형태	국 가	국가수(중복)	기관수
정부부처	영국, 사이프러스, 러시아	3	3
정부기관	한국, 미국, 일본, 캐나다, 이탈리아, 스웨덴, 스위스, 스페인, 중국, 대만, 헝가리, 홍콩 등	45	47
민간대행	프랑스, 독일, 네덜란드, 오스트리아 등	13	16
총 계	-	58 (순계)	

자료 : http://www.keic.or.kr/

(2) 수출보험의 운영종목

수출보험에서 운영하고 있는 상품의 종류는 보험 15종목과 보증 1개, 2개의 대행업무가 있다. 각 상품별 특징을 간략하게 요약하면 다음과 같다.

보험	단기수출보험, 중장기수출보험, 해외공사보험, 수출보증보험, 해외투자보험, 농수산물수출보험, 환변동보험, 이자율변동보험, 신뢰성보험, 중소기업PLUS'보험, 해외마케팅보험, 해외사업금융보험, 탄소종합보험, 문화수출보험, 지식서비스수출보험

이 이외에도 수출보험은 수출 및 기타 대외거래에서 발생한 국내기업의 대외채권이 수출계약서 등 약정서상 변제기일 내에 변제되지 않는 경우, 공사가 국내기업으로부터 채권추심 권한을 위임받아 해외미수채권을 대신 회수하는 해외미수채권추심대행업무와 해외 바이어의 신용조사도 대행한다. 해

외기업신용정보 제공기관으로 전 세계 39개국, 64개의 신용조사기관과 협약을 체결하여 매년 2만여 건 이상의 수입자 신용조사서비스를 제공하고 있다. 수출자는 해외 구매자의 신용정보를 의뢰한 후 수출보험공사가 제공하는 신용정보자료를 통해 수입자의 기본정보, 재무상황, 업계평판, 결제태도 등을 확인한다. 또 수출신용보증으로 수출계약과 관련하여 중소기업이 금융기관으로부터 수출이행자금을 대출받거나(선적 전) 환어음 매입받을 경우(선적 후), 동 자금을 상환하지 못하게 됨으로써 중소기업이 금융기관에 부담하는 금전 채무에 대한 연대보증을 한다. 그러나 본 교재에서는 상품수출을 중심으로 다루었으므로 상품수출과 관련된 수출보험의 지원제도를 알아보기로 한다.

2-2 용도별 수출보험제도

1. 단기 수출보험

단기 수출보험에는 4가지 종류가 있다. 그러나 본 교재에서는 단기 수출보험 중 일반거래만 언급하기로 한다.

일반	결제기간 2년 이내의 수출거래를 대상으로 하며, 물품을 수출한 후에 수입국 또는 수입자의 사정에 의하여 수출대금을 적기에 회수하지 못하여 수출기업에게 발생하는 손실을 보상하는 제도
전자무역	공사가 인정한 전자무역사이트를 통해 체결된 결제기간 1년 이내의 일반 및 위탁가공 수출계약의 대금회수불능에 따라 입게 되는 손실을 보상하는 제도
포페이팅	금융기관이 포페이팅 수출금융을 취급 후 신용장 개설은행으로부터 만기에 대금을 회수하지 못하는 경우 발생하는 손실을 보상하는 제도
구매자 신용	수출입자간 수출물품 공급계약과는 별도로 수출국의 금융기관이 수입자(또는 수입국 금융기관)에게 해당 수출대금 상환을 위한 금융을 제공하는 형태의 신용공여방식 제도로 대주 금융기관이 우리공사와 구매자 신용방식 수출보험 계약을 체결함.

(1) 단기 수출보험(일반)

단기 수출보험약관(선적 전) 제1조에 의하면 단기 수출보험증권에 기재된 수출계약과 관련하여 국내에 주소를 둔 수출자(이하 "보험계약자"라 함)가 당해 수출계약에 따라 물품을 수출할 수 없게 된 경우(이하 "수출불능"이라

함)와 단기 수출보험약관(선적 후) 제1조에 의해 국내 수출자가 물품을 수출한 후에 수입국 또는 수입자의 사정에 의하여 수출대금을 적기에 회수하지 못하여 수출기업에게 손실이 발생할 경우에 하는 손실을 보상하는 신용보험제도를 단기 수출보험이라 한다.

1) 적용대상거래

단기 수출보험약관 제2조에 의하여 단기수출보험의 적용대상 거래자는 보험계약자가 체결한 수출대금 또는 임대료(이하 "수출대금"이라 함)의 결제기간이 선적 후 또는 일람 후 2년 이내인 다음 내용에 해당하는 수출계약에 대하여 적용한다.

대상거래	내 용
일반수출	국내에서 생산·가공·집하된 물품을 수출하는 거래 이때 물품에는 용역을 포함하며 이하 같음.
위탁가공무역	국내기업의 해외 현지법인이 생산·가공한 물품 또는 국내기업이 위탁하여 외국에서 가공한 물품을 수출하는 거래
중계무역	수출자가 수출을 목적으로 물품을 수입한 후 제3국에 수출하는 거래

이때, 수출계약은, 신용장방식 수출거래에서 신용장조건으로 명시된 서류가 당해 신용장조건에 일치하더라도 그와 별도로 신용장개설은행의 대금지급책임이 면제 또는 경감될 수 있는 내용을 포함하고 있거나 무신용장방식 수출거래에서 수출계약 등에 의하여 수출계약 상대방의 대금지급책임을 면제 또는 경감한다는 내용을 약정하고 있는 경우가 절대 아니어야 한다.

2) 주요 계약내용

단기 수출보험약관(선적 전과 선전 후) 제4조에 의하여 단기 수출보험이 담보하는 위험은 보험계약자가 수출계약을 체결하였으나 비상위험으로 인한 수출불능과 수출계약에서 정한 선적기일부터 2월이 경과한 날까지 수출하지 못한 경우, 그리고 선적 후 대금회수불능에 따라 입게 되는 손실을 보상하여 준다. 보험계약자가 단기 수출보험과 계약하는 주요 내용은 다음과 같다.

보험가액	수출 대금
부 보 율	- 일반수출, 위탁가공무역 중 중소기업: 97.5% 이내 / 대기업: 95% 이내 - 중계무역 : 95% 이내 - 국별인수방침 등에 따라 달라질 수 있음
보험금액	보험가액 × 부보율
보 험 금 지 급 액	{(① 손실액 - ② 면책대상손실) × 95% (중소기업: 97.5%)} - ③ 다른 보험계약 및 금융계약 등에서 지급받았거나 지급받게 될 것이 확실한 금액

▸다음에 해당하는 경우에는 보험금의 전부 또는 일부를 지급하지 아니하거나 이미 지급한 보험금의 전부 또는 일부를 반환시킬 수 있다.

1. 보험계약자, 보험계약자의 대리인이나 피사용인의 고의 또는 과실로 인하여 발생한 손실.
2. 보험계약자의 손해방지경감의무, 지시에 따를 의무, 조사에 따를 의무, 사고발생통지의무의 의무이행을 태만히 함으로 인하여 발생한 손실.

• 비상위험 ; ① 외국(수입국 또는 지급국을 포함하며 이하 같음)에서 실시되는 환거래의 제한 또는 금지, ② 외국에서의 전쟁 · 혁명 · 내란 기타 이에 준하는 사유로 인한 환거래의 불능, ③ 수입국에서 실시되는 수입의 제한 또는 금지, ④ 수입국에서의 전쟁 · 혁명 · 내란 또는 천재지변으로 인한 그 수입국의 수입불능, ⑤ 대한민국 밖에서 발생한 사유로 인한 수입국으로의 수송불능, ⑥ 정부간 합의에 따른 채무상환 연기협정 또는 지급국에 원인이 있는 외화송금지연, ⑦ 대한민국 밖에서 발생한 사유로서 수출계약 당사자에게 책임이 없는 경우(보험계약체결 당시 취득을 필요로 하는 수입허가 또는 외환할당을 취득할 수 없게 된 경우 및 보험계약체결 당시 취득하였던 수입허가의 효력에 부수된 조건 또는 기한에 의해 수입허가의 효력을 상실한 경우는 제외함), ⑧ 수출계약 상대방이 외국의 정부, 지방정부 또는 이에 준하는 공공단체인 경우, 그 상대방이 당해 수출계약을 일방적으로 파기한 경우 또는 수출계약 상대방이 수출계약에 정한 조건의 변경을 신청하는 경우(이때, 당해 변경에 따른 보험계약자의 지출증가 예상액이 당해 수출계약에 의한 물품의 수출로 보험계약자가 취득할 수 있는 이익상당액을 초과한다고 인정되는 경우에 한한다), 수출계약 상대방이 수출계약에 정한 결제기일 또는 선적기일에 대해 1년 이상의 연장을 신청하는 경우, 수출계약에 따라 선적전에 결제되어야 할 금액의 지급이 1년 이상 지연되는 경우 등으로 인하여 보험계약자가 그 수출계약을 해제한 경우(보험계약자에게 책임이 없는 경우에 한한다), ⑨ 그리고 마지막으로 신용위험으로서 수출계약 상대방이 파산 또는 이에 준하는 상태에 있는 경우와 기 수출한 상품이 수출계약 상대방에 의한 수출물품(선적서류 포함)의 인수거절 또는 인수불능, 수출계약상대방의 지급거절 또는 지급불능, 수출물품대금의 지불지체에 따른 손해를 담보한다.

▸개별보험이란 수출자의 판단으로 대금 미회수위험이 크다고 생각되는 거래만 선택해서 개별적으로 부보하는 제도다. 공사도 부담하는 위험이 크다고 판단되는 거래를 인수를 거절할 수 있다. 비교적 소규모의 수출거래를 하는 중소기업이 주로 활용하는 제도이다.

• 면책대상손실(약관 제7조) : 다음과 같은 면책대상 손실에 대해서는 단기수출보험이 책임을 지지 않는다. 예를 들면, ① 보험책임 개시일 전에 발생한 위험으로 인한 손실. ② 본지사거래에서 신용위험으로 인하여 발생한 손실. ③ 물품의 멸실, 훼손 또는 기타 물품에 대해 발생한 손실. ④ 보험계약자가 법령을 위반하여 체결한 수출계약의 손실. ⑤ 보험금의 전부 또는 일부를 지급하지 아니하거나 이미 지급한 보험금의 전부 또는 일부를 반환시킬 수 있는 사유로서 보험계약자, 보험계약자의 대리인이

나 피사용인의 고의 또는 과실로 인하여 발생한 손실과 보험계약자가 손해방지경감의무, 지시에 따를 의무, 조사에 따를 의무, 사고발생통지의무 등에 관한 의무이행을 태만히 함으로 인하여 발생한 손실 등이 그것이다.

3) 단기수출보험 계약절차

가. 수출보험(개별보험) 계약절차

신규로 단기수출보험을 이용하고자 하는 수출자는 다음과 같은 6단계 절차에 따라 보험에 부보하게 된다.

⑥ 보험료 납부 (수출자 → 공사)

⑤ 보험관계성립 (공사 → 수출자)

④ 수출통지 (수출자 → 공사)

③ 인수한도책정(보험증권발급) (공사 → 수출자)

② 단기수출보험청약 · 인수한도신청 (수출자 → 공사)

① 수출입자 신용조사의뢰 (수출자 → 공사)

① 수출입자 신용조사의뢰 (수출자 → 공사) ; 수출자 신용조사 시에는 수출자 신용조사의뢰서, 최근 3년간 재무제표, 사업자등록증 등을 구비하여 제출해야 하고 수입자 신용조사 시에는 홈페이지 “사이버수출보험”을 통해 구비서류 없이 의뢰(신용장거래인 경우 제외)할 수 있다.

② 단기수출보험청약 · 인수한도신청 (수출자 → 공사) ; 수입자 신용조사가 완료되고, 수입자 신용등급이 인수가능등급인 경우 수출기업은 공사에 사이버수출보험을 통해 보험청약을 한다. 공사는 수출기업 및 수입자(혹은 L/C개설은행)의 신용도와 수출자가 제출한 청약서상의 신청내용, 결제실적 등을 고려하여 보험에 부보할 수 있는 최대한도인 인수한도 금액을 책정한다. 이때, 소요되는 심사기간은 수출자의 서류제출 후 약 1주일~10일 정도 걸린다.

③ 인수한도책정 (보험증권발급)(공사 → 수출자) 공사는 신청내용 및 신용조사결과를 종합적으로 심사하여 인수한도를 책정하며, 보험계약자(수출자)는 “사이버수출보험”을 통해서 보험증권을 발급받는다.

▸신용조사비용
수출자신용조사 비용은 없으며, 수입자신용조사 시엔 의뢰건당 ₩33,000을 받음.

▸수출통지만이 구체적인 보험관계 성립을 증명하고 비로소 보험계약자는 보험자에게 보험료를 지급할 의무가 발생한다. 따라서 보험증권을 발급받았더라도 수출통지를 위 통지기간 안에 공사에 하지 않으면 추후 보험관계 불성립이유로 보상받지 못하므로 각별히 주의가 요구된다.

④ 수출통지(수출자 → 공사) 수출기업은 수출통지서를 수출일[(선적일)로부터 10영업일 이내에 제출하여야 하고 재판매거래는 인도일로부터 15영업일 이내]에 수출통지를 하여야 한다. 이때, 수출대금에 부보율을 곱한 금액을 포함한 누적액이 인수한도 이내여야 하고 수출자 또는 수입자의 신용등급이 인수불가능 등급이 아니어야 하며, 국별 인수방침에 부합되어야 한다.

⑤ 보험관계성립(공사 → 수출자) 공사는 수출계약통지서 또는 수출통지서를 심사하여 보험관계를 성립시킨다. 보험책임은 선적전인 경우 수출계약통지일부터, 선적후인 경우 수출일부터 개시된다.

⑥ 보험료 납부(수출자 → 공사) 공사는 매월 1일부터 말일까지 통지 받은 건에 대하여 보험료 납부통지를 하며, 보험계약자는 수출한 다음달 25일까지 해당 보험료를 납부하여야 한다.

▸포괄보험이용 시 장점
1. 개별보험 대비 보험료 50%~75 % 할인(비용절 감)
2. 업무처리의 편리
- 개별보험 : 수출건별로 통지
- 포괄보험 : 매월 일괄적으로 통지
3. 수출거래에 대한 종합적 위험관리 기능

나. 수출보험(포괄보험) 계약절차

포괄보험이란 미리 보험계약자와 보험자가 포괄보험특약을 체결하는 것으로서 수출기업은 대상수출거래 전부를 의무적으로 수출보험에 포괄적으로 부보하고 공사도 인수에 하자가 없는 거래인 한 포괄 인수하는 방식이다. 비교적 대량의 수출을 하는 중견기업, 대기업이 활용하는 제도이다.

단기 수출보험 포괄보험은 결제기간 1년 이내의 수출거래를 대상(포괄보험의 특례)으로 하며 이는 일반적인 개별보험이 결제기간 2년 이내의 거래가 대상인 점과 다르며, 그 범위가 축소된다. 또한 부보대상거래는 포괄보험 대상거래(일반, 위탁가공, 재판매, 중계)중 보험계약자가 선택할 수 있으며 본지사거래 또는 L/C at sight 거래 등은 대상에서 제외할 수 있다.

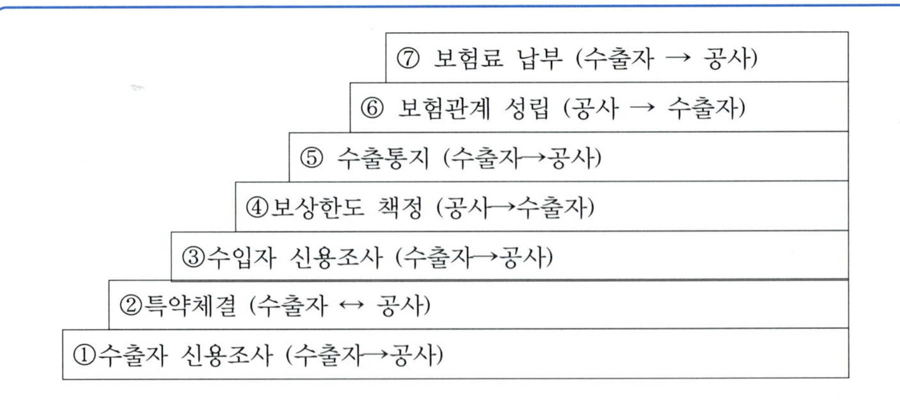

• 포괄보험을 이용할 수 있는 업체의 요건 ; 모든 수출자가 포괄보험을 이용할 수 있는 것은 아니며, 포괄보험을 이용하기 위하여 수출기업은 신용등급이 E급 이상이어야 하고, 수출자가 선택하고자 하는 포괄 적용대상 거래의 전년도(또는 최근 1년간) 수출실적이 U$2,000천 이상인 업체이어야 하며 수출실적에서 신용장조건 수출실적이 30% 이상이거나, 신용장조건 수출실적이 30% 미만(무신용장방식으로만 수출하는 경우를 포함함)인 경우에는 신용이 양호한 수입자와의 거래 등으로 위험분산이 가능한 업체만이 여기에 해당된다. 단기 수출포괄보험의 계약절차는 다음과 같다.

① 수출자 신용조사 (수출자 → 공사) : 개별보험의 경우와 동일하다.

② 특약체결 (수출자 ↔ 공사) : 공사와 보험계약자인 수출자는 단기 수출보험 포괄보험특약을 체결한다. 특약체결 시 모든 무신용장거래 계약상대방을 등록한다.

③ 수입자 신용조사 (수출자 → 공사) : 개별보험의 경우와 동일하다.

④ 보상한도 책정 (공사 → 수출자) : 수출자가 등록된 수출계약 상대방별로 "사이버수출보험"을 통해 보상한도 신청서를 제출하면 공사는 이를 심사하여 보상한도를 책정한다.

⑤ 수출통지 (수출자 → 공사) : 보험계약자는 매월 1일부터 말일까지 수출한 특약에서 정한 부보대상거래 전부를 다음 달 20일까지 통지해야 한다. 수출통지 누락 시 당해 보험료의 2배를 위약금으로 내야 한다. 수출통지가 있어야만 구체적인 보험관계가 성립하게 되며, 이때, 보험계약자는 보험자에게 보험료를 지급할 의무가 발생한다. 따라서 보험증권을 받았다 하더라도 수출통지를 위 통지기간 내에 공사에 하지 않으면 추후 보험관계불성립을 이유로 보상받지 못하게 되므로 각별한 유의가 요구된다.

⑥ 보험관계 성립 (공사 → 수출자) : 공사는 수출자가 통지한 수출통지서를 심사하여 보험관계 성립을 통지하며, 부보대상거래에 대한 보험책임은 수출일(재판매는 인도일)부터 개시된다.

⑦ 보험료 납부 (수출자 → 공사) : 보험계약자는 수출한 날의 익익월 10일까지 해당 보험료를 공사에 납부해야 한다.

4) 단기 수출보험보상절차

가. 사고발생통지 (수출자 → 공사)

수출자는 수출대금이 결제되지 않은 경우에는 결제기일로부터 1월 이내에 공사에 통지하여야 한다. 결제기일 이전에 비상위험 또는 신용위험이 발생한 사실을 안 때에는 안 날로부터 1월 이내 공사에 통지하여야 한다. 사고발생 통지를 할 경우에는 공사가 사고조사 하는 데 필요한 자료를 홈페이지에서 다운받아 함께 제출하여야 한다.

나. 공사의 사고조사

사고발생 통지서 접수 후 수출자 및 매입은행 등을 통해 수출입자간 거래경험 및 최근 수입자와의 접촉사항 등 기본적인 사항 등에 대하여 국내조사를 실시한 후 국내 사고조사내용 및 해외조사를 통하여 구체적인 사고원인 등을 조사한다. 통상 해외조사소요기간은 2주~3주 걸린다.

다. 보험금 청구 (수출자 → 공사)

수출자는 사고발생 통지 후 통상 1개월 경과 후에 공사에 보험금 청구를 할 수 있으며, 약관상 사고사유별로 보험금청구가능 시점은 다소 차이가 있으며, 보험금 청구권은 청구가능시점으로부터 2년간 행사하지 않으면 시효 소멸한다.

라. 보상심사 및 보험금 지급 (공사 → 수출자)

공사는 보험금 청구를 받은 경우, 수출입 당사자의 귀책여부 등을 심사하여 보험금 지급여부를 결정한다. 보험금 지급기한은 공사가 보험금 청구를 받은 날로부터 2개월이나, 보상심사에 필요한 자료의 제출을 공사가 요구한 경우의 보험금 지급기한은 자료를 요구한 날로부터 제출한 날까지의 기간을 더한 날까지 연장된다. 따라서 자료요청 시에는 신속하게 제출할 필요가 있다.

2. 수출신용보증

수출신용보증에는 선적 전과 선적 후 신용보증 두 가지가 있다. 그러나 본 교재에서는 지면상 선적 전 수출신용보증에 대해서만 언급하기로 한다.

수출신용보증(선적전)	수출용원자재 수입신용보증 제도란 수출기업이 수출계약에 따라 수출물품을 제조, 가공하거나 조달할 수 있도록 외국환은행 또는 수출유관기관 등(이하 '은행')이 수출신용보증서를 담보로 대출 또는 지급보증(수출용원자재 수입신용장개설 포함)을 실행함에 따라 기업이 은행에 대하여 부담하게 되는 상환채무를 한국수출보험공사가 연대보증하는 제도
수출신용보증(선적후)	수출거래와 관련하여 외국환은행이 중소기업 수출자에게 수출신용보증서를 담보로 대출함에 따라 발생하는 수출자의 채무에 대하여 수출보험공사(이하 '공사'라 함)가 그 지급을 연대보증하는 제도로서, 수출자가 수출계약에 따라 물품을 수출한 후 외국환은행이 운송서류 및 수출신용보증서를 근거로 수출자에게 일으킨 신용보증부 대출금에 대하여 대출만기에 수입자(신용장 개설은행 포함)로 부터 수출대금 회수불능 등으로 인하여 결제되지 않아 수출자가 외국환은행에 상환하지 못한 금액을 보상

(1) 수출신용보증(선적 전)

1) 이용자 요건

다음의 경우에 해당하는 기업을 제외한 모든 수출자는 수출신용보증제도를 이용할 수 있다.

① 30대 계열기업군에 속하는 경우, ② 신용등급이 G급 또는 R급인 경우, ③ 금융기관거래 상황확인서상 대출금 연체 중에 있거나 빈번히 연체하고 있는 경우, ④ 사무소 또는 사업장이나 소유주택이 현재 가압류 등으로 권리침해를 받고 있거나 최근 3개월 이내 권리침해를 받은 사실이 있는 경우, ⑤ 전국은행연합회의 "신용정보 관리규약"에 의한 신용불량정보의 등록사유를 발생시킨 경우, ⑥ 신용장 개설은행 또는 수입자가 공사 인수제한대상에 지정된 경우, ⑦ 보험료 또는 보증료를 연체중인 경우 등, ⑧ 기타 위험관리 등을 위해 보증제한이 필요하다고 공사가 정한 경우

2) 수출신용보증이 보증하는 채무

첫째, 신용보증서 앞면에 기재된 신용보증한도 범위 내의 신용보증부 대출원금이며 다만, 지급보증의 대지급이 발생된 경우에는 보증한도 범위 내의 대지급금만을 보증한다. 둘째, 신용보증부 대출금에 대하여 보증채무 이행일까지의 약정이자율(상환기일에 적용되는 이자율로 연체이자는 제외됨)에 의한 이자액이며, 지급보증 대지급금에 대하여는 해당 채무자에 대한 최초일자 대출에 적용된 이자율을 우선 적용하고, 이에 해당하는 이자율이 없을 때에

▸보증방법별 대상대출의 종류는 변경될 수 있다.

는 한국은행이 고시한 양도성 예금증서 수익률(91일물 기준)에 2%를 가산한 이자율에 의한 이자액을 보증한다.

3) 수출신용보증계약절차

가. 수출신용보증 종목 선택

수출신용보증을 처음 이용하려는 기업은 먼저 수출신용보증이 운영하는 종목인 회전보증과 개별보증 중에서 먼저 선택을 해야 한다.

첫째, 회전보증이란 신용보증서의 신용보증한도와 보증기간 범위 내에서 계속 반복하여 발생하는 채무를 보증하는 방법으로, 은행이 동일한 채무자에게 일으킨 대출에 대하여 공사가 기보증한 대출이 상환되면 그 금액만큼 한도가 되살아나는 것을 의미한다. 회전보증에 해당하는 대출대상은 한국은행의 "한국은행 총액한도대출관련 무역금융 취급 세칙"에 의한 무역금융 및 관련 지급보증, 완제품 내국신용장개설과 수출용 원자재 수입신용장개설을 주로 한다.

둘째, 개별보증이란 보증서에 기재된 특정 수출계약 또는 특정 자금과 관련하여 상환기일이 보증기간 이내에 도래하도록 실행된 대출에 대하여 채무를 보증하는 방법을 말한다. 개별보증에 해당하는 대출대상은 한국은행의 "한국은행 총액한도대출관련 무역금융 취급 세칙"에 의한 무역금융 및 관련 지급보증, 완제품 내국신용장개설과 한국수출입은행에서 취급하는 수출자금으로서 공사가 인정하는 자금대출, 한국은행의 "금융기관여신운용세칙"에서 정한 무역어음 인수, 수출용 원자재 수입신용장개설, 수출의 진흥을 위하여 지원되는 것으로 공사가 인정하는 자금대출(무역협회 무역기금, 기업은행 해외마케팅 자금, 중진공 수출금융 등)이 있다.

나. 신용조사 의뢰 및 청약

신용조사는 의뢰일로부터 1주일 정도 소요되며, 상사현황표 및 청약서 등의 각종 이용양식 및 구비서류를 제출한다.

다. 신용보증한도 책정

신용보증한도를 책정하기 위하여 공사는 대표자와의 면담, 사업장 방문, 거래은행 담당심사역과의 상담을 하게 되며, 기업의 신용도, 수출실적, 차입금 비율 및 현금흐름 등을 심사하여 보증한도를 책정한다.

라. 수출신용보증약정 체결

신용보증한도 책정 후 공사는 기업의 부탁으로 은행에 대하여 수출신용보증을 제공함에 따라 생기는 공사와 기업 간의 권리, 의무관계를 약정하는 수출신용보증약정을 기업과 체결한다. 신용보증약정 시 기업의 공사에 대한 채무변제약속으로 연대보증인 입보기준에 따라 입보대상자 2인은 자필서명날인을 하여야 한다. 이때, 연대입보 시 입보대상자로부터 인감증명서를 받는다. 다만, 이미 제출한 인감증명서가 유효한 경우에는 생략할 수 있으며 자연인 연대보증인에 대하여는 동일기업 당 총 보증한도가 천만원 이하일 경우에는 자필서명으로 할 수 있다.

기업형태	입보 대상자
개인기업	- 공동대표자 및 경영실권자[1] - 대표자의 배우자(배우자가 없는 경우, 대표자의 친족 또는 친지 중 1인)
법인기업	- 대표이사 및 경영실권자 - 과점주주인 이사 1인

1) 기업에 대한 자신의 영향력을 이용하여 임원(감사 포함) 또는 간부사원(주요 부서장, 경리 담당책임자 등)에게 업무집행을 지시하는 자와 고용된 이사가 아니면서 명예회장, 회장, 사장, 부사장, 전무, 상무, 이사 기타 그 명칭에 불구하고 기업의 경영을 사실상 지배하는 자를 의미한다.

4) 보증료 납부

기업은 신용보증약정체결 후 다음 산식에 의해 산정된 해당보증료를 공사에 납부하여야 한다.

> 보증료 = 신용보증한도 × 보증서유효기간에 해당하는 보증요율

5) 보증서 발급

기업이 보증료를 납부한 경우에 은행 앞으로 보증서를 발급한다.

6) 신용보증관계 성립

신용보증관계는 은행이 신용보증서에 부합되게 대출의 전부 또는 일부를 실행한 경우에 한하여 성립된다. 다만, 보증서유효기간이 경과한 보증서로 신용보증부대출을 일으킨 경우와 보증서의 신용보증조건에 부합되지 않는 경우 등의 경우에는 보증관계 성립이 제한된다.

3. 중소기업 PLUS+ 보험

(1) 중소기업 PLUS+보험의 개념

일반 손해보험(화재보험, 자동차보험 등)의 개념을 도입한 제도로서 보험계약자인 수출기업은 연간 보상한도에 대한 보험료를 납부하며, 수입자위험, 신용장위험, 수입국 위험 등 보험계약자가 선택한 담보위험으로 손실이 발생할 때 수출보험이 책임금액 범위 내에서 손실을 보상한다. 현행 단기수출보험이 개별 수출거래 건별로 보험계약이 체결된 반면, 이 제도는 수출기업의 전체 수출거래를 대상으로 위험별 책임금액을 설정하여 운영한다.

구 분	내 용
담보위험	(기본) 수입자 위험, 신용장 위험(선택가능) /(특약) 수입국 위험
보험계약기간	1년 단위 체결 · 갱신
대상거래	보험계약기간에 이루어진 수출거래
책임금액	위험별 책임금액 선택(공사의 guide-line범위 내)
보험계약 대상 수입자	청약(신규거래선 추가)시 사전 등록(신용조사 생략, R급 또는 인수중지국가 소재 수입자 제외)
국별인수방침	인수중지국가 외 적용배제
보험료 납부	연1회 납부
보상관련	• 연속수출 면책조항 삭제, 보험금 청구일로부터 1월 이내 지급 • 변제충당조항 적용배제, 채권회수의무 면제

(2) 보험계약자 및 보험료

1) 이용자 요건(중소기업)

① 수출자 신용등급 F급 이상(공사기준)

② 전년도(최근 1년간) 수출실적 U$1백만 이하다.

2) 보험료(위험별)

수입자위험(0.8%), 신용장위험(0.2%), 수입국위험(0.02%)

> 위험별 보험료 = 위험별 책임금액 × 위험별 기본요율
> ×(1 ± Underwriter할인 · 할증률)×(1 ± 보험계약 손해율별 할인 · 할증률)

3) 이용절차

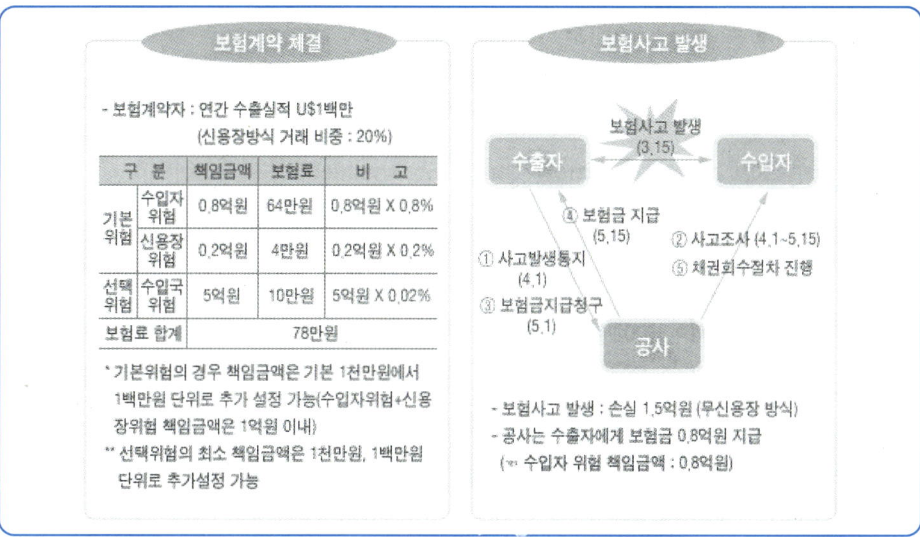
보험계약 체결

- 보험계약자 : 연간 수출실적 U$1백만
(신용장방식 거래 비중 : 20%)

구 분		책임금액	보험료	비 고
기본위험	수입자위험	0.8억원	64만원	0.8억원 X 0.8%
	신용장위험	0.2억원	4만원	0.2억원 X 0.2%
선택위험	수입국위험	5억원	10만원	5억원 X 0.02%
보험료 합계		78만원		

* 기본위험의 경우 책임금액은 기본 1천만원에서 1백만원 단위로 추가 설정 가능(수입자위험+신용장위험 책임금액은 1억원 이내)
** 선택위험의 최소 책임금액은 1천만원, 1백만원 단위로 추가설정 가능

그러나 중소기업PLUS+보험은 개별보험에 비해 낮은 보험료 부담, 간편한 보험이용 절차, 위험선택을 통한 보험설계 가능, 연속수출면책・채권회수의무 면제에 다른 장점이 있으나 책임금액 초과 손실에 대한 수출자 자기책임부담액 발생이 있을 수 있고 산발적 수출거래의 경우 보험료 부담 증가하는 단점이 있다.

4. 환변동보험

환변동보험은 기업이 환율변동으로 입게 되는 손실을 보상하고 이익을 환수하는 보험제도로 수출기업, 특히 환위험 관리여건이 취약한 중소 수출기업이 환위험을 손쉽게 해지할 수 있도록 2000년 2월에 도입되었다. 기본계약내

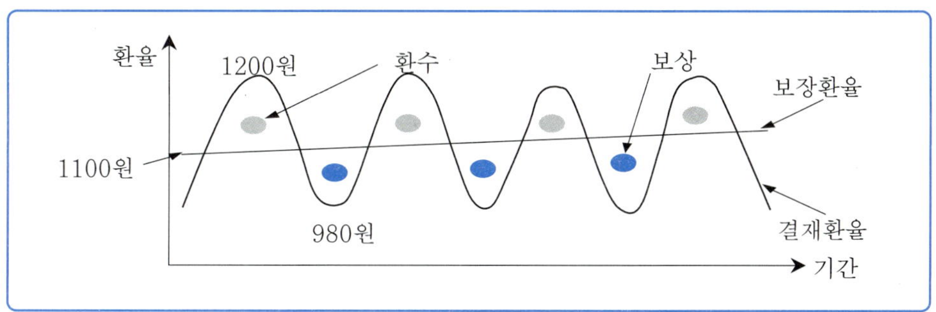

〈그림 1〉 환변동보험의 기본 도해도

용은 공사가 보장하는 환율(보장환율)과 결제시점의 환율(결제환율)과의 차이에 따른 손익을 정산하는 것으로 금융기관의 선물환거래와 유사하다. 따라서 수출기업은 환변동보험을 통하여 계약금액을 원화로 고정시킴으로써 영업이익을 확보하고, 환율등락에 따른 환차손익을 제거할 수 있다.

(1) 환변동보험의 종류 및 특징

▸환변동보험의 계약요건
- 보험 대상통화는 미화, 엔화, 유로화 등 3개 통화
- 신용상 문제점이 없는 수출기업

환변동보험의 종류에는 크게 입찰방식과 선물환방식이 있다.

입찰방식은 수출기업이 입찰 또는 가격교섭단계, 즉 수출계약 체결 여부가 불확실한 상태에서 수출계약 체결 시 환율하락 위험에 대비할 수 있는 상품을 대상으로 사전에 수출계약금액 및 입금일정 등이 정해지지 않은 상황에서 환리스크를 헷지하는 방식이다. 환변동보험의 적용대상이 될 수 있는 수출거래는 수출계약 체결 예정일로부터 최종 수출대금 지급예정일까지의 기간이 6개월 이상이며 부보대상금액이 20억 원 이상인 거래만이 이에 속한다.

▸수출거래(일반형)인 경우 : 보장환율 〉 결제환율 : 공사가 환차손 보상
보장환율 〈 결제환율 : 공사가 환차익을 환수
▸수출거래(옵션형)인 경우 보장환율 〉 결제 환율 : 공사가 환차손 보상
보장환율 〈 결제 환율 〈 이익금 면제환율 : 정산 없음
▸원자재수입거래인 경우
보장환율 〈 결제환율 : 공사가 환차손 보상
보장환율 〉 결제환율 : 공사가 환차익을 환수

선물환방식에는 수출거래(일반형), 수출거래(옵션형), 수출용 원자재수입거래가 있다. 수출거래 일반형은 최근 1년간 수출실적을 기준으로 공사와 보험이용한도를 사전에 정한 뒤, 동 한도 내에서 자유롭게 환리스크를 헷지할 수 있는 상품이 이에 해당한다. 그리고 특정 수출계상품으로서 선물환과 유사하고 선물환방식의 환변동보험에 적용대상이 되는 수출거래로는 인수한도 내에서 특별한 제한이 없다.

옵션형 수출거래 선물환방식은 보험가입 후 환율상승 시 상승폭의 일정부분까지 이익금환수 면제하는 상품으로 기타 사항은 수출거래(일반형)와 동일하다.

셋째, 수출용원자재수입거래 선물환방식은 최근 1년간 수출용원자재 수입실적 범위 내에서 보험이용한도를 설정한 뒤, 동 한도 내에서 원자재 수입거래에 대한 환율상승 위험을 커버할 수 있는 상품으로 수출기업은 수익(수출대금)과 비용(원자재수입대금)을 모두 원화로 고정시킬 수 있어 계약시점에서 총체적인 환리스크 관리가 가능하다. 수출용원자재수입거래 선물환방식에 적용대상이 되는 거래는 결제기간이 1년 이내인 수출용원자재 수입거래는 가능하다.

(2) 환변동보험의 계약절차

1) 인수한도 책정

인수한도란 수출기업이 환변동보험을 1년 동안 이용할 수 있는 최대한도를

의미하며, 수출기업에게 환변동보험(선물환방식)을 이용할 수 있는 자격을 부여하는 예비심사단계에 해당(별도 수수료나 의무사항 전무)한다.

인수한도를 책정하기 위하여 수출보험에 제출하여야 하는 서류는 인수한도 책정신청서(공사 양식), 법인 등기부 등본・인감증명서, 사업자등록증, 최근 1년간 수출실적 증명서(무역협회 또는 은행 확인), 최근 1년간 외화획득용 수입신고필증 사본(수출용원자재 수입거래인 경우에 한함), 최근 3개년간 재무제표(수출자 등급평가 시 필요) 등이 있다. 인수한도를 부여받은 이후, 별도의 보험청약절차를 통하여 환변동 보험계약 체결이 이루어지며 인수한도 유효기간은 1년이다.

▸환변동보험의 계약절차(선물환방식) : ① 인수한도 책정 → ② 청약 → ③ 보험증권 발급 → ④ 결제일 통지 → ⑤ 손익정산
이 방식은 환위험 관리 여건이 취약한 중소수출기업이 이용하기 편리하도록 구성한 선물환 방식에 대한 이용절차임(대기업도 이용 가능하다.)

2) 청약 및 보험료 납부

첫째, 청약은 인수한도를 부여받은 이후에 가능하다. 인수한도 내에서는 거래여부나 결제형태(L/C, D/A 등) 등에 대한 별도 심사없이 환변동보험을 인수할 수 있다. 둘째, 보험계약자는 인수한도 내에서 청약금액 및 결제 월을 정하여 당일 오전 중(12시 까지)에 청약을 해야 한다. 이때, 보험청약은 본격적인 보험계약 체결을 위하여 별도로 청약서를 제출하여야 하며, 청약일의 평균환율을 기준으로 하여 보장환율이 결정되는 점에 유의하여야 하고 결제일자(환전 또는 네고일자)를 미리 지정해야 하는 금융기관의 일반적인 선물환거래와는 달리, 보험청약 시에는 결제월만 먼저 지정하고 사후에 결제일을 확정한다.

셋째, 청약 시 정한 금액 및 결제월은 변경이 불가능하다는 점과 절차 간소화를 위하여 실제 수출거래 여부 확인절차는 생략하고 있어, 실제 입금액 및 입금일과 차이가 있는 경우라도 보험계약 내용 그대로 공사와 손익정산을 실시하는 점에 특히 유의하여야 한다. **보험료**는 보험청약일에 해당 보험료를 납부하는 것이 원칙이다. 그러므로 사전에 보험료 금액을 확인하는 것이 필요하다. 보험료는 보험계약자의 신용등급, 보험금액, 결제기간에 따라 산정된다.

3) 보험증권 발급

수출보험공사는 결제월별로 **보장환율**을 확정한 보험증권을 보험계약자에게 발급한다. 보장환율은 청약일의 **시장평균환율**에 헷지기간별로 일정환율을 가산하여 월별로 산출하며 금융기관의 선물환율과 유사하다.

▸보장환율 = 청약일 시장평균환율 + α(스왑레이트)
▸청약일의 시장평균환율은 청약일 익영업일 최초고시 매매기준율과 동일

4) 결제일 통지(결제신청)

청약 시 정한 결제월 중 특정 영업일을 결제일자로 확정하는 단계는 이익금환수위험을 최소화하기 위하여 수출자와 공사간 보험계약체결 시 정한 결제월 말일이 도래하기 전, 언제라도 원하는 시점에 결제신청 가능('조기결제' 제도)하다. 또한 결제일은 결제신청일 익영업일, 결제통지가 없는 경우 해당 결제월의 마지막 영업일을 결제일로 자동 확정한다. 결제일은 실제 대금결제, 환전 또는 네고일과 관계없이 지정하여도 무방하다. 이것은 절차 간소화를 위하여 실제 환전 또는 네고일 확인을 생략하고, 결제일을 보험계약자가 자유롭게 지정할 수 있도록 운영하고 있다. 이때, 결제환율은 보험계약자가 지정한 결제일의 최초고시 매매기준율에 헤지기간별 스왑포인트를 더하여 산정한다.

5) 손익정산(보험금 지급/이익금 환수)

증권상의 보장환율과 결제환율을 비교하여 환율차액만을 공사와 보험계약자간 정산한다. 실제 외화매매(환전)는 은행에서 처리하고, 공사와는 보험계약내용에 따라 차액만 정산하며 보험금은 결제신청일로부터 3영업일 이내 지급(선물환 방식), 15영업일 이내 지급(입찰방식)하고 이익금은 공사의 이익금 환수통지일로부터 15영업일 이내 환수한다.

5. 수출보증보험

▸수출보증서란 수출 또는 해외공사계약과 관련하여 수출자가 수입자에게 제출하도록 계약서에 명시된 보증서로서 일반적으로 수입자가 지정한(또는 인정할 수 있는) 금융기관으로부터 발급받도록 되어 있음.

수출보증보험은 수출 또는 해외공사계약과 관련하여 수출보증서를 발급한 금융기관이 보증수익자(수입자 또는 발주자)로부터 보증채무 이행청구(Bond-Calling)를 받아 대지급하는 경우에 입게 되는 손실을 보상함으로써 수출자가 수출보증서를 용이하게 발급받을 수 있게 하는 수출지원제도다. 여기에는 금융기관용 수출보증보험과 수출자용 수출보증보험이 있다.

금융기관용 수출보증보험은 수출보증과 관련된 금융기관이 보증에서 발생하는 손실을 보상받기 위하여 당해 금융기관이 보험계약 당사자가 되는 수출보증보험이고 수출자용 수출보증보험은 국내외 금융기관의 보증서를 발급받기 위하여 수출자가 보험계약자가 되고 보증서를 발급하는 국내외 금융기관을 피보험자로 하는 수출보증보험이다.

(1) 부보가능 보증

보험계약자의 보험부보가 가능한 보증에는 아래와 같은 보증이 있다.

① 입찰보증(Bid Bond), ② 계약이행보증(Performance Bond), ③ 선수금환급보증(Advance Payment Bond, Refund Guarantee), ④ 유보금환급보증(Retention Bond), ⑤ 하자보수보증(Maintenance Bond, Warranty Bond), ⑥ 위의 보증에 대한 지급보증(Counter Guarantee)

보증금액	계약서상에 발주자가 요구하는 금액
부 보 율	보증금액의 95% 이내(금융기관용) 또는 100% 이내(수출자용)에서 공사가 정함
보 험 금	손실액 × 부보율

이때, 보증종류별 보증금액은 계약금액의 30%를 초과할 수 없으며 부보가능한 보증은 계약서에 명시되어 있는 보증서로서 수출계약이행의 약속증서라는 수출보증서의 기본기능에 부합하고, 보증금액률(보증금액/계약금액) 등이 국제관행에 벗어나지 않는 보증서라야 한다.

▸ 수출보증보험에서 부보가능한 거래 : 해외건설촉진법의 규정에 의한 해외공사나 대외무역법에서 정한 수출, 기타 서비스, 용역수출 등이 부보가 가능하다.

(2) 수출보증보험의 계약절차

수출보증보험의 계약절차를 도식으로 나타내면 아래와 같다.

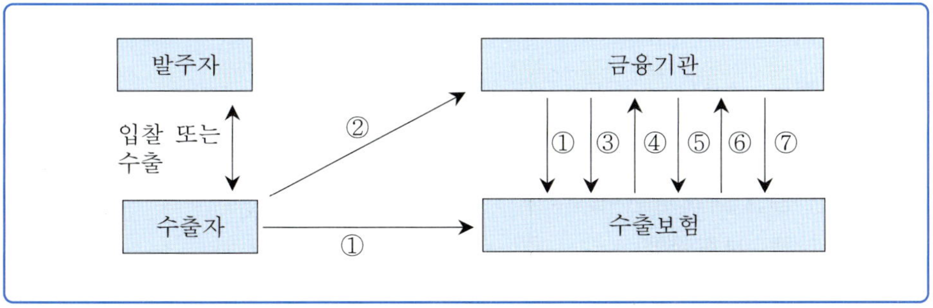

① 보증서 발급이 예상되는 거래관련 당사자(발주자, 수주자)에 대한 신용조사를 의뢰하되 신용조사에 소요되는 시간을 감안 충분한 시간여유를 두고 의뢰하여야 한다. ② 보증서 발급의뢰 ③ 청약 : 청약은 인수한도를 부여받은 이후에 가능하다. 수출자의 보증서 발급의뢰를 받은 금융기관은 수출보증서 발행 전에 청약해야 한다(수출자용: 수출자 청약). ④ 수출보험증권 발급 : 금

융기관용일 경우, 공사는 청약내용 및 신용조사 결과를 심사하여 인수기준에 합치되면 수출보증보험증권을 보험계약자에게 교부한다. ⑤ 수출보증서 발행통지서 제출 : 금융기관용일 경우, 보험계약자는 증권에 기재된 내용에 따라 수출보증서를 발행한 날 부터 10영업일 이내에 수출보증보험 보증통지서(공사양식)를 제출한다. ⑥ 보험관계 성립 및 보험료 납부통지 : 수출보증보험은 보험관계를 성립시키고 보험료를 납부하도록 보험계약자에게 통지한다. 이때, 보험관계는 수출보증서발행일부터 성립한다. ⑦ 보험료 납부

6. 중장기 수출보험(선적 전)

수출자가 수출대금의 결제기간이 2년을 초과하는 중장기수출계약을 체결한 후 수출불능에 따른 손실을 보상받기 위한 제도다.

중장기수출보험(선적 전)이 담보하는 위험은 크게 비상위험과 신용위험이 있는데 신용위험에는 수입자의 파산이나 수입국 법원의 채무동결 또는 채권단과의 채무조정 협약으로 인한 수입자의 지급불능이 있다. 비상위험에는 수입국의 모라토리움 선언 또는 정부 간 채무조정협정체결, 수입국의 송금지연조치, 현지화 상환 시 수입자의 상환의무를 면제하는 수입국의 조치, 수입국의 수입 제한 또는 금지, 전쟁, 혁명, 지진 등 불가항력사태, 공공수입자인 경우 수입자의 일방적인 계약파기 또는 **특별한 사유**로 인한 계약의 해지, 해제, 기타 대한민국 밖에서 발생한 사유로서 계약당사자에게 귀책이 없는 경우, 대한민국 법령에 의한 수출 제한 또는 금지 등이 있다.

▸ 특별한 사유
- 수입자의 계약조건변경 요구에 따를 경우 수출자의 지출증가예상액이 이익상당액을 초과
- 수입자가 결제기일 또는 선적기일에 대해 1년 이상의 연장을 신청
- 선적전 결제금액의 지급이 1년 이상 지연
  - ·금융기관용 : 보험계약자가 보증서 발행 금융기관
  - ·수출자용 : 보험계약자가 수출자

(1) 보상하는 손실

담보위험의 발생으로 수출계약에 따라 물품을 수출할 수 없게 된 경우에 입게 되는 손실을 보상한다.

• 보험가액, 보험금액

구 분	내 용
보험가액	수출계약금액에서 선수금을 뺀 잔액
보험금액	보험가액 × 부보율
부 보 율	90% 이내에서 공사가 정한 비율(중소기업은 95% 이내)
지급보험금	손실액 × 90/100 ≤ 보험금액(중소기업은 95/100 적용)

▸ 일정한 선행조건
- 수출계약 및 위험담보장치("위험담보장치"란 제3자 지급보증등 인적담보, 물적담보 및 역외계정, 장기구매계약 등의 기타 담보장치를 말함)의 효력발생
- 보험계약자 및 수입자의 수출계약 체결일 현재 관련법령에 의하여 요구되는 인·허가의 취득

(2) 보험책임 개시일

일정한 선행조건 충족 시 보험계약 체결일과 수출계약(공급계약 및 신용공여계약 포함) 효력발생일 중 늦은 날에 보험책임이 개시된다.

(3) 손실액 산정

수출목적물의 제작을 위해 손실의 확정일까지 지출된 비용을 손실액으로 산정한다. 여기에는 보험계약자가 수입자로부터 지급받은 금액(선수금 포함)에다가 수출계약 상대방으로부터 수출불능이 된 수출목적물 또는 원자재 등을 처분하여 취득한 금액을 더한 다음, 배상청구권의 행사 또는 보전에 필요한 절차를 수행함으로써 취득한 금액을 더하고 최종적으로 보험사고와 관련하여 보험계약자가 획득한 기타 재산상의 이익을 더한다.

▸중장기 수출보험(선적 전) 계약절차 : 상담단계 → 예비신청 → 청약 → 선적 통지

(4) 중장기 수출보험(선적 전) 계약절차

1) 상담단계

보험계약자는 거래추진 단계에서 인수 타당성 및 조건에 대하여 충분한 시간을 두고 공사와 상담을 진행한다.

2) 예비신청

보험계약자는 공사의 예비승인을 득하기 위하여 수출계약체결 전에 구비서류와 함께 예비신청서를 제출한다. 수출보험공사는 예비신청서를 접수한 경우 수출거래내용(금융거래 포함), 수출입자 및 지급보증기관의 신용도, 수입국의 국별신용도 및 대금지급조건 등과 기타 필요한 사항을 심사한 후 보험요율, 부보율, 인수적격조건 등을 기재한 예비승인서를 발급한다.

▸예비신청의 구비서류
(1) 거래내용 및 추진경위
(2) 당해거래 추진 확인 서류
(3) 제작자, 수입자 등에 관한 자료

3) 청 약

수출계약 체결 후 1개월 이내에 보험계약자는 구비서류와 함께 중장기수출보험(선적 전)에 대한 청약서를 제출한다. 수출보험공사는 청약서 접수 후 다음 사항을 심사하고 청약내용이 합당하다고 판단되는 경우 청약을 승낙한다.

① 수입자의 계약이행능력 및 신용상태, ② 지급보증기관의 채무이행능력 및 신용상태 또는 위험담보장치의 건전성 및 이행가능성, ③ 수입국 또는 지급지의 대외채무상환능력 등 국별신용도, ④ 플랜트 수출계약의 경우 프로젝트의 사업타당성, ⑤ 수출물품, 대금결제조건 등 계약서의 내용, ⑥ 수출자의 신용상태, ⑦ 국내외 관계기관의 인・허가서 등 기타 필요한 사항

▸청약에 필요한 구비서류
(1) 계약서 사본
(2) 수입자, 지급보증기관관련서류
(3) 지급보증 등 위험담보장치 내용서류
(4) 예비승인서 사본 등 참고서류

7. 중장기 수출보험(공급자 신용 - 선적 후)

중장기 수출보험(공급자신용・선적후)은 수출자가 결제기간 2년을 초과하는 중장기 연불조건으로 중장기 수출계약을 체결하고 선적한 후 수출대금을 받을 수 없게 됨으로써 입게 되는 손실을 보상하는 제도로, 보험계약자는 수출자로서 수입자에 대한 신용공여 주체가 수출자다. 이와 같은 중장기 수출보험(공급자 신용 - 선적 후)이 담보하는 위험으로는 비상위험과 신용위험이 있는데 비상위험으로는 모라토리움 선언, 송금지연 조치, 현지화 예치 시 상환의무 면제, 여타 상환제한조치, 불가항력과 같은 OECD 가이드라인상의 국가신용위험(country credit risks)과 기타 대한민국 밖에서 발생한 사유로서 계약당사자에게 귀책이 없는 경우 등이 있다.

신용위험으로는 수입자의 파산, 수입국 법원의 채무동결 또는 채권단과의 채무조정 협약으로 인한 수입자의 지급불능, 수입자의 결제기일 이후 2월 이상의 지급지체 등을 들 수 있다.

(1) 보상하는 손실

▸보험금 지급전 충당순서
①미회수원리금 잔액에 대해 결제기일(또는 직접 회수일) 다음날부터 당해 회수일까지의 기간과 수출계약상의 대출이자율을 적용하여 산출한 이자금액
②미회수원리금

보험계약자가 수출계약에 따라 수출목적물을 선적하였으나 담보위험의 발생으로 인해 당해 수출목적물의 대금과 결제기일까지의 이자를 회수할 수 없게 된 경우에 입게 되는 손실을 보상한다.

• 보험가액과 보험금액

구 분	내 용
보험가액	연불원리금(단, 2회 이상 분할결제시 각 결제기별 연불원리금의 합계)
보험금액	보험가액 × 부보율
부 보 율	100% 이내에서 공사가 정한 비율
지급보험금	손실액 × 부보율

(2) 보험책임 개시일

수출계약 및 위험담보장치("위험담보장치"란 제3자 지급보증 등 인적담보, 물적담보 및 역외계정, 장기구매계약 등의 기타 담보장치를 말함)의 효력이 발생할 때와 보험계약자 및 수입자의 수출계약 체결일 현재 관련법령에 의하여 요구되는 인・허가의 취득과 같은 일정한 선행조건이 충족할 때 수출계약서에 따른 수출채권 확정일에 보험이 개시된다.

(3) 손실액 산정

원리금 회수불능에 따른 손실액은 아래의 **미회수 원리금** 및 결제기일 이후 보험금지급일까지의 이자를 합산한 금액을 손실액으로 산정한다. 미회수 원리금은 결제기일까지 회수할 수 없는 원리금에서 **보험금 지급전 충당순서**에 따라 미회수 원리금에 충당된 금액을 차감한 잔액을 말하며 보험금 지급일까지 발생이자는 미회수 원리금 잔액에 대해 결제기일 이후 발생 이자금액(수출계약상의 대출이자율 적용)에서 충당순서에 따라 이자금액에 충당된 금액을 차감한 잔액을 의미한다.

8. 농수산물수출보험

농수산물수출보험은 농수산물수출계약 체결 후 수출이 불가능하게 되거나 수출대금을 받지 못하게 된 경우, 또는 당해 농수산물이 국내가격 변동으로 당해 수출계약의 이행에 따라 입게 되는 손실을 보상하는 개별운영방식의 보험이다.

(1) 적용대상

① 가격상승위험 : HS 코드68) 2단위 제 2, 3, 6, 7, 8, 9, 12, 16, 20, 21류
② 수출불능위험 : HS 코드 2단위의 제 1, 2, 3, 6, 7, 8, 9, 10, 12, 16, 20, 21류
③ 대금회수불능위험 : HS 코드 2단위의 제1～24, 44～46류

(2) 보험금액

가격상승위험은 수출계약금액의 80% 이내이고 수출불능위험은 수출계약금액의 95% 이내이며, 대금회수불능위험은 수출물품대금의 95%(중소기업은 97.5%)다.

(3) 보험금

① 가격상승위험 : 손실액 × 95%. 단, 보험금액 한도 내
② 수출불능위험 : 손실액 × 95%. 단, 보험금액 한도 내
③ 대금회수불능위험 : 손실액 × 95%(중소기업은 100%)

(4) 보험료 산출 및 보험요율

1) 보험료 계산방법

보험료 : (수출계약금액 또는 수출대금 × 부보율 × 보험요율) × 매매기준율(수출일 당일 최초 고시되는 매매기준율)

2) 부보율

수출불능(95% 이내), 가격상승(80% 이내), 대금회수불능(95% ; 중소기업 100%)

3) 보험요율표

보험요율은 기본요율에 특별할인율, 유망수출상품할인율, 유망중소기업할인율, 할증율, 중소기업할인율 중 해당 요율을 순차적으로 적용하여 산정된다.

• 특별할인율

구 분	내 용	적용 범위
본지사간 할인율	50%	선적 전, 후 적용(가격상승위험에는 적용을 배제함)
이중부보 할인율	50%	선적 후 적용
요율의 경합	특별할인율이 경합되는 경우에는 보험계약자에게 유리한 요율 하나만 선택하여 적용	

• 유망수출상품 할인율표 ; 정부, 금융기관 및 수출유관기관 등에서 지정 또는 선정한 유망중소기업 등(기본요율의 10%)

• 할증율표

종 류	적용 대상	내 용
비상위험 할증율	비상위험이 현존하나 수출진흥 정책상수출보험 지원의 필요성이 있는 국가	기본요율의 300% 이내 할증 (가격상승위험에는 적용을 배제함)

• 중소기업 할인율 ; 전기 각 요율표 중 해당요율을 적용한 후 15% 할인(수출자가 중소기업인 경우 적용하며, 가격상승위험에는 적용을 배제)

(5) 이용절차

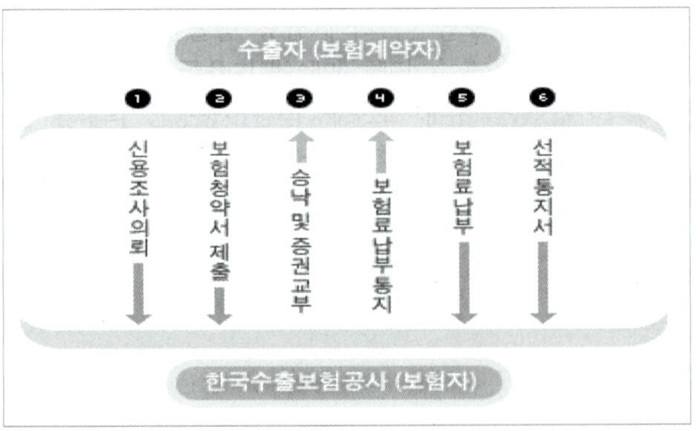

9. 해외미수채권 추심대행

해외미수채권 추심대행제도는 수출 및 기타 대외거래에서 발생한 국내기업의 대외채권이 수출계약서 등 약정서상 변제기일 내에 변제되지 않는 경우 공사가 국내기업으로부터 채권추심 권한을 위임받아 채권회수를 대행하는 제도다. 해외미수채권 추심대행제도는 보통 다음 아래와 같이 5단계에 걸쳐 완성된다.

단 계	단계별 내용
1. 추심의뢰 신청	- 해외채권추심의뢰서, 채권서류(증빙서류) 제출(우편 또는 방문제출) - 소정의 행정수수료 납부가 필요한 경우 수수료 납부
2. 위임승낙 통지서 접수	- 공사가 추심의뢰서, 신청서 등 서류검토 후 위임승낙통지 발송
3. 해외채무자에 대한 추심 업무 진행	공사해외조직망, 해외수출보험기관 및 채권추심기관을 통해 추심활동 진행 - 일반적 추심절차 이외 법적절차 등 필요시 채권자와 사전협의 후 진행 - 채권추심 진행상황 조회 : 인터넷조회 또는 필요한 경우 서면 통보
4. 채권회수	- 수수료(실제 회수금액기준 산정) 차감 후 회수금을 채권자 구좌에 입금 - 수수료율은 승낙통지서에 기재
5. 채권추심 종결	- 채권전액 회수 시 또는 일부회수 후 추가회수 불능 시 - 채권추심 실패 또는 불가능시

보충 자료 및 참고문헌

1) 현재 한국에서 채택하고 있는 상품분류체계로 HS(Harmonized Commodity Description and Coding System), 분류된 상품의 세분류는 관세・통계통합상품분류표(Harmonized System Korea ; HSK)를 따르고 있다.
HSK상품분류체계는 총 10단위로 구성되어 있으며, 이 중 6단위까지를 HS라하는데, 이는 세계공통인 상품분류체계다. HS상품분류체계는 현재 96 Section(2단위;류), 1,211 Heading(4단위), 5,019 Basic(6단위)으로 구성되어 있으며, 6단위 까지는 세계공통이나 10단위는 국가별로 여건에 따라 조정하여 사용하고 있다.
수출입하고자 하는 품목별로 수출입이 제한되는지 여부는 물론, 상품별 수출입실적, 지역별 수출입실적, 우리나라의 수출입업체 등 상품별 수출입에 관련한 기본적인 제반 정보는 HS상품분류 번호를 파악한 후 한국무역협회에서 운용하는 KOTIS(Korea Trade Information Service)에 조회하면 쉽게 파악할 수 있다. 이때 상품분류번호를 정확하게 파악할 수 없을 경우에는 관세청 민원실이나 감정평가과 또는 한국무역협회 무역상담실에 문의하면 도움을 받을 수 있으며, 그래도 제대로 분류할 수 없는 경우 관세청 감정평가과에 품목분류사전회시를 신청하면 정확한 상품분류번호를 받을 수 있다.
• HS CODE
① 단위분류 : 10단위로 분류

② HS코드 단위구분
- 2 단위 : 부류구분(부류 전체 표시 : 〈예〉 산동물)
- 4 단위 : 품목종류 표시
- 6 단위 : 개별 품목 분류(전 세계 6단위 공통코드 분류)
- 10단위 : 개별품목 추가 상세분류(해당국 상세분류)

③ 분류체계

코 드	품 명	코 드	품 명
01~24	동,식물류, 식료품, 담배 등	68~71	석재류, 시멘트, 유리류 등
25~27	광물성 생산제품	72~83	금속류
28~39	화학생산제품	84~85	기계류, 전기기기
40~43	고무 및 가죽제품	86~89	차량, 항공, 선박 등
44~49	목재, 펄프 및 종이류	90~93	광학기기, 시계, 악기, 무기류
50~67	섬유, 신발, 모자류 등	94~97	가구류, 예술품 등

④ HS품목류별 조건표

	0	1	2	3	4	5	6	7	8	9
0		산동물	육	어패류	낙농품	기타동물 성생산품	산수목 꽃	채소	과실 견과류	커피 향신료
10	곡물	밀가루 전분	채유종 종자, 인삼	식물성 액기스	기타 식물성 생산품	동물성 유지 생산품	육, 어류 조제품	당류 설탕과자	코코아	곡물 곡분의 조제품
20	채소, 과실의 조제품	기타와 조제 식료품	음료 주류 식초	조제 사료	연초	토석류 소금	광, 슬랙 회	광물성 연료 에너지	무기 화합물	유기 화합물
30	의료 용품	비료	염료 안료 페인트 잉크	향료 화장품	비누 계면 활성제 왁스	카세인 알부민 변성전분 효소	화약류 성냥	인화지 사진용 재료	각종 화학공업 생산품	플라스틱
40	고무	원피 가죽	가죽제품	모피/ 모피제품	목재 목판	코르크	조물재료 의제품	펄프	지와판지	서적 신문
50	견	양모 수모	면	기타식물성 섬유	인조 필라멘트	인조 스테이플	웨딩 부직포	양탄자	특수직물	침투, 도포한 직물
60	편물	의료 (편물제)	의류 (편물제이 외)	기타 섬유제품 넝마	신발류	모자류	우산 지팡이	조제우드 인발제품		도자제품
70	유리	귀석 반귀석 귀금석	철강	철강제품	동	니켈	알루미늄	(유보)	연	아연
80	주석	기타의 비금속	비금속 제공구 스푼 포크	각종 비금속 제품	보일러 기계류	전기기기	철도차량	일반차량	항공기	선박
90	광학측 정검사 정밀 기기	시계	악기	무기	가구류	완구 운동용구	잡품	예술품 골동품		

HS코드의 6자리까지의 숫자는 세계적으로 동일하며, 나머지(뒷자리) 숫자들은 국가별로 다르게 부과되고 있다.

- AG CODE
  농림축산물의 수출입통계 집계 및 동향파악을 위하여 국가 간 교역 시 사용하는 HS코드를 농수축산물 품목단위에서 그룹화 하여 수출입통계 및 집계 시 사용하는 코드다.

① 코드단위 : 9단위

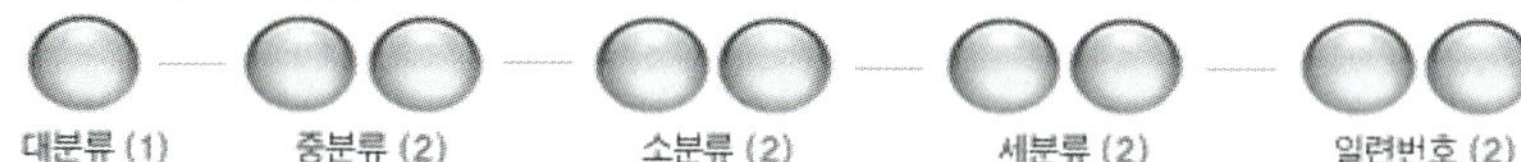

HS는 10단위, MTI는 6단위

② HS코드 단위구분

- 2단위 : 부류구분(부류 전체 표시 : 〈예〉 산동물)
- 4단위 : 품목종류 표시
- 6단위 : 개별 품목 분류(전세계 6단위 공통코드 분류)
- 10단위 : 개별품목 추가 상세분류(해당국 상세분류)

③ 분류체계(예시)

대분류	중분류	소분류	세분류	일련번호
농산물 : 1	곡류 : 11	쌀 : 01	산식물 : 01	벼 : 00
축산물 : 2	산동물 : 11	소 : 01	구분없음 : 01	젖소 : 11
임산물 : 3	목재류 : 11	방부처리원목 : 00	구분없음 : 00	열대목재 : 01
수산물 : 4	어류 : 11	실장어 : 11	활어 : 01	실장어 : 00

2) 자사제품 실적 : 수출기업이 물품을 직접 제조, 가공하여 수출 또는 국내 공급한 실적 타사제품 실적 : 국내 생산 수출용 완제품을 내국신용장 또는 현금으로 구매하여 수출한 실적

사례 연구

1. 신용장사고건에 대한 보험금지급

1) 사고내용

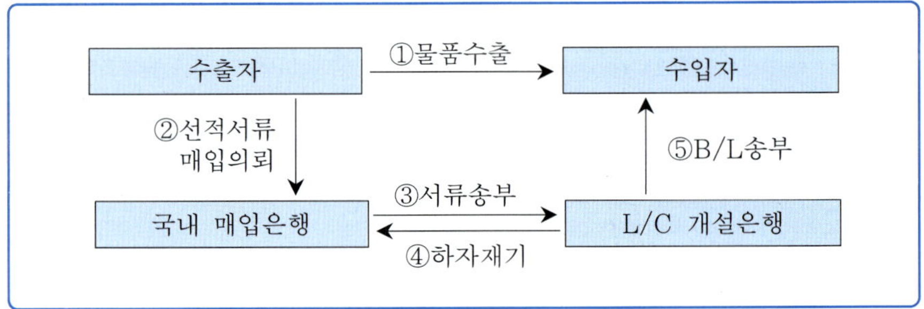

국내수출자 A사(공사 신용등급 E급의 중소기업)는 브라질 교포수입자 B사와 대금결제조건을 신용장(Usanace 180일)으로 하는 수출계약을 체결하고, 18만 달러 상당의 섬유제품을 수출하였다. 동사는 상기 물품의 선적전에 우리공사에서 수출신용보증서(선적후)를 발급받아 이를 담보로 국내의 매입은행에서 신용장을 네고(Nego)하였으며, 매입은행은 관련 서류를 개설은행에 송부하였다.

그러나 브라질의 L/C개설은행은 ① 수출화물이 신용장상의 화물도착지(HOUSE B/L 상의 도착지) 인 우루과이 몬테비데오가 아니고 브라질 파라나과(MASTER B/L 상의 도착지)에 도착하였고, ② 동 수출건 관련서류 중 매입서류의 일부인 HOUSE B/L 상에는 수출화물의 수화인이 개설은행으로 명시되어 있으나, MASTER B/L상에는 수출화물의 수화인이 운송주선인의 브라질 에이전트인 C사로 되어 있어, 동일한 수출화물에 대해 2명의 수화인이 존재하므로, 즉 수출화물의 도착지가 신용장과 다르고, 수출화물의 수화인이 개설은행이 아니라는 점을 들어 대금지급을 거절하였다.

2) 사고분석

우선 개설은행의 하자제기에 대한 보증계약자의 약관 및 관련규정 등의 위반여부에 대해 살펴보면, 선적서류를 매입한 국내매입은행은 신용장 통일규칙 제13조

a항에 의거 본 사고건 관련 선적서류를 매입한 후 이를 개설은행으로 송부하였고, 본 건에 대한 하자제기 일자가 최초 인수확인일자로부터 28일이 경과한 상태에서 하자제기를 하였으므로 신용장 통일규칙 제13조 b항(하자제기 유효기한은 서류접수익일로부터 7 은행영업일 이내)을 위반하였다. 따라서 개설은행의 하자는 정당한 것으로 인정할 수 없고, 또한, 매입서류상의 화물도착지와 실제 도착지가 상이하다는 하자의 경우는 선적서류 상호간의 불일치에 의한 하자가 아니므로 신용장 통일규칙 제4조(신용장 거래는 서류를 취급하는 것이지, 그 서류와 관련될 수 있는 물품, 용역 및 또는 기타 의무이행을 취급하는 것은 아니다)에 의거 정당한 하자제기로 인정할 수 없는 것이며, 아울러, 동일한 수출화물에 대해 2명의 수화인이 존재할 수 없다는 하자의 경우도 신용장 통일규칙상 HOUSE B/L과 MASTER B/L 상 화물의 수화인이 반드시 일치해야 한다는 명시적인 조항이 없는바, L/C개설은행의 하자제기는 타당성이 없다.

3) 대응방향

결국, 수출보험은 보증계약자인 매입은행 앞으로는 사고금액 전액을 보증채무이행하고 수출자에 대하여는 수출보험의 보증채무이행금액과 연계보험종목인 단기수출보험 지급보험금과의 차액을 수출보험 앞으로 납부하였다. 향후 수출자는 L/C를 이용한 수출이행 시 개설은행의 신용도가 의심되거나 또는 개설은행이 속한 국가의 외환사정악화 등 제반여건이 좋지 않은 경우에는 신용이 양호한 은행의 확인을 받아두거나 수출보험을 이용함으로써 만일에 있을지도 모를 위험에 대비하는 자세가 필요할 것으로 판단된다.

2. 멕시코 바이어와의 수출거래에서 발생한 클레임 사례

1) 사건개요

① 보험종목 : 수출신용보증(선적후) 및 단기수출보험
② 수 출 자 : I 코퍼레이션
③ 수 입 자 : F 사(멕시코 수입자)
④ 수출물품 : 원단
⑤ 사고금액 : U$50,000.- 중 클레임 금액 U$20,000
⑥ 거래관계 : '03년 이후 연간 U$30만 거래관계 유지
⑦ 사고사유 : 세관의 물품압류, 벌금부과로 인한 손실발생 후 수입자의 클레임 주장 및 거래중단

2) 수입자는 제품표기 오류(면 100% 제품을 아크릴 80%, 울 20% 라벨부착 및 Commercial Invoice 발행) 및 수량기재 오기(계약서 및 Commercial Invoice상 수량은 100,000개이나 실제수량은 103,627개)로 인한 세관의 벌금 및 라벨교체 작업에 따른 추가비용을 클레임 금액(U$20,000.-)으로 주장

3) 수출자는 제품재질 오기는 서류작업자의 실수로 발생한 것이나 계약전 모든 견본을 보내 확인을 받았으므로 책임을 인정하기 어렵고, 수량기재 오기는 생산공장의 사정으로 서류보다 많은 물량을 선적하였으나 통관의 편의를 위해 에이전트의 확인을 거쳐 서류를 작성하였음을 주장

4) 에이전트는 멕시코의 경우 섬유제품은 재질에 따라 관세가 달리 부과되기 때문에 재질을 달리 표기하는 것은 중대한 문제이며, 수량을 실제와 달리 기재한 정확한 이유를 알 수 없다고 주장

5) 사고분석

물품의 재질 및 수량이 잘못 표기된 사실은 인정되며, 물품 재질의 오기와 관련

하여 견본을 보낸 사실만으로 수출자의 과실책임이 면제된다고 볼 수 없고, 수량의 오기와 관련하여 에이전트를 통한 수입자와의 합의가 객관적으로 입증되지 아니하였으며 국제거래에서 선적수량의 차이는 밀수로 오인될 수 있는 중대한 사항이므로 수출자는 책임을 부인하기 어렵다. 한편, 수입자는 클레임 금액으로서 세관 벌금, 라벨 교체작업에 따른 트럭지체비용·하역비·라벨교체비용 이외에 세관공무원에 대한 급행수수료 및 통관지체에 따른 손해액 등 총 U$22,820.72이 지출되었음을 주장하였으나, 지출증빙이 없고 비용인정이 곤란한 세관원 앞 급행수수료 및 통관지체에 따른 손해액은 클레임 비용에서 제외하고 클레임 금액(U$12,662.12)을 재산정하여야 한다. 또한, 수입자는 본건 물품의 품질과 관련하여 클레임을 제기한 사실이 없고 수량오기에 대한 수출자의 책임에도 불구하고 과다선적 물품을 수입자가 수취하고 반품을 주장한 바 없으므로 동 과다선적분 해당금액(U$ 2,120.50)을 클레임 산정금액에서 공제하여 클레임 금액을 확정(U$10,541.62)하고 동 금액에 대하여는 보험자 면책하고 나머지 금액에 대하여는 부보율(97.5%)을 적용한 보험금을 지급해야 한다.

• 관련규정

관련규정	내 용
단기수출보험약관 제7조(면책)	1. 보험계약자(보험계약자가 수출을 대행하는 경우에는 수출대행의뢰자 포함), 보험계약자의 대리인이나 피사용인의 고의 또는 과실로 인하여 발생한 손실

6) 대응방향

무역거래에서 발생하는 수출입자 간 분쟁 중 물품의 품질, 수출이행의 적절성 등과 관련한 클레임이 많은 비중을 차지하고 있다. 수입자가 주장할 수 있는 클레임을 사전에 분석하고 대비하지 않으면 정상적으로 수출을 이행하였음에도 낭패를 보는 경우가 많다. 따라서 물품의 품질과 관련한 클레임은 수출이행과정에서 품질검사 및 검수절차를 통해 확인된 서류를 확보하지 아니하면 여전히 불리한 사태에 직면할 가능성이 높으므로 계약서상 물품검수기간을 명기하거나 제3의 기관 또는 제3자를 통한 확인서류(물품검사증)를 통해 해결할 필요가 있다. 아울러 대금감액 및 하자물품 교체를 통해 클레임이 해소되었다고 안심하지 말고 상대는 언제든지 교체·수리비용 또는 폐품처리비용 등 클레임으로 인한 추가비용에 대한 몇 년 또는 몇 개월분의 기록을 증빙으로 제시하며 클레임을 주장할 수 있으므로 클레임으로 인한 추가비용에 대하여도 일정시점까지 일정금액의 감액 또는 추가 선적을 통해 해결되었다는 내용의 서면(수입자 서면을 받기가 어려운 경우에는 수입자가 발송한 E-Mail이라도)을 확보할 필요가 있다.

클레임에 따른 손해배상책임과 관련하여 일반적으로 매매계약서에서 이를 약정하고 있지 아니한 것이 현실이므로 이러한 경우, 국제적으로 통용되는 “비엔나협약”, 즉 “국제물품매매계약에 관한 유엔협약”을 참고하게 되면, 수차례에 걸쳐 클레임으로 인한 물품교체가 이루어지고 클레임 입증자료가 있는 경우에는 품질과 관련한 명시적 합의가 없었다 하더라도 물품하자로 인한 물품의 계약적합성 결여와 이에 대한 부적합통지가 있었던 것으로 간주될 수 있고, 수입자(매수인)는 대체품인도청구권 또는 하자보완청구권을 행사한 것으로 볼 가능성이 높고, 아울러 수입자의 증가비용청구는 수출자의 계약적합성 위반으로 인한 손해배상청구권 행사로 볼 여지가 많다. 실제로 수출자(매도인)는 대체품 인도 및 하자수리를 통해 클레임으로 인한 문제가 해소되었다고 주장할 수 있으나, 비엔나 협약(§ 45 ②)에 의거, 손해배상청구권은 다른 권리의 행사에 의하여 박탈당하지 않고 이들 권리와 양립하여 중복적으로 주장될 수 있다는 수입자의 주장이 수용될 가능성이 높으므로 반드시 반대의 입증자료를 확보할 필요가 있다.
수입관세의 축소를 위해 물품의 재질에 대한 표기를 실제와 달리하는 사례가 실제거래에서 종종 발생하나, 수입국 세관의 단속에 적발될 경우, 물품을 압수당하거나 교체작업에 따른 추가비용의 발생은 물론 벌금까지 부과될 우려가 높으므로 수입자의 부당한 요구에 응하지 않는 것이 바람직하며, 수입자의 요구를 어쩔 수 없이 수용하는 경우에 있어서도 수입자의 요구에 의하여 달리 표기하였음을 입증하는 서류를 확보하여 둘 필요가 있다. 또한 물품의 과다선적은 이전거래의 클레임에 대한 해결방법 또는 수입자에 대한 호의적 거래의 목적으로 흔히 발생할 수 있는 사안이나 최근 남미지역과 같이 우리나라 수출상을 통한 밀수입 또는 관세면탈 목적의 허위・축소 수입신고에 대한 제재를 위한 집중단속에 발각되면 심각한 문제가 발생할 우려가 있으므로 통상의 무역거래에서 허용될 수 있는 정도의 과부족을 초과하는 과다선적은 하지 않는 것이 바람직하다.

저자약력

송 채 헌

〈주요경력〉
- 전북대학교 상과대학 및 대학원
- 금호실업(종합상사) 섬유수출 2부 제3과 근무
- 일본 Meiji University 객원교수
- 전북대학교 상과대학 학장
- 전북대학교 경영대학원 원장

(현) 전북대학교 대학원 사이버무역 · 지역학과 주임교수
한국물류학회 부회장
한국무역통상학회 부회장
전북대학교 상과대학 무역학과 교수

박 종 은

〈주요경력〉
- (주) 농심 근무
- 전북대학교 대학원 무역학과(경제학 박사)

(현)전북대학교 상과대학 무역학과 겸임교수

인 지

● **무역경영론**

초 판 1쇄 인쇄——2011년 8월 25일
초 판 1쇄 발행——2011년 8월 30일
지은이——송 채 헌 · 박종은
펴낸이——전 두 표
펴낸데——도서출판 **두남**
서울시 강동구 성내 1동 455-12 두남빌딩
신고 : 제25100-1988-9호
(구 제2-624호, 1988. 7. 21)
TEL : (02) 478-2065, 2066, 2067, 2311
FAX : (02) 478-2068
E-mail : dunam1@unitel.co.kr
http://www.dunam.co.kr

● **정가 34,000원**

ISBN 978-89-6414-239-4 93320